SVT Term

SCIENCES DE LA VIE ET DE LA TERRE

ENSEIGNEMENT DE SPÉCIALITÉ

BAC 2021

Sous la direction de

David Guillerme
IA-IPR de SVT
Académie de Rennes

Marc Jubault-Bregler
Professeur de SVT
Lycée Montaigne, Bordeaux

Olivier Avisseau Lycée Evariste Galois (95)
Sandrine Bihel Collège Louis Paulhan (78)
Nicolas Bihel Lycée Les Pierres Vives (78)
Yann Bourven Lycée François Truffaut (91)
Valérie Boutin Lycée Lakanal (92)
Pascal Combemorel École Normale Supérieure (75)
Pauline Delhoume Lycée Gay Lussac (87)
Nicolas Ducasse Lycée Jacques Prévert (92)
Didier Favre Lycée Théodore Monod (35)
Anne Florimond Lycée Richelieu (92)
Dimitri Garcia Université Côte d'Azur (06)
Johanna Garcia Lycée Jacques Prévert (92)
Vincent Guili Lycée René Descartes (69)
Camilia Hasnaoui Lycée Balzac (75)
Éric Le Bris Lycée Albert Camus (92)
Matthieu Mahé Lycée Jean Prévost (76)
Éric Rainouard Lycée d'Altitude (05)
Mathieu Rajchenbach Cité scolaire Paul Valéry (75)
Françoise Saintpierre Lycée Hoche (78)

Avec la participation de

Magali Gallezot Université Paris Sud (91)
Damien Jaujard Université Paris-Est Créteil (94)

Remerciements

Sylvain Maurel et toute son équipe de la société Sordalab

Nathan

LES RESSOURCES NUMÉRIQUES DU MANUEL

Réviser

Vidéo bilan

Dimitri Garcia, professeur youtubeur et créateur de la chaîne *Bio Logique*, fait le bilan des chapitres en vidéo.

Se questionner

Vidéo

- → Interviews de chercheurs
- → Documentaires
- → Courts métrages
- → Expériences

Manipuler

Protocole **Les protocoles des travaux pratiques disponibles en version word et pdf.**

Liste des protocoles :

- Mettre en évidence des caractéristiques phénotypiques d'un clone
- Observer un croissement-test
- Observer des asques de *Sordaria macrospora*
- Détecter l'allèle mutant du gène CFTR dans une famille par RFLP
- Construire un arbre hypothétique de parenté des primates
- Visualiser la transformation de bactéries
- Simuler l'effet de la migration d'un petit groupe d'*Homo sapiens*
- Simuler les travaux de Buri dans un laboratoire virtuel (*Virtual Biology Lab*)
- Caractériser la symbiose du ver de Roscoff
- Tester l'impact du microbiote des drosophiles sur leurs comportements
- Analyser des sonogrammes
- Déterminer le contenu paléontologique d'une roche pour la dater
- Dater une roche par radiochronologie
- Construire un profil topographique avec *Google Earth*
- Simuler l'effet du vent sur les stomates
- Observer la production d'amidon dans les chloroplastes
- Déterminer la surface foliaire avec *Mesurim*
- Mettre en évidence la circulation de sève
- Observer l'anatomie des tissus conducteurs
- Observer l'effet de la salinité sur une plante
- Mettre en évidence la croissance racinaire
- Réaliser l'expérience historique de Went
- Réaliser une chromatographie des pigments d'une feuille verte
- Acquérir un spectre d'absorption
- Déterminer les conditions de la photosynthèse
- Mettre en évidence les réserves d'amidon
- Mettre en évidence l'action des enzymes digestives sur les tanins
- Étudier la multiplication de *Lemna minor*
- Régénérer une plante à partir de fragments de feuilles
- Observer des grains de pollen
- Disséquer les organes sexuels de la fleur
- Localiser les réserves de la graine de haricot
- Comparer différentes structures de fruits chez la tomate
- Simuler l'effet d'une variation de l'obliquité avec *SimClimat*
- Enregistrer le réflexe myotatique par ExAO
- Observer le tissu nerveux
- Mettre en évidence l'action du calcium sur les cellules musculaires
- Localiser la zone motrice avec *ÉduAnat2*
- Disséquer un encéphale d'agneau
- Disséquer une patte de lapin
- Observer des cellules musculaires
- Modéliser des molécules avec *Libmol*
- Comparer des séquences d'allèles responsables de la myopathie de Duchenne et de l'allèle sain
- Mettre en évidence la présence d'ATP dans les muscles
- Mettre en évidence la respiration cellulaire
- Réaliser l'expérience du foie lavé

S'évaluer

Indicateurs de réussite

Pour s'assurer que l'objectif de l'unité a bien été rempli.

EXO Exercices interactifs

Pour tester ses acquis en début de thème et s'autoévaluer en fin de chapitre.

Mémoriser

Texte dys Texte audio

Le bilan du chapitre au format dys pour faciliter la lecture et en version audio pour une utilisation nomade.

Schéma interactif

Les schémas bilan disponibles en version animée pour une redécouverte des notions de façon visuelle et une mémorisation active.

COMMENT ACCÉDER AUX RESSOURCES NUMÉRIQUES DU MANUEL ? 3 possibilités

- Nathan live! — **Application Nathan Live**
- Biblio MANUELS — **Manuel numérique**
- SITE COMPAGNON — **Site compagnon** svt-lyceen.nathan.fr

© Nathan 2020 - 92 avenue de France - 75013 Paris - ISBN : 978-2-09-172931-2

SOMMAIRE

THÈME 1
La Terre, la vie et l'organisation du vivant

THÈME 2
Enjeux planétaires contemporains

SOMMAIRE

THÈME 3
Corps humain et santé

Produire le mouvement : contraction musculaire et apport d'énergie

CHAPITRE 16 La cellule musculaire : une structure spécialisée

CHAPITRE 17 Origine de l'ATP nécessaire à la contraction de la cellule musculaire

CHAPITRE 18 Le contrôle des flux de glucose

Comportement et stress : vers une vision intégrée de l'organisme

CHAPITRE 19 Comportement et stress : l'adaptabilité de l'organisme

CHAPITRE 20 Comportement et stress : l'organisme débordé dans ses capacités d'adaptation

OBJECTIF BAC

Fiches méthode

Fiches méthode et technique téléchargeables Fiches méthode

Rabats de couverture

À la découverte de votre manuel

Ouverture de thème

- Pour vous situer dans vos apprentissages en articulant les notions de la classe de terminale avec les acquis des classes précédentes et vous projeter dans vos études après le baccalauréat.

Pour commencer

- Pour vous tester avant de commencer le chapitre.
- Des supports pour vous aider à retrouver les grandes idées vues dans les classes précédentes.

Ouverture de chapitre

- Pour se questionner à l'aide de photos et d'une vidéo.

Unités

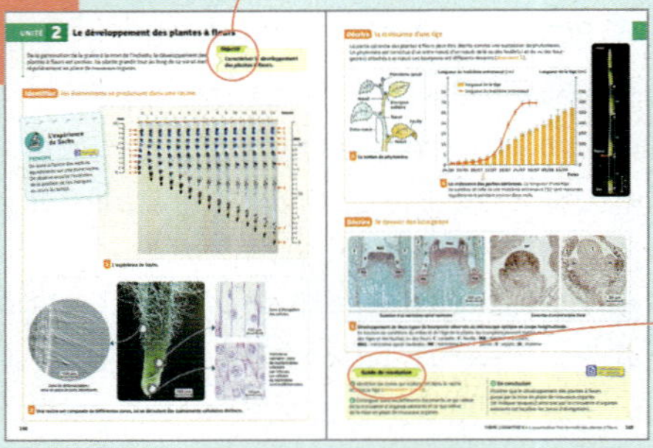

- Un objectif à atteindre pour chaque ensemble documentaire.
- Un guide de résolution vous permet d'atteindre pas à pas l'objectif.

Unités

- Une mise en situation concrète.
- Un entrainement à la démarche de résolution d'une situation problème.
- Le travail de l'oral.

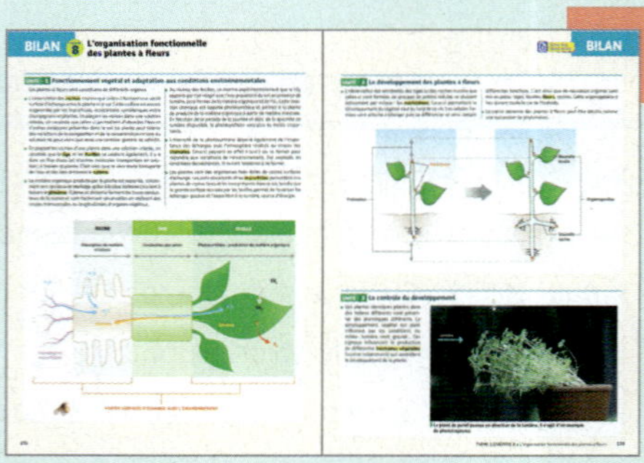

Bilan des unités

- Pour chaque unité, le bilan montre comment, à partir de l'exploitation des données, l'objectif est atteint.
- Des schémas illustrent ainsi les grandes idées construites.

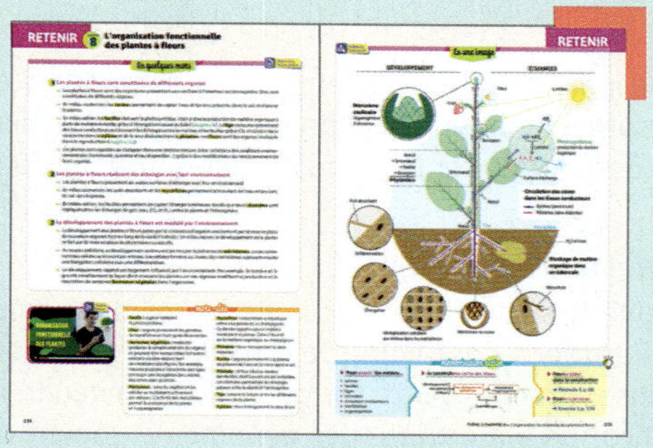

Retenir

- Présente les notions du chapitre sous quatre formes : un résumé du chapitre « en quelques mots », une vidéo de bilan du cours, un schéma bilan et une carte des idées.

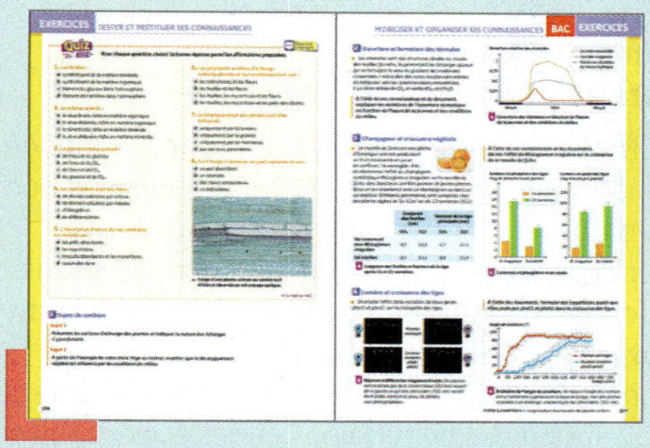

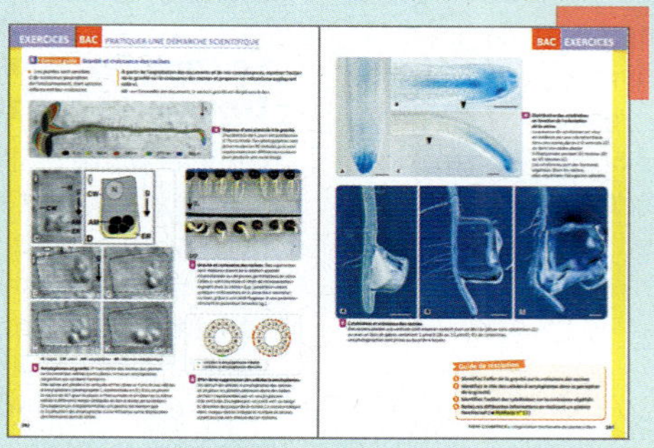

Exercices BAC

- Pour tester et restituer ses connaissances.
- Pour apprendre à extraire des informations de documents scientifiques.
- Pour vous entraîner à pratiquer une démarche scientifique.

Préparer le grand oral

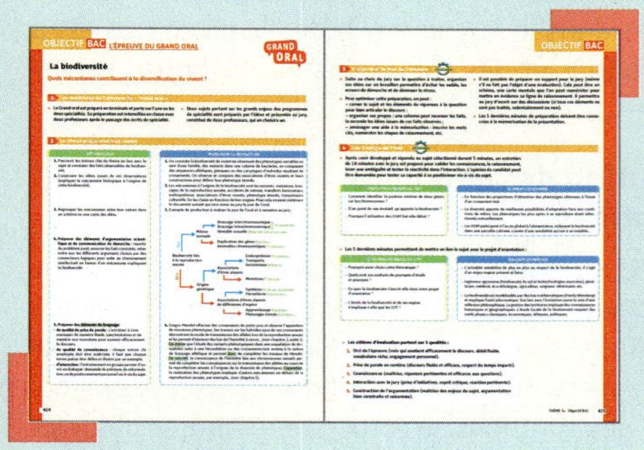

Préparer les ECE et l'épreuve écrite

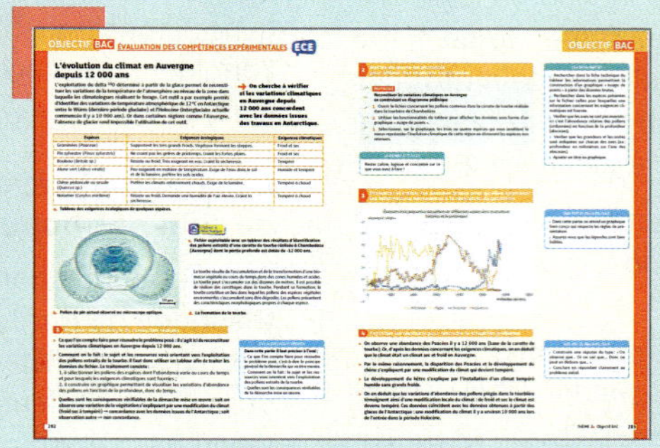

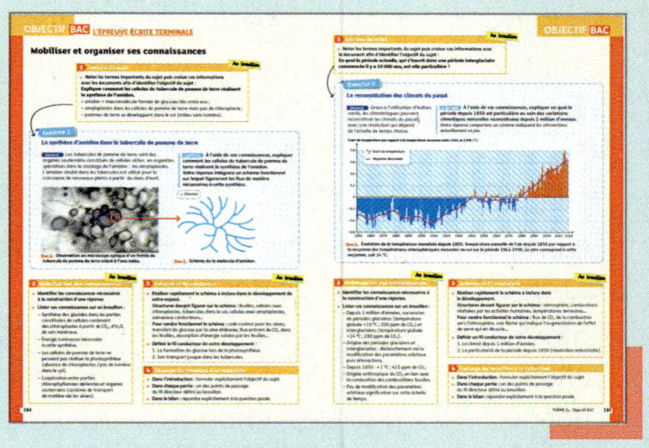

Infosciences

- Une page d'ouverture et de culture scientifique pour prolonger le cours sur des sujets en prise avec l'actualité et exercer votre esprit critique.

Mon projet d'orientation

- Des portraits et témoignages de professionnels.
- Des informations sur les filières.

La Terre, la vie et l'organisation du vivant

GÉNÉTIQUE ET ÉVOLUTION

Cette partie s'inscrit dans une logique d'approfondissement des acquis des années précédentes, notamment des concepts de biodiversité et d'évolution. Dès la classe de seconde, la diversité génétique et les processus évolutifs ont été abordés dans le contexte de la biodiversité. En classe de première, les mécanismes à l'origine des mutations ont été identifiés, ainsi que leurs effets sur la santé humaine. En classe terminale, il s'agit de comprendre comment la reproduction sexuée forme des génomes individuels et contribue à la diversification du vivant, aux côtés d'autres processus génétiques et non génétiques. L'élève consolide ses acquis en génétique et découvre les techniques qui aboutissent à la connaissance du génome de chaque individu. Il comprend que l'hérédité n'est pas exclusivement liée à l'ADN.

L'origine du génotype des individus

La conservation des génomes : stabilité génétique et évolution clonale

En enseignement de spécialité de la classe de première, les élèves ont appris que la succession de mitoses produit un clone, c'est-à-dire un ensemble de cellules, toutes génétiquement identiques, aux mutations près. Ces clones sont constitués de cellules séparées (cas des nombreuses bactéries ou de nos cellules sanguines) ou associées de façon stable (cas des tissus solides).

En l'absence d'échanges génétiques avec l'extérieur, la diversité génétique dans un clone résulte de l'accumulation de mutations successives dans les différentes cellules. Tout accident génétique irréversible (perte de gène par exemple) devient pérenne pour toute la lignée (sous-clone) qui dérive du mutant.

Le brassage des génomes à chaque génération : la reproduction sexuée des eucaryotes

La fécondation entre gamètes haploïdes rassemble, dans une même cellule diploïde, deux génomes d'origine indépendante apportant chacun un lot d'allèles. Chaque paire d'allèles résultant est constituée de deux allèles identiques (homozygotie) ou de deux allèles différents (hétérozygotie).

En fin de méiose, chaque cellule produite reçoit un seul des deux allèles de chaque paire avec une probabilité équivalente. Pour deux paires d'allèles, quatre combinaisons d'allèles sont possibles, équiprobables ou non en cas de gènes liés.

Le nombre de combinaisons génétiques possibles dans les gamètes est d'autant plus élevé que le nombre de gènes à l'état hétérozygote est plus grand chez les parents.

Comprendre les résultats de la reproduction sexuée : principes de base de la génétique

L'analyse génétique peut se fonder sur l'étude de la transmission héréditaire des caractères observables (phénotype) dans des croisements issus le plus souvent de lignées pures (homozygotes) et ne différant que par un nombre limité de caractères.

Dans le cas de l'espèce humaine, l'identification des allèles portés par un individu s'appuie d'abord sur une étude au sein de la famille, en appliquant les principes de transmission héréditaire des caractères.

Le développement des techniques de séquençage de l'ADN et les progrès de la bioinformatique donnent directement accès au génotype de chaque individu comme à ceux de ces ascendants et descendants. L'utilisation de bases de données informatisées permet d'identifier des associations entre certains gènes mutés et certains phénotypes.

Les accidents génétiques de la méiose

Des anomalies peuvent survenir au cours de la méiose : crossing-over inégal ; migrations anormales de chromatides au cours des divisions de méiose... Ces accidents, souvent létaux, engendrent parfois une diversification importante des génomes et jouent un rôle essentiel dans l'évolution biologique (familles multigéniques, barrières entre populations...).

La complexification des génomes : transferts horizontaux et endosymbioses

L'universalité de l'ADN et l'unicité de sa structure dans le monde vivant autorisent des échanges génétiques entre organismes non nécessairement apparentés.

Des échanges de matériel génétique, hors de la reproduction sexuée, constituent des transferts horizontaux. Ils se font par des processus variés (vecteurs viraux, conjugaison bactérienne...).

Les transferts horizontaux sont très fréquents et ont des effets très importants sur l'évolution des populations et des écosystèmes. Les pratiques de santé humaine sont concernées (propagation des résistances aux antibiotiques).

Les endosymbioses transmises entre générations, fréquentes dans l'histoire des eucaryotes, jouent un rôle important dans leur évolution. Le génome de la cellule (bactérie ou eucaryote) intégré dans une cellule hôte régresse au cours des générations, certains de ses gènes étant transférés dans le noyau de l'hôte. Ce processus est à l'origine des mitochondries et des chloroplastes, organites contenant de l'ADN.

L'inéluctable évolution des génomes au sein des populations

Dans les populations eucaryotes à reproduction sexuée, le modèle théorique de Hardy-Weinberg prévoit la stabilité des fréquences relatives des allèles dans une population. Mais, dans les populations réelles, différents facteurs empêchent d'atteindre cet équilibre théorique : l'existence de mutations, le caractère favorable ou défavorable de celles-ci, la taille limitée d'une population (effets de la dérive génétique), les migrations et les préférences sexuelles.

Les populations sont soumises à la sélection naturelle et à la dérive génétique. À cause de l'instabilité de l'environnement biotique et abiotique, une différenciation génétique se produit obligatoirement au cours du temps. Cette différenciation peut conduire à limiter les échanges réguliers de gènes entre différentes populations. Toutes les espèces apparaissent donc comme des ensembles hétérogènes de populations, évoluant continuellement dans le temps.

D'autres mécanismes contribuent à la diversité du vivant

La diversification phénotypique des êtres vivants n'est pas uniquement due à la diversification génétique. D'autres mécanismes interviennent :

- associations non héréditaires (pathogènes ou symbiotes ; cas du microbiote acquis) ;
- recrutement de composants inertes du milieu qui modulent le phénotype (constructions, parures...).

Chez certains animaux, les comportements acquis peuvent être transmis d'une génération à l'autre et constituer une source de diversité : ainsi du chant des oiseaux, de l'utilisation d'outils dans des populations animales, de la culture notamment dans les sociétés humaines. Ces traits sont transmis entre contemporains et de génération en génération, et subissent une évolution (apparition de nouveaux traits, qui peuvent être sélectionnés, contre-sélectionnés ou perdus par hasard).

À LA RECHERCHE DU PASSÉ GÉOLOGIQUE DE NOTRE PLANÈTE

L'enseignement de spécialité en classe de première a permis aux élèves de découvrir les principaux aspects de la dynamique terrestre en étudiant la structure du globe et quelques caractéristiques de la mobilité horizontale de la lithosphère. Ils ont ainsi acquis une compréhension globale de la dynamique terrestre.
Le programme de la classe terminale vise à renforcer cette compréhension des géosciences en développant, dans une première partie, la dimension temporelle des études géologiques. Il importe de comprendre comment un objet géologique, quelles que soient ses dimensions, témoigne d'une histoire que l'on peut reconstituer par l'application de méthodes chronologiques. Cette étude temporelle permet de comprendre comment a été établie l'échelle internationale des temps géologiques et combien l'histoire de la Terre et l'histoire de la vie sont indissociables. Les dimensions spatiale et temporelle sont présentes dans l'étude des paléogéographies de la Terre. Les traces des mobilités tectoniques passées sont alors découvertes et interprétées. Elles conduisent à une compréhension plus précise des grands objets de la géologie mondiale.
Les élèves sont invités à s'appuyer sur des données de terrain obtenues lors d'une sortie (identification de relations géométriques à l'échelle des affleurements, observation de complexes ophiolitiques, analyse de structures tectoniques d'extension...).

Le temps et les roches

La chronologie relative

Les relations géométriques (superposition, recoupement, inclusion) permettent de reconstituer la chronologie relative de structures ou d'événements géologiques de différentes natures et à différentes échelles d'observation.
Les associations de fossiles stratigraphiques, fossiles ayant évolué rapidement et présentant une grande extension géographique, sont utilisées pour caractériser des intervalles de temps.
L'identification d'associations fossiles identiques dans des régions géographiquement éloignées permet l'établissement de corrélations temporelles entre formations.
Les coupures dans les temps géologiques sont établies sur des critères paléontologiques : l'apparition ou la disparition de groupes fossiles.
La superposition des intervalles de temps, limités par des coupures d'ordres différents (ères, périodes, étages), aboutit à l'échelle stratigraphique.

La chronologie absolue

La désintégration radioactive est un phénomène continu et irréversible ; la demi-vie d'un élément radioactif est caractéristique de cet élément.
La quantification de l'élément père radioactif et de l'élément fils radiogénique permet de déterminer l'âge des minéraux constitutifs d'une roche.
Différents chronomètres sont classiquement utilisés en géologie. Ils se distinguent par la période de l'élément père.
Le choix du chronomètre dépend de l'âge supposé de l'objet à dater, qui peut être appréhendé par chronologie relative.
Les datations sont effectuées sur des roches magmatiques ou métamorphiques, en utilisant les roches totales ou leurs minéraux isolés. L'âge obtenu est celui de la fermeture du système considéré (minéral ou roche). Cette fermeture correspond à l'arrêt de tout échange entre le système considéré et l'environnement (par exemple quand un cristal solide se forme à partir d'un magma liquide). Des températures de fermeture différentes pour différents minéraux expliquent que des mesures effectuées sur un même objet tel qu'une roche, avec différents chronomètres, puissent fournir des valeurs différentes.

Les traces du passé mouvementé de la Terre

Des domaines continentaux révélant des âges variés

Les continents associent des domaines d'âges différents. Ils portent des reliquats d'anciennes chaînes de montagnes (ou ceintures orogéniques) issues de cycles orogéniques successifs.

La recherche d'océans disparus

Les ophiolites sont des roches de la lithosphère océanique. La présence de complexes ophiolitiques formant des sutures au sein des chaînes de montagnes témoigne de la fermeture de domaines océaniques, suivie de la collision de blocs continentaux par convergence de plaques lithosphériques.
L'émergence d'ophiolites résulte de phénomènes d'abduction ou de subduction, suivis d'une exhumation.

Les marques de la fragmentation continentale et de l'ouverture océanique

Les marges passives bordant un océan portent des marques de distension (failles normales et blocs basculés) qui témoignent de la fragmentation initiale avant l'accrétion océanique.
Les stades initiaux de la fragmentation continentale correspondent aux rifts continentaux.
La dynamique de la lithosphère détermine ainsi différentes périodes paléogéographiques, avec des périodes de réunion de blocs continentaux, liées à des collisions orogéniques, et des périodes de fragmentation conduisant à la mise en place de nouvelles dorsales.

Enjeux planétaires contemporains

DE LA PLANTE SAUVAGE À LA PLANTE DOMESTIQUÉE

L'objectif de cette partie est d'étudier l'organisation fonctionnelle des plantes, leurs interactions avec le milieu et la manière dont elles se reproduisent par voie sexuée et/ou asexuée en assurant à cette occasion leur dissémination. L'étude de la morphogenèse des plantes (on se limite aux Angiospermes) montre l'existence d'un contrôle hormonal et d'une influence environnementale. On étudie ensuite comment les plantes produisent leur matière organique et une diversité de métabolites nécessaires à leurs fonctions biologiques. Dans un second temps, cette partie s'intéresse aux plantes cultivées, un enjeu majeur pour l'humanité qui utilise les plantes comme base de son alimentation et dans des domaines variés. Sans chercher l'exhaustivité, il s'agit de comprendre comment l'humanité agit sur le génome et le phénotype des plantes cultivées, et d'appréhender les conséquences de ces actions sur la biodiversité végétale ainsi que sur l'évolution des populations humaines.

L'organisation fonctionnelle des plantes à fleurs

Par diverses caractéristiques, les plantes terrestres montrent une capacité d'adaptation à la vie fixée à l'interface sol/atmosphère, dans des environnements variables.

Les plantes développent de grandes surfaces d'échange, aériennes d'une part (optimisation de l'exposition à la lumière, source d'énergie, transferts de gaz) et souterraines d'autre part (absorption d'eau et d'ions du sol facilitée le plus souvent par des symbioses, notamment les mycorhizes).
Des tissus conducteurs canalisent les circulations de matière dans la plante, notamment entre les lieux d'approvisionnement en matière minérale, les lieux de synthèse organique et les lieux de stockage.
Le développement d'une plante associe croissance (multiplication cellulaire par mitoses dans les méristèmes, suivie d'élongation cellulaire) et différenciation d'organes (tiges, feuilles, fleurs, racines) à partir de méristèmes. Ce développement conduit à une organisation modulaire en phytomères, contrôlée par des hormones végétales et influencée par les conditions de milieu.

La plante, productrice de matière organique

Les parties aériennes de la plante sont les lieux de production de matière organique par photosynthèse. Captée par les pigments chlorophylliens au niveau du chloroplaste, l'énergie lumineuse est convertie en énergie chimique par la photolyse de l'eau, avec libération d'O_2 et réduction du CO_2 aboutissant à la production de glucose et d'autres sucres solubles. Ceux-ci circulent dans tous les organes de la plante où ils sont métabolisés, grâce à des enzymes variées, en produits assurant les différentes fonctions biologiques dont :
- la croissance et le port de la plante (cellulose, lignine) ;
- le stockage de la matière organique (saccharose, amidon, protéines, lipides) sous forme de réserves dans différents organes, qui permet notamment de résister aux conditions défavorables ou d'assurer la reproduction ;
- les interactions mutualistes ou compétitives avec d'autres espèces (anthocyanes, tanins).

Reproduction de la plante entre vie fixée et mobilité

Les plantes ont deux modalités de reproduction : sexuée et asexuée.
La reproduction asexuée repose sur la totipotence des cellules végétales et les capacités de croissance indéfinie des plantes, à partir de presque n'importe quelle partie du végétal (tiges, racines, feuilles).
La reproduction sexuée est assurée chez les Angiospermes par la fleur où se trouvent les gamètes femelles, au sein du pistil, et les grains de pollen, portés par les étamines, vecteurs des gamètes mâles. Chez certaines espèces, la fécondation des gamètes femelles par les gamètes mâles de la même fleur est possible, voire obligatoire. Dans les autres cas, elle est rendue impossible par divers mécanismes d'incompatibilité. La fécondation croisée implique une mobilité des grains de pollen d'une plante à une autre.
Dans une majorité de cas, la pollinisation repose sur une collaboration entre plante et pollinisateur en relation avec la structure florale ; le vent peut aussi transporter le pollen. À l'issue de la fécondation, la fleur qui porte des ovules se transforme en un fruit qui renferme des graines. La graine contient l'embryon d'une future plante qu'elle protège (enveloppe résistante) et nourrit à la germination en utilisant des molécules de réserve préalablement accumulées.
La dispersion des graines est une étape de mobilité dans la reproduction de la plante. Elle repose sur un mutualisme animal disperseur/plante et sur des agents physiques (vent, eau) ou des dispositifs spécifiques à la plante.

La domestication des plantes

Les pratiques culturales (par exemple pour la production de graines) constituent un enjeu majeur pour nourrir l'humanité. La sélection (empirique ou programmée) exercée par l'être humain sur les plantes cultivées au cours des siècles a retenu des caractéristiques différentes de celles qui étaient favorables à leurs ancêtres sauvages. Cette sélection s'est opérée au cours de l'établissement d'une relation mutualiste entre plantes et êtres humains.
Aujourd'hui, de nombreuses techniques favorisent la création de plus en plus rapide de nouvelles variétés végétales (par hybridation, par utilisation des biotechnologies...). La production de semences commerciales est devenue une activité spécialisée.
Une espèce cultivée présente souvent de nombreuses variétés (forme de biodiversité). Cette diversité résulte de mutations dans des gènes particuliers. L'étude des génomes montre un appauvrissement global de la diversité allélique lors de la domestication. La perte de certaines caractéristiques des plantes sauvages (comme des défenses chimiques ou des capacités de dissémination) et l'extension de leur culture favorisent le développement des maladies infectieuses végétales. Ces fragilités doivent être compensées par des pratiques culturales spécifiques. L'exploitation des ressources génétiques (historiques ou sauvages si elles existent) permet d'envisager de nouvelles méthodes de cultures (réduction de l'usage des intrants, limitation des ravageurs par lutte biologique).
La domestication des plantes, menée dans différentes régions du monde, a eu des conséquences importantes dans l'histoire des populations humaines. Elle a contribué à la sélection de caractères génétiques humains spécifiques.

LES CLIMATS DE LA TERRE : COMPRENDRE LE PASSÉ POUR AGIR AUJOURD'HUI ET DEMAIN

Depuis 150 ans, le climat planétaire présente un réchauffement d'environ 1 °C. Les scientifiques pointent le fait que ce changement climatique a des conséquences importantes déjà observables sur la météorologie, la biosphère et l'humanité.
L'objectif de ce thème est de s'approprier les outils nécessaires pour appréhender les enjeux climatiques contemporains en établissant des comparaisons avec différents exemples de variations climatiques passées. Il s'agit en particulier de comprendre que les méthodes d'étude et les mécanismes expliquant les variations constatées peuvent être de natures différentes. Certains mécanismes, déjà étudiés, sont réactivés dans ce contexte. Après avoir compris les causes et la dynamique des variations climatiques passées et mobilisé ses acquis précédents (cycle du carbone, effet de serre, circulation océanique...), l'élève peut aborder les enjeux contemporains liés au réchauffement climatique : ses conséquences sur la biosphère et l'humanité, mais aussi les possibilités envisagées en matière d'atténuation et d'adaptation. L'étude du réchauffement climatique, celle de ses causes mais aussi de ses conséquences sur l'atmosphère et sur les océans sont abordées en complémentarité par l'enseignement scientifique dispensé en classe terminale.

Reconstituer et comprendre les variations climatiques passées

D'environ 1 °C en 150 ans, le réchauffement climatique observé au début du XXIe siècle est corrélé à la perturbation du cycle biogéochimique du carbone par l'émission de gaz à effet de serre liée aux activités humaines. À l'échelle du Quaternaire, des données préhistoriques, géologiques et paléo-écologiques attestent l'existence, sur la période s'étendant entre -120 000 et -11 000 ans, d'une glaciation, c'est-à-dire d'une période de temps où la baisse planétaire des températures conduit à une vaste extension des calottes glaciaires. Les témoignages glaciaires (moraines), la

... PUIS VERS LE SUPÉRIEUR

Les grands itinéraires de l'Enseignement supérieur

Université | Lycée | Ecole

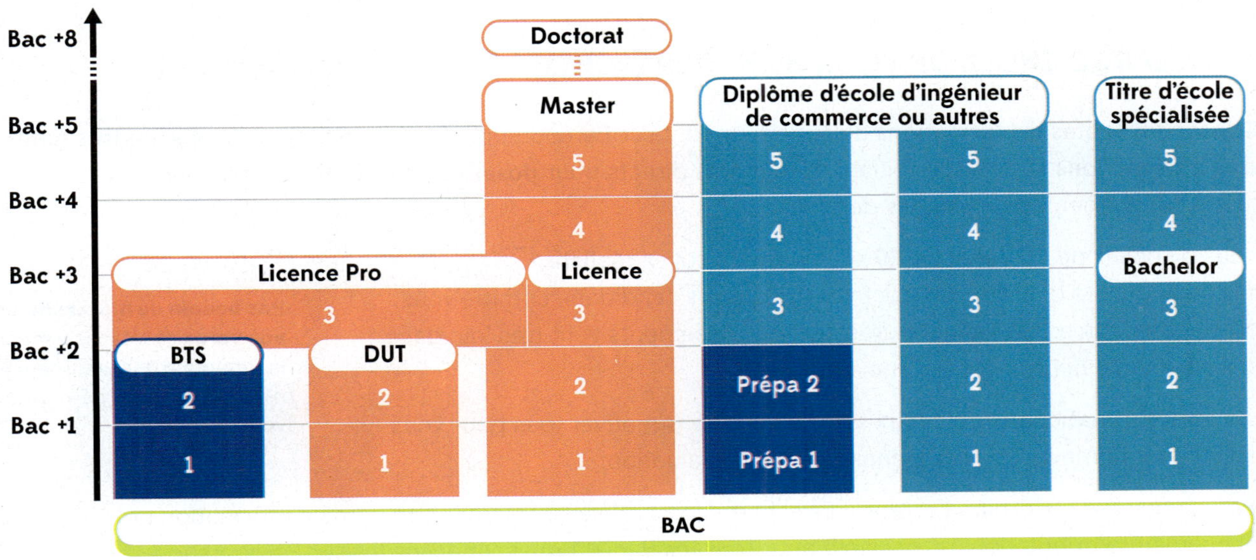

Ils témoignent de leur première année après le Bac

THÉO,
Première année de licence de Sciences de la Vie

« J'ai choisi l'Université car elle offre plusieurs parcours d'études et des matières nouvelles pour moi. Même si nous sommes plus encadrés que je ne l'imaginais, il faut travailler en autonomie et bien s'organiser entre les cours théoriques et les TP. J'espère partir en échange à l'étranger dès la L3. »

ZINEB
Première année de Prépa économique et commerciale

« Je voulais faire une école de commerce. Je craignais la prépa, j'en ai discuté avec des profs pendant les Portes ouvertes qui m'ont convaincue que je pouvais y arriver. Chaque semaine, 31 heures de cours, des colles orales, des devoirs sur table, et beaucoup de boulot à la maison pour assimiler des contenus volumineux très vite. Mais je ne regrette pas ! Il y a beaucoup de solidarité dans la classe. C'est stimulant. »

MAELLE,
IUT Info-Comm

« Grâce à mon dossier, j'ai pu entrer en IUT : un cursus court à l'Université, bien encadré avec la possibilité de poursuivre mes études. Je découvre des disciplines théoriques (marketing, droit...) et pratiques (graphisme, infographie...). C'est passionnant. J'ai hâte de débuter mon premier stage ! »

DIMITRI,
IFSI

« J'ai toujours voulu être infirmier en bloc opératoire. Mon dossier était un peu juste mais ma motivation et mes activités associatives m'ont permis de réussir l'entretien d'entrée. On alterne les cours théoriques et cliniques à la Fac ou dans l'IFSI et on a beaucoup de travail. J'ai effectué un premier stage et je suis encore plus motivé ! »

SARAH,
École d'ingénieur

« J'aimais les sciences et les TP au lycée, je voulais devenir ingénieure sans savoir dans quel domaine. J'ai réussi à intégrer une école généraliste qui me permettra de me spécialiser plus tard. Dans l'école, j'apprécie les projets en groupe, l'accès permanent à un matériel de pointe et la vie associative. »

Un lien ONISEP utile pour votre orientation

onisep.fr

Nathan onisep

PARCOURSUP, QU'EST-CE QUE C'EST ?

C'est la plateforme nationale de préinscription à l'enseignement supérieur pour tous les élèves de terminale. En 2019, 97% des bacheliers généraux ont reçu au moins une proposition.

1 UN LARGE CHOIX DE VŒUX NON HIÉRARCHISÉS ET DES INFORMATIONS

✓ **Quasiment toutes les formations du supérieur** sont sur Parcoursup (15.000 formations !) avec de très **nombreuses informations** et des possibilités de contacts directs pour **poser vos questions** sur les contenus, les critères d'examen des vœux, les débouchés.

✓ Vous disposez de **10 vœux (et 20 sous-vœux)** : soyez **réaliste** et **ambitieux** (tentez des filières sélectives !). Tous les candidats, comme vous, déposent de nombreuses candidatures : les établissements vont très loin dans leurs classements pour proposer une admission

✓ **Les attendus nationaux et locaux** sont là pour vous motiver (pas pour vous inquiéter), tout comme les questionnaires d'auto-évaluation.

> **Astuce**
>
> **Pas besoin de hiérarchiser vos vœux** et l'établissement de la formation que vous demandez n'est pas informé de vos autres vœux.

✓ Enfin, vous avez **le droit à l'erreur** : il existe de nombreuses passerelles en cours de formation et un changement d'orientation est possible pour tous les Bac + 1 qui sont accueillis sur Parcoursup.

2 UNE PROCÉDURE AVEC UN CALENDRIER PRÉCIS ET DES OBLIGATIONS

Calendrier et check-list

✓ **Un calendrier**
Ce calendrier vous laisse du temps de réflexion, coordonné avec le Bac et adapté à votre intégration dans le Supérieur.

✓ **Des modalités d'inscription**

- Pour constituer votre dossier personnel à partir de votre INE, vous fournissez :
  - des informations sur votre état civil,
  - vos coordonnées, celles de vos représentants légaux (si vous êtes mineurs),
  - des informations sur votre scolarité passée en complément de celles fournies par votre lycée (bulletins de 1ère et Term, Fiche Avenir avec les appréciations de vos enseignants et l'avis du chef d'établissement).

Vous rédigez un **Projet de formation motivé** personnalisé adapté à chaque formation.
Vous remplissez soigneusement la rubrique « **Mes activités et centres d'intérêt** » qui peut renforcer vos candidatures.

- Vous envoyez les documents complémentaires que demandent parfois certaines formations.

> **À savoir**
>
> Le respect de la procédure par tous les élèves et les établissements est la condition de son bon fonctionnement.

3 DES ENSEIGNANTS QUI ÉTUDIENT VOTRE DOSSIER ET VOUS RÉPONDENT

✓ **Parcoursup n'est pas un robot ni un algorithme qui déciderait de votre orientation !**
Toutes les formations vous répondront mais pas forcément en même temps : **surveillez les réponses** (sms, mail...) et votre compte Parcoursup.

✓ **N'oubliez pas de répondre** à chaque proposition dans les délais indiqués. Si plusieurs propositions vous sont faites il vous faudra choisir puis valider votre choix final et **vous inscrire définitivement**.

VOUS INFORMER SUR LES FORMATIONS

UNE DÉMARCHE À ANTICIPER

Votre démarche d'orientation ne doit évidemment pas attendre l'ouverture de Parcoursup.

Vous ne savez pas encore vraiment ce que vous voulez faire mais vous aimez bien les SVT ?

Vous avez déjà plusieurs idées, par exemple « *J'aimerais travailler dans l'environnement ou dans le milieu médical* » ?

Vous avez une idée assez nette de ce que vous voulez faire : « *Je veux travailler dans l'agroalimentaire* », « *Je veux être géologue* » ?

S'INFORMER AVEC L'ONISEP

Dans tous les cas, **vous devrez vous informer sur les formations, leurs contenus, leurs modalités** (durée, sélective/non sélective, privée/publique, possibilité d'alternance ou de poursuite d'études, proximité...) et **leurs débouchés**.

L'ONISEP (**Office national d'information sur les enseignements et les professions**) vous fournit toute l'info sur les métiers et les formations :

- Le site onisep.fr, notamment la rubrique *Ma première année en...*
- monorientationenligne.fr vous met en contact avec un conseiller par téléphone, mail ou par tchat.
- Le site *Terminales* à retrouver sur orientation-lycees.fr
- Des revues, des guides, des Salons...
- Vous disposez de beaucoup de sources d'informations potentielles : contacts sur Parcoursup, Journées Portes Ouvertes, salons, forums, sites, Semaines de l'orientation et bien entendu vos enseignants, et les conseillers près de chez vous...

Notez bien que vos motivations pour une formation ou des débouchés ainsi que vos démarches d'orientation vous seront aussi utiles lors du Grand Oral.

FOCUS SUR... des formations et métiers en lien avec votre spécialité

DES ÉTUDES FACILITÉES PAR LA SPÉCIALITÉ SVT

Site Horizons sur orientation-lycees.fr

- **Licences** Chimie, Physique, Sciences et technologie, STAPS, Sciences de la vie, Sciences de la terre, Études de santé, Sciences sanitaires et sociales, Psychologie...
- **Classes préparatoires** pour les écoles d'agronomie et écoles vétérinaires...
- École d'ingénieurs, d'agronomie, du paysage...
- Études paramédicales.
- **BTS** Biotechnologie, Gestion et protection de la nature, Métiers de l'eau, Métiers de l'environnement, Qualité dans les industries alimentaires et les bio-industries, Prothésiste dentaire, Bio-analyses, Biophysicien de laboratoire, Opticien, BTSA Gestion de l'eau, Agronomie...
- **DUT** Génie biologique, Hygiène, sécurité environnement...
- **DTS** imagerie médicale et radiologie thérapeutique, **DE** manipulateur radio...

BAC

LES ÉPREUVES DE L'ENSEIGNEMENT DE SPÉCIALITÉ SVT DE LA CLASSE DE TERMINALE

L'ÉPREUVE ÉCRITE TERMINALE

3 h 30 · 15 points · second trimestre

OBJECTIFS DE L'ÉPREUVE

Cette épreuve a pour objectif de valider la maîtrise des connaissances et compétences acquises dans le cadre du programme du cycle terminal. L'épreuve est constituée de **deux exercices**.

Exercice 1

Le candidat **rédige un texte argumenté** répondant à la question scientifique posée. Le questionnement peut être accompagné d'un ou plusieurs documents. L'exercice permet d'évaluer la capacité du candidat à mobiliser des connaissances, à les organiser et à les exposer dans un langage scientifiquement correct dont le raisonnement s'appuie sur des expériences, des observations et des exemples éventuellement issus du ou des documents proposés dans le sujet.

Exercice 2

Le candidat développe un **raisonnement scientifique** pour résoudre le problème posé.

L'exercice permet d'évaluer sa capacité à pratiquer une démarche scientifique, à partir de l'exploitation d'un ensemble de documents et en mobilisant ses connaissances. Le questionnement amène le candidat à : choisir une démarche de résolution du problème posé et à l'exposer ; analyser les documents fournis et intégrer leur analyse ; structurer et rédiger correctement son raisonnement.

L'ÉPREUVE PRATIQUE D'ÉVALUATION DES COMPÉTENCES EXPÉRIMENTALES

1 h · 5 points · second trimestre

Les situations d'évaluation balayent les trois thématiques des programmes et ménagent un équilibre 2/3-1/3 entre sciences de la vie et sciences de la Terre. L'épreuve comporte deux étapes :

- **L'étape A** compte pour 12 points et demande au candidat de : proposer une stratégie de résolution de la situation problème (matériel visible) ; exécuter des gestes techniques en respectant les règles de sécurité (des fiches techniques sont disponibles) ; organiser son espace de travail et gérer son temps.
- **L'étape B** compte pour 8 points et demande au candidat de : choisir les modalités adaptées pour présenter des résultats ; interpréter les résultats pour apporter une réponse à la situation problème.

L'ÉPREUVE DU GRAND ORAL

40 min · 20 points coef 10 · second trimestre

L'épreuve vous permet de montrer votre capacité à prendre la parole en public de façon claire et convaincante. Elle vous permet aussi de mettre les savoirs que vous avez acquis, particulièrement dans vos enseignements de spécialité, au service d'une argumentation et de montrer comment ils ont nourri votre projet de poursuite d'études, voire votre projet professionnel.

Au cours de l'année	Choix des questions	Choix de 2 questions portant sur les 2 enseignements de spécialité soit pris isolément, soit abordés de manière transversale.
	Préparation des questions	Élaboration et préparation de ces questions avec vos professeurs de spécialité et éventuellement d'autres élèves.
Le jour de l'épreuve	Préparation 20 mn	Le jury choisit l'une des questions. Vous disposez de 20 mn pour mettre en ordre vos idées et éventuellement réaliser un support à remettre au jury.
	1er temps Présentation de la question • 5 mn	Exposé, sans note et debout. Vous devez expliquer pourquoi vous avez choisi de préparer cette question, puis vous la développez et vous y répondez.
	2e temps Échange avec le jury • 10 mn	Le jury vous interroge sur votre prestation mais aussi sur le programme de vos enseignements de spécialité (1re et Term).
	3e temps Échange sur l'orientation • 5 mn	Vous expliquez en quoi la question traitée éclaire votre projet de poursuite d'études, voire votre projet professionnel.

PRENDRE LA PAROLE EN PUBLIC

Prendre la parole, ça s'apprend ! Suivez ces conseils et entraînez-vous régulièrement, c'est le secret de la réussite

ADOPTEZ UNE POSTURE SEREINE ET DES GESTES EXPRESSIFS

Faites simple : restez le plus naturel possible.

- **Ancrez-vous dans le sol**, les pieds bien droits et légèrement écartés, la tête haute tournée vers le jury. Conservez cette posture, évitez de vous balancer et ne bougez pas trop.
- **Soyez naturel** avec vos mains, vous n'êtes ni une personnalité politique en campagne ni un mime ! Évitez de croiser les bras, ne gardez pas vos mains jointes, utilisez-les plutôt **pour appuyer ce que vous dites.**
- **Souriez régulièrement**, c'est un ingrédient important d'une intervention orale réussie.

Conseil

Si, comme vous en avez la possibilité, vous choisissez de vous asseoir après votre réponse de cinq minutes, de même, sur la chaise, ancrez-vous au sol avec la tête et le dos droits.

PRÊTEZ ATTENTION À VOTRE VOIX

La voix est le premier instrument de l'orateur. Ses différentes composantes sont mêlées mais vous pouvez en travailler les différents éléments.

Le volume

Entraînez-vous à parler de manière **suffisamment audible**.

Le débit (vitesse / rythme)

- Le rythme de votre prise de parole influera sur la qualité de sa réception.
- Vous attirerez et garderez l'attention en **variant votre débit** en fonction de vos propos. Par exemple, en parlant plus vite quand vous racontez une anecdote, moins vite quand vous arrivez en fin d'une sous-partie ou que vous voulez insister sur un point.
- Si vous avez l'habitude de parler vite, ce sera difficile à modifier. Dans ce cas, évitez les phrases trop longues et surtout, faites des pauses !

L'intonation

C'est le ton que vous prendrez pour vous adresser à votre auditoire en accord avec le texte. Entraînez-vous à bien l'adapter à différents contenus et surtout à le varier pour **éviter la monotonie**.

Conseil

Ne commencez pas à parler dès qu'on vous donne la parole. Silence, d'abord. Vous attirerez l'attention et vous en profiterez pour respirer un grand coup. Les pauses vous permettent de marquer le début ou la fin d'une sous-partie, de réfléchir avant de répondre, et d'attirer l'attention sur ce que vous allez dire ensuite.

SOIGNEZ VOTRE VOCABULAIRE

Même si vous n'en n'avez pas toujours conscience, il se peut que vous utilisiez un langage trop familier, trop quotidien..

- **Éliminez** tous les termes qui vous paraissent **relever d'un langage trop familier**. Même si ce n'est pas toujours facile, essayez de bannir vos tics de langage (*ben, comment, euh, de base, trop, carrément, en mode, bof).*
- **Employez des termes précis** : vous devez connaître les définitions de toutes les notions que vous employez.
- **Vous pouvez nuancer votre réponse** en utilisant des modalisateurs (« *il m'a semblé... / j'ai trouvé... / J'ai apprécié... En revanche...* »)

Conseil

Entraînez-vous à plusieurs : un élève présente son exposé, les autres relèvent les mots issus d'un langage trop familier. Cherchez ensemble des synonymes ou des expressions plus adaptés.

BAC

RÉUSSIR LE GRAND ORAL : SE PRÉPARER

En fin d'année, vous allez passer la nouvelle épreuve du Grand oral.

Cette épreuve ne doit pas vous stresser : votre préparation vous mettra en confiance.

- **C'est vous qui choisissez des questions qui vous intéressent.**
- **Vous avez l'appui de vos professeurs, des autres élèves, du CDI…**
- **Vous pouvez compter sur la bienveillance du jury qui est là pour écouter, vous encourager et échanger avec vous.**

ÉTAPE 1 CHOISIR ET FORMULER SA QUESTION

Les deux questions doivent vous intéresser : c'est la clé de votre réussite !

- Ces questions doivent « mettre en lumière un des grands enjeux du programme » et « sont adossées à tout ou partie du programme de Première et Terminale ».
- Il est fondamental de choisir une question qui vous intéresse. Elle doit vous inspirer des idées, des arguments, des exemples, des sources… qui rendront votre présentation attractive et convaincante.
- Établissez des liens entre les questions et votre projet d'orientation. Par exemple, si vous vous destinez à des études d'ingénieur agronome, choisissez plutôt une question en lien avec cette partie du programme de SVT.
- Demandez-vous s'il est réaliste d'y répondre en 5 minutes.
- Ne choisissez pas un sujet trop vaste, ni trop pointu. Plus votre question sera personnelle, plus vous serez à l'aise.

Conseil

Quelques types de questions : *Comment ? Pourquoi ? Depuis quand ? Peut-on ? Doit-on ? Dans quelle mesure ? Et si ? Est-il souhaitable ? Est-il vrai que ? Faut-il ? Pour quelles raisons ? Quelles sont ? Quelles seraient les conséquences ? …*

ÉTAPE 2 PRÉPARER SON EXPOSÉ

Vous n'êtes pas seul pour préparer. Interrogez vos professeurs, ils sont là pour vous aider !

SE DOCUMENTER

- Élargissez et variez vos sources d'information : ouvrages documentaires (manuels scolaires, revues, essais…), personnes (votre professeur de spécialité, le ou la professeur(e) documentaliste, vos camarades…), ressources numériques (internet, ressources numériques du manuel…).
- Sélectionnez vos sources en fonction de leur fiabilité et de leur pertinence par rapport à votre sujet.
- Conservez et classez vos sources (par types, par date…) afin de les citer lors du Grand oral.

Conseil

Pensez à l'actualité : créez un dossier dans lequel vous regrouperez toutes les actualités qui se rapportent à votre sujet.

ORGANISER VOTRE RÉPONSE

En introduction :

- Expliquez pourquoi vous avez choisi cette question.
- Éveillez la curiosité du jury par une accroche bien choisie.

Vous êtes libre du choix de votre plan.

- Dégagez 2 ou 3 idées qui éclairent votre question. Chaque idée est soutenue par plusieurs arguments qui sont illustrés par un exemple ou un fait.
- Recherchez des exemples, des liens qui vous concernent personnellement ou avec l'actualité…

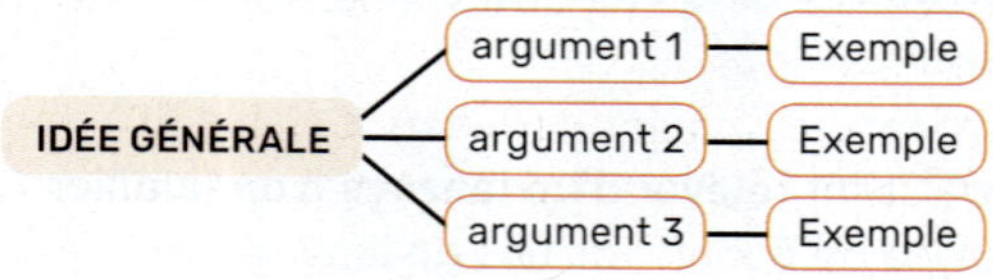

En conclusion :

- Suggérez des pistes, faites le lien avec l'actualité, votre orientation, avec un autre point de programme d'une de vos spécialités…
- Montrez que la question posée reste ouverte.

Conseil

Vous pouvez choisir entre plusieurs types de plan : thématique, analytique, chronologique, dialectique…

Les différents types de plan

Conseil

Vous pouvez profiter de la conclusion pour « tendre une perche au jury », en posant une autre question par exemple. Réfléchissez à ce que vous pourriez répondre.

ÉTAPE 3 PRÉPARER UN SUPPORT À REMETTRE AU JURY

Même s'il n'est ni obligatoire ni évalué, prenez le temps de remettre un support au jury. Il prouvera la qualité de votre préparation.

▶ Vous devez préparer ce support manuscrit à l'avance et le reproduire durant la préparation. Cela clarifiera vos idées avant la présentation.
▶ Faites apparaître votre plan, les mots-clés, vos arguments, vos exemples, vos sources les plus originales, vos choix d'orientation…
▶ Écrivez, dessinez, soulignez proprement, relisez et évitez les fautes d'orthographe.

Conseil

Toutes les formes sont possibles : plan détaillé, fiche mémo, carte mentale, organigramme, tableau, schéma…

Des exemples de support

ÉTAPE 4 PRÉPARER VOTRE PRISE DE PAROLE

Le jour J, vous devrez parler debout, sans note, pendant 5 minutes. Ce n'est pas un exercice facile, mais avec un peu d'entraînement, vous allez rapidement progresser.

▶ **Rendez-vous p. 19** pour des conseils détaillés sur cette étape importante.

ÉTAPE 5 PRÉPARER LA DISCUSSION AVEC LE JURY

Contrairement à ce que vous pourriez croire, il est possible d'anticiper une partie des questions du jury et de s'y préparer. Ici encore, tout est une question d'entraînement ! Multipliez les séances de travail à plusieurs et alternez les rôles : candidat, jury…

▶ Lors de vos entraînements en public : notez les questions, contre-arguments, objections, discussions, demandes de précisions qui reviennent le plus souvent… et préparez-vous à y répondre !
▶ Apprenez les définitions de toutes les notions que vous utilisez.
▶ Tout au long de l'année, surveillez l'actualité liée à votre question.
▶ Si vous ne connaissez pas une réponse : ne restez pas muet, essayez de faire le lien avec ce que vous savez.

Conseil

N'oubliez pas de réviser le programme de vos deux spécialités !

Grille d'évaluation pour l'entretien

Liste de questions à anticiper

ÉTAPE 6 ÉCHANGER SUR SON PROJET D'ORIENTATION

Vous savez que le jury vous demandera : « En quoi la question que vous avez choisie éclaire vos choix d'orientation, voire votre projet professionnel ». Soyez prêt à répondre à cette question.

▶ Au moment du Grand oral, en juin, vous connaîtrez vos choix d'orientation. Entraînez-vous à les exprimer précisément : intitulé exact et lieu de la formation, mode d'accès (non sélectif, sélectif, concours…).
▶ Le jury ne vous demandera pas nécessairement de savoir quel métier vous voulez faire, mais quelle voie vous emprunterez après le bac.
▶ Rappelez comment vous êtes informé (infos fournies par Parcoursup, ONISEP, salons, rencontres, Portes ouvertes, sites…), faites le lien entre la spécialité et les attendus de la formation.
▶ Enfin, utilisez vos activités associatives, sportives, artistiques, engagements, jobs, stages… pour mettre en avant certaines de vos qualités en phase avec vos choix d'orientation voire votre projet professionnel.

Conseil

Exprimez votre motivation en vous appuyant sur votre Projet de formation motivé.

Conseil

Vous devez connaître le contenu des formations visées : consultez les plaquettes, sites internet, allez aux Journées Portes ouvertes…

Grille d'évaluation du Grand oral

Rendez-vous sur le site Nathan.fr/grand-oral

THÈME 1

La Terre, la vie et l'organisation du vivant

SOMMAIRE

Vu dans les classes précédentes

- Les divisions cellulaires conformes (mitoses) et non conformes (méioses).
- Les mécanismes à l'origine des mutations.
- La transmission des mutations.
- Les effets des mutations sur la santé humaine.
- Sélection naturelle et dérive génétique.
- La structure interne du globe.
- La mobilité horizontale de la lithosphère.

Dans ce thème

- La reproduction sexuée forme des génomes individuels et contribue à la diversification du vivant. Chapitres 1, 2, 3 et 4
- L'hérédité n'est pas exclusivement liée à l'ADN. Chapitre 5
- Les méthodes de chronologie permettent de reconstituer l'histoire d'un objet géologique. Chapitre 6
- La construction de l'échelle internationale des temps géologiques. Chapitre 7

Quelles études ?

ANNE, Technicienne biologiste

- BAC STL ou BAC général spécialité SVT
- BTS ANABiotec

DENIS, géologue, cartographe, géochimiste

- BAC général spécialité SVT
- Prépa BCPST
- Master
- Doctorat

→ Portraits p. 426

Collection de coléoptères.

POUR COMMENCER

Vos acquis

LE QUIZ

EXO Exercices interactifs

Répondez par vrai ou faux aux affirmations suivantes. Vous pouvez vous reporter au paragraphe indiqué.

	Vrai	Faux	
▶ La mitose est une division conforme de la cellule.	❒	❒	→ 1
▶ La méiose permet d'obtenir 4 cellules qui contiennent la même quantité d'information que la cellule mère dont elles sont issues.	❒	❒	→ 1
▶ Les mutations sont à l'origine de la diversité des phénotypes.	❒	❒	→ 2
▶ Une mutation qui affecte une cellule somatique est transmise aux descendants après fécondation.	❒	❒	→ 3
▶ Les forces évolutives qui modifient les populations sont la sélection naturelle et la spéciation.	❒	❒	→ 4
▶ D'après le modèle PREM, on peut dire que la lithosphère solide repose sur l'asthénosphère liquide.	❒	❒	→ 1
▶ Les frontières de plaques sont des secteurs où la lithosphère ne présente aucun mouvement.	❒	❒	→ 2

→ Voir réponses p. 447

1 DES DIVISIONS CELLULAIRES CONFORMES ET NON CONFORMES

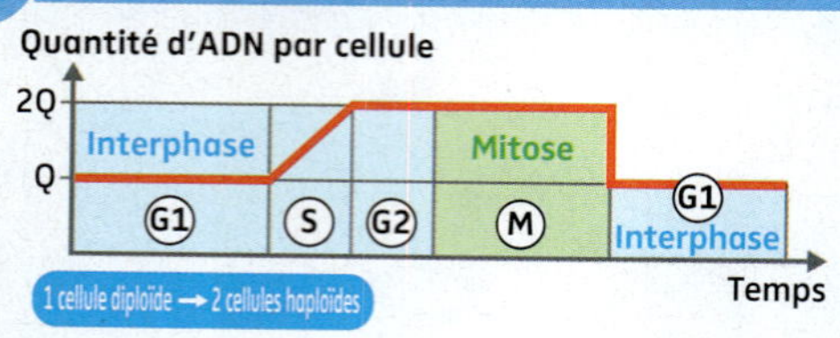

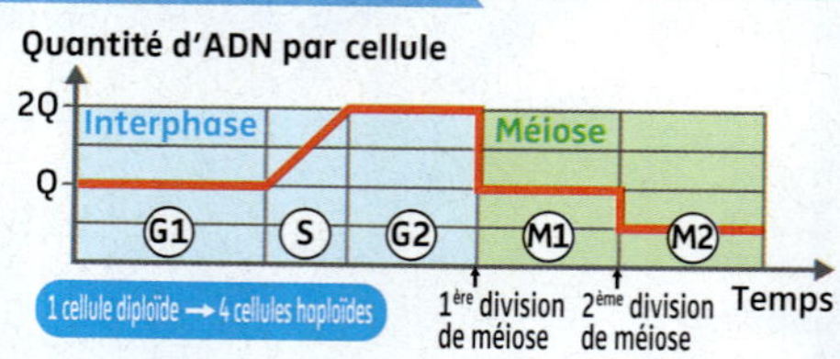

La mitose d'une cellule 2n = 46 permet d'obtenir deux cellules filles diploïdes 2n = 46 tandis que la méiose d'une cellule 2 = 46 permet de former 4 cellules filles haploïdes n = 23.

TRANSMISSION ET VARIATION DU PATRIMOINE GÉNÉTIQUE

2 ORIGINE DES MUTATIONS

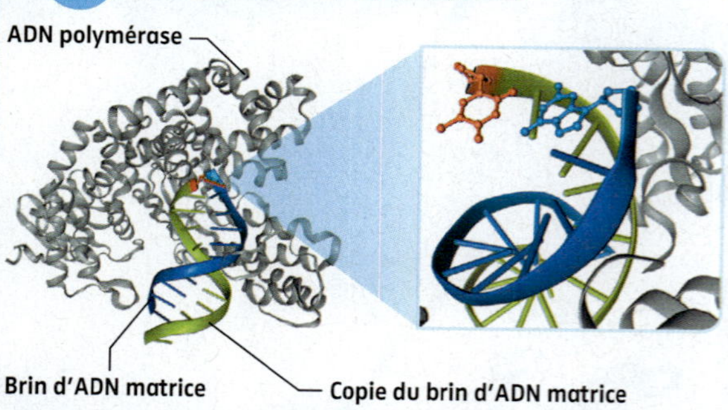

Plusieurs mécanismes sont à l'origine des mutations :
- Les erreurs de synthèse lors de la réplication
- Des modifications chimiques de l'ADN sous l'action d'agents mutagènes

Les mutations sont à l'origine de diverses versions d'un même gène que l'on appelle des allèles.

3 TRANSMISSION DES MUTATIONS

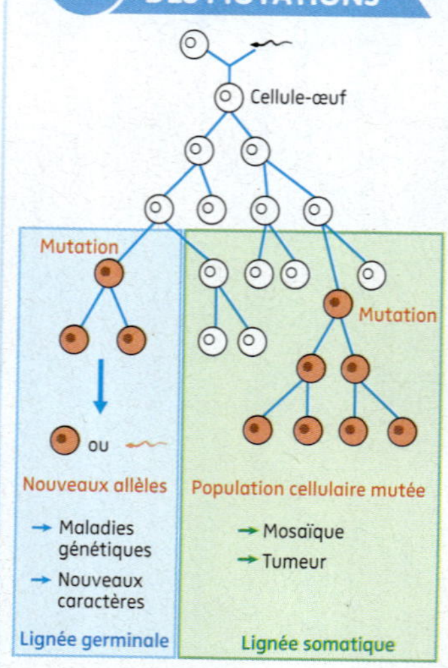

Les mutations de la lignée germinale créent de nouveaux allèles transmissibles à la descendance.
Les mutations de lignée somatique ne sont pas héréditaires.

4 FORCES ÉVOLUTIVES

La sélection naturelle maintient les formes les plus aptes à se reproduire.
La dérive génétique correspond à une modification aléatoire des fréquences des allèles au sein d'une population.
La sélection naturelle associée à la dérive génétique conduit sur des temps courts à une modification des populations.

1 ONDES SISMIQUES ET STRUCTURE PROFONDE DU GLOBE

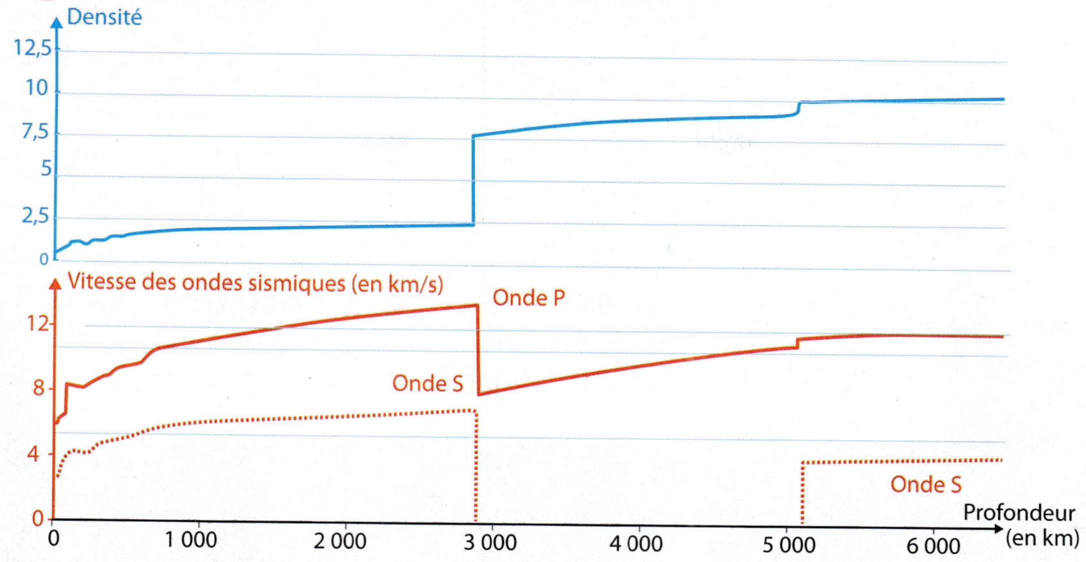

Les études sismiques ont conduit les géologues à proposer un modèle sismique du globe (PREM) ayant une structure radiale. Les ondes S ne se propagent que dans les milieux solides ; les ondes P pouvant se propager dans les milieux solides et liquides

LA DYNAMIQUE INTERNE DE LA TERRE

2 LES MOUVEMENTS DES PLAQUES

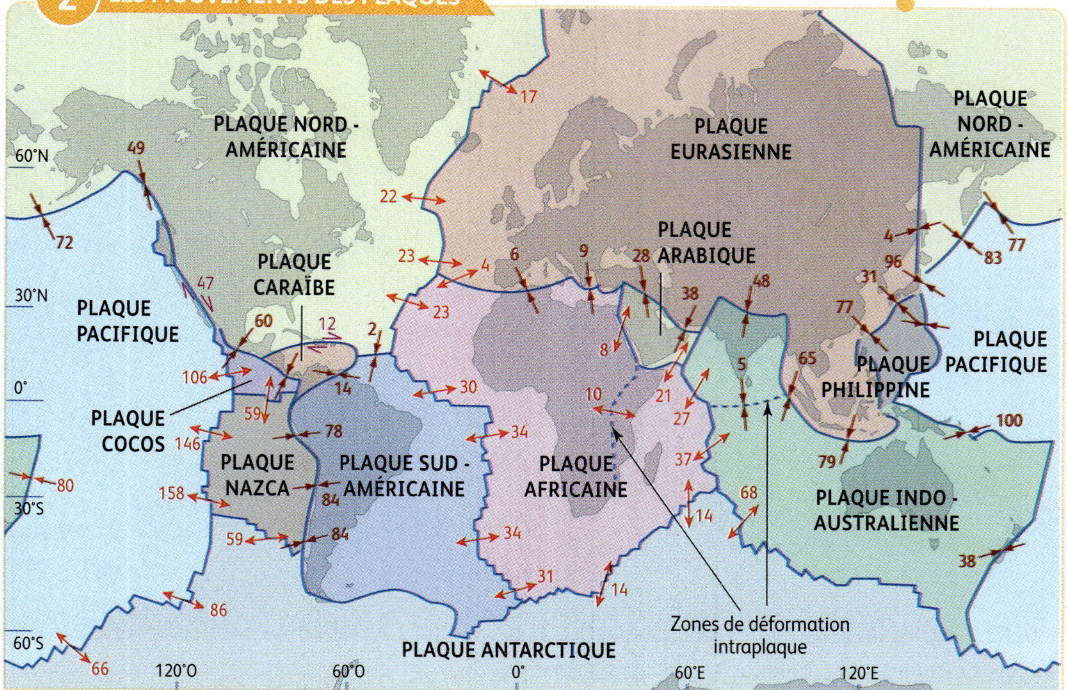

La lithosphère est découpée en plaques lithosphériques, dont les frontières concentrent l'activité sismique de la Terre. Ces frontières de plaques séparent des portions de lithosphère ne présentant pas un même mouvement.

CHAPITRE 1

Stabilité génétique et évolution clonale

Un clone est un ensemble de cellules issues de la succession de mitoses d'une même cellule initiale. Ces cellules sont génétiquement homogènes : il y a conservation de leur génome au cours des générations. Pourtant, des variations peuvent être observées au sein d'un clone.

Fleur de lotus bicolore. Les pétales de cette fleur de lotus ont deux couleurs distinctes selon leur position, alors qu'ils sont issus de la mitose de cellules initialement identiques génétiquement.

Comment un organe issu de cellules clonales peut-il présenter des phénotypes différents ?

UNITÉS 1 et 2

« Pando », une forêt entière constituée d'un seul clone.

Comment peut naître une population de clones ? UNITÉ 1

05/07/1996

C'est la **date de naissance de la brebis Dolly, premier mammifère cloné à partir du matériel génétique d'une cellule somatique d'un individu adulte.**

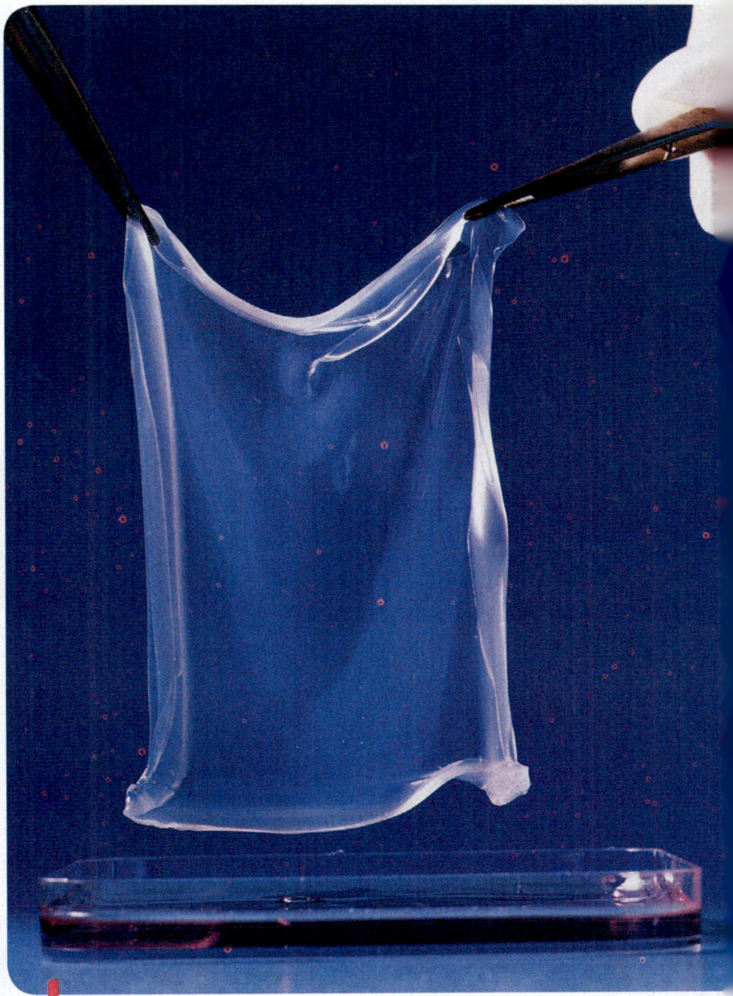

Formation d'une peau artificielle.
Des cellules saines d'épiderme de grands brûlés peuvent être clonées en laboratoire, par stimulation de mitoses. Leur association en tissus forme une peau artificielle qui peut être utilisée lors d'autogreffes, ce qui limite les rejets.

Quelles propriétés des cellules clonales expliquent l'absence de rejet des autogreffes de peau artificielle ? UNITÉ 1

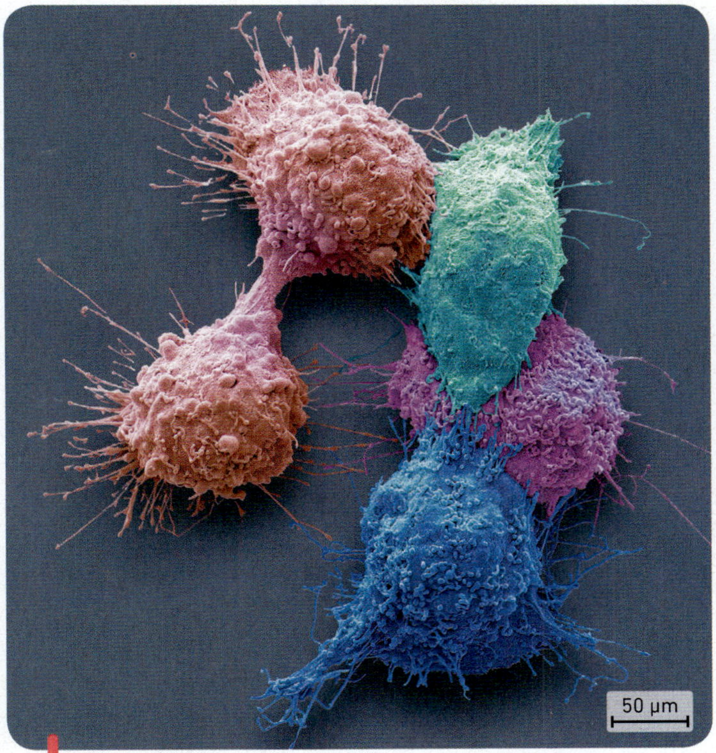

Cellules cancéreuses ovariennes. Au sein d'une tumeur, toutes les cellules cancéreuses forment un clone mais ne sont pas totalement identiques génétiquement. Ces différences sont indispensables à l'acquisition des propriétés des cellules tumorales (prolifération, immortalité).

Comment se crée la diversité des cellules tumorales ? UNITÉ 2

UNITÉ 1 Les caractéristiques des clones

Un clone correspond à l'ensemble des cellules issues d'une unique cellule ayant subi une succession de mitoses. Il est possible d'analyser le contenu génétique des cellules d'un clone.

Objectif

Caractériser la diversité génétique des cellules d'un clone.

Expliquer l'origine des variations observables au sein d'un clone

Mettre en évidence des caractéristiques phénotypiques d'un clone

Protocole

PRINCIPE

Des levures de la souche *ade2-* sont mises en suspension. Elles sont toutes issues de la mitose d'une unique cellule initiale, capable de produire un pigment rouge caractéristique.

Quelques gouttes de la suspension sont ensuite déposées dans une boîte de Petri contenant un milieu nutritif adapté. La manipulation est réalisée dans un champ stérile.

1 **Résultats obtenus après 7 jours de culture à 30 °C.** Une colonie issue d'une cellule mutante a un phénotype différent des autres : elle constitue un sous-clone.

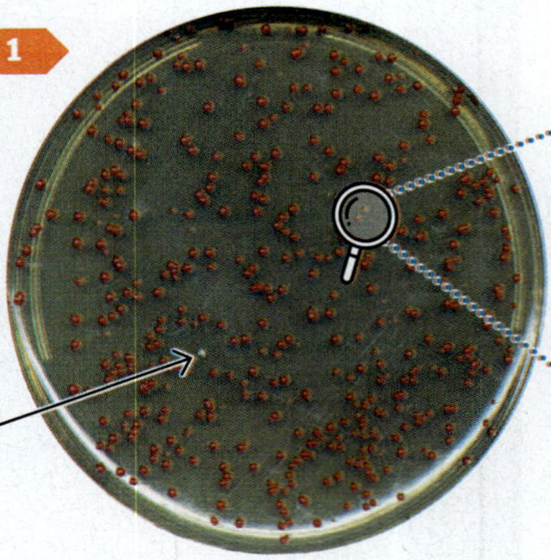

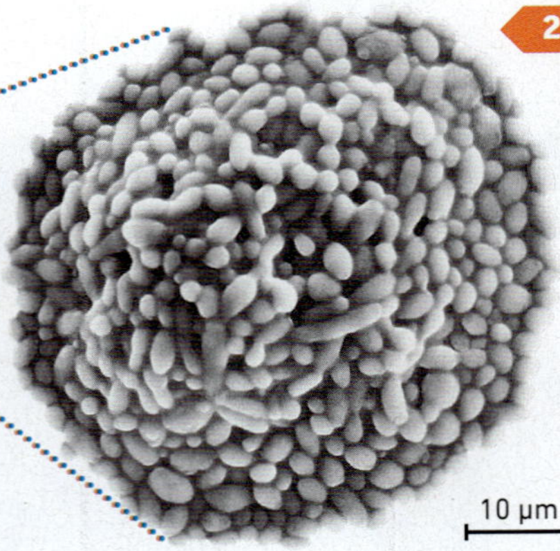

2 **Observation d'une portion de colonie au microscope électronique à balayage.** Chaque colonie contient des milliers de cellules indépendantes, formées par le clonage d'une des cellules déposées 7 jours auparavant.

Calculer le nombre de mutations apparues durant le développement

Le développement embryonnaire s'effectue grâce à de nombreuses mitoses. L'ensemble des cellules formées, qui s'assemblent en tissus au cours du développement, peut donc être considéré comme un clone. Il est possible d'estimer le nombre théorique de mutations apparues dans chaque cellule d'un nouveau-né par rapport à la cellule-œuf en calculant le nombre de mitoses qui ont été nécessaires à leur formation.

Mémo

> En mathématiques, l'équation $2^x = n$ se résout de la façon suivante : $x = \log_2(n)$.

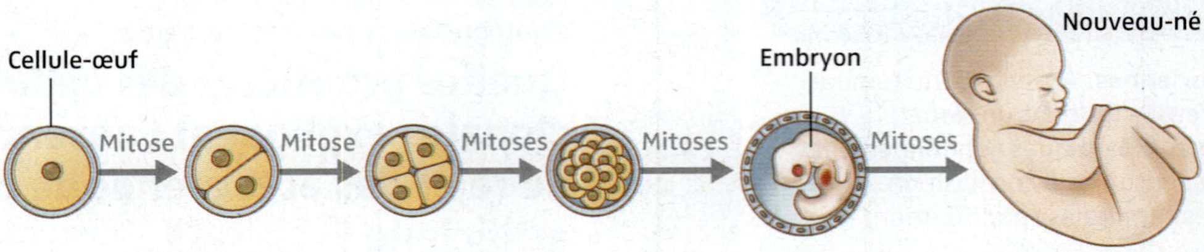

Nombre de cellules du nouveau-né : $1{,}25.10^{12}$

Nombre de nucléotides par cellule : $6{,}4.10^{9}$ paires

Taux de mutation par nucléotide par réplication : $2{,}66.10^{-9}$

3 La formation d'un clone cellulaire humain.

→ Méthode n° 2

Comparer le génotype d'un clone à celui d'un individu proche

L'écrevisse marbrée est une espèce apparue très récemment. Elle n'est composée que de femelles, se reproduisant de façon asexuée : ce sont des œufs non fécondés, formés par mitose, qui sont à l'origine des embryons.
En 2018, le génome de 7 individus a été séquencé :
– 6 écrevisses marbrées (individus 1 à 6) ;
– une écrevisse d'une espèce proche (individu 7), à reproduction sexuée. Ce sont des individus de cette espèce qui ont donné naissance à la nouvelle espèce d'écrevisses marbrées.

4 **Écrevisse marbrée portant des embryons clonaux.**

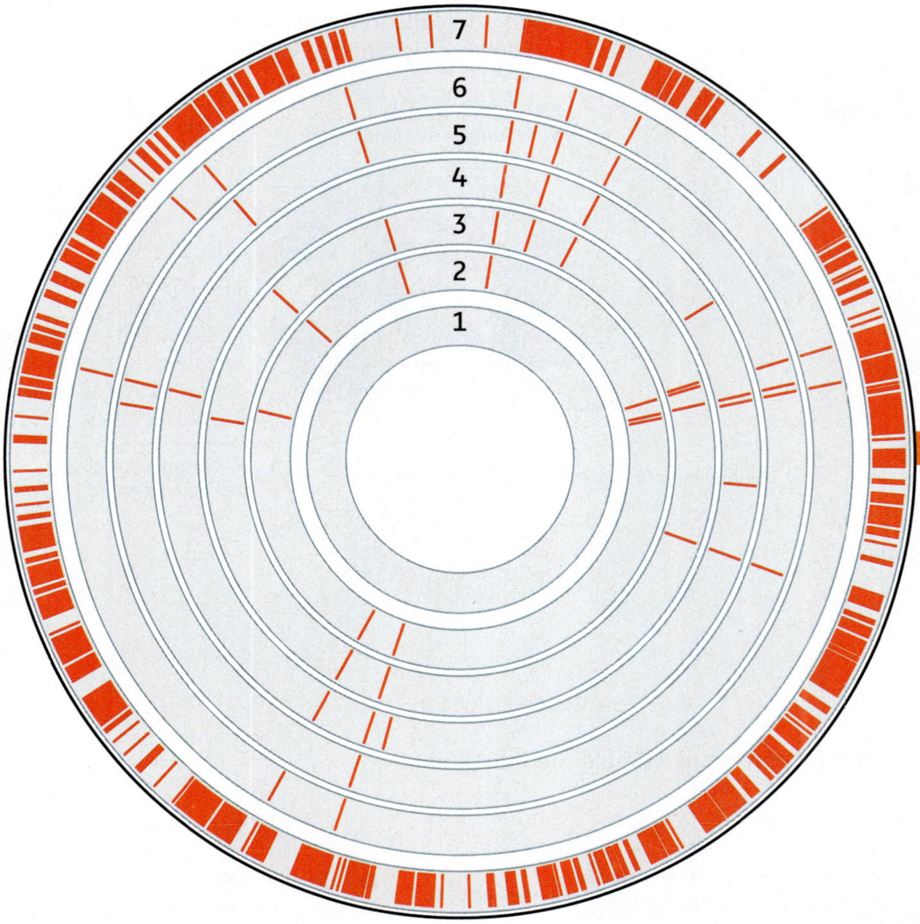

5 **Diversité génétique de clones.** Le génome de chaque individu est symbolisé par un cercle gris. Les différences nucléotidiques avec l'individu 1 sont repérées par des traits rouges.

Guide de résolution

Indicateurs de réussite

1 Identifier la diversité phénotypique des clones présentés dans le document 1 et expliquer son origine à l'aide de vos acquis des classes antérieures.

2 Estimer le nombre moyen théorique de mutations qui devrait affecter les cellules (clonales) d'un organisme humain à la naissance, à l'aide du document 3.

3 **En conclusion**
À l'aide de l'ensemble des documents, expliquer les différences de diversité génétique entre les individus de l'espèce clonale et ceux de l'espèce à reproduction sexuée présentés dans le document 5.

UNITÉ 2 Les conséquences d'un accident génétique au sein d'un clone

Les cellules tumorales forment un clone qui acquiert des propriétés (prolifération incontrôlée, immortalité, capacité d'invasion) qui le distinguent des autres cellules de l'organisme. Ces différences sont acquises par des mutations successives.

Objectif

Expliquer l'origine de la capacité des cellules cancéreuses à se diviser indéfiniment.

Identifier une caractéristique chromosomique des cellules à division indéfinie

Au cours du processus de cancérisation, les cellules tumorales peuvent se différencier les unes des autres en accumulant des mutations distinctes. On peut ainsi distinguer des sous-clones au sein du clone initial, dotés de capacités différentes. Les mutations menant à une activation anormale du gène *TERT* (détectée dans 90 % des cellules cancéreuses), confèrent par exemple la capacité de division indéfinie.

Dans la majeure partie des cellules somatiques, le gène *TERT* n'est pas exprimé, ce qui a pour conséquence un raccourcissement des télomères (extrémités protectrices des chromosomes, en rouge sur le **document 1**) après chaque réplication. Lorsque les télomères sont trop courts, les cellules ne sont plus capables de division. Au contraire, l'activation anormale de *TERT* permet de rétablir la longueur des télomères, donc de conserver les capacités de réplication et division cellulaires de manière indéfinie.

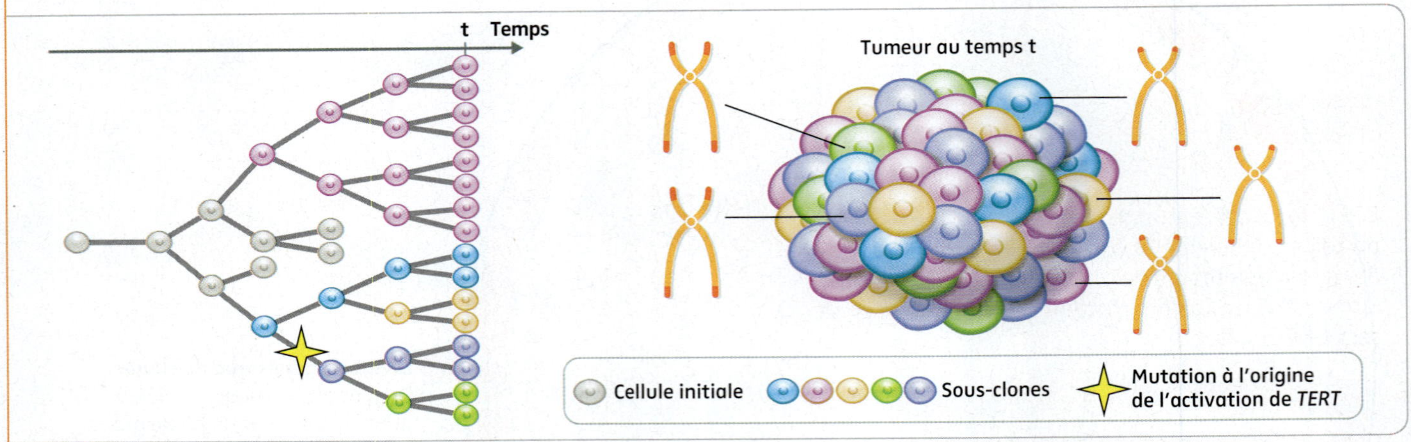

1 **Évolution d'un clone de cellules tumorales.**

Comparer des séquences codantes et non codantes de cellules cancéreuses et saines

La fixation de protéines sur les sites régulateurs permet de stimuler ou d'inhiber la transcription des gènes associés.

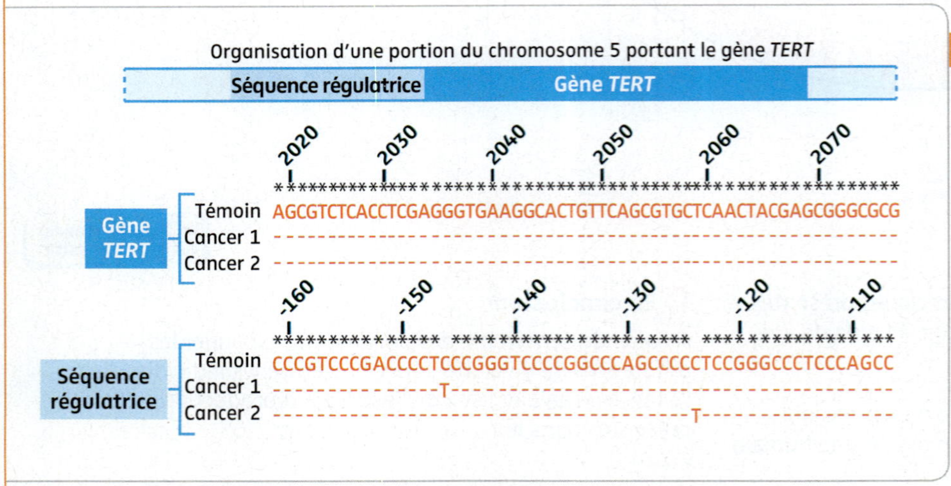

2 **Extraits de séquences codantes du gène *TERT* et de son site régulateur.** Les séquences ont été extraites de cellules tumorales à division indéfinie de deux individus atteints de cancer (cancer 1 et cancer 2) et de cellules saines d'un individu témoin. Par convention, les nucléotides des séquences régulatrices sont numérotés par rapport au début du gène qu'elles contrôlent ; comme elles sont situées en amont du gène, la numérotation est négative. Les nucléotides identiques à ceux de la séquence témoin sont repérés par un tiret « - ».

Interpréter des différences phénotypiques

	Cellules cancéreuses témoins (moyenne sur 5 individus)	Cellules cancéreuses mutantes (moyenne sur 18 individus)
Quantité cellulaire d'ARNm de *TERT* (unité arbitraire)	1	18
Longueur des télomères (milliers de nucléotides)	2,8	5

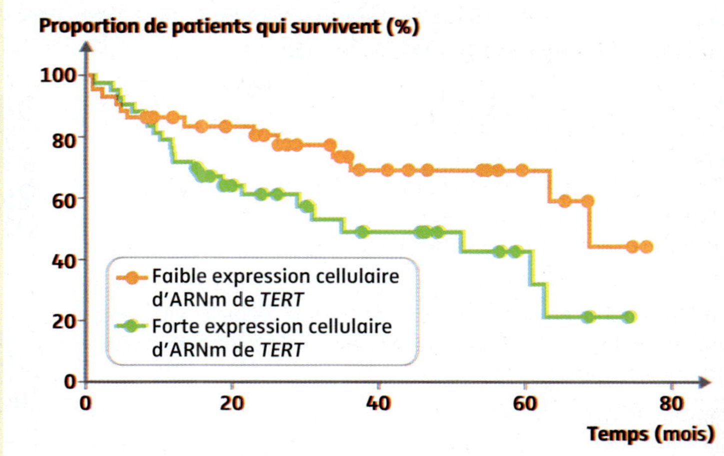

3 Présentation de conséquences phénotypiques des mutations présentées dans le document 2. Tous les individus, possédant les mutations étudiées ou non, sont atteints d'un cancer des voies urinaires.

Identifier l'origine de l'expression de *TERT*

ETS1 est un facteur de transcription. C'est une protéine capable de se fixer sur des portions d'ADN des sites régulateurs de divers gènes.

Son site de fixation contient au minimum une séquence du type :

```
CCTT
||||
GGAA
```

Des chercheurs ont étudié les interactions possibles entre ETS1 et le promoteur de *TERT*, grâce à une technique de cristallisation de ces molécules.

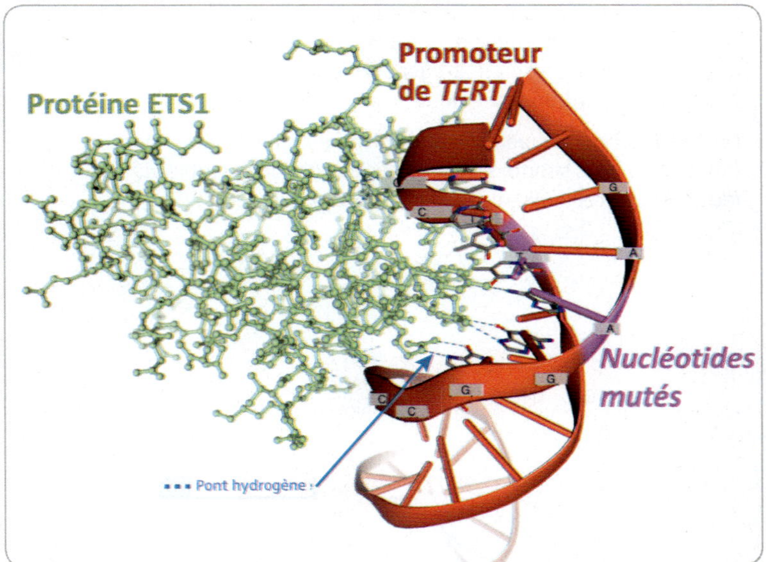

4 Interaction entre ETS1 et une séquence régulatrice de *TERT* mutée (visualisation avec *Libmol*). Le promoteur de *TERT* est une de ses séquences régulatrices. Sa séquence est identique à celle de la séquence régulatrice des cellules tumorales de l'individu « cancer 1 » du document 2. En absence de mutation, la protéine ETS1 n'interagit pas avec ce promoteur.

Guide de résolution

Indicateurs de réussite

1. Identifier le rôle du gène *TERT* dans l'acquisition de la capacité de division indéfinie de certaines cellules tumorales (document 1).
2. Identifier les modifications génétiques associées à une forte expression du gène *TERT* (documents 2 et 3).
3. Relier les mutations (document 2) à des modifications phénotypiques (document 3).
4. **En conclusion**
Expliquer l'origine de la capacité de division indéfinie de certaines cellules tumorales en mettant en relation les informations sur la séquence de fixation d'EST1 (document 4) et les mutations présentées (document 2).

UNITÉ 1 Les caractéristiques des clones

- Au cours d'un cycle cellulaire, l'alternance réplication/**mitose** permet de conserver le **génome** de l'individu de génération en génération :
  – la réplication permet la création d'une copie de la molécule d'ADN constituant chaque chromosome ;
  – la mitose répartit équitablement ces deux copies dans chacune des deux cellules filles.
- Ainsi, le nombre des chromosomes de chaque cellule et l'information génétique qu'ils portent sont conservés au cours des générations cellulaires.
- L'ensemble des cellules formées à partir de la mitose d'une cellule initiale est nommé **clone**. Par exemple, toutes les cellules de levures issues de la multiplication d'une levure initiale constituent un clone.
- Les analyses génétiques montrent que les cellules clonales, bien que très proches génétiquement, ne sont pas toutes identiques. En effet, des mutations peuvent se produire lors de la réplication qui précède chaque mitose.
- Au sein d'un clone, toute mutation qui apparaît dans une cellule est transmise à l'ensemble des cellules qui en sont issues. Ces cellules, qui diffèrent légèrement génétiquement des autres cellules du clone, forment un **sous-clone**.
- Les cellules clonales peuvent être physiquement indépendantes (levures, cellules sanguines) ou associées de façon stable *via* une matrice extracellulaire, au sein d'un tissu solide.

Photographie de cellules dans un ganglion lymphatique.
Les clones sont constitués de cellules séparées (globules rouges en rouge, lymphocytes en jaune, macrophages en rose) ou associées au sein d'un tissu solide (cellules réticulaires en marron).

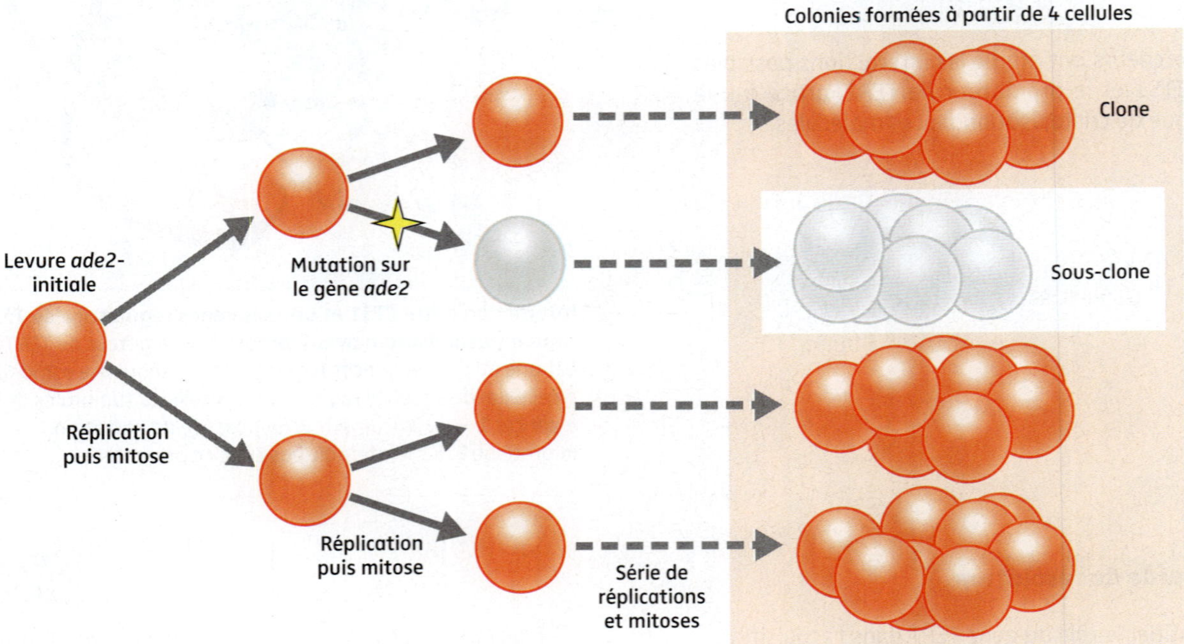

Formation d'un clone.

UNITÉ 2 Les conséquences d'un accident génétique au sein d'un clone

▶ Les cellules d'une tumeur forment un clone qui n'est pas homogène génétiquement. Des mutations affectent les différentes cellules tumorales, à l'origine de sous-clones qui permettent une évolution de la tumeur.

▶ Certaines mutations touchent des sites régulateurs, situés en amont de la séquence codante des gènes. Lorsque l'action de facteurs de transcription est modifiée à la suite de ces mutations, la transcription du gène correspondant l'est aussi (ex. du gène *TERT*). Or, la production plus ou moins intense des ARNm du gène conditionne la quantité de protéines produites : les mutations des **sites régulateurs des gènes** peuvent donc avoir un impact sur le phénotype, bien qu'elles n'entraînent aucune modification de la séquence protéique.

▶ Dans le cas du gène *TERT*, la modification de la séquence régulatrice peut aboutir à une augmentation de son expression et donc à l'acquisition de la capacité de division indéfinie, propriété essentielle des cellules cancéreuses.

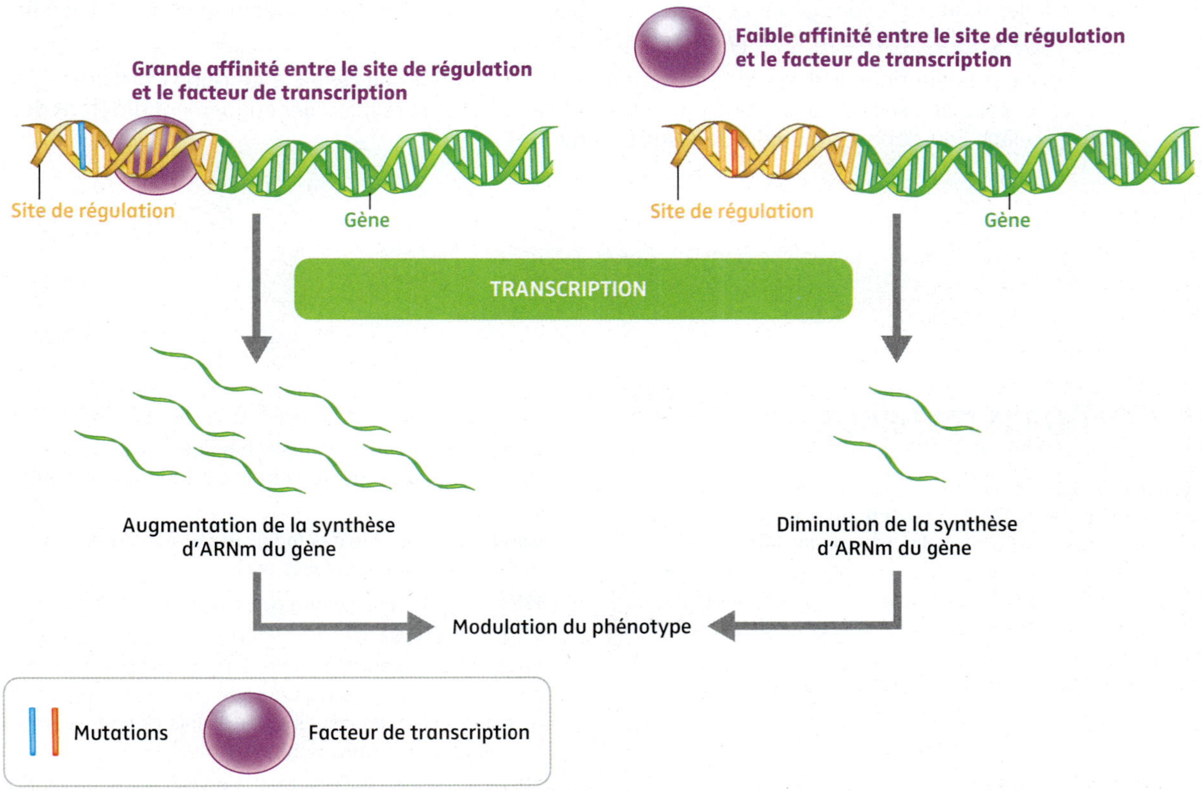

Conséquences possibles de mutations sur le site régulateur d'un gène.

RETENIR CHAPITRE 1 Stabilité génétique et évolution clonale

En quelques mots

Texte dys
Texte audio

1 Formation d'un clone

- Un **clone** est un ensemble de cellules issues de mitoses d'une unique cellule initiale. La succession de réplications et de mitoses qui donnent naissance à un clone permet de conserver le **génome** de la cellule initiale.
- Les clones sont constitués :
  - soit de cellules séparées ;
  - soit de cellules associées de façon stable dans un tissu solide.

2 Acquisition d'une diversité génétique au sein d'un clone

- Les cellules d'un clone sont génétiquement homogènes, mais pas totalement identiques. Leur diversité génétique est due aux mutations qui affectent l'ADN.
- Tout accident génétique irréversible (mutation, perte de gène) d'une cellule d'un clone est transmis à toutes les cellules issues de sa division par mitose. Cet ensemble de cellules, génétiquement différent des autres cellules du clone, est qualifié de « **sous-clone** ».

Ne pas confondre

Toute division cellulaire ne mène pas à la formation d'un clone : alors que la MITOSE répartit équitablement le matériel génétique dans les cellules filles, la MÉIOSE mène à une transmission seulement partielle de l'information génétique de la cellule initiale (la moitié), au cours de laquelle se déroule un brassage des allèles maternels et paternels (voir chapitre 2).
La reproduction sexuée ne produit donc pas des clones.

Vidéo bilan

mots-clés

Clone : ensemble de cellules génétiquement identiques (aux mutations près) issues de la mitose d'une même cellule originelle.

Génome : ensemble des molécules d'ADN d'une cellule et de l'information qu'elles portent.

Mitose : division cellulaire conservant la ploïdie (nombre de chromosomes) et l'information génétique.

Sous-clone : population de cellules ayant une proximité génétique entre elles plus grande qu'avec les autres cellules du clone. Elles sont issues d'une cellule clonale ayant subi une ou plusieurs mutations.

Site régulateur : portion d'ADN située en amont d'un gène, sur laquelle peuvent se fixer des facteurs de transcription. Les sites régulateurs sont des éléments essentiels de la régulation de l'expression des gènes.

Schéma interactif

En une image

FORMATION D'UN CLONE AVEC MUTATION

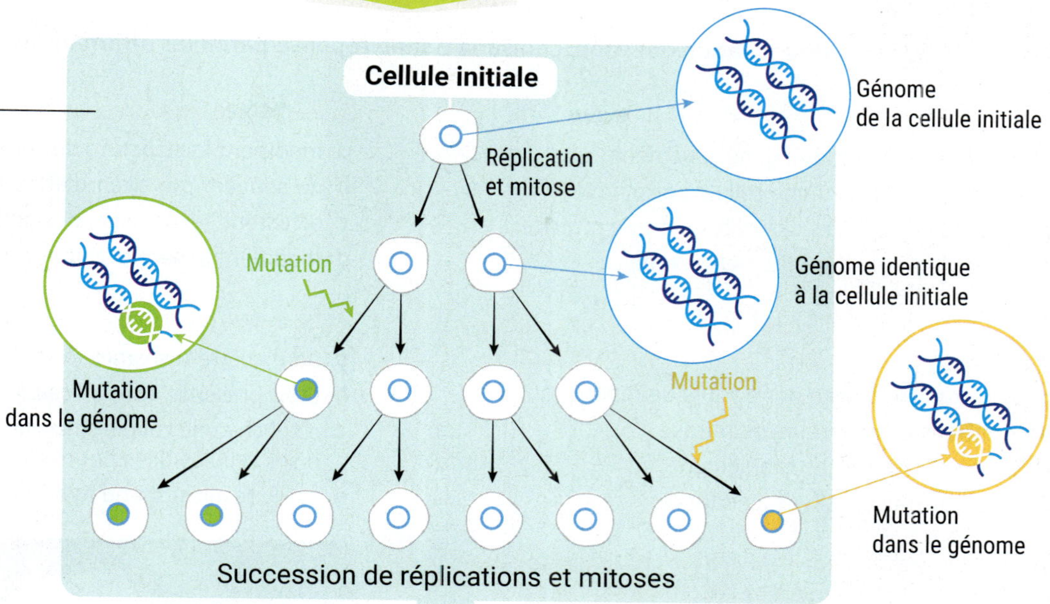

CARACTÉRISTIQUES DU CLONE

Ensemble de cellules génétiquement identiques aux mutations près

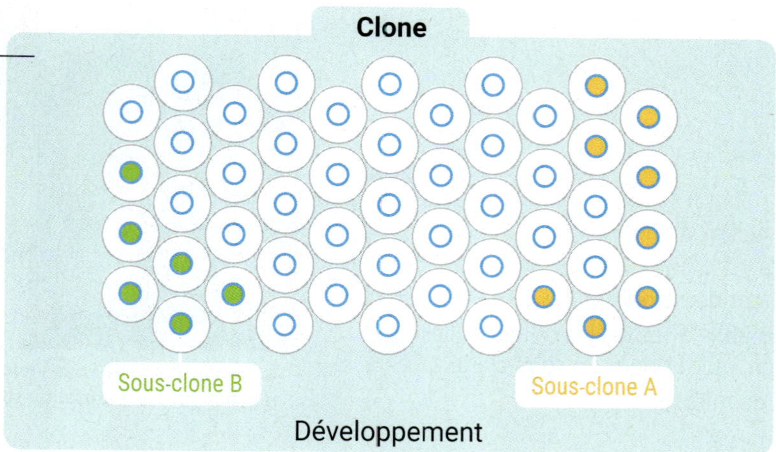

CONSÉQUENCE POSSIBLE AU NIVEAU DE L'ORGANISME PLURICELLULAIRE

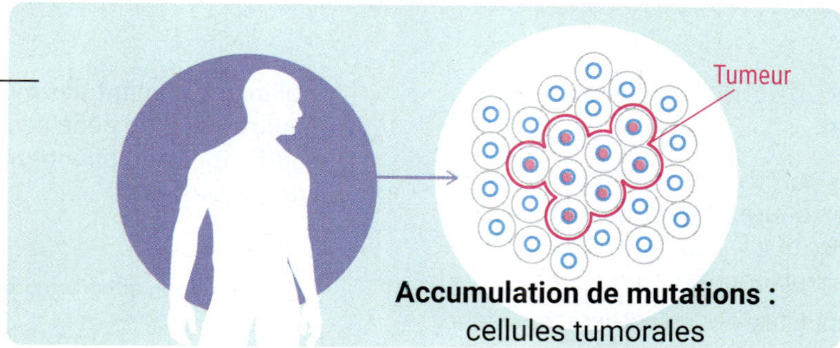

mémorisation active

▶ Pour retenir les notions…

- Cellules séparées
- Cellules associées de façon stable
- Homogénéité
- Diversité
- …

▶ Je construis ma carte des idées

Caractéristiques génétiques — CLONE — Caractéristiques de structure ……

▶ Pour m'aider dans la construction

→ Méthode 1

▶ Pour m'entraîner

→ Unité 1

Quiz

EXO Exercices interactifs

Pour chaque question, choisir la bonne réponse parmi les affirmations proposées.

1. Un clone est :

- a entièrement identique génétiquement.
- b issu de la division d'une cellule par mitose.
- c constitué de cellules associées par une matrice.
- d le résultat de la reproduction sexuée.

2. Les mutations qui apparaissent dans les cellules somatiques au cours de l'évolution d'un clone :

- a peuvent être dues à des erreurs de réplication.
- b sont dues à des erreurs de mitose.
- c disparaissent toutes rapidement.
- d sont transmises à la descendance.

3. Soit C le nombre total de cellules d'un organisme, μ la probabilité de mutation de chaque nucléotide et N le nombre total de nucléotides par cellule. Le nombre moyen de mutations dans chaque cellule est de :

- a $\log_{10}(N).\mu.C$
- b $\mu.2^{C}.N$
- c $(\log_{2}(C)/\mu).N$
- d $(\log_{2}(C).\mu.N)/2$

4. Une cellule d'un clone qui subit un accident génétique tel que la perte d'un gène :

- a est automatiquement détruite.
- b transmet cette anomalie à toutes les cellules-filles issues de sa division, qui forment un sous-clone.
- c ne peut plus subir de mitose.

5. Les mutations qui affectent les sites régulateurs :

- a modifient la structure des protéines.
- b ne peuvent pas avoir d'effet sur le phénotype.
- c affectent l'expression des gènes correspondants.
- d modifient la séquence des ARNm.

6. La mutation qu'a subie ce chien :

- a pourra être transmise à sa descendance.
- b était présente dans sa cellule-œuf.
- c a touché une cellule cutanée qui l'a transmise à ses cellules filles par mitose.
- d est le résultat d'une hybridation.

▲ Photographie de Enzo Viola, un golden retriever ayant subi une mutation somatique.

→ Corrigés p. 447

1 Des mutations à l'origine de l'évolution d'une population

■ Les épinoches sont des poissons dont certaines populations vivent en eau douce, et d'autres sont marines. Des chercheurs ont montré que les épinoches d'eau douce d'Alaska descendent de populations marines.

■ La nageoire ventrale épineuse des épinoches d'eau douce a régressé au cours de leur évolution. Son développement dépend du gène *PITX1*, dont l'expression est contrôlée par une séquence régulatrice. Lorsque des protéines nommées « facteurs de transcription » se fixent à cette séquence, elles interagissent avec l'ARN polymérase qui initie la transcription du gène, préalable essentiel à la synthèse des protéines correspondantes.

Épinoche marine — Épinoche d'eau douce

Expliquer comment des mutations sur les séquences régulatrices d'un gène peuvent mener à des modifications du phénotype et donc à l'évolution d'une population.

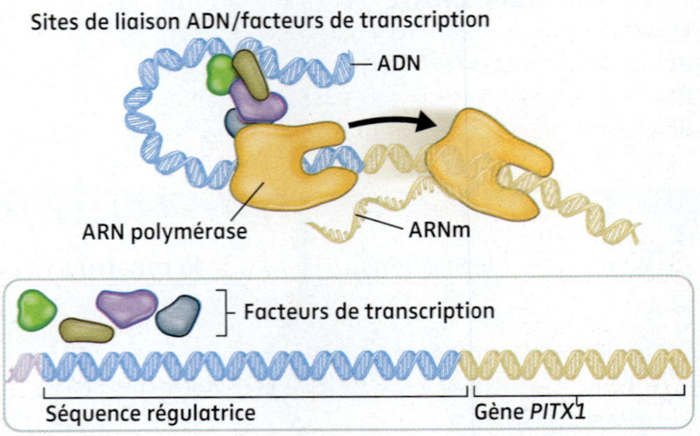

a Chez les épinoches d'eau douce, des mutations inactivent la séquence régulatrice du gène *PITX1*.

2 Le clonage de primates, une première en 2018

« Des chercheurs en Chine sont parvenus à faire naître pour la première fois des primates génétiquement identiques par la même technique de clonage utilisée il y a plus de vingt ans pour la célèbre brebis Dolly, premier mammifère cloné. Les deux macaques [...] sont pour le moment en bonne santé après ce clonage somatique (par cellules non reproductrices), se sont félicités les scientifiques. Dévoilée mercredi dans la revue scientifique Cell, cette réussite est prometteuse pour la recherche médicale car elle pourrait permettre aux laboratoires de travailler avec des populations de primates génétiquement uniformes, ont-ils souligné. » 25/01/2018

En vous appuyant sur le protocole utilisé par les chercheurs et sur vos connaissances, justifier le fait que les macaques nés grâce à cette technique sont des clones.
Discuter de l'affirmation selon laquelle ils sont génétiquement « identiques ».

b Photographie des macaques issus du clonage.

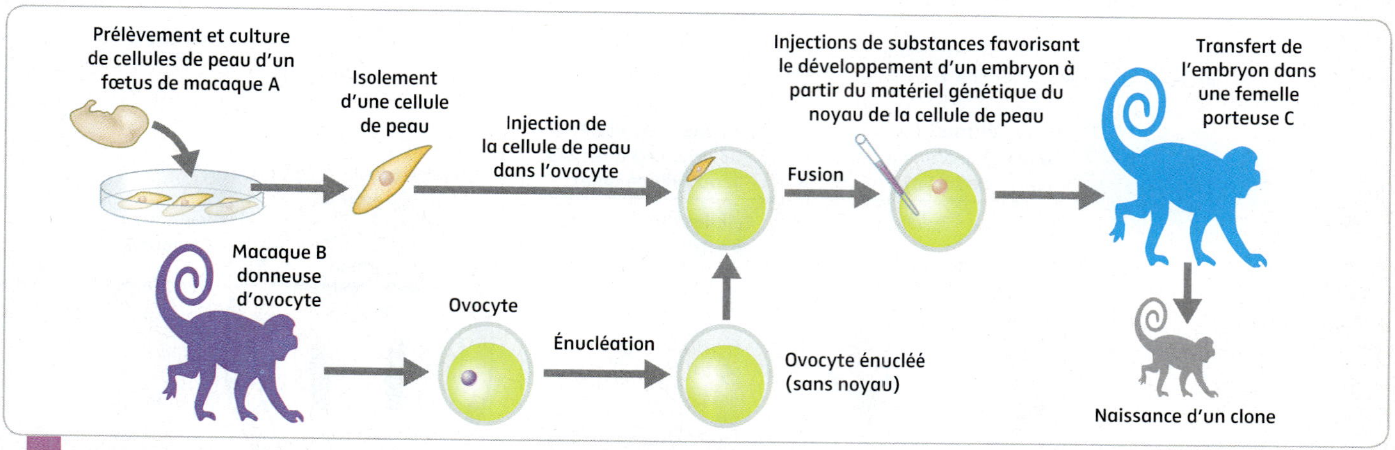

c Technique utilisée en 2018 pour développer les premiers primates nés par clonage.
Les deux macaques sont nés de femelles porteuses différentes, mais les cellules de peau utilisées ont été prélevées sur le même macaque.

3 Formation de sous-clones et évolution des cancers

La cancérisation est un processus qui suit les mécanismes à l'œuvre dans l'évolution darwinienne des populations : des variants cellulaires sont formés, dont certains sont sélectionnés par l'environnement cellulaire.

Cette évolution repose sur la capacité des tumeurs à produire différents sous-clones.

En vous appuyant sur les documents et sur vos connaissances, expliquer quelle est l'origine des sous-clones tumoraux et indiquer l'importance de leur production dans l'évolution de la tumeur.

	N_1	N_2	N_3	T_1	T_2	T_3
Taux de mutation (cellules mutantes par génération cellulaire) **x 10^{-8}**	24,6	15	5,5	666,4	52	31

d Taux de mutations dans des lymphocytes normaux (N) et tumoraux (T). Les taux ont été estimés à partir des mutations observées sur un seul gène, chez trois individus sains (N1, N2 et N3) et trois individus atteints d'un cancer (T1, T2 et T3).

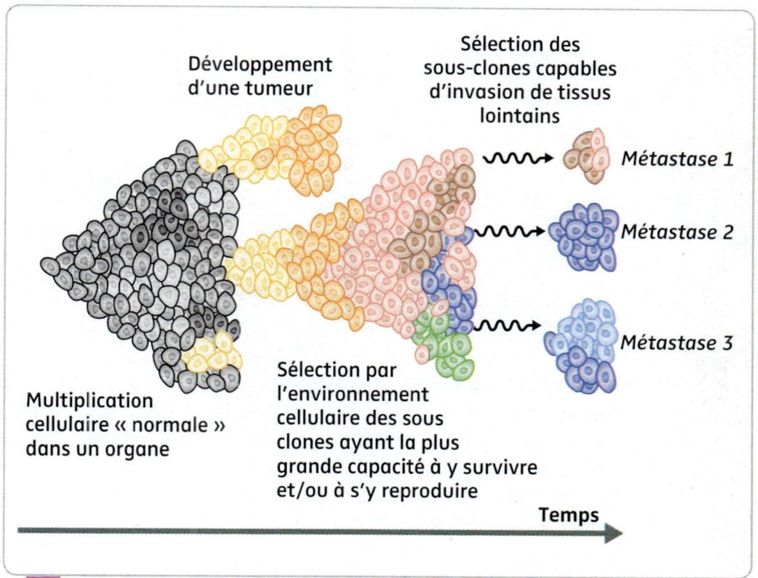

e Schéma théorique du processus de cancérisation. Il nécessite la production de sous-clones génétiquement différents (représentés par des couleurs différentes) dont certains sont sélectionnés par l'environnement cellulaire (organe ou tissu particulier).

4 Exercice guidé L'origine d'un individu mosaïque

■ Les agriculteurs remarquent parfois dans leurs champs des individus possédant deux caractères différents sur un même plant. Ces individus sont nommés « individus mosaïques ».

■ C'est le cas du pied de vigne présenté sur la photo ci-contre : il s'agit d'un pied de pinot dont une grappe est grise alors que les autres sont noires.
Sachant qu'un pied de vigne se développe par clonage, on s'interroge sur cette particularité.

Expliquer l'origine du pied de vigne mosaïque présenté sur la photographie.

Vous organiserez votre réponse selon une démarche de votre choix intégrant des données issues des documents et les connaissances complémentaires nécessaires.

a **Pied de vigne mosaïque : toutes les grappes produites sont noires, sauf une, qui est grise.**

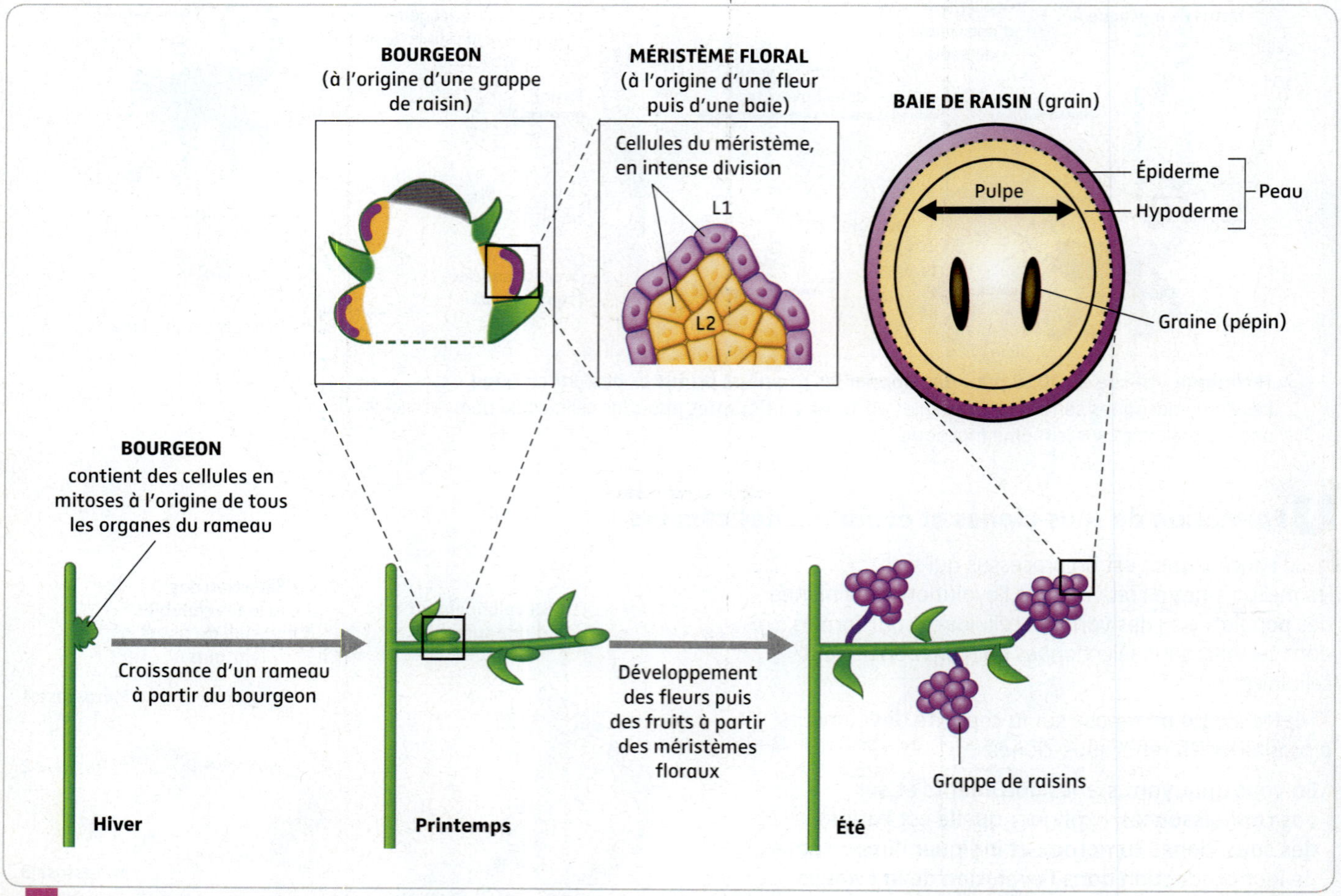

b **Développement des grappes de raisin.** Les bourgeons renferment des méristèmes, amas de cellules en intense division mitotique qui assurent la croissance. Deux couches de cellules peuvent être distinguées dans les méristèmes de la vigne (L1 et L2), en fonction des tissus qu'elles engendrent : épiderme des baies pour L1, hypoderme et pulpe des baies pour L2.
L'ensemble des cellules du pied de vigne est considéré comme un clone, car ces cellules dérivent de la mitose d'une unique cellule, de même génotype que celui des baies noires.

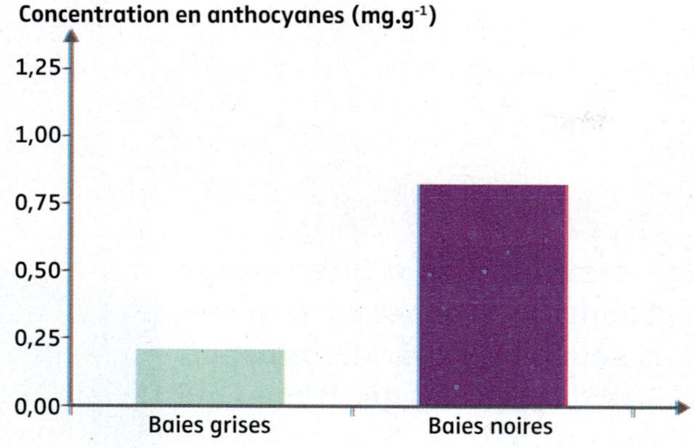

c Concentrations en anthocyanes dans la peau des baies des grappes noires et grises.
La coloration des baies est due aux molécules d'anthocyanes présentes dans leur peau. Elle peut être estimée après broyage de la peau, filtration, puis mesure de l'absorbance du filtrat.

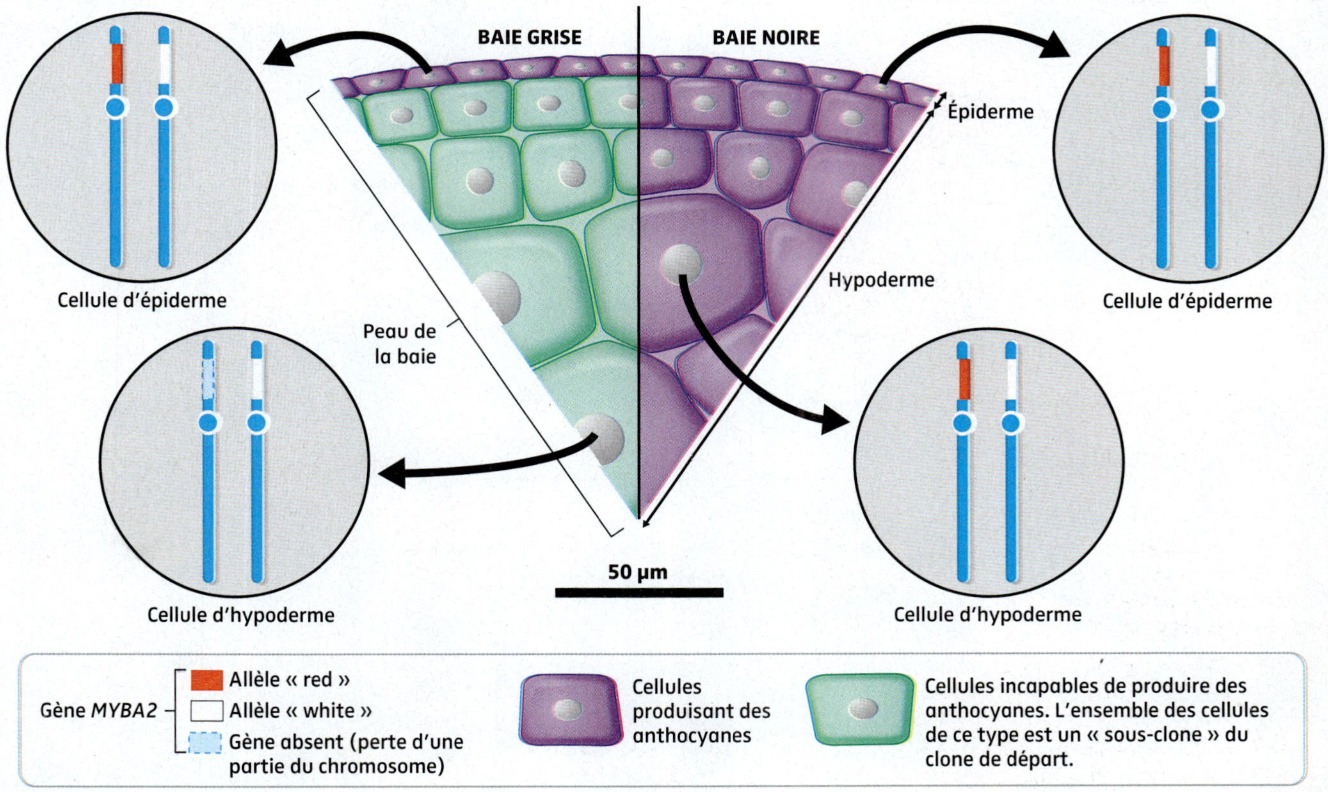

d Origine génétique de la différence de coloration des baies.
La production des anthocyanes dans la peau est principalement contrôlée par deux gènes : *MYBA1* et *MYBA2*. Des analyses génétiques ont révélé l'existence de deux allèles du gène *MYBA2* : « red » dominant, responsable de la production des anthocyanes, et « white », récessif, qui ne permet pas leur synthèse.

Guide de résolution

1. Repérez les cellules responsables de la coloration des grappes (documents c et d).
2. Identifiez l'origine des cellules (document b).
3. Reliez la coloration des cellules de baies à une caractéristique génétique (document d).
4. Synthétisez l'ensemble des informations pour expliquer comment une grappe grise peut se développer sur un pied donnant des grappes noires, en faisant intervenir la notion de sous-clone.

CHAPITRE

2

Les conséquences génétiques de la reproduction sexuée

Contrairement à la reproduction asexuée faisant intervenir la mitose, la reproduction sexuée n'aboutit pas à l'obtention de clones cellulaires. Le suivi de variants au cours des générations depuis plus de 150 ans permet l'élaboration de principes génétiques qui expliquent les origines d'une telle diversité.

Combattants de phénotypes différents. Au cours de la reproduction sexuée, la méiose et la fécondation permettent des brassages alléliques favorisant l'apparition d'individus aux phénotypes différents.

Comment la reproduction sexuée permet-elle l'apparition d'individus aux phénotypes nouveaux ? UNITÉS 1, 2, 3, 4, 6

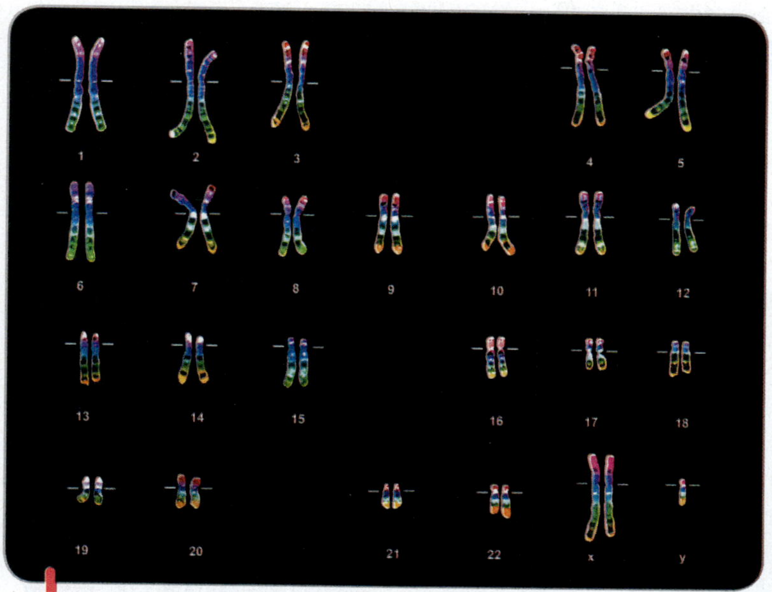

Le caryotype d'un individu atteint du syndrome de Klinefelter, XXY.

Quelle est l'origine d'un caryotype présentant un nombre anormal de chromosomes ? UNITÉ 6

$1,33.10^{36}$

ou 1,33 milliard de milliards de milliards de milliards

C'est l'**estimation du nombre d'enfants génétiquement différents** auquel un couple peut donner naissance.

Pierre-Henri Gouyon. Ce généticien, spécialiste de l'évolution, nous explique que l'évolution ne fonctionne que si les individus d'une même population sont tous différents.

Comment méiose et fécondation permettent-elles de brasser les génomes à chaque génération ? UNITÉS 2 et 3

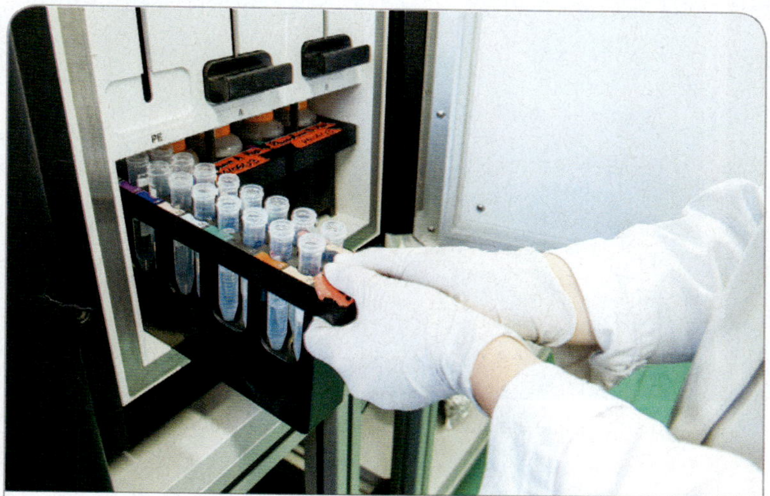

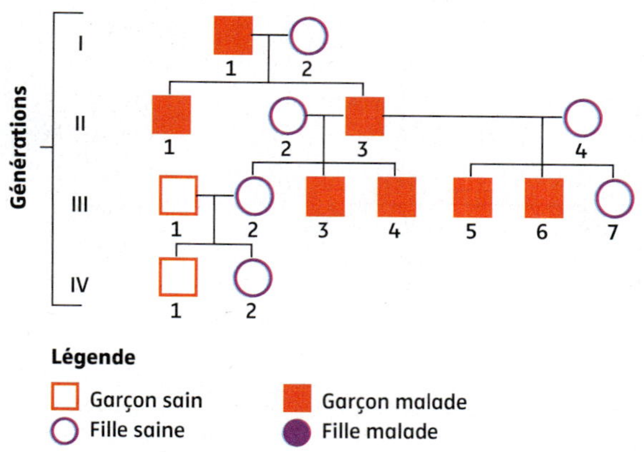

Séquençage de molécules d'ADN (haut) et arbre généalogique d'une famille (bas). Il est facile d'avoir accès à son patrimoine génétique grâce aux techniques de séquençage.

Quels sont les avantages et les risques des bases de données génétiques ? UNITÉ 5

UNITÉ 1 Fécondation et diversification du génome

Tous semblables mais tous différents : il suffit de regarder au sein de sa propre famille pour le constater. Chaque être vivant est issu d'une double loterie génétique.

Objectifs

Montrer que la reproduction sexuée permet une distribution aléatoire des allèles au cours des générations et en saisir la portée évolutive.

Expliquer la diversité des phénotypes au sein d'une famille

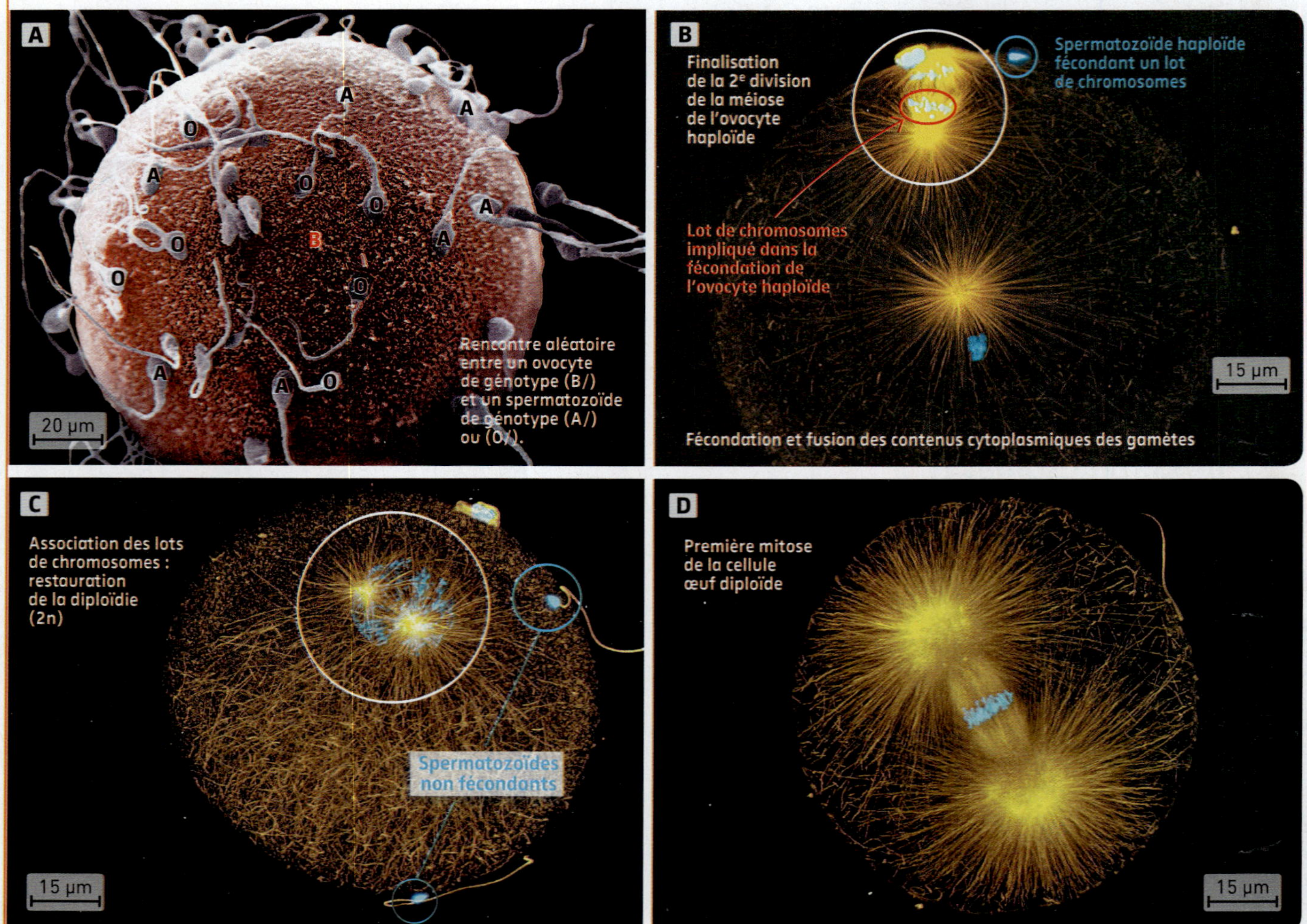

1 Le phénomène de fécondation observé. Il s'agit de l'union dans une même cellule diploïde de deux génomes d'origine indépendante apportant chacun un lot d'allèles.

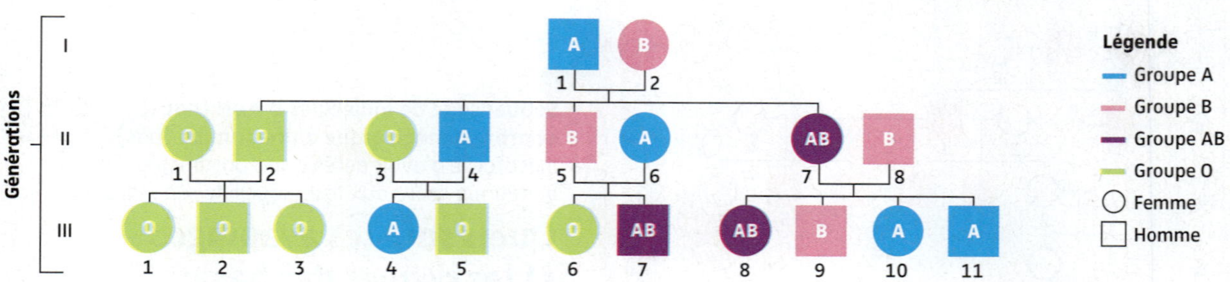

2 Arbre généalogique d'une famille avec l'indication de leurs groupes sanguins.
C'est par le hasard de la rencontre des gamètes lors de la fécondation que les quatre enfants de la seconde génération ont des groupes sanguins différents.

Caractériser les relations d'expression des allèles

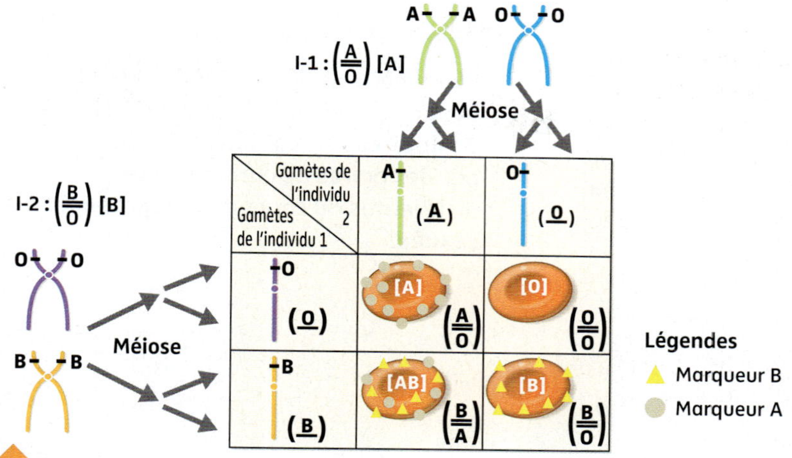

3 Échiquier de croisement entre les individus I-1 et I-2 différents de par leur groupe sanguin.

Mémo

- **Phénotype :** il est noté entre crochets [ ]. Il reflète l'expression d'un allèle dominant (ici, A ou B), d'allèles récessifs (ici, O) ou d'allèles codominants (ici, A et B).
- **Génotype :** association des deux allèles d'un gène à l'origine de l'expression du phénotype.
  Il est noté (allèle 1//allèle 2) après fécondation (diploïde) ou (allèle 1/) pour un gamète (haploïde).
- **Homozygote :** quand les deux allèles sont identiques pour un gène.
- **Hétérozygote :** quand les deux allèles sont différents pour un gène.

Justifier l'intérêt évolutif de la diversification des génotypes

Au cours du XXe siècle, l'orme a été massivement cloné en Europe. Cette homogénéisation génétique a contribué au développement de la graphiose (maladie causée par un champignon) qui a dévasté la population d'ormes parisiens, 100 % sensibles à l'*Ophiostoma*.

4 Création de variétés par reproduction sexuée ou asexuée.

Guide de résolution

Indicateurs de réussite

1 À l'aide des documents 1 et 3, relier la probabilité de transmission d'un allèle au cours de la reproduction sexuée à l'établissement des groupes sanguins des individus de l'arbre du document 2.

2 À l'aide du document 3, déduire les génotypes diploïdes des individus présents dans l'arbre généalogique du document 2 en prenant en compte les relations de dominance des allèles.

3 **En conclusion**

Mettre en relation les déductions apportées par l'étude des documents 1 à 3, portant sur la diversification des génotypes au cours de la reproduction sexuée, pour argumenter en faveur d'un intérêt évolutif tel qu'il est présenté dans le document 4.

UNITÉ 2

Mendel : une première approche de la génétique

En 1866, Gregor Mendel publie un ouvrage, *Recherches sur des hybrides végétaux*, portant sur la transmission de 7 caractères héréditaires portés par 7 chromosomes différents au cours des générations. Il cherche à repérer selon quelles proportions les deux variants de chacun de ces caractères se transmettent. L'analyse des nombreux résultats de différents types de croisements lui permet d'établir les lois de l'hérédité.

Objectif

Mettre en relation les lois de Mendel avec des modalités de transmission de deux couples d'allèles, portés par des paires de chromosomes différentes au cours de la reproduction sexuée.

Identifier un brassage allélique au cours de la méiose

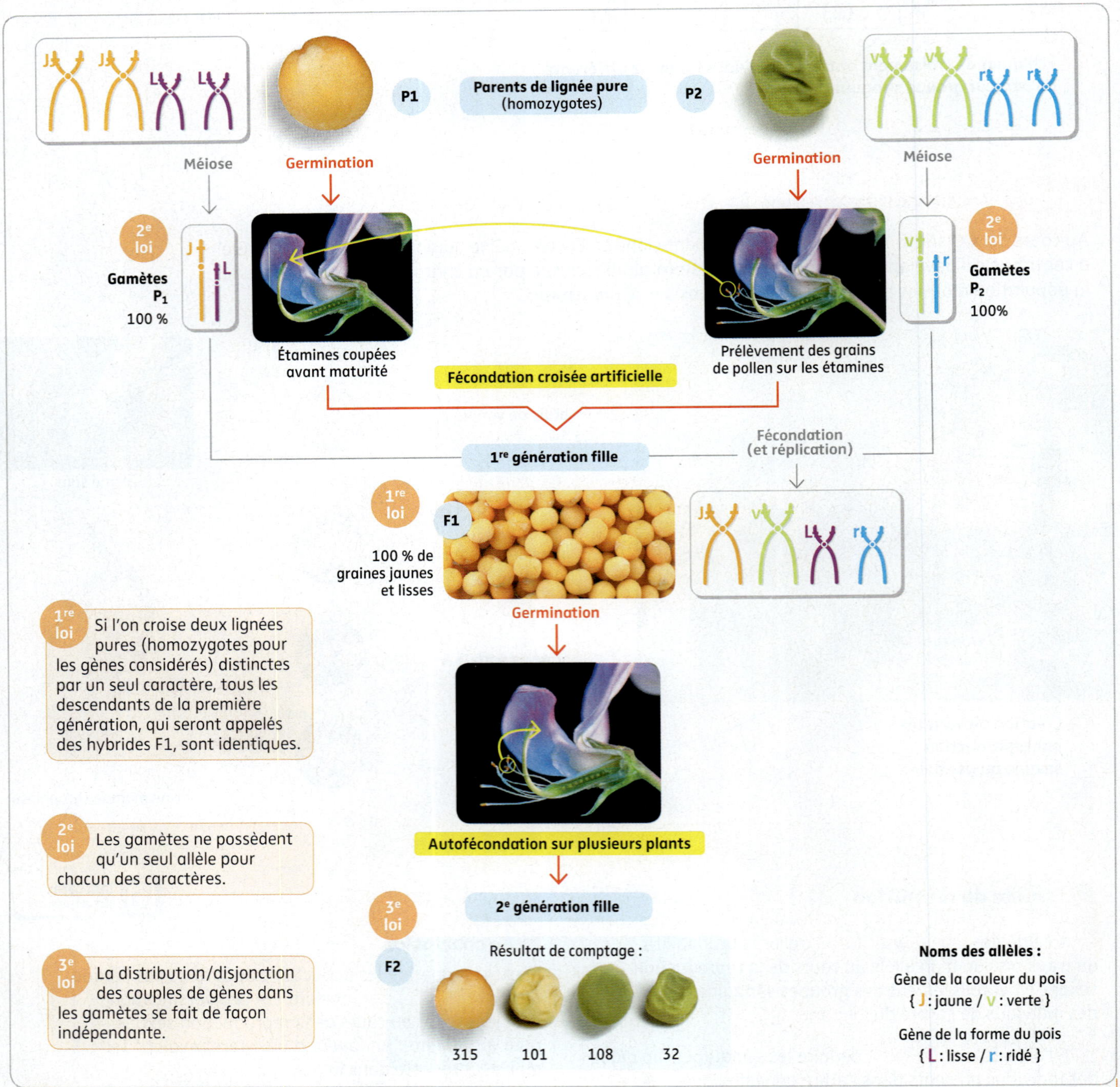

1 Le suivi de croisements chez le pois.
Ces croisements, portant sur deux caractères, ont permis à Mendel d'énoncer les trois lois de l'hérédité.

Identifier les positions relatives de gènes les uns par rapport aux autres

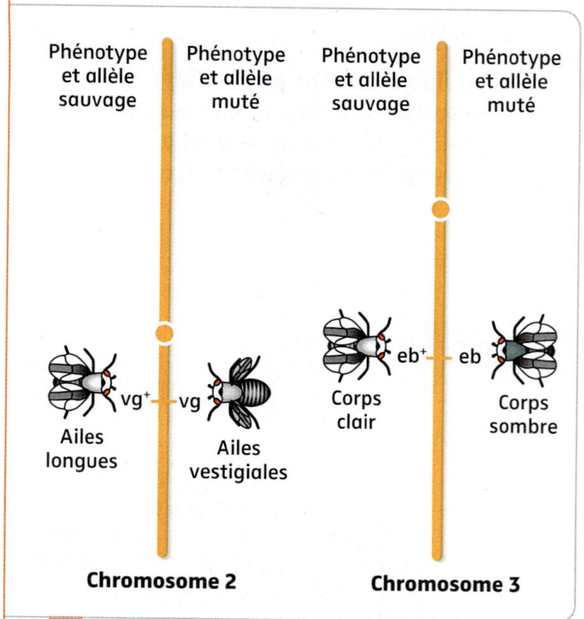

2 **Position des gènes considérés dans le croisement-test.**

Sachant que chaque chromosome possède x gènes à l'état hétérozygote, on obtient en réalité 2^{nx} gamètes génétiquement différents. Chaque individu étant issu de deux gamètes, la reproduction sexuée engendre 2^{2nx} individus potentiellement différents.

Nombre de gènes à l'état hétérozygote portés par des chromosomes différents	1	2	3	4	5	n
Nombre de gamètes alléliquement possibles (en proportions égales)	2	4	8	16	32	?

3 **Relation mathématique entre le nombre de gènes indépendants à l'état hétérozygote et la diversité allélique possible à l'issue de la méiose.**

Observer un croisement-test

Protocole

PRINCIPE

Le croisement-test permet de déduire le génotype, et donc la position relative des gènes sur les chromosomes, en fonction des proportions obtenues dans la descendance entre une F1 hétérozygote et un parent double récessif (individu homozygote avec des allèles récessifs pour les deux gènes considérés).

4 **Le comptage d'une génération F2.** Cette génération est issue d'un croisement-test de drosophiles F1 hétérozygotes au phénotype [ailes longues - corps clair] par des drosophiles homozygotes de phénotype [ailes vestigiales - corps noir].

Guide de résolution

Indicateurs de réussite

1 Associer une loi de Mendel du document 1 pour expliquer et compléter la relation mathématique du document 3.

2 Confronter les informations des documents 1 et 2 pour définir les relations de dominance et de récessivité des allèles des croisements présentés (pois et drosophiles).

3 Illustrer la répartition des allèles au cours des méioses des individus F1 des deux croisements et illustrer les fécondations permettant d'aboutir aux deuxièmes générations dont il est question dans les documents 1 et 4.

4 Confronter les résultats de vos croisements avec les quantités des différents phénotypes de pois et de drosophiles obtenus dans les documents 1 et 4.

5 **En conclusion**

Mettre en relation l'ensemble des constatations pour expliquer et illustrer comment, grâce à la méiose, de nouveaux phénotypes peuvent apparaître après fécondation.

UNITÉ 3 Le crossing-over

Au début du XXe siècle, Thomas Morgan et Alfred Sturtevant initient de nouvelles études statistiques de croisement sur la drosophile. Au cours de leurs recherches sur le dihybridisme (croisement faisant intervenir deux couples d'allèles), de nouvelles constatations les amènent à compléter les lois de l'hérédité.

Objectif

Expliquer des cas particuliers de transmissions et de brassages d'allèles grâce à de nouvelles observations au cours de croisements.

Expliquer les différents cas de répartition des spores chez *Sordaria*

Observer des asques de *Sordaria macrospora*

Protocole

PRINCIPE

Les cellules de *Sordaria* sont toutes haploïdes, à l'exception du zygote qui subit immédiatement la méiose. Les spores de couleur contenues dans l'asque ont la particularité de directement renseigner sur la répartition des allèles du gène codant la couleur des spores au cours d'une méiose suivie d'une mitose.

En ensemençant une gélose avec une spore à allèle clair et une à allèle sombre, on obtient des filaments mycéliens qui, lorsqu'ils se rencontrent, mettent en commun leur information génétique.

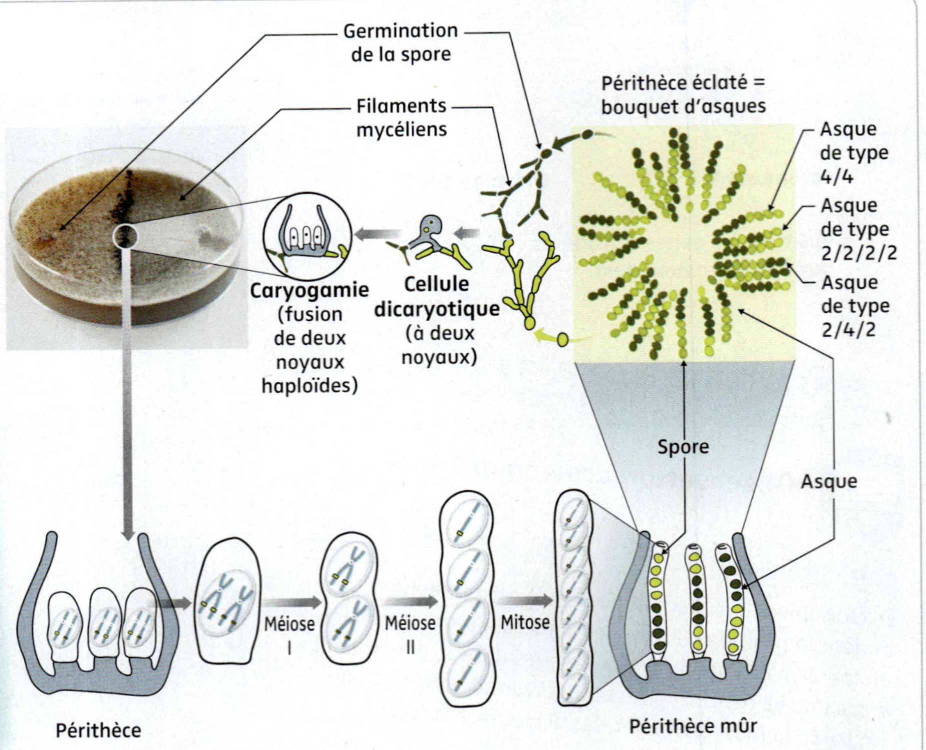

1 ***Sordaria macrospora*** **est un champignon qui produit des spores contenues dans des asques, par méiose.**

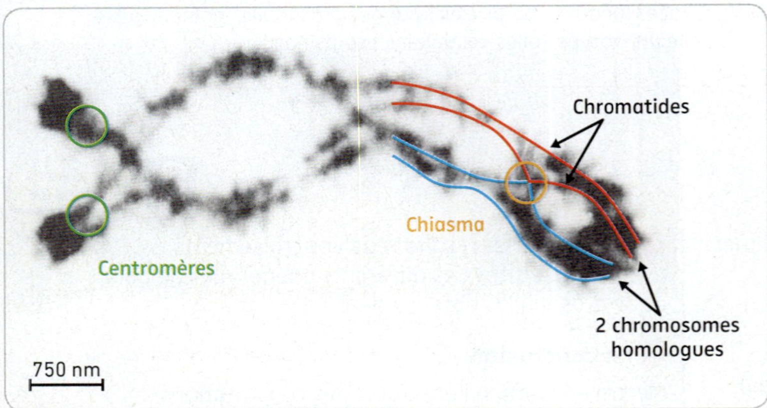

2 Observation au MET d'un crossing-over en prophase 1 de méiose.
Il s'agit d'un chevauchement de chromatides non sœurs au niveau d'un chiasma. Le taux moyen de crossing-over est estimé à 3 %. Il s'agit donc d'un phénomène rare.

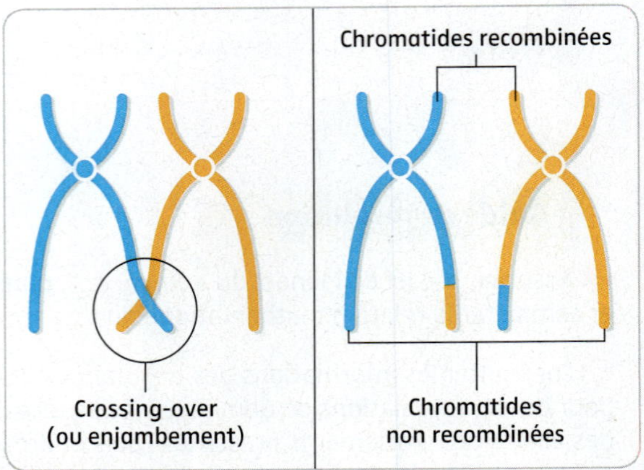

3 Conséquences chromosomiques d'un chiasma en prophase 1 de méiose.

Justifier l'existence d'un brassage allélique intrachromosomique chez la drosophile

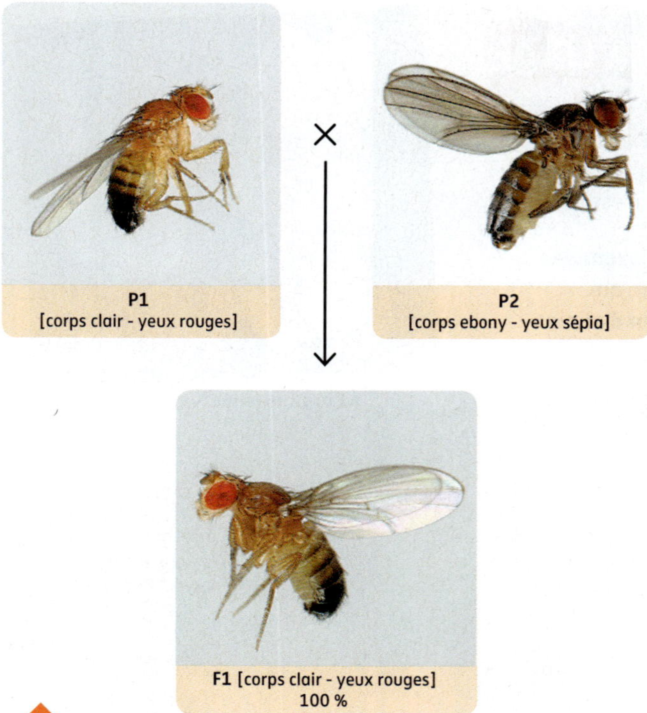

4 **Croisement de deux drosophiles de lignée pure (homozygotes) pour les gènes *couleur des yeux* (gène sépia) et *couleur du corps* (gène ebony).**

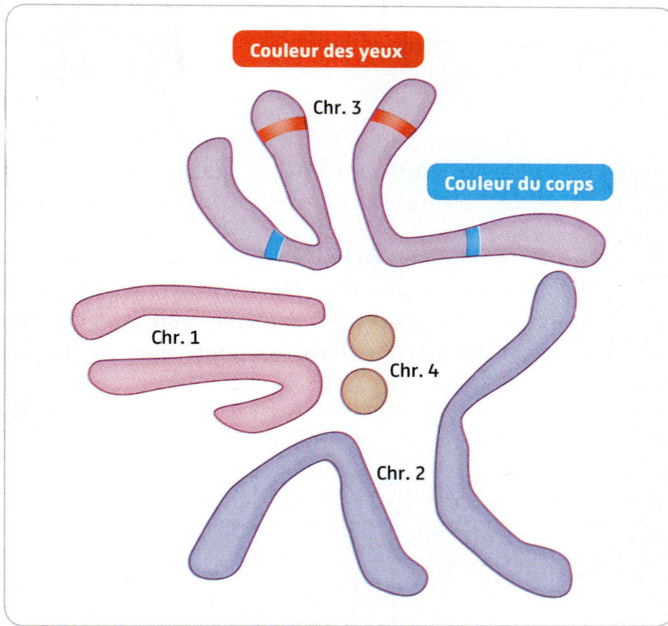

5 **Loci des deux gènes *couleur du corps et couleur des yeux* sur le caryotype de la drosophile.**

6 **Phénotypes et proportions de drosophiles de deuxième génération (F2).** Ces drosophiles sont obtenues par croisement-test d'une drosophile F1 hétérozygote pour les 2 caractères : *couleur des yeux* et *couleur du corps* avec une drosophile double homozygote récessive. Les drosophiles possédant des caractères différents de leurs parents sont dites « recombinées ».

Guide de résolution

Indicateurs de réussite

1 Schématiser la répartition des allèles permettant l'obtention d'asques de type 2/2/2/2, observée chez *Sordaria* au microscope (document 1).

2 Expliquer l'obtention de phénotypes particuliers du document 6 à l'aide du phénomène observé dans le document 2.

3 Expliquer comment la méiose permet d'obtenir de nouveaux phénotypes lorsque les gènes sont portés par une même paire de chromosomes (documents 1 à 6).

4 **En conclusion**

Tenir compte du document 5 pour représenter la répartition des allèles au cours de la méiose de la F1 du document 4. Représenter la fécondation dont le résultat est présenté dans le document 6.

UNITÉ 4

L'hérédité des caractères liée aux chromosomes sexuels

MISSION

ORAL

De nombreuses maladies génétiques, comme la myopathie de Duchenne ou l'hémophilie, n'affectent que les garçons : cette constatation laisse penser qu'il existe un lien entre le sexe de l'individu et la maladie dont il est atteint.

→ **Vous êtes étudiant en licence de Sciences de la vie. À partir d'exemples pris sur les drosophiles, vous devez réaliser un poster scientifique qui vous servira de support pour expliquer oralement la transmission d'allèles dans le cas des maladies touchant principalement les garçons.**

→ Méthode n° 13 Fiches méthode

▲ Chromosomes X et Y.

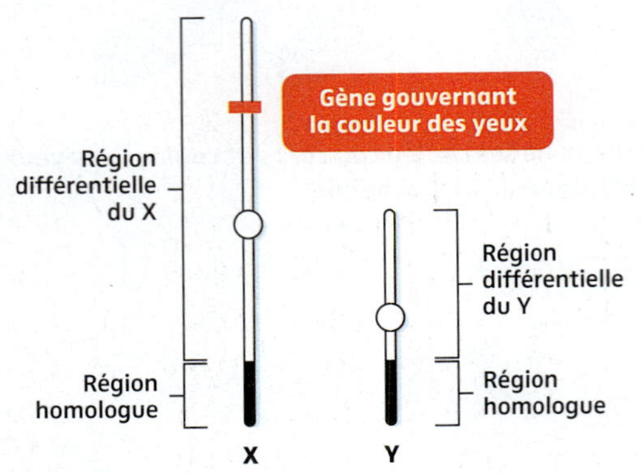

1 **Paire de chromosomes sexuels de drosophile.**

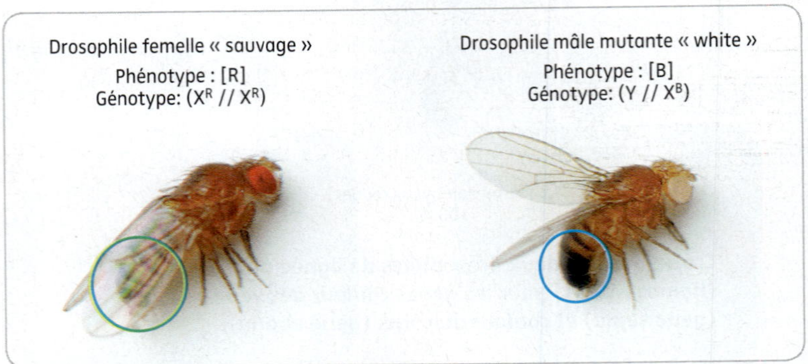

2 **Drosophiles différant par la pigmentation de leurs yeux.** L'extrémité de l'abdomen des drosophiles de sexe mâle est ronde et noire (cercle bleu) tandis que celle des femelles est allongée et claire (cercle vert).

3 **Croisements de drosophiles parentales de lignées pures (homozygotes).**

	F1 croisement 1	F2 issue des F1
Mâles [R]	405	192
Mâles [B]	0	201
Femelles [R]	408	205
Femelles [B]	0	196

♂ [Rouge] / [Blanc] ♀	(X^B)	(X^B)
(Y)		
(X^R)		

4 **Résultat de comptage des croisements (à gauche) et échiquier du 2e croisement (à droite) partiellement complet.**

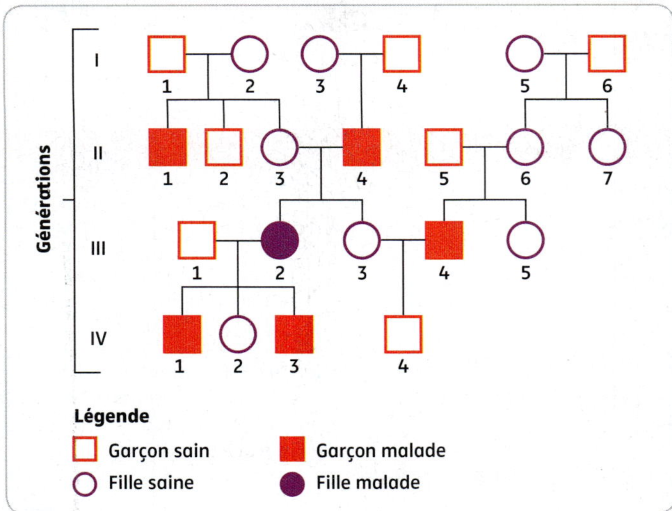

5 **Arbre généalogique de transmission de la maladie de Kennedy.** Cette maladie, également appelée « amyotrophie bulbo-spinale », fait référence à l'homme d'État américain John Fitzgerald Kennedy qui a souffert du dos toute sa vie, multipliant les interventions chirurgicales.

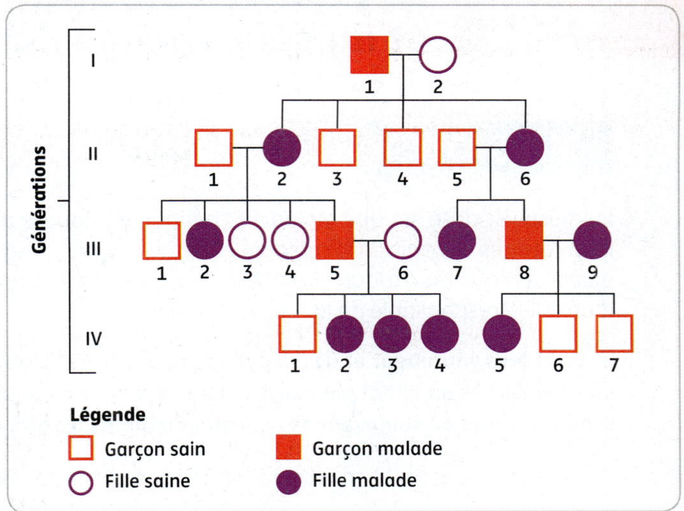

6 **Arbre généalogique de transmission du rachitisme vitamino-résistant.** Cette maladie se traduit par un déficit en phosphate à l'origine de fragilités osseuses.

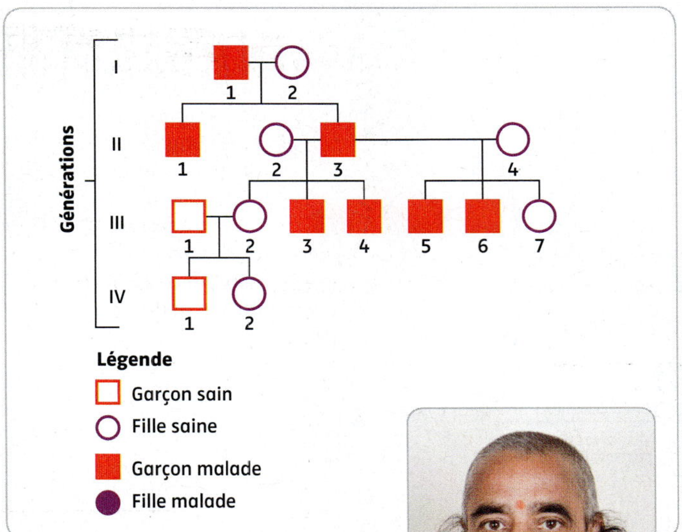

7 **Arbre généalogique de l'hypertrichose des oreilles.** Cette maladie se manifeste chez les hommes par un développement excessif de poils sur une partie ou la totalité du corps.

Mémo

Transmission d'un allèle responsable d'une maladie génétique (allèle dit « morbide »).

• **Dominant/récessif ?**

> Si un individu malade possède des parents sains, le mode de transmission est récessif. Il faut les deux copies de l'allèle morbide pour que la maladie s'exprime. L'individu est alors homozygote pour le gène.

> Si chaque individu malade a au moins un parent malade, et que toutes les générations sont touchées, le mode de transmission est très probablement dominant (1 seule copie de l'allèle morbide suffit pour que l'allèle s'exprime).

• **Autosomique/gonosomique ?**

> Si l'allèle morbide est porté par un des autosomes (chromosomes 1 à 22), il y a statistiquement autant d'hommes que de femmes atteints.

> Si l'allèle morbide est récessif et porté par le chromosome X : les hommes sont plus touchés que les femmes. Toutes les filles malades ont un père malade. Tous les fils d'une mère malade sont malades. Il n'y a pas de transmission père-fils.

> Si l'allèle morbide est dominant et porté par le chromosome X : toutes les filles d'un père malade sont malades.

> Si l'allèle morbide est porté par le chromosome Y, aucune femme n'est atteinte et tous les fils d'un homme malade sont malades.

Coups de pouce

Pistes pour construire votre stratégie

1. Réaliser les échiquiers des croisements 1 et 2 du document 3 en tenant compte des informations des documents 1 et 2 pour comprendre la non-homogénéité de la F1 du document 3.
2. Utiliser le mémo pour expliquer la transmission des caractères des documents 5, 6 et 7.

Lecture des documents

3. Seul le chromosome X porte l'information nécessaire à la réalisation de la couleur des yeux, les mâles n'ont donc qu'un seul allèle (documents 1 et 2).

MISSION réussie si...

- La mise en forme du poster est conforme à la **Méthode n° 13**.
- La transmission des allèles est illustrée.
- Le choix du type de transmission est argumenté.

UNITÉ 5 La prédiction génétique à l'heure de la bio-informatique et du séquençage des génomes

MISSION

La mucoviscidose est une maladie génétique qui touche principalement les voies respiratoires. Il s'agit de la maladie génétique la plus fréquente en Europe alors qu'elle est rare en Afrique et en Asie. Deux millions de Français sont porteurs sains d'un allèle responsable de la mucoviscidose.

→ **Vous êtes youtubeur et devez présenter, à travers l'exemple de la mucoviscidose, en quoi l'accès au génotype constitue une avancée médicale, une possibilité d'analyse prédictive tout en soulevant des questionnements d'ordre éthique.**

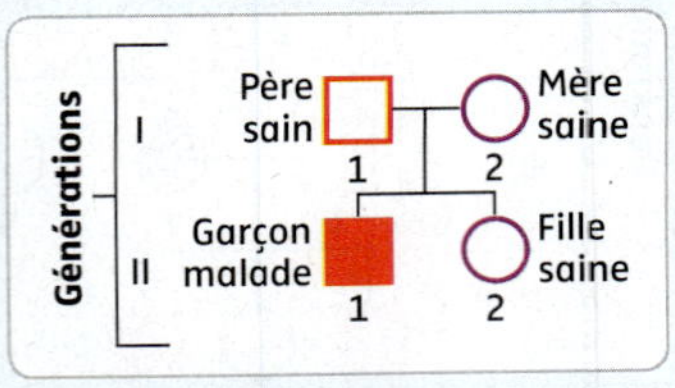

▲ **Arbre généalogique d'une famille présentant un membre atteint de mucoviscidose.**

→ Méthode n° 14 Fiches méthode

1 Du génotype au phénotype : le cas de la mucoviscidose. Au centre : l'épithélium respiratoire d'un individu sain (à gauche) et accumulation de mucus dans l'épithélium inflammatoire d'un individu ayant la protéine CFTR mutée (à droite).

Nom de la mutation	Fréquence	Nom de la mutation	Fréquence
Δ F508	66,00 %	R553X	0,70 %
G542X	2,40 %	621+1G	0,70 %
G551D	1,60 %	1717-1G	0,60 %
N1303K	1,30 %	R117H	0,30 %
W1282X	1,20 %	R1162X	0,33 %

Paire de mutations	Fréquence
Δ F508 - Δ F508 (homozygote)	50 %
Δ F508 – autre mutation (hétérozygote composite)	40 %
autre mutation - autre mutation	10 %

2 Fréquences d'apparition de mutations. Après des milliers de séquençages, l'exploitation des données informatisées a permis d'identifier le lien entre plusieurs mutations du gène à l'origine du dérèglement de la protéine CFTR (phénotype malade).

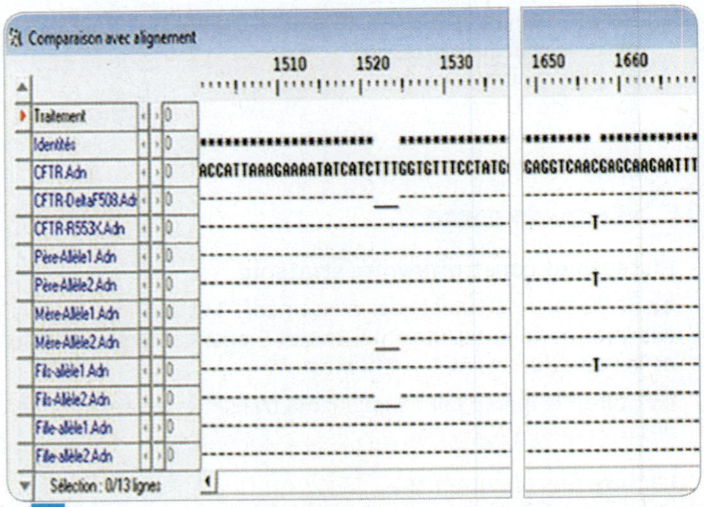

3 Séquences nucléotidiques des allèles codant pour la protéine CFTR de chacun des membres de la famille présentée dans la mission.

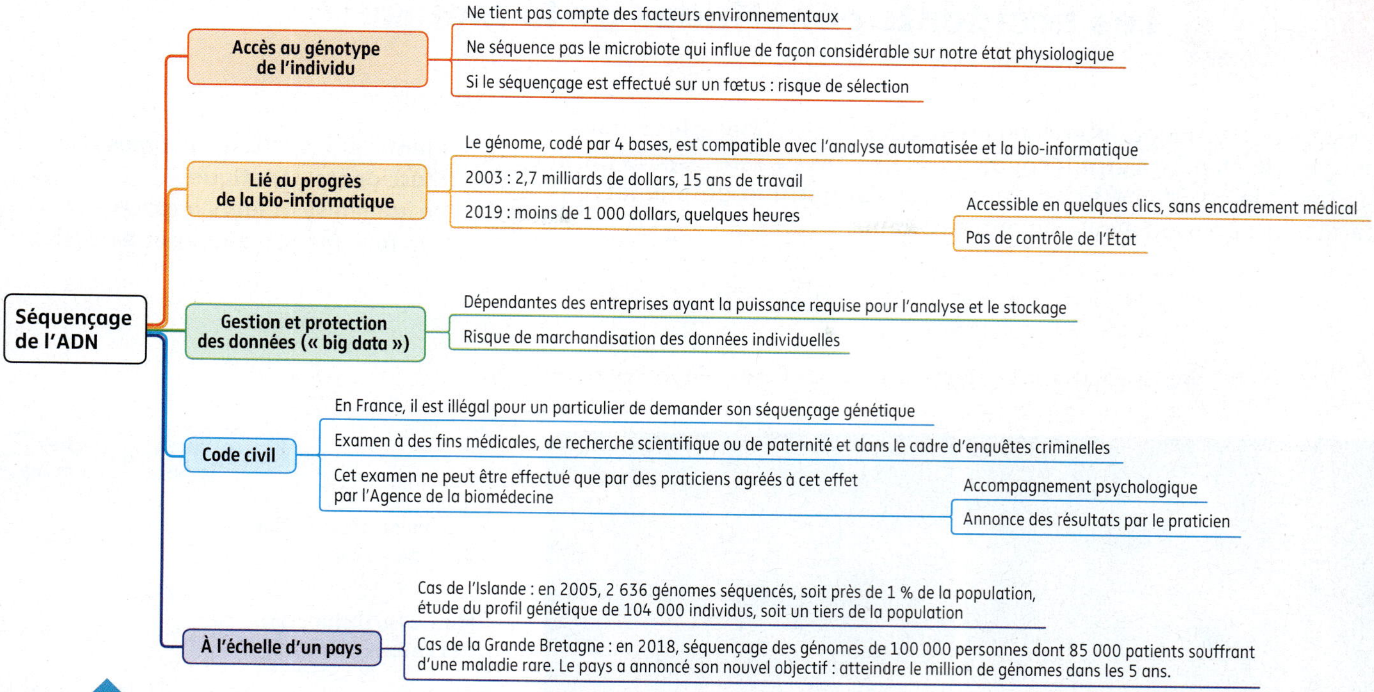

4 Les enjeux et limites de l'utilisation des bases de données informatisées.

Détecter un allèle mutant du gène CFTR dans une famille par RFLP

Protocole

PRINCIPE

La RFLP (*Restriction Fragment Length Polymorphism*) est une technique basée sur le découpage des gènes par des enzymes sur des sites très précis. La mutation de ces sites rend impossible la découpe enzymatique.

On fait ensuite migrer par électrophorèse les différents fragments géniques obtenus pour identifier la version allélique de l'individu que l'on compare à des témoins.

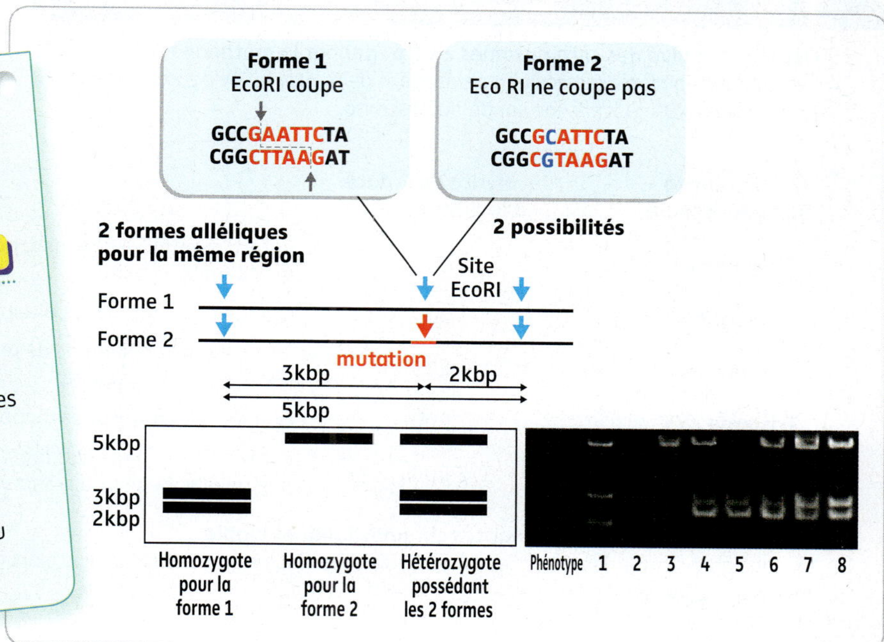

5 Principe de la méthode RFLP et résultat de l'électrophorèse pour détecter l'allèle mutant Δ F508.

Coups de pouce

Lecture de documents

1 La constitution d'une base de données qui recense les différentes mutations permet de repérer la mutation la plus fréquente et son association avec d'autres allèles mutés (documents 2 et 3).

2 L'utilisation de bases de données relève de choix politiques et individuels (document 4).

MISSION réussie si...

- Les méthodes pour réaliser une capsule vidéo sont maîtrisées → **Méthode n° 14**.
- Les causes de transmission des allèles à l'origine de la maladie sont présentées par l'exploitation des génotypes des différents membres de la famille.
- Des questions éthiques sont abordées vis-à-vis des bases de données (avantages et inconvénients) sans parti pris.

UNITÉ 6

Les accidents génétiques de la méiose

Lorsque des accidents interviennent au cours de la méiose, les gamètes ont peu de chance d'être fécondants. Mais dans de rares cas, la participation de ces gamètes se traduit par l'apparition de phénotypes particuliers pouvant avoir une portée évolutive.

Objectif

Identifier les différents types d'accidents génétiques de la méiose et leurs impacts à la fois phénotypiques et évolutifs.

Caractériser un comportement différent des chromosomes lors de la méiose

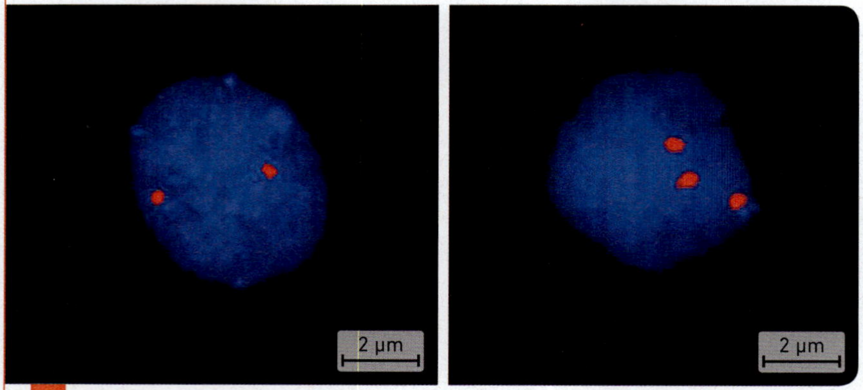

1 Détection *in vivo* des chromosomes 21 (rouge) par la méthode FISH.
Technique de biologie moléculaire permettant de mettre en évidence certaines portions de l'ADN grâce à une sonde fluorescente.

	Chez le père	Chez la mère
Mauvaise disjonction de la paire 21	5 %	70 %
Mauvaise disjonction des chromatides 21	5 %	20 %
Total	10 %	90 %

2 Pourcentages des origines de l'anomalie lors de la méiose.

Particularité chromosomique	Prévalence en France à la naissance	Phénotype
Trisomie 21	1/500	Retard mental, visage rond, petit nez, yeux bridés, troubles cognitifs, petite taille, stérilité.
Trisomie X	1/1 000	Grande taille, difficultés d'apprentissage et parfois de langage, fertilité.
Trisomie XXY	1/1 200	Testicules atrophiés, pas de production de spermatozoïdes (stérilité), pilosité peu développée.
Trisomie XYY	1/1 000	Grande taille, difficultés d'apprentissage et parfois de langage, fertilité.
Monosomie X	1/5 000	Petite taille, ovaires non fonctionnels (stérilité), absence de règles, non développement des seins et de la pilosité.

3 Diversité de certaines particularités chromosomiques viables.
En dehors de ces cas, les trisomies 13 et 18 ne sont viables que quelques mois alors que toute autre particularité chromosomique est létale.

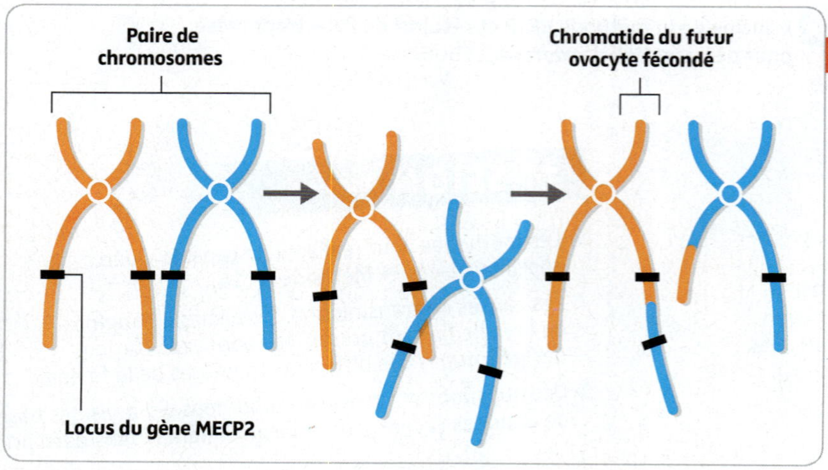

4 Représentation d'un crossing-over inégal en prophase 1 de méiose, chez la mère d'enfants atteints du syndrome de duplication du gène MECP2.
Le syndrome de duplication du gène MECP2 (situé sur le chromosome X) est une maladie rare. La surproduction de protéines due à la copie supplémentaire du gène est à l'origine d'un faible tonus musculaire, d'infections pulmonaires, d'un retard intellectuel et d'une courte espérance de vie.

Argumenter la portée évolutive interspécifique des accidents de la méiose

La vision des couleurs est liée à l'existence dans la rétine de trois types de photorécepteurs qui synthétisent trois pigments différents, les opsines, qui présentent des niveaux d'absorption différents dans le rouge (« opsine rouge = L »), le vert (« opsine verte = M ») ou le bleu (« opsine bleue = S »).
Les opsines sont des protéines dont l'expression dépend de trois gènes qui forment une famille multigénique : ensemble de gènes apparentés et réalisant des fonctions très proches.

Séquences	ops._L_Hom.a	ops._M_Hom.a	ops._S_Hom.a	rhodopsine_H
ops._L_Hom.a	100,00 %	96,75 %	56,69 %	55,07 %
ops._M_Hom.a		100,00 %	57,27 %	55,26 %
ops._S_Hom.a			100,00 %	54,88 %
rhodopsine_H				100,00 %

5 Matrice des distances génétiques des différentes opsines chez l'être humain. La rhodopsine ne fait pas partie de la famille multigénique des opsines. Il s'agit d'un tableau qui recense les pourcentages de ressemblance entre les séquences des gènes considérés.

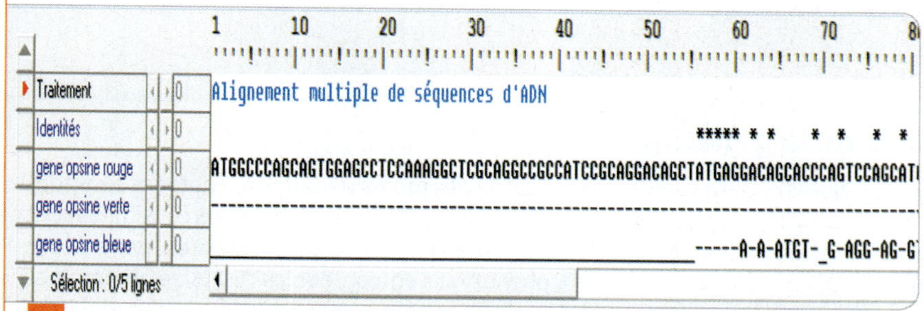

6 Comparaison des séquences de gènes d'opsines humaines avec Anagène.

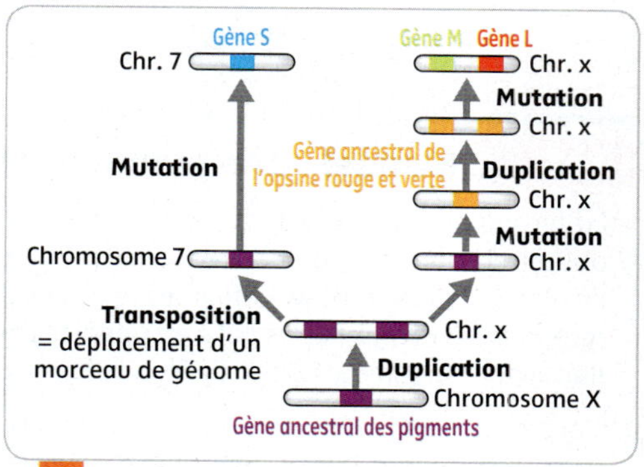

7 Élaboration d'un modèle d'histoire évolutive des gènes des opsines.

Construire l'arbre hypothétique de parenté des primates

Protocole

PRINCIPE

Grâce à une base de données informatique intégrant les séquences génétiques de l'« opsine bleue » de différents primates, on cherche à établir l'arbre de parenté de ces individus dans le but de connaître leurs relations de parenté et leur histoire évolutive (phylogénie).

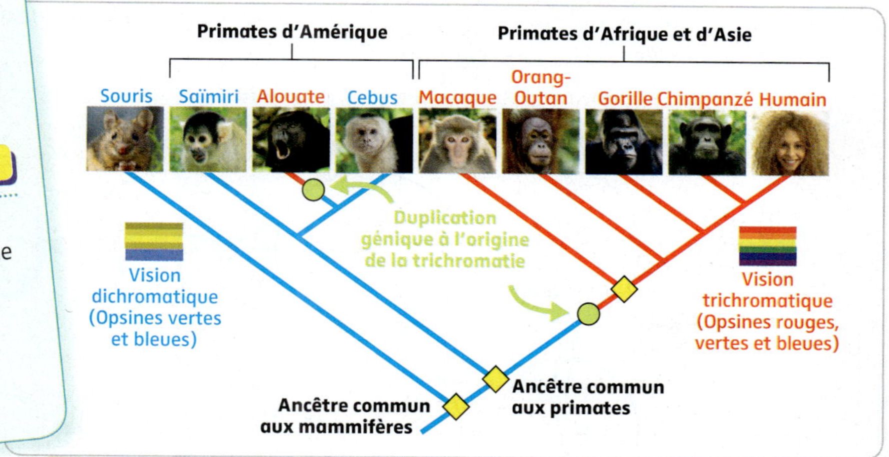

8 Arbre phylogénétique des primates en lien avec leur vision. La duplication d'un gène est à l'origine de nouveautés dans la vision des couleurs. Elle est favorable à l'évolution biologique.

Guide de résolution

Indicateurs de réussite

1 Mettre en relation les documents 1 et 2 pour expliquer l'apparition de particularités chromosomiques présentées dans le document 3.

2 Schématiser le devenir des chromosomes aboutissant à une trisomie ou une monosomie à l'issue de la reproduction sexuée.

3 Mettre en relation les documents 4, 5, 6, 7 (comparaison de séquences à effectuer) pour relever les deux phénomènes à l'origine de la famille multigénique des opsines.
En déduire pourquoi certaines espèces ont une vision dichromatique ou trichromatique dans le document 8.

4 En conclusion

Discuter de la portée évolutive des anomalies de la méiose (documents 1 à 8).

BILAN CHAPITRE 2 Les conséquences génétiques de la reproduction sexuée

UNITÉ 1 Fécondation et diversification du génome

▶ L'observation des états d'un même caractère au sein d'une famille nous indique que la reproduction sexuée, grâce à la formation de gamètes (méiose) et leur rencontre aléatoire (fécondation), permet de générer des individus aux génotypes et phénotypes différents.

▶ L'expression d'un caractère gouverné par un gène est le résultat de l'interaction des deux allèles de ce gène qui se rencontrent lors de la fécondation. Ces allèles peuvent être identiques (homozygote) ou différents (**hétérozygote**).

▶ L'expression du phénotype résulte alors des relations de dominance et de récessivité des allèles.

▶ La mitose, en dehors de mutations, aboutit à un clone génétique. À l'inverse, l'intervention de la méiose au cours de la reproduction sexuée permet de créer des gamètes, au contenu allélique original. Leur rencontre aléatoire par fécondation amplifie la diversité génétique des populations, rendant ces dernières plus susceptibles de s'accommoder à leur milieu.

UNITÉ 2 Mendel : une première approche de la génétique

▶ La fécondation de deux individus de lignée pure (homozygotes) aboutit à l'obtention d'une première génération homogène (loi 1 de Mendel) et permet de définir les relations de dominance et de récessivité entre les allèles qui sont apportés de manière indépendante par les gamètes (loi 2 de Mendel).

▶ L'observation des phénotypes de drosophiles différant par deux caractères (dihybridisme) à l'issue d'un **croisement test** révèle l'apparition de nouveaux phénotypes qualifiés de « recombinés » et témoignant d'une nouvelle association d'allèles, différente de celle observée chez les parents : on parle de **brassage allélique**.

▶ Le comptage et le calcul des proportions des phénotypes résultant de ce croisement test indiquent que les deux gènes considérés sont portés par des paires de chromosomes différentes, permettant l'obtention de 4 phénotypes équiprobables (50 % de phénotypes parentaux et 50 % de **phénotypes recombinés**). De tels résultats s'expliquent par une répartition aléatoire des chromosomes de chaque paire au cours de l'anaphase 1 de méiose (loi 3 de Mendel) : on parle de **brassage allélique interchromosomique**.

▶ Le nombre de combinaisons génétiques possibles dans les gamètes résultant de ce brassage allélique est d'autant plus élevé que le nombre de gènes à l'état hétérozygote est plus grand chez les parents.

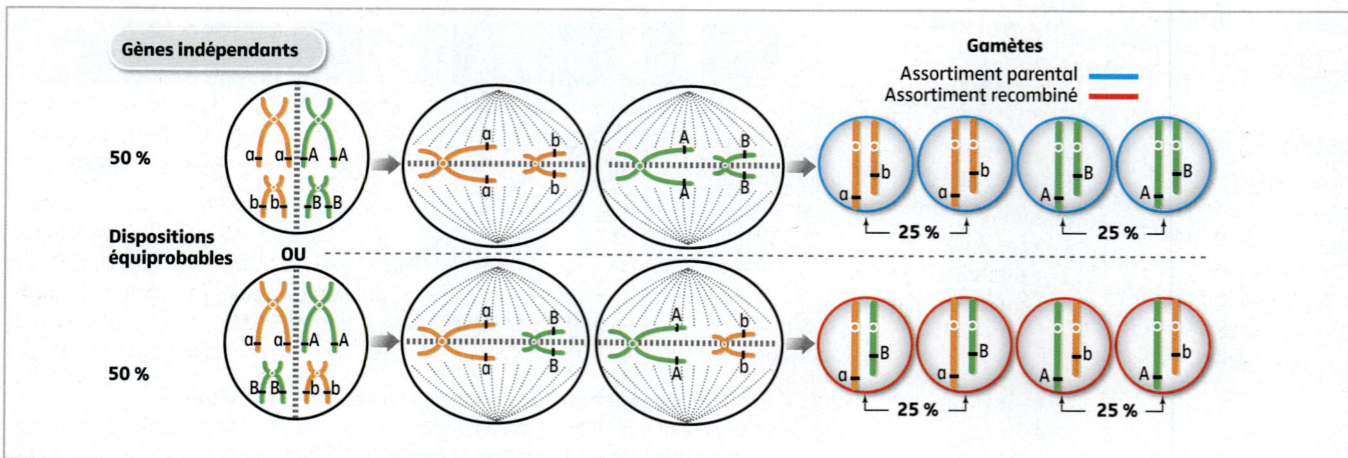

Interprétation des recombinaisons interchromosomiques

UNITÉS 3 et 4 Des cas échappant aux lois de l'hérédité de Mendel

▶ Certains croisements tests à partir d'une F1 hétérozygote pour 2 gènes aboutissent à l'obtention de 4 phénotypes non équiprobables (> 50 % de phénotypes parentaux et < 50 % de phénotypes recombinés). Cela témoigne que les 2 gènes considérés sont portés par la même paire de chromosomes. De tels résultats s'expliquent par un échange réciproque et non systématique du contenu allélique entre 2 chromatides de 2 chromosomes de la même paire en prophase 1 de méiose : c'est le **crossing-over** que l'on peut visualiser grâce à des figures de chiasma ; on parle de **brassage allélique intrachromosomique**.

▶ Le croisement d'individus de lignée pure (homozygotes) pour un gène considéré peut engendrer des individus au phénotype différent dès la première génération. Cela signifie que le gène dont on suit l'expression est porté par l'un des chromosomes à l'origine du déterminisme sexuel. Les individus ayant deux **gonosomes** différents (le plus souvent les mâles) ne portent alors qu'un seul exemplaire allélique (ils sont qualifiés d'« hémizygotes »).

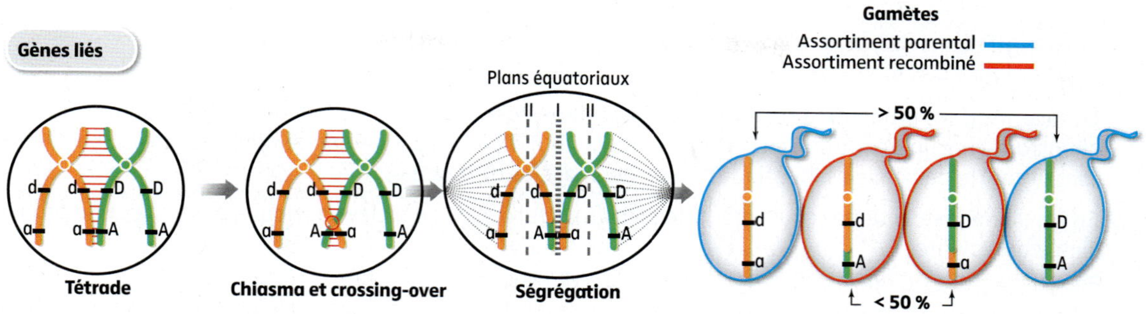

Conséquences du crossing-over sur les associations d'allèles.

UNITÉ 5 La prédiction génétique à l'heure de la bio-informatique et du séquençage des génomes

- Chez l'espèce humaine, l'analyse génétique s'opère avant tout au niveau de la famille. Le recensement des phénotypes des individus permet de construire un arbre généalogique dont l'étude renseigne sur le mode de transmission de l'allèle responsable du caractère étudié (pathologie génétique ou non).
- Certaines maladies comme la mucoviscidose sont liées à un gène qui présente de nombreux mutants, ce qui a conduit les généticiens à établir des banques de données qui recensent tous les allèles des gènes (plus de 2 000 dans le cas du gène CFTR impliqué dans la mucoviscidose). Grâce aux techniques de séquençage de l'ADN, on a accès directement au génotype des individus.
- L'existence des bases de données informatisées de séquençage des génomes et leur accès soulèvent cependant des questionnements à l'origine des lois de bioéthique.

UNITÉ 6 Les accidents génétiques de la méiose

- Rarement, il se peut qu'un crossing-over échange des portions inégales de chromosomes homologues.
- Ce crossing-over inégal et non réciproque conduit le plus souvent à une **duplication génique** : le chromosome porte alors une copie supplémentaire d'un gène sur une chromatide. Chaque copie du gène accumule alors des mutations au fil des générations, indépendamment de l'autre copie. L'ensemble forme une famille multigénique. Ce mécanisme génétique joue un rôle essentiel dans l'évolution biologique, en permettant par exemple la vision trichromatique de certains primates.
- L'observation de caryotypes présentant un nombre différent de chromosomes permet de mettre en évidence d'autres particularités méiotiques, souvent létales.
- L'inégale disjonction des chromosomes de chaque paire d'homologues en première division de méiose ou l'inégale disjonction des chromatides sœurs en deuxième division de méiose peut aboutir à des gamètes ne possédant aucun ou deux exemplaires de chromosomes. La fécondation avec un gamète normal aboutit alors à l'obtention d'un individu trisomique ou monosomique.

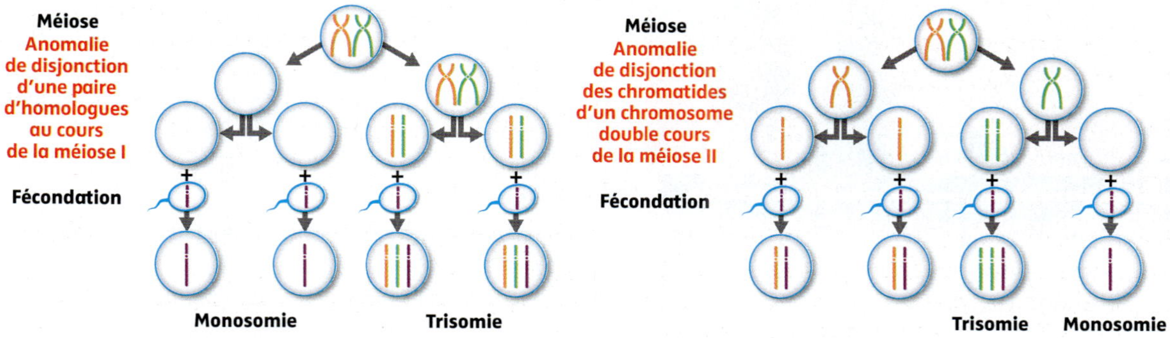

Accidents de méiose aboutissant à des caryotypes trisomiques et monosomiques.

Les conséquences génétiques de la reproduction sexuée

Texte dys
Texte audio

En quelques mots

1 La reproduction sexuée des eucaryotes permet le brassage des génomes à chaque génération

- **La fécondation, union de deux gamètes haploïdes**, rassemble deux génomes d'origine indépendante apportant chacun un lot d'allèles. Dans la cellule œuf diploïde, chaque paire d'allèles ainsi associés est constituée de deux allèles identiques ou de deux allèles différents.
- **En fin de méiose**, chaque cellule produite reçoit un seul des deux allèles de chaque paire avec une probabilité équivalente.
  Pour deux paires d'allèles, quatre combinaisons d'allèles sont possibles :
  – équiprobables en cas de gènes indépendants et résultant d'un brassage allélique interchromosomique ;
  – non équiprobables en cas de gènes liés et résultant d'un brassage allélique intrachromosomique.
- **Ces deux brassages** permettent une grande diversité génétique des gamètes.

2 Les principes de base de la génétique

- **L'analyse génétique** se base sur l'étude de la transmission héréditaire des caractères observables dans des croisements issus le plus souvent de lignées pures (homozygotes) et ne différant que par un nombre limité de caractères.
- Dans le cas de l'espèce humaine, l'identification des allèles portés par un individu s'appuie d'abord sur une étude généalogique, en appliquant les principes de transmission héréditaire des caractères.
- Le séquençage de l'ADN et les progrès de la bio-informatique donnent directement accès au génotype de chaque individu comme à ceux de ses ascendants et descendants. L'utilisation de bases de données informatisées permet d'identifier des associations entre certains gènes mutés et certains phénotypes, mais soulève des questionnements éthiques.

3 Les accidents génétiques de la méiose

- Des anomalies peuvent survenir au cours de la méiose : crossing-over inégal, migrations anormales de chromatides au cours des divisions de méiose.
- Ces accidents, souvent létaux, engendrent parfois une diversification importante des génomes et jouent un rôle essentiel dans l'évolution biologique.

Vidéo bilan

mots-clés

Brassage allélique : ensemble des mécanismes méiotiques assurant une association d'allèles différente de celle observée chez les parents.
On recense le brassage intrachromosomique en prophase 1 et le brassage interchromosomique en anaphase 1.

Croisement test : croisement d'individus dont on ignore l'équipement allélique, après fécondation avec des individus homozygotes et récessifs pour les gènes considérés.

Duplication génique : copie d'un gène, en général par le phénomène de crossing-over inégal.

Gonosome : chromosome à l'origine du déterminisme sexuel (X et Y chez les humains).

Hétérozygote : organisme qui possède deux allèles différents d'un même gène.

Phénotype recombiné : caractère original, différent des parents, obtenu par la fécondation de gamètes ayant subi un brassage allélique.

Schéma interactif

En une image

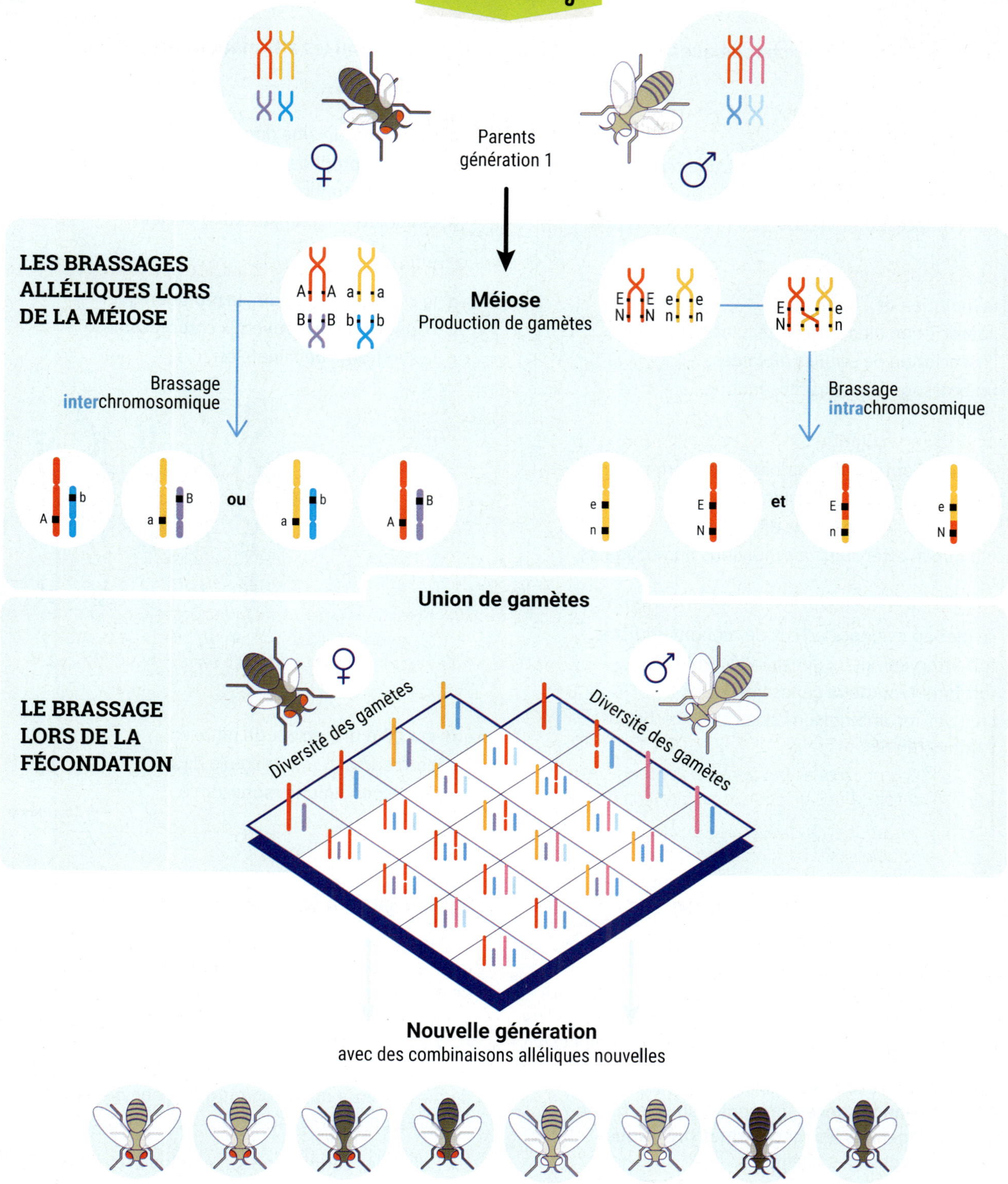

mémorisation active

▶ Pour retenir les notions…

- Hérédité liée au sexe
- Fécondation
- Diversification des génomes
- Identification des génotypes
- …

▶ Je construis ma carte des idées

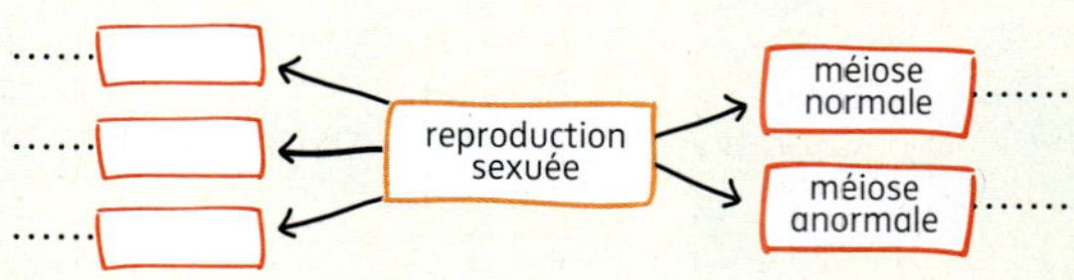

▶ Pour m'aider dans la construction

➜ Méthode ° 1

▶ Pour m'entraîner

➜ Exercice 6 p. 60

Quiz

Exercices interactifs

Pour chaque question, choisir la bonne réponse parmi les affirmations proposées.

1. La reproduction sexuée consiste en :
- a un clonage des individus.
- b un mécanisme où la ploïdie ne varie pas.
- c une succession de mitoses.
- d l'alternance d'une méiose et d'une fécondation.

2. La fécondation permet :
- a le maintien de l'haploïdie.
- b l'association aléatoire de cellules haploïdes.
- c l'association de cellules diploïdes.
- d un brassage intrachromosomique.

3. Le brassage allélique interchromosomique :
- a permet d'obtenir $4n$ combinaisons chromosomiques.
- b a lieu en deuxième division de méiose.
- c n'a jamais lieu en cas de dihybridisme.
- d n'a aucun effet chez des individus homozygotes.

4. Le brassage allélique intrachromosomique :
- a se met en évidence en cas de monohybridisme.
- b fait intervenir deux gènes indépendants.
- c fait intervenir deux gènes liés.
- d crée des recombinaisons si les allèles échangés sont les mêmes.

5. Le crossing-over :
- a est un mécanisme anormal.
- b a lieu en prophase 1 de méiose.
- c a lieu en prophase 2 de méiose.
- d est un échange unilatéral d'allèles.

6. Un crossing-over inégal peut provoquer :
- a la création d'une famille multigénique.
- b l'apparition de nouveaux chromosomes.
- c le syndrome de Klinefelter.

7. Ce caryotype différent :

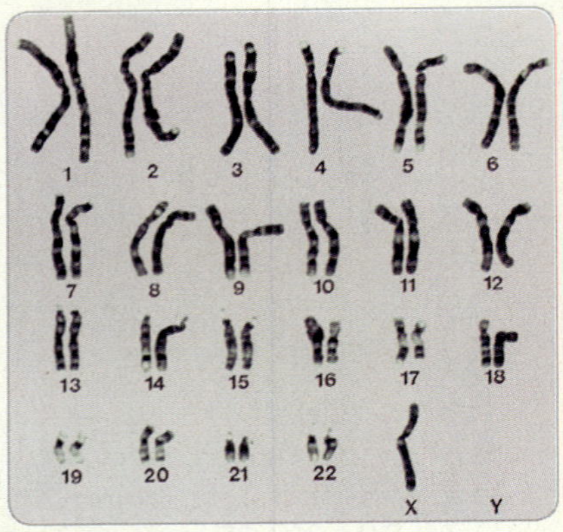

- a est dû à une erreur de mitose.
- b correspond à une trisomie 21.
- c correspond à une monosomie.

→ Corrigés p. 447

1 Les brassages durant la méiose

■ La reproduction sexuée permet de produire une formidable quantité d'individus génétiquement différents. Au cours de la gamétogénèse, la méiose assure le brassage des allèles à l'origine de nouvelles combinaisons d'allèles, sur les chromatides qualifiées de « recombinées ».

On considère deux couples d'allèles Aa et Bb. À l'aide des connaissances, présenter sous la forme de schémas légendés les mécanismes méiotiques assurant les brassages alléliques.

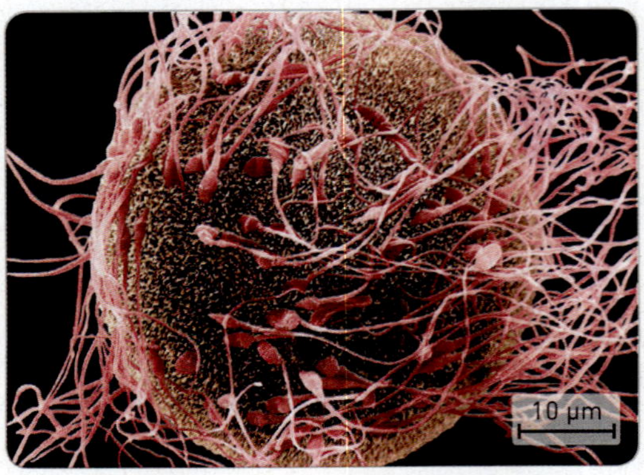

2 Du gène à la famille multigénique

■ Chargées de transporter les gaz sanguins, les hémoglobines humaines sont constituées de quatre protéines nommées « globines ».

■ Chez l'humain, il existe plusieurs gènes qui s'expriment tous sous la forme de globines. L'analyse génétique montre que les séquences d'ADN de ces gènes proviennent toutes d'une séquence appartenant à un gène ancestral qui s'est ensuite dupliqué.

À l'aide des connaissances, expliquer et schématiser le mécanisme méiotique ayant permis la duplication génique des globines.

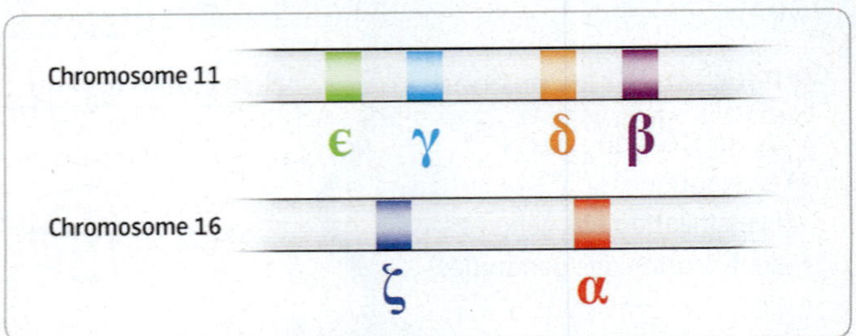

Carte génétique des globines.

3 Des radis pour tous les goûts

Il existe différents types de radis : ronds, longs ou ovales. Les radis ronds croisés entre eux ne donnent que des radis ronds, les radis longs croisés entre eux ne donnent que des radis longs, alors que le croisement d'un radis rond avec un radis long donne un radis à racine ovale.

1. **Déterminer le couple d'allèles concerné.**

2. **Déterminer le génotype de chaque type de radis.**

3. **Représenter la méiose d'un radis ovale puis l'échiquier de croisement de deux radis ovales entre eux.**

a **La racine du radis peut adopter différentes formes selon le génotype.**

4 La transmission de la chorée de Huntington

La maladie de Huntington est une affection neurodégénérative héréditaire qui entraîne une altération profonde et sévère des capacités physiques et intellectuelles. La personne malade perd peu à peu son autonomie et devient dépendante pour les actes de la vie quotidienne.

1. **Établir si l'allèle responsable de la chorée de Huntington se transmet selon un mode dominant ou récessif, puis autosomique ou gonosomique.**

2. **Déterminer le génotype des individus II-3 ; IV-1 et IV-2.**

3. **Déterminer la probabilité de l'individu III-3 de posséder les deux allèles responsables de la chorée de Huntington.**

4. **Évaluer la probabilité que l'enfant de 5e génération soit malade.**

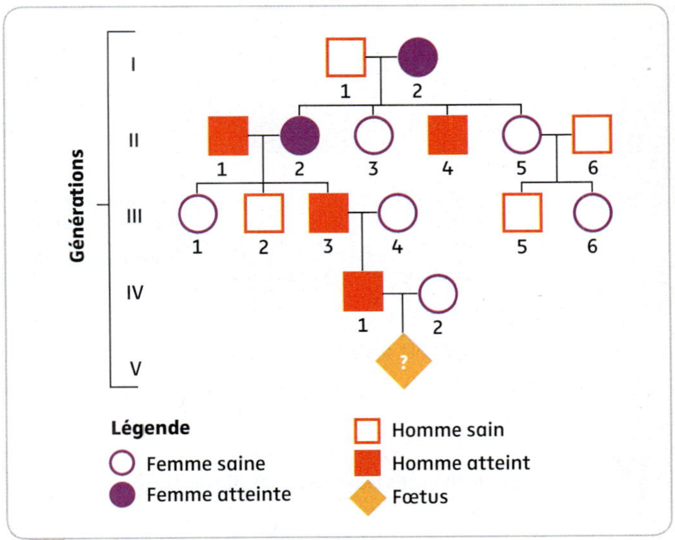

b **Arbre généalogique d'une famille atteinte de chorée de Huntington.**

5 Des origines de la trisomie 21

En 1958, le médecin français Jérôme Lejeune identifie la cause du syndrome de Down : un chromosome supplémentaire sur la 21e paire de chromosomes.

Pour la première fois, le lien est établi entre un retard mental et une anomalie chromosomique. Cette découverte ouvre de nouvelles possibilités pour la compréhension et le traitement de nombreuses maladies mentales d'origine génétique.

L'espérance de vie des personnes atteintes de trisomie 21 dépasse aujourd'hui 50 ans.

Expliquer comment, au cours de la reproduction sexuée, il est possible d'obtenir un individu atteint de trisomie 21.

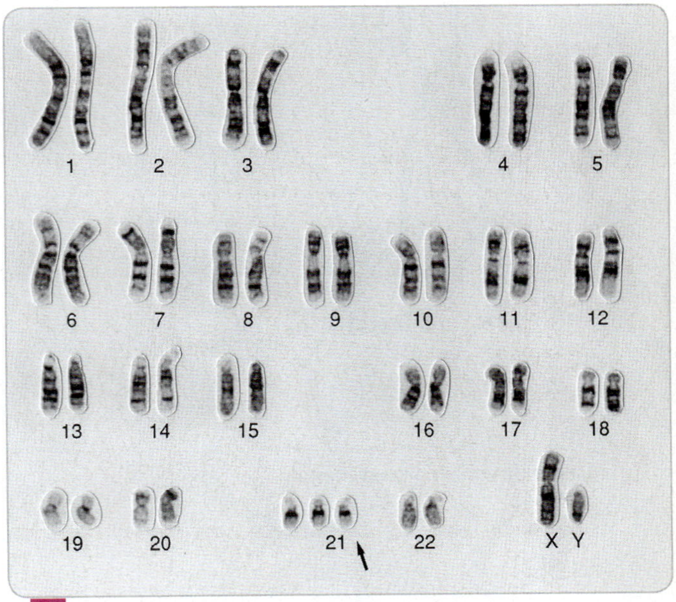

c **Caryotype d'un individu atteint de trisomie 21.**

6 Exercice guidé L'évolution des hormones hypophysaires

■ La vasotocine (**AVT**), l'ocytocine (**OT**) et l'hormone antidiurétique (**ADH**) sont des hormones fabriquées par les neurones de l'hypophyse postérieure.

Présenter les arguments qui suggèrent que ces trois hormones appartiennent à une famille multigénique. Expliquer comment la complexification du génome permet la réalisation de nouvelles fonctions et participe ainsi à l'évolution des espèces.

Vasotocine (AVT) : régule les mouvements d'eau et d'ions chez certains vertébrés et joue un rôle dans la contraction des muscles de la paroi des vaisseaux sanguins.

Ocytocine (OT) : provoque la contraction de l'utérus pendant l'accouchement et la contraction des muscles impliqués dans l'éjection du lait (lors de l'allaitement).

Vasopressine ou hormone anti-diurétique (ADH) : provoque la rétention d'eau au niveau des reins et l'augmentation de la pression artérielle.

a Fonctions des hormones hypophysaires considérées.

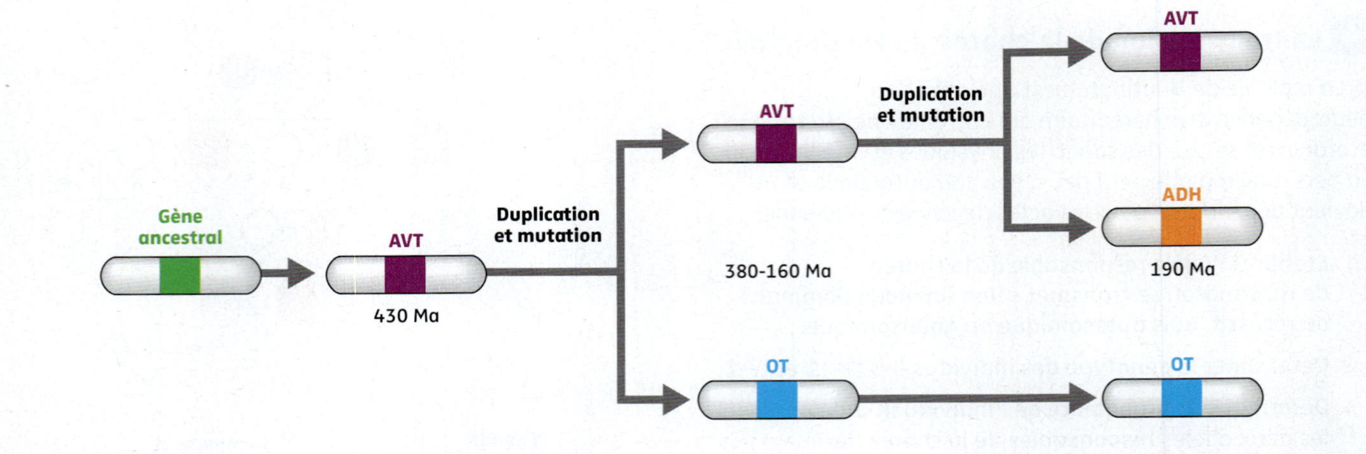

b Histoire évolutive des hormones hypophysaires.

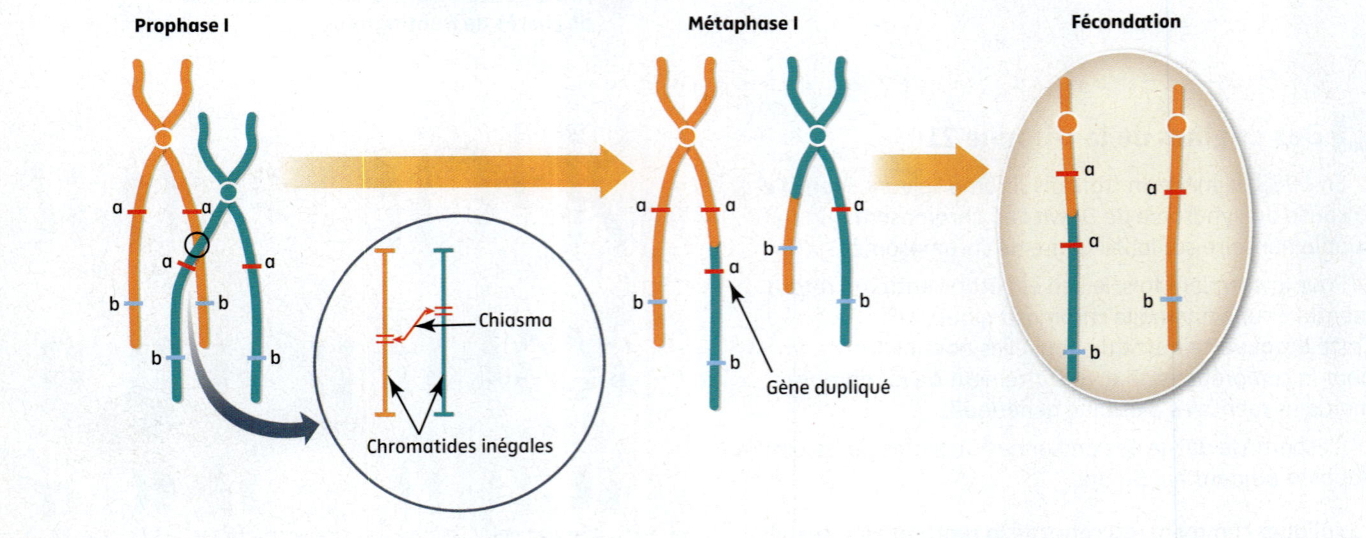

c Modèle de crossing-over inégal.

Groupes de vertébrés	Hormones présentes	Âge des fossiles les plus anciens
Ostéichtyens (« poissons » osseux à branchies)	AVT	420 Ma
Dipneustes (« poissons » à poumons)	AVT, OT	380 Ma
Amphibiens	AVT, OT	360 Ma
Sauropsides (« reptiles » et oiseaux)	AVT, OT	300 Ma
Mammifères	AVT, OT, ADH	190 Ma

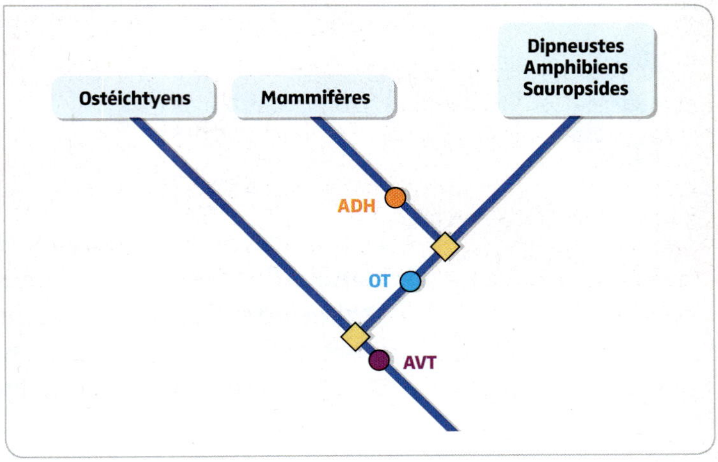

d Répartition des hormones chez divers groupes d'espèces et date d'apparition estimée permettant la construction de l'arbre phylogénétique.

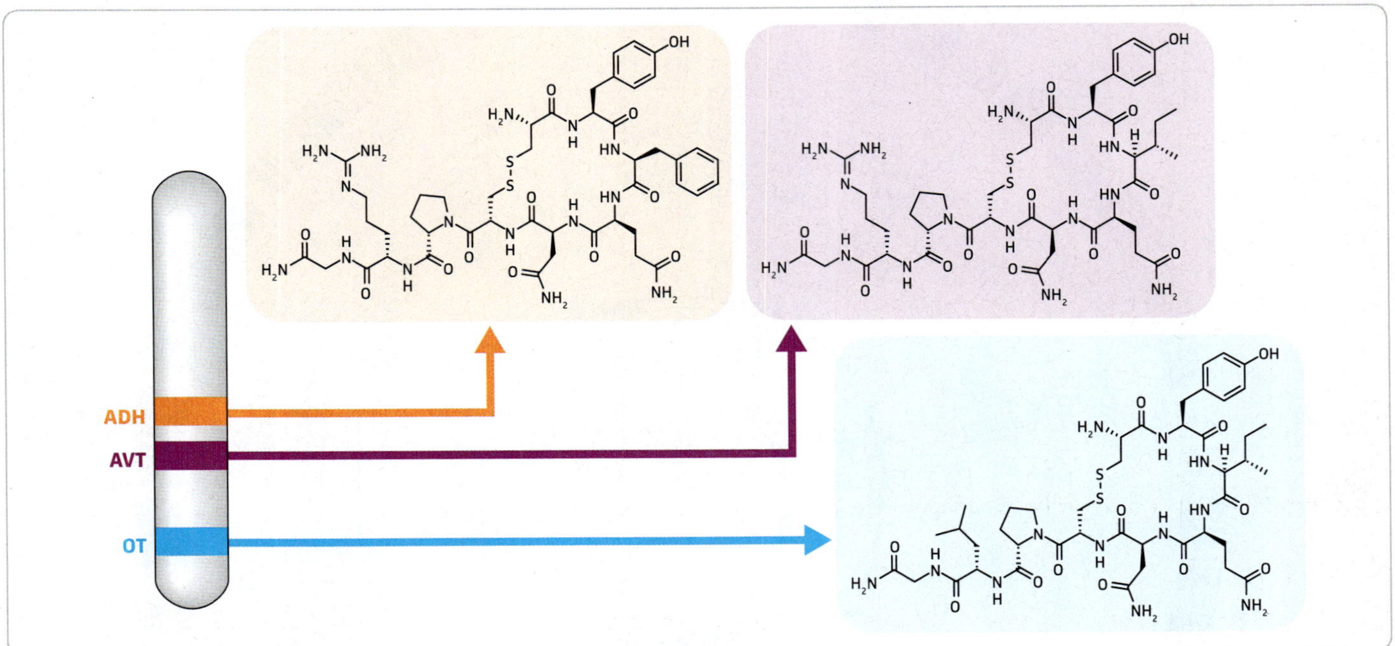

e Localisation et formules semi-développées des hormones hypophysaires.

Hormones	Séquences nucléotidiques	Séquences des acides aminés
AVT	TGC TAC ATC CAG AAC TGC CCC CGG GGT	CYS TYR ILE GLN ASP CYS PRO ARG GLY
OT	TGC TAC ATC CAG AAC TGC CCC CTG GGA	CYS TYR ILE GLN ASP CYS PRO LEU GLY
ADH	TGC TAC TTC CAG AAC TGC CCG AGG GGC	CYS TYR PHE GLN ASP CYS PRO ARG GLY

f Séquences nucléotidiques et peptidiques des hormones AVT, OT et ADH.

Guide de résolution

1. Relevez les points communs et les différences en termes de structure et de fonction des trois molécules.
2. Identifiez l'origine génétique des différences constatées.
3. Associez la répartition des hormones entre les différents types d'individus avec le modèle d'histoire évolutive génétique.
4. Identifiez la portée évolutive du mécanisme méiotique dont il est question.

CHAPITRE 3

La complexification des génomes

Le phénotype d'un individu résulte de l'expression de son génome sous l'influence de l'environnement dans lequel il vit. La reproduction sexuée participe à la diversification des génomes, mais elle ne peut à elle seule expliquer la grande diversité intra- et interspécifique. D'autres mécanismes contribuent à complexifier les génomes.

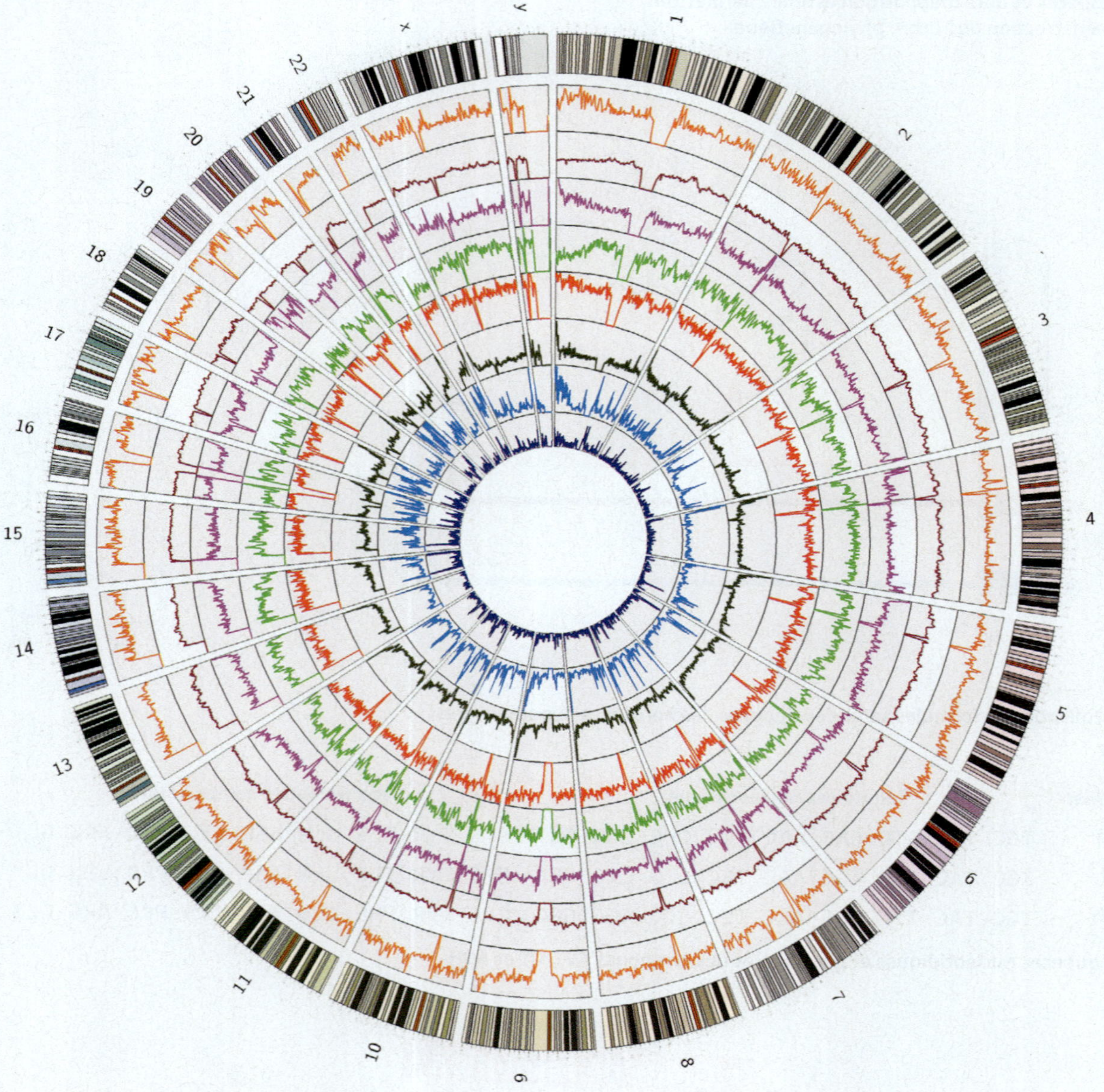

Une représentation du génome humain.
Pour chaque chromosome (nom à l'extérieur), les bandes caractéristiques obtenues par coloration sont d'abord indiquées. La densité en nombre de gènes le long des chromosomes est présentée au centre en bleu foncé. Les autres graphiques présentent la répartition des différents types de séquences d'ADN répétées. Ces séquences représentent jusqu'à 50 % du génome humain. Les graphiques en vert foncé et bleu clair indiquent la présence de zones de structures 3D particulières de l'ADN (ADN-Z et G-quadruplex).

Quels processus augmentent la complexité d'un génome ? UNITÉS 2 et 3

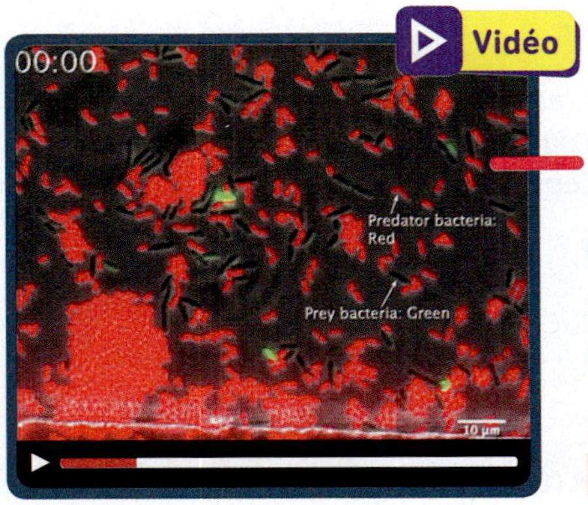

Des bactéries en tuent d'autres et récupèrent leurs gènes.

Comment des gènes peuvent-ils être transférés d'une cellule à l'autre ?

UNITÉ 1

3 188

gènes communs dans le génome de base des bactéries *Escherichia coli* et plus de **60 000 gènes supplémentaires** non partagés répartis entre individus.

L'élysie verte est une limace de mer qui se nourrit de l'algue verte *Codium fragile*.
Elle intègre à ses propres cellules les chloroplastes de l'algue et peut ensuite survivre grâce à la photosynthèse.

Quelle est l'origine des chloroplastes des cellules eucaryotes ?

UNITÉ 3

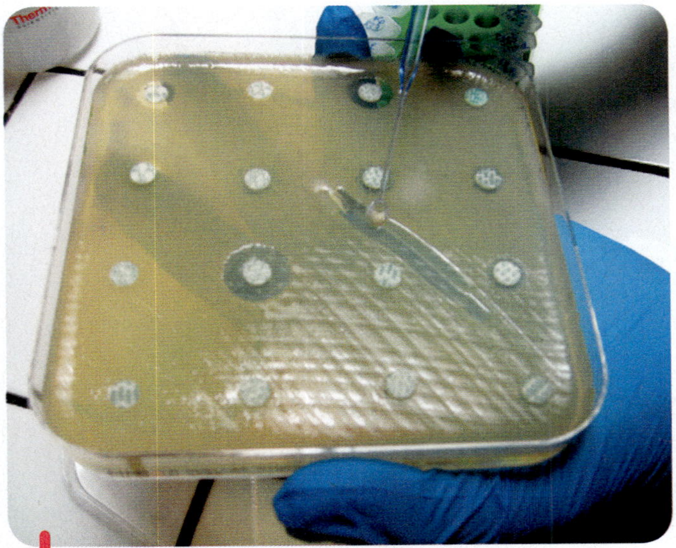

Superbug **(super-germe), des bactéries multirésistantes aux antibiotiques.**

Comment les gènes de résistance aux antibiotiques se répandent-ils entre bactéries ?

UNITÉS 1 et 2

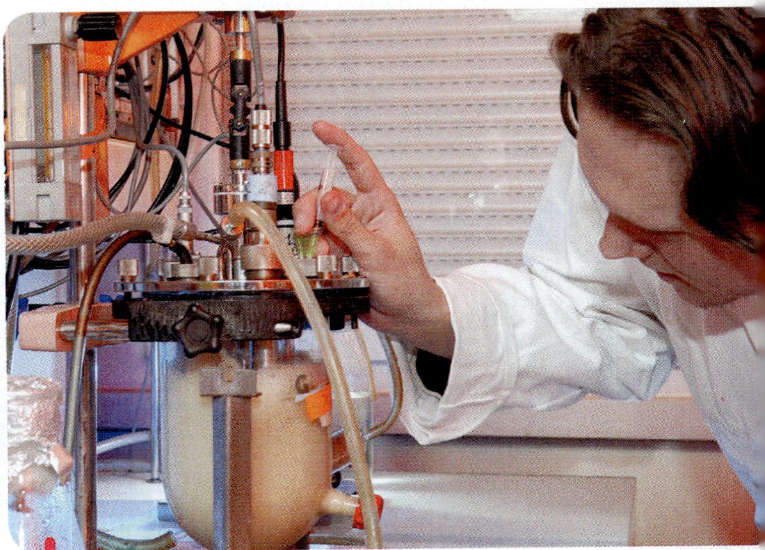

Culture en fermenteur de bactéries génétiquement modifiées pour produire un médicament.

Quels sont les fondements biologiques de la transgenèse ?

UNITÉ 1

UNITÉ 1 Les transferts d'ADN entre êtres vivants

En 1928, le microbiologiste Frederick Griffith constate que des pneumocoques non pathogènes peuvent le devenir au contact de pneumocoques pathogènes auparavant tués par chauffage à 100° C. Mais le mécanisme de cette transformation est alors inconnu.

Objectif

Montrer qu'il existe des échanges génétiques entre individus sans recours à la reproduction sexuée.

Interpréter les résultats d'une expérience historique

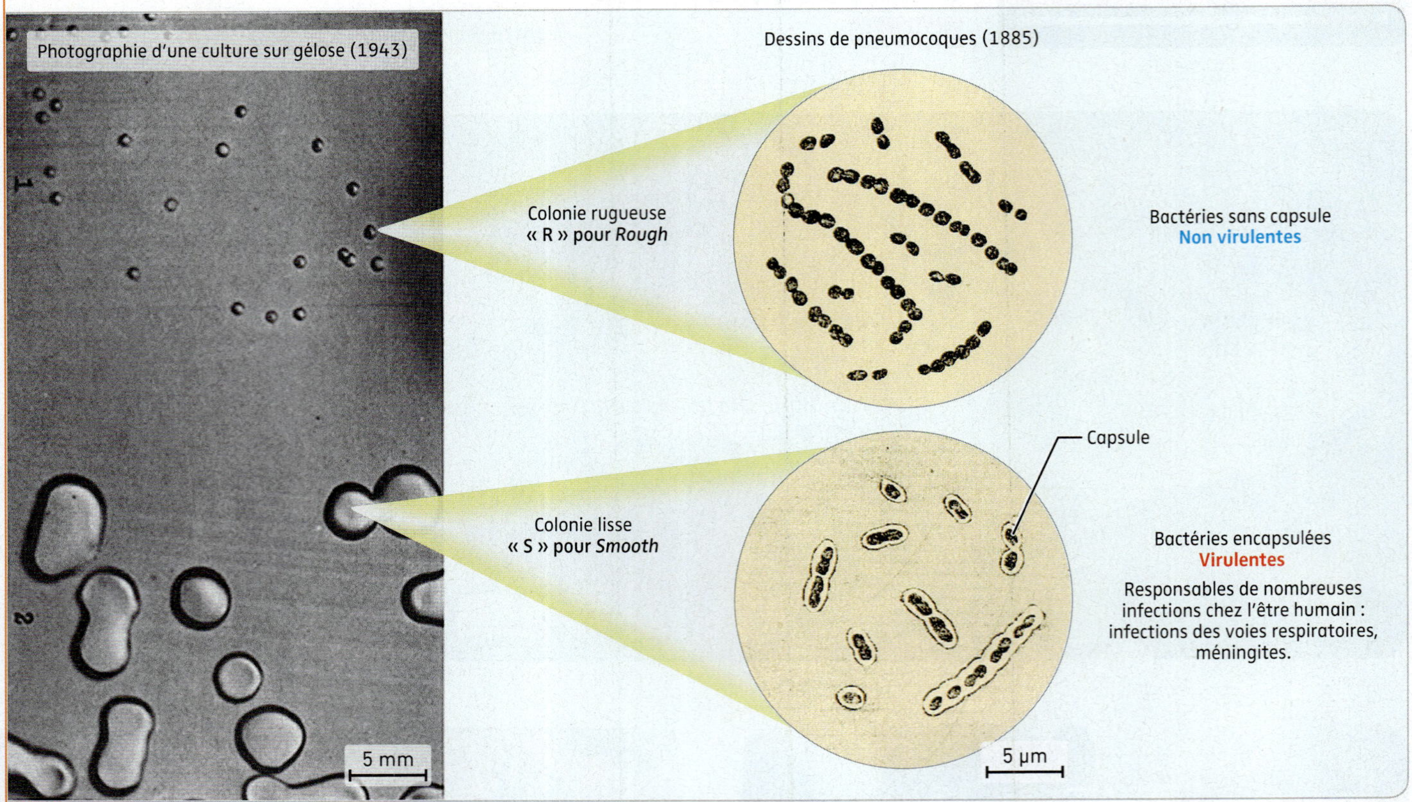

1 Les deux souches de pneumocoques utilisées par Avery, MacLeod et McCarty en 1943.

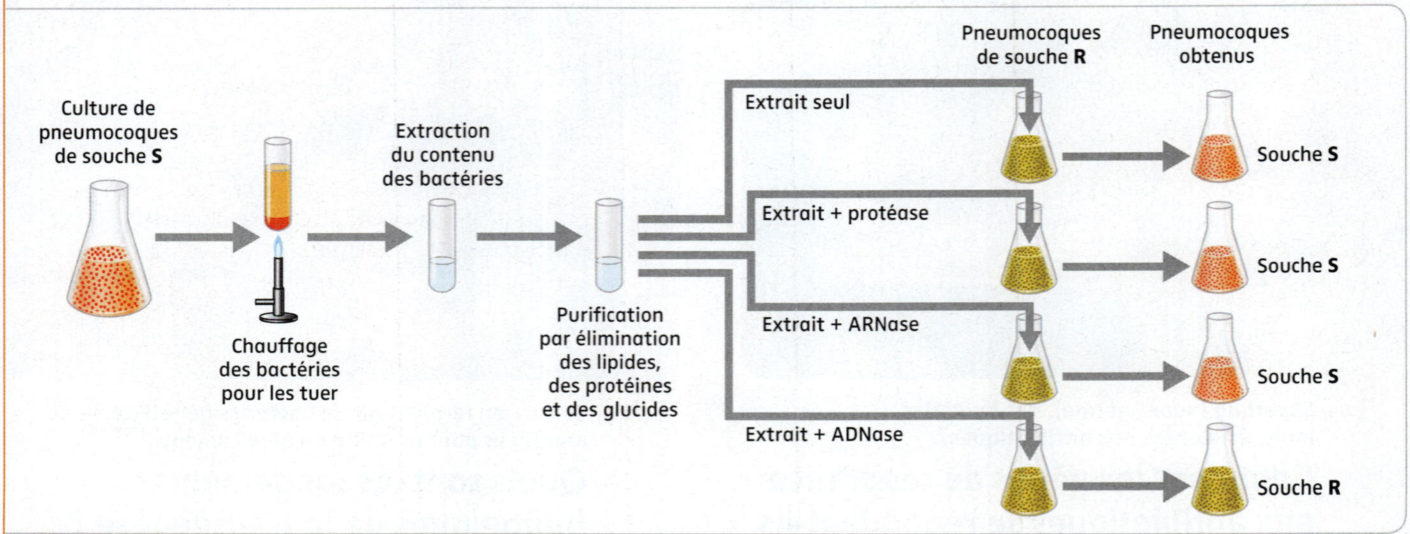

2 L'expérience menée par Avery, MacLeod et McCarty en 1943. La protéase, l'ARNase et l'ADNase sont des enzymes spécialisées dans l'hydrolyse des protéines, de l'ARN et de l'ADN respectivement.

Justifier que le transfert de caractères repose sur l'universalité de l'ADN

Aequorea victoria, méduse bioluminescente, produit une protéine de 238 acides aminés, fluorescente sous ultraviolet, la GFP (*Green Fluorescent Protein*). Elle fait partie du groupe des Cnidaires, animaux aquatiques à symétrie radiale et possédant des cellules armées de harpons urticants.

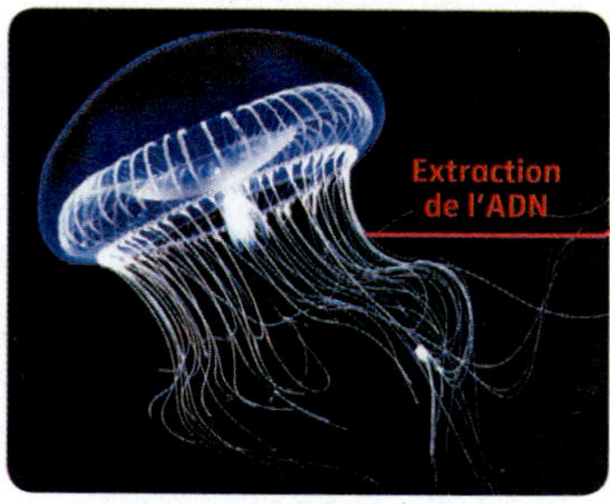

▲ *Aequorea victoria*.

ATGAGTAAAGGAGAAGAACTTTTCACTGGAGTTGTCCCAATTCTTGTT
GAATTAGATGGCGATGTTAATGGGCAAAAATTCTCTGTCAGTGGAGAG
GGTGAAGGTGATGCAACATACGGAAAACTTACCCTTAAATTTATTTGC
ACTACTGGGAAGCTACCTGTTCCATGGCCAACACTTGTCACTACTTTC
TCTTATGGTGTTCAATGCTTTTCAAGATACCCAGATCATATGAAACAG
CATGACTTTTTCAAGAGTGCCATGCCCGAAGGTTATGTACAGGAAAGA
ACTATATTTTACAAAGATGACGGGAACTACAAGACAGTGCTGAAGTCA
AGTTTGAAGGTGATACCCTTGTTAATAGAATCGAGTTAAAAGGTATTG
ATTTTAAAGAAGATGGAAACATTCTTGGACACAAAATGGAATACAACT
ATAACTCACATAATGTATACATCATGGCAGACAAACCAAAGAATGGAA
TCAAAGTTAACTTCAAAATTAGACACAACATTAAAGATGGAAGCGTTC
AATTAGCAGACCATTATCAACAAAATACTCCAATTGGCGATGGCCCTG
TCCTTTTACCAGACAACCATTACCTGTCCACACAATCTGCCCTTTCCA
AAGATCCCAACGAAAAGAGAGATCACATGATCCTTCTTGAGTTTGTAA
CAGCTGCTGGGATTACACATGGCATGGATGAACTATACAAATA

▲ Les 714 nucléotides du gène de la GFP.

Visualiser la transformation de bactéries

PROTOCOLE — Protocole

Des bactéries *Escherichia coli* sont mises en présence de l'ADN du gène de la GFP, puis soumises à un choc thermique qui fait pénétrer l'ADN dans les cellules. Les bactéries sont ensuite étalées sur des boîtes de culture.

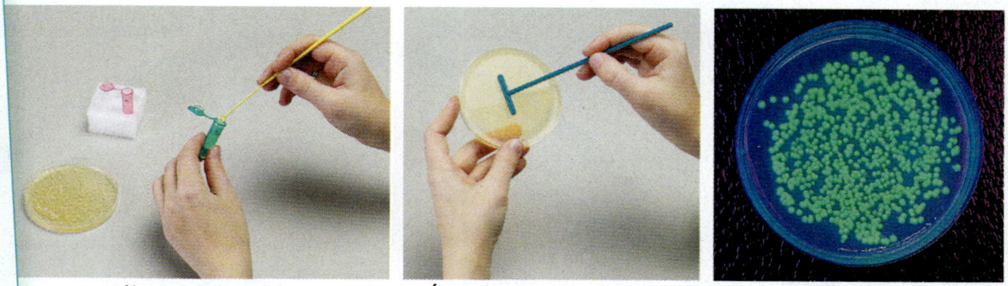

▲ Mélange de bactéries et d'ADN

▲ Étalement des bactéries après un choc thermique

▲ Colonies bactériennes éclairées sous ultraviolet

3 Transformation de bactéries visualisée par fluorescence.

Décrire des processus de transferts de matériel génétique

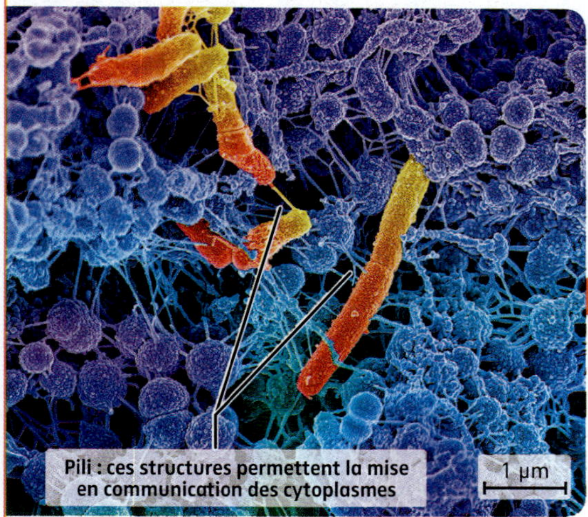

4 Conjugaison bactérienne. L'image présente des souches bactériennes différentes : des coques et des bacilles.

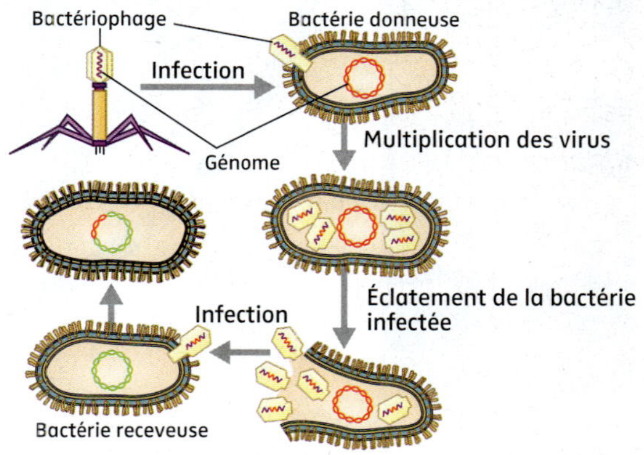

5 Transduction bactérienne. Les bactériophages sont des virus qui infectent les bactéries.

Guide de résolution

Indicateurs de réussite

1. Déterminer la nature chimique de l'agent transformant les bactéries R en bactéries S (documents 1 et 2).
2. Expliquer comment il est possible que les bactéries deviennent fluorescentes (document 3).
3. Présenter les mécanismes qui permettent aux bactéries d'incorporer de l'ADN étranger (documents 4 et 5).
4. **En conclusion**
Lister les mécanismes permettant le transfert de matériel génétique et les comparer avec ceux mis en jeu dans la reproduction sexuée.

UNITÉ 2 L'importance des échanges génétiques

Un concept fondamental en biologie est que le matériel héréditaire, l'ADN, est transmis du parent à la progéniture, un processus appelé « transfert vertical de gènes ». Un autre mécanisme d'acquisition de gènes est le transfert horizontal de gènes, qui implique un mouvement de matériel génétique entre différentes espèces.

Objectif

Justifier que les échanges génétiques contribuent à diversifier le vivant.

Décrire l'étendue des transferts horizontaux de gènes

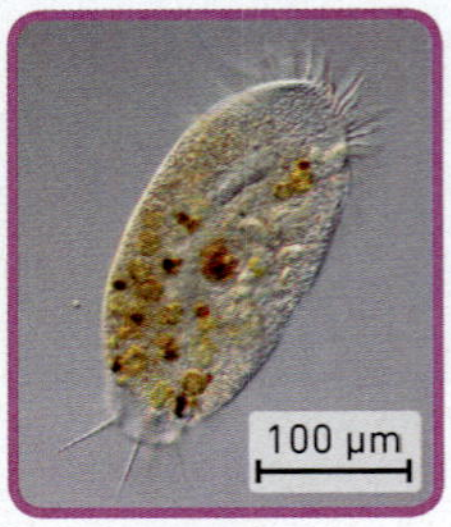

Protiste

Plantes

Champignons

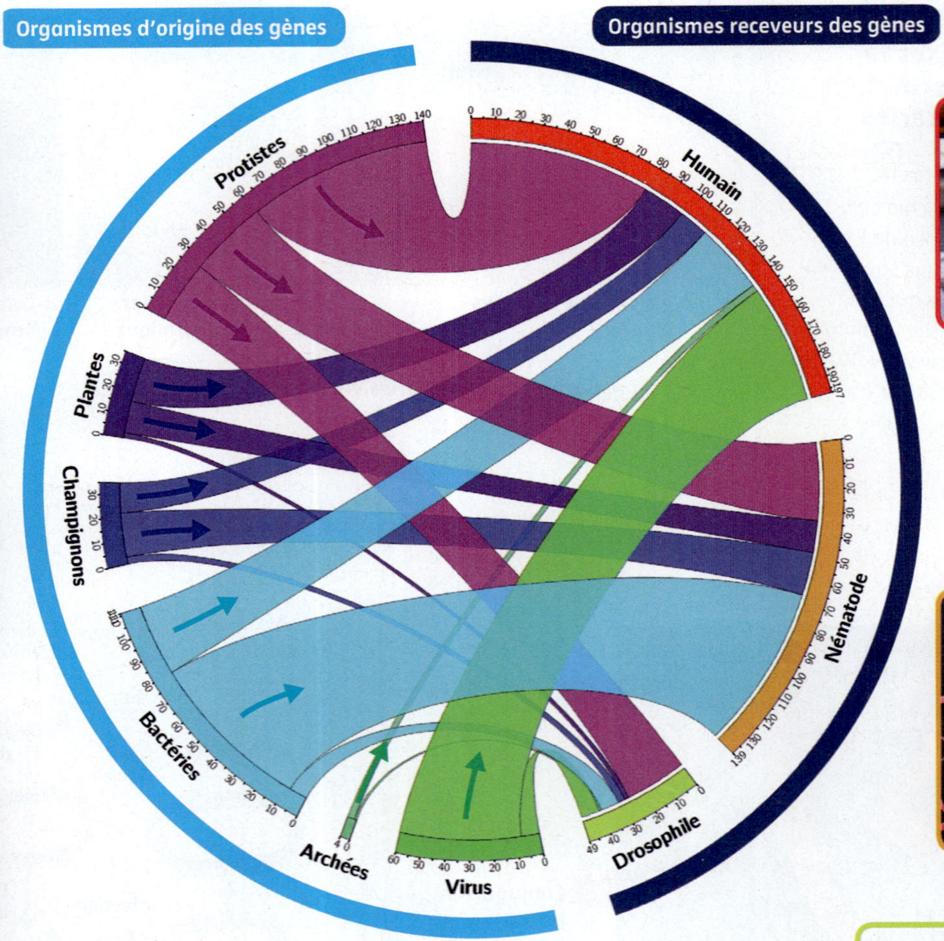

Humain
Exemple de gènes transférés d'un virus à l'être humain : les syncitines 1 et 2 sont issues du génome d'un virus, et chez l'être humain, elles sont essentielles pour la mise en place correcte du placenta.

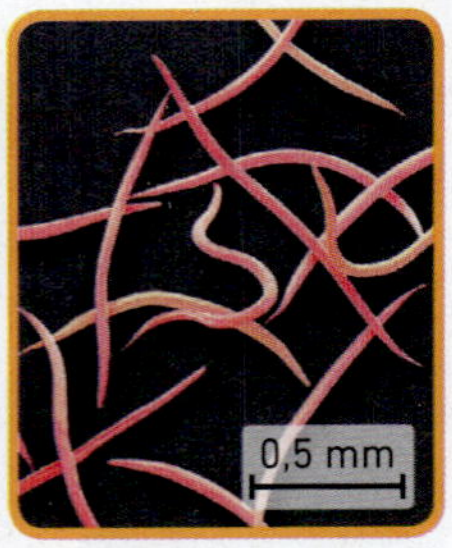

Nématodes

Drosophile

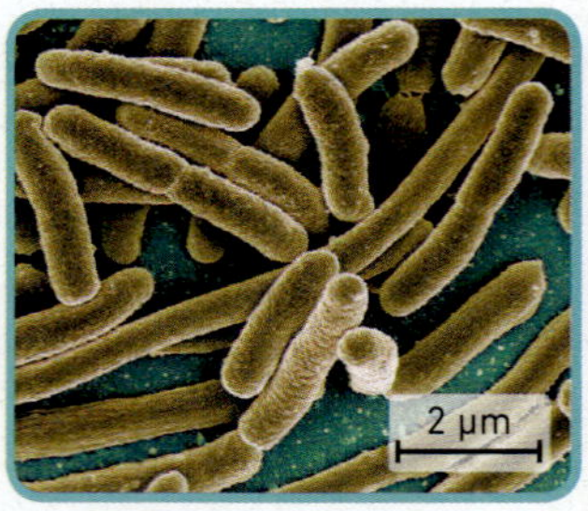

Bactéries

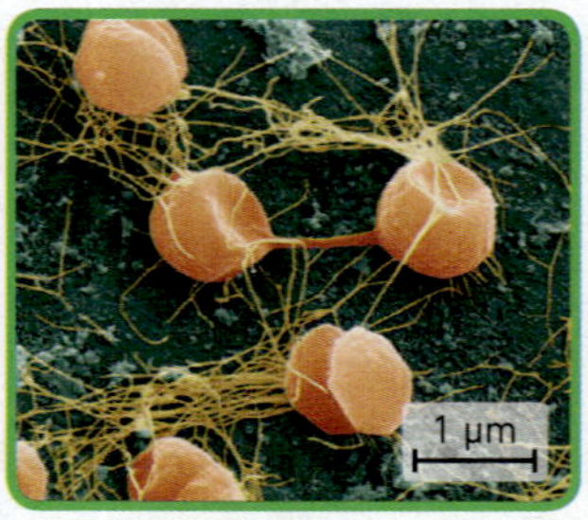

Archées

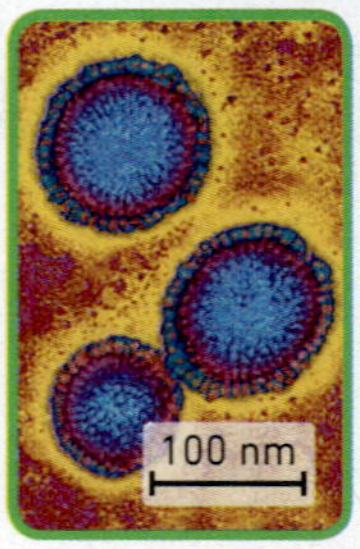

Virus

1 Nombre et origine des gènes transférés chez l'humain, le nématode et la drosophile.
Les graduations indiquent les nombres de gènes identifiés à ce jour comme ayant fait l'objet d'un transfert horizontal.
La largeur des rubans est proportionnelle au nombre de gènes transférés.

Montrer l'importance des transferts horizontaux de gènes dans l'évolution des êtres vivants

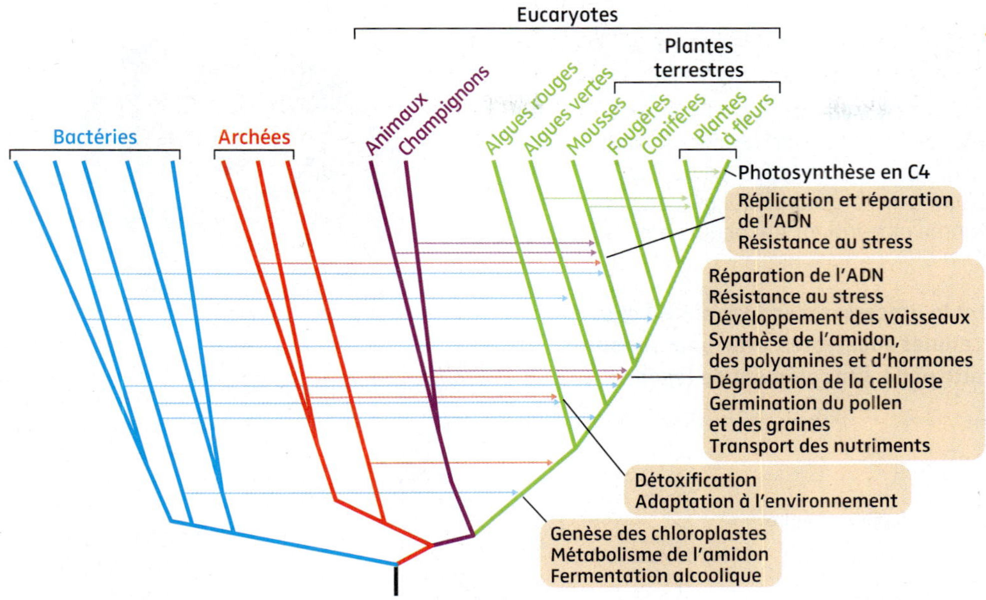

2 Arbre phylogénétique simplifié du vivant présentant les transferts horizontaux de gènes dans la lignée des végétaux. Les traits verticaux représentent le déroulement au cours du temps des lignées aboutissant aux êtres vivants actuels situés en haut.
Les branchements représentent les ancêtres communs.
Les flèches horizontales indiquent des transferts de gènes entre lignées. Pour certains transferts, le gain de fonction est indiqué.

Identifier l'impact des échanges génétiques et des pratiques humaines sur la propagation de la résistance aux antibiotiques

Les bactéries *Klebsiella pneumoniae* sont présentes dans une grande diversité de milieux et sont très fréquemment porteuses de résistances aux antibiotiques.
Chaque milieu se caractérise par la diversité des bactéries qui y vivent. Au sein de chaque population bactérienne, des échanges génétiques sont possibles.

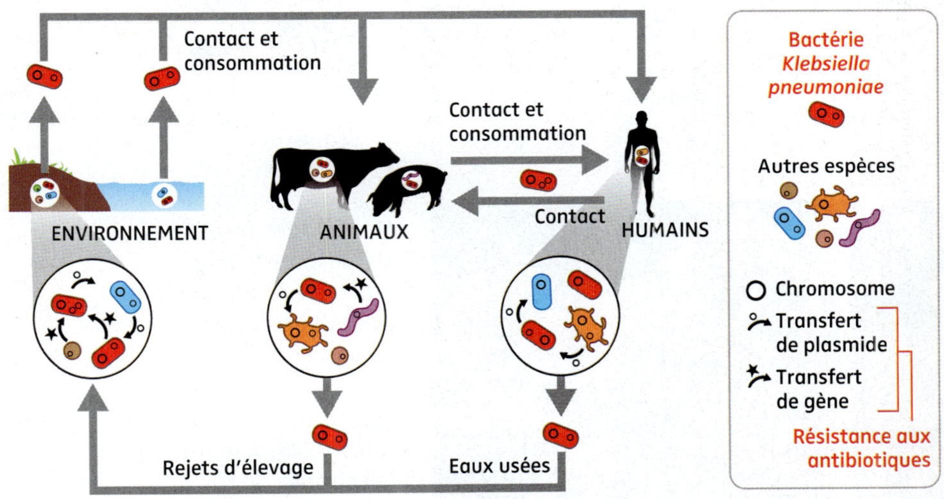

3 Transferts génétiques et propagation de gènes de résistance aux antibiotiques. L'utilisation massive d'antibiotiques dans les élevages et pour soigner les êtres humains favorise la sélection de souches bactériennes portant des gènes de résistance.
Les institutions internationales appellent à limiter l'usage des antibiotiques.

Guide de résolution

Indicateurs de réussite

1 Comparer l'origine et les quantités de gènes transférés aux organismes receveurs (document 1 et **Méthode n° 4**).

2 Montrer la variété des transferts génétiques tant par leur origine que par les fonctions des gènes transférés (document 2).

3 Montrer que les activités humaines favorisent la propagation des résistances aux antibiotiques (document 3).

4 **En conclusion Méthode n° 1**
Construire une carte mentale pour présenter l'impact des transferts génétiques dans la diversification du monde vivant.

UNITÉ 3 Les endosymbioses et l'évolution des eucaryotes

MISSION

ORAL

Les cellules eucaryotes se caractérisent par la présence, à l'intérieur de leur cytoplasme, de compartiments délimités par des membranes. On parle d'organites : noyau, lysosome, réticulum, appareil de Golgi. La mitochondrie et le chloroplaste sont des organites qui ont, en plus, la particularité de contenir un génome et auraient été acquis par un mécanisme d'endosymbiose.

→ **Vous devez présenter oralement le processus d'endosymbiose et son importance dans l'évolution des cellules eucaryotes, avec pour support uniquement les illustrations de cette unité, sans élément de légende.**

▲ Une cellule eucaryote.

Schéma non légendé

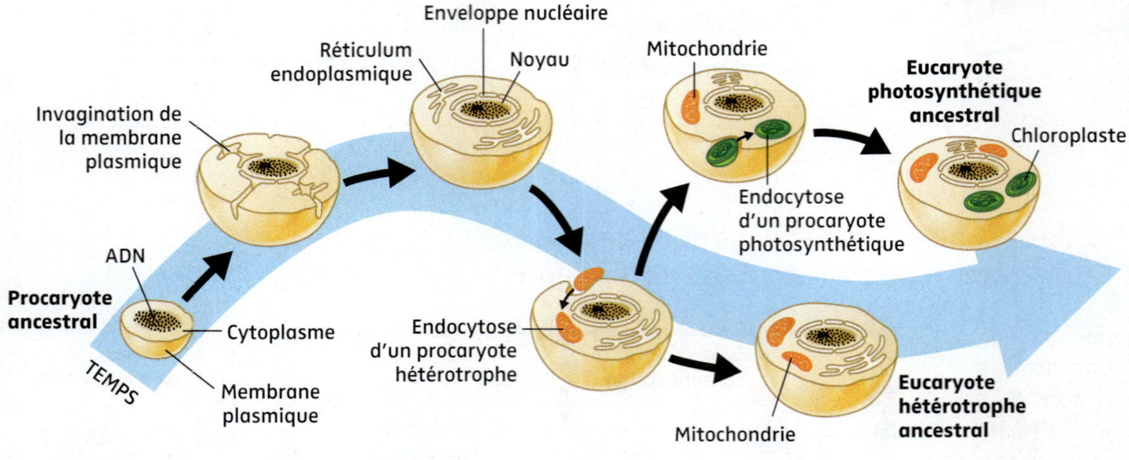

1 **Présentation schématique de la théorie de l'endosymbiose.**

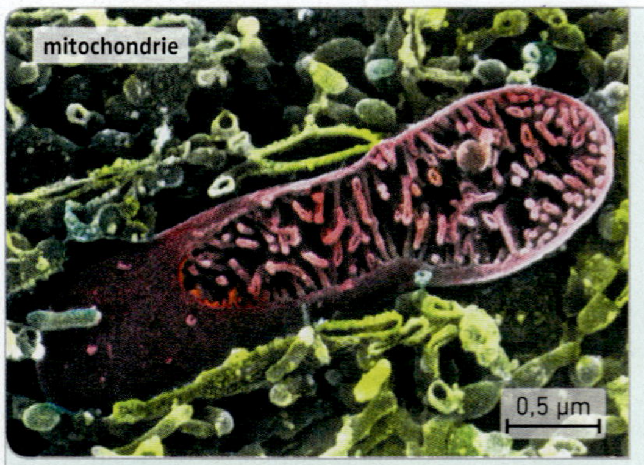

- **Des porines** (protéines de transport) : dans la membrane des bactéries et dans la membrane externe des organites.
- **Des membranes internes** : contenant de la cardiolipine et des chaînes de transport d'électrons.
- **Une double membrane** pour les mitochondries, et les chloroplastes.
- **Une paroi** autour des bactéries.
- **Un chromosome circulaire** : 30 à 100 gènes pour les organites, plusieurs milliers pour les bactéries.
- **Des ribosomes 70S** pour la traduction des protéines (80S dans la cellule eucaryote).
- **Une multiplication** par étranglement médian.

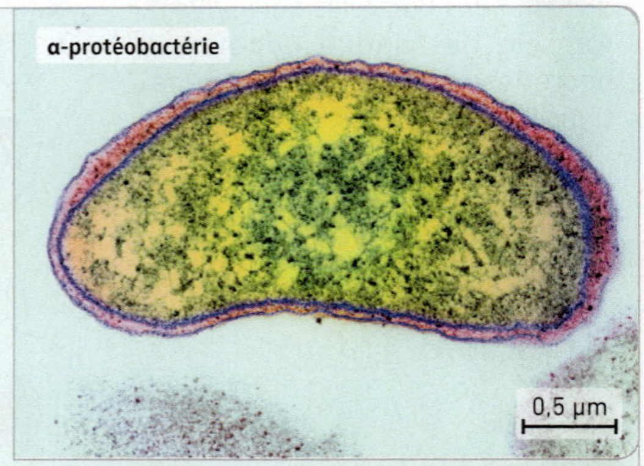

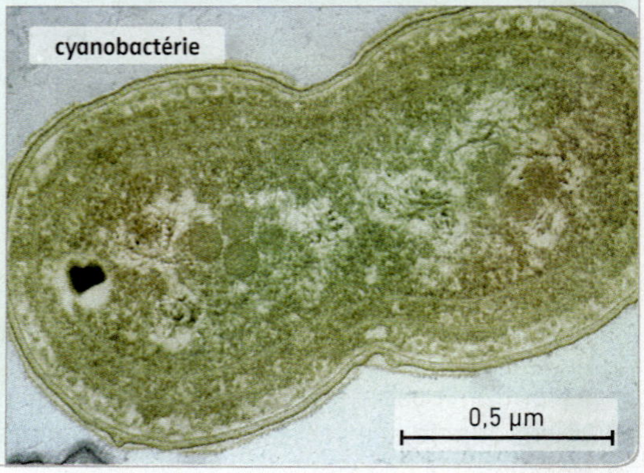

2 **Éléments de comparaison des organites cellulaires avec des bactéries.**

Organite ou organisme	Espèce	Taille du génome (10^3 nucléotides)	Nombre de gènes codant pour des protéines
Chloroplaste	Tabac	156	76
	Riz	134	76
	Maïs	140	76
	Pin	120	69
Cyanobactérie	Nostoc	6 413	5 368
	Synechocystis	3 573	3 168
Mitochondrie	Laminaire	38	39
	Arabette	367	31
α-protéobactérie	Caulobacter	4 017	3 767
	Mesorhizobium	7 596	7 281

3 **Taille comparée des génomes.**

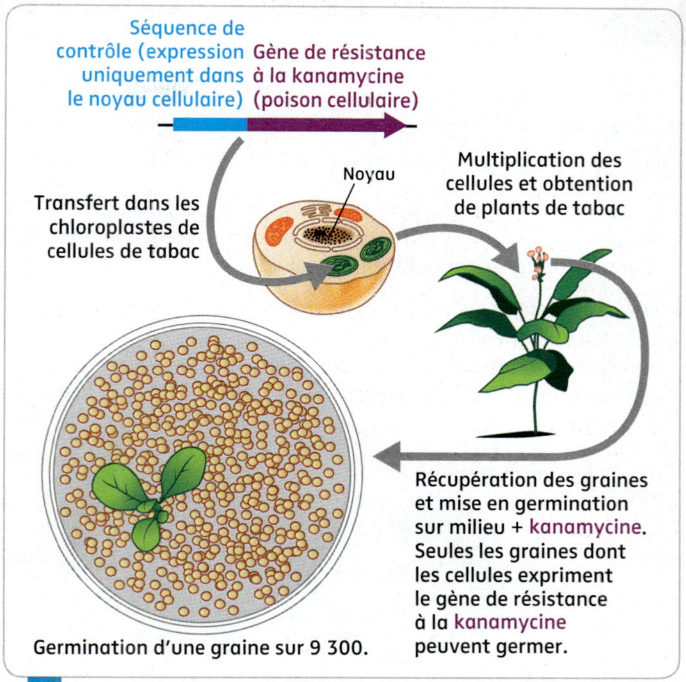

4 **Mise en évidence d'échanges génétiques entre compartiments cellulaires.**

Les premières cellules eucaryotes seraient apparues il y a environ 2 milliards d'années, pour ensuite se diversifier.

Plusieurs événements d'endosymbiose sont survenus au cours de l'évolution du monde vivant.

À chaque fois, une cellule a été englobée par une autre. La nouvelle cellule ainsi produite contient des éléments, plus ou moins simplifiés, des deux cellules de départ.

Les eucaryotes animaux et végétaux (plantes terrestres) ne représentent qu'une infime fraction de la diversité totale des eucaryotes. L'essentiel de cette diversité réside en réalité dans différents organismes, souvent unicellulaires, qu'on appelle les protistes.

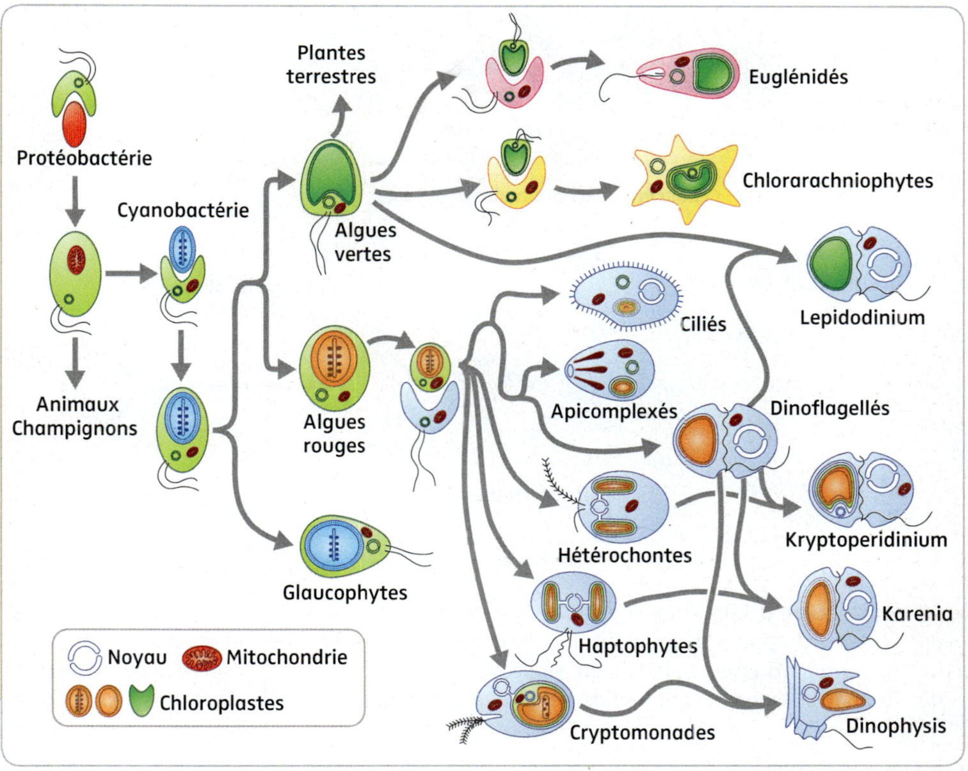

5 **Importance des endosymbioses dans l'histoire des eucaryotes.**

Coups de pouce

Pistes pour construire votre stratégie

1. Extraire les idées clés de chaque document.
2. Mettre en relation les documents 1 et 2 et les documents 3 et 4.
3. Mémoriser les notions et les éléments de description des documents.
4. Concevoir un cheminement logique et cohérent de présentation.

MISSION réussie si...

- Tous les documents sont utilisés pour illustrer les différents aspects des endosymbioses.
- La présentation est fluide, à voix haute et intelligible, sans recours à des notes.

La complexification des génomes

UNITÉ 1 Les transferts d'ADN entre êtres vivants

- L'observation de la transmission du phénotype pathogène entre souches de bactéries différentes a mis en évidence le transfert d'informations génétiques entre individus.
- Il existe plusieurs mécanismes de transfert du matériel génétique chez les bactéries :
  – la **transformation** : de l'ADN libre dans le milieu peut être incorporé au génome des bactéries ;
  – la **transduction** : lors de l'infection d'une bactérie par un virus bactériophage, des fragments d'ADN de la bactérie hôte peuvent être emportés par le virus et intégrés au génome de la prochaine bactérie infectée ;
  – la **conjugaison** : les bactéries établissent des ponts entre elles par lesquels elles échangent des molécules, dont l'ADN.

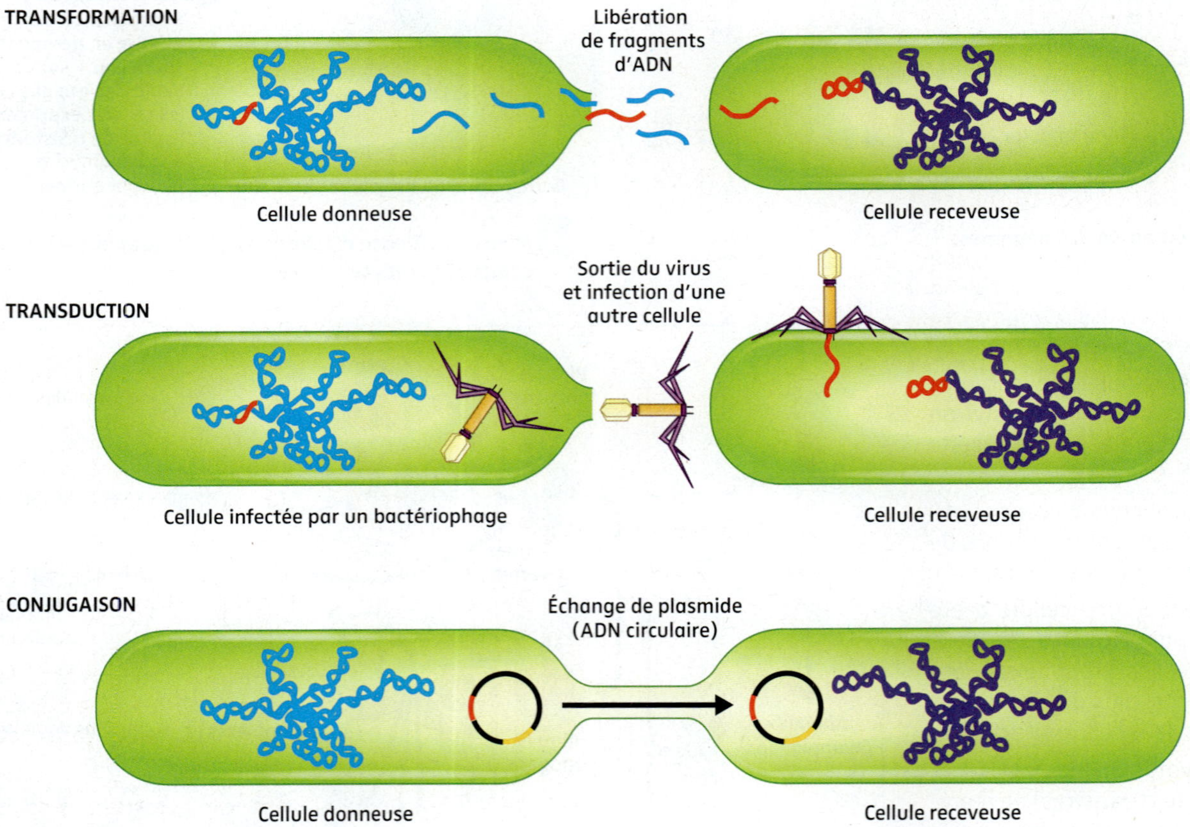

- La transmission d'ADN entre individus d'une même génération, pas forcément apparentés, constitue un **transfert horizontal**, à distinguer du **transfert vertical**, qui se produit lors de la reproduction par passage du patrimoine génétique d'une génération à l'autre.
- Les transferts génétiques sont observés même entre groupes d'êtres vivants très éloignés d'un point de vue **phylogénétique**. Ceci s'explique par l'universalité de la molécule d'ADN comme support de l'information génétique au sein du monde vivant.
- Les biotechnologies mettent à profit ces propriétés pour transférer et faire s'exprimer des gènes d'intérêt dans un autre organisme que celui de départ. Par exemple, il est très facile de transformer des bactéries ou des levures pour leur faire produire de grandes quantités de molécules utiles à l'être humain (médicaments, molécules agroalimentaires).

UNITÉ 2 L'importance des échanges génétiques

- Le séquençage et la comparaison des génomes révèlent que toutes les espèces contiennent des gènes provenant d'autres espèces, y compris d'espèces vraiment très éloignées sur le plan phylogénétique. Par exemple, on a identifié chez l'humain des gènes provenant de virus, de bactéries, de champignons ou de plantes.
- Ces transferts génétiques horizontaux sont très fréquents et participent à la diversification du monde vivant en faisant acquérir de nouveaux caractères aux lignées qui les reçoivent.
- La fréquence élevée des échanges génétiques pose un problème de santé publique, car l'usage intensif d'antibiotiques dans l'élevage et en santé humaine favorise l'apparition de gènes de résistance qui sont ensuite largement dispersés dans l'environnement et transférés entre bactéries.

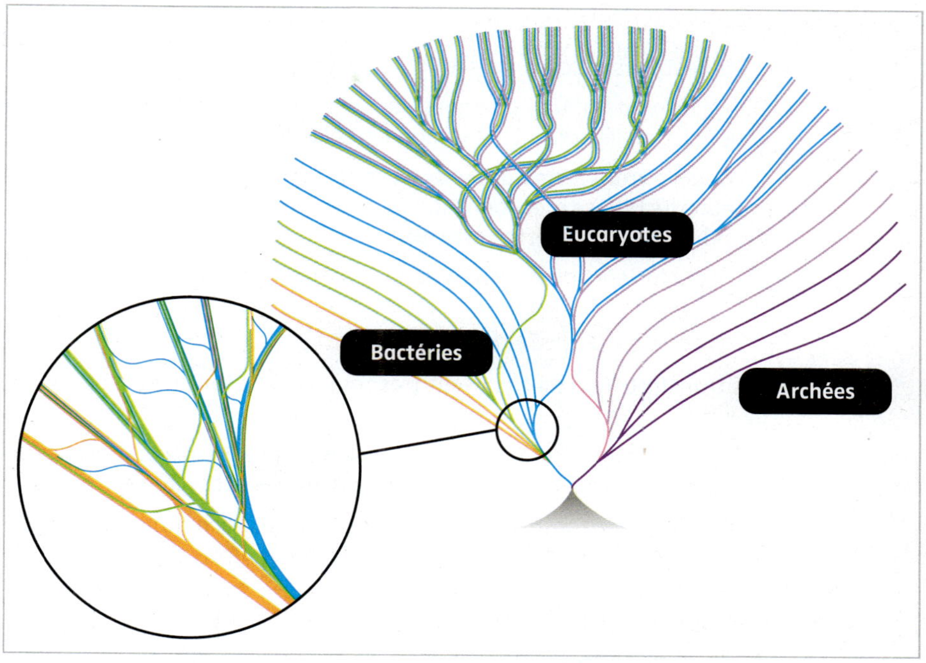

UNITÉ 3 Les endosymbioses et l'évolution des eucaryotes

- Le constat de grandes similitudes structurales et biochimiques entre les organites cellulaires et des bactéries vivant à l'état libre dans le milieu a conduit à formuler la théorie de l'**endosymbiose**. Cette théorie propose que les mitochondries et les chloroplastes dérivent de bactéries ayant été intégrées au cytoplasme d'autres cellules il y a plus de 2 milliards d'années. Capables de se multiplier, ces organites sont transmis d'une génération à l'autre par **hérédité cytoplasmique** avec le cytoplasme des gamètes ou par division des cellules.
- Au cours du temps, le génome de l'organite régresse, soit que ses gènes sont éliminés, soit qu'ils sont transférés dans le noyau de la cellule hôte.
- L'intégration d'autres cellules confère à la cellule-hôte de nouvelles potentialités métaboliques, que ce soit dans le métabolisme énergétique avec la mitochondrie ou la réalisation de la photosynthèse avec le chloroplaste.
- Des endosymbioses en série se sont fréquemment produites au cours de l'histoire des eucaryotes, notamment dans les lignées des algues.

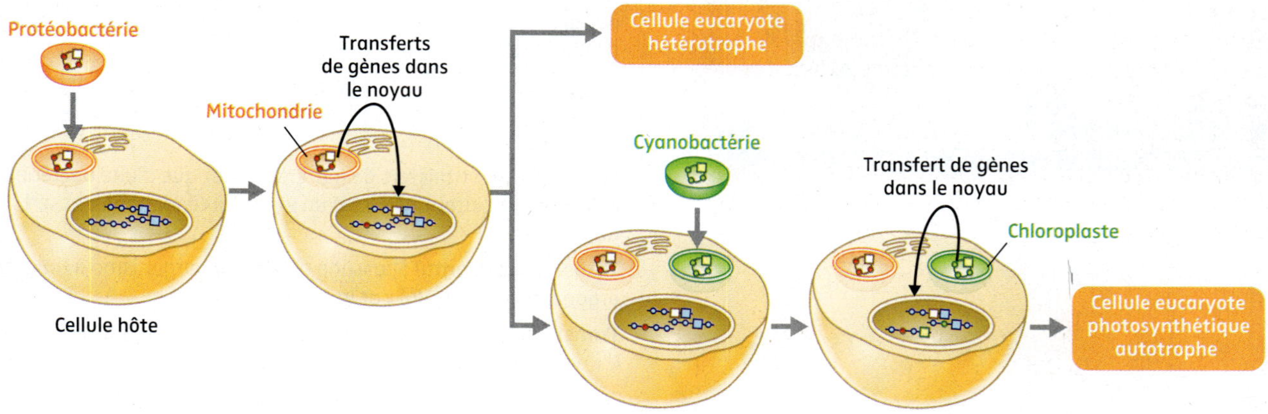

RETENIR CHAPITRE 3 La complexification des génomes

Texte dys
Texte audio

En quelques mots

1 Les échanges d'ADN entre cellules

- L'ADN est présent chez tous les êtres vivants.
- Des fragments d'ADN étranger peuvent facilement être incorporés par une cellule et l'information génétique qu'ils portent est intégrée à celle de la cellule receveuse.
- On appelle **transferts horizontaux** ces échanges de matériel génétique qui se produisent en dehors de la reproduction sexuée, dans laquelle, par contre, l'information génétique est transmise de parents à descendants (**transferts verticaux**).
- Il existe plusieurs mécanismes de transferts horizontaux.

2 Les effets des transferts horizontaux

- Les transferts horizontaux sont très fréquents et touchent tous les êtres vivants, dans tous les milieux de vie.
- Les gènes transférés donnent de nouvelles propriétés aux organismes qui les reçoivent, ce qui a des effets sur les populations et sur le fonctionnement des écosystèmes.
- Le transfert horizontal des gènes de résistance aux antibiotiques utilisés en santé humaine et animale facilite la propagation des résistances bactériennes.

3 Les endosymbioses et l'histoire des cellules eucaryotes

- Au cours de l'histoire de la vie, des cellules ont été incorporées à d'autres, se simplifiant jusqu'à devenir des composants de leur cytoplasme. C'est, par exemple, l'origine des mitochondries et des chloroplastes.
- Au fur et à mesure du temps, une grande partie du génome des cellules intégrées a régressé, et certains gènes ont été transférés dans le noyau de la cellule-hôte.
- Les organites issus d'**endosymbiose** sont transmis de génération en génération : on parle d'**hérédité cytoplasmique**.

Vidéo bilan

mots-clés

Conjugaison : passage de matériel génétique d'une bactérie à une autre par contact direct et établissement d'un pont cytoplasmique.

Endosymbiose : intégration d'une cellule à l'intérieur d'une autre. La cellule intégrée confère de nouvelles potentialités métaboliques à l'hôte tout en se simplifiant et en devenant dépendante de l'hôte pour sa survie.

Hérédité cytoplasmique : transmission entre générations de caractères héréditaires déterminés par le génome des organites (mitochondries et chloroplastes).

Phylogénétique : ce qui concerne les relations de parentés entre les êtres vivants, en termes de proximité évolutive (partage d'ancêtres communs).

Transduction : transfert de matériel génétique d'une bactérie à l'autre par l'intermédiaire d'un virus bactériophage qui sert de vecteur.

Transfert horizontal : passage d'ADN d'un organisme à un autre organisme non lié à lui par la reproduction.

Transfert vertical : transmission du matériel génétique d'une génération à l'autre par le biais de la reproduction.

Transformation : intégration par une bactérie d'ADN libre dans le milieu.

Schéma interactif

En une image

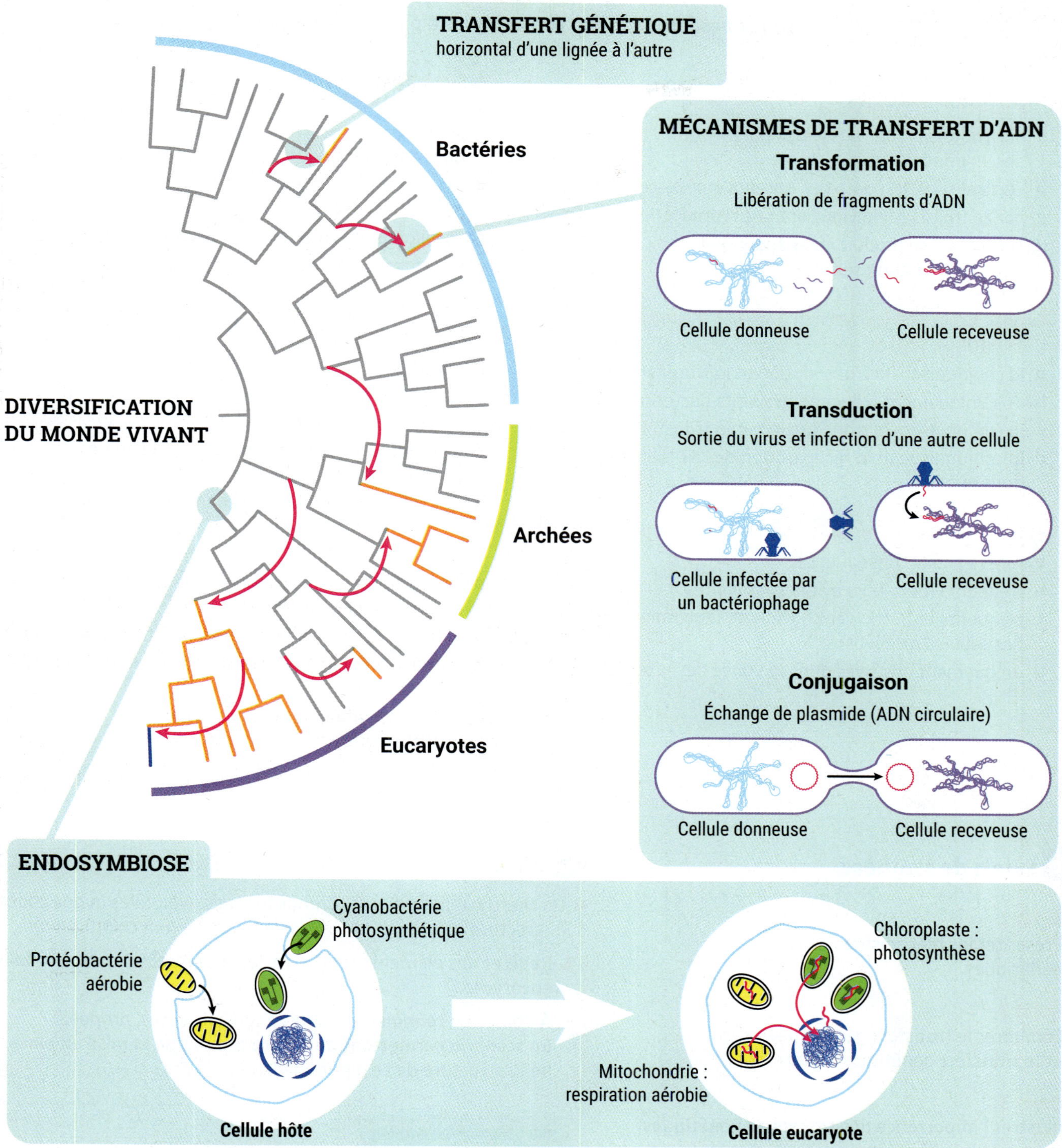

mémorisation active

Pour retenir les notions...

- Diversification du monde vivant
- Propagation des résistances aux antibiotiques
- Cellule eucaryote
- Hérédité cytoplasmique
- ...

Je construis ma carte des idées

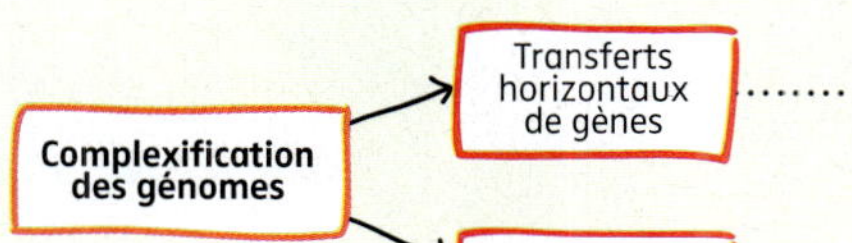

Pour m'aider dans la construction

→ Méthode 1

Pour m'entraîner

→ Exercice 1 p. 74

Quiz

EXO Exercices interactifs

Pour chaque question, choisir la bonne réponse parmi les affirmations proposées.

1. La transmission d'ADN entre individus s'appelle un transfert :

a horizontal si l'ADN passe des parents aux descendants.
b vertical si l'ADN passe des parents aux descendants.
c horizontal si les individus ont une reproduction sexuée.
d vertical s'il se produit indépendamment de la reproduction sexuée.

2. Chez les bactéries, les mécanismes d'échange génétique sont :

a la conjugaison, la transcription et la transformation.
b dus uniquement à l'action des virus bactériophages.
c la conjugaison, la transduction et la transformation.
d la conjugaison et la récupération de l'ADN libre dans le milieu.

3. Les échanges génétiques horizontaux sont :

a rares et sans conséquence.
b fréquents mais leurs effets sont limités.
c fréquents et participent à changer les caractéristiques des cellules receveuses.
d uniquement observés dans la lignée des procaryotes.

4. Les transferts génétiques horizontaux sont importants pour l'être humain car :

a ils limitent les résistances bactériennes aux antibiotiques.
b ils lui permettent de modifier d'autres organismes pour produire des médicaments.
c ils lui permettent de résister aux antibiotiques.
d ils le protègent des gènes d'autres espèces.

5. La mitochondrie et le chloroplaste ont pour particularité :

a d'être fabriqués intégralement après chaque division cellulaire.
b de provenir l'une de l'autre.
c de provenir d'anciennes bactéries absorbées par d'autres cellules.
d de contenir des gènes provenant du noyau des cellules.

6. L'endosymbiose se caractérise par :

a l'intégration d'une cyanobactérie suivie de celle d'une protéobactérie.
b la fusion d'une cyanobactérie et d'une protéobactérie.
c l'absorption d'une cellule eucaryote par une cellule procaryote.
d la diversification des cellules eucaryotes par intégration de cellules procaryotes.

→ Corrigés p. 447

1 Sujets de synthèse

Sujet 1
Présenter les mécanismes de transferts génétiques.

Sujet 2
Comparer le transfert génétique vertical et le transfert génétique horizontal.

Sujet 3
Illustrer l'importance des transferts génétiques dans la diversification du monde vivant.

2 Un cas d'endosymbiose secondaire

On cherche à identifier les grandes étapes évolutives ayant abouti à la structure actuelle du dinoflagellé *Lepidodinium chlorophorum*.

1. Repérer des éléments de structure inhabituels chez une cellule eucaryote.

2. À l'aide vos connaissances des endosymbioses, proposer un scénario permettant de rendre compte de la mise en place de la structure de ce dinoflagellé.

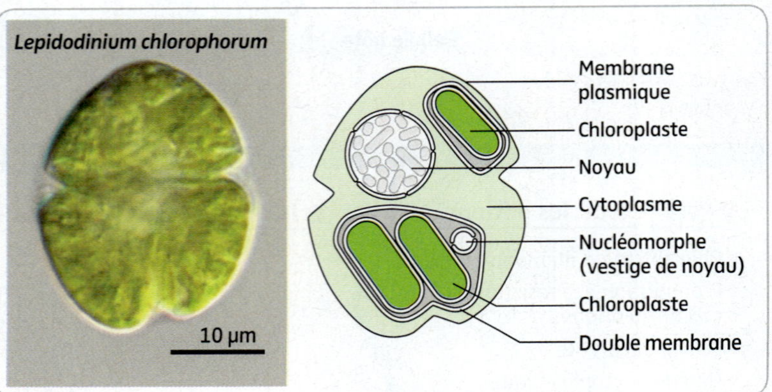

a **Structure du dinoflagellé *Lepidodinium chlorophorum*.**

3 Griffith et la mise en évidence de la transformation bactérienne

■ En 1928, Frederick Griffith réalise des études sur la virulence de deux souches de pneumocoques.

■ La souche R (Rough) forme des colonies d'aspect rugueux. Elle est non virulente.

■ La souche S (Smooth) forme des colonies d'aspect lisse. Les bactéries sont entourées d'une capsule et sont virulentes au point d'entraîner la mort des souris infectées.

On cherche à expliquer les résultats obtenus par le bactériologiste Frederick Griffith.

1. **Décrire les résultats des injections de pneumocoques aux souris.**

2. **À l'aide vos connaissances, proposer une explication aux résultats obtenus par Griffith lorsqu'il injecte un mélange de pneumocoques de souches différentes (S tués et R vivants).**

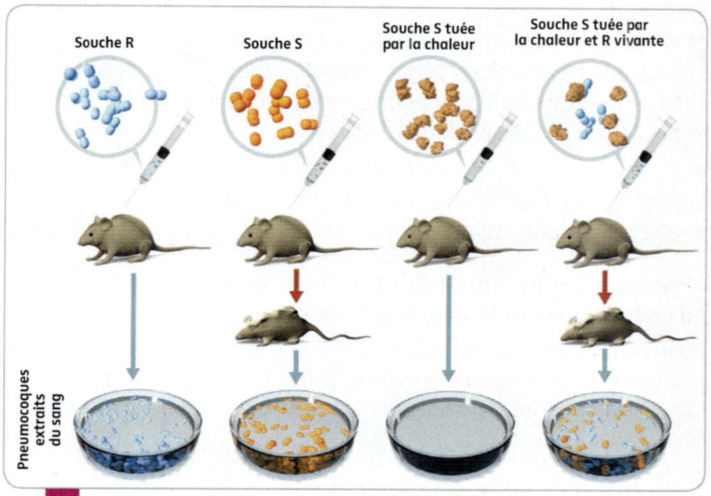

b Expérience de Frederick Griffith (1928).

4 Transferts horizontaux et complexification du génome

■ L'histoire de la domestication de la tomate a été déchiffrée grâce à l'étude et à la comparaison du génome des espèces sauvages, encore conservées à ce jour, et des premières variétés domestiquées, proches de nos tomates-cerises.

■ Ces travaux ont montré plusieurs tournants d'évolution majeurs au niveau des génomes modernes, dont la présence systématique de gènes de résistance issus d'espèces sauvages distantes sud-américaines.

À l'aide vos connaissances et en vous appuyant sur le document proposé, présenter les caractéristiques du transfert horizontal de gène.

Numéro de chromosome de la tomate *Tomato lycopersicum*	Taille du fragment d'ADN intégré (10^6 nucléotides)	Gène identifié dans le fragment	Espèce d'origine de l'ADN
6	27	*Mi1* = résistance aux nématodes à galles des racines	*Solanum peruvianum*
6	31	*Ty1* = résistance au virus des feuilles jaunes en cuillère	*Solanum chilense*
9	53	*Tm2a* = résistance au virus de la mosaïque	*Solanum peruvianum*

c Transferts génétiques chez la tomate.

5 Propagation des résistances aux antibiotiques en milieu hospitalier

■ Les carbapénèmases sont des enzymes qui permettent aux bactéries de résister à une classe d'antibiotiques, les carbapénèmes. La présence de gènes codant pour des carbapénèmases a été recherchée au sein d'un hôpital dans des bactéries isolées chez des patients ainsi que dans l'environnement. Chaque rectangle de l'anneau extérieur représente un prélèvement positif. Les arcs orange et bleus relient les souches bactériennes renfermant le même gène de carbapénèmase. La saturation des couleurs de l'arc n'a pas de sens et est utilisée uniquement pour faciliter la distinction visuelle des liens.

À l'aide vos connaissances et en vous appuyant sur le document proposé, expliquer comment les gènes de résistance aux carbapénèmes peuvent se propager dans un hôpital.

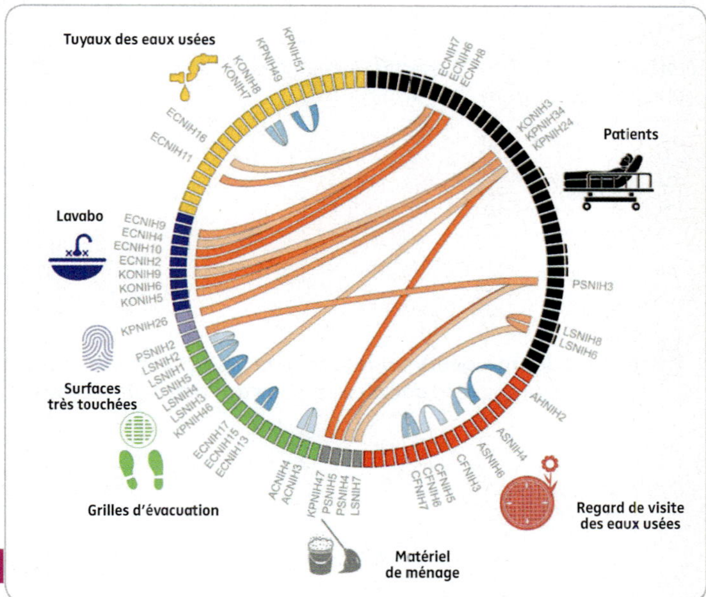

d Localisation de gènes de résistance à des antibiotiques dans un hôpital.

6 Exercice guidé Les transferts génétiques au sein des agrosystèmes

■ Dans les agrosystèmes, les pathogènes bactériens et les parasites eucaryotes prospèrent en association étroite avec leurs hôtes végétaux ou animaux, développant sans cesse des stratégies pour échapper à la sélection imposée par l'intervention humaine.

■ Le transfert horizontal de gènes peut conduire à l'émergence rapide de parasites et d'agents pathogènes nouveaux ou plus agressifs.

Présenter l'importance des transferts horizontaux de gènes au sein des agrosystèmes.

Vous organiserez votre réponse selon une démarche de votre choix intégrant des données issues des documents et les connaissances complémentaires nécessaires.

a **Une galle (tumeur) provoquée par la bactérie *Agrobacterium tumefaciens* sur un amandier.**

Organisme receveur	Organisme donneur	Gènes transférés	Dommages causés à l'hôte
Nématodes	Bactéries et champignons du sol.	Enzymes de dégradation des parois végétales.	Tumeurs dans les racines.
Insectes coléoptères (capricornes, doryphores, etc.)	Champignons.	Enzymes de dégradation des parois végétales.	Destruction des feuilles.
Oomycètes (pseudochampignons)	Bactéries et champignons du sol.	34 gènes impliqués dans la destruction des parois végétales, la récupération des nutriments et la résistance aux défenses des plantes.	Brûlure des semis, pourriture des racines, moisissure des feuilles.
Fusarium (champignon)	Bactéries et autres champignons.	14 gènes impliqués dans la virulence, principalement des enzymes.	Pourriture des racines de l'orge, du blé, du riz et du maïs.

b **Exemples de transferts horizontaux de gènes chez des eucaryotes ravageurs des cultures.**

	Causes et pertes de rendements (%)	
Ravageurs / Cultures	Animaux (insectes, nématodes, mollusques)	Champignons et bactéries
Blé	7,9	10,2
Riz	15,1	10,8
Maïs	9,6	8,5
Pomme de terre	10,9	14,5
Soja	8,8	8,9
Coton	12,3	7,2

c **Impacts des ravageurs sur les rendements des cultures principales.**
En agriculture, le rendement correspond à la masse de récolte obtenue par unité de surface.

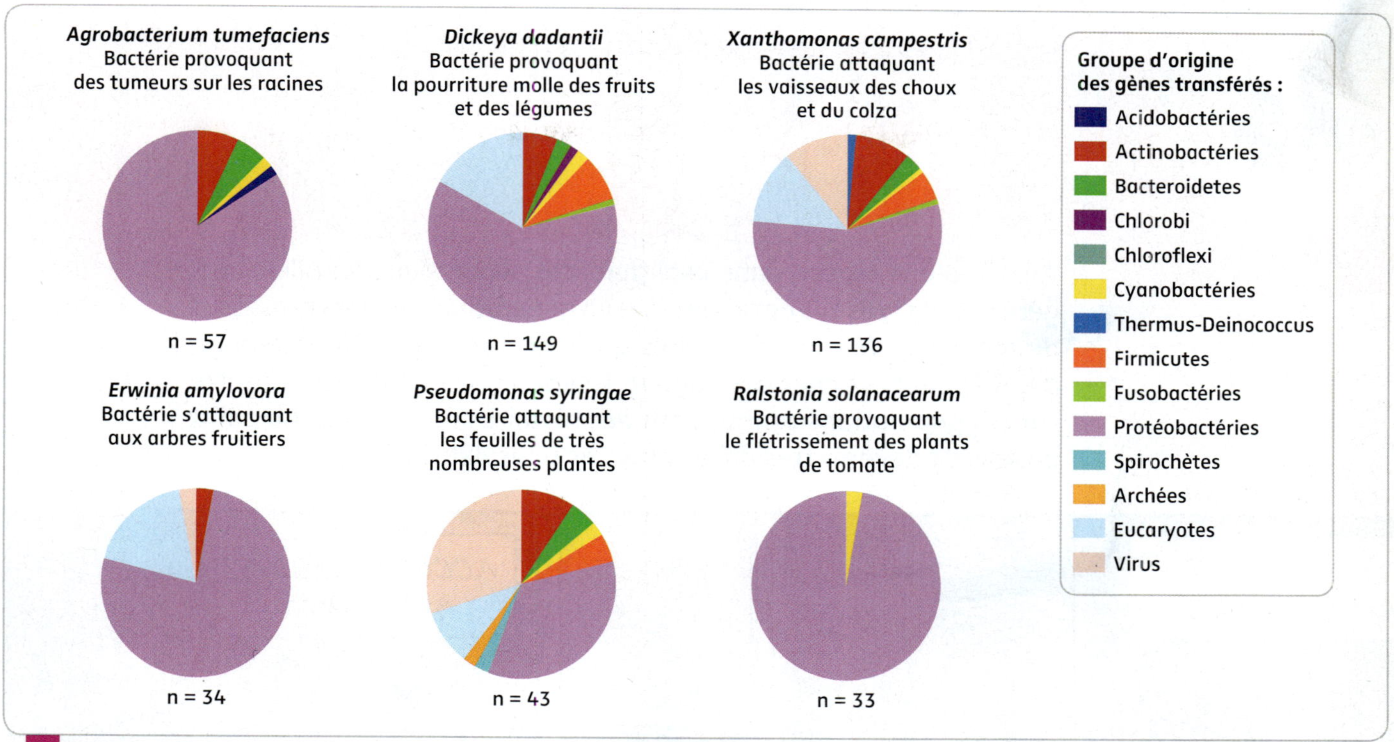

d **Nombre et origine des gènes acquis par transferts chez les principales bactéries parasites des cultures.**

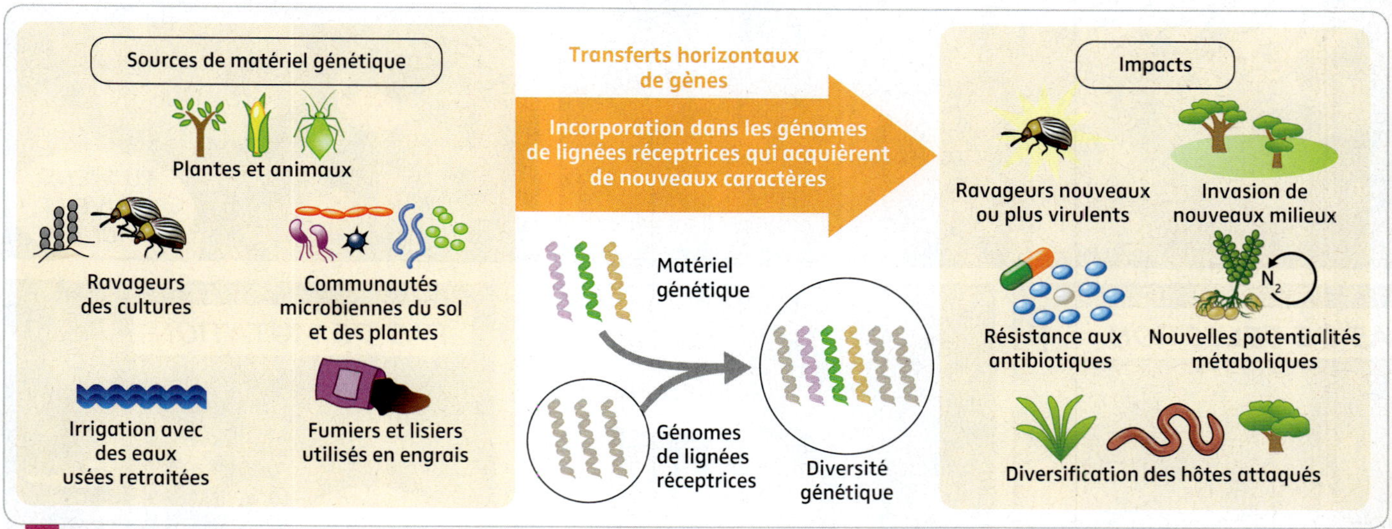

e **Sources et impacts du transfert horizontal de gènes dans les agrosystèmes.**

Les sources de matériel génétique acquis horizontalement dans un agrosystème sont diverses : végétaux, animaux, parasites, communautés microbiennes du sol et des plantes, eaux usées ou encore fumier animal utilisé comme engrais. Lorsqu'ils sont incorporés dans les génomes des lignées réceptrices, les gènes acquis horizontalement modifient la diversité génétique de la population réceptrice. En conséquence l'organisme récepteur peut acquérir de nouvelles propriétés de virulence, envahir de nouveaux hôtes et de nouvelles niches écologiques, ou acquérir une résistance aux antibiotiques. Les cycles de la matière, comme celui de l'azote, peuvent être accélérés car ils reposent sur des réactions biochimiques réalisées par des communautés bactériennes.

Guide de résolution

1. Identifiez la diversité des éléments de l'agrosystème concernés.
2. Identifiez les différents processus qui favorisent les échanges génétiques.
3. Déterminez l'importance qualitative et quantitative des échanges génétiques au sein des agrosystèmes.

CHAPITRE 4

L'inéluctable évolution des génomes au sein des populations

Au sein d'une espèce, dans les différentes populations, les allèles des gènes sont transmis de génération en génération selon les processus de méiose et fécondation. Mais au fil du temps, inexorablement, des différences génétiques apparaissent d'une population à l'autre car ces populations connaissent des histoires différentes, au point parfois de devenir très différentes les unes des autres.

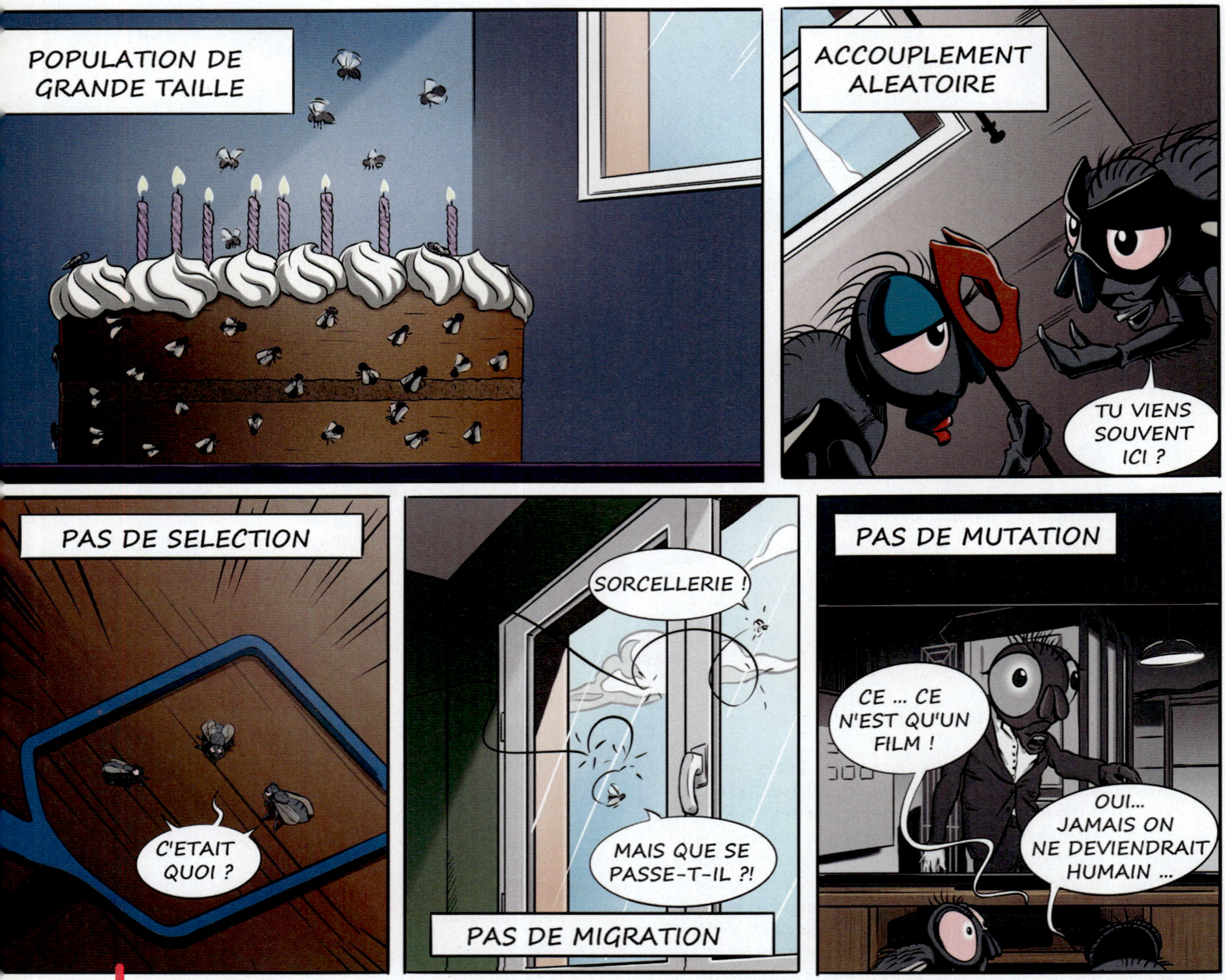

L'équilibre théorique de Hardy-Weinberg. En 1908, le mathématicien britannique Godfrey Harold Hardy et le médecin allemand Wilhelm Weinberg formulèrent chacun de leur côté un principe aujourd'hui appelé « loi de Hardy-Weinberg », qui repose sur certaines conditions.

Que prédit l'équilibre de Hardy-Weinberg ? UNITÉ 1

663 433

C'est le **nombre de polymorphismes** recensés dans 710 populations humaines, selon ALFRED (The Allele FREquency Database), une base de données dédiée à la description des fréquences alléliques.

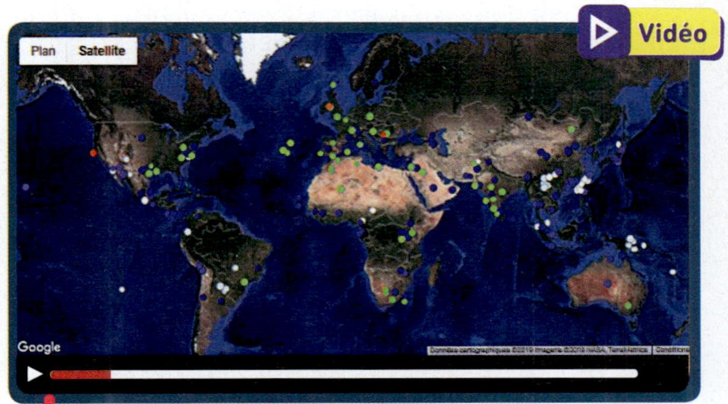

Une distribution géographique particulière de certains allèles. En étudiant des marqueurs génétiques tels que les groupes sanguins et les gènes HLA, les scientifiques retracent une géographie génétique qu'ils relient à l'histoire des populations.

Qu'est-ce que la génétique des populations ? UNITÉ 1

Différents représentants d'une même espèce, voire d'espèces différentes.

Dans quelle mesure la génétique moderne des populations permet-elle de préciser la définition de l'espèce ? UNITÉ 3

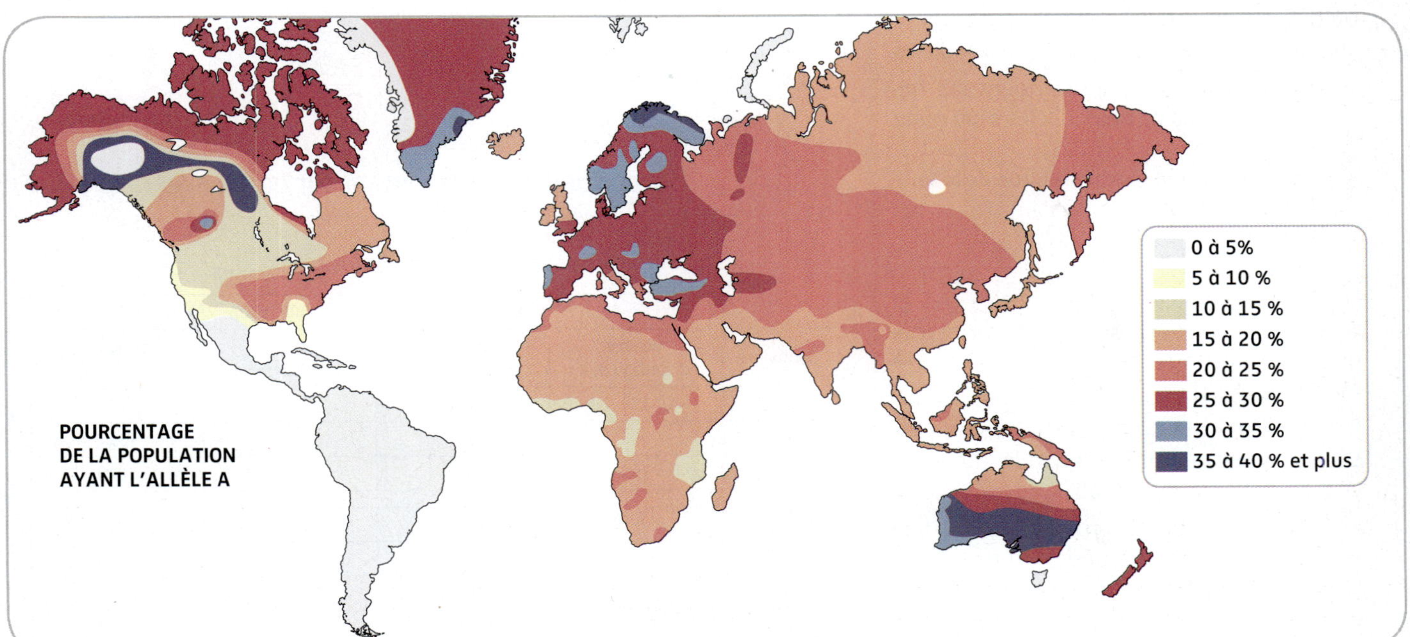

Carte de répartition géographique de l'allèle A du système de groupe sanguin ABO dans les différentes populations humaines. De nombreuses bases de données renseignent sur les fréquences alléliques.

Que montre la comparaison des génomes des populations de la même espèce ? UNITÉS 1 et 2

UNITÉ 1 Les limites du modèle théorique de Hardy-Weinberg

En 1908, Godfrey Harold Hardy et Wilhelm Weinberg proposent un modèle théorique qui prévoit la stabilité des fréquences relatives des allèles dans les populations eucaryotes à reproduction sexuée. Pourtant, l'exploration du génome des espèces actuelles révèle des déviations par rapport à la loi théorique.

Objectif

Montrer que les fréquences alléliques observées dans les populations naturelles ne correspondent pas à la prédiction du modèle théorique de Hardy-Weinberg.

Modéliser le devenir de deux allèles pour rendre compte de l'équilibre théorique de Hardy-Weinberg

La loi énoncée par Hardy et Weinberg s'applique à une population :
– dans laquelle les couples se forment au hasard (panmixie) ;
– de très grande taille ;
– non soumise à la sélection naturelle, ni aux mutations, ni aux migrations ;
– sans croisements entre générations différentes.

1 Les conditions d'application de la loi de Hardy-Weinberg.

L'équilibre théorique de Hardy-Weinberg

Si dans une population, il y a seulement 2 allèles pour un caractère donné, alors :

$$P^2 + 2PQ + Q^2 = 1$$

Fréquence du génotype homozygote dominant

Fréquence du génotype hétérozygote

Fréquence du génotype homozygote récessif

Corps sombre est dominant sur corps clair

Cette affiche présente l'expression mathématique de l'équilibre théorique de Hardy-Weinberg. C'est un corollaire de la prédiction de stabilité des fréquences relatives des allèles.

Dans l'équation, p et q désignent les fréquences relatives de deux allèles d'un gène.

2 Une formulation mathématique de la loi de Hardy-Weinberg.

Un modèle de suivi de deux allèles (A1 et A2) a été créé avec un logiciel de modélisation multi-agents : ici NetBioDyn (➜ Méthode n° 5).

Les résultats des simulations numériques sont exprimés en nombre d'individus pour chacun des trois génotypes.

Pour vérifier que le modèle numérique reflète l'équilibre théorique de Hardy-Weinberg, il faut calculer les fréquences alléliques à partir des effectifs de chaque génotype. On utilise un logiciel tableur-grapheur pour le report des effectifs et le calcul des fréquences.

	t = 0	t = 200 tics	t = 400 tics	t = 600 tics
Génotype	*Nombre d'individus*	*Nombre d'individus*	*Nombre d'individus*	*Nombre d'individus*
A1/A1	150	554	1061	1219
A1/A2	300	884	1589	1911
A2/A2	250	1178	2494	3048

	t = 0	t = 200 tics	t = 400 tics	t = 600 tics
Allèles	*Fréquence*	*Fréquence*	*Fréquence*	*Fréquence*
A1	42,9	38,1	36,1	35,2
A2	57,1	61,9	63,9	64,8

▲ **Exemple de résultats : des données brutes (saisie des effectifs obtenus lors des simulations avec NetBioDyn) et des données traitées (calcul des fréquences en %).** Les tics sont des unités arbitraires de temps.

3 Un modèle numérique pour rendre compte d'un équilibre théorique.

Décrire les fréquences alléliques des populations pour le gène des groupes sanguins du système ABO

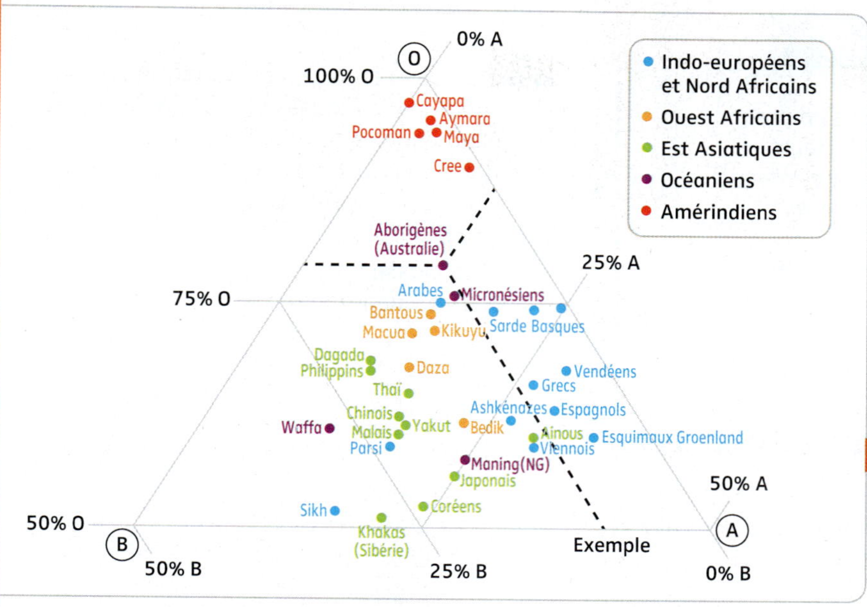

Dans l'espèce humaine, les groupes sanguins du système ABO sont déterminés par trois allèles : A, B et O.
On peut représenter sous la forme d'un diagramme triangulaire l'abondance relative de ces allèles dans les différentes populations humaines.

4 La fréquence des allèles A, B et O dans les différentes populations humaines.
Dans cette représentation, plus une population est proche d'un sommet du triangle équilatéral, plus l'allèle correspondant est fréquent dans cette population.

Modéliser pour tester une cause possible d'écart entre le modèle théorique de Hardy-Weinberg et la réalité des fréquences observées

La répartition des groupes A, B et O chez les Indiens d'Amérique révèle une fréquence extrêmement élevée de l'allèle O. Pour expliquer la rareté des groupes A et B sur le continent Américain, les scientifiques supposent qu'un petit groupe d'*Homo Sapiens*, majoritairement de groupe O, a franchi le détroit de Béring il y a 15 000 ans.

Simuler l'effet de la migration d'un petit groupe d'*Homo sapiens*

Protocole

PRINCIPE

On dispose d'un modèle numérique de suivi des 6 génotypes relatifs aux groupes sanguins du système ABO. En faisant varier les proportions et le nombre de chaque sorte de génotype, on peut simuler les effets d'une migration sur les fréquences alléliques, et donc éprouver l'hypothèse des scientifiques.

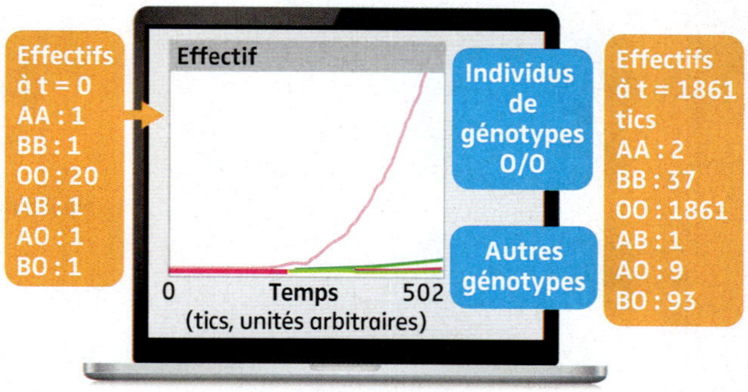

▲ Un exemple de simulation (logiciel NetBioDyn).

5 Un aspect de l'histoire humaine lue dans les fréquences alléliques de ses populations.

Guide de résolution

Indicateurs de réussite

1. Montrer que les résultats calculés par le modèle numérique correspondent à la prédiction de l'équilibre théorique de Hardy-Weinberg (documents 1 à 3).

2. Montrer que les fréquences alléliques observées pour le gène des groupes sanguins du système ABO (document 4) ne correspondent pas à l'équilibre théorique de Hardy-Weinberg. Éprouver l'hypothèse des chercheurs (document 5) pour expliquer l'écart.

3. **En conclusion**
Résumer le contraste entre le modèle théorique et les données de terrain.

UNITÉ 2 Les facteurs explicatifs de la différenciation génétique des populations

MISSION classe inversée

ORAL

Vous êtes élève au lycée. Votre enseignant vous propose d'identifier, à partir d'exemples concrets, des facteurs permettant d'expliquer l'écart entre les fréquences observées et celles prédites par le modèle de Hardy-Weinberg.

→ **Pour chaque exemple, réalisez un pitch présentant le résultat de votre recherche.**

Avant la classe : étudiez les informations scientifiques sur les causes d'écart entre le modèle théorique de Hardy-Weinberg et la réalité. Préparez d'éventuelles questions (compréhension, approfondissement) à poser au professeur.

Pendant la classe : participez par équipes à l'un des ateliers et menez la recherche proposée.

Connaissances à découvrir avant la classe

Dans les populations réelles, différents facteurs empêchent d'atteindre l'équilibre théorique de Hardy-Weinberg. Il peut s'agir de facteurs biotiques (c'est-à-dire liés aux interactions avec les autres êtres vivants) ou abiotiques (c'est-à-dire liés au milieu).

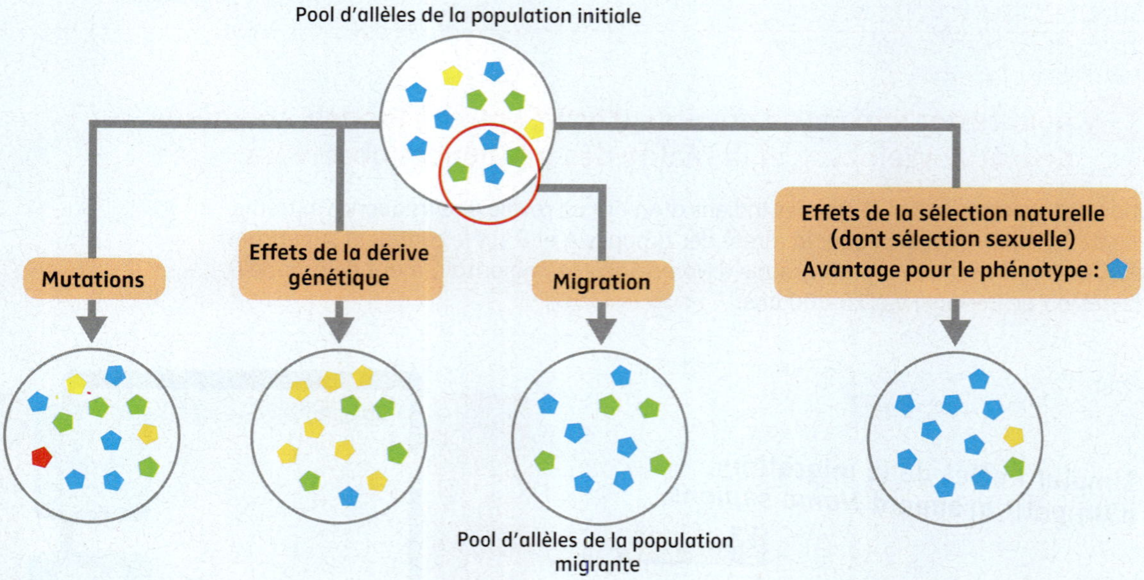

Atelier 1 Chez les Amish

Le syndrome d'Ellis van Creveld est une maladie génétique grave.

Dans la population Amish de Pennsylvanie, cette maladie touche 7 % de la population, alors qu'elle est rarissime dans le reste du monde. Une étude génétique a démontré que la mutation en cause est la même dans toutes les familles Amish touchées.

1 Les Amish : des sujets d'étude intéressants pour les généticiens.

Atelier 2 Des drosophiles dissidentes

En 1956, le chercheur Peter Buri mène des élevages de drosophiles et génère 107 populations de drosophiles selon le protocole suivant.

Protocole :

– chaque population est initialement fondée avec 16 individus hétérozygotes pour la mutation « brown eye » : 8 mâles et 8 femelles de génotype bw75/bw ;

– à chaque éclosion de génération, seuls 16 individus sont conservés (8 mâles et 8 femelles) pour former la génération suivante. La fréquence de l'allèle bw75 est mesurée sur le total de 32 allèles ;

– l'expérience est menée sur 19 générations.

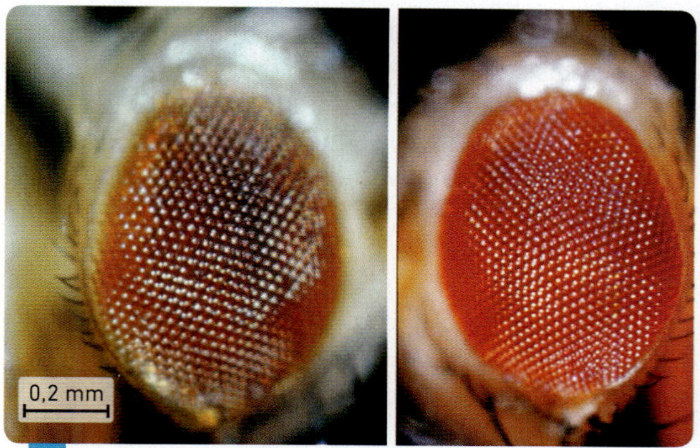

2 Œil d'une drosophile porteuse de la mutation « brown eye » (à gauche) et œil d'une drosophile de phénotype sauvage (à droite).

Simuler les travaux de Buri dans un laboratoire virtuel (*Virtual Biology Lab*)

Labo

PRINCIPE

Dans un laboratoire virtuel, dix flacons contiennent des drosophiles formant une population de même taille. Les proportions de l'allèle muté bw sont suivies sur un grand nombre de générations.

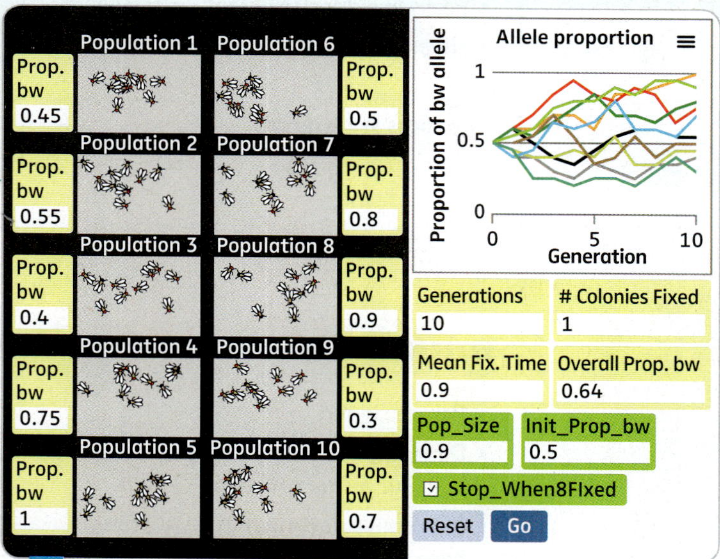

3 Exemple de résultat obtenu dans le laboratoire virtuel au bout de 10 générations.

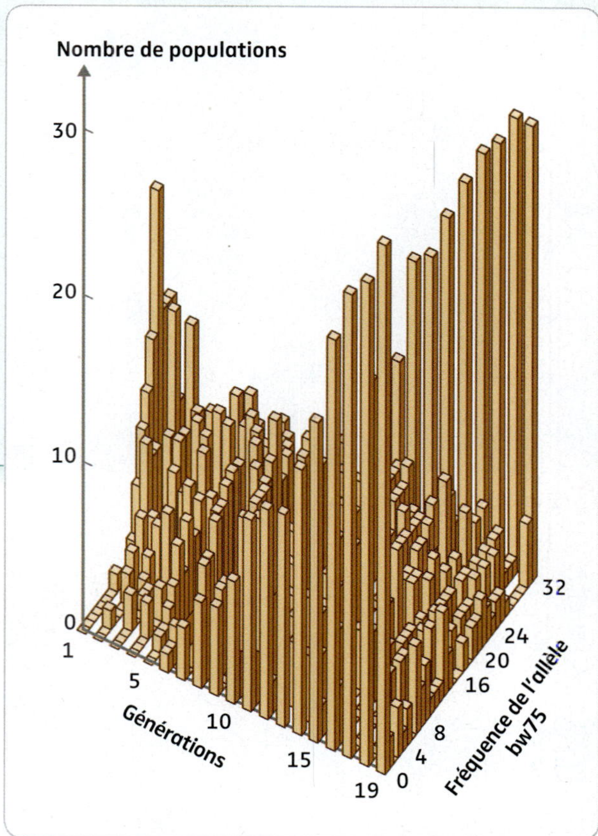

4 Histogramme bi-paramétrique des résultats obtenus par Peter Buri.

Guide de résolution

Indicateurs de réussite

Atelier 1 :

Après avoir recueilli une documentation sur le mode de vie et l'origine des Amish de Pennsylvanie, formuler une hypothèse explicative de la fréquence élevée du syndrome d'Ellis van Creveld chez les Amish.

Atelier 2 :

Après avoir simulé les travaux de Peter Buri et montré que les populations qu'il obtient échappent à la loi de Hardy-Weinberg, formuler une hypothèse explicative des résultats de l'expérimentation menée par le chercheur.

UNITÉ 3 Un nouveau regard sur la définition de l'espèce

Classiquement, on définit l'espèce comme un ensemble d'individus semblables, capables de se reproduire entre eux et d'avoir une descendance fertile. Les données scientifiques issues du séquençage de l'ADN permettent de questionner à nouveau la notion d'espèce.

Objectif

Caractériser l'espèce à partir de différents critères dont les apports modernes du séquençage de l'ADN, en s'appuyant sur l'exemple de l'ours polaire et du grizzly, qui sont traditionnellement vus comme des espèces à part entière.

Discuter de l'appartenance d'individus à des espèces différentes ou à des populations différentes d'une même espèce

1 Le grizzly, *Ursus arctos*.

- Pelage : brun.
- Dimensions : tête et corps de 1,7 à 2,8 m ; hauteur au garrot de 0,9 à 1,5 m.
- Extrémité des membres : griffes non rétractiles et longues ; doigts non palmés.
- Régime alimentaire : omnivore.
- Milieu de vie : forêt, zone côtière, montagne.
- Période d'accouplement : mai à juillet.
- Hibernation : de décembre à mi-mars.

2 Focus sur le grizzly.

3 L'ours polaire, *Ursus maritimus*.

- Pelage : blanc.
- Dimensions : tête et corps de 1,8 à 3 m ; hauteur au garrot de 1 à 1,6 m.
- Extrémité des membres : griffes non rétractiles et courtes, doigts partiellement palmés.
- Régime alimentaire : carnivore.
- Milieu de vie : banquise.
- Période d'accouplement : avril à juin.
- Hibernation : seules les femelles gestantes hibernent.

4 Focus sur l'ours polaire.

Au Canada et au nord de l'Alaska, des ours présentant des caractéristiques mixtes des ours polaires et des grizzlys ont été observés. Ils sont interprétés comme des hybrides issus de croisements entre le grizzly et l'ours blanc.

On les appelle « grolar » (contraction de « grizzly » et « polar ») ou « pizzly » (contraction des mêmes mots, mais à l'envers). En 2010, une seconde génération de pizzly, née cette fois d'un grizzly mâle et d'une femelle hybride, a d'ailleurs été observée.

« C'est lié au changement climatique, l'ours brun pouvant remonter plus au nord et l'ours blanc descendre un peu plus au sud : il y a donc plus de rencontres » explique Géraldine Véron, professeure au Muséum National d'Histoire Naturelle.

5 **Les grolars, des ours hybrides nés du réchauffement climatique ?**

Les grizzlys de l'Alaska et du Canada montent de plus en plus vers le nord pour trouver un climat plus frais, tandis que la fonte des glaces fait que les ours polaires passent plus de temps sur le continent. Les deux sortes d'ours se retrouvent alors sur un territoire commun.

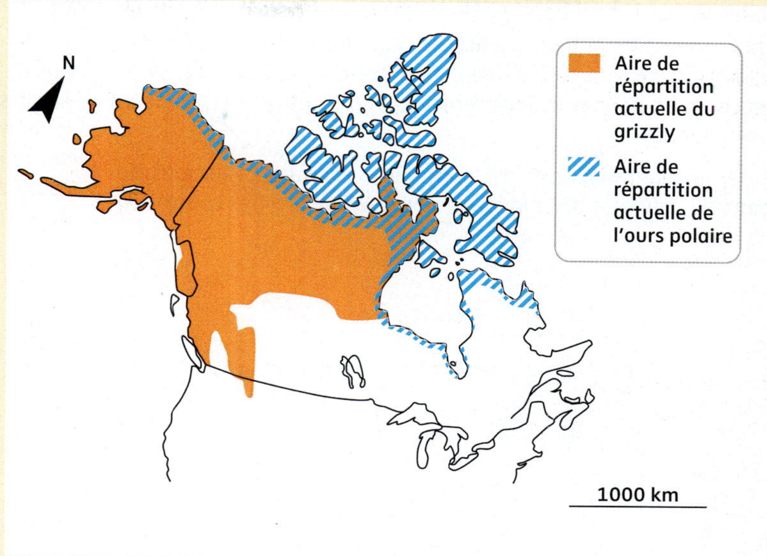

6 **Carte de répartition des populations des ours polaires et des grizzlys en Amérique du Nord.**

Observer les caractéristiques génétiques de deux espèces supposées différentes

Les SNP (Single Nucleotide Polymorphism) sont des variations de l'ADN qui portent sur un seul nucléotide. Réparties de façon homogène sur l'ensemble du génome, les SNP en sont les variations les plus fréquentes. Il existe des millions de SPN dans un génome.

7 **Baliser le génome grâce aux SNP.**

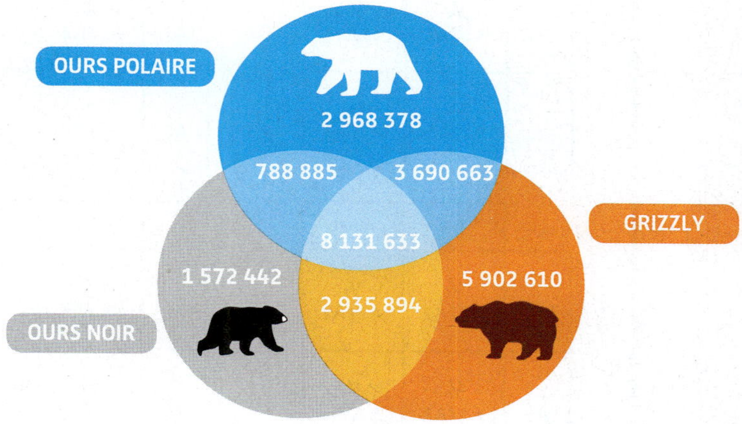

L'ours noir d'Amérique du Nord sert d'extra groupe dans cette étude.
Source : National Academy of Sciences, 4 septembre 2012.

8 **Nombre d'allèles uniques et partagés par trois espèces d'ours (grizzly, ours polaire et ours noir américain) pour les gènes dits « SNP ».**

Guide de résolution

Indicateurs de réussite

1 Rechercher les arguments qui vont pour ou à l'encontre de l'appartenance des deux sortes d'ours à la même espèce (documents 1 à 6).

2 Exploiter les données génétiques des documents 7 et 8, sachant que le partage d'un grand nombre de SNP témoigne d'une grande proximité génétique.

3 **En conclusion**

Résumer dans quelle mesure les apports modernes du séquençage de l'ADN interrogent sur la définition de l'espèce.

L'inéluctable évolution des génomes au sein des populations

UNITÉ 1 Les limites du modèle théorique de Hardy-Weinberg

- Un modèle numérique qui met en équation la séparation des allèles lors de la méiose et leur réassociation au hasard lors de la fécondation permet de calculer les effectifs des génotypes de la descendance.
- Si le modèle numérique est paramétré selon les conditions de panmixie définies dans la loi de Hardy-Weinberg (les couples se forment au hasard et tous participent à la reproduction, il n'y a pas de mutations, la population est de grande taille, les allèles étudiés ne confèrent ni avantage ni désavantage), les résultats de la modélisation donnent des variations d'effectifs génotypiques qui montrent bien une constance des fréquences alléliques au cours du temps, à l'instar de la prédiction du modèle théorique de Hardy-Weinberg.

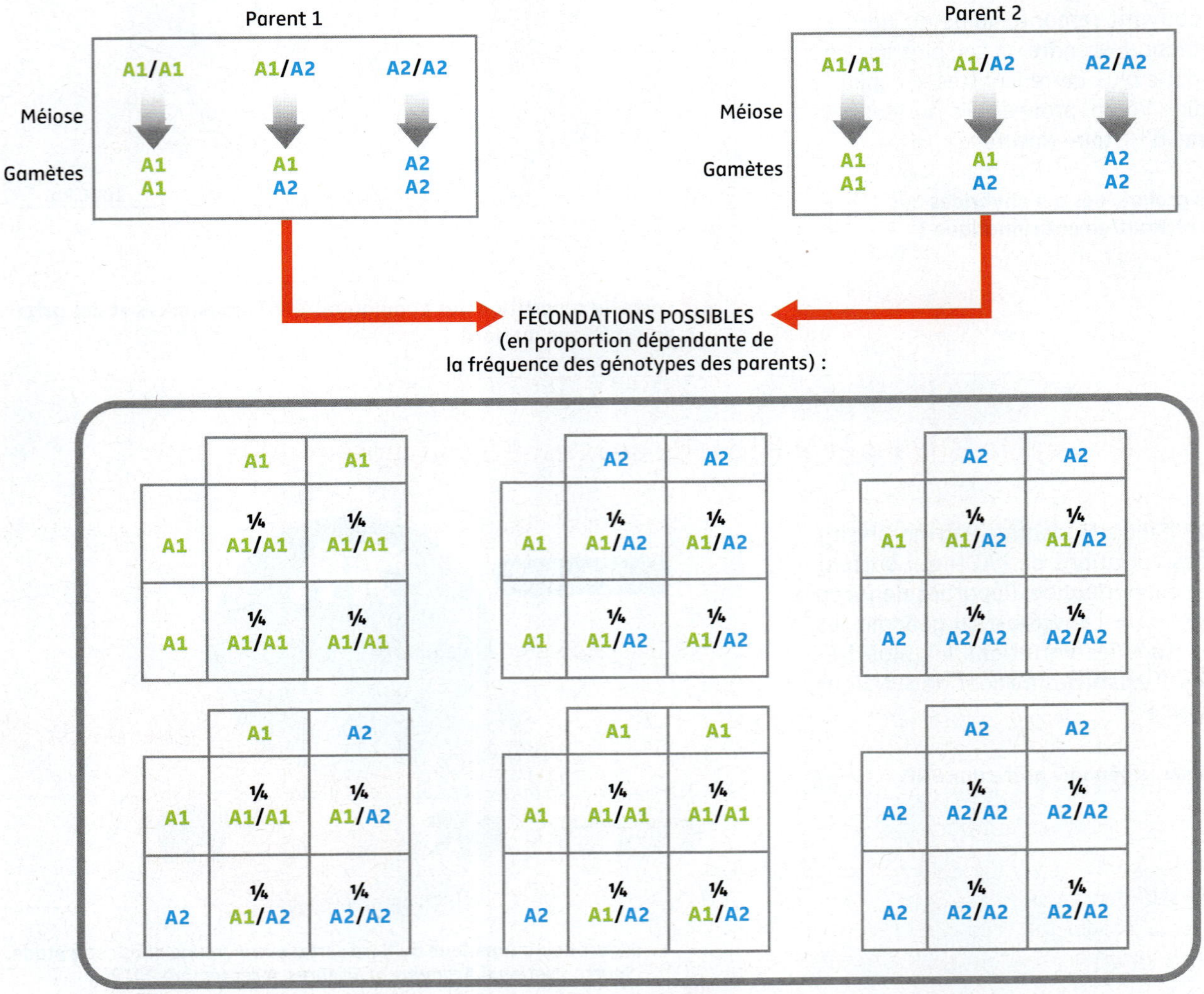

Le modèle théorique de Hardy-Weinberg : une mobilisation des connaissances sur la reproduction sexuée.

- En notant p et q les fréquences des deux allèles A1 et A2, l'équation du modèle théorique de Hardy-Weinberg s'écrit, à chaque génération :

$$p^2 + q^2 + 2\,(pq) = 1$$

Dans cette formulation mathématique de la loi théorique :
p^2 représente la fréquence du génotype A1/A1
q^2 représente la fréquence du génotype A2/A2
$2pq$ représente la fréquence du génotype A1/A2

- Toutefois, dans les populations naturelles, les conditions de l'équilibre de Hardy-Weinberg sont rarement vérifiées. Pour de nombreux gènes, certains allèles sont, soit surreprésentés, soit sous-représentés par rapport à l'équilibre théorique de Hardy-Weinberg attendu dans la population. Par exemple, dans l'espèce humaine, pour le gène du système ABO des groupes sanguins, les A et B sont rares chez les Amérindiens, qui possèdent majoritairement l'allèle O.

UNITÉ 2 Les facteurs explicatifs de la différenciation génétique des populations

▶ Au sein des populations, différentes forces évolutives agissent et font varier les **fréquences alléliques** et génotypiques. Il s'agit :
– des mutations, car la création de nouveaux allèles d'un gène modifie de facto la fréquence des allèles préexistants ;
– de la **dérive génétique**, car dans une population de taille limitée, tous les couples possibles ne se forment pas, ce qui renforce l'effet du hasard sur la transmission de certains allèles ;
– de la **sélection naturelle**, car les allèles qui confèrent un avantage en termes de survie (meilleure résistance à un facteur du milieu, meilleur accès aux ressources) et/ou de reproduction (plus grande attirance sexuelle exercée sur le partenaire) se répandent davantage dans la population ;
– des préférences sexuelles, car elles introduisent une rupture dans la panmixie en privilégiant la formation de certains couples ;
– des migrations, car un groupe d'individus qui s'extrait représente une population généralement de petite taille avec des fréquences alléliques non représentatives de celles de la population initiale.

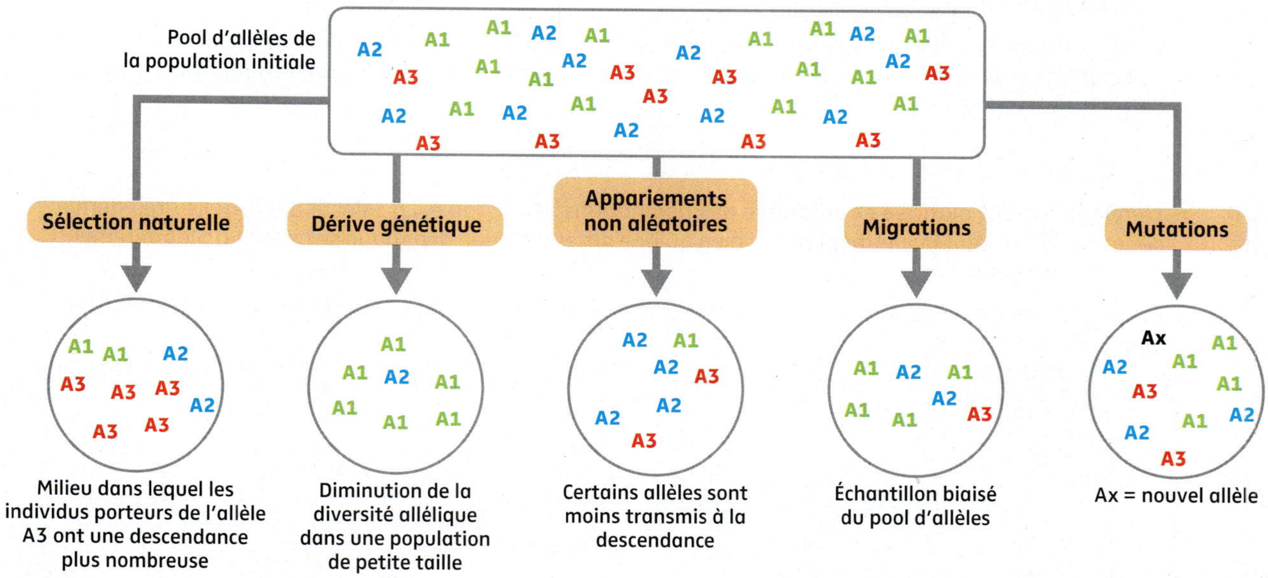

Les causes des écarts entre les fréquences prédites par le modèle de Hardy-Weinberg et celles observées dans les populations naturelles.

UNITÉ 3 Un nouveau regard sur la définition de l'espèce

▶ Puisque l'environnement des populations d'une espèce est instable, une différenciation génétique a obligatoirement lieu au fil du temps. Cela peut avoir comme conséquence la restriction des échanges réguliers de gènes entre les différentes populations.

▶ Une espèce peut donc être considérée comme une population d'individus suffisamment isolée génétiquement des autres populations.

▶ Bien que l'espèce demeure délicate à définir, le caractère inéluctable de l'évolution des génomes au sein des populations permet de concevoir les espèces comme des ensembles hétérogènes de populations qui évoluent continuellement dans le temps.

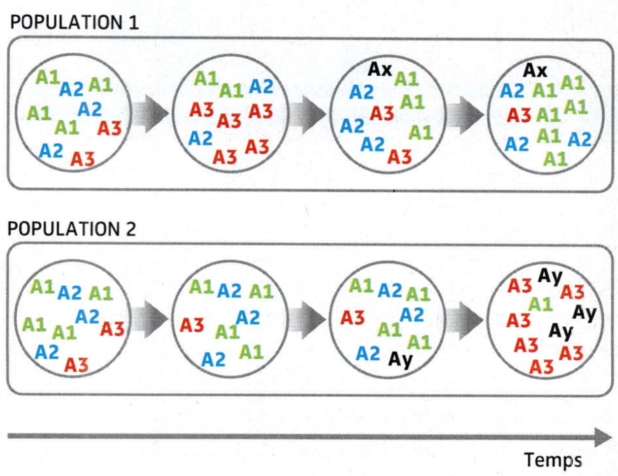

Une représentation dynamique de l'espèce.

RETENIR

CHAPITRE 4

L'inéluctable évolution des génomes au sein des populations

En quelques mots

Texte dys
Texte audio

1 Un modèle théorique, des fréquences réelles instables

- Dans les populations eucaryotes à reproduction sexuée, le **modèle théorique** de Hardy-Weinberg prévoit la stabilité des fréquences relatives des allèles dans une population (mais ceci sous certaines conditions relatives à la reproduction, à la sélection naturelle et aux mouvements de populations).
- Dans les populations naturelles, les **fréquences alléliques** observées ne correspondent pas à celles de la prédiction du modèle théorique de Hardy-Weinberg.

2 Différentes causes d'écart

- Différents facteurs empêchent d'atteindre l'équilibre théorique, en particulier, le non-respect des conditions fixées par Hardy et Weinberg.
- Il s'agit des mutations, du caractère favorable ou défavorable qu'elles confèrent (effet de la **sélection naturelle**), de la taille limitée de la population (effets de la **dérive génétique**), des migrations et des préférences sexuelles.

3 Vers une autre vision de l'espèce

- L'environnement biotique et abiotique des populations est instable. La sélection naturelle et la dérive génétique s'exercent en permanence, si bien qu'une différenciation génétique se produit obligatoirement au cours du temps.
- Cette différenciation peut conduire à la restriction des échanges réguliers de gènes entre les différentes populations de l'espèce.
- Toute espèce peut donc être considérée comme un ensemble hétérogène de populations qui évoluent continuellement dans le temps.

Vidéo bilan

mots-clés

Dérive génétique : modification aléatoire des fréquences des allèles au sein d'une population au cours des générations successives, de manière d'autant plus visible et rapide que l'effectif de la population est faible.

Fréquence allélique : rapport entre le nombre d'exemplaires d'un allèle dans la population et le nombre total d'allèles dans la population.

Modèle théorique : objet d'étude que l'on cherche à représenter, sans que cette représentation adhère nécessairement à la réalité observée.

Sélection naturelle : modification orientée des fréquences des allèles d'un gène au cours des générations successives, sous l'influence de l'environnement (pression du milieu et interaction avec les autres organismes) qui sélectionne les individus ayant, dans les conditions du moment, une descendance plus nombreuse que d'autres.

Schéma interactif

En une image

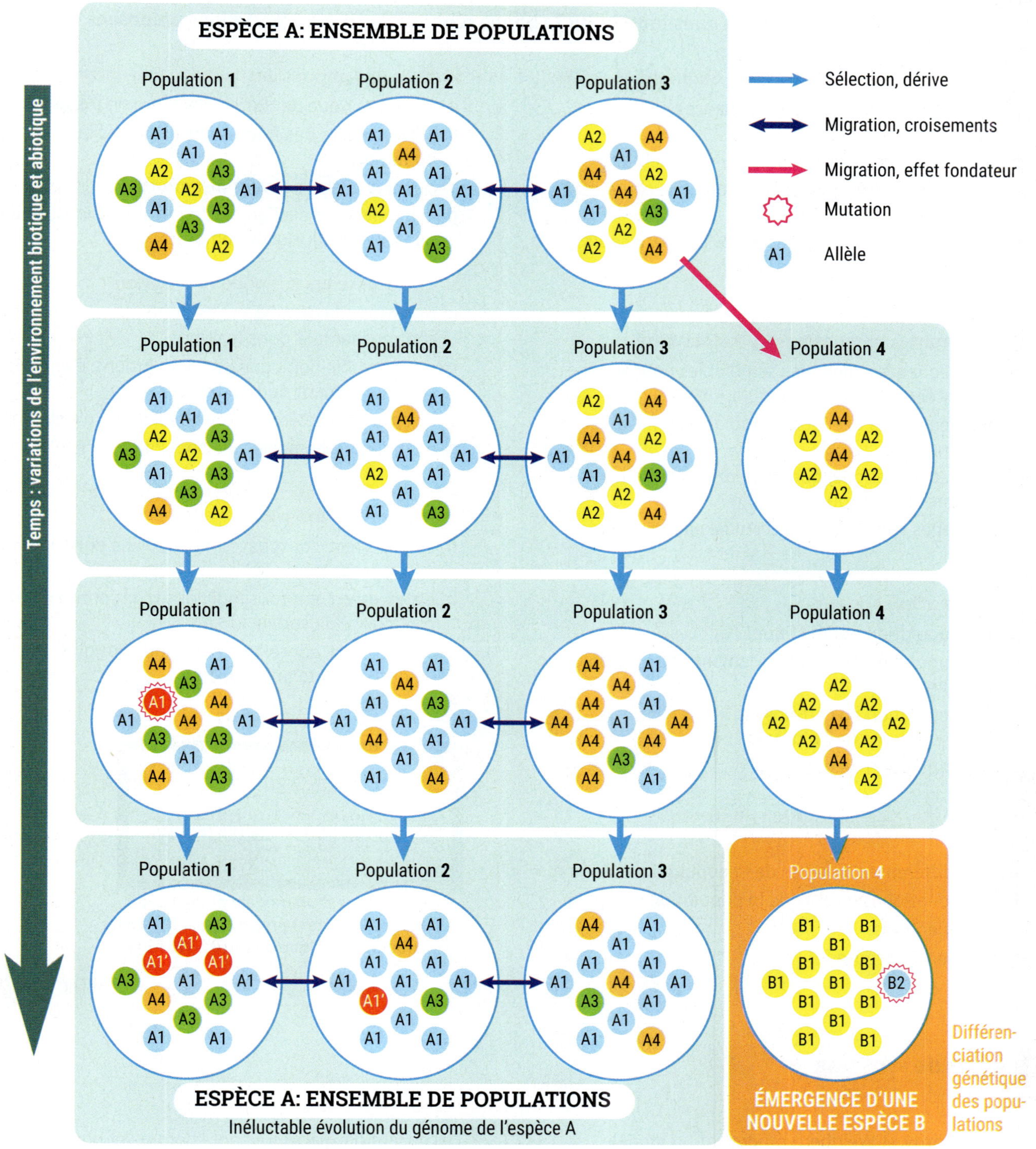

mémorisation active

Pour retenir les notions…

- sélection naturelle ;
- population de grande taille
- migrations ;
- mutations ;
- …

Je construis ma carte des idées

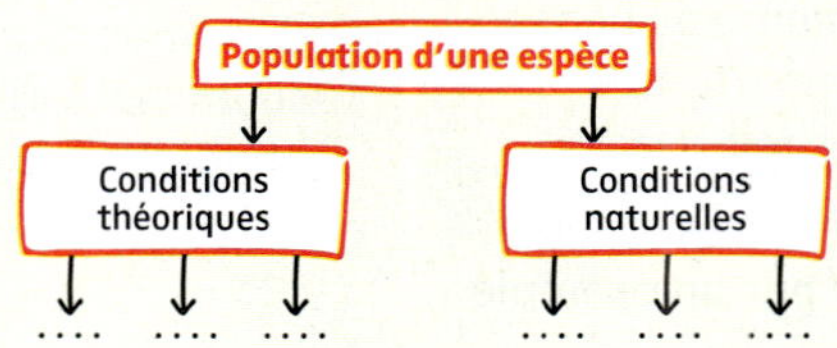

Pour m'aider dans la construction

→ Méthode 1

Pour m'entraîner

→ Exercice 1 p. 90

Quiz

EXO Exercices interactifs

Pour chaque question, choisir la bonne réponse parmi les affirmations proposées.

1. Le modèle théorique de Hardy-Weinberg prévoit :

- a l'inéluctable variation des fréquences alléliques au cours du temps.
- b l'apparition de mutations au cours du temps.
- c la stabilité des fréquences alléliques au cours du temps.
- d la diminution des fréquences alléliques au cours du temps.

2. La comparaison de la structure génétique des différentes populations humaines montre :

- a des fréquences alléliques semblables pour le gène du système de groupe sanguin ABO.
- b des fréquences alléliques semblables pour tous les gènes.
- c des fréquences alléliques différentes pour le gène du système de groupe sanguin ABO.
- d des gènes spécifiques de certaines populations.

3. L'équilibre théorique de Hardy-Weinberg peut être atteint dans :

- a une population panmictique.
- b une population où les appariements ne sont pas aléatoires.
- c une population où certains individus font plus de descendants que d'autres.
- d une population de petite taille.

4. Dans une sous-population migrante, les fréquences alléliques :

- a sont différentes de celles de la population d'origine.
- b sont identiques à celles de la population d'origine.
- c ne varient pas.
- d augmentent toutes.

5. Dans une population soumise à la dérive génétique :

- a la loi théorique de Hardy-Weinberg ne s'applique pas.
- b il y a stabilité des fréquences alléliques au cours du temps.
- c certains allèles peuvent disparaître.
- d la biodiversité allélique est d'autant moins grande que les individus sont nombreux.

6. Une espèce peut être définie comme :

- a un ensemble hétérogène de populations, évoluant continuellement dans le temps.
- b un ensemble homogène de populations, évoluant continuellement dans le temps.
- c un ensemble hétérogène de populations, n'évoluant plus.
- d un ensemble homogène de populations, n'évoluant plus.

7. L'algorithme ci-dessous, proposé pour modéliser l'équilibre de Hardy-Weinberg :

- a est incorrect, car tous les individus ne participent pas à la reproduction.
- b est incorrect, car tous individus n'ont pas la même probabilité de survie.
- c est incorrect, car certains individus ont plus de descendants que d'autres.
- d est correct.

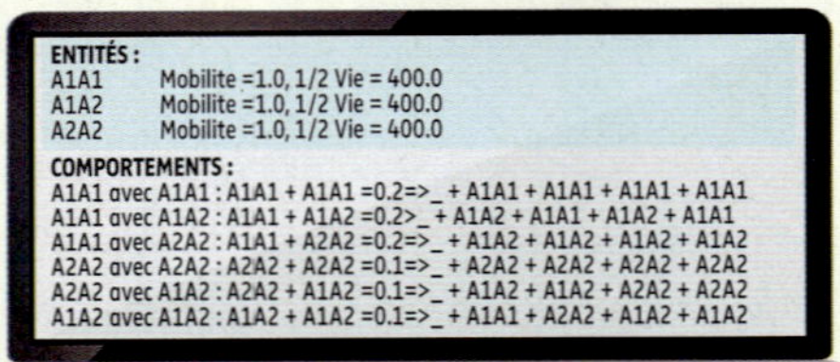

L'algorithme d'un modèle numérique (suivi de 2 allèles) proposé pour conforter le modèle théorique de Hardy-Weinberg.

→ Corrigés p. 447

1 Sujets de synthèse

Sujet 1

En 1908, Hardy et Weinberg proposent un modèle théorique qualifié de modèle de Hardy-Weinberg.

Présenter ce que postule le modèle théorique de Hardy-Weinberg, en précisant bien ses conditions d'application.

Sujet 2

Dans la nature actuelle, pour un certain nombre de gènes, les populations d'une espèce montrent d'importantes différences dans leurs fréquences alléliques relatives.

Présenter les causes possibles de ces différences en illustrant l'une d'entre elles (au choix) par un exemple précis.

Sujet 3

Le concept d'espèce, créé par l'homme et dont on ne peut se passer pour décrire le monde vivant, est d'une nature délicate.

Montrer sous la forme d'un schéma qu'une espèce est un ensemble hétérogène de populations évoluant dans le temps.
Consigne : vous représenterez l'évolution au cours du temps d'un pool d'allèles dans plusieurs populations soumises à des contextes biotiques et abiotiques différents.

2 Des élèves modèles

■ Des élèves ont l'initiative de créer un modèle numérique du devenir de trois allèles d'un gène dans les conditions de l'équilibre théorique de Hardy-Weinberg.

■ Ils notent A1, A2 et A3 les trois allèles, déclarent six génotypes (« entités ») et mettent en équation (« comportements ») les possibilités de reproduction entre les individus.

1. Justifier à l'aide d'un échiquier de croisement les produits de la rencontre de A1A3 avec A2A3.

2. Montrer que les élèves ont bien respecté les conditions d'application de la loi théorique de Hardy-Weinberg.

3. Pour tester leur modèle, les élèves placent dans l'environnement trois individus de chaque sorte de génotype et lancent la simulation. Au bout de 1 000 unités de temps, ils constatent la perte du génotype A3A3 et en déduisent à tort que leur algorithme comporte une erreur. Expliquer leur déconvenue.

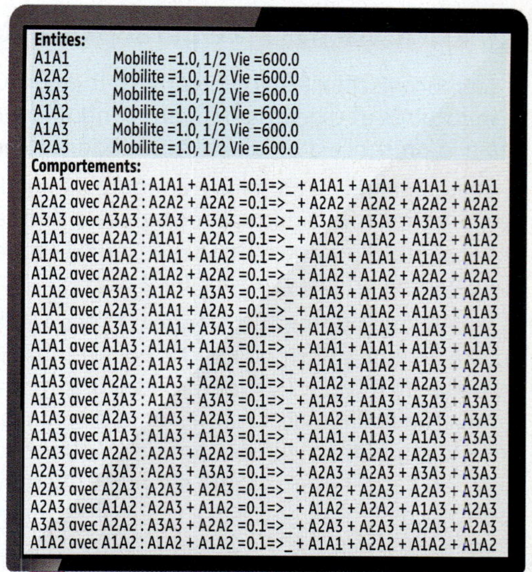

Entites:
A1A1 Mobilite =1.0, 1/2 Vie =600.0
A2A2 Mobilite =1.0, 1/2 Vie =600.0
A3A3 Mobilite =1.0, 1/2 Vie =600.0
A1A2 Mobilite =1.0, 1/2 Vie =600.0
A1A3 Mobilite =1.0, 1/2 Vie =600.0
A2A3 Mobilite =1.0, 1/2 Vie =600.0
Comportements:
A1A1 avec A1A1 : A1A1 + A1A1 =0.1=>_ + A1A1 + A1A1 + A1A1 + A1A1
A2A2 avec A2A2 : A2A2 + A2A2 =0.1=>_ + A2A2 + A2A2 + A2A2 + A2A2
A3A3 avec A3A3 : A3A3 + A3A3 =0.1=>_ + A3A3 + A3A3 + A3A3 + A3A3
A1A1 avec A2A2 : A1A1 + A2A2 =0.1=>_ + A1A2 + A1A2 + A1A2 + A1A2
A1A1 avec A1A2 : A1A1 + A1A2 =0.1=>_ + A1A1 + A1A1 + A1A2 + A1A2
A1A2 avec A2A2 : A1A2 + A2A2 =0.1=>_ + A1A2 + A1A2 + A2A2 + A2A2
A1A2 avec A3A3 : A1A2 + A3A3 =0.1=>_ + A1A3 + A1A3 + A2A3 + A2A3
A1A1 avec A2A3 : A1A1 + A2A3 =0.1=>_ + A1A2 + A1A2 + A1A3 + A1A3
A1A1 avec A3A3 : A1A1 + A3A3 =0.1=>_ + A1A3 + A1A3 + A1A3 + A1A3
A1A1 avec A1A3 : A1A1 + A1A3 =0.1=>_ + A1A1 + A1A1 + A1A3 + A1A3
A1A3 avec A1A2 : A1A3 + A1A2 =0.1=>_ + A1A1 + A1A2 + A1A3 + A2A3
A1A3 avec A2A2 : A1A3 + A2A2 =0.1=>_ + A1A2 + A1A2 + A2A3 + A2A3
A1A3 avec A3A3 : A1A3 + A3A3 =0.1=>_ + A1A3 + A1A3 + A3A3 + A3A3
A1A3 avec A2A3 : A1A3 + A2A3 =0.1=>_ + A1A2 + A1A3 + A2A3 + A3A3
A1A3 avec A1A3 : A1A3 + A1A3 =0.1=>_ + A1A1 + A1A3 + A1A3 + A3A3
A2A3 avec A2A2 : A2A3 + A2A2 =0.1=>_ + A2A2 + A2A2 + A2A3 + A2A3
A2A3 avec A3A3 : A2A3 + A3A3 =0.1=>_ + A2A3 + A2A3 + A3A3 + A3A3
A2A3 avec A2A3 : A2A3 + A2A3 =0.1=>_ + A2A2 + A2A3 + A2A3 + A3A3
A2A3 avec A1A2 : A2A3 + A1A2 =0.1=>_ + A1A2 + A2A2 + A1A3 + A2A3
A3A3 avec A2A2 : A3A3 + A2A2 =0.1=>_ + A2A3 + A2A3 + A2A3 + A2A3
A1A2 avec A1A2 : A1A2 + A1A2 =0.1=>_ + A1A1 + A2A2 + A1A2 + A1A2

a Le résumé du modèle créé par les élèves (logiciel NetBioDyn).

3 L'influence d'une mutation

■ Chez la drosophile, une mutation du gène vestigial a donné naissance à l'allèle *vg* qui est récessif par rapport à l'allèle sauvage *vg+*.
L'allèle muté *vg* est responsable de la réduction des ailes à des moignons ne permettant pas le vol.

■ Dans une cage à population, où la ressource alimentaire est abondante et régulièrement renouvelée, on place un nombre égal et important de mouches prises au hasard, d'une part dans une souche vestigiale pure, et d'autre part dans une souche homozygote sauvage pure.

■ On évacue les parents à chaque génération et l'on n'étudie donc que les phénotypes des descendants.

1. Prévoir les compositions phénotypiques observées dans la cage au fil des générations. Expliquer le raisonnement.

2. Au bout de trois générations, on enlève pendant quelques secondes le couvercle de la cage afin de remplacer les godets de nourriture. Prévoir la composition phénotypique de la génération suivante.

b Drosophile à ailes longues.

c Drosophile à ailes vestigiales.

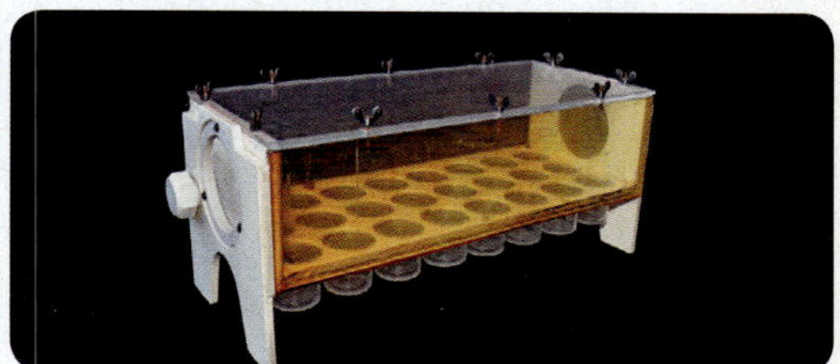

d Cage à population, ou démomètre, avec des godets contenant une préparation nutritive pour les drosophiles.

4 Quand les choquemorts ne craignent plus le froid

■ Chez une espèce de poisson, le choquemort, les généticiens se sont intéressés à la fréquence de l'allèle *Ldh-Bb* du gène codant l'enzyme lactate déshydrogénase-B qui joue un rôle dans le métabolisme.
Ils ont pu déterminer la fréquence de cet allèle dans des échantillons de poissons prélevés le long d'un axe géographique allant du Maine à la Géorgie.

■ L'allèle *Ldh-Bb* code une forme de l'enzyme présentant une meilleure activité catalytique dans l'eau froide que les autres formes.
Les chercheurs ont d'ailleurs montré que les individus qui possèdent l'allèle *Ldh-Bb* peuvent nager plus rapidement dans l'eau froide que les individus qui ne possèdent pas cet allèle.

1. Montrer que les résultats obtenus illustrent une situation d'écart par rapport au modèle théorique de Hardy-Weinberg.

2. Identifier la cause de l'écart.

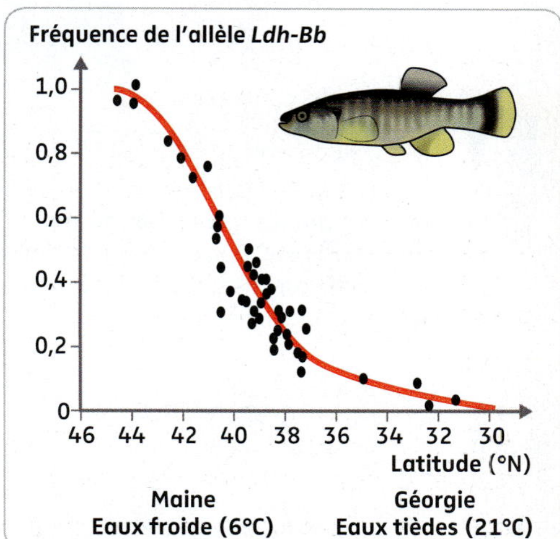

e Le résultat de l'étude génétique.

5 Exercice guidé Le paradoxe de la mucoviscidose

■ La mucoviscidose se caractérise par de graves problèmes respiratoires et digestifs pouvant conduire à la mort. Elle est liée à la présence d'un allèle muté codant la protéine CFTR.

■ Cette maladie est la plus fréquente des maladies héréditaires autosomiques récessives graves dans les populations d'origine européenne, où elle touche en moyenne un nouveau-né sur 2 500.

■ La mucoviscidose n'est fréquente qu'en Europe, où elle est due principalement à l'allèle muté ΔF508 du gène CFTR (pour Cystic Fibrosis Trans-membrane conductance Regulator) situé sur le chromosome 7. Dans la population européenne, la fréquence de la mutation ΔF508 à l'état hétérozygote est particulièrement élevée (portage de l'ordre de 1/25).

À partir d'informations tirées des documents, mises en relation avec les connaissances, présenter l'originalité du polymorphisme du gène CFTR et proposer une hypothèse pouvant expliquer la fréquence plus importante de l'allèle muté ΔF508 responsable de la mucoviscidose dans certaines populations humaines.

a Affiche évoquant les recherches autour de la mucoviscidose. Deux millions de français sont porteurs sains de l'allèle responsable de la mucoviscidose et peuvent le transmettre à leurs enfants.

- Le gène impliqué dans la mucoviscidose a été identifié en 1989. Il code une protéine membranaire de 1 480 acides aminés, la protéine CFTR, pourvue d'un canal impliqué dans le transport d'ions chlorure sur la surface apicale des cellules épithéliales.
- Plus de 2 000 mutations différentes du gène CFTR ont été identifiées à ce jour et plus de 200 d'entre elles sont responsables de la mucoviscidose.
- ΔF508 est la mutation du gène CFTR la plus répandue. Elle représente 66 % des mutations du gène CFTR dans le monde.
- Les autres mutations touchent seulement 1 à 3 % des personnes atteintes, selon une distribution géographique particulière. Par exemple :
  – la mutation W1282X est la mutation la plus fréquente dans la population juive Ashkénaze ;
  – la mutation G551D rend compte de 5 % des mutations dans les populations d'origine celte ;
  – la mutation G542X est fréquente dans les populations du pourtour méditerranéen.

b Les allèles du gène CFTR.

Salmonella typhi est la bactérie responsable de la typhoïde, une inflammation grave du tube digestif à l'origine de 200 000 décès annuels dans le monde. Pour que la maladie se déclare, il est nécessaire que la bactérie pénètre dans les cellules intestinales.

Certaines expériences ont été réalisées sur des souris transgéniques chez qui on a intégré le gène humain responsable de la mucoviscidose sous la forme normale ou sous la forme mutée ΔF508.

Si on fait absorber par voie buccale des bactéries *Salmonella typhi* à ces souris, les résultats peuvent être résumés comme suit :

Souris testée	Résultat
Souris homozygote pour l'allèle muté (ΔF508)	Aucune cellule intestinale infectée.
Souris homozygote pour l'allèle normal	100 % de cellules infectées.
Souris hétérozygote pour le gène étudié	14 % de cellules infectées.

c Génotype pour le gène CFTR et infection par *Salmonella typhi*.

Le choléra est une maladie infectieuse responsable de la mort d'environ 100 000 personnes par an dans le monde. Endémique en Inde depuis des siècles, cette maladie est apparue en Europe en 1832.

La toxine cholérique est une protéine sécrétée par la bactérie *Vibrio chlolerae* responsable du choléra.

La toxine se fixe aux cellules intestinales puis rentre dans leur cytoplasme. Là, elle déclenche des mécanismes modifiant l'activité des canaux ioniques ce qui provoque une sécrétion importante d'ions chlorure et d'eau en direction de la lumière intestinale. L'individu infecté est alors atteint de diarrhées, un symptôme caractéristique du choléra.

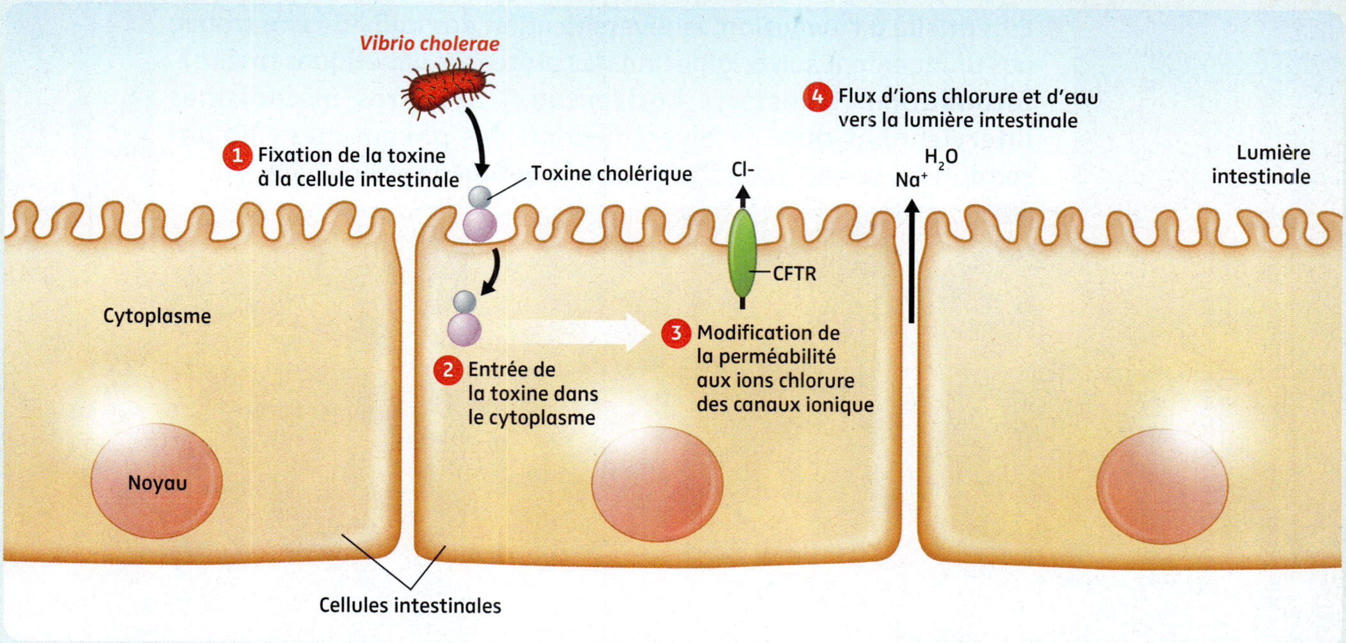

d **Choléra et toxine cholérique.**

Des scientifiques ont réussi à obtenir des souris possédant deux, un seul ou aucun allèle fonctionnel du gène CFTR.

Ils ont ensuite mesuré chez ces animaux, six heures après la délivrance de toxine cholérique dans l'estomac, la proportion de fluide accumulé dans l'intestin, un indicateur de la sécrétion intestinale hydrique.

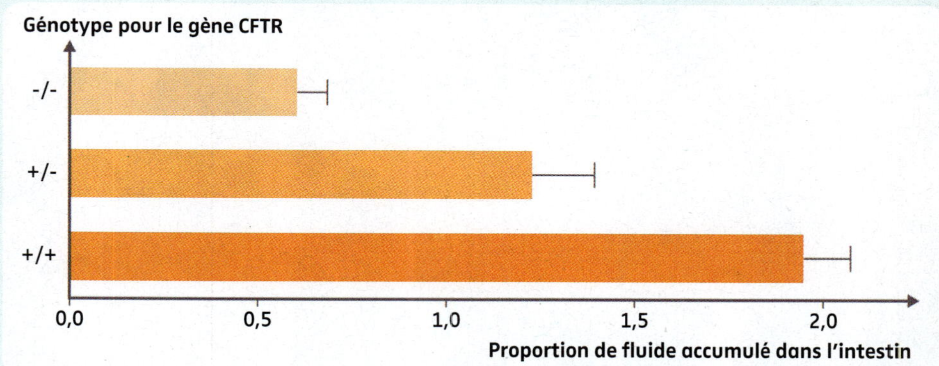

e **Génotype pour le gène CFTR et réponse à l'infection par *Vibrio chlolerae* chez des souris.**

Guide de résolution

1. Comparez les fréquences alléliques du gène CFTR dans différentes populations.
2. Faites une lecture des deux jeux de données expérimentales.
3. Déduisez-en les avantages conférés par la possession de l'allèle ΔF508 chez les hétérozygotes.

CHAPITRE 5

Les mécanismes non génétiques de diversification du vivant

Essentielle à l'évolution, la diversification des individus ne trouve pas uniquement son origine dans les processus génétiques (méiose, fécondation, transferts horizontaux). D'autres mécanismes interviennent dans la diversification des phénotypes : ils ont conduit les scientifiques à étendre la notion de phénotype.

Le crabe boxeur ou crabe pom-pom girl (*Lybia tessellata*). Il tient en permanence des anémones de mer urticantes avec lesquelles il coopère pour assurer une survie réciproque.

Quels sont les mécanismes non génétiques de diversification des phénotypes ? UNITÉ 1

Au cœur des nodosités (excroissances présentes à la surface des racines), les bactéries ont participé à l'évolution des Fabacées (une famille végétale) avec lesquelles elles vivent en symbiose.

Comment l'ajout de propriétés de différents individus permet-il de faire émerger de nouvelles fonctions du vivant ? UNITÉ 1

100 000 000

C'est la masse (en tonnes) d'azote atmosphérique fixé par les Fabacées chaque année grâce à des bactéries symbiotiques. C'est autant que la production annuelle d'azote par l'industrie chimique.

Contrairement aux occidentaux, de nombreux japonais digèrent le nori (algue rouge) qui entre dans la composition des sushis ou des makis. Ceci grâce à leur microbiote qui possède les gènes d'une bactérie marine capable de digérer la porphyrane, constitutive du nori.

Pourquoi certains individus de la même espèce ne possèdent-ils pas les mêmes fonctionnalités ? UNITÉ 1

Après avoir fabriqué une sorte de brosse à partir d'une tige effrangée, le jeune chimpanzé s'entraîne à attraper les termites dans leur nid.

La transmission et l'évolution de caractères culturels n'est-elle propre qu'à l'espèce humaine ? UNITÉ 3

UNITÉ 1 Les associations entre êtres vivants

En dehors des mécanismes génétiques liés à la reproduction sexuée et aux transferts horizontaux, d'autres phénomènes participent à l'élaboration de phénotypes nouveaux, donc à la diversification du vivant.

Objectif

Identifier des variations phénotypiques sans modification de génome entre partenaires d'associations.

Caractériser des échanges réciproquement bénéfiques

Le ver de Roscoff (*Symsagittifera roscoffensis*) est fréquent sur les plages de la côte atlantique. Ce ver a la double particularité d'être vert, mais aussi de réaliser la totalité de son cycle de développement sans jamais consommer de matière organique à l'extérieur de son milieu, puisqu'il est dépourvu de tube digestif.

Caractériser la symbiose du ver de Roscoff

Protocole

PRINCIPE

Cette manipulation permet de concevoir que le partenariat entre l'algue et le ver rend ce dernier autotrophe.
- On observe au microscope des vers.
- On mesure par ExAO les taux de O_2 et de CO_2 produits sous différentes conditions lumineuses.

1 ***Symsagittifera roscoffensis*** **et son contenu cellulaire photosynthétique.**

	Type d'algue	Photosynthétique	Consommée par le ver de Roscoff juvénile
T. isochrysis	verte	oui	non
T. convolutae	verte	oui	oui
Chaeteros	brune	non	non

2 **Caractéristiques de trois algues au contact du ver de Roscoff.**

énergie solaire

$$CO_2 + H_2O \xrightarrow{\text{chlorophylle}} C_6H_{12}O_6 + O_2$$

dioxyde de carbone — eau — sucres — dioxygène

3 **Équation de la photosynthèse.**

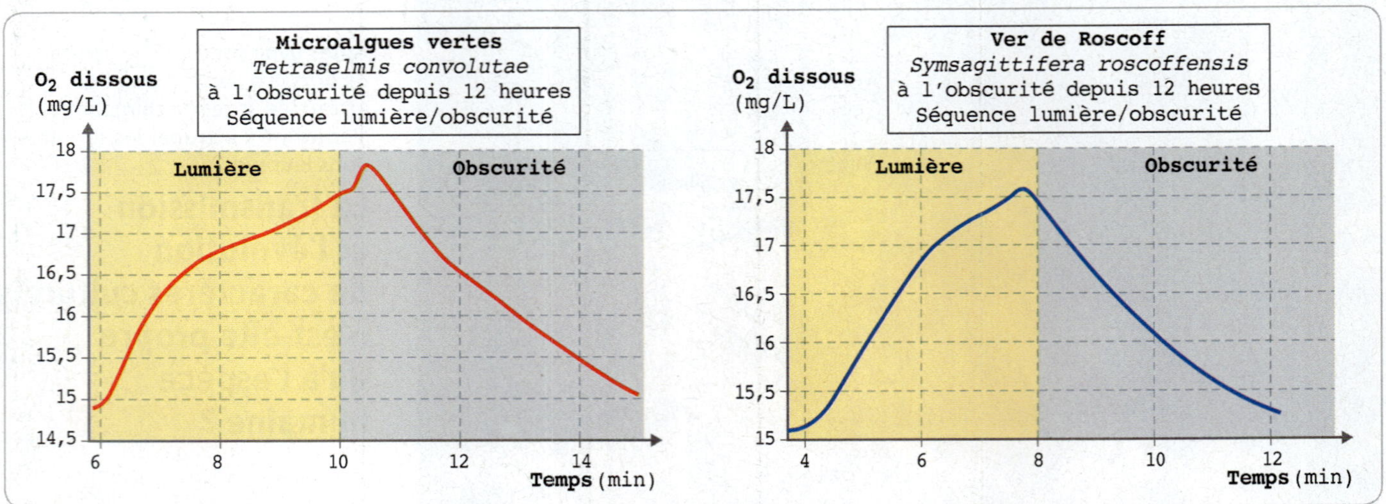

4 **Mesures de l'activité métabolique de l'algue** ***Tetraselmis convolutae*** **et de** ***Symsagittifera roscoffensis*** **en fonction de l'éclairage.**

Expliquer les modifications comportementales liées à une association pathogène

Les gammares ont pour prédateurs les oiseaux. Ces crustacés sont les hôtes intermédiaires de parasites dits « manipulateurs » : une fois infestés, les gammares sont plus enclins à se faire dévorer par les oiseaux dans lesquels le parasite terminera son cycle de vie.

5 **Gammares parasités subissant une modification de leur géotactisme (remontent à la surface) et une modification de leur physiologie (agitation élevée consommant du O_2).**

6 **Gammare parasité par un parasite acanthocéphale (*Polymorphus*) nettement visible à travers la cuticule transparente.**

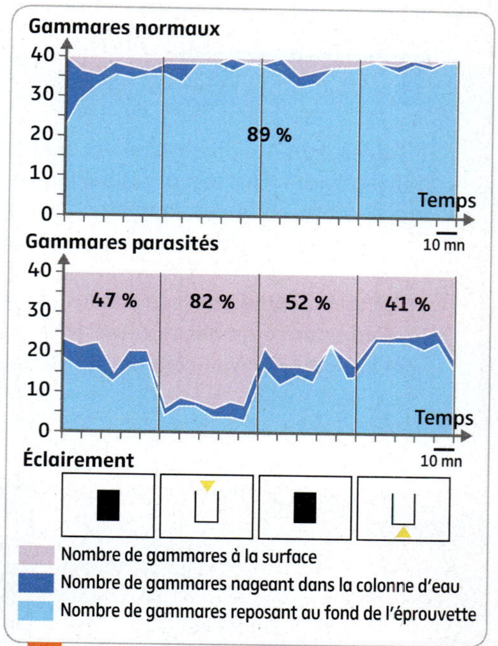

7 **Distribution verticale de 40 gammares parasités ou non par *M. papillorobutus* en fonction de l'éclairement.**

Observer l'effet du microbiote sur le comportement de la drosophile

Tester l'impact du microbiote des drosophiles sur leurs comportements

Protocole

PRINCIPE

Cette expérience permet de tester l'effet de la présence du microbiote intestinal sur le déplacement de la drosophile.

On suit en vidéo le comportement des drosophiles adultes développées sur un milieu avec ou sans antibiotique.

Rappel : un individu est dit « axénique » lorsqu'il est exempt de tout microorganisme.

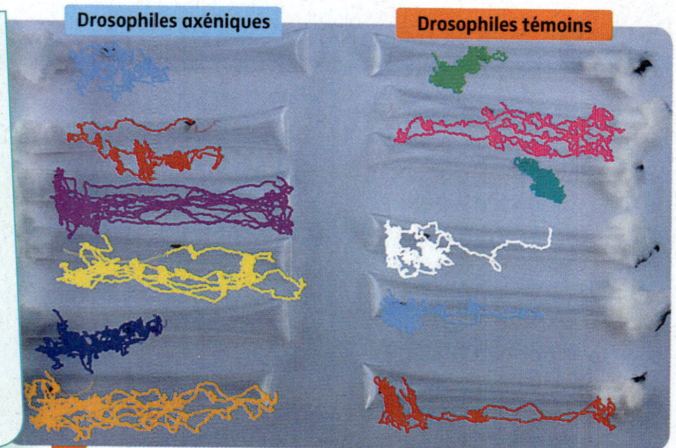

8 **Suivi vidéo des mouvements des drosophiles.**

Guide de résolution

Indicateurs de réussite

1. Associer les organites observés dans le document 1 à un type d'algue du document 2.
2. Relier l'activité métabolique de l'algue *T. convolutae* du document 4 avec la réaction du document 3 pour expliquer comment le ver de Roscoff peut se nourrir malgré l'absence de tube digestif.
3. Remobiliser les connaissances pour expliquer la baisse de dioxygène à l'obscurité.
4. Décrire les modifications comportementales des gammares (document 7) et des drosophiles (document 8) et les relier à la présence d'une association avec des organismes d'une autre espèce.
5. **En conclusion**

Mettre en relation vos constatations précédentes pour expliquer comment des associations entre êtres vivants peuvent conduire à de nouveaux phénotypes qui participent à la biodiversité.

UNITÉ 2 Le phénotype étendu des êtres vivants

MISSION

ORAL

Jusqu'en 1982, le phénotype est défini comme étant l'ensemble des caractères observables d'un individu. Mais Richard Dawkins, décrié par une part de la communauté scientifique, étend le concept de phénotype à toutes les manifestations de celui-ci comme le comportement, les structures externes (...), dans son livre « *The extended phenotype* ».

→ **En tant qu'étudiants convaincus par les propos du scientifique, vous devez présenter à l'oral en 4 minutes comment se caractérise la notion de phénotype étendu. Les arguments de l'oral sont issus d'un travail collaboratif sur un mur d'affichage virtuel en ligne (*Padlet* ou *Lino*).**

→ **Méthode n° 15** Fiches méthode

Vidéo

▲ Richard Dawkins.

Vidéo

1 **La larve de Phrygane.** Elle se construit un fourreau de soie à partir des sécrétions de ses glandes salivaires, puis elle le recouvre d'éléments récoltés au fond de l'eau grâce à ses pièces buccales et ses pattes antérieures. Lorsque le fourreau devient trop petit, elle l'abandonne. Certains artistes détournent cette capacité de la larve pour créer des bijoux (photo ci-dessus).

Visible de l'espace avec une surface de plus de 230 000 km^2, la termitière géante découverte au Brésil est la plus grande structure construite par un insecte. Les termites ont déplacé plus de 10 km^3 de terre pour construire ces monticules. Les individus vivent sous le niveau du sol où un réseau souterrain permet la communication entre tous les édifices visibles en surface. Dans les nids, les termites vivent en symbiose avec des champignons qu'ils cultivent (en leur fournissant une pâte de cellulose et de salive), puis les mangent.

Vidéo

2 **Les termitières (ici au Brésil) sont des monticules de terre issus de l'activité de millions de termites organisés en société.**

La soie d'araignée fait partie du phénotype de celle-ci en tant que tissu, les structures produites avec cette soie sont déterminées par le génome de l'espèce. Le type de soie varie en fonction de son usage en lien avec l'environnement. Le principal usage de la soie est pour l'emballage des œufs (cocon), elle sert également à tapisser des terriers, fabriquer de réserves d'air (argyronètes vivant dans l'eau), à emmailloter les proies, mais aussi à la dispersion des jeunes et au déplacement quand l'environnement le permet.

La construction de toiles pour le piégeage des proies n'est qu'un des multiples usages, d'autant que plus de la moitié des espèces ne construisent pas de toile.

Argiope sur une toile (Europe). 3

4 Argiope emmaillotant une proie capturée.

5 Argiope confectionnant un cocon pour protéger ses œufs.

Vidéo

6 **Nids du jardinier satiné (*Ptilonorhynchus violaceus*).** Chaque année, le mâle construit puis perfectionne un berceau nuptial très soigné. Une fois la structure achevée, le mâle entame une parade. Si une femelle marque son intérêt, le mâle lui offre un présent et l'invite dans le berceau nuptial.

Coups de pouce

Pistes pour construire votre stratégie

1. Identifier comment l'espèce recrute des composants de son milieu pour étendre son phénotype.
2. Caractériser la fonction qui émerge de ce phénotype étendu.

MISSION réussie si...

- Les membres du groupe ont collaboré : acceptation des divergences des points de vue, recherche d'associations, commentaires constructifs et bienveillants sur le mur virtuel.
- Au moins une fonction et une structure étendue sont identifiées par exemple traité.
- La notion de phénotype étendu est définie à l'oral.
- Les catégories structurales et fonctionnelles sont illustrées.

UNITÉ 3

L'évolution culturelle

Pendant de nombreuses décennies, les scientifiques ont considéré que le propre de l'être humain était la maîtrise d'un langage permettant la transmission d'une culture, d'un savoir-faire, et donc d'un apprentissage. Des découvertes approfondies chez de nombreuses espèces animales mettent désormais à mal cette hypothèse.

Objectif

Montrer que la transmission culturelle dans le monde animal est aussi soumise à l'évolution.

Comparer l'acquisition de comportements

Vidéo

1 **Le chimpanzé place la noix sur un support qui sert d'enclume puis la frappe à l'aide d'un percuteur en bois ou en pierre.** Des percuteurs ont été déterrés sur plus de 10 m de profondeur. Ceci indique une transmission du savoir-faire sur plus de deux cents générations. Les chercheurs parlent d'une véritable culture sur plus de 4 300 ans.

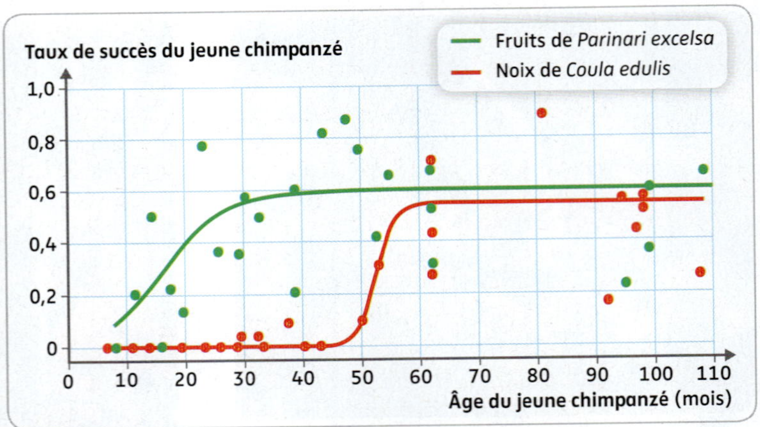

2 **Apprentissage d'une tâche facile (manger des fruits tendres de *Parinari excelsa*) et d'une tâche compliquée (casser des noix, très nourrissantes mais très dures, de *Coula edulis* avec un outil).**

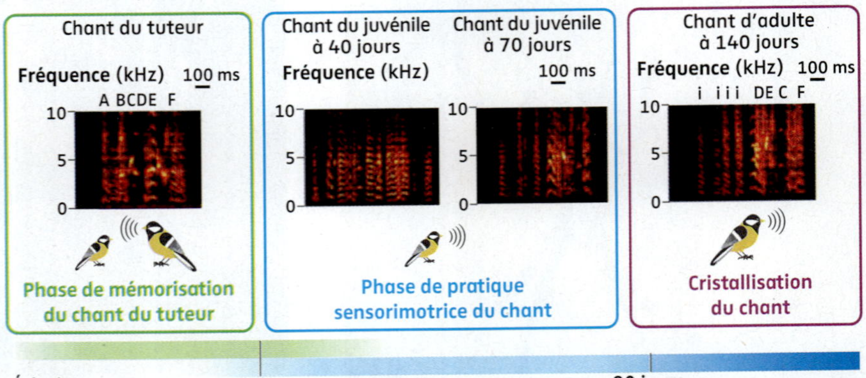

3 **Phases d'apprentissage du chant chez le diamant mandarin.**

MP3

Analyser des sonogrammes

PRINCIPE

L'analyse de sonogrammes d'oiseaux d'une même espèce à différents âges permet de savoir si la transmission est génétique (donc innée) ou issue d'un apprentissage.

PROTOCOLE

1. À partir de fichiers audio, ouvrir les sonogrammes sur *Audacity*.
2. Comparer les enregistrements et repérer les séquences du chant acquis, dit « cristallisé ».

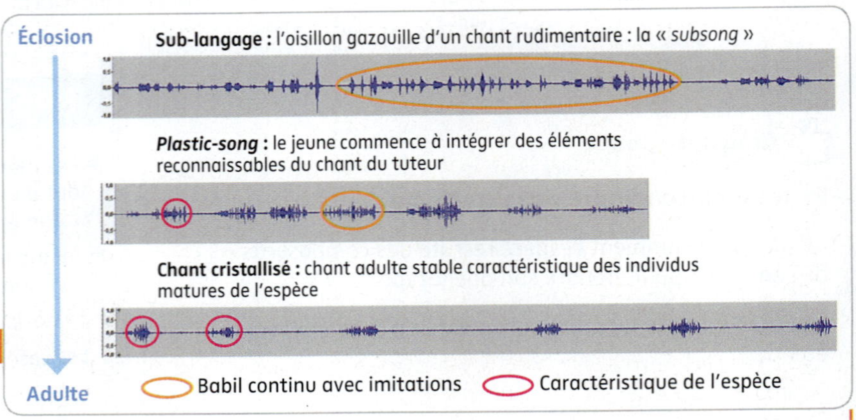

4 **Sonogrammes de fauvette à tête noire depuis l'éclosion à l'adulte, visualisés sur le logiciel *Audacity*.**

Caractériser la dynamique des traits culturels au sein d'une population

		<1980	1980	1981	2007	2011	>2011
Technique de chasse (en % d'individus la pratiquant)	Filets de bulles dans l'eau (coûteuse en énergie)	100 %	99 %	80 %	60 %	54 %	45 %
	Coup de queue sur la surface (proies chassées plus grandes)	0	1 %	20 %	40 %	45 %	50 %
	Piégeage gueule ouverte à la surface (stationnaire, demande peu d'énergie, nécessite la présence d'oiseaux plongeurs qui effraient les poissons et les poussent à nager dans le fond de la bouche de la baleine)	0	0	0	0	1 %	5 %

5 L'apparition et la transmission de nouvelles techniques de chasse chez les baleines à bosse. Pour se nourrir, les baleines à bosse plongent puis remontent en nageant en spirales tout en lâchant des filets de bulles d'air pour former une barrière visuelle aux bancs de poissons qu'elles engloutissent en remontant gueule ouverte. Depuis quelques années de nouvelles techniques de chasse ont été observées (au large des côtes nord-est américaines).

▲ **Baleines à bosse.**

Chez les baleines, seuls les mâles chantent, notamment pour séduire les femelles lors des migrations de la saison des amours. Le chant est différent selon la population, le moment de l'année et les variations progressives s'accumulent. Un chant est constitué de 4 à 7 thèmes différents repris dans un ordre séquentiel durant 8 à 30 minutes. Un thème est composé d'unités sonores distinctes organisées en phrases répétées un certain nombre de fois.

▲ **Exemple de chant à 4 thèmes.**

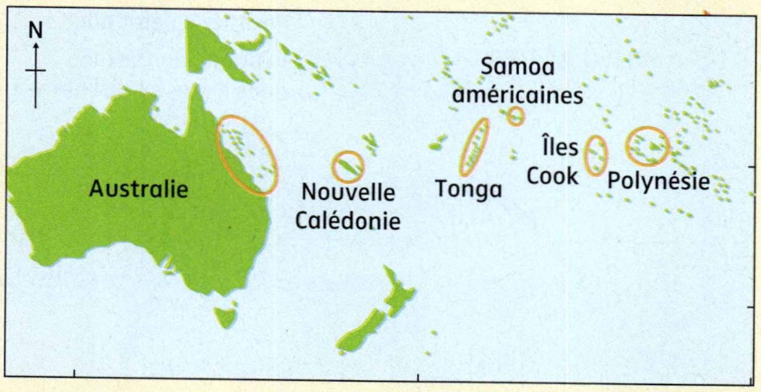

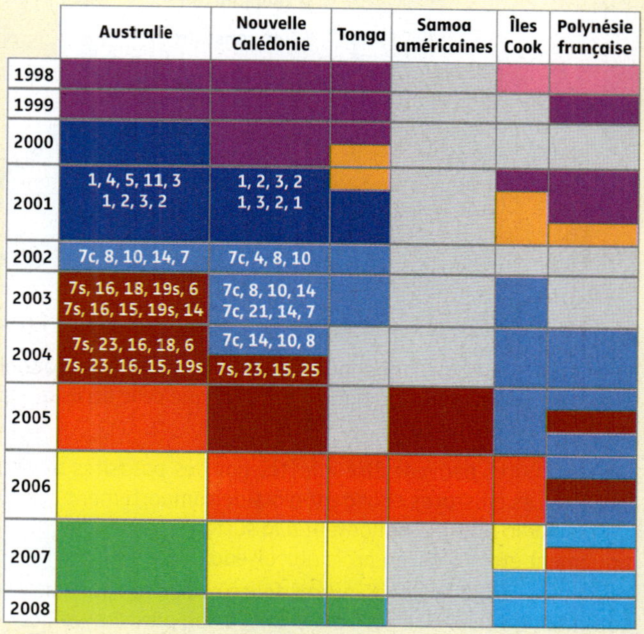

▲ **Transmission dynamique des chants de baleines à bosses dans l'océan Pacifique.** Chaque couleur représente un type de chant spécifique à une population, les cases grisées correspondent à l'absence de données. Le détail de l'enchaînement des thèmes est donné pour certains chants.

6 La transmission du chant chez les baleines à bosse du Pacifique. MP3

Guide de résolution

Indicateurs de réussite

1 Identifier des éléments qui traduisent l'idée d'une évolution des comportements chez différentes espèces (documents 2, 3 et 4).

2 Mettre en relation l'apparition des nouveaux comportements observés chez les baleines avec des interactions sociales au sein de la population (documents 5 et 6).

3 Identifier le même type d'arguments dans le cas du chimpanzé et du diamant mandarin.

4 Relier les transferts de langage ou de culture identifiés dans l'ensemble des documents à la variation de la biodiversité.

BILAN CHAPITRE 5 Les mécanismes non génétiques de diversification du vivant

UNITÉ 1 Les associations entre êtres vivants

- L'observation d'êtres vivants, à l'œil nu comme au microscope, montre que de nombreux organismes d'espèces différentes sont capables de s'associer de manière plus ou moins durable sans échange de matériel génétique.
- Ces associations existent dans tous les grands groupes du vivant : bactéries, champignons, végétaux et animaux. La **symbiose** et le parasitisme sont des associations indispensables pour au moins l'un des partenaires et sont souvent à l'origine de propriétés nouvelles.
- Dans le ver de Roscoff, s'associent les cellules hétérotrophes animales du ver aux cellules photoautotrophes de la microalgue verte. À la lumière, les microalgues synthétisent des molécules organiques par photosynthèse oxygénique. Une partie des produits formés (O_2, glucose) est consommée lors de la respiration cellulaire des deux partenaires. À l'obscurité, la seule activité métabolique active est la respiration cellulaire des deux partenaires.

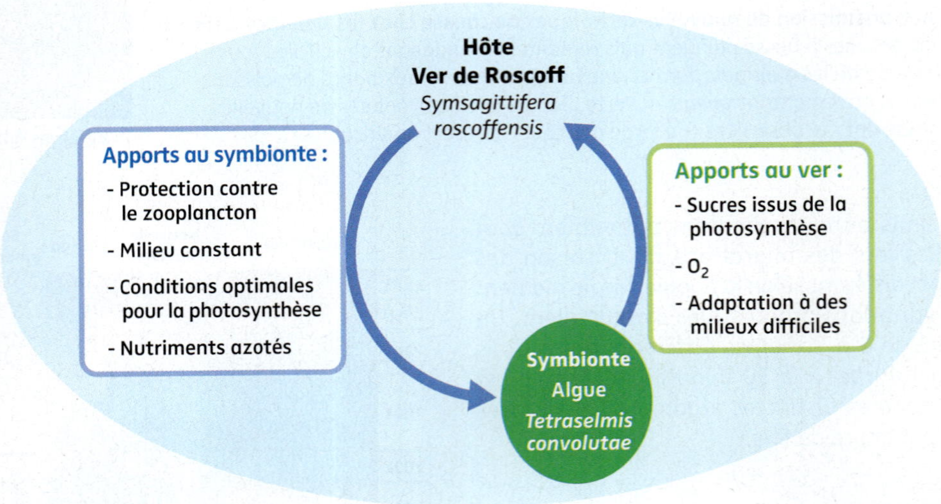

- En mutualisant leurs fonctions, les deux espèces sont capables d'occuper une niche écologique plus large que celle qu'ils occuperaient s'ils étaient seuls.
- Les gammares peuvent être infestés par des parasites qui s'enkystent. Les crustacés changent alors de comportement : ils sont attirés par la lumière, remontent à la surface et tournoient frénétiquement étant ainsi en proie aux oiseaux.
  Le parasite exploite les ressources fournies par son partenaire au détriment de celui-ci. L'hôte offre ainsi à son parasite un habitat, de la nourriture mais aussi un moyen efficace de dispersion.
- Le microbiote intestinal est indispensable au bon fonctionnement de son hôte, non seulement au niveau de la digestion mais aussi pour d'autres fonctions comme le métabolisme ou le système nerveux. L'étude de drosophiles ou de souris élevées en milieux axénique démontre que le développement du système nerveux et même le comportement sont en partie influencés par le microbiote.

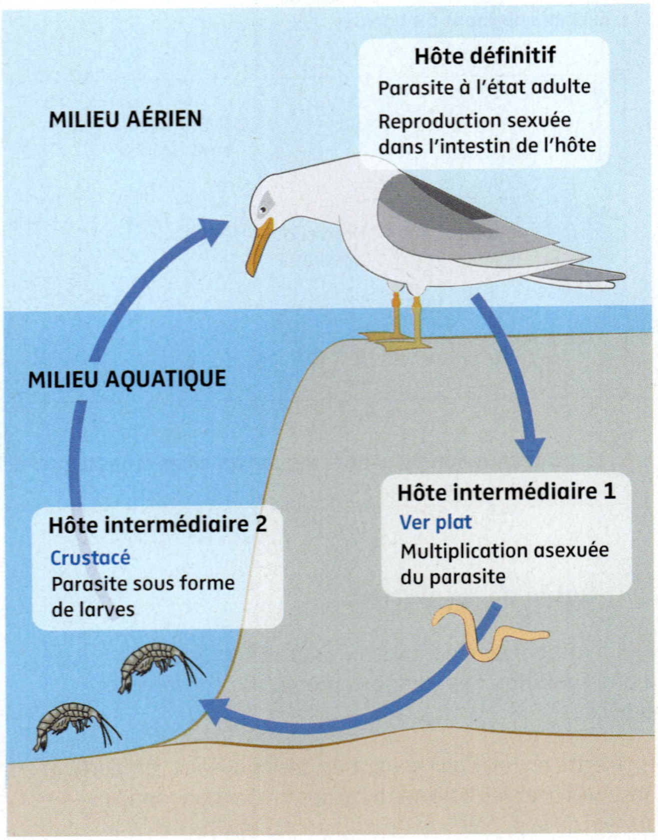

UNITÉ 2 Le phénotype étendu des êtres vivants

- Notion récemment apparue en sciences, le phénotype étendu prend en compte non seulement les caractères morpho-anatomiques des individus résultant de l'expression des gènes mais également tout ce qui est rendu possible grâce à l'expression des gènes.
- De nombreux animaux recrutent ainsi dans leur milieu des composants abiotiques et modulent ainsi leur phénotype : nid d'oiseaux, toiles d'araignées, ruches. Dans l'espèce humaine, les exemples sont légion. La prise de contrôle d'autres organismes constitue également un élargissement des structures et des fonctions de certaines espèces parasites.
- L'élargissement du phénotype chez certaines espèces peut revêtir plusieurs intérêts : habitat, survie, attrait pour le sexe opposé en vue d'un accouplement, ce qui constitue un **moteur évolutif** non génétique.

UNITÉ 3 L'évolution culturelle

- L'étude des moyens de communication des oiseaux ou des Mammifères tels que les Cétacés, les êtres humains, montre une diversification de comportements qui s'acquièrent de manière non génétique auprès des congénères.
- Lorsque l'on isole des individus de leurs proches, on constate que le langage adulte ne se met pas en place ou qu'il est incomplet : il n'est donc pas inné. Les traits comportementaux, culturels sont transmis de génération en génération et entre contemporains. Les modalités de la transmission et d'apprentissage sont variées : imitation, accompagnement par l'adulte etc.
- Chez plusieurs Mammifères, la constation d'utilisation d'outils, de la pratique d'activités culturelles, notamment dans les sociétés humaines, sont également des exemples de diversification sans qu'il n'y ait d'intervention génétique au cours de la reproduction sexuée.
- Cette diversité non génétique peut se révéler positive, négative ou neutre : elle est donc sous l'effet des phénomènes de sélection naturelle et de dérive génétique. La transmission culturelle et comportementale est donc aussi un **moteur évolutif**.

Datée de -1,7 Ma, la domestication s'est transmise par apprentissage dans les populations humaines permettant un véritable bond évolutif, tout comme l'utilisation d'outils ou encore la transmission d'un langage de plus en plus complexe.

RETENIR

CHAPITRE 5

Les mécanismes non génétiques de diversification du vivant

Texte dys
Texte audio

En quelques mots

1 La diversité des êtres vivants par association

- La diversification phénotypique des êtres vivants n'est pas uniquement due à la diversification génétique. Peuvent intervenir :
  – des associations pathogènes ou symbiotiques, non héréditaires ;
  – l'utilisation de composants du milieu qui modulent le phénotype comme les constructions, les parures : notion de phénotype étendu.

2 La notion de phénotype étendu

- Chez certains animaux, les comportements acquis peuvent être transmis d'une génération à l'autre et constituer une source de diversité comme le chant des oiseaux, l'utilisation d'outils par des populations animales, la culture (notamment dans les sociétés humaines).

3 La diversité des êtres vivants par transmission et acquisition de comportement

- Ces traits sont transmis entre contemporains et de génération en génération. Ils subissent une évolution : apparition de nouveaux traits, qui peuvent être sélectionnés, contre-sélectionnés ou perdus par hasard.

Ne pas confondre

Les cultures humaines, dans le sens des civilisations (égyptienne, grecques, ...) et la notion de culture animale.

Longtemps, la notion de culture était considérée comme la spécificité de l'humanité. Depuis les années 1990, les travaux des scientifiques spécialistes de l'étude du comportement des animaux ont démontré que la « culture animale » existe aussi : apprentissage par imitation du langage, de techniques comme l'utilisation d'outils, élaboration de codes sociaux, transmission entre congénères avec variantes géographiques, etc.

La culture s'applique donc à l'ensemble des animaux ayant une organisation sociale. C'est l'ensemble de savoirs et de pratiques qui se partagent et se transmettent socialement au sein d'un groupe. Cette transmission de culture n'est donc pas un héritage génétique.

Vidéo bilan

mots-clés

Symbiose : association à bénéfices réciproques de deux organismes d'espèces différentes. De nouvelles fonctions peuvent émerger de la symbiose.

Moteur de l'évolution : phénomène permettant la variation des individus et soumis à la sélection, contre-sélection au niveau individuel ou à la dérive génétique au niveau de la population.

Schéma interactif

En une image

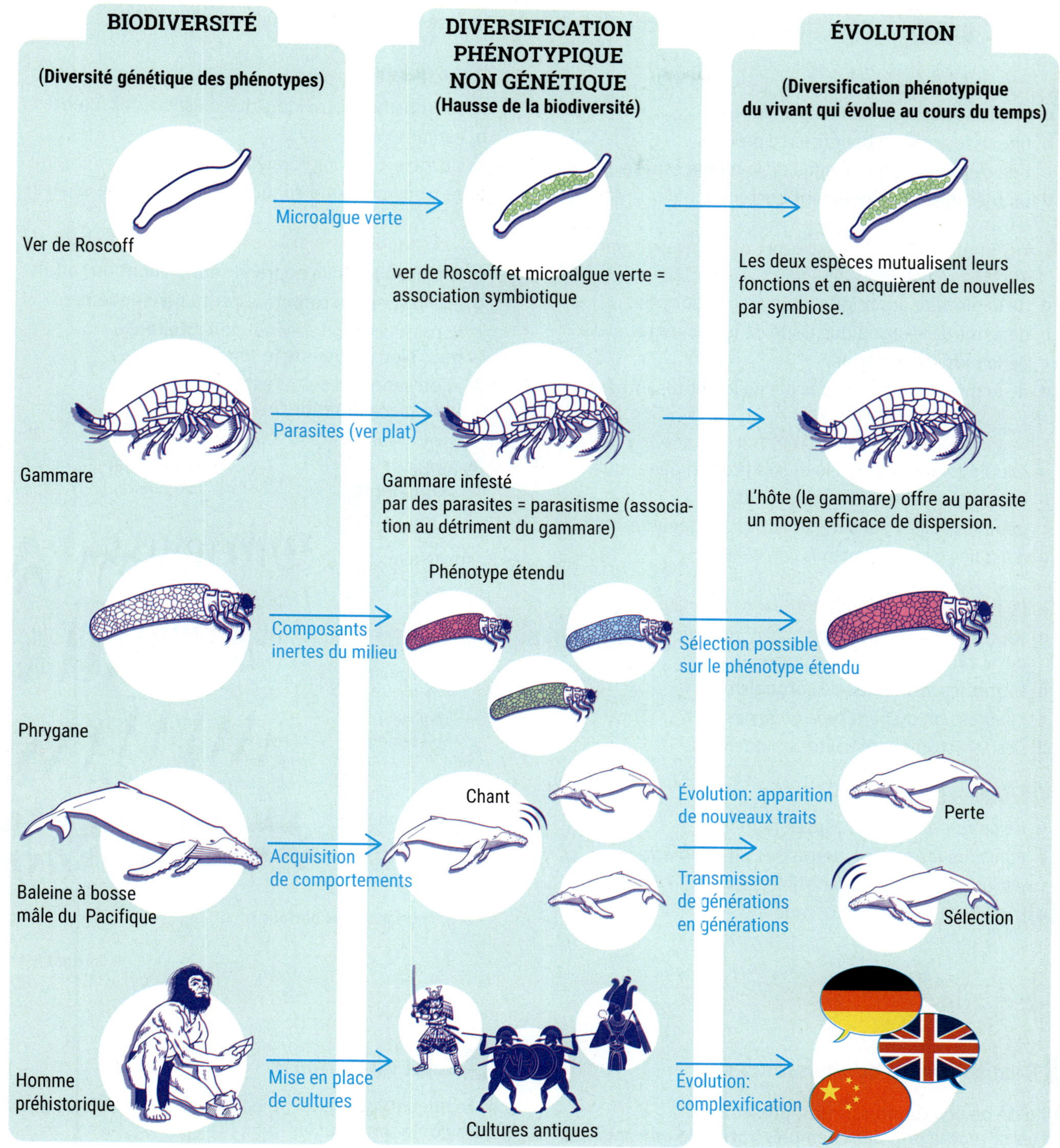

mémorisation active

Pour retenir les notions...

- Moteur de l'évolution
- Phénotype étendu
- Bénéfices réciproques
- Nouvelles fonctions
- ...

Je construis ma carte des idées

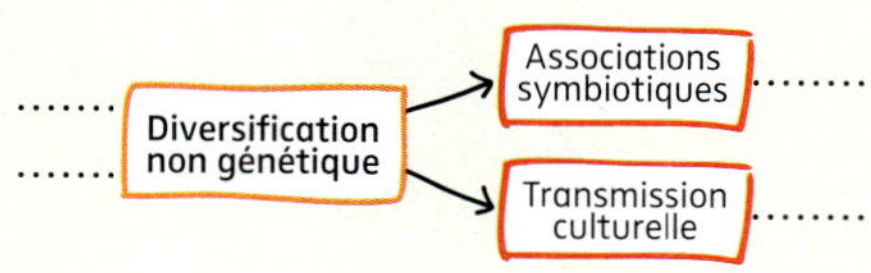

Pour m'aider dans la construction

→ Méthode 1

Pour m'entraîner

→ Exercice 1 p. 106

EXO Exercices interactifs

Quiz

Pour chaque question, choisir la bonne réponse parmi les affirmations proposées.

1. Une symbiose est :

- a une association à bénéfice unilatéral.
- b une association à bénéfice réciproque.
- c une association d'individus de la même espèce.
- d un mécanisme uniquement bactérien.

2. Les algues vertes des vers de Roscoff fournissent au ver :

- a de la matière organique issue de la respiration.
- b de la matière organique issue de la fermentation.
- c de la matière minérale.
- d de la matière organique issue de la photosynthèse.

3. La diversification phénotypique :

- a est uniquement due à la diversification génétique.
- b dépend seulement des mutations.
- c peut se réaliser sans modification du génome.
- d n'est liée qu'à la transmission d'ADN.

4. La notion de phénotype étendu correspond à :

- a toutes les structures externes d'un organisme déterminées par son génome.
- b toutes les structures de l'organisme.
- c l'expression du génotype au sens strict.
- d des structures construites uniquement.

5. L'utilisation d'outils :

- a ne se fait que dans l'espèce humaine.
- b concerne les espèces terrestres uniquement.
- c est un exemple de phénotype étendu.
- d s'acquiert par apprentissage.

6. Le chant des oiseaux :

- a se transmet entre individus d'espèces différentes.
- b est inné.
- c s'acquiert dès la première écoute.
- d se transmet entre congénères de la même espèce.

7. Les sonogrammes ci-dessous indiquent que :

- a le pinson juvénile apprend seul le chant de l'adulte.
- b le chant est un caractère hérité génétiquement.
- c la présence d'adultes est obligatoire pour bien apprendre le son.
- d la présence d'adultes est facultative pour bien apprendre le son.

Condition expérimentale	Chant final du pinson
Adulte témoin	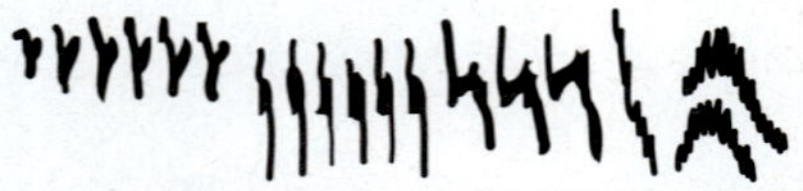
Animal élevé avec des congénères dont un adulte	
Animal élevé complètement seul	
Animal rendu sourd à la naissance	

▲ Sonogrammes de pinsons.

→ Corrigés p. 447

1 Restitution de connaissances

À l'aide de vos connaissances, présenter, en les catégorisant, des exemples variés de mécanismes de diversification du vivant sans qu'il n'y ait intervention de facteurs génétiques.

Expliquer ensuite la portée évolutive possible de ces phénomènes.

2 Sujet de synthèse

■ Le phénotype étendu, c'est « l'expression de ses gènes au-delà de son corps ».

Expliquer en quoi la définition du phénotype étendu complète la notion de phénotype morpho-anatomique.

Présentez des exemples aussi bien chez l'être humain que pour d'autres animaux.

3 Un virus ami des guêpes

■ Les guêpes sont des insectes parasitoïdes : certaines injectent leurs œufs directement dans la chenille du papillon sphinx. Les œufs contiennent un virus (produit par les ovaires de la guêpe) qui empêche le système immunitaire de la chenille de rejeter les œufs.

■ Des larves (ci-contre) émergent alors de la chenille et se nourrissent de cette dernière avant de terminer leur métamorphose.

1. Quels sont les partenaires de l'association ?

2. Quelle est l'utilité de la chenille pour la guêpe ?

3. Pourquoi l'association est-elle nécessaire pour le cycle de développement de la guêpe ?

a Cocons duveteux contenant des larves de guêpes sur une chenille de papillon sphinx.

4 L'oiseau du paradis

■ Le Paradisier de Nouvelle-Guinée est certainement l'un des oiseaux les plus fascinants. Doté de plumes très noires associées à d'autres de couleurs très vives, il est le roi de la danse. Il construit également de véritables huttes pour attirer les femelles (unité 2). De nombreuses études sont menées depuis plus de 40 ans.

En vous appuyant sur les documents à disposition, expliquer les conséquences évolutives de l'intensification de la déforestation en Papouasie-Nouvelle-Guinée depuis le début du XXIe siècle.

Années d'études	1975	1980	1985	1990	1995	2000	2005	2010	2015
Densité de paradisier au km²	100	105	102	95	93	85	60	40	25
% d'absorbance des plumes noires	72	70	68	72	70	90	90	97	99,5
Nombre moyen de syllabes du chant	4	4	4	4	4	5	6	6	7
Masse moyenne des nids (g)	250	270	250	240	250	300	450	500	500

b Résultats d'études des Paradisiers de Nouvelle-Guinée.

Vidéo

c Le Paradisier superbe effectue une danse avant d'attirer sa femelle dans son nid.

5 Les dauphins *Spongers*

■ Situés à Shark Bay en Australie, ces dauphins positionnent des éponges sur leur rostre pour racler les fonds sans se blesser et faire fuir des proies qu'ils mangent immédiatement avant de repositionner une autre éponge. Le phénomène est observé depuis plus de 180 ans chez les individus femelles.

1. À l'aide des données, expliquer la transmission de ce comportement.

2. Argumenter en quoi ce comportement n'est pas génétique.

Vidéo

d Femelle *Spongers* de Shark Bay.

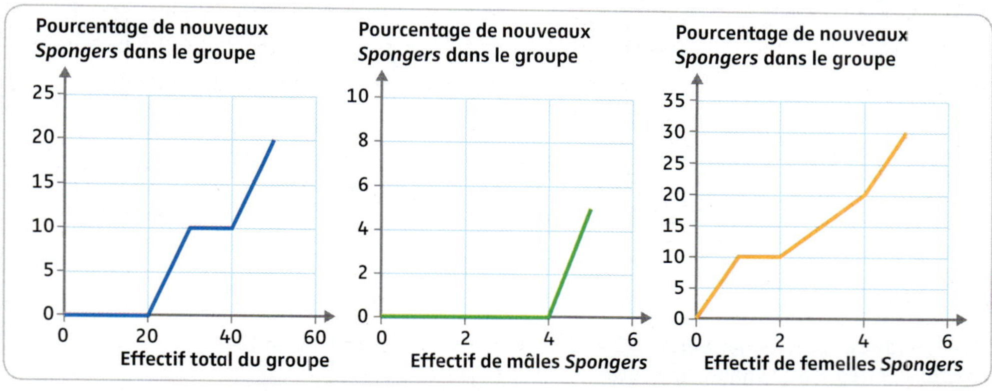

e Pourcentage de nouveaux *Spongers* dans le groupe en fonction des effectifs et de leur sexe.

6 Exercice guidé La grande muraille verte africaine

■ L'Initiative africaine de la Grande Muraille verte (IAGMV) a été proposée en 2005 : l'idée est d'édifier un rempart végétal, large de 15 kilomètres, qui traverserait le continent et stopperait l'avancée du Sahara vers le sud, conséquence du réchauffement climatique global.

■ Ce rempart transcontinental relierait le Sénégal à l'Éthiopie, passerait par 11 pays et couvrirait une distance de 7 000 kilomètres.

■ Trois principales espèces d'arbres locaux ont été choisies pour la Grande Muraille verte : l'acacia gommier (*Senegalia senegal*), le dattier du désert (*Balanites ægyptiaca*) et le jujubier (*Ziziphus mauritiana*).

À travers l'étude des documents mis à disposition, expliquer en quoi la mise en place d'une symbiose mycorhizienne sera bénéfique à la réalisation du projet.

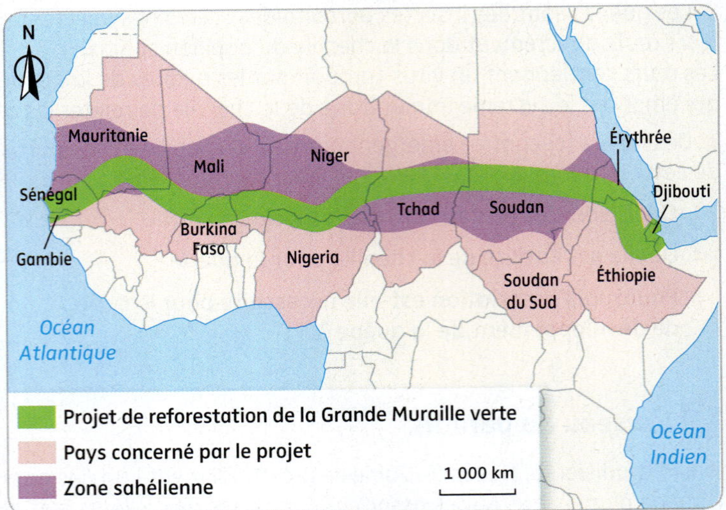

a **Localisation (trait vert) de la grande muraille verte.**

b **L'acacia gommier (*Senegalia senegal*).**

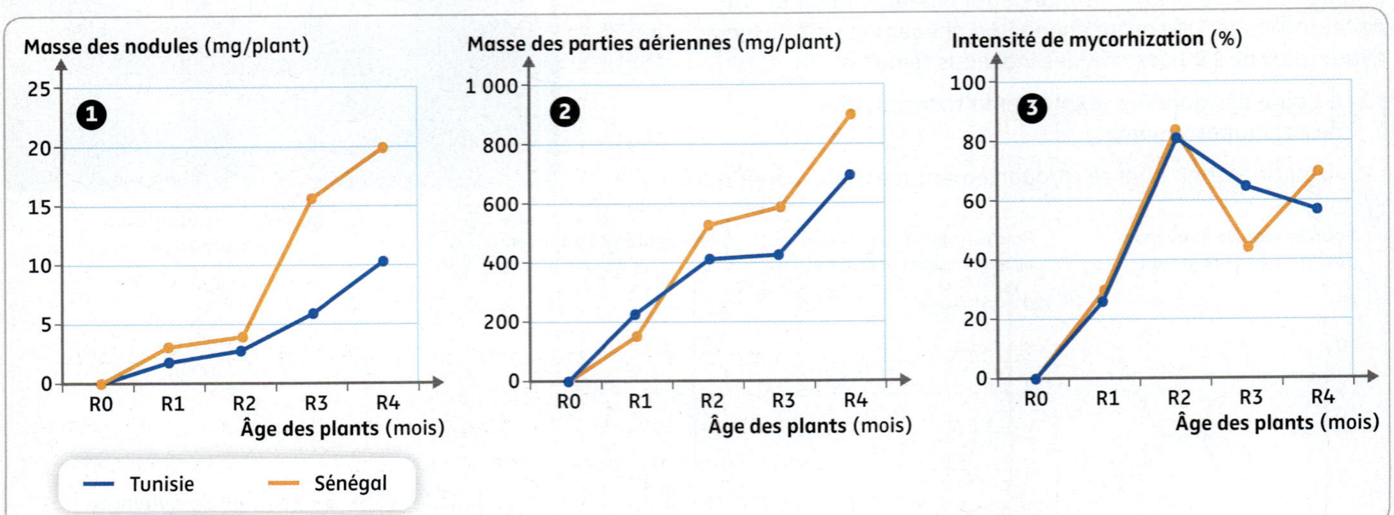

c **Variation du poids des nodules (1), du poids des parties aériennes (2) et de l'intensité de mycorhization (3) de deux provenances d'Acacia (*Senegalia senegal* du Sénégal et *Acacia tortilis* de Tunisie).**

d **Ectomycorhizes de *Scleroderma sinnamariense* jaune sur racines de Pin et coupe longitudinale d'une ectomycorhize d'Aulne, passant par le méristème de la racine [m] et le cylindre central [c].** On voit le manteau fongique [ma] et les filaments fongiques (rh) entre les cellules corticales (la nature des échanges symbiotiques est précisée en couleur).

Souches ectomycorhiziennes	Dépendance ectomycorhizienne (%)
Pisolithus sp. SL2	46,3
P. albus CO1007	47,5
P. albus CO1024	41,6
P. albus CO1032	44,9
P. albus IR100	54, 3
P. tinctorius GEMAS	47,9
Scleroderma dictyosporum IR 109	44,6
S. verrucosum IR500	50,2

e **Dépendance ectomycorhizienne de l'Acacia inoculé par des souches de *Pisolithus* et de *Scleroderma* (champignons ectomycorhiziens).**

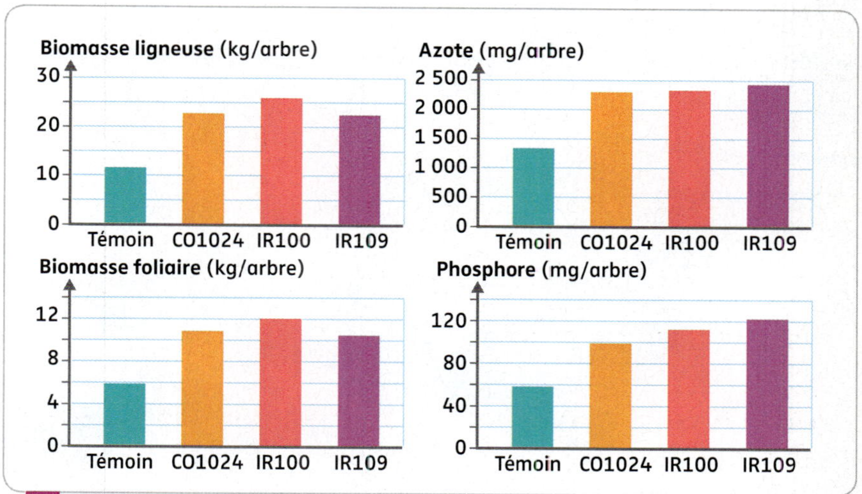

f **Effet de l'inoculation ectomycorhizienne de trois souches de champignon (CO1024, IR100 et IR109) sur la croissance et la nutrition minérale (azote et phosphore) de l'Acacia après 2 années de plantation au Sénégal.**

Guide de résolution

1. Identifiez les deux partenaires de la symbiose dont il est question ainsi que les bénéfices mutuels entre ces deux partenaires symbiotiques.
2. Prélevez dans les graphiques des valeurs chiffrées permettant de quantifier vos arguments.
3. Recensez dans les documents des informations sur la spécificité de l'hôte du symbiote.
4. Rédigez un argumentaire en tenant compte des données recensées pour expliquer l'intérêt de la symbiose présentée en utilisant des connecteurs de cause à conséquence (donc, par conséquent, j'en déduis que...).

CHAPITRE

6

Le temps et les roches

▶ Rares sont les phénomènes géologiques observables à l'échelle d'une vie humaine. Les processus qui affectent les roches s'opèrent à l'échelle du million d'années (Ma). De nombreux indices sont alors nécessaires pour ordonner ces processus géologiques chronologiquement les uns par rapport aux autres (chronologie relative), mais également pour donner un âge chiffré aux roches (datation absolue), archives des évènements passés.

« The Wave » (la vague) est une formation rocheuse située en Arizona aux États-Unis. De nombreuses méthodes permettent de reconstituer l'histoire géologique d'une région de manière relative et absolue.

Par quels moyens peut-on reconstituer l'enchaînement des phénomènes géologiques ? UNITÉS 1, 2 et 3

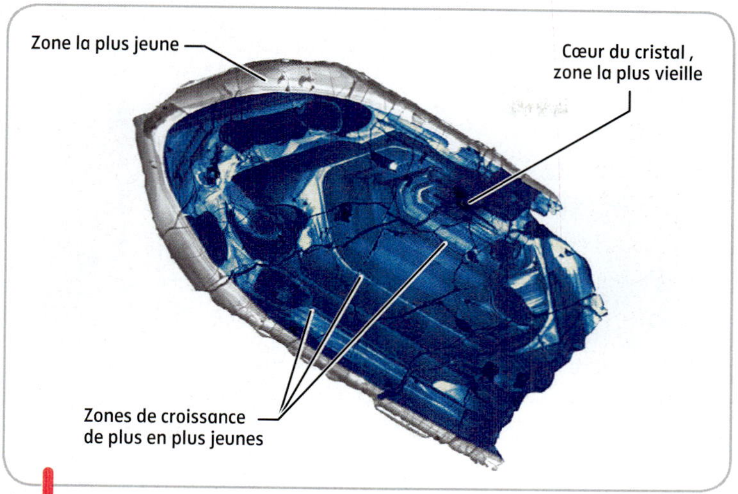

Ce zircon est un cristal daté grâce à des mesures de quantités d'éléments chimiques.

En quoi la chimie de ce minéral peut-elle nous révéler son âge ?

UNITÉ 3

La datation en géologie, expliquée par Damien Jaujard professeur à l'université.

Quelle est la différence entre chronologie relative et datation absolue ?

UNITÉS 1, 2 et 3

4,374

milliards d'années, c'est l'âge du plus vieux minéral daté sur Terre.

Images désordonnées de la réalisation d'une recette. L'étude géologique d'un terrain implique que les structures observées soient replacées dans un ordre chronologique.

Par quelles méthodes établit-on une chronologie relative des phénomènes géologiques d'une région ?

UNITÉ 1

Les fossiles de trilobites sont caractéristiques du Paléozoïque.

Comment utilise-t-on les fossiles pour découper les temps géologiques ?

UNITÉS 2 et 4

UNITÉ 1 Relations géométriques et chronologie relative

MISSION

La chronologie relative permet de situer les évènements les uns par rapport aux autres dans le temps.
Elle s'appuie sur l'observation des relations géométriques des différentes roches.

→ **À l'occasion de la fête de la Science à Clermont-Ferrand, vous devez produire une frise chronologique qui présente les différents évènements ayant affecté la région de la Limagne.**

▲ **Bordure Ouest du bassin de la Limagne.**

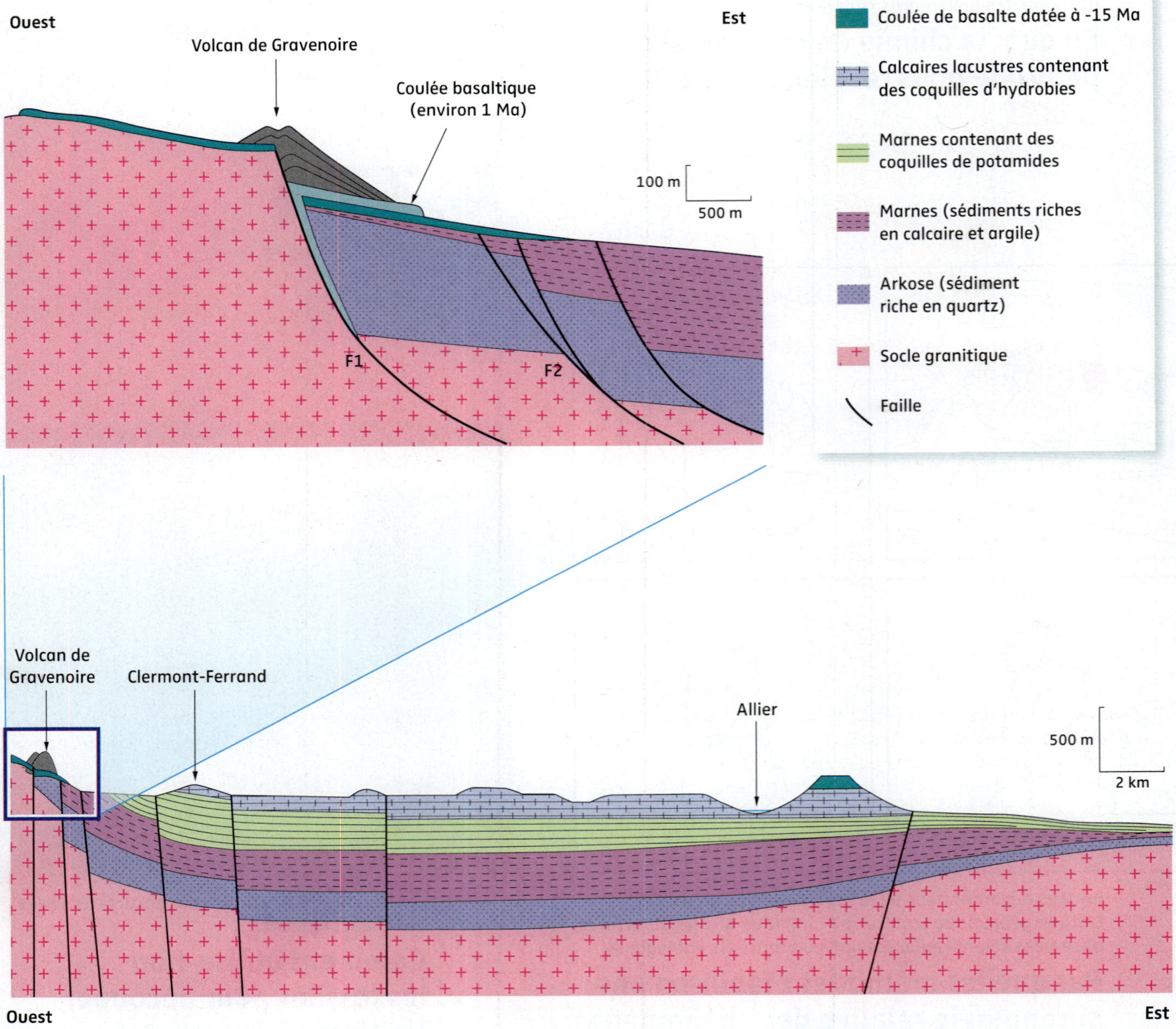

1 **Coupe traversant la bordure ouest de la Limagne et son détail au niveau du volcan de Gravenoire.**

2 **Superposition de strates sédimentaires issues d'une accumulation de sédiments de plus en plus jeunes déposés dans la Limagne à proximité de l'Allier.**
→ *Principe de superposition : les strates de la base sont plus âgées.*

3 **Échantillon de basalte issu des coulées du volcan de Gravenoire. Il contient des inclusions de granite du socle daté à plus de 300 Ma.**
→ *Principe d'inclusion : ce qui est inclus est plus vieux que le contenant.*

4 **Faille normale recoupant un ensemble de strates sédimentaires plus anciennes.**
→ *Principe de recoupement : toute structure qui en recoupe une autre lui est postérieure.*

5 **Fossiles d'hydrobies de la Limagne. Ils sont caractérisés par une faible durée de vie au Chattien (-28 à -23 Ma) et permettent de définir la période de dépôt des roches qui en contiennent.**
→ *Principe d'identité paléontologique : un ensemble de strates de même contenu paléontologique est de même âge.*

6 **Filon de basalte (noir) recoupant le socle plus vieux (principe de recoupement) à proximité du volcan.**

Coups de pouce

Pistes pour construire votre stratégie

1. Appliquer les principes de chronologie relative pour définir quelques structures qui se sont mises en place successivement (documents 2 à 6).
2. Appliquer ensuite ces principes à la zone de la Limagne pour en établir l'histoire par chronologie relative.

MISSION réussie si ...

- Les structures géologiques de la Limagne sont identifiées.
- Les principes de datation relative sont appliqués.
- Une frise présente les évènements/structures placés dans un ordre chronologique.

Les fossiles : outils de chronologie relative

MISSION

ORAL

Le principe d'identité paléontologique stipule que deux couches ayant le même contenu fossilifère sont de même âge. Les variations continuelles des fossiles au sein des strates démontrent l'évolution irréversible du vivant et constituent l'élément de base pour caractériser l'âge des roches.

→ **Vous êtes étudiant(e) géologue et devez présenter un exposé oral de 5 minutes permettant d'expliquer à des élèves de terminale les caractéristiques d'un bon fossile stratigraphique, c'est-à-dire caractéristique d'une période donnée.**

▲ **Dactylioceras commune**

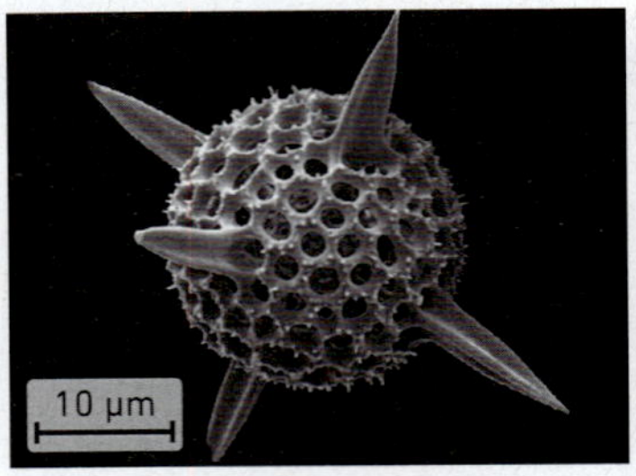

Dinoflagellé

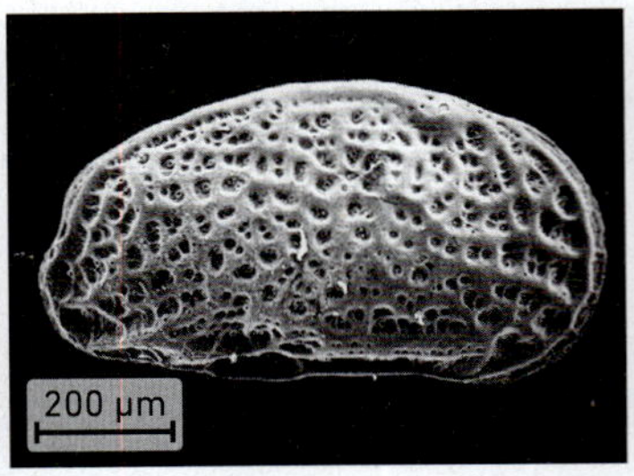

Ostracode

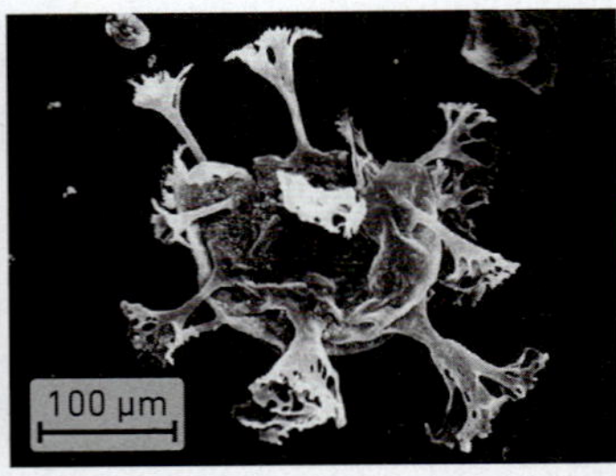

Radiolaire

Foraminifère

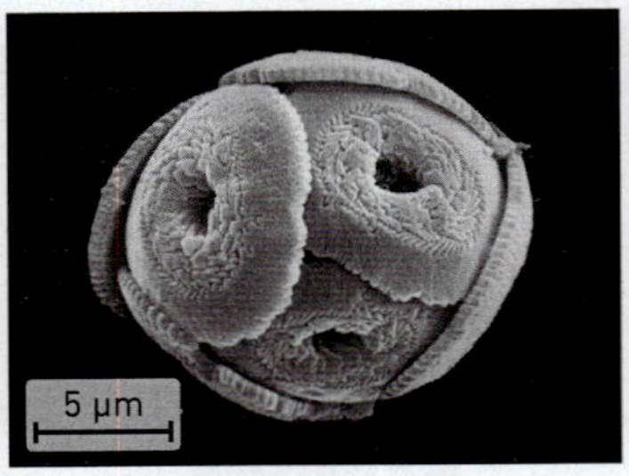

Coccolithophore

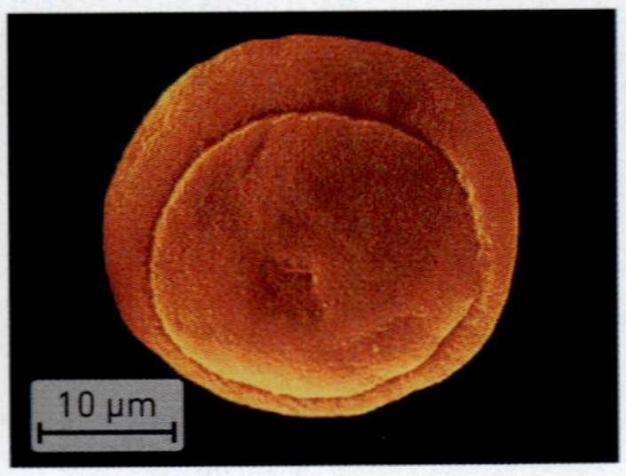

Grain de pollen

1 Microfossiles observés au MEB.
Malgré l'attrait des fossiles macroscopiques tels que les ossements de dinosaures, les microfossiles (< 1 mm) sont de bien meilleurs indicateurs des périodes géologiques. Les microfossiles regroupent un ensemble d'espèces variées, animales comme végétales, qui pullulent dans les océans. Ils présentent une grande diversité, résultat d'une évolution rapide et continue.

Déterminer le contenu paléontologique d'une roche pour la dater

Protocole

PRINCIPE

L'observation à l'œil nu comme au microscope de certaines associations de groupes ou d'espèces de foraminifères permet de positionner une roche par rapport à une période géologique précise.

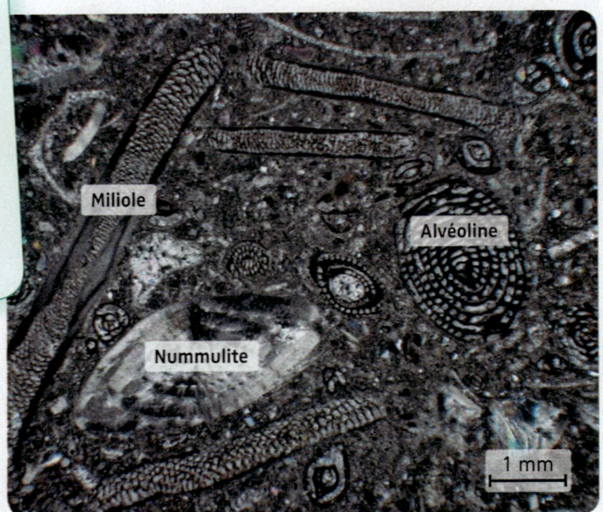

3 L'association de groupes de foraminifères est caractéristique de périodes précises.

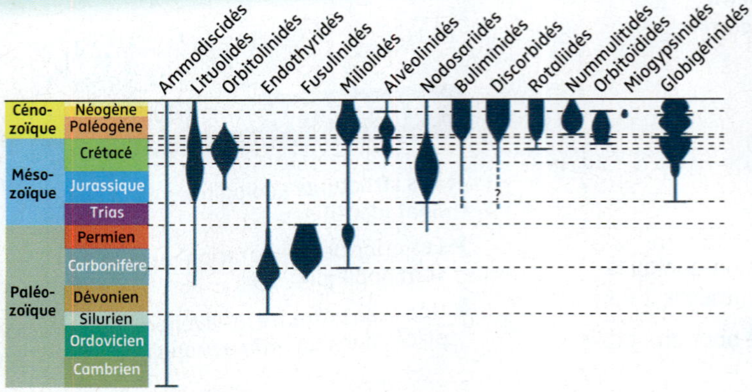

2 Extension temporelle de plusieurs groupes de microfossiles.

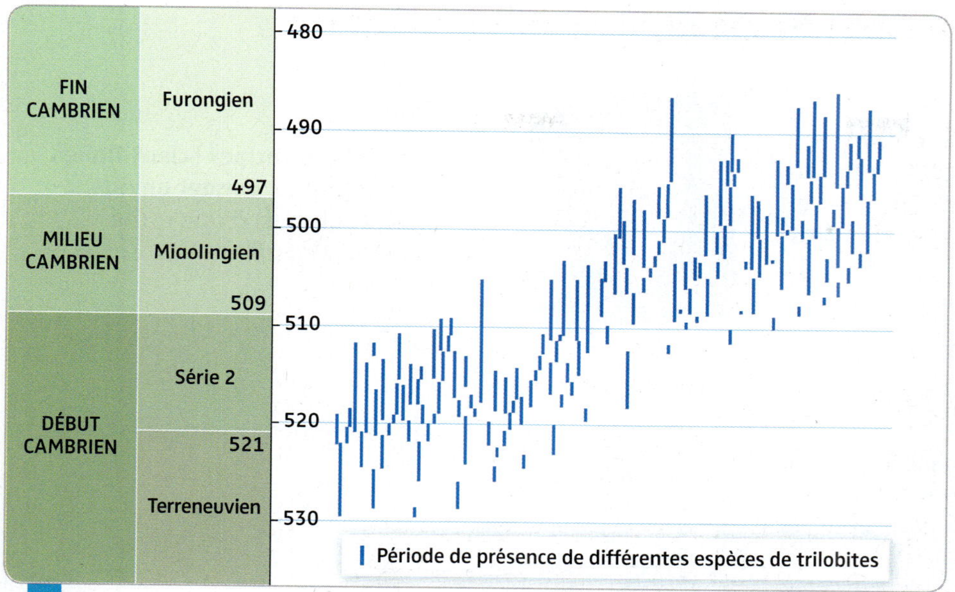

4 Période et durée de vie des différentes espèces de trilobites au Cambrien (-540 à -485 Ma).
Les trilobites sont les fossiles stratigraphiques les plus caractéristiques du Paléozoïque, qui s'étend de -540 à -250 Ma. C'est à cette époque que l'on retrouve les premiers fossiles de Cœlacanthes (-410 Ma), dont les rares espèces qui existent encore aujourd'hui ressemblent beaucoup aux fossiles.

▲ ***Drotops megalomanicus*** **(-380 Ma).**

5 Cœlacanthe fossile (-210 Ma) et actuel.

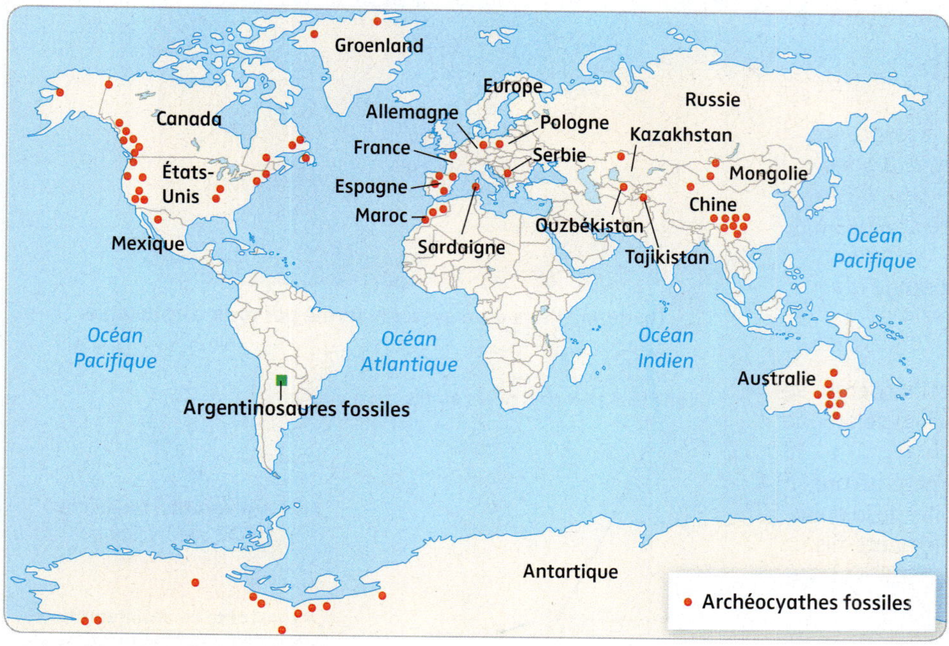

6 Localisation des fossiles d'archéocyathes, caractéristiques du Cambrien inférieur (-540 à -510 Ma), et des fossiles d'Argentinosaure (plus grand dinosaure terrestre).
Les Archéocyathes sont des éponges calcifiées sans spicule qui prospèrent dans des eaux tropicales. De nombreux spécimens fossiles sont retrouvés en présence de trilobites.

Coups de pouce

Piste pour construire votre stratégie

❶ Sachant qu'un fossile stratigraphique provient d'une espèce prolifique ayant eu une grande extension géographique et une existence courte à l'échelle des temps géologiques, relever en quoi certaines espèces présentées répondent à cette définition et constituent de bons outils pour caractériser les temps géologiques.

Lecture des documents

❷ Les figurés bleus du document 2 indiquent l'abondance des fossiles (largeur) et leur extension dans le temps (longueur).

MISSION réussie si...

- Les trois caractéristiques nécessaires pour qu'un fossile soit utilisé en chronologie relative sont identifiées.
- Le temps imparti est respecté, l'argumentaire oral est basé sur le prélèvement de données de terrain.

UNITÉ 3 La datation absolue des roches

Mise en évidence à la fin du XIXe siècle par Henri Becquerel et Marie Curie, la radioactivité fut rapidement employée par Ernest Rutherford (ci-contre) pour donner un âge chiffré aux roches, et donc les dater de manière absolue.

Objectif

Définir les principes scientifiques permettant de donner un âge chiffré (absolu) d'une roche ou d'un minéral.

Expliquer le principe de la datation absolue

Pour dater une roche par radiochronologie, il faut que des isotopes restent piégés dans l'échantillon : aucun élément ne doit alors pouvoir ni y entrer ni en sortir ; le **système est dit « fermé »**.

Les roches magmatiques répondent bien à cette définition. Leur âge déterminé par radiochronologie correspond alors à la **fermeture du système**, c'est-à-dire à une **température de blocage** ou **de fermeture** inférieure au début de la cristallisation des minéraux ou de la roche entière.

La température de blocage des isotopes pouvant varier d'un minéral à l'autre, les mesures peuvent donner des résultats sensiblement différents d'une méthode à l'autre.

Pour un être vivant, la fermeture du système sera liée à sa mort.

Par exemple, les cristaux de zircons incorporent de petites quantités d'uranium 235 et 238 : deux isotopes radioactifs de l'uranium. Le ^{235}U se désintègre en ^{207}Pb suivant une période de 0,704 Ga, tandis que le ^{238}U se désintègre en ^{206}Pb suivant une période de 4,47 Ga, ce qui est à l'origine d'auréoles affectant la biotite.

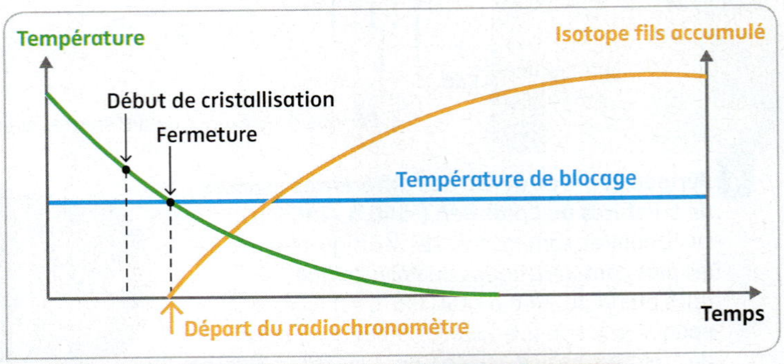

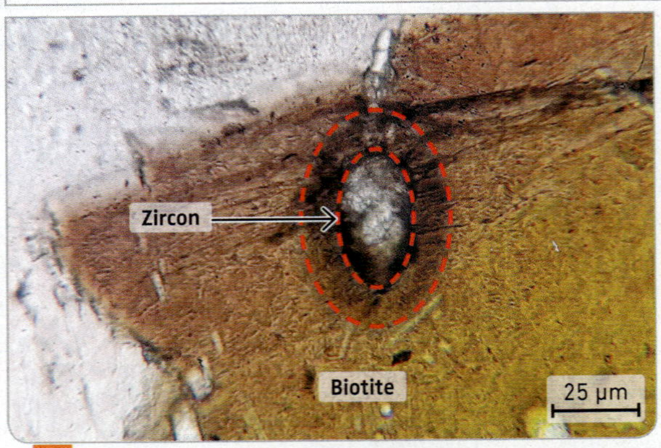

1 On donne l'âge d'un système fermé par radiochronologie.

Au cours du temps, des isotopes radioactifs (pères) se désintègrent en isotopes radiogéniques (fils) selon une loi physique.

Chaque couple d'éléments père/fils est caractérisé par sa demi-vie (T) : temps au bout duquel la moitié de la quantité d'éléments pères est désintégrée en éléments-fils.

Méthode (Père/Fils)	Demi-vie	Temps de datation
^{40}K / ^{40}Ar	1,25 Ga	Quelques centaines de millions d'années.
^{235}U / ^{207}Pb	0,704 Ga	10 Ma à 4,56 Ga
^{238}U / ^{206}Pb	4,47 Ga	
^{87}Rb / ^{87}Sr	48,8 Ga	dizaines de millions à plusieurs milliards d'années.

2 Le choix d'un radiochronomètre dépend de l'âge de l'objet à dater mais aussi de la présence initiale d'éléments radioactifs.

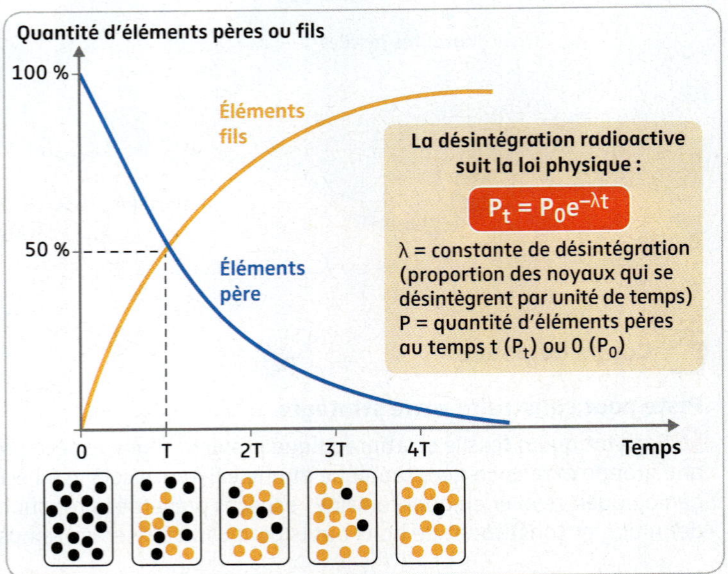

La désintégration radioactive suit la loi physique :

$$P_t = P_0 e^{-\lambda t}$$

λ = constante de désintégration (proportion des noyaux qui se désintègrent par unité de temps)
P = quantité d'éléments pères au temps t (P_t) ou 0 (P_0)

3 La datation absolue d'une roche ou d'un minéral s'appuie sur une loi physique.

Appliquer la méthode Rb-Sr pour dater une roche

Lorsqu'une roche magmatique est entièrement refroidie (système fermé), elle contient une faible quantité de ^{87}Rb radioactif qui se désintègre en ^{87}Sr radiogénique suivant une demi-vie (T) de 48,8 Ga.
La quantité mesurée de ^{87}Sr au temps *t* vaut alors :
$\boldsymbol{^{87}Sr_t = (e^{\lambda t} - 1)\ ^{87}Rb_t + {^{87}Sr_0}}$: équation à deux inconnues ($^{87}Sr_0$ et *t*).

Les quantités d'isotopes radioactifs et radiogéniques sont mesurées par spectrométrie de masse. Expérimentalement, la mesure se fait par rapport à un isotope stable de référence, ici le ^{86}Sr.

Afin de résoudre l'équation à deux inconnues, on effectue les mesures des rapports de $^{87}Rb/^{86}Sr$ et $^{87}Sr/^{86}Sr$ dans au moins deux minéraux. On obtient deux équations à trois inconnues : *t* et $^{87}Sr_0$ de chaque minéral.

Or, au cours de la cristallisation, les isotopes ^{87}Sr et ^{86}Sr s'intègrent de manière proportionnelle dans la roche, donc le rapport initial $^{87}Sr/^{86}Sr_0$ correspondant.

L'équation $y = ax + b$ peut alors être résolue graphiquement pour accéder à *t* puisque :
$\boldsymbol{a = e^{\lambda t} - 1}$, approximé par $\boldsymbol{a = \lambda t}$ pour une grande valeur de *t*.

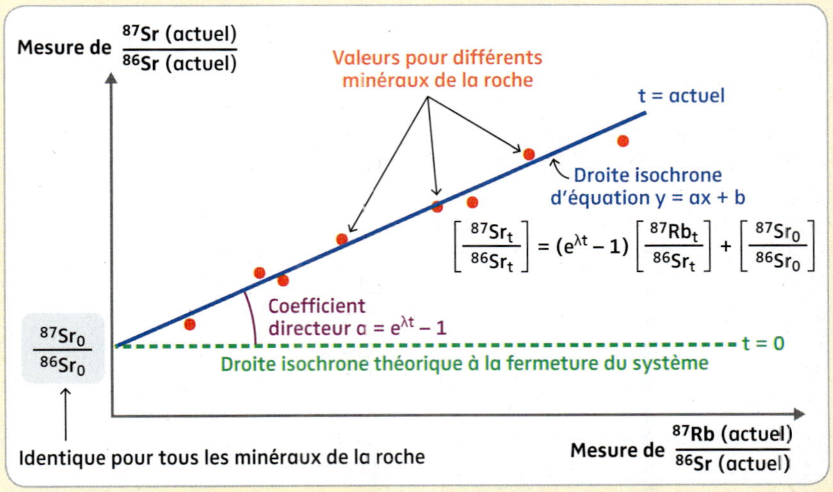

4 **Principe de la méthode rubidium-strontium.**

Dater une roche par radiochronologie

Protocole

PRINCIPE

L'utilisation du logiciel *Radiochronologie* permet, à partir des mesures des rapports $^{87}Sr/^{86}Sr$ et $^{87}Rb/^{86}Sr$ de tracer l'isochrone du couple Rb-Sr et ainsi d'obtenir l'âge d'une roche magmatique.

Il est également possible de tracer la droite isochrone avec un logiciel tableur (*Calc*, *Excel*).

→ Méthode n° 6

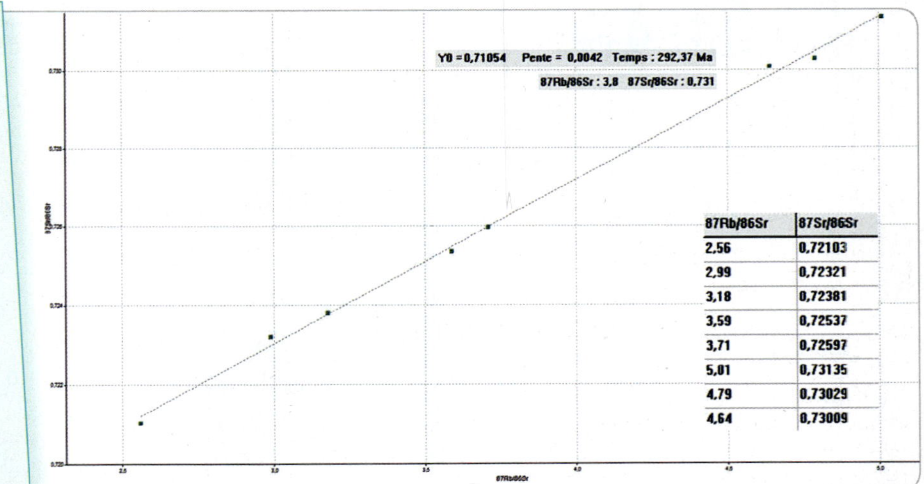

87Rb/86Sr	87Sr/86Sr
2,56	0,72103
2,99	0,72321
3,18	0,72381
3,59	0,72537
3,71	0,72597
5,01	0,73135
4,79	0,73029
4,64	0,73009

5 **Datation du granite de Meymac (Massif central) avec le logiciel *Radiochronologie*.**

Guide de résolution

Indicateurs de réussite

1 Identifier l'évènement que l'on date par datation absolue (document 1).

2 Relier les variations des quantités d'éléments pères radioactifs et fils radiogéniques au cours du temps (document 3) pour expliquer le choix raisonné d'un radiochronomètre (document 2) en fonction de l'âge présumé de la roche que l'on cherche à dater.

3 Identifier les termes de l'équation de formule $y = ax + b$ qui varient en fonction du temps daté et effectuer l'application mathématique qui permet de déduire l'âge du granite de Meymac (documents 4 et 5).

4 **En conclusion**

Relier l'ensemble des informations pour définir et expliquer les principes de la datation absolue d'une roche.

UNITÉ 4 La construction de l'échelle des temps géologiques

La Terre, âgée de 4,6 Ga, a connu de nombreuses modifications tant géologiques que biologiques. Les géologues découpent son histoire en périodes grâce à des critères sédimentaires, paléontologiques et radiochronologiques. L'étude des fossiles contenus dans les strates sédimentaires est à la base du découpage des temps géologiques.

Objectif

Identifier les arguments et les méthodes permettant d'établir l'échelle stratigraphique.

Justifier la construction de l'échelle stratigraphique

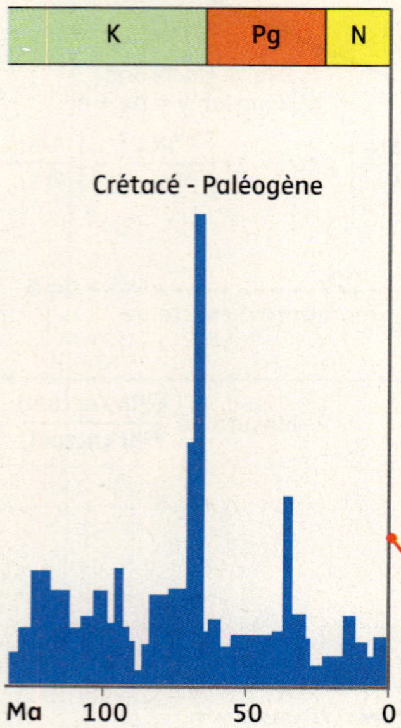

▲ **Les limites d'ères :** extinctions massives et rapides dans tous les écosystèmes.

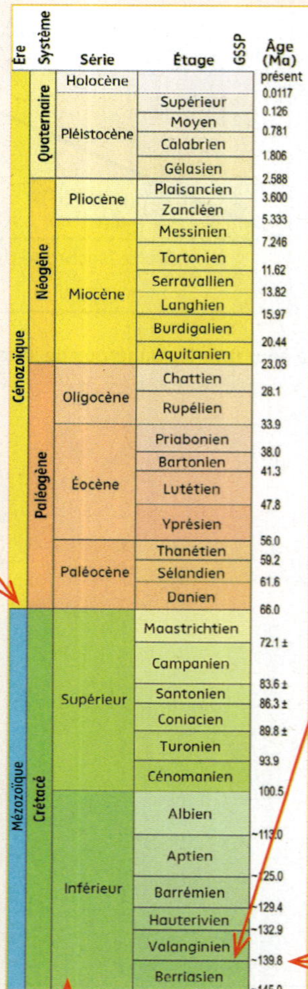

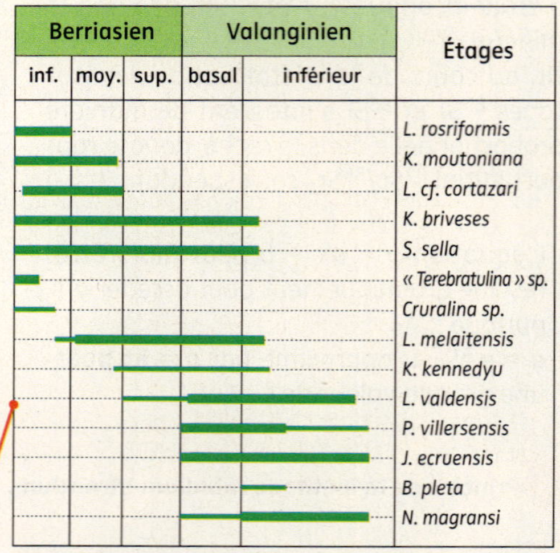

▲ **Les limites d'étages :** variations d'associations de plusieurs espèces. La longueur des traits représente l'extension temporelle, l'épaisseur du trait représente la variation d'abondance de l'espèce.

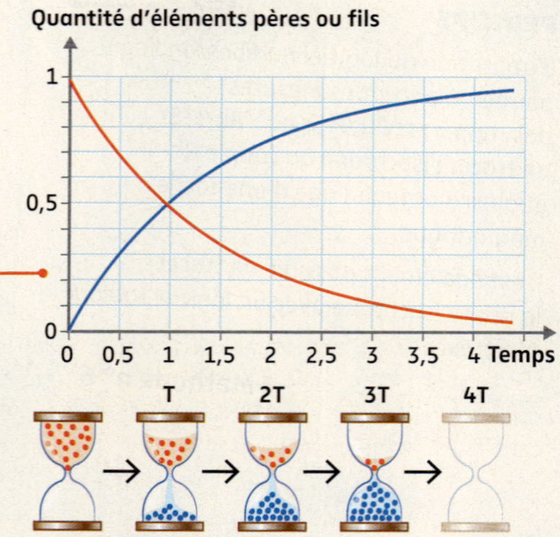

▲ **Les limites de l'échelle :** la datation absolue fournit un âge chiffré.

◀ **Les limites de périodes ou systèmes :** apparitions et disparitions de groupes entiers.

1 Les critères employés pour établir les subdivisions des temps géologiques.

Argumenter en faveur d'un découpage du temps basé sur les fossiles

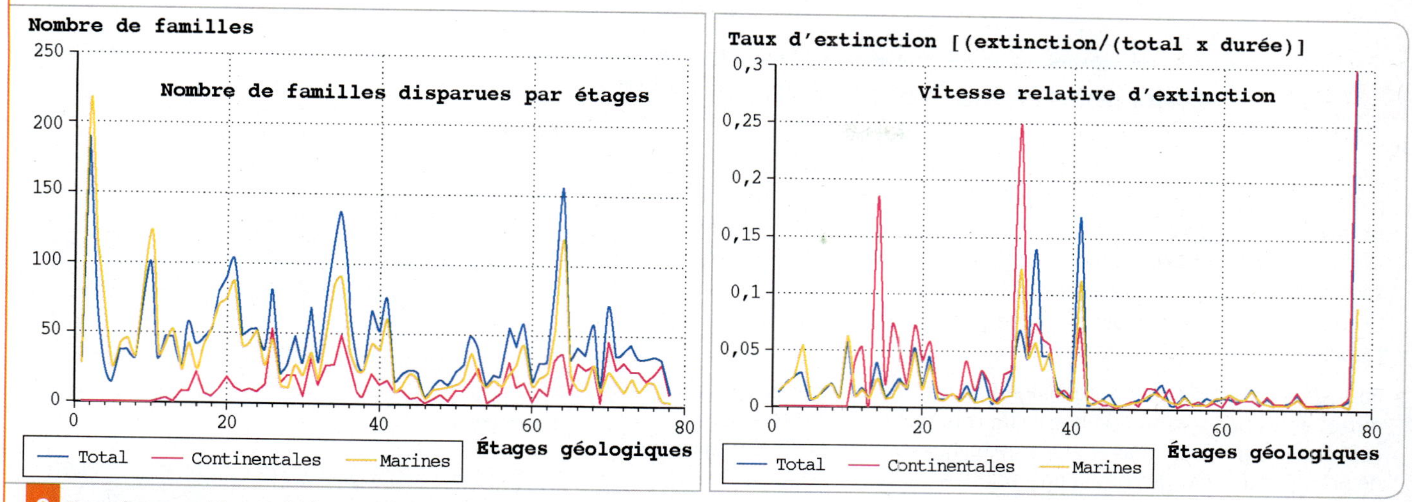

2 Données graphiques de l'extension temporelle de nombreux fossiles depuis 600 Ma. La construction de graphiques, basée sur le dénombrement des familles présentes qui disparaissent et qui apparaissent, a permis, dans les années 1950, de subdiviser les derniers 590 Ma de la Terre en étages. Le découpage des temps géologiques est le résultat d'un choix se fondant sur les connaissances en vigueur au moment de son élaboration. De nouvelles découvertes venant actualiser les connaissances pourraient rendre pertinent le choix d'un autre découpage des temps.

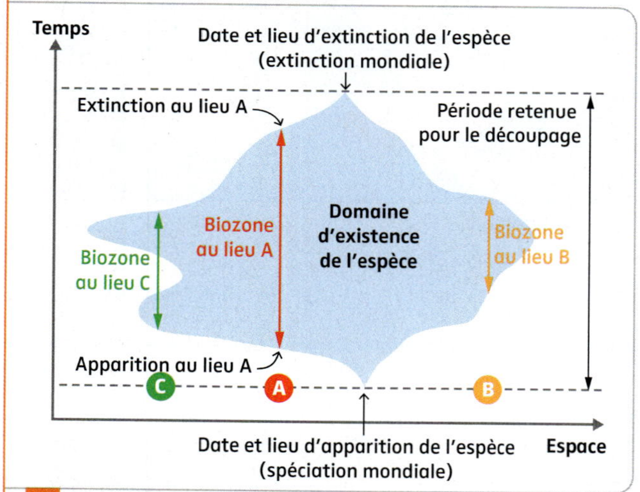

3 Répartition d'une espèce de fossile stratigraphique dans le temps et dans l'espace. La biozone correspond à l'ensemble des couches où une espèce de fossile stratigraphique est présente.

Période	Époque	Étage	Âge	Critère
Quaternaire	Holocène	Atlantique boréale	0,01	Climatique : fin du Dryas récent.
	Pléistocène	Tanantien	0,13	Climatique : base de l'interglaciaire Eémien.
		Ionien	0,78	Magnétique : inversion du Brunhes-Matuyama.
		Calabrien	1,81	Magnétique : inversion + biologique (entre dernières occurrences respectives de *Cyclococcolithus macintyeri* et *Discoaster brouweri*) + sédimentologique (calcaires marins sur des vases à pétroles nommées sapropels).
		Gélasien	2,59	Magnétique, biologique, sédimentologique.
Néogène	Pliocène	Plaisancien	3,6	Magnétique, biologique, sédimentologique.
		Zancléen	5,33	Magnétique, biologique, sédimentologique.
	Miocène	Messinien	7,25	Magnétique, biologique (1re occurrence de *Globoorotalia myotumida*).
		Tortonien	11,61	Magnétique, biologique, sédimentologique.
		Serravallien	13,82	Magnétique, biologique.
		Langhien	15,97	Magnétique, biologique.
		Burdigalien	20,43	Magnétique, biologique.

4 Critères utilisés pour le découpage des deux dernières périodes de l'échelle stratigraphique.

Guide de résolution

Indicateurs de réussite

1 Identifier les arguments paléontologiques retenus pour établir un découpage de l'échelle stratigraphique en différentes catégories de subdivisions (document 1).

2 Préciser les informations qui permettent de renforcer l'utilisation des variations paléontologiques pour établir une échelle des temps valable mondialement (documents 2 et 4).

3 Expliquer pourquoi la période retenue pour effectuer un découpage chronologique est soumise à discussion (document 3).

4 **En conclusion**

Récapituler les arguments justifiant le découpage des étages depuis 600 Ma (documents 2 à 4) grâce à l'utilisation des fossiles et relever les atouts et les limites de leur utilisation.

BILAN CHAPITRE 6 Le temps et les roches

UNITÉ 1 Relations géométriques et chronologie relative

▶ La datation des évènements géologiques et des roches est une nécessité pour le géologue cherchant à comprendre l'histoire de notre planète. Il dispose pour cela de la **chronologie relative** pour placer les évènements géologiques les uns par rapport aux autres dans le temps, et de la **datation absolue** pour leur donner un âge chiffré, tout en se fondant sur le principe d'actualisme.

L'application d'un ensemble de techniques de datation permet de reconstituer des histoires géologiques.

▶ Pour dater les évènements géologiques les uns par rapport aux autres et les replacer dans le bon ordre chronologique, l'observation des relations géométriques et paléontologiques implique l'application de principes de base de chronologie relative :

– le principe de superposition : les couches sédimentaires ou les coulées de laves se déposant à l'horizontal, les couches du dessous sont plus anciennes que les couches du dessus. De fortes déformations tectoniques peuvent cependant inverser l'ordre des couches ;

– le principe de recoupement : toute formation géologique (roche, faille, érosion) qui en recoupe une autre est considérée comme plus récente ;

– le principe d'inclusion : tout objet (roche, minéral) inclus dans un autre est plus ancien que celui-ci.

▶ Ces principes géométriques s'appliquent à différentes échelles (paysage, affleurement, roche, lame mince) et permettent de reconstituer des histoires géologiques.

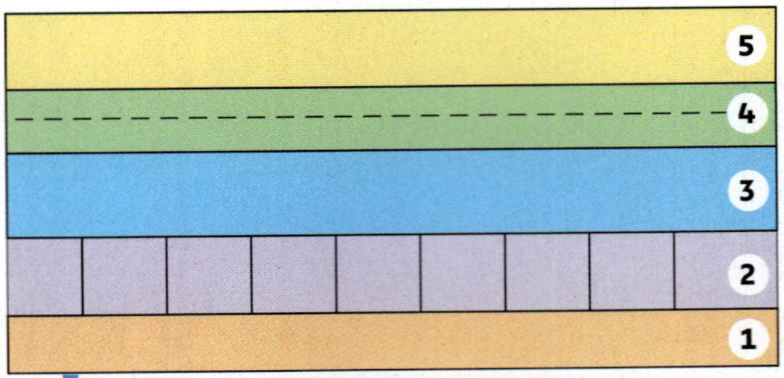

Superposition

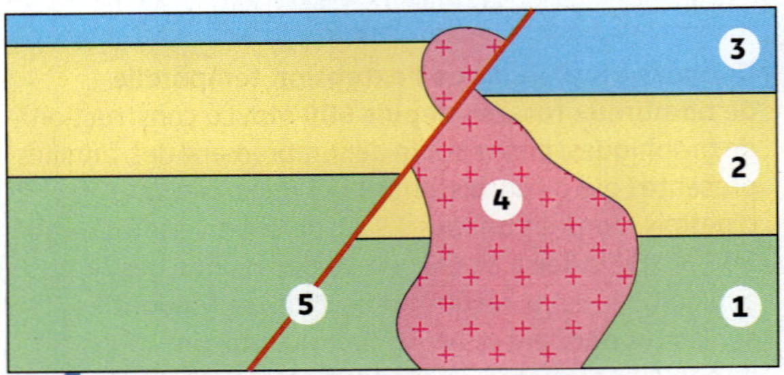

Recoupement

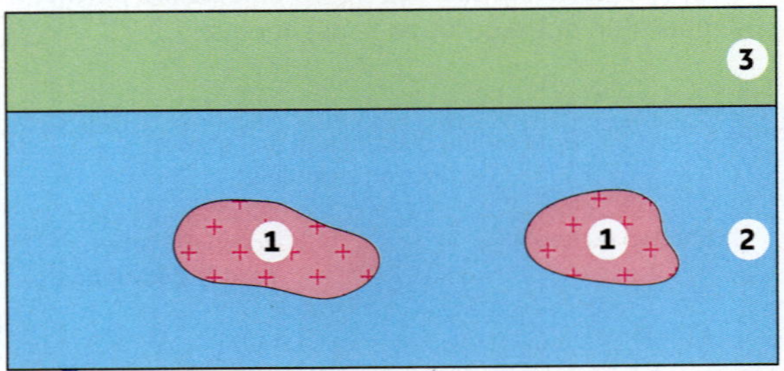

Inclusion

UNITÉ 2 Les fossiles : outils de chronologie relative

▶ Le principe d'identité paléontologique stipule que deux couches possédant les mêmes associations de **fossiles stratigraphiques** sont de même âge.

▶ Ces fossiles sont caractérisés par une évolution rapide, une faible extension verticale dans les strates et donc une courte durée à l'échelle des temps géologiques, une grande extension géographique. L'identification des associations de fossiles stratigraphiques permet d'effectuer des corrélations d'âge à distance.

▶ Les groupes de trilobites, d'ammonites ou de foraminifères constituent d'excellents exemples de fossiles stratigraphiques.

UNITÉ 3 La datation absolue des roches

▶ L'âge absolu d'une roche correspond à la « fermeture du système », soit le moment où l'objet daté n'échange ni élément radioactif ni élément radiogénique avec l'environnement. Cela correspond à la cristallisation totale d'un magma ou la mort d'un organisme.

▶ Pour cela, on dispose de radiochronomètres : isotopes radioactifs et radiogéniques. Chaque radiochronomètre est caractérisé par sa **période**, ce qui ne le rend utilisable que pour certaines limites d'âges (entre un dixième et cent fois la période). Il dépend aussi de l'élément à dater qui doit obligatoirement contenir l'élément père.

▶ Étant donné que la désintégration radioactive est un phénomène continu et irréversible, le choix d'**éléments radioactifs** (^{87}Rb, ^{40}K, ^{237}U, ^{14}C,...) dépend de l'âge supposé de l'objet à dater.

▶ La mesure des isotopes de l'élément père radioactif et de l'élément fils radiogénique, grâce à un spectromètre de masse, permet de déterminer l'âge des minéraux et des roches.

▶ Les datations peuvent être effectuées sur des minéraux isolés (méthode U-Pb) sur des zircons ou alors sur plusieurs minéraux d'une roche magmatique ou métamorphique (méthode Rb-Sr) afin de construire une droite isochrone dont le coefficient directeur renseigne l'âge de la roche.

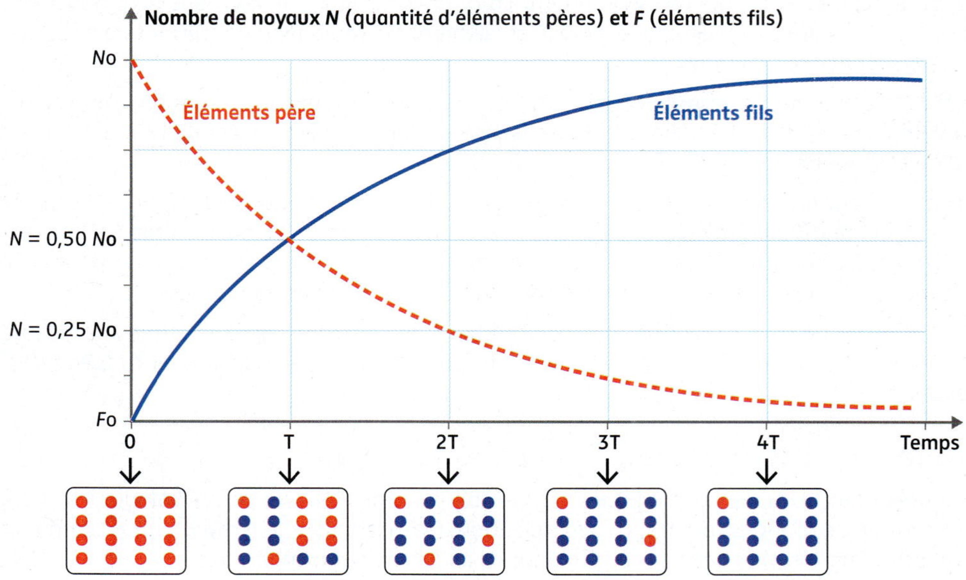

UNITÉ 4 La construction de l'échelle des temps géologiques

▶ Les critères paléontologiques (apparition et disparition de groupes et d'espèces fossiles) permettent de placer des coupures d'ordres différents dans les temps géologiques (ères, périodes, étages).

▶ La complémentarité des méthodes de chronologie relative et de datation absolue (par exemple, la datation absolue d'une coulée de lave recoupant des strates sédimentaires contenant des fossiles stratigraphiques) a permis d'établir, de manière arbitraire mais assez précise, des limites des **temps géologiques** pour construire l'échelle stratigraphique.

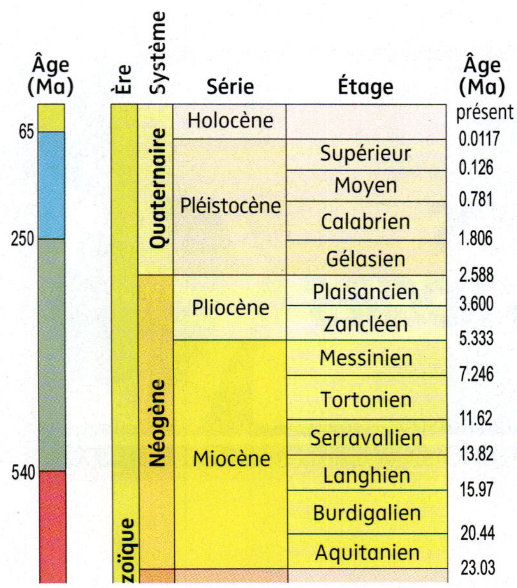

Le temps et les roches

Texte dys
Texte audio

En quelques mots

1 Chronologie relative

- Les relations géométriques (superposition, recoupement, inclusion) permettent de reconstituer la **chronologie relative** de structures ou d'événements géologiques de différentes natures et à différentes échelles d'observation.
- Les associations de **fossiles stratigraphiques**, fossiles ayant évolué rapidement et présentant une grande extension géographique, sont utilisées pour caractériser des intervalles de temps. L'identification d'associations de fossiles identiques dans des roches de régions géographiquement éloignées permet l'établissement de corrélations temporelles entre ces roches.

2 Datation absolue

- La désintégration radioactive est un phénomène continu et irréversible ; la demi-vie d'un **élément radioactif** est caractéristique de cet élément. La quantification d'un élément père radioactif, qui se désintègre de manière continue et irréversible en élément fils radiogénique, permet de déterminer l'âge des minéraux constitutifs d'une roche.
- Différents chronomètres sont classiquement utilisés en géologie (Rubidium/Strontium, Potassium /Argon ; Uranium/Plomb). Ils se distinguent par la période de l'élément père. Le choix d'un radiochronomètre dépend de sa **période** et de l'élément à dater.
- Les datations sont effectuées sur des roches magmatiques ou métamorphiques, en utilisant les roches totales ou leurs minéraux isolés. L'âge obtenu est celui de la fermeture du système considéré (minéral ou roche). Cette fermeture correspond à l'arrêt de tout échange entre le système considéré et l'environnement (par exemple quand un cristal solide se forme à partir d'un magma liquide).
- Des températures de fermeture différentes pour différents minéraux expliquent que des mesures effectuées sur un même objet tel qu'une roche, avec différents chronomètres, puissent fournir des valeurs différentes.

3 La construction d'histoires géologiques et de l'échelle stratigraphique

- Les coupures dans les temps géologiques sont établies sur des critères paléontologiques : l'apparition ou la disparition de groupes fossiles. La superposition des intervalles de temps, limités par des coupures d'ordres différents (ères, périodes, étages), aboutit à l'échelle stratigraphique.
- La synthèse de l'ensemble des techniques de **chronologie relative** et de **datation absolue** permet de reconstituer des histoires géologiques de régions.

Vidéo bilan

mots-clés

Chronologie relative : application d'un ensemble de méthodes et de principes qui consistent à placer chronologiquement des structures et évènements géologiques les uns par rapport aux autres.

Datation absolue : application d'un ensemble de méthodes permettant de donner un âge chiffré à une roche.

Élément radioactif (ou radiogène) : isotope naturel d'un élément qui se désintègre spontanément en élément radiogénique de masse différente en émettant des rayonnements-radioactifs.

Fossile stratigraphique : espèce prolifique ayant eu une grande extension géographique et une existence courte à l'échelle des temps géologiques et permettant d'établir des corrélations d'âges entre terrains éloignés.

Période (ou demi-vie) : temps au bout duquel la moitié de la quantité d'élément radioactif père s'est désintégrée.

Schéma interactif

En une image

Principe d'identité paléontologique
Les strates contenant les mêmes fossiles stratigraphiques ont le même âge.

Principe de superposition
Les couches du dessous sont plus anciennes que les couches du dessus.

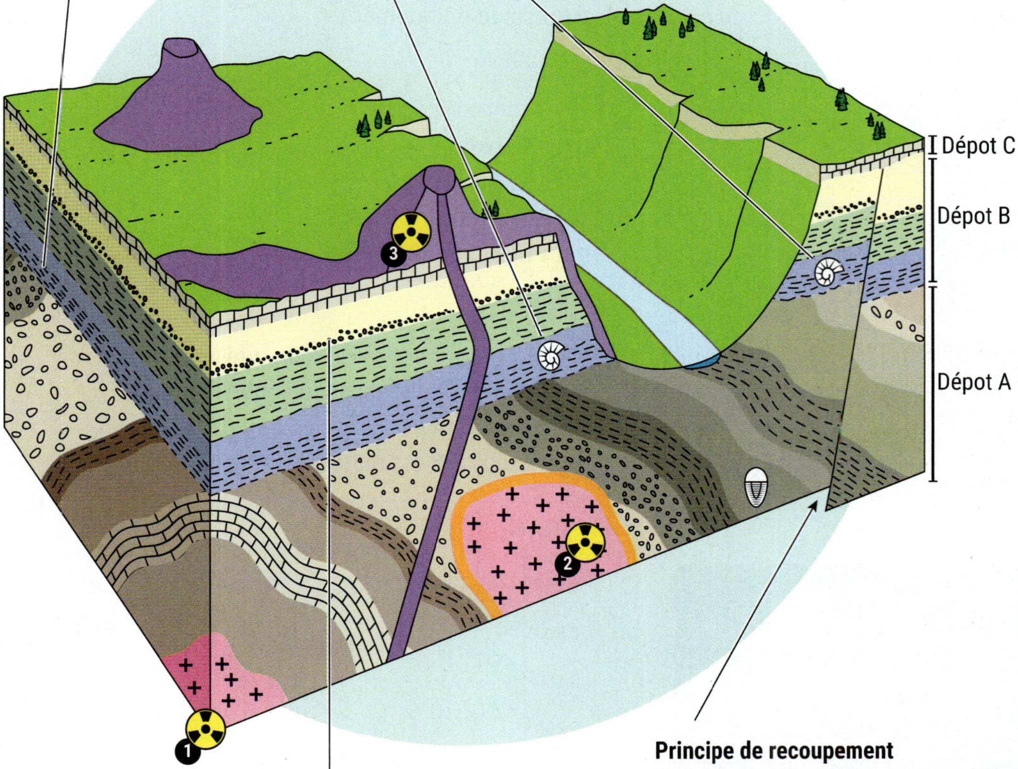

Principe d'inclusion
Toute roche ou minéral inclus dans un autre est plus ancien que celui-ci.

Principe de recoupement
Toute formation qui en recoupe une autre est considérée comme plus récente

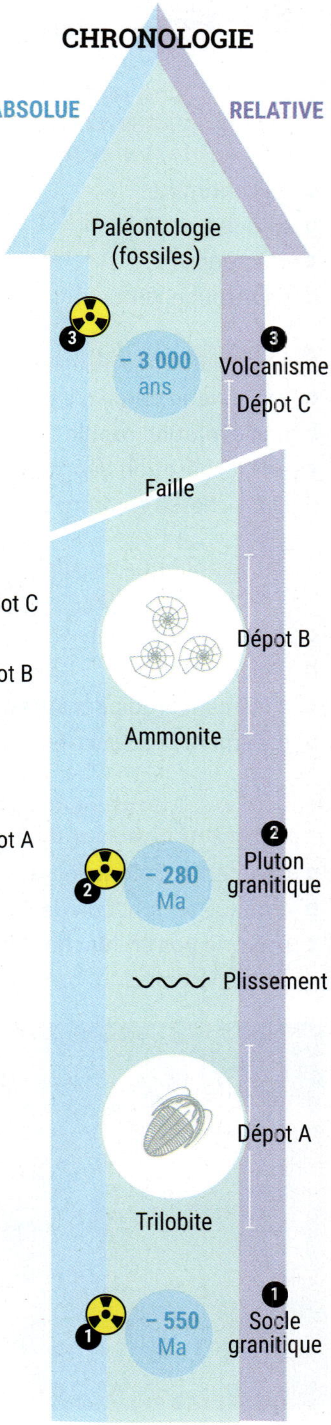

mémorisation active

▶ Pour retenir les notions…

- Datation absolue
- Chronologie relative
- Période
- Principe d'inclusion
- Principe de superposition
- Principe de recoupement
- …

▶ Je construis ma carte des idées

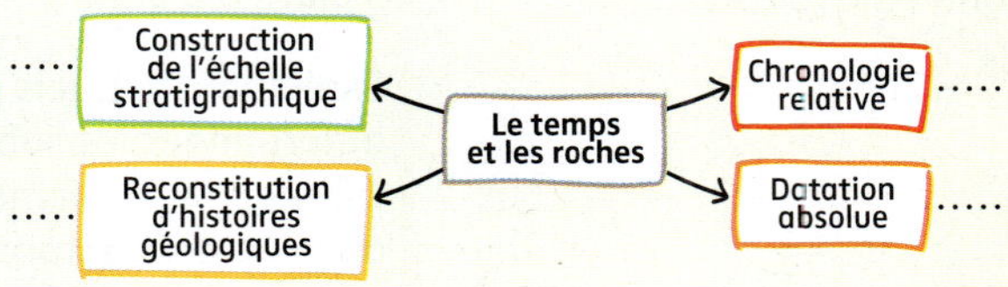

▶ Pour m'aider dans la construction

➜ Méthode 1

Quiz

EXO Exercices interactifs

Pour chaque question, choisir la bonne réponse parmi les affirmations proposées.

1. Pour accepter que les phénomènes géologiques passés et actuels aient les mêmes causes, on accepte le principe :

a de continuité.
b de superposition.
c d'actualisme.
d de recoupement.

2. Les fossiles stratigraphiques sont caractérisés par :

a une longue durée d'existence géologique.
b une évolution rapide.
c une localisation géographique ciblée.
d leur richesse en uranium.

3. La chronologie absolue est fondée sur la désintégration :

a d'éléments stables.
b d'éléments fils.
c d'éléments radiogéniques.
d d'éléments radioactifs.

4. Lors d'une datation par la méthode Rb-Sr, le coefficient directeur de l'isochrone :

a augmente en fonction de l'âge.
b diminue en fonction de l'âge.
c ne varie pas en fonction de l'âge.
d est nul à t = 0.

5. La chronologie relative sur cette image est :

a sédimentation / érosion / sédimentation / pli.
b érosion / sédimentation / pli / sédimentation.
c sédimentation / pli / érosion / sédimentation.
d sédimentation / érosion / pli / sédimentation.

6. L'échelle stratigraphique fut construite grâce aux données de chronologie :

a relative uniquement.
b absolue puis relative.
c relative puis absolue.
d absolue uniquement.

7. Pour le couple Rubidium-Strontium, un élément a une teneur constante au cours du temps :

a Le Rubidium 87 = ^{87}Rb.
b Le Strontium 86 = ^{86}Sr.
c Le Strontium 87 = ^{87}Sr.
d Le Rubidium 86 = ^{86}Rb.

8. D'après le graphique suivant :

a Le minéral 2 est plus vieux que le minéral 1.
b Le minéral 1 est plus vieux que le minéral 2.
c Le granite A est plus vieux que le granite B.
d Le granite A est plus jeune que le granite B.

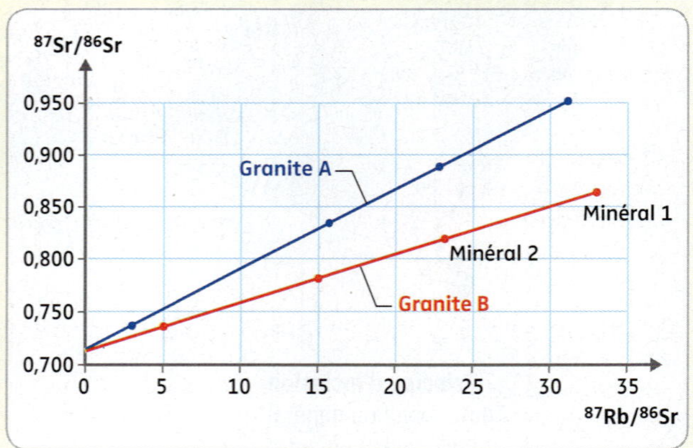

→ Corrigés p. 447

1 La datation relative

Expliquer, à partir de vos connaissances, comment l'étude des relations géométriques des roches aux différentes échelles permet d'établir une chronologie relative.

Le propos s'appuiera sur des schémas.

2 La construction de l'échelle stratigraphique

L'échelle des temps géologiques est une représentation chronologique des temps géologiques, subdivisées en plusieurs unités.

Expliquer sur quels principes géologiques sont déterminées les subdivisions de l'échelle stratigraphique. Développer également les principes de la datation absolue permettant de donner un âge chiffré à ces limites.

3 La crise Crétacé Tertiaire

■ Il y a 65 Ma, deux évènements participent à de profondes modifications de l'écosystème terrestre : la chute d'une météorite au Mexique et un volcanisme paroxysmique au niveau de l'Inde (positionnée alors au-dessus du point chaud qui alimente actuellement le volcanisme de la Réunion).

Argumenter en faveur du choix des géologues de considérer une limite d'ère et non d'étage il y a 65 Ma.

		Crétacé			Tertiaire		
		Étages					
Groupes	**Genres**	Santonien	Campanien	Maastrichtien	Danien	Montien	Thanétien
Hétérohélicidés	Heterohelix						
	Pseudotextularia						
	Racemiguembelina						
Globotruncanidés	Hedbergella						
	Globotruncana						
	Abathomphalus						
Globigérinidés	Globigerina						

a **Extension d'espèces de différents genres de foraminifères, avant et après la dernière grande crise géologique et biologique.**

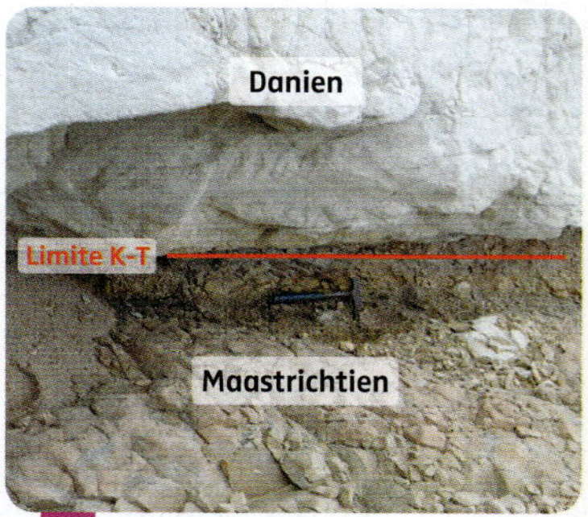

b **Limite géologique de la crise *Crétacé-Tertiaire* (ou *K-T*, de l'allemand Kreide-Tertiär).**

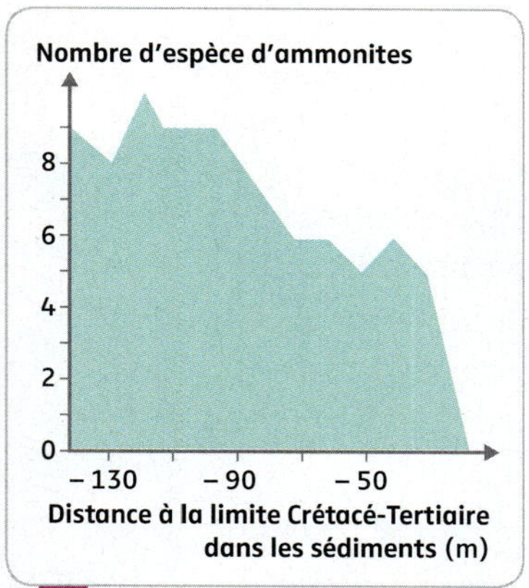

c **Variation du nombre d'espèces d'ammonites avant la crise K-T.**

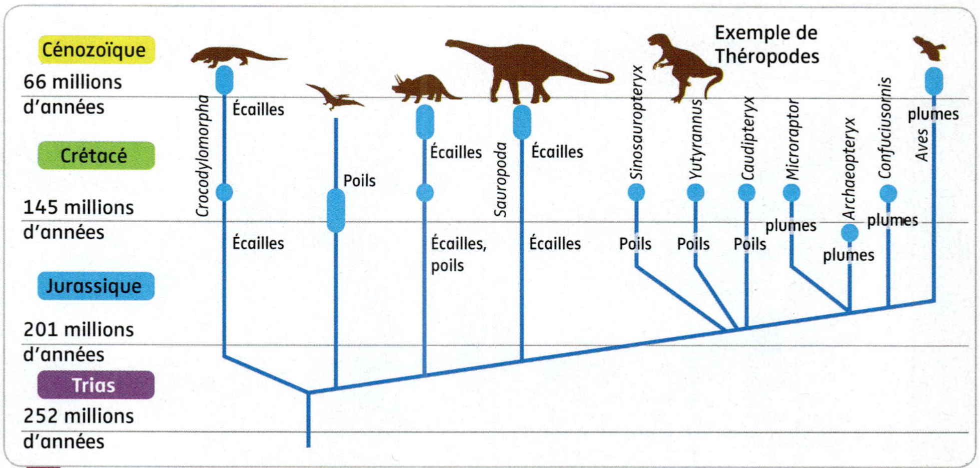

d **Arbre évolutif des dinosaures.**

4 Datation absolue par la méthode Potassium-Argon

■ La méthode Potassium-Argon est basée sur la désintégration du ^{40}K en ^{40}Ar.

■ L'argon est un gaz rare qui s'échappe facilement des réseaux cristallins. De ce fait, lors de la cristallisation du minéral liée au refroidissement du magma, le ^{40}Ar s'échappe du système et sa quantité est alors considérée comme nulle jusqu'au moment où la roche n'échange plus d'éléments avec son environnement extérieur.
Ainsi, une fois le système fermé, la quantité de ^{40}K diminue et celle de ^{40}Ar augmente au cours du temps.
Il suffit alors de mesurer le rapport $^{40}Ar/^{40}K$, en tenant compte de la constante de radioactivité pour connaître l'âge de l'échantillon. Ce rapport, égal à 0 à la fermeture du système, augmente avec le temps.

1. **Expliquer à l'aide des informations du texte, pourquoi la droite est de formule $y = ax$.**

2. **Quel est l'âge d'une roche dont le $^{40}Ar/^{40}K$ est de 0,02 ?**

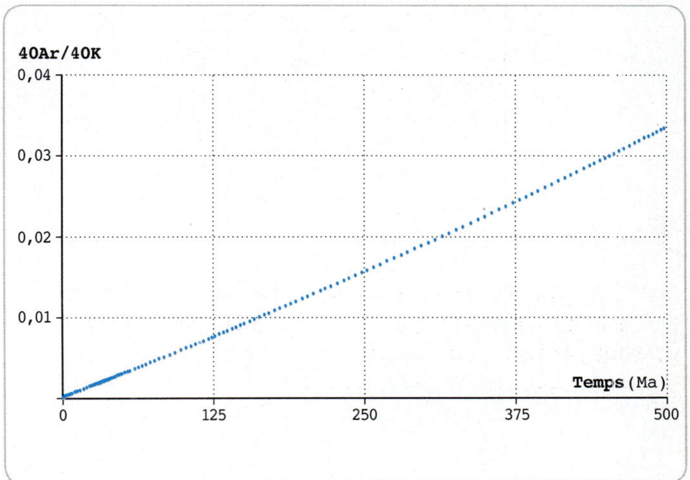

e **Datation par le coupe Ar/K grâce au logiciel *Radiochronologie*.**

5 Exercice guidé Une histoire géologique normande

Située au sud de Caen, Condé-sur-Noireau est une zone marquée par de nombreuses modifications géologiques qui en font un terrain idéal pour les géologues débutants.

À partir des données croisées de chronologie relative et de datation absolue, établir une chronologie des évènements géologiques ayant affecté la région de Condé-sur-Noireau.

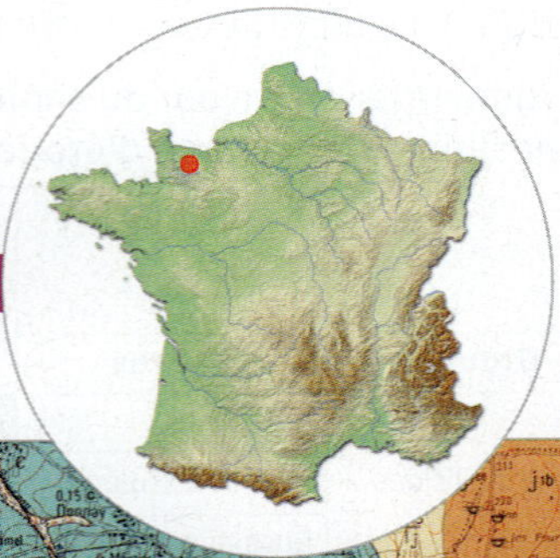

a Localisation de la commune de Condé-sur-Noireau.

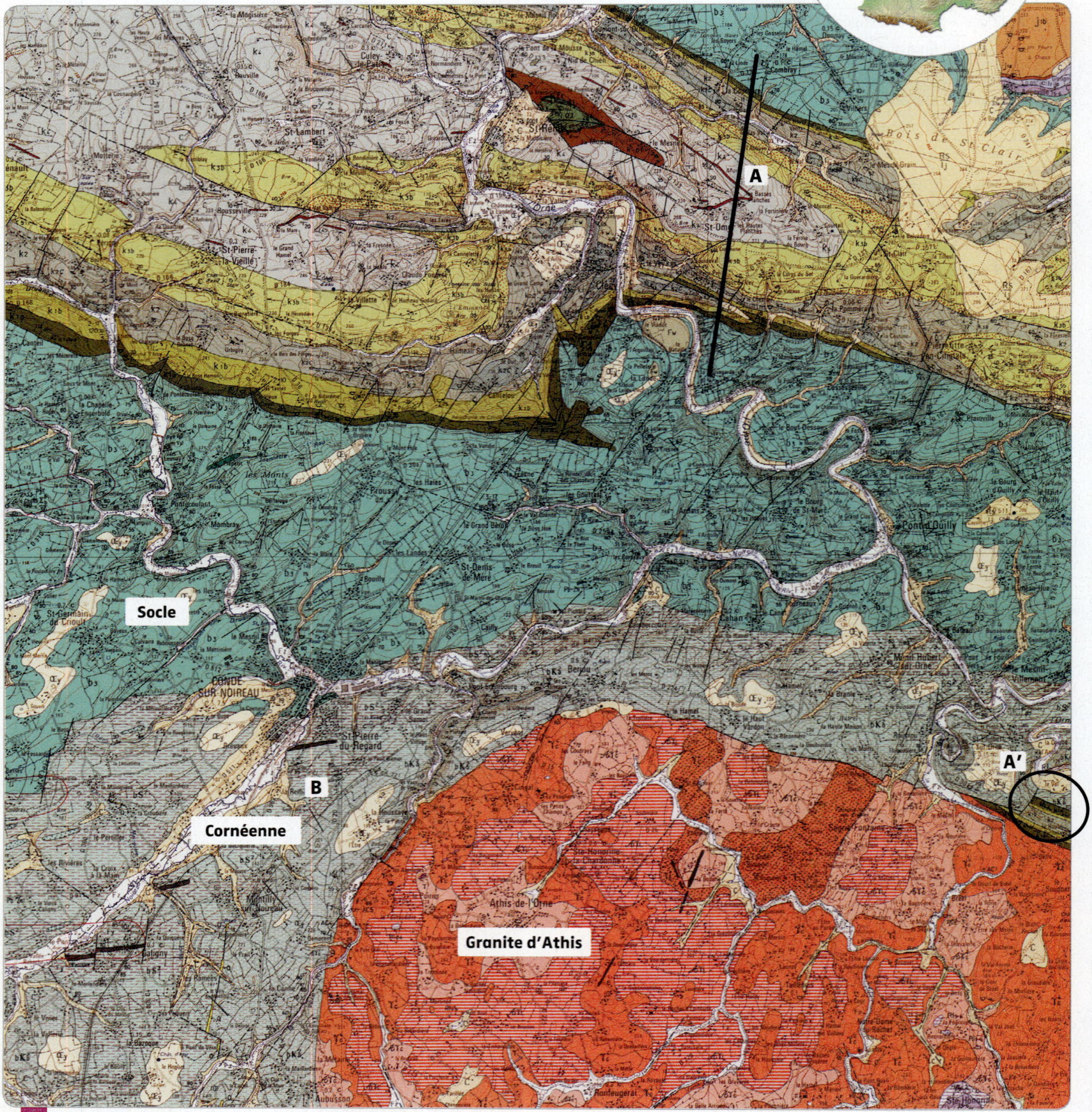

b Carte géologique de Condé-sur-Noireau au 1/50 000e.

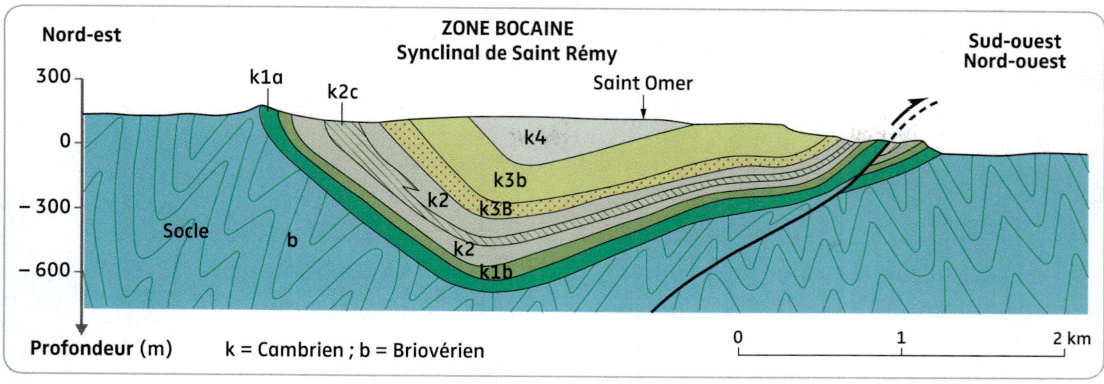

c Coupe de la zone A du nord de la carte. Le synclinal de St-Rémy est un pli constitué de roches sédimentaires qui reposent sur le socle. Le petit pli A′ est constitué des mêmes strates sédimentaires non métamorphisées.

d Cornéenne (roche métamorphisée) située autour du granite d'Athis. Elle provient de la recristallisation complète des roches du socle sous l'effet de la chaleur et correspond à la zone B.

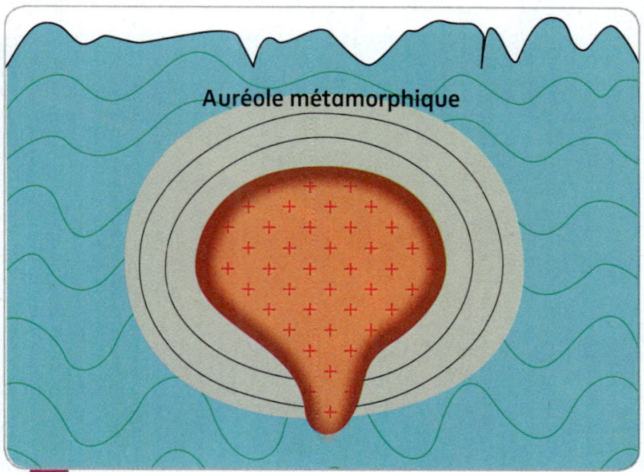

e Coupe schématique de la localisation des cornéennes autour d'un pluton magmatique. En rouge : magma refroidissant en remontant dans le socle.

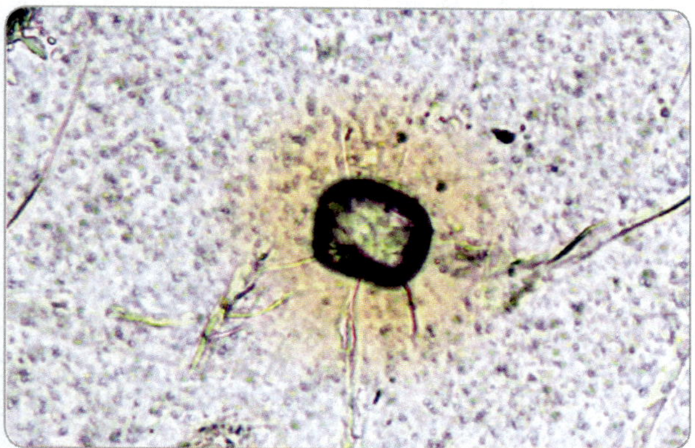

f Les zircons sont des minéraux riches en Rb dont la désintégration prend la forme d'une auréole (ici en jaune).

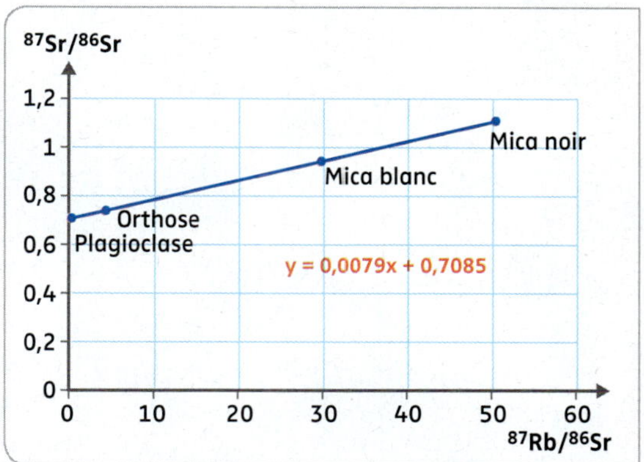

Valeur de ($e^{\lambda t}$-1)	Âge en Ma
0,0020	140
0,0030	210
0,0040	280
0,0050	350
0,0060	420
0,0070	490
0,0080	560
0,0090	630
0,0100	700
0,0110	770
0,0120	840
0,0130	910

g Équivalence entre le coefficient directeur de l'isochrone et l'âge du zircon présent dans le granite d'Athis.

Guide de résolution

1. Datez relativement les strates de la coupe A entre-elles à l'aide du document c.
2. Effectuez une corrélation à distance entre les structures A et A′.
3. Datez relativement la mise en place du socle et la remontée de magma à l'origine du granite d'Athis.
4. Datez relativement le granite d'Athis avec le pli A′ grâce au document e.
5. Évaluez l'âge du granite d'Athis par la méthode Rb-Sr.
6. Établissez une chronologie avec des repères chiffrés des évènements ayant affecté la région de Condé-sur-Noireau.

CHAPITRE 7

Les traces du passé mouvementé de la Terre

La tectonique des plaques, telle qu'on la connaît actuellement, a probablement débuté il y a au moins 2,1 Ga. Depuis, les plaques se fragmentent, divergent, entrent en collision, laissant à chaque fois des indices qu'il faut savoir décrypter pour reconstituer des géographies successives à différentes époques.

Source : Google Earth

La rencontre de deux continents. Dans les Alpes, les géologues considèrent cette ligne rouge comme la zone de rencontre de deux continents depuis 35 Ma, préalablement séparés par un océan.

Comment les géologues ont-ils pu reconstituer ce scénario ? UNITÉ 2

Sur la presqu'île de Guérande (en Loire-Atlantique) affleurent des roches provenant de la partie profonde d'une immense chaîne de montagnes.

Comment peut-on démontrer la présence passée d'une ancienne chaîne de montagnes ? UNITÉ 1

4,57 Ga

C'est l'âge de la Terre.

4,374 Ga

C'est l'âge du plus ancien témoin d'une croûte continentale, un minéral (du zircon) présent dans une roche (du gneiss).

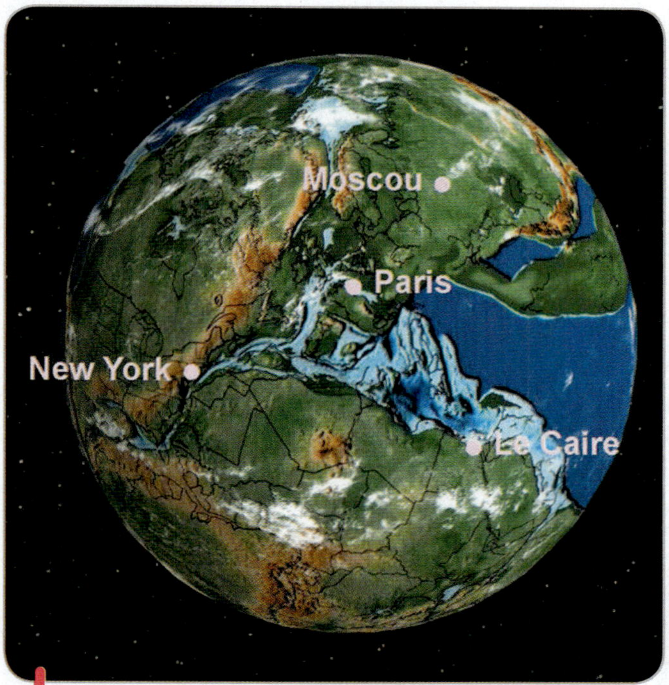

Vue d'artiste illustrant la position des continents au début du Mésozoïque. À cette époque (240 Ma), tous les continents étaient réunis en un seul bloc appelé « Pangée ».

Quels indices ont permis une telle reconstitution paléogéographique ? UNITÉ 5

Le Mont Viso, Alpes italiennes. Pour les géologues, il s'agit d'une relique d'un océan disparu.

Quels sont les arguments qui permettent d'assimiler ce sommet à un reste du plancher océanique ? UNITÉS 2 et 3

UNITÉ 1 Les continents, mémoire du passé mouvementé de la Terre

Les continents ne représentent qu'un tiers de la surface du globe, mais ont enregistré 90 % de l'histoire de la Terre. Ils sont donc des lieux d'étude privilégiés pour reconstituer le passé mouvementé de la Terre.

Objectif

Identifier des indices d'anciennes chaînes de montagnes sur les continents.

Identifier des reliques d'anciennes chaînes de montagnes en France

1 Vue de la carrière des Moines (Pas-de-Calais). On appelle « orogène » l'ensemble des processus géodynamiques (subduction, collision) qui aboutissent à la formation d'une chaîne de montagnes. Un orogène se caractérise donc par des déformations.

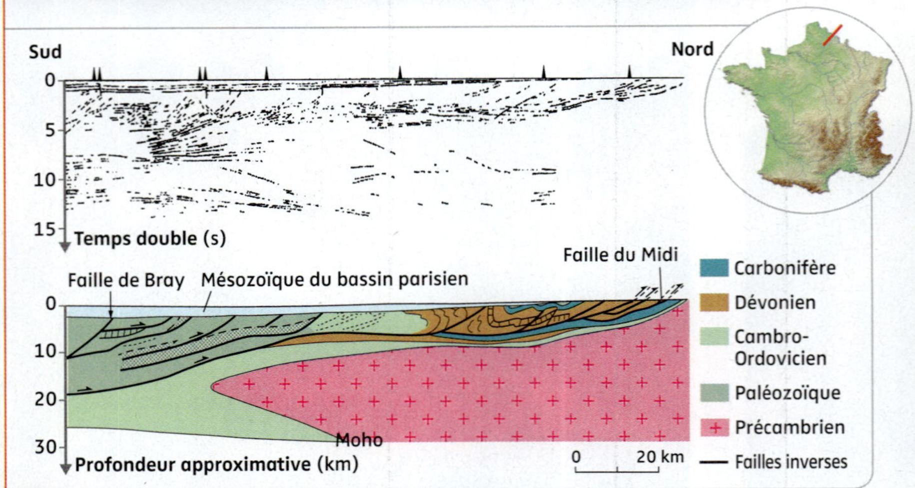

2 Profil sismique dans le Massif ardennais et son interprétation (altitude moyenne : 460 m). Une chaîne de collision renferme des marqueurs tectoniques tels que des chevauchements mettant en contact des terrains anciens sur des terrains récents.

Carte

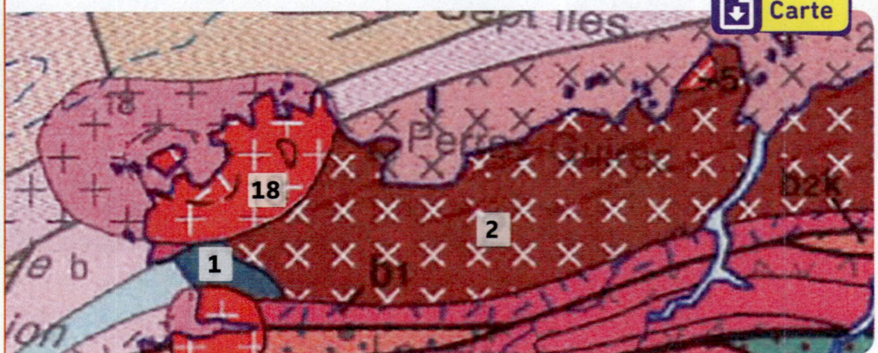

3 Extrait de la carte géologique de la France et de sa légende, secteur de Perros-Guirec (Côtes-d'Armor).
18 : granite de Ploumanac'h (295 Ma, orogénèse hercynienne)
2 : granite de Perros-Guirec (615 Ma, orogénèse cadomienne)
1 : orthogneiss (1,8 Ga, orogénèse icartienne) ; un orthogneiss est une roche issue du métamorphisme d'un granite.

→ Rabat II

4 Granite de Ploumanac'h recoupant le granite de Perros-Guirec (Côtes-d'Armor). Lors d'une orogénèse, les variations de pression et de température entraînent la formation de roches métamorphiques et magmatiques.

Décrire l'agencement des orogènes à l'échelle des continents

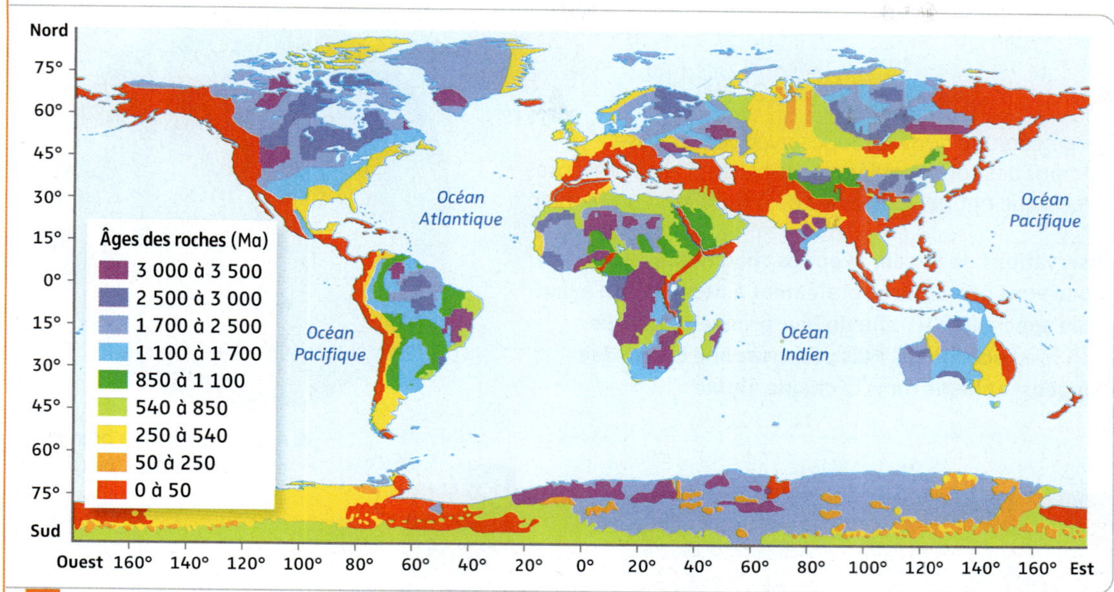

> « Les continents gardent la mémoire de la Terre, ce que perdent les océans. »
>
> Philippe Bouysse, géologue.

5 **Âge des roches, témoins d'orogènes ayant affecté la croûte continentale, à l'échelle du globe.**
L'âge des plus vieux océans ne dépasse pas 180 Ma.

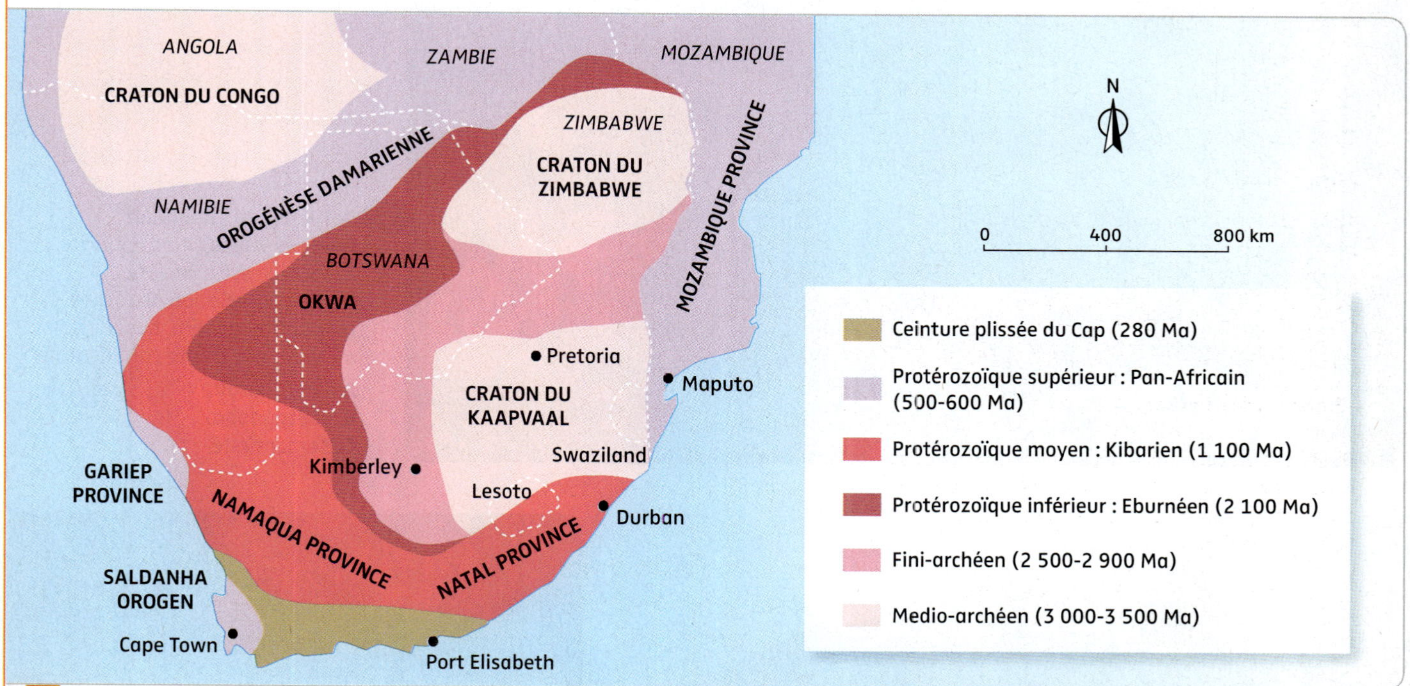

6 **Âge des roches, témoins d'orogènes ayant affecté la croûte continentale, en Afrique australe.**
Les formations sédimentaires superficielles ne sont pas représentées.

Guide de résolution

Indicateurs de réussite

1 Dater les déformations affectant le nord de la France (documents 1 et 2) en utilisant les principes de la datation relative (chapitre 6).

2 Identifier des témoins d'orogénèses successives ayant affecté les continents à l'échelle de la France (documents 3 et 4) et à l'échelle du globe (documents 5 et 6).

3 **En conclusion**
À partir de l'ensemble des documents, montrer que les continents conservent les traces d'anciennes chaînes de montagnes issues de cycles orogéniques successifs.

UNITÉ 2

À la recherche d'un océan perdu

MISSION

ORAL

Au cours d'une excursion géologique dans les Alpes avec votre classe, votre attention est attirée par des roches qui vous rappellent celles présentes dans le fond de l'océan Pacifique et que vous aviez déjà étudiées l'an dernier.

→ **En confrontant vos observations de terrain avec vos connaissances, préparez un diaporama que vous présenterez oralement à des élèves n'ayant pas suivi l'enseignement de spécialité SVT afin de leur prouver que vous avez marché sur un ancien fond océanique. Puis proposez une hypothèse expliquant sa localisation géographique dans la chaîne alpine.**

▲ **Affleurement de basalte au Chenaillet (Alpes).**

Vidéo

1 Ophiolite du Chenaillet (Hautes-Alpes). Une ophiolite, lorsqu'elle est complète, est une association de roches (péridotite, gabbro, basalte) au sein de la croûte continentale.

A : métabasalte
B : métagabbro
C : serpentinite

2 Ophiolite du Cristillan (Hautes-Alpes). Les roches sombres au premier plan sont des serpentinites et les roches claires constituant le sommet sont des métasédiments océaniques : métaradiolarites et marbre (ancien calcaire).

3 Gabbro intrusif dans de la serpentinite au Col sud du Cristillan (Hautes-Alpes).

4 Mont Cruzore (Alpes italiennes).
A : radiolarites (présence de tests de radiolaires datés de 165 Ma).
B : basalte en coussins.

5 Échantillon de serpentinite.
Exemple de réaction métamorphique formant de la serpentinite :
péridotite + eau ⟶ serpentinite + oxydes

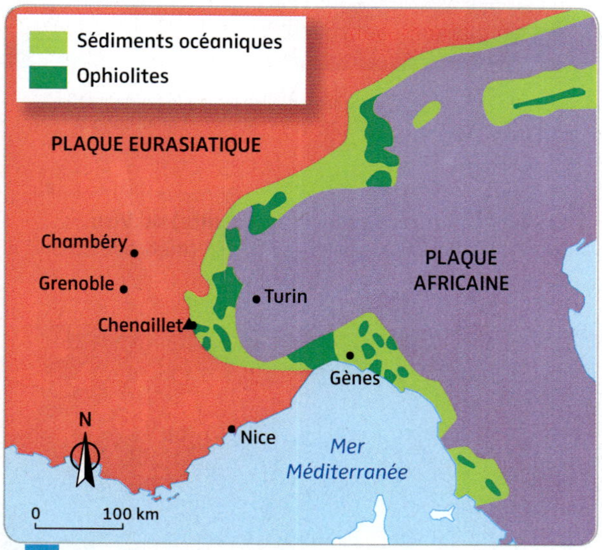

6 Carte de localisation des ophiolites dans les Alpes occidentales. Les ophiolites alpines sont aussi visibles sur la carte géologique de la France (**➜ Rabat III**).

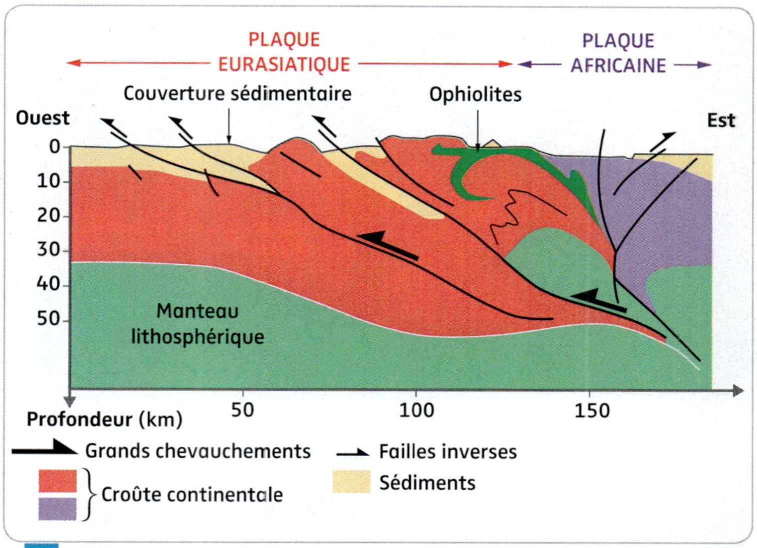

7 Coupe géologique simplifiée à travers les Alpes occidentales (d'après Malavielle et Chemenda, 1997). Les Alpes résultent de la collision entre la plaque eurasiatique et la plaque africaine.

Coups de pouce

Mobilisation des connaissances

1. La lithosphère océanique est constituée de péridotite, de gabbro et de basalte.
2. Le métamorphisme hydrothermal transforme les roches de la lithosphère océanique.
3. Il existe des océans à expansion lente ou rapide.

Piste pour construire votre stratégie

4. Identifier l'origine des ophiolites alpines puis formuler une hypothèse expliquant leur disposition dans une chaîne de collision.

MISSION réussie si...

- Les ophiolites alpines sont comparées à une lithosphère océanique actuelle.
- Une hypothèse est formulée expliquant le terme « suture » ophiolitique.

UNITÉ 3 De l'océan à l'ophiolite

Les ophiolites, cicatrices d'anciens océans, ne représentent qu'un très faible volume de la lithosphère océanique disparue, mais elles renferment des indices de leur histoire « post-océanique ».

Objectif

Reconstituer l'histoire de quelques ophiolites à partir de la composition minéralogique d'échantillons.

Observer des roches provenant d'ophiolites alpines

1 Métagabbro du Chenaillet. Âge du métamorphisme : 160 à 165 Ma (méthode U-Pb sur des zircons d'albitites).

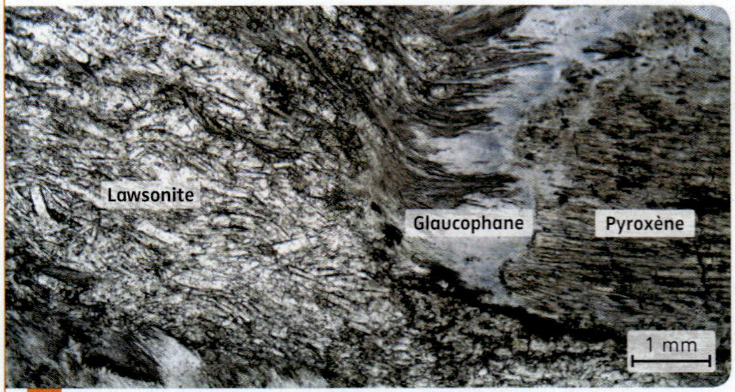

2 Métagabbro du Queyras (LPNA). Âge du métamorphisme : 60 à 65 Ma (méthode Ar-Ar sur micas blancs).

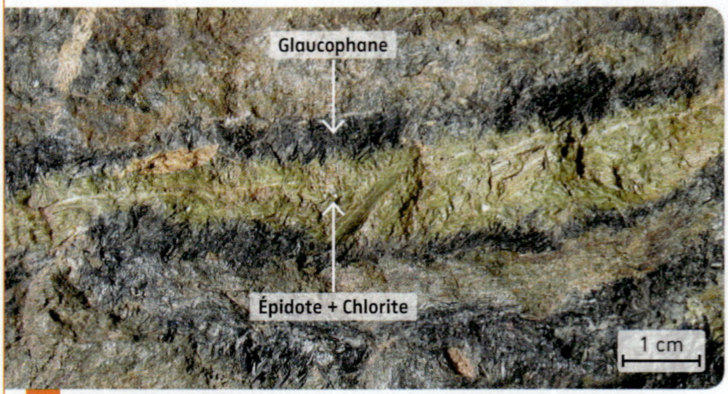

3 Filon dans un métagabbro du Viso. Ce filon est une fracture formée lors de la décompression de la roche. La disposition géométrique des minéraux dans ce filon permet de déduire l'ordre de leur cristallisation : ici, des bords vers le centre, à mesure que la fracture s'ouvrait.

Grt : grenat
Jd : jadéite
M : mica blanc

Difficilement visibles sur la photographie mais présents : quartz et glaucophane.

4 Éclogite (métagabbro ou métabasalte) du Viso. Âge du métamorphisme : 50 à 55 Ma (méthode Rb-Sr sur grenats).

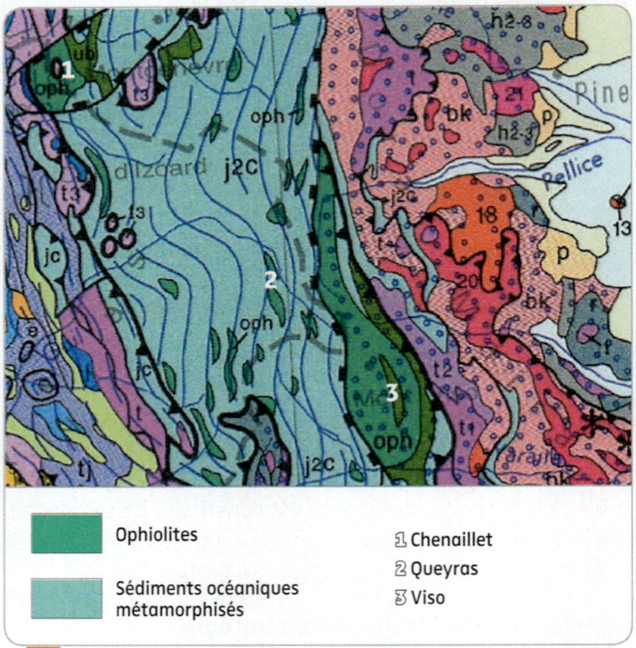

5 Extrait de la carte géologique de France, massifs du Queyras et du Viso (Alpes franco-italiennes).

Identifier des conditions d'un métamorphisme

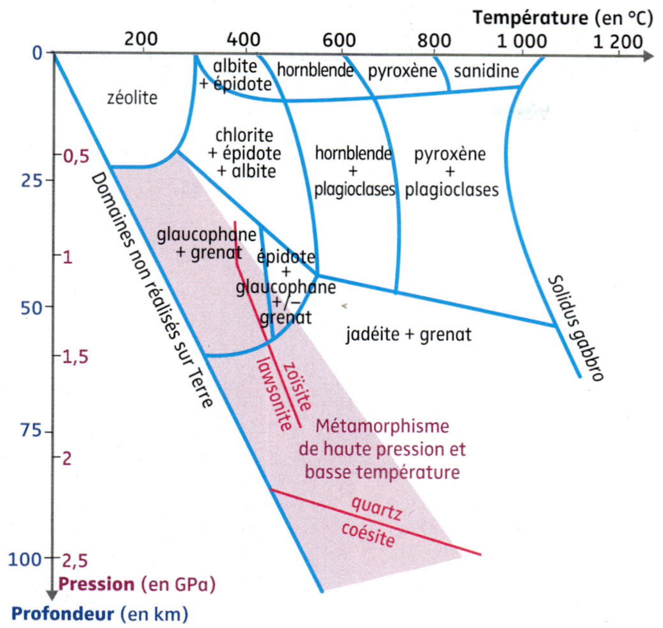

6 Domaines de stabilité de quelques minéraux.

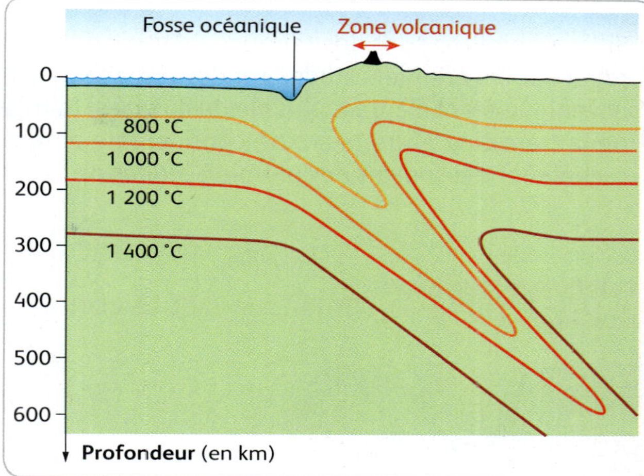

7 Structure thermique de la lithosphère dans une zone de subduction.

Mémo

Exemples de réactions du métamorphisme de type haute pression / basse température :

> plagioclase + eau + clinopyroxène → glaucophane

> plagioclase + eau + orthopyroxène → lawsonite + albite

> albite → jadéite + quartz

Valider un modèle

Dans ce modèle, la fermeture de l'océan Alpin lors de la subduction s'accompagne du charriage d'une partie de la lithosphère océanique sur l'une des marges.

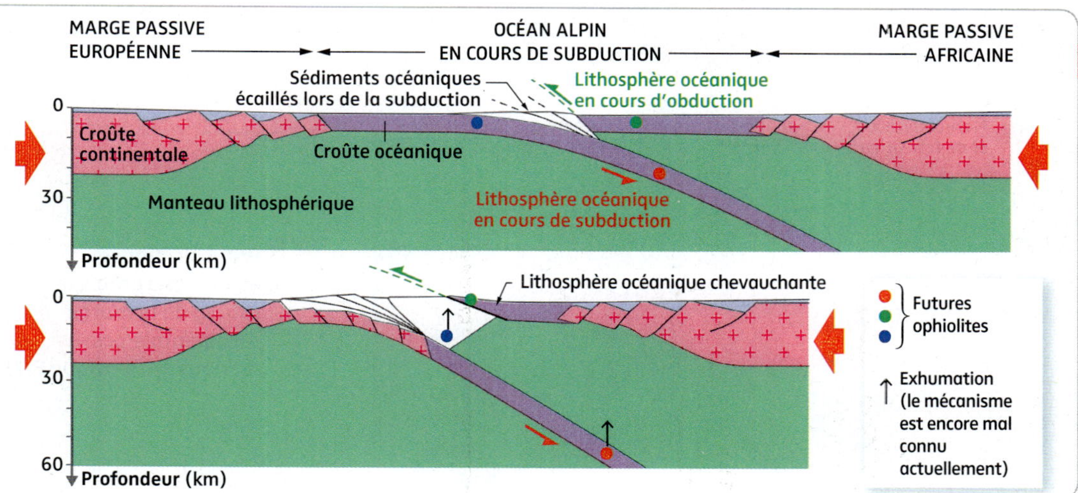

8 **Subduction et obduction dans les Alpes.** Les flèches rouges indiquent la convergence.

Guide de résolution

Indicateurs de réussite

1 Identifier les minéraux « secondaires » des métagabbros formés par métamorphisme (documents 1 à 4), sachant que les minéraux « primaires » caractéristiques du basalte et du gabbro avant métamorphisme étaient le plagioclase et le pyroxène.

2 Mettre en relation les données pétrographiques (documents 1 à 4) avec les données de laboratoire (document 6) et les données thermiques (document 7) afin de retrouver les conditions de pression et de température du métamorphisme ainsi que le contexte géodynamique correspondant.

3 **En conclusion**
À l'aide de l'ensemble des informations, justifier le modèle proposé (document 8).

UNITÉ 4

La naissance d'un océan

Si les ophiolites sont des reliques de lithosphère océanique, on peut s'interroger sur les premiers stades conduisant à la naissance d'un océan. La croûte océanique étant d'autant plus vieille qu'on est loin de la dorsale, c'est au niveau de la transition entre la croûte continentale et la croûte océanique qu'il faut rechercher des indices des premiers stades de l'ouverture d'un océan.

Objectif

Identifier les premiers stades de la formation d'un océan afin d'en retrouver des indices dans une chaîne de montagnes.

Caractériser la transition croûte continentale – croûte océanique

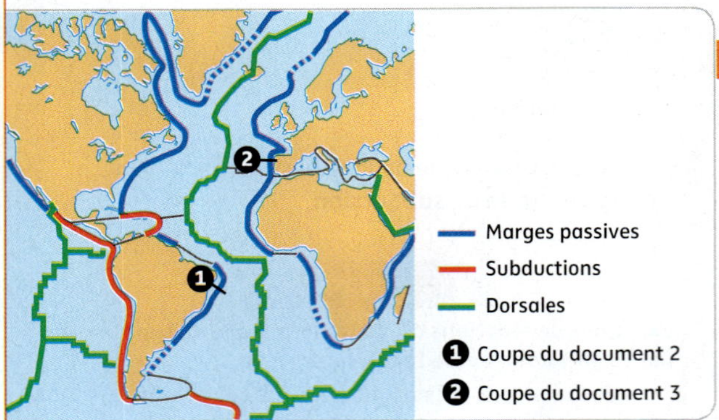

1 Localisation des marges passives à l'échelle du globe. Les localisations des coupes des documents 2 et 3 sont indiquées.

Mémo

> On appelle « marge passive » la région immergée en bordure d'un continent où la croûte continentale s'amincit et se raccorde à la croûte océanique.

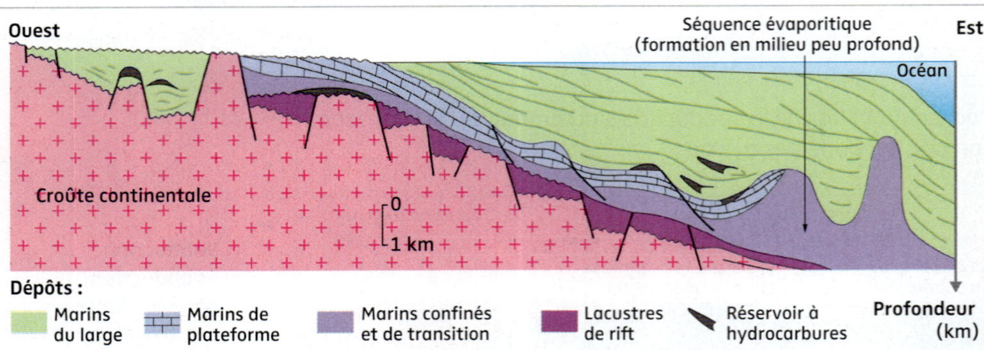

2 Coupe reconstituée de la marge passive brésilienne (Atlantique Ouest), avec indication des paléoenvironnements sédimentaires.

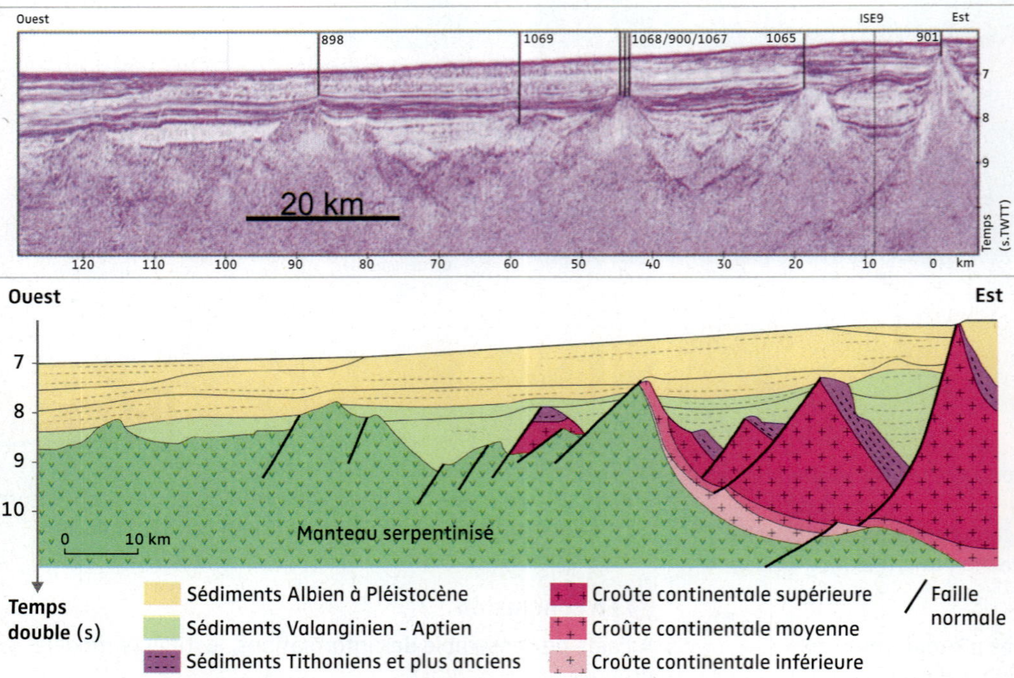

3 Profil sismique et son interprétation le long de la marge continentale passive Ibérique (Atlantique Est).

Identifier les marqueurs d'une distension continentale

4 Vue du rift africain dans la région des Afars.
D'une largeur de 50 à 150 km, le rift africain s'étend sur 3 000 km de long du Nord au Sud.

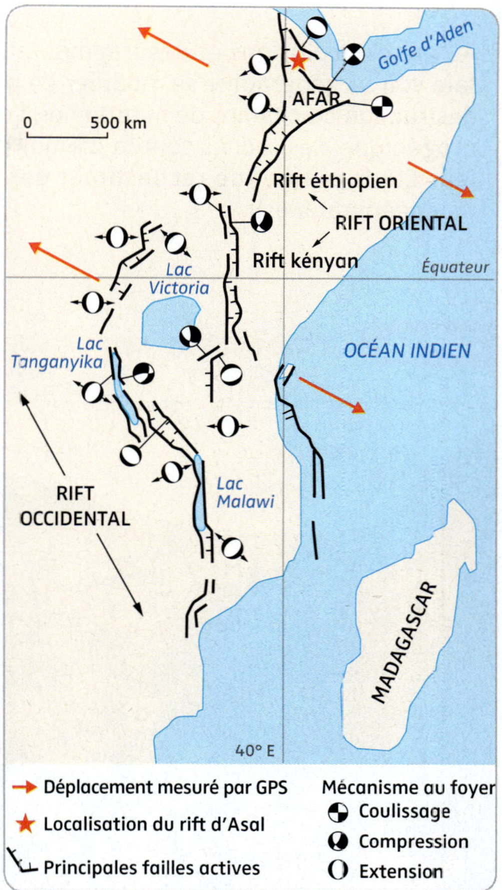

5 Le rifting dans l'Est africain. Le mécanisme au foyer rend compte des mouvements relatifs entre deux compartiments au moment de la rupture.

Construire un profil topographique avec *Google Earth*

PRINCIPE

La construction d'un profil topographique avec Google Earth, superposé à la carte géologique du rift d'Asal, permet de relier le champ de failles et ses conséquences sur le paysage.

→ **Méthode n° 16** Fiches méthode

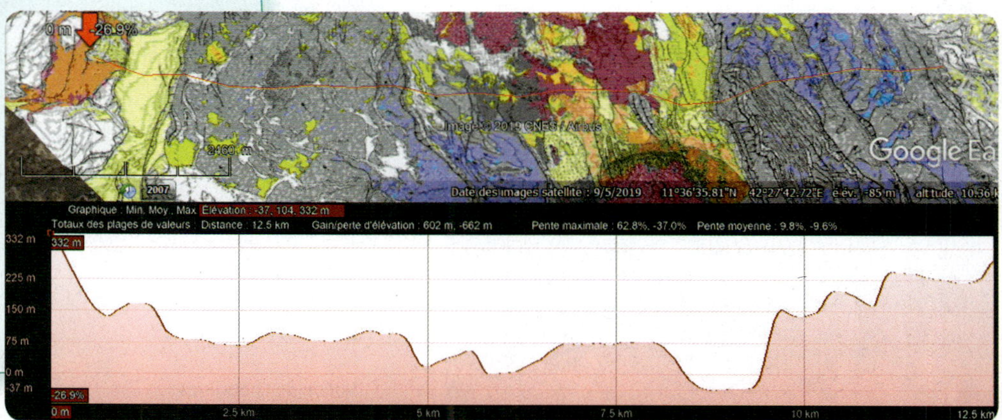

6 Rifting et modelé du paysage.

Source : *Google Earth*

Guide de résolution

Indicateurs de réussite

1 Identifier les caractéristiques géographiques, sédimentaires et tectoniques des marges passives (documents 1 à 3).

2 Expliquer en quoi le contexte tectonique de l'Est africain explique la topographie d'un rift continental.

3 En conclusion

À l'aide de quelques schémas, reconstituer les premiers stades de la naissance d'un océan.

UNITÉ 5 Des cycles orogéniques en France

Au gré des collisions et des fragmentations, la lithosphère continentale voit sa géographie se modifier en permanence avec formation et destruction de chaînes de montagnes, l'ensemble constituant un cycle orogénique. Les roches sont la mémoire de ce passé mouvementé et leur étude permet de reconstituer des géographies successives (ou paléogéographies).

Objectif

Identifier et ordonner une succession d'événements ayant modifié la paléogéographie de la France au cours des 500 derniers millions d'années.

Valider le modèle du cycle orogénique alpin

➜ Rabat IV

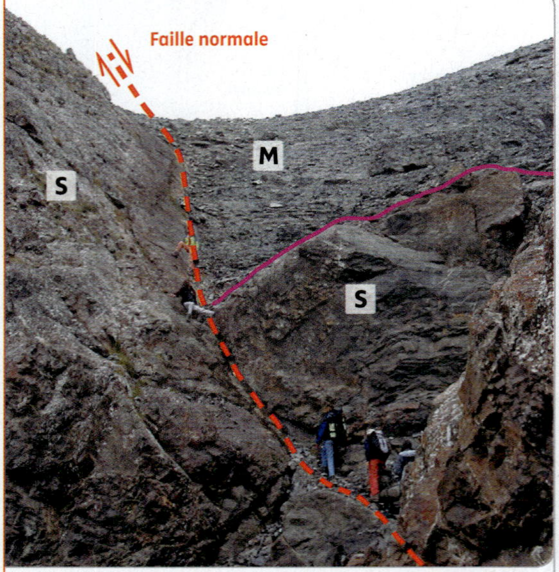

S : socle hercynien (roches métamorphiques et magmatiques formées au cours de l'orogénèse hercynienne).
M : marnes (Jurassique inférieur).

1 Affleurement à proximité du lac du Vallon (Alpes).

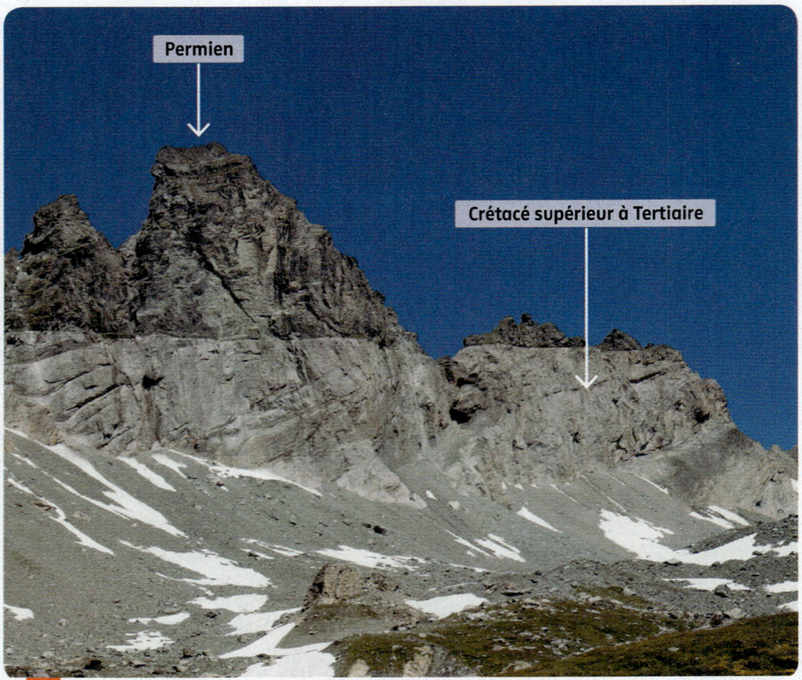

2 Panorama du canton de Glaris (Alpes Suisses).

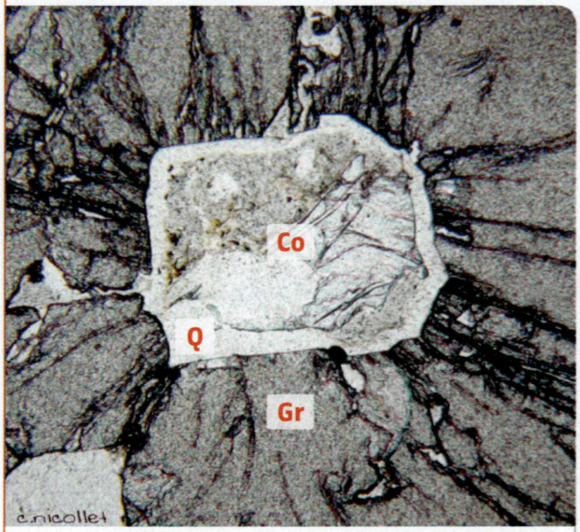

Co : Coésite **Q** : Quartz **Gr** : Grenat

3 Métagrès à coésite de Dora Maira (Alpes italiennes). L'âge radiométrique du métamorphisme est de 35 à 45 Ma.

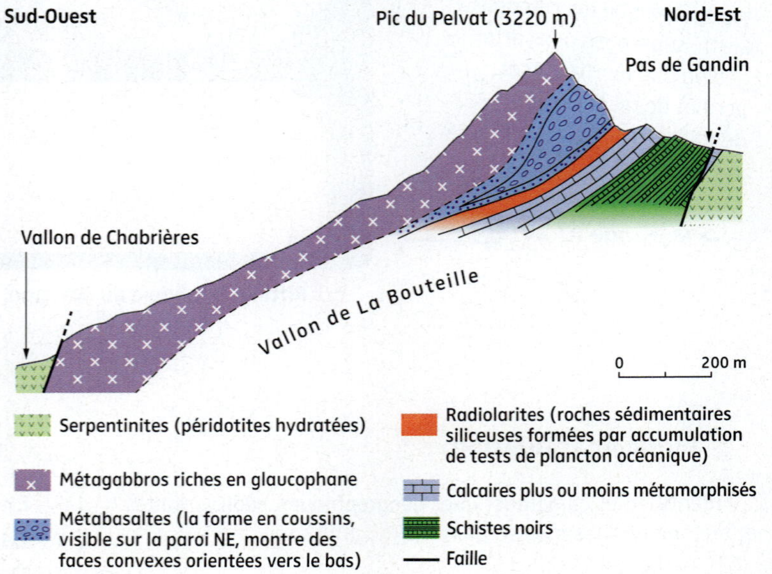

4 Coupe du pic du Pelvat (Alpes-de-Haute-Provence).

Identifier un cycle orogénique ancien

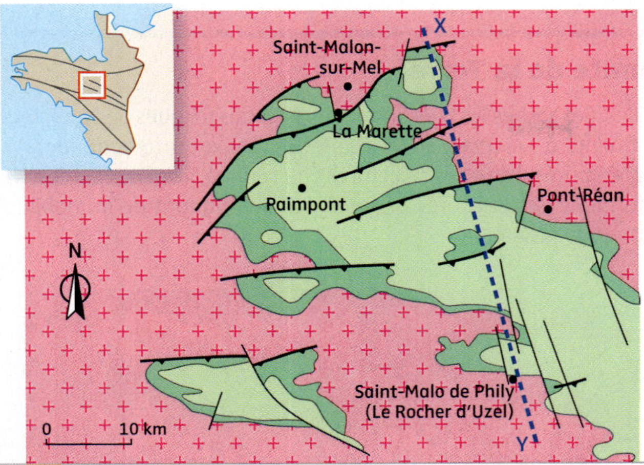

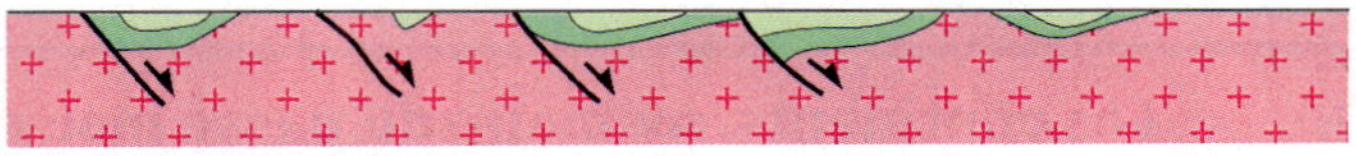

Coupe géologique selon XY.

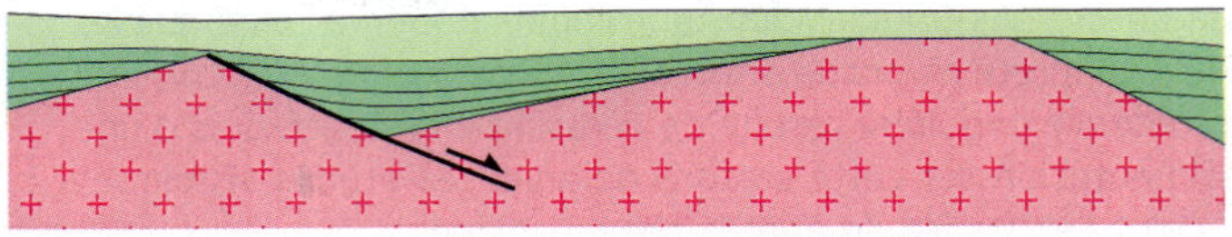

Reconstitution, à partir de la géométrie des dépôts dans un bassin avant déformation.

- Ordovicien moyen (grès armoricain)
- Ordovicien inférieur (formation de Pont-Réan)
- Briovérien (anté-Paléozoïque)
- Paléo-failles normales

5 Carte géologique simplifiée de la région de Pont-Réan (Massif armoricain).

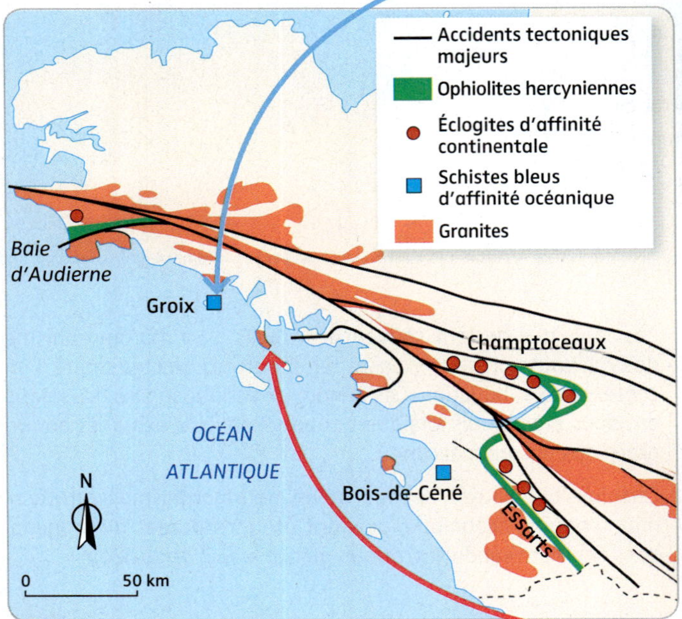

6 Carte de localisation des complexes ophiolitiques et métamorphisme dans le sud du Massif armoricain.

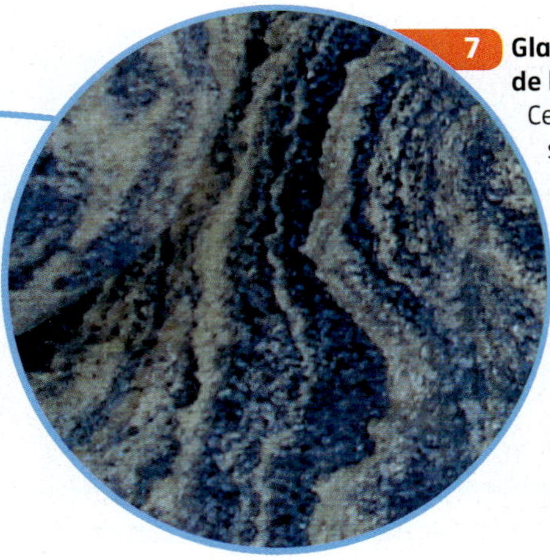

7 **Glaucophanites de l'île de Groix.** Ces glaucophanites sont des roches métamorphiques datées de 360 à 370 Ma et dont la composition chimique est celle d'un basalte océanique.

8 **Leucogranite de Quiberon.** Âgé de 300 Ma, ce granite s'est formé suite à un épaississement de la croûte dans un contexte de collision.

Guide de résolution

Indicateurs de réussite

Travail en groupes

1 Groupe A : identifier, dater et ordonner chronologiquement les événements géologiques ayant affecté ces différentes régions des Alpes (documents 1 à 4).

1 Groupe B : identifier, dater et ordonner chronologiquement les événements géologiques ayant affecté le Massif armoricain (documents 5 à 8).

2 En conclusion

Confronter le travail des deux groupes au modèle du cycle orogénique alpin (**rabat IV** de la couverture) afin de montrer que les événements géologiques enregistrés s'ordonnent en cycles orogéniques successifs.

BILAN CHAPITRE 7

Les traces du passé mouvementé de la Terre

UNITÉ 1 Les continents, mémoire du passé mouvementé de la Terre

▶ Les marqueurs caractéristiques d'une chaîne de montagnes sont encore identifiables dans une chaîne ancienne, bien que les reliefs aient été en partie effacés par l'érosion. Par exemple, une discordance angulaire résulte de l'érosion d'un relief, puis d'une sédimentation sur cette surface aplanie. Les études sismiques révèlent l'existence de grands chevauchements, semblables à ceux observés dans les chaînes de collision actuelles.

▶ La carte géologique de la France permet de localiser des roches métamorphiques et magmatiques résultant d'**orogènes** successifs (Icartien, Cadomien, Hercynien). Ainsi, le territoire français porte encore les restes d'anciennes chaînes de montagnes.

▶ Alors que l'âge des fonds océaniques actuels ne dépasse pas 180 Ma, les roches continentales ont des âges variés, allant jusqu'à 4,3 Ga pour les plus vieilles. Ces roches les plus anciennes sont des reliques des premiers continents à l'Archéen (4,55 à 2,5 Ga). Ces « proto-continents » sont entourés de roches structurées au cours d'orogènes successifs et formant des ceintures orogéniques témoignant de la mobilité tectonique passée.

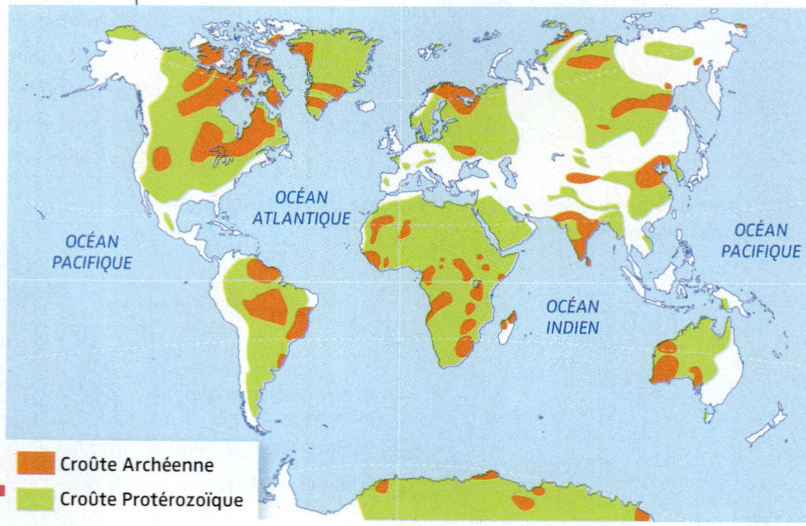

Les âges variés des continents.

UNITÉS 2 et 3 La recherche d'océans disparus

▶ Les **ophiolites** sont constituées d'une association de péridotite (serpentinisée), gabbro et basalte, avec parfois des roches sédimentaires telles que des radiolarites. Même si ces complexes ophiolitiques sont parfois incomplets, la similitude pétrographique et minéralogique avec la lithosphère océanique actuelle laisse penser qu'ils ont une origine océanique.

▶ Dans les Alpes, ces ophiolites forment des alignements interprétés comme une suture des deux plaques entrées en collision. Ces ophiolites portent souvent les traces d'un métamorphisme de type haute pression / basse température caractéristique d'un contexte de subduction. Ces lambeaux de lithosphère océanique ont donc été enfouis lors d'une subduction, puis exhumés par un processus encore mal connu.

▶ Certaines ophiolites n'ont subi qu'un métamorphisme hydrothermal, d'origine océanique, puis ont été incorporées à l'orogène, sans avoir été subduites, par un mécanisme d'**obduction**.

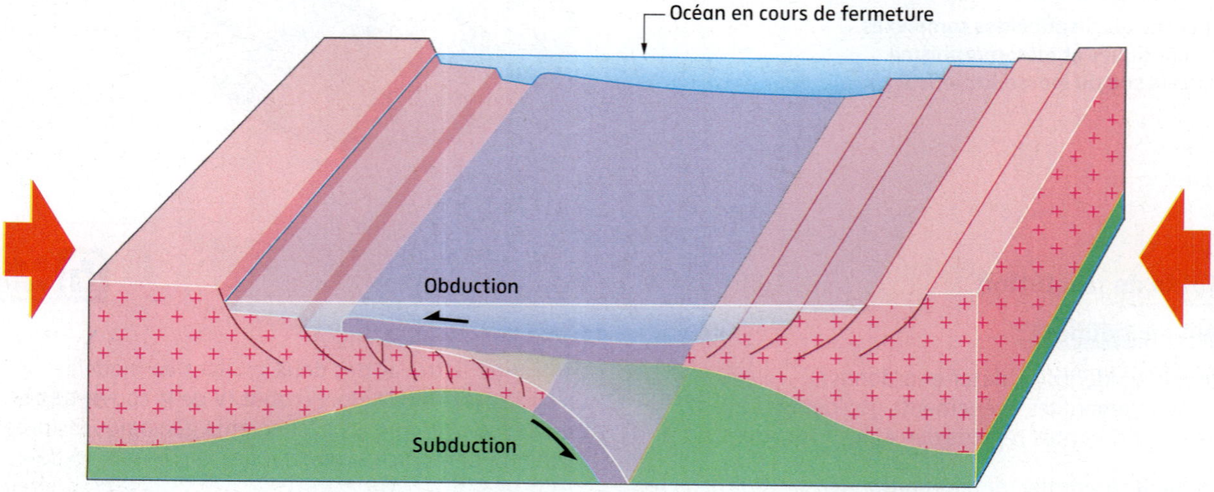

Fermeture d'un océan avec subduction et obduction.

UNITÉ 4 La naissance d'un océan

▶ Les mesures par GPS montrent que la région du **rift continental** des Afars est en extension. La dépression centrale bordée d'une topographie en « marches d'escaliers » résulte du jeu d'un système de failles normales qui se manifestent aussi par une activité sismique. Plus généralement, l'Est africain permet d'observer les premiers stades de la fragmentation continentale.

▶ Les **marges continentales passives** bordant les océans portent des marques de cette déchirure continentale :
– présence de failles normales découpant la croûte continentale en blocs basculés et conduisant à son amincissement ;
– présence de sédiments déposés au cours du rifting continental et ayant enregistré une évolution de l'environnement de dépôt (passage d'un milieu continental à un milieu marin de plus en plus profond) ;
– disposition géométrique des sédiments par rapport aux failles structurant la marge : on distingue les sédiments anté-rift (recoupés par les failles et solidaires du socle), les sédiments syn-rift (disposés en éventail) et les sédiments post-rift (discordants sur les précédents et scellant les failles) ;
– présence de marges conjuguées situées de part et d'autre de l'océan et provenant de la déchirure d'un même continent.

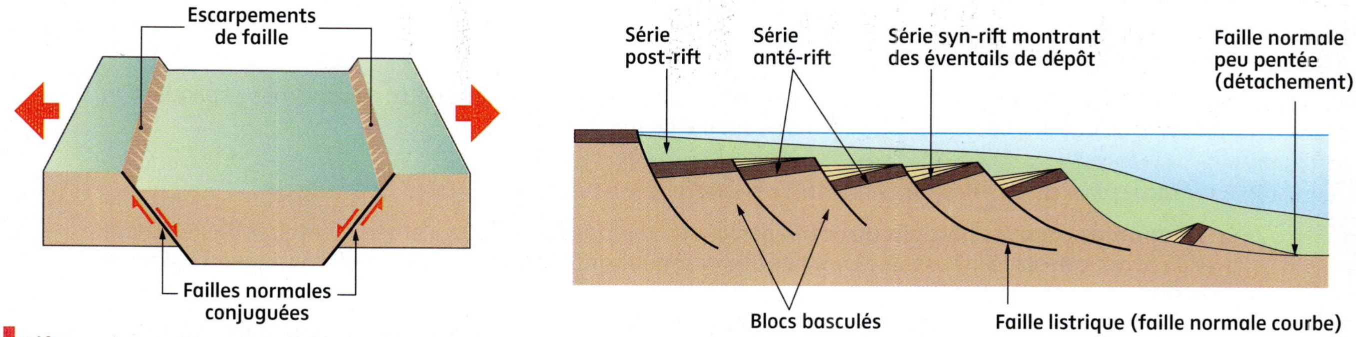

Rift continental et marge continentale passive.

UNITÉ 5 Des cycles orogéniques en France

▶ Les Alpes renferment des objets qui témoignent de l'existence d'un ancien océan bordé de marges passives et d'une subduction ayant entraîné la disparition de cet océan. La datation de ces objets permet de reconstituer une succession ordonnée d'événements : rifting continental, accrétion océanique, subduction océanique puis continentale, collision. L'ensemble constitue le **cycle orogénique** Alpin, débuté au Mésozoïque et encore en cours actuellement.

▶ Dans le Massif armoricain (mais aussi dans le Massif Central, les Ardennes, les Vosges...), on trouve des ophiolites et des restes encore identifiables de blocs basculés recouverts de sédiments dont la disposition géométrique ressemble à ce que l'on observe dans une marge continentale passive actuelle. Ce sont des preuves de l'existence d'anciens domaines océaniques. On trouve aussi des roches affectées par un métamorphisme de haute pression et de basse température, datées du Paléozoïque. Elles sont caractéristiques des zones de subduction. Enfin, de grands accidents tectoniques sont aussi visibles (suture sud armoricaine, faille du Midi dans les Ardennes...). Ce sont des marqueurs d'une collision entre plusieurs blocs continentaux.

▶ Ces indices, datés du Paléozoïque supérieur, sont les témoins du cycle orogénique Hercynien ayant précédé le cycle orogénique Alpin.

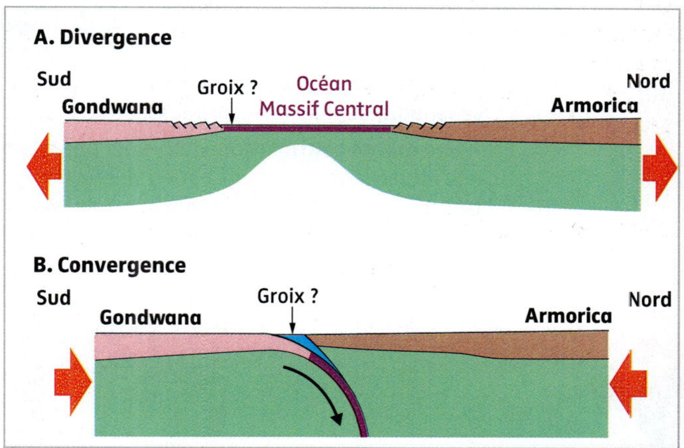

Orogénèse Hercynienne : accrétion océanique (A, 410 Ma) et subduction (B, 360 Ma).

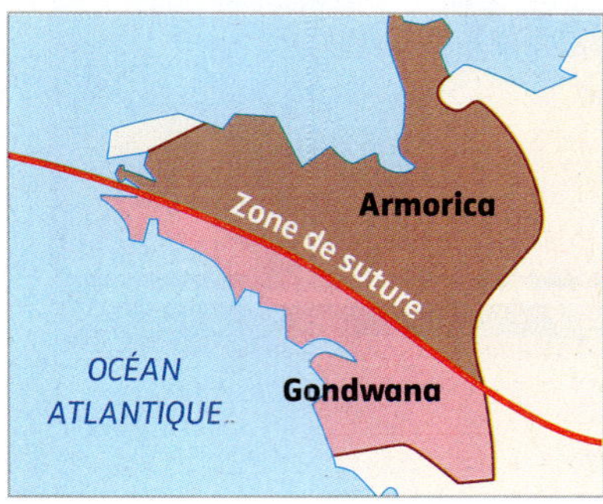

Le massif Sud Armoricain aujourd'hui : suture entre deux blocs entrés en collision.

RETENIR CHAPITRE 7 Les traces du passé mouvementé de la Terre

Texte dys
Texte audio

En quelques mots

1 Les domaines continentaux révèlent des âges variés

- Les **continents** sont des associations de domaines dont les âges peuvent être très différents.
- Les **ceintures orogéniques** sont les traces d'anciennes chaînes de montagnes. D'âges variés, elles témoignent de cycles orogéniques qui se sont succédés dans le temps.

2 La recherche d'océans disparus

- **Les ophiolites sont des complexes de roches** semblables à celles constituant la lithosphère océanique actuelle. Leur présence dans une chaîne de collision est la preuve de l'existence d'un ancien domaine océanique.
- **Les ophiolites forment des sutures ophiolitiques** dans les chaînes de montagnes. Elles résultent de la fermeture de domaines océaniques ayant précédé la collision de blocs continentaux dans un contexte de convergence de plaques lithosphériques.
- **La subduction suivie d'une exhumation, ainsi que l'obduction**, sont deux mécanismes expliquant la mise en place des ophiolites au sein d'une chaîne de montagnes.

3 Les marques de la fragmentation continentale et de l'ouverture océanique

- Les **marges passives bordant un océan** portent les marques tectoniques et sédimentaires d'une distension ayant affecté la lithosphère continentale et conduisant à la formation d'un rift continental puis d'un océan.
- La **succession de cycles orogéniques**, en lien avec la dynamique de la lithosphère, détermine une évolution de la paléogéographie au cours de laquelle des périodes de réunion de blocs continentaux (collisions orogéniques) alternent avec des périodes de fragmentation des continents (**rifting continental**, puis accrétion océanique).

Ne pas confondre

– Si la **subduction** et l'**obduction** sont liées à la fermeture d'un espace océanique, il s'agit cependant de deux mécanismes distincts, avec des signatures métamorphiques bien différentes.

– Une **marge continentale active** est une frontière de plaques au niveau de laquelle une lithosphère océanique est en subduction sous une lithosphère continentale (activité sismique très marquée). Une **marge continentale passive** est la frontière entre la croûte océanique et la croûte continentale à l'intérieur d'une même plaque (zone dépourvue d'activité sismique).

Vidéo bilan

mots-clés

Cycle orogénique : succession d'événements conduisant à la formation d'une chaîne de montagnes puis à sa destruction.

Marge continentale passive : région immergée et asismique de la bordure d'un continent marquant la transition entre la croûte continentale et la croûte océanique à l'intérieur d'une même plaque.

Obduction : chevauchement d'une lithosphère océanique sur un continent.

Ophiolite : fragment de lithosphère océanique, obduit ou subduit, puis charrié sur de la croûte continentale.

Orogène : ensemble de processus géodynamiques aboutissant à la formation d'une chaîne de montagnes.

Rift continental : zone d'amincissement continental, bordée par des failles normales, pouvant conduire à la formation d'un océan.

Schéma interactif

En une image

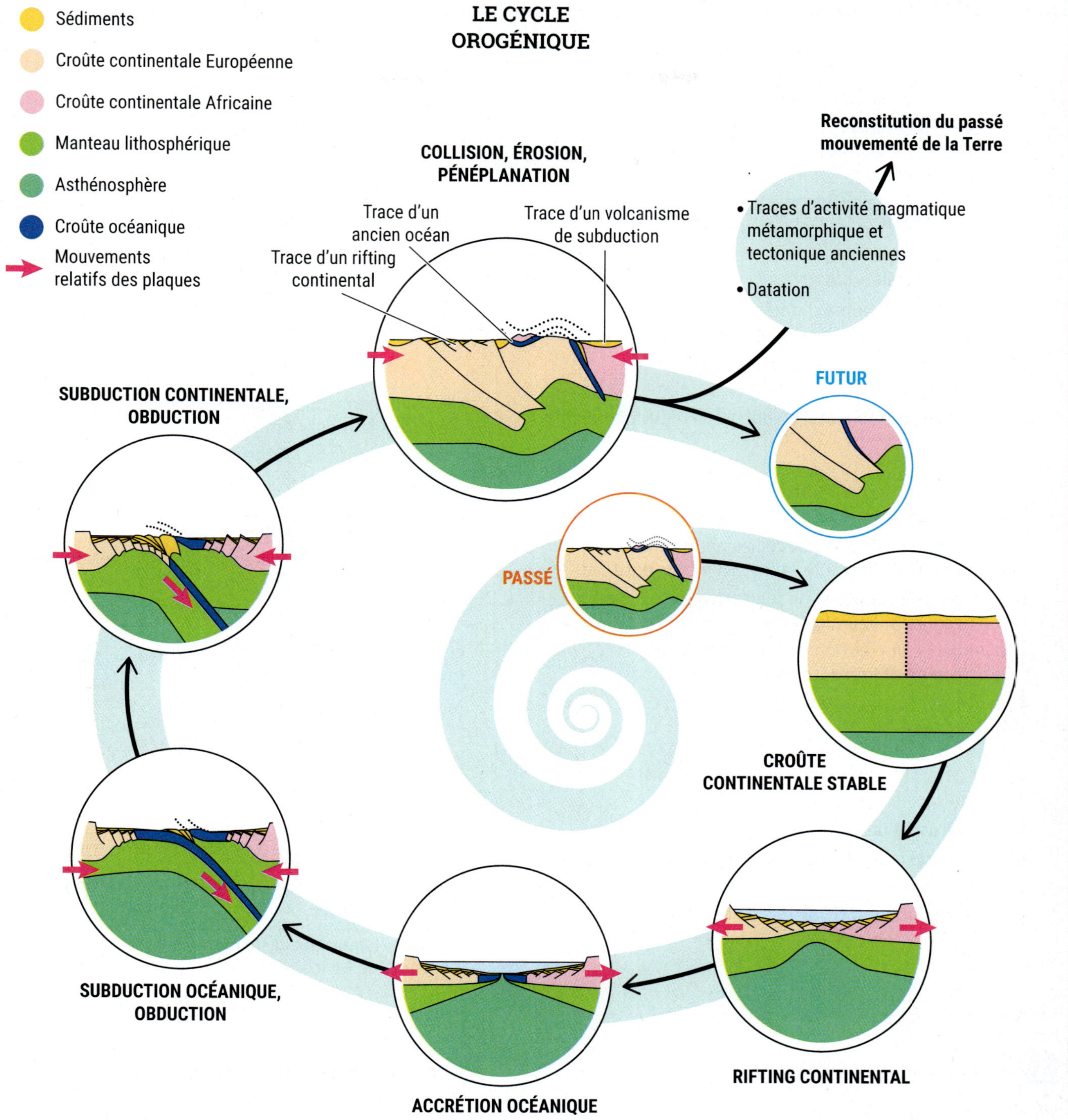

mémorisation active

Pour retenir les notions...

- Ophiolite
- Subduction et métamorphisme HP/BT
- Rifting continental
- Marge passive
- Cycles orogéniques

Je construis ma carte des idées

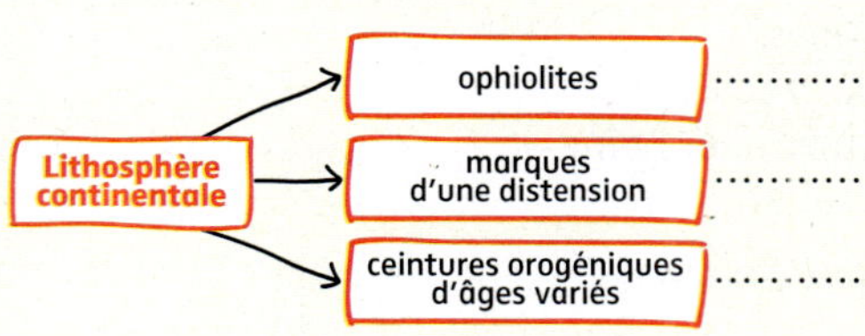

Pour m'aider dans la construction

→ Méthode 1

EXERCICES TESTER ET RESTITUER SES CONNAISSANCES

Quiz

EXO Exercices interactifs

Pour chaque question, choisir la bonne réponse parmi les affirmations proposées.

1. Les ophiolites sont :

a des roches de la lithosphère océanique charriées sur les continents.
b des roches de la lithosphère continentale enfouies dans les océans.
c des restes d'une ancienne chaîne de montagnes.
d des lambeaux de croûte océanique.

2. Une ophiolite obduite :

a a été subduite, puis exhumée.
b a été très déformée lors de la subduction.
c renferme des minéraux témoignant d'un métamorphisme HP/BT.
d n'a pas été enfouie et n'a subi qu'un métamorphisme hydrothermal.

3. Lors du rifting continental, les blocs basculés se forment car il y a :

a divergence et création de failles normales qui découpent la croûte et les sédiments anté-rift.
b divergence et création de failles inverses qui découpent la croûte et les sédiments anté-rift.
c divergence et création de failles normales qui découpent la croûte et les sédiments post-rift.
d convergence et création de failles inverses qui décalent les sédiments anté-rift.

4. Dans une chaîne de collision, une suture ophiolitique :

a est la trace d'un volcanisme lors d'une subduction.
b correspond à un épanchement de lave lors du rifting.
c est le témoin d'une fermeture océanique.
d est liée au magmatisme lors de la collision.

5. Une marge continentale passive est la zone de jonction entre croûte continentale et croûte océanique :

a au niveau d'une même plaque, dépourvue d'activité sismique.
b au niveau d'une même plaque, avec une activité sismique très marquée.
c au niveau d'une même plaque, caractérisée par un volcanique explosif.
d entre deux plaques différentes, avec une activité sismique très marquée.

6. Sur cette coupe de marge passive :

a les sédiments du Tertiaire sont syn-rift et discordants sur les sédiments Aptien.
b les sédiments de l'Aptien sont syn-rift et discordants sur les sédiments Tertiaires.
c les sédiments du Tertiaire sont post-rift et discordants sur les sédiments Aptien.
d les sédiments de l'Aptien sont post-rift et discordants sur les sédiments Tertiaires.

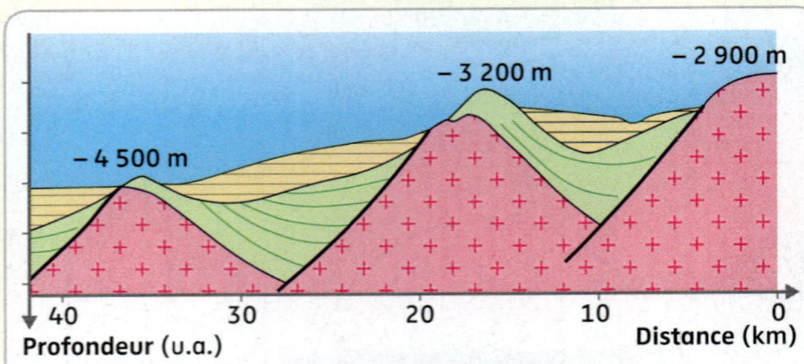

Coupe schématique de la marge passive au large de Galice.

→ Corrigés p. 447

1 Sur les traces d'un océan perdu

À partir de vos connaissances, expliquer comment et pourquoi les géologues pensent que, dans une chaîne de collision, les ophiolites sont les témoins d'un ancien océan.

2 Subduction et chaîne de collision

Les géologues pensent que, dans les Alpes, une subduction océanique aurait précédé la collision de plusieurs blocs continentaux pour former une chaîne de collision (chaîne Hercynienne, ou Varisque).

Justifier cette affirmation en vous appuyant sur des exemples de votre choix.

3 La fragmentation continentale

Rédiger un texte expliquant comment on passe d'un rift continental à deux marges passives séparées par un espace océanique.

Votre travail s'appuiera sur des schémas correctement annotés.

4 Les ophiolites, mémoire d'océans disparus

■ Un cycle orogénique aboutit à la disparition d'un océan puis à la collision de deux blocs continentaux. Des lambeaux de lithosphère océanique échappent à cette disparition et sont incorporés à l'orogène sous la forme de complexes ophiolitiques.

■ On trouve dans les Alpes des massifs de « roches vertes », notamment près de Chamrousse (Isère) et au Mont Cruzore (Alpes italiennes, à proximité de Montgenèvre).

À l'aide de vos connaissances et en vous appuyant sur les informations données par les documents a et b, montrer que les Alpes renferment des témoins de plusieurs cycles orogéniques.

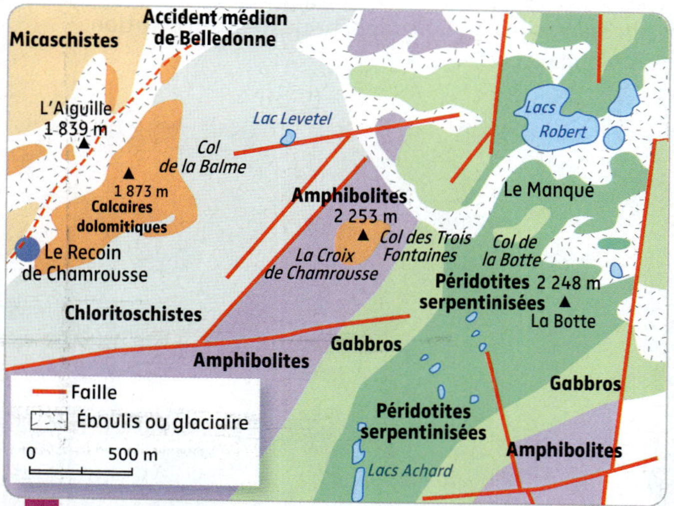

a Carte géologique simplifiée du secteur de Chamrousse. L'analyse chimique des amphibolites montre qu'il s'agit d'anciens basaltes océaniques. Les « roches vertes » de la série de Chamrousse (serpentinites, gabbros, amphibolites) ont été datées par la méthode uranium / plomb à 496 Ma.

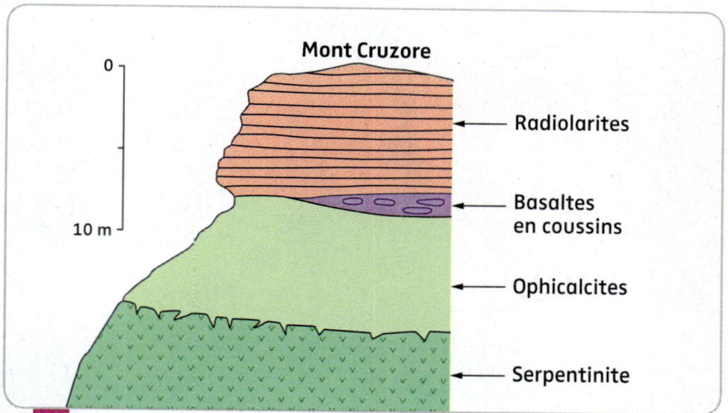

b Série du Mont Cruzore. Les radiolarites sont des sédiments océaniques ayant permis de dater les basaltes de 165 Ma. Les ophicalcites sont des sédiments détritiques (fragments de serpentinite dans un ciment calcaire).

5 Des témoins de l'exhumation

À l'aide de vos connaissances et en vous appuyant sur les informations données par les documents c et d, montrer que cette roche d'origine continentale a été enfouie dans un contexte de subduction, puis exhumée.

Aucune explication sur les mécanismes d'exhumation n'est attendue.

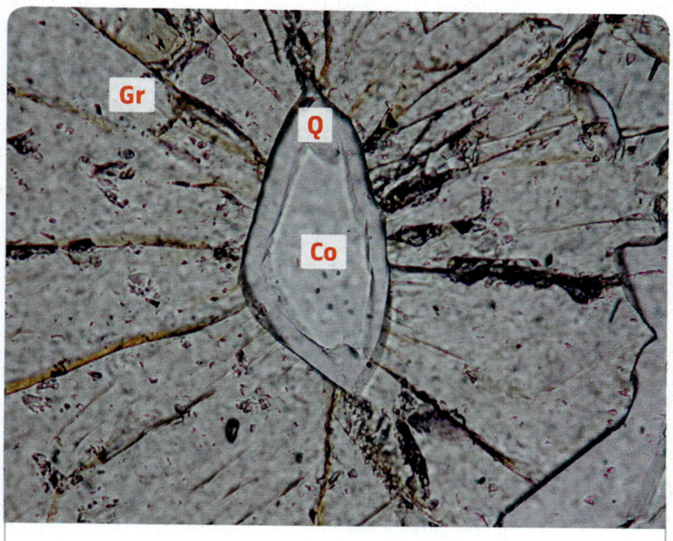

Co : Coésite **Q** : Quartz **Gr** : Grenat

c Lame mince réalisée dans une éclogite provenant d'une ancienne lave intrusive dans de la croûte continentale. À masse égale, le quartz occupe un volume plus élevé que la coésite.

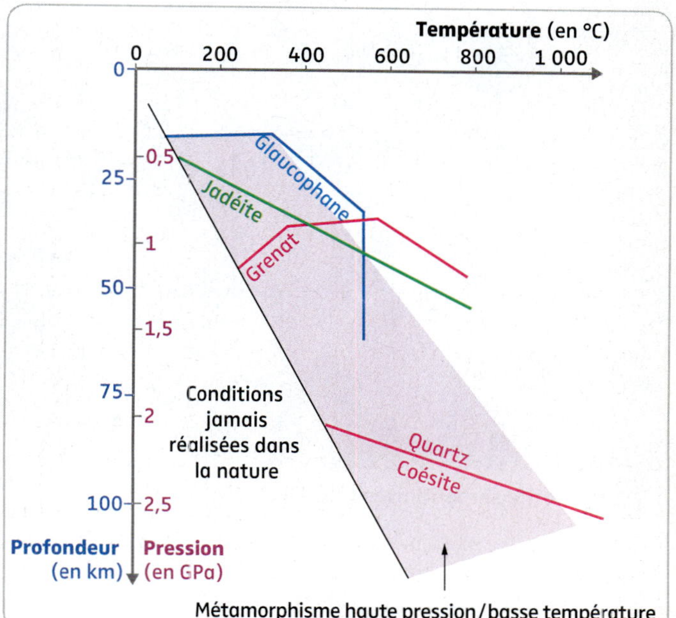

d Diagramme pression/température montrant les domaines de stabilité de quelques minéraux.

6 Exercice guidé Un océan dans les Vosges

À proximité d'Oderen (Vosges, Haut-Rhin), la série sédimentaire du Markstein chevauche la série d'Oderen. Le contact entre ces deux séries est jalonné d'écailles tectoniques (petits chevauchements en forme de lame) telles le Treh ou le Thalhorn, cette dernière étant décalée vers le Sud par une autre faille.

À partir de l'exploitation des documents et de vos connaissances, rechercher les traces d'un ancien espace océanique ayant existé dans les Vosges du Sud au Dévonien supérieur, témoin du cycle orogénique hercynien.

En bilan, proposer une reconstitution paléogéographique en coupe, à l'échelle de la lithosphère, orientée Nord-Ouest / Sud-Est et passant par les Vosges du Sud, à partir de la reconstitution paléogéographique en carte.

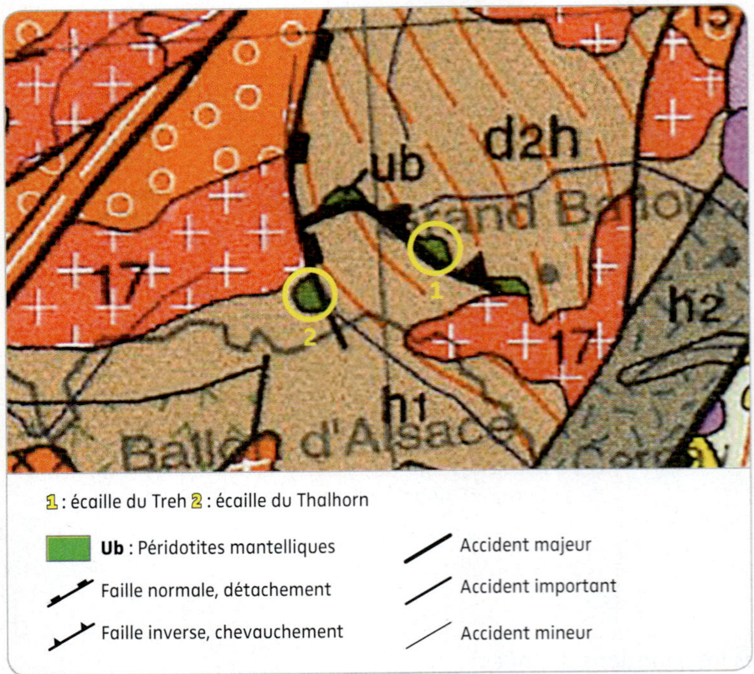

a **Extrait de la carte géologique de France, secteur d'Oderen (Haut-Rhin).**

c **Gabbro (écaille du Thalhorn) daté par la méthode Sm-Nd de 372±18 Ma (Dévonien sup.).**

b **Péridotite serpentinisée (écaille du Thalhorn).**

d **Ophicalcite (écaille du Treh).**
Une ophicalcite est une roche sédimentaire à ciment calcaire et comprenant des fragments de serpentinite.

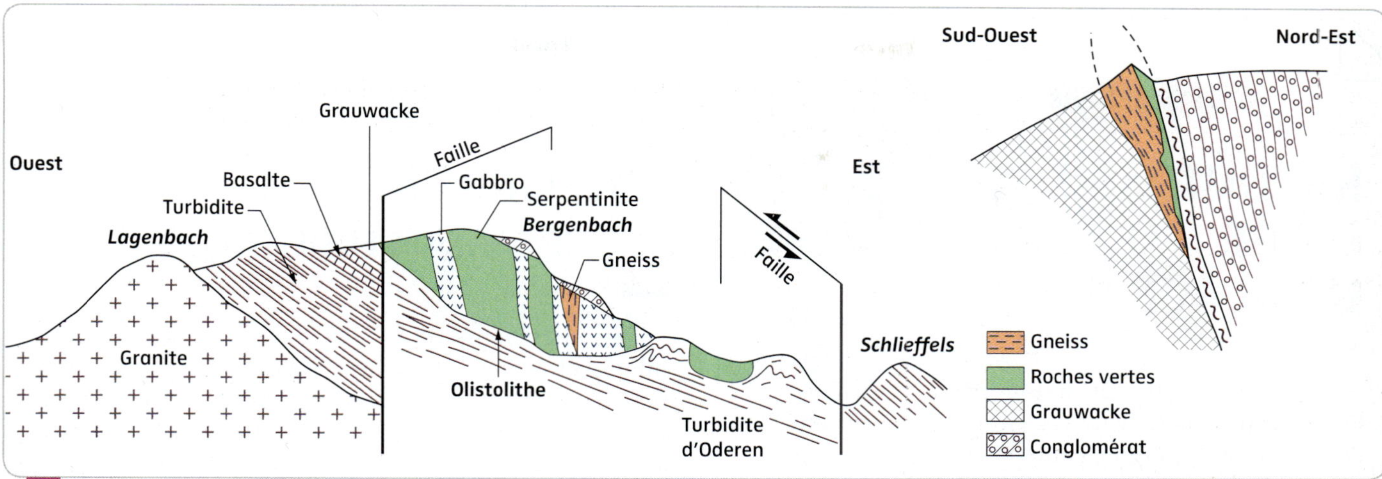

e **Coupe schématique de l'écaille du Thalhorn (à gauche) et de l'écaille du Treh (à droite).**

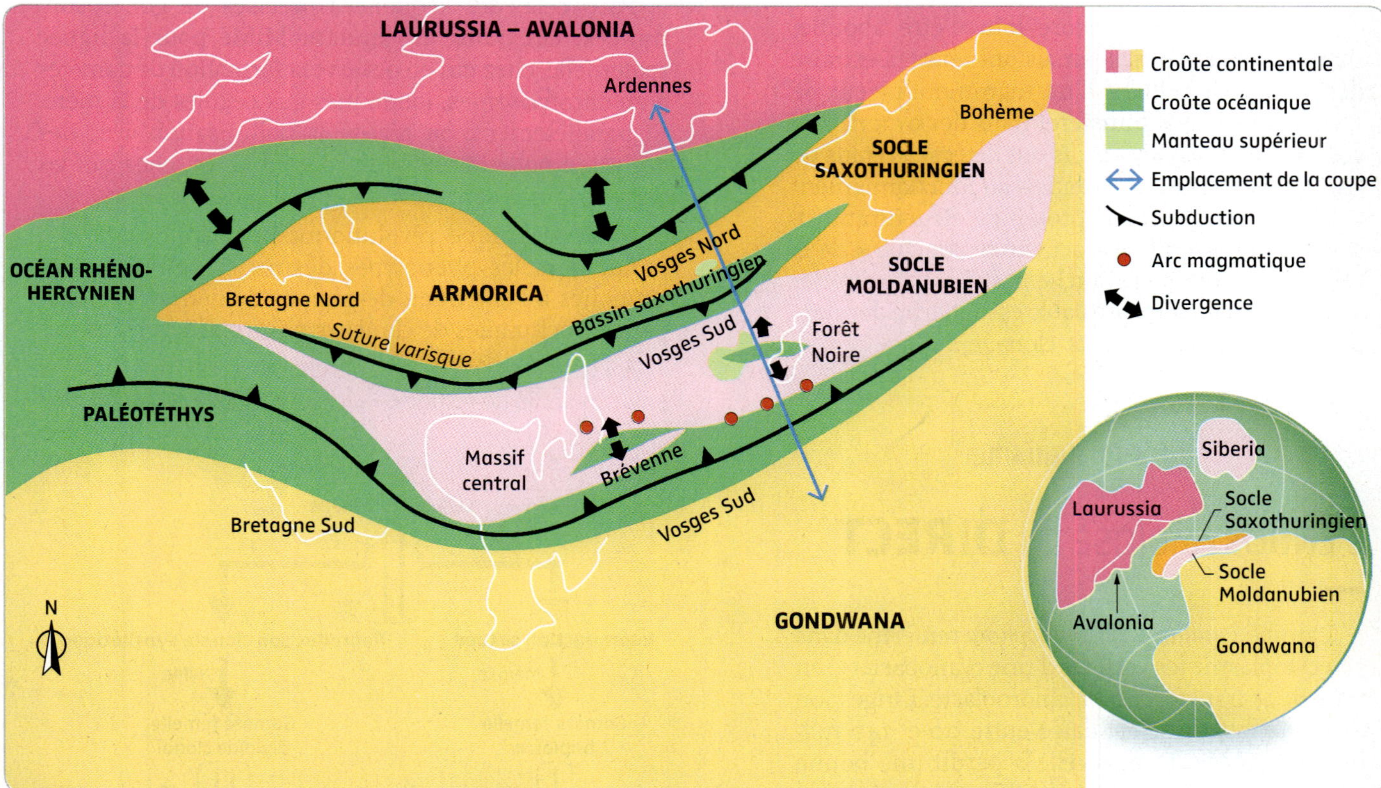

f **Reconstitution paléogéographique possible de l'Europe de l'Ouest au Dévonien supérieur.**

Guide de résolution

1. Mobilisez vos connaissances sur la structure de la lithosphère océanique afin d'identifier des ophiolites.
2. Repérez des indices témoignant d'une suture ophiolitique sur la carte géologique de la France.
3. Sur la carte paléogéographique, repérez les différentes subductions et identifiez leur polarité afin de pouvoir dessiner la coupe.

Génie génétique

RETOUR VERS L'ÂGE DE GLACE

Illustration d'un Mammouth laineux.

Des chercheurs sont déterminés à ressusciter les mammouths laineux par clonage, en utilisant l'information génétique contenue dans les noyaux de cellules de Mammouths conservées dans les glaces, et en les transférant dans un ovocyte énucléé d'éléphante.

La technique est encore loin d'être aboutie, mais des chercheurs japonais ont réussi à extraire des noyaux de cellules d'un mammouth vieux de 28 000 ans et à le transférer dans des ovocytes de souris. Dans ces noyaux, ils ont détecté, en plus de l'ADN, des éléments essentiels au fonctionnement cellulaire (comme les protéines structurantes), signe selon eux d'une « activité biologique » de la cellule. Ils n'ont en revanche pas réussi à stimuler la division cellulaire, préalable essentiel au développement d'un embryon par clonage…

Microorganisme

L'ENDOSYMBIOSE EN DIRECT

L'amibe *Paulinella chromatophora* renferme dans son cytoplasme les vestiges d'une cyanobactérie en train de se transformer en chloroplaste. L'ingestion de la cyanobactérie est datée entre 90 et 140 millions d'années. Depuis, elle a perdu une bonne partie de ses gènes : il en reste 867, soit environ un tiers de ceux présents dans la cyanobactérie d'origine. Plus de 70 gènes de la cyanobactérie sont désormais intégrés au génome de l'hôte. L'amibe est devenue autotrophe grâce à la photosynthèse réalisée par son nouveau chloroplaste.

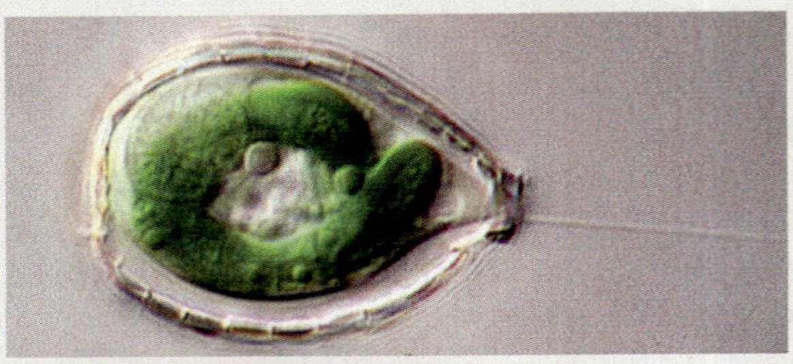

L'amibe *Paulinella chromatophora*.

Génie génétique

L'APOMIXIE : LA REPRODUCTION SEXUÉE SANS DIVERSIFICATION

Des chercheurs de l'INRA travaillent sur la possibilité d'effectuer la reproduction sexuée des plantes à fleur sans l'intervention de brassages chromosomiques. Il s'agit d'obtenir des graines alléliquement identiques à la plante mère, mimant ainsi un phénomène naturel mais assez rare de reproduction clonale par graines appelé apomixie.

Pour cela, des séquences précises de gènes sont mutées. On utilise un mutant MiMe pour la lignée maternelle, chez qui on observe la formation de gamètes à 2n chromosomes, identiques aux cellules de la mère. Et parallèlement, on réalise la pollinisation avec des grains de pollen issus d'un mutant GEM, chez qui les chromosomes sont éliminés après la fécondation.

Cette technique révolutionnaire permet d'obtenir rapidement les phénotypes désirés et de réduire les coûts liés à l'obtention de graines de génotype connu par des techniques de clonages plus traditionnelles.

À l'heure actuelle, les chercheurs arrivent à obtenir environ 30 % de graines « clonales » chez *Arabidopsis*.

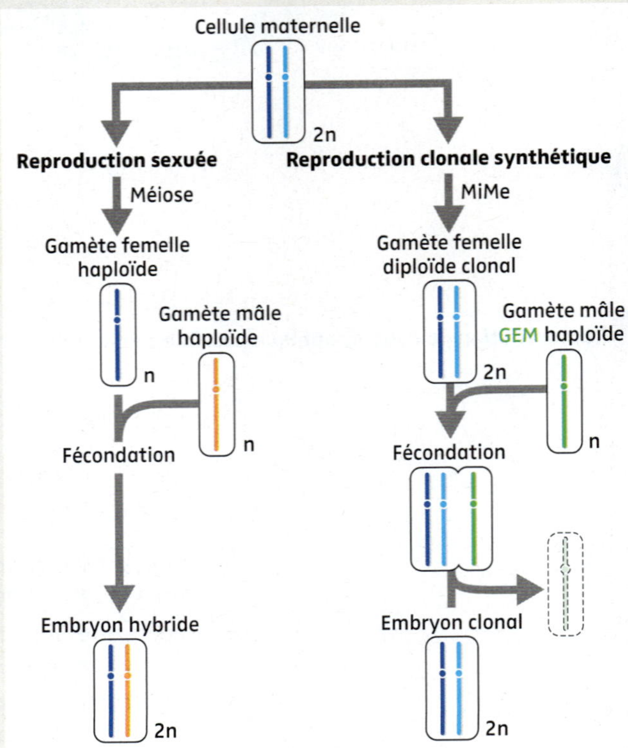

Reproduction sexuée et reproduction synthétique clonale.

Histoire des Sciences

Geoffroy Hardy.

Reginald Punnett.

Tous deux ont eu recours aux mathématiques pour analyser des événements biologiques.

HARDY INSPIRÉ PAR **PUNNETT ET LE CRICKET**

C'est en jouant au cricket avec Reginald Punnett que le mathématicien Geoffroy Hardy se vit soumettre la problématique de la transmission des allèles de génération en génération.

Punnett a inventé l'échiquier de Punnett, aussi appelé grille de Punnett (« Square Punnett ») pour suivre les allèles des gamètes. Aujourd'hui appelé échiquier de croisement, c'est en somme un tableau résumant les combinaisons possibles d'allèles maternels et d'allèles paternels. De par sa vocation à prédire les génotypes et leurs proportions, cette construction a été particulièrement utile à Hardy pour établir sa loi théorique d'équilibre des fréquences alléliques.

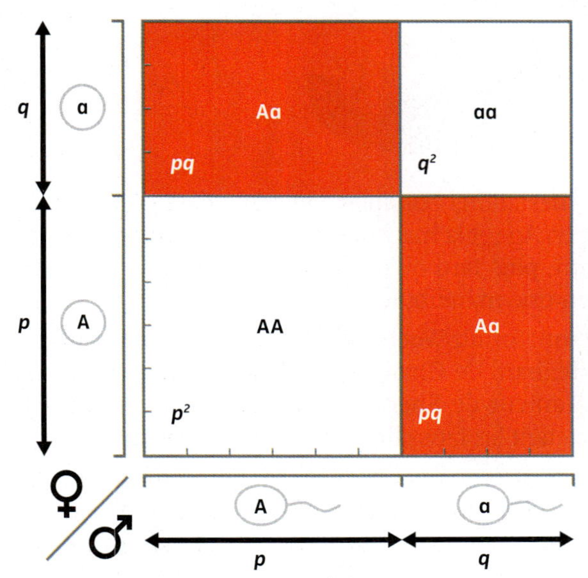

Un exemple de grille de Punnett.

Évolution

UNE DUPLICATION COMPLÈTE DE GÉNOME, GRAND **MOTEUR DE L'ÉVOLUTION ?**

Une équipe de l'INSERM étudie une catégorie de gènes humains impliqués dans les réactions immunitaires : celle des gènes du complexe majeur d'histocompatibilité (CMH).

À proximité des gènes du CMH humain, on trouve des gènes dits « gènes-ancres » dont la lente évolution les rend facilement repérables dans les différents génomes séquencés : ces gènes existent en quatre exemplaires dans le génome humain alors qu'il n'y en a qu'un seul exemplaire chez l'amphioxus, un petit animal marin.

La comparaison des séquences des « gènes ancres » chez l'amphioxus et l'être humain a permis aux équipes de l'INSERM de caractériser les fortes homologies (ressemblances et origine commune) entre ces gènes. Ils considèrent alors que les quatre gènes présents chez l'être humain appartiennent à une famille multigénique et sont donc issus d'un gène ancestral présent chez l'ancêtre des vertébrés à mâchoire.

La comparaison des séquences et la prise en compte du principe de l'horloge moléculaire (hypothèse qui stipule que les mutations s'accumulent dans le génome à une vitesse constante) permettent de penser que les duplications du gène ancestral ont eu lieu sensiblement à la même période, soit après la séparation du groupe des céphalocordés (Amphioxus) d'avec celui des vertébrés, mais avant l'apparition des vertébrés à mâchoires, soit entre 766 et 528 millions d'années.

Amphioxus. C'est le plus proche parent de tous les vertébrés, donc notre très lointain cousin.

Bactéries

WOLBACHIA : LA **BACTÉRIE** SYMBIOTIQUE **QUI CHANGE** LES CLOPORTES **MÂLES EN FEMELLES**

Cloportes *Armadillidium vulgare*.

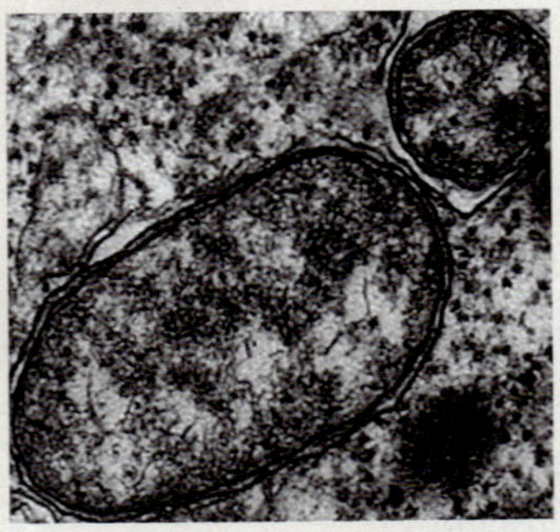

Bactérie *Wolbachia* au MET.

Le déterminisme du sexe du cloporte *Armadillidium vulgare* dépend de ses chromosomes sexuels mais peut également être affecté par des microbes endosymbiotiques héritables (via le cytoplasme des ovocytes maternels, et non par les spermatozoïdes paternels), un phénomène appelé déterminisme cytoplasmique du sexe.

Il est donc plus avantageux pour de tels endosymbiotes d'être présents chez des femelles qui pourront les transmettre à leurs descendants. Cela explique pourquoi certains endosymbiotes ont développé la capacité à transformer leurs hôtes mâles en femelles. C'est notamment le cas des bactéries *Wolbachia* qui sont capables de féminiser les cloportes mâles en leur transmettant un fragment spécifique d'ADN : l'élément f.

Enquête

LE **CRÂNE DE PILTDOWN** ET LA **DATATION ABSOLUE** COMME PREUVE SCIENTIFIQUE

Le crâne de Piltdown.

Le 19 décembre 1912, Charles Dawson, avocat et géologue amateur britannique, et Arthur Smith Woodward, conservateur au British Museum de Londres, présentent à la *Geological Society* les restes d'un homininé à nul autre pareil, sorte de chaînon manquant entre le singe et l'être humain. Exhumé à Piltdown par Dawson et nommé *Eoanthropus dawsoni*, ce fossile et sa possible descendance soulevèrent d'intenses controverses scientifiques.

La méfiance face à cet « homme de Piltdown » sera totale pendant de nombreuses années puisqu'aucune autre découverte semblable ne sera effectuée. Face à la remise en question de la véracité de cette découverte, les chercheurs entreprendront la datation absolue au carbone 14, des ossements en 1959. Les résultats seront sans contestations possibles : le crâne date de l'époque du Moyen Âge et la machoire de 500 ans au plus ! Il sera démontré plus tard qu'il s'agissait d'un crâne humain associé à une mandibule d'orang-outan.

Dawson, Smith Woodward, le paléontologue français Pierre Teilhard de Chardin et même Sir Arthur Conan Doyle (l'auteur de Sherlock Holmes) seront suspectés comme étant les faussaires pendant plus de 40 ans.

Plus de 100 ans après la présentation du crâne de Piltdown, des incertitudes demeurent quant à l'identité du responsable de l'un des plus grands canulars scientifiques du XXe siècle. Même si de récentes études désignent Dawson comme l'unique suspect, il a emporté le secret dans la tombe depuis bien longtemps.

Science et fiction

VA-T-ON VERS **UNE NOUVELLE PANGÉE ?**

Les archives géologiques montrent qu'à plusieurs reprises, les continents ont été réunis en « supercontinents » : Pangée (300 Ma), Rodinia (900 Ma), Columbia (1,6 Ga), Proto-Pangée (2,2 Ga). Au-delà, les données sont rares et très fragmentaires, ce qui rend les reconstitutions paléogéographiques hasardeuses. Selon Wilson (1966), les continents se fragmentent, se séparent puis se rassemblent selon une cyclicité de 400 à 600 Ma. Cette hypothèse ne fait pas consensus, mais une équipe de chercheurs a cependant modélisé ce que pourrait être le prochain supercontinent dans 200 Ma.

Modélisation du supercontinent le plus probable, baptisé « Novopangea », dans 200 Ma.

Comportements

Vidéo

L'OISEAU-LYRE : **CHEF D'ORCHESTRE**

Le ménure est un grand oiseau pouvant atteindre un mètre de long qui possède une longue queue en forme de lyre, qu'il déploie pendant les parades nuptiales. Il fait partie de la catégorie des oiseaux chanteurs les plus célèbres de l'Australie et du monde entier.

Mais sa particularité la plus remarquable est sa capacité d'imitation et d'apprentissage des sons. Il peut ainsi reproduire les sons des espèces qui l'entourent : des chants d'oiseaux d'espèces différentes jusqu'aux cris des singes.

Plus incroyable, l'oiseau-lyre peut reproduire les sons de l'environnement humain, et rien ne semble lui résister : appareil photo, autofocus d'objectif, alarme de voiture, tronçonneuse et armes à feu. Un individu a même été enregistré en train de produire des sons de pistolet laser… sûrement un grand fan de la saga *Star Wars*.

Le Ménure superbe, *Menura novaehollandiae*. C'est une espèce d'oiseau-lyre originaire d'Australie.

L'estomac de la vache produit des enzymes qui digèrent la cellulose des végétaux puisque ce ruminant est herbivore.

FAKE

Le vrai du Faux ?

Une vache adulte (d'environ 800 kg) broute près de 70 kg d'herbe et boit jusqu'à 90 litres d'eau par jour. Contrairement à l'être humain, les vaches possèdent 4 estomacs (la panse, le réseau, le feuillet et la caillette où la digestion stricto sensu se déroule).

La vache rumine l'herbe pour la découper en morceaux qui sont pris en charge par son microbiote. Dans la panse, il y a des millions de milliards de bactéries capables de digérer l'herbe.
Il y a également des protozoaires qui mangent ces bactéries ainsi que des champignons.
C'est donc le microbiote qui digère l'herbe.

Le bol alimentaire est filtré dans le feuillet : les microbes qui passent seront digérés par la vache et les morceaux d'herbe, quant à eux, transiteront sans plus de modification.

Calcul d'une distance génétique

Lors de la méiose, des échanges réciproques de segments de chromatides peuvent avoir lieu entre chromosomes homologues ; ce phénomène est nommé crossing-over (CO).
Plus un gène est éloigné du centromère, plus il a de chances de subir ce phénomène. C'est ce principe qui a permis aux chercheurs d'estimer la position des différents gènes sur les chromosomes et d'établir les premières cartes génétiques.

→ On cherche à déterminer la position chromosomique du gène J_{14} contrôlant la couleur d'une moisissure, *Sordaria macrospora*.

Sordaria macrospora est un organisme modèle en génétique. Il présente des particularités qui facilitent l'étude de la méiose :
– c'est un organisme haploïde : l'observation de son phénotype permet donc directement de connaître son génotype, étant donné qu'il ne possède qu'un allèle de chaque gène ;
– les cellules produites par la méiose d'une même cellule initiale sont confinées dans un asque, dans une position qui reflète leur origine durant la méiose.
On dispose de deux souches de *S. macrospora* :
– une souche sauvage produisant de la mélanine, pigment qui colore ses cellules en noir ;
– une souche mutante dont les cellules, incapables de produire la mélanine, apparaissent jaunes.
La différence entre ces deux souches est liée à la mutation d'un seul gène, J_{14}, situé sur le chromosome 4.

a. Un organisme modèle.

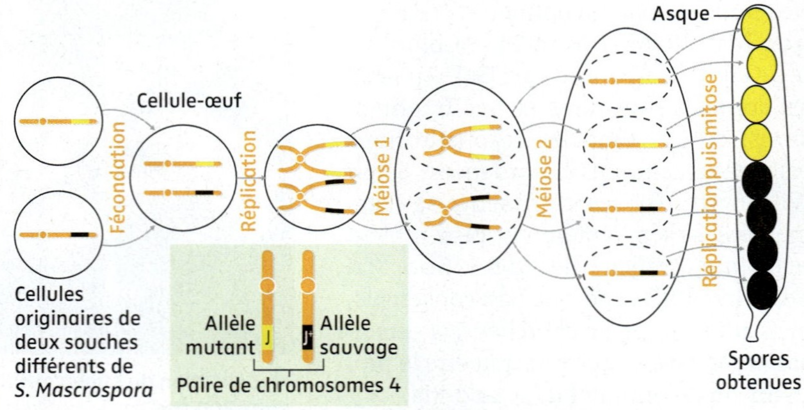

b. Formation des spores de *Sordaria macrosopora* par méiose suivie d'une mitose.
Remarques :
– Chez ces organismes, la méiose suit de très peu la fécondation.
– Elle donne naissance à des cellules haploïdes qui ne sont pas des gamètes.

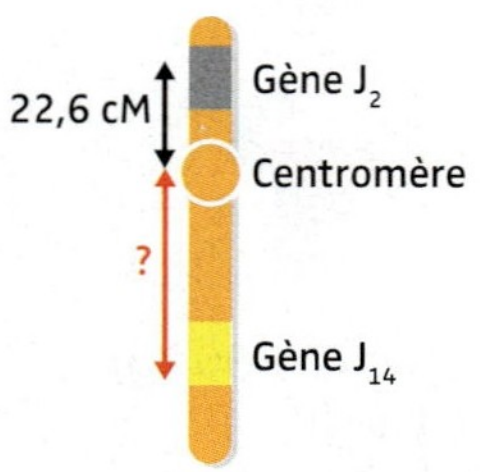

On peut estimer la distance génétique qui sépare un gène du centromère en appliquant la formule suivante :

$$\frac{\text{Nombre d'asques issus de méioses avec CO} \times 100}{\text{Nombre d'asques total} \times 2}$$

Plus la distance est importante, plus le gène est éloigné du centromère.
L'unité de mesure est le centiMorgan (cM)
Le gène J_2 est un autre gène impliqué dans la couleur des spores.

c. Carte génétique simplifiée du chromosome 4 de *S. macrosopora*.

Afin de déterminer quelle est la distance génétique qui sépare le gène J_{14} du centromère, réaliser une observation microscopique d'asques de *Sordaria macrospora*.
Matériel :
Des cultures de *Sordaria macrospora* (de type sauvage et de type mutantes), un microscope, des lames, des lamelles, une pince fine, un bouchon de liège, une pissette d'eau distillée.

d. Consigne technique.

1 Proposer une stratégie de résolution réaliste

> **Pour résoudre le problème, il faut estimer la proportion d'asques issus d'une méiose avec CO, ce qui permettra d'appliquer la formule présentée dans le doc c.**

> **Pour repérer les asques issus des cellules ayant subi un CO, il faut observer le résultat de la méiose d'un individu hétérozygote pour le gène J_{14}. Pour obtenir un tel individu, il faudrait réaliser un croisement des souches sauvage et mutante de *Sordaria*.**

> **Les asques issus d'une cellule ayant subi une méiose avec CO ne devraient pas avoir 4 spores consécutives noires et 4 spores consécutives jaunes (à expliquer au moment de l'interprétation des résultats, voir doc f).**

> **Si le gène J_{14} est éloigné du centromère, on s'attend à trouver une forte proportion d'asques contenant des spores recombinées ; inversement s'il en est proche.**

DES PISTES POUR RÉUSSIR

- Lire l'ensemble du sujet avant de proposer une stratégie (les éléments présents dans le matériel peuvent vous mettre sur une piste de réponse).
- Penser à compléter la liste de matériel pour rendre votre stratégie opérationnelle : ici, c'est l'idée de croisement des deux souches qui est nécessaire.
- Penser à indiquer les résultats auxquels vous vous attendez. Dans ce type de sujet, on n'attend pas que vous « pariez » sur une distance génétique (grande ou petite), mais sur les conséquences observables de cette plus ou moins grande distance (une proportion plus ou moins grande d'asques issus de méiose avec CO).

2 Mettre en œuvre un protocole pour obtenir des résultats exploitables

PROTOCOLE

1. Prélever des périthèces (zones à l'interface entre les deux souches, renfermant les asques) à l'aide de pinces fines, sous loupe binoculaire.
2. Monter quelques périthèces dans une goutte d'eau entre lame et lamelle. Écraser délicatement la préparation à l'aide du bouchon de liège pour faire éclater les périthèces et séparer les asques.
3. Observer ces périthèces au microscope.

Pour avoir des données fiables, il faudrait compter un nombre important d'asques. Compte tenu du temps limité, on tolèrera tout comptage qui aura été effectué sur au moins 30 asques.

LES BONS GESTES

1. Au microscope, penser à régler la luminosité et le diaphragme (contraste) pour visualiser au mieux les spores dans les asques.
2. Choisir la zone d'observation la plus stratégique : une zone dans laquelle le maximum d'asques sera exploitable.

➜ Méthode n° 21 Fiche méthode

3 Présenter et traiter les données brutes pour qu'elles apportent les informations nécessaires à la résolution du problème

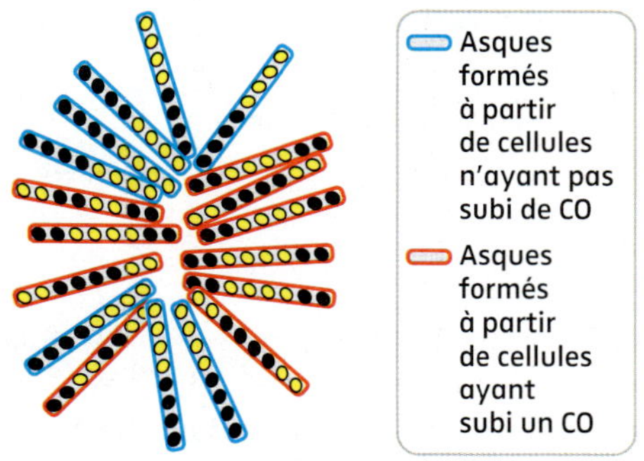

e. Schéma représentant les asques issus de l'hybridation des souches sauvage et mutante pour le gène J_{14} de *Sordaria macrospora* (grossissement à indiquer).

DES PISTES POUR RÉUSSIR

- L'observation des résultats doit être communiquée d'une façon judicieuse (éviter un texte seul) : ici, nous avons choisi une schématisation, mais une photo légendée aurait été possible.
- Penser à indiquer le mode d'observation (microscope) et le grossissement dans le titre.
- Les résultats présentés doivent préparer à l'interprétation, qui sera établie grâce à l'estimation de la proportion des asques issus de CO : il est donc indispensable d'identifier ce type d'asques sur les résultats présentés (ils sont entourés en rouge ici).

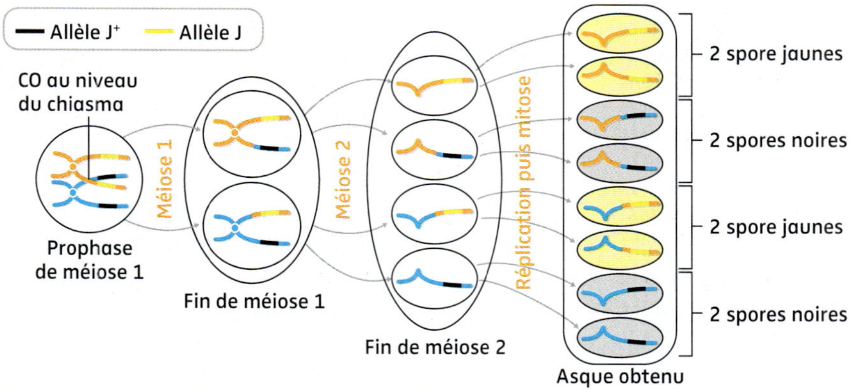

f. Schéma représentant les conséquences d'un crossing-over se déroulant sur la paire de chromosomes 4. Les asques obtenus sont de type 2/2/2/2. Des CO avec d'autres chromatides de cette même paire de chromosomes peuvent mener aux asques de type 2/4/2.

DES PISTES POUR RÉUSSIR

- Il est important de justifier la façon dont on distingue les asques issus d'un CO des autres. Ici, nous avons choisi de l'expliquer sous forme de schéma (**doc f**).

4 Exploiter les résultats pour résoudre la situation problème

Nombre d'asques issus d'un événement de CO	Nombre d'asques formés sans événement de CO	Nombre d'asques total	Distance génétique du gène J_{14} au centromère
10	8	18	$(10 \times 100)/(18 \times 2) \approx 27{,}7$cM

g. Tableau présentant le mode de calcul de la distance génétique de J_{14} au centromère. Le gène J_{14} est donc à une distance de 27,7cM du centromère : il est un peu plus éloigné du centromère que le gène J_2.

DES PISTES POUR RÉUSSIR

- Répondez à la consigne en partant des résultats obtenus par vos observations.
- On propose de le faire ici sous forme de tableau, mais on aurait tout aussi bien pu le faire sous forme de texte : « J'ai vu qu'il y avait 10 asques sur 18 issus d'un événement de CO. Or, je sais que la distance génétique d'un gène s'estime grâce à la formule suivante. J'en déduis que le gène J_{14} est à une distance de 27,7 cM du centromère du chromosome 4 ».

Mobiliser et organiser ses connaissances

Exercice 1

Les traces des cycles orogéniques sur les continents

ÉNONCÉ Les cycles orogéniques qui se sont succédé dans l'histoire de la Terre ont laissé des traces sur les continents actuels, particulièrement visibles dans les chaînes de montagnes récentes comme l'Himalaya.

QUESTION **Présenter les événements qui se succèdent au cours d'un cycle orogénique, et décrire les types de traces que ces événements passés ont laissé dans les continents actuels.**
Vous utiliserez le **doc a** *comme support à votre argumentation lorsque nécessaire. Vous pourrez vous appuyer sur des schémas judicieusement choisis.*

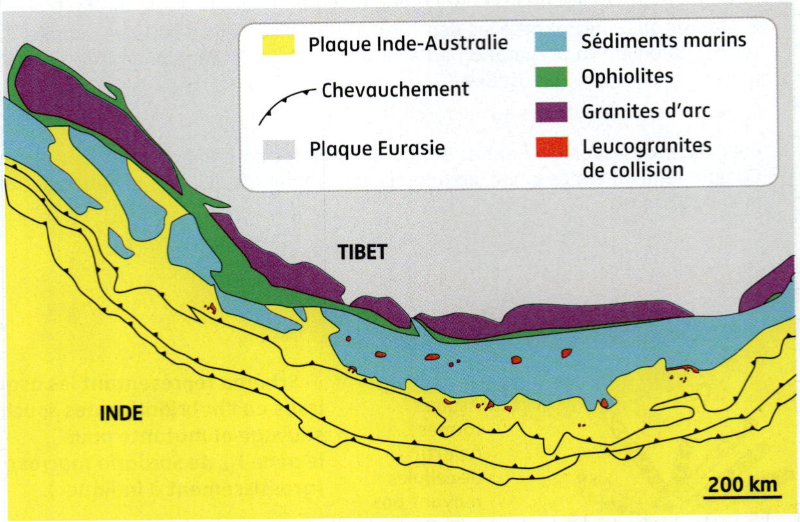

a. Carte simplifiée de l'Himalaya.

Éléments de réponse attendus

Introduction

Les roches continentales ont un âge moyen beaucoup plus élevé que les roches océaniques : dans certaines zones, il dépasse 4 milliards d'années, contre 180 millions au maximum pour les roches océaniques. Cette caractéristique, expliquée par une dynamique différente des lithosphères océaniques et continentales, rend les roches continentales précieuses dans l'étude des événements géologiques anciens. En effet, les caractéristiques des roches (structure, composition) sont des témoins des événements géologiques passés. L'étude des roches permet ainsi de retracer la suite d'événements se déroulant lors d'un cycle orogénique, c'est à dire ceux qui conduisent à la formation d'une chaîne de montagnes puis à sa destruction.

Quels sont les différents événements qui se succèdent au cours d'un cycle orogénique, et comment peuvent-ils être repérés aujourd'hui sur les continents ?

Nous montrerons d'abord que les continents peuvent se fragmenter au cours d'un rifting qui peut mener à une océanisation, puis nous présenterons la fermeture océanique qui suit, et qui peut conduire à une collision continentale à l'origine des chaînes des montagnes.

I Fragmentation des continents

– Des rifts continentaux sont observables actuellement (ex : Afars), signes d'une fracturation de certains continents. Les marges passives actuelles sont des traces de rifts anciens.

– Des blocs basculés produits au cours de riftings passés sont observés dans les chaînes de montagnes récentes.

– Les failles normales, la disposition des sédiments des marges passives, etc., témoignent du contexte de divergence dans lequel ces structures se sont mises en place.

II Océanisation

– Une accrétion océanique peut succéder au rifting, par l'action d'une dorsale.

1 Lecture du sujet

Au brouillon

• **Préparer l'introduction en formulant l'énoncé du problème.** Si vous avez du mal à le formuler, reprenez la consigne (en gras) et transformez-la au mode interrogatif (le risque de hors sujet sera ainsi limité).

• **Identifier le(s) terme(s) important(s) du sujet** à définir (*ici, cycle orogénique*). La définition devra être intégrée à un paragraphe qui précède le problème, et qui l'introduit. Il ne s'agit pas de faire une « liste » de définitions juxtaposées, sans lien, mais d'expliciter ce(s) terme(s) au sein d'un paragraphe cohérent, qui amène au questionnement soulevé par le sujet.

• **Préparer votre plan.** Pour le faire émerger, vous pouvez noter les mots clés associés au sujet (*subduction, ophiolite, rift, collision, océanisation, obduction, convergence, divergence, métamorphisme HP/BT, failles, ...*) puis surligner d'une même couleur ceux qui se rattachent à une même idée. Quand le sujet s'y prête, présenter des événements suivant un ordre chronologique est un choix peu risqué et souvent judicieux (comme ici).

2 Fil conducteur

Au brouillon

• **Noter les grandes idées** que vous souhaitez développer dans chaque partie, en vous référant au(x) problème(s) énoncé(s) en introduction. Pour chaque idée, demandez-vous si les éléments développés permettront de répondre (au moins partiellement) au problème. Si ce n'est pas le cas, c'est probablement que les connaissances apportées n'ont pas d'intérêt dans le sujet en question.

– Des traces de lithosphère océanique sont visibles actuellement sur les continents : les ophiolites (préciser la constitution). Elles sont visibles dans les chaînes de montagnes actuelles comme l'Himalaya (**doc a**), à l'interface entre les deux plaques entrées en collision. Elles sont interprétées comme des sutures des deux plaques qui se sont affrontées.

– L'obduction a permis de conserver des fragments de lithosphère océanique ancienne, peu métamorphisée (métamorphisme hydrothermal), témoin de l'océanisation.

III Subduction océanique

– Le vieillissement de la lithosphère océanique conduit inéluctablement à son entrée en subduction.

– Ce phénomène est marqué par un métamorphisme HP/BT des roches de la croûte océanique. Les associations minéralogiques caractéristiques de ces conditions P/T sont aujourd'hui visibles dans les roches constitutives de certaines ophiolites des chaînes de montagnes anciennes et récentes (comme l'Himalaya). C'est leur exhumation, postérieure à leur entrée en subduction, qui les rend accessibles à l'observation actuelle.

– Les traces d'un magmatisme caractéristique de ces zones est également détecté dans l'Himalaya (granites d'arc, **doc b**).

IV Collision

– La convergence lithosphérique initiée par la subduction océanique peut se poursuivre et mener à la collision de deux lithosphères continentales.

– Les déformations de type pli, faille inverse, chevauchement (**doc a**) sont des signes du contexte de convergence dans lequel la collision continentale s'est déroulée.

– Des roches métamorphiques et magmatiques (leucogranites, **doc a**) se forment à la suite de l'épaississement crustal qui résulte de la collision.
Les chaînes de montagnes sont ensuite aplanies par des processus, dont l'érosion, qui ne sont pas à présenter car hors programme.

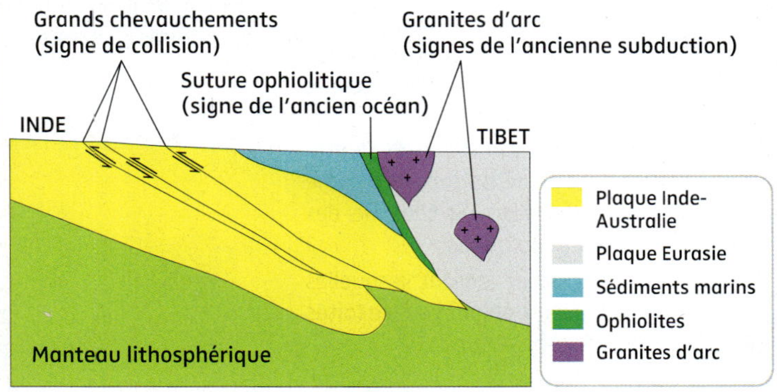

b. Traces du dernier cycle orogénique dans la structure actuelle de la lithosphère himalayenne.

V Conclusion

Un cycle orogénique correspond à une suite d'événements qui se déroulent :
– en contexte de divergence : fracturation d'un continent (rifting) puis océanisation ;
– en contexte de convergence : subduction océanique, collision continentale (puis aplanissement des reliefs).

Chacun de ces événements a laissé, sur les continents actuels, des traces :
– tectoniques (failles normales, inverses, chevauchements) ;
– pétrographiques (ophiolites, granites d'arc, leucogranites de collision) ;
– minéralogiques (métamorphismes hydrothermal, de subduction).

Avant qu'un nouveau cycle reprenne, les reliefs formés par la collision disparaissent par l'action de différents procédés : quels sont-ils ? à quelle vitesse ont-ils lieu ? que deviennent les particules éliminées des reliefs ?

3 Méthode

• Chaque notion du cours utile devra être définie, expliquée voire argumentée le plus clairement possible.

• Lorsqu'ils sont présents comme dans ce sujet, le(s) document(s) doivent être utilisés en illustration des connaissances apportées.

• Vous pouvez éventuellement mettre des titres (voire des sous-titres) aux différents paragraphes, comme présenté ici, mais ce n'est pas une obligation.

4 Réaliser un schéma

• Les schémas réalisés peuvent l'être en complément d'explications écrites dont la schématisation est difficile, mais ils peuvent tout à fait remplacer un paragraphe, si toutes les explications nécessaires figurent sur le schéma. Il est d'ailleurs déconseillé de répéter sous forme de texte des informations déjà visibles sur un schéma : cela vous ferait perdre du temps de rédaction pour un contenu qui ne sera pas plus valorisé que le schéma correspondant.

• Un exemple possible de schéma est celui proposé ci-contre, mais il était tout à fait possible d'illustrer les épisodes passés du cycle orogénique (rifting, subduction, ...). L'idéal est d'adapter le schéma au sujet : dans ce cas, on fait figurer l'Inde et le Tibet, les chevauchements majeurs et les terrains visibles sur le **doc a**.

5 Conclusion

• Rédiger la conclusion au brouillon, dès le début de l'épreuve : c'est à ce moment-là que vous aurez l'esprit le plus vif, indispensable à une rédaction appliquée.

• Une réponse claire au problème doit apparaître, qui est la synthèse des éléments clés du développement. Ne vous contentez pas de reprendre le problème sans apporter de solution ; les formulations du type *« ainsi, nous avons présenté les événements qui se succèdent au cours d'un cycle orogénique... »* n'apportent aucune réponse et sont donc à éviter.

• Éventuellement, préparez une ouverture sur un questionnement plus vaste que le sujet.

Pratiquer une démarche scientifique

Au brouillon

1 Lecture du sujet

> Noter le(s) problème(s) au(x)quel(s) vous devrez répondre : **quelle est l'origine des différences de diversité génétique entre populations à multiplication clonale et à reproduction sexuée ? Quelles peuvent être les conséquences évolutives d'une faible/forte diversité génétique ?**

Exercice 2

Les modes de reproduction des daphnies

ÉNONCÉ Les daphnies, ou puces d'eau, sont des crustacés planctoniques d'eau douce de petite taille (quelques millimètres de longueur). Elles se nourrissent de microorganismes (bactéries, algues, ...) qu'elles prélèvent dans l'eau qu'elles filtrent.
Ces organismes sont capables de se reproduire de manière sexuée ou par clonage. Le mode de reproduction a un impact sur la diversité génétique des populations.

QUESTION **Expliquer comment le mode de reproduction impacte la diversité génétique des populations de daphnies, puis présenter les conséquences possibles en terme évolutif.**
Vous organiserez votre réponse selon une démarche de votre choix en intégrant des données issues des documents et les connaissances complémentaires nécessaires.

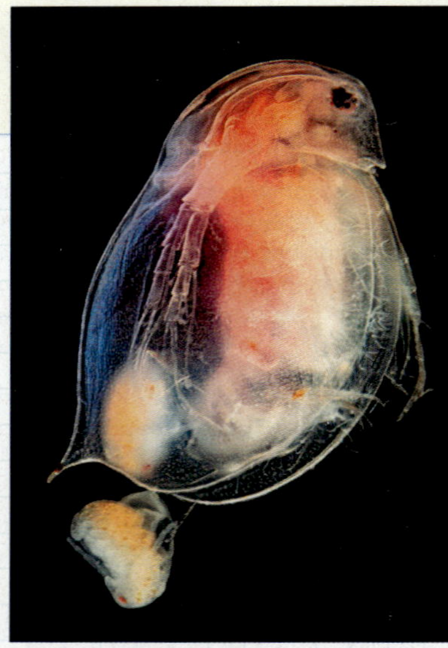

Doc 1. Daphnie donnant naissance à un jeune.

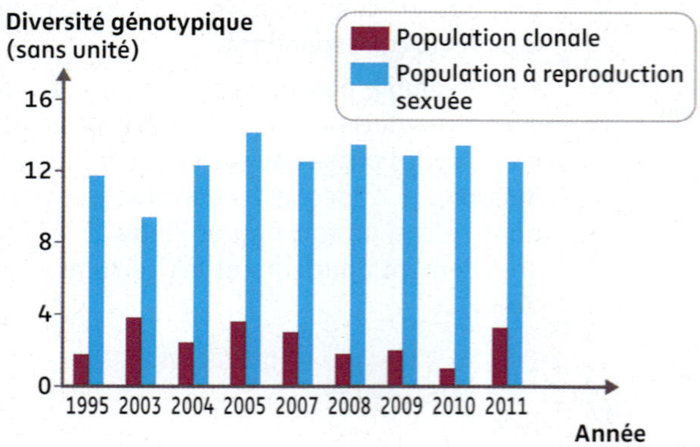

Les deux populations de daphnies étudiées cohabitent au sein d'un même étang canadien de la région des Grands Lacs. La diversité génotypique a été estimée à partir de l'observation des allèles de quatre gènes présents dans le génome des individus de chacune des deux populations.

Les années durant lesquelles les mesures n'ont pu être faites n'apparaissent pas.

Doc 2. Diversité génétique de populations de daphnies à multiplication clonale ou reproduction sexuée.

Les chercheurs ont observé les cellules après avoir « marqué » certains de leurs éléments par un composé fluorescent.

Les éléments de la cellule visibles grâce à la fluorescence qu'ils émettent sont :

– un type de cohésine impliquée dans l'appariement des chromosomes (fluorescence verte) ;

– les cassures double brin de la molécule d'ADN, qui peuvent se produire au niveau d'un chiasma (fluorescence rouge).

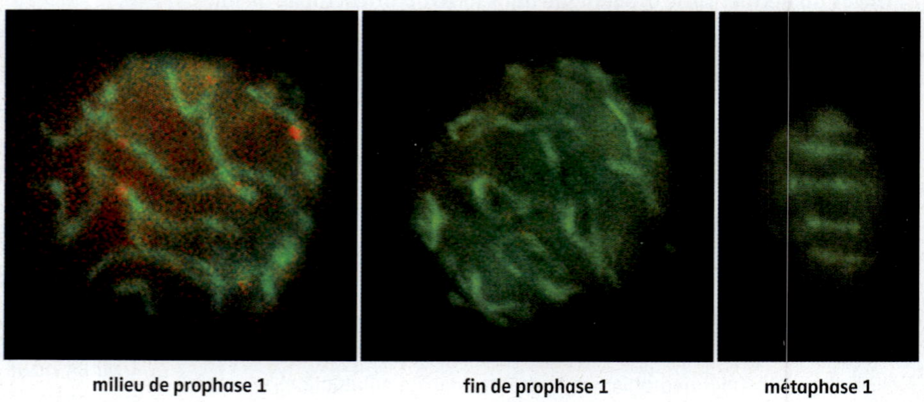

Doc 3. Observation microscopique de cellules en début de méiose chez une daphnie mâle.

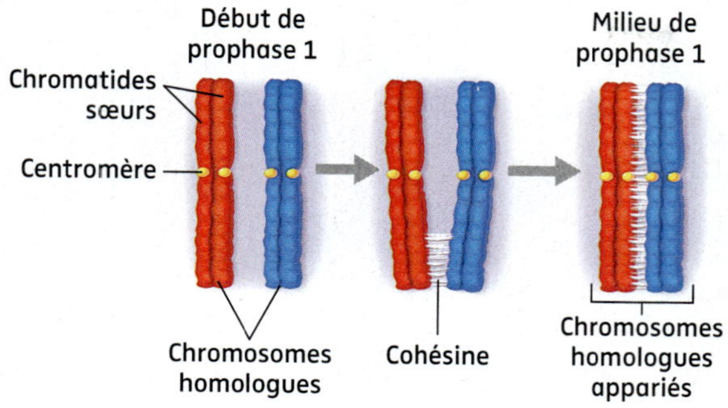

Au cours de la prophase de la première division de méiose, les chromosomes homologues s'associent grâce à des protéines particulières de la famille des cohésines. Cet appariement est essentiel au déroulement de la méiose.

Les différents états de condensation de l'ADN ne sont pas représentés sur ce schéma.

Doc 4. Rôle de la cohésine en début de méiose.

Des chercheurs ont réalisé des expériences au cours desquelles deux populations de daphnies ont été confrontées. Elles étaient élevées dans un même bassin, mais séparées par un filet. Les mailles empêchaient le passage des daphnies d'un côté à l'autre du filet mais permettaient la circulation de nourriture.

Plusieurs « confrontations » entre différentes populations ont été réalisées. Les chercheurs ont utilisé des daphnies à multiplication clonale, et ont « créé » les populations génétiquement diverses en réunissant des individus provenant de plusieurs lignées clonales différentes.

Conditions expérimentales

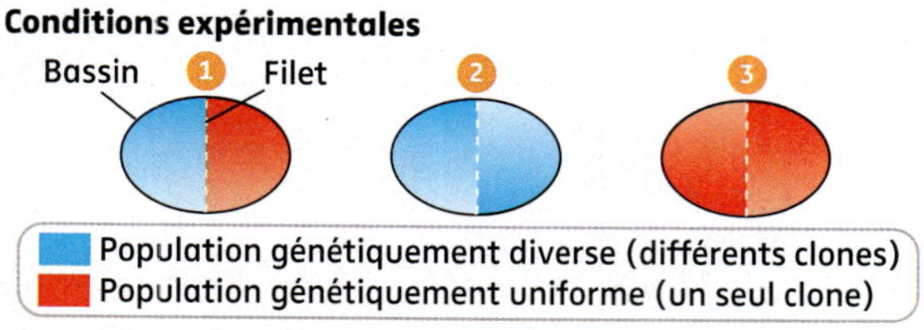

Résultats

Taux de natalité dans les populations génétiquement diverses lors de la confrontation 1
(nombre de jeunes produits/individu/jour)

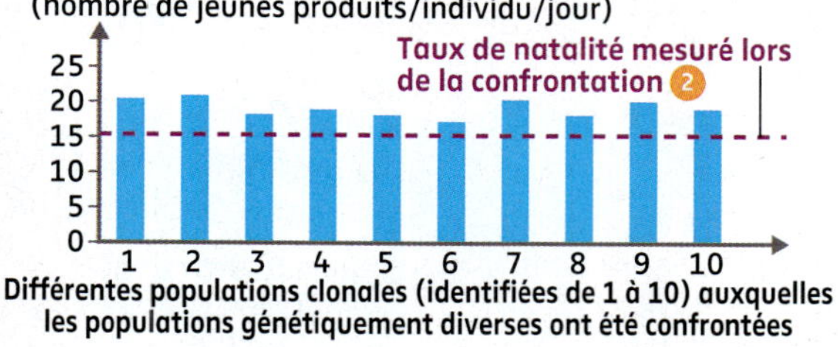

Pour évaluer le résultat de ces confrontations, les chercheurs ont mesuré le taux de natalité des différentes populations.

Celui des populations génétiquement diverses est présenté ci-dessus. Celui des populations génétiquement uniformes est resté identique, que la population soit confrontée à une population issue du même clone (confrontation 3) ou à une population génétiquement diverse (confrontation 1).

Doc 5. Diversité génétique et compétitivité des daphnies.

2 Lecture de documents

> Saisir les informations utiles à la résolution du problème :

Doc 2. La population clonale a une diversité génétique non nulle, mais bien plus faible que celle à reproduction sexuée.

Doc 3. Au cours de la prophase 1 de méiose, des cassures double brin sont détectées ponctuellement sur les molécules d'ADN au moment où les chromosomes homologues sont appariés (cohésine détectée, montrant l'appariement des chromosomes homologues). Dès la fin de prophase, plus aucune cassure n'est détectable.

Doc 4. Les populations génétiquement diverses ont un taux de natalité supérieur lorsqu'elles sont en compétition avec les populations génétiquement uniformes (quelles qu'elles soient) que lorsqu'elles le sont avec elles-mêmes. Ce n'est pas le cas des populations issues d'un même clone. Une forte diversité génétique (favorisée par la reproduction sexuée) doit donc conférer un avantage compétitif pour l'alimentation des daphnies. On peut donc penser que les populations de Daphnies génétiquement diverses seront favorisées au cours de l'évolution.

3 Mobilisation des connaissances

> Mettre en relation ces informations entre elles et avec vos connaissances. Faire apparaître ces liens par un code couleur sur votre brouillon. Dans votre développement, ces liens devront clairement apparaître (n'attendez pas la conclusion).

La faible diversité génétique de la population à multiplication clonale s'explique par les mécanismes à l'origine de la formation d'un clone (réplication de l'ADN et mitose) qui conservent le génome (bien qu'une certaine diversité puisse être maintenue par l'apparition de mutations ou de transferts horizontaux).

Le **doc 3** illustre le fait que, lors de l'appariement des chromosomes homologues en prophase 1, des chiasmas se forment. Ils peuvent mener à des crossing-over, à l'origine d'un brassage intrachromosomique des allèles.

Brassages intra- et interchromosomiques contribuent à augmenter la diversité génétique des populations à reproduction sexuée.

Outre le brassage réalisé lors de la méiose, des gamètes au contenu génétique différent sont unis lors de la fécondation ; ce mécanisme contribue à amplifier le brassage qui a lieu lors de la méiose.

4 Passage du brouillon à la rédaction

Exemple de bilan : seules les mutations (et les transferts horizontaux) contribuent à augmenter la diversité génétique des populations clonales. En plus de ces mécanismes, les brassages génétiques se déroulant lors de la méiose et de la fécondation contribuent à augmenter la diversité génétique des populations à reproduction sexuée. C'est ce qui explique la plus grande diversité génétique des daphnies à reproduction sexuée par rapport à celles à multiplication clonale. Cette plus grande diversité génétique semble conférer un avantage sélectif (meilleure compétitivité pour l'accès aux ressources).

THÈME 2

Enjeux planétaires contemporains

SOMMAIRE

Vu dans les classes précédentes

- Les plantes fabriquent leur biomasse à partir de molécules minérales lors de la photosynthèse.
- Les plantes sont constituées de molécules organiques qui constituent une forme d'énergie.
- Les radiations lumineuses absorbées par les pigments d'une plante permettent la réalisation de la photosynthèse.
- La température externe de la Terre dépend de sa distance au soleil mais également de la présence d'une atmosphère.
- Certains gaz de l'atmosphère sont des gaz à effet de serre.

Dans ce thème

- Identifier les relations structures/fonctions chez les plantes. Chapitre 8
- Expliquer comment les plantes fabriquent la matière qui les constitue. Chapitre 9
- Expliquer comment les plantes se reproduisent. Chapitre 10
- Reconstituer l'histoire des plantes que l'humanité cultive. Chapitre 11
- Expliquer les climats du passé pour agir aujourd'hui et demain. Chapitres 12 et 13
- L'humanité face au changement climatique. Chapitre 13

Quelles études ?

ANTOINE, Ingénieur agronome

- BAC général spécialité SVT
- Prépa scientifique BCPST
- École d'ingénieur en agronomie ou master biologie en agrosciences

→ Portraits p. 428

Moissonneuse batteuse dans un champ de blé. Le dernier rapport du GIEC souligne les conséquences multiples du réchauffement climatique sur la sécurité alimentaire de l'humanité.

POUR COMMENCER

Vos acquis

LE QUIZ

EXO Exercices interactifs

Répondez par vrai ou faux aux affirmations suivantes.
Vous pouvez vous reporter au paragraphe indiqué.

	Vrai	Faux	
▶ Les végétaux fabriquent leur biomasse lors de la photosynthèse à partir de molécules minérales (CO_2, H_2O et sels minéraux) prélevées dans leur environnement.	❒	❒	→ 2
▶ Les plantes occupent une place particulières au sein des écosystèmes : ce sont des consommateurs primaires.	❒	❒	→ 1 2
▶ Les molécules organiques fabriquées lors de la photosynthèse sont une forme de stockage de l'énergie solaire.	❒	❒	→ 3
▶ Utiliser un combustible fossile c'est utiliser une énergie solaire passée.	❒	❒	→ 4
▶ Les gaz à effet de serre représentent une faible proportion des gaz de l'atmosphère.	❒	❒	→ 3
▶ La température externe de la Terre dépend uniquement de sa distance au soleil.	❒	❒	→ 2
▶ Les gaz à effet de serre absorbent puis émettent un rayonnement qui repart entièrement vers l'espace.	❒	❒	→ 1 3

→ Voir réponses p. 447

1 L'EFFET DE SERRE

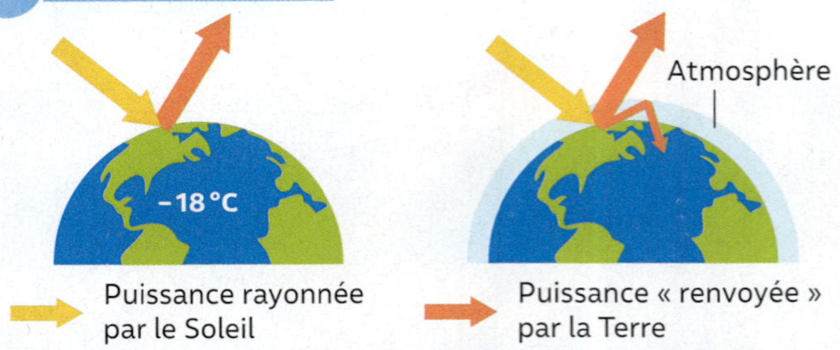

Les gaz à effet de serre absorbent une partie du rayonnement infrarouge émis par la Terre. Ils émettent à leur tour un rayonnement infrarouge dont une partie est redirigée vers le sol (forçage radiatif). Ce rayonnement émis par l'atmosphère augmente la température externe de la Terre d'environ 33°C.

2 LE SOLEIL : NOTRE SOURCE D'ÉNERGIE

La puissance solaire reçue par la Terre est d'environ 342 $W.m^{-2}$.
Cette valeur est liée à la distance Terre Soleil (150.10^6 Km). La température théorique d'équilibre de la surface de la Terre en considérant uniquement la puissance solaire est d'environ -18°C.

3 LES GAZ À EFFET DE SERRE

Plusieurs gaz atmosphériques (CO_2, CH_4, N_2O H_2O...) sont qualifiés de gaz à effet de serre.
Ces gaz sont peu abondants dans l'atmosphère (environ 0,05 %) mais ont pour point commun d'émettre un rayonnement infrarouge.

LE RÔLE DE DE L'EFFET DE SERRE SUR LA TEMPÉRATURE EXTERNE DE LA TERRE

1 LE RÔLE DES PLANTES DANS LES ÉCOSYSTÈMES

Au sein des chaines alimentaires, les plantes sont qualifiées de producteurs primaires car elles fabriquent leur propre biomasse sans consommer d'autres êtres vivants.

3 DE L'ÉNERGIE SOLAIRE À L'ÉNERGIE CHIMIQUE DES MOLÉCULES ORGANIQUES

77 kJ / 100 g de tomate

La réalisation de la photosynthèse par les organismes chlorophylliens permet l'entrée de matière minérale dans la biosphère. Les molécules organiques ainsi produites représentent un stockage de l'énergie solaire sous forme chimique.

2 LA PHOTOSYNTHÈSE

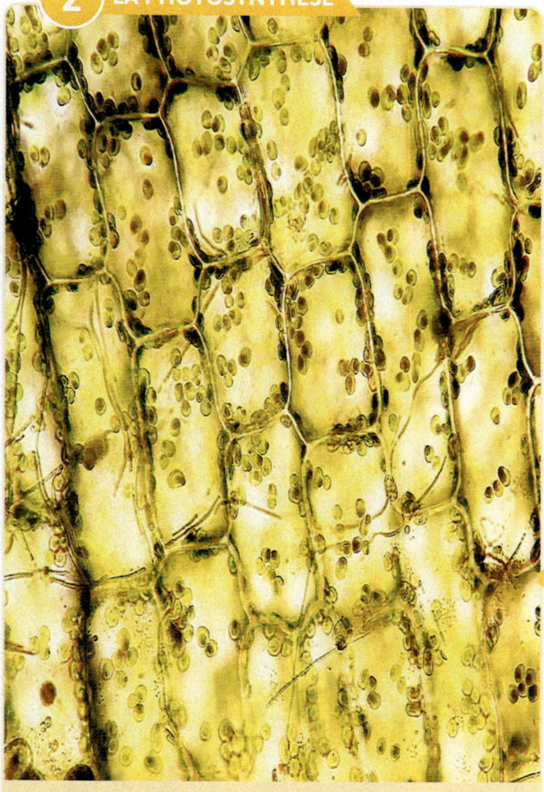

Le rayonnement solaire absorbé par les organismes chlorophylliens permet la synthèse de matière organique à partir d'eau de sels minéraux et de CO_2. Une petite fraction de la puissance solaire reçue est effectivement utilisée pour la photosynthèse.

L'IMPORTANCE DES PLANTES DANS LES ÉCOSYSTÈMES

4 UNE PHOTOSYNTHÈSE PASSÉE À L'ORIGINE DES COMBUSTIBLES FOSSILES

Les combustibles fossiles sont constitués de matière organique essentiellement formée lors d'une photosynthèse passée.

CHAPITRE 8

L'organisation fonctionnelle des plantes à fleurs

En milieu aérien, les plantes à fleurs constituent le principal groupe de végétaux, avec plus de 300 000 espèces connues. Malgré une grande diversité de formes et de milieux de vie, ces plantes possèdent une organisation commune.

Un arbre possède des organes aériens (tronc, branches, feuilles, fleurs et fruits) et souterrains (racines). C'est un être vivant fixé à l'interface sol/atmosphère.

Comment les plantes terrestres s'adaptent-elles aux variations de leur environnement ? UNITÉ 1

Développement d'un plant de haricot reconstitué à partir de photographies prises toutes les 10 minutes pendant 15 jours.

Comment se développe une plante ?

UNITÉ 2

700 000

C'est le **nombre de feuilles que peut posséder un vieux chêne**. Le nombre total de feuilles d'une plante est cependant très variable selon l'âge de l'individu, et en fonction de l'espèce.

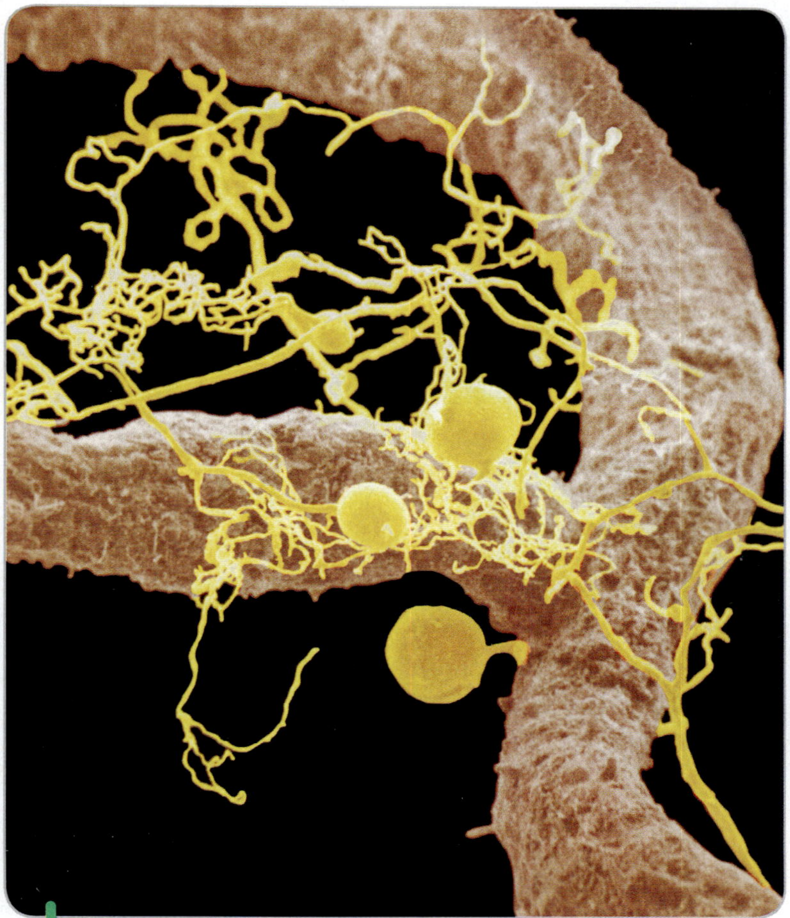

L'association entre les racines d'une plante (en marron) et des champignons du sol (en jaune) forme des mycorhizes.

Quel est le rôle d'une telle association ?

UNITÉ 1

Une tige de liseron. La tige de liseron est capable de percevoir le contact avec un objet solide. Il en résulte une croissance orientée du liseron, qui s'enroule autour de son support.

Quels facteurs contrôlent le développement d'une plante ?

UNITÉ 3

UNITÉ 1

Fonctionnement végétal et adaptation aux conditions environnementales

MISSION collective

Afin de participer à une exposition sur le thème des végétaux organisée par votre lycée, votre classe cherche à montrer le rôle des différents organes végétaux et leur adaptation à l'environnement. Vous vous répartissez en différents groupes d'experts travaillant sur les stomates (équipe 1), les feuilles (équipe 2), les tiges (équipe 3) et les racines (équipe 4).

→ **Élaborez un poster scientifique illustrant les rôles joués par les différents organes de la plante et montrant que le fonctionnement de ces organes est affecté par les variations de l'environnement.**

En plus des activités proposées, vous pouvez, pour remplir votre mission, concevoir d'autres protocoles expérimentaux et mener des recherches complémentaires sur internet.

→ Méthode n° 13 Fiches méthode

Phase 1 Chaque équipe d'experts collabore pour étudier une structure végétale.

Phase 2 Des groupes avec un expert de chaque équipe sont constitués afin de permettre la coopération des spécialistes pour atteindre l'objectif de la mission.

ATELIER 1 Les stomates

Simuler l'effet du vent sur les stomates

Protocole

PRINCIPE

Une plante est placée dans de l'air immobile ou dans de l'air mis en mouvement par un ventilateur, pour reproduire l'effet du vent. On observe ensuite les stomates, petites ouvertures présentes au niveau de l'épiderme des feuilles, et qui contrôlent les échanges gazeux entre la plante et l'atmosphère.

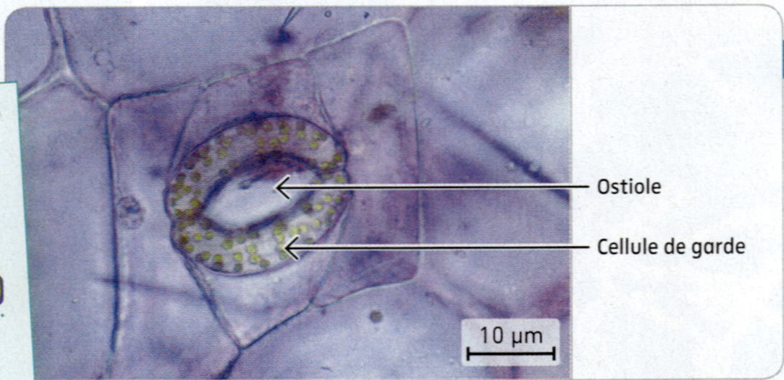

1 Stomate d'une plante placée dans de l'air immobile.

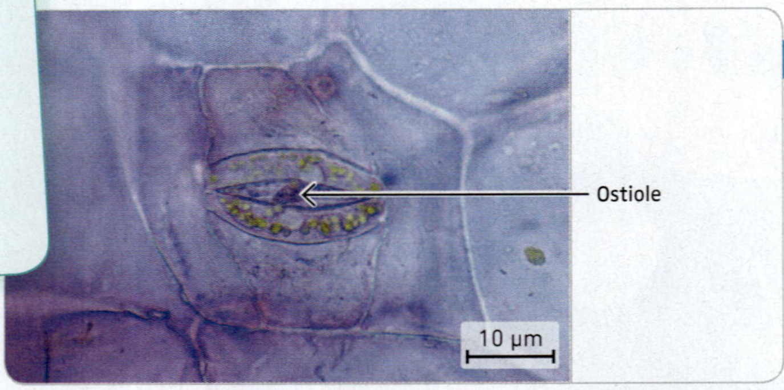

2 Stomate d'une plante soumise à l'action du vent.

Coups de pouce

Mobilisation des connaissances

1. Les plantes réalisent la photosynthèse : à partir d'eau et de CO_2, elles produisent de la matière organique (glucides notamment) et de l'O_2.

Pistes pour construire votre stratégie

2. Identifier l'origine des réactifs (air, sol) et le devenir des produits (transport dans la plante, sortie du végétal) de la photosynthèse.
3. Identifier les structures spécialisées, lorsqu'il y en a, transportant les différents réactifs et produits.

ATELIER 2 Les feuilles

Observer la production d'amidon dans les chloroplastes

Protocole

PRINCIPE

Des feuilles d'élodée préalablement éclairées ou placées à l'obscurité sont mises en présence d'eau iodée. Ce réactif colore l'amidon, un glucide formé à partir des produits de la photosynthèse, en bleu-noir.

3 **Cellules de feuilles placées à la lumière en présence d'eau iodée.**

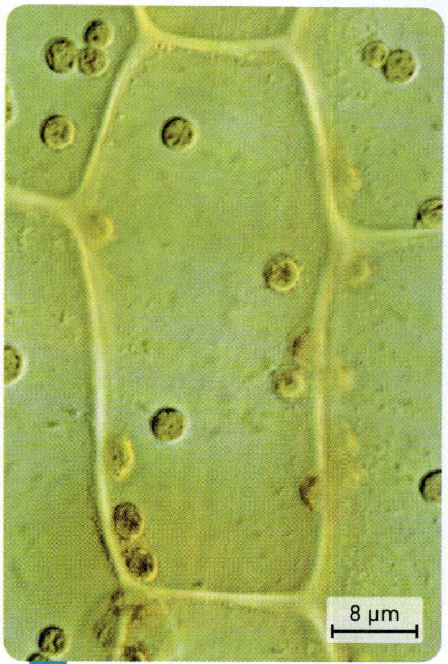

4 **Cellules de feuilles placées à l'obscurité en présence d'eau iodée.**

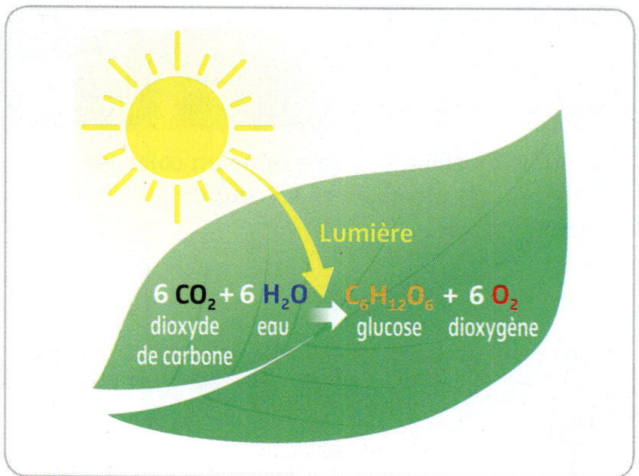

5 **Bilan de la photosynthèse.** La photosynthèse est une réaction chimique se déroulant dans les parties chlorophylliennes des végétaux. Elle produit la matière organique nécessaire au fonctionnement végétal.

La matière organique produite par photosynthèse peut être stockée sous différentes formes (glucides et lipides principalement), à différents endroits de la plante.

Par exemple :

- sous forme d'amidon dans les chloroplastes des feuilles ;
- sous forme d'amidon dans les amyloplastes de certains organes de réserve, comme les tubercules de pomme de terre.

6 **Les lieux de stockage de la matière organique.**

Déterminer la surface foliaire avec *Mesurim*

PRINCIPE

Les feuilles sont des surfaces d'échange car c'est à travers elles que certains gaz (O_2, CO_2 et vapeur d'eau) sont échangés entre la plante et son environnement.

Mesurer la surface des feuilles, appelée « surface foliaire », renseigne donc sur la capacité d'une plante à échanger des molécules avec le milieu extérieur. Cette mesure peut être réalisée à l'aide d'un outil informatique approprié. Afin de permettre des comparaisons entre espèces, on divise la valeur obtenue par la masse ou le volume de l'individu.

À titre de comparaison, pour un être humain de 70 kg, la surface des poumons est de 120 m² et celle du système digestif de 30 m².

→ Méthode n° 7

7 **Feuilles d'un plant de menthe :** surface foliaire : 55 cm² ; masse : 1,7 g ; volume : 20 cm³.

ATELIER 3 La tige

Mettre en évidence la circulation de sève

Protocole

PRINCIPE

Une plante est partiellement immergée dans de l'eau mélangée à un colorant. On réalise ensuite des sections transversales ou longitudinales des différents organes de la plante, et en particulier de la tige.

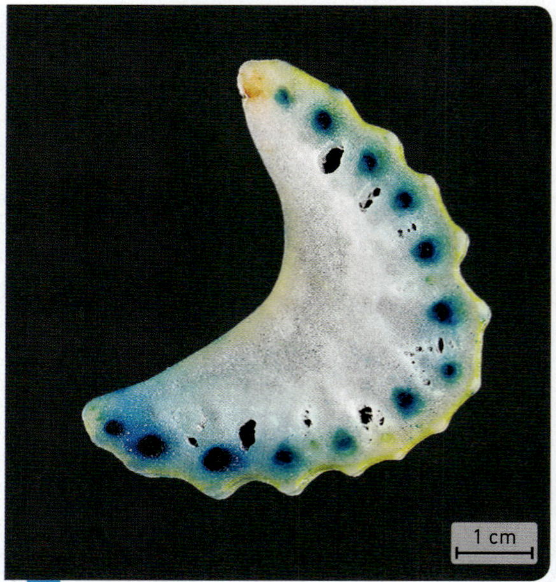

8 **Feuille de céleri plongée dans un colorant bleu et pétiole observé en coupe transversale.**

Observer l'anatomie des tissus conducteurs

Protocole

PRINCIPE

La réalisation de coupes dans différents organes végétaux, suivie d'une coloration au carmin vert d'iode, permet de mettre en évidence des structures tubulaires qui parcourent la plante. Ces structures forment les tissus conducteurs de sève.

Les tissus conducteurs apparaissant verts forment le xylème et transportent la sève brute.
Les tissus conducteurs colorés en rose correspondent au phloème et transportent la sève élaborée.

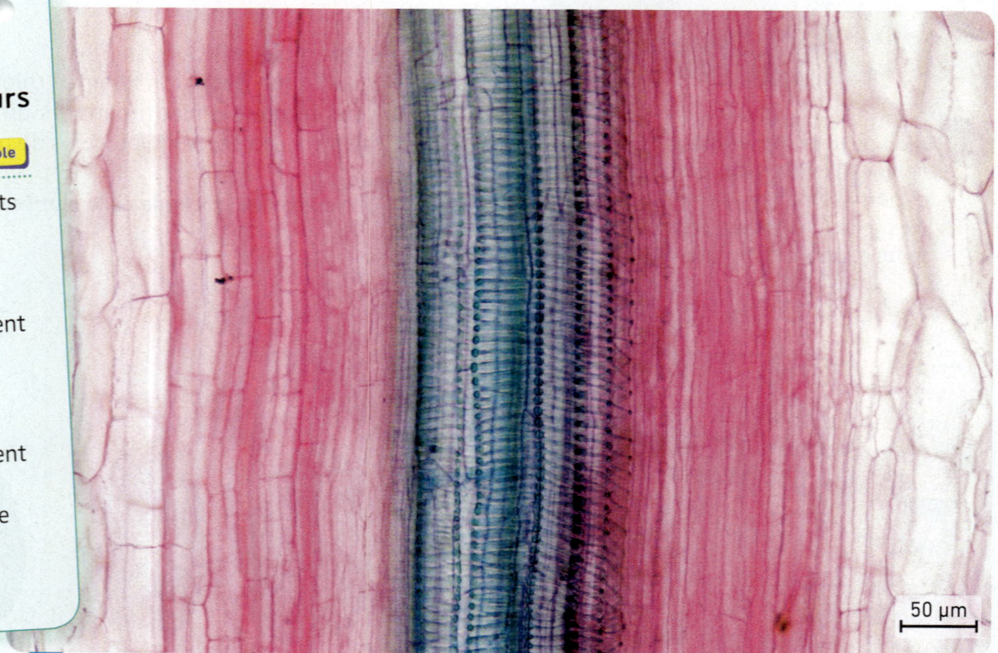

9 **Coupe longitudinale d'une tige de bryone.**

	Sève brute	Sève élaborée
Eau (%)	99,0	80,0
Ca^{2+} (mmol/L)	4,7	2,1
K^+ (mmol/L)	5,2	94,0
Na^+ (mmol/L)	2,0	5,0
Saccharose (mmol/L)	Non détectable	460,0
Acides aminés (mmol/L)	2,2	83,0

10 **Composition de la sève brute et de la sève élaborée.**
La sève brute circule depuis les racines jusqu'aux organes aériens.
La sève élaborée est transportée depuis les zones chlorophylliennes vers les zones non chlorophylliennes.

ATELIER 4 Les racines

PRINCIPE

Des racines sont placées dans de l'eau douce (salinité inférieure à 1 g/L), de l'eau déminéralisée et dans de l'eau de mer (salinité d'environ 35 g/L). On observe après 24 heures le développement ou le flétrissement de la plante.

Les mycorhizes sont des structures formées de l'association symbiotique entre une plante et un champignon. Ce dernier fournit au végétal l'eau et les ions minéraux qu'il puise dans le sol. La plante fournit au champignon des molécules organiques issues de la photosynthèse.
Les mycorhizes multiplieraient par 100 à 1 000 la surface d'échange du végétal avec le sol.

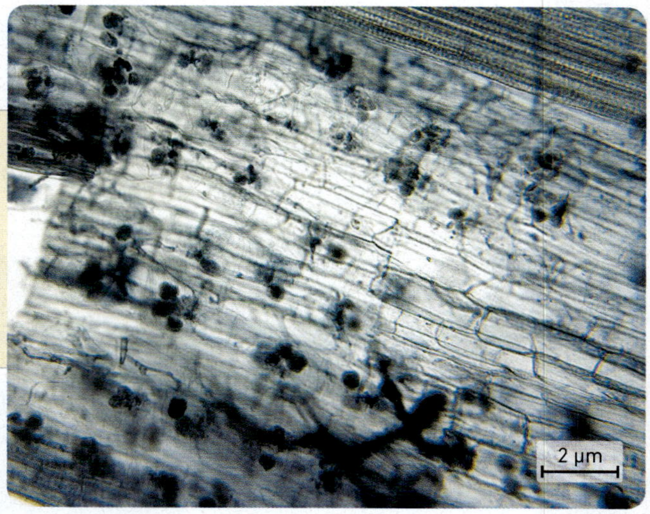

11 **Mycorhize d'une racine de lin.** Les cellules du champignon sont colorées en noir tandis que celles de la plante ne sont pas colorées.

Coups de pouce

Mobilisation des connaissances

1 Le glucose, l'amidon, le saccharose et les acides aminés sont des molécules organiques.

Piste pour construire votre stratégie

2 Pour chaque organe, en plus de l'expérience proposée, vous pouvez concevoir d'autres protocoles afin de mettre en évidence le rôle de l'organe ou l'influence de l'environnement (luminosité, vent, apport en eau…) sur celui-ci.

MISSION réussie si…

- le rôle de chaque organe est identifié ;
- l'influence des conditions environnementales sur le fonctionnement des organes est indiquée ;
- le schéma bilan du poster est grand, complet, titré et légendé.

UNITÉ 2

Le développement des plantes à fleurs

De la germination de la graine à la mort de l'individu, le développement des plantes à fleurs est continu. La plante grandit tout au long de sa vie et met régulièrement en place de nouveaux organes.

Objectif

Caractériser le développement des plantes à fleurs.

Identifier les événements se produisant dans une racine

Mettre en évidence la croissance racinaire

Protocole

PRINCIPE

On trace à l'encre des repères équidistants sur une jeune racine. On observe ensuite l'évolution de la position de ces marques au cours du temps.

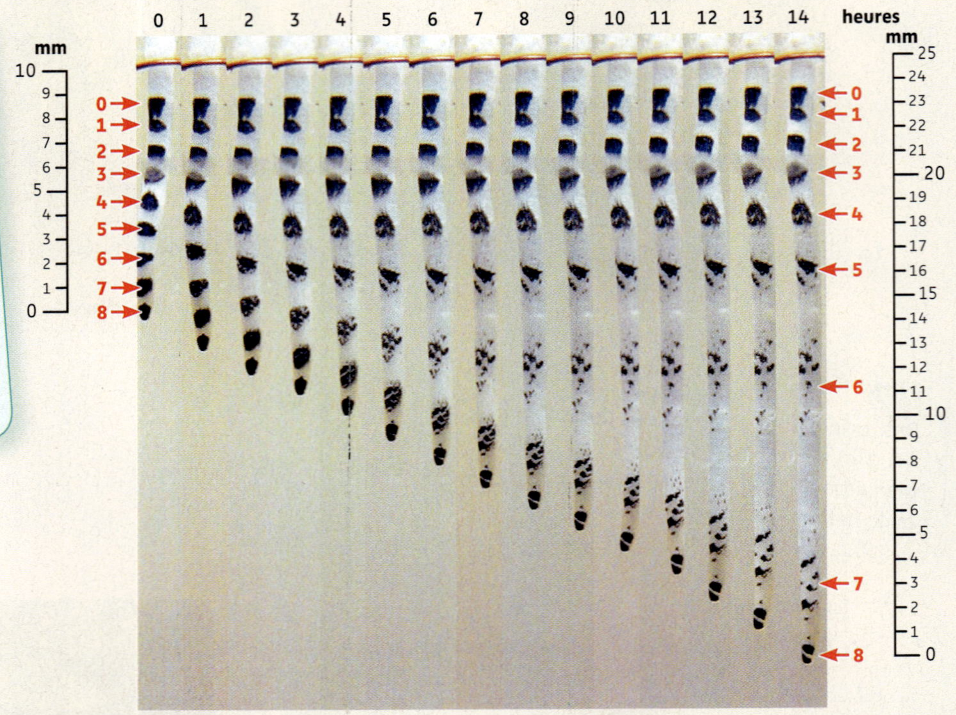

1 L'expérience de Sachs.

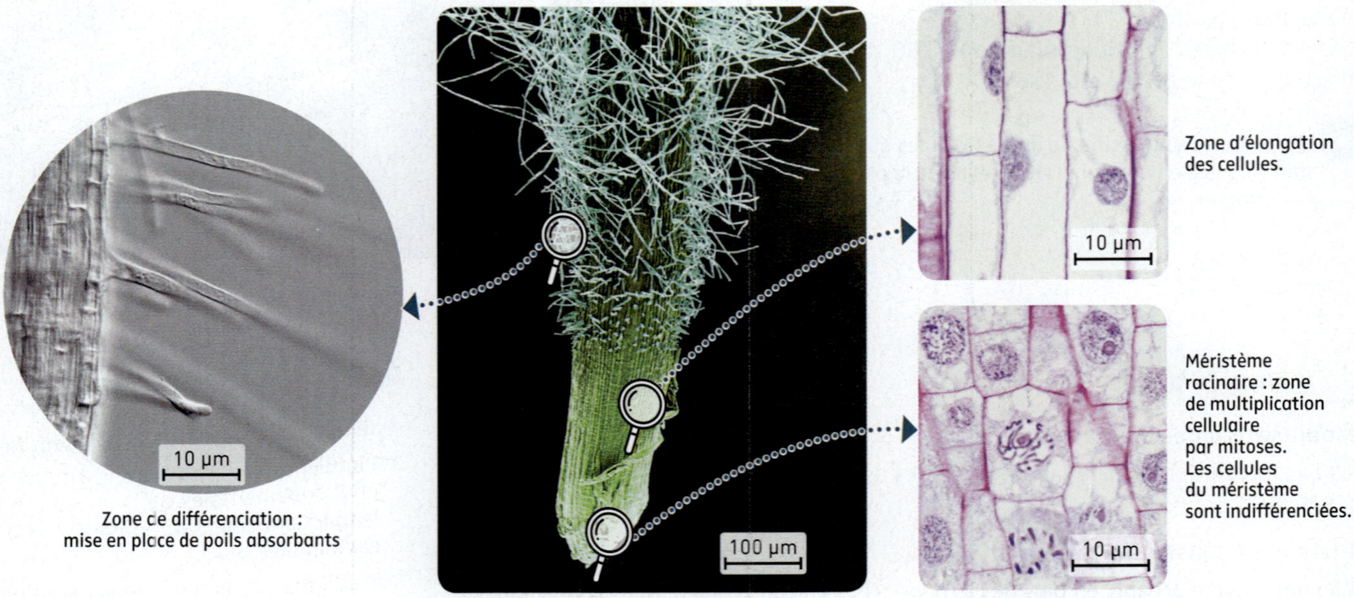

2 Une racine est composée de différentes zones, où se déroulent des événements cellulaires distincts.

Décrire la croissance d'une tige

La partie aérienne des plantes à fleurs peut être décrite comme une succession de phytomères. Un phytomère est constitué d'un entre-nœud, d'un nœud, de la ou des feuille(s) et du ou des bourgeon(s) attachés à ce nœud. Les bourgeons ont différents devenirs (document 5).

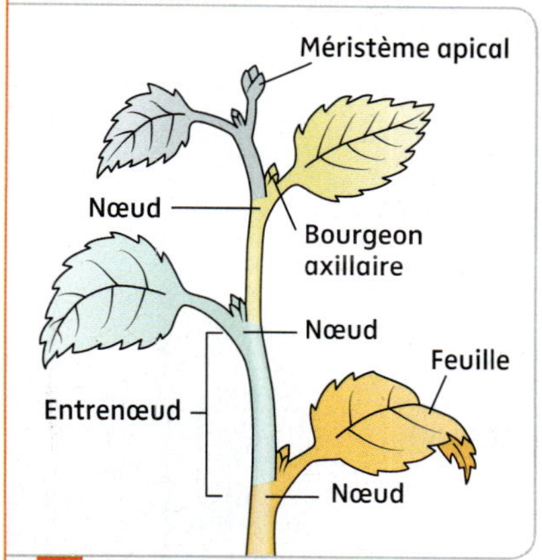

3 **La notion de phytomère.**

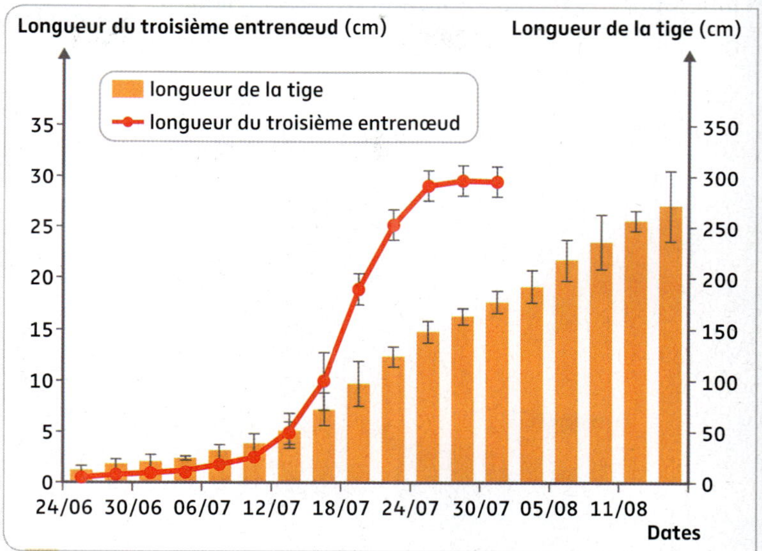

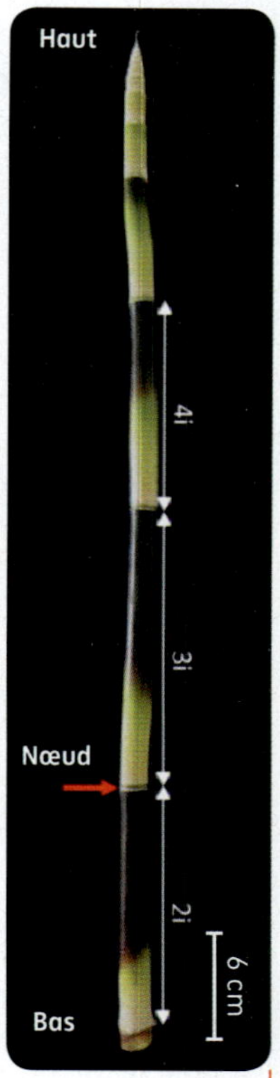

4 **La croissance des parties aériennes.** La longueur d'une tige de bambou et celle de son troisième entrenœud (3i) sont mesurées régulièrement pendant environ deux mois.

Décrire le devenir des bourgeons

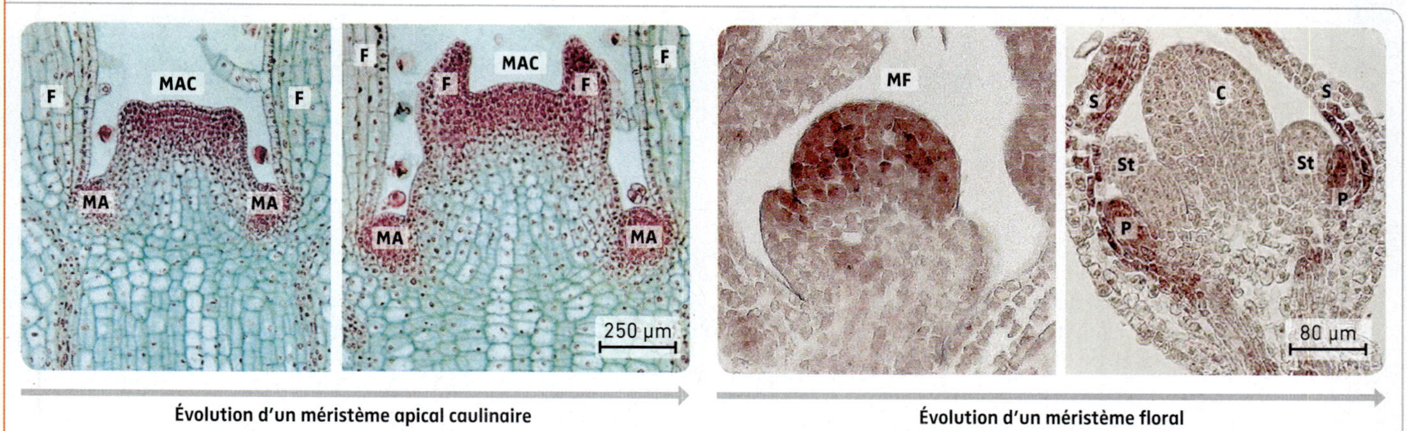

5 **Développement de deux types de bourgeons observés au microscope optique en coupe longitudinale.** En fonction de conditions du milieu et de l'âge de la plante, les bourgeons peuvent mettre en place des tiges et des feuilles, ou des fleurs. **C** : carpelle ; **F** : feuille ; **MA** : méristème axillaire ; **MAC** : méristème apical caulinaire ; **MF** : méristème floral ; **P** : pétale ; **S** : sépale ; **St** : étamine

Guide de résolution

Indicateurs de réussite

1 Identifier les zones qui s'allongent dans la racine et dans la tige (documents 1 et 4).

2 Distinguer dans les différents documents ce qui relève de la croissance d'organes existants et ce qui relève de la mise en place de nouveaux organes.

3 **En conclusion**

Montrer que le développement des plantes à fleurs passe par la mise en place de nouveaux organes (et indiquer lesquels) ainsi que par la croissance d'organes existants (et localiser les zones d'élongation).

UNITÉ 3 Le contrôle du développement

Le développement des plantes à fleurs est qualifié de « plastique » : deux plantes du même génotype pourront présenter des phénotypes très différents en fonction des conditions du milieu.

Objectif

Montrer que le développement des plantes à fleurs est sous le contrôle d'hormones et de facteurs environnementaux.

Décrire les effets de l'environnement sur le développement végétal

1 Effet de la lumière sur le développement.
La source de lumière sur la gauche de l'image était présente pendant toute la durée du développement de la plante.

2 Effet de la gravité sur le développement.
Le pot contenant ce jeune plant de tournesol était d'abord placé à la verticale avant d'être placé à l'horizontale (en haut). On observe les effets de ce changement d'orientation après quelques heures (en bas).

Préparer les ECE

PROBLÈME

Quels paramètres de l'environnement influencent la croissance des plantes ?

1. Formuler des hypothèses permettant de répondre à ce problème.
2. Concevoir des protocoles d'expérience permettant de tester ces hypothèses et les réaliser.
3. Décrire et interpréter les résultats.
4. Conclure.

Caractériser les effets des hormones sur le développement végétal

Réaliser l'expérience historique de Went

Protocole

PRINCIPE

En 1928, le biologiste néerlandais Frits W. Went rapporte les résultats de ses expériences sur des coléoptiles d'avoine (le coléoptile est une sorte de fourreau entourant les premières feuilles chez les jeunes plantes, document 4).

Des travaux antérieurs avaient montré que, lorsque les coléoptiles sont soumis à un éclairement latéral, ils croissent en penchant vers la source de lumière.

Went coupe les extrémités de coléoptiles d'avoine et les dépose sur un bloc de gélatine (1) capable d'absorber les éventuelles molécules sécrétées par les coléoptiles.

Il découpe ensuite la gélatine en petits cubes (2) qu'il dépose sur l'extrémité sectionnée du coléoptile, contre la feuille (3).

Il observe que les plantes croissent en se courbant du côté opposé à l'endroit où le cube a été déposé (4).

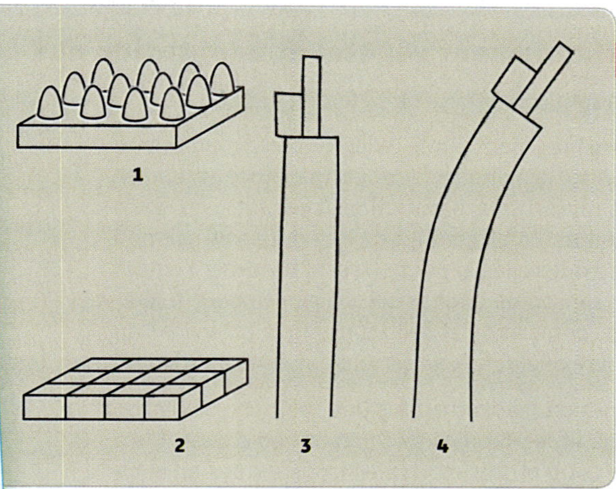

3 L'expérience historique de Went (1928).

4 Feuille (en vert) ayant percé le coléoptile (en blanc) d'un jeune plant de blé.

Cytokinine (µg/mL)	0	0	0	2,0	0,2
Auxine (µg/mL)	0	0,2	2,0	0	2,0

5 **Expérience de culture *in vitro*.** Des fragments de feuille sont cultivés dans des milieux contenant des taux variables de deux hormones végétales : l'auxine et la cytokinine. On observe ensuite l'éventuelle formation de racines, de feuilles ou de cals (tissus formés de cellules indifférenciées, apparaissant blancs).

Guide de résolution

Indicateurs de réussite

1 Décrire l'effet de la lumière et de la gravité sur le développement végétal.

2 Décrire l'effet de l'auxine et de la cytokinine sur le développement végétal.

3 **En conclusion**

Montrer que le développement végétal est sous le contrôle d'hormones et de facteurs environnementaux.

BILAN CHAPITRE 8 L'organisation fonctionnelle des plantes à fleurs

UNITÉ 1 Fonctionnement végétal et adaptation aux conditions environnementales

Les plantes à fleurs sont constituées de différents organes.

▶ L'observation des **racines** montre que celles-ci forment une vaste surface d'échange entre la plante et le sol. Cette surface est encore augmentée par les mycorhizes, associations symbiotiques entre champignons et plantes. En plaçant les racines dans une solution colorée, on constate que celles-ci permettent d'absorber l'eau et d'autres molécules présentes dans le sol. La plante peut tolérer des variations de la composition et de la concentration en ions du sol, mais ne peut vivre que dans une certaine gamme de salinité.

▶ En plaçant les racines d'une plante dans une solution colorée, on constate que la **tige** et les **feuilles** se colorent également. Il y a donc un flux d'eau (et d'autres molécules transportées en solution) à travers la plante. C'est ainsi que la sève brute transporte de l'eau et des ions à travers le **xylème**.

▶ La matière organique produite par la plante est exportée, notamment vers des lieux de stockage, grâce à la sève élaborée circulant à travers le **phloème**. Xylème et phloème forment les tissus conducteurs de la plante et sont facilement observables en réalisant des coupes transversales ou longitudinales d'organes végétaux.

▶ Au niveau des feuilles, on montre expérimentalement que le CO_2 apporté par l'air réagit avec l'eau provenant du sol, en présence de lumière, pour former de la matière organique et de l'O_2. Cette réaction chimique est appelée photosynthèse et permet à la plante de produire de la matière organique à partir de matière minérale. En fonction de la période de la journée et donc de la quantité de lumière disponible, la photosynthèse sera plus ou moins importante.

▶ L'intensité de la photosynthèse dépend également de l'importance des échanges avec l'atmosphère réalisés au niveau des **stomates**. Ceux-ci peuvent en effet s'ouvrir ou se fermer pour répondre aux variations de l'environnement. Par exemple, en conditions desséchantes, ils auront tendance à se fermer.

▶ Les plantes sont des organismes fixés dotés de vastes surfaces d'échange. Les poils absorbants et les **mycorhizes** permettent aux plantes de capter l'eau et les ions présents dans le sol, tandis que la grande surface occupée par les feuilles permet de favoriser les échanges gazeux et l'exposition à la lumière, source d'énergie.

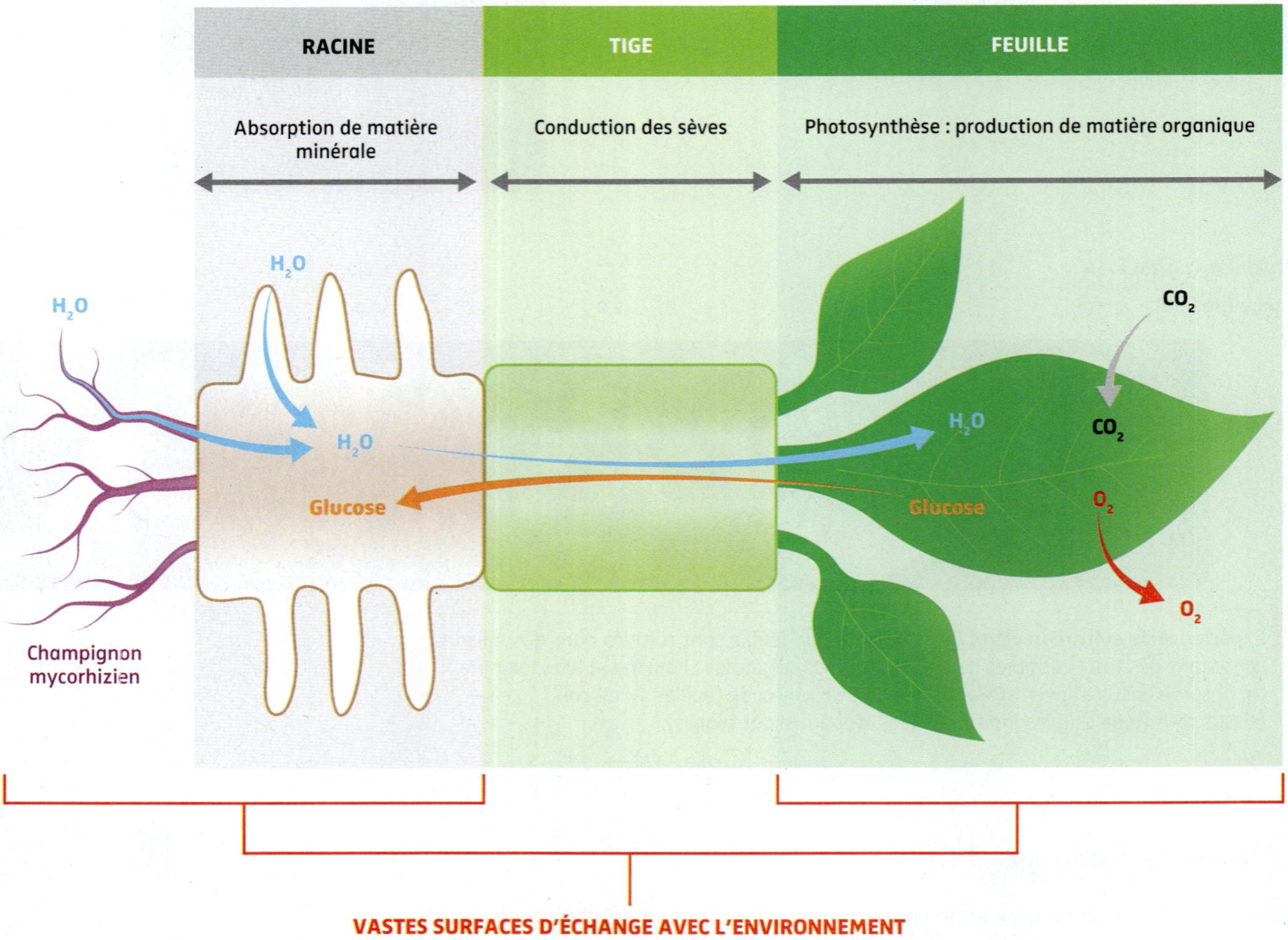

UNITÉ 2 Le développement des plantes à fleurs

▶ L'observation des extrémités des tiges ou des racines montre que celles-ci sont formées de groupes de petites cellules se divisant activement par mitose : les **méristèmes**. Ceux-ci permettent le développement du végétal tout au long de sa vie. Les cellules formées vont ensuite s'allonger puis se différencier et ainsi remplir différentes fonctions. C'est ainsi que de nouveaux organes sont mis en place : tiges, feuilles, **fleurs**, racines. Cette organogenèse a lieu durant toute la vie de l'individu.

▶ La partie aérienne des plantes à fleurs peut être décrite comme une succession de phytomères.

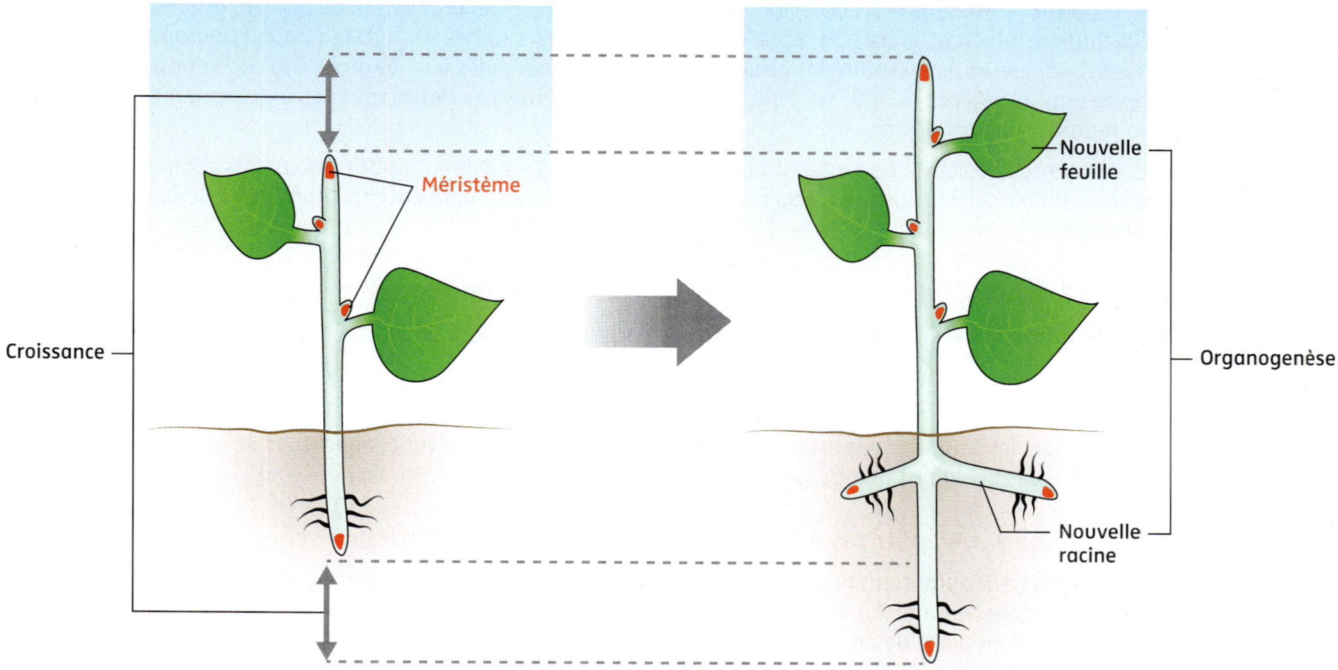

UNITÉ 3 Le contrôle du développement

▶ Des plantes identiques placées dans des milieux différents vont présenter des phénotypes différents. Le développement végétal est donc influencé par les conditions du milieu : lumière, vent, gravité… Ces signaux influencent la production de différentes **hormones végétales** (auxine notamment) qui contrôlent le développement de la plante.

Ce plant de persil pousse en direction de la lumière, il s'agit d'un exemple de phototropisme.

RETENIR CHAPITRE 8

L'organisation fonctionnelle des plantes à fleurs

Texte dys
Texte audio

En quelques mots

1 Les plantes à fleurs sont constituées de différents organes

- Les plantes à fleurs sont des organismes présentant une vie fixée à l'interface sol/atmosphère. Elles sont constituées de différents organes.
- En milieu souterrain, les **racines** permettent de capter l'eau et les ions présents dans le sol, et d'ancrer la plante.
- En milieu aérien, les **feuilles** réalisent la photosynthèse, c'est-à-dire la production de matière organique à partir de matière minérale, grâce à l'énergie lumineuse du Soleil (**chapitre 9**). La **tige** comporte notamment des tissus conducteurs qui assurent les échanges entre les racines et les feuilles grâce à la circulation de la sève brute dans le **xylème** et de la sève élaborée dans le **phloème**. Les **fleurs** sont des organes impliqués dans la reproduction (**chapitre 10**).
- Les plantes sont capables de s'adapter, dans une certaine mesure, à des variations des conditions environnementales (luminosité, quantité d'eau disponible…) grâce à des modifications du fonctionnement de leurs organes.

2 Les plantes à fleurs réalisent des échanges avec leur environnement

- Les plantes à fleurs présentent de vastes surfaces d'échange avec leur environnement.
- En milieu souterrain, les poils absorbants et les **mycorhizes** permettent le transfert de l'eau et des ions, du sol vers la plante.
- En milieu aérien, les feuilles permettent de capter l'énergie lumineuse, tandis que leurs **stomates** sont impliqués dans les échanges de gaz (eau, CO_2 et O_2) entre la plante et l'atmosphère.

3 Le développement des plantes à fleurs est modulé par l'environnement

- Le développement des plantes à fleurs passe par la croissance d'organes existants et par la mise en place de nouveaux organes tout au long de la vie de l'individu. En milieu aérien, le développement de la plante se fait par la mise en place de phytomères successifs.
- Au niveau cellulaire, ce développement continu est permis par la présence de **méristèmes**, zones contenant des cellules se divisant par mitoses. Les cellules formées au niveau des méristèmes subissent ensuite une élongation cellulaire puis une différenciation.
- Le développement végétal est largement influencé par l'environnement. Par exemple, la lumière et la gravité conditionnent la façon dont croissent les plantes car ces signaux modifient la production et la répartition de certaines **hormones végétales** dans l'organisme.

Vidéo bilan

mots-clés

Feuille : organe réalisant la photosynthèse.

Fleur : organe produisant les gamètes. Se transforme en fruit après fécondation.

Hormones végétales : molécules produites à certains endroits du végétal et pouvant être transportées à d'autres endroits où elles déclenchent des réactions spécifiques. Par exemple, l'auxine produite à l'extrémité des tiges provoque une élongation des cellules des zones sous-jacentes.

Méristème : zone du végétal où les cellules se multiplient activement par mitoses. L'activité des méristèmes permet la croissance de la plante et l'organogenèse.

Mycorhize : association symbiotique entre une plante et un champignon. Ce dernier apporte eau et matière minérale à la plante. Celle-ci fournit de la matière organique au champignon.

Phloème : tissu transportant la sève élaborée.

Racine : organe permettant à la plante de prélever de l'eau et des ions dans le sol.

Stomate : orifice, situé au niveau des feuilles, dont l'ouverture est contrôlée. Les stomates permettent les échanges gazeux entre la plante et l'atmosphère.

Tige : assure la liaison entre les différents organes de la plante.

Xylème : tissu transportant la sève brute.

Schéma interactif

En une image

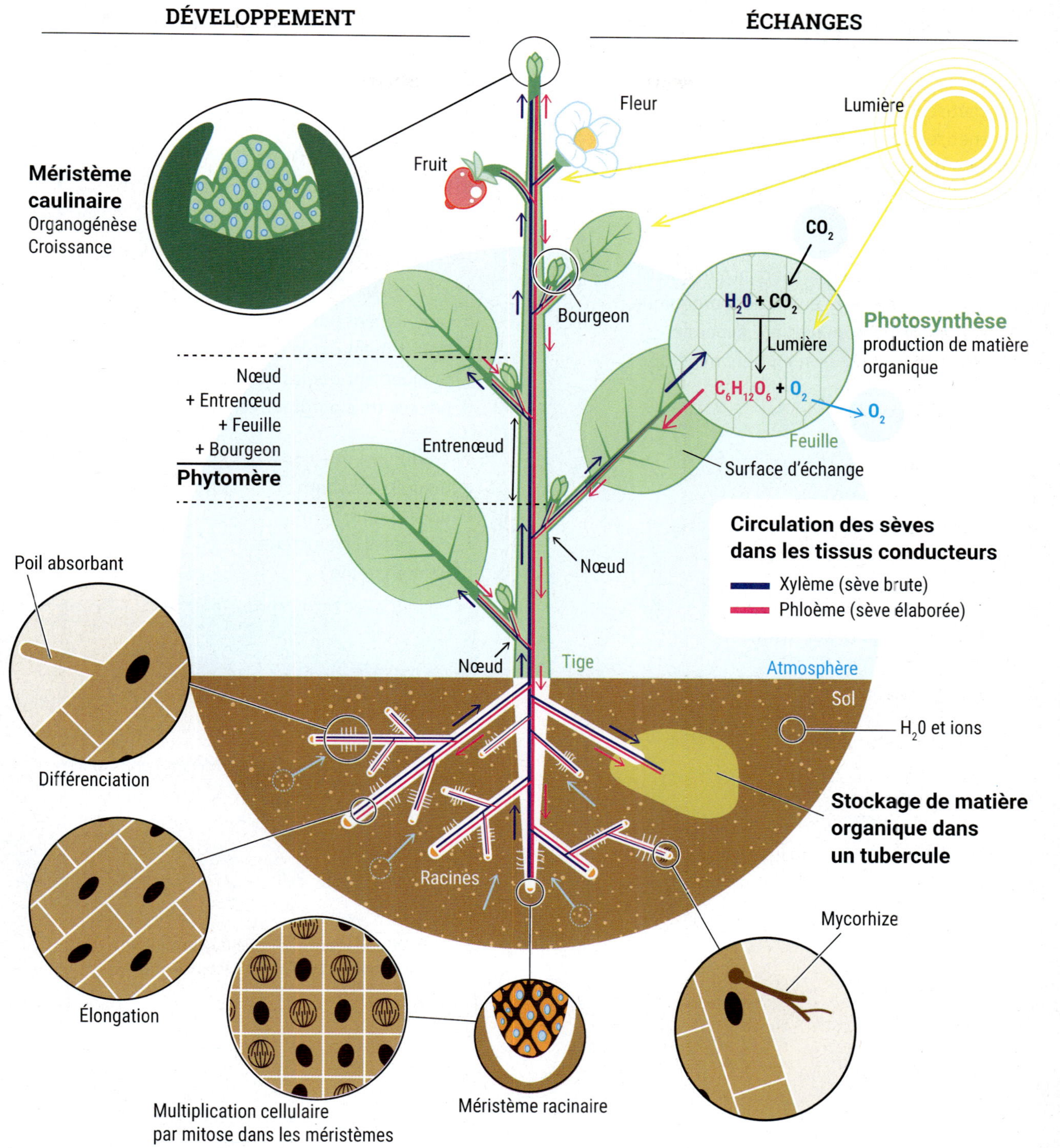

mémorisation active

Pour retenir les notions...

- Racines
- Feuilles
- Tiges
- Stomates
- Vaisseaux conducteurs
- Méristèmes
- Organogenèse

Je construis ma carte des idées

Développement des plantes à fleurs → **Des phénomènes cellulaires** → Permettant l'organogenèse ......

Contrôlés par ......

Pour m'aider dans la construction

→ Méthode 1

Pour m'entraîner

→ Exercice 1 p. 176

Quiz

EXO Exercices interactifs

Pour chaque question, choisir la bonne réponse parmi les affirmations proposées.

1. Les feuilles :
- a synthétisent de la matière minérale.
- b synthétisent de la matière organique.
- c libèrent du glucose dans l'atmosphère.
- d libèrent de l'amidon dans l'atmosphère.

2. Le xylème conduit :
- a la sève brute, riche en matière organique.
- b la sève élaborée, riche en matière organique.
- c la sève brute, riche en matière minérale.
- d la sève élaborée, riche en matière minérale.

3. La photosynthèse produit :
- a de l'eau et du glucose.
- b de l'eau et du CO_2.
- c de l'eau et de l'O_2.
- d du glucose et de l'O_2.

4. Les méristèmes sont des lieux :
- a de division cellulaire par mitose.
- b de division cellulaire par méiose.
- c d'élongation.
- d de différenciation.

5. L'absorption d'eau et de sels minéraux est réalisée par :
- a les poils absorbants.
- b les mycorhizes.
- c les poils absorbants et les mycorhizes.
- d aucun des deux.

6. Les principales surfaces d'échange entre les plantes et leur environnement sont :
- a les méristèmes et les fleurs.
- b les feuilles et les fleurs.
- c les feuilles, les mycorhizes et les fleurs.
- d les feuilles, les mycorhizes et les poils absorbants.

7. Le développement des plantes peut être influencé :
- a uniquement par la lumière.
- b uniquement par la gravité.
- c uniquement par les hormones.
- d par ces trois paramètres.

8. Sur l'image ci-dessous, on peut notamment voir :
- a un poil absorbant.
- b un stomate.
- c des tissus conducteurs.
- d un méristème.

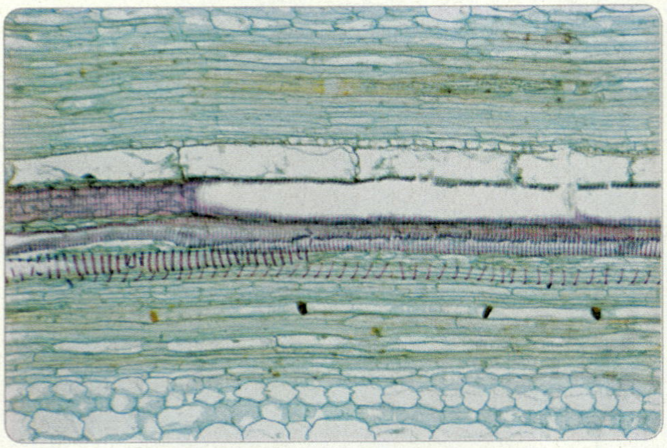

▲ Coupe d'une plante colorée au carmin vert d'iode et observée au microscope optique.

→ Corrigés p. 447

1 Sujets de synthèse

Sujet 1

Présenter les surfaces d'échange des plantes et indiquer la nature des échanges s'y produisant.

Sujet 2

À partir de l'exemple de votre choix (tige ou racine), montrer que le développement végétal est influencé par les conditions du milieu.

2 Ouverture et fermeture des stomates

■ Les stomates sont des structures situées au niveau des feuilles. Ouverts, ils permettent les échanges gazeux qui se font dans le sens du gradient des molécules concernées, c'est-à-dire des zones les plus concentrées en molécules vers les zones les moins concentrées. Il y a donc entrée de CO_2 et sortie d'O_2 et d'H_2O.

À l'aide de vos connaissances et du document, expliquer les variations de l'ouverture stomatique en fonction de l'heure de la journée et des conditions du milieu.

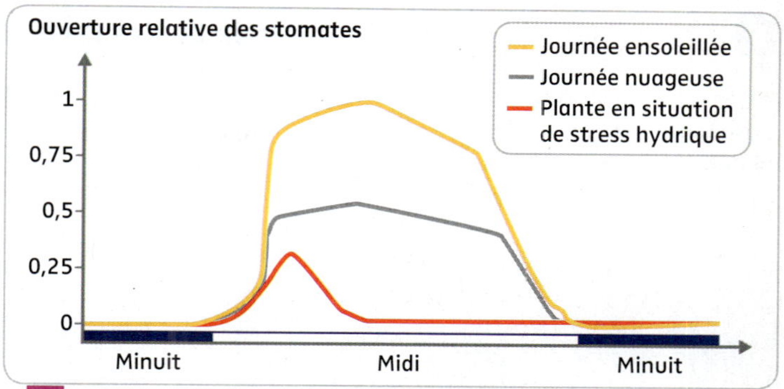

a **Ouverture des stomates en fonction de l'heure de la journée et des conditions du milieu.**

3 Champignon et croissance végétale

■ La morelle de Quito est une plante d'Amérique centrale produisant un fruit consommé en jus et en confiture : la narangille. Afin de déterminer l'effet du champignon symbiotique *Rhizoglomus irregulare* sur la morelle de Quito, des chercheurs ont fait pousser de jeunes plantes dans un sol ensemencé avec ce champignon ou dans un sol stérilisé. Différents paramètres sont comparés chez des plantes âgées de 14 (S14) ou de 22 semaines (S22).

	Longueur des feuilles (cm)		Hauteur de la tige principale (cm)	
	S14	S22	S14	S22
Sol ensemencé avec *Rhizoglomus irregulare*	8,0	16,3	6,7	14,3
Sol stérilisé	8,5	15,1	8,8	15,0

b **Longueur des feuilles et hauteur de la tige après 14 et 22 semaines.**

À l'aide de vos connaissances et des documents, décrire l'effet de *Rhizoglomus irregulare* sur la croissance de la morelle de Quito.

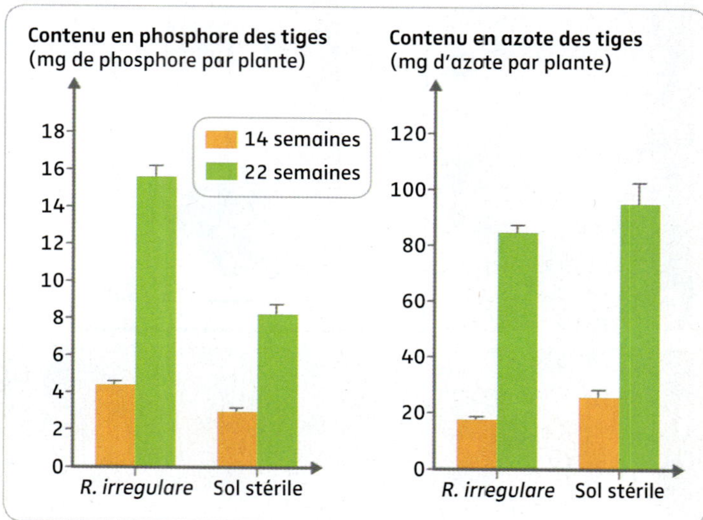

c **Contenus en phosphore et en azote.**

4 Lumière et croissance des tiges

■ On étudie l'effet de la mutation de deux gènes, *phot1* et *phot2*, sur la croissance des tiges.

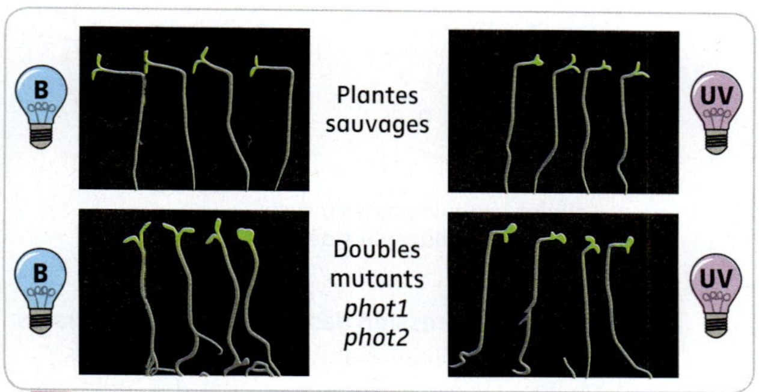

d **Réponse à différentes longueurs d'onde.** Des plantes sont éclairées par de la lumière bleue (450 nm) venant de la gauche ou par des ultraviolets (302 nm) venant de la droite. Après trois jours, les plantes sont photographiées.

À l'aide des documents, formuler des hypothèses quant aux rôles joués par *phot1* et *phot2* dans la croissance des tiges.

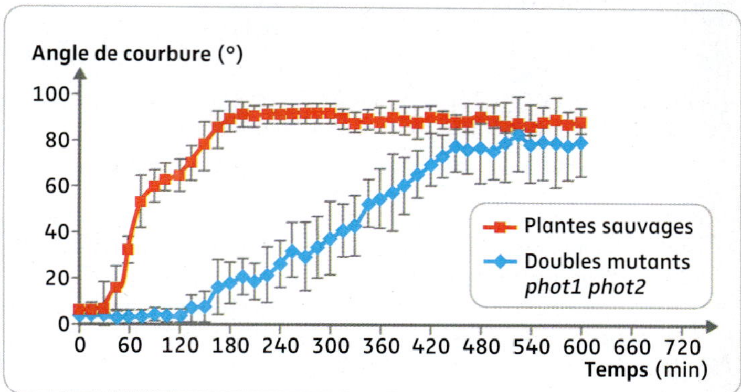

e **Évolution de l'angle de courbure.** On mesure l'angle de courbure entre l'extrémité supérieure et la base de la tige, chez des plantes exposées à un éclairage unilatéral par des ultraviolets (302 nm).

5 Exercice guidé Gravité et croissance des racines

■ Les plantes sont sensibles à de nombreux paramètres de l'environnement, dont certains influencent leur croissance.

À partir de l'exploitation des documents et de vos connaissances, montrer l'action de la gravité sur la croissance des racines et proposer un mécanisme expliquant celle-ci.

NB : sur l'ensemble des documents, le vecteur gravité est dirigé vers le bas.

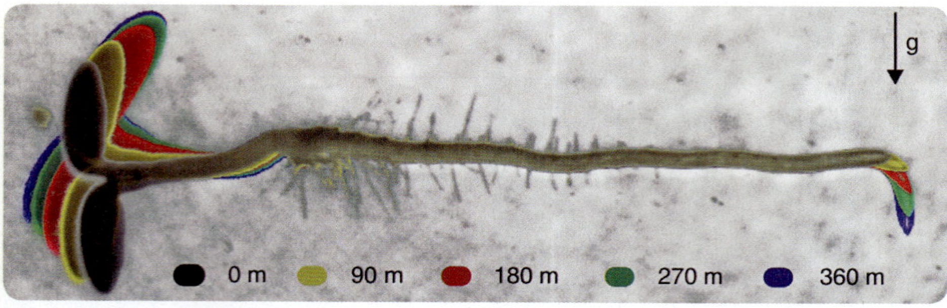

a Réponse d'une plantule à la gravité. Une plantule de 4 jours est positionnée à l'horizontale. Des photographies sont prises toutes les 90 minutes puis sont superposées avec différentes couleurs pour produire une seule image.

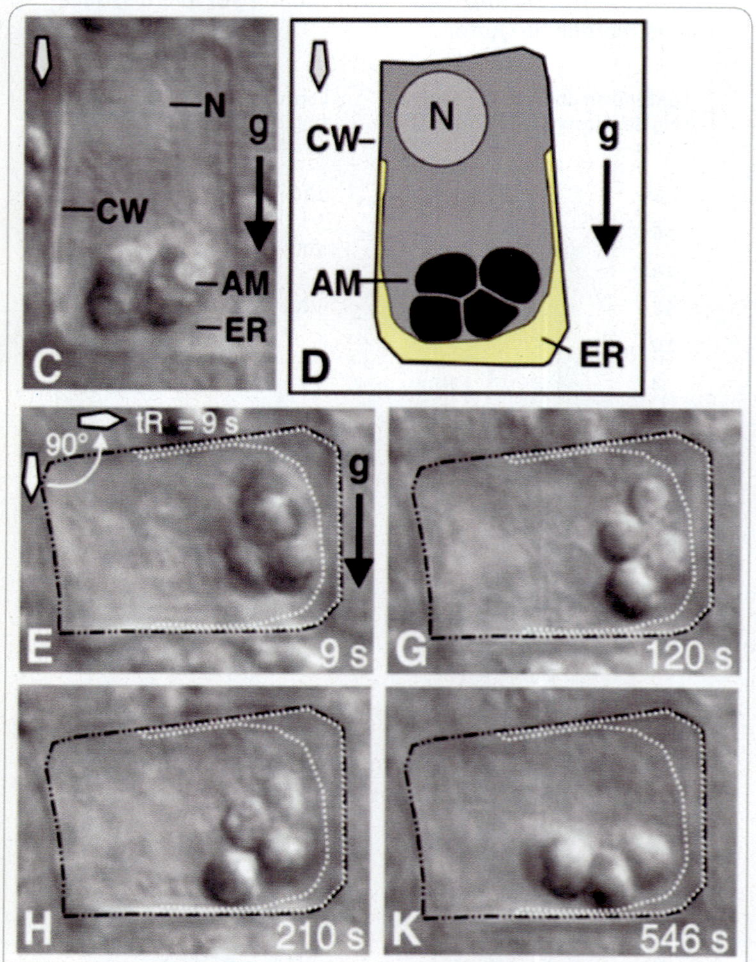

N : noyau **CW** : paroi **AM** : amyloplastes **ER** : réticulum endoplasmique

b Amyloplastes et gravité. À l'extrémité des racines des plantes se trouvent des cellules particulières, riches en amyloplastes (organites qui stockent l'amidon).
Une racine est placée à la verticale et l'on observe l'une de ses cellules à amyloplastes (photographie C, schématisée en D). Puis on pivote la racine de 90° pour la placer à l'horizontale et on observe la même cellule à différents temps (indiqués en bas à droite, en secondes).
Des expériences complémentaires ont permis de montrer que la localisation des amyloplastes a une influence sur la distribution des hormones dans la racine.

c Gravité et croissance des racines. Des expériences sont réalisées à bord de la station spatiale internationale sur de jeunes germinations de colza. Celles-ci sont soumises à l'état de micropesanteur régnant dans la station (µg : pesanteur valant quelques millionièmes de la pesanteur terrestre) ou bien, grâce à une centrifugeuse, à une pesanteur simulant la pesanteur terrestre (g_s).

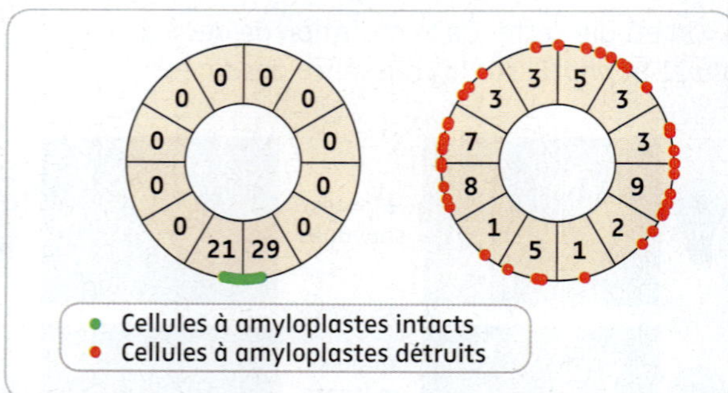

d Effet de la suppression des cellules à amyloplastes. On détruit les cellules à amyloplastes des racines et on place les plantes obtenues dans des boîtes de Petri (représentées par un cercle) placées à la verticale. On repère par un point vert ou rouge la direction de pousse de la racine. Le nombre indiqué dans chaque cadran indique le nombre de racines ayant poussé vers chacun de ces cadrans.

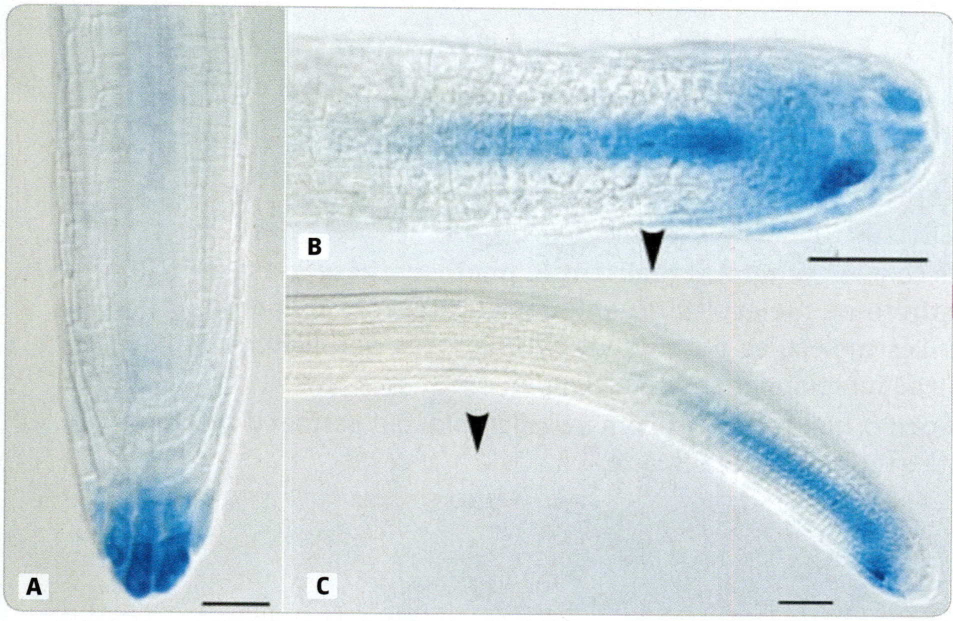

e **Distribution des cytokinines en fonction de l'orientation de la racine.**
La présence de cytokinines est mise en évidence par une coloration bleue dans une racine placée à la verticale (A) ou dans une racine placée à l'horizontale pendant 30 minutes (B) ou 60 minutes (C).
Les cytokinines sont des hormones végétales. Dans les racines, elles empêchent l'élongation cellulaire.

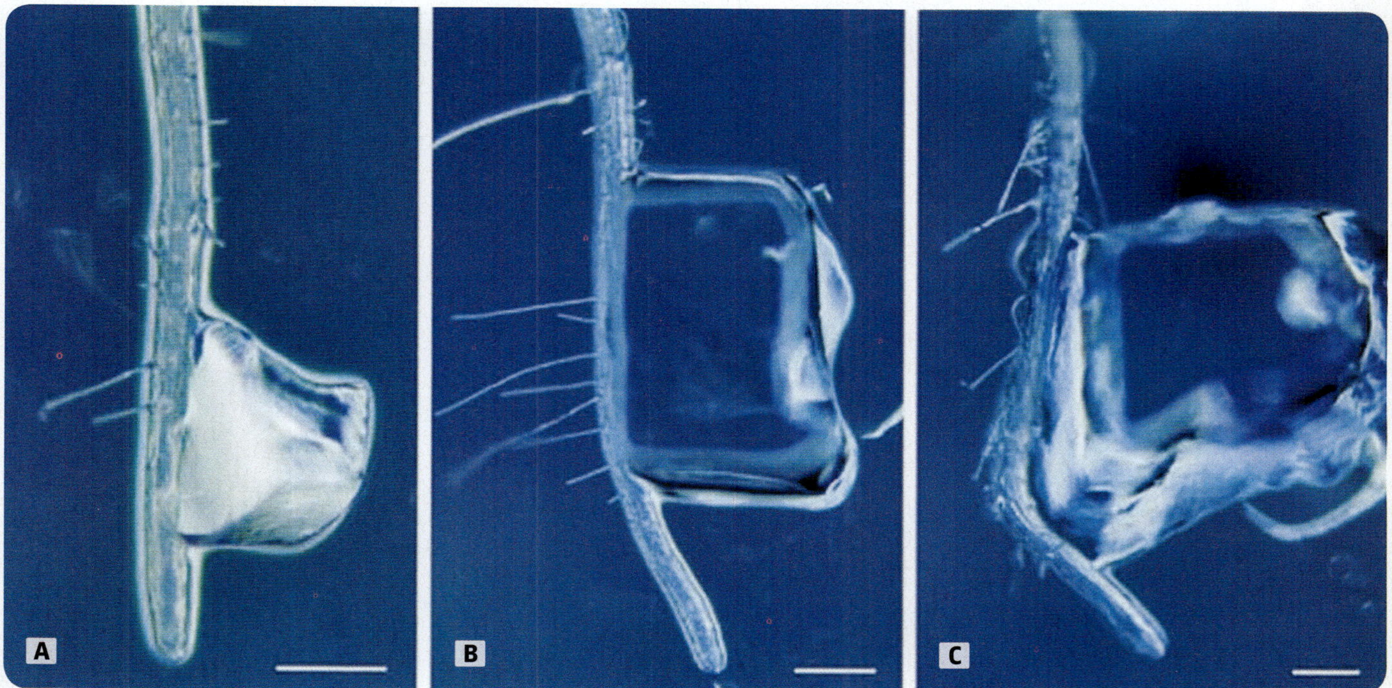

f **Cytokinines et croissance des racines.**
Des racines placées à la verticale sont mises en contact avec un bloc de gélose sans cytokinines (A) ou avec un bloc de gélose contenant 1 μmol/L (B) ou 10 μmol/L (C) de cytokinines.
Les photographies sont prises au bout de 4 heures.

Guide de résolution

1. Identifiez l'effet de la gravité sur la croissance des racines.
2. Identifiez le rôle des cellules à amyloplastes dans la perception de la gravité.
3. Identifiez l'action des cytokinines sur la croissance végétale.
4. Reliez ces différentes informations en réalisant un schéma fonctionnel (➜ Méthode n° 11)

CHAPITRE

9

La plante, productrice de matière organique

▶ **Certaines cellules végétales réalisent la photosynthèse, c'est-à-dire la synthèse de molécules organiques en présence d'énergie lumineuse. Les molécules organiques synthétisées permettent à l'organisme de fonctionner et se développer.**

▶ **La présence d'organites particuliers, les chloroplastes, permet d'expliquer cette spécialisation cellulaire.**

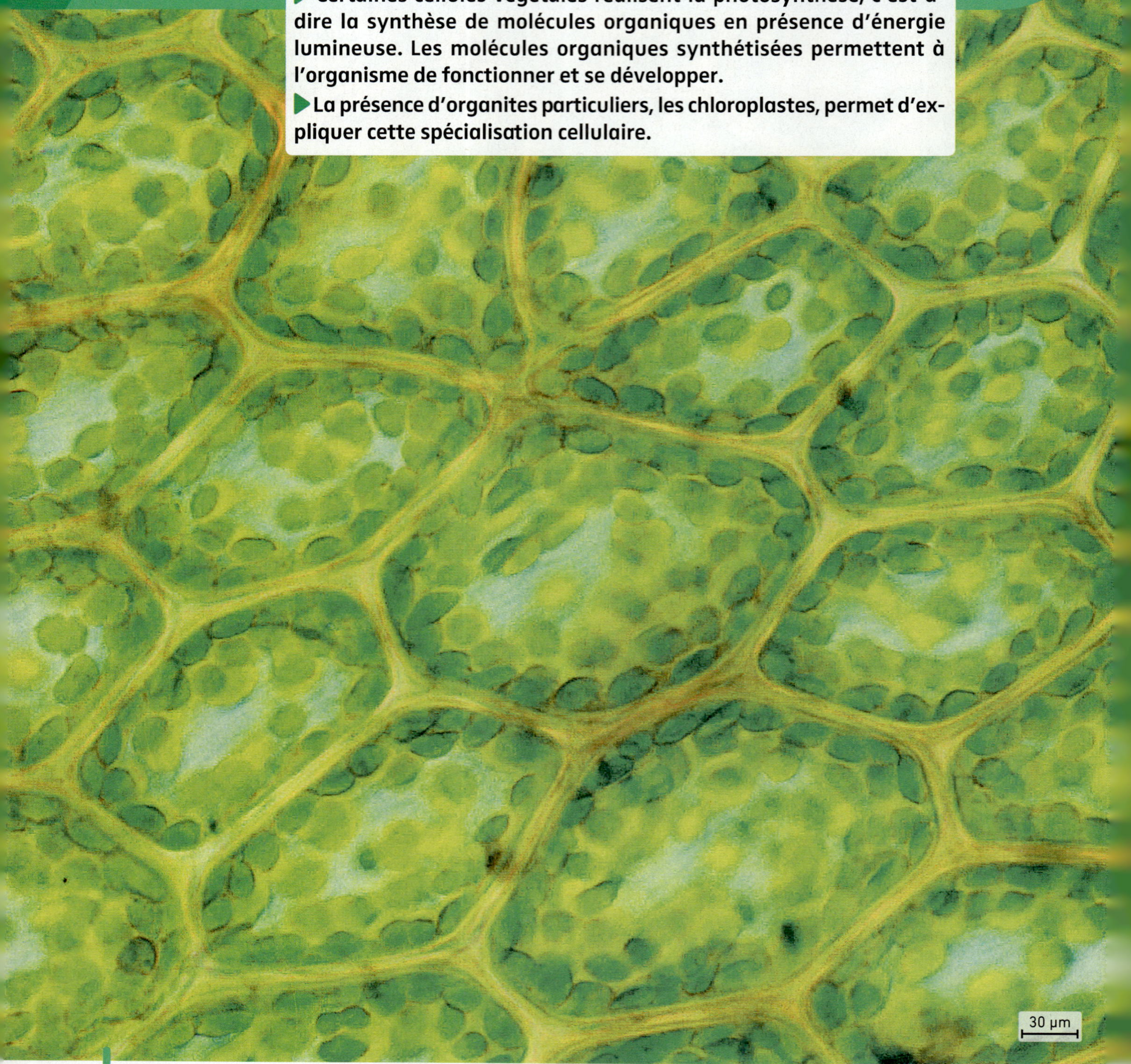

Photographie de chloroplastes dans une section de feuille de mousse.
Micrographie en lumière à contraste différentiel d'interférence.

Comment la photosynthèse se déroule-t-elle ? UNITÉS 1 et 2

La forêt ou la sève du savoir.

Comment l'être humain cherche-t-il à améliorer l'agriculture de demain ?

UNITÉ 2

Le Général Sherman en Californie (États-Unis). Ce séquoia géant d'une hauteur de 84 mètres et d'une circonférence au sol de 30 mètres, est considéré comme l'organisme vivant le plus imposant au monde.

Comment la photosynthèse contribue-t-elle à la croissance et au port des plantes ? UNITÉ 3

3 307 572 000 000 joules

C'est l'énergie stockée par photosynthèse chaque année par les végétaux. (Source : AIE)

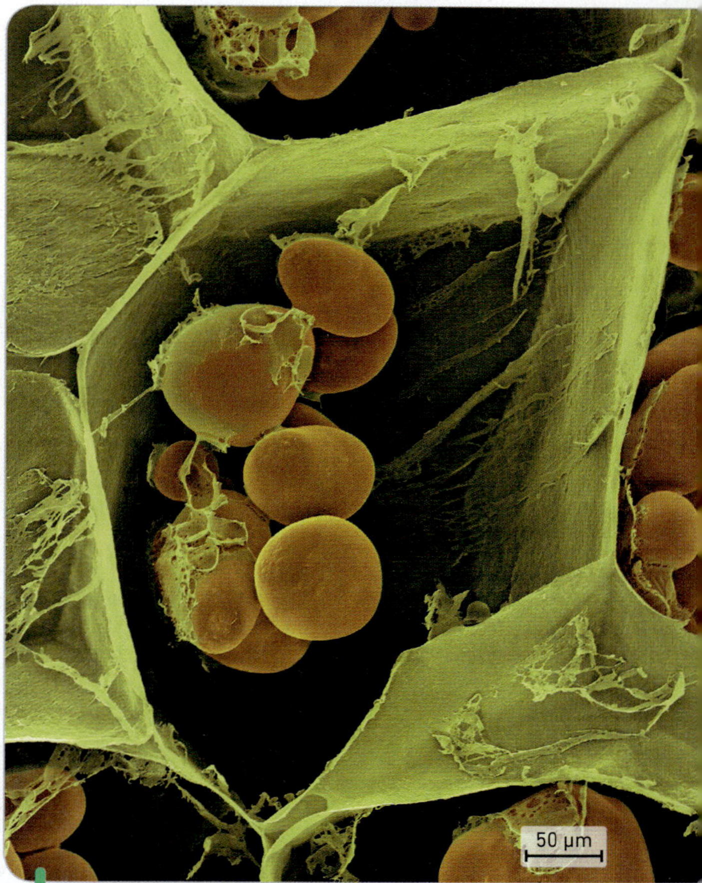

Grains d'amidon (amyloplastes, en jaune) dans une cellule de tubercule de pomme de terre. L'observation a été réalisée au microscope électronique à balayage et colorée.

Comment les molécules synthétisées au niveau des feuilles lors de la photosynthèse peuvent-elles être stockées ?

UNITÉ 4

UNITÉ 1 Le rôle des pigments lors de la photosynthèse

La photosynthèse permet la production de molécules organiques comme l'amidon. L'absorption du rayonnement solaire est indispensable à la photosynthèse. Elle est possible par la présence de pigments, molécules capables de réagir à la présence de photons.

Objectif

Déterminer la localisation et le rôle des différents pigments lors de la photosynthèse.

Identifier la localisation des pigments photosynthétiques

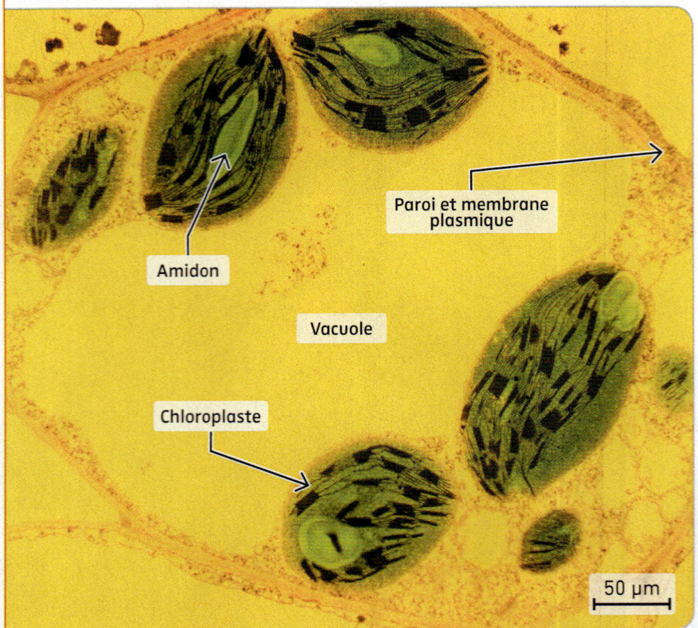

1 **Observation au microscope électronique à transmission d'une cellule végétale.**

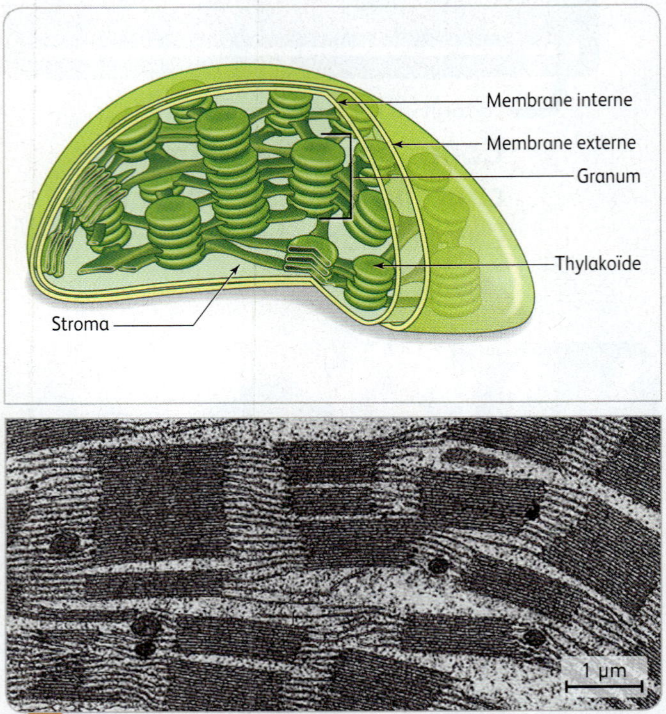

2 **Schéma d'un chloroplaste et observation au microscope électronique à transmission des thylakoïdes contenant les pigments dans leur membrane.**

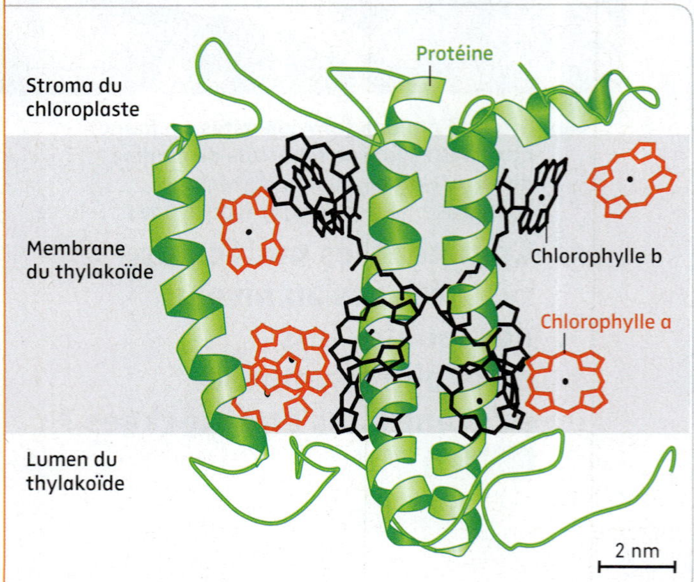

3 **Schéma de la membrane d'un thylakoïde montrant l'organisation des pigments.**

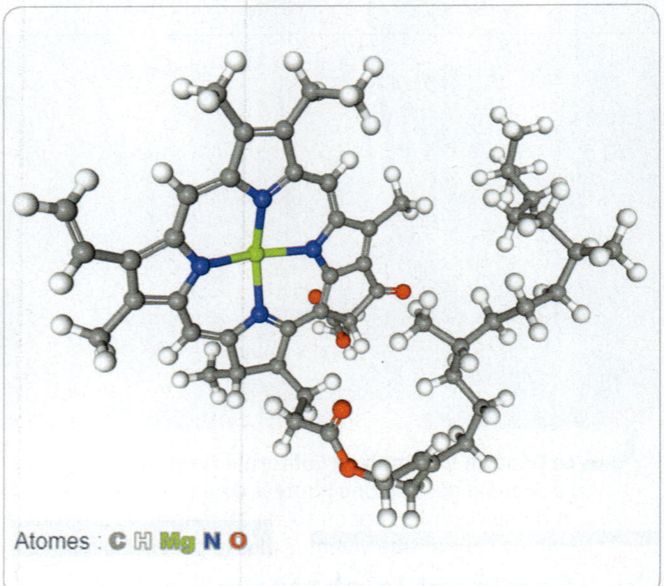

4 **Molécule de chlorophylle a obtenu à l'aide du logiciel *Libmol*.**

Formuler une hypothèse sur le rôle des pigments

Réaliser une chromatographie des pigments d'une feuille verte

Protocole

PRINCIPE

Les pigments contenus dans une cellule végétale peuvent être extraits par broyage, dans de l'alcool à 90°, de feuilles vertes puis par filtration.
On obtient alors un filtrat global des pigments. Les propriétés différentes de chaque pigment par rapport à un solvant et au support utilisé permettent de les séparer. C'est le principe d'une chromatographie sur papier.

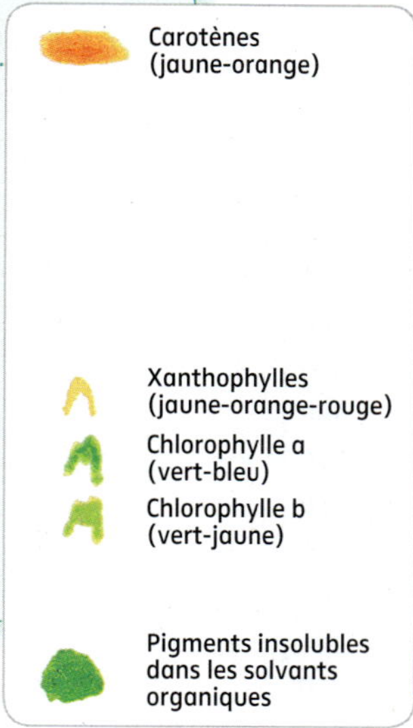

5 Résultats d'une chromatographie sur papier des pigments d'une feuille verte.

Acquisition d'un spectre d'absorption

Protocole

PRINCIPE

Les pigments ainsi séparés peuvent être resolubilisés dans de l'alcool à 90° et analysés grâce à un spectromètre qui permet de déterminer les longueurs d'onde de la lumière visible d'absorption de la solution (document 6).
La couleur d'un pigment dépend des radiations lumineuses qui ne sont pas absorbées.

Interpréter des résultats d'expériences

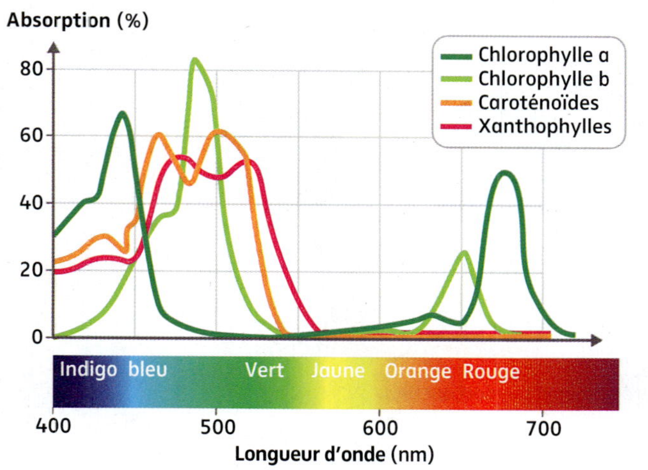

6 Résultats des spectres d'absorption obtenus avec les différents pigments d'une cellule végétale photosynthétique après extraction et séparation.

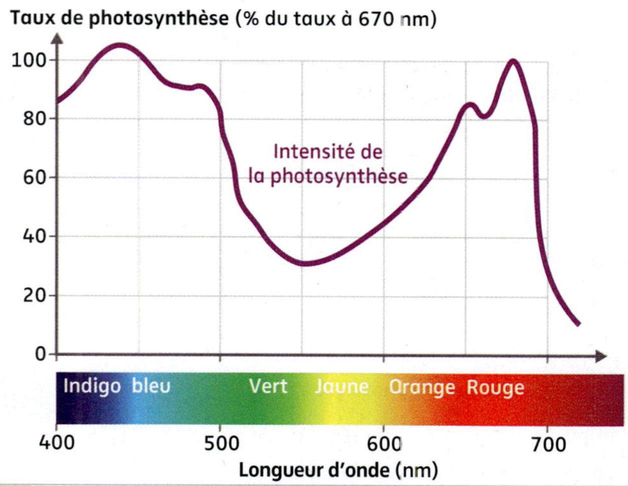

7 Résultats de l'intensité de la photosynthèse en fonction de la longueur d'onde.

Guide de résolution

Indicateurs de réussite

1 Montrer que l'organisation du chloroplaste est particulière par rapport à celle de la membrane plasmique (documents 1 à 4).

2 Déduire le rôle des pigments contenus dans la membrane des thylakoïdes (documents 5 à 7).

3 En conclusion

Mettre en relation les déductions apportées par l'étude des documents pour établir que les pigments contenus dans les chloroplastes permettent l'absorption d'énergie lumineuse nécessaire à la réalisation de la photosynthèse.

UNITÉ 2

Les réactions chimiques lors de la photosynthèse

Au cours de la photosynthèse, l'énergie lumineuse absorbée par les pigments est convertie en énergie chimique. La photosynthèse comprend de nombreuses réactions chimiques.

Objectif

Caractériser les principales réactions chimiques qui se déroulent lors de la photosynthèse.

Identifier les réactions chimiques rendant compte des transformations chimiques lors de la photosynthèse

Déterminer les conditions de la photosynthèse

Protocole

PRINCIPE

On mesure dans un milieu fermé (hermétique) les quantités de dioxygène et de dioxyde de carbone au cours du temps, à l'aide d'un dispositif expérimental assisté par ordinateur (ExAO) relié à des capteurs spécifiques. Le milieu contient des algues unicellulaires capables de réaliser la photosynthèse. On fait varier la luminosité au cours de l'expérience.

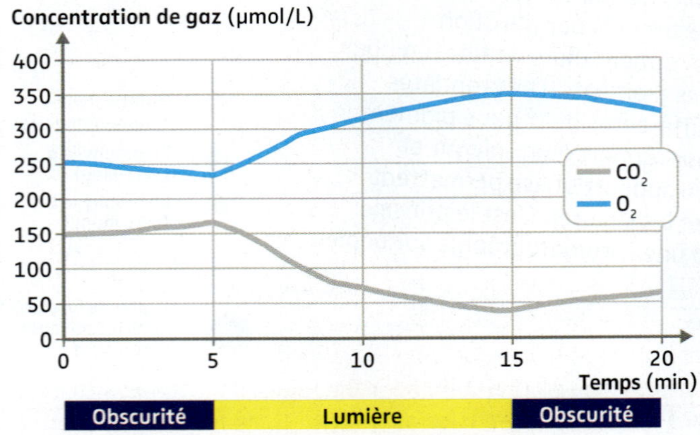

1 Résultat des mesures des quantités de dioxygène et de dioxyde de carbone dans un milieu hermétique contenant des algues unicellulaires photosynthétiques. Entre t = 5 min et t = 15 min, des molécules d'eau sont consommées dans les cellules.

Mémo

Une espèce chimique est une molécule ou un atome.

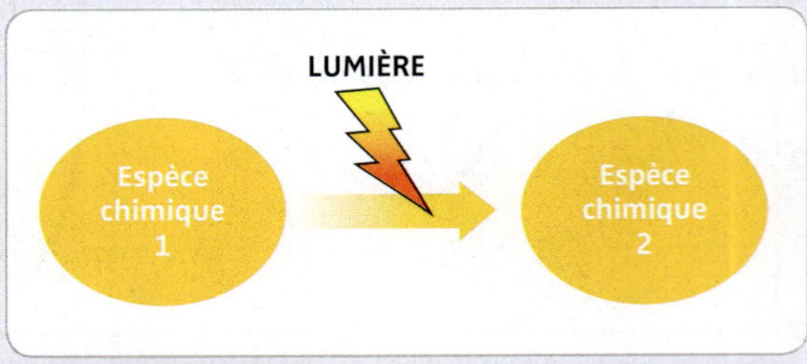

▲ **Une réaction de photolyse.**

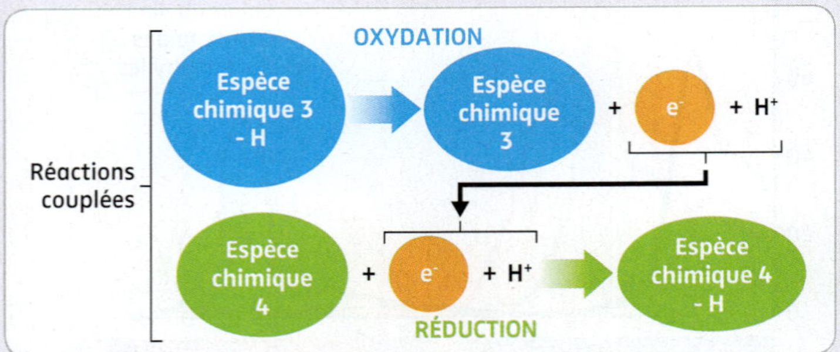

▲ **Les réactions d'oxydoréduction.**

Expérience	Auteurs et années	Protocole	Résultat
1	Ruben et Kamen, 1938 - 1941	Euglènes (plante aquatique) éclairées en présence d'eau lourde ($H_2{}^{18}O$).	Dégagement de $^{18}O_2$, déchet de la photosynthèse.
2		Euglènes à l'obscurité en présence d'eau lourde ($H_2{}^{18}O$).	Pas de dégagement de $^{18}O_2$.
3	Calvin, Benson et Bassham, 1952 - 1959	Chlorelles (algue unicellulaire) éclairées en présence de CO_2 marqué au ^{14}C (radioactif).	Présence importante d'amidon radioactif.
4		Chlorelles mises à l'obscurité en présence de CO_2 marqué au ^{14}C (radioactif).	Absence d'amidon.
5		Chlorelles préalablement éclairées sans CO_2 radioactif puis immédiatement mises à l'obscurité en présence de CO_2 marqué au ^{14}C (radioactif).	Présence peu importante d'amidon radioactif.

2 Tableau de différentes expériences utilisant les isotopes de l'oxygène et du carbone.
Les isotopes sont utilisés en biologie comme des traceurs. Ils permettent de retrouver le devenir d'un atome lors des réactions chimiques qui ont lieu au sein des cellules.

Identifier l'origine de l'amidon produit lors de la photosynthèse

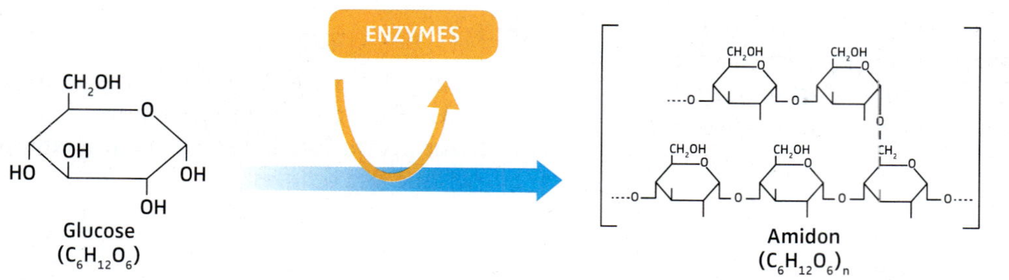

3 La synthèse d'amidon au sein du chloroplaste. L'amidon est un polymère de glucose, c'est-à-dire qu'il est constitué de molécules de glucose (monomère) reliées entre elles par des liaisons particulières grâce à l'action d'enzymes contenues dans le chloroplaste.

Décrire la diversité des molécules produites lors de la photosynthèse

Dans les années 1950, Calvin, Benson et Bassham réalisent des expériences sur les chlorelles, des algues unicellulaires capables de réaliser la photosynthèse. Ces chercheurs américains construisent un dispositif particulier permettant d'incorporer du dioxyde de carbone radioactif ($^{14}CO_2$) à ces algues avant de bloquer toute réaction chimique à l'aide d'éthanol bouillant. L'objectif de leur expérience est de découvrir les molécules incorporant le dioxyde de carbone marqué.
Une fois les réactions chimiques bloquées, ils réalisent une chromatographie bidimensionnelle afin de séparer les molécules produites, puis une autoradiographie permettant de révéler les molécules radioactives.

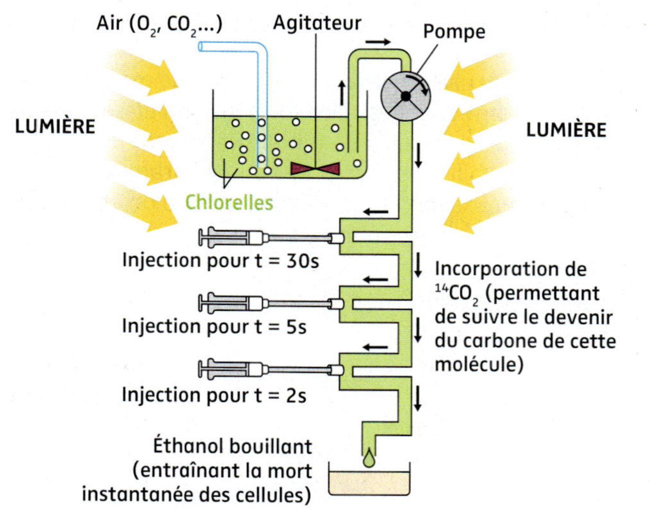

4 Schéma du dispositif expérimental utilisé par Calvin, Benson et Bassham.

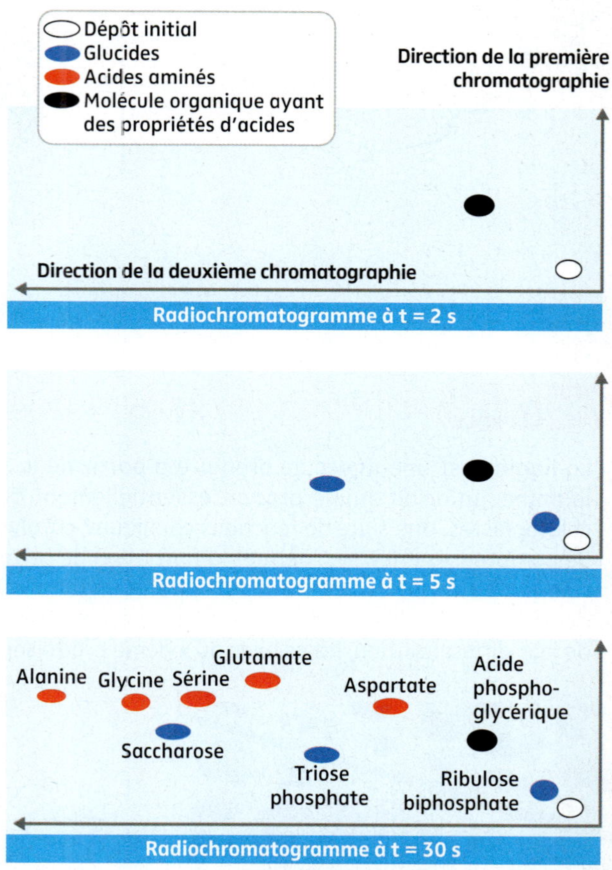

5 Schémas des résultats des chromatographies suivies d'une autoradiographie après 2, 5 et 30 secondes en présence de dioxyde de carbone radioactif.

Guide de résolution

Indicateurs de réussite

1 Montrer que la photosynthèse correspond à une photolyse de l'eau couplée à une réduction du dioxyde de carbone (documents 1 et 2).

2 Établir que la photosynthèse permet de produire une diversité de molécules au sein de la cellule (documents 3 à 5).

3 En conclusion
Mettre en relation les déductions apportées par l'étude des documents pour retrouver les réactions chimiques ayant lieu lors de la photosynthèse aboutissant à la formation de molécules organiques diverses.

UNITÉ 3 Transport et contribution des produits de la photosynthèse à la croissance ainsi qu'au port des plantes

La photosynthèse produit des molécules au sein du chloroplaste. Ces molécules vont permettre à l'organisme végétal de croître et de produire d'autres molécules. Certaines molécules interviennent dans le port du végétal, c'est-à-dire son aspect morphologique.

Objectif

Montrer que des produits de la photosynthèse sont transportés dans toute la plante et que leur utilisation dépend de l'équipement enzymatique des cellules.

Décrire les flux de matière au sein de la plante

Un organe source est un organe produisant et libérant des molécules dans la sève élaborée. Un organe puits est un organe prélevant des molécules dans la sève élaborée des vaisseaux du phloème.

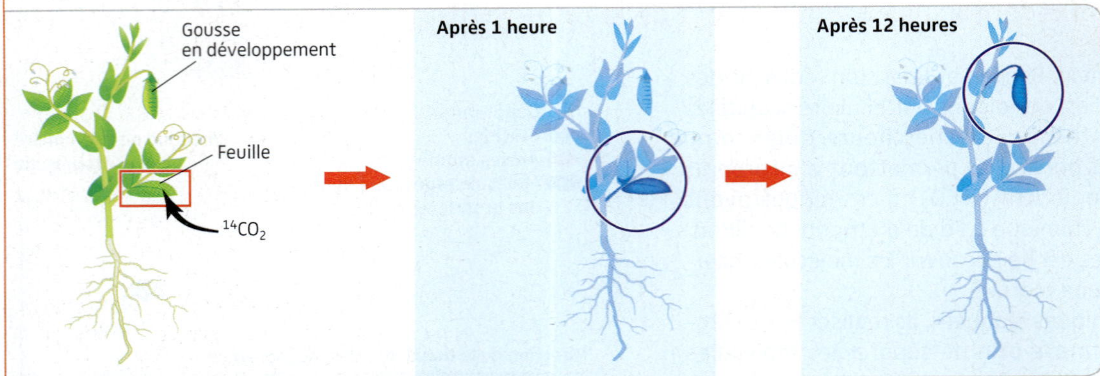

1 Résultats d'une autoradiographie après avoir placé une feuille à la lumière dans une atmosphère contenant du CO_2 marqué ($^{14}CO_2$) puis du CO_2 non marqué. Plus la zone est riche en carbone marqué, plus elle apparaît sombre.

Expliquer la diversité des produits de la photosynthèse et leur importance pour le végétal

La lignine est une molécule produite à partir de la phénylalanine, un acide aminé produit essentiellement dans les chloroplastes. Une suite de réactions chimiques, catalysée par de nombreuses enzymes, permet la formation de cette molécule complexe qui lui confère des propriétés imperméables, de rigidité importante et très résistante à la décomposition. Lors de leur différenciation, les cellules du xylème produisent cette molécule au niveau de leur paroi avant de mourir. Les cellules mortes étant alignées, elles forment un vaisseau de xylème. Ainsi, cette molécule joue un rôle important dans le port des plantes en milieu terrestre. Le bois des arbres est essentiellement composé de cette molécule alors qu'on en retrouve très peu dans les plantes annuelles.

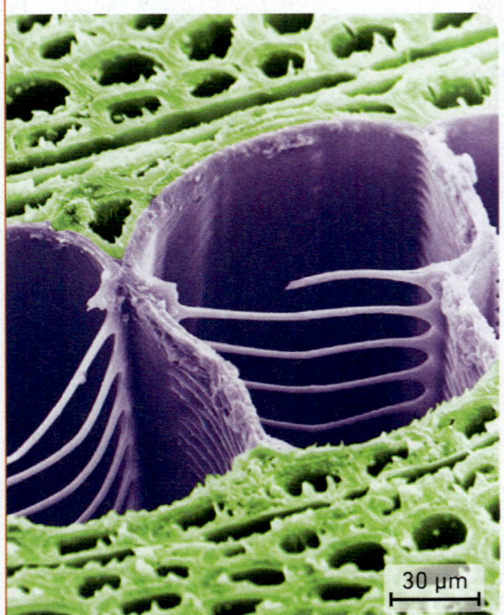

2 Photographie de vaisseaux du xylème (en violet). Obtenue au microscope électronique à balayage, fausses couleurs.

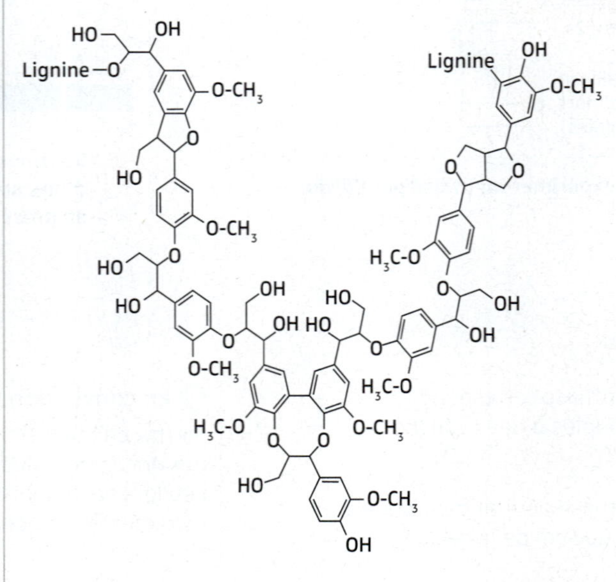

3 Stucture détaillée d'une partie de la molécule de lignine.

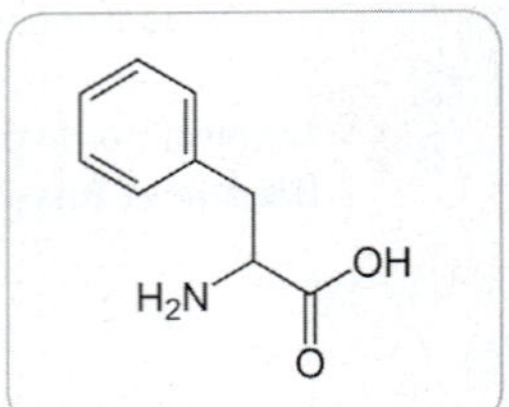

4 Une molécule de phénylalanine.

▶▶▶

La cellulose est composée de molécules de glucose reliées entre elles par des liaisons particulières, différentes des molécules d'amidon. Elle est la molécule constitutive des parois des cellules végétales et plus particulièrement des cellules de phloème. Cette molécule est produite par une enzyme enchâssée dans la membrane plasmique des cellules végétales, appelée la cellulose synthase.

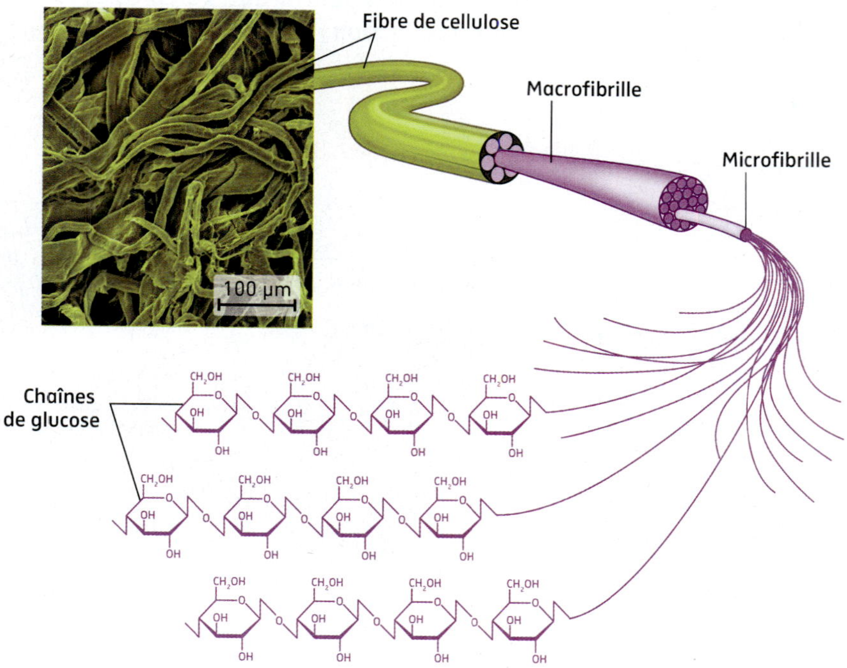

5 **Photographie de fibres de cellulose au microscope électronique à balayage et schéma d'interprétation jusqu'au niveau moléculaire.**

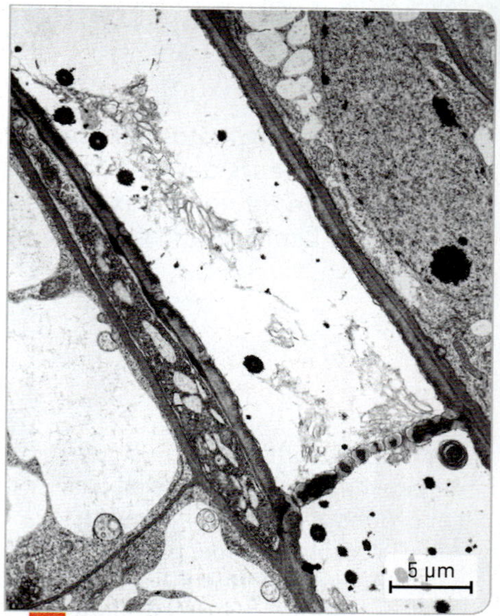

6 **Photographie d'un vaisseau du phloème au microscope électronique à transmission.**
Le vaisseau du phloème est positionné en diagonale sur la photographie. Chaque cellule du phloème est associée à une cellule dite « compagne », capable de synthétiser la saccharase. Cette enzyme est capable de libérer les sucres (glucose-fructose) liés dans une molécule de saccharose.

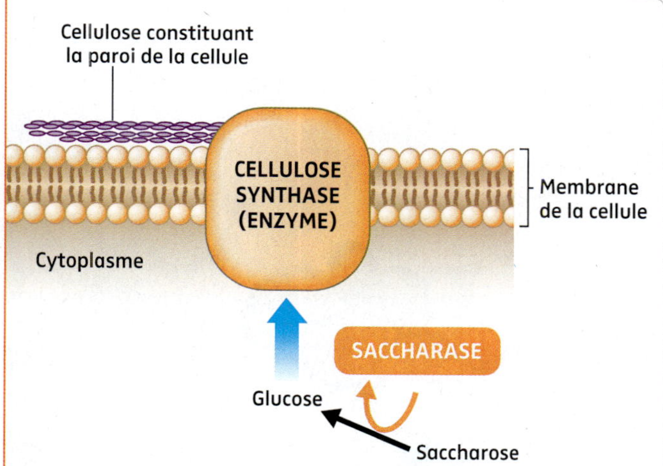

7 **Schéma de l'enzyme produisant la cellulose au niveau de la membrane plasmique d'une cellule végétale.**

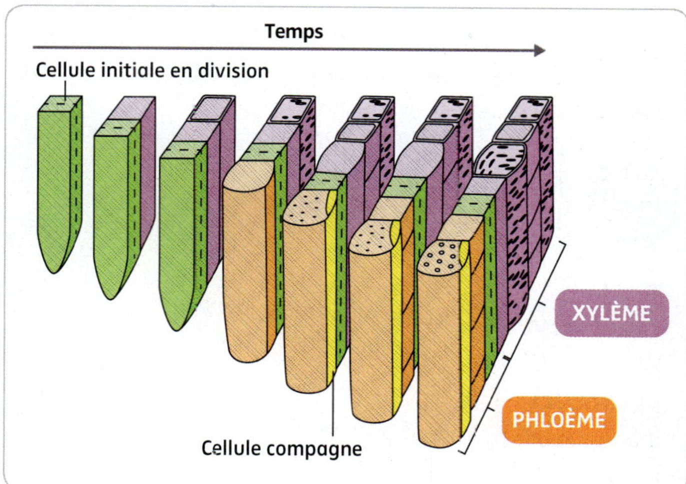

8 **Schéma de la formation au cours du temps des vaisseaux de phloème et de xylème au niveau d'une tige.**

Guide de résolution

Indicateurs de réussite

1 Montrer que les produits de la photosynthèse sont transportés dans la plante (document 1).

2 Déduire les utilisations des métabolites de la photosynthèse au sein des vaisseaux conducteurs de sève (documents 2 à 8).

3 **En conclusion**
Mettre en relation les déductions apportées par l'étude des documents pour établir le rôle des différents vaisseaux conducteurs dans la plante et expliquer comment ils peuvent utiliser certaines molécules issues de la photosynthèse.

UNITÉ 4 Le stockage de substances organiques

Les produits de la photosynthèse sont transportés par les vaisseaux conducteurs des végétaux. Certains vont être utilisés pour produire de nouveaux vaisseaux. Cependant, tous les produits de la photosynthèse ne sont pas utilisés à cette fin.

Objectif

Déterminer le devenir des produits de la photosynthèse permettant de résister aux conditions défavorables ou d'assurer leur reproduction.

Comparer les structures permettant de résister aux conditions défavorables

Les plantes sont fixées au sol et ne peuvent se déplacer selon les conditions de l'environnement. Ainsi, certaines espèces végétales ont adopté des modes de vie leur permettant de survivre à des conditions environnementales modifiées par les saisons et devenant défavorables à leur développement (températures trop froides, par exemple en hiver dans les régions tempérées).

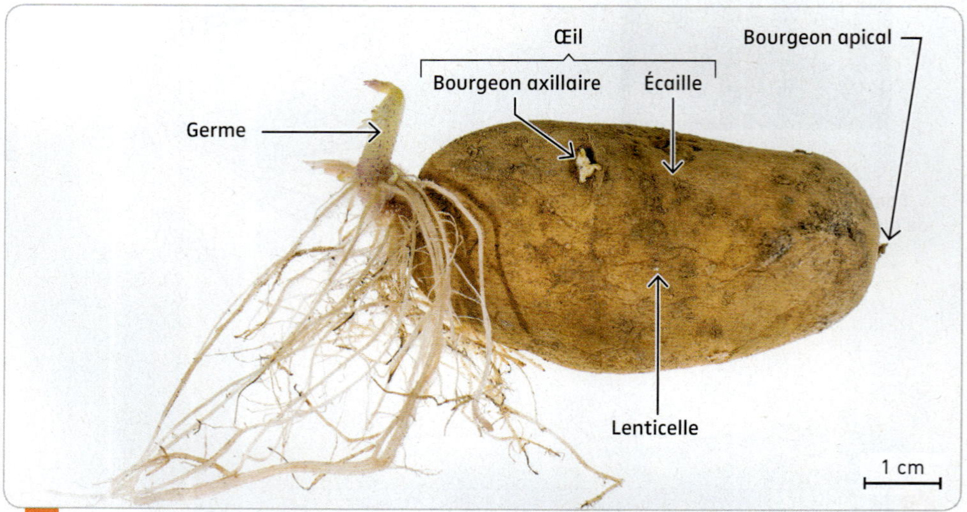

1 Photographie d'un tubercule de pomme de terre. Le tubercule de pomme de terre se forme en été. Les parties aériennes disparaissent en hiver pour se reconstituer lors de la germination du tubercule au printemps.

Mettre en évidence les réserves d'amidon

PRINCIPE

L'eau iodée est un réactif naturellement jaune-orangé qui prend une teinte bleu nuit en présence d'amidon.

PROTOCOLE

1. Couper une pomme de terre en deux, verser une goutte d'eau iodée sur l'une des moitiés.
2. Gratter légèrement l'autre moitié de la pomme de terre avec un scalpel puis déposer le prélèvement sur une lame de verre.
3. Ajouter sur le prélèvement une goutte d'eau iodée puis recouvrir d'une lamelle.
4. Placer la préparation sur la platine et réaliser l'observation au microscope.

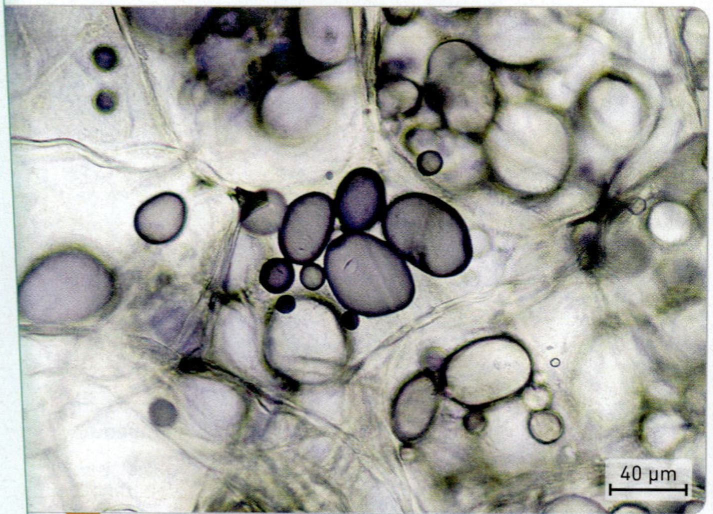

2 Cellules de tubercules de pomme de terre observées au microscope après coloration à l'eau iodée.

Enzyme	Période de formation du tubercule	Période de germination
Amidon synthétase	+++	+
Glucosidase	+	+++

3 Tableau des quantités relatives d'enzymes au sein des amyloplastes du tubercule de pomme de terre. Le nombre de (+) indique une quantité plus importante. L'amidon synthétase est une enzyme intervenant dans la production d'amidon à partir de glucose. La glucosidase est une enzyme intervenant dans la libération de glucose à partir d'amidon.

▸▸▸

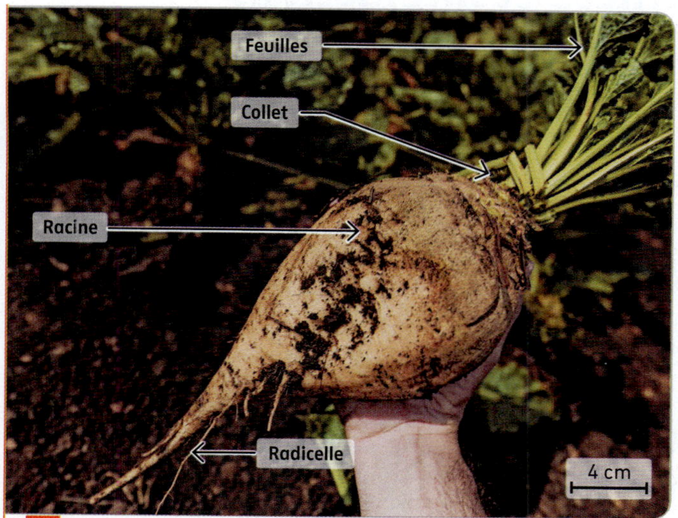

4 **Photographie d'une betterave sucrière sortie du sol un an après sa germination.** La betterave sucrière possède des renflements correspondant à des réserves de molécules. Cette plante bisannuelle germe et se développe la première année, passe ensuite l'hiver sans partie aérienne avant de développer un appareil caulinaire (parties aériennes) au moyen des réserves accumulées.

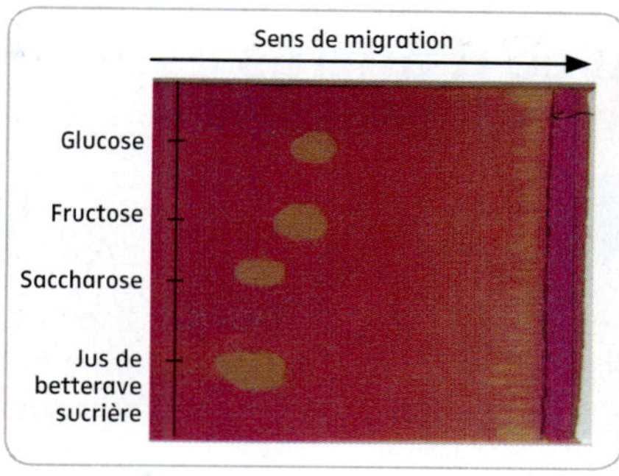

5 **Photographie d'un résultat de chromatographie de saccharose, glucose, fructose et jus de betterave sucrière.**

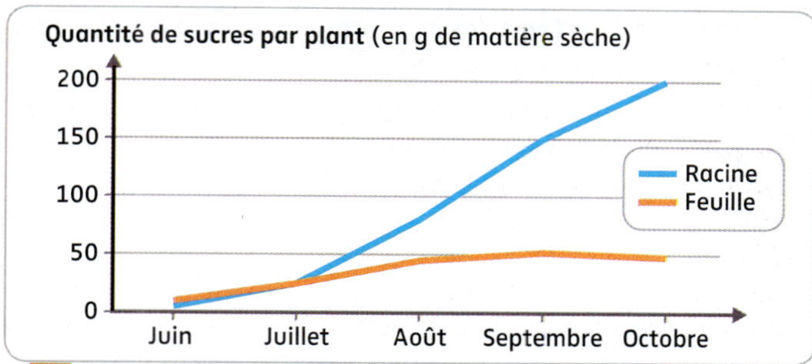

6 **Évolution de la quantité de sucre dans la feuille et la racine de betterave au cours du temps.**

Identifier les molécules permettant d'assurer la reproduction des végétaux

7 **Photographies d'un palmier dattier et d'une coupe de datte.** La datte est une baie qui contient une seule graine. Ce fruit charnu riche en saccharose protège la graine et favorise sa dissémination par les animaux.

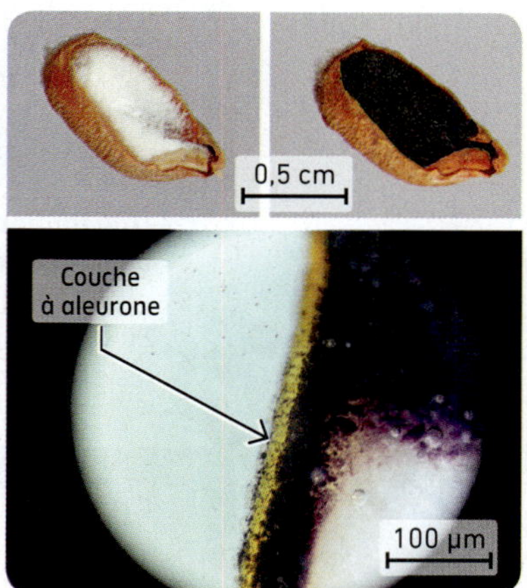

8 **Photographies d'une dissection d'un grain de blé (en haut à gauche), coloré à l'eau iodée (en haut à droite) et observation microscopique de la périphérie du grain après coloration à l'eau iodée.** La couche à aleurone correspond à des réserves protéiques.

9 **Photographies de noix dans son brou contenant la graine et observation microscopique d'un cerneau de noix (cotylédon) après coloration au rouge soudan III.** Le rouge soudan III est un colorant mettant en évidence les lipides par une coloration rouge.

Guide de résolution

Indicateurs de réussite

1. Retrouver les différentes molécules produites par les plantes permettant de résister aux conditions défavorables de températures basses en hiver (documents 1 à 6).

2. Retrouver les différentes molécules permettant d'assurer la reproduction des végétaux (documents 7 à 9).

3. **En conclusion**
Mettre en relation les déductions apportées par l'étude des documents pour établir la diversité des molécules produites lors du stockage de molécules et leurs fonctions.

UNITÉ 5 Produits de la photosynthèse et interactions avec d'autres espèces

MISSION

ORAL

Dans le film de James Cameron *Avatar*, toutes les espèces vivantes sont connectées. Afin de permettre la communication entre la faune et la flore, le réalisateur a créé une espèce d'arbre spécial : l'arbre des voix.

→ **Vous devez intervenir suite à une projection du film afin d'expliquer comment, sur Terre, les organismes végétaux peuvent interagir avec des espèces animales.**

→ **Rédigez votre discours expliquant comment la synthèse de molécules particulières permet des interactions entre les végétaux et les animaux.**

→ Méthode n° 20 Fiches méthode

▲ **Photographie extraite du film *Avatar*, réalisé par James Cameron.**

Anthocyanes et tanins sont des familles de molécules complexes élaborées à partir des produits de la photosynthèse. Des enzymes permettent une suite de transformations biochimiques aboutissant à ces molécules qui s'accumulent dans les vacuoles de certaines cellules végétales.
Contrairement aux métabolites primaires présents dans toutes les cellules végétales (glucose, acides aminés, protéines, acides nucléiques...), les métabolites secondaires ont une répartition différente au sein d'un végétal et entre les différentes espèces.

Molécule de tanin

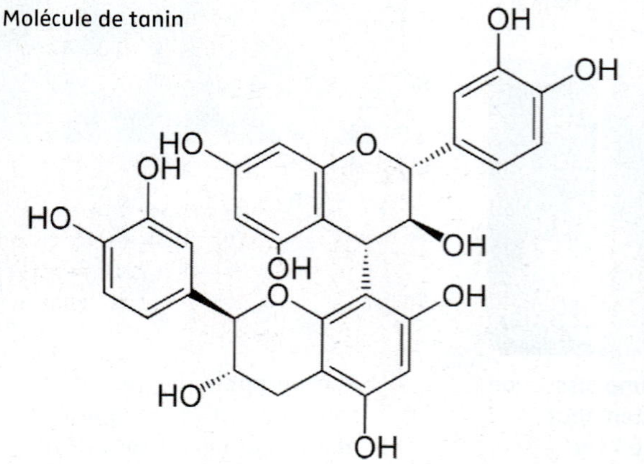

Molécule d'anthocyane

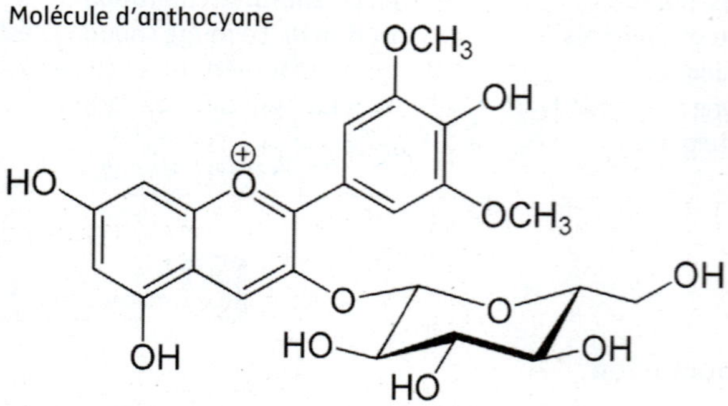

1 Les métabolites secondaires.

2 Une fauvette à tête noire, en train de consommer une baie de sureau noir. Les baies de cet arbre sont riches en anthocyanes, responsables de leur couleur attractive pour les oiseaux.
En mangeant ces fruits, les oiseaux vont permettre de disperser les graines qu'ils contiennent.

3 Les anthocyanes contenues dans les pétales des fleurs réfléchissent les rayonnements ultraviolets visibles par les insectes. Ils sont en partie responsables de la couleur des fleurs ou des fruits. À gauche, la vision de la fleur de populage en lumière naturelle. À droite, la vision de la même fleur avec un filtre ultraviolet, comme l'observerait un insecte.
En attirant les pollinisateurs, la fleur favorise la dispersion du pollen et la fécondation entre individus différents. Ce pollen peut aussi servir de nourriture pour les insectes.

Les dégâts causés par la larve du *Bombyx disparate* sont considérables.
Après une attaque, les chênes produisent de nouvelles feuilles beaucoup plus riches en tanins, ce qui limite la prolifération de la larve. Les tanins sont des molécules au goût désagréable repoussant les phytophages.

▲ **Chenille au 5e stade larvaire** (5 paires de « verrues bleues » vers la tête, 6 paires de « verrues rouges » vers l'abdomen).

▲ **Papillon mâle de *Bombyx disparate*.**

▲ **Dégâts sur un rameau de chêne causés par la larve.**

4 Le *Bombyx disparate* est un papillon dont la chenille se nourrit des feuilles de chêne.

Mettre en évidence l'action des enzymes digestives sur les tanins

PRINCIPE

Les tanins peuvent provoquer la précipitation de protéines perturbant le fonctionnement des enzymes digestives. Leur consommation à forte dose peut entraîner la mort de certains phytophages.

Le vin rouge contient de nombreux tanins.

PROTOCOLE

1. Préparer 3 tubes à essai sur un portoir.
2. Dans le premier, mettre 1 mL de vin rouge et 2 mL d'eau.
3. Dans le second, mettre 1 mL d'amylase (enzyme de la salive obtenue à partir de comprimés de Maxilase) et 2 mL d'eau.
4. Dans le troisième, mettre 1 mL de vin rouge, 1 mL d'amylase et 1 mL d'eau
5. Agiter les 3 tubes à essai.

5 L'action des tanins en présence d'enzyme salivaire d'un phytophage.

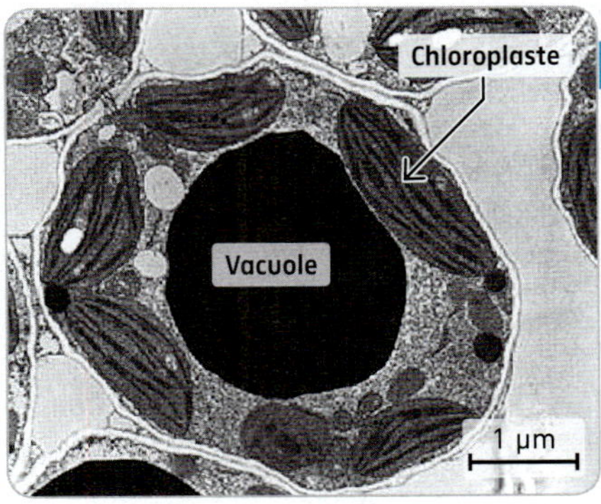

6 Photographie au microscope électronique d'une cellule de feuille de sensitive *Mimosa pudica*.
Les tanins opaques aux électrons apparaissent en noir et remplissent la vacuole centrale de la cellule.

Coups de pouce

Pistes pour construire votre stratégie

1. Retrouver les différentes interactions possibles entre les végétaux et les animaux.
2. Distinguer les interactions apportant un avantage à chacun (mutualisme), des interactions qui amènent à des rivalités entre les espèces (compétitives).

Lecture de documents

3. Les documents présentent des mécanismes à différentes échelles (des molécules aux organismes). Repérer l'échelle d'observation utilisée.

MISSION réussie si...

- Les interactions entre espèces végétales et animales ont été identifiées.
- Le rôle des molécules végétales est précisé.
- L'origine des molécules produites est établie.
- Le discours présente une introduction, des transitions et une conclusion.

BILAN CHAPITRE 9 La plante, productrice de matière organique

UNITÉ 1 Le rôle des pigments lors de la photosynthèse

- Le **chloroplaste** est un organite des cellules végétales qui réalise la photosynthèse. Il est le siège de la production d'amidon lorsqu'il est placé à la lumière. L'énergie lumineuse est absorbée par des **pigments photosynthétiques**. Il existe différents pigments dont l'absorption des longueurs d'onde de la lumière blanche varie en fonction des longueurs d'onde. Ils sont contenus dans la membrane des thylakoïdes au sein du chloroplaste. Ils peuvent être séparés par chromatographie pour distinguer les chlorophylles a et b, les xanthophylles et les carotènes.
- La comparaison des courbes représentant la variation de l'absorption de la lumière et de l'intensité photosynthétique en fonction des longueurs d'onde montre une corrélation entre l'importance de l'absorption de la lumière et de l'activité photosynthétique. Cette corrélation s'explique par le rôle des pigments dans l'absorption de l'énergie lumineuse et sa conversion en énergie chimique utilisée ensuite pour la synthèse de molécules organiques (énergie chimique).

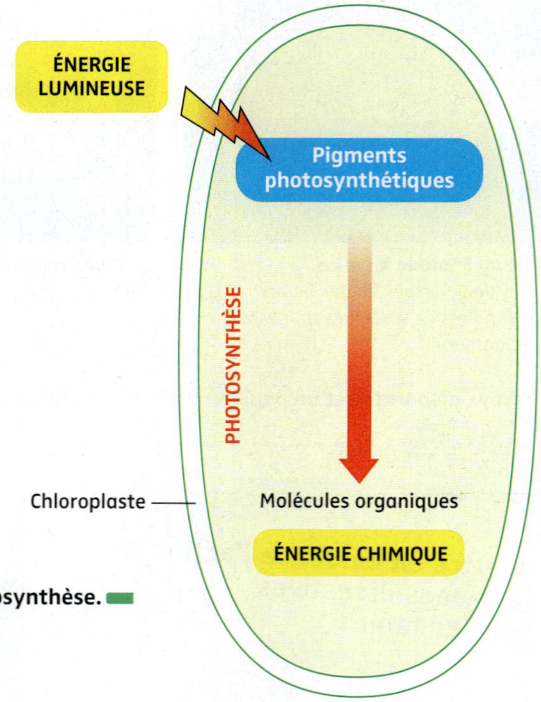

Schéma du rôle des pigments lors de la photosynthèse.

UNITÉ 2 Les réactions chimiques lors de la photosynthèse

- La photosynthèse utilise le dioxyde de carbone et l'eau pour produire des molécules organiques (comme le glucose) et du dioxygène, en présence de lumière. La réaction globale de la photosynthèse peut donc s'écrire :

$$6\ CO_2 + 6\ H_2O \xrightarrow{\text{Lumière}} C_6H_{12}O_6\ (\text{glucose}) + 6\ O_2$$

- L'étude des isotopes de l'oxygène et du carbone a permis d'établir le devenir des réactifs de la photosynthèse. Ainsi, le dioxygène produit provient de l'oxydation de la molécule d'eau. Cette réaction nécessite de la lumière.
- On parle de **photolyse de l'eau** : cette réaction est possible grâce à l'absorption de l'énergie lumineuse par les pigments photosynthétiques. Les électrons libérés par cette réaction seront finalement cédés au dioxyde de carbone, qui est réduit en molécule organique comme le glucose. La **réduction du dioxyde de carbone** ne nécessite pas obligatoirement de lumière.
- Les enzymes présentes dans le chloroplaste vont permettre la production d'amidon à partir de molécules de glucose. De nombreuses molécules différentes vont intégrer le carbone provenant du dioxyde de carbone réduit. La photosynthèse permet donc de produire une diversité de molécules au sein de la cellule végétale.

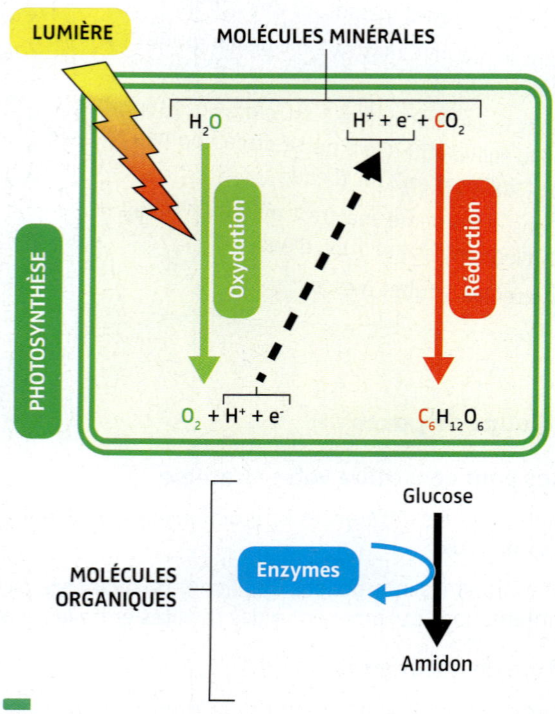

Schéma des principales réactions lors de la photosynthèse.

UNITÉS 3, 4 et 5 Exemples de fonctions biologiques des métabolites synthétisés

▶ Chez les végétaux, les vaisseaux conducteurs peuvent être distingués en deux catégories :

– les vaisseaux du xylème, dont la paroi est essentiellement composée de lignine. Cette molécule est imperméable et assure une grande rigidité à l'organisme. Elle permet ainsi aux vaisseaux du xylème à la fois de transporter les molécules d'eau des racines jusqu'aux feuilles, notamment pour la photosynthèse, mais également d'assurer le port de l'organisme en constituant une structure rigide. Les vaisseaux du xylème transportent habituellement peu de produits de la photosynthèse mais essentiellement de l'eau, principal élément de la **sève brute**. La lignine, qui constitue leur paroi, est synthétisée à partir de la phénylalanine, un acide aminé produit lors de la photosynthèse. La synthèse de lignine est possible grâce à un équipement enzymatique particulier ;

– les vaisseaux du phloème, qui sont composés d'une paroi de cellulose. Cette molécule est produite à partir de glucose au moyen d'une enzyme, la cellulose synthase, présente au niveau de la membrane de ces cellules. Ces vaisseaux conducteurs transportent la **sève élaborée** qui contient les produits de la photosynthèse sous forme de saccharose. À partir de cette molécule peut être produit du glucose pour la construction de la paroi grâce à une enzyme, la saccharase produite par la cellule compagne du phloème. Les vaisseaux du phloème distribuent les produits de la photosynthèse à toutes les cellules de l'organisme, permettant ainsi sa croissance.

▶ Les produits de la photosynthèse, transportés par les vaisseaux du phloème permettent de produire une diversité de molécules différentes assurant des fonctions particulières.

▶ Elles peuvent être stockées dans des éléments de la plante : tige, racines, feuilles, fruits ou graines. La transformation des produits de la photosynthèse est réalisée par un équipement enzymatique particulier permettant des réserves de différentes natures moléculaires : saccharose, amidon, protéines ou lipides. L'accumulation de ces molécules sous forme de réserves permet soit de résister à des conditions défavorables (températures, hygrométrie...), soit d'assurer la reproduction en contribuant à la dispersion des graines ou en permettant à l'embryon contenu dans la graine de se développer lorsque les conditions deviennent favorables.

▶ D'autres molécules, comme les anthocyanes, vont également favoriser la reproduction en contribuant à une interaction entre la plante et les animaux, soit en attirant les insectes pollinisateurs avec des fleurs aux couleurs attractives pour ces espèces, soit en attirant les animaux favorisant la dissémination des graines. Ces interactions apportent un bénéfice à chacun (plante et animal) : on parle d'interaction mutualiste.

▶ Les tanins repoussent les phytophages en développant un goût désagréable et en perturbant la digestion. Ces interactions entraînent une compétition entre la survie de la plante et celle de l'animal : on parle d'interaction compétitive.

▶ Ces molécules peuvent être stockées dans des structures internes aux cellules comme les amyloplastes (amidon) ou les vacuoles (anthocyanes, tanins).

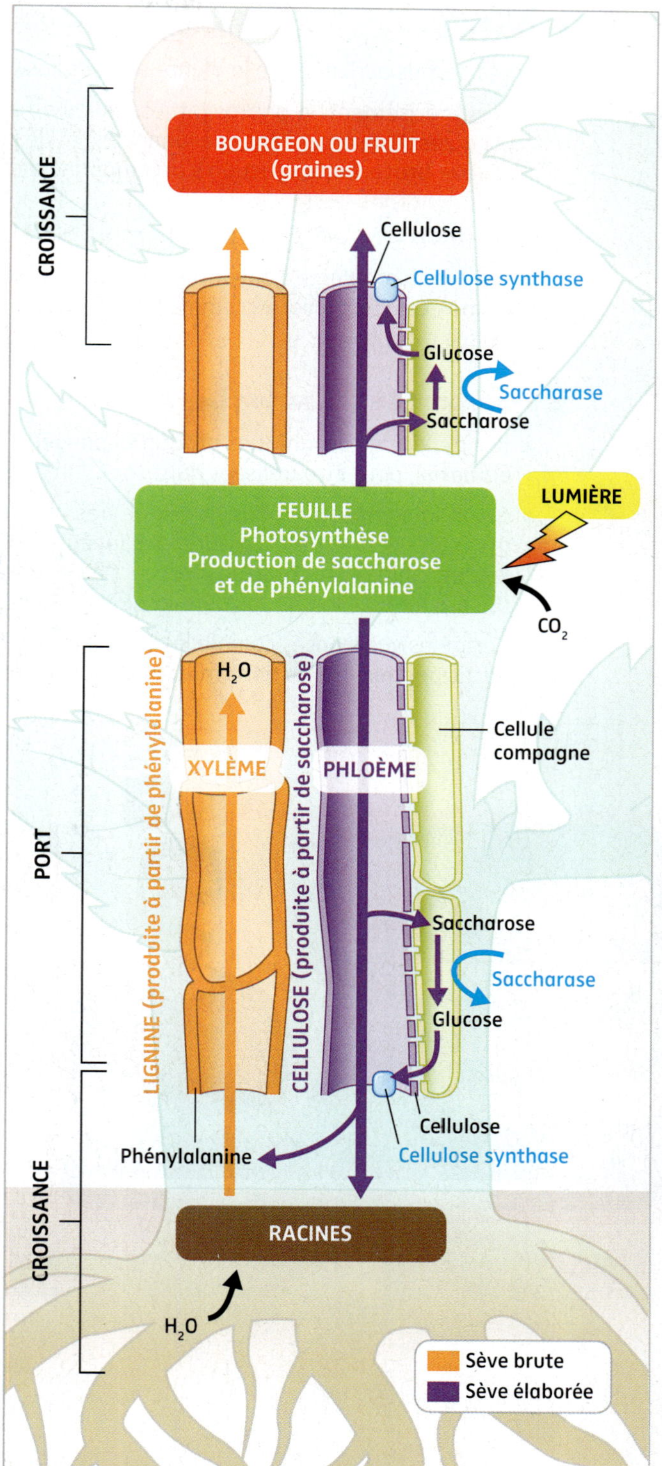

Schéma du transport des molécules issues de la photosynthèse et de leur utilisation pour le port et la croissance du végétal.

La plante, productrice de matière organique

Texte dys
Texte audio

En quelques mots

1 Le rôle des pigments chlorophylliens lors de la photosynthèse

- Les parties aériennes de la plante sont les lieux de production de matière organique par photosynthèse.
- Plus précisément, la photosynthèse a lieu au niveau des **chloroplastes** qui contiennent des **pigments** capables d'absorber l'énergie lumineuse et de l'utiliser pour réaliser la **photolyse de l'eau**, apportée par la **sève brute**. Cette réaction s'accompagne de la libération d'O_2.

2 La réduction du CO_2

- Dans le chloroplaste, l'oxydation de l'eau est couplée à une réduction du CO_2, aboutissant à la formation de molécules organiques comme le glucose et d'autres sucres solubles qui pourront sortir du chloroplaste vers le cytoplasme.

3 Transport et utilisation des molécules issues de la photosynthèse

- Les molécules organiques produites peuvent être exportées de la cellule et transportées par la **sève élaborée**, pour être utilisées dans tout l'organisme végétal.
- Selon la composition enzymatique des cellules, ces métabolites seront transformés en différentes molécules permettant d'assurer des fonctions biologiques diverses : port et croissance de la plante (cellulose et lignine), stockage de réserves (saccharose, amidon, protéines, lipides) qui permettent notamment de résister aux conditions défavorables ou d'assurer la reproduction.
- Certaines substances comme les tanins (toxiques) ou les anthocyanes (pigments des pétales) peuvent participer aux interactions mutualistes ou compétitives avec d'autres espèces.

Vidéo bilan

mots-clés

Chloroplaste : organite présent au sein de certaines cellules végétales et permettant la réalisation du métabolisme photosynthétique.

Diversité chimique : ensemble des molécules chimiques différentes contenues dans un organisme vivant.

Photolyse de l'eau : réaction chimique ayant lieu au niveau de la membrane des thylakoïdes, utilisant l'énergie lumineuse et oxydant (perte d'électrons) la molécule d'eau.

Pigments photosynthétiques : ensemble de molécules localisées au niveau de la membrane des thylakoïdes et permettant l'absorption de l'énergie lumineuse.

Réduction du dioxyde de carbone : réaction chimique ayant lieu dans le stroma des chloroplastes et entraînant un gain d'électrons à l'atome de carbone. Cette réaction permet la production de molécules organiques.

Sève brute : fluide circulant de manière ascendante dans les vaisseaux du xylème et entraînant essentiellement les molécules d'eau du sol vers les parties aériennes.

Sève élaborée : fluide circulant de manière ascendante et descendante dans les vaisseaux du phloème et distribuant essentiellement les produits de la photosynthèse sous forme de saccharose à toutes les cellules végétales.

Schéma interactif

En une image

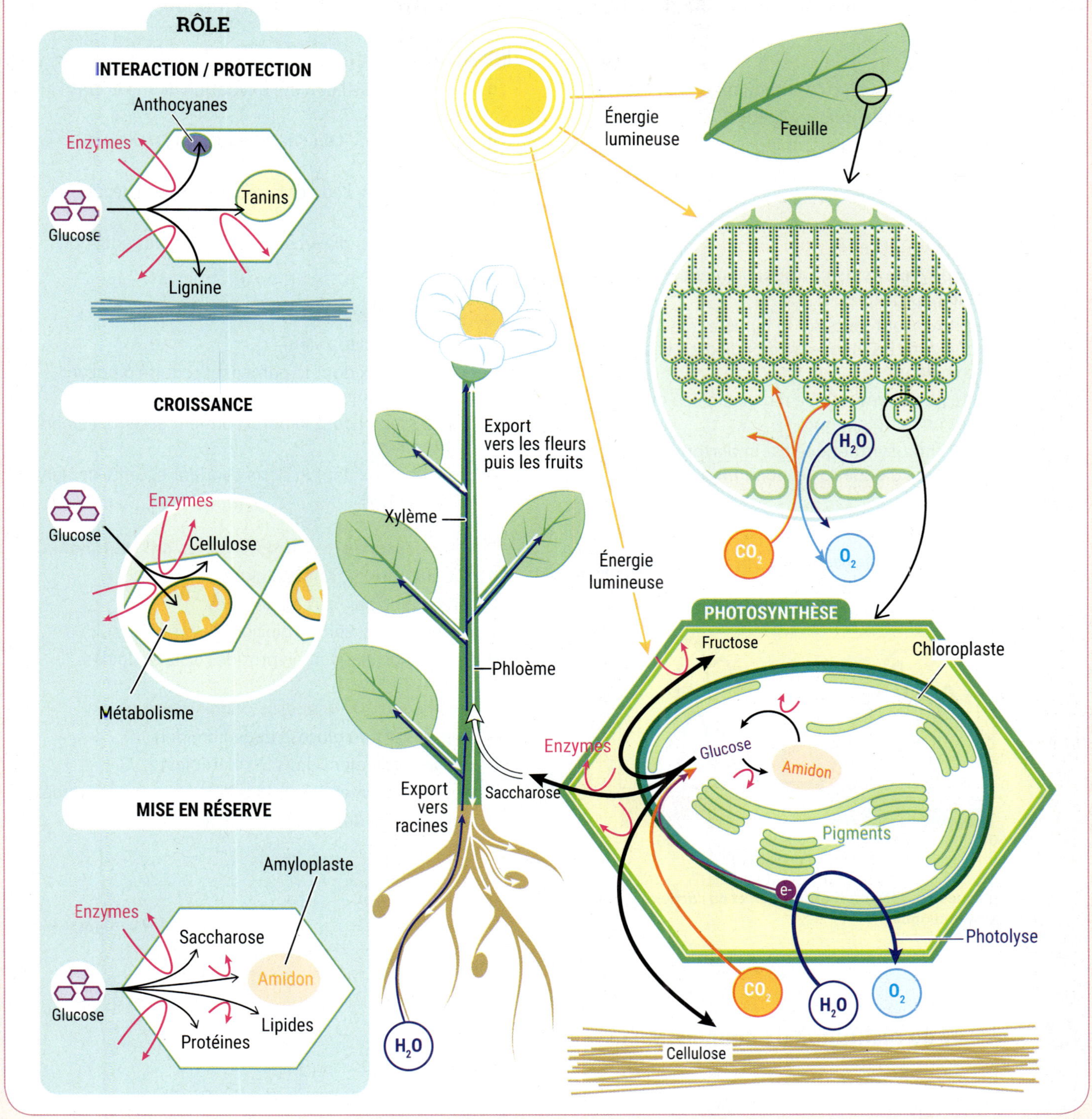

mémorisation active

Pour retenir les notions...

- Xylème
- Phloème
- Chloroplastes
- Lumière
- ...

Je construis ma carte des idées

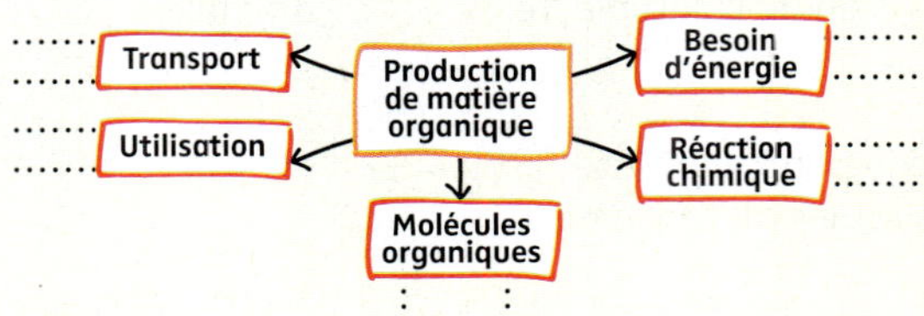

Pour m'aider dans la construction

→ Méthode 1

Pour m'entraîner

→ Exercice 1 p. 196

Quiz

EXO Exercices interactifs

Pour chaque question, choisir la bonne réponse parmi les affirmations proposées.

1. Les pigments photosynthétiques ont pour rôle :

a la production de molécules organiques.
b l'absorption de l'énergie lumineuse.
c le transfert de l'énergie chimique.
d la conversion de l'énergie chimique en énergie lumineuse.

2. Le document ci-dessous permet de déduire que :

a la chlorophylle b est le principal pigment intervenant lors de la photosynthèse.
b les végétaux sont verts car la lumière n'est pas absorbée dans les longueurs d'onde correspondant à cette couleur.
c l'activité photosynthétique n'a aucun lien avec l'absorption des pigments.
d l'activité photosynthétique est importante au niveau des longueurs d'onde correspondant à la couleur verte.

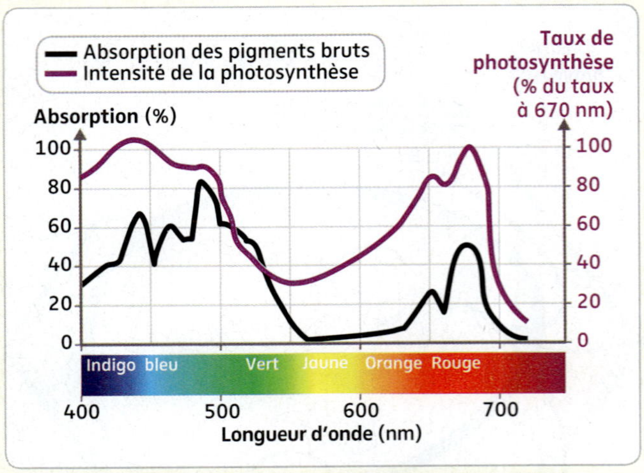

▲ **Graphiques des spectres d'absorption et de l'activité photosynthétique.**

3. La photosynthèse est :

a la réduction de l'eau et l'oxydation de molécules organiques.
b la photolyse de l'eau et la réduction du dioxyde de carbone.
c l'oxydation de l'eau et la réduction de molécules organiques.
d l'oxydation du dioxyde de carbone et la réduction de l'eau.

4. La sève élaborée est transportée par :

a les vaisseaux du xylème.
b des vaisseaux dont la paroi est produite à partir de phénylalanine.
c des vaisseaux dont la paroi contient essentiellement de la lignine.
d des vaisseaux dont la paroi contient essentiellement de la cellulose.

5. Les produits de la photosynthèse sont métabolisés :

a soit en protides, soit en lipides.
b soit en glucides, soit en protides.
c soit en lipides, soit en glucides.
d soit en glucides, soit en protides, soit en lipides.

6. Les produits de la photosynthèse sont :

a uniquement du glucose et de l'amidon.
b stockés seulement dans le chloroplaste.
c stockés seulement dans la cellule photosynthétique.
d stockés dans des organites particuliers.

→ Corrigés p. 447

1 Exercices de restitution de connaissances

Sujet 1
Comment l'énergie lumineuse est-elle convertie en énergie chimique lors de la photosynthèse ?

Sujet 2
La photosynthèse est un couplage d'oxydoréduction. À partir de l'équation globale de la photosynthèse, décrire les réactions qui ont lieu au sein du chloroplaste.

Sujet 3
Expliquer comment les produits de la photosynthèse peuvent se retrouver dans des molécules de l'ensemble de l'organisme végétal.

Sujet 4
Expliquer comment les produits de la photosynthèse permettent de favoriser la reproduction chez les végétaux.

Sujet 5
Expliquer comment les produits de la photosynthèse permettent aux végétaux d'interagir avec des espèces animales.

2 Les expériences d'Engelmann en 1882

■ Théodor Wilhelm Engelmann (1843-1909) est un physiologiste allemand. En 1882, il réalise des expériences utilisant une algue filamenteuse, la spirogyre, et des bactéries mobiles fortement attirées par le dioxygène. Il observe sous différentes conditions la répartition de ces bactéries au microscope.

En vous appuyant sur les résultats des expériences d'Engelmann et de vos connaissances, expliquer les différentes répartitions des bactéries selon les conditions d'éclairement.

Vous rédigerez un développement structuré.

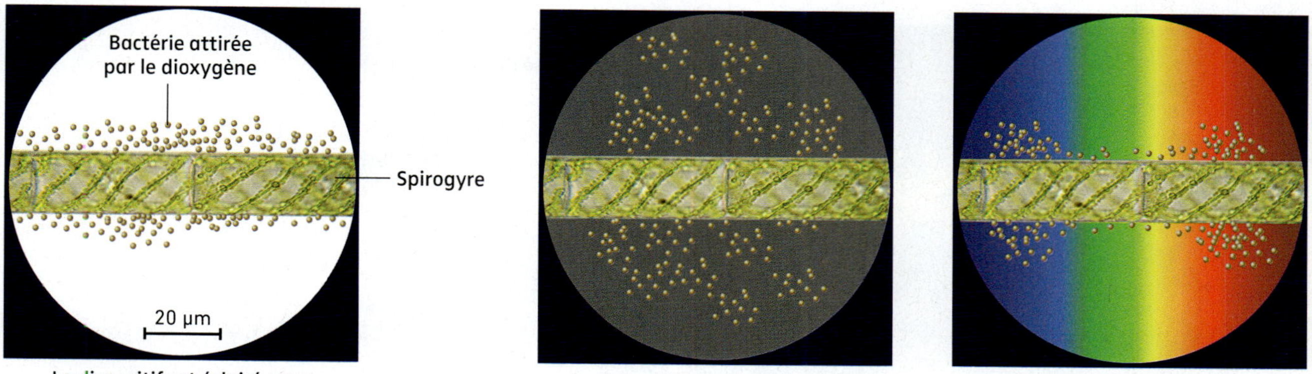

Le dispositif est éclairé avec de la lumière blanche.

Le dispositif est sous très faible éclairement.

Le dispositif est éclairé avec des radiations lumineuses différentes au moyen d'un réseau ou d'un prisme décomposant la lumière blanche.

a Schéma des résultats des observations au microscope de la répartition des bactéries le long de la spirogyre.

3 Chromatographie des plantes parasites

■ La cuscute est une plante parasite qui se développe sur les parties aériennes des plantes (tomate, aubergine, luzerne...). Le terme de « parasite » signifie qu'elle vit au détriment des plantes infectées (hôtes).

À l'aide de l'exploitation des documents et de vos connaissances, expliquer pourquoi la cuscute dépend d'une autre plante pour produire ses molécules.

Vous préciserez les liens physiologiques et leurs rôles entre la plante parasite et son hôte.

b Photographie de cuscute autour d'un pied d'aubergine.

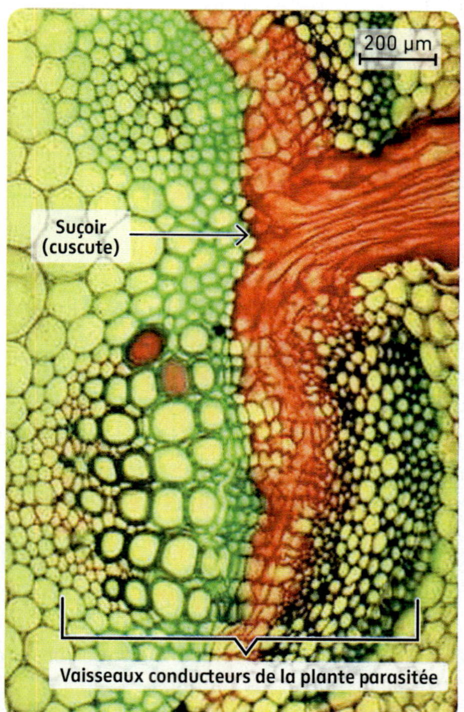

c Observation microscopique d'une coupe de tige parasitée par la cuscute après coloration au carmin-vert d'iode.

d Résultats d'une chromatographie de cuscute.

4 Exercice guidé Les relations entre plantes et animaux

Les plantes sont immobiles. Cependant, la transformation des molécules produites lors de la photosynthèse permet de produire des molécules interagissant avec des espèces animales. On cherche à définir le type d'interactions qu'une plante peut réaliser avec des espèces animales grâce aux molécules produites.

À partir de l'exploitation des documents, montrer que les plantes sont capables d'interagir avec des animaux grâce à des molécules issues de la photosynthèse.

Vous déterminerez le type de relation qu'une plante peut avoir avec une espèce animale particulière.

a **Photographie d'une antilope (herbivore) broutant un acacia.**

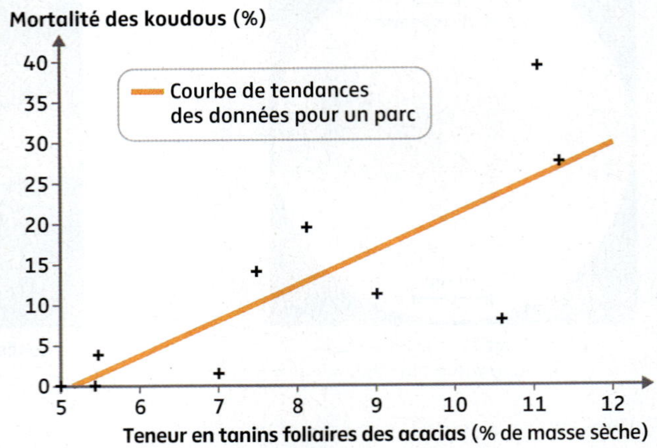

b **Graphique de la mortalité des koudous (antilope) en fonction de la teneur en tanins des feuilles d'acacia.**

« Les koudous sont de robustes gazelles qui se nourrissent de feuilles de l'*Acacia caffra*, un arbre des savanes d'Afrique du Sud. L'acacia est un arbre avec des ramures couvertes d'épines acérées possédant des racines profondes pour forer le sol jusqu'aux ressources en eau.

Lorsqu'un koudou affamé s'approche d'un acacia et commence à en brouter les feuilles, tout va bien pour lui au début ; il mange pendant quelques minutes, puis, bien avant d'être rassasié, il se détourne du premier acacia pour se diriger vers un autre acacia appartenant à la même espèce et continue de s'alimenter. Si les koudous ne sont pas plus nombreux que 3 pour 100 hectares, les deux espèces coexistent.

Dans les années 1980, les fermiers ont découpé dans la savane des ranchs de dimensions variées, clôturés avec du barbelé. Très vite, les premiers koudous décédés ont été signalés, leur état semblait inexplicable ; pas de plaie, aucune trace de parasites, ils étaient excessivement maigres et visiblement morts de faim. Le nombre de koudous décédés était proportionnel à leur densité. Pour comprendre ces morts mystérieuses, les fermiers font appel au professeur Van Hoven, de l'Université de Pretoria.

L'autopsie des koudous révéla qu'ils avaient la panse pleine de feuilles d'acacia. Le taux de tanins de ces feuilles était de 3 à 4 fois supérieur à celui des feuilles d'acacias non soumis à la prédation.

Dans des conditions de vie sauvage, les acacias produisent des tanins (molécules au goût amer) qui entravent la digestion des herbivores, mais cependant à des doses qui dissuadent seulement les prédateurs, sans entraîner leur mort. Ces acacias émettent également de fortes quantités d'éthylène, un gaz volatil, qui se répand dans leur environnement proche et déclenche chez les acacias voisins, la production de tanins. »

Éloge de la plante. Pour une nouvelle biologie, Francis Hallé, « Science ouverte », © Éditions du Seuil, 1999, « Points Sciences », 2014.

c **Extrait d'*Éloge de la plante* de Francis Hallé, ouvrage sur la relation entre l'acacia d'Afrique du Sud et les koudous.**

■ Une étude a été menée par le professeur Van Hoven et ses étudiants sur l'évolution de la teneur en tanins des feuilles d'acacia au cours du temps, après avoir artificiellement reproduit l'effet d'un herbivore sur les feuilles de l'arbre :

Temps depuis le début de l'expérience	0 h	0 h 30	1 h	1 h 30	2 h	2 h 30	3 h
Taux de tanins	Faible +	++	+++	++++	+++++	++++++	++++++

d Résultats d'une étude sur la teneur en tanins des feuilles d'acacia au cours du temps.
Le nombre de (+) indique l'importance du taux.

■ Certains acacias d'Amérique latine abritent des fourmis piquantes du genre *Pseudomyrmex*. Ces insectes ont pour rôle de protéger l'arbre contre les herbivores en les attaquant mais également de débarrasser la plante des autres branches qui touchent l'acacia où elles vivent, permettant ainsi à l'arbre un accès à la lumière, facilitant ainsi sa croissance en favorisant la photosynthèse.

■ L'arbre produit pour les fourmis du nectar riche en sucres dans des glandes proches de la base des feuilles ainsi que des structures particulières, appelées « corpuscules de Belt » localisées à l'extrémité des folioles et riche en protéines. D'autre part, il possède des aiguillons creux qui permettent aux fourmis et à leurs larves d'être protégées. Les restes de matières organiques qui ne sont pas consommés au sein de ces aiguillons sont source d'azote pour l'arbre.

e Photographie d'une fourmi du genre *Pseudomyrmex* se nourrissant d'un corpuscule de Belt.

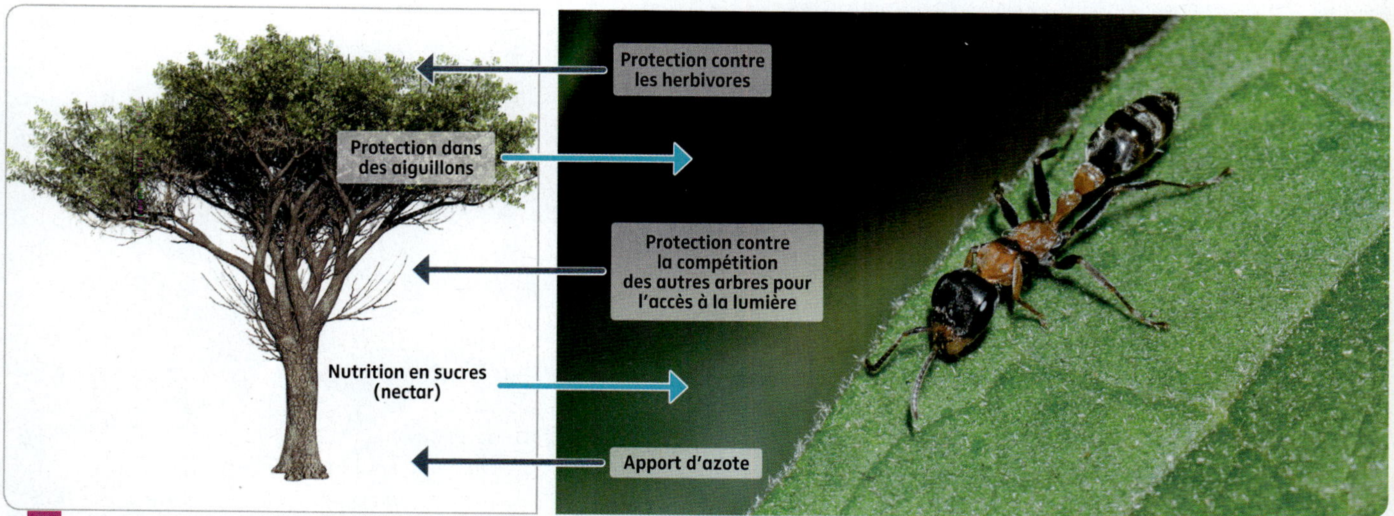

f Schéma des relations entre un acacia d'Amérique latine et la fourmi du genre *Pseudomyrmex*.

Guide de résolution

1. Retrouvez les molécules produites par les acacias.
2. Déterminez le rôle de chaque molécule.
3. Indiquez l'action des molécules dans l'interaction avec l'espèce animale.
4. Déterminez si l'interaction est compétitive (rivalité entre espèces) ou mutualiste (les espèces tirent des bénéfices réciproques).

CHAPITRE 10

Reproduction de la plante entre vie fixée et mobilité

Les Angiospermes sont fixées au sol par des racines. Dans l'incapacité de se déplacer, elles présentent des adaptations qui permettent le rapprochement de leurs gamètes formés dans les fleurs afin de se reproduire.

Cette plante est connue pour se multiplier rapidement en colonisant le bord du littoral.
Elle stabilise la dune en retenant le sable grâce à ses racines.

Comment cette plante en bord de plage se multiplie-t-elle ? UNITÉ 1

« Le déclin des abeilles expliqué en 3 minutes. »

Quelles sont les conséquences possibles de la disparition des abeilles ? UNITÉ 2

1 000 000

C'est le **nombre de grains de pollen libérés par jour** par un seul pied d'ambroisie, une plante fortement allergène.

Fleur et fruit de genêt à balai, *Cytisus scoparius*.

Quelle est l'origine du fruit et des graines ? UNITÉ 3

Le fruit du cocotier échoué sur une plage.

Comment les Angiospermes colonisent-elles de nouveaux milieux ? UNITÉ 4

UNITÉ 1 La reproduction asexuée des Angiospermes

Certaines plantes sont capables de se multiplier sans l'intervention des fleurs. On parle alors de reproduction asexuée.

Objectif

Présenter les propriétés permettant aux Angiospermes de se reproduire par multiplication asexuée.

Identifier les modalités de la reproduction asexuée

1 **La renouée du Japon est une plante invasive, qui pourtant produit très peu de graines.**

Pour l'élimination de la renouée du Japon, il est recommandé un arrachage précoce des nouvelles pousses. Il faut veiller à enlever la totalité du rhizome sans casser la plante, puis mettre celle-ci dans un sac et la jeter avec les ordures ménagères pour incinération. Le moindre fragment de plante oublié peut permettre la régénération d'une nouvelle plante.

2 **Dépliant de sensibilisation aux bonnes et mauvaises pratiques.**

3 **La renouée du Japon possède une tige rampante, le rhizome, pouvant atteindre 6 m de long.**

4 **Conséquences du passage d'un engin agricole en bord de champ.**

La jacinthe possède un bulbe, une tige souterraine courte portant des racines et des feuilles riches en réserves. Le bulbe, planté en novembre, germe au début du printemps. L'utilisation des réserves du bulbe permet la croissance de feuilles et d'une tige avec des fleurs.

À la fin du printemps, on peut récupérer le bulbe et observer des bulbilles, petits bulbes latéraux nouvellement formés. À l'automne suivant, le bulbe et les bulbilles récoltés sont séparés et replantés. Toutes les plantes formées à partir du bulbe et des bulbilles auront les mêmes caractéristiques.

5 **La formation de nouveaux bulbes de jacinthe.**

Caractériser une propriété des méristèmes en lien avec la reproduction asexuée

Les propriétaires de mares connaissent bien ce problème. À certaines périodes, de petites plantes (*Lemna minor*), appelées « lentilles d'eau », peuvent rapidement proliférer en surface et provoquer l'asphyxie de la mare. Comme tous les végétaux, cette plante aquatique possède une croissance indéfinie. En effet, les cellules des méristèmes se multiplient indéfiniment sans subir de vieillissement. La croissance est donc en théorie infinie (chapitre 8).

6 Mare recouverte de *Lemna minor* (à gauche) et détail d'un plant (à droite).

Étudier la multiplication de *Lemna minor*

PRINCIPE — Protocole

Placer à la lumière un plant de *Lemna minor* dans une boîte de Petri contenant une solution nutritive, puis prendre régulièrement des photos numériques de la surface.

7 Résultats.

Expliquer les conséquences de la totipotence des cellules végétales

Régénérer une plante à partir d'un fragment de feuille

PRINCIPE — Protocole

In vitro, les cellules de tabac sont capables de se différencier (elles possèdent alors les mêmes propriétés que des cellules embryonnaires) pour former un cal (structure issue de la prolifération de cellules) contenant des cellules souches.

Les cals sont cultivés en présence de deux hormones végétales, auxines et cytokinines, dont on fait varier les proportions.

8 Culture *in vitro* de tissus de tabac (kit *Sordalab*).

Guide de résolution

Indicateurs de réussite

1. Montrer de quelle manière, de petits fragments de plantes permettent la formation de nouveaux individus (documents 1 à 5).
2. Argumenter en faveur d'une croissance indéfinie de certains tissus végétaux et leur capacité à se différencier en n'importe quel organe d'une plante (documents 6 à 8).
3. **En conclusion**
Mettre en relation les documents afin d'identifier les propriétés des cellules permettant aux végétaux de se multiplier indéfiniment.

UNITÉ 2 La pollinisation chez les Angiospermes

La reproduction sexuée des Angiospermes impose la pollinisation, c'est-à-dire l'arrivée du pollen sur le pistil des fleurs. Chez la plupart des espèces, cette étape nécessite un transport des grains de pollen d'une fleur vers une autre, plus ou moins éloignée.

Objectif

Montrer que les modalités de transport du pollen permettent aux plantes de se reproduire malgré leur vie fixée.

Comparer les caractéristiques des fleurs pollinisées par le vent ou par des animaux

1 Morphologie des fleurs anémophiles (pollinisées par le vent) et entomophiles (pollinisées par les insectes).

Zone géographique	Orchidées produisant du nectar		Orchidées ne produisant pas de nectar	
	Fleurs transformées en fruits (%)	Nombre d'espèces étudiées	Fleurs transformées en fruits (%)	Nombre d'espèces étudiées
Amérique du Nord	49,3	11	19,5	20
Europe	63,1	8	27,7	37
Hémisphère sud	74,4	3	41,4	11

2 Efficacité de la reproduction chez les orchidées.

Comparer des grains de pollen observés au microscope

Protocole

PRINCIPE

Comparer les caractéristiques des grains de pollen produits par les plantes pollinisées par les insectes avec celles des grains de pollen produits par les plantes pollinisées par le vent.

3 Grains de pollen du noisetier (pollinisé par le vent, à droite) et de la grande mauve (pollinisée par les insectes, à gauche).

Identifier les caractéristiques de la relation entre une plante et un animal pollinisateur

▲ **Fleurs de populage vues en lumière naturelle (en haut) et en lumière U.V. (en bas).** Des glandes à nectar sont présentes à la base des pétales.

▲ **L'abeille européenne.**

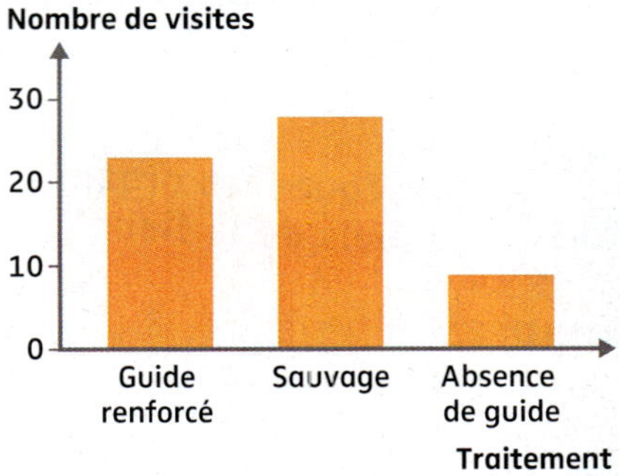

▲ **Résultats d'une expérience sur les guides à insectes.** Dans l'expérience, les guides à insectes (régions des pétales qui réfléchissent les U.V.) de la fleur étudiée ont été modifiés et les visites des insectes ont été dénombrées.

4 **Relation entre les caractéristiques des fleurs de populage et celles d'un animal pollinisateur, l'abeille européenne.**

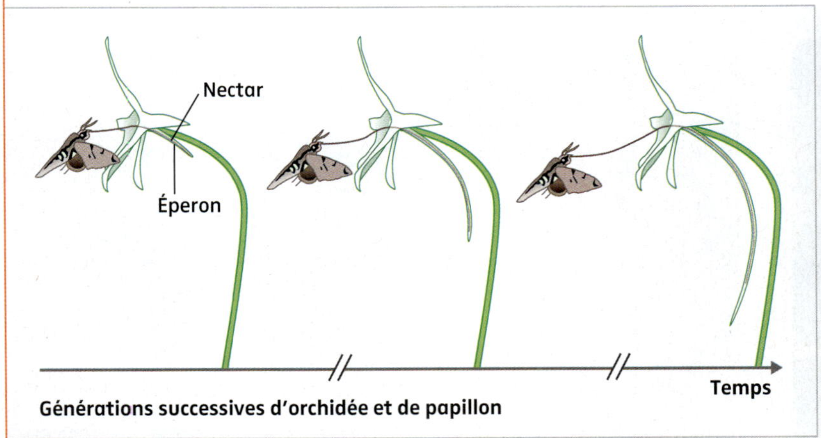

5 **Coévolution entre l'orchidée comète et le papillon sphinx de Madagascar.** La longueur de l'éperon à nectar de l'orchidée et celle de la trompe du papillon sphinx sont des caractères avantageux qui sont corrélés.

Guide de résolution

Indicateurs de réussite

1 Comparer les caractéristiques des plantes en fonction du mode de pollinisation des fleurs (documents 1 à 3).

2 Montrer que le transport des grains de pollen d'une fleur à une autre peut reposer sur une collaboration entre la plante et son pollinisateur (documents 4 et 5).

3 **En conclusion**

Expliquer pourquoi la pollinisation par le vent ou les animaux est une étape essentielle à la reproduction sexuée des plantes fixées au sol par des racines.

UNITÉ 3 La formation des graines

La reproduction sexuée est assurée chez les Angiospermes au niveau de la fleur où l'on retrouve le plus souvent à la fois les organes producteurs de gamètes mâles et femelles.

Objectif

Expliquer les caractéristiques et les conséquences de la fécondation chez les Angiospermes.

Observer les gamètes au niveau des organes sexuels de la fleur

Disséquer les organes sexuels de la fleur

PRINCIPE

Cette expérience permet d'identifier la localisation des gamètes au niveau des organes sexuels, étamines et pistil, des plantes à fleurs.
Dans le document 2 on observe des ovules contenant les gamètes femelles ; dans le document 3 on distingue des grains de pollen contenant les gamètes mâles.

PROTOCOLE

1. Réaliser une coupe transversale et longitudinale du pistil.
2. Réaliser une coupe transversale d'une étamine.

1 Fleur de lys avec les différentes pièces florales.
Chez cette espèce, les trois sépales plus externes ressemblent aux trois pétales plus internes.

2 Le pistil de lys.
A : pistil entier.
B : coupe longitudinale de l'ovaire.
C : coupe transversale de l'ovaire.

3 Étamine de lys.
A : anthère ouverte libérant le pollen.
B : coupe transversale d'une étamine au niveau des anthères.
C : pollen de lys.

Comparer différentes modalités de fécondation

Au contact du stigmate, le grain de pollen se réhydrate et forme un tube pollinique qui pénètre dans le pistil. Au cours de sa progression, il libère des enzymes permettant sa progression et sa croissance en recyclant les produits digérés. Le contenu des grains de pollen est ainsi libéré jusqu'aux ovules présents dans l'ovaire pour la fécondation.

La plupart des Angiospermes sont hermaphrodites, autorisant en théorie l'autofécondation ou la fécondation croisée. Des mécanismes permettent ou limitent ces possibilités de fécondation.

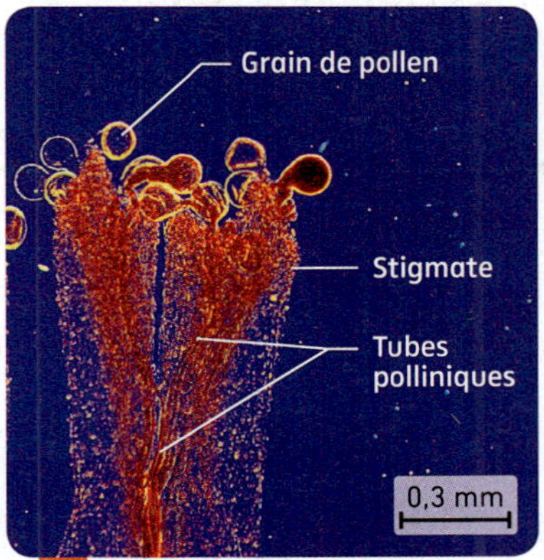

4 Germination du pollen à la surface du stigmate du pistil.

5 Cette espèce de primevère présente deux types de fleurs.

6 Fleur mâle avec étamines de bryone dioïque.

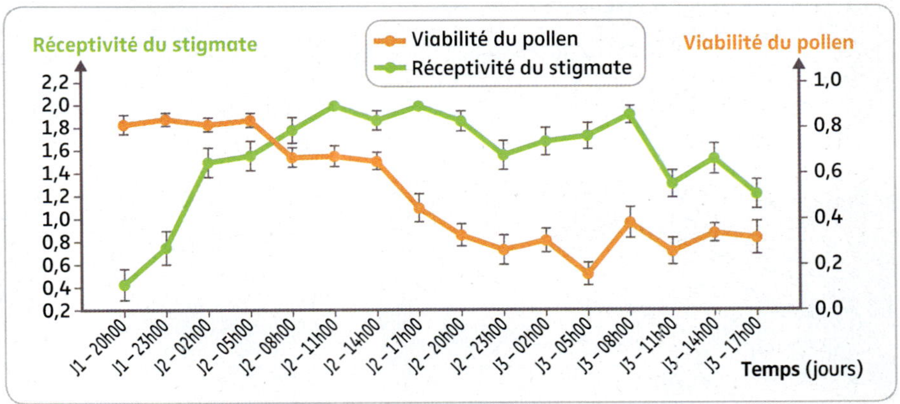

7 Période de maturité des organes sexuels de la fleur de *Quisqualis indica*.

Identifier les conséquences de la fécondation

8 Transformation de la fleur suite à la fécondation.

Guide de résolution

Indicateurs de réussite

1. Identifier les organes producteurs de gamètes au niveau de la fleur (documents 1 à 3).

2. Comparer les différents cas exposés afin de montrer la diversité des modes de fécondation chez les Angiospermes (documents 4 à 7).

3. **En conclusion**

Expliquer les conséquences de la rencontre des gamètes contenus dans les fleurs (document 8).

UNITÉ 4 Dissémination et germination des graines

À la suite de la fécondation, l'ovaire se transforme en fruit contenant des graines. Pour former de nouvelles plantes, les graines doivent être disséminées.

Objectif

Comparer des modes de dissémination des graines formées à la suite de la reproduction sexuée.

Formuler une hypothèse sur les modes de dissémination

▲ Fruits de l'érable.

▲ Noix de cocotier.

▲ Fruit de bardane.

▲ Fruit de pissenlit.

▲ Fruits du gui.

1 Caractéristiques des fruits et dispersion des graines.

Comparer l'efficacité des modes de dissémination

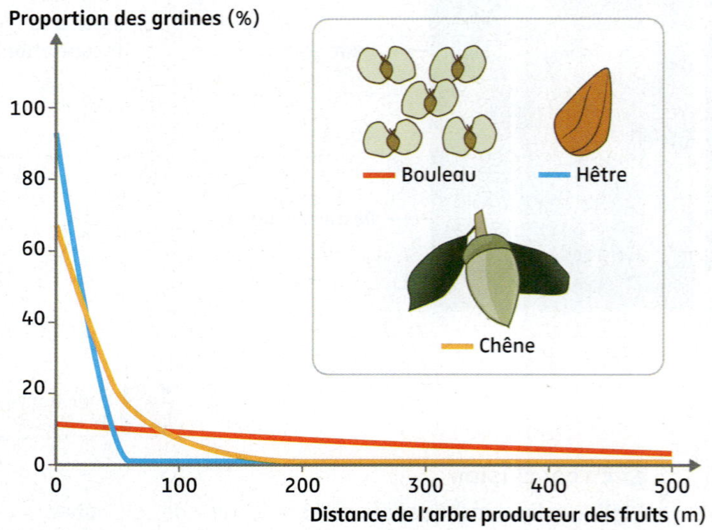

2 Dissémination des graines formées par différents arbres (graines libres ou protégées dans des fruits).

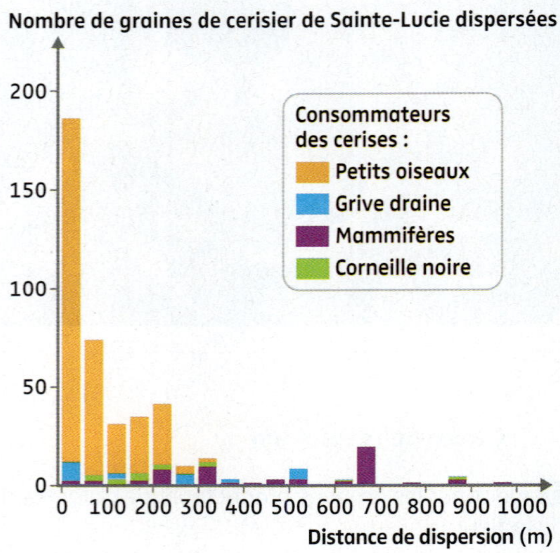

3 Dissémination des graines du cerisier de Sainte-Lucie.

Montrer la mobilisation des réserves de la graine

4 Évolution des caractéristiques de la plantule après le début de la germination de la graine.

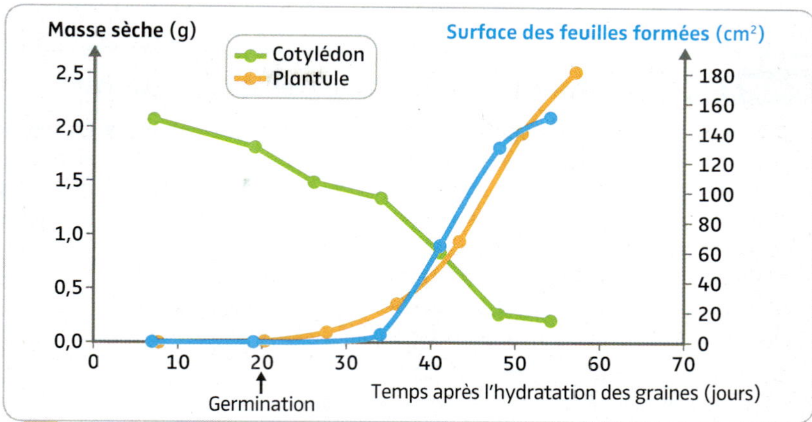

5 Évolution des caractéristiques de la nouvelle plante formée après germination de la graine.

Identifier et localiser les réserves de la graine

Protocole

PRINCIPE

Cette expérience permet de comprendre la localisation des réserves de la graine lors de la germination.

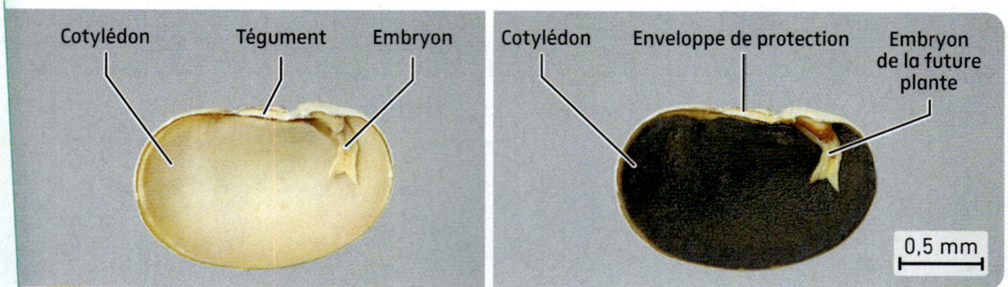

6 **Localisation des réserves dans la graine de haricot.** Graine séparée en deux sans lugol (à gauche) ou avec lugol (à droite).

Expliquer la relation entre une plante et un animal disséminateur

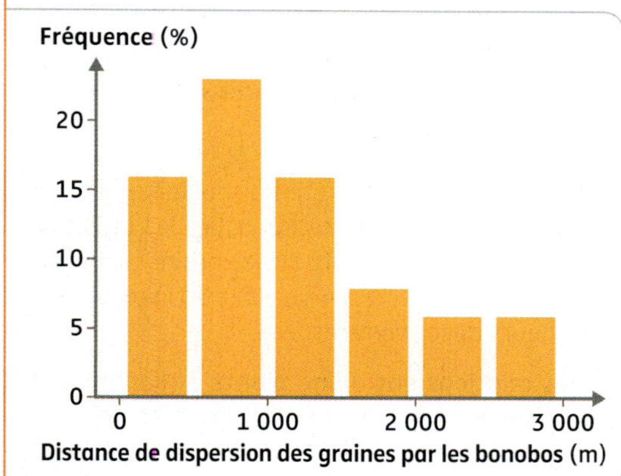

7 Distance de dispersion des graines par les bonobos.

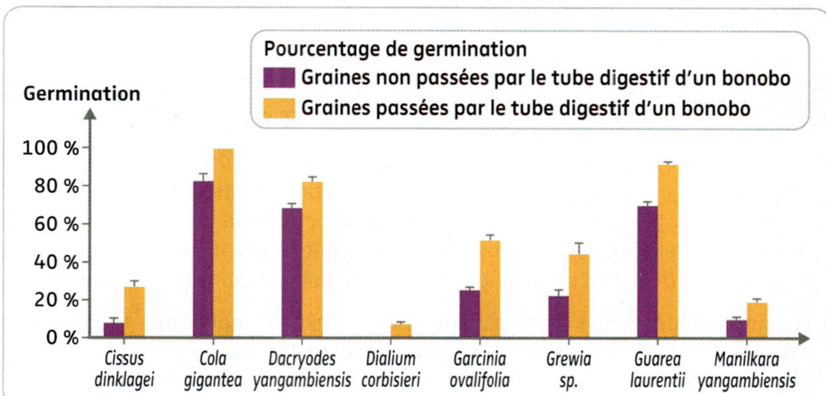

8 Germination des graines ingérées par les bonobos.

Guide de résolution

Indicateurs de réussite

1 Observer les caractéristiques des fruits ou des graines afin d'identifier le mode de dissémination et son efficacité (documents 1 à 3).

2 Expliquer comment une nouvelle plante peut se former à partir d'une graine (documents 4 à 6).

3 **En conclusion**

Montrer que la dissémination des graines, qui peut reposer sur une interaction plus ou moins étroite avec des animaux, permet la mobilité des végétaux fixés au sol par des racines.

BILAN CHAPITRE 10 Reproduction de la plante entre vie fixée et mobilité

UNITÉ 1 La reproduction asexuée des Angiospermes

- La renouée du Japon est capable de coloniser très rapidement un milieu par reproduction asexuée. À partir d'un fragment de tige, ce végétal peut reformer une plante entière. En effet, les végétaux possèdent, au niveau des méristèmes, des cellules indifférenciées qui peuvent se multiplier sans limite, permettant une croissance indéfinie. De plus, les cellules végétales sont **totipotentes**. Elles peuvent ainsi se différencier en tous les types cellulaires de la plante : tissus de racine, de tige ou de feuille.
- La **reproduction asexuée**, appelée aussi multiplication végétative, permet aux horticulteurs de cloner à l'infini en laboratoire des plantes toutes identiques entre elles et présentant les caractéristiques recherchées.

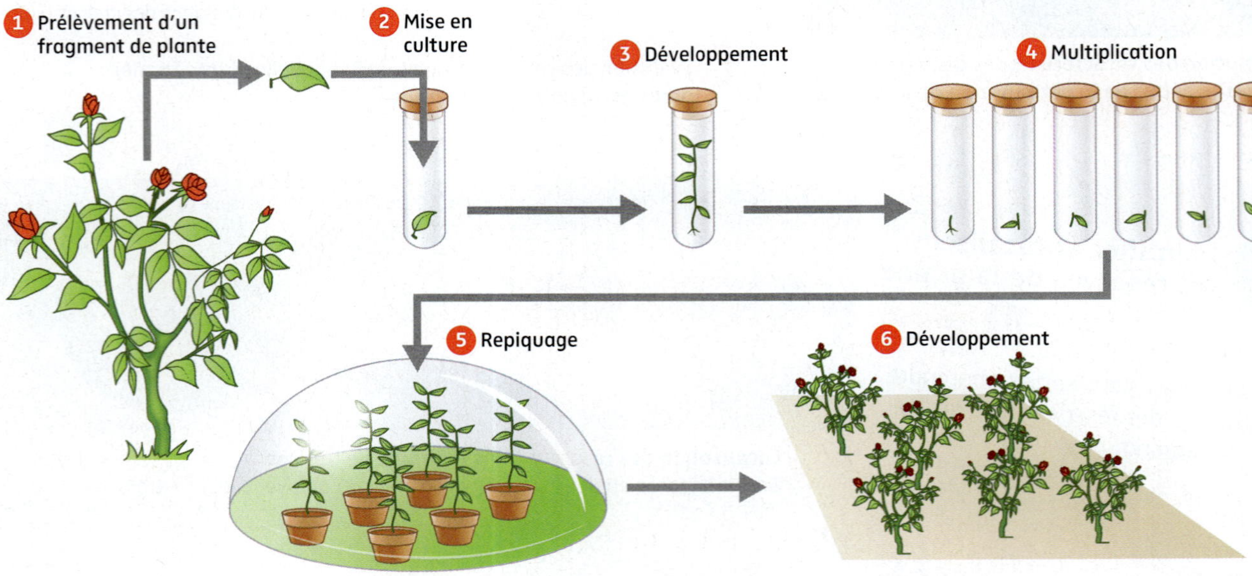

Clonage d'un plant de rosier.

UNITÉ 2 La pollinisation chez les Angiospermes

- Dans le cadre de la fécondation croisée, les grains de pollen doivent se déplacer d'une plante vers une autre : c'est la **pollinisation**. Le transport des grains de pollen peut être réalisé par le vent ou les animaux. Le plus souvent, on observe des adaptations de la fleur et des grains de pollen en fonction du mode de pollinisation.
- La majorité des fleurs sont visitées par les insectes, qui sont attirés par la forme, la couleur, l'odeur ou le nectar des fleurs et participent ainsi à leur pollinisation. Il existe des relations de **mutualisme** entre une plante et son animal pollinisateur. La plante produit par exemple du nectar, ce qui attire les insectes. Cette propriété favorise ainsi le transport de ses grains de pollen et donc sa pollinisation par un insecte qui ira visiter, à la recherche de nectar, les autres fleurs de la même espèce.
- Dans certains cas, les relations entre une plante et son animal pollinisateur sont si poussées que l'on parle de **coévolution**.

Pollinisation	Par le vent	Par les animaux
Fleurs	Fleurs discrètes, rarement de couleurs vives.	Fleurs voyantes, couleurs vives.
Nectar, odeur	Absence en général.	Très souvent.
Quantité de grains de pollen	Très importante.	Plus réduite.
Caractéristiques de grains de pollen	Petits, légers et lisses.	Plus gros et ornementés.

Caractéristiques des plantes selon le mode de pollinisation.

UNITÉ 3 La formation des graines

- Chez les Angiospermes, la reproduction sexuée est assurée au niveau de la fleur où se trouvent les organes reproducteurs.
- Les fleurs possèdent des caractéristiques favorables à la fécondation. Les gamètes femelles sont protégés par les parois de l'ovaire situé à la base du pistil. Les gamètes mâles sont contenus dans les grains de pollen libérés par les étamines.
- Les grains de pollen qui arrivent sur les stigmates, situés à l'extrémité du pistil, peuvent germer et former un tube pollinique. Celui-ci pénètre dans le pistil et grandit à travers les tissus, permettant la libération des gamètes mâles au contact des ovules dans l'ovaire pour la fécondation.
- Certaines plantes possèdent des fleurs hermaphrodites, ce qui rend possible l'autofécondation. Cependant, chez la plupart des plantes à fleurs, divers mécanismes l'empêchent, la fécondation croisée est alors obligatoire.

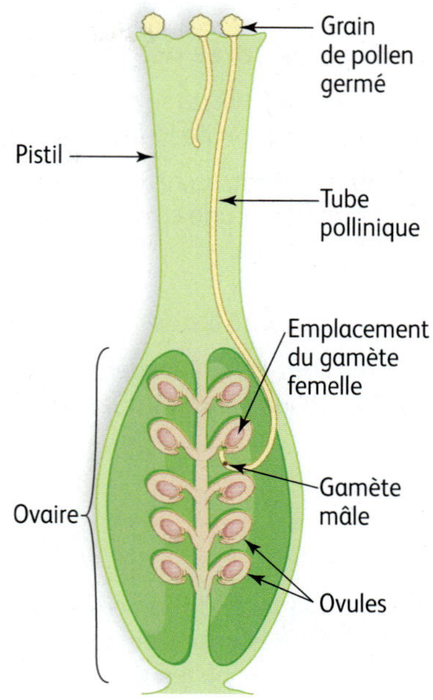

Localisation de la fécondation.

UNITÉ 4 Dissémination et germination des graines

- Après la fécondation, les ovules se transforment en graines et les fleurs en fruits.
- La **dissémination** des graines ou des fruits permet l'éloignement de la descendance plus ou moins loin de la plante mère. Cette mobilité est assurée grâce à l'eau, au vent ou à des animaux qui participent à la dissémination. En règle générale, les fruits ou les graines présentent des dispositifs adaptés au mode de dispersion.
- Lorsque la dissémination fait intervenir un animal, une collaboration entre la plante et son animal disséminateur peut aussi aboutir à une coévolution.
- La graine contient l'embryon d'une future plante. Elle la protège grâce à son tégument et la nourrit au moment de la germination grâce aux molécules de réserves accumulées. Elle permet la formation d'une nouvelle plante entière.

Germination d'une graine.

RETENIR CHAPITRE 10 Reproduction de la plante entre vie fixée et mobilité

Texte dys
Texte audio

En quelques mots

1 La reproduction asexuée des végétaux

- Elle permet aux végétaux de se multiplier en peu de temps, ce qui permet la conquête rapide d'un milieu de vie sans l'intervention de la fécondation.
- Les végétaux possèdent, au niveau des méristèmes, des cellules indifférenciées qui peuvent se multiplier sans limite, permettant une croissance indéfinie, et des cellules **totipotentes** qui peuvent se différencier en racine, tige ou feuille.

2 La reproduction sexuée des végétaux

- Elle est assurée chez les Angiospermes par la fleur où se trouvent les gamètes femelles, au sein du pistil, et les grains de pollen contenant les gamètes mâles, portés par les étamines.
- Chez la plupart des plantes à fleurs, la fécondation croisée est obligatoire à cause de divers mécanismes d'incompatibilité.

3 La pollinisation

- Dans le cadre de la fécondation croisée, les grains de pollen doivent se déplacer d'une plante vers une autre. Le transport des grains de pollen peut être réalisé par le vent ou les animaux. Des adaptations de la fleur et des grains de pollen peuvent être constatées en fonction du mode de **pollinisation**.
- Dans la majorité des cas, il existe des relations de **mutualisme** entre une plante et son animal pollinisateur. Le plus souvent, la plante produit du nectar qui attire le polinisateur, ce qui favorise le transport de ses grains de pollen vers une autre plante de la même espèce. Dans certains cas, les relations entre une plante et son animal pollinisateur sont si poussées que l'on parle de **coévolution**.
- Après la fécondation, les ovules se transforment en graines et les fleurs en fruits.

4 La dissémination des graines

- Cette mobilité des graines est assurée grâce à l'eau, au vent ou à des animaux qui participent à la **dissémination**. En règle générale, les fruits ou les graines présentent des dispositifs adaptés au mode de dispersion. Dans certains cas, une coévolution entre la plante et son animal disséminateur peut intervenir.
- La graine contient l'embryon d'une petite plante. Il est protégé par le tégument et est nourri au moment de la germination grâce aux molécules de réserves accumulées dans la graine.

Vidéo bilan

mots-clés

Coévolution : processus par lequel au moins deux espèces s'influençant mutuellement évoluent simultanément.

Dissémination : dispersion des graines contenues dans le fruit.

Mutualisme : relation à bénéfice réciproque non obligatoire entre deux êtres vivants.

Pollinisation : transport des grains de pollen des étamines jusqu'au pistil.

Reproduction asexuée : mode de reproduction des végétaux qui ne fait pas intervenir les fleurs.

Totipotence : propriété des cellules des végétaux leur permettant de se différencier en n'importe quelle cellule spécialisée.

Schéma interactif

En une image

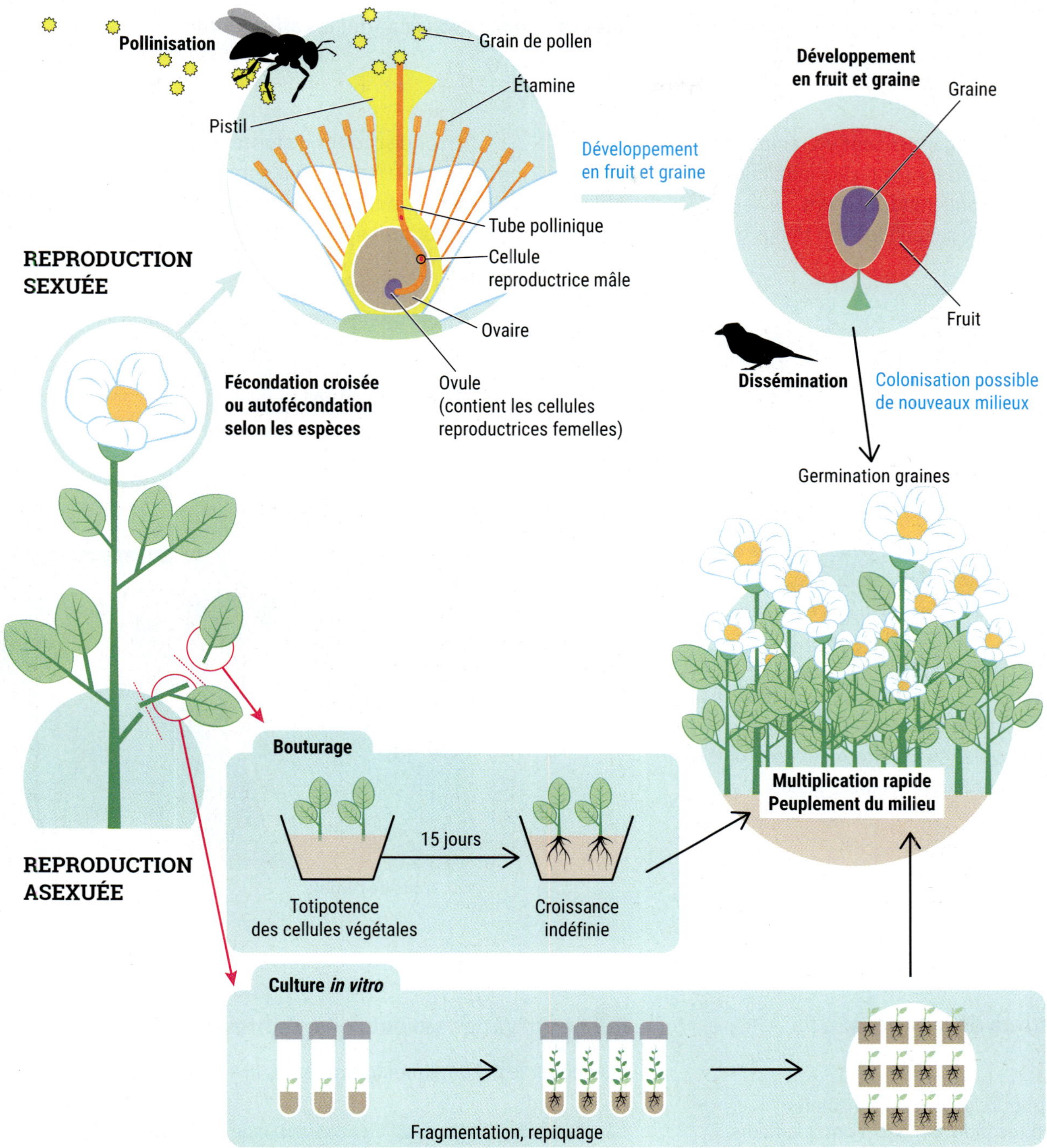

mémorisation active

Pour retenir les notions...

- Autofécondation
- Fécondation croisée
- Totipotence
- Croissance indéfinie
- Pollinisation
- Reproduction asexuée
- Reproduction sexuée
- Dissémination
- Germination

Je construis ma carte des idées

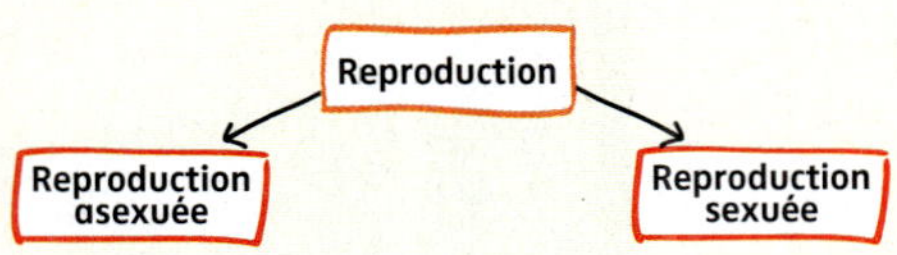

Pour m'aider dans la construction

➜ Méthode 1

Pour m'entraîner

➜ Exercice 1 p. 214

Quiz

Exercices interactifs

Pour chaque question, choisir la bonne réponse parmi les affirmations proposées.

1. Les cellules présentes au niveau des méristèmes sont capables :

a de s'allonger pendant un temps assez court.
b de se diviser de manière indéfinie.
c de s'allonger indéfiniment.
d de se diviser pendant un temps assez court.

2. La totipotence, c'est la propriété qu'ont les cellules :

a à se dédifférencier.
b à s'allonger.
c à se différencier en méristèmes.
d à se différencier en n'importe lequel des tissus.

3. La pollinisation permet le transport :

a des graines loin de la plante mère.
b des graines d'une fleur vers une autre.
c des grains de pollen du pistil vers les étamines.
d des grains de pollen des étamines vers le pistil.

4. Après la fécondation :

a le fruit se transforme en graines.
b le pistil se transforme en graines.
c les ovules se transforment en graines.
d les étamines libèrent le pollen.

5. Le fruit de l'érable présente des caractéristiques favorables à la dissémination :

a sur de courtes distances par des animaux.
b sur de longues distances par des animaux.
c sur de courtes distances par le vent.
d sur de longues distances par le vent.

6. Le fruit de l'érable possède :

a une grande surface de contact avec l'air, ce qui limite sa chute au sol.
b une faible surface de contact avec l'air, ce qui limite sa chute au sol.
c une masse importante par rapport à sa surface, ce qui favorise sa chute au sol.
d une faible masse par rapport à sa surface, ce qui favorise sa chute au sol.

▲ Fruits de l'érable.

→ Corrigés p. 447

1 Sujets de synthèse

Sujet 1

Expliquer pourquoi on considère que la fécondation des plantes à fleurs est interne.

Sujet 2

Expliquer pourquoi, dans le cas d'une coévolution entre une plante et un animal pollinisateur, la disparition de l'un entraînerait la disparition de l'autre.

2 Les organes sexuels des plantes à fleurs

Légender le document et identifier les organes producteurs de gamètes.

a Fleur vue en coupe.

3 Pollinisation

■ *Penstemon gentianoïdes* est une plante médicinale d'origine mexicaine qui possède des fleurs hermaphrodites avec à la fois des étamines et un pistil, mais dont la maturité n'a pas lieu au même moment.

1. Expliquer les conséquences d'une différence de maturité des organes reproducteurs de cette fleur sur la reproduction sexuée de l'espèce.
2. Expliquer les adaptations présentes chez cette espèce qui facilitent la rencontre des gamètes.

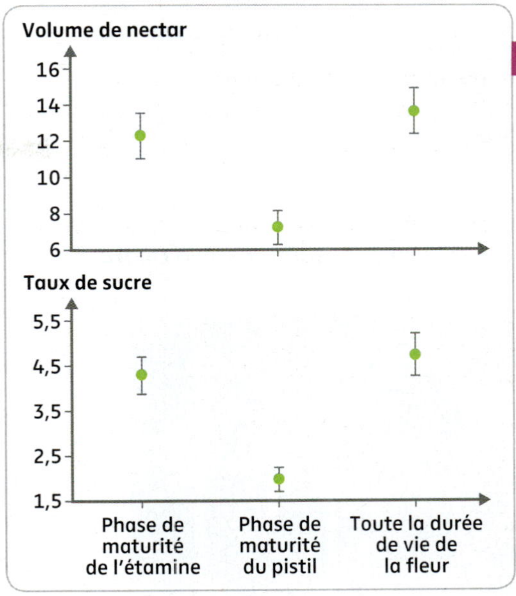

b Évolution des caractéristiques du nectar (volume et taux de sucre) en fonction de la maturité des organes sexuels de la fleur.

4 Une plante invasive

1. À l'aide des documents, montrer que le succès invasif de la « griffe de sorcière » repose sur deux modes de reproduction.
2. Montrer que son succès invasif repose aussi sur un mutualisme avec des animaux.

c Fruit de la plante griffe de sorcière.

Les plantes appelées « griffes de sorcière » appartiennent au genre *Carpobrotus*. Originaires d'Afrique du Sud, elles ont été introduites en 1680 dans un jardin botanique en Hollande. Depuis, elles sont présentes sur tous les littoraux français. Les « griffes de sorcière » sont considérées aujourd'hui comme des plantes invasives en raison de l'efficacité qu'elles ont à s'installer dans un nouveau milieu et remplacer la flore déjà présente. Elles ont la capacité de produire de longs stolons recouvrant la surface du sol qui peuvent se fragmenter et donner naissance à de nouvelles plantes. De ces stolons partent des feuilles charnues riches en eau qui leur permettent de résister à de fortes chaleurs. Ces plantes produisent de très nombreuses graines (de 1000 à 1800 par fruit chez *Carpobrotus edulis* et entre 650 à 750 chez *Carpobrotus acinaciformis*). Les fruits charnus des « griffes de sorcière » sont consommés par différents animaux (oiseaux, petits mammifères) qui rejettent les graines dans leurs excréments sans altérer leur pouvoir germinatif.

d La « griffe de sorcière », une plante du littoral.

5 La menace des espèces introduites

■ Une étude a été réalisée en Nouvelle-Zélande, sur le rôle des oiseaux dans la dispersion des graines. Pour cela, on a comparé l'alimentation d'oiseaux endémiques, comme le Méliphage carillonneur (*Anthornis melanura*), et différentes espèces de passereaux introduites par l'être humain.

1. Expliquer pourquoi on s'intéresse à l'alimentation des oiseaux pour évaluer la dispersion des graines de plantes angiospermes.
2. Comparer l'alimentation des oiseaux endémiques avec celles des oiseaux introduits artificiellement en Nouvelle-Zélande.
3. Identifier les risques associés à l'introduction d'espèces animales dans les écosystèmes.

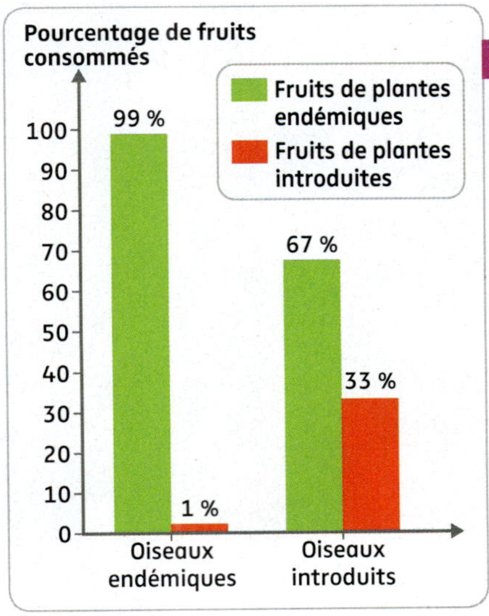

e Pourcentage de fruits consommés par les oiseaux en Nouvelle-Zélande.

6 Exercice guidé Les relations entre plantes et animaux

■ Les plantes à fleurs ne peuvent pas toutes s'autoféconder.
Aussi, du fait de leur vie fixée au sol par des racines, certaines ont l'obligation de permettre le transport des grains de pollen d'une fleur à l'autre sous peine de disparaître sans descendance.

Montrer que l'orchidée Ophrys miroir présente des caractéristiques favorables à une pollinisation croisée réalisée par l'insecte *Campsoscolia ciliata*.

a **Ophrys miroir (*Ophrys speculum*).**

b **La guêpe femelle de l'espèce *Campsoscolia ciliata*.** Au soleil, les ailes de cette guêpe présentent des reflets bleutés.

c **Interaction entre la guêpe mâle de l'espèce *Campsoscolia ciliata* et l'orchidée Ophrys miroir.**

Les femelles *Campsoscolia ciliata* émettent des molécules volatiles dans l'air appelées « phéromones ». Les mâles sont capables de détecter ces molécules et se déplacent dans le but de se reproduire vers les femelles qui les produisent. Mais les mâles de cette espèce peuvent réaliser des tentatives d'accouplement avec l'Ophrys miroir, une espèce d'orchidée. Le mâle remue son abdomen sur la fleur et vient buter sur le casque de l'orchidée, fixant alors accidentellement sur sa tête les grains de pollen regroupés en pelotes (appelées « pollinies » chez les orchidées).

d **Comportement reproducteur des mâles de l'espèce *Campsoscolia ciliata*.**

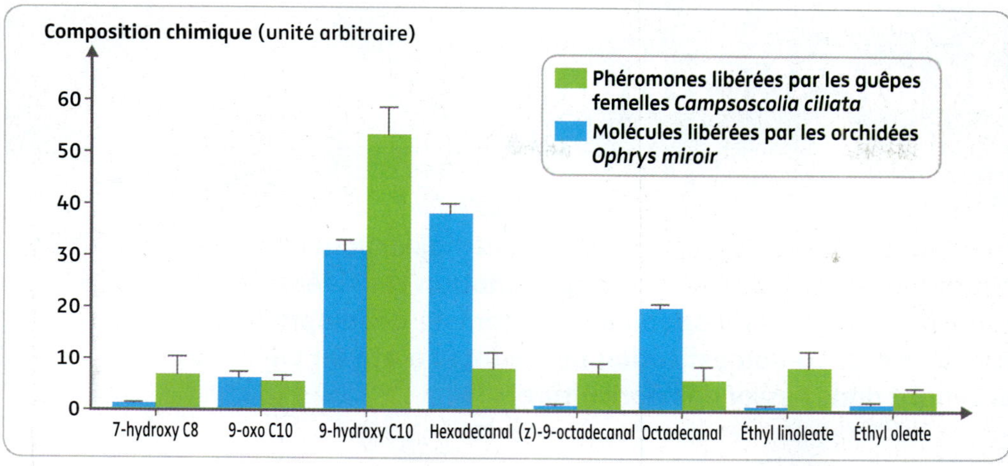

e **Comparaison de la composition des phéromones libérées par les guêpes femelles *Campsoscolia ciliata* avec les molécules libérées par l'orchidée Ophrys miroir.**

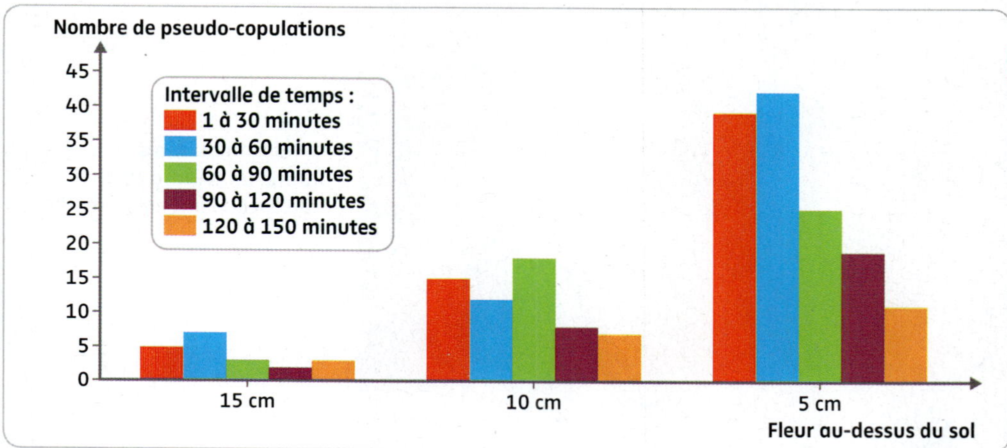

f **Nombre de pseudo-copulations en fonction de la hauteur des fleurs.**

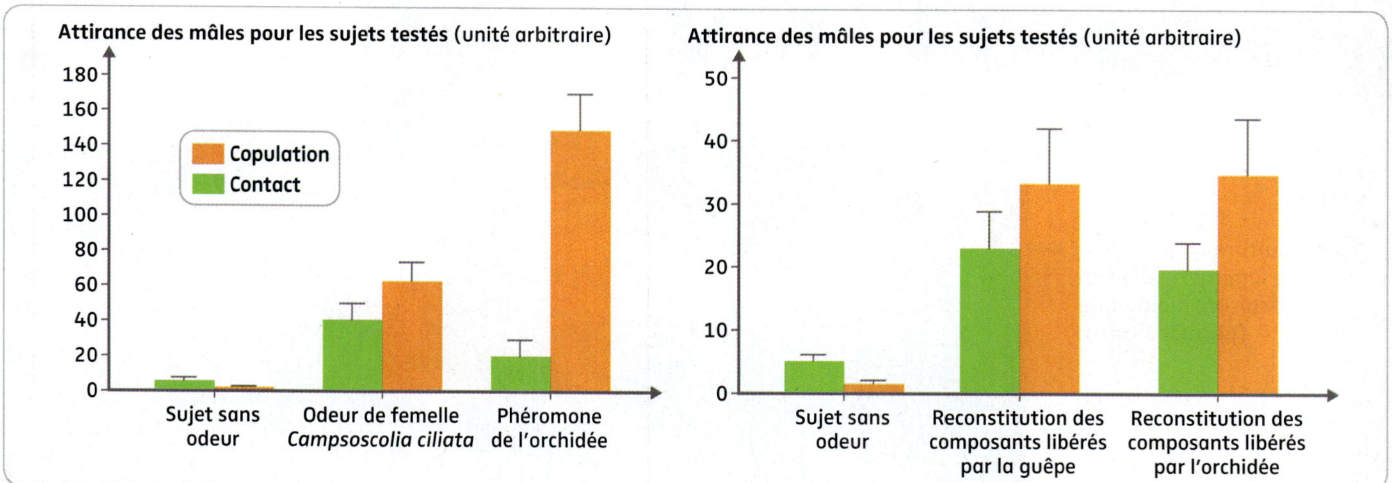

g **Expérience d'attraction des mâles *Campsoscolia ciliata*.** Des femelles desséchées et sans odeur sont imprégnées de molécules olfactives et présentées aux guêpes mâles *Campsoscolia ciliata*. On compte le nombre de guêpes mâles qui entrent en contact avec la fleur et celui des guêpes mâles qui réalisent une pseudo-copulation.

Guide de résolution

1. Comparez les caractéristiques morphologiques de la femelle *Campsoscolia ciliata* et de l'orchidée *Ophrys miroir*.
2. Comparez la composition des phéromones émises par la guêpe femelle avec les molécules volatiles émises par l'orchidée.
3. Comparez l'attraction des guêpes mâles pour les femelles de l'espèce et pour les orchidées.
4. Concluez en montrant que les orchidées de l'espèce *Ophrys miroir* possèdent des caractères favorables à leur pollinisation.

CHAPITRE

11 La domestication des plantes

▶ **L'apparition de l'agriculture est un événement majeur dans l'histoire de l'humanité ayant permis une augmentation considérable de la quantité d'aliments disponibles, et donc le développement des populations. La domestication des plantes a été un élément déterminant dans l'essor de l'agriculture.**

Moisson du maïs dans un champ cultivé de façon conventionnelle.

Culture « en butte » de légumes variés en agriculture biologique (permaculture).

Les productions végétales, issues d'une agriculture conventionnelle ou biologique, reposent sur l'utilisation de semences de plantes domestiquées.

Qu'est-ce qu'une plante domestiquée ?

UNITÉ 1

Les gardiens de la pomme de terre.

Pourquoi conserver une diversité chez les plantes cultivées ? UNITÉ 4

350 kg

C'est la **production de céréales par habitant** en 2019 (dont environ 3/4 de maïs, blé et riz).

Des débuts de l'humanité jusqu'à il y a environ 10 000 ans, les êtres humains se nourrissaient exclusivement des produits de la chasse et de la cueillette de plantes sauvages.

Quels effets l'agriculture a-t-elle eu sur l'espèce humaine ? UNITÉ 5

Aujourd'hui, les cultivateurs ont le choix parmi diverses variétés de plantes cultivées. Des nouvelles variétés sont régulièrement ajoutées aux catalogues.

Comment obtenir de nouvelles variétés ? UNITÉ 2

UNITÉ 1 Les caractéristiques des plantes domestiquées

Certaines espèces cultivées cohabitent dans leur région d'origine avec des espèces sauvages proches, possédant des phénotypes « sauvages » probablement similaires aux ancêtres des plantes cultivées. En plus d'une plus forte productivité des parties consommées, d'autres phénotypes caractérisent les plantes cultivées.

Objectif

Identifier des caractéristiques de plantes cultivées.

Expliquer des différences phénotypiques entre le maïs et une espèce sauvage proche, la téosinte

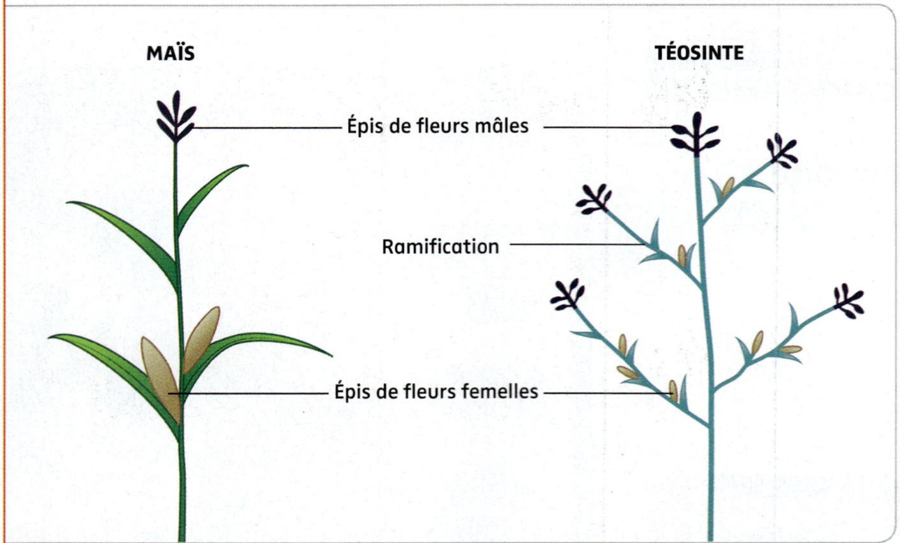

1 Morphologie du maïs (*Zea maïs*) et de la téosinte (*Zea diploperennis*).

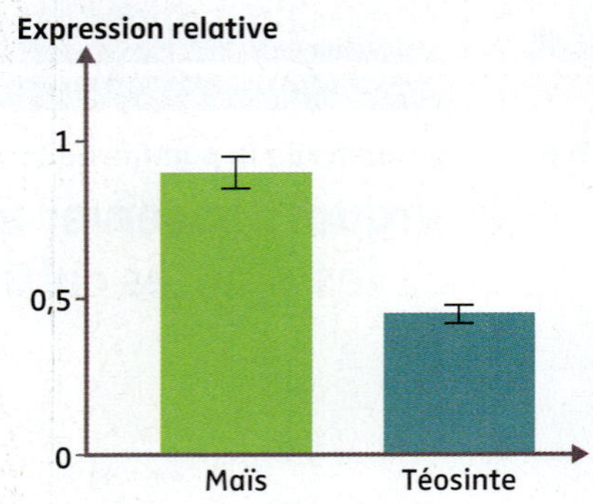

2 Expression du gène *tb1* (*teosinte branched*) inhibant la formation de ramifications. Les barres d'erreur représentent les erreurs standards.

➜ Méthode n° 19 Fiches méthode

Les grains de téosinte sont recouverts d'une cupule formée par le développement de pièces florales (les glumes). Cette cupule confère une protection qui limite l'accès aux grains pour les consommateurs. L'absence de cupule chez le maïs est liée à une mutation ponctuelle touchant le gène *tga1* (*téosinte glume architecture*).

	Maïs	Téosinte
Taille de l'épi (cm)	30	5
Masse d'un grain (g)	0,3	0,06
Nombre de grains/épi	500	10

▲ Maïs

▲ Téosinte

3 Organisation des inflorescences femelles (épis) du maïs et de la téosinte.

Identifier d'autres traits rencontrés chez des plantes cultivées et expliquer leurs conséquences

Solanum sparsipilum est une espèce sauvage proche de *Solanum tuberosum* (la pomme de terre). Ces deux espèces contiennent des glycoalcaloïdes, substances toxiques pour les animaux. Une étude a mesuré une teneur moyenne de 96 mg/100 mg de ces toxines dans des tubercules de *Solanum sparsipilum*. On observe par ailleurs une résistance de cette espèce à des insectes dits « ravageurs » comme les Doryphores.

Une teneur en glycoalcaloïdes de 20 mg/100 g de tubercule est considérée comme une limite à ne pas dépasser pour les pommes de terre consommées actuellement. Les pommes de terre cultivées sont sensibles au Doryphore, l'utilisation d'insecticides permet de limiter leur impact.

4 **Des productions de toxines différentes entre plantes sauvages et plantes domestiquées.**

Identifier des traits phénotypiques sélectionnés à l'origine de la diversité des variétés de tomates

Comparer des différences de structures du fruit chez la tomate

PRINCIPE

La comparaison de différentes variétés de tomates (*Lycopersicon esculentum*) à une espèce voisine, *Lycopersicon pimpinellifolium* (appelée tomate groseille) permet d'identifier des caractéristiques phénotypiques sélectionnées au cours de la domestication et la création de ces variétés.

Exemples de caractères : masse, nombre de loges (compartiments contenant les graines), teneur en sucre soluble (mesurée au réfractomètre et exprimée en degrés Brix, °Bx).

Espèce/Variété	Masse (en g)	Nombre de loges	Teneur en sucre (en °Bx)
L. pimpinellifolium	10	2	6,5
L. esculentum « Cœur de bœuf »	250	> 5	9
L. esculentum « Roma »	60	3	5

5 **Coupes transversales de tomates à 2 loges (à gauche) et à 4 loges (à droite).**

Guide de résolution

Indicateurs de réussite

1. Montrer que les traits caractéristiques du maïs sont avantageux pour l'espèce humaine (documents 1, 2 et 3).
2. Expliquer l'origine des différences phénotypiques entre le maïs et la téosinte (documents 1, 2 et 3).
3. Montrer que certains traits caractéristiques des plantes cultivées constituent des inconvénients dans un écosystème naturel (documents 3 et 4).
4. **En conclusion**

Montrer que les traits caractéristiques des plantes cultivées ont une origine génétique et constituent des avantages pour l'espèce humaine.

UNITÉ 2 La maîtrise de la reproduction permet d'obtenir des semences de nouvelles variétés

MISSION

Une variété de tomate ancienne type « Cœur de bœuf », très appréciée pour son goût, lié notamment à sa richesse en sucre, est malheureusement sensible à un virus (responsable de la mosaïque). Une variété de tomate « ronde » est résistante à cette maladie.

→ **Proposer un projet de sélection permettant d'obtenir les semences d'une nouvelle variété de tomate ayant les caractéristiques de la variété « Cœur de bœuf » et résistante au virus de la mosaïque.**

1 **Maîtriser la reproduction.**

- Nombre de loges > 4, ayant pour origine génétique l'expression de l'allèle récessif *fas* du gène *YABBY2* situé sur le chromosome 11.
- Sensibilité au virus de la mosaïque ayant pour origine génétique l'expression de l'allèle récessif *tm-2* du gène *I* situé sur le chromosome 9.
- Teneur en sucre soluble élevée (11 °Bx) liée à l'expression d'allèles d'au moins 14 gènes notamment sur les chromosomes 9 et 11 (origine polygénique).

2 **Caractéristiques phénotypiques et génotypiques de la variété « Cœur de bœuf ».**

- Nombre de loges < 4, ayant pour origine génétique l'expression de l'allèle dominant *WT* (*wild type*) du gène *YABBY2* situé sur le chromosome 11.
- Résistance au virus de la mosaïque ayant pour origine génétique l'expression de l'allèle dominant *Tm-2* du gène *I* situé sur le chromosome 9, allèle introduit par introgression (document 5) par croisement à partir d'une espèce sauvage résistante, *Lycopersicon peruvianum*.
- Teneur en sucre soluble faible (5 °Bx) liée à l'expression d'allèles d'au moins 14 gènes notamment sur les chromosomes 9 et 11.

3 **Caractéristiques phénotypiques et génotypiques de la variété « ronde ».**

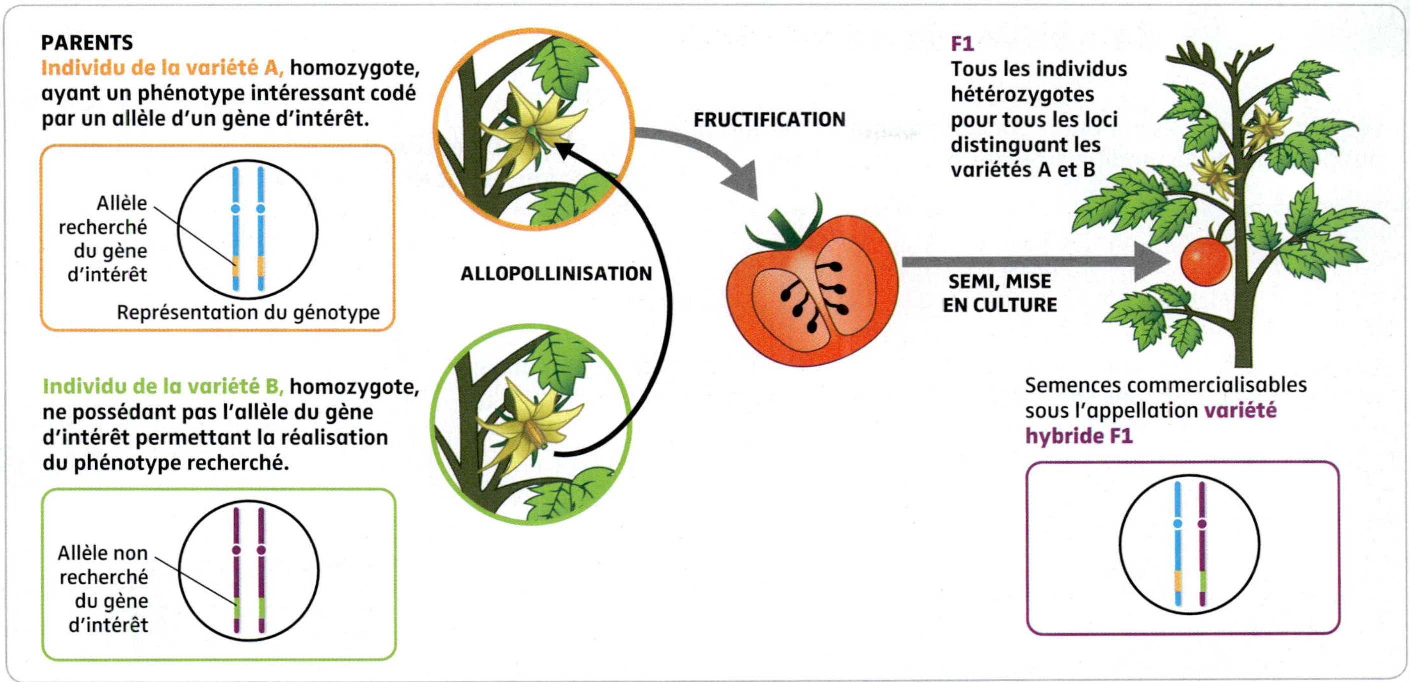

4 Exemple de sélections pour un caractère : hybridation « simple ».

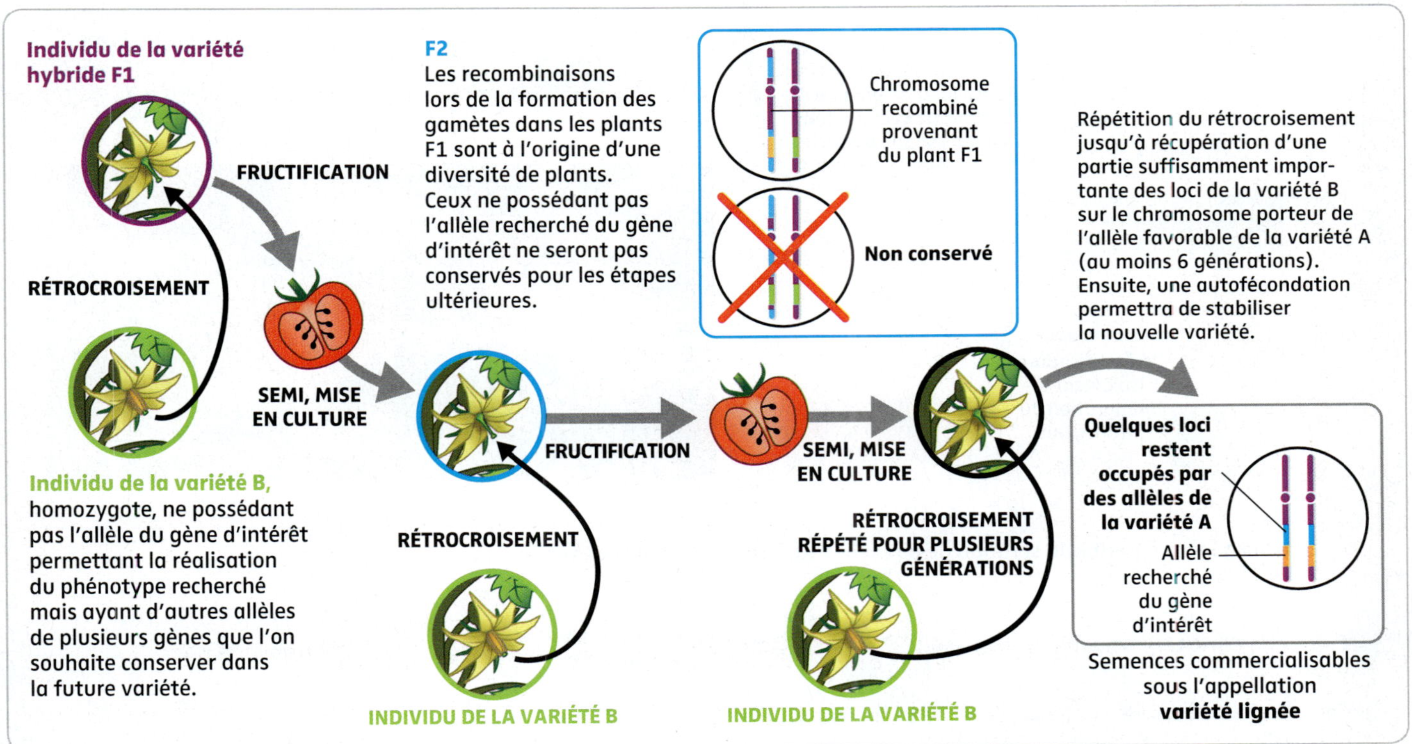

5 Exemples de sélections pour un caractère : hybridation et rétrocroisement (introgression).

Coups de pouce

Pistes pour construire votre stratégie

1. Formuler les génotypes des deux variétés de tomates et prévoir leur évolution au fil des générations selon les méthodes retenues.
2. Présenter les avantages et inconvénients des 2 types de sélection présentés dans les documents 4 et 5.

MISSION réussie si...

- Les résultats probables des méthodes de sélections proposées sont présentés.
- Une méthode apparaît plus pertinente pour remplir cette mission.

UNITÉ 3 Les biotechnologies facilitent l'introduction de nouveaux caractères

Les biotechnologies ont permis une augmentation importante des possibilités de modification des plantes cultivées.

Objectif

Identifier les caractéristiques des modifications permises par les biotechnologies.

Expliquer les principes et les conséquences de la transgenèse

Les pommes de terre cultivées sont sensibles à un insecte ravageur, le Doryphore. *Bacillus thuringiensis*, une bactérie, produit une toxine agissant comme un insecticide sur les insectes (perturbation des flux ioniques intestinaux).

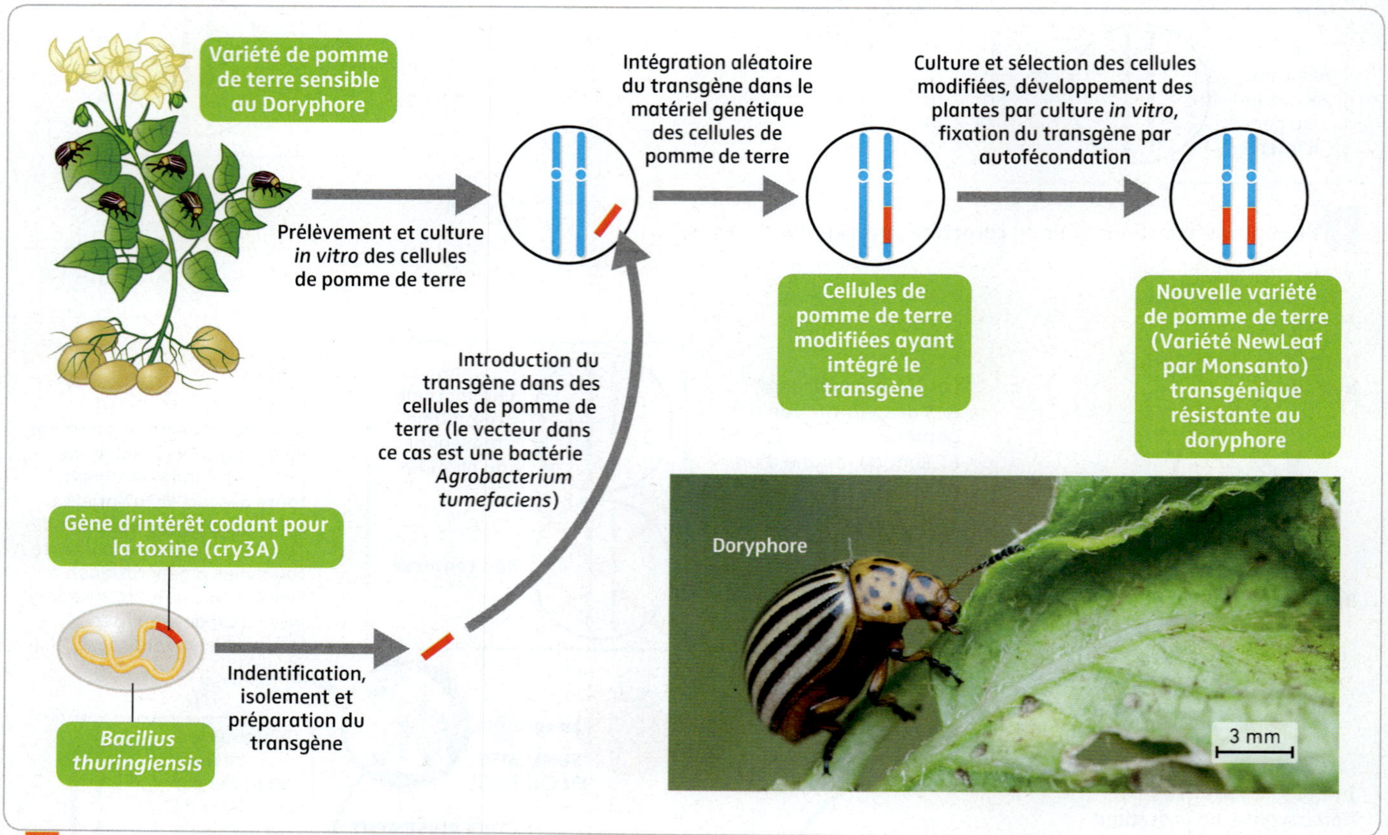

1 **La transgenèse a permis la création de nouvelles variétés de pommes de terre.**

Caractère transféré (avantage)	% des OGM cultivés actuellement	Inconvénients
Résistance à un herbicide : seule la plante cultivée résiste à l'herbicide, désherbage facilité, moindre concurrence avec les mauvaises herbes.	88 % (Soja, maïs, colza)	– Utilisation massive d'herbicide, apparition de résistance (par sélection naturelle ou pollution génétique) – Innocuité sanitaire non démontrée
Résistance à la pyrale (insecte ravageur) : production endogène d'une toxine spécifique des lépidoptères, limite les recours aux insecticides.	12% (Maïs, coton)	– Innocuité sanitaire non démontrée – Risque de pollution génétique
Résistance à la sécheresse : meilleurs taux de survie en cas de sécheresse, baisse de l'irrigation.	Moins de 1%	– Innocuité sanitaire non démontrée – Risque de pollution génétique
Résistance à la salinité des sols : maintien de la productivité des sols subissant une augmentation de salinité.	Moins de 1%	– Innocuité sanitaire non démontrée – Risque de pollution génétique

2 **Avantages et inconvénients de certaines variétés transgéniques.**

Comparer l'édition génomique à la transgenèse « classique »

Vidéo

L'édition génomique est un processus utilisant des **enzymes** créant des **coupures** dans l'ADN de façon ciblée (au niveau de séquences spécifiques). Parmi les systèmes employés, **CRISPR-Cas9** permet une grande précision en utilisant un **ARN guide** complémentaire de la séquence cible couplé à une enzyme. Sur la zone de coupure les cellules réparent l'ADN, le plus souvent avec quelques erreurs, ce qui entraîne des **mutations** (création de nouveaux allèles) qui, au niveau d'un gène, conduisent généralement à son **inactivation**.

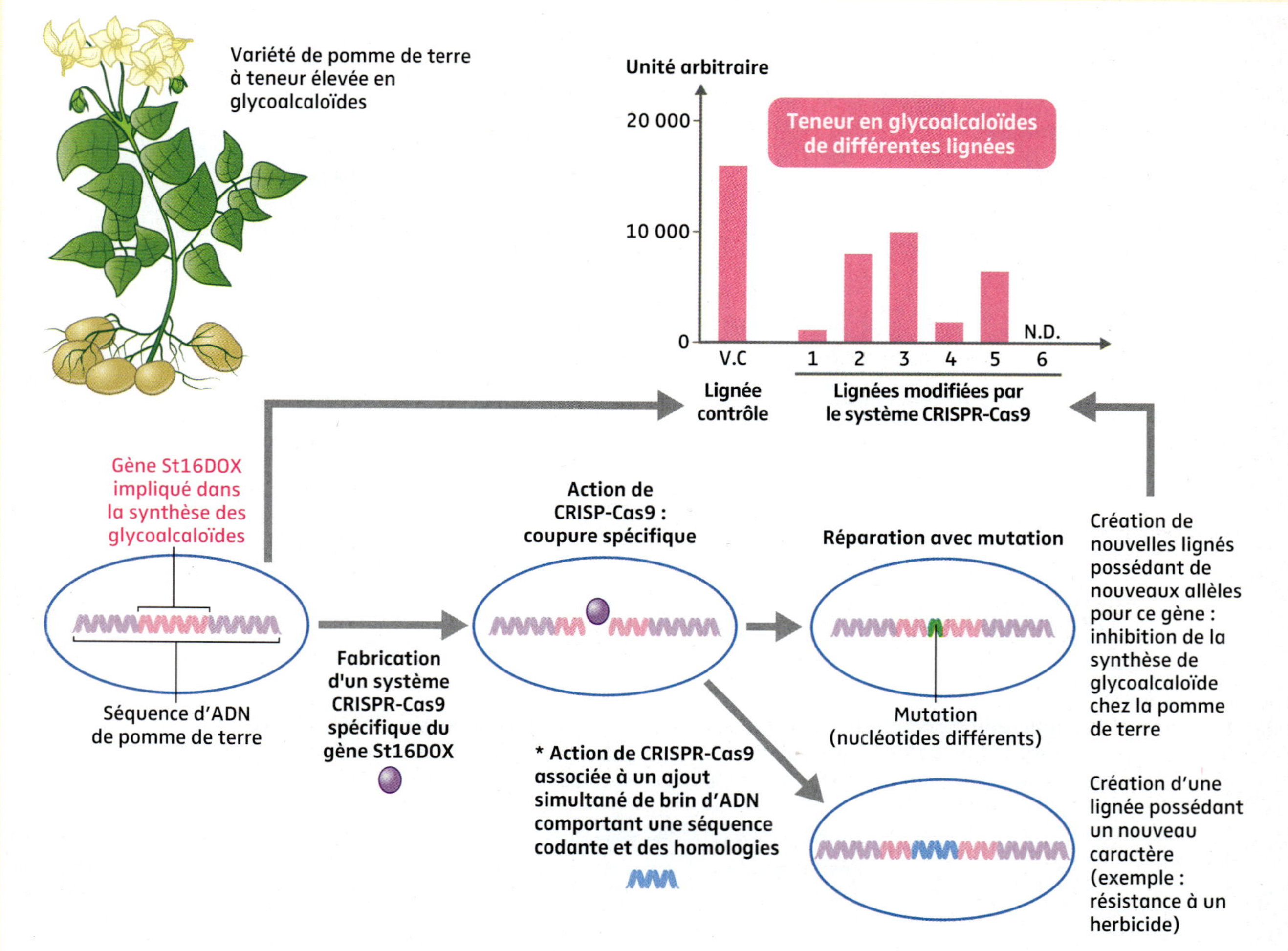

*Ce processus facilite également l'incorporation de séquences d'ADN double brin possédant des séquences communes avec les portions d'ADN de part et d'autre de la zone de rupture. Il s'agit alors de **recombinaison homologue** permettant, par exemple de changer l'allèle d'un gène par un autre allèle (d'origine naturelle ou synthétique) ou bien d'intégrer un nouveau gène pouvant provenir d'une autre espèce (à condition d'y avoir associé en bordure les séquences homologues).

3 L'édition génomique, un outil d'une grande précision.

Guide de résolution

Indicateurs de réussite

1 Expliquer les différences entre la transgenèse et l'édition génomique (documents 1 et 3).

2 À l'aide des documents 1 et 3 et des informations tirées de la mission précédente, expliquer en quoi l'utilisation des biotechnologies peut constituer un avantage pour les producteurs de semences.

3 Présenter quelques limites de l'utilisation de la transgenèse (document 2).

4 **En conclusion**

Montrer que les biotechnologies, en agissant directement sur le génome, permettent l'acquisition rapide de nouveaux caractères.

UNITÉ 4

Nourrir l'humanité, limiter l'impact environnemental

Deux objectifs majeurs orientent la sélection des plantes cultivées : nourrir l'humanité et limiter l'impact environnemental des cultures.

Objectifs

Identifier et relativiser l'utilisation de différents outils de modification des plantes pour répondre à ces objectifs.

Expliquer par quels moyens la production des céréales a augmenté

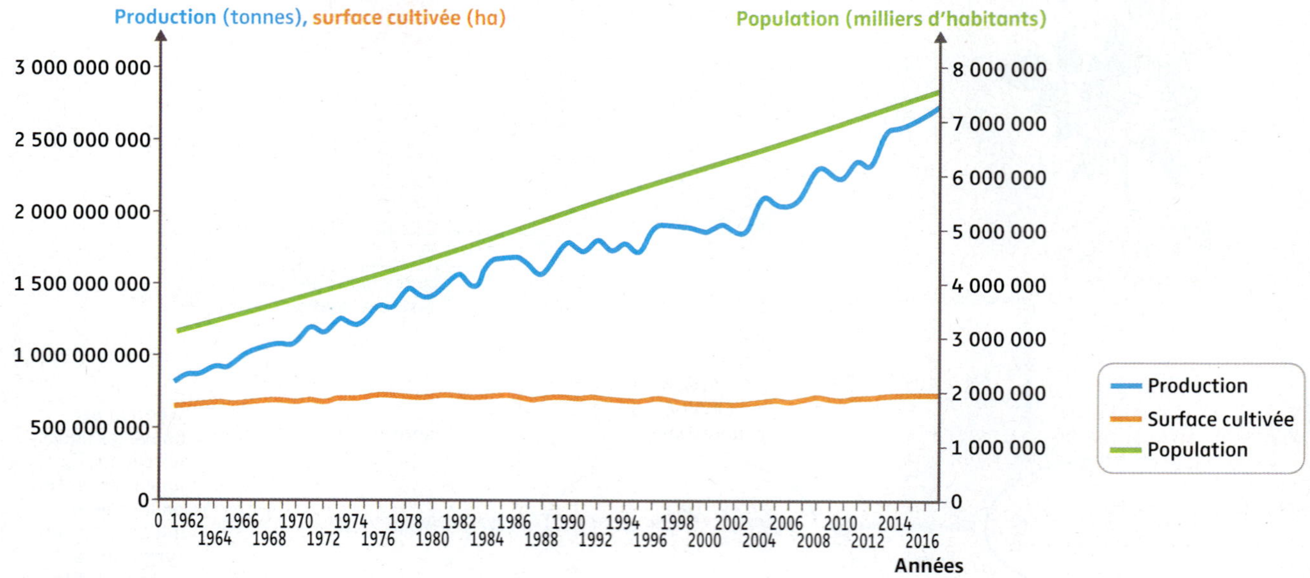

1 Évolution de la population mondiale, de la production de céréales majeures et des surfaces cultivées pour ces céréales de 1961 à 2017 (données de la FAO). La population mondiale croît régulièrement et son alimentation dépend en grande partie de la production en céréales majeures (maïs, blé, riz).

Variété de blé	Année d'enregistrement	Apport d'azote faible sans fongicide (Tonne/ha)	Apport d'azote élevé sans fongicide (Tonne/ha)	Apport d'azote faible avec fongicide (Tonne/ha)	Apport d'azote élevé avec fongicide (Tonne/ha)
Champlein	1959	6,1	5,9	7	7,2
Capitole	1964	6,2	6,1	7,1	7,8
Renan	1989	6,8	7,8	7,2	8,3
Arche	1989	7,5	7,9	8,8	9,5
Alliage	1992	7,5	8,6	8,2	9,3

2 Rendement de différentes variétés de blé dans différentes conditions (données INRA).

Les nouvelles variétés obtenues après des procédés parfois complexes et coûteux sont des inventions protégées par un droit spécifique réglementant la production et la diffusion des semences. Différents acteurs participent à la production des semences : organismes de recherche, établissements de sélection, établissements producteurs de semences, agriculteurs multiplicateurs, distributeurs… La production de semences est un secteur économique important : le marché mondial de la semence a un chiffre d'affaires annuel de 35 milliards d'euros. La France était en 2018 le premier exportateur mondial de semences agricoles, avec un chiffre d'affaires de 1,64 milliard d'euros.

3 Enjeux économiques de la création des semences.

Expliquer la « fragilité » des variétés récentes et les intérêts de conserver des variétés anciennes

Découverte « tardive » d'une sensibilité à un pathogène.
L'Irlande a subi, entre 1945 et 1952, une grande famine tuant près d'un million de personnes, principalement à cause des ravage, par le mildiou (*phytophthora Infestans*, un champignon pathogène parasitant les feuilles) des cultures de la pomme de terre constituées alors principalement par une seule variété clonale (issue de multiplication végétative), « *Irish lumper* » sensible au mildiou.

D'autres variétés et des espèces sauvages voisines sont résistantes à ce pathogène.

▲ **Sensibilité à un pathogène aux conséquences dramatiques.**

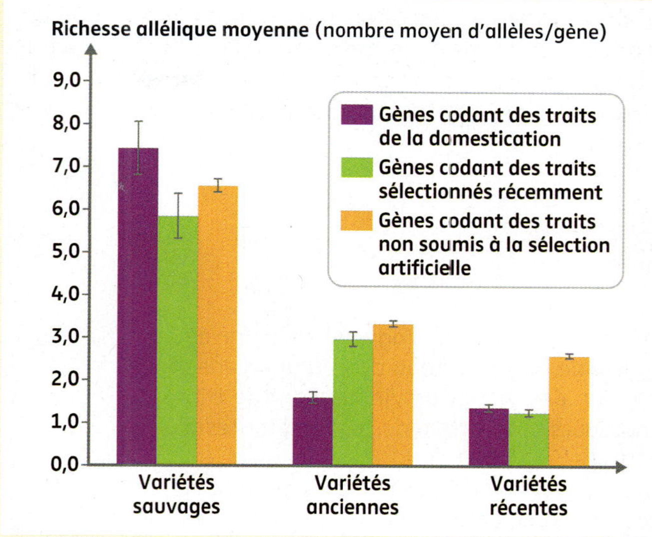

▲ **Diversité allélique des différentes populations de tournesol (barre d'erreur = erreur standard).**

4 Les revers de la sélection variétale.

Identifier d'autres traits ouvrant de nouvelles perspectives de sélection

Chez le blé, une étude a comparé la quantité de bactéries du genre *Pseudomonas* au niveau de la rhizosphère chez des variétés anciennes (d'avant 1960) et récentes. Ces bactéries du sol sont reconnues être des « biostimulants » microbiens favorables à la croissance des plantes et à leurs défenses contre des pathogènes.

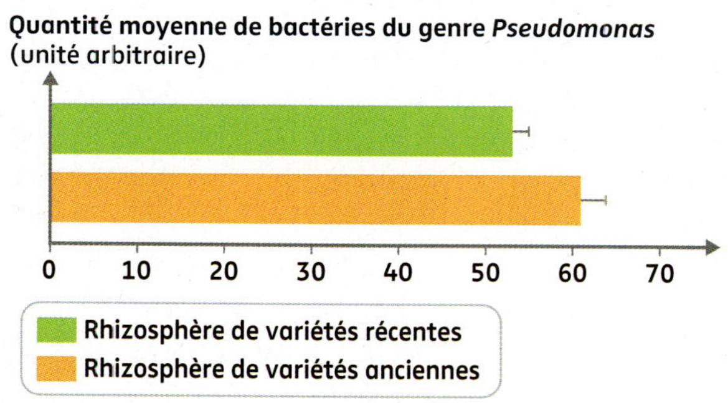

5 Évolution de la capacité à entretenir des relations interspécifiques favorables chez le blé.
Les deux moyennes sont considérées comme différentes.

6 Rhizosphère de blé.

Guide de résolution

Indicateurs de réussite

❶ Quantifier l'augmentation des productions agricoles (céréales, blé) au cours du temps et argumenter l'implication de la sélection agricole dans cette augmentation.
Proposer d'autres facteurs ayant permis cette augmentation de production (documents 1 et 2).

❷ Quantifier la diminution de la diversité allélique occasionnée par la sélection artificielle et expliquer les conséquences de la perte de diversité allélique.
En déduire un intérêt à conserver des variétés anciennes (documents 4 et 5).

❸ **En conclusion**
Montrer que les processus de modification des plantes cultivées (sélections, biotechnologies) sont des outils pour répondre au double objectif de nourrir l'humanité et minimiser l'impact environnemental de notre agriculture, et présenter leurs limites.

UNITÉ 5 La relation êtres humains-plantes domestiquées : mutualisme et coévolution

La domestication des plantes, débutée il y a 10 000 ans, a profondément modifié l'alimentation de populations humaines passant d'un régime chasseur-cueilleur, riche en viande, à un régime incluant une part plus importante de végétaux notamment des parties riches en amidon.

Objectif

Identifier la relation unissant les plantes cultivées aux êtres humains et ses conséquences.

Justifier le caractère mutualiste (relation à bénéfices réciproques) de la relation espèce humaine-plantes cultivées

Le développement de l'agriculture au niveau des foyers de domestication accompagne une modification des modes de vie, passant de tribus de chasseurs-cueilleurs à des communautés d'agriculteurs.

Des populations d'agriculteurs se sont déplacées et ont colonisé de nouveaux milieux, faisant suivre avec eux les semences des plantes qu'ils cultivaient. Sur leurs nouveaux milieux, les êtres humains ont déboisé et travaillé les sols pour les rendre cultivables, c'est-à-dire le plus favorable possible aux plantes cultivées.

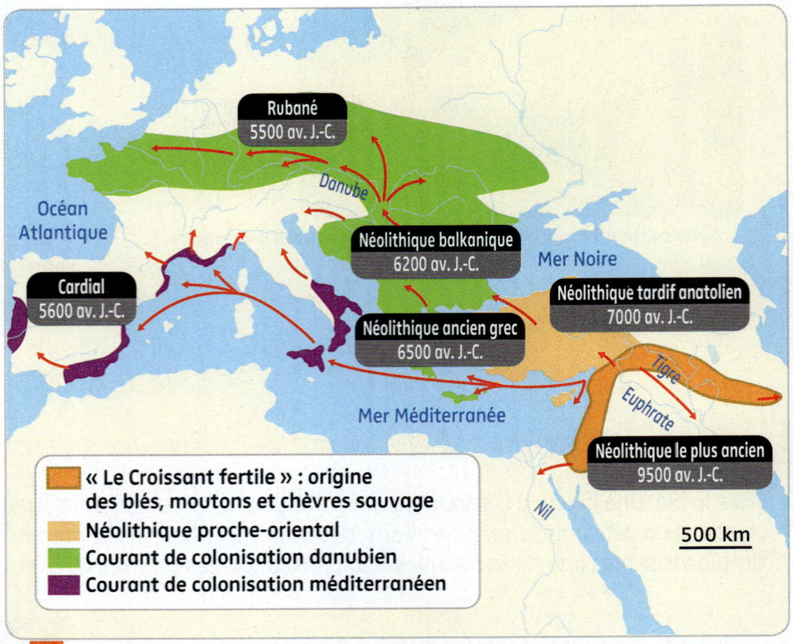

1 La diffusion de l'agriculture en Europe.

Interpréter l'inégale répartition d'un caractère

AMY1 est un gène codant pour une amylase salivaire. Des analyses génétiques ont montré qu'il pouvait être présent en plusieurs exemplaires (duplication) dans notre génome. Le graphique présente le nombre moyen de copies du gène *AMY1* pour quelques populations actuelles distinguées en fonction de leurs habitudes alimentaires (culture locale).

Remarque : le nombre de copies d'*AMY1* est de 2 chez le chimpanzé.

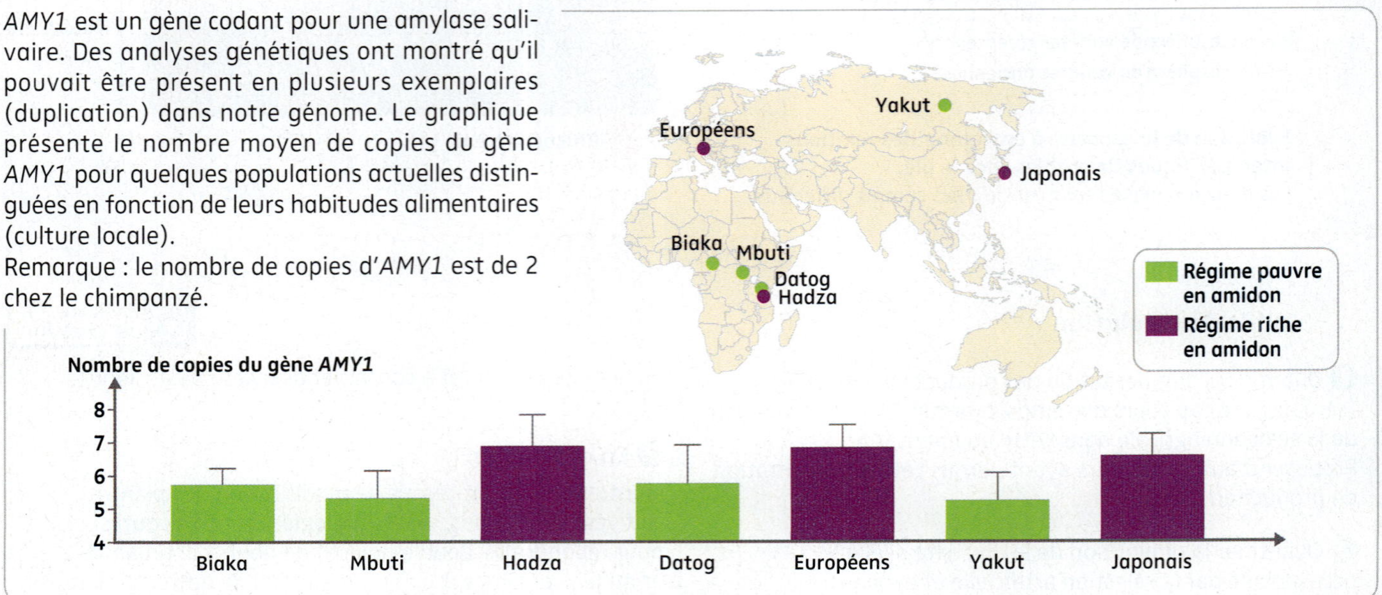

2 Distribution géographique du nombre de copies du gène *AMY1* dans le génome humain.

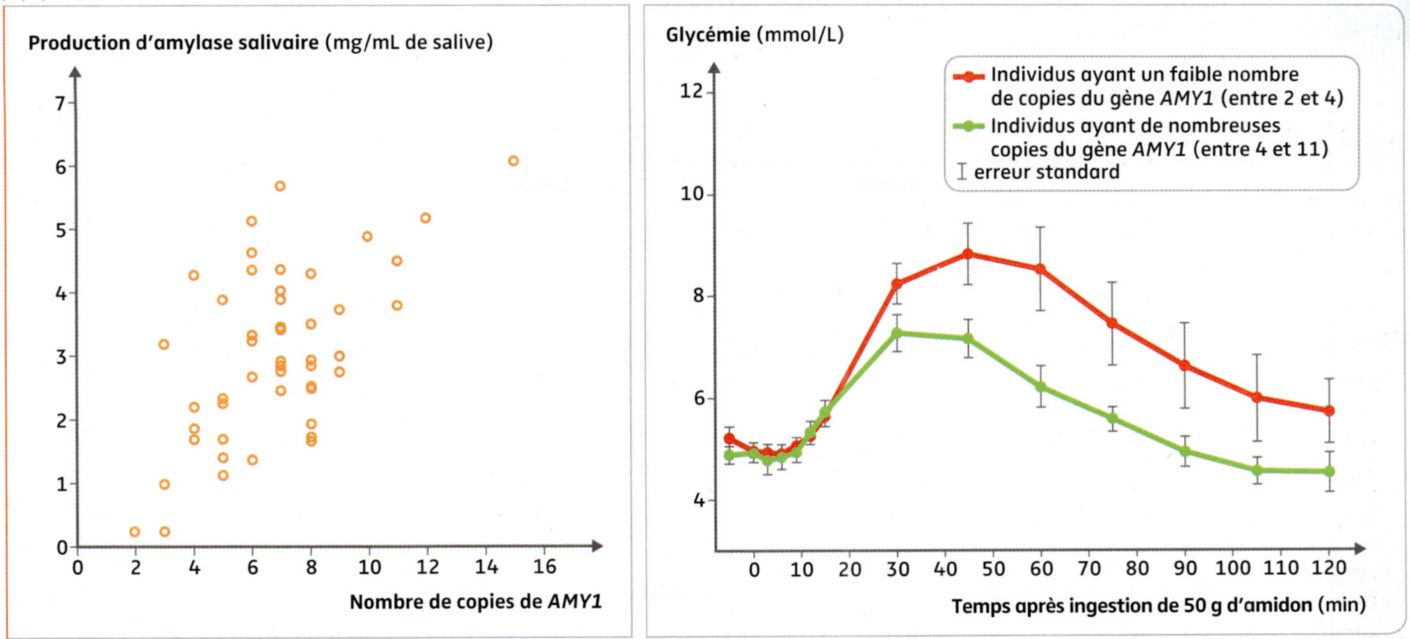

3 **Conséquences physiologiques du nombre de copies du gène *AMY1*.**

Expliquer les conséquences des processus évolutifs et des évolutions culturelles sur notre santé

Notre génome est porteur d'adaptations aux pressions de sélection subies par nos ancêtres. Les modifications de notre régime alimentaire accompagnant la mondialisation peuvent occasionner un décalage entre ce pour quoi nous sommes adaptés (ce qui est inscrit dans notre génome) et notre environnement actuel. Ce décalage peut être à l'origine de pathologies. Ainsi, les personnes ayant des ancêtres issus de régions où le régime alimentaire est traditionnellement pauvre en amidon sont plus sensibles à une prise de poids excessive une fois adopté un régime alimentaire riche en amidon.

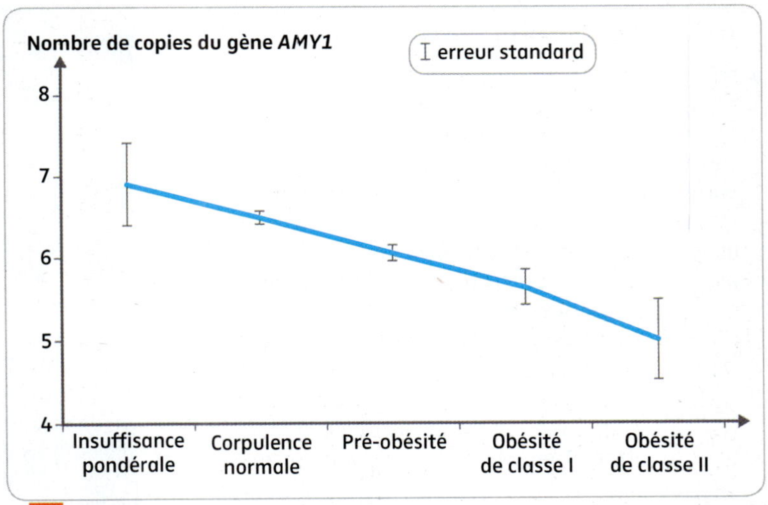

4 **Estimation du nombre de copies du gène *AMY1* par catégories d'indice de masse corporelle (selon l'OMS) dans un échantillon de population.**

Guide de résolution

Indicateurs de réussite

1 À l'aide des documents 1 et 2 et des informations tirées des unités précédentes :
– présenter les arguments permettant de qualifier de « mutualisme » la relation unissant les êtres humains et les plantes cultivées ;
– mettre en évidence une coévolution (à l'échelle des génomes) entre les populations humaines et les plantes cultivées.

2 Présenter le caractère adaptatif du nombre de copies du gène *AMY1* et les conséquences d'un changement de régime alimentaire (documents 3 et 4).

3 **En conclusion**

Montrer que la relation unissant les plantes domestiquées et les êtres humains depuis 10 000 ans est de type mutualiste et qu'elle a eu des conséquences sur notre génome.

BILAN CHAPITRE 11 La domestication des plantes

UNITÉ 1 Les caractéristiques des plantes domestiquées

▶ **Les plantes cultivées** se distinguent des **plantes sauvages** par des phénotypes favorables à leur utilisation par les êtres humains : rendement des parties récoltées élevé, port facilitant la culture et la récolte, non-dispersion des parties récoltées, mécanismes de défense diminués (exemples : teneur en toxine, épine, cuticule épaisse). Certains auteurs parlent de « syndrome de **domestication** », auquel on peut ajouter les caractéristiques suivantes : précocité, diminution ou perte de dormance des graines, grande diversité des parties consommées (diversité variétale).

▶ Ces traits caractéristiques, liés à des allèles (ou haplotypes) provenant de mutations, mettent les plantes en position de dépendance à l'espèce humaine pour leur dispersion et en position de faiblesse vis-à-vis des phytophages et les éventuels compétiteurs dans un écosystème (les **plantes domestiquées** ont une faible valeur sélective dans un écosystème, elles sont rarement invasives).

UNITÉ 2 La maîtrise de la reproduction permet d'obtenir des semences de nouvelles variétés

▶ Avant le développement des connaissances sur la reproduction des végétaux et les modalités de la transmission des caractères, la **sélection artificielle** menée par les premiers agriculteurs reposait principalement sur l'utilisation des semences issues des individus ayant des phénotypes intéressants (pas de suivi généalogique). Ce processus (sélection massale) a permis la **domestication des plantes cultivées**, mais les progrès apportés par cette méthode sont très lents et conduisent à des **semences** de **variétés populations (ou variétés paysannes)** relativement hétérogènes.

▶ La prise en compte des modalités de reproduction et de l'hérédité des caractères a permis la création d'une multitude de semences de variétés homogènes constituées d'individus génétiquement identiques. Les **variétés lignées** (obtenues par autofécondation) sont constituées d'individus homozygotes pour l'essentiel de leurs loci et donc stables (peu de variation génotypique au cours des générations). Les **variétés hybrides** de type F1 sont des créations rapides (il faut toutefois avoir réalisé de nombreux tests...) mais ne sont pas stables (culture constituée d'individus hétérozygotes). La fixation d'un allèle particulier après hybridation (introgression) nécessite une maîtrise de la reproduction par **rétrocroisement** et un suivi sur une dizaine de générations pour arriver à une nouvelle variété homogène et stable.

« Castration » dans un champ de maïs pour produire des semences de variétés hybrides de type F1.

UNITÉ 3 Les biotechnologies facilitent l'introduction de nouveaux caractères

▶ Les **biotechnologies** développées au cours du XXe siècle, et toujours en perfectionnement, permettent d'obtenir de nouvelles variétés de plantes cultivées par des processus réalisés à l'échelle du génome : le transfert de gènes entre espèces différentes, la **transgenèse** ; la création de nouveaux allèles, l'**édition génomique**. De manière générale, les biotechnologies permettent une accélération de l'acquisition de nouveaux caractères pour obtenir de nouvelles variétés.

UNITÉ 4 Nourrir l'humanité, limiter l'impact environnemental

▶ Les enjeux des productions végétales sont énormes : nourrir une population humaine grandissante et limiter leur impact environnemental. Les processus de sélection récents ont amélioré les rendements et permis une augmentation régulière de la production agricole au cours des 60 dernières années.

▶ Les variétés de plantes cultivées actuelles, issues d'un long processus de sélection, ont une **faible diversité allélique** qui les rend souvent moins efficaces que leurs ancêtres pour les traits non sélectionnés au cours du processus d'amélioration (résistance à des maladies non endémiques, mise en place de relations mutualistes non identifiées à l'époque...). Ceci leur confère une fragilité vis-à-vis des aléas et nécessite une compensation par des pratiques culturales parfois dommageables pour l'environnement et la santé humaine (utilisation massive d'engrais et de pesticides). Ces faiblesses peuvent être rectifiées par l'exploitation des ressources génétiques et les techniques de sélection (introgression à partir de cousins sauvages, variétés anciennes, voire transgenèse ; retour vers des variétés de populations).

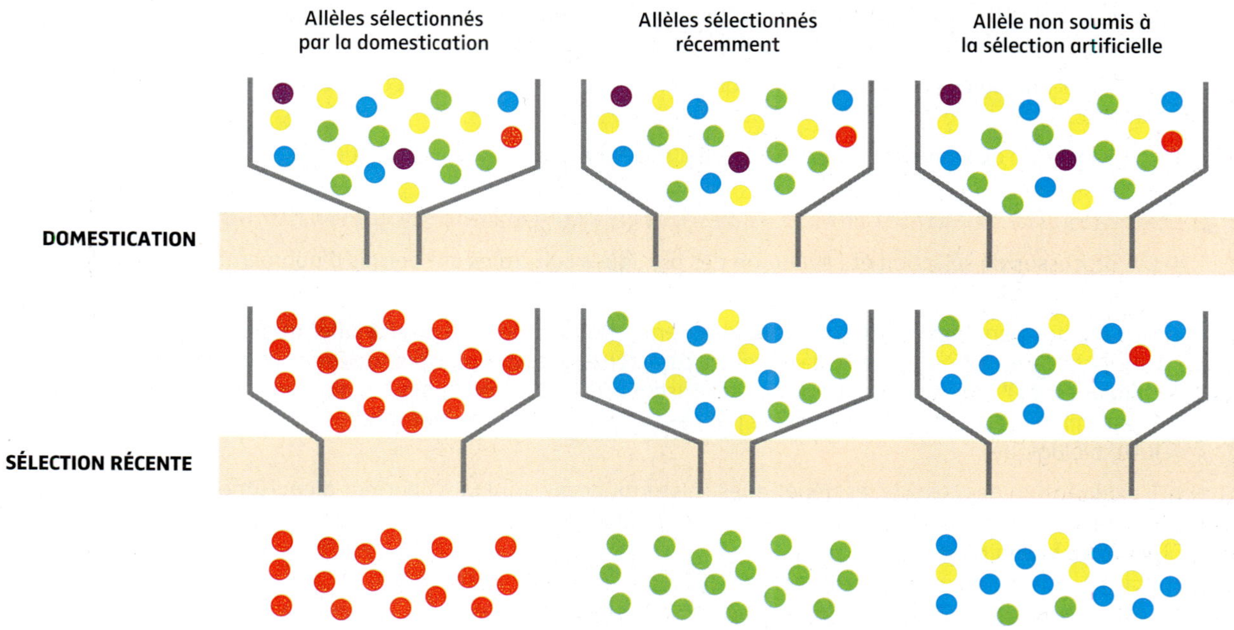

UNITÉ 5 La relation êtres humains-plantes domestiquées : mutualisme et coévolution

▶ La relation unissant les êtres humains aux plantes cultivées est comparable à un **mutualisme**, chacun participant à améliorer les chances de survie et les capacités de reproduction de l'autre. Cette relation au cours du temps a engendré l'évolution du patrimoine génétique des protagonistes. Des populations humaines ont sélectionné chez les plantes cultivées les génotypes leur étant favorables (domestication) et l'environnement a sélectionné chez les populations humaines les génotypes les mieux adaptés à l'introduction de ces plantes cultivées dans leur régime alimentaire. Il s'agit d'une **coévolution**.

▶ La domestication des plantes, processus débuté il y a 10 000 ans, à la fin de la dernière glaciation, se poursuit aujourd'hui au travers de la création de nouvelles variétés toujours plus favorables à la consommation, le plus souvent au détriment de leur diversité génétique et de leur capacité à résister aux aléas environnementaux. La production de semences est devenue un secteur de technologie de pointe où les enjeux sont considérables. Les choix des semences cultivées conditionnent en partie notre capacité à nourrir les êtres humains et à préserver notre environnement.

▶ L'histoire nous liant aux plantes cultivées est inscrite dans notre génome.

RETENIR CHAPITRE 11 La domestication des plantes

En quelques mots

Texte dys
Texte audio

1 La sélection exercée par les populations humaines sur les plantes cultivées a permis leur domestication

- Les plantes cultivées ont acquis par mutation et par sélection des caractères différents de leurs ancêtres sauvages : taille, rendement de croissance, nombre de graines, précocité, facilité de récolte, toxicité, couleur…
- Les caractères favorisés par la domestication rendent les **plantes domestiquées** dépendantes de l'espèce humaine pour leur reproduction et leur survie.

2 Les progrès de la sélection artificielle et les biotechnologies ont permis la création de nouvelles variétés

- Les espèces cultivées présentent de nombreuses variétés (forme de biodiversité) issues de différentes techniques de sélection (hybridation, introgression) mises en œuvre par les producteurs de semences.
- Les biotechnologies permettent l'introduction rapide de nouveaux caractères et la création de nouvelles variétés.
- La production de semences commerciales est devenue une activité spécifique.

3 Les pratiques culturales constituent un enjeu majeur pour nourrir l'humanité

- Les processus de sélection et l'évolution des pratiques culturales ont permis d'augmenter la production des plantes cultivées.
- L'étude des génomes montre un appauvrissement global de la **diversité allélique** lors des différents processus de sélection. La perte de certaines caractéristiques des **plantes sauvages** (comme des défenses chimiques) et l'extension de leur culture favorisent le développement des maladies infectieuses végétales. Ces fragilités peuvent être compensées par des pratiques culturales spécifiques (utilisation de pesticides, lutte biologique).
- L'exploitation des ressources génétiques (historiques ou sauvages) permet d'envisager la création de variétés à plus faible impact environnemental (réduction de l'usage des intrants, limitation des ravageurs par lutte biologique).

4 La relation mutualiste unissant les êtres humains et les plantes domestiquées a contribué à la sélection de caractères génétiques humains spécifiques

- Humains et plantes domestiquées entretiennent une relation mutualiste : l'humanité est dépendante des cultures végétales pour son alimentation / les plantes cultivées sont dépendantes des pratiques culturales pour leur survie, leur reproduction et l'occupation de nouveaux milieux.
- Cette relation a entraîné une modification des caractères génétiques des plantes, mais également des populations humaines, en sélectionnant chez elles les génotypes les mieux adaptés à l'introduction de ces plantes cultivées dans leur régime alimentaire. Ce phénomène caractérise une **coévolution**.

Vidéo bilan

mots-clés

Coévolution : processus par lequel au moins deux espèces s'influençant mutuellement évoluent simultanément.

Diversité allélique : nombre d'allèles différents par gène présents dans une population.

Plante domestiquée : plante dont les traits caractéristiques sont le produit de la sélection artificielle.

Plante sauvage : plante dont les traits caractéristiques sont le produit de la sélection naturelle.

Sélection artificielle : sélection exercée par l'espèce humaine sur une autre espèce pour son bénéfice.

Schéma interactif

En une image

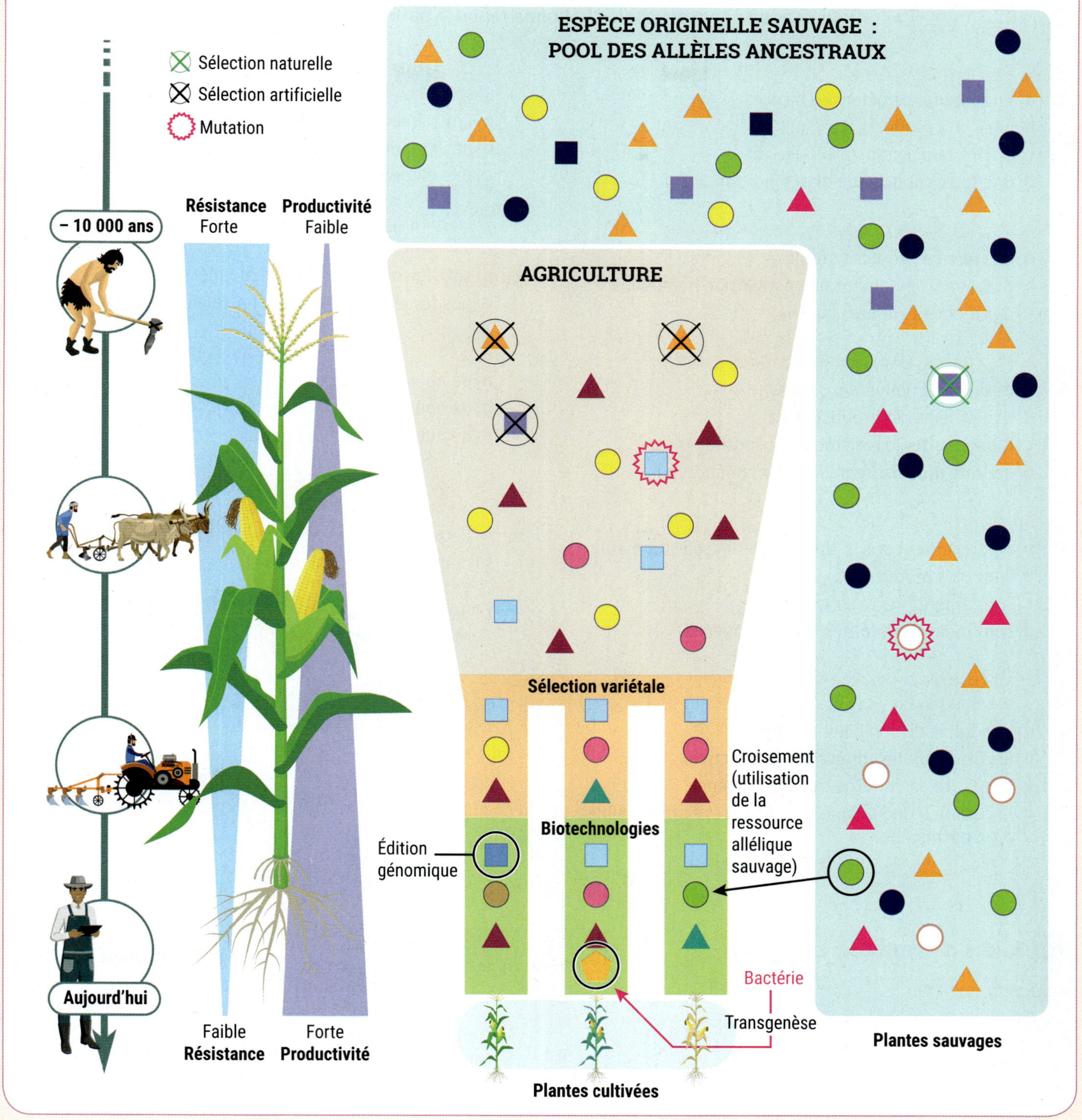

mémorisation active

Pour retenir les notions…

- Coévolution avec l'espèce humaine
- Enjeux alimentaires et environnementaux
- Sélection artificielle des plantes cultivées
- Perte de biodiversité allélique

Je construis ma carte des idées

Les plantes domestiquées → Sélection artificielle

Les plantes domestiquées ↓ Coévolution avec l'espèce humaine

Sélection artificielle ↓ Perte de biodiversité allélique

Sélection artificielle ↓ Enjeux alimentaires et environnementaux

Pour m'aider dans la construction

→ Méthode 1

Pour m'entraîner

→ Exercice 1 p. 234

Quiz

EXO Exercices interactifs

Pour chaque question, choisir la bonne réponse parmi les affirmations proposées.

1. Les plantes cultivées sont caractérisées par :
- a un système de défense efficace.
- b une forte productivité.
- c une forte diversité allélique.
- d une forte capacité de dissémination.

2. L'hybridation permet systématiquement :
- a de créer des variétés stables.
- b d'obtenir rapidement une population homogène.
- c de créer des variétés lignées.

3. La transgenèse permet systématiquement :
- a de créer de nouveaux allèles.
- b d'augmenter la productivité.
- c d'augmenter la résistance aux pathogènes.
- d de faire apparaître un nouveau phénotype.

4. Les variétés anciennes :
- a ne présentent pas d'intérêt pour un sélectionneur.
- b sont plus productives.
- c constituent une réserve d'allèles.
- d sont moins résistantes aux pathogènes.

5. La crise de la pomme de terre en Irlande est due à :
- a une faible disponibilité d'engrais.
- b la culture d'une variété peu productive.
- c la culture de variétés trop hétérogènes.
- d la culture d'une unique variété se révélant sensible à un pathogène.

6. Un nombre élevé de copies du gène *AMY1* est une adaptation à :
- a une alimentation riche en amidon.
- b des famines fréquentes.
- c une alimentation carnée.

7. La mondialisation permet l'accès à une alimentation :
- a satisfaisante pour tout le monde.
- b pas forcément adaptée à notre histoire évolutive.

8. L'édition génomique permet de créer :
- a de nouveaux allèles.
- b de nouveaux gènes.
- c de nouvelles espèces.

9. La coévolution est un processus au cours duquel :
- a deux espèces évoluent dans le même milieu.
- b deux populations d'une même espèce échangent des allèles.
- c deux espèces en interaction influencent réciproquement leur évolution.

→ Corrigés p. 447

1 Sujets de synthèse

Sujet 1

Expliquer les principes de la transgenèse et de l'édition génomique.

Sujet 2

Expliquer l'évolution des fréquences alléliques dans les populations humaines présentées dans le document ci-contre.

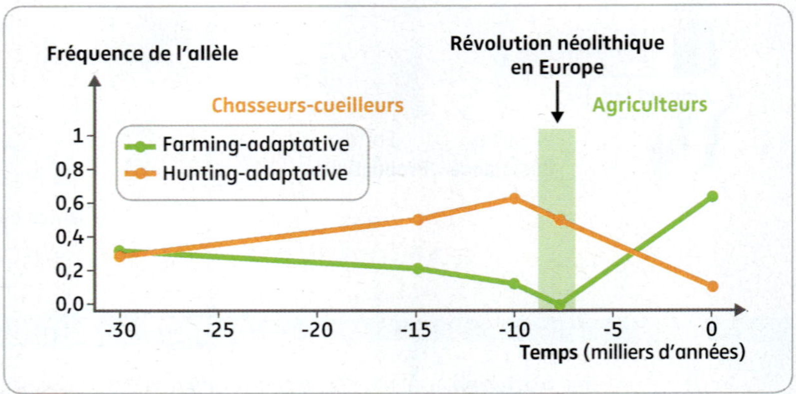

a Évolution de la fréquence des allèles Farming-adaptative et Hunting-adaptative au sein de la population humaine en Europe. L'allèle Farming-adaptative favorise chez l'être humain la biosynthèse d'acides gras rencontrés principalement dans la viande et le poisson (oméga 3 et 6), l'allèle Hunting-adaptative du même gène est à l'origine d'une biosynthèse réduite de ces acides gras.

2 Utilisation des biotechnologies

À l'aide de vos connaissances et en vous appuyant sur les informations tirées des documents b et c, expliquer comment les biotechnologies participent à la création de nouvelles variétés.

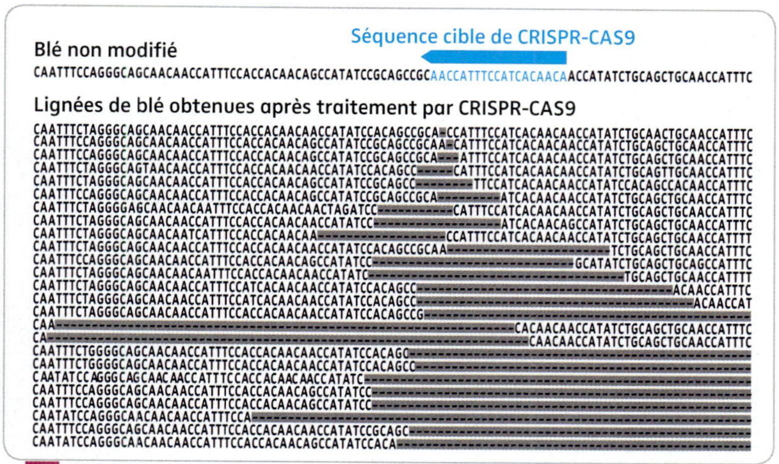

b **Séquences nucléotidiques partielles du gène de gliadine (protéine du gluten à l'origine de son intolérance chez certaines personnes) de différentes lignées de blé traitées ou non par un système CRISPR-Cas9.**

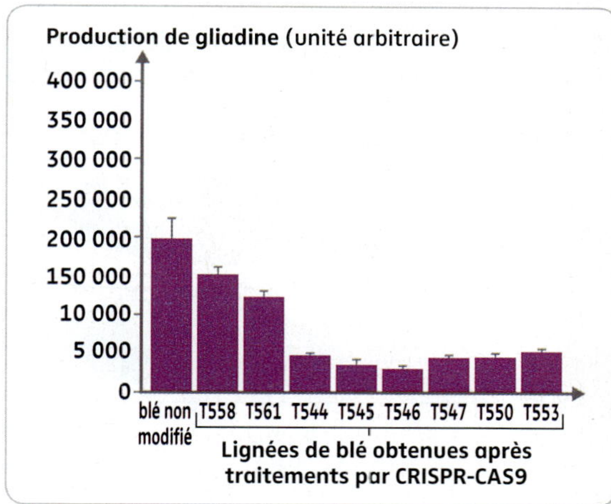

c **Production de gliadine de différentes lignées de blé traitées ou non par un système CRISPR-Cas9.**

3 L'intérêt de conserver des variétés anciennes

À l'aide de vos connaissances et en vous appuyant sur les informations tirées des documents, expliquer en quoi la conservation de la biodiversité est un enjeu pour la création de nouvelles variétés répondant aux en enjeux environnementaux actuels.

La viticulture se situe au second rang sur le marché des produits phytosanitaires après les céréales. La réduction de l'usage des pesticides constitue un enjeu majeur pour les viticulteurs, à la fois pour la protection de l'environnement et pour la santé.

80 % des pesticides en viticulture sont utilisés contre le mildiou et l'oïdium. Pour diminuer l'usage des pesticides, une alternative consiste à sélectionner des variétés de vignes résistantes simultanément au mildiou et à l'oïdium.

d **Réduire les traitements phytosanitaires grâce à des variétés de vignes résistantes.**

e **Attaques de mildiou de la vigne sur un cépage de *Vitis vinifera* sensible (A) et sur un cépage de vigne résitant à la maladie (B).**

Les variétés développées à l'Inra par Alain Bouquet de 1979 à 2009 possèdent une résistance dite « monogénique ». Elles ont acquis un gène de résistance au mildiou (*Rpv1*) et un gène de résistance à l'oïdium (*Run1*), après un croisement initial avec *Muscadinia rotundifolia* (une vigne sauvage américaine), suivi par plusieurs rétrocroisements avec des variétés cultivées. Ces rétrocroisements permettent d'éliminer progressivement le génome de *Muscadinia* au profit de celui de la vigne cultivée *Vitis vinifera*, tout en conservant seulement le fragment de chromosome portant la source de résistance au mildiou et à l'oïdium. Ce processus s'appelle « introgression ».

Une trentaine de variétés ont été ainsi obtenues, qui présentent une résistance totale à l'oïdium et une résistance élevée au mildiou.

Créées à partir de cépages prestigieux, ces variétés sont très intéressantes pour le vin sur le plan gustatif. Certaines d'entre elles produisent un raisin particulièrement adapté pour faire du jus.

f **Les variétés « Bouquet ».**

4 Exercice guidé Perte de la capacité de dissémination chez le riz

À l'aide de vos connaissances et en vous appuyant sur les documents a à d, expliquer l'origine de la conservation des grains sur les tiges de riz à maturité chez les riz cultivés.

Organiser votre réponse selon une démarche de votre choix intégrant des données issues des documents et les connaissances complémentaires nécessaires.

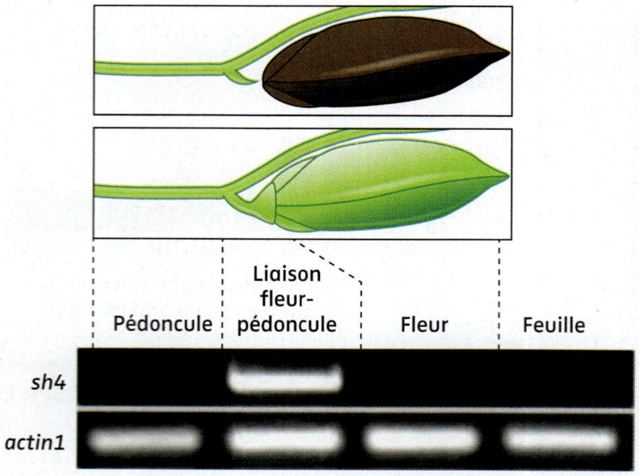

a Expression du gène *sh4* codant un facteur de transcription dans différentes parties de la plante.
Par RT-PCR, technique permettant de quantifier des ARN spécifiques, l'actin1 est une protéine ubiquitaire.

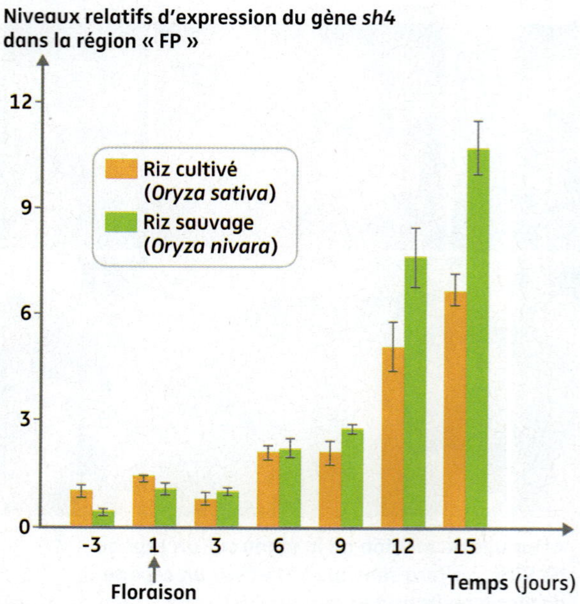

b Expression relative du gène *sh4* dans la zone de liaison fleur-pédoncule (FP) au cours du temps chez le riz cultivé (*Oryza sativa*) et une espèce de riz sauvage (*Oryza nivara*).
Le jour 1 est le jour de la floraison.

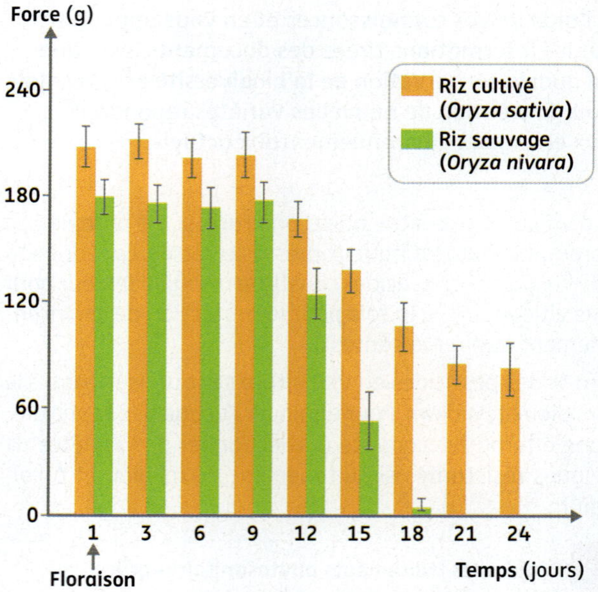

c Force nécessaire pour détacher les fleurs ou grains du pédoncule au cours du temps chez le riz cultivé (*Oryza sativa*) et une espèce de riz sauvage (*Oryza nivara*).
Le jour 1 est le jour de la floraison.

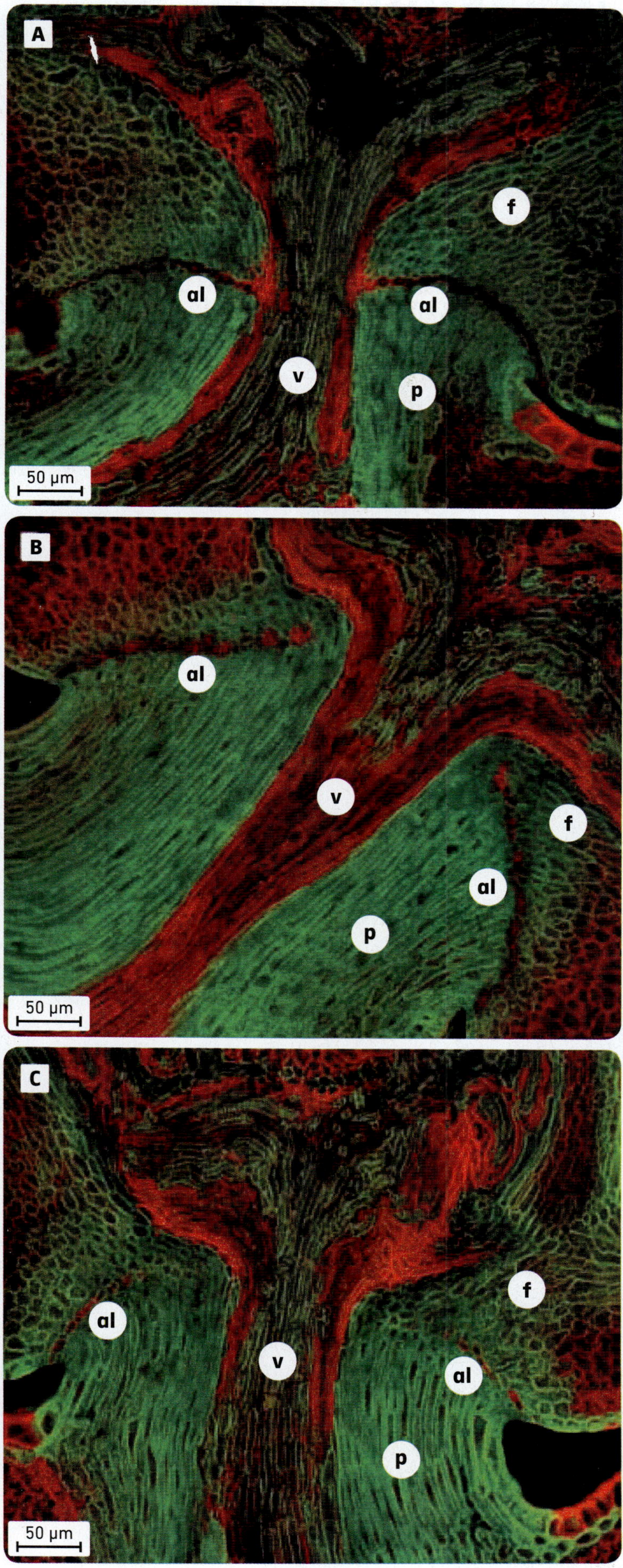

d **Coupes longitudinales de la zone de liaison pédoncule-fleur observées en microscopie à fluorescence réalisées à maturité équivalente chez trois individus différents.**
A : *Oryza nivara*
B : *Oryza sativa* auquel un gène portant la version de *sh4* de *Oryza nivara* a été introduit par transgenèse.
C : *Oryza sativa*
f : fleur
p : pédoncule
al : zone d'abscission, de détachement
v : vaisseaux conducteurs

Guide de résolution

1. Localisez la zone d'expression de *sh4*.
2. Comparez les taux d'expression de *sh4* entre les deux espèces de riz.
3. Corrélez l'évolution des niveaux relatifs d'expression de *sh4* à la force nécessaire au détachement de la fleur ou du grain.
4. Identifiez une différence de la zone d'abscission entre les différentes plantes. Liez cette observation aux précédentes interprétations.
5. Précisez l'apport de l'étude du plant transgénique.

CHAPITRE 12

Reconstituer et comprendre les variations climatiques passées

▶ Pour reconstituer les variations climatiques du passé, les scientifiques utilisent près de 700 indicateurs variés. Décrire et comprendre les causes des changements climatiques passés nous permettent de mieux appréhender le réchauffement climatique actuel.

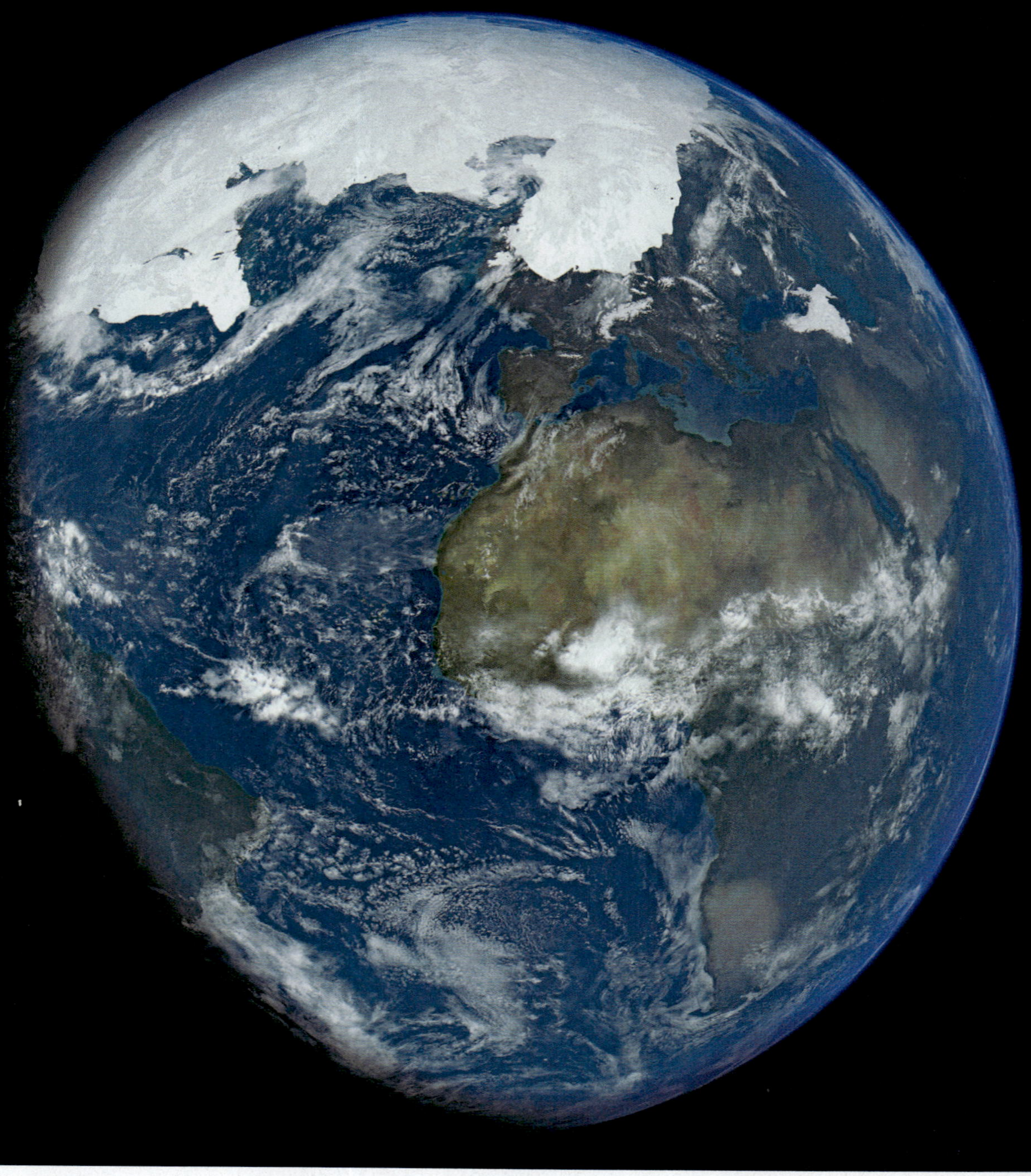

Vue d'artiste de la Terre, il y a 21 000 ans.

Quels sont les indices des climats du passé ? UNITÉS 2 et 4

Carottage en Antarctique. Les carottes de glace sont des indicateurs des changements climatiques.

Comment les carottes de glace témoignent-elles des variations climatiques passées ?

UNITÉS 1, 2 et 3

Vidéo

« Depuis que la Terre existe, il y a eu des changements climatiques à différentes échelles de temps. Ce qui est extraordinaire là et inédit, c'est que les changements climatiques récents et leurs vitesses sont fulgurants par rapport à tout ce que l'on a connu. »

Gilles Ramstein, climatologue.

« Il existe de nombreux exemples anciens de réchauffement de la planète à une échelle comparable à celle attendue pour le futur. »

Richard Norris, paléontologue.

Le changement climatique actuel est-il inédit dans l'histoire de la Terre ?

UNITÉS 1, 2 et 4

Crocodiles et palmiers actuels. À l'Éocène, des palmiers poussaient en Alaska et des crocodiles nageaient dans l'Arctique. La température mondiale était plus chaude de 8° C par rapport à aujourd'hui.

Quelles sont les causes des changements passés du climat ? UNITÉS 3 et 4

UNITÉ 1 L'évolution du climat depuis la révolution industrielle

Afin de comprendre le lien entre activités humaines et changement climatique en cours, il est nécessaire de retracer l'évolution du climat depuis la révolution industrielle (milieu du XIXe siècle).

Objectifs

Décrire l'évolution du climat mondial depuis 150 ans et identifier une cause de cette évolution.

Décrire l'évolution de deux paramètres atmosphériques

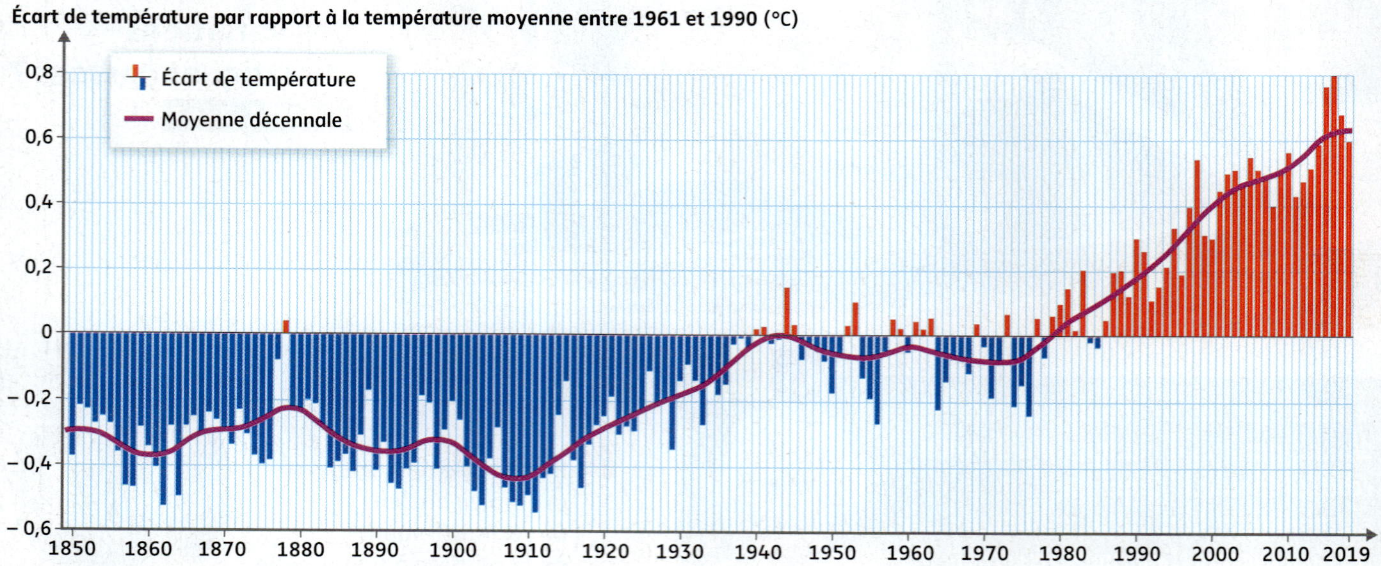

1 Évolution de la température mondiale depuis 1850. Température moyenne annuelle de l'air depuis 1850 par rapport à la moyenne des températures atmosphériques mesurées au sol sur la période 1961-1990. Le zéro correspond à cette moyenne, soit 14,0 °C.

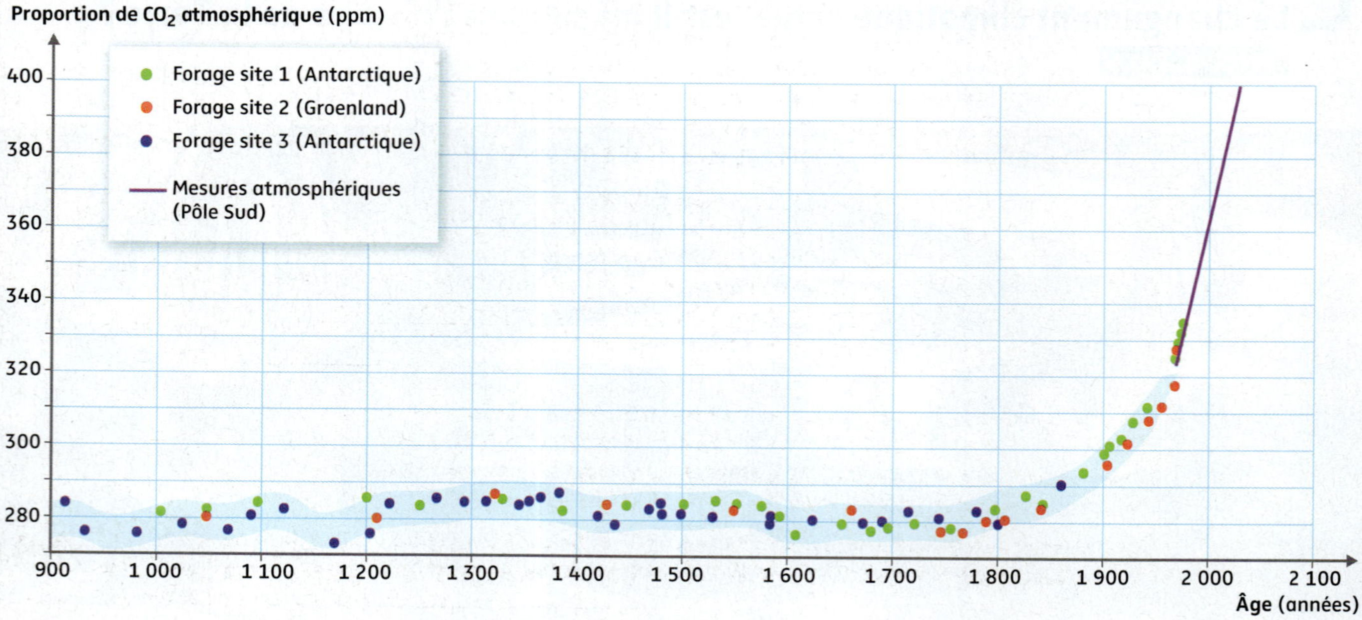

2 Évolution de la proportion de CO_2 dans l'atmosphère depuis l'an 900 (en ppm). Les mesures en continu de la proportion en CO_2 atmosphérique ont commencé en 1958. Les données avant 1958 ont été obtenues à partir de l'étude des bulles d'air contenues dans les glaces. L'unité ppm signifie « partie par million ». Ainsi, une proportion de 200 ppm de CO_2 dans l'air signifie que pour 1 million de molécules d'air, il y a 200 molécules de CO_2.

Identifier une cause de l'évolution du climat

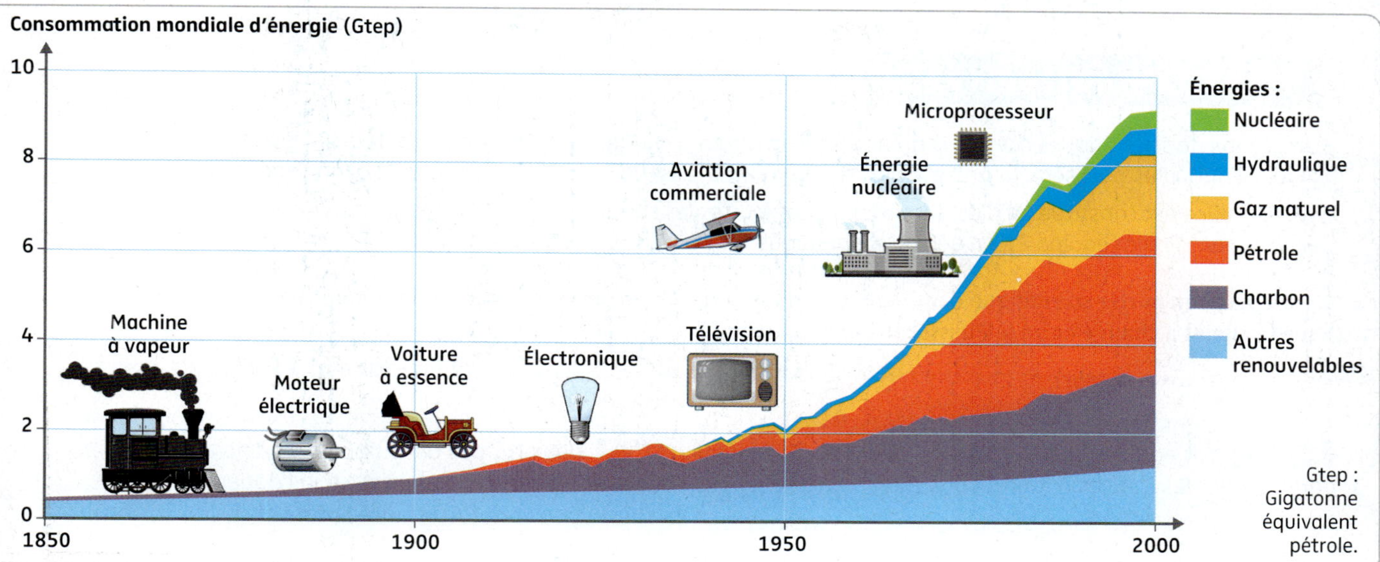

3 Évolution de la consommation mondiale d'énergie au cours du temps (et dates de quelques innovations technologiques majeures). Exemple de la réaction de combustion du méthane (CH_4), principal composé du gaz naturel : $CH_4 + O_2 \rightarrow CO_2 + 2\ H_2O$

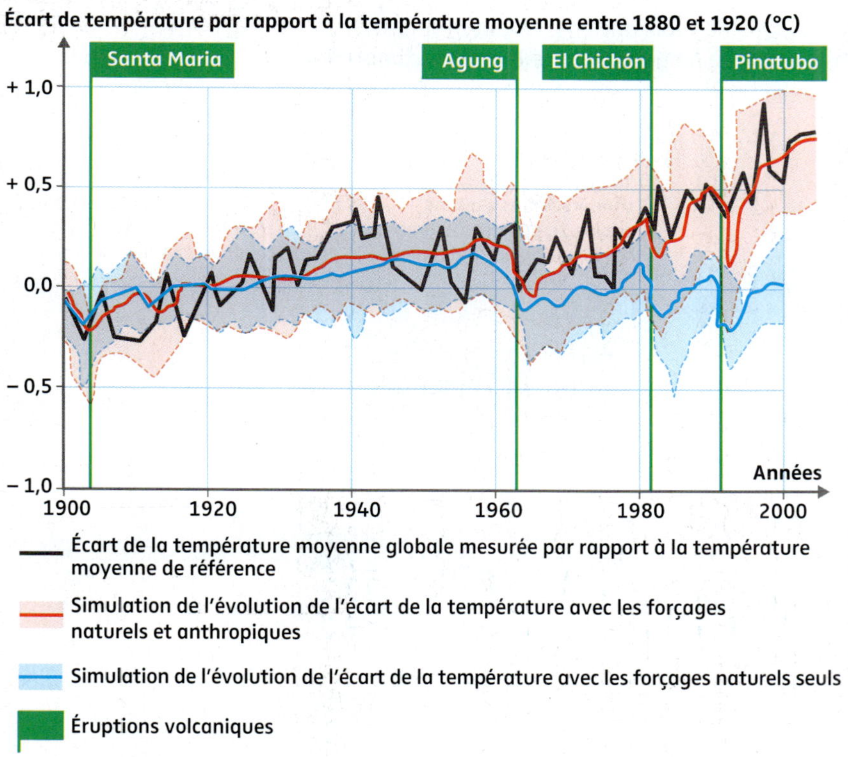

Mémo

> On appelle « forçage » toute variation de température moyenne globale consécutive à une variation de l'énergie radiative arrivant au sol. Ces variations peuvent être liées à des phénomènes naturels (volcans, activité solaire...) ou anthropiques.

4 Modélisation des impacts des forçages naturels et anthropiques depuis 1900 sur la température atmosphérique. La moyenne des températures entre 1880 et 1920 est prise pour référence (0,0).

Guide de résolution

Indicateurs de réussite

1 Décrire l'évolution de la température de l'air depuis 1850 (document 1). Les traits bleus et rouges correspondent à l'écart de température d'une année donnée par rapport à la normale de référence.

2 Décrire l'évolution de la proportion de CO_2 dans l'atmosphère depuis l'an 900 (document 2). Exprimer cette évolution en %.

3 Identifier une des causes de l'évolution du climat depuis 1850 (documents 3 et 4).

4 En conclusion

À partir des conclusions précédentes, expliquer comment les activités humaines influencent la température de l'atmosphère depuis la révolution industrielle.

UNITÉ 2 Les indices des variations climatiques du Quaternaire

MISSION collective

Un groupe de scientifiques cherche à montrer que le climat a changé au Quaternaire (entre -2,6 Ma et aujourd'hui), plus précisément entre le Pléistocène (entre -125 000 et -11 000 ans) et la période actuelle.

Votre groupe est constitué de plusieurs équipes d'experts : les spécialistes en palynologie (équipe 1), en sédimentologie (équipe 2), en géologie isotopique (équipe 3), en préhistoire (équipe 4).

→ **Élaborer un poster scientifique dans lequel les différents indices seront confrontés pour montrer que le climat a changé entre le Pléistocène et aujourd'hui.**

→ Méthode n° 13 Fiches méthode

Phase 1 Les équipes d'experts collaborent pour étudier les indices à leur disposition.

Phase 2 Des groupes avec un expert de chaque équipe sont constitués afin de permettre la coopération des spécialistes pour atteindre l'objectif de la mission.

Équipe 1 Les spécialistes en palynologie

La palynologie, étudie les grains de pollens retrouvés dans des sols anciens. En déterminant à quelles espèces appartiennent les grains de pollens retrouvés, on peut avoir une idée du climat régional à différentes époques.

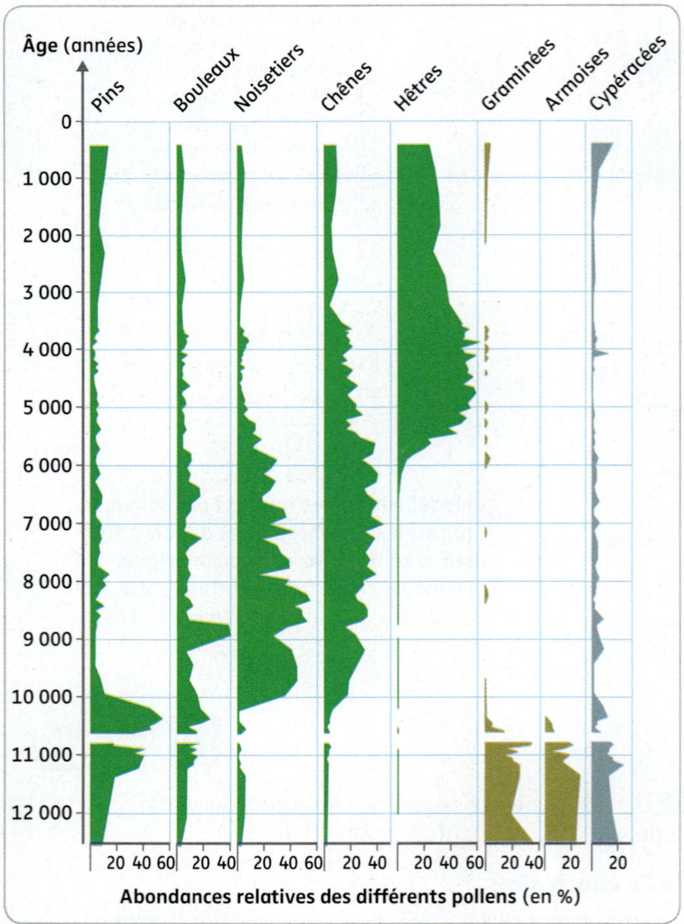

1 Diagramme pollinique de la tourbière de la Roche Gourgon (Loire). Il s'agit d'une représentation graphique des proportions des pollens de différentes espèces en fonction de la profondeur et donc de l'âge.

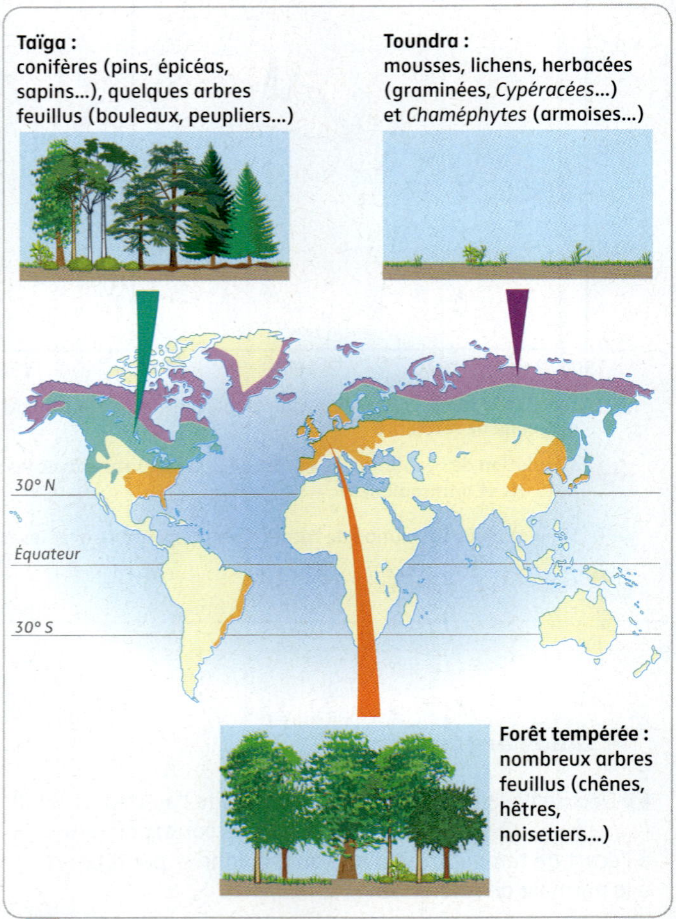

2 Trois exemples de biomes et leurs végétations dominantes.

Équipe 2 Les spécialistes en sédimentologie

3 Affleurement de « La salle de bal des demoiselles coiffées » (Hautes-Alpes). Ce terrain, daté du Pléistocène (entre -125 000 et -11 000 ans), est constitué d'éléments allant de la taille d'un grain de sable à des blocs de plusieurs mètres.

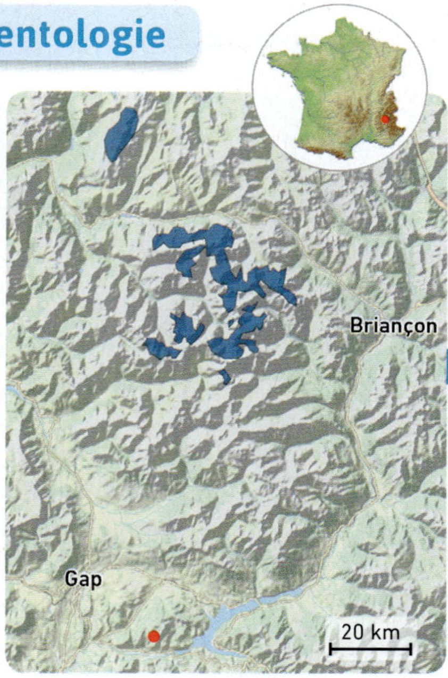

4 Localisation de l'affleurement de « La salle de bal des demoiselles coiffées » (point rouge)**.** Les surfaces colorées en bleu correspondent aux emplacements actuels des glaciers de la région.

5 Deux blocs erratiques dans Central Park (New York, USA). Les scientifiques estiment que le dépôt de cette roche s'est produit entre -75 000 et -11 000 ans.

6 Localisation de Central Park (point rouge). Les surfaces colorées en bleu correspondent aux emplacements actuels des glaciers les plus proches.

7 Moraine du glacier de Moiry (Suisse).

Mémo

> Une moraine est un amas de roches érodées et transportées par un glacier. Ces dépôts sédimentaires sont caractérisés par l'hétérogénéité de leur granulométrie. On y trouve des éléments de tailles et de formes très variables : argiles, graviers, galets, blocs de plusieurs centimètres, voire mètres (appelés « blocs erratiques »).

Coups de pouce

Mobilisation des connaissances

Principe d'actualisme : les processus du passé ont les mêmes causes que les processus actuels.

Piste pour construire votre stratégie

Équipe 1 : comparer, pour une époque donnée, les abondances relatives de quelques espèces végétales représentatives de climats chauds ou froids.

Équipe 2 : caractériser les roches trouvées sur les deux sites afin d'en déduire comment elles peuvent permettre de reconstituer un climat passé.

Équipe 3 Les spécialistes en géologie isotopique

8 Carotte de glace en Antarctique.
Le $\delta^{18}O$ est calculé à partir de carottages.

9 Foraminifère. Le $\delta^{18}O$ des océans est calculé en utilisant des mesures réalisées sur des coquilles carbonatées de foraminifères (organismes unicellulaires) fossiles.

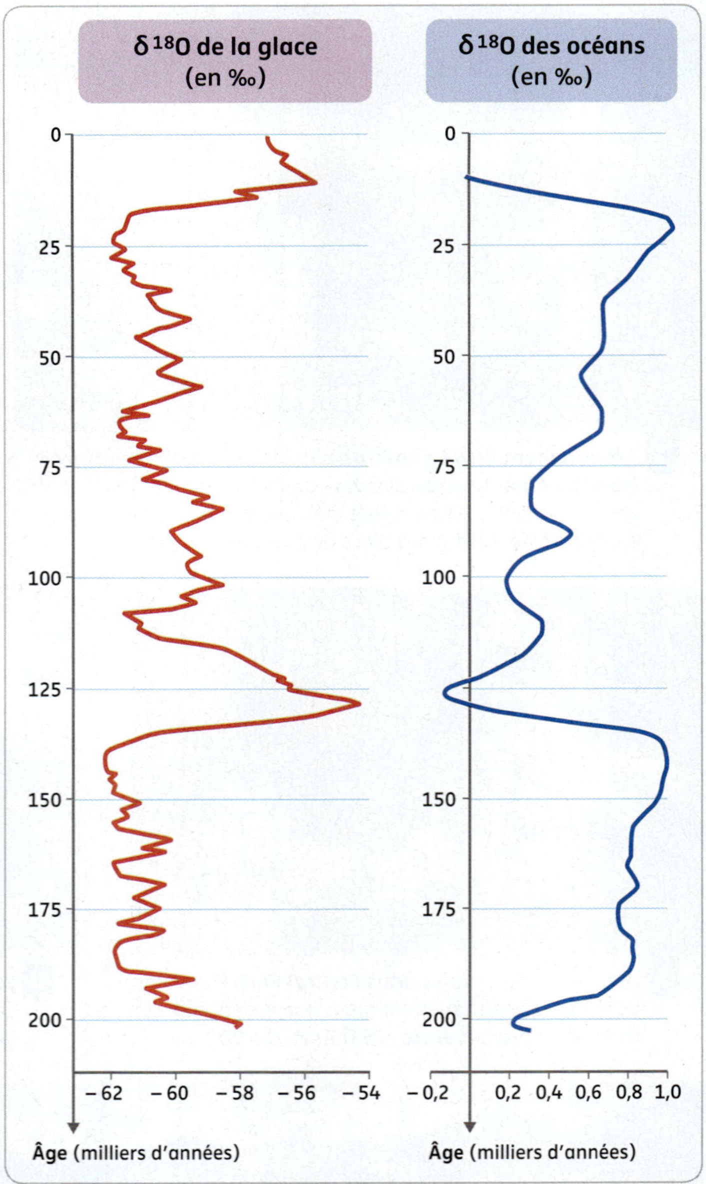

10 Évolution du $\delta^{18}O$ dans les glaces antarctiques (Vostok) et dans les sédiments carbonatés océaniques depuis 200 000 ans.

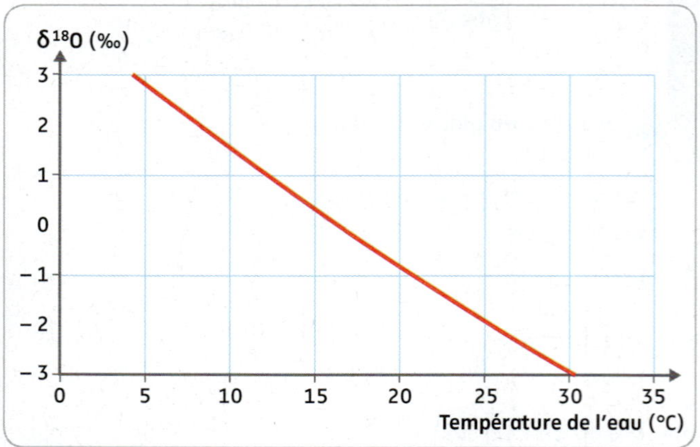

11 $\delta^{18}O$ des carbonates en fonction de la température de l'eau. Ces données ont été calculées grâce à des mesures sur des coquilles formées récemment.

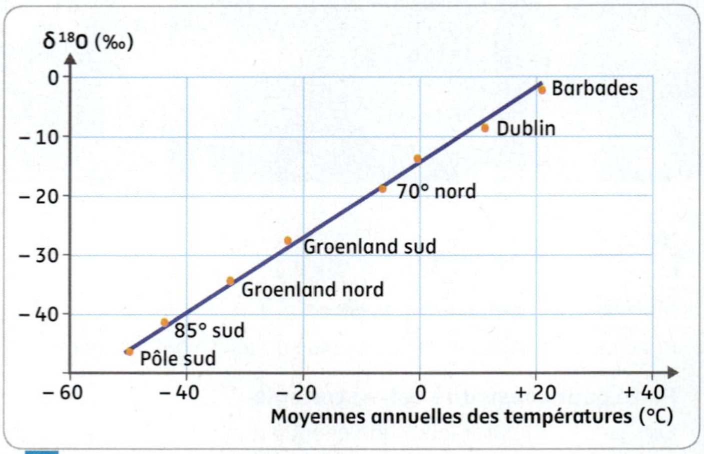

12 $\delta^{18}O$ en fonction de la température de l'air. Ces données ont été calculées grâce à des mesures sur des précipitations actuelles (neige ou pluie).

Équipe 4 Les spécialistes en préhistoire

13 La grotte Chauvet (Ardèche) et ses peintures. Dans cette grotte fréquentée par des humains entre -37 000 et -28 000 ans, on peut observer environ 400 peintures et gravures représentant un grand nombre d'animaux typiques des régions de toundras.

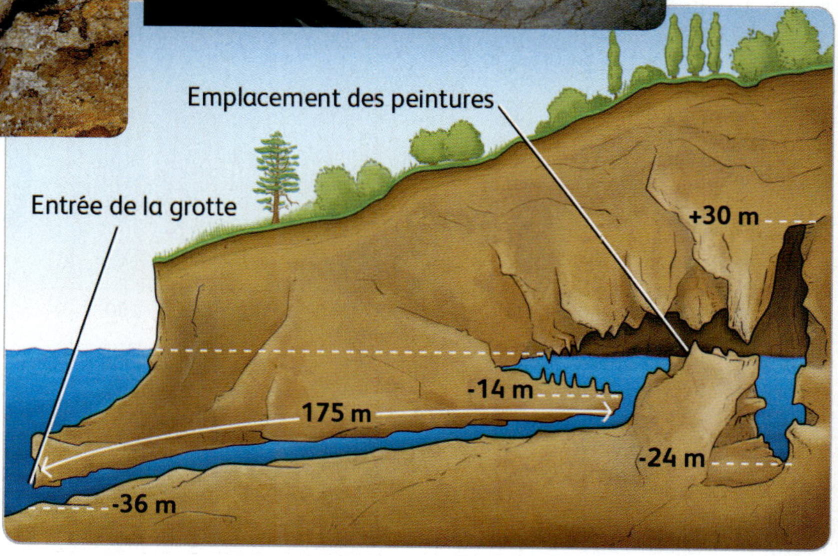

14 La grotte Cosquer (Bouches-du-Rhône) et ses peintures. Cette grotte, dont l'entrée est actuellement située à 36 m sous le niveau de la mer, a été fréquentée par des humains entre -27 000 et -19 000 ans (il n'existe aucun autre accès à la grotte que celui indiqué sur le schéma).

Mémo

> Les toundras sont des formations végétales que l'on observe dans les régions au climat polaire (températures froides toute l'année, températures moyennes du mois le plus chaud jamais supérieures à 10°C).

Coups de pouce

Lecture des documents

Équipe 3 : identifier comment le $\delta^{18}O$ peut être utilisé comme un paléothermomètre avant d'étudier le $\delta^{18}O$ au Pléistocène.

Mobilisation des connaissances

Équipe 4 : un réchauffement du climat a pour conséquence une montée du niveau de la mer.

MISSION réussie si ...

- **Phase 1 :** les équipes de spécialistes ont interprété les indices à leur disposition pour reconstituer le climat du Pléistocène.
- **Phase 2 :** les experts ont rassemblé et confronté leurs indices et leurs interprétations pour caractériser le climat du Pléistocène.
- **Poster :** la forme et la structure du poster facilitent la lecture du contenu scientifique.

UNITÉ 3 Les causes des variations climatiques du Quaternaire

Des indices de nature variée montrent qu'au Quaternaire (entre -2,6 Ma et aujourd'hui), la Terre a connu des périodes froides (glaciations) et des périodes plus chaudes (interglaciaires).

Objectif

Mettre en relation les variations des paramètres orbitaux avec les variations cycliques des températures au Quaternaire.

Formuler une hypothèse expliquant les variations du climat

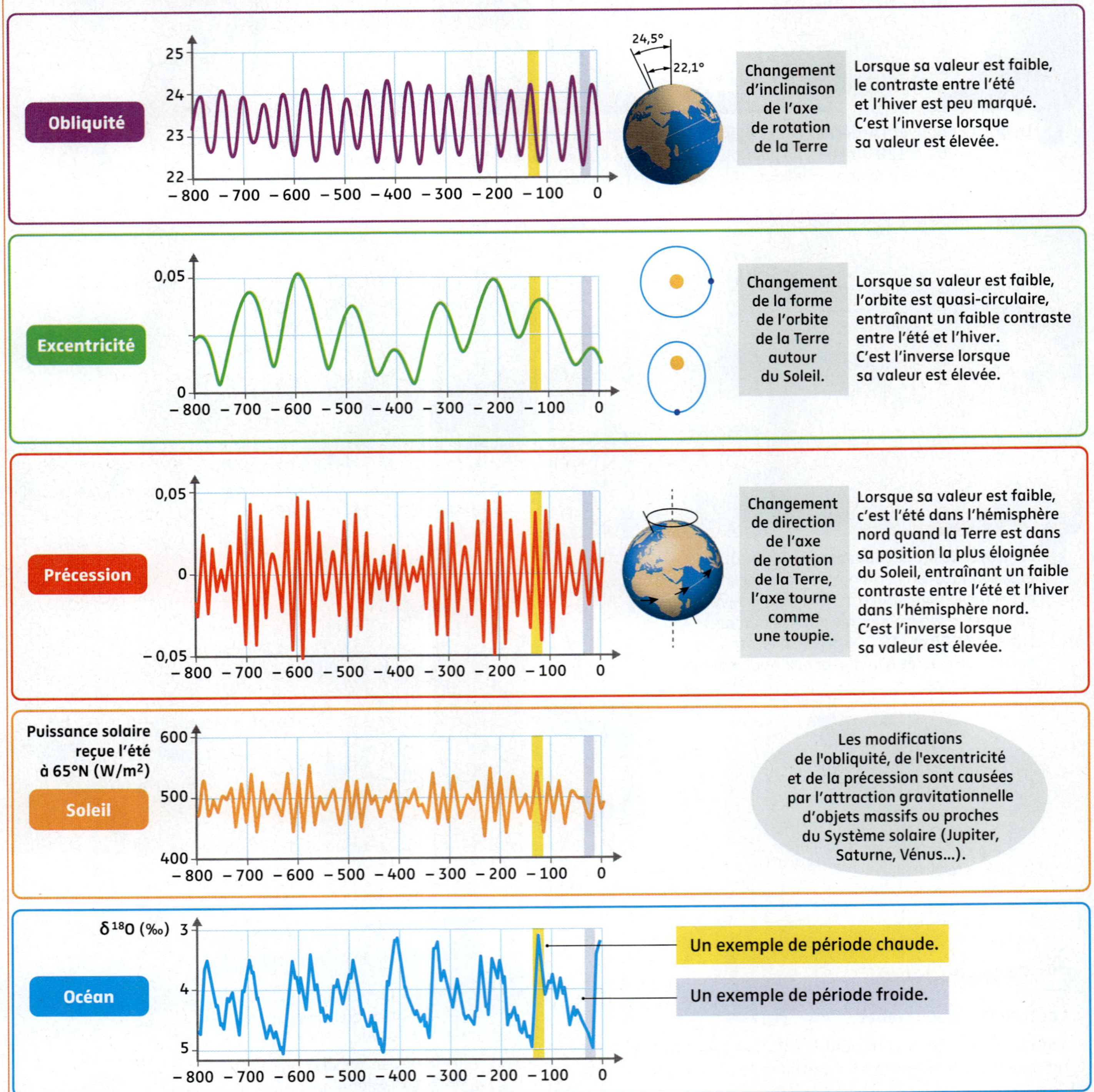

1 Évolution depuis 800 000 ans des paramètres orbitaux de Milankovitch (obliquité, excentricité et précession), **de la puissance solaire reçue à la latitude 65°N et du $\delta^{18}O$ dans l'océan** (tests carbonatés des foraminifères).

Expliquer l'effet d'une variation de l'obliquité sur le climat

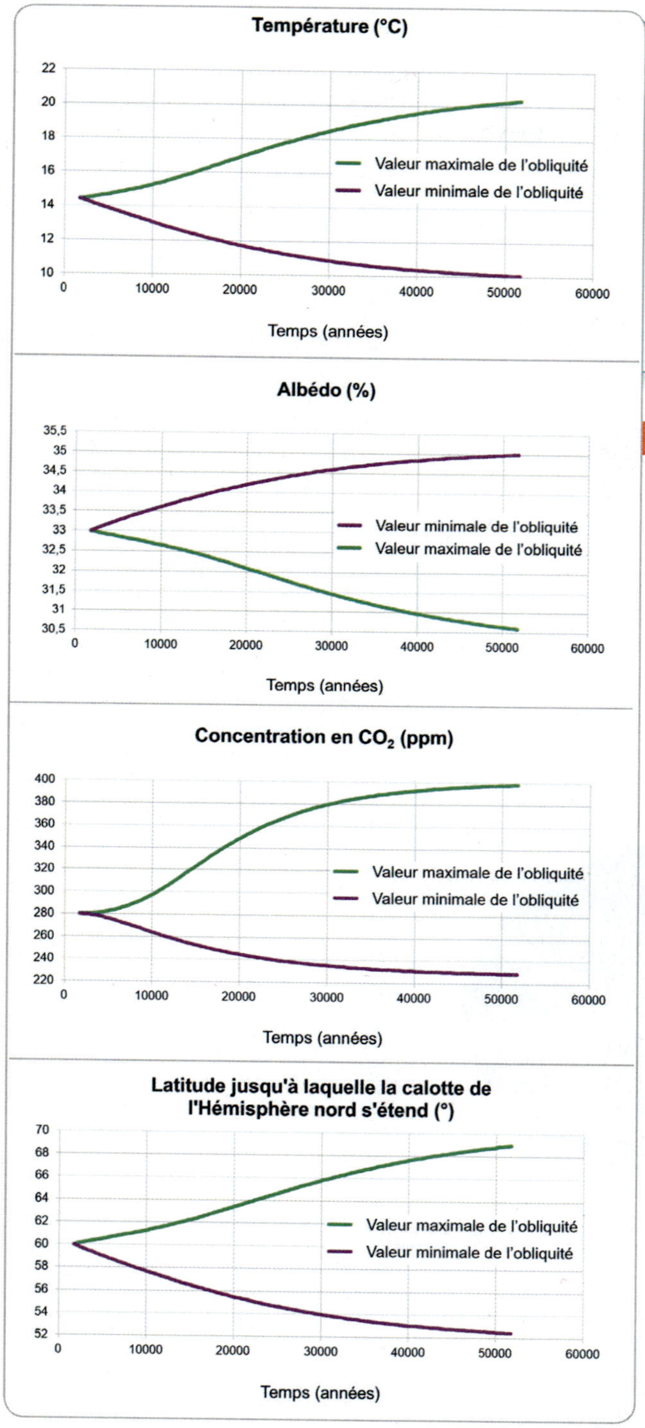

Simuler l'effet d'une variation de l'obliquité avec *SimClimat*

SIMULATION COMPLÉMENTAIRE

Sur *Simclimat*, lorsqu'on modifie la valeur de l'obliquité en « débranchant » (= désactivant) les différentes rétroactions climatiques, la température globale de la Terre ne change pas. Il existe donc des effets amplificateurs.

2 **Simulation sur 50 000 ans de l'évolution de différents paramètres avec une valeur d'obliquité maximale et une valeur d'obliquité minimale (réalisée avec le logiciel *SimClimat*).**

Les faibles contrastes entre l'été et l'hiver (essentiellement dans l'hémisphère nord) sont favorables à l'entrée dans une période glaciaire. En effet, lorsque les étés sont plus frais, les neiges et glaces de l'hiver fondent plus difficilement et ne disparaissent pas totalement.

3 **Les contrastes saisonniers et l'entrée en glaciation.**

Lorsque la surface des glaces est importante, l'albédo est plus grand et la puissance radiative diffusée de la Terre vers l'espace augmente. La température moyenne de la Terre a donc tendance à diminuer, ce qui favorise la formation de glace.

4 **La rétroaction de l'albédo.**

L'océan stocke du dioxyde de carbone sous forme dissoute. Or, la solubilité de ce gaz dans l'eau diminue avec l'augmentation de température. Par conséquent, lorsque la température augmente, une partie du CO_2 contenu dans l'océan s'échappe sous forme gazeuse dans l'atmosphère. La concentration de CO_2 atmosphérique augmente et, comme le dioxyde de carbone est un gaz à effet de serre, la température augmente encore plus. On parle de rétroaction positive.

5 **La rétroaction de l'océan.**

Guide de résolution

Indicateurs de réussite

1 Comparer les valeurs des paramètres orbitaux en période de climat chaud et en période de climat froid (document 1).

2 Interpréter l'expérience de simulation pour identifier les effets d'une variation d'obliquité (document 2).

3 Expliquer l'effet d'une modification de l'obliquité sur l'albédo et sur la concentration de CO_2 atmosphérique (documents 2 à 5).

4 **En conclusion**

À partir des conclusions précédentes, construire un schéma fonctionnel expliquant l'effet d'une modification de l'obliquité sur la température globale et montrant les rétroactions de l'albédo et de l'océan.

➔ Méthode n° 11

UNITÉ 4 Les variations climatiques des 500 derniers millions d'années

L'identification de mécanismes régulateurs du climat permet d'émettre des hypothèses pour expliquer les variations climatiques passées.

Objectif

Caractériser et expliquer le climat de la Terre pour le Paléozoïque, le Mésozoïque et le Cénozoïque.

Expliquer l'évolution du climat au Cénozoïque

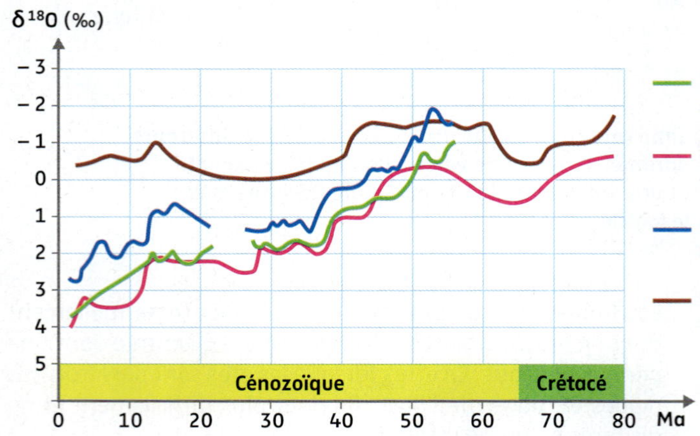

1 Variations de la valeur du $\delta^{18}O$ calculées à partir des tests de foraminifères benthiques et planctoniques. Les tests (coquilles) de foraminifères ont été obtenus par des forages réalisés dans le Pacifique et l'Atlantique. L'évolution de la température de l'océan reflète l'évolution de la température de l'atmosphère. Le $\delta^{18}O$ déterminé à partir des carbonates a une valeur qui évolue en lien avec le volume de glace continentale stocké : plus le volume de glace stocké augmente, plus le $\delta^{18}O$ des carbonates augmente également.
Remarque : benthique signifie « vivant sur le fond de l'océan ».

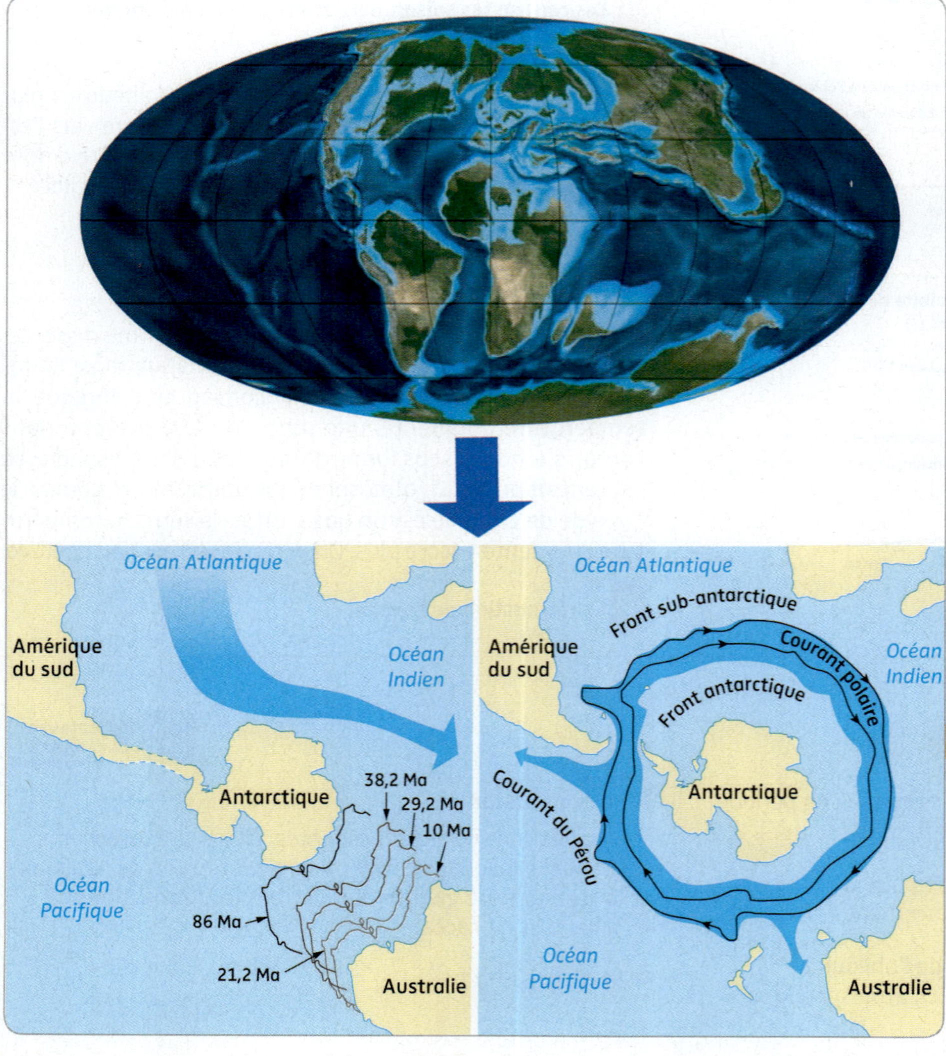

2 Position des continents à la fin du Crétacé (-65 Ma) et mise en place de la circulation océanique « *circumpolaire* » autour de l'Antarctique. Ce courant marin froid (eau à 1° C même lors de l'été austral) fonctionnel au Miocène a favorisé l'installation de la calotte glaciaire sur l'Antarctique. *Les zones en bleu foncé correspondent à la circulation océanique.*

Comparer les climats du Paléozoïque et du Mésozoïque

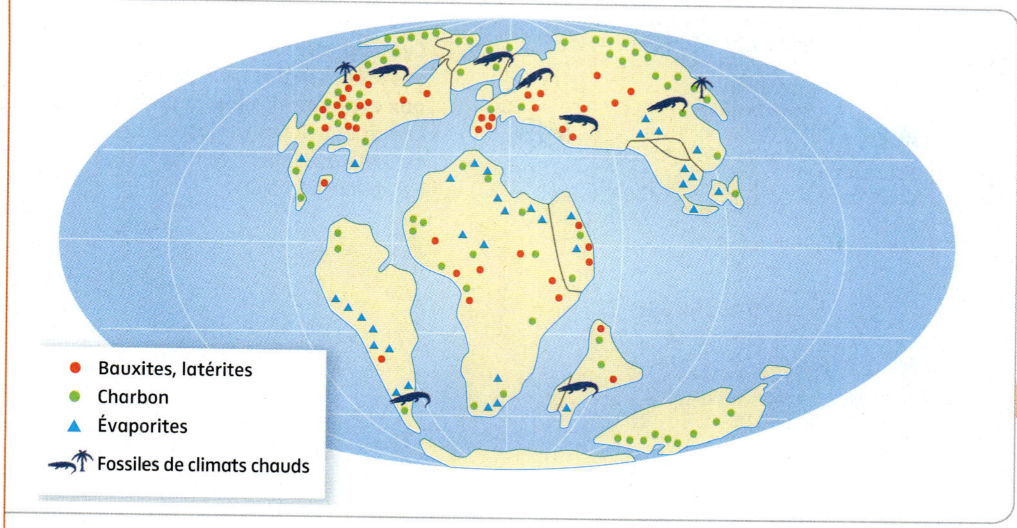

3 Répartition de quelques roches et fossiles datés du Crétacé.
Le Crétacé (-144 Ma ; -65 Ma) est une période du Mésozoïque (-252 Ma ; -65 Ma).

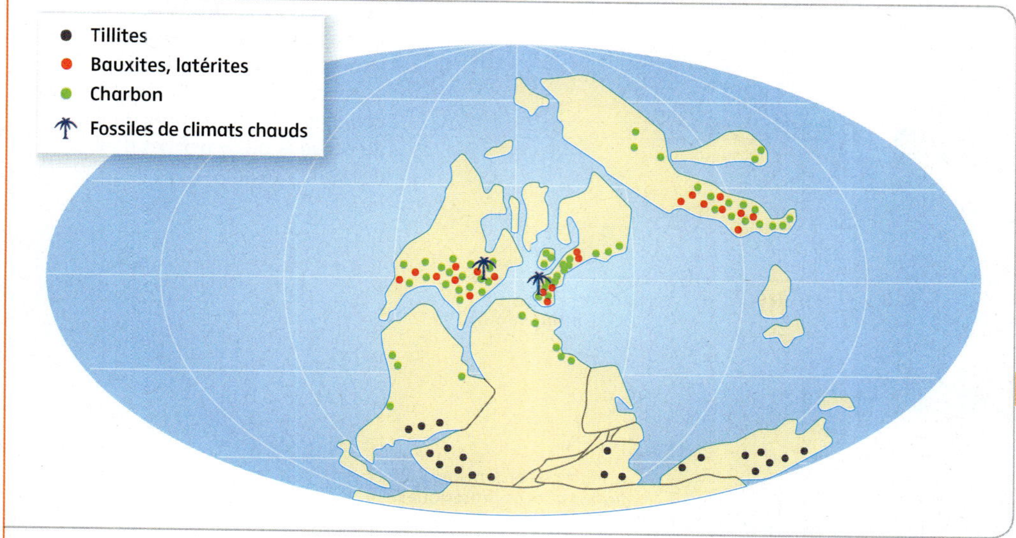

4 Répartition de quelques roches et fossiles datés du Carbonifère.
Le Carbonifère (-358 Ma ; -298 Ma) est une période du Paléozoïque (-545 Ma ; -245 Ma).

	Tillites	**Latérites (ex. : bauxite)**	**Charbon**	**Évaporites**

Mode de formation	Compaction et cimentation de sédiments issus de l'érosion glaciaire.	Altération continentale par hydrolyse de roches contenant de l'aluminium (ex. : granite).	Accumulation et transformation de végétaux continentaux dans les bassins sédimentaires.	Précipitation des ions en solution.
Aires climatiques de formation	Polaire ou haute altitude car nécessite la présence d'une calotte glaciaire ou d'un glacier.	Tropicale humide car nécessite à la fois une température annuelle d'au moins 25 °C, ainsi qu'une forte pluviométrie (> à 1 500 mm/an).	Étendues (tempérée froide, tempérée et tropicale) car c'est le rapport entre production primaire et dégradation par respiration/fermentation qui est à prendre en compte.	Aride car l'intense évaporation permet d'augmenter la concentration des ions.

5 Conditions de formation de quelques roches sédimentaires.

Expliquer les variations climatiques du Paléozoïque et du Mésozoïque

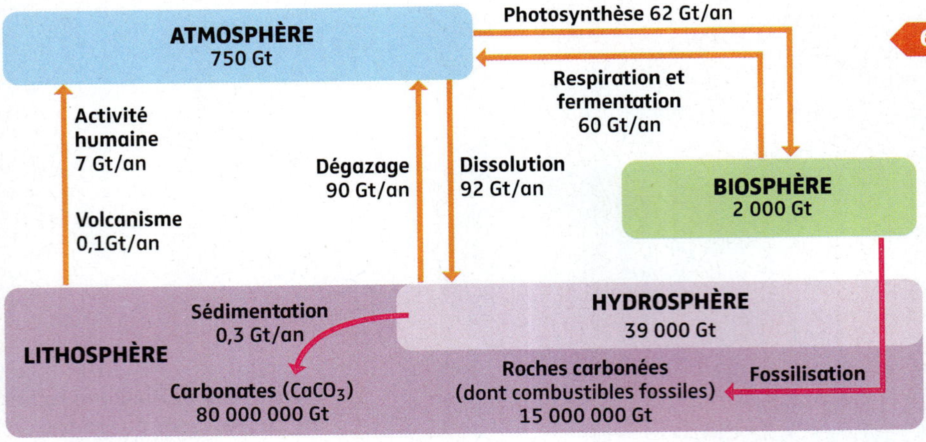

6 Cycle du carbone. Les valeurs des stocks et des flux correspondent aux estimations pour la période actuelle. Le carbone dans l'atmosphère est essentiellement contenu dans les molécules de CO_2.

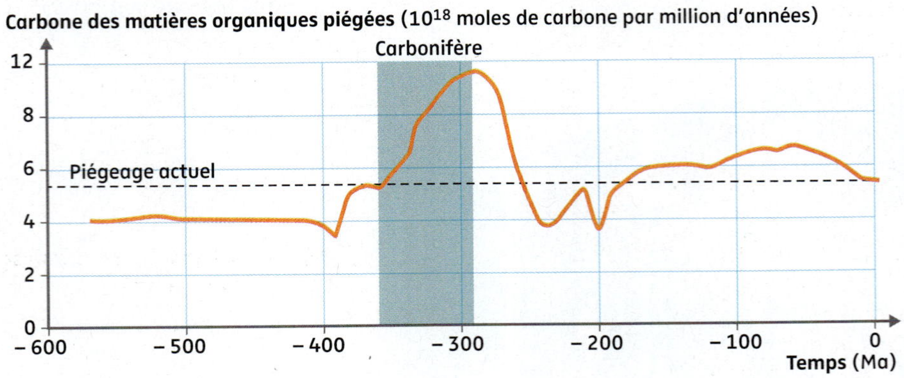

A Variation de la quantité de matière organique piégée (transformée ou non en pétrole ou en charbon) au cours des temps géologiques. La valeur actuelle du carbone piégé permet d'établir des comparaisons.

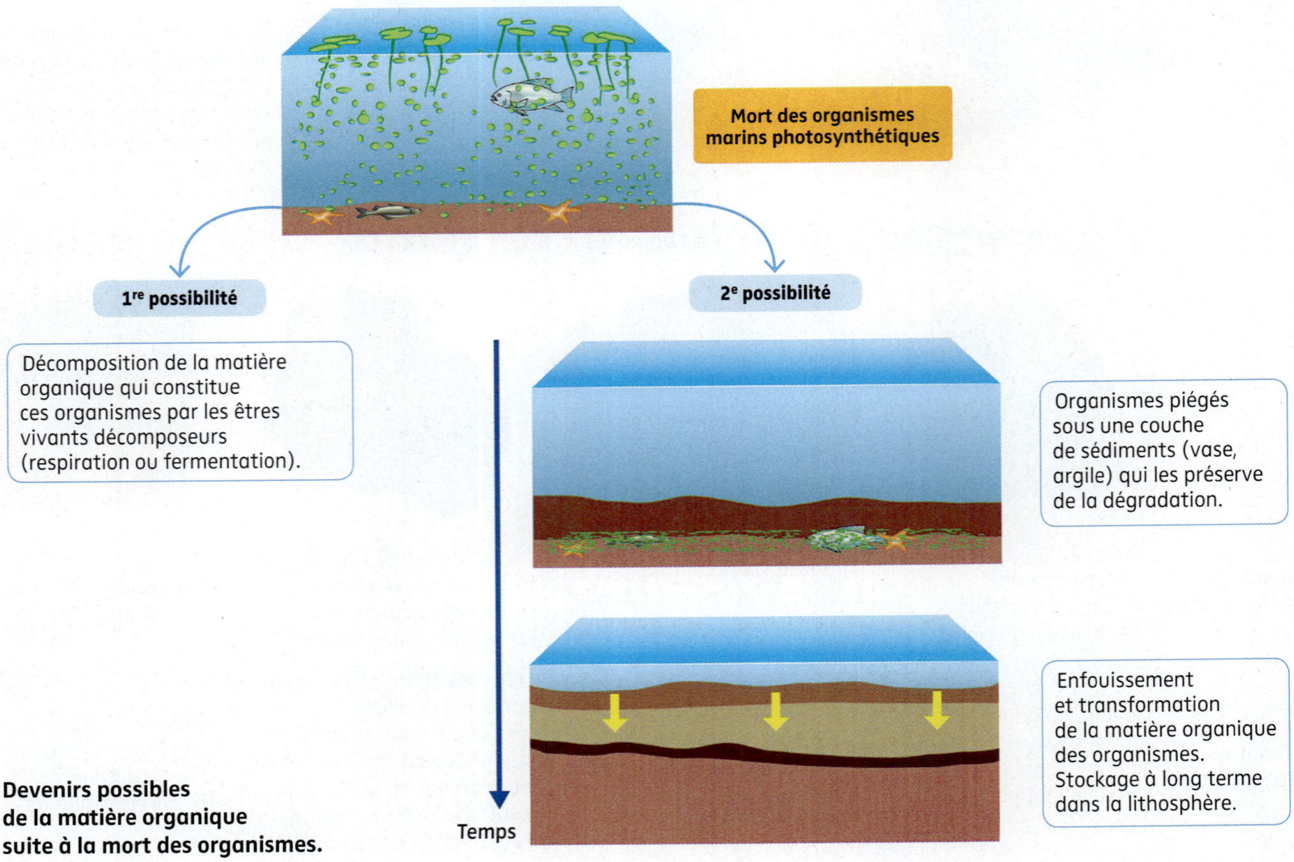

B Devenirs possibles de la matière organique suite à la mort des organismes.

7 Piégeage de la matière organique et climat.

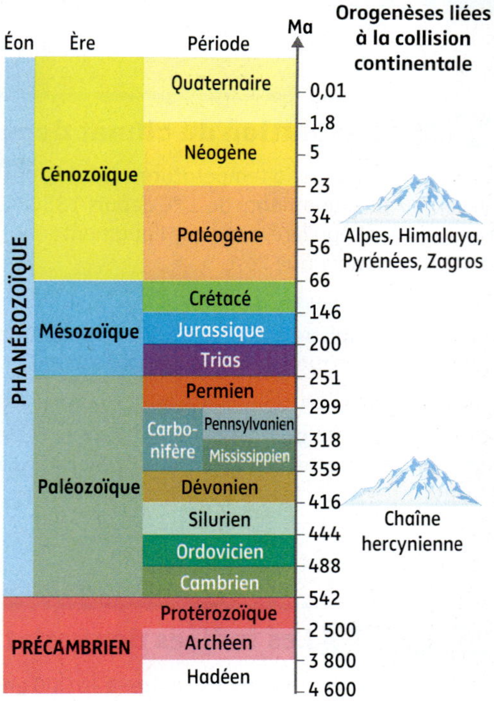

A Périodes et conséquences de la formation des principales chaînes de montagnes. La formation des chaînes de montagnes permet la mise à l'affleurement d'un grand volume de roches. Ces roches se retrouvent ainsi au contact de l'air et de l'eau.

L'eau est le principal agent d'altération des roches. En ruisselant et en s'infiltrant dans les roches, des réactions se produisent (hydrolyse, dissolution...).
Exemple de l'hydrolyse d'un pyroxène calcique :

$$CaSiO_3 + H_2O + 2\ CO_2 \rightarrow SiO_2 + Ca^{2+} + 2\ HCO_3^-$$

B Réactions chimiques d'hydrolyse des minéraux silicatés.

8 Formation des chaînes de montagnes et climat.

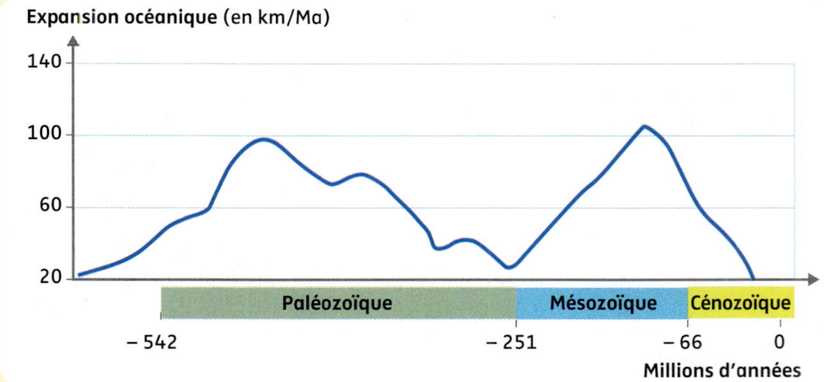

La production de lithosphère océanique au niveau des dorsales s'accompagne d'une activité volcanique émettrice de CO_2. Au cours des temps géologiques, l'activité globale des dorsales peut varier en fonction de l'état plus ou moins fragmenté des continents. Ainsi, la longueur linéaire du réseau de dorsales peut varier au cours du temps.

◀ **Évolution de la production de lithosphère océanique au cours du temps.**

9 Production de lithosphère océanique et climat.

Guide de résolution

Indicateurs de réussite

1 Caractériser l'évolution du climat depuis le début du Cénozoïque (document 1).

2 Proposer un scénario sous forme d'un schéma fonctionnel expliquant l'évolution du climat lors du Cénozoïque (document 2). L'albédo de la glace est plus élevé que celui du sol.

3 Comparer les climats du Paléozoïque et du Mésozoïque (documents 3, 4 et 5).

4 Identifier l'impact de chaque phénomène présenté sur cette double page sur le cycle du carbone (documents 6 à 9).

5 En conclusion

À partir des conclusions précédentes, expliquer les variations climatiques reconstituées depuis le Paléozoïque.

BILAN CHAPITRE 12 Reconstituer et comprendre les variations climatiques passées

UNITÉ 1 L'évolution du climat depuis la révolution industrielle

- À l'échelle mondiale, la température moyenne de l'atmosphère au niveau du sol a augmenté de 1 °C depuis 1850. Cette augmentation n'est pas régulière, alors que l'augmentation de la proportion en CO_2 atmosphérique l'est.
- En France, les relevés météorologiques montrent que la température de l'atmosphère a augmenté d'environ 3 °C depuis les années 1900 (augmentation importante depuis 1990).
- La proportion de CO_2 atmosphérique augmente depuis 1850. Elle est passée de **280 ppm** à environ **405 ppm**. Cette augmentation est en grande partie liée à la combustion des carburants fossiles et s'est intensifiée depuis 1960.
- Les modèles permettent de démontrer que le CO_2 d'origine anthropique est en partie responsable de l'augmentation de température depuis 1850. Le CO_2 produit par les activités humaines étant un gaz à effet de serre, il provoque un forçage radiatif supplémentaire d'environ 2,8 $W.m^{-2}$, responsable de l'augmentation de la température depuis la révolution industrielle. Les scientifiques qualifient ce phénomène « d'effet de serre additionnel ». D'autres phénomènes naturels (volcanisme, activité solaire...) peuvent également influencer le forçage radiatif, et donc le climat.

UNITÉS 2 et 3 Les indices des variations climatiques du Quaternaire

Le climat de la période comprise entre -120 000 ans et -11 000 ans peut être reconstitué à l'aide de différents types d'indices datés de cette époque :

- Des indicateurs d'un climat local froid : la présence de grains de pollens de plantes de climat froid (données paléoécologiques), les dépôts glaciaires (données géologiques), les peintures rupestres d'animaux de toundras (données préhistoriques), les valeurs faibles du $\delta^{18}O$ dans les glaces.
- Des indicateurs du climat global froid : **$\delta^{18}O$** plus élevé dans les sédiments carbonatés (données isotopiques).

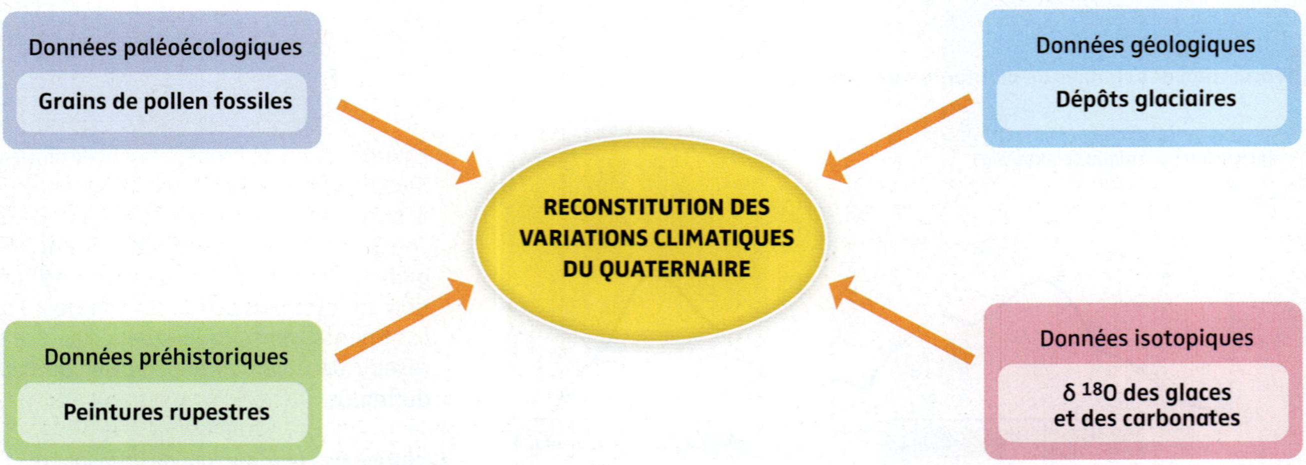

Les indices permettant de reconstituer le climat au Quaternaire.

- L'accumulation de l'ensemble de ces indices atteste d'un climat mondial caractérisé par une diminution de la température globale pour la période comprise entre -120 000 ans et -11 000 ans. Lors de cette période de glaciation, les calottes glaciaires s'étendaient vers des latitudes beaucoup plus basses qu'aujourd'hui.
- Les mesures du $\delta^{18}O$ dans les calottes polaires antarctiques et dans les sédiments carbonatés montrent une alternance de périodes de climats froids (périodes glaciaires) et de climats plus chauds (périodes interglaciaires). Ces alternances **glaciaire/interglaciaire** s'expliquent par les variations cycliques des paramètres orbitaux de la Terre (paramètres de Milankovitch).
- Les changements de position d'astres massifs du Système solaire (Jupiter, Saturne) ou d'objets proches de la Terre (Vénus) provoquent de légères modifications des attractions gravitationnelles que subit la Terre. Ces variations engendrent des modifications périodiques des paramètres orbitaux de la Terre, tels que l'**excentricité** (changement de la forme de l'orbite de la Terre autour du Soleil), l'**obliquité** (variations de l'angle d'inclinaison de l'axe de rotation de la Terre sur elle-même) et la **précession** (rotation de l'axe de rotation de la Terre sur elle-même).
- Les variations cycliques des **paramètres orbitaux** modifient les contrastes saisonniers. Lorsque les contrastes saisonniers sont faibles, les étés sont plus frais et les glaces formées pendant l'hiver ne fondent pas complètement. L'accumulation d'année en année de la glace augmente l'**albédo** de la planète, diminuant ainsi la puissance solaire reçue. La température mondiale

diminue, la Terre entre en **période glaciaire**. La formation de glace est favorisée ce qui augmente encore l'albédo (**rétroaction positive** de l'albédo). De plus, lorsque la température diminue, le CO_2, dont la solubilité dans l'eau est dépendante de la température, est davantage absorbé par les océans, ce qui diminue l'effet de serre et renforce le refroidissement de la planète (rétroaction positive des océans).

- Lorsque les variations cycliques des paramètres orbitaux augmentent les contrastes saisonniers, l'effet est inverse et la Terre sort de la glaciation précédente et entre en **période interglaciaire**.

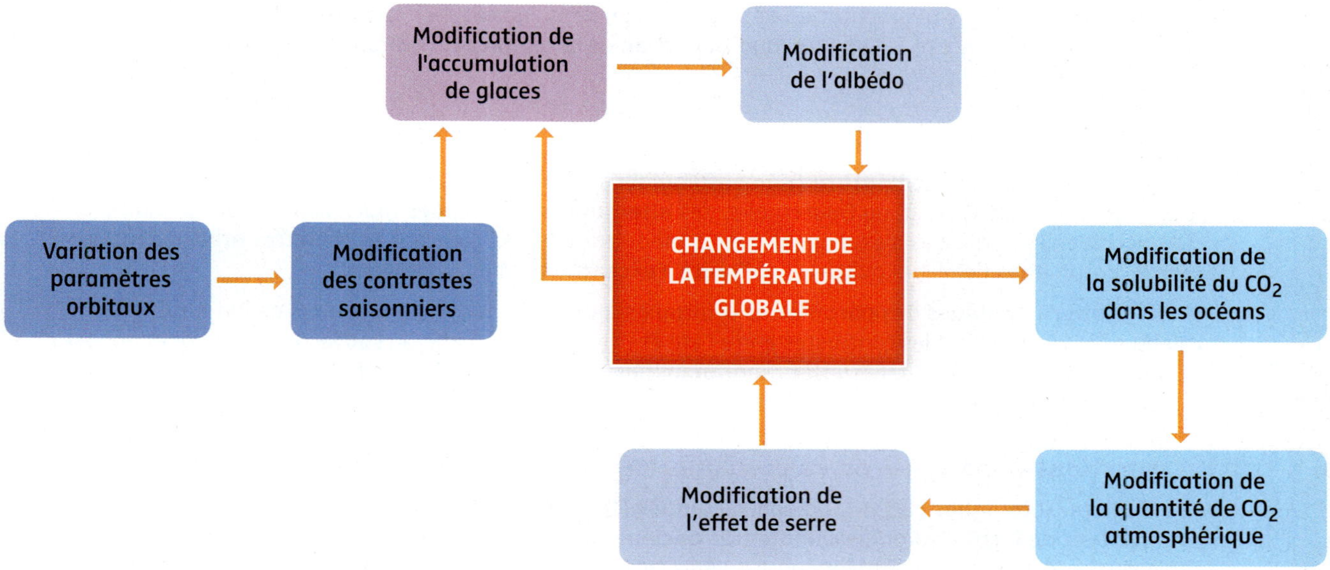

Effets des variations des paramètres orbitaux sur la température globale.

UNITÉ 4 Les variations climatiques des 500 derniers millions d'années

- L'étude du $\delta^{18}O$ calculé à partir des tests de foraminifères révèle que depuis la fin du Crétacé, le volume de glace continentale stocké à la surface de la Terre a augmenté (augmentation de la valeur du $\delta^{18}O$). On peut donc en déduire que la température de la surface terrestre s'est refroidie au cours du Cénozoïque.
- Les causes de ce refroidissement sont multiples : la disposition des continents affecte la circulation océanique, l'altération des grandes chaînes de montagnes consomme du CO_2 atmosphérique stocké pour un temps long dans les silicates (ce phénomène occasionne une baisse de l'effet de serre).
- Certaines roches sédimentaires constituent des marqueurs climatiques. Leur positionnement, en tenant compte de la disposition des continents, permet de penser que le climat était plus chaud au Mésozoïque qu'actuellement (absence de calotte polaire...) et qu'il était relativement comparable au climat actuel lors du Paléozoïque.
- Ces variations du climat s'expliquent par des variations de l'intensité de l'effet de serre liées à des phénomènes consommateurs (piégeage de la matière organique et altération) ou libérateurs de CO_2 atmosphérique (volcanisme).

RETENIR CHAPITRE 12 Reconstituer et comprendre les variations climatiques passées

En quelques mots

Texte dys
Texte audio

1 Les variations climatiques depuis la révolution industrielle

- **Depuis la révolution industrielle, les activités humaines libèrent des gaz à effet de serre dans l'atmosphère, comme le CO_2.** L'augmentation de sa proportion dans l'atmosphère est responsable d'un forçage radiatif supplémentaire à l'origine de l'**augmentation de la température mondiale** (qui a augmenté de 1° C depuis 1850).

2 Les variations climatiques du Quaternaire

- Les **indices de différente nature** (paléoécologiques, géologiques, préhistoriques et isotopiques) permettent de reconstituer, au Quaternaire, des **alternances de périodes glaciaires et interglaciaires**. Ces variations climatiques s'expliquent par les modifications cycliques des **paramètres orbitaux de la Terre** (paramètres de Milankovitch) : l'**obliquité**, l'**excentricité** et la **précession**.
- Les **variations cycliques des paramètres orbitaux** sont à l'origine de changements de la température globale car ils modifient les contrastes entre l'été et l'hiver, faisant varier la couverture de glace et donc la **rétroaction de l'albédo**. Ces effets sont amplifiés par la **rétroaction de l'océan** (faisant varier la solubilité du CO_2 dans l'eau, modifiant l'intensité de l'effet de serre).

3 Les variations climatiques du Paléozoïque, Mésozoïque et Cénozoïque

- **Les indices isotopiques ($\delta^{18}O$), paléontologiques (fossiles) et géologiques (roches sédimentaires) permettent de reconstituer les climats très anciens** : glaciation au Paléozoïque (entre le Carbonifère et le Permien), réchauffement planétaire au Mésozoïque (pendant le Crétacé) et refroidissement global au Cénozoïque.
- Ces variations climatiques s'expliquent principalement par des **modifications de l'intensité de l'effet de serre** causées par différents processus : **modification de la circulation océanique, piégeage de la matière organique** et **altération des grandes chaînes de montagnes** (diminuant la proportion de CO_2 atmosphérique), **volcanisme intense** (libérant du CO_2).

Vidéo bilan

mots-clés

Albédo : capacité d'une surface à réfléchir et diffuser par rayonnement la puissance qu'elle reçoit.

$\delta^{18}O$: indicateur de la composition en ^{18}O et ^{16}O d'un échantillon, il est utilisé comme paléothermomètre.

Excentricité : changement de la forme de l'orbite de la Terre autour du Soleil.

Obliquité : variation de l'angle d'inclinaison de l'axe de rotation de la Terre sur elle-même.

Paramètres orbitaux de la Terre : caractéristiques de l'orbite de la Terre ayant une influence sur le climat (paramètres de Milankovitch).

Période glaciaire (glaciation) : période de climat froid caractérisée par de grandes surfaces couvertes de glaces.

Période interglaciaire : période de climat plutôt chaud entre deux périodes glaciaires.

Précession : rotation de l'axe de rotation de la Terre sur elle-même.

Rétroaction positive : action amplificatrice d'un effet sur sa propre cause.

Schéma interactif

En une image

DONNÉES GÉOLOGIQUES ET BIOLOGIQUES : DES INDICATEURS VARIÉS

Roches sédimentaires et traces de glaciers

Étude de marqueurs isotopiques (ex. $\delta^{18}O$) Bulles d'air emprisonnées dans la glace

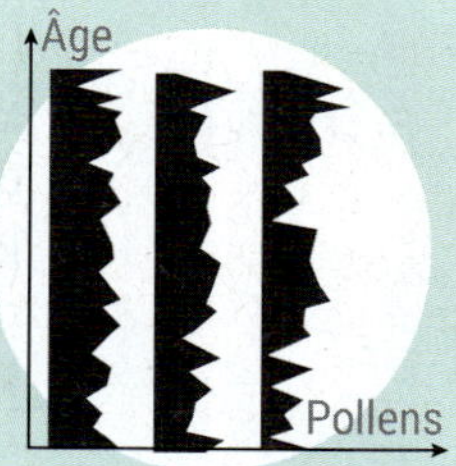

Diagramme pollinique

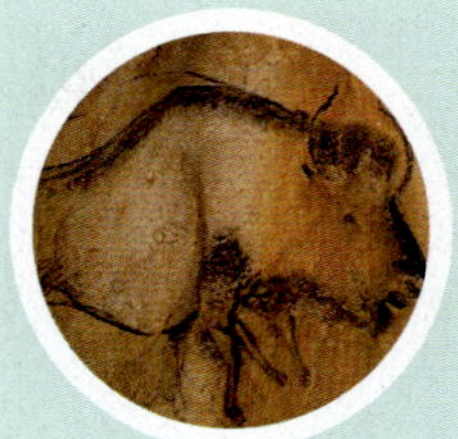

Peintures rupestres (préhistoire)

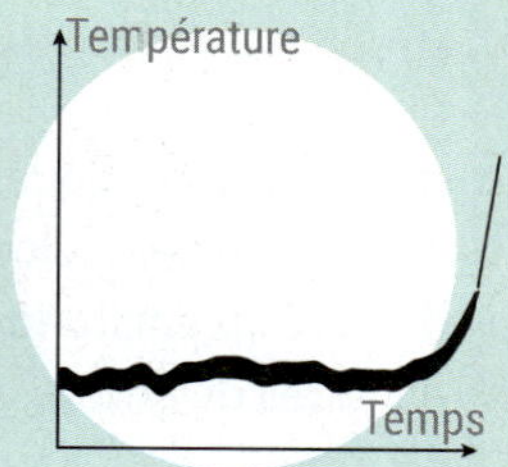

Mesures directes des températures actuelles

Reconstitution des climats de la Terre à différentes échelles de temps

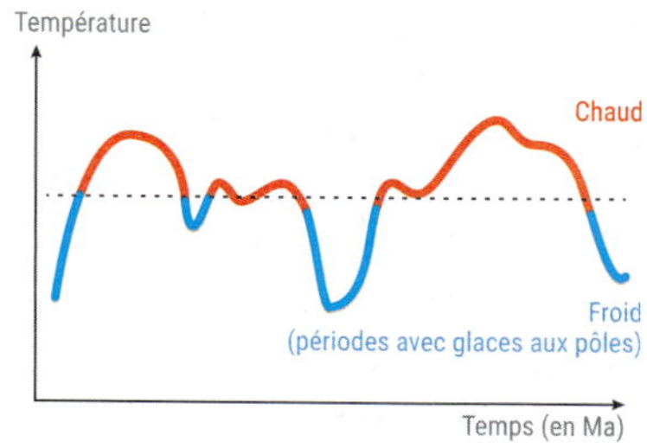

Paléozoïque, Mésozoïque, Cénozoïque (depuis 545 Ma)

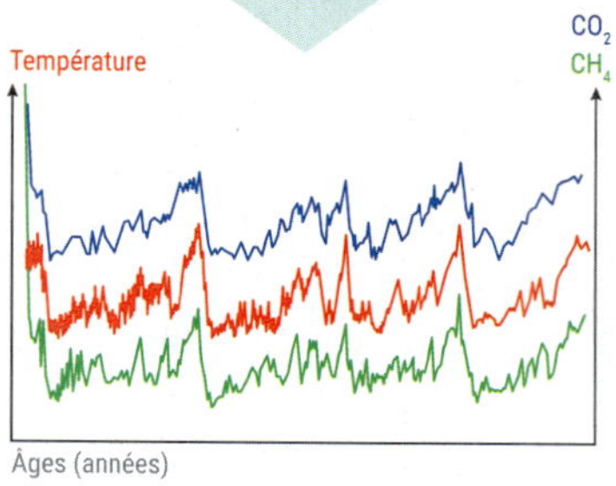

Quaternaire (depuis 2,5 Ma)

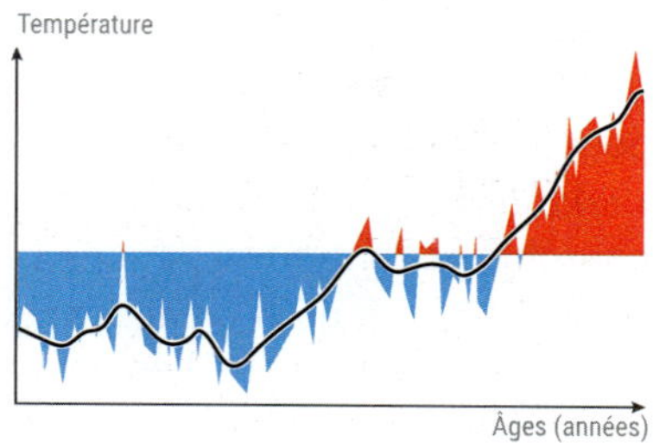

Actuel (depuis 1850)

DES CAUSES MULTIPLES DE VARIATIONS DES CLIMATS

Piégeage de la matière organique

Volcanisme Altération des chaînes de montagnes

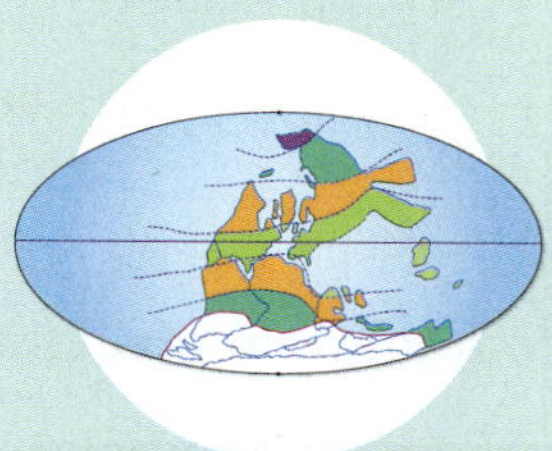

Disposition des masses continentales et circulations océaniques

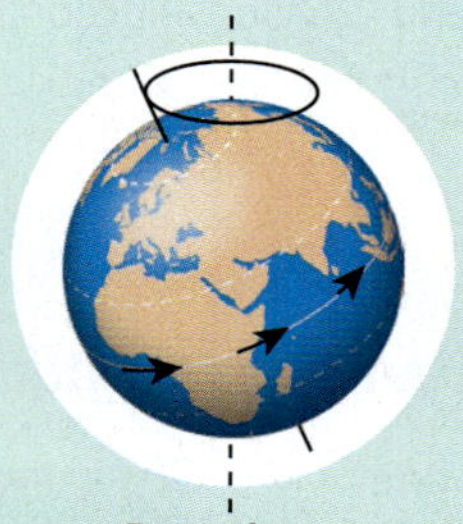

Paramètres astronomiques

Activités humaines

mémorisation active

Pour retenir les notions...

- Roches sédimentaires
- Thermomètre isotopique
- Données paléontologiques
- $\delta^{18}O$ des carbonates
- ...

Je construis ma carte des idées

Climats de la Terre → reconstitués à l'aide d'outils variés ...
Climats de la Terre → nombreuses variations ... → depuis la révolution industrielle (-155 ans) ...

Pour m'aider dans la construction

➜ Méthode 1

Quiz

Exercices interactifs

Pour chaque question, choisir la bonne réponse parmi les affirmations proposées.

1. La reconstitution des climats passés nécessite l'utilisation :

a d'indices géologiques uniquement.
b d'indices paléoécologiques uniquement.
c d'indices préhistoriques uniquement.
d d'indices de nature variée.

2. La présence de moraines est un indice :

a de réchauffement climatique d'origine humaine.
b de la présence d'une végétation caractéristique de climat chaud.
c de la présence de glaciers.
d d'une augmentation du niveau de la mer.

3. Une augmentation du contraste entre les saisons peut être provoquée par :

a les variations des paramètres orbitaux et peut être responsable de l'entrée en période glaciaire.
b les variations des paramètres orbitaux et peut être responsable de l'entrée en période interglaciaire.
c les variations de la position des continents et peut être responsable de l'entrée en période glaciaire.
d les variations de la position des continents et peut être responsable de l'entrée en période interglaciaire.

4. En période glaciaire, une rétroaction positive sur la température mondiale est exercée par :

a l'albédo uniquement.
b la solubilité du CO_2 dans l'océan uniquement.
c l'albédo et la solubilité du CO_2 dans l'océan.
d l'excentricité, l'obliquité et la précession.

5. Depuis la révolution industrielle :

a la proportion du CO_2 atmosphérique est passée de 405 ppm à 280 ppm.
b la température de l'atmosphère est passée de +14 °C à +16 °C.
c la proportion du CO_2 atmosphérique est passée de 280 ppm à 405 ppm.
d la proportion en CO_2 de l'atmosphère est mesurée en continue par des satellites.

6. Les climats du Paléozoïque, Mésozoïque et Cénozoïque sont reconstitués :

a en étudiant la répartition des roches magmatiques.
b en étudiant le $\delta^{18}O$ des glaces.
c en étudiant la répartition de certaines roches sédimentaires uniquement.
d en étudiant la répartition de certaines roches sédimentaires et le $\delta^{18}O$ des carbonates.

7. Le climat de la Terre :

a est resté stable depuis le Paléozoïque.
b se réchauffe depuis le Cénozoïque.
c s'est refroidi après le Crétacé.
d était plus froid au Crétacé que maintenant.

→ Corrigés p. 447

1 Modification des paramètres orbitaux et période glaciaire

Réaliser un schéma fonctionnel présentant comment les modifications des paramètres orbitaux peuvent provoquer l'entrée en période glaciaire.

Votre schéma présentera également les boucles de rétroactions.

→ Méthode n° 11

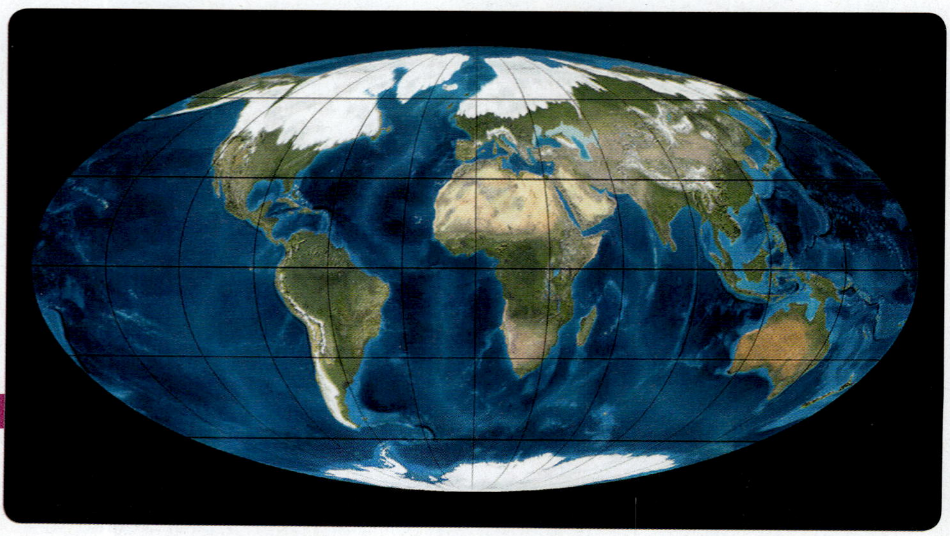

a Vue d'artiste de la Terre en période glaciaire.

2 Le dernier maximum glaciaire

Le dernier maximum glaciaire, daté d'il y a environ -20 000 ans, correspond au maximum de la dernière glaciation qu'a connu la planète (entre -110 000 et -10 000 ans).

En vous aidant des documents et de vos connaissances, indiquer quels indices ont été utilisés par les scientifiques pour reconstituer cette dernière période glaciaire et expliquer comment la planète a pu entrer et sortir de cette glaciation.

Vous rédigerez un exposé structuré. Vous pouvez vous appuyer sur des schémas judicieusement choisis.

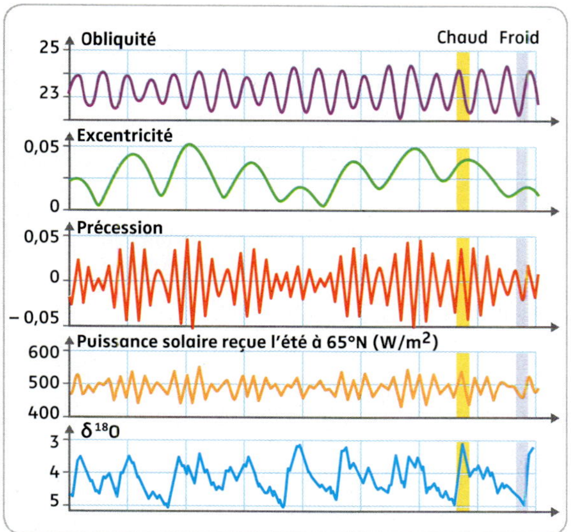

b Variation des paramètres de Milankovitch et conséquences sur la température.

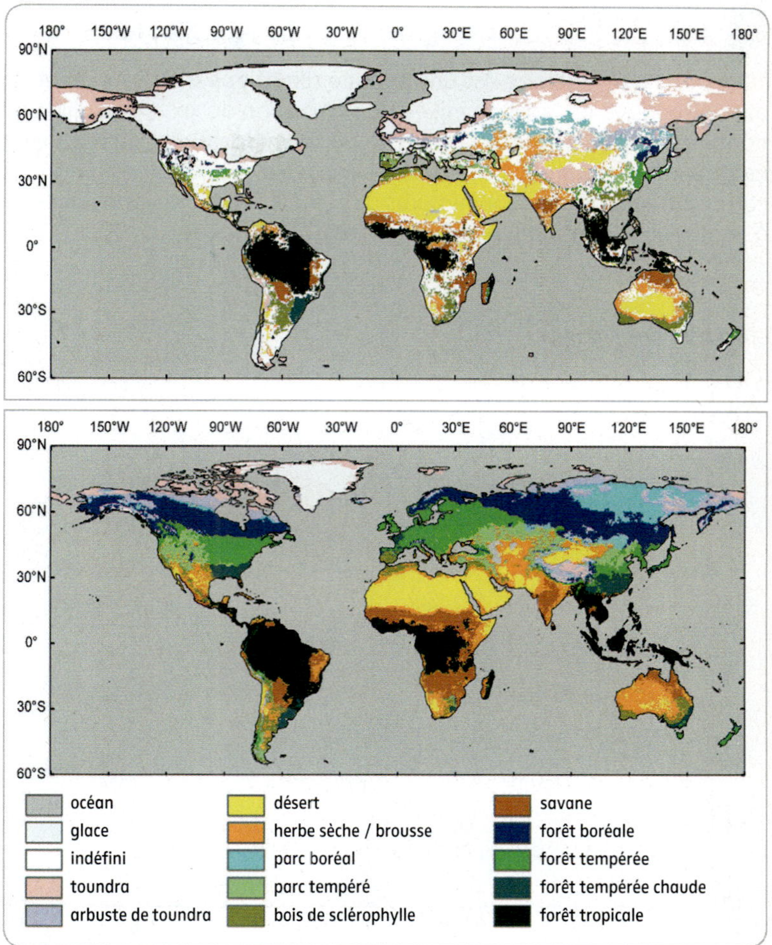

c Répartition des biomes lors du dernier maximum glaciaire (il y a 20 000 ans environ) (en haut) et aujourd'hui (en bas).
Un biome est un ensemble d'écosystèmes caractéristiques d'une aire biogéographique et nommé à partir de la végétation typique qui le constitue.

3 Les résultats des carottes de glace

La réalisation de forages dans les glaces est un outil souvent utilisé par les scientifiques pour retracer l'évolution relativement récente du climat.

À l'aide du document et de vos connaissances, décrire et expliquer les données issues de l'exploitation d'un forage de glace réalisé dans l'Antarctique.

Vous rédigerez un exposé structuré et intégrerez un (des) schéma(s) judicieusement choisi(s).

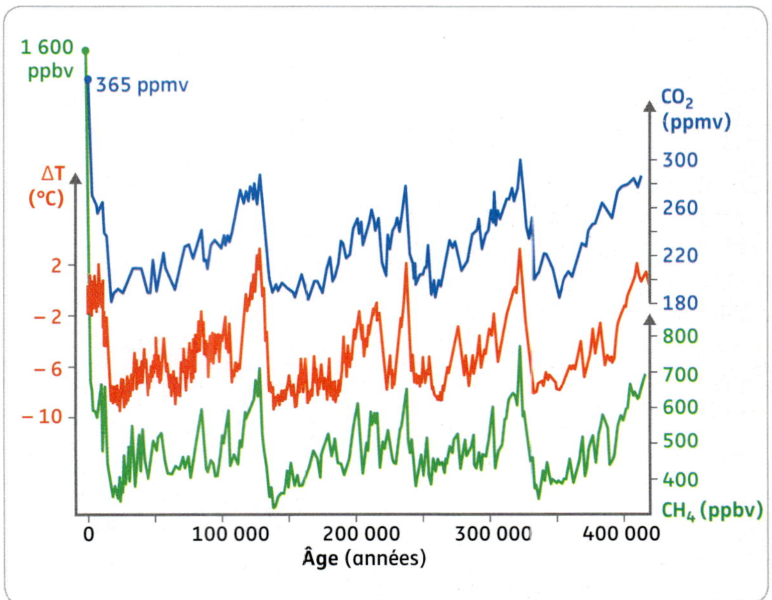

d Résultats de l'analyse du δ¹⁸O de la glace et de la composition en CO_2 et CH_4 des bulles de gaz contenues dans les carottes de Vostok, depuis 400 000 ans.

4 Exercice guidé L'origine du petit âge glaciaire

■ Le **petit âge glaciaire** est une période climatique froide survenue en Europe et en Amérique du Nord du milieu du XIVe à la fin du XIXe siècle. Elle porte plusieurs noms, dont « **petit âge de glace** », « **petite période glaciaire** » ou encore « **petite glaciation** ». Cette période se caractérise par des périodes d'avancées des glaciers, auxquelles correspondent plusieurs minimums de températures moyennes très nets. Elle succède à l'optimum climatique médiéval, période plus chaude.

À l'aide des informations extraites des documents mises en relation avec vos connaissances, proposer une explication concernant l'origine du petit âge glaciaire.

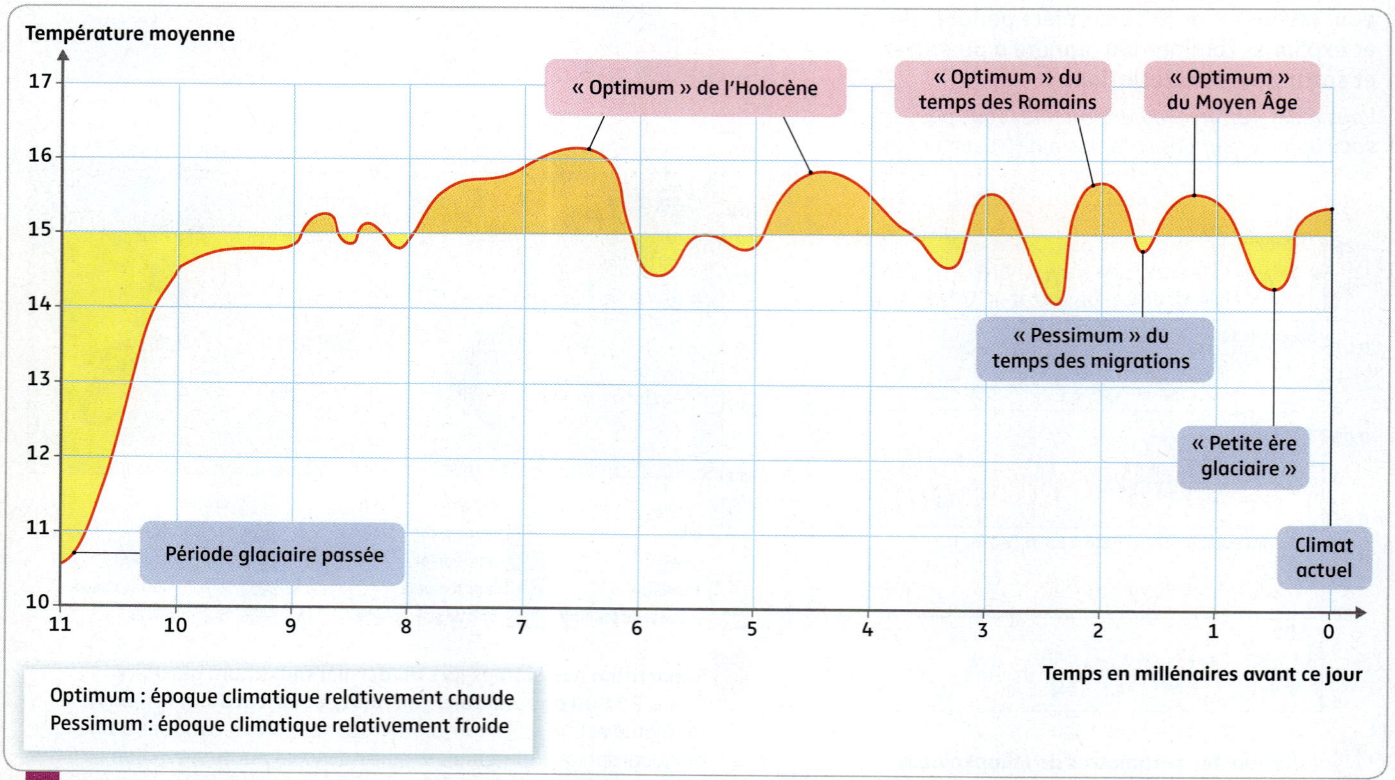

a **Moyennes des températures de surface pour l'hémisphère nord pour les 11 000 dernières années.**

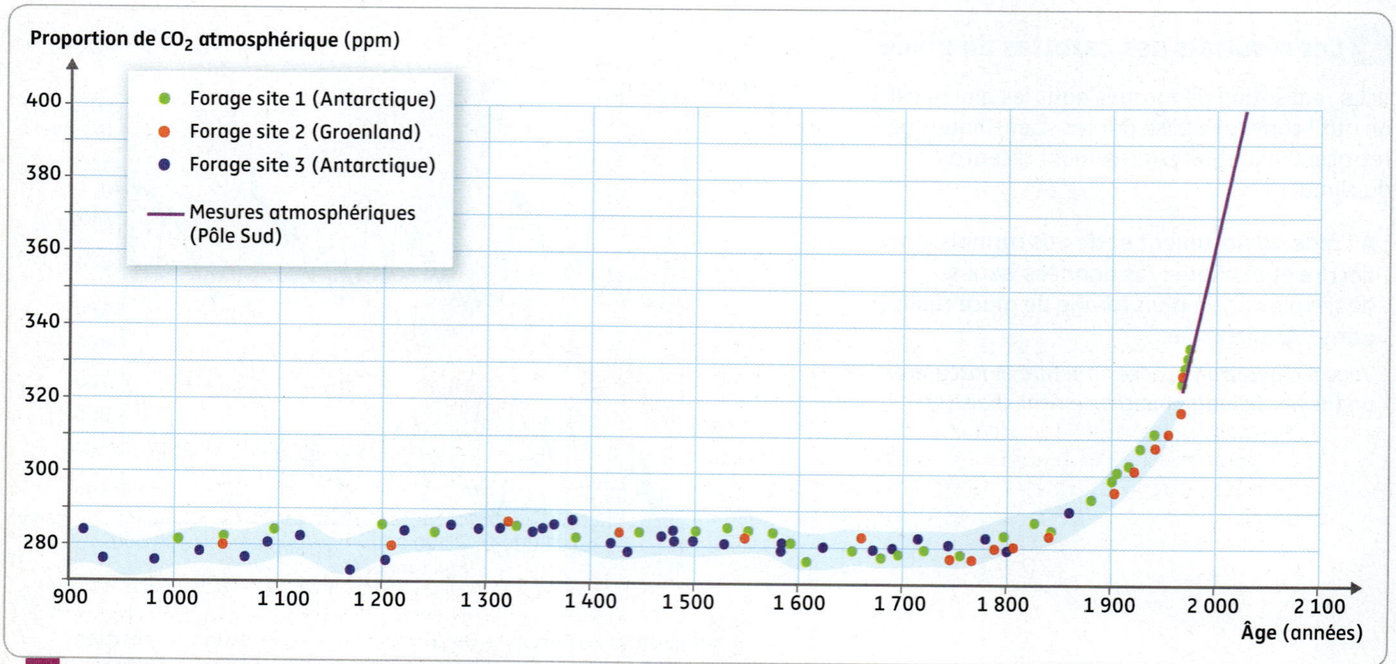

b **Évolution de la proportion de CO_2 atmosphérique depuis l'an 900.**

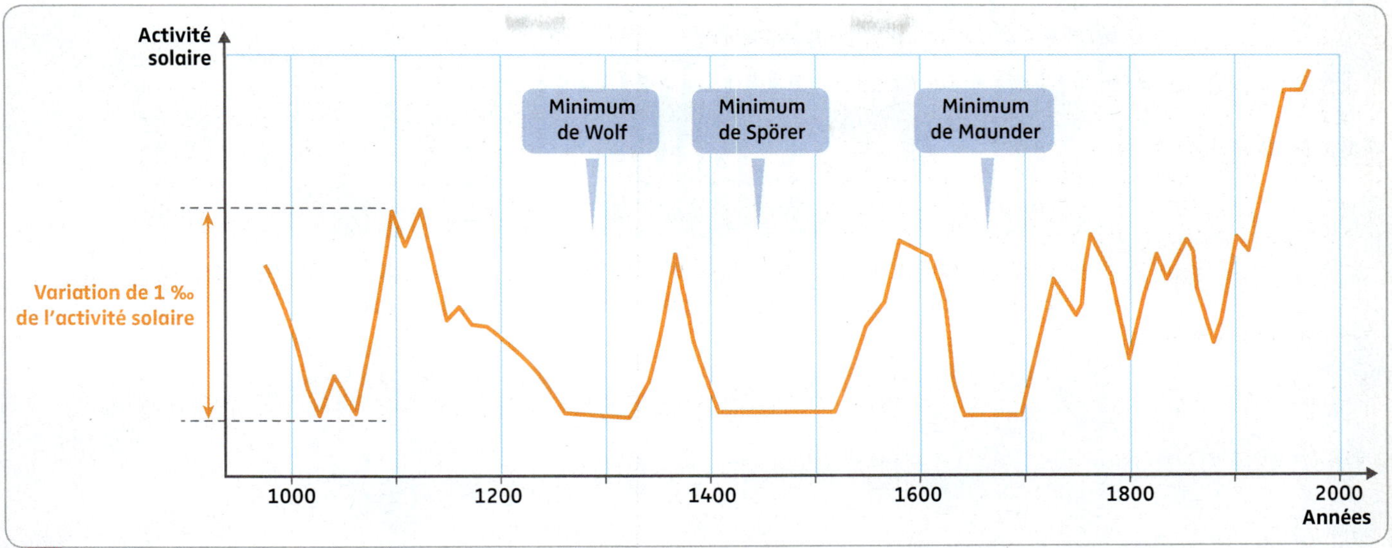

c Variation de l'activité solaire depuis l'an 1000.
Les variations de l'activité solaire peuvent faire varier le bilan radiatif de la Terre de quelques dixièmes de $W.m^{-2}$.

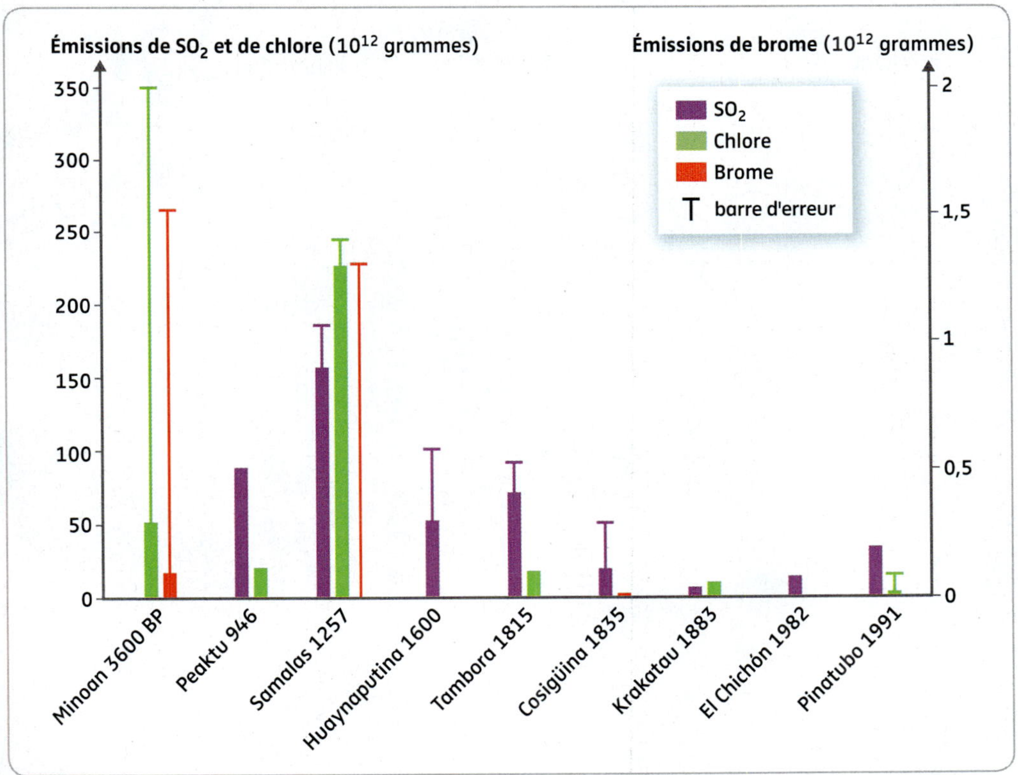

d Comparaison des émissions de quelques volcans.
Vers 20 km d'altitude, les molécules de SO_2 réagissent avec les molécules de vapeur d'eau présentes dans la stratosphère, formant des molécules H_2SO_4. Ces molécules d'acide sulfurique (aérosols) réfléchissent le rayonnement solaire, augmentant ainsi l'albédo global de la Terre. L'éruption du Pinatubo, survenue aux Philippines en juin 1991, considérée comme la plus importante du XXe siècle, a provoqué un refroidissement global moyen de 0,4 °C. *Le chlore et le brome sont également des aérosols qui augmentent aussi l'albédo global.*

Guide de résolution

1. Repérez le petit âge glaciaire sur les documents le permettant.
2. Identifiez les différents facteurs susceptibles d'influencer le climat.
3. Établissez les rétroactions possibles permettant d'expliquer cet évènement climatique.

CHAPITRE 13

Comprendre les conséquences du réchauffement climatique et les possibilités d'actions

Depuis la révolution industrielle (milieu du XIXe siècle), la température globale de la Terre s'est élevée d'environ 1 degré.

La centrale photovoltaïque de Piolenc dans le Vaucluse. Cette centrale, constituée de 47 000 panneaux photovoltaïques flottants, fournit de l'électricité à 10 000 personnes.

Peut-on limiter le changement climatique ? Comment s'y adapter ? UNITÉS 4 et 5

Les scénarios du changement climatique.

Quels sont les risques associés au changement climatique ? UNITÉS 1, 2 et 3

70 000 morts en Europe liés à la canicule de 2003

1 mètre d'élévation probable du niveau des océans d'ici 2100

1 milliard de réfugiés climatiques possibles d'ici 2100

Adaptation et atténuation : quelles différences ? UNITÉS 4 et 5

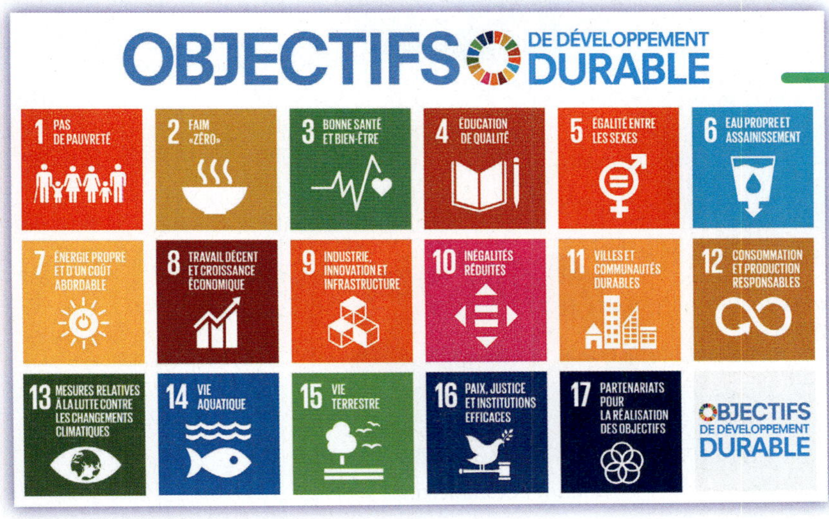

Les Objectifs de développement durable (ODD). Également nommés « Objectifs mondiaux » ou « *Sustainable Development Goals* » (SDG en anglais), les ODD ont pour objectif de relever les défis urgents auxquels notre monde est confronté sur les plans écologique, politique et économique. La lutte contre le changement climatique comporte une série d'objectifs que les pays se sont engagés à atteindre.

Quels sont les objectifs à atteindre dans le cadre de la lutte contre le réchauffement climatique ? UNITÉS 4 et 5

UNITÉ 1 Les récifs coralliens et le changement climatique

MISSION

ORAL

Médiateur(trice) scientifique pour l'aquarium de votre ville, vous souhaitez sensibiliser le public aux effets du changement climatique sur l'océan. Vous choisissez de réaliser un schéma fonctionnel sur les récifs coralliens et le changement climatique.

→ **Présentez oralement un schéma fonctionnel expliquant les effets du changement climatique sur les coraux, leurs écosystèmes ainsi que sur les populations qui vivent à proximité de ces derniers.**

→ Méthode n° 11

▲ **Un récif de corail.**
Un récif corallien (ou barrière de corail) est un écosystème organisé autour d'une structure naturelle constituée de coraux.

Les récifs coralliens sont des lieux de grande biodiversité : ils abritent plus de 25 % des espèces marines mondiales (entre 1 et 3 millions d'espèces). En effet, de nombreux êtres vivants sont dépendants de ces structures, qui constituent des niches écologiques dans lesquelles ils trouvent nourriture et abri.

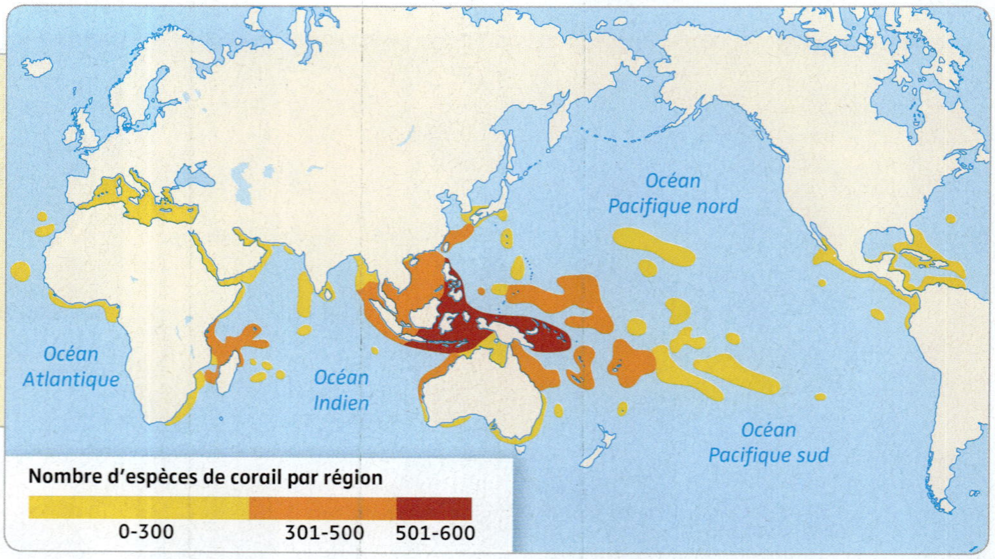

1 Distribution des récifs coralliens.

2 Services écosystémiques associés aux récifs coralliens. On estime que 850 millions de personnes dans le monde vivent à moins de 100 km d'un récif et en dépendent.

3 Observation de zooxanthelles (tâches brunes) dans un polype corallien. Le polype (animal du groupe des Cnidaires) vit en symbiose avec des algues microscopiques, les zooxanthelles. Grâce à la photosynthèse, les algues produisent des sucres indispensables à la croissance du polype. Les déchets azotés et phosphorés rejetés par le polype sont en partie utilisés par les zooxanthelles. Comme les zooxanthelles sont dépendantes de la lumière pour réaliser la photosynthèse, les coraux se développent rarement à plus de 25 m de profondeur où la lumière est moins présente.

4 Corail en bonne santé (à gauche) et corail souffrant de blanchiment (à droite). Suite à une situation de stress, le corail peut expulser ses zooxanthelles symbiotiques : il se décolore, c'est le blanchiment. Ce phénomène peut entraîner la mort du corail.

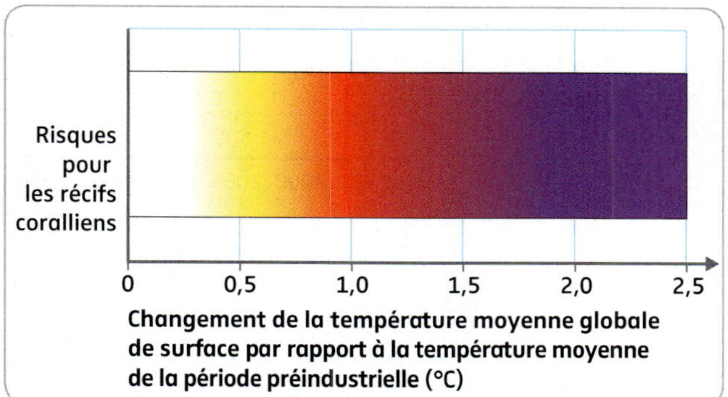

5 Risques pour les coraux associés à différents niveaux d'élévation de la température mondiale. Le violet indique des risques très élevés d'impacts graves avec un caractère irréversible important. Le rouge indique des risques graves généralisés. Le jaune indique des risques détectables. Le blanc indique des risques non détectables.

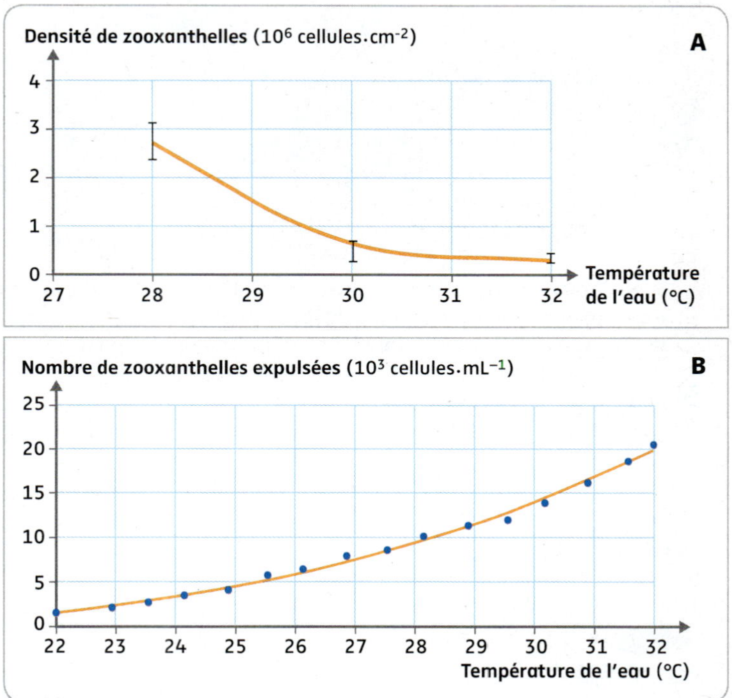

6 Densité de zooxanthelles (A) et nombre de zooxanthelles expulsées (B) dans des coraux exposés expérimentalement à une augmentation de la température de l'eau.

Coups de pouce

Mobilisation des connaissances

1 Depuis 150 ans, la température moyenne mondiale a augmenté d'environ 1 °C (chapitre 12).

2 Les modèles projettent pour 2100 une augmentation de la température entre 1,5 °C et 5 °C (*cf. chapitres d'Enseignement scientifique*).

Piste pour construire votre stratégie

3 Mettre en relation les documents 4 et 6 pour identifier un facteur de stress pour les coraux.

MISSION réussie si...

- L'influence de l'élévation de la température sur les coraux est identifiée.
- Le schéma fonctionnel présente l'influence du réchauffement climatique sur les coraux.
- Le schéma fonctionnel présente l'influence de la diminution du nombre de coraux sur les écosystèmes et les populations humaines.

UNITÉ 2

Les impacts du changement climatique sur l'alimentation humaine

Les suivis d'espèces, les expériences et les modélisations permettent aux scientifiques d'évaluer les conséquences du changement climatique, notamment ses impacts sur la sécurité alimentaire de l'humanité.

Objectif

Expliquer les impacts du changement climatique sur la pêche et l'agriculture.

Expliquer des effets du réchauffement climatique sur la pêche

En 2013, la consommation de certaines espèces de poissons a fourni à plus de 3,1 milliards de personnes 20 % de leur apport en protéines animales.

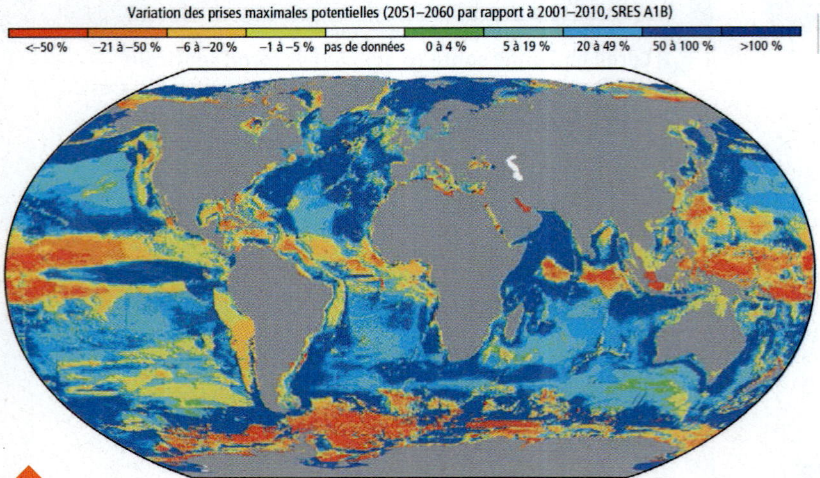

1 Projection de la variation des prises potentielles de 1 000 espèces exploitées de poissons et d'invertébrés marins selon un scénario de forçage radiatif additionnel de 6 W.m⁻². Comparaison de la période 2001-2010 à la période 2051-2060. Cette projection ne tient pas compte de la surpêche et de l'acidification des océans.

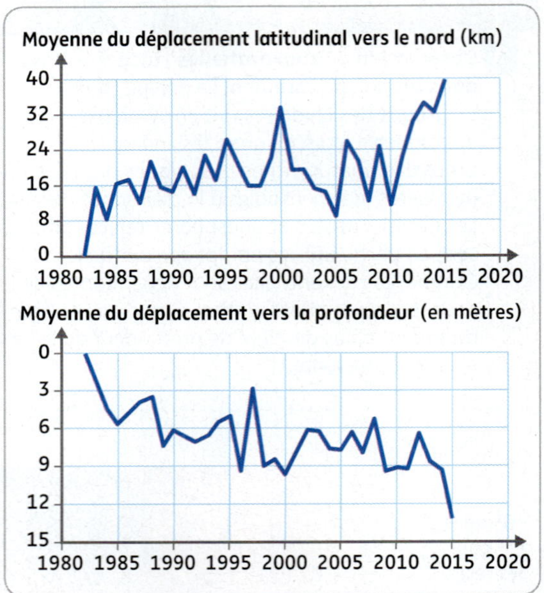

3 Évolution moyenne de la localisation de 105 espèces marines dans la mer de Béring entre 1982 et 2015.

Mémo

> La température de l'eau diminue vers les hautes latitudes et en profondeur dans l'eau.

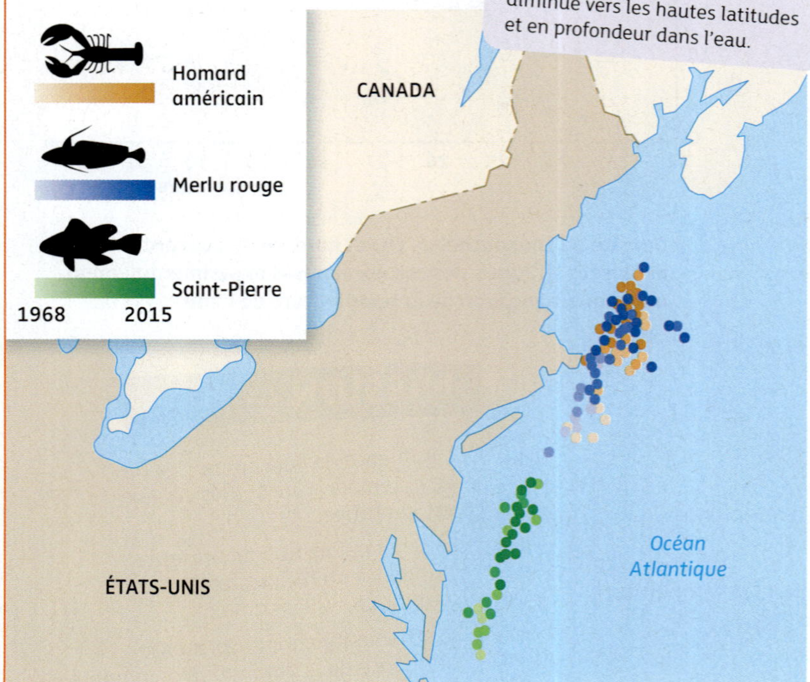

2 Localisation moyenne de trois espèces pêchées dans le nord-est des États-Unis entre 1968 et 2015.

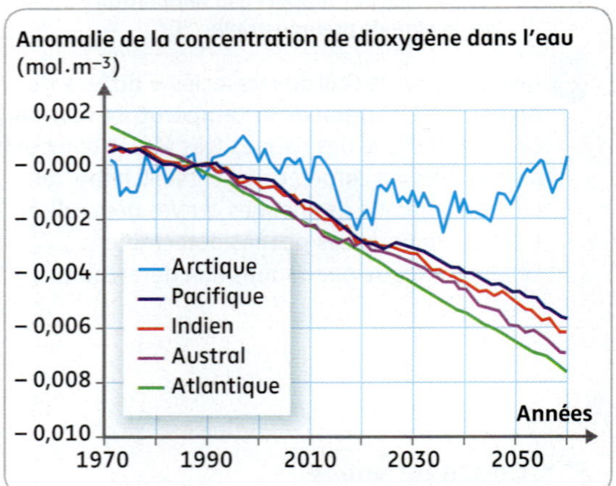

4 Projection de l'évolution de la concentration du O_2 dissous dans l'eau de mer selon un scénario de forçage radiatif de 8,5 W.m⁻². Il existe un lien fort entre quantité de dioxygène et taille des poissons. D'après D. Pauly et W. Cheung (Université de la Colombie britannique) : lorsque la quantité de dioxygène est plus faible, les branchies ne peuvent pas fournir suffisamment d'oxygène pour un corps plus grand ; les poissons cessent de grossir.

Expliquer des effets du réchauffement climatique sur l'agriculture

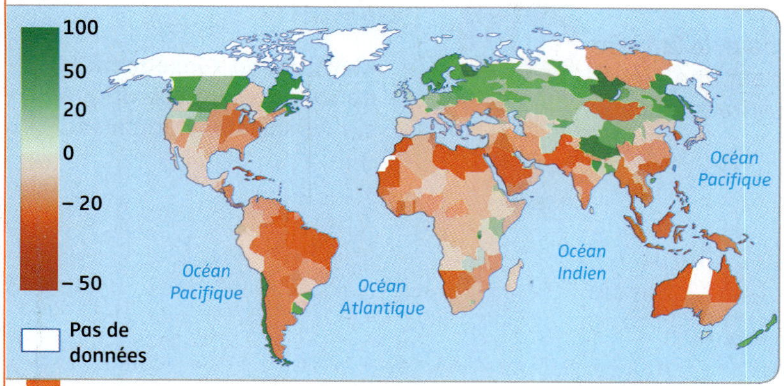

5 **Projection de l'évolution des rendements des cultures en 2050 pour une élévation de la température moyenne de 3 °C.**

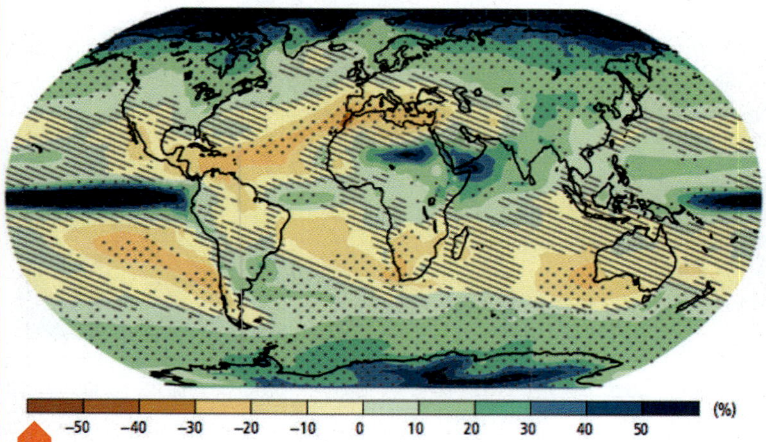

6 **Projection des changements de précipitations annuelles entre la période 1986-2005 et la période 2081-2100, selon un scénario de forçage radiatif additionnel de 8,5 W.m^{-2}.**

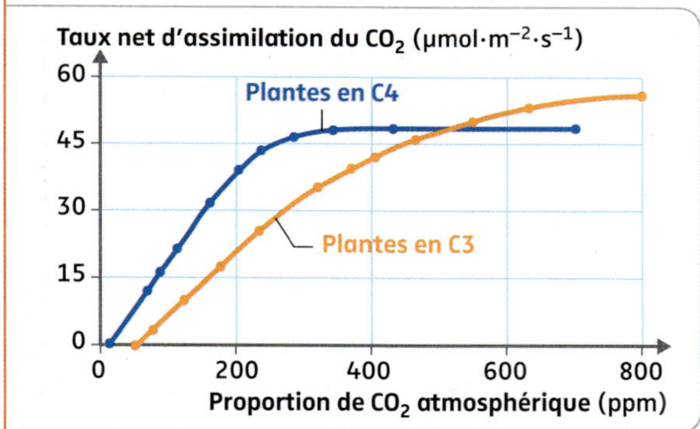

7 **Efficacité de la photosynthèse en fonction de la proportion de CO_2 atmosphérique.** On distingue les plantes dites « en C3 » (comme le blé, le riz), des plantes dites « en C4 » (comme le maïs).

Les températures plus élevées ont de nombreux effets directs ou indirects sur les cultures. Parmi ces effets, on peut citer l'accélération et donc le raccourcissement de la période de croissance, la mauvaise initiation des bourgeons floraux, l'évapotranspiration plus importante...

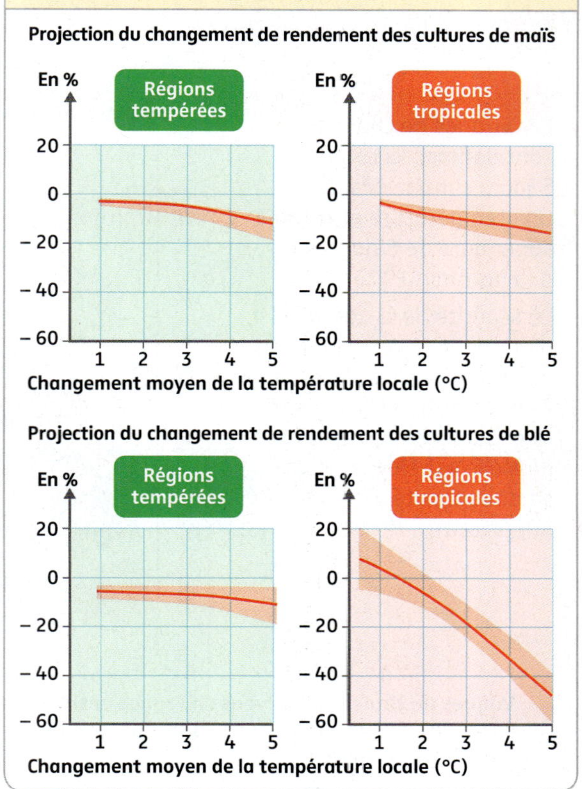

8 **Projection du changement de rendement de différentes cultures en fonction de l'évolution de la température locale.** Le maïs contribue à 5 % aux besoins énergétiques de l'alimentation mondiale, le blé y contribue à 19 %.

Guide de résolution

Indicateurs de réussite

1 Décrire l'évolution de la localisation des espèces marines au cours du temps (documents 2 et 3).

2 Expliquer l'effet de l'évolution de la concentration de dioxygène dans l'eau sur la taille des poissons (document 4).

3 Expliquer les effets du changement climatique sur l'évolution des rendements de la pêche (documents 1 à 4).

4 Décrire l'évolution des rendements agricoles dans les pays tempérés et dans les pays tropicaux (documents 5 et 8).

5 Proposer des explications aux augmentations et aux diminutions de rendements agricoles (documents 5 à 8).

6 **En conclusion**

À partir des conclusions précédentes, rédiger un texte expliquant les impacts du changement climatique sur l'avenir de la sécurité alimentaire dans le monde.

UNITÉ 3

Les conséquences du changement climatique sur les populations humaines

Depuis la révolution industrielle, la température globale de la Terre a augmenté d'environ 1 °C. Les scientifiques mesurent une élévation de la température plus importante aux hautes latitudes qu'aux basses latitudes.

ORAL

Objectif

Identifier les conséquences du changement climatique sur les sociétés humaines.

Identifier les conséquences des vagues de chaleur

Les vagues de chaleur sont définies ici comme 5 jours consécutifs avec une température maximale supérieure de 5 degrés à la normale 1976-2005.

La sévérité de la vague de chaleur (proportionnelle à la taille du disque) tient compte de l'intensité et de la durée de l'épisode : plus elle est élevée, plus sa dangerosité est importante.

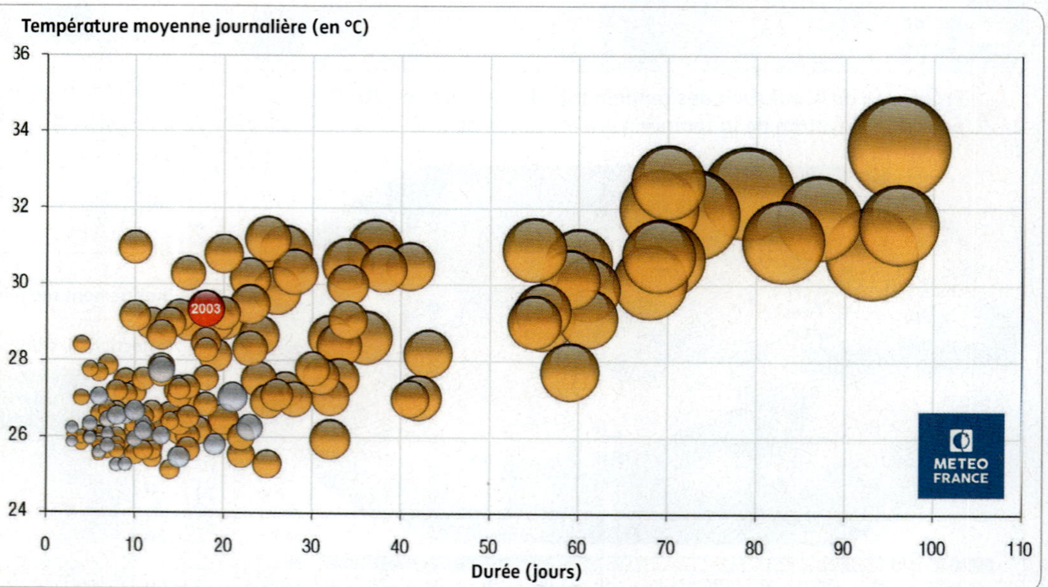

1 **Vagues de chaleur observées en France entre 1947 et 2016 (en gris) et projetées entre 2017 et 2100 (en doré), dans un scénario de poursuite des émissions de gaz à effet de serre à leur rythme actuel.**

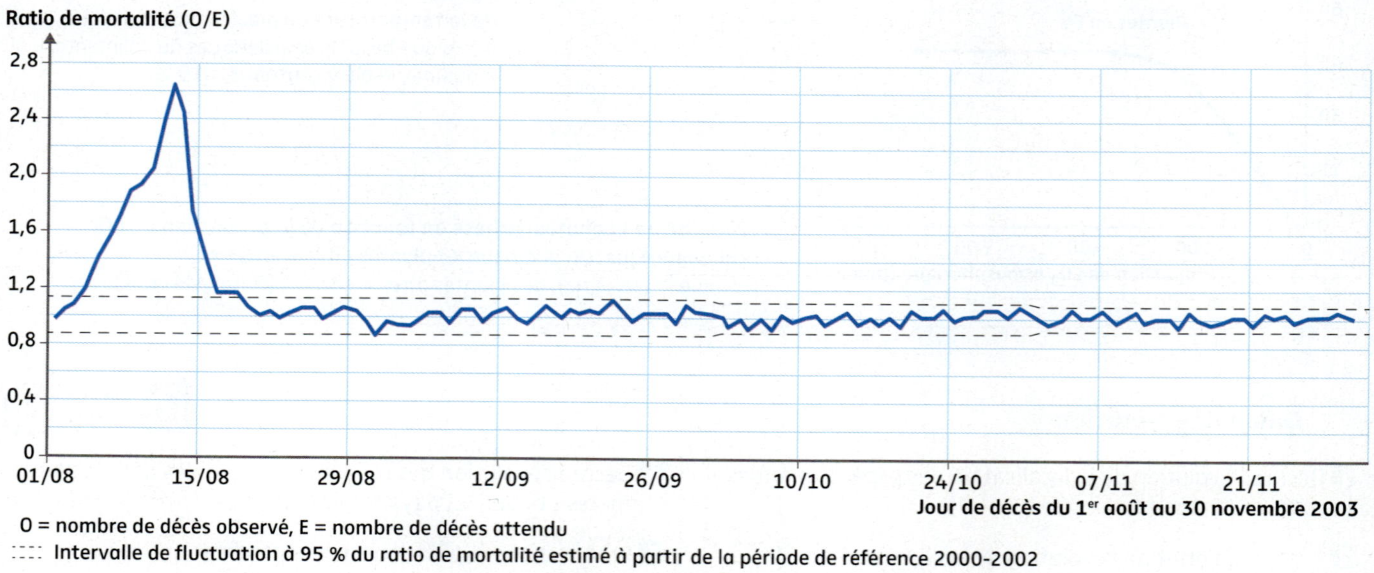

2 **Évolution du ratio de mortalité (O/E) du 1er août au 30 novembre 2003 en France métropolitaine.**
La majorité des 15 000 victimes en France de la canicule du mois d'août 2003 sont des personnes âgées d'au moins 45 ans. Les causes des décès sont multiples : hyperthermie, maladies cardio-vasculaires, infections pulmonaires...

Décrire les conséquences des modifications du niveau marin

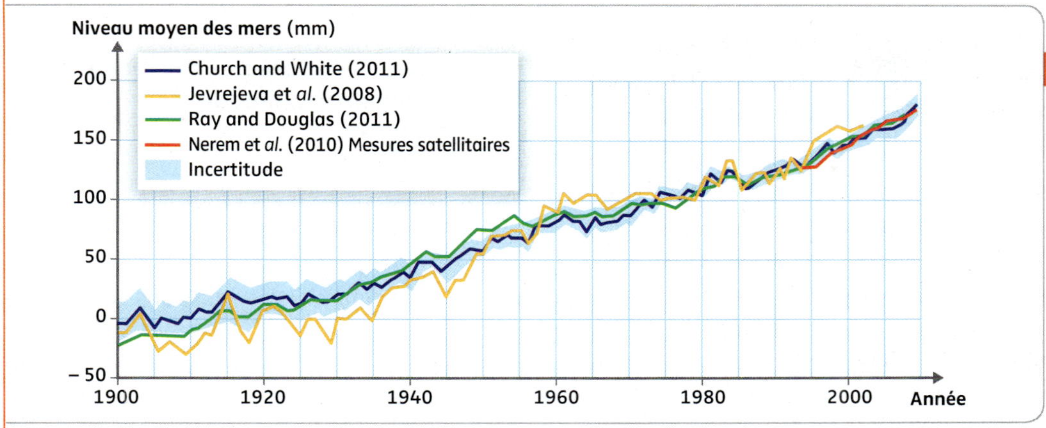

3 Évolution du niveau moyen global de la mer par rapport à la période de référence 1900-1905. Les différentes courbes correspondent à des études menées par des équipes différentes de chercheurs à partir de données variées : mesures par des marégraphes et des satellites, et données issues de l'exploitation de carottes récifales.

Mémo

Le forçage radiatif se définit comme la différence entre l'énergie radiative reçue et l'énergie radiative émise par un système climatique.

> Un forçage radiatif positif tend à réchauffer le système.

> Un forçage radiatif négatif va dans le sens d'un refroidissement.

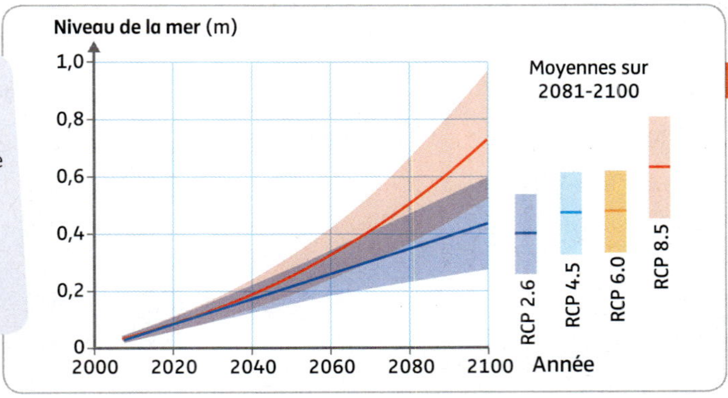

4 Projections de l'élévation du niveau moyen global de la mer au XXIe siècle par rapport à la période de référence 1986-2005 pour les deux scénarios d'émission RCP2,6 et RCP8,5. Les chiffres (2,6 ; 8,5) correspondent au forçage radiatif exprimé en W.m^{-2} lié au gaz à effet de serre.

Mémo

> Le terme « réfugiés climatiques » désigne les personnes obligées de quitter la région ou le pays où elles habitent, suite à la dégradation de leur environnement ou à des catastrophes naturelles liées au dérèglement climatique (inondations, sécheresses, perte de rendement agricole...).

5 Simulation d'une hausse du niveau marin de 1 mètre sur la géographie de la Camargue (France). Le trait blanc correspond à la ligne de rivage actuelle. On estime qu'en Europe, 20 millions de personnes seraient dans l'obligation de migrer.

Guide de résolution

Indicateurs de réussite

1. Identifier un des risques liés à l'augmentation des gaz à effet de serre sur la santé (documents 1 et 2).
2. Décrire l'évolution du niveau marin depuis 1900 (document 3).
3. Identifier un des risques liés à l'augmentation des gaz à effet de serre sur le littoral français (documents 4 et 5).
4. **En conclusion**
   À partir des conclusions précédentes, préparer une présentation orale exposant les conséquences de l'augmentation de la proportion des gaz à effet de serre dans l'atmosphère sur les populations humaines.

UNITÉ 4 L'atténuation du changement climatique

Les modèles montrent de grandes différences d'impacts entre 1,5 et 2 °C de réchauffement. Pour limiter le réchauffement à 1,5 °C, des stratégies d'atténuation doivent être mises en place.

Objectif

Expliquer les stratégies d'atténuation du changement climatique.

Comparer les différentes trajectoires d'atténuation

À l'aide des modèles numériques, les scientifiques produisent des « trajectoires » différentes aboutissant toutes au même résultat : limiter le réchauffement à +1,5 °C (par exemple, les trajectoires P1 et P4 du document 1).

Pour toutes les trajectoires, les émissions de carbone dans l'atmosphère doivent diminuer, mais selon la trajectoire, les stratégies adoptées pour diminuer ces émissions ne sont pas les mêmes.

L'émission nette de CO_2 par an correspond à la différence entre la quantité de CO_2 émise (on parle aussi d'émissions positives) et la quantité de CO_2 stockée (on parle aussi d'émissions négatives).

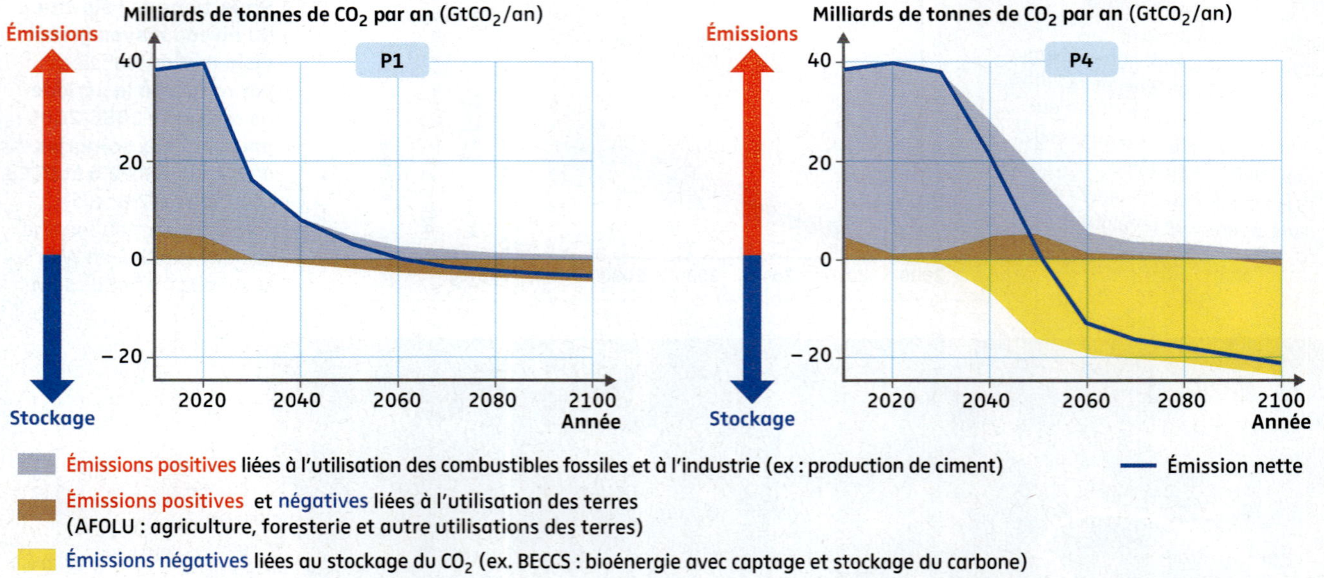

1 Deux exemples de trajectoires d'atténuation.

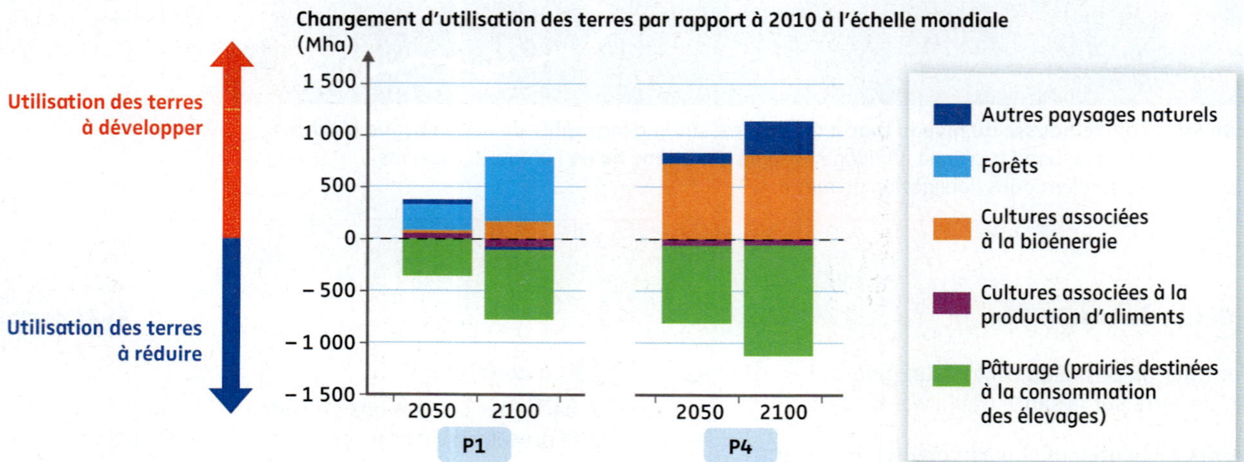

2 Changements d'utilisation des terres (secteur AFOLU) impliqués par les trajectoires d'atténuation P1 et P4.

Expliquer les solutions de réduction des émissions de carbone

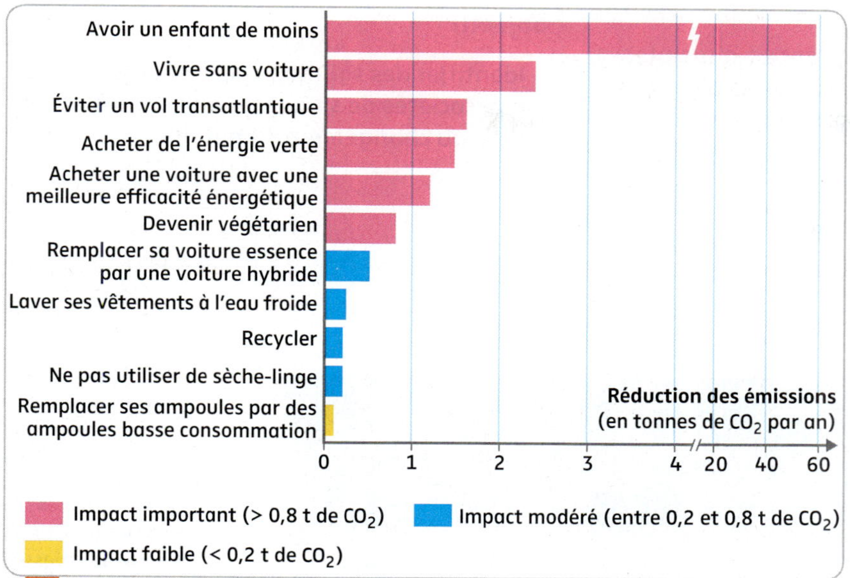

3 **Comparaison de différentes actions individuelles de diminution d'émission de CO_2.**

4 **L'afforestation et la reforestation sont des solutions de stockage naturel du CO_2.**

Mémo

> L'afforestation est la plantation d'arbres sur des surfaces dépourvues de forêts.

> La reforestation est la plantation d'arbres sur des surfaces anciennement occupées par des forêts.

Les techniques de CCS (capture et stockage du carbone) et de BECCS (bioénergie avec captage et stockage du carbone) sont des solutions de stockage artificiel du carbone.

Le CO_2 peut être transporté de son lieu d'émission jusqu'à un site de stockage où il sera séquestré dans des roches sédimentaires poreuses en profondeur (gisements d'hydrocarbures, veines de charbon...). En plus des problématiques liées aux capacités de stockage des différents sites, une des préoccupations concerne le risque de fuite lors du transport ou du stockage. En effet, en plus d'être un gaz à effet de serre, le CO_2 peut être asphyxiant.

▲ **Technique CCS.**

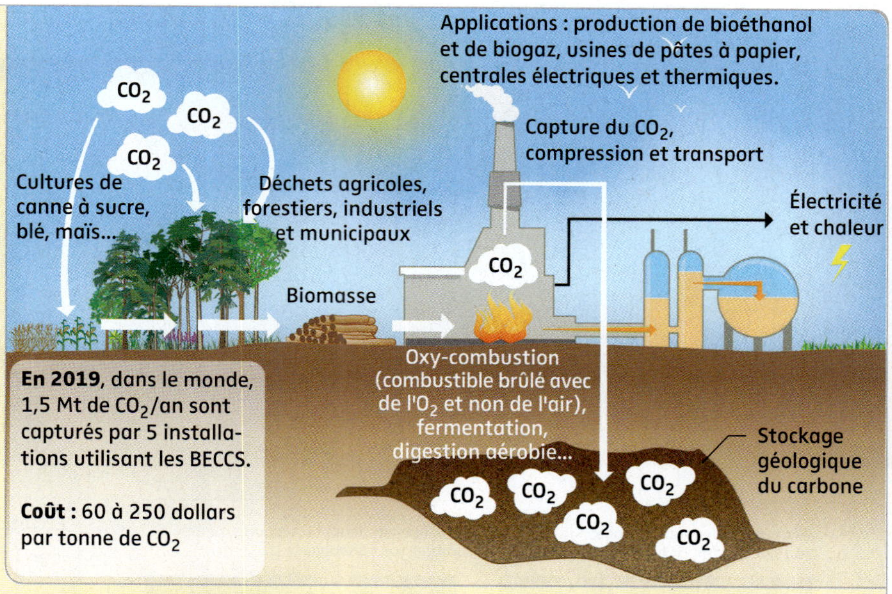

▲ **Technique BECCS.** L'utilisation des BECCS à grande échelle impliquerait l'utilisation de grandes surfaces de terre : une surface plus grande que l'Inde serait nécessaire pour éliminer 10 Mt de CO_2/an.

5 **Le stockage géologique du CO_2.**

Guide de résolution

Indicateurs de réussite

1 Comparer l'évolution des émissions positives liées à l'utilisation des combustibles fossiles et à l'industrie pour les trajectoires d'atténuation P1 et P4, et expliquer comment, malgré les différences constatées, la trajectoire P4 parvient à atteindre le même objectif d'atténuation que la trajectoire P1 (documents 1 et 2).

2 Montrer comment les choix individuels et collectifs peuvent participer à réduire les émissions positives de CO_2 (documents 3, 4 et 5).

3 **En conclusion**

À partir des conclusions précédentes, expliquer comment les stratégies individuelles et collectives peuvent participer à l'atténuation du changement climatique et montrer en quoi ces choix de stratégies sont complexes.

UNITÉ 5 L'adaptation au changement climatique

Le changement climatique a des conséquences multiples susceptibles d'affecter les sociétés humaines. Un des objectifs des politiques publiques est l'adaptation à ce changement.

Objectif

Identifier des solutions permettant aux sociétés de s'adapter aux conséquences liées au changement climatique.

Identifier des aménagements urbains permettant de limiter l'effet « îlot de chaleur urbain ».

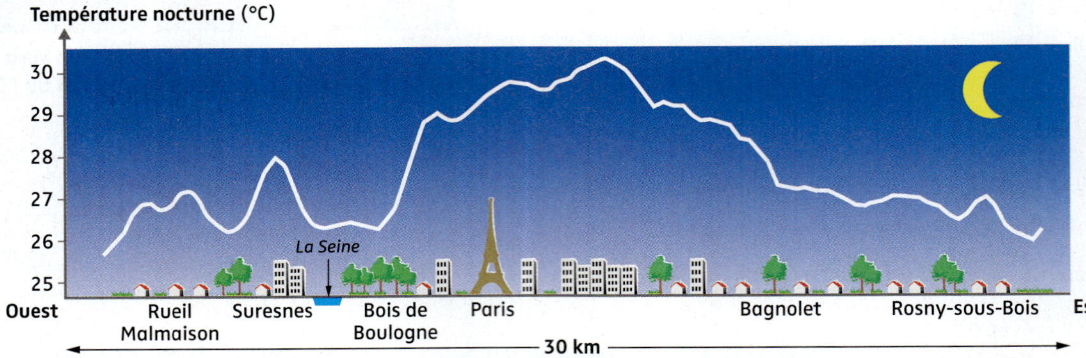

1 Distribution des moyennes des températures nocturnes mesurées en région parisienne lors de la canicule du mois d'août 2003.

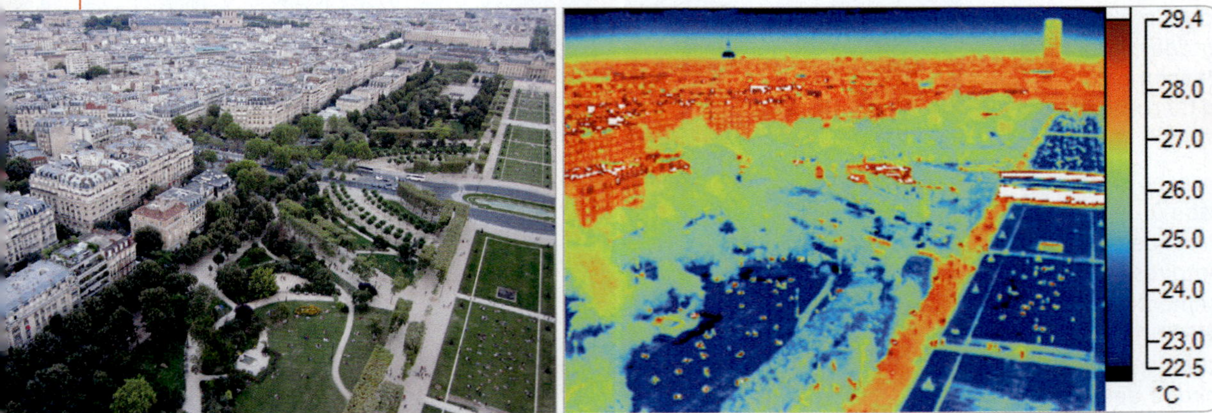

2 Vue aérienne du Champ-de-Mars (Paris) prise au mois d'août vers 20 h, juste après le coucher du Soleil. Température mesurée par une caméra thermique (à droite).

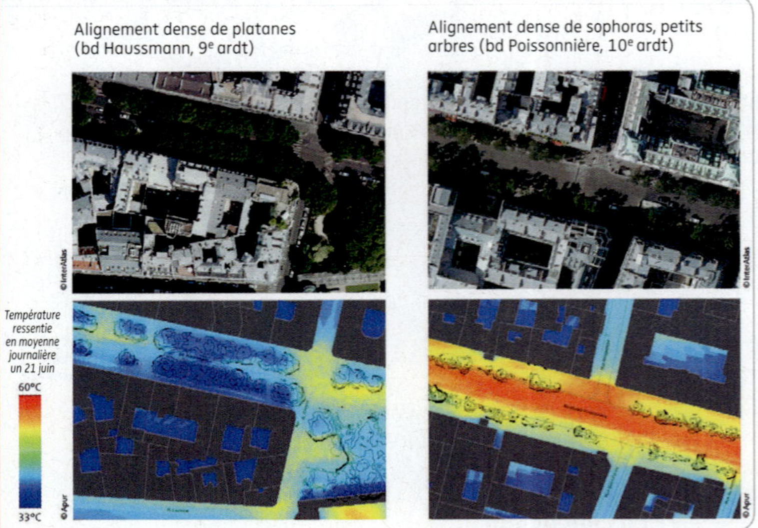

3 Températures moyennes mesurées un 21 juin sur deux boulevards parisiens.

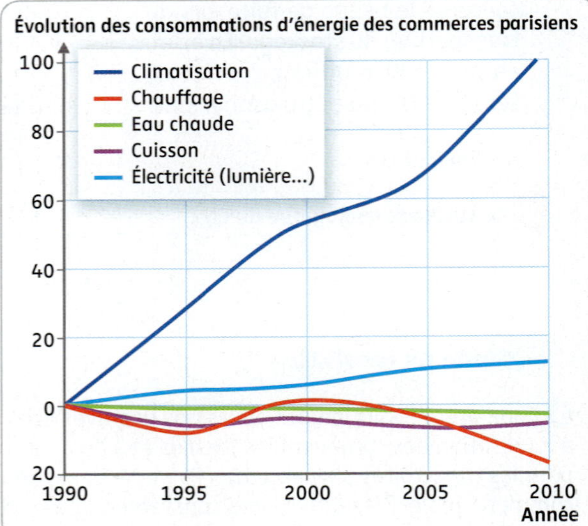

4 Évolution des consommations d'énergie des commerces parisiens de 1990 à 2010. La climatisation, en refroidissant l'intérieur des bâtiments, rejette de la chaleur à l'extérieur.

Justifier les infrastructures construites aux Pays-Bas

Les Pays-Bas ont décidé d'investir 20 milliards d'euros sur trente ans afin de lutter contre la montée des eaux et les inondations qui pourraient résulter de tempêtes telle que celle survenue en 1953 (2 000 victimes, 200 000 têtes de bétail tuées et des milliers d'hectares rendus durablement incultivables à cause du sel).

Le plan delta, dont l'objectif est de réduire les risques liés à la montée du niveau marin, a été adopté suite à cette tempête. Sur le document 6 on visualise les trois fleuves importants de ce pays : le Rhin, la Meuse et l'Escaut, formant un delta jouxtant la mer du Nord.

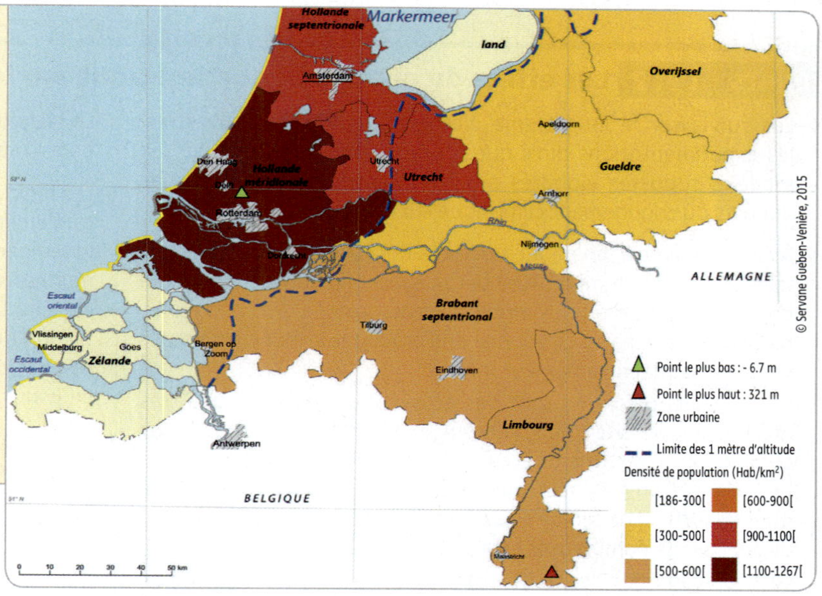

5 **Carte des densités de population des Pays-Bas.**

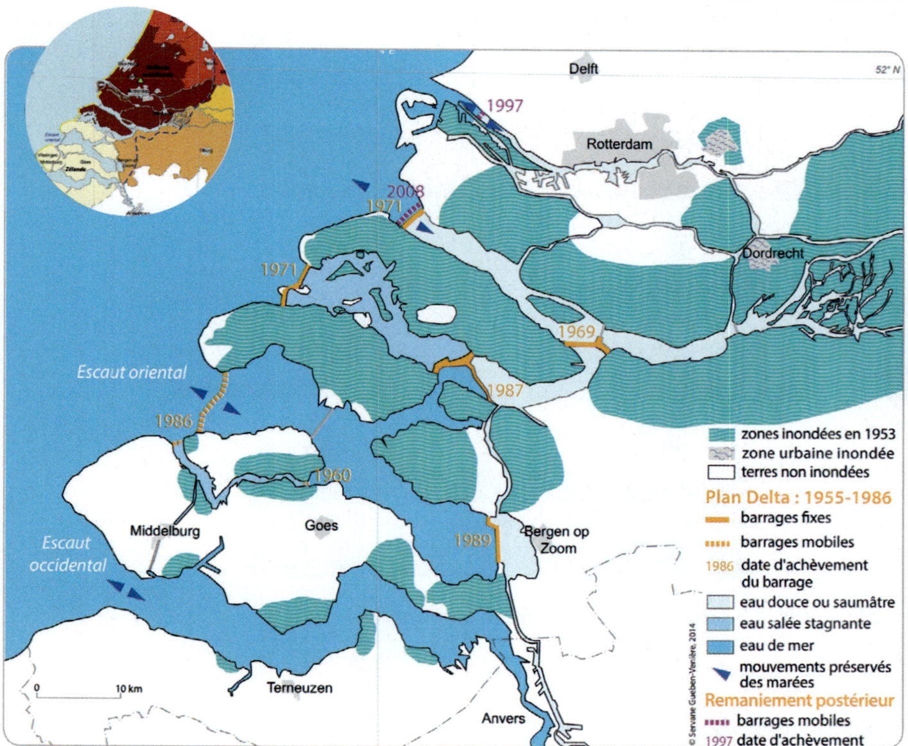

6 **Carte des infrastructures anti-inondations aux Pays-Bas.**

7 **Le plan national d'adaptation au changement climatique.**
Ce plan a pour objectif la protection des Français face aux événements climatiques extrêmes, mais également l'amélioration de la résilience (capacité à surmonter) des principaux secteurs de l'économie face au changement climatique.

Guide de résolution

Indicateurs de réussite

1. Identifier un risque encouru pour les habitants des métropoles (document 1 et unité 3).
2. Identifier des solutions permettant de limiter ce risque (documents 2, 3 et 4).
3. Expliquer l'intérêt du plan delta (document 6).
4. Rechercher dans le « plan national d'adaptation au changement climatique » les solutions en œuvre et envisagées dans votre région, puis les présenter à l'oral.
5. **En conclusion**

À partir des conclusions précédentes, justifier l'intérêt de la mise en œuvre d'un plan national d'adaptation au changement climatique. Votre réponse prendra la forme d'un exposé oral accompagné de 3 diapositives.

ORAL

BILAN CHAPITRE 13 Comprendre les conséquences du réchauffement climatique et les possibilités d'actions

UNITÉS 1 et 2 Les effets du changement climatique sur les êtres vivants

- Les suivis sur le long terme d'espèces marines et terrestres, les expérimentations ainsi que les projections simulées par les modèles robustes élaborés par les scientifiques montrent les impacts du changement climatique sur les écosystèmes.

- À titre d'exemple, on peut citer le cas des récifs coralliens. L'augmentation de la température des océans engendre un stress qui provoque l'expulsion des algues microscopiques vivant en symbiose avec les coraux. Ce phénomène provoque le blanchiment des coraux et peut entraîner leur mort.

  Or, les récifs coralliens sont des écosystèmes abritant une très grande biodiversité : de nombreux êtres vivants dépendent des coraux, qui constituent pour eux une niche écologique dans laquelle ils trouvent nourriture et abri. La mort des coraux suite au réchauffement climatique pourrait donc être à l'origine de la disparition de nombreuses espèces.

  Cette perturbation des récifs coralliens pourrait également être un problème pour les populations humaines dépendantes des services écosystémiques fournis par les récifs (nourriture et protection contre les vagues et l'élévation du niveau de la mer).

Le réchauffement climatique pose aussi de nombreux problèmes pour la sécurité alimentaire des populations humaines.

- Les rendements de la pêche pourraient fortement diminuer, principalement dans les eaux intertropicales. En effet, l'élévation de la température des océans provoque un déplacement des espèces marines vers des eaux plus profondes et vers des latitudes plus élevées. De plus, la hausse de la température diminue la concentration de dioxygène dissous dans l'eau rendant plus difficile la respiration des espèces marines et diminuant ainsi la taille des individus.

- Les rendements de l'agriculture risquent fortement de diminuer dans de nombreux pays. Bien que l'augmentation de la proportion de CO_2 favorise la photosynthèse et donc la production de biomasse, les végétaux cultivés pourraient souffrir de l'élévation de la température (provoquant une évaporation plus importante, modifiant le rythme de développement des végétaux...) et de la diminution dans certaines régions de la quantité de précipitations.

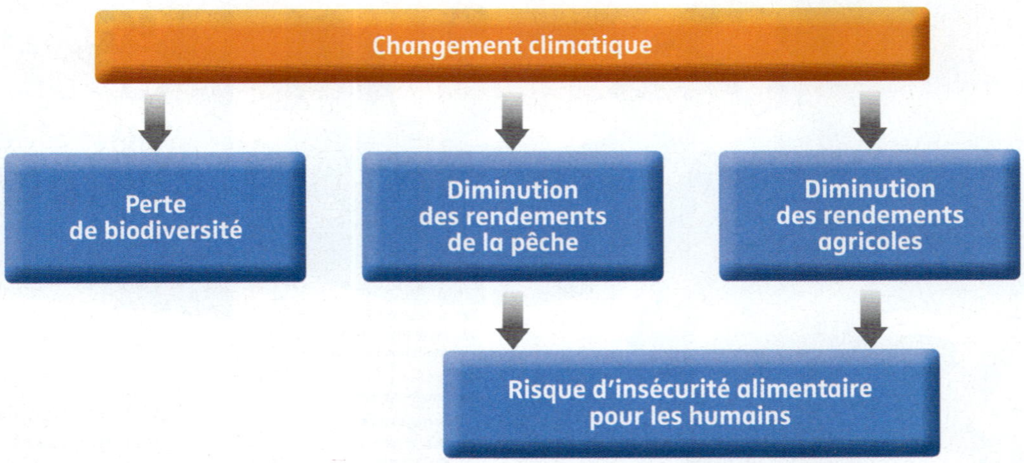

Effets du changement climatique sur la biodiversité et la sécurité alimentaire.

UNITÉ 3 Les conséquences du changement climatique sur les populations humaines

- On observe une augmentation de la fréquence des vagues de chaleur depuis 1947. Ces vagues de chaleur sont plus intenses, plus durables et plus sévères.

- Les modèles révèlent que la fréquence ainsi que la sévérité de ces épisodes devraient augmenter si le forçage radiatif lié à l'effet de serre additionnel atteint 8,5 $W.m^{-2}$.

  La vague de chaleur du mois d'août 2003 s'est traduite par une augmentation très significative du nombre de décès : 15 000 morts en France et 70 000 en Europe.

- Différentes équipes de chercheurs arrivent à la même conclusion : le niveau marin s'est élevé d'environ 20 à 30 cm depuis 1900.

- Les modèles simulant l'évolution du niveau marin aboutissent à l'idée que l'ampleur de l'élévation dépend du forçage radiatif. Pour un forçage de 8,5 $W.m^{-2}$, l'élévation du niveau marin pourrait atteindre 1 à 2 mètres d'ici 2100.

  Pour une élévation d'un mètre, les lignes de rivage de nombreux pays (par exemple, les Pays-Bas) et îles seront profondément modifiées. Cette modification des lignes de rivage obligera certaines populations à migrer. On estime ainsi le nombre de réfugiés climatiques à potentiellement 1 milliard d'individus en 2100.

UNITÉ 4 L'atténuation du changement climatique

- Les modèles simulant les impacts du changement climatique montrent de grandes différences d'impacts entre une élévation de la température mondiale de 1,5 °C et une élévation de 2 °C. Afin de limiter le réchauffement à 1,5 °C, différentes stratégies d'atténuation sont proposées par la communauté scientifique.
- L'**atténuation** regroupe les actions diminuant les émissions de gaz à effet de serre (GES) et les actions permettant le stockage du carbone (émissions nettes négatives). Parmi les actions visant à réduire les émissions de GES, on peut citer les actions individuelles (avoir moins d'enfants, vivre sans voiture, ne pas prendre l'avion, consommer moins de viande, améliorer l'efficacité énergétique de son habitation...) et les actions collectives (diminuer l'utilisation des combustibles fossiles, développer le nucléaire et les énergies renouvelables...).
- Parmi les méthodes ayant pour objectif de stocker du carbone, on peut citer l'augmentation des puits de carbone naturels (par la lutte contre la déforestation, l'afforestation et la reforestation...) et le développement de techniques industrielles de capture et de stockage du carbone (comme la bioénergie avec captage et stockage de carbone).
- Ces différentes stratégies apportent des solutions d'atténuation mais soulèvent également de nombreuses questions concernant notamment leurs coûts, leurs conséquences pour l'environnement et leur acceptabilité par les populations humaines (développement du nucléaire, stockage géologique du carbone...).

UNITÉ 5 L'adaptation au changement climatique

- L'**adaptation** au changement climatique est l'un des grands enjeux du siècle.
- Elle désigne les stratégies, initiatives et mesures visant à réduire la vulnérabilité des systèmes naturels et humains contre les effets du réchauffement climatique.
- Les mesures de températures révèlent que les villes constituent des « îlots de chaleur ». Lors de vagues de chaleur, ce phénomène augmente le risque pour les populations vivant dans les métropoles.
- Des solutions permettant de limiter ce phénomène existent : plantation d'arbres, augmentation des surfaces végétalisées, création de points d'eau, utilisation de matériaux absorbant peu la chaleur afin de limiter l'utilisation des climatisations.
- Le changement climatique s'accompagne de l'élévation du niveau marin. L'exemple des Pays-Bas révèle que des solutions permettent de gérer les conséquences de cette élévation. Le rehaussement des digues ainsi que la mise en place de barrages amovibles permettent de protéger le territoire, notamment lors des tempêtes.
- Le plan national d'adaptation au changement climatique permet, au niveau local, d'orienter les politiques publiques afin de protéger les populations des phénomènes climatiques extrêmes, mais aussi d'améliorer la résilience des principaux secteurs de l'économie face au changement climatique.

Des programmes d'actions au niveau national et dans les régions

RETENIR

CHAPITRE 13

Comprendre les conséquences du réchauffement climatique et les possibilités d'actions

Texte dys
Texte audio

En quelques mots

Le changement climatique a des impacts sur les écosystèmes (disparition des récifs coralliens, par exemple) et sur les populations humaines (diminution des rendements de la pêche et de l'agriculture, augmentation du nombre et de la sévérité des vagues de chaleur, augmentation du niveau de la mer mettant en danger certaines populations…).

1 L'atténuation du changement climatique

- **Les stratégies d'atténuation** proposent des actions individuelles et collectives permettant de **limiter le réchauffement climatique** : en réduisant les émissions de gaz à effet de serre, en plantant des arbres stockant naturellement du carbone, en séquestrant artificiellement le CO_2 dans des réservoirs géologiques…
- Le choix des solutions d'atténuation est **complexe**, car il soulève des problématiques liées aux coûts et aux conséquences pour l'environnement et les populations.

2 L'adaptation au changement climatique

- **Les stratégies d'adaptation** proposent des solutions permettant de **réduire la vulnérabilité des systèmes naturels et humains contre les effets du réchauffement climatique** : augmentation des surfaces végétalisées et création de points d'eau pour diminuer l'impact des vagues de chaleur dans les villes, rehaussement des digues et mise en place de barrages amovibles pour diminuer l'impact de l'élévation du niveau marin…

Vidéo bilan

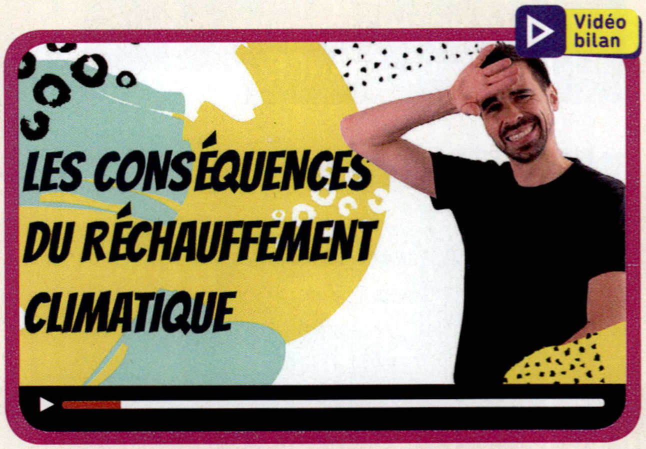

mots-clés

Adaptation au changement climatique : stratégies, initiatives et mesures visant à réduire la vulnérabilité des systèmes naturels et humains contre les effets du réchauffement climatique.

Atténuation du changement climatique : actions visant à réduire le réchauffement climatique en diminuant les émissions de gaz à effet de serre et en stockant le carbone.

Ne pas confondre

Le rôle de la science dans le choix des solutions par les sociétés.

De nombreuses personnes pensent que les scientifiques doivent orienter les choix des sociétés, or la science n'a pas un rôle prescriptif mais un rôle descriptif. Les chercheurs apportent les connaissances permettant de décrire le monde (tel qu'il a été, tel qu'il est et tel qu'il sera) et de développer des techniques qui pourraient être utiles aux sociétés.
En aucun cas, les scientifiques définissent les caractéristiques du monde tel qu'il devrait être, ce sont les sociétés qui doivent faire des choix en fonction de leurs objectifs, la science ne peut qu'éclairer ces choix par des faits.

Schéma interactif

En une image

CHANGEMENT CLIMATIQUE

↗ Gaz à effet de serre → Principaux impacts :

- ↗ Température
- ↘ Surfaces des glaces
- ↗ Niveau des océans
- ↘ pH des océans
- ↗ Fréquence évènements extrêmes
- ↗ Modification des précipitations

↓

EFFETS SUR LES ÉCOSYSTÈMES ET LES HUMAINS

- ↗ Dégradation de l'état sanitaire des populations
- ↗ Déplacements des populations (vers les hautes latitudes, en profondeur ou en altitude)
- ↗ Extinctions
- ↗ Invasions biologiques

AGRICULTURE
- ↘ Rendements de certaines régions

POPULATIONS
- ↗ Risques pour la santé
- ↗ Risques pour la sécurité
- ↗ Migrations

PÊCHE
- ↘ Effectifs à certaines latitudes
- ↘ Taille des espèces marines
- ↘ Rendements

↓

RISQUE CLIMATIQUE = Aléa × Vulnérabilité d'un enjeu

↓

RÉPONSE POSSIBLE

ATTÉNUATION (−)

- Diminuer les émissions
- Stocker le carbone (naturel ou artificiel)

ADAPTATION (−)

- Végétalisation des villes
- Digues de protection contre les inondations
- Irrigation efficace

CHOIX DE SOLUTIONS

- Faisabilité économique
- Faisabilité technologique et environnementale
- Faisabilité institutionnelle et socioculturelle

mémorisation active

Pour retenir les notions...

- Pour la biodiversité
- Pour les services écosystémiques
- Pour les populations
- Changement climatique
- Diminution des émissions de CO_2
- Diminution de la vulnérabilité

Je construis ma carte des idées

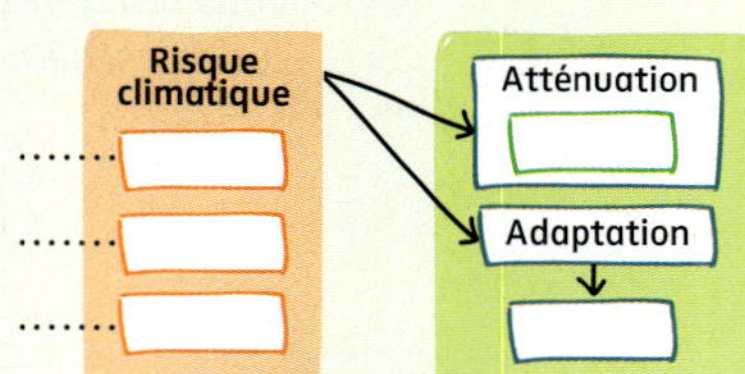

Pour m'aider dans la construction

→ Méthode 1

Pour m'entraîner

→ Exercice 2 p. 276

EXO Exercices interactifs

Quiz

Pour chaque question, choisir la bonne réponse parmi les affirmations proposées.

1. Les suivis d'espèces ont permis de montrer que le changement climatique actuel était responsable d'un déplacement des espèces marines :

- a vers la surface et les basses latitudes.
- b vers la profondeur et les basses latitudes.
- c vers la surface et les hautes latitudes.
- d vers la profondeur et les hautes latitudes.

2. La production de biomasse par les écosystèmes agricoles est globalement :

- a favorisée par l'augmentation de la proportion de CO_2 mais défavorisée par la diminution des précipitations.
- b favorisée par l'augmentation de la proportion de CO_2 et par la diminution des précipitations.
- c défavorisée par l'augmentation de la proportion de CO_2 et par l'augmentation de la température.
- d très peu affectée par le changement climatique.

3. Les actions visant à diminuer les émissions de CO_2 et à stocker du carbone sont des stratégies :

- a d'adaptation.
- b d'atténuation.
- c d'afforestation.
- d d'évaluation.

4. La construction d'une digue pour protéger un territoire est une action :

- a d'adaptation.
- b d'atténuation.
- c d'évaluation.
- d d'afforestation.

5. Les craintes liées au changement climatique en cours concernent notamment :

- a les réfugiés climatiques liés à la baisse du niveau marin.
- b la diminution de la fréquence des vagues de chaleur.
- c les réfugiés climatiques liés à la hausse du niveau marin.
- d le développement des maladies vectorielles vers les basses latitudes.

6. Le document ci-dessous permet de dire que d'ici 2100, le niveau marin s'élèvera :

- a de manière certaine d'un mètre.
- b d'un mètre si le forçage radiatif est de 2,6 $W.m^{-2}$.
- c en fonction du forçage radiatif.
- d de 20 cm si le forçage radiatif est de 8,5 $W.m^{-2}$.

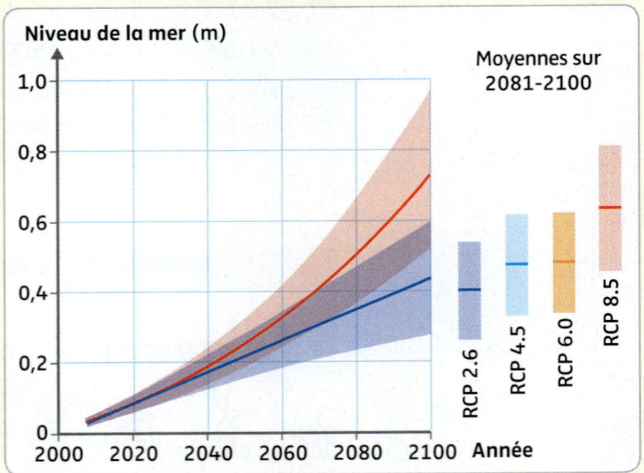

→ Corrigés p. 447

1 Le défi climatique

Les scientifiques prévoient que le changement climatique en cours va avoir des conséquences multiples sur les sociétés humaines.

En vous appuyant sur quelques exemples, expliquer quelles sont les stratégies envisagées par les sociétés humaines face au défi climatique.

2 Atténuation et adaptation face au changement climatique

Expliquer la différence entre « atténuation du changement climatique » et « adaptation au changement climatique ».

Présenter un exemple de mesure d'atténuation et un exemple de mesure d'adaptation en montrant que la mise en œuvre de ces stratégies implique des décisions politiques complexes.

Vous rédigerez un exposé structuré. Vous pouvez vous appuyer sur des schémas judicieusement choisis.

3 Les impacts du changement climatique sur la biodiversité

En vous aidant du document a et de vos connaissances, expliquer les impacts du changement climatique sur la biodiversité et indiquer quelles actions permettraient de limiter ces impacts dans le futur.

Vous rédigerez un exposé structuré.
Vous pouvez vous appuyer sur des schémas judicieusement choisis.

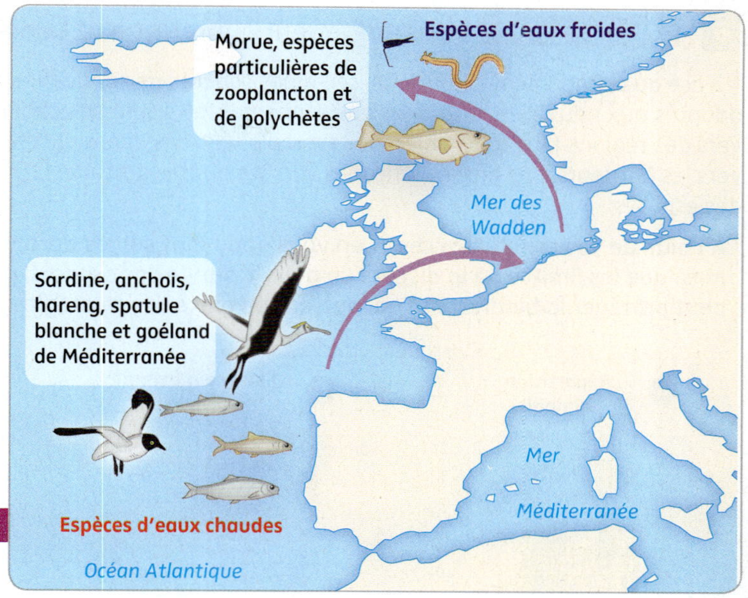

a Déplacement d'espèces observées dans la mer des Wadden au cours des années 2000.

4 Le changement climatique et la sécurité alimentaire

En vous appuyant sur le document b et sur vos connaissances, expliquer les impacts du changement climatique sur la sécurité alimentaire des populations humaines et indiquer quelles actions permettraient de limiter ces impacts dans le futur.

Vous rédigerez un exposé structuré.
Vous pouvez vous appuyer sur des schémas judicieusement choisis.

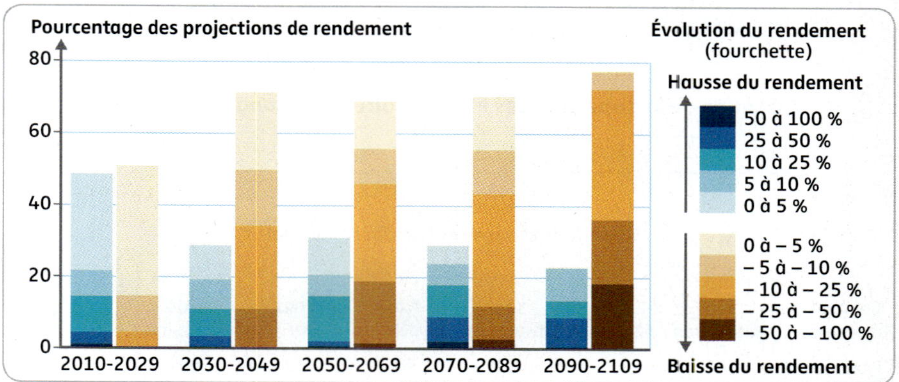

b Changements projetés sur les rendements des cultures (blé, maïs, riz et soja) selon les différents scénarios de changement climatique au cours de XXIe siècle.

5 Changement climatique et production de café en Éthiopie

La production de café est un des moteurs de l'économie de l'Éthiopie. Une équipe de chercheurs anglais a modélisé l'évolution de la production de café pour deux forçages radiatifs différents. Le forçage radiatif (exprimé en $W.m^{-2}$) correspond à la différence entre l'énergie radiative reçue et l'énergie radiative émise par un système climatique donné.

À partir de l'exploitation du document c ainsi que de vos connaissances, expliquer pourquoi la mise en œuvre de politiques d'atténuation à l'échelle mondiale est nécessaire.

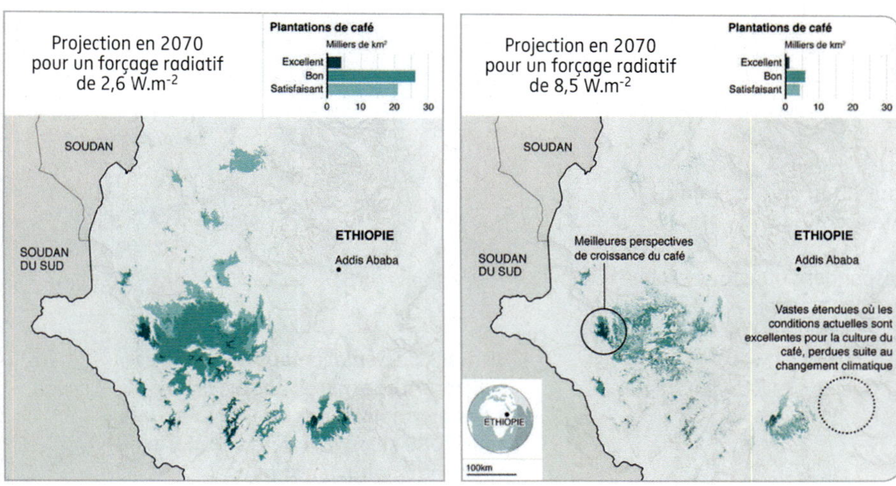

c Prévisions concernant la production de café en Éthiopie en 2070.

6 Exercice guidé Le changement climatique et la dispersion des espèces terrestres

Face au changement climatique, certaines espèces ne survivent pas ; chez d'autres, des caractères adaptés aux nouvelles conditions environnementales sont sélectionnés et enfin, certaines se déplacent vers des régions plus favorables, par exemple vers des zones plus fraîches (déplacement des plaines vers les hauteurs, des basses latitudes vers les hautes latitudes). On nomme « dispersion », ce déplacement des espèces.

À l'aide de vos connaissances et en vous appuyant sur les documents, expliquer l'importance ainsi que les limites de la dispersion pour la survie des espèces, puis montrer comment l'humain peut protéger la biodiversité en mettant en place des stratégies visant à faciliter la dispersion.

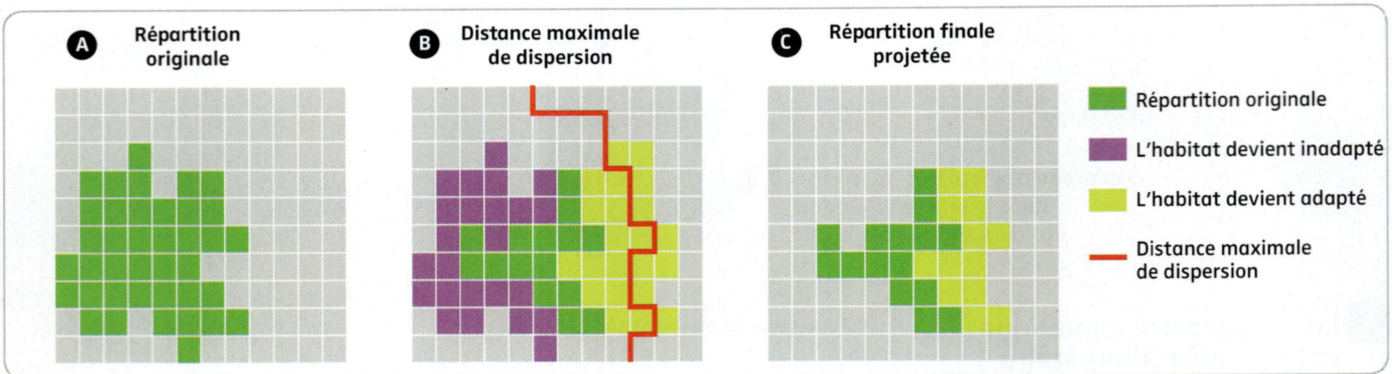

a Modélisation de la dispersion des espèces suite à un changement des conditions du milieu.

Amazonie.

	Scénario de changement du climat mondial					
	2 °C		3,2 °C		4,5 °C	
Groupes d'espèces	Sans dispersion	Avec dispersion	Sans dispersion	Avec dispersion	Sans dispersion	Avec dispersion
Plantes	43	43	59	59	69	69
Oiseaux	37	+	51	+	64	13
Mammifères	36	0	50	10	63	30
Amphibiens	47	47	62	62	74	74
Reptiles	35	35	48	48	62	62

Côte est de l'Afrique.

	Scénario de changement du climat mondial					
	2 °C		3,2 °C		4,5 °C	
Groupes d'espèces	Sans dispersion	Avec dispersion	Sans dispersion	Avec dispersion	Sans dispersion	Avec dispersion
Plantes	29	29	45	45	56	56
Oiseaux	34	7	50	17	62	30
Mammifères	33	6	45	6	51	5
Amphibiens	40	40	59	59	69	69
Reptiles	22	22	33	33	42	42

b Risques d'extinction des espèces prévus pour 2080 en Amazonie et sur la côte est de l'Afrique pour différents scénarios de changement climatique.
Les valeurs indiquées dans les tableaux correspondent au pourcentage d'espèces pour lesquelles est projeté un risque d'extinction.

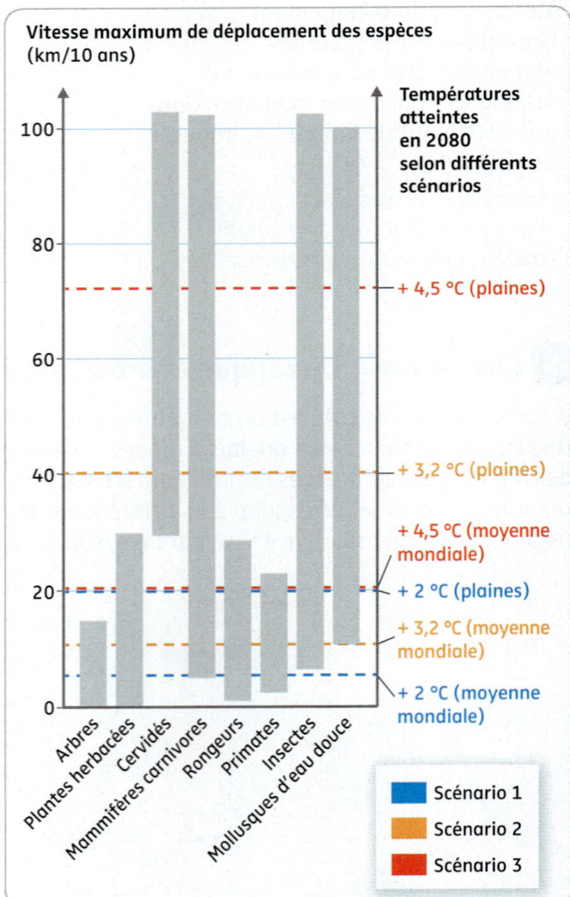

c Vitesses de déplacement nécessaires à différentes espèces pour survivre à des augmentations de températures pour 2080 selon différents scénarios de changement climatique.

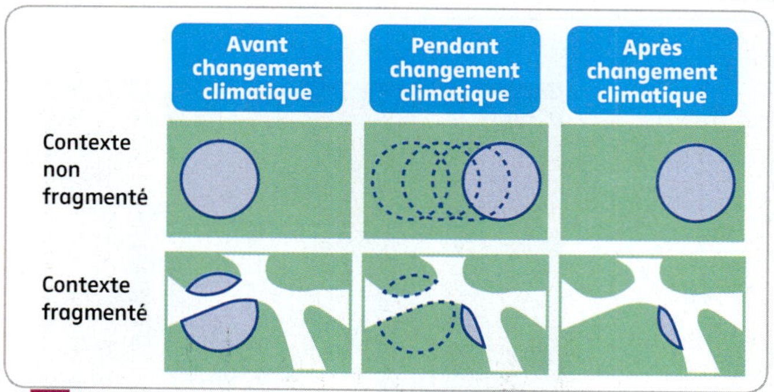

d Modèle d'évolution de la répartition d'une espèce en réponse au changement climatique, en contexte non fragmenté et fragmenté. La surface bleue est proportionnelle au nombre d'individus de la population. Les causes de la fragmentation des habitats sont nombreuses : déforestation, construction de routes, canaux, voies ferrées, pollution sonore ou lumineuse du fait des activités humaines…

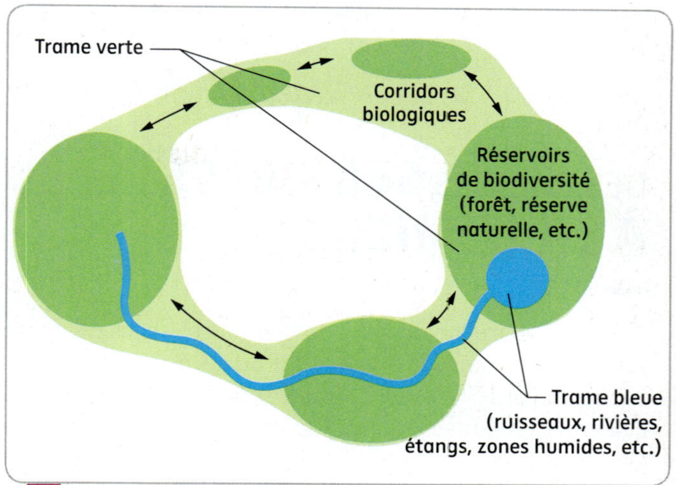

e La « trame verte et bleue ». Grand projet français qui vise à préserver et reconstituer les continuités écologiques entre les habitats.

f Un exemple de corridor biologique artificiel.

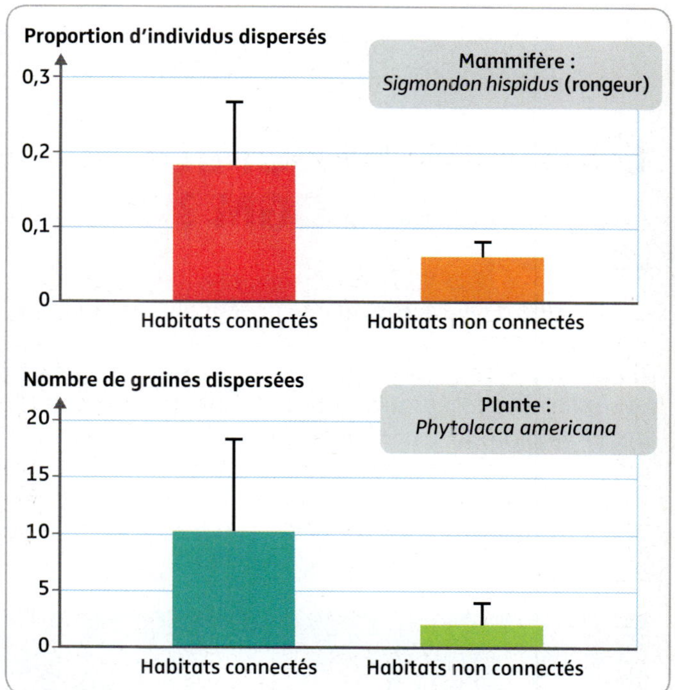

g Déplacement d'un mammifère (*Sigmodon hispidus*, un rongeur) et d'une plante (*Phytolacca americana*) dans des habitats connectés ou non par des corridors. Pour les animaux, on calcule la proportion d'individus dispersés ; pour les plantes, on calcule le nombre de graines dispersées.

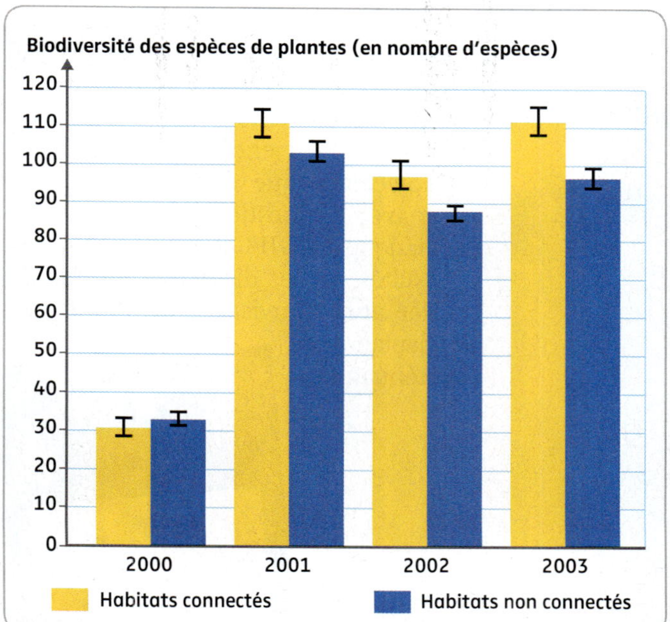

h Mesure de l'évolution de la biodiversité des plantes lors d'une expérience conduite aux États-Unis. Deux types de sites ont été comparés : des sites non connectés par un corridor et des sites connectés par un corridor.

Guide de résolution

1. Expliquez comment la dispersion intervient dans la survie des espèces dans un contexte de changement climatique.
2. Indiquez quels facteurs limitent la dispersion des espèces.
3. Montrez comment l'humain peut protéger la biodiversité en facilitant la dispersion.

Végétaux

DES RACINES **SENSIBLES À LA LUMIÈRE !**

Dans l'obscurité du sol, on pourrait croire les racines insensibles à la lumière. Pourtant, les rayons du Soleil peuvent pénétrer les premiers millimètres de terre et influencer la croissance racinaire. Celle-ci est également modulée par des signaux chimiques (hormones notamment) synthétisés par les feuilles et les tiges en réponse à la lumière. Enfin, des études récentes ont montré que la lumière du jour pouvait aussi parvenir aux racines par l'intermédiaire de la tige, qui canaliserait les rayons lumineux, peut-être par l'intermédiaire des tissus conducteurs !

Racine de blé observé au MEB.

Génie génétique

L'ÉDITION GÉNOMIQUE CRÉE-T-ELLE **DES OGM ?**

Le terme d'OGM, organisme génétiquement modifié, paraît non équivoque a priori. Toutefois pour le département de l'agriculture des États-Unis (c'est le cas également d'autres pays), les variétés issues des nouvelles techniques comme l'édition génomique ne sont pas des OGM. L'argument est que ces techniques ne feraient finalement que produire très rapidement des phénomènes qui auraient pu avoir lieu naturellement (des mutations). Pour la Cour européenne de justice, ces organismes sont des OGM au même titre que ceux issus de la transgenèse « classique ».

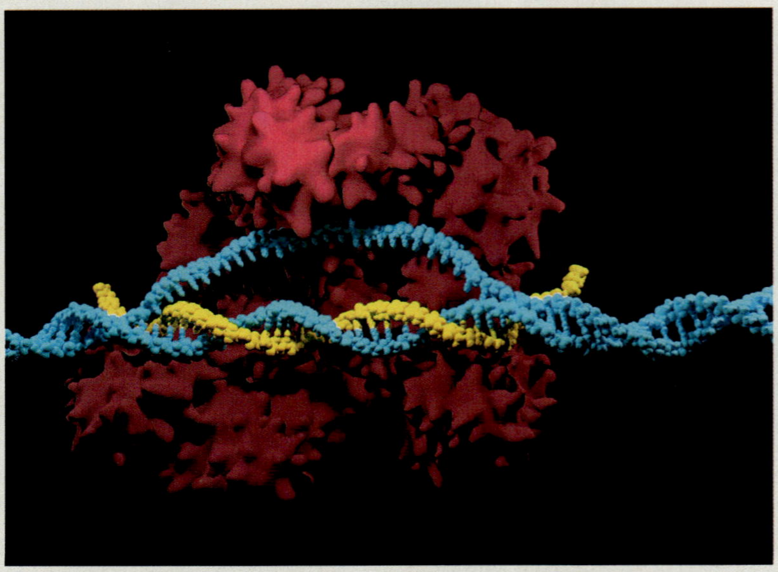

Le complexe CRISPR-Cas9, ciseau moléculaire, permettant l'édition génomique.

Climat

LE GIEC, QU'EST-CE QUE C'EST ?

Le sigle GIEC signifie Groupe d'experts intergouvernemental sur l'évolution du climat. Fondé en 1988 par l'Organisation météorologique mondiale (OMM) et le Programme pour l'environnement des Nations Unies (PNUE), le GIEC synthétise les études en lien avec le changement climatique réalisées par des chercheurs du monde entier. L'objectif du GIEC est d'évaluer, sans parti pris, de manière méthodique et objective, l'information scientifique, technique et socio-économique disponible en rapport avec la question du changement climatique. Le GIEC rédige des rapports consultés par les dirigeants du monde entier afin d'envisager des stratégies d'adaptation et d'atténuation.

Climat

L'HISTOIRE DU CLIMAT DANS **LA GLACE**

Le projet scientifique européen nommé *Beyond Epica - Oldest Ice* a pour objectif d'extraire une carotte de glace dont la partie profonde contient de la glace vieille de 1,5 million d'années. Deux ans de recherche ont été nécessaires avant d'identifier le site de forage au niveau duquel la carotte de glace longue de 2,75 kilomètres va être extraite. La glace ainsi prélevée va permettre d'accéder à des données multiples : variations du $\delta^{18}O$ permettant de retracer les variations de la température de l'atmosphère en Antarctique et analyse des bulles d'air formées dans la glace afin de retracer les variations de concentration des gaz à effet de serre depuis 1,5 million d'années. Ce projet fait suite à un premier forage réalisé dans l'Antarctique de 1996 à 2004. La carotte de glace avait permis de documenter le climat jusqu'a −800 000 ans. L'analyse de la nouvelle carotte de glace permettra donc de couvrir une période encore inconnue dans l'histoire du climat !

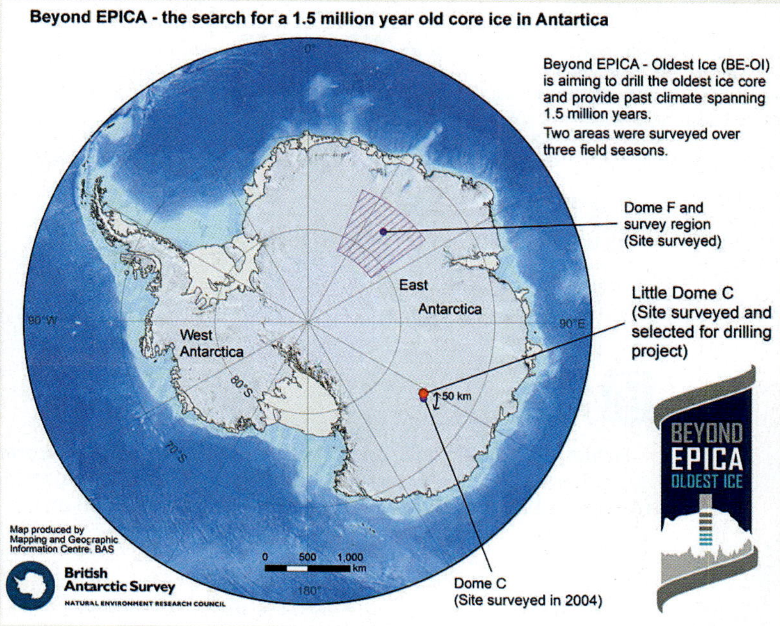

Le bio, meilleur pour le climat

FAKE

Le vrai du Faux ?

Une étude sur plus 29 000 participants, menée par l'Inra et ses partenaires et publiée en 2019, montre que les grands consommateurs d'aliments « bio » ont un impact moins grand sur l'environnement (moins d'émissions de gaz à effet de serre, moins d'occupation des sols agricoles).

Cependant, cela ne montre pas que l'alimentation bio est meilleure pour l'environnement ! Il s'agit ici d'une confusion entre corrélation et causalité. En effet, les résultats montrent que les grands consommateurs de bio n'ont pas les mêmes habitudes alimentaires que les autres groupes étudiés. Ils consomment notamment moins de viandes rouges (−51 %) et de produits laitiers (−38 %). Ce n'est donc pas le « bio » mais plutôt le régime alimentaire moins dépendant de l'élevage qui est responsable des différences observées en termes d'effets sur l'environnement.

L'évolution du climat en Auvergne depuis 12 000 ans

L'exploitation du delta ^{18}O déterminé à partir de la glace permet de reconstituer les variations de la température de l'atmosphère au niveau de la zone dans laquelle les climatologues réalisent le forage. Cet outil a par exemple permis d'identifier des variations de température atmosphérique de 12 °C en Antarctique entre le Würm (dernière période glaciaire) et l'Holocène (interglaciaire actuelle commencée il y a 10 000 ans). Or, dans certaines régions comme l'Auvergne, l'absence de glacier rend impossible l'utilisation de cet outil.

→ On cherche à vérifier si les variations climatiques en Auvergne depuis 12 000 ans concordent avec les données issues des travaux en Antarctique.

Espèces	Exigences écologiques	Exigences climatiques
Graminées (*Poaceae*) et armoise (*Artemisia*)	Supportent les très grands froids. Végétaux formant les steppes.	Froid et sec
Pin sylvestre (*Pinus sylvestris*)	Ne craint pas les gelées de printemps. Craint les fortes pluies.	Froid et sec
Bouleau (*Betula sp.*)	Résiste au froid. Très exigeant en eau. Craint la sécheresse.	Tempéré
Alune vert (*Alnus viridis*)	Peu exigeant en matière de température. Exige de l'eau dans le sol et de la lumière, préfère les sols acides.	Humide et tempéré
Chêne pédonculé ou sessile (*Quercus sp.*)	Préfère les climats relativement chauds. Exige de la lumière.	Tempéré à chaud
Hêtre (*Fagus sylvatica*)	Craint les gelées tardives de printemps	Tempéré à chaud
Noisetier (*Corylus avellana*)	Résiste au froid. Demande une humidité de l'air élevée. Craint la sécheresse.	Tempéré à chaud

a. Tableau des exigences écologiques de quelques espèces.

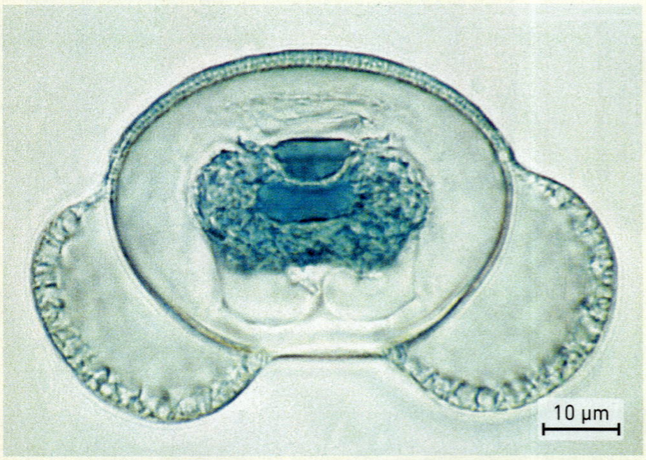

b. Pollen de pin actuel observé au microscope optique.

Fichier à télécharger

c. Fichier exploitable avec un tableur des résultats d'identification des pollens extraits d'une carotte de tourbe réalisée à Chambedaze (Auvergne) dont la partie profonde est datée de -12 000 ans.

La tourbe résulte de l'accumulation et de la transformation d'une biomasse végétale au cours du temps dans des zones humides et acides. La tourbe peut s'accumuler sur des dizaines de mètres. Il est possible de réaliser des carottages dans la tourbe. Pendant sa formation, la tourbe constitue un lieu dans lequel les pollens des espèces végétales environnantes s'accumulent sans être dégradés. Les pollens présentent des caractéristiques morphologiques propres à chaque espèce.

d. La formation de la tourbe.

1 Proposer une stratégie de résolution réaliste

> Ce que l'on compte faire pour résoudre le problème posé : il s'agit ici de reconstituer les variations climatiques en Auvergne depuis 12 000 ans.

> Comment on le fait : le sujet et les ressources vous orientent vers l'exploitation des pollens extraits de la tourbe. Il faut donc utiliser un tableur afin de traiter les données du fichier. Le traitement consiste :
1. à sélectionner les pollens des espèces dont l'abondance varie au cours du temps et pour lesquels les exigences climatiques sont fournies ;
2. à construire un graphique permettant de visualiser les variations d'abondance des pollens en fonction de la profondeur, donc du temps.

> Quelles sont les conséquences vérifiables de la démarche mise en œuvre : soit on observe une variation de la végétation s'expliquant par une modification du climat (froid sec à tempéré) → concordance avec les données issues de l'Antarctique ; soit observation autre → non concordance.

DES PISTES POUR RÉUSSIR

Dans cette partie il faut préciser à l'oral :
- Ce que l'on compte faire pour résoudre le problème posé, c'est-à-dire le principe général de la démarche qui va être menée.
- Comment on le fait : le sujet et les ressources vous orientent vers l'exploitation des pollens extraits de la tourbe.
- Quelles sont les conséquences vérifiables de la démarche mise en œuvre.

2 Mettre en œuvre un protocole pour obtenir des résultats exploitables

PROTOCOLE

Reconstituer les variations climatiques en Auvergne en construisant un diagramme pollinique

1. Ouvrir le fichier concernant les pollens contenus dans la carotte de tourbe réalisée dans la tourbière de Chambedaze.
2. Utiliser les fonctionnalités du tableur pour afficher les données sous forme d'un graphique « nuage de points ».
3. Sélectionner, sur le graphique, les trois ou quatre espèces qui vous semblent le mieux représenter l'évolution climatique de cette région en éliminant les espèces non retenues.

LA BONNE ATTITUDE

Rester calme, logique et concentré sur ce que vous avez à faire !

LES BONS GESTES

1. Rechercher dans la fiche technique du tableur les informations permettant la construction d'un graphique « nuage de points » à partir des données brutes.
2. Rechercher dans les espèces présentes sur le fichier celles pour lesquelles une information concernant les exigences climatiques est fournie.
3. Vérifier que les axes ne sont pas inversés : ici c'est l'abondance relative des pollens (ordonnées) en fonction de la profondeur (abscisses).
4. Vérifier que les grandeurs et les unités sont indiquées sur chacun des axes (ex : profondeur en milimètres sur l'axe des abscisses).
5. Ajouter un titre au graphique.

3 Présenter et traiter les données brutes pour qu'elles apportent les informations nécessaires à la résolution du problème

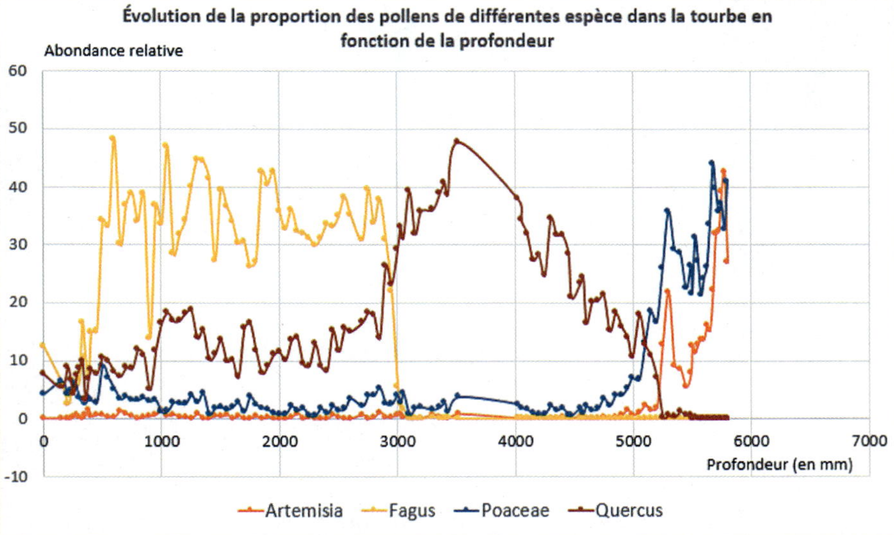

DES PISTES POUR RÉUSSIR

- Dans cette partie on attend un graphique bien conçu qui respecte les règles de présentation.
- Assurez-vous que les légendes sont bien lisibles.

4 Exploiter les résultats pour résoudre la situation problème

> On observe une abondance des Poacées il y a 12 000 ans (base de la carotte de tourbe). Or, d'après les données concernant les exigences climatiques, on en déduit que le climat était un climat sec et froid en Auvergne.

> Par le même raisonnement, la disparition des Poacées et le développement du chêne s'expliquent par une modification du climat qui devient tempéré.

> Le développement du hêtre s'explique par l'installation d'un climat tempéré humide sans grands froids.

> On en déduit que les variations d'abondance des pollens piégés dans la tourbière témoignent ainsi d'une modification locale du climat : de froid et sec le climat est devenu tempéré. Ces données coïncident avec les données obtenues à partir des glaces de l'Antarctique : une modification du climat il y a environ 10 000 ans lors de l'entrée dans la période Holocène.

DES PISTES POUR RÉUSSIR

- Construire une réponse du type : « On observe que... Or on sait que.... Donc on peut en déduire que... ».
- Conclure en répondant clairement au problème initial.

Mobiliser et organiser ses connaissances

Au brouillon

1 Lecture du sujet

> Noter les termes importants du sujet puis croiser ces informations avec les documents afin d'identifier l'objectif du sujet :
Expliquer comment les cellules du tubercule de pomme de terre réalisent la synthèse de l'amidon.
– amidon = macromolécule formée de glucoses liés entre eux ;
– amyloplastes dans les cellules de pomme de terre mais pas de chloroplaste ;
– pommes de terre se développent dans le sol (milieu sans lumière).

Exercice 1

La synthèse d'amidon dans le tubercule de pomme de terre

ÉNONCÉ Les tubercules de pomme de terre sont des organes souterrains constitués de cellules riches en organites spécialisés dans le stockage de l'amidon : les amyloplastes. L'amidon stocké dans les tubercules est utilisé pour la croissance de nouveaux plants à partir du mois d'avril.

QUESTION À l'aide de vos connaissances, expliquer comment les cellules du tubercule de pomme de terre réalisent la synthèse de l'amidon.
Votre réponse intégrera un schéma fonctionnel sur lequel figureront les flux de matière nécessaires à cette synthèse.

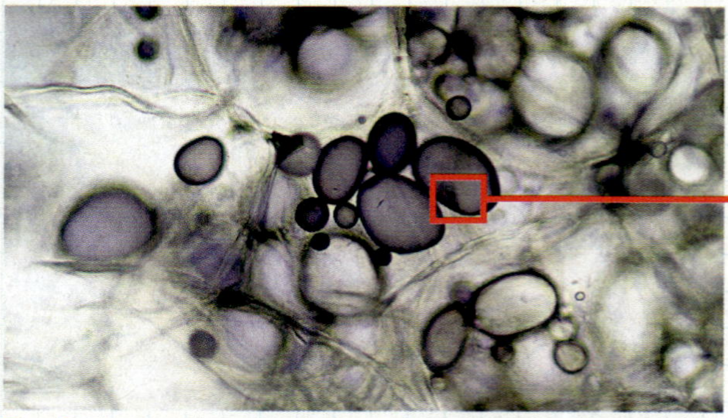

Doc 1. Observation au microscope optique d'un frottis de tubercule de pomme de terre coloré à l'eau iodée.

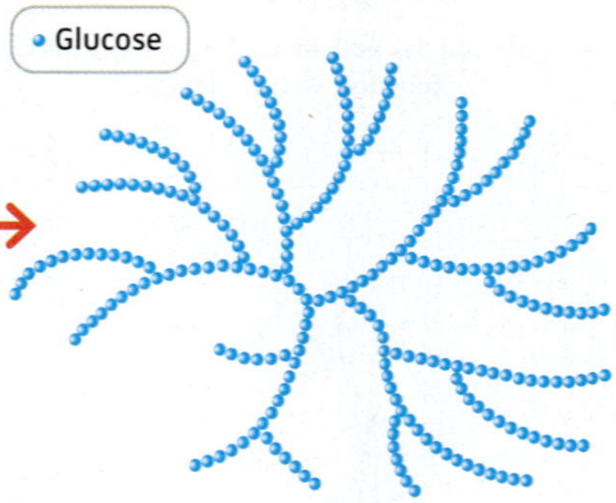

Doc 2. Schéma de la molécule d'amidon.

Au brouillon

2 Mobilisation des connaissances

> Identifier les connaissances nécessaires à la construction d'une réponse.

> Lister ces connaissances sur un brouillon :
– Synthèse des glucides dans les parties constituées de cellules contenant des chloroplastes à partir de CO_2, d'H_2O, de sels minéraux.
– Énergie lumineuse nécessaire à cette synthèse.
– Les cellules de pomme de terre ne peuvent pas réaliser la photosynthèse (absence de chloroplastes / pas de lumière dans le sol).
– Coopération entre parties chlorophylliennes aériennes et organes souterrains (système de transport de matière *via* les sèves).

Au brouillon

3 Schéma et fil conducteur

> Réaliser rapidement le schéma à inclure dans le développement de votre exposé.
Structures devant figurer sur le schéma : feuilles, cellules avec chloroplastes, tubercules dans le sol, cellules avec amyloplastes, vaisseaux conducteurs…
Pour rendre fonctionnel le schéma : code couleur pour les sèves, transfert du glucose par la sève élaborée, flux entrant de CO_2 dans les feuilles, absorption d'énergie solaire par les feuilles…

> Définir le fil conducteur de votre développement :
1. La formation du glucose lors de la photosynthèse
2. Son transport jusque dans les tubercules.

4 Passage du brouillon à la rédaction

> **Dans l'introduction :** formuler explicitement l'objectif du sujet.

> **Dans chaque partie :** un des points de passage du fil directeur défini au brouillon.

> **Dans le bilan :** répondre explicitement à la question posée.

1 Lecture du sujet

Au brouillon

> Noter les termes importants du sujet puis croiser ces informations avec le document afin d'identifier l'objectif du sujet :
En quoi la période actuelle, qui s'inscrit dans une période interglaciaire commencée il y a 10 000 ans, est-elle particulière ?

Exercice 2

La reconstitution des climats du passé

ÉNONCÉ Grace à l'utilisation d'indices variés, les climatologues peuvent reconstituer les climats du passé avec une résolution qui dépend de l'échelle de temps choisie.

QUESTION À l'aide de vos connaissances, expliquer en quoi la période depuis 1850 est particulière au sein des variations climatiques naturelles reconstituées depuis 1 million d'années.
Votre réponse comportera un schéma indiquant les rétroactions actuellement en jeu.

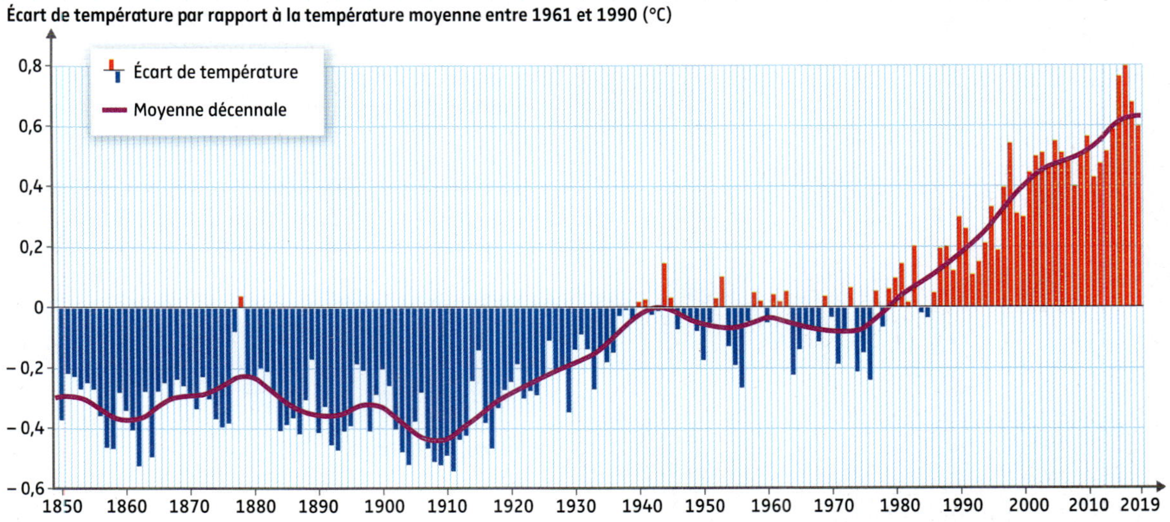

Doc 1. Évolution de la température mondiale depuis 1850. Température annuelle de l'air depuis 1850 par rapport à la moyenne des températures atmosphériques mesurées au sol sur la période 1961-1990. Le zéro correspond à cette moyenne, soit 14 °C.

2 Mobilisation des connaissances

Au brouillon

> Identifier les connaissances nécessaires à la construction d'une réponse.

> Lister ces connaissances sur un brouillon :
- Depuis 1 million d'années, succession de périodes glaciaires (température globale +10 °C ; 200 ppm de CO_2) et interglaciaires (température globale +14 °C ; 280 ppm de CO_2).
- Origine des périodes glaciaires et interglaciaires : déclenchement *via* la modification des paramètres orbitaux puis rétroactions.
- Depuis 1850 : +1 °C ; 415 ppm de CO_2.
- Origine anthropique du CO_2 en lien avec la combustion des combustibles fossiles.
- Pas de modification des paramètres orbitaux significative sur cette échelle de temps.

3 Schéma et fil conducteur

Au brouillon

> Réaliser rapidement le schéma à inclure dans le développement.
Structures devant figurer sur le schéma : atmosphère, combustions réalisées par les activités humaines, températures terrestres…
Pour rendre fonctionnel le schéma : flux de CO_2 de la combustion vers l'atmosphère, une flèche qui indique l'augmentation de l'effet de serre qui en découle…

> Définir un fil conducteur de votre développement :
1. Le climat depuis 1 million d'années
2. La particularité de la période depuis 1850 (révolution industrielle).

4 Passage du brouillon à la rédaction

> **Dans l'introduction :** formuler explicitement l'objectif du sujet.

> **Dans chaque partie :** un des points de passage du fil directeur défini au brouillon.

> **Dans le bilan :** répondre explicitement à la question posée.

Pratiquer une démarche scientifique

1 Lecture du sujet

Au brouillon

> Noter le (ou les) problème(s) de l'énoncé afin de ne pas perdre l'objectif à atteindre : **identifier dans les documents les arguments qui prouvent que les deux organismes tirent profit de leur association.**

Exercice 3

La symbiose lichénique

ÉNONCÉ Les lichens sont des organismes méconnus et abondants capables de se développer sur des milieux variés : troncs d'arbres, rochers, béton, carrosserie de voiture, etc.
Les scientifiques pensent que les lichens résultent d'une symbiose entre des filaments mycéliens (champignon) et des cellules chlorophylliennes.

QUESTION **À l'aide des documents et de vos connaissances, expliquer pourquoi cette association est considérée comme étant à bénéfice réciproque pour les deux organismes.**

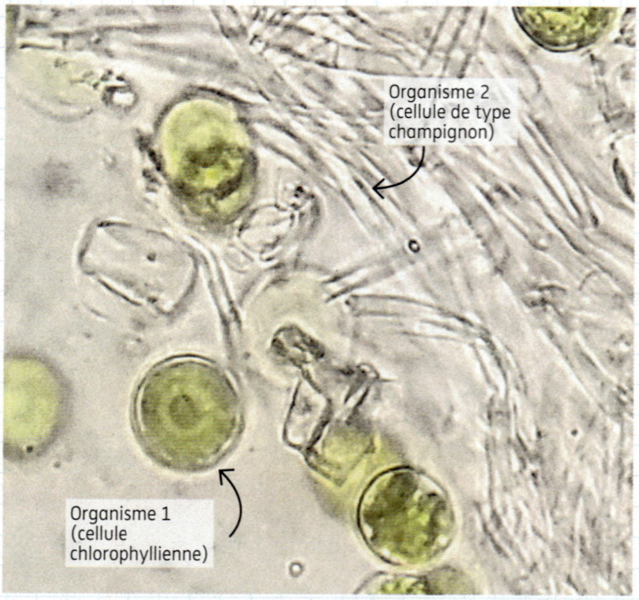

Doc 1. **Observation au microscope optique d'un lichen dilacéré (g×400).**

On place un lichen dans une enceinte afin de mesurer les échanges de CO_2 du lichen avec l'atmosphère. On fait également varier la teneur en eau du lichen. Des études ont révélé que la présence de l'organisme 2 impacte la teneur en eau du lichen : plus l'organisme 2 est abondant plus la teneur en eau est élevée.

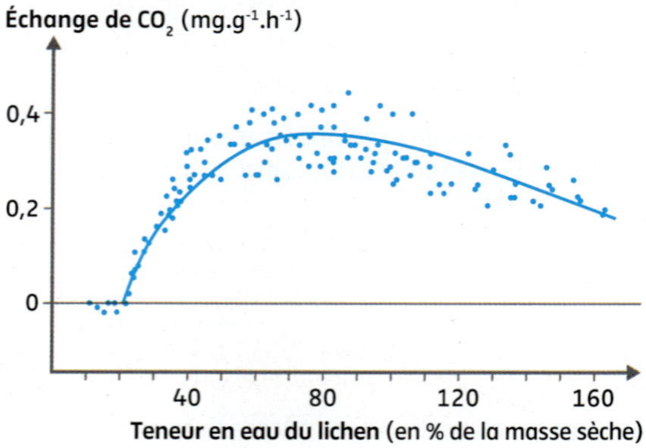

Doc 2. **Échanges de CO_2 réalisés par le lichen en fonction de la teneur en eau.**

2 Lecture de document

Doc 1. Saisir les informations utiles à la résolution du problème : l'organisme n° 2 ne possède pas de chloroplaste ; l'organisme n° 1 en possède. Or, d'après mes connaissances, le chloroplaste est l'organite dans lequel se déroule la photosynthèse → donc seul l'organisme n° 1 peut réaliser la photosynthèse (synthèse de molécules organiques à partir de molécules minérales si de l'énergie lumineuse est présente).

Doc 2. Identifier les conditions expérimentales : comment ces données sont-elles obtenues ? Un lichen est placé dans une enceinte avec du $^{14}CO_2$. On suit l'apparition des glucides radioactifs en fonction du temps dans les deux organismes observés sur le **Doc 1.**

Expérience de radiomarquage. On place un lichen dans une enceinte contenant du $^{14}CO_2$ radioactif. On suit ensuite la radioactivité dans les différents types de cellules qui composent le lichen. En présence de lumière, des glucides radioactifs sont détectés. En l'absence de lumière, aucun glucide radioactif n'est détecté dans les deux organismes.

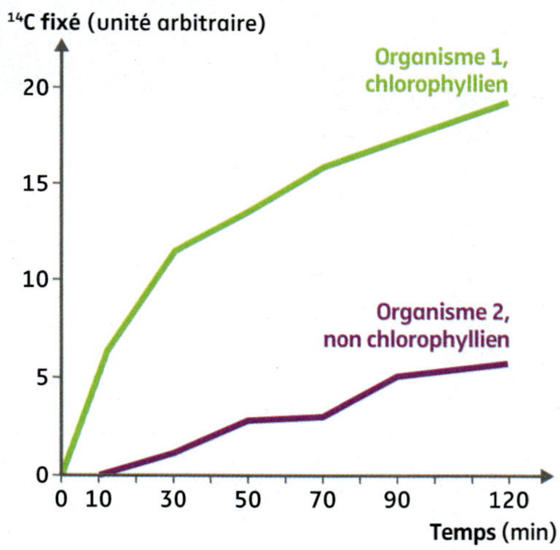

Doc 3. Expérience de radiomarquage.

3 Schéma et fil conducteur

Au brouillon

> **Définir un fil conducteur de votre développement :**

– L'exploitation du **Doc 1** → constat les cellules qui constituent un lichen.

– L'exploitation du **Doc 3** → bénéfice pour l'organisme n° 2.

4 Passage du brouillon à la rédaction

Dans l'introduction, formuler explicitement le problème à résoudre : « À l'aide des documents, nous allons essayer de comprendre pourquoi l'association des organismes constituant un lichen peut être considérée comme étant à bénéfice réciproque (symbiotique) ».

Dans chaque partie, rédiger les saisies de données et les déductions : « On observe sur le **Doc 1** que le lichen contient deux types de cellules caractéristiques de deux organismes différents. Seul l'organisme n° 1 possède des chloroplastes. Or nous savons que les chloroplastes sont les organites dans lesquels la photosynthèse se réalise. On peut donc en déduire que seul l'organisme n° 1 peut réaliser la photosynthèse.

Dans le bilan, répondre explicitement à la question posée : « L'ensemble des données (observations et expérimentales) nous ont permis de comprendre que l'organisme n° 1 fournit des glucides à l'organisme n° 2 assurant ainsi sa nutrition. En revanche l'organisme n° 2... »

« Ainsi, cette association est bien à bénéfice réciproque, les deux partenaires tirant profit l'un de l'autre. »

Au brouillon

Doc 3. Saisir les informations utiles à la résolution du problème : le terme « ^{14}C fixé » correspond au ^{14}C du $^{14}CO_2$ ayant servi à la synthèse des glucides radioactifs lors de la photosynthèse.

La détection des glucides radioactifs se fait dès le début de l'expérience dans l'organisme n° 1 au bout de 10 minutes dans le n° 2.

Il est dit dans le texte : « En l'absence de lumière aucun glucide radioactif n'est détecté, dans les deux organismes. »

Formuler des déductions (ce que ce document apporte dans le cadre de la question) : l'organisme n° 1 synthétise des glucides lors de la photosynthèse en fixant du ^{14}C puis transfère une partie des glucides à l'organisme n° 2 → donc bénéfice pour l'organisme n° 2 non chlorophyllien.

THÈME 3

Corps humain et santé

SOMMAIRE

Comportements, mouvement et système nerveux

Produire le mouvement : contraction musculaire et apport d'énergie

Vu dans les classes précédentes

- Il existe au sein de l'organisme des communications entre organes par voie hormonale ou par voie nerveuse.
- Les tissus sont constitués de cellules spécialisées dans la réalisation d'une fonction et reliées entre elles par une matrice extracellulaire.
- Les cellules ont une activité métabolique.
- Le métabolisme repose sur l'activité d'enzymes servant de catalyseurs le long des voies métaboliques.

Dans ce thème

- La commande réflexe et volontaire de la contraction des muscles. Chapitres 14 et 15
- La communication nerveuse et sa perturbation par les drogues. Chapitres 14 et 15
- L'organisation et la contraction des muscles. Chapitre 16
- L'approvisionnement des cellules musculaires en énergie. Chapitres 17 et 18
- L'adaptation de l'organisme au stress. Chapitre 19
- L'influence du comportement individuel sur la santé. Chapitres 15, 18, 19 et 20

Quelles études ?

HÉLENA, en 3e année d'institut de formation de psychomotricien

- BAC général spécialité SVT
- Institut de formation de psychomotricien

Portraits

ARTHUR, Manipulateur radio

- BAC général, BAC ST2S, BAC STL
- 3 ans en institut de formation de manipulateur d'électroradiologie médicale
ou
- 3 ans pour obtenir le DTS imagerie médicale et radiologie thérapeutique

→ Portraits p. 429

Combat d'escrime.

LE QUIZ

EXO Exercices interactifs

Répondez par vrai ou faux aux affirmations suivantes.
Vous pouvez vous reporter au paragraphe indiqué.

	Vrai	Faux	
▶ On reconnait une cellule spécialisée car elle exprime la totalité de ses gènes.	❒	❒	→ 3
▶ Lors de la mitose, le fuseau intervient dans la séparation des chromatides.	❒	❒	→ 2
▶ Dans une réaction enzymatique, les substances qui résultent de la catalyse sont les enzymes elles-mêmes.	❒	❒	→ 3
▶ L'hypophyse étant située à la base du cerveau, elle permet une communication nerveuse dans l'organisme.	❒	❒	→ 3
▶ Une des voies de communication dans le corps est la circulation de molécules.	❒	❒	→ 4 5
▶ Le cerveau est organisé en zones qui interagissent les unes avec les autres.	❒	❒	→ 2
▶ L'échange d'informations dans l'organisme peut se faire par voie nerveuse, hormonale, ou par contact direct entre cellules.	❒	❒	→ 1 4 5

→ Voir réponses p. 447

SPÉCIALISATION CELLULAIRE

1 ORGANITES

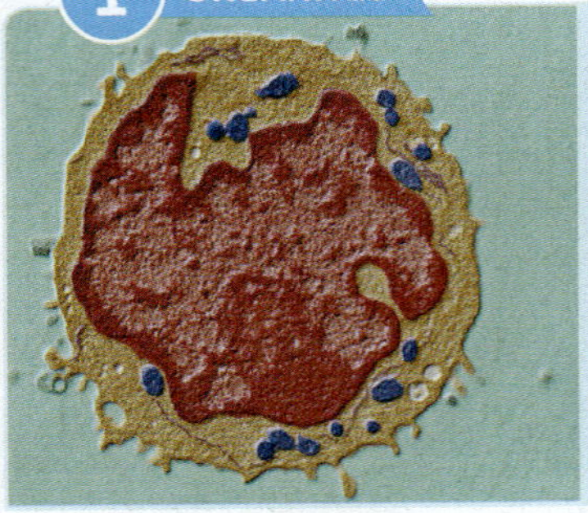

La respiration cellulaire se réalise dans la cellule grâce à un organite particulier : la mitochondrie. D'autres organites plus spécialisés ne sont pas toujours présents, comme les chloroplastes par exemple.

2 CYTOSQUELETTE

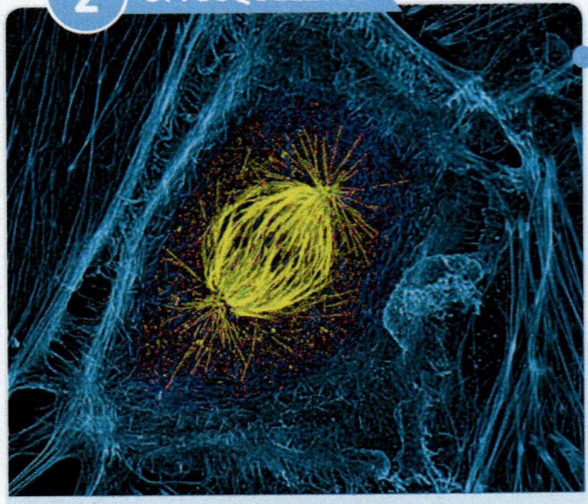

La forme des cellules dépend de l'organisation de leur cytosquelette, c'est-à-dire de la disposition des fibres de protéines dans le cytoplasme. Au moment de la division cellulaire, le fuseau mitotique est particulièrement apparent.

3 ENZYMES

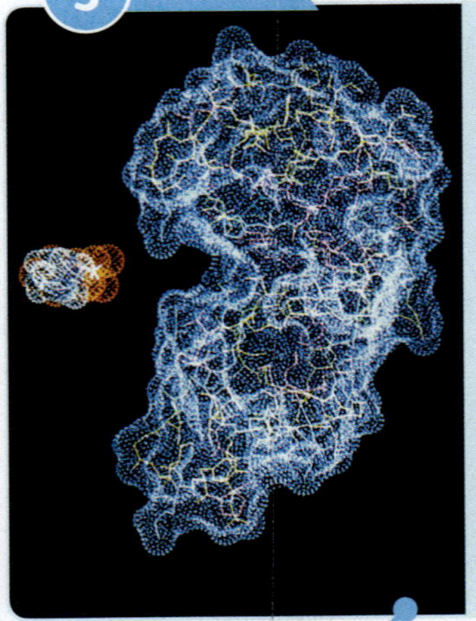

Chaque cellule produit de nombreuses enzymes qui catalysent les transformations chimiques d'autres molécules.

La variété d'enzymes produites par une cellule dépend des gènes qui s'expriment et contribue à la réalisation de sa fonction au sein de l'organisme.

4 MÉTABOLISME

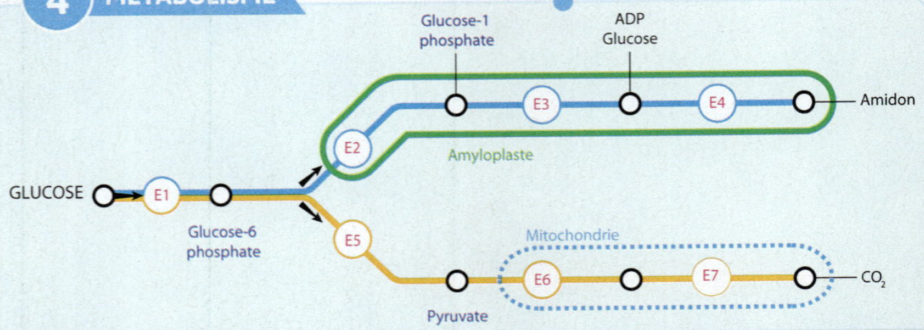

L'ensemble des réactions chimiques au sein d'une cellule est appelé métabolisme. Certaines cellules sont capables de mettre en œuvre des voies métaboliques particulières, qui correspondent à leur spécialisation.

COMMUNICATIONS AU SEIN DE L'ORGANISME

1 SYSTÈME NERVEUX

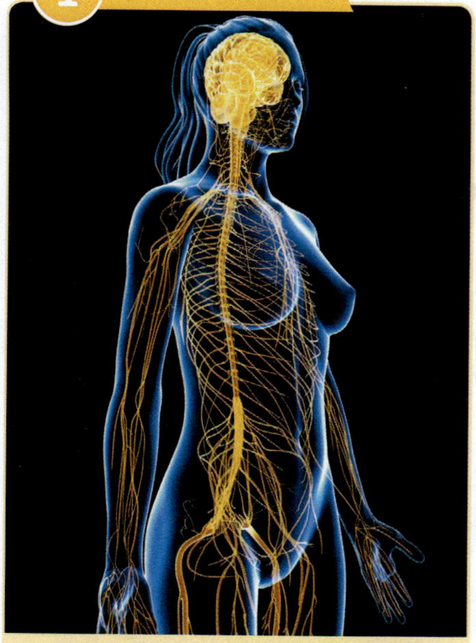

Le système nerveux est constitué du cerveau, du cervelet, de la moelle épinière et des nerfs qui en partent.

2 SYSTÈME DE LA RÉCOMPENSE

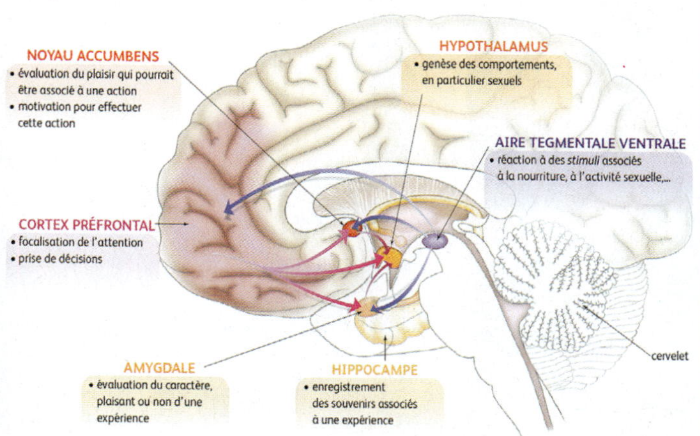

Plusieurs aires du cerveau sont particulièrement activées lors de l'exécution de fonctions vitales et provoquent une sensation de satisfaction. Il s'agit de l'aire tegmentale ventrale, du noyau accumbens, du septum, de l'amygdale et du cortex préfrontal.

3 AXE HYPOTHALAMO-HYPOPHYSAIRE

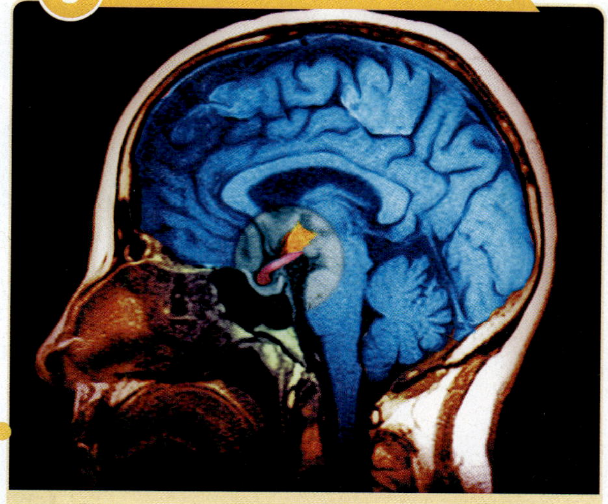

Le complexe hypothalamus/hypophyse, localisé à la base du cerveau, sécrète dans le sang des hormones qui contrôlent le fonctionnement du corps.

4 HORMONES

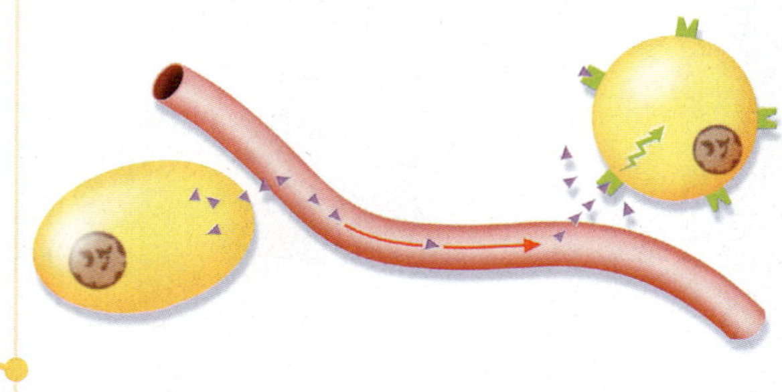

Une hormone est une molécule libérée dans le sang par une glande, et capable d'agir sur un organe cible pour modifier son fonctionnement.

5 SYSTÈME IMMUNITAIRE

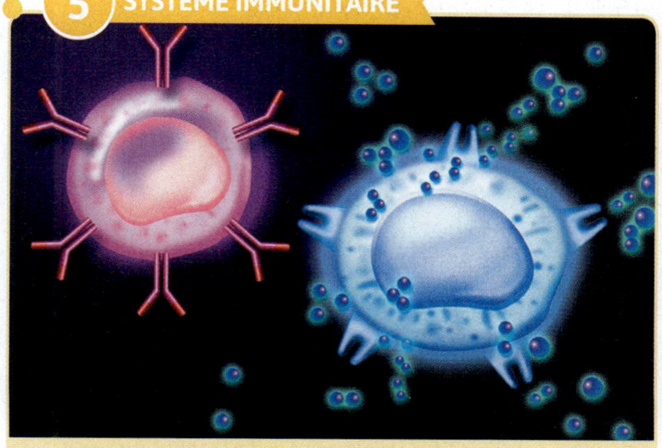

Le système immunitaire est un système de reconnaissance du soi et des éléments étrangers à l'organisme. Il met en jeu des communications entre cellules par contact direct ou par des protéines médiatrices sécrétées dans le milieu.

CHAPITRE 14

Les réflexes

Notre organisme réalise en permanence des mouvements assurés par la contraction des muscles. De nombreuses réponses motrices sont involontaires : ce sont des réflexes qui reposent sur une communication nerveuse impliquant des neurones.

L'équilibrisme sur sangle (slackline) consiste à progresser en équilibre sur une sangle tendue entre deux ancrages. Cela met en jeu des réponses musculaires quasi instantanées et involontaires, ou réflexes.

Comment expliquer les réflexes qui participent au maintien de l'équilibre ? UNITÉ 1

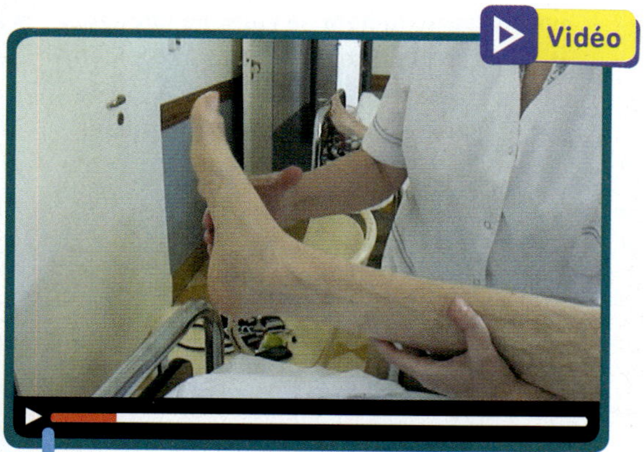

Un clonus. Il s'agit d'une série de contractions rapides et réflexes du mollet, suite à un accident vasculaire cérébral.

Dans quelle mesure le cerveau et la moelle épinière contrôlent-ils les mouvements ?

UNITÉS 1 et 2

Les prothèses modernes contiennent des capteurs, des processeurs et des micromoteurs qui leur permettent d'ajuster quasi instantanément leur position et leur mouvement.

En quoi la conception des prothèses s'inspire-t-elle du fonctionnement des membres humains ?

UNITÉ 2

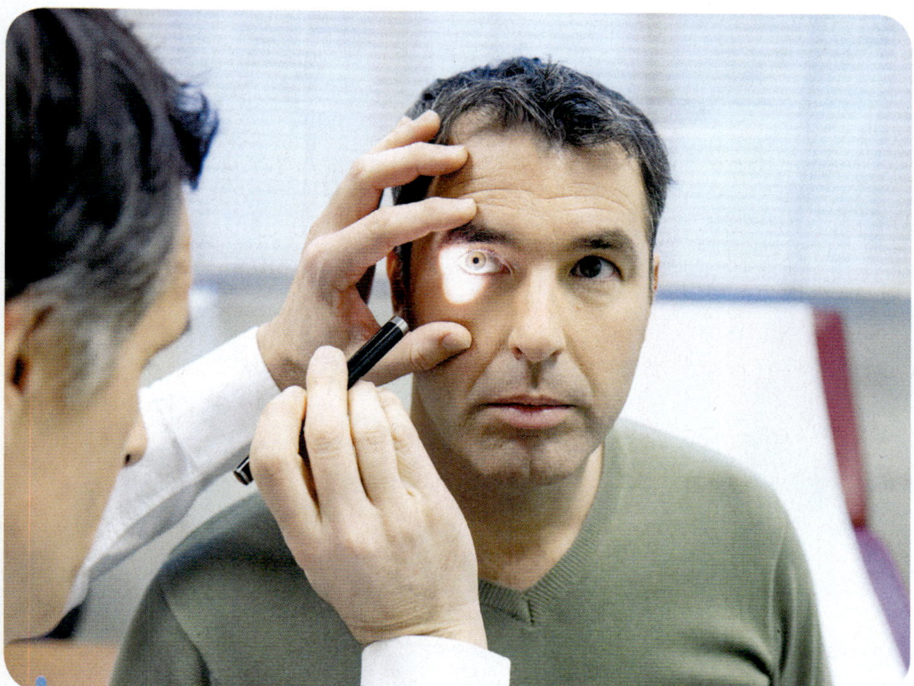

Un médecin teste la contraction réflexe des pupilles.

Quelles informations sur l'état de santé l'évaluation des réflexes apporte-t-elle ?

UNITÉS 3 et 4

0,042 s

C'est la durée moyenne qui s'écoule entre l'**étirement du muscle du mollet et sa contraction réflexe**.

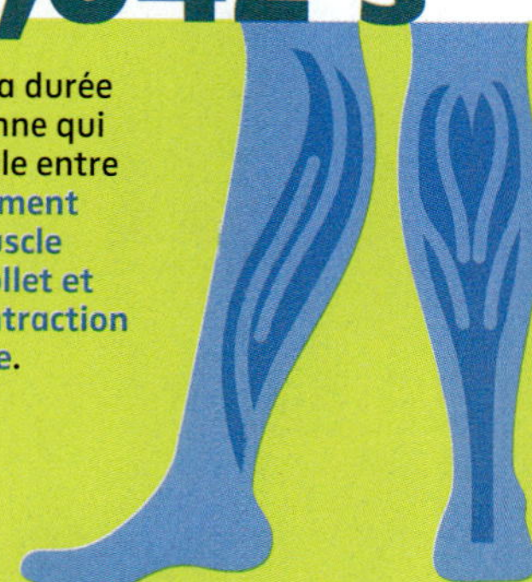

UNITÉ 1 Les étapes d'une réaction réflexe

MISSION

ORAL

L'étirement d'un muscle provoque en retour une contraction réflexe de ce muscle qui s'oppose au mouvement. C'est le réflexe myotatique.

Les médecins testent ce réflexe pour vérifier le bon état du système neuromusculaire.

Pour présenter ce réflexe, vous devez construire un jeu de cartes. Il y aura alors deux possibilités de les utiliser :
– soit à plusieurs en positionnant chacun à son tour une carte à sa place selon l'ordre chronologique (l'exactitude de positionnement est vérifiée grâce au numéro indiqué au verso) ;
– soit pour mémoriser en les utilisant comme des cartes mémoires (flash cards).

→ **Pour chaque étape, rédigez une carte avec au recto le nom de l'organe impliqué, et au verso la présentation des événements qui s'y produisent, justifiée par des arguments extraits des documents.**

Cartes

La spasticité est un désordre moteur fréquent chez les personnes atteintes d'une lésion de la moelle épinière ou du cerveau, ou touchées par une maladie neurodégénérative. Elle se manifeste par une exagération du réflexe myotatique : augmentation du tonus musculaire (hypertonie) et co-contractions des muscles fléchisseurs et extenseurs.

Il peut en résulter des rétractions des muscles qui finissent par déformer les articulations.

Des séances de kinésithérapie permettent de réduire les symptômes.

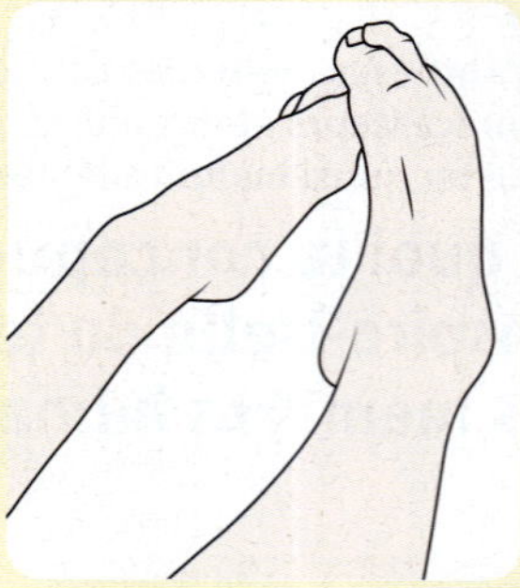

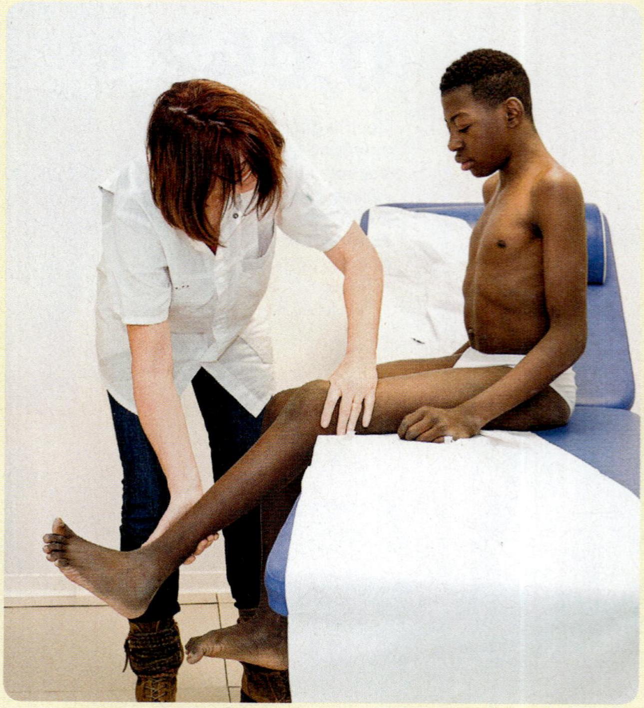

1 **La spasticité : perturbation du réflexe myotatique.**

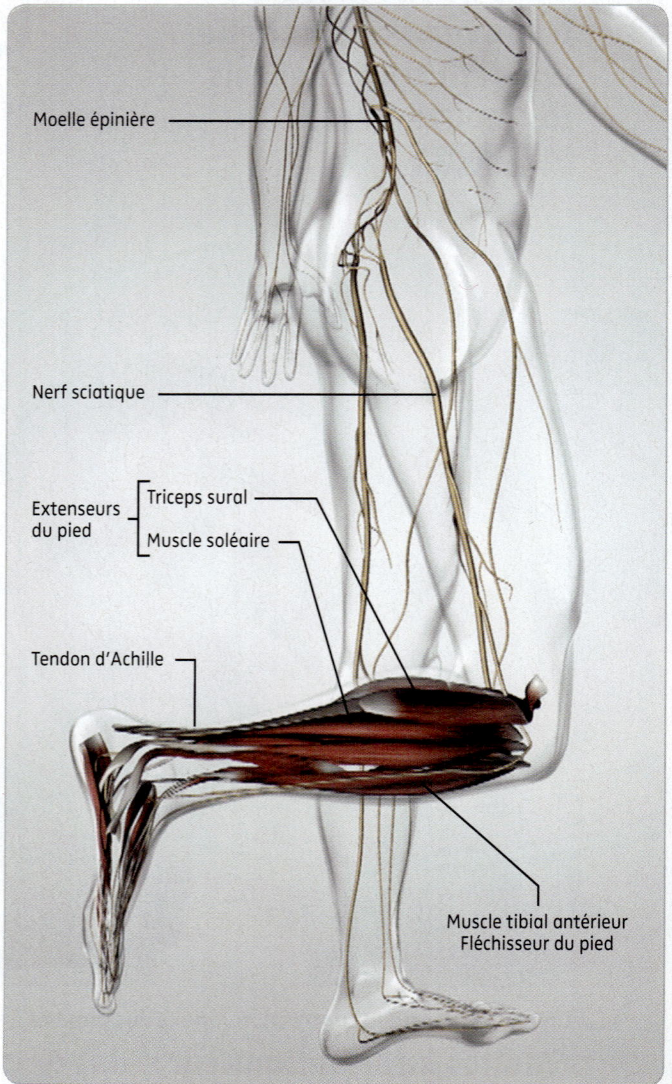

2 **Anatomie simplifiée de la jambe.**

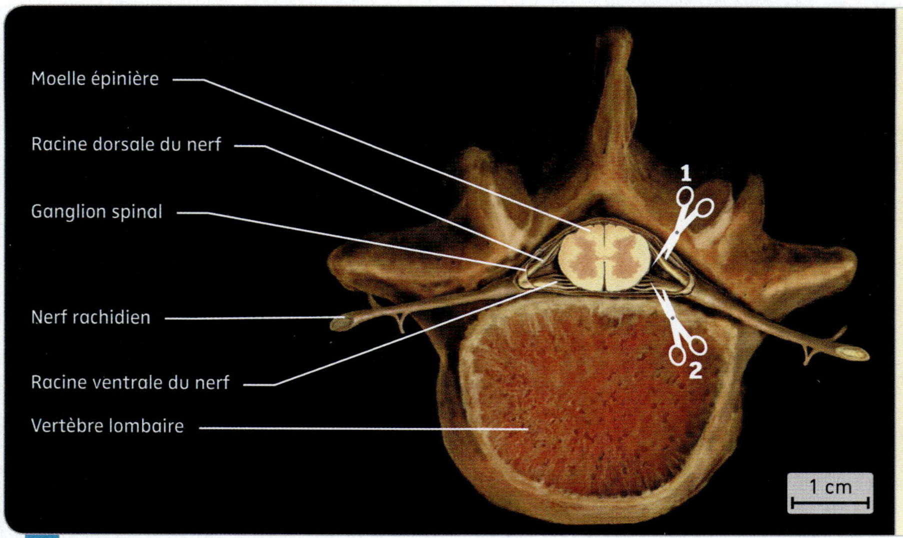

En 1822 le médecin et physiologiste François Magendie réalise des expériences sur de jeunes chiots :

Expérience 1
Section de la racine dorsale (**1**) :
- perte de la sensibilité du membre
- mouvements du membre

Expérience 2
Section de la racine ventrale (**2**) :
- membre sensible
- perte de la motricité du membre

Expérience 3
Section des deux racines (**1** et **2**) :
- perte de la sensibilité et de la motricité

3 **Expériences de Magendie (1822).**

Enregistrer le réflexe myotatique par ExAO

Protocole

PRINCIPE

Un stimulus (ici un coup sec porté avec un marteau sur le tendon d'Achille), provoque une extension du muscle du mollet, puis une extension du pied due à la contraction de ce muscle : c'est un réflexe myotatique.

Un muscle qui se contracte est le siège d'une activité électrique que l'on peut enregistrer avec des électrodes : on obtient un tracé appelé électromyogramme.

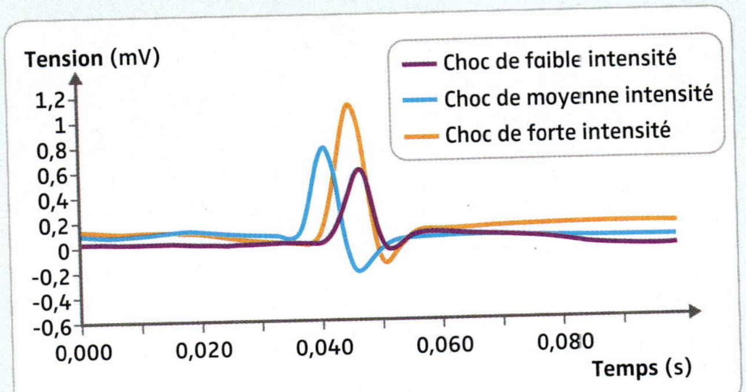

5 **Exemples d'électromyogrammes.**

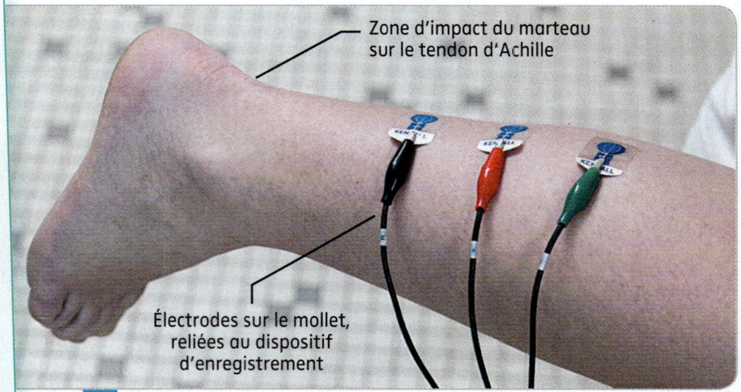

4 **Dispositif expérimental.**

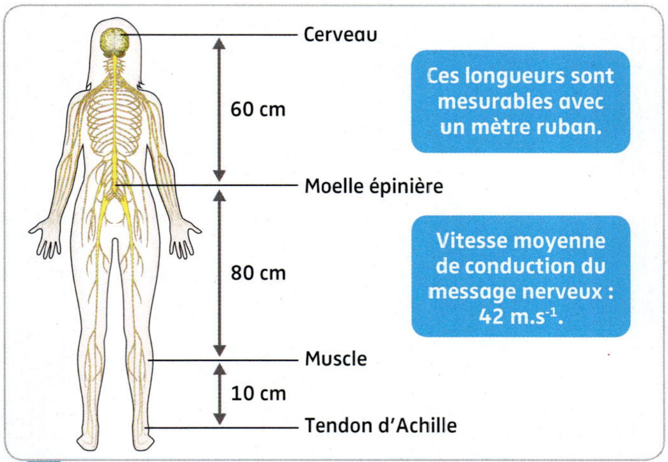

6 **Données pour interprétation des résultats.**

Coups de pouce

Pistes pour construire votre stratégie

1. Lister l'ensemble des organes potentiellement impliqués.
2. Relier chacun d'eux à un ou plusieurs documents.
3. Calculer des temps de trajet pour tester différentes hypothèses (**document 6**).

MISSION réussie si...

- Chaque étape est justifiée par au moins un argument issu des documents.
- Les cartes construites permettent à d'autres élèves de reconstituer le déroulement du réflexe.

UNITÉ 2 Le circuit cellulaire du réflexe

La rapidité du réflexe myotatique repose sur une communication nerveuse entre cellules spécialisées, les neurones. Les neurones établissent des connexions entre eux et avec d'autres cellules.

Objectif

Décrire le circuit neuronal du réflexe myotatique.

Observer la structure du système nerveux

Protocole

Observer le tissu nerveux

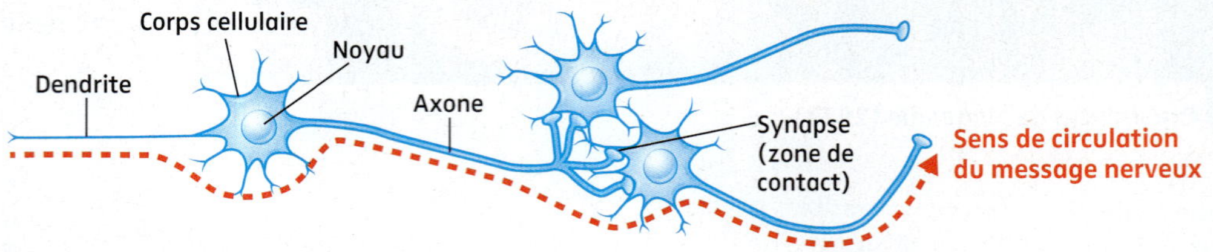

1 **Structure d'un réseau de neurones.**

PRINCIPE N° 1

À partir d'une côte double d'agneau (côte baronne), la substance grise de la moelle épinière est prélevée et étalée sur une lame, colorée puis observée au microscope optique.

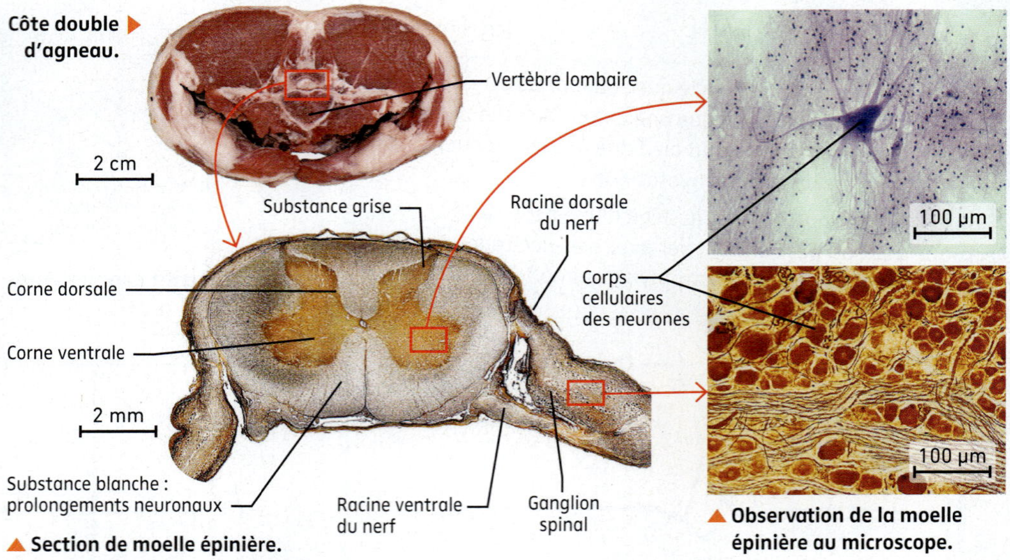

▲ Section de moelle épinière.

▲ Observation de la moelle épinière au microscope.

2 **Prélèvement de substance grise et observation au microscope.**

PRINCIPE N° 2

À partir de cuisses de grenouille, le nerf sciatique est prélevé par dissection, dilacéré, coloré et observé au microscope optique.

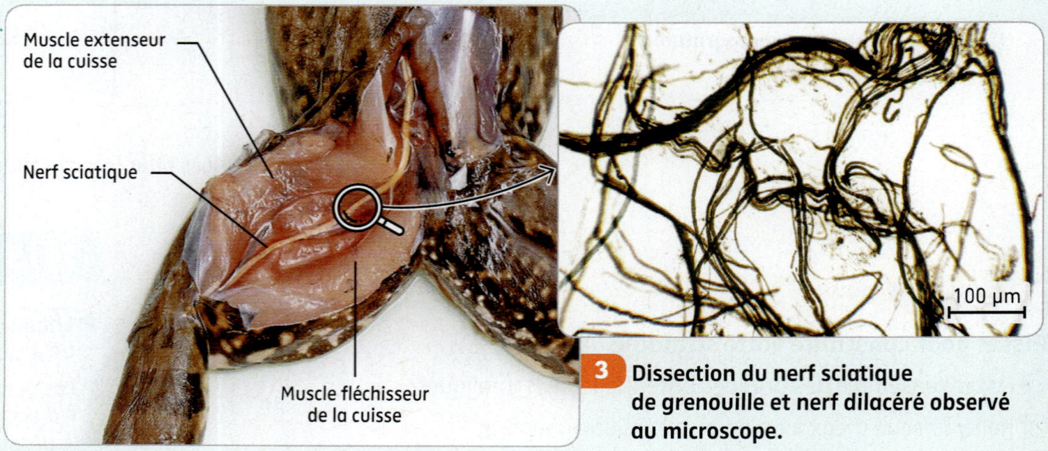

3 **Dissection du nerf sciatique de grenouille et nerf dilacéré observé au microscope.**

Caractériser les relations nerf-muscle

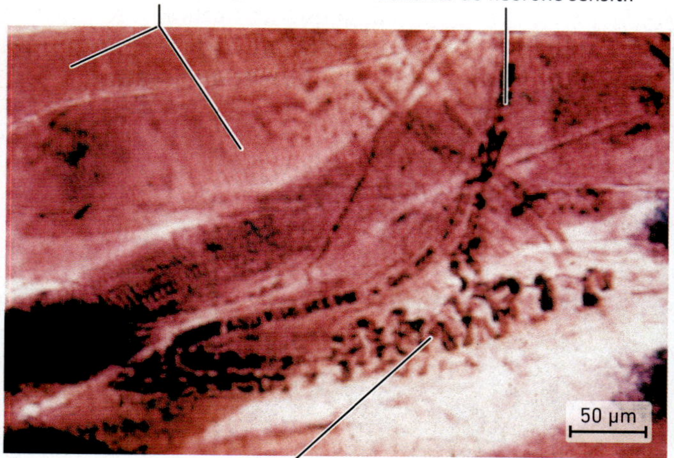

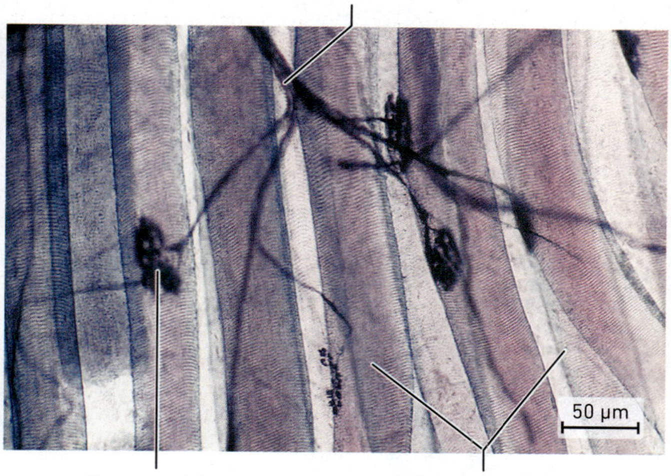

4 Contacts entre les neurones et les cellules musculaires.

Interpréter des résultats de section de nerfs

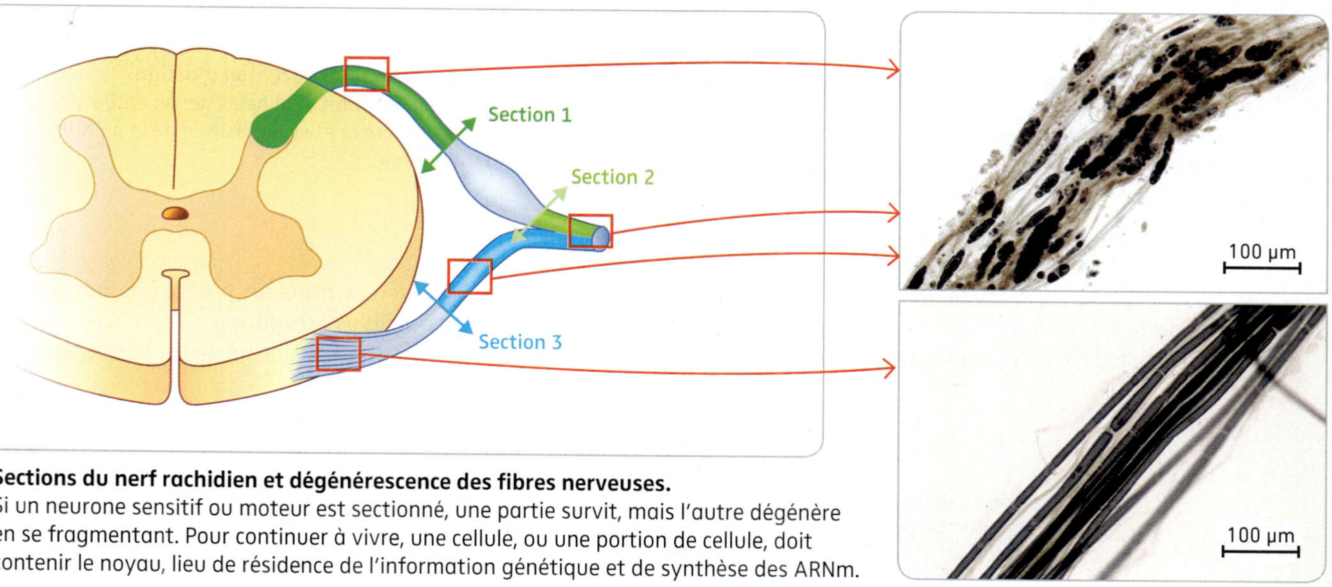

5 Sections du nerf rachidien et dégénérescence des fibres nerveuses.
Si un neurone sensitif ou moteur est sectionné, une partie survit, mais l'autre dégénère en se fragmentant. Pour continuer à vivre, une cellule, ou une portion de cellule, doit contenir le noyau, lieu de résidence de l'information génétique et de synthèse des ARNm.

Guide de résolution

Indicateurs de réussite

1 Localiser les cellules impliquées dans le circuit du réflexe (documents 1 à 4).

2 Formuler des hypothèses sur la structure du réseau neuronal et sur le sens de circulation du message nerveux, en prenant en compte le fait que l'étirement du muscle conduit à sa contraction après aller-retour d'un message nerveux jusqu'à la moelle épinière.

3 Confronter les hypothèses aux résultats présentés dans le document 5.

4 **En conclusion**

Présenter le circuit cellulaire par un texte ou un schéma fonctionnel (→ Méthode n° 11).

UNITÉ 3 La propagation et le codage du message nerveux

À la fin du XVIIIe siècle, Luigi Galvani, professeur d'anatomie à Bologne, réalise des expériences sur la grenouille qui démontrent que la contraction des muscles est provoquée par de l'électricité véhiculée par les nerfs.

Objectif

Expliquer la nature, la propagation et le codage de l'information nerveuse.

Décrire la réponse d'un neurone à une stimulation

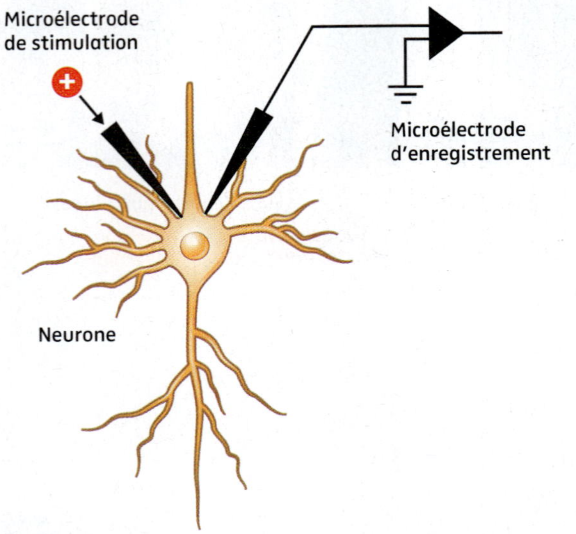

1 Stimulation et enregistrement du potentiel membranaire d'un neurone. Au repos, on enregistre une différence de potentiel électrique transmembranaire qui correspond à une inégale répartition des charges électriques de part et d'autre de la membrane plasmique.

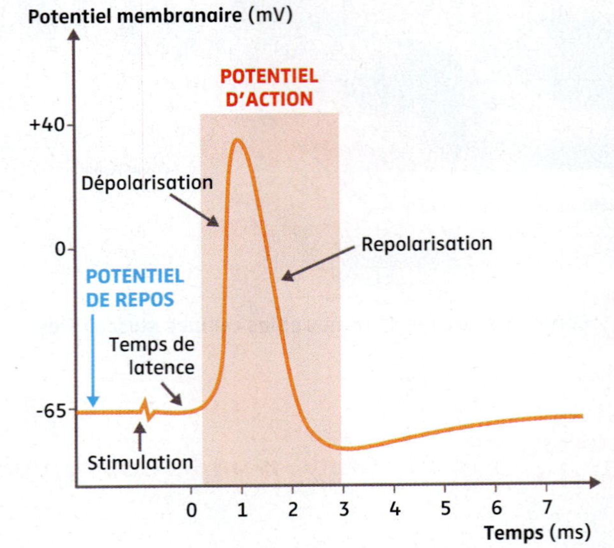

2 Enregistrement d'un potentiel d'action. Suite à la stimulation d'un neurone, on enregistre une inversion brève et standardisée de la polarité de la membrane.

Des chercheurs de l'université de Yale, aux États-Unis, ont mis au point une technique permettant de visualiser l'état de polarisation de la membrane le long d'un axone au cours du temps.

Pour cela, ils injectent dans un neurone géant d'escargot des colorants sensibles au voltage.
La couleur est détectée par une grille de photodiodes microscopiques (112 × 112 µm).

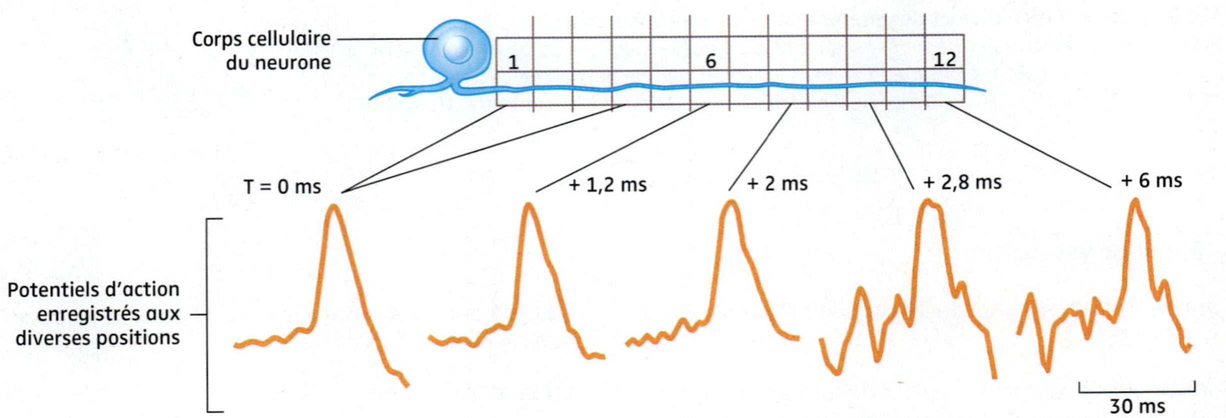

3 Propagation du potentiel d'action le long de l'axone.

Formuler une hypothèse pour expliquer la transmission du message nerveux entre neurones

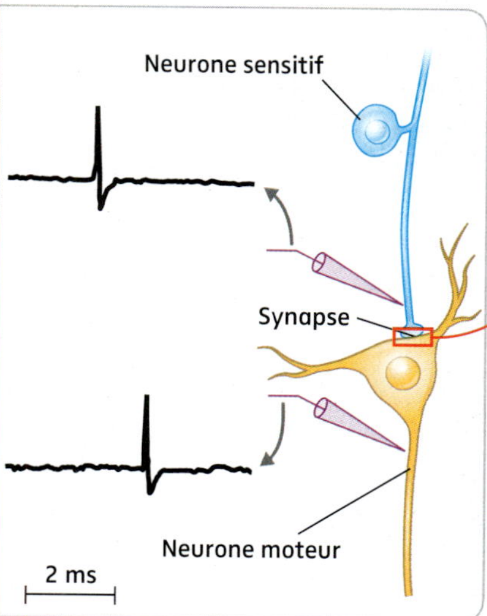

4 Enregistrements de l'activité électrique des neurones.

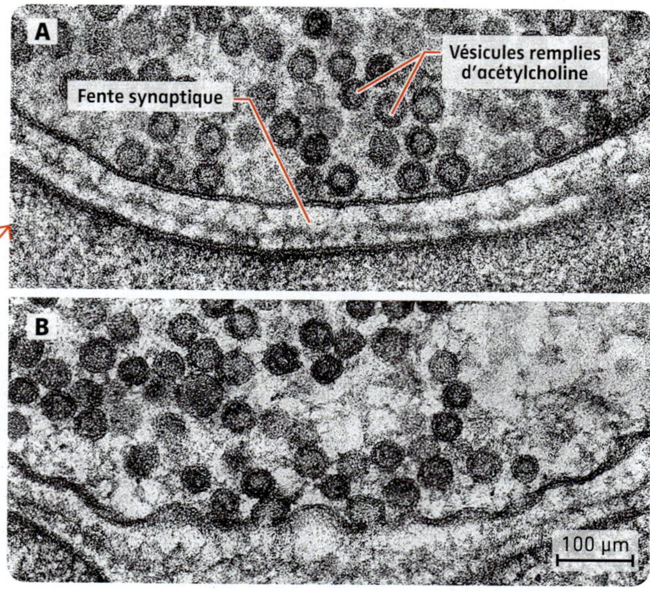

5 Effet de l'arrivée d'un potentiel d'action à la synapse (microscopie électronique à transmission).
A : avant l'arrivée du potentiel d'action ; **B** : après.
L'acétylcholine est une petite molécule diffusible.

Caractériser le codage du message nerveux

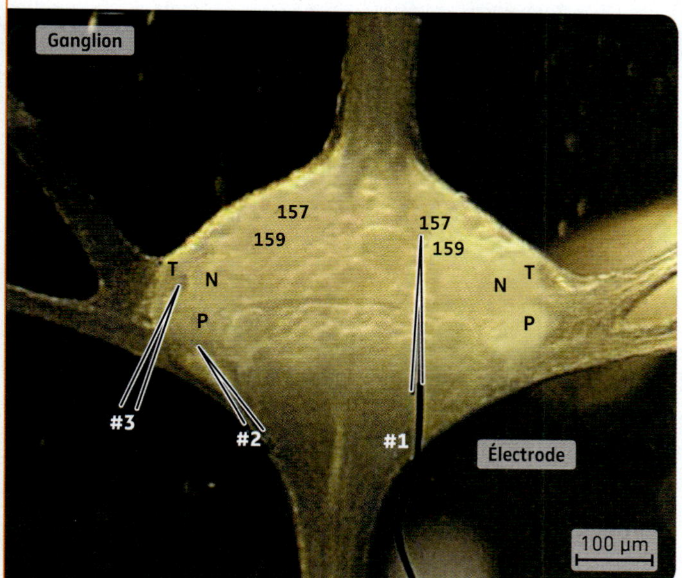

6 Positionnement des électrodes sur un ganglion nerveux de sangsue. Un ganglion est un centre nerveux qui regroupe de multiples corps cellulaires de neurones. Les nombres et les lettres P, N et T désignent des neurones sensitifs dans lesquels des électrodes sont implantées.

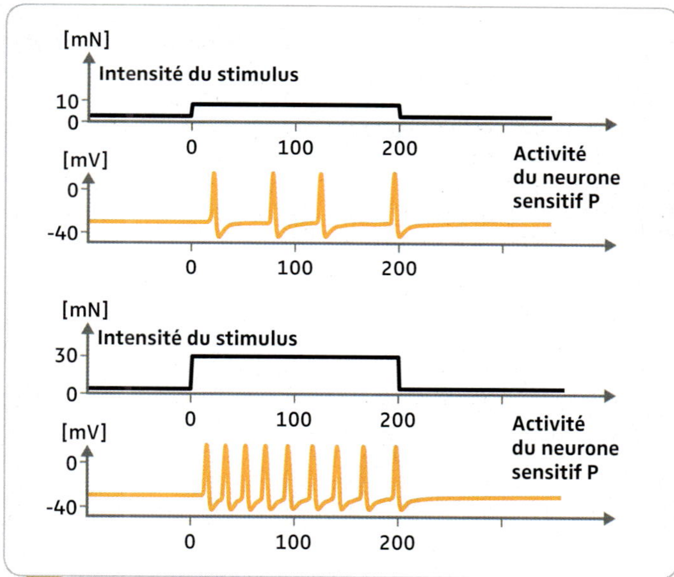

7 Intensité du stimulus et activité d'un neurone sensitif. La stimulation consiste ici en l'application d'une force en millinewton sur 1 mm² du corps de l'animal pendant 200 ms.

Guide de résolution

Indicateurs de réussite

1. Relier la structure du neurone à sa fonction de transmission d'un message (**documents 1 à 3**).
2. Déterminer les modalités de propagation d'un message nerveux au sein d'un réseau de neurones (**documents 4 et 5** et **Méthode n° 8**).
3. Argumenter pour présenter le codage du message nerveux (**document 7**).
4. **En conclusion**
Présenter comment les neurones connectés les uns aux autres sont le support de la propagation d'un message.

UNITÉ 4 La stimulation de la contraction musculaire

Dans le circuit cellulaire du réflexe, le message nerveux se propage du neurone sensitif au motoneurone et aboutit à la contraction des cellules musculaires.

Objectif

Expliquer le déclenchement de la contraction d'une cellule musculaire.

Décrire le contact entre neurone moteur et cellule musculaire

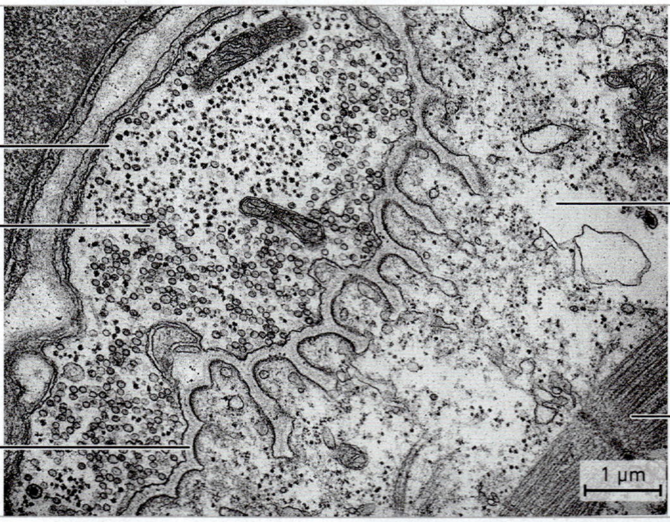

1 **Structure de la plaque motrice.**

Expliquer le codage du message nerveux lors de la transmission synaptique

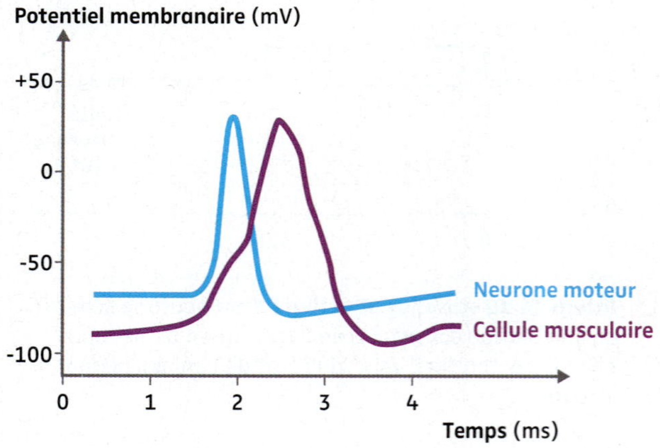

2 **Enregistrements de part et d'autre de la synapse.**

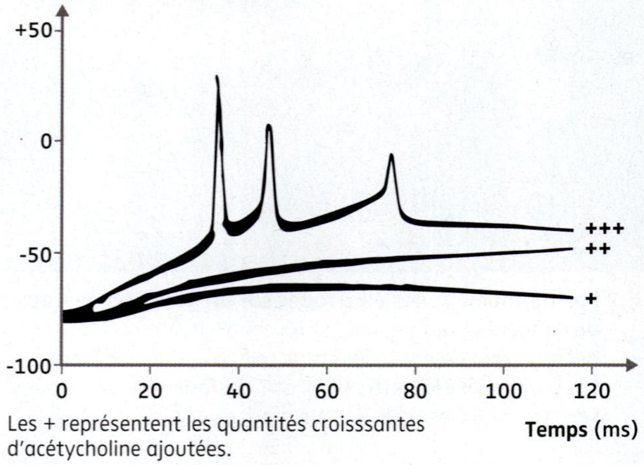

Les + représentent les quantités croisssantes d'acétycholine ajoutées.

3 **Ajout de quantités croissantes d'acétylcholine au niveau de la plaque motrice.**

Potentiels d'action / seconde	1	10	20
Nombre de vésicules fusionnées à la membrane plasmique du côté de la fente synaptique	11	30	53
Nombre de molécules d'acétylcholine libérées dans la fente synaptique	55 000	150 000	265 000

4 **Mesure de la libération d'acétylcholine en fonction de l'activité du neurone moteur.** Les données sont obtenues en utilisant des microélectrodes implantées au niveau des jonctions neuromusculaires sur les muscles de pinces d'écrevisses.

Identifier une conséquence de la stimulation d'une cellule musculaire

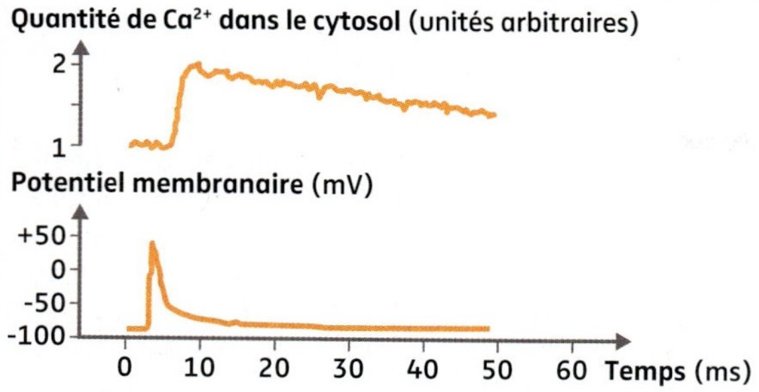

5 **Dépolarisation de la cellule et quantité d'ions calcium dans le cytosol.**

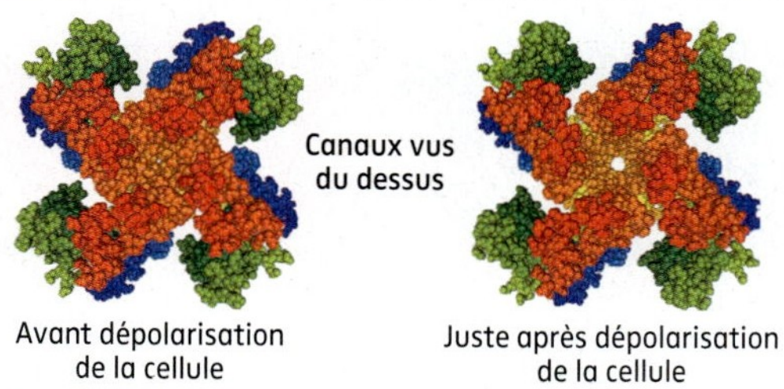

6 **Canaux calciques du réticulum sarcoplasmique.**

Fichiers pdb

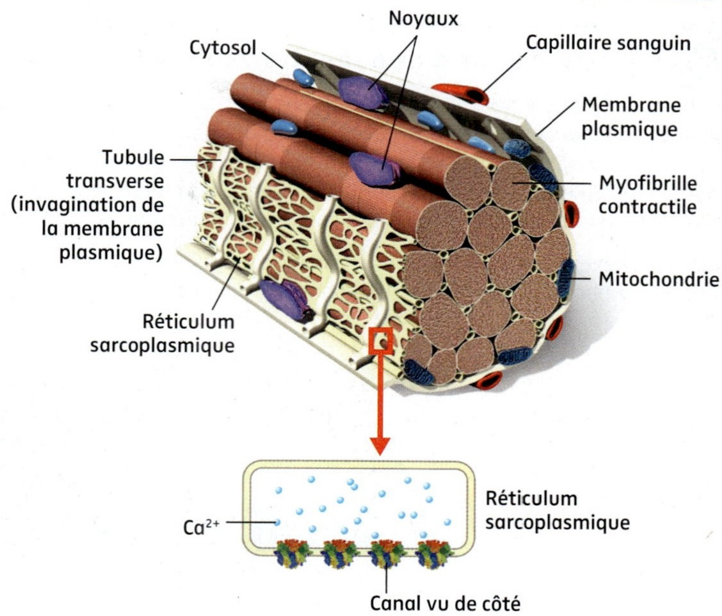

7 **Structure de la cellule musculaire.**

Réaliser une expérience montrant l'action du calcium sur des cellules musculaires

Mettre en évidence l'action du calcium sur des cellules musculaires

Protocole

PRINCIPE

Des cellules musculaires sont prélevées sur un muscle adducteur d'huître. On dépose ensuite dessus une solution saline physiologique (NaCl 0,9 %) ou une solution de calcium ($CaCl_2$ 5 %).

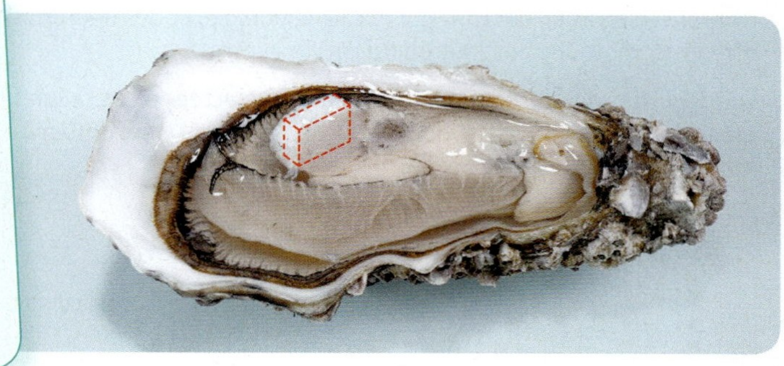

8 **Effet du calcium sur les cellules musculaires.**

Guide de résolution

Indicateurs de réussite

1 Retrouver sur le document 1 des éléments de structure et les relier au fonctionnement de la jonction neuromusculaire présenté dans les documents 2 à 4 (➔ Méthode n° 8).

2 Identifier les changements moléculaires se produisant dans une cellule musculaire stimulée (documents 5 à 7).

3 Relier ces changements moléculaires aux observations réalisées sur le document 8.

4 **En conclusion**

Lister les étapes menant du message nerveux propagé par le neurone moteur jusqu'à la contraction du muscle et, pour chacune, identifier les mécanismes mis en jeu.

CHAPITRE 14

Les réflexes

UNITÉ 1 Les étapes d'une réaction réflexe

- En percutant légèrement le tendon qui relie le muscle à l'os, on observe une réaction de contraction du muscle à son propre étirement : c'est le réflexe myotatique. Ce réflexe participe au tonus musculaire. En effet, les muscles sont en permanence en tension, ce qui permet au corps de s'opposer à l'action de la gravité.
- Lors du réflexe myotatique, la contraction d'un muscle en réponse à son étirement s'accompagne du relâchement du muscle antagoniste.
- Chez les personnes atteintes de lésions du cerveau ou de la **moelle épinière**, le réflexe est perturbé, ce qui montre que le système nerveux central intervient dans sa réalisation. Le délai entre la stimulation du tendon et la réponse du muscle met en évidence un aller-retour du message par voie nerveuse entre le muscle et la moelle épinière. Le test médical des réflexes permet de s'assurer du bon fonctionnement des centres nerveux.

UNITÉ 2 Le circuit cellulaire du réflexe

- Les muscles sont reliés à la moelle épinière par des nerfs qui contiennent les prolongements des neurones, **dendrites** ou **axones**.
- Les expériences de section montrent qu'il existe des neurones afférents, sensitifs, passant par la racine dorsale, et des neurones efférents, moteurs, passant par la racine ventrale.
- Les dendrites des neurones sensitifs sont connectées à des cellules musculaires modifiées, ce qui constitue le **fuseau neuromusculaire**.
- Cette structure assure une fonction de récepteur sensitif sensible à l'étirement. À partir du corps cellulaire du neurone sensitif situé dans le ganglion spinal de la racine dorsale du nerf, un axone se projette sur le corps du neurone moteur situé dans la corne ventrale de la moelle épinière. Ce **motoneurone** se prolonge par un axone qui établit des jonctions neuromusculaires avec plusieurs cellules musculaires.
- En plus des **synapses** excitatrices, les motoneurones reçoivent également des synapses inhibitrices. C'est par cet intermédiaire que les motoneurones du muscle antagoniste sont inhibés lors d'un réflexe.

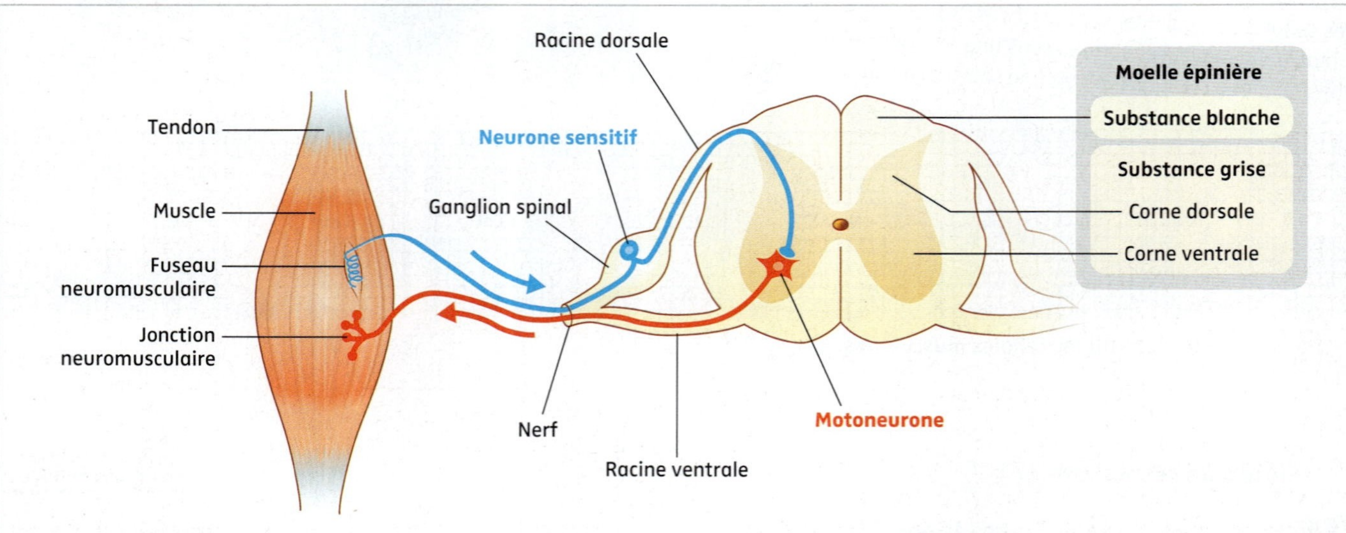

Le circuit cellulaire du réflexe.

UNITÉ 3 La propagation et le codage du message nerveux

▶ Une microélectrode placée dans une cellule permet d'enregistrer une différence de potentiel entre l'intérieur, négatif, et l'extérieur, positif. Les cellules maintiennent une différence de répartition des ions de part et d'autre de la membrane plasmique. Sur les neurones, ce potentiel peut brusquement s'inverser avant de revenir à son état initial. Cette dépolarisation locale de la membrane est appelée **potentiel d'action**. Un potentiel d'action peut se propager de proche en proche le long des dendrites et des axones.

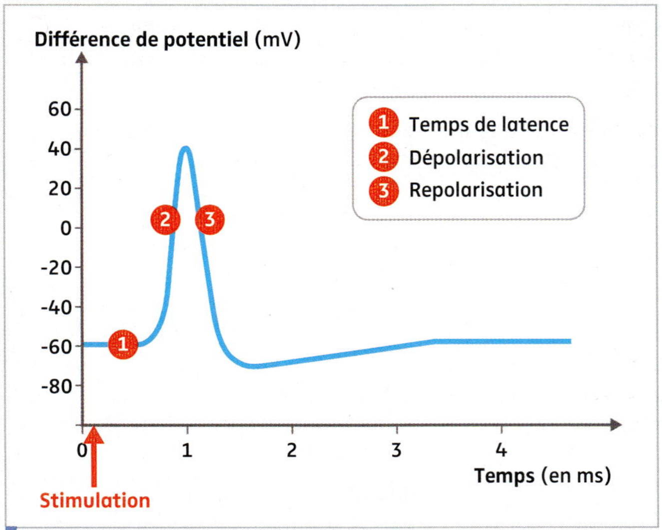

Un potentiel d'action.

▶ L'enregistrement des potentiels d'action sur les fibres nerveuses connectées au muscle montre que l'intensité du **stimulus** et l'intensité de la réponse musculaire sont codées en fréquence de potentiels d'action.

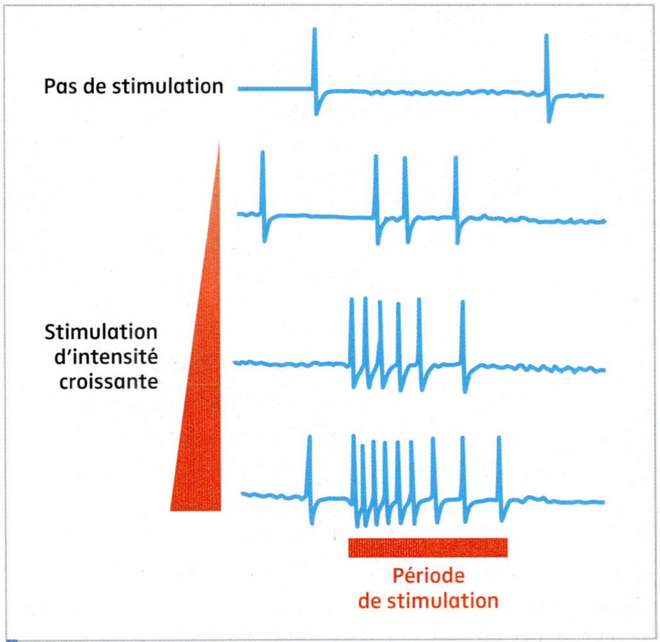

Intensités du stimulus et de la réponse nerveuse.

UNITÉ 4 La stimulation de la contraction musculaire

▶ Les zones de contact entre deux neurones ou entre un neurone et une cellule musculaire forment une structure particulière, appelée synapse.

▶ Dans la cellule pré-synaptique, de nombreuses vésicules occupent le bouton synaptique. Chaque vésicule est remplie d'un **neurotransmetteur**. À l'arrivée d'un potentiel d'action dans le bouton synaptique, les vésicules fusionnent avec la membrane plasmique et libèrent le neurotransmetteur dans la fente synaptique. Celui-ci diffuse dans la fente synaptique, se fixe sur le neurone post-synaptique et déclenche le départ d'un potentiel d'action. C'est la quantité de neurotransmetteurs libérée qui détermine la dépolarisation de la cellule post-synaptique : il y a donc un codage biochimique en concentration du message nerveux lors du franchissement de la synapse.

▶ Dans le cas de la jonction neuromusculaire, le neurotransmetteur est l'acétylcholine. La fixation d'une quantité suffisante d'**acétylcholine** sur la cellule musculaire déclenche la propagation d'un potentiel d'action le long de la cellule. La dépolarisation de la cellule musculaire provoque l'ouverture de canaux calciques et la libération d'ions Ca^{2+} dans le cytosol à partir du réticulum sarcoplasmique. Les ions Ca^{2+} se fixent sur les myofibrilles, ce qui entraîne leur contraction.

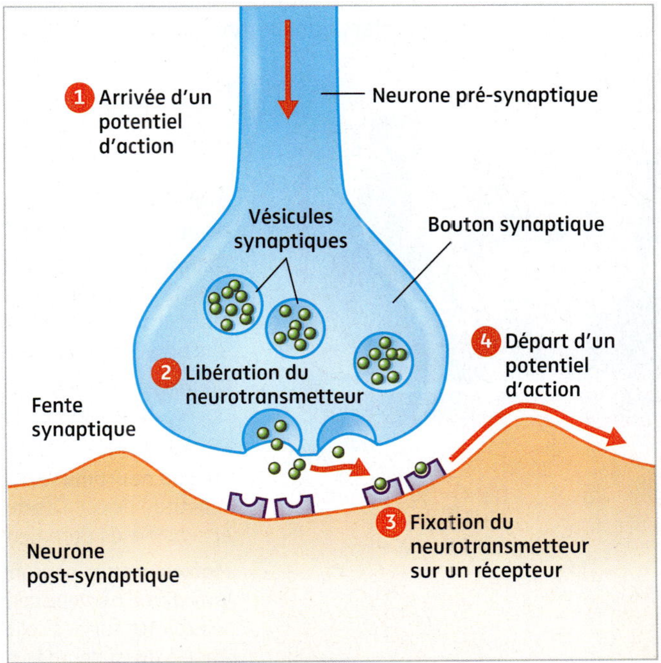

Fonctionnement d'une synapse.

Les réflexes

Texte dys
Texte audio

En quelques mots

1 Le réflexe : une réponse stéréotypée à une stimulation de l'organisme

- Des récepteurs sensoriels détectent en permanence les informations venant de l'environnement (stimulus). Un stimulus donne naissance à un message nerveux envoyé vers les centres nerveux (moelle épinière et cerveau). De là, part alors un message nerveux moteur qui provoque la contraction des muscles, et donc une réponse motrice de l'organisme. Le réflexe est très rapide et indépendant de la volonté.

2 Le circuit cellulaire du réflexe

- Le récepteur sensoriel qui détecte le stimulus est porté par l'extrémité d'un neurone sensoriel. Le corps cellulaire du neurone sensoriel est localisé dans le ganglion spinal, sur la racine dorsale du nerf rachidien. Il envoie un axone vers l'intérieur de la moelle épinière, dans la substance grise, où il établit un contact (**synapse**) avec le corps cellulaire d'un **neurone moteur**.
- Le neurone moteur se prolonge dans le nerf rachidien par un axone qui aboutit sur les cellules musculaires, où se situe la synapse neuromusculaire. Le neurone moteur du muscle antagoniste est connecté au réseau par des synapses inhibitrices.

3 Le codage du message nerveux

- Le stimulus provoque le départ de **potentiels d'action** sur la fibre nerveuse. Un potentiel d'action est une variation brusque de la différence de potentiel électrique entre l'intérieur et l'extérieur de la membrane cellulaire, capable de se propager de proche en proche à la surface de la cellule.
- Arrivé à une synapse, le potentiel d'action est relayé par un **neurotransmetteur**. Celui-ci diffuse de la cellule pré-synaptique à la cellule post-synaptique, où il se fixe sur un récepteur membranaire, déclenchant ainsi le départ d'un nouveau potentiel d'action.
- L'intensité du stimulus est codée en fréquence de potentiels d'action sur les neurones, et en concentration de neurotransmetteurs dans les synapses entre les neurones.

4 La contraction de la fibre musculaire

- Dans la synapse neuromusculaire, l'arrivée d'un potentiel d'action provoque la libération d'**acétylcholine**, qui se fixe sur la cellule musculaire et déclenche sa dépolarisation.
- Le potentiel d'action qui se propage sur la cellule musculaire conduit à l'ouverture de canaux calciques situés sur le **réticulum sarcoplasmique**. Les ions calcium stockés dans le réticulum sarcoplasmique se déversent alors dans le cytosol et provoquent la contraction de la cellule musculaire.

Vidéo bilan

mots-clés

Acétylcholine : neurotransmetteur libéré au niveau de la synapse neuromusculaire.

Axone : appelé aussi fibre nerveuse, c'est le prolongement du corps cellulaire du neurone qui conduit des potentiels d'action vers les synapses.

Dendrite : prolongement du neurone qui reçoit des stimulations et conduit les potentiels d'action vers le corps cellulaire.

Fuseau neuromusculaire : mécanorécepteur constitué de cellules musculaires modifiées et sensible à l'étirement du muscle.

Motoneurone : neurone situé dans le système nerveux central et dont l'axone se projette sur des cellules musculaires. Appelé aussi neurone moteur.

Muscle antagoniste : muscle qui permet de réaliser le mouvement inverse d'un autre muscle. Lorsque l'un se contracte, l'autre se relâche, et inversement.

Neurotransmetteur : molécule stockée dans des vésicules et libérée par le neurone pré-synaptique. Elle se fixe sur des récepteurs portés par le neurone post-synaptique.

Potentiel d'action : dépolarisation brève et uniforme de la membrane plasmique qui se propage dans une seule direction.

Réticulum sarcoplasmique : compartiment de la cellule musculaire, délimité par des membranes et formant un réseau complexe. Il renferme une réserve d'ions calcium.

Synapse : zone de contact entre un neurone et une autre cellule (neurone, cellule musculaire). C'est la zone de transmission du message nerveux par voie chimique entre les cellules.

Schéma interactif

En une image

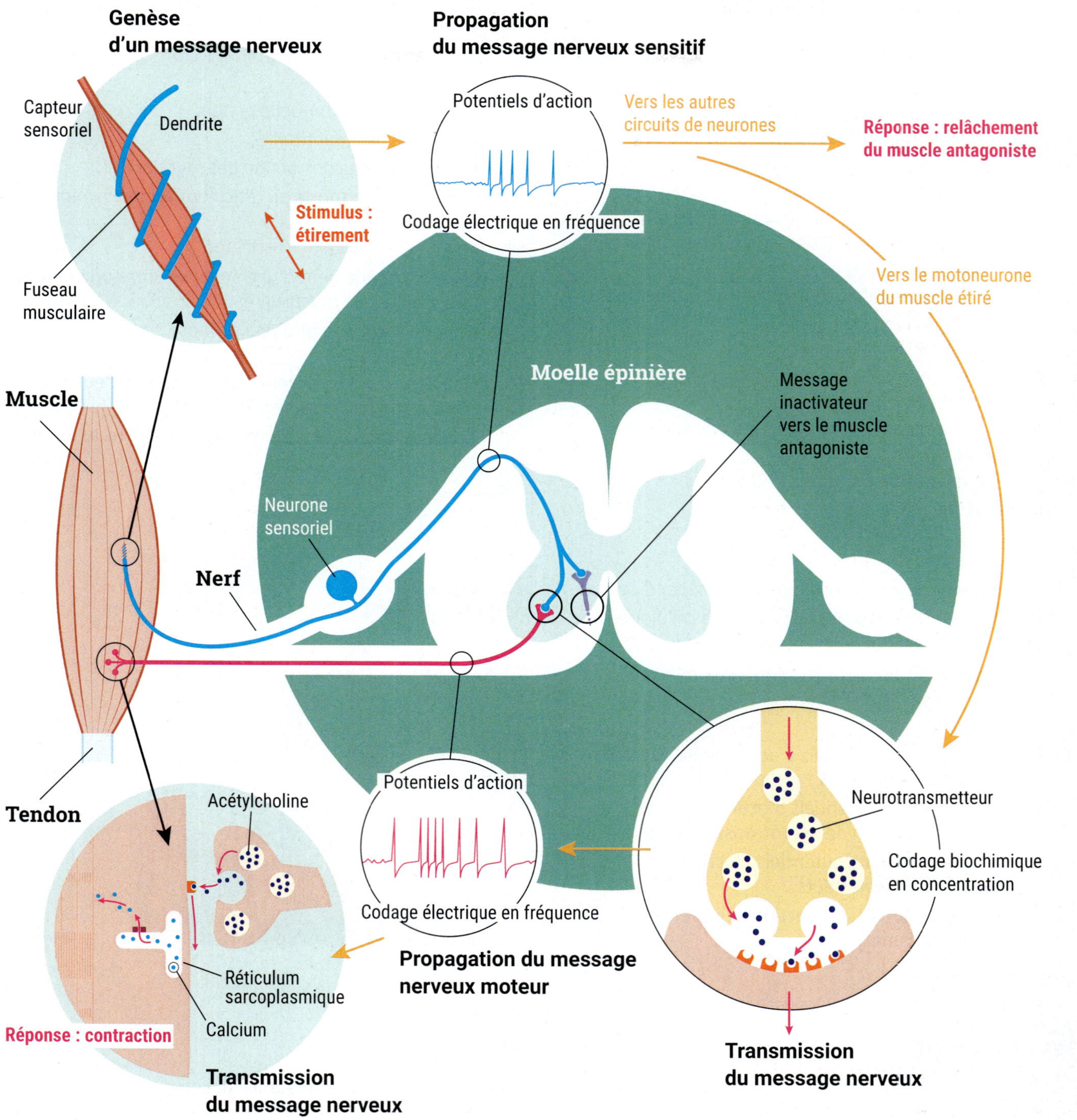

mémorisation active

Pour retenir les notions...

- Éléments fonctionnels de l'arc-réflexe
- Caractéristiques des neurones
- Fonctionnement des synapses
- Codage du message nerveux
- ...

Je construis ma carte des idées

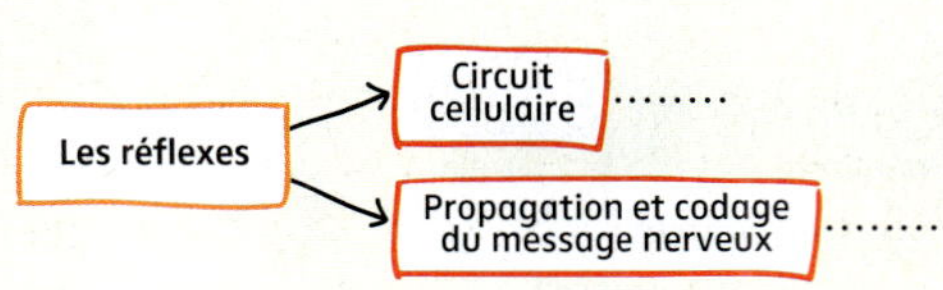

Pour m'aider dans la construction

➜ Méthode 1

Pour m'entraîner

➜ Exercice 1 p. 306

Quiz

Exercices interactifs

Pour chaque question, choisir la bonne réponse parmi les affirmations proposées.

1. Le circuit cellulaire du réflexe fait intervenir dans l'ordre :

- a la jonction neuromusculaire, le neurone sensitif, le motoneurone, le fuseau neuromusculaire.
- b la jonction neuromusculaire, le motoneurone, le neurone sensitif, le fuseau neuromusculaire.
- c le fuseau neurousculaire, le neurone sensitif, le motoneurone, la jonction neuromusculaire.
- d le fuseau neuromusculaire, le motoneurone, le neurone sensitif, la jonction neuromusculaire.

2. Les nerfs sont :

- a des prolongements des muscles qui se projettent dans la moelle épinière.
- b des assemblages de neurones les uns à la suite des autres.
- c des faisceaux de dendrites et d'axones.
- d des axones isolés.

3. Le potentiel d'action se propage :

- a de l'axone au corps cellulaire puis aux dendrites.
- b des dendrites à l'axone puis au corps cellulaire.
- c du corps cellulaire vers les dendrites et l'axone.
- d des dendrites au corps cellulaire puis à l'axone.

4. Le codage du message nerveux se fait :

- a en intensité de potentiels d'action et de libération de neurotransmetteurs.
- b en fréquence de potentiels d'action et en concentration de neurotransmetteurs.
- c en concentration de potentiels d'action et de neurotransmetteurs.
- d en durée de potentiels d'action et en concentration de neurotransmetteurs.

5. Dans la cellule musculaire, le calcium a pour fonction de :

- a propager le potentiel d'action.
- b rigidifier les myofibrilles.
- c provoquer la contraction des myofibrilles.
- d maintenir la forme du réticulum sarcoplasmique.

6. L'image ci-dessous représente :

- a le fonctionnement d'une synapse entre un neurone et une cellule musculaire.
- b le fonctionnement d'une synapse entre deux neurones.
- c le passage d'un potentiel d'action d'un neurone à l'autre par transmission électrique.
- d la libération d'un potentiel d'action dans la fente synaptique.

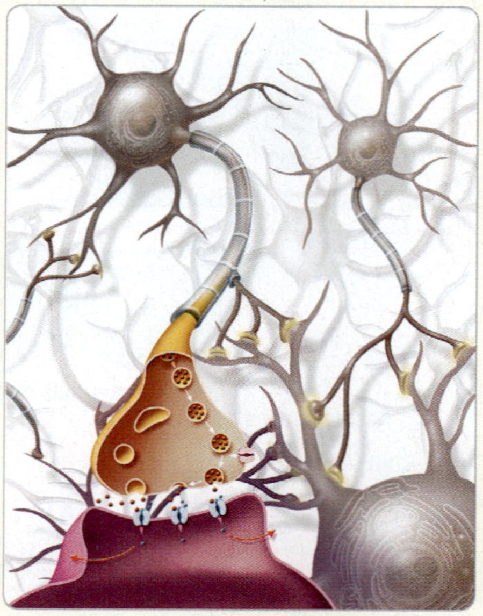

→ Corrigés p. 447

1 Restitution de connaissances

1. Retracer les différentes étapes de réalisation d'un réflexe en commençant par la fin et en remontant à son point de départ.
2. Construire un tableau pour présenter et comparer les différentes modalités de codage du message nerveux.
3. Comparer un neurone sensitif et un motoneurone.

2 Le test médical du réflexe rotulien

À l'aide vos connaissances et en vous appuyant sur les documents proposés, expliquer en quoi le test médical du réflexe rotulien informe sur l'état de santé d'un patient.

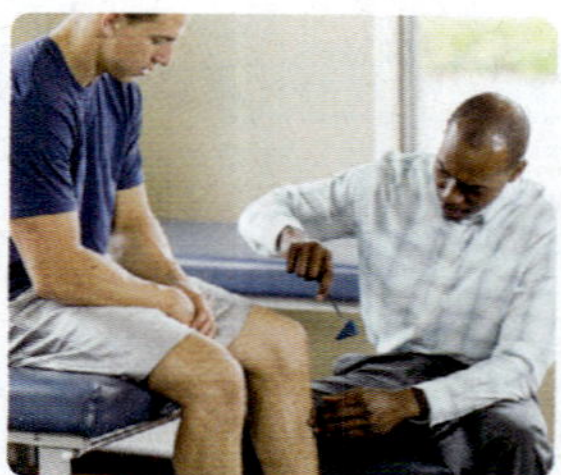

a Un médecin réalisant un test du réflexe rotulien.

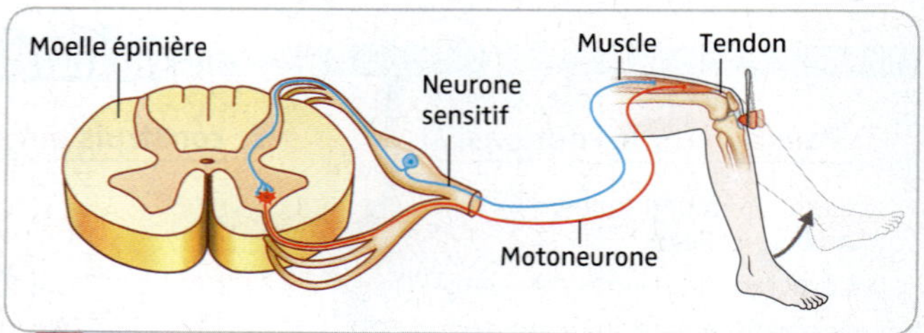

b Circuit cellulaire du réflexe rotulien.

3 Transmission et codage du message nerveux

■ Une microélectrode en tungstène est insérée dans le nerf connecté au muscle tibial antérieur d'un patient.

■ Le pied est alors manuellement étendu trois fois successivement, avec une force croissante, ce qui a pour effet d'étirer le muscle.

On cherche à mettre en évidence la transmission et le codage nerveux de l'intensité du stimulus.

1. **Rappeler l'organisation d'un nerf et en déduire la localisation possible de l'électrode.**

2. **Retrouver sur le document des éléments qui permettent d'illustrer le codage du message nerveux au niveau d'une fibre.**

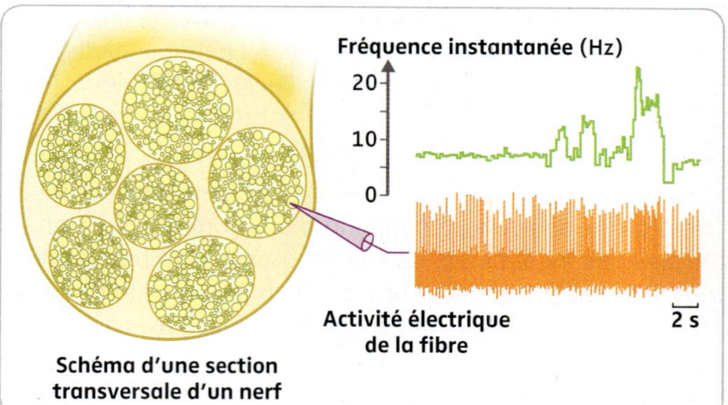

c **Schéma d'une section transversale d'un nerf et activité électrique de la fibre.**

4 La transmission synaptique du message nerveux

■ La compréhension de la transmission du message nerveux au niveau des synapses s'est réalisée en partie grâce à l'obtention de clichés en microscopie électronique. Pour figer les étapes de la transmission synaptique, les chercheurs ont procédé à des congélations ultrarapides de jonctions neuromusculaires juste après une stimulation électrique du motoneurone.

On cherche à expliquer les fondements de l'approche mise en œuvre par les chercheurs.

1. **À l'aide des connaissances et en s'appuyant sur l'image, réaliser un schéma légendé de la structure d'une synapse neuromusculaire.**

2. **Décrire succinctement les étapes de la transmission synaptique.**

3. **Relier les caractéristiques de cette transmission au protocole expérimental développé par les chercheurs.**

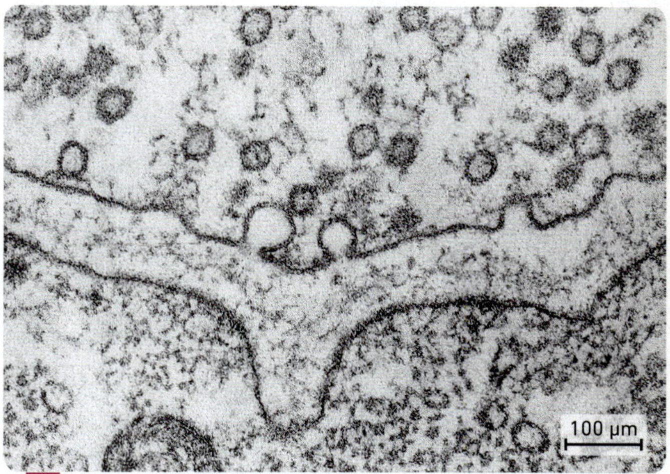

d **Synapse neuromusculaire.**

5 La mise en évidence de l'activité électrique du muscle

■ Les cellules musculaires sont de très longues cellules. Elles n'établissent qu'un seul contact avec un motoneurone au niveau de la plaque motrice. Pourtant, elles se contractent dans leur totalité lorsqu'une stimulation nerveuse leur parvient.

À l'aide de vos connaissances et en vous appuyant sur les documents proposés, expliquer comment le message nerveux responsable de la contraction est relayé dans toute la cellule musculaire.

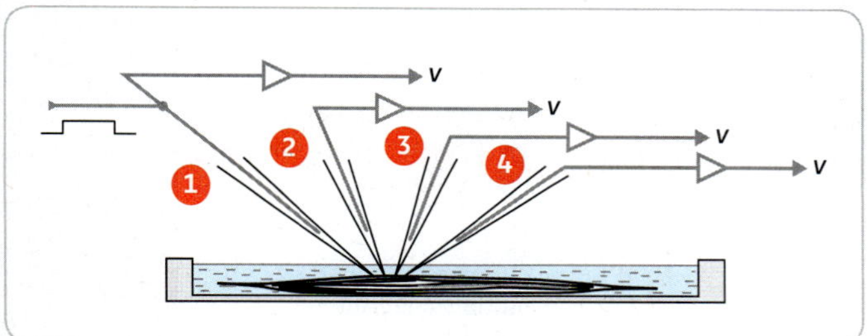

e **Schéma du dispositif expérimental.** Quatre microélectrodes sont implantées dans une cellule musculaire pour enregistrer des variations de voltage. La première permet en plus de réaliser une stimulation électrique.

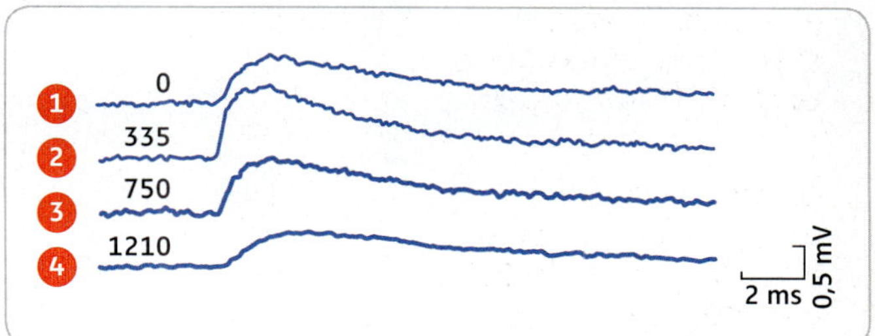

f **Enregistrements obtenus.** Les valeurs situées à gauche des enregistrements indiquent la distance en micromètres entre la microélectrode et le point de stimulation.

6 Exercice guidé L'effet de l'apesanteur sur la transmission du message nerveux

■ Dans l'espace, l'apesanteur prolongée entraîne une perte de force musculaire et une diminution de la densité osseuse. À l'heure actuelle, le seul traitement connu pour ce problème est la pratique de l'exercice physique. Mais est-ce que l'exercice est efficace sur des missions spatiales de longue durée, comme un vol vers Mars ?

■ Pour répondre à cette question, des chercheurs canadiens ont mené l'expérience *H-Reflex*. Il s'agissait de mesurer l'excitabilité de la moelle épinière (c'est-à-dire sa capacité à répondre aux stimuli). En effet, si l'excitabilité de la moelle épinière diminue, les motoneurones sont moins stimulés et donc il faut fournir plus d'efforts pour produire le même niveau d'exercice, ou si le même effort apparent est maintenu, le niveau réel d'exercice est abaissé.

Présenter les fondements biologiques de l'expérience H-Reflex, ses résultats et les conséquences à en tirer pour les vols spatiaux.

Vous organiserez votre réponse selon une démarche de votre choix intégrant des données issues des documents et les connaissances complémentaires nécessaires.

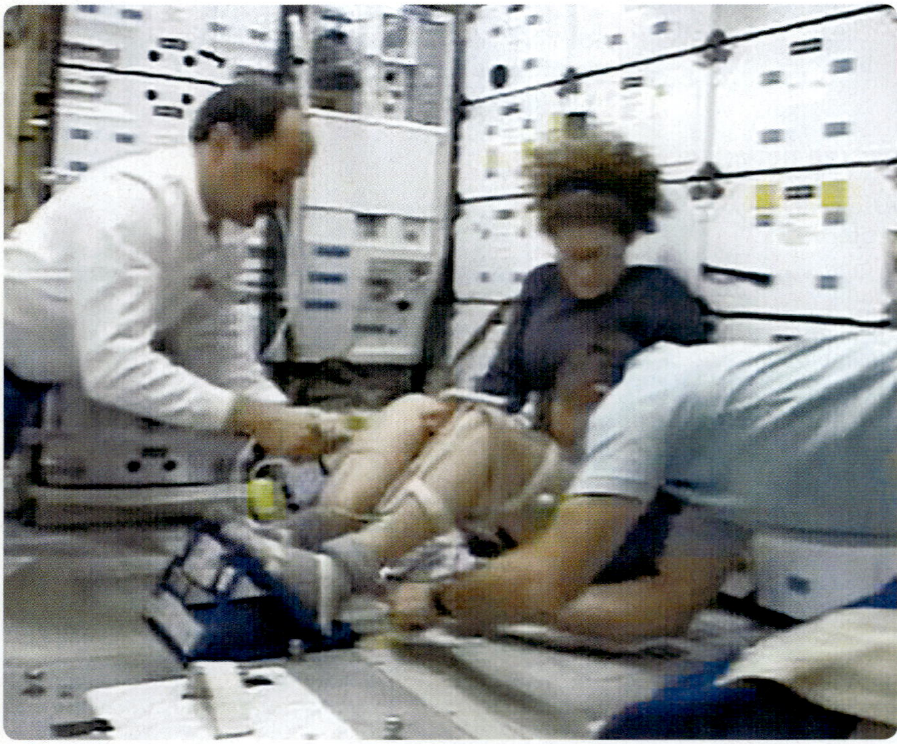

a L'expérience H-Reflex à bord de l'ISS. Premiers sujets expérimentaux de H-Reflex, les astronautes Susan Helms, James Voss et le cosmonaute Yury Ursachev ont répété l'expérience à trois reprises pendant leur séjour de 167 jours à bord de la station spatiale internationale (ISS) en 2001.

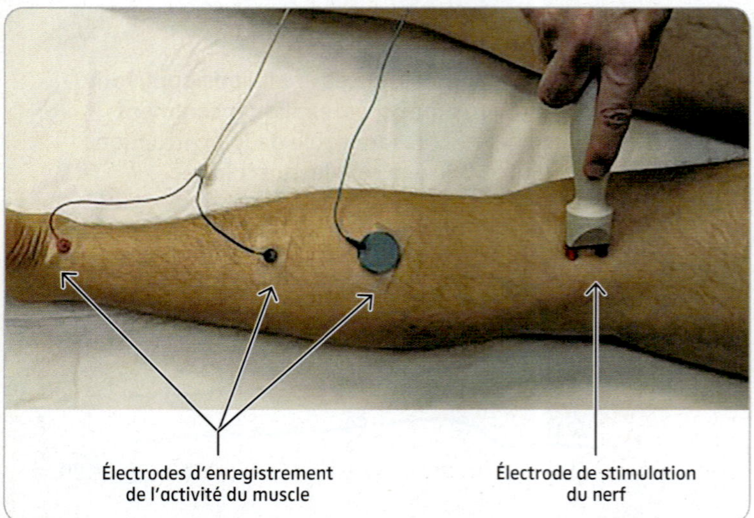

b Dispositif d'enregistrement du réflexe d'Hoffmann. L'Allemand Paul Hoffmann est le premier à avoir enregistré et décrit ce réflexe en 1922, que l'on appelle depuis « réflexe H ».

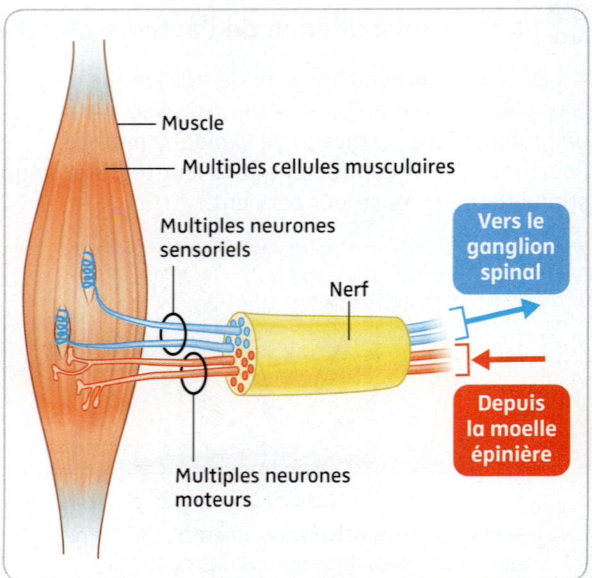

c Structure schématique du nerf.

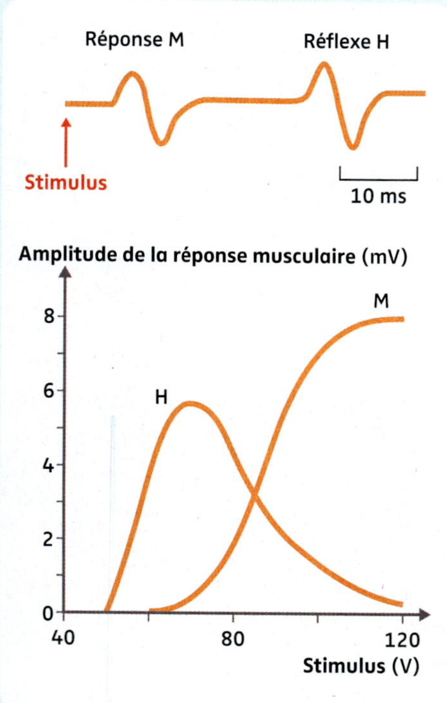

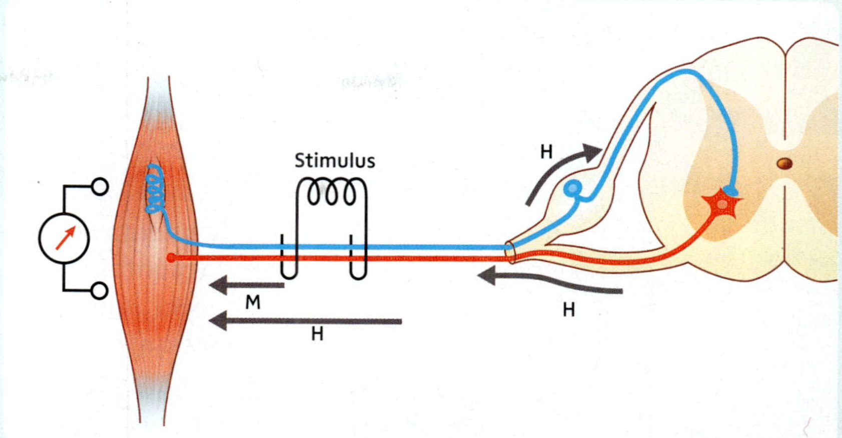

Lors de la stimulation électrique du nerf, deux réponses électriques du muscle sont observables.
La réponse M correspond à la réponse directe des fibres nerveuses motrices. Le réflexe H correspond à la réponse passant par le circuit du réflexe myotatique. En faisant varier l'intensité de la stimulation et en mesurant les rapports entre H_{max} et M_{max}, on peut déterminer l'excitabilité de la moelle épinière, qui est proportionnelle au nombre de motoneurones recrutés et activés par voie réflexe.

d **De l'enregistrement du réflexe d'Hoffmann à l'estimation de l'excitabilité de la moelle épinière.**

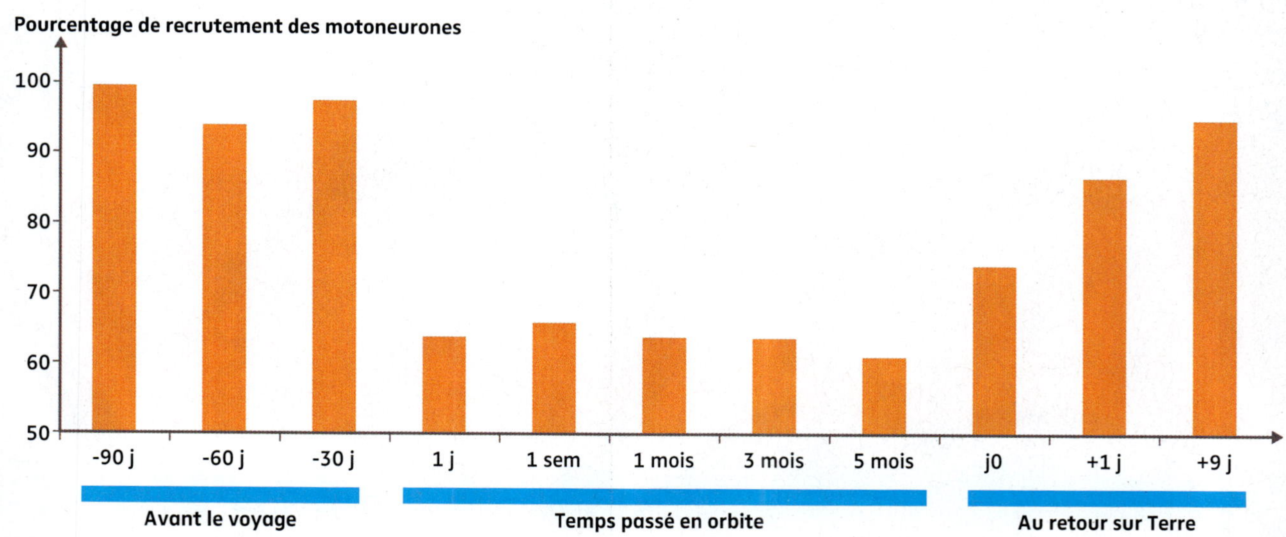

e **Résultats de l'expérience H-Reflex : mesure de l'excitabilité de la moelle épinière.**
Les résultats sont les moyennes de 60 mesures réalisées chacune sur 8 astronautes lors de 3 missions successives dans la station spatiale internationale.

Guide de résolution

1. Comparez la circulation du message nerveux lors du réflexe myotatique par stimulation du tendon d'Achille avec celle provoquée par stimulation directe du nerf.
Identifiez les acteurs cellulaires impliqués.
2. Précisez comment le résultat du test peut être mis en relation avec l'efficacité de l'activité physique.
3. Analysez les résultats de l'expérience et concluez quant à l'organisation de longs vols spatiaux.

CHAPITRE 15

Cerveau, mouvement volontaire et action de substances exogènes

Contrairement aux mouvements réflexes, qui impliquent la moelle épinière, les mouvements volontaires nécessitent l'intervention du cerveau. Le cerveau est un organe doué de plasticité, mais c'est également un organe fragile qu'il convient de préserver.

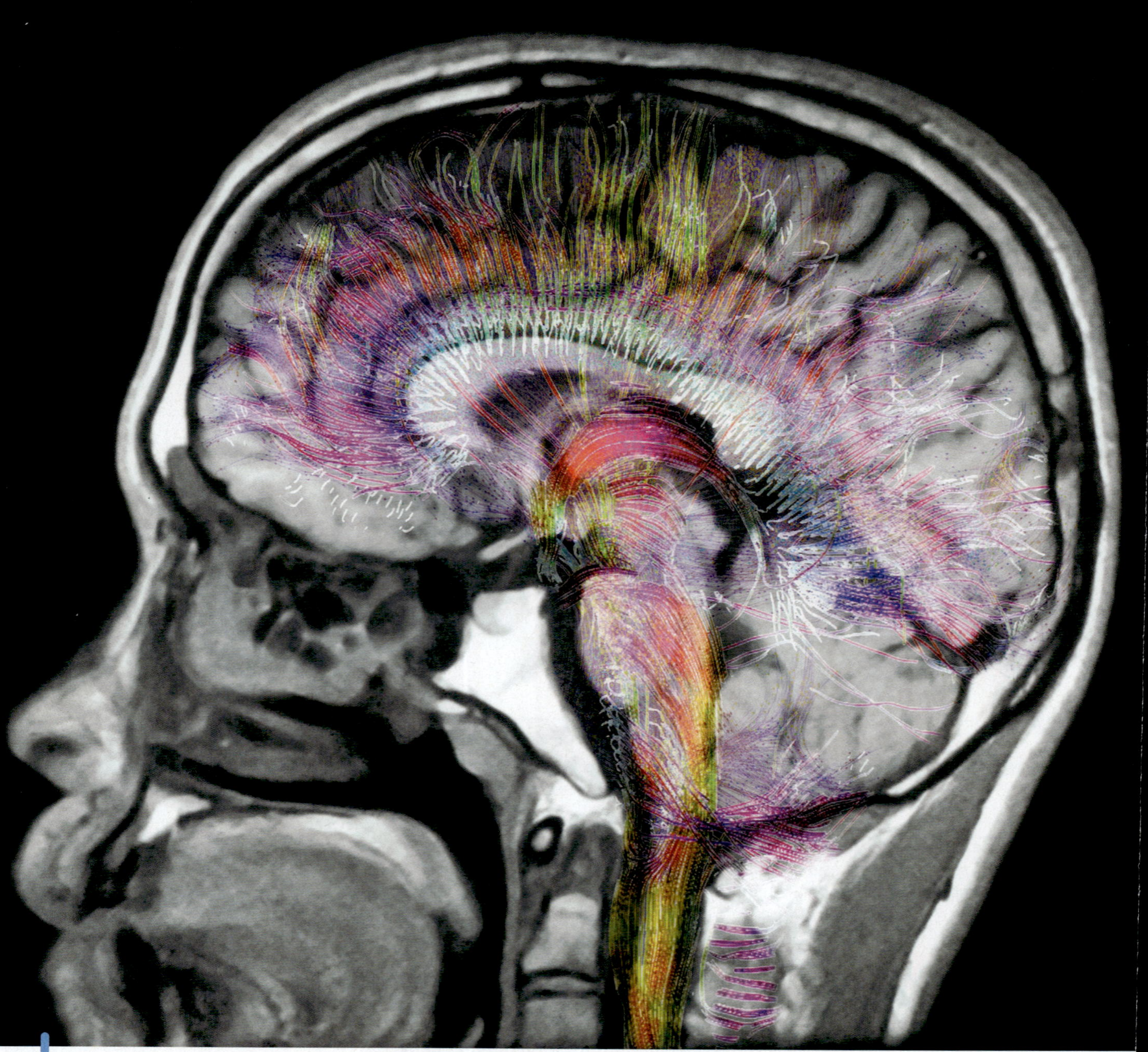

IRM cérébrale de diffusion.
En mettant en évidence la direction de diffusion des molécules d'eau, cette technique révèle les connexions neuronales entre différentes parties du cerveau.

Comment étudier le fonctionnement du cerveau ? UNITÉS 1 et 5

Nuggets, un court métrage de Andreas Hykade.

Qu'est-ce que l'addiction ?

UNITÉ 6

Un individu tétraplégique commande un exosquelette par la pensée grâce à des électrodes positionnées dans le crâne, sur la surface du cerveau.

Comment le cerveau contrôle-t-il nos mouvements ?

UNITÉS 1, 3 et 4

86 milliards

C'est le **nombre de neurones** dans un cerveau adulte.

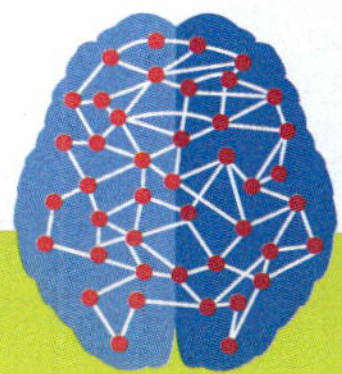

6h30	7h45/9h45	10h/13h	13h	14h15/16h15
Lever et petit déjeuner	Cours	Entraînement	Déjeuner	Cours

16h30/19h	19h	20h	21h30	22h30
Entraînement	Dîner	Soins (kinésithérapie)	Détente	Coucher

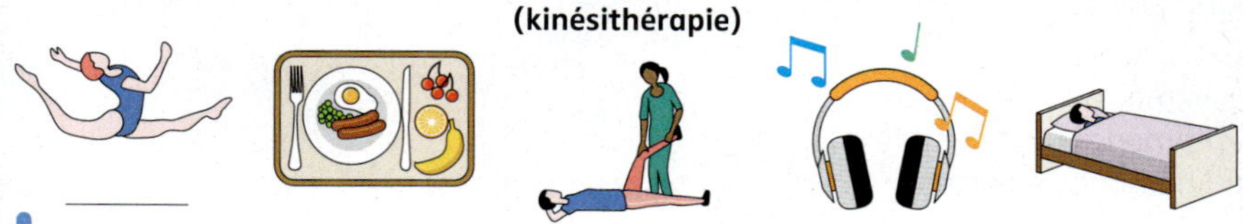

Journée type d'une jeune gymnaste de l'INSEP (Institut national du sport, de l'expertise et de la performance).

Comment l'entraînement nous permet-il de réaliser des performances exceptionnelles ?

UNITÉ 5

La commande cérébrale du mouvement volontaire

MISSION

Votre grand-mère vous écrit une lettre dans laquelle elle vous explique que son amie Lucette a subi un AVC et que la partie droite de son corps est depuis paralysée. Elle ne comprend pas comment un AVC peut avoir de telles conséquences. De plus, elle aimerait quelques conseils pour éviter que cela lui arrive.

→ **Rédigez une lettre à votre grand-mère lui expliquant pourquoi son amie Lucette est hémiplégique suite à son AVC et donnez-lui quelques conseils d'hygiène de vie afin de minimiser le risque d'AVC.**

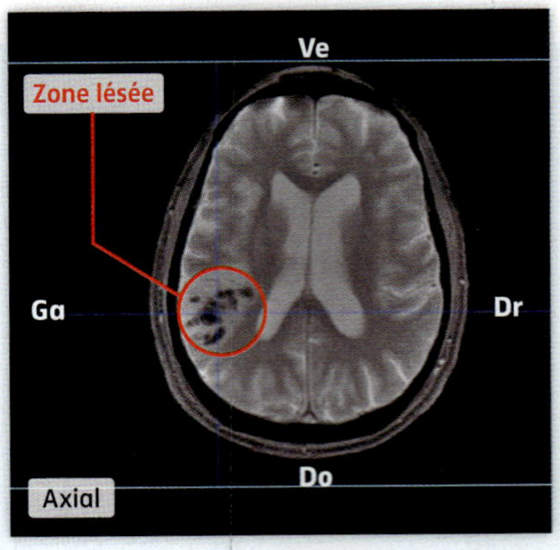

◀ **IRM de Lucette** (vue axiale).

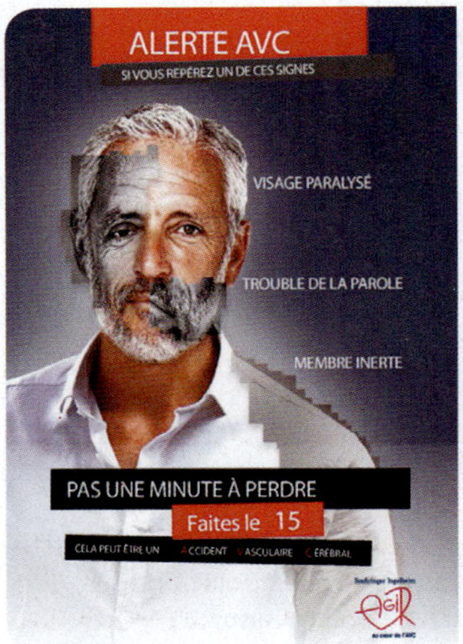

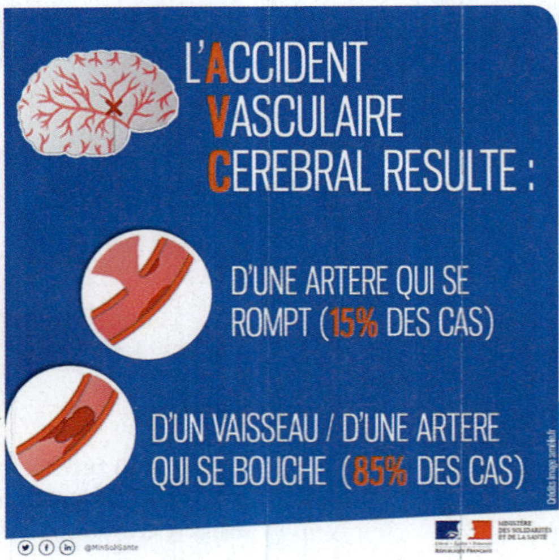

1 Affiches de prévention concernant l'accident vasculaire cérébral (AVC).
Un AVC entraîne une perturbation de l'irrigation des cellules nerveuses, donc des lésions irréversibles de certaines zones cérébrales.

En 1870, Hitzig et Fritsch stimulent, à l'aide de microélectrodes, le cortex d'un chien (la partie périphérique du cerveau). Ils constatent que la stimulation d'une zone précise, la « bande motrice », provoque des mouvements involontaires de l'animal.

En 1950, Penfield cartographie précisément ce cortex moteur, en associant à chaque zone corticale la partie du corps dont elle contrôle le mouvement. Cette représentation schématique est appelée « *homonculus* de Penfield » ou homoncule moteur.

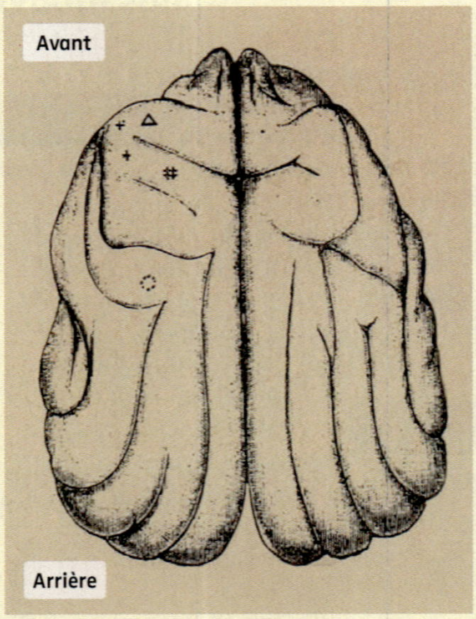

▲ **Représentation schématique du cortex d'un chien (Hitzig et Fritsch).**
Les différents symboles représentent des points qui, lorsqu'ils sont électriquement stimulés, déclenchent des mouvements chez le chien.

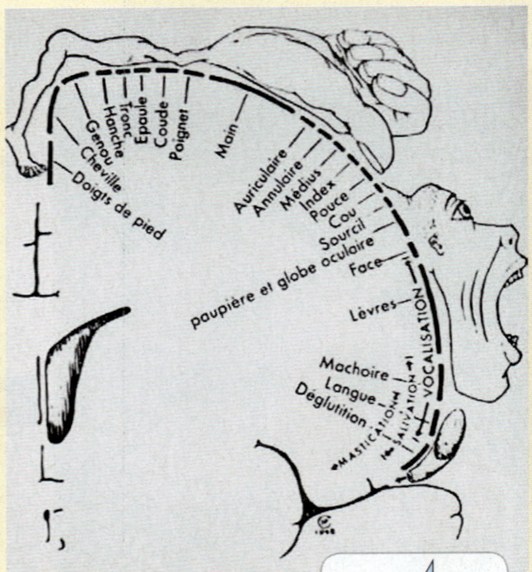

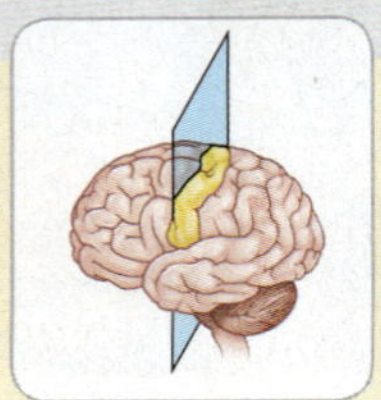

▲ ***Homonculus* de Penfield (coupe sagittale dans le cortex moteur).**

2 La découverte du cortex moteur.

Localiser la zone motrice avec *EduAnat2*

PROTOCOLE

1 Ouvrir le logiciel *EduAnat2*, puis l'IRM cérébrale de l'individu étudié. Ajuster la luminosité et le contraste de l'image.

2 Superposer le calque fonctionnel du même individu en train d'effectuer un mouvement de la main droite. Régler le seuil afin de ne conserver en couleurs que la zone la plus active.

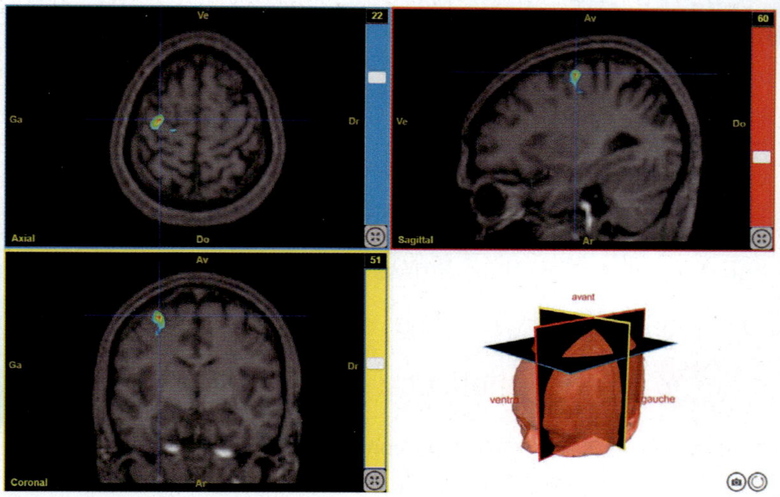

3 Localisation de la zone motrice de la main droite grâce au logiciel *EduAnat2* → Méthode n° 9. Cette zone s'active lorsqu'on bouge la main droite.

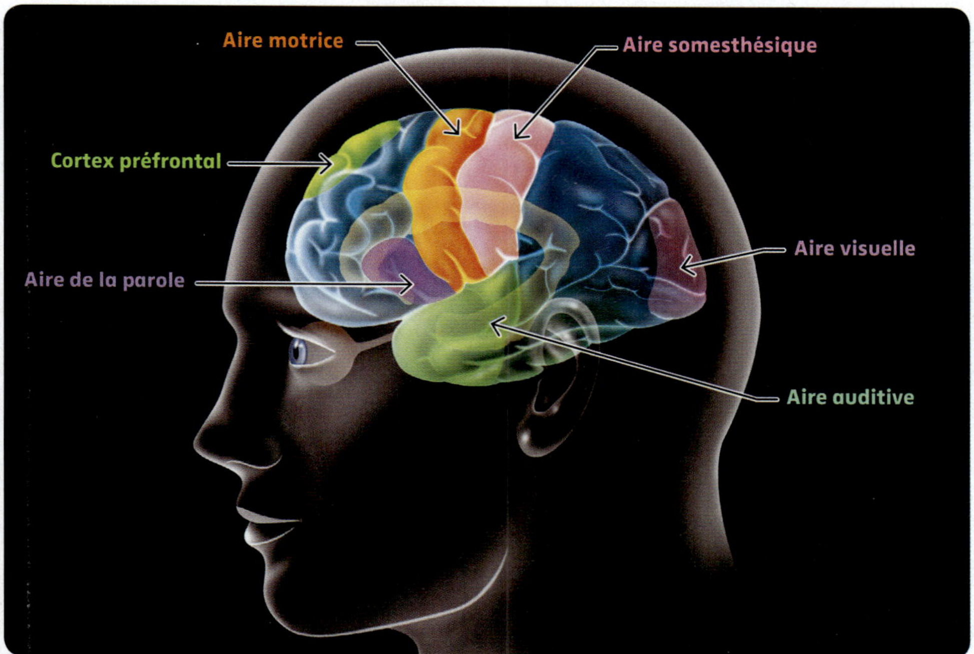

4 Représentation schématique des zones activées du cerveau lorsqu'on joue à un jeu vidéo. L'aire visuelle traite les stimuli visuels, l'aire auditive les stimuli auditifs et, associées au cortex préfrontal, ces deux aires permettent de résoudre les problèmes. L'aire motrice permet d'actionner les manettes. L'aire somesthésique reçoit les stimuli tactiles en provenance des doigts. En cas de jeu à plusieurs, l'aire de la parole s'active également.

	Odds ratio
Hypertension	3
Tabac	2
Surpoids	1.5
Activité physique régulière	0,7
Consommation d'alcool	1,5
Antécédents cardiaques	2,4

5 Facteurs de risque de l'AVC. L'âge avancé reste le principal facteur de risque. L'odds ratio (OR ou rapport des chances) estime le risque relatif d'avoir un AVC quand on est concerné par un facteur de risque par rapport à un individu sain. Ce risque est augmenté si l'OR est supérieur à 1, diminué s'il est inférieur à 1.

Coups de pouce

Pistes pour construire votre stratégie

1 Identifier quelle aire cérébrale est touchée par l'AVC, ce qui entraîne l'hémiplégie.

2 Remarquer que la lésion est localisée du côté gauche du cerveau mais que l'hémiplégie concerne la partie droite du corps de Lucette.

3 Mettre en relation cette observation avec le document 3.

Lecture de document

4 Par exemple, fumer multiplie par deux le risque d'avoir un AVC par rapport à une personne qui ne fume pas (document 5).

MISSION réussie si...

- Le texte explique comment la survenue de l'AVC dans la partie gauche de son cerveau a pu entraîner l'hémiplégie droite de Lucette.
- L'aire touchée par l'AVC est nommée et localisée.
- Le texte possède la mise en forme d'une lettre, adressée à votre grand-mère.

UNITÉ 2 Le cerveau, un organe composé de cellules spécialisées

Le cortex moteur est la zone du cerveau qui permet la commande du mouvement volontaire.
Le cerveau est constitué de neurones qui conduisent le message nerveux. Mais les neurones ne représentent que 50 % des cellules du cerveau. Les cellules gliales constituent l'autre moitié de cet organe : ce sont des cellules spécialisées qui assurent des fonctions variées.

Objectif

Montrer comment la spécialisation des cellules du cerveau assure le bon fonctionnement de l'organe.

Observer l'encéphale et ses cellules

L'encéphale est le contenu de la boîte crânienne. Il est composé du cerveau au sens strict, du cervelet et du tronc cérébral (prolongé de la moelle épinière). Cerveau et cervelet sont composés de substance grise et de substance blanche.

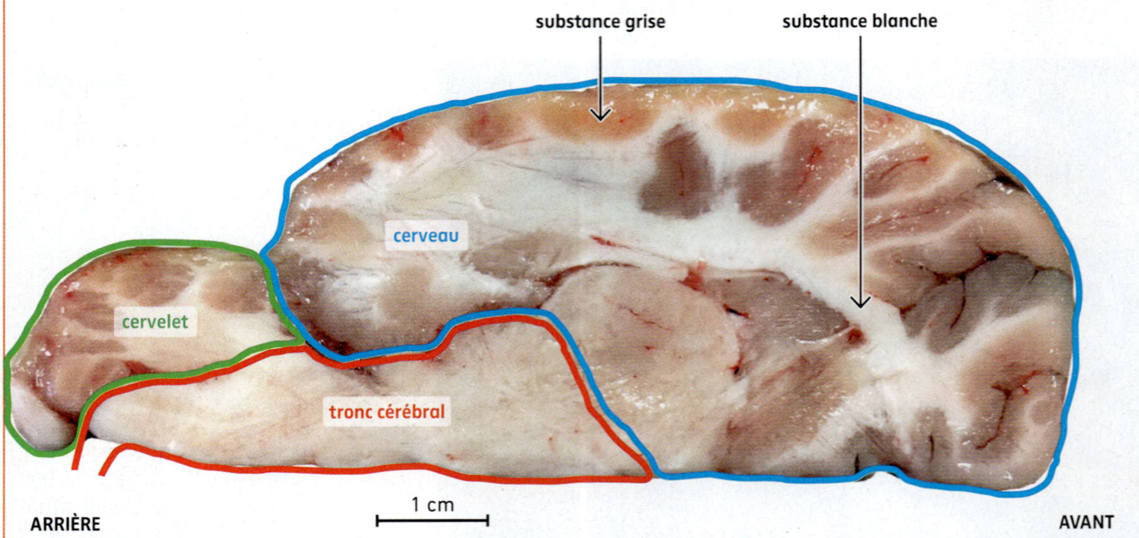

1 Coupe sagittale d'encéphale d'agneau.

Disséquer un encéphale d'agneau

Protocole

PRINCIPE

On cherche à observer les différentes parties d'un encéphale d'agneau et quelques cellules nerveuses.

PROTOCOLE

1. Sur un encéphale encore légèrement congelé, réaliser une tranche fine en coupe sagittale.
2. Colorer un peu de substance grise au bleu de méthylène. Monter entre lame et lamelle, et observer au microscope optique.

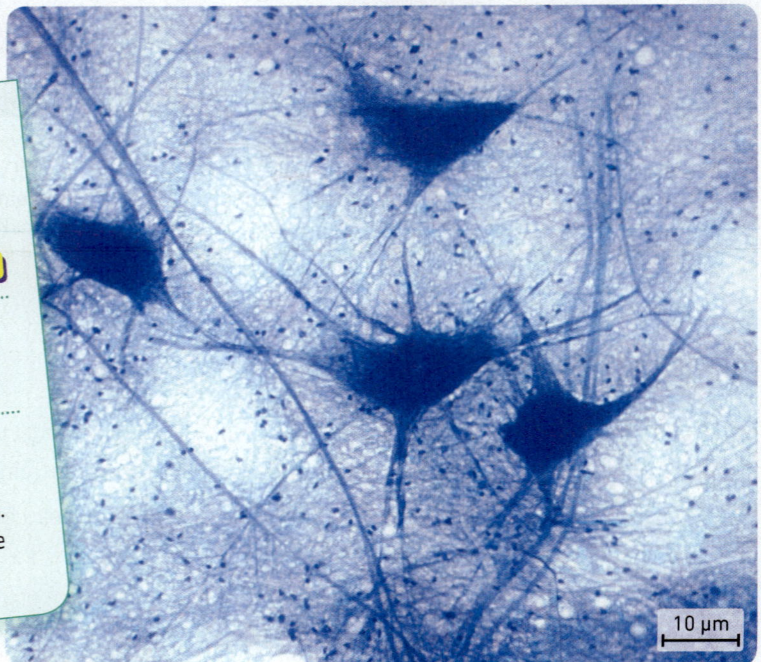

2 Observation microscopique de cellules nerveuses.

Montrer l'importance des cellules gliales dans le fonctionnement cérébral

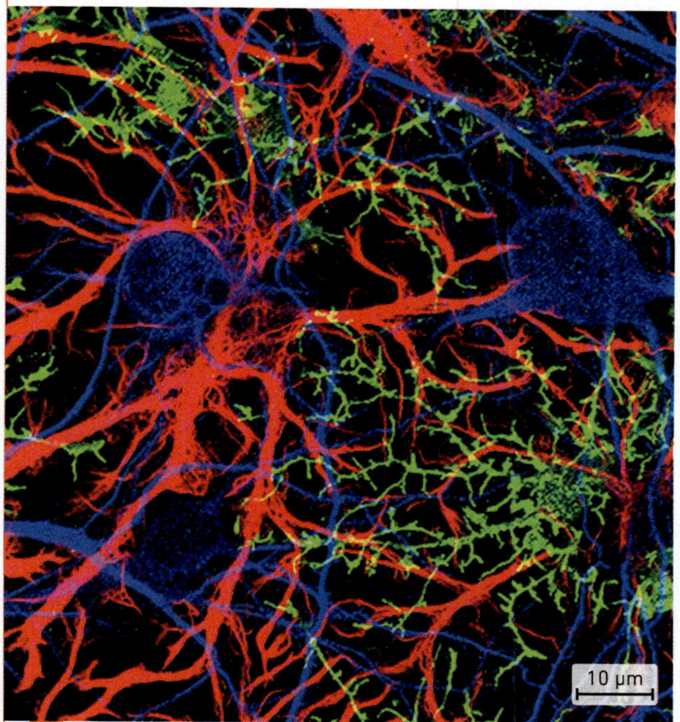

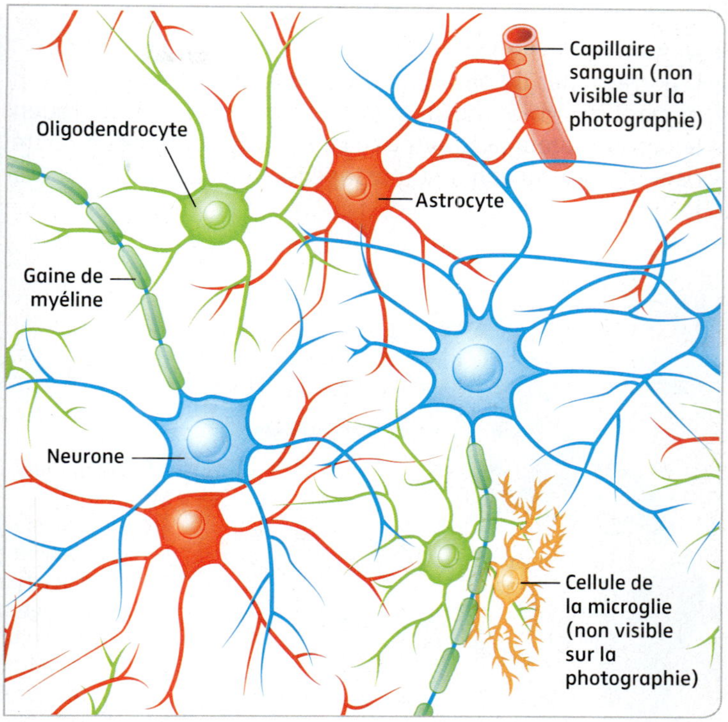

3 Cellules nerveuses en microscopie à fluorescence et schéma d'interprétation. Les neurones (en bleu) sont associés à trois grands types de cellules gliales : les astrocytes (en rouge), les oligodendrocytes (en vert) et les cellules de la microglie (non visibles sur ce cliché).

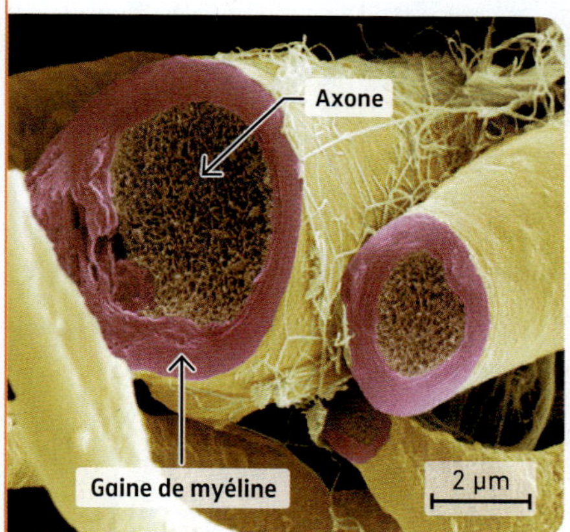

4 Axones de neurones myélinisés, observation au MEB. La gaine de myéline, synthétisée par les oligodendrocytes, a des propriétés isolantes et accélère ainsi la propagation des messages nerveux.

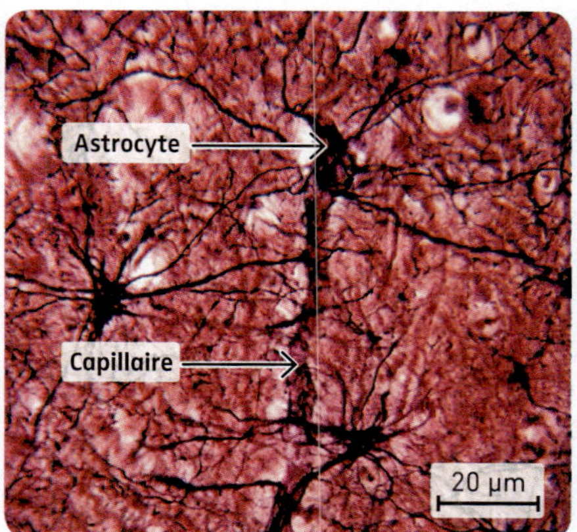

5 Astrocytes en contact avec un capillaire sanguin. Les astrocytes prélèvent du glucose dans le sang, le stockent sous forme de glycogène et le transforment en lactate directement utilisé par les neurones.

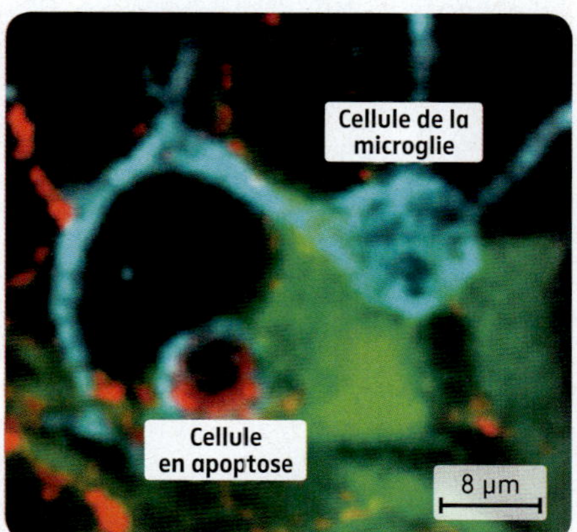

6 Cellule de la microglie phagocytant une cellule en apoptose (mort cellulaire). Observation en microscopie à fluorescence. Les cellules de la microglie sont de petites cellules mobiles ; ce sont les macrophages du cerveau.

Guide de résolution

Indicateurs de réussite

1. Identifier les différents types de cellules qui composent le cerveau (documents 1 à 3).
2. Décrire le rôle des neurones (vu dans le chapitre précédent).
3. Rechercher quelques rôles des trois grands types de cellules gliales (documents 4 à 6).
4. **En conclusion**
Montrer, à l'aide de l'ensemble de ces informations, que chaque type cellulaire est spécialisé dans la réalisation d'une fonction, indispensable au bon fonctionnement de l'organe (le cerveau).

UNITÉ 3 Les voies motrices

Une lésion du cortex moteur peut entraîner une paralysie. D'autres types de paralysie ont pour origine un dysfonctionnement des voies motrices (structures nerveuses qui relient le cortex moteur aux muscles). Leur étude permet de caractériser le trajet suivi par le message nerveux du cortex moteur jusqu'aux muscles.

Objectif

Expliquer comment deux dysfonctionnements des voies motrices (une fracture d'une vertèbre cervicale et la sclérose latérale amyotrophique, une pathologie) peuvent être à l'origine de paralysies.

Caractériser deux dysfonctionnements des voies motrices

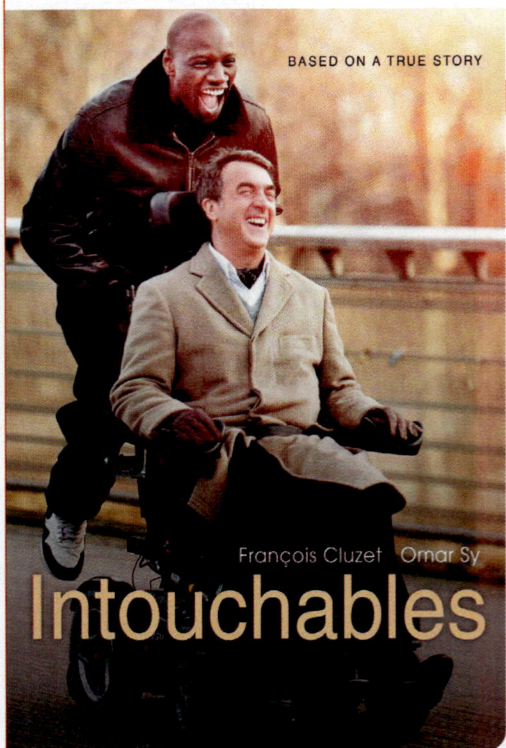

1 Affiche du film *Intouchables*. François Cluzet y joue le rôle d'un homme devenu tétraplégique (paralysé des quatre membres et du tronc) suite à un accident de parapente ayant provoqué une lésion de la moelle épinière.

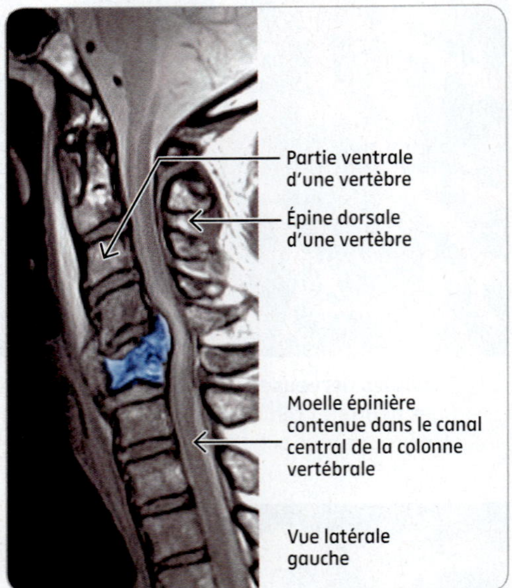

2 IRM de la colonne vertébrale d'un patient montrant la fracture d'une vertèbre cervicale (en bleu). Ce type de lésion est susceptible d'entraîner une tétraplégie.

3 Le célèbre astrophysicien Stephen Hawking fait une apparition dans la série télévisée *The Big Bang Theory*. Notamment connu pour ses travaux sur les trous noirs, Stephen Hawking est décédé en 2018 d'une sclérose latérale amyotrophique.

SLA
Sclérose latérale amyotrophique
Maladie de Charcot
Maladie de Lou Gehrig

↓

Origine de la maladie : dégénérescence des motoneurones

Motoneurones du tronc cérébral	Motoneurones de la moelle épinière
↓	↓
Atteinte des muscles de la face	Atteinte des muscles périphériques
↓	↓
Paralysie de la face, problème du langage	Paralysie progressive

↓

Espérance de vie en moyenne de 3 à 5 ans après le diagnostic
1 seul traitement disponible qui ne guérit pas de la maladie mais atténue les effets

4 Comprendre la sclérose latérale amyotrophique (SLA). Les neurones pyramidaux du cortex cérébral sont également touchés par la dégénérescence.

Décrire le trajet cellulaire emprunté par le message nerveux moteur du cortex moteur jusqu'aux muscles

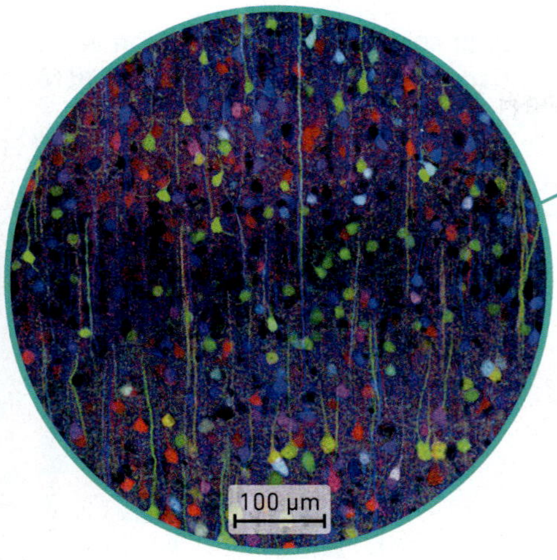

A Cellules nerveuses du cortex moteur (dont les neurones pyramidaux). Observation en microscopie à fluorescence, technique du Brainbow (technique qui utilise des souris génétiquement modifiées afin de colorer aléatoirement les neurones de leur cortex).

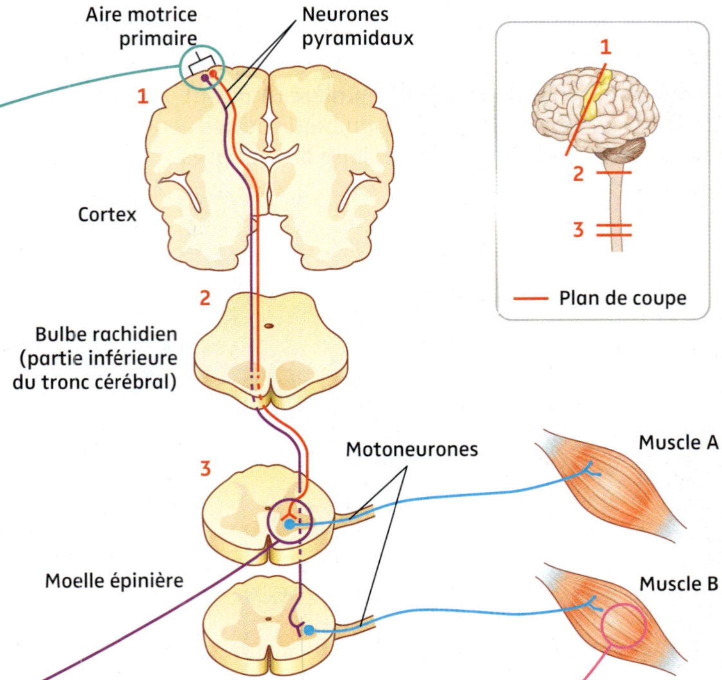

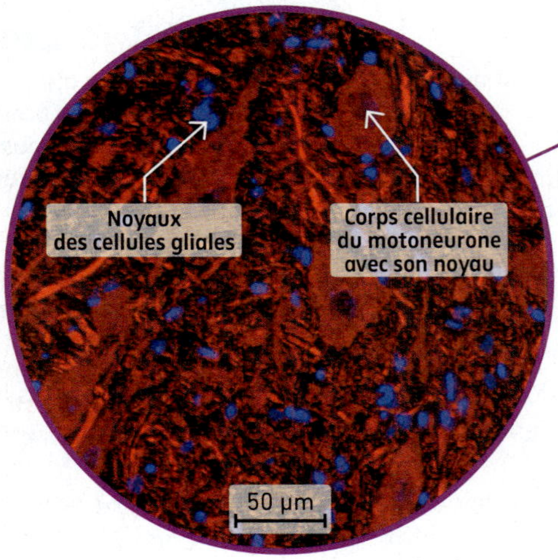

B Motoneurones de la moelle épinière.
Observation en microscopie à fluorescence : les corps cellulaires, dendrites et axones apparaissent en rouge, les noyaux en bleu.

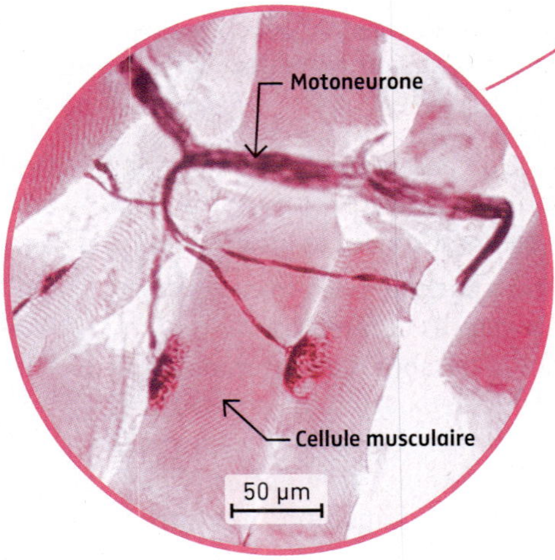

C Plaque motrice.
Observation microscopique. Un motoneurone se ramifie et peut commander plusieurs cellules musculaires d'un même muscle. En revanche, une cellule musculaire ne reçoit des informations que d'un seul motoneurone.

5 Les voies motrices (schéma général et photographies d'observations microscopiques).
Les corps cellulaires des neurones pyramidaux sont situés dans le cortex moteur. Leurs axones cheminent dans la moelle épinière et établissent des connexions synaptiques avec les motoneurones commandant les différents muscles de l'organisme.

Guide de résolution

Indicateurs de réussite

1 Rechercher la cause, les caractéristiques et les conséquences d'une fracture de vertèbre cervicale et de la SLA (documents 1 à 4).

2 Identifier le trajet cellulaire du message nerveux, du cortex moteur jusqu'aux muscles : nombre et type de neurones empruntés, nombre et localisation des synapses franchies (document 5).

3 **En conclusion**
À partir de l'ensemble de ces informations et pour chacun des deux dysfonctionnements étudiés (fracture cervicale et SLA) montrer qu'une anomalie bloque la transmission du message nerveux moteur entre le cortex moteur et les muscles, ce qui entraîne une paralysie.

UNITÉ 4 L'intégration neuronale

→ Classe inversée

Objectif

Expliquer comment la contraction volontaire du muscle fléchisseur du pied peut atténuer, voire abolir, le réflexe achilléen.

Se documenter

Les **motoneurones de la moelle épinière** reçoivent de multiples informations provenant de très nombreux autres neurones. Ces connexions se font par l'intermédiaire de synapses.

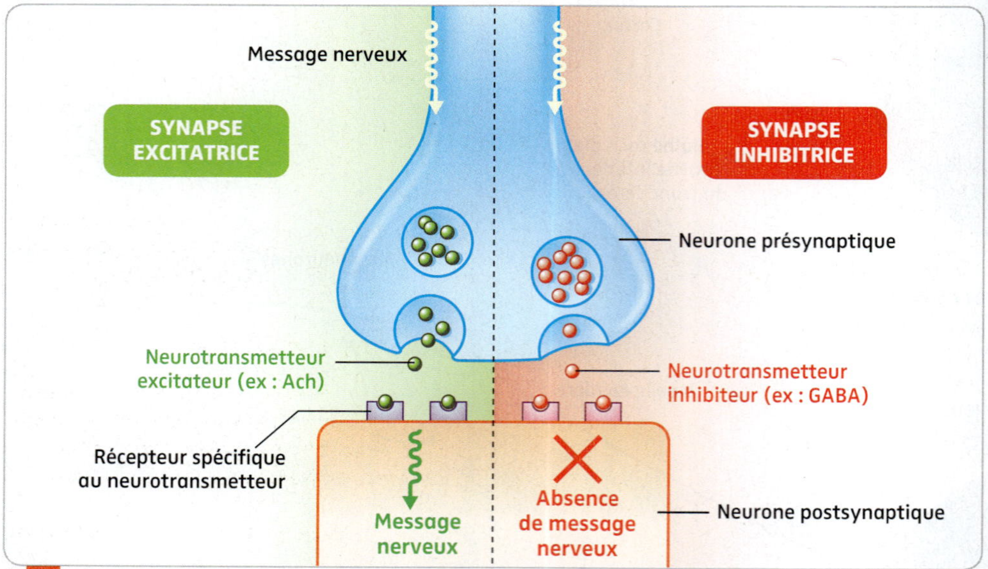

1 Synapses excitatrices et inhibitrices. Toutes les synapses fonctionnent de la même manière mais, selon la nature du neurotransmetteur libéré, la synapse peut être excitatrice ou inhibitrice.

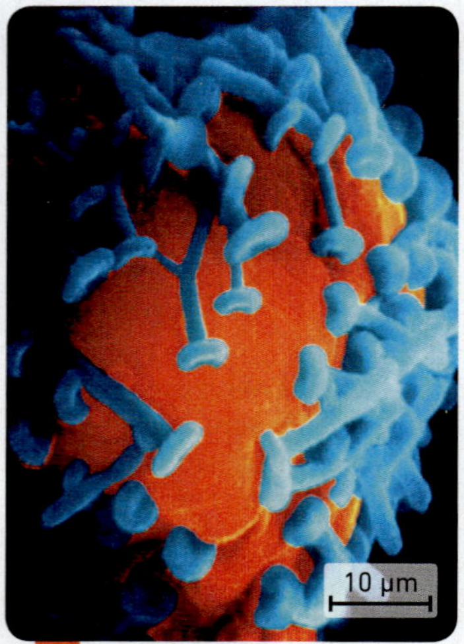

2 Corps cellulaire d'un motoneurone (en orange) recevant de nombreuses connexions synaptiques provenant d'autres neurones (en bleu).

Un motoneurone médullaire reçoit des informations diverses, excitatrices et/ou inhibitrices. Le corps cellulaire des motoneurones effectue une **sommation** de ces informations.

– Cette sommation peut être **spatiale** si les informations arrivent en même temps de synapses différentes.
Par exemple, sur le document ci-dessous, deux stimulations simultanées S1 + S2 (qui sont deux stimulations excitatrices) font naître un message nerveux de fréquence de potentiels d'actions plus élevée qu'une stimulation S1 ou S2 seule. Selon le même principe, une stimulation excitatrice (S1) associée à une stimulation inhibitrice (S3) ne font pas naître de message nerveux dans l'axone du motoneurone. Les messages issus de ces deux stimulations « s'annulent » en quelque sorte.

– La sommation peut également être **temporelle** si les informations arrivent par une même synapse dans un intervalle de temps court.
Par exemple, sur le document ci-dessous, deux stimulations rapprochées S1 font naître un message nerveux de fréquence de potentiels d'actions plus élevée qu'une stimulation S1 seule.

On parle d'**intégration** pour désigner la propriété des motoneurones à élaborer un message nerveux moteur unique à partir d'informations diverses.

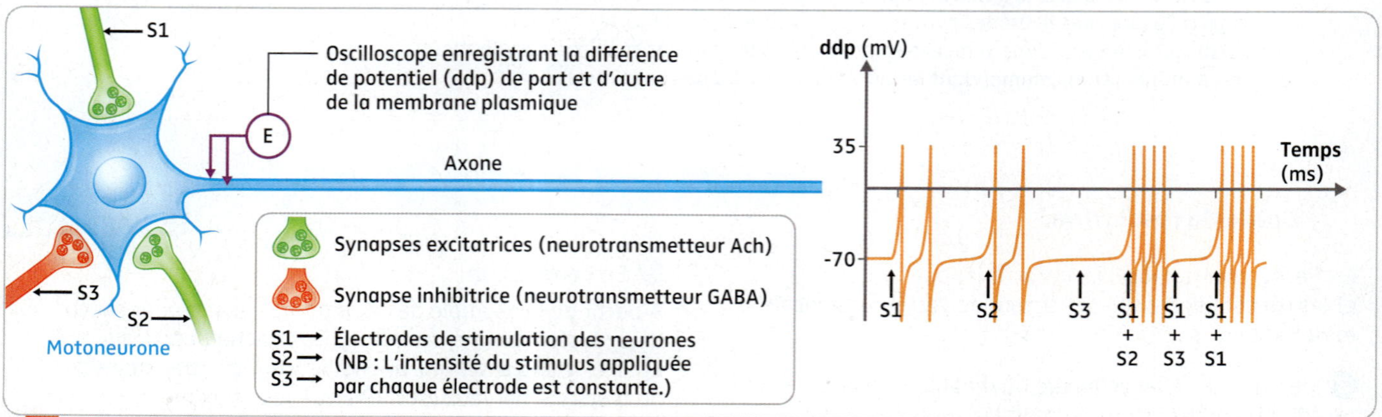

3 Expérience de stimulations d'un corps cellulaire de motoneurone et enregistrement des messages nerveux en résultant dans l'axone de ce motoneurone.

Appliquer la notion d'intégration neuronale à un exemple

L'enregistrement ExAO d'un réflexe myotatique montre que ce réflexe est amoindri, voire inhibé, lorsqu'on fléchit volontairement le pied, avant que le stimulus ne soit appliqué grâce au coup de marteau.

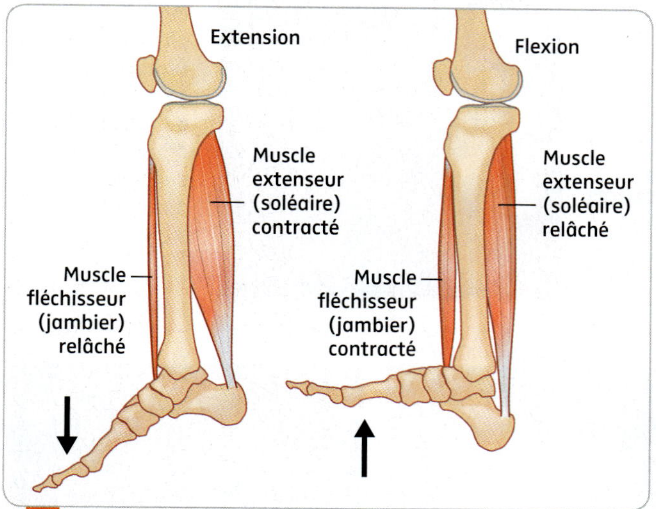

4 Schéma d'extension et de flexion du pied.
Le soléaire et le jambier sont deux muscles antagonistes (ils ont une action contraire).

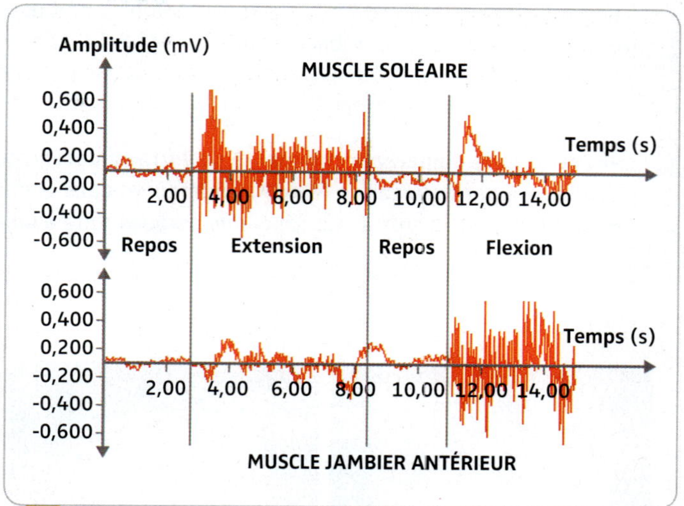

5 Électromyogrammes (EMG) de deux muscles antagonistes enregistrés simultanément au cours de mouvements d'extension puis de flexion du pied.

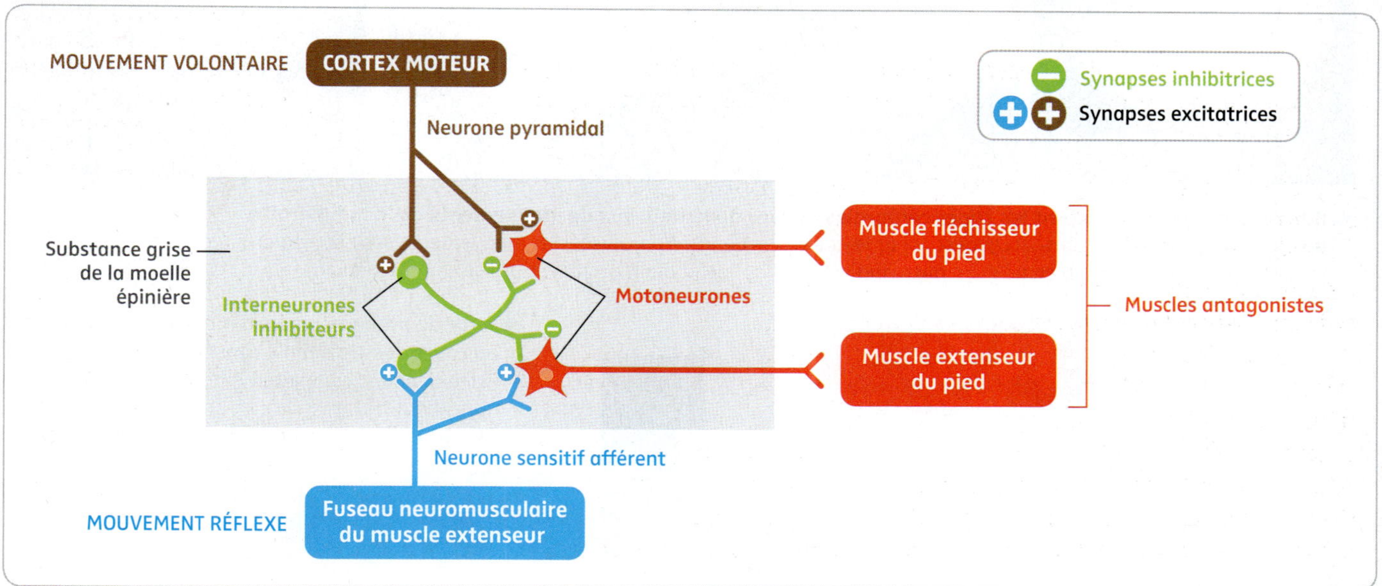

6 Circuit neuronal simplifié d'inhibition réciproque des muscles antagonistes.

Guide de résolution

Indicateurs de réussite

❶ Mettre en évidence le caractère antagoniste du soléaire et du jambier (documents 4 et 5).

❷ Montrer que le circuit neuronal impliqué explique ce caractère antagoniste : la contraction d'un muscle s'accompagne obligatoirement de l'inhibition de son antagoniste (document 6).

❸ **En conclusion**
À partir de ces informations et de la documentation en page de gauche, montrer comment les propriétés d'intégration du motoneurone du muscle extenseur permettent l'abolition du réflexe myotatique en cas de contraction volontaire du muscle fléchisseur du pied.

UNITÉ 5 La plasticité cérébrale

MISSION

ORAL

En tant que neurobiologiste, vous réalisez une conférence à destination du grand public intitulée : « Après un AVC, quelles possibilités de récupération ? » Vous vous appuyez sur le cas d'une patiente victime d'un AVC, Mme X.

→ **Préparez le diaporama commenté de votre conférence qui explique, à partir du cas de Mme X, comment et dans quelles mesures un patient peut récupérer les fonctions perdues suite à un AVC.**

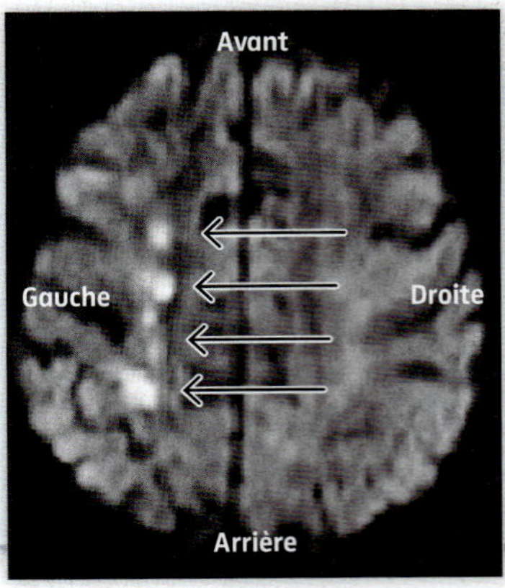

◀ **IRM cérébrale de Mme X montrant plusieurs lésions cérébrales consécutives à l'AVC.** La partie droite du corps de Mme X est paralysée suite à cet AVC.

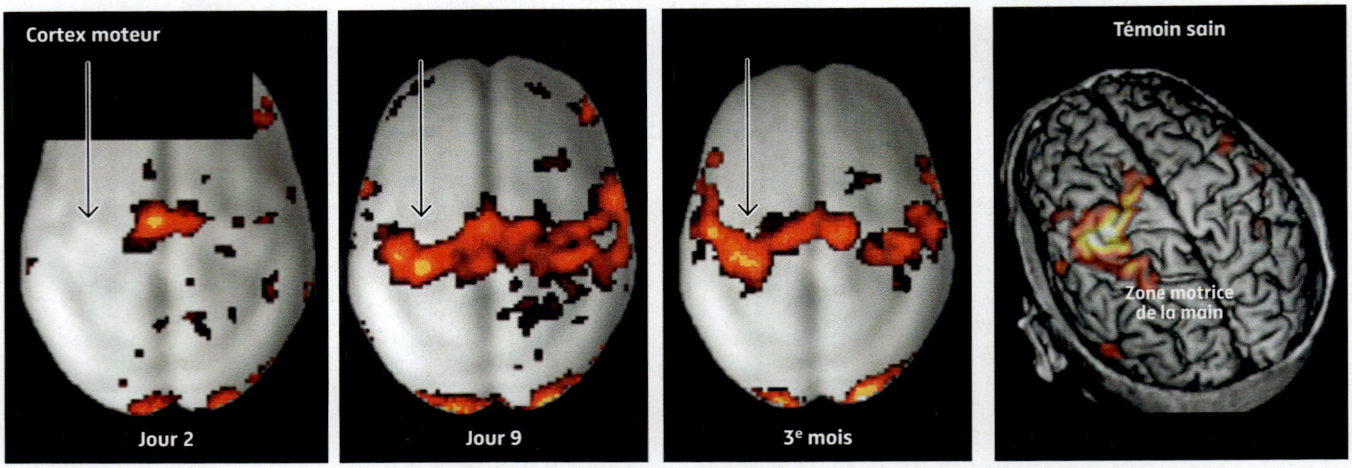

▲ **IRM fonctionnelles montrant les zones cérébrales actives de Mme X lors de mouvements de la main droite au cours de sa récupération.** Au départ, lorsque la main est encore paralysée, les mouvements sont seulement imaginés. Le cortex moteur est fléché en noir. Un autre individu qui bouge la main droite est utilisé comme témoin.

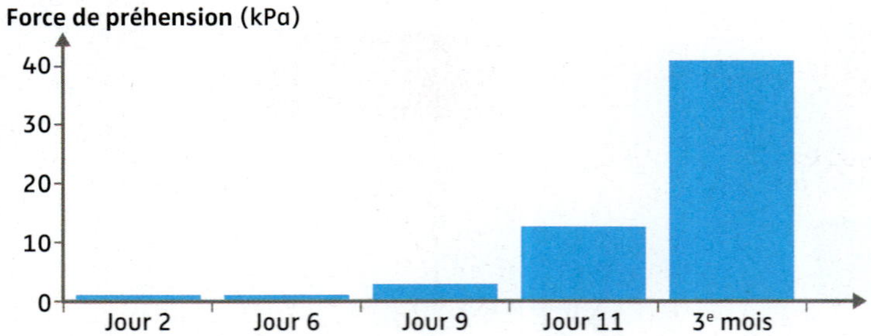

◀ **Force de préhension de la main droite de Mme X au cours des trois mois consécutifs à l'AVC.** Cette main est complètement paralysée juste après l'AVC.
NB : 40 kPa correspond à une force de préhension normale.

Source : Connectivity-based approaches in stroke and recovery of function, février 2014.

1 Un cas de récupération après un AVC : Mme X.
Pendant les trois mois de l'étude, Mme X a subi une rééducation intensive.

« Comprendre les mécanismes du développement du cerveau et de l'apprentissage est un enjeu majeur des recherches en neurosciences. [...]
Une des découvertes les plus étonnantes est la capacité d'adaptation du cerveau aux événements de la vie. Au cours des apprentissages et des expériences, c'est la structure même du cerveau qui se modifie, avec la fabrication de nouvelles connexions entre les neurones. On parle de "plasticité cérébrale" pour décrire cette capacité du cerveau à se façonner au gré de l'histoire vécue. [...] Les anciennes théories qui prétendaient que tout était joué très tôt, avant 6 ans, sont révolues. Notre vision du cerveau est désormais celle d'un organe dynamique qui évolue tout au long de la vie. »

Source : Catherine Vidal, la plasticité cérébrale : une révolution en neurologie, Spirale 2012/3 (n° 63 © Édition Érès, 2012, p. 17 à 22.

2 Catherine Vidal, chercheuse en neurosciences, parle du concept de plasticité cérébrale.

Huit rats sont répartis en deux lots. Le lot n°1 est entraîné pendant 10 jours à une tâche simple : il obtient des croquettes en pressant simplement un levier. Le lot n° 2 est entraîné à une tâche complexe : il doit récupérer les croquettes sur une table située à l'extérieur de la cage, en passant la patte par une petite ouverture. Cette table est fixe pendant les 5 premiers jours de l'expérience, puis tournante pendant les 5 derniers jours.

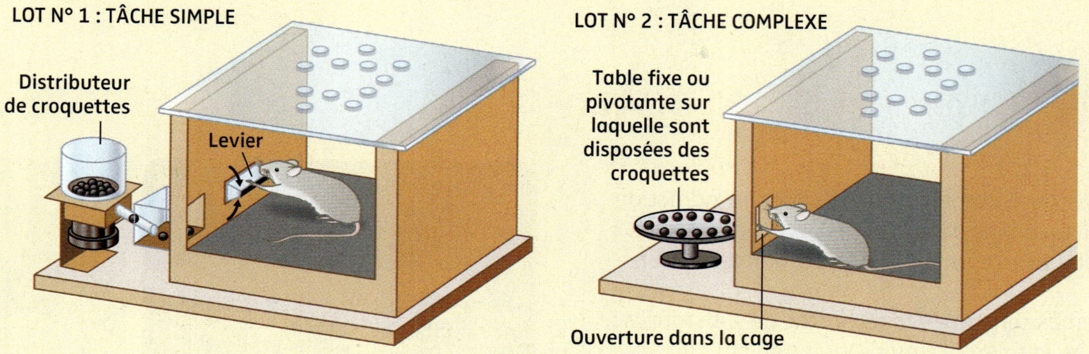

◀ **Dispositif expérimental.**

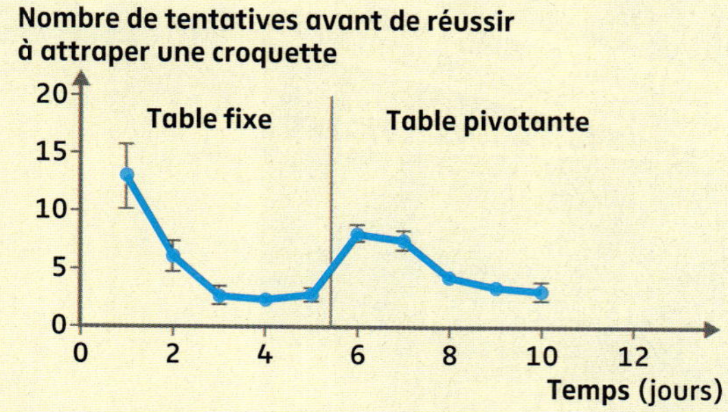

▲ **Évolution des performances des rats du lot n°2, au cours du temps.**

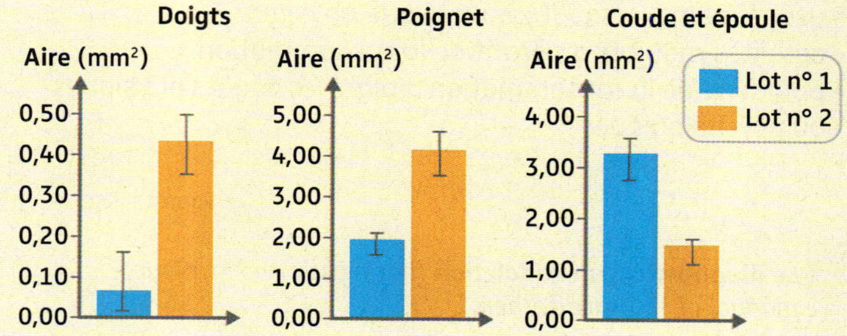

▲ **Surface des zones dédiées au mouvement des doigts, du poignet ou du coude et de l'épaule dans le cortex moteur, pour chaque lot de rats.**

3 Expériences de Kleim, Barbey et Nudo sur la plasticité du cortex moteur du rat.
Les effets de l'entraînement mis ici en évidence sont également valables dans le cas d'exercices de rééducation mis en œuvre après une lésion.

Après un AVC, le patient peut-il récupérer spontanément ?

Oui, il y a toujours une récupération spontanée, plus ou moins importante et plus ou moins visible, quel que soit le type d'AVC. [...] Une hémiplégie, totale au début, diminue souvent dans les mois qui suivent l'AVC, puis le patient remarche parfois. [...]. Aujourd'hui, entre 40 et 50 % des malades restent invalides après un an, c'est-à-dire qu'ils ne sont plus capables de reprendre une vie totalement normale.

Pourquoi certains patients récupèrent-ils mieux que d'autres ?

On ne le sait pas vraiment. Mais le pronostic de récupération dépend de certains facteurs : l'âge du patient, l'endroit de la lésion et sa taille. Plus le malade est jeune et plus sa lésion est réduite, plus il y a d'espoir.

4 Deux questions à François Cholet, neurologue.

Coups de pouce

Pistes pour construire votre stratégie

1. Montrer, en vous appuyant sur le cas de Mme X, que la plasticité cérébrale peut permettre de récupérer les fonctions perdues (documents 1 et 2).
Identifier la condition indispensable à une récupération efficace (documents 1 et 3).

2. Indiquer quels facteurs peuvent limiter cette récupération chez un patient (document 4).

MISSION réussie si...

Le diaporama et ses commentaires :

- montrent que la plasticité cérébrale peut permettre de récupérer les fonctions perdues suite à un AVC ;
- mentionnent une condition indispensable à la récupération ;
- donnent au moins deux raisons qui peuvent freiner la récupération chez un patient ;
- s'appuient sur le cas de Mme X et sur des supports documentaires.

UNITÉ 6 Action des substances exogènes sur le cerveau

Le cannabis est, de loin, la drogue illicite la plus consommée en France. Environ 48 % des jeunes de 17 ans déclarent avoir expérimenté l'usage du cannabis et 9 % d'entre eux sont des fumeurs réguliers. Certains adolescents éprouvent une véritable addiction vis-à-vis de cette drogue.

Objectif

Expliquer comment la consommation de cannabis peut entraîner une addiction.

Justifier l'existence d'une addiction au cannabis

Un sujet est considéré comme souffrant d'une addiction quand il présente au moins deux critères parmi les suivants :

- besoin impérieux et irrépressible de consommer la substance ;
- beaucoup de temps consacré à la recherche de substances ;
- augmentation de la tolérance au produit addictif ;
- présence d'un syndrome de sevrage ;
- usage même lorsqu'il y a un risque physique ;
- activités réduites au profit de la consommation ;
- poursuite de la consommation malgré les dégâts physiques ou psychologiques ;
- ...

Source : Inserm

1 Le diagnostic d'une addiction *(Diagnostic and Statistical manual of Mental disorders)*.

2 Affiche de prévention routière et risque d'accident de la route en cas d'usage de cannabis.

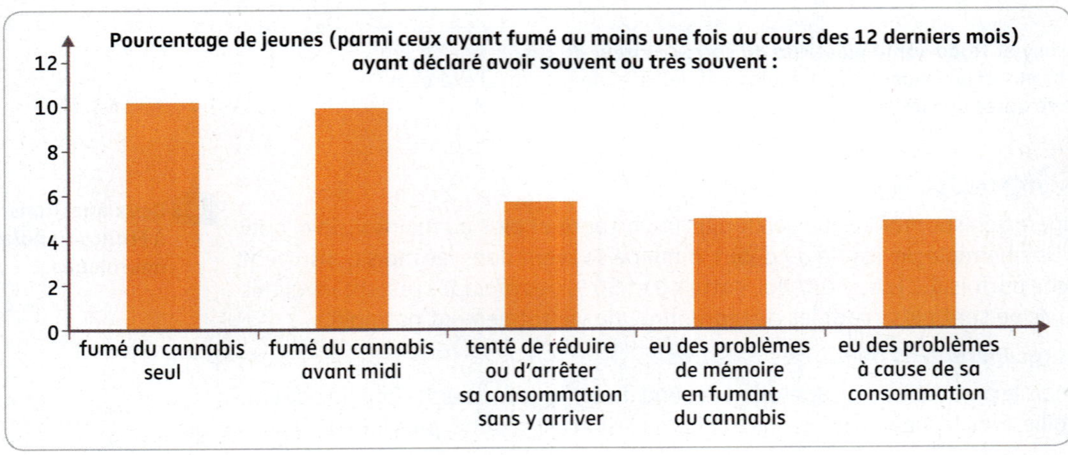

3 Résultats d'une enquête de l'Observatoire français des drogues et des toxicomanies. Cette étude a été réalisée en 2011 auprès de 8 000 jeunes ayant déclaré avoir fumé du cannabis au moins une fois au cours des 12 derniers mois.

« Je fume depuis que j'ai l'âge de 14 ans. [...] Avec l'arrivée des premières soirées, j'en suis venu à découvrir le cannabis un soir. Et là, ça a été le kiff : fous rires, sensation de détente, on a passé une soirée vraiment très fun. [...] À partir de la seconde, je me suis mis à consommer de plus en plus, à fumer non pas seulement les week-ends entre potes, mais aussi le matin en allant en cours, pendant les pauses, et tous les soirs [...]. À partir de là, j'ai commencé à me rendre compte des problèmes que le cannabis engendrait : démotivation complète pour les cours, absence scolaire, relation familiale parce que forcément, on évite de voir ses parents quand on est fonsdé, énervement quand je n'arrive pas à me procurer le produit : sautes d'humeur fréquentes, et le pire... mon manque de confiance en moi [...] s'est accentué, à tel point que je ne faisais même plus d'efforts pour aller vers les autres au lycée... »

Source : www.drogues-info-service.fr

4 Le témoignage de Robin, 24 ans.

Expliquer l'action du THC dans le cerveau

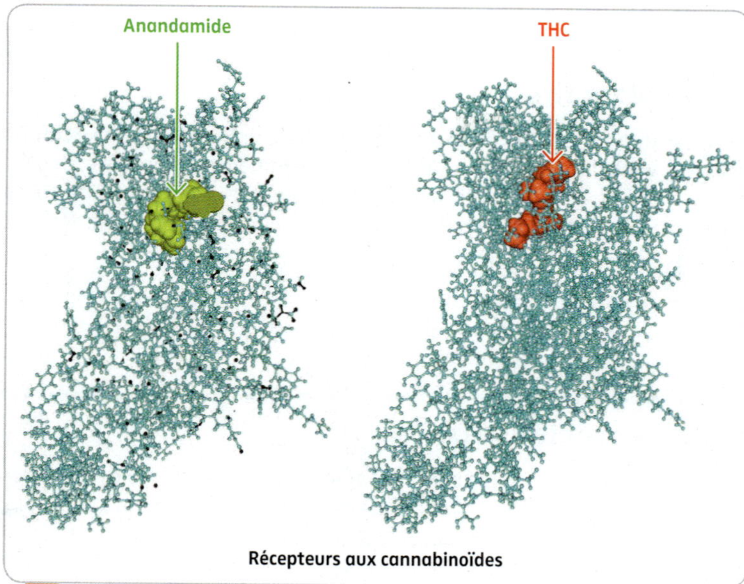

5 **Récepteurs aux cannabinoïdes (en bleu) sur lesquels est fixée l'anandamide (un neurotransmetteur endogène, en vert) ou du THC (une molécule exogène contenue dans le cannabis).** Ces récepteurs sont présents un peu partout dans le cerveau.

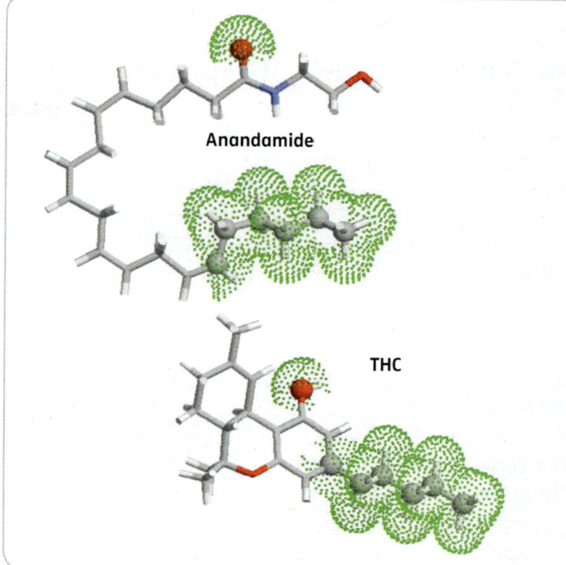

6 **Molécules d'anandamide et de THC. Les zones symbolisées en vert correspondent aux motifs communs aux deux molécules.** Ces deux molécules sont des agonistes, elles ont une action similaire.

	Anandamide	THC
Temps de demi-vie dans l'organisme (temps nécessaire pour que cette substance perde la moitié de son activité physiologique)	Quelques minutes seulement	25 à 36 heures au moins
Quantité dans le cerveau	Infime, non mesurable	225 ng/mL pour une dose ingérée de THC de 10 mg/kg
Constante d'affinité pour les récepteurs cannabinoïdes *(plus cette valeur est faible et plus l'affinité ligand/récepteur est forte)*	60 à 550 nmol/L	40 à 80 nmol/L

7 **Comparaison de quelques caractéristiques des molécules d'anandamide et de THC.**

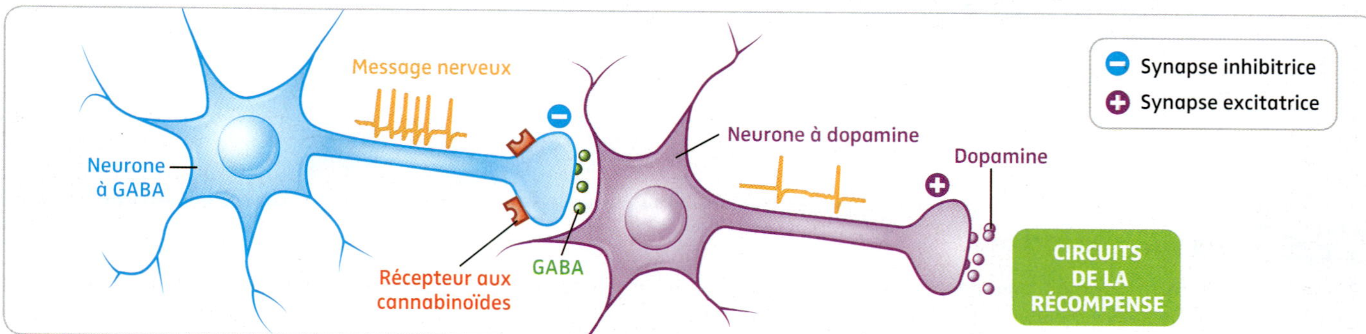

8 **Mode d'action des récepteurs aux cannabinoïdes.** En temps normal, les neurones à dopamine, qui activent les circuits de la récompense, sont inhibés par les neurones à GABA. La fixation d'un ligand (anandamide ou THC) sur les récepteurs aux cannabinoïdes lève cette inhibition et active les circuits **de la récompense, générant une sensation de plaisir.**

Guide de résolution

Indicateurs de réussite

1 Montrer que les comportements évoqués dans les documents 2 à 4 sont caractéristiques des critères d'une addiction listés dans le document 1.

2 Expliquer comment l'anandamide (un neurotransmetteur endogène) et le THC peuvent avoir une action similaire et générer une sensation de plaisir (documents 5, 6 et 8).

3 Étudier le document 7 pour comparer les caractéristiques de ces deux molécules et expliquer l'action décuplée du THC par rapport à l'anandamide.

4 **En conclusion**

Mettre en relation toutes ces informations pour expliquer comment la consommation de cannabis peut entraîner une addiction.

BILAN CHAPITRE 15 Cerveau, mouvement volontaire et action de substances exogènes

UNITÉ 1 La commande cérébrale du mouvement volontaire

- Des expériences de stimulation du cortex (zone en périphérie du cerveau) ont permis de mettre en évidence des **aires motrices** spécialisées dans la commande des mouvements des différentes parties du corps. Cette commande est controlatérale : le cortex moteur de la partie droite de l'encéphale commande la partie gauche du corps et vice versa.
- Une lésion du cortex moteur, par exemple suite à un **accident vasculaire cérébral (AVC)**, peut entraîner une paralysie plus ou moins étendue, mais généralement limitée à une moitié du corps (hémiplégie). Une bonne hygiène de vie limite le risque d'AVC.

UNITÉ 2 Le cerveau, un organe composé de cellules spécialisées

- Le cerveau est un sous-ensemble de l'encéphale (le contenu de la boîte crânienne). Il est constitué de cellules spécialisées : les neurones et les **cellules gliales**.

– Les neurones assurent la genèse et la propagation des messages nerveux.

– Les cellules gliales ont des rôles variés. Par exemple, les astrocytes permettent l'approvisionnement en nutriments des neurones. Les oligodendrocytes synthétisent la gaine de myéline qui recouvre l'axone des neurones et accélère la propagation des messages nerveux. Les cellules de la microglie sont des phagocytes qui assurent la défense immunitaire de l'organe.

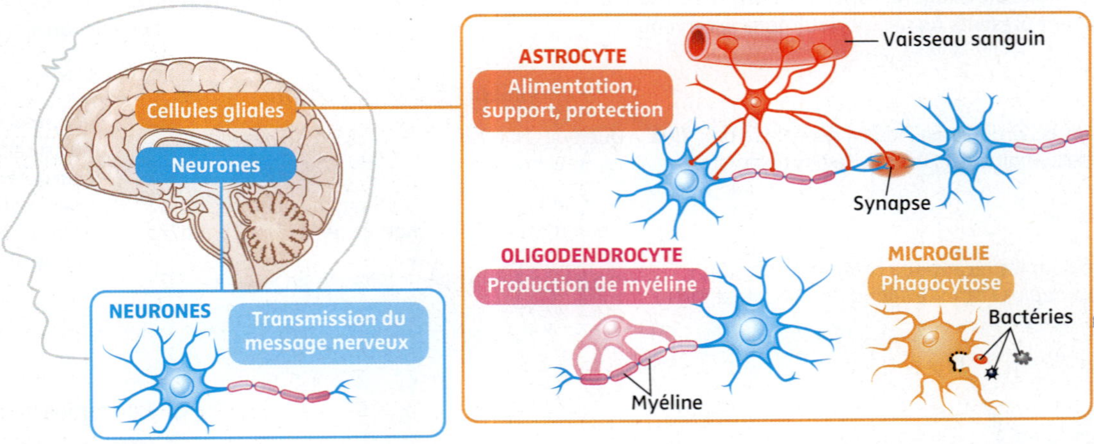

Les cellules spécialisées du cerveau.

UNITÉ 3 Les voies motrices

- Les neurones du cortex moteur cheminent dans la moelle épinière et établissent des connexions synaptiques avec les motoneurones commandant les différents muscles de l'organisme. Un croisement des faisceaux de fibres nerveuses a lieu sous le bulbe rachidien et explique la commande controlatérale du mouvement.
- En général, un motoneurone se ramifie et peut commander plusieurs cellules musculaires d'un même muscle. En revanche, une cellule musculaire ne reçoit des informations que d'un seul motoneurone.
- Des anomalies des **voies motrices** (fracture d'une vertèbre cervicale endommageant les fibres nerveuses de la moelle épinière ou maladie neurodégénérative des motoneurones comme la SLA) peuvent être à l'origine de paralysies.

UNITÉ 4 L'intégration neuronale

- Les neurones moteurs reçoivent des informations provenant de plusieurs synapses, qui peuvent être excitatrices ou inhibitrices, selon la nature des neurotransmetteurs.
- Le corps cellulaire des motoneurones effectue une sommation de ces informations : cette sommation peut être spatiale, si les informations arrivent en même temps de synapses différentes, ou temporelle, si les informations arrivent par une même synapse dans un intervalle de temps court. On parle d'**intégration** pour désigner cette propriété des motoneurones à élaborer un message nerveux moteur unique à partir d'informations diverses.

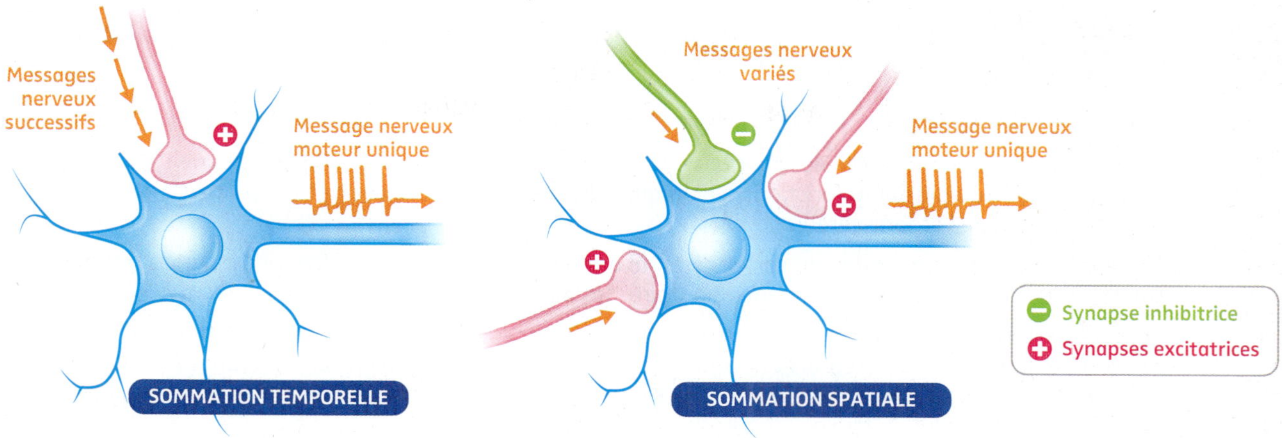

L'intégration des informations par les motoneurones.

UNITÉ 5 La plasticité cérébrale

▶ Le cerveau est un organe doué de plasticité : les réseaux de neurones se remodèlent au gré des expériences vécues. À l'échelle cellulaire, ce mécanisme repose sur la suppression, le renforcement, voire la création de connexions synaptiques. Ceci se traduit, à l'échelle de l'organe, par une réorganisation possible des aires cérébrales spécialisées.

▶ La **plasticité cérébrale** peut également permettre de retrouver une partie des fonctions perdues suite à une lésion comme un AVC. En effet, sous l'influence de la rééducation, d'autres aires corticales vont prendre le relais et se réorganiser afin de restaurer la fonction perdue. Cette récupération n'est souvent que partielle ; elle dépend de l'âge de l'individu, de la taille et de la localisation de la lésion.

UNITÉ 6 Action de substances exogènes sur le cerveau

▶ Dans le cerveau, les aires communiquent entre elles par des réseaux de neurones. Les messages nerveux sont codés le long des fibres nerveuses en fréquence de potentiels d'action et au niveau des synapses en concentration de neurotransmetteurs, qui peuvent avoir un effet excitateur ou inhibiteur.

▶ Les **drogues** sont des substances exogènes qui perturbent la propagation de ces messages nerveux, en imitant, stimulant ou perturbant l'action des neurotransmetteurs endogènes. Ainsi, une drogue modifie l'état de conscience du consommateur, avec des effets parfois graves. Presque toutes les drogues activent les circuits de la récompense, en y augmentant la quantité de dopamine, ce qui génère une sensation de plaisir et pousse le consommateur à rechercher de façon compulsive cette sensation : c'est l'**addiction**.

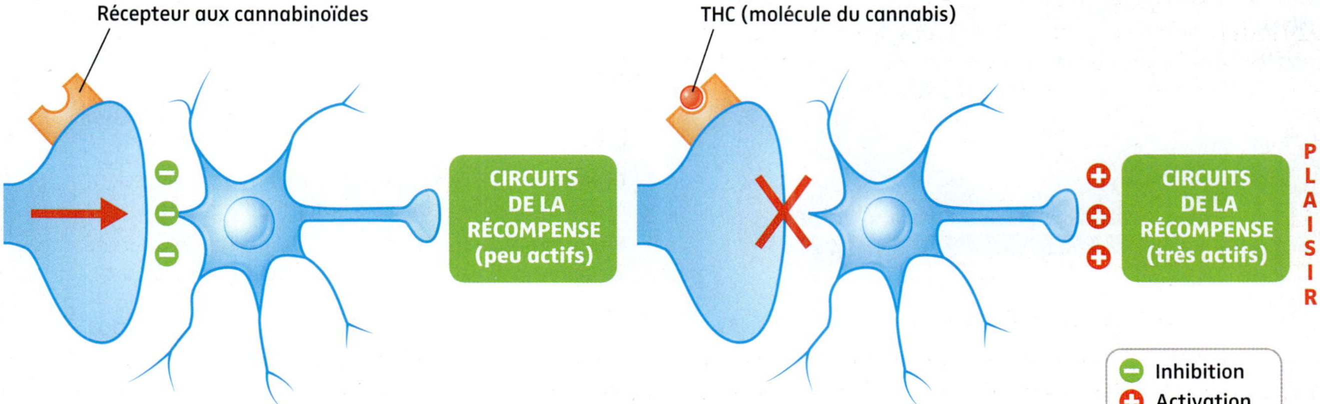

Action d'une drogue, le cannabis, sur les réseaux de neurones.

RETENIR

CHAPITRE 15

Cerveau, mouvement volontaire et action de substances exogènes

Texte dys
Texte audio

En quelques mots

1 Le cerveau et la commande du mouvement volontaire

- Le cerveau est composé de cellules spécialisées : les neurones et les **cellules gliales**. Chaque type cellulaire assure une ou plusieurs fonctions biologiques précises. Ensemble, ces cellules permettent le bon fonctionnement de l'organe cérébral.
- Des expériences de stimulation du cortex cérébral ont permis de mettre en évidence des zones responsables de la commande du mouvement volontaire : les **aires motrices**.
- Le message nerveux est transmis du cerveau jusqu'aux muscles par des neurones dont le corps cellulaire est localisé dans le cortex cérébral et l'axone est situé dans la moelle épinière. Ces neurones établissent, toujours dans la moelle épinière, des connexions synaptiques avec les motoneurones innervant les muscles.
- Chaque motoneurone est capable d'**intégrer** des informations diverses, c'est-à-dire d'en effectuer une sommation (spatiale et temporelle) et d'élaborer, à partir de ces informations, un message nerveux unique transmis par son axone.
- Un motoneurone peut se ramifier et innerver plusieurs cellules musculaires, mais une cellule musculaire ne reçoit des informations que d'un seul motoneurone.
- Certains dysfonctionnements du système nerveux modifient le comportement et ont des conséquences sur la santé (par exemple, un accident vasculaire cérébral peut provoquer des lésions cérébrales à l'origine de paralysies ou de troubles du langage).
- Le cerveau est un organe doué de **plasticité** : il se modèle au gré des expériences vécues. Cette propriété cérébrale permet l'apprentissage (intellectuel ou moteur) et la récupération, du moins partielle, après des lésions comme celles provoquées par un **accident vasculaire cérébral**.

2 Le cerveau, un organe fragile à préserver

- Des réseaux de neurones permettent la communication entre différentes aires cérébrales. Les messages nerveux transmis par ces neurones sont codés en fréquence de potentiels d'action le long des fibres nerveuses et en concentration de neurotransmetteurs au niveau des synapses.
- La consommation de substances exogènes (étrangères à l'organisme), comme l'alcool ou d'autres **drogues**, peut perturber la propagation de ces messages nerveux et provoquer une **addiction**.

Vidéo bilan

mots-clés

Accident vasculaire cérébral (AVC) : perturbation de l'irrigation cérébrale pouvant entraîner des lésions cérébrales.

Addiction : dépendance à une substance motivant un comportement compulsif de recherche et de consommation de cette substance.

Aires motrices : zones du cortex moteur qui commandent les mouvements des différentes parties du corps.

Cellules gliales : cellules qui constituent, avec les neurones, le tissu cérébral et assurent des fonctions variées.

Drogue : molécule exogène perturbant la transmission des messages nerveux dans notre organisme.

Intégration : propriété des corps cellulaires des motoneurones à élaborer un message nerveux moteur unique à partir d'informations diverses.

Plasticité cérébrale : propriété du cerveau à se remodeler au gré des expériences vécues tout au long de la vie d'un individu.

Voies motrices : ensemble de fibres nerveuses qui cheminent du cortex moteur *via* la moelle épinière jusqu'aux corps cellulaires des motoneurones innervant les muscles.

Schéma interactif

En une image

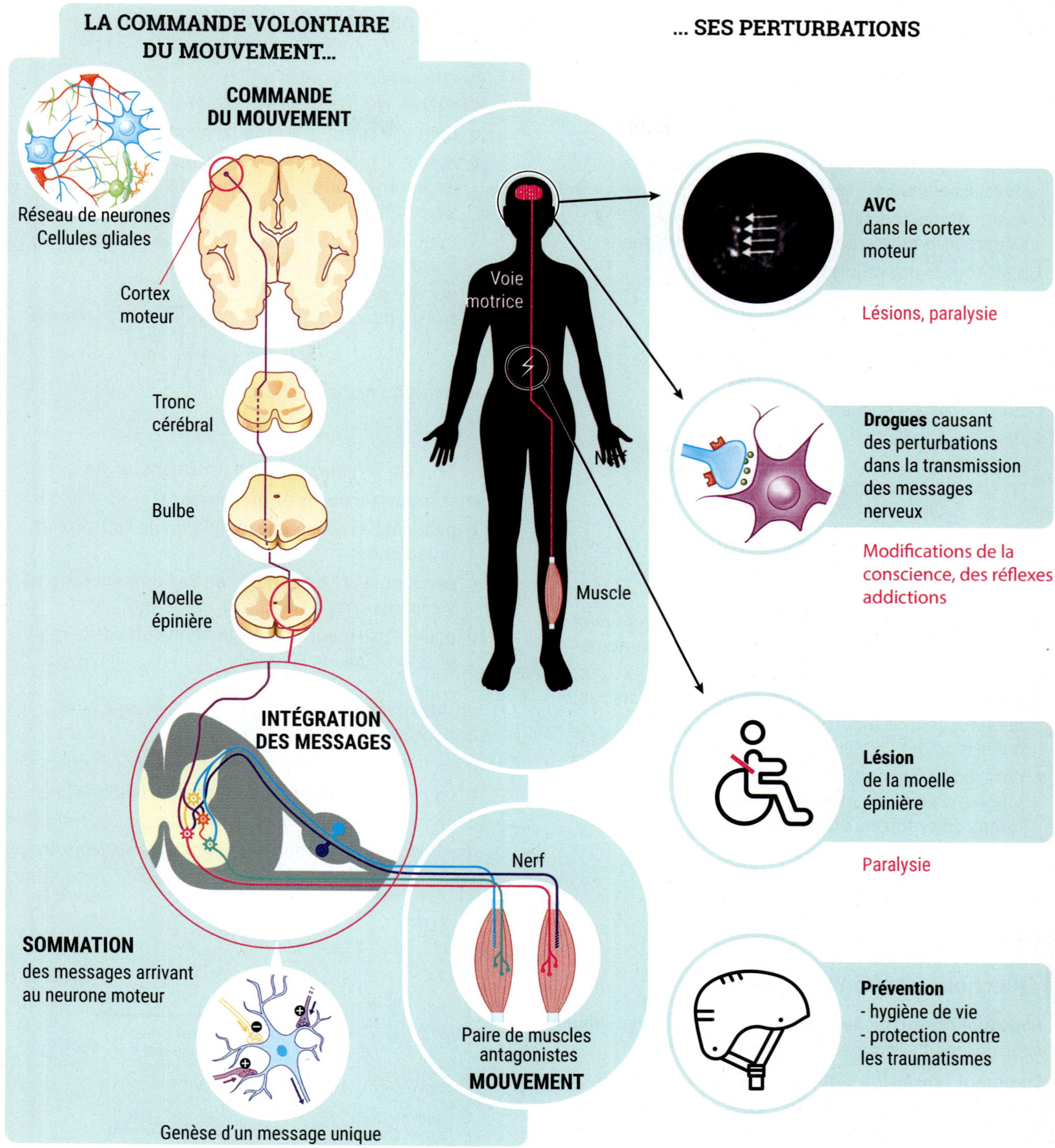

mémorisation active

Pour retenir les notions...

- Commande corticale du mouvement
- Cellules cérébrales spécialisées
- Voies motrices
- Intégration
- Plasticité cérébrale
- ...

Je construis ma carte des idées

Mouvement volontaire
- Commande cérébrale du mouvement (aires motrices spécialisées) → Cerveau = un organe...
- Transmission du message jusqu'aux muscles → Voies motrices

Pour m'aider dans la construction

→ Méthode 1

Pour m'entraîner

→ Exercice 1 p. 328

Quiz

Exercices interactifs

Pour chaque question, choisir la bonne réponse parmi les affirmations proposées.

1. Les cellules gliales :

- a assurent la transmission de messages nerveux dans la moelle épinière.
- b assurent la transmission du message nerveux dans le cerveau.
- c assurent des fonctions spécialisées, comme l'approvisionnement des neurones en nutriments.
- d sont toutes des cellules phagocytaires.

2. Les aires motrices sont localisées :

- a dans la substance grise du cerveau.
- b dans la substance blanche du cerveau.
- c dans la moelle épinière.
- d dans les muscles.

3. La sommation temporelle correspond à l'élaboration :

- a par le corps cellulaire du motoneurone d'un message nerveux unique, à partir de messages nerveux reçus en même temps de synapses différentes.
- b par l'axone du motoneurone d'un message nerveux unique, à partir de messages reçus à des moments différents d'une même synapse.
- c par le corps cellulaire du motoneurone d'un message nerveux unique, à partir de messages reçus à des moments différents d'une même synapse.
- d par l'axone du motoneurone d'un message nerveux unique, à partir de messages nerveux reçus en même temps de synapses différentes.

4. L'*homonculus* moteur associe à chaque zone du cortex moteur la partie du corps :

- a dont elle contrôle les mouvements volontaires.
- b dont elle reçoit les informations sensorielles.
- c dont elle contrôle les réflexes.
- d aucune de ces trois réponses.

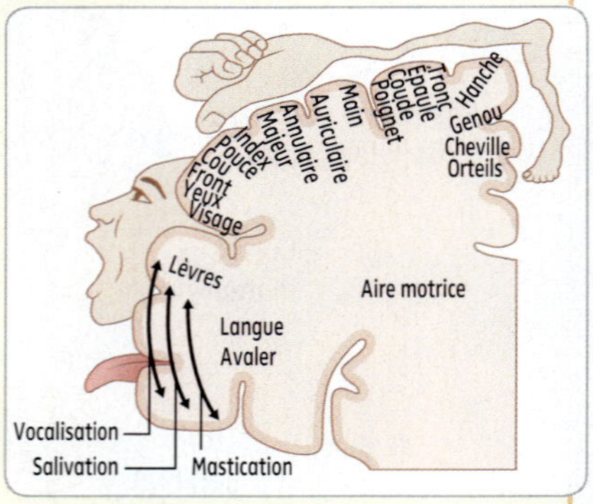

***Homonculus* moteur**

5. Dans le cerveau, les réseaux de neurones :

- a sont figés à partir de la naissance.
- b peuvent se modeler jusqu'à la fin de l'adolescence uniquement.
- c peuvent se modeler au cours des apprentissages, y compris chez les adultes.
- d peuvent se modeler avec la même efficacité quel que soit l'âge de l'individu.

6. Une drogue est une substance qui agit sur le système nerveux :

- a en détruisant les neurotransmetteurs endogènes.
- b en perturbant la transmission des messages nerveux.
- c en modifiant la surface de certaines aires cérébrales.
- d en perturbant l'action des neurotransmetteurs exogènes.

→ Corrigés p. 447

1 Questions à réponses brèves

1. Pourquoi dit-on que les cellules gliales sont des cellules spécialisées ? *(Appuyez-vous sur un exemple.)*
2. Comment une lésion cérébrale peut-elle entraîner la paralysie d'un membre ?
3. Expliquer brièvement la notion de plasticité cérébrale en vous aidant de l'expérience décrite ci-contre.
4. Pourquoi dit-on que les motoneurones ont une propriété d'intégration des informations ?
5. Expliquer brièvement l'effet d'une drogue sur le système nerveux.

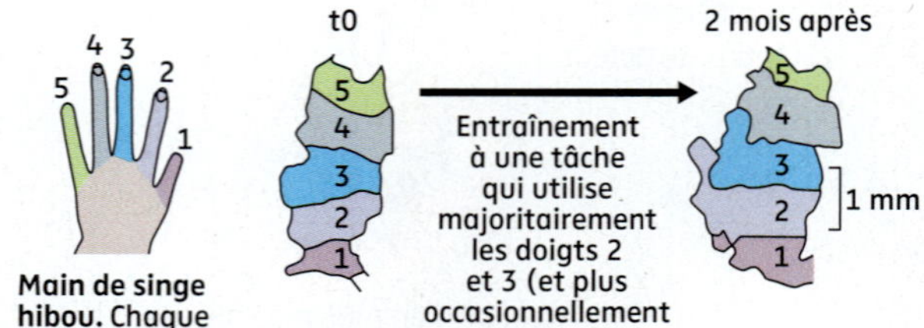

Main de singe hibou. Chaque doigt est repéré par une couleur et un numéro.

Représentations de la main dans le cortex somesthésique (cortex sensible aux stimuli tactiles) **d'un singe hibou.**

a Expérience de Jon Kaas et Michael Merzenic sur le singe hibou.

2 La commande du mouvement volontaire.

Rédiger un texte expliquant comment l'organisme peut commander la contraction volontaire d'un muscle.

Vous décrirez notamment la commande cérébrale du mouvement, les voies motrices et l'intégration des informations par le motoneurone. La nature et la propagation du message nerveux ne sont pas à traiter.
Vous pouvez vous appuyer sur des schémas judicieusement choisis.

3 Le cerveau, un organe constitué de cellules spécialisées

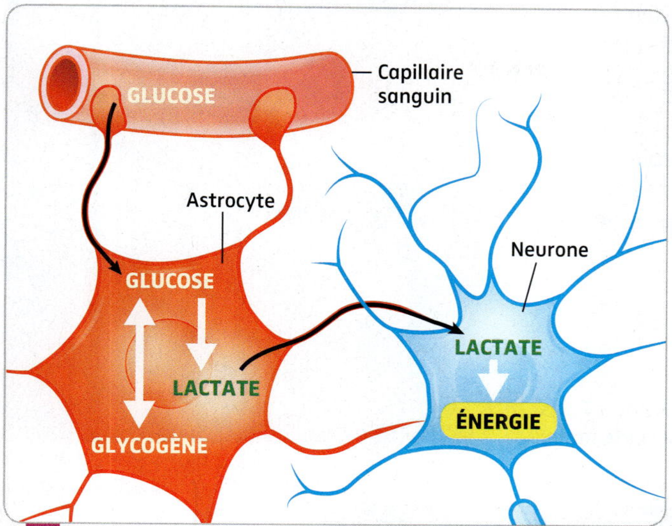

b **Un des rôles des astrocytes, un type de cellules gliales.**

■ En vous appuyant sur les **documents b et c** et vos connaissances, montrer que le cerveau est un organe constitué de cellules spécialisées assurant le bon fonctionnement de l'ensemble.

Rédiger un exposé structuré. Vous pouvez vous appuyer sur des schémas judicieusement choisis.

	Diamètre (µm)	Présence de myéline	Vitesse de conduction du message nerveux (en m/s)
A-alpha	13 à 20	oui	80 à 120
A-beta	6 à 12	oui	35 à 90
A-delta	1 à 5	oui	5 à 40
C	0,2 à 1,5	non	0,5 à 2

c **Vitesse de conduction du message nerveux dans quatre types de fibres nerveuses.** La myéline est une substance synthétisée par les oligodendrocytes, un type de cellules gliales.

4 La maladie de Parkinson

■ La maladie de Parkinson est causée par la dégénérescence des neurones à dopamine du tronc cérébral.
Elle est caractérisée par de nombreux symptômes : troubles de la parole, clignements d'œil, troubles moteurs…

■ Des chercheurs ont demandé à des individus sains ou malades d'exécuter des mouvements de la main droite à l'aide d'un joystick vers l'avant, l'arrière, la droite ou la gauche tout en énonçant à voix haute la direction empruntée par le joystick.

■ Les patients malades présentent à la fois des troubles moteurs et des troubles de la parole pendant cette tâche.

■ La réalisation d'IRM fonctionnelles a permis de dresser un profil d'activation cérébrale des sujets étudiés.

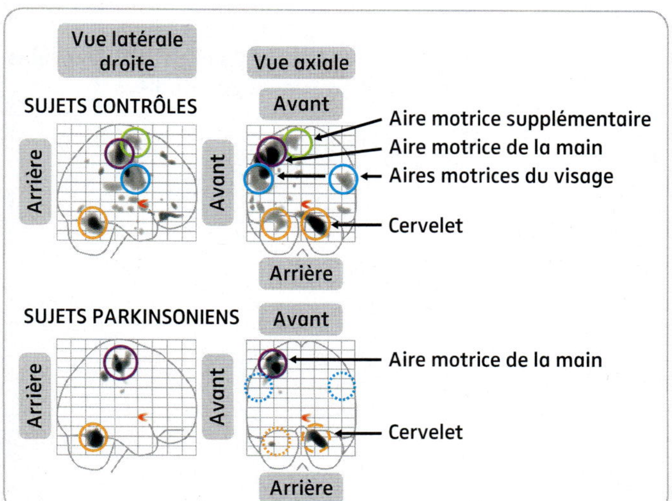

d **Profil d'activation cérébrale des sujets étudiés.** L'aire motrice supplémentaire permet la planification et la coordination de tâches complexes, par exemple lorsque l'on fait deux choses en même temps.

Partie 1 : En utilisant vos connaissances et les résultats du document, indiquer quelle est la seule affirmation exacte parmi les quatre propositions qui vous sont faites.

1. Chez les individus sains, on constate une activation :
a unilatérale de l'aire motrice droite de la main tenant le joystick.
b bilatérale de l'aire motrice de la main tenant le joystick.
c unilatérale de l'aire motrice gauche de la main tenant le joystick.
d unilatérale du cervelet.

2. L'activation des aires motrices du visage pendant cette expérience peut s'expliquer par :
a la manipulation du joystick par les sujets.
b l'articulation de mots par les sujets.
c la perception de stimuli visuels.
d la perception de stimuli auditifs.

3. Chez les patients malades, on constate pendant cette expérience :
a une activation normale du cervelet.
b une absence d'activation de l'aire motrice de la main.
c une activation normale de l'aire motrice du visage.
d une activation quasi normale de l'aire motrice de la main.

4. Chez les patients malades, les résultats peuvent permettent d'expliquer :
a les troubles moteurs de la main mais pas les troubles de la parole observés durant l'expérience.
b les troubles de la parole mais pas les troubles moteurs de la main observés durant l'expérience.
c les troubles de la parole et les troubles moteurs de la main observés durant l'expérience.
d aucun des troubles observés durant l'expérience.

Partie 2 : en vous appuyant sur des exemples, justifier l'affirmation : « Le cerveau est un organe fragile, qu'il convient de préserver. »

5 Exercice guidé Des mains à six doigts

Des chercheurs ont étudié les performances motrices de deux individus polydactyles, c'est-à-dire possédant un doigt surnuméraire à chaque main : un jeune garçon de 17 ans et sa mère de 52 ans. Ils ont conclu que cette anomalie augmente les performances de l'individu.

Montrer que l'anatomie musculo-articulaire, nerveuse et cérébrale de ces individus permet d'augmenter leurs performances motrices. Puis indiquer quelle propriété du cerveau leur a permis de s'approprier ce sixième doigt et comment.

Organiser votre réponse selon une démarche de votre choix intégrant des données issues des documents et les connaissances complémentaires nécessaires.

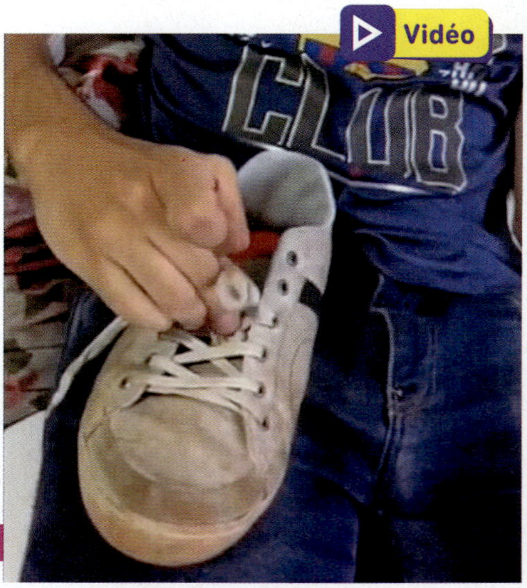

a Le jeune homme polydactyle de 17 ans fait ses lacets à une seule main.

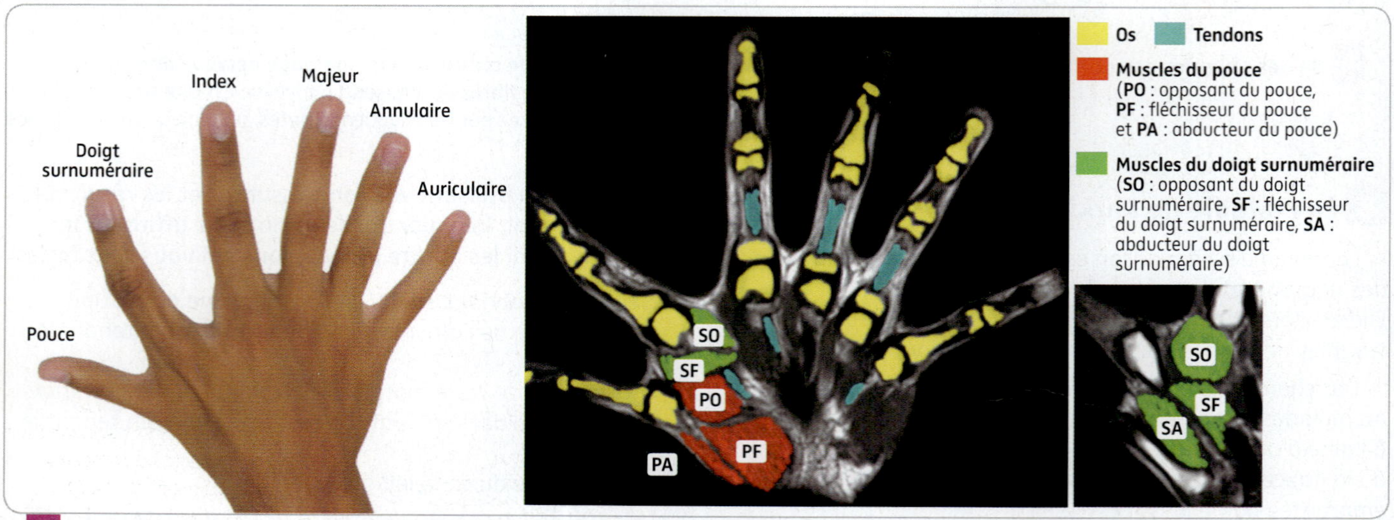

b Anatomie de la main du jeune homme de 17 ans. L'ossature et la musculature du pouce, de l'index, du majeur, de l'annulaire et de l'auriculaire sont comparables à celles d'un individu à 5 doigts. Les chercheurs ont montré que les muscles du doigt surnuméraire possèdent leur innervation propre.

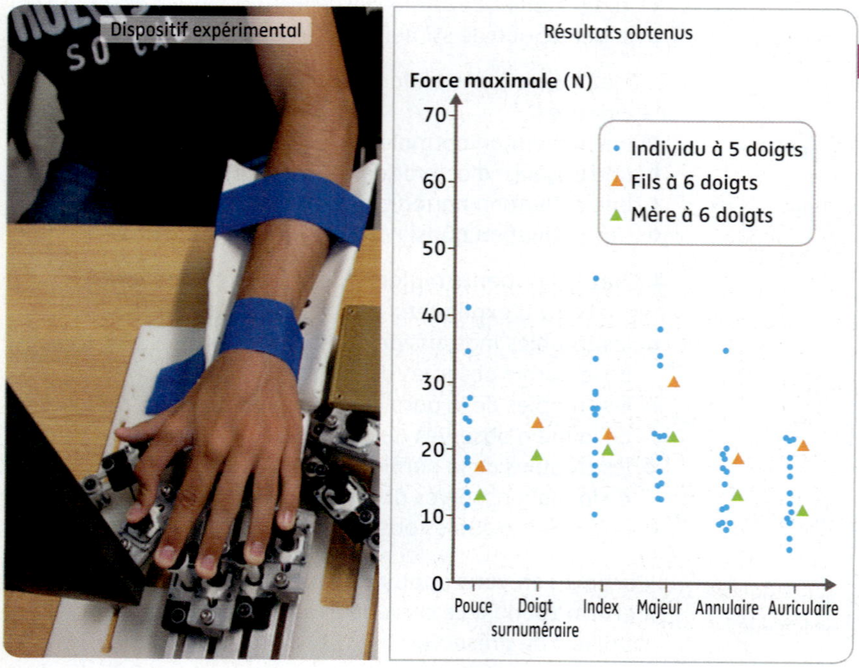

c Enregistrement de la force maximale développée par chaque doigt pour 13 individus à 5 doigts et les 2 individus étudiés.

Source : Mehring, C., Akselrod, M., Bashford, L. *et al.* Augmented manipulation ability in humans with six-fingered hands. *Nat Commun* 10, 2401

Les chercheurs ont conçu un jeu vidéo spécialement pour ces individus à 6 doigts. Les 6 carrés rouges et verts oscillent de bas en haut de l'écran. Quand un de ces carrés pénètre dans une case blanche en bas de l'écran, l'individu doit appuyer sur une touche correspondant à cette case sur un clavier à 6 touches. Le nombre d'erreurs doit rester inférieur à un certain seuil pendant 2 minutes pour pouvoir passer au niveau suivant, qui proposera une vitesse de déplacement des carrés plus élevée. Les individus s'entraînent chaque jour pendant 5 jours :

– soit en condition témoin, en utilisant les 5 doigts de la main droite (sans le doigt surnuméraire) et le doigt surnuméraire de la main gauche ;

– soit en condition test, en utilisant les 6 doigts de la main droite.

Écran du jeu vidéo

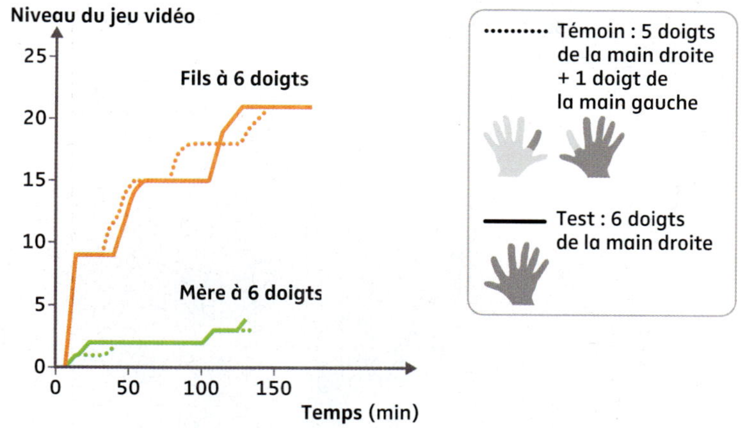

d **Performances motrices des deux individus étudiés à un jeu vidéo créé pour eux après entraînement.**

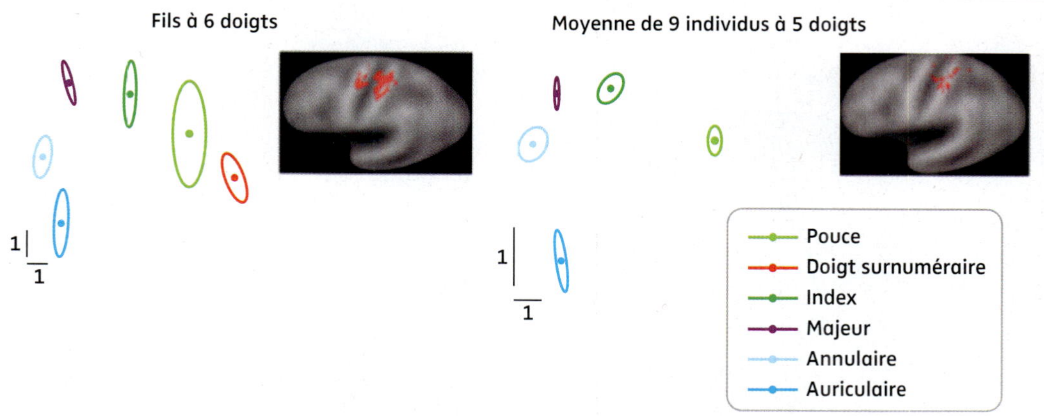

e **Carte d'activation du cortex sensorimoteur lors de mouvements des doigts du fils polydactyle et de 9 individus témoins.** Carte obtenue par IRM fonctionnelle lors de mouvements des doigts réalisés un doigt après l'autre. Les ellipses représentent les marges d'erreur possibles.

Guide de résolution

1. En utilisant les documents a, c et d, montrez que les performances motrices des individus polydactyles sont augmentées. Concernant le document d, il s'agit de montrer qu'ils peuvent réaliser à une seule main des tâches complexes nécessitant habituellement deux mains, et ceci avec la même réussite.
2. Montrez, à partir du document b, que le doigt surnuméraire possède un système musculo-articulaire et nerveux propre et comparable à celui des autres doigts.
3. Utilisez le document e pour montrer que la carte motrice du fils polydactyle lui permet de contrôler le sixième doigt indépendamment des autres. Rassemblez vos connaissances sur la notion de plasticité cérébrale et les mettre en relation avec le document e.
4. Organisez votre réponse avec une brève introduction qui pose le problème, une démarche qui intègre les informations issues des documents en relation avec les connaissances utiles et une brève conclusion qui répond au problème.

CHAPITRE 16

La cellule musculaire : une structure spécialisée

▶ Les muscles sont les moteurs des mouvements de l'organisme. Ils sont constitués de cellules spécialisées : les cellules musculaires. Lorsque les muscles se contractent, les cellules musculaires subissent un raccourcissement entraînant le mouvement du squelette.

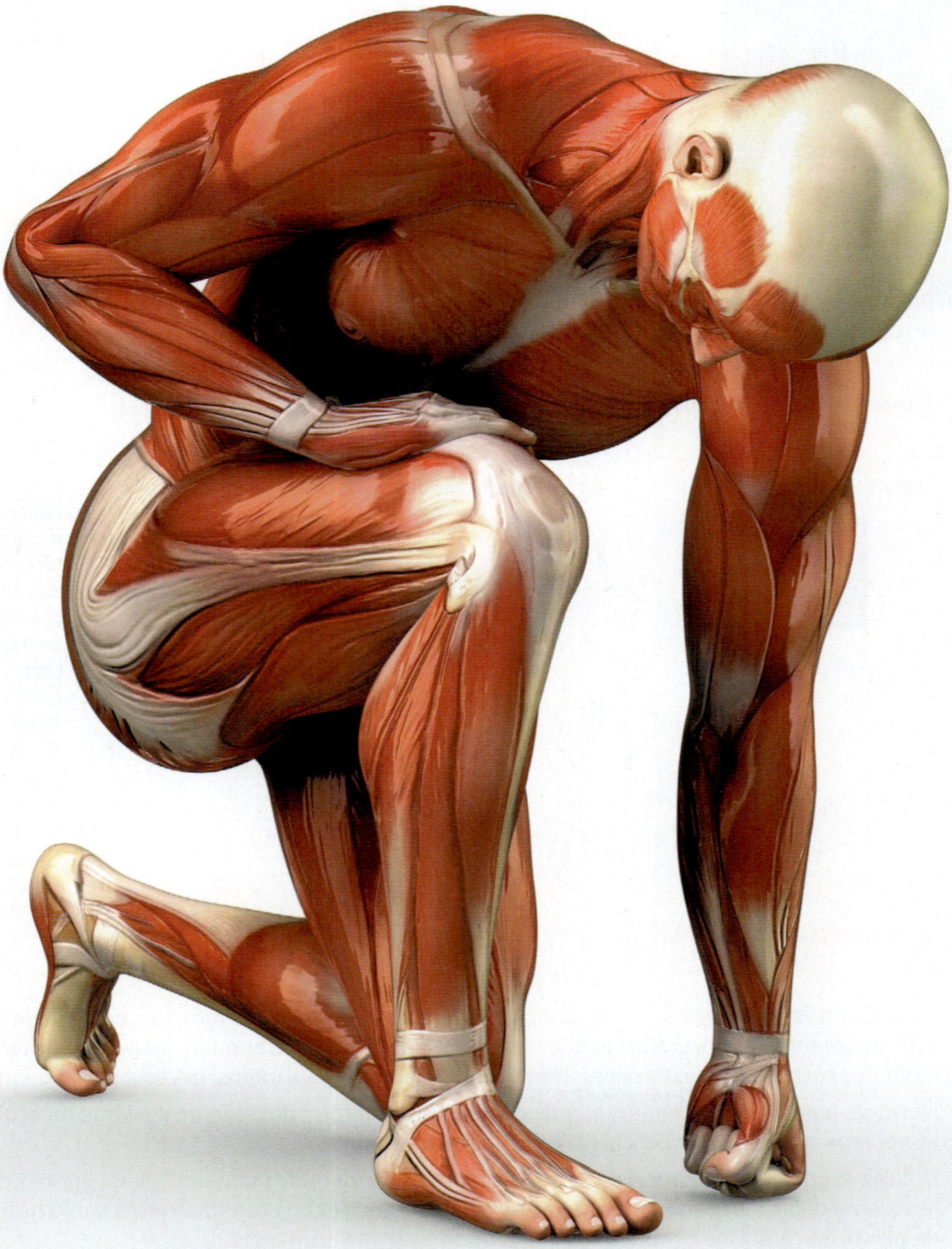

La musculature du corps humain.
Les muscles squelettiques permettent le mouvement volontaire du corps.

Comment la contraction musculaire se réalise-t-elle ? UNITÉS 1 et 2

Les ados et leurs formes, un acharnement irréfléchi ?

La pratique de la musculation est-elle sans danger ? UNITÉ 1

570

C'est le **nombre de muscles striés squelettiques** dans le corps humain.

Protéines filamenteuses visibles dans les cellules musculaires striées.
Ces cellules sont très différenciées et spécialisées.

Quelles sont les particularités de ces cellules qui permettent la contraction musculaire ? UNITÉ 3

Affiche du Téléthon présentant Nicolas, un jeune garçon atteint de la myopathie de Duchenne.
La myopathie de Duchenne est une maladie génétique provoquant une dégénérescence irréversible des fibres musculaires.

Quels sont les différents phénotypes associés à la maladie ? UNITÉ 4

UNITÉ 1 La mécanique musculo-squelettique

Les muscles squelettiques représentent entre 28 et 35 % de la masse totale du corps humain. Ils sont capables de se contracter (et donc de raccourcir) et de se relâcher, permettant ainsi les mouvements. Ils sont constitués en particulier de cellules spécialisées, les cellules musculaires, appelées aussi « fibres musculaires ».

Objectif

Décrire le rôle des structures responsables du mouvement à différentes échelles.

Caractériser le mouvement au niveau d'une articulation

Au niveau d'une articulation, les têtes osseuses recouvertes de cartilage sont lubrifiées par de la synovie, un liquide huileux. Les muscles sont attachés fermement aux os grâce à des tendons.

Disséquer une patte de lapin

Protocole

PRINCIPE

Cette dissection permet de caractériser le mouvement au niveau d'une articulation.

PROTOCOLE

1. Orienter la patte et dégager les deux muscles.
2. Repérer les tendons, zone d'insertion des muscles sur les os.
3. Tirer alternativement sur un muscle et sur l'autre, et observer le mouvement de la patte.

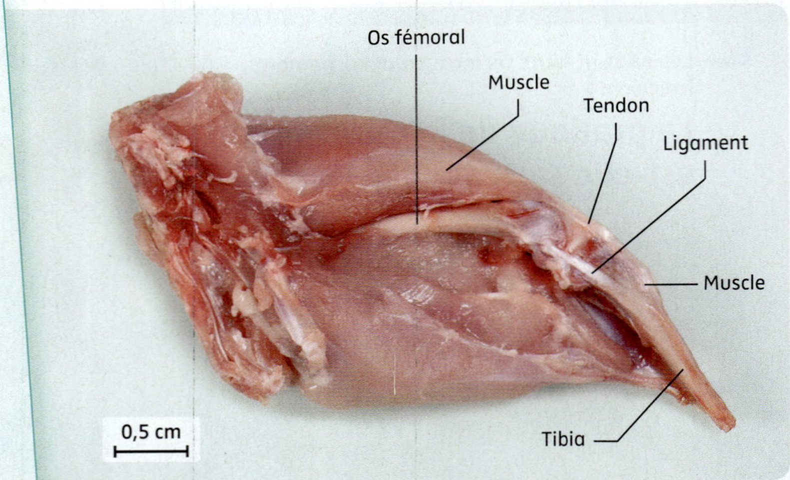

1 Dissection d'une patte postérieure gauche de lapin.

Décrire l'organisation d'un muscle strié squelettique

Un muscle comprend deux tendons, les extrémités blanches attachés aux os, et un ventre rouge et épais, le tout étant emballé dans un tissu conjonctif.

Les faisceaux musculaires regroupent plusieurs cellules musculaires. Chacune d'elles est une cellule géante dont la longueur varie entre 1 et 40 mm et le diamètre entre 10 et 100 micromètres. Elle est multinucléée, il y a environ 35 noyaux par millimètre de longueur.

Sous l'action d'une stimulation électrique, les cellules musculaires peuvent se contracter.

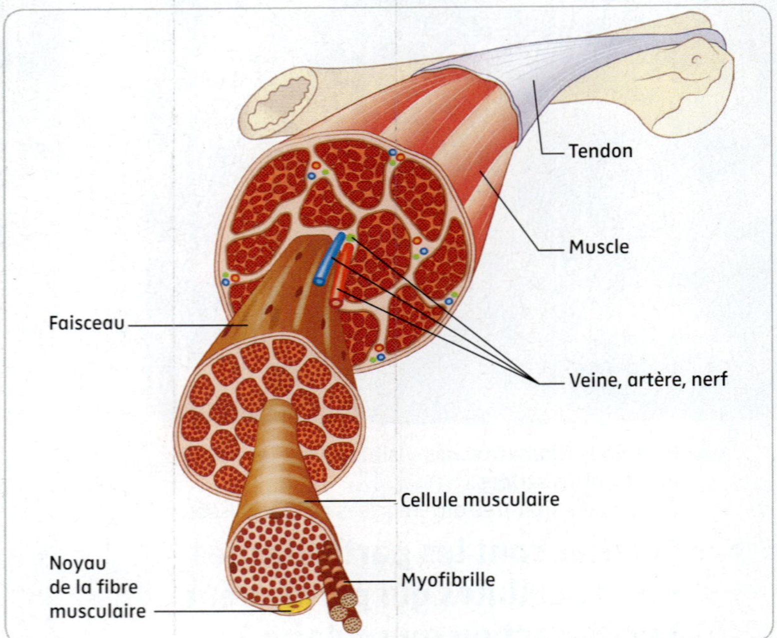

2 Organisation d'un muscle squelettique.

Modéliser les mouvements de flexion et d'extension

Lors de la contraction, les muscles se raccourcissent.

Les tendons, structures d'attache des muscles sur les os, permettent la transmission du raccourcissement du muscle à l'origine du mouvement des os.

Les ligaments sont des fibres qui relient les os entre eux. Ils assurent le maintien de l'articulation en empêchant que les os ne se désarticulent les uns par rapport aux autres.

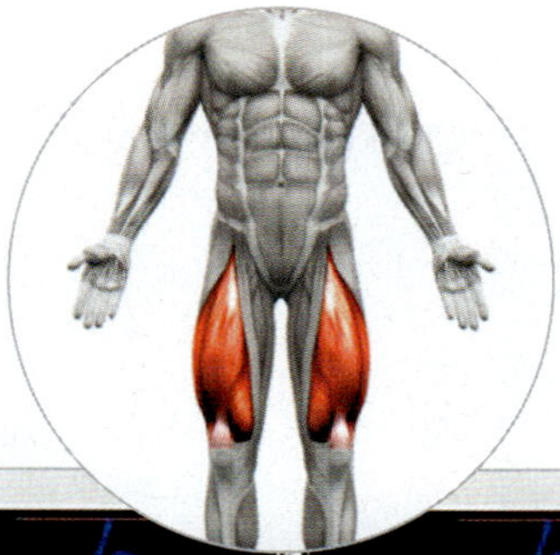

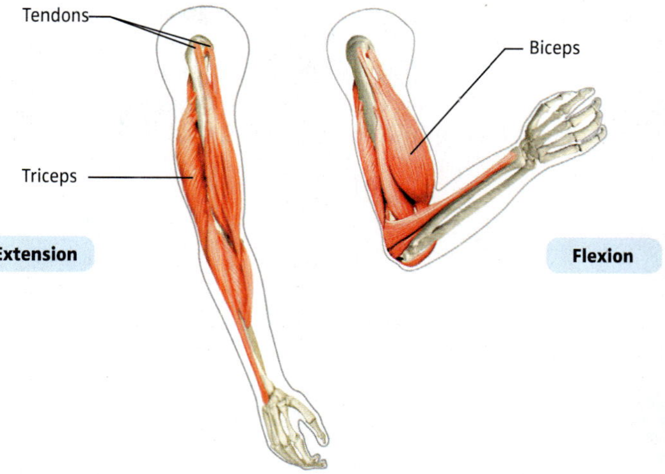

3 **Contraction des muscles du bras.**

Vidéo

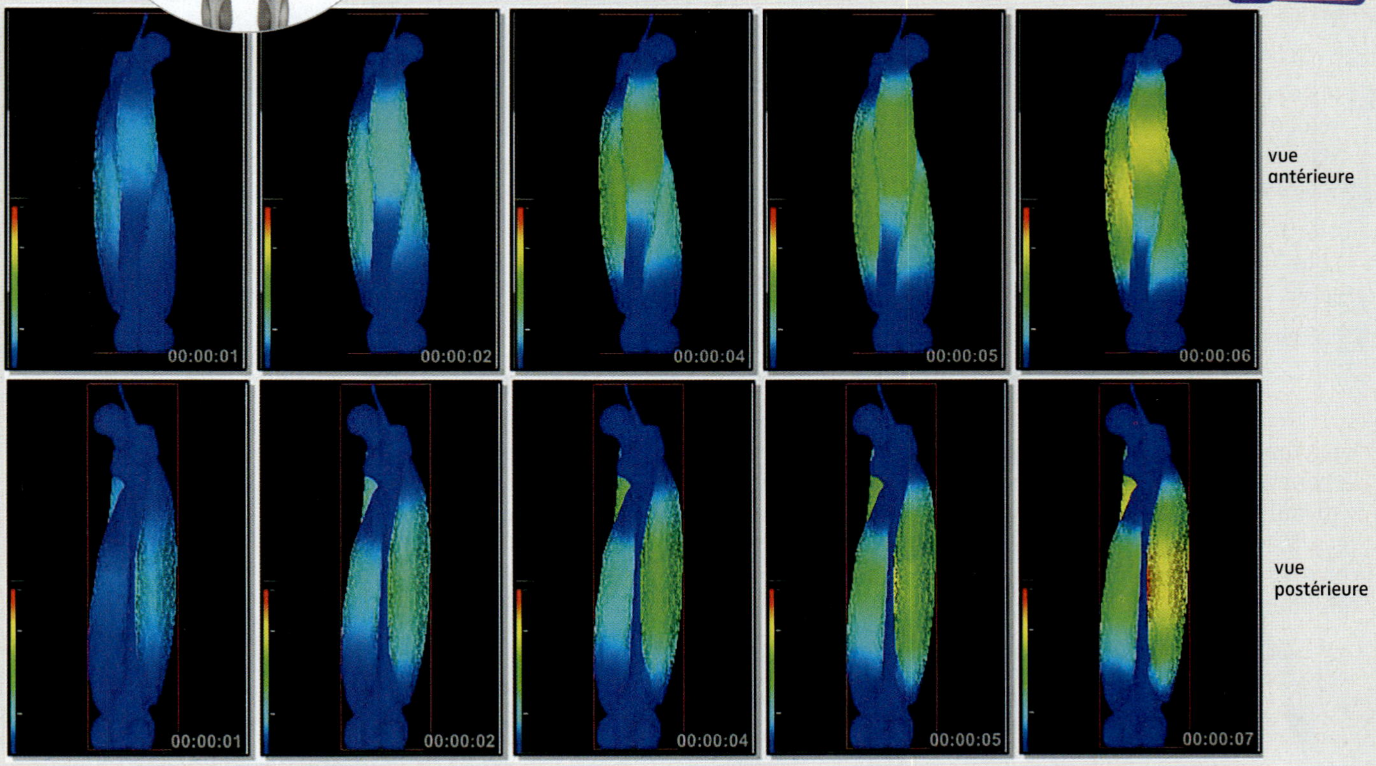

4 **Déformations subies par le muscle quadriceps fémoral en cours de contraction.**
Le quadriceps fémoral est le muscle le plus volumineux du corps. Il est logé sur l'avant de la cuisse et est composé de quatre parties, visibles en couleurs sur le document. L'échelle des couleurs donne l'intensité des déformations subies par ce muscle durant la contraction. La couleur bleue indique une absence de déformation, le rouge une déformation très importante.

Guide de résolution

Indicateurs de réussite

❶ Expliquer le rôle des tendons (documents 1 et 3).

❷ Décrire les modifications subies par un muscle lors de la contraction (documents 3 et 4).

❸ Formuler une hypothèse quant au rôle des cellules musculaires dans la flexion du bras.

❹ **En conclusion**

Mettre en relation les documents 1 à 4 pour rédiger un texte expliquant le processus aboutissant à la flexion d'un membre.

UNITÉ 2

La contraction musculaire à l'échelle cellulaire

Les cellules musculaires striées squelettiques possèdent dans leur cytoplasme de grandes quantités de protéines, organisées en filaments appelés « myofibrilles ». L'organisation de ces protéines est à l'origine de la striation des cellules musculaires, visible au microscope optique.

Objectif

Montrer en quoi la différenciation structurale de la cellule musculaire lui permet de réaliser sa fonction contractile.

Décrire l'organisation d'une cellule musculaire

Observer des cellules musculaires

Protocole

PRINCIPE

Cette préparation permet d'observer des cellules musculaires striées squelettiques.

PROTOCOLE

1. Prélever un fragment du muscle (soit un morceau de viande, soit un peu du muscle disséqué dans l'unité 1, soit un morceau de jambon) et le déposer sur une lame.
2. Dilacérer les fibres dans le sens de leur longueur.
3. Mettre quelques gouttes de bleu de méthylène et attendre 2 ou 3 minutes.
4. Poser une lamelle sur la préparation et écraser légèrement.
5. Observer au microscope.

Vidéo

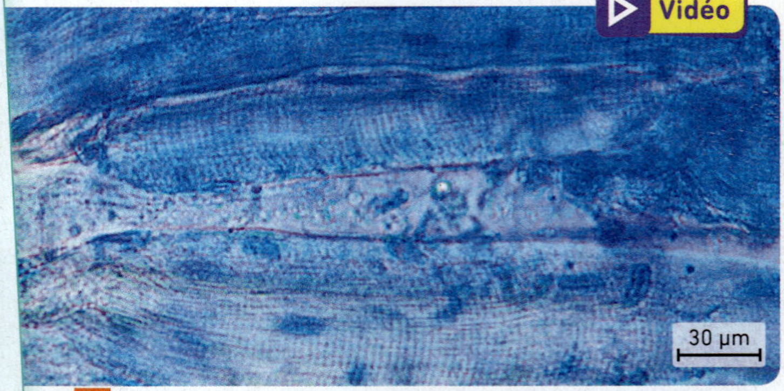

1 Cellules musculaires striées squelettiques observées au microscope optique. La striation visible est due à l'organisation de protéines filamenteuses dans la cellule.

Le cytoplasme d'une cellule musculaire contient essentiellement des protéines organisées en longues fibres appelées « myofibrilles ». Chaque myofibrille est formée d'unités répétées, les sarcomères. Dans les plus grands muscles de notre corps, une myofibrille compte jusqu'à 100 000 sarcomères mis bout à bout.

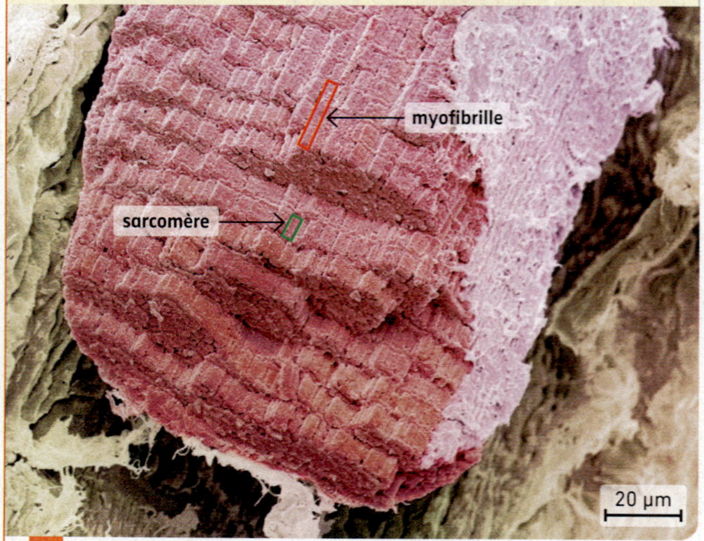

2 Une cellule musculaire striée squelettique observée au microscope électronique à balayage.

Le sarcomère est l'unité élémentaire des myofibrilles, structure caractéristique des cellules musculaires striées squelettiques.

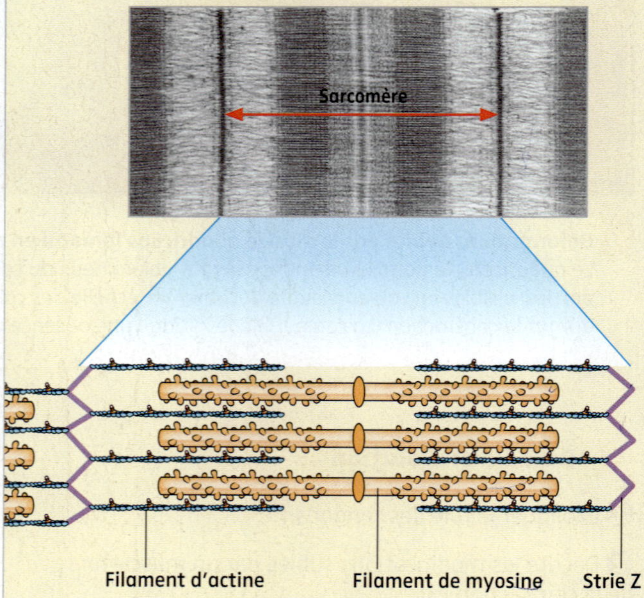

3 Un sarcomère vu au microscope électronique et le schéma d'interprétation moléculaire.

Comparer les sarcomères d'une cellule au repos ou contractée

Vidéo

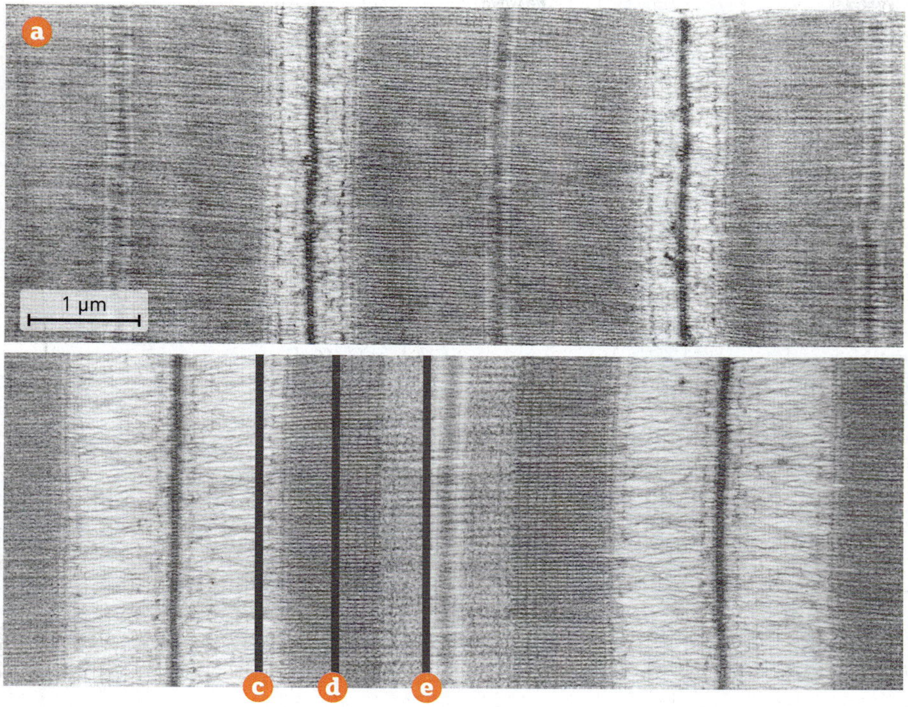

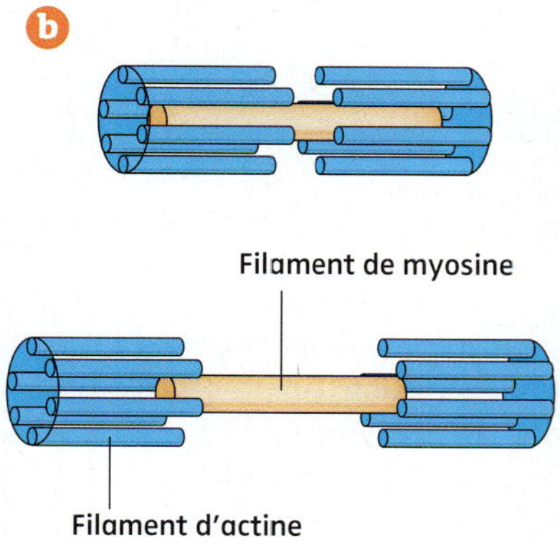

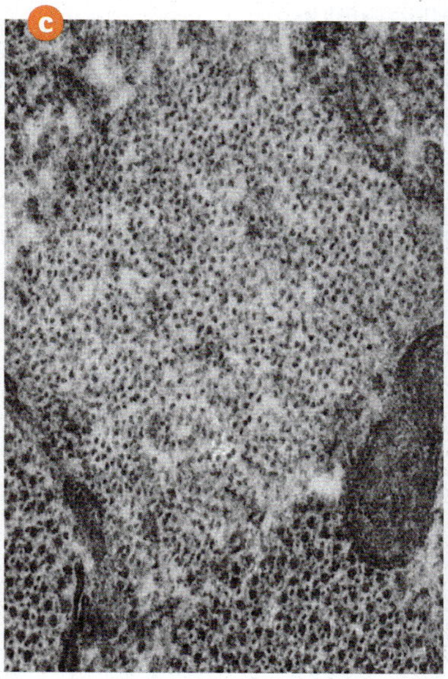

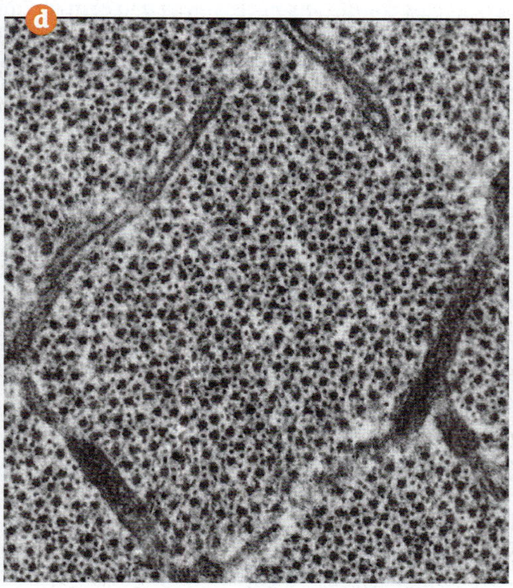

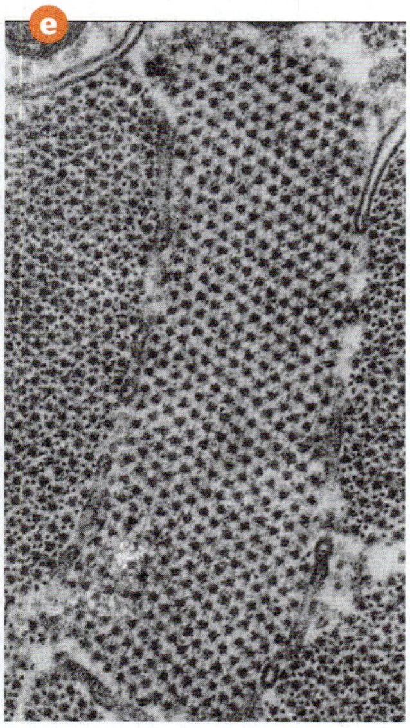

4 a Sarcomère dans une cellule contractée (en haut) et relâchée (en bas) d'un muscle de lapin observé en microscopie électronique.
b Schéma du coulissage des filaments d'actine autour du filament de myosine.
c d e Coupes transversales du sarcomère à différents niveaux repérés sur le document a .

Guide de résolution

Indicateurs de réussite

1 Identifier la nature des filaments visibles sur les différentes coupes du document 4 en lien avec le document 3.

2 Mesurer, à l'aide de la barre d'échelle, la longueur d'un sarcomère au repos et contracté.

3 Calculer le raccourcissement global du muscle lorsqu'il se contracte (document 4).

4 **En conclusion**

Énumérer des arguments permettant de dire qu'une cellule musculaire est contractile.

UNITÉ 3 Les mécanismes moléculaires de la contraction musculaire

La mise en mouvement du cytosquelette requiert des conditions particulières, nécessaires à la réalisation de la contraction.

Objectifs

Identifier les conditions nécessaires à la contraction et expliquer le rôle des mouvements moléculaires de l'actine et de la myosine dans la contraction musculaire.

Montrer que le coulissage actine–myosine nécessite de l'ATP et du Ca^{2+}

On mesure la contraction d'un muscle strié squelettique (tension) en présence ou en l'absence d'ions calcium (Ca^{2+}) et d'ATP.

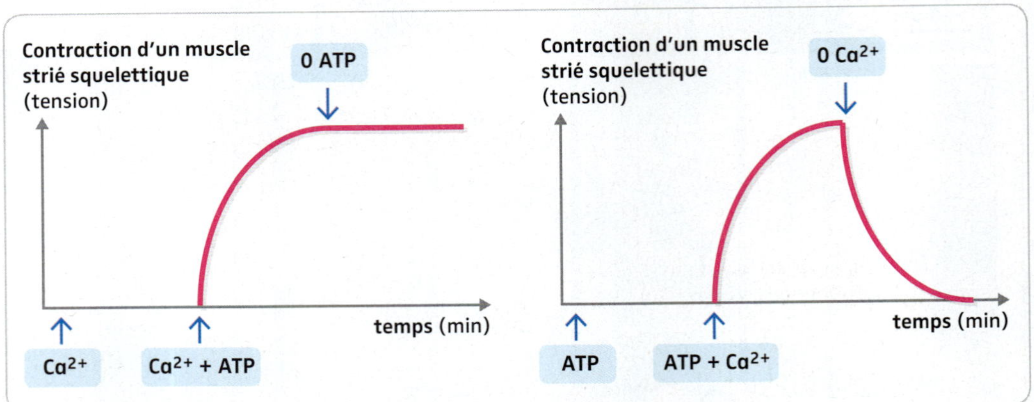

1 **Expériences des conditions nécessaires à la contraction musculaire.**

	Constituants du milieu	
	État initial	État final
Milieu 1	Filaments d'actine + ATP + Ca^{2+}	Filaments d'actine + ATP + Ca^{2+}
Milieu 2	Filaments de myosine + ATP + Ca^{2+}	Filaments de myosine + ATP + Ca^{2+}+ faible quantité d'ADP et de Pi
Milieu 3	Filaments d'actine + filaments de myosine + ATP + Ca^{2+}	Ponts actine-myosine + grande quantité d'ADP et de Pi

2 **Identification au niveau moléculaire du rôle de l'ATP et des ions calcium.**

Comparer deux conformations de la myosine à l'aide d'un logiciel

Modéliser des molécules

Protocole

PRINCIPE

La modélisation moléculaire permet de comprendre les mécanismes moléculaires fins de la contraction musculaire.

PROTOCOLE

Utiliser un logiciel de modélisation moléculaire comme *Libmol* (→ Méthode n° 12) ou *Rasmol*, pour comparer les conformations de la myosine dans un sarcomère au repos et en contraction.

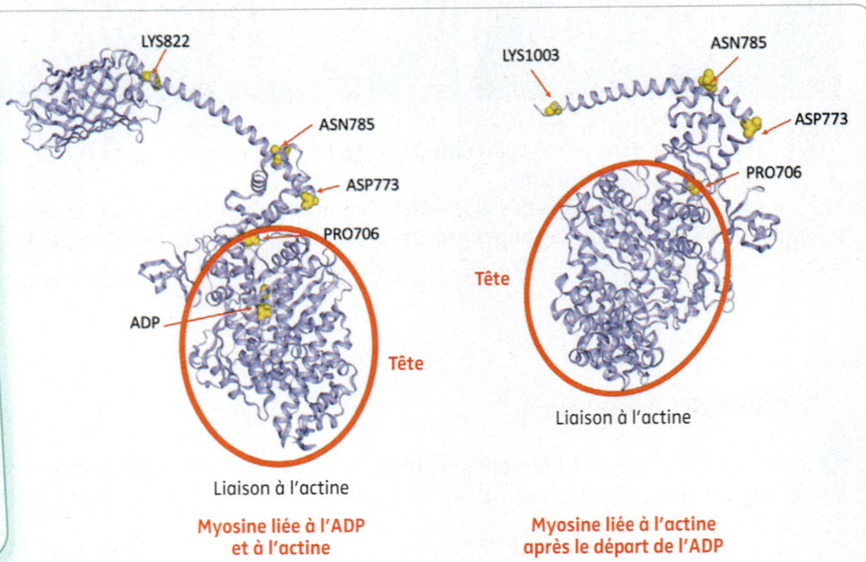

3 **Résultat de la modélisation de la myosine avec le logiciel *LibMol*.**

Expliquer la contraction musculaire au niveau moléculaire

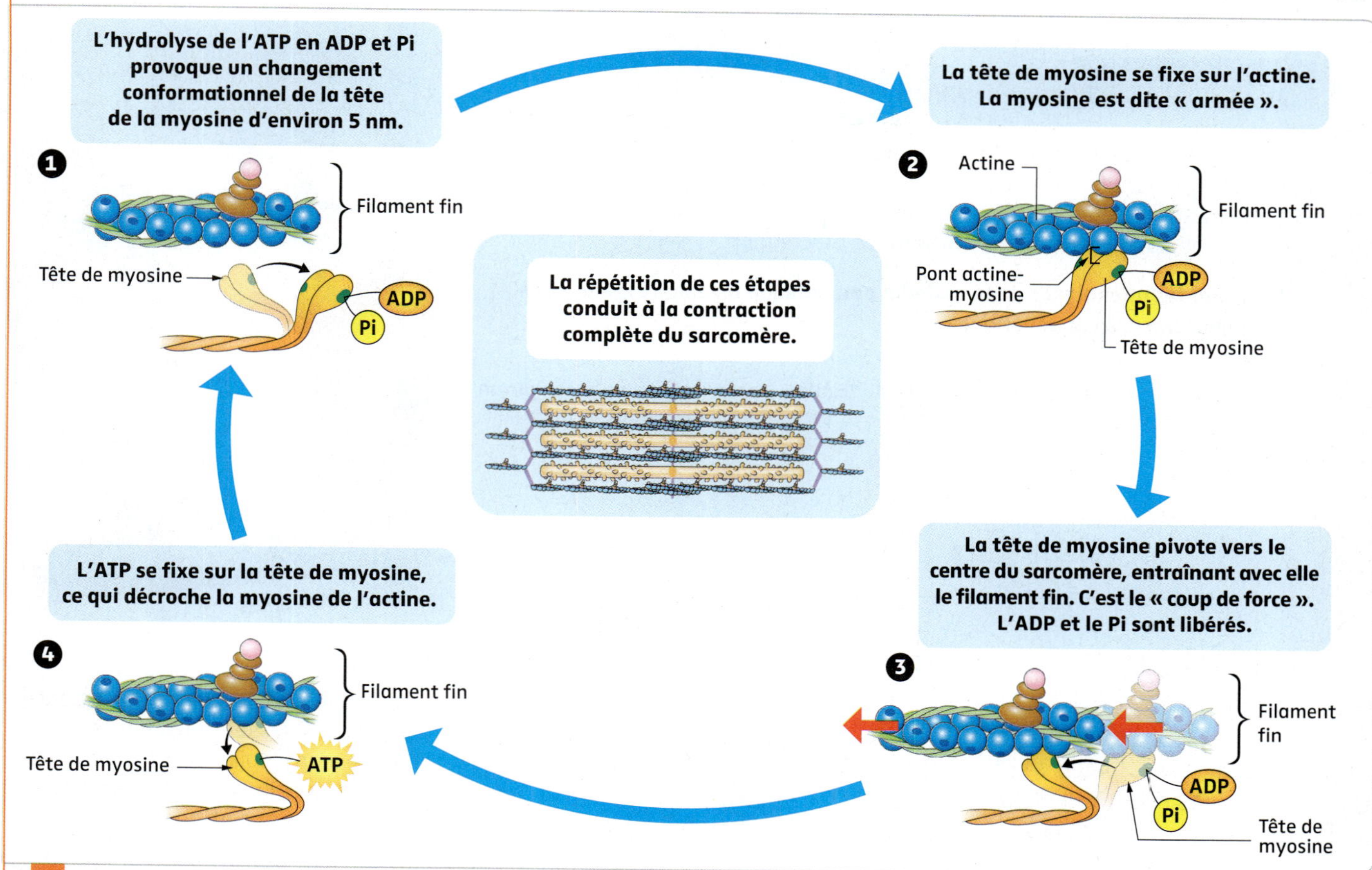

4 Les étapes moléculaires de la contraction musculaire.

Vidéo

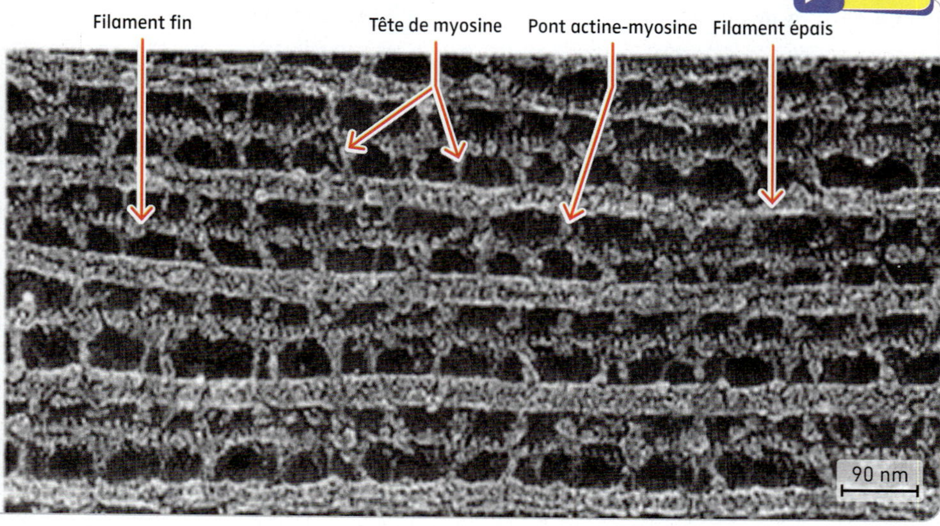

5 Visualisation des ponts actine-myosine en microscopie électronique.

Guide de résolution

Indicateurs de réussite

1 Déterminer le rôle de l'ATP dans le processus de la contraction musculaire (documents 1, 2 et 3).

2 Expliquer le lien entre raccourcissement des muscles et mouvement des fibres.

3 **En conclusion**

Commenter l'affirmation : la myosine est le moteur de la contraction musculaire.

UNITÉ 4 La myopathie de Duchenne, une dégénérescence des cellules musculaires

MISSION

La myopathie de Duchenne est une maladie génétique relativement fréquente dans certaines familles. Elle touche quasi exclusivement les garçons (1 garçon atteint pour 3 500 naissances en France). Un conseil médical peut être demandé par des couples en attente de procréation.

→ **Identifier les phénotypes de la maladie pour chaque niveau d'organisation et expliquer son origine génétique.**

Affiche du Téléthon présentant Léo, un jeune garçon atteint de la myopathie de Duchenne.

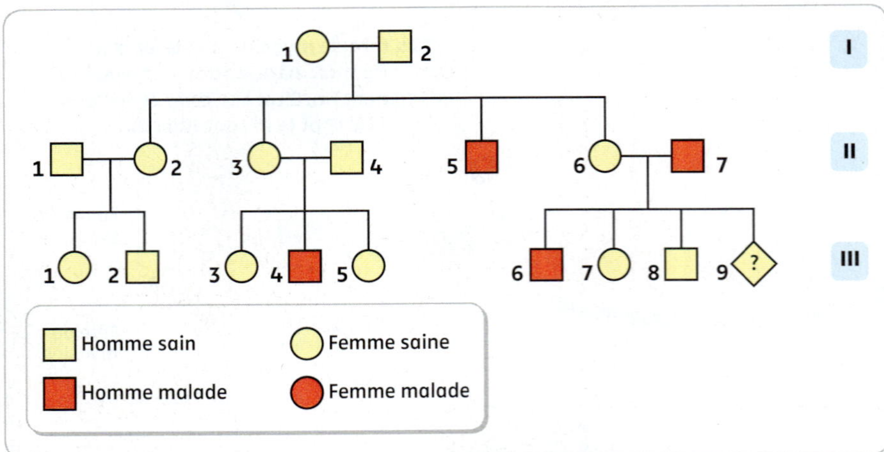

1 **Arbre génétique d'une famille présentant des cas de myopathie de Duchenne avec un enfant à naître.**

La myopathie de Duchenne commence par des faiblesses musculaires vers l'âge de 3 ans, puis s'aggrave progressivement avec l'âge, jusqu'à provoquer des déformations et des contractures invalidantes graves. Elle est la cause d'une dégénérescence musculaire irréversible.

2 **Les symptômes de la maladie.**

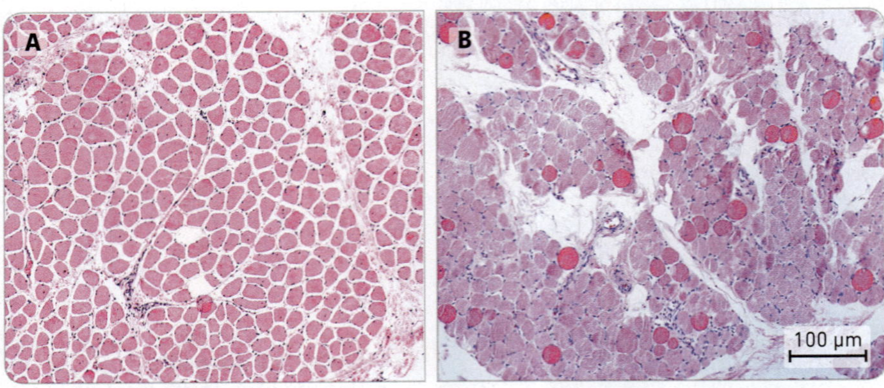

3 **Phénotype cellulaire de la maladie.**
A Muscle sain.
B Stade très avancé de la myopathie de Duchenne. Les cellules musculaires fonctionnelles sont colorées en rose.

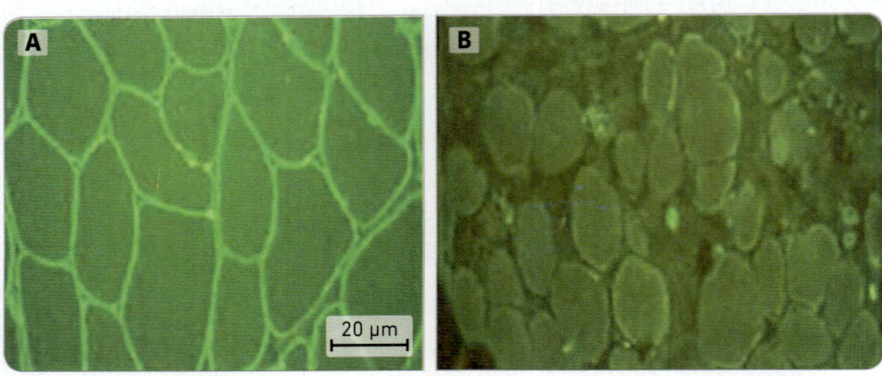

4 **Phénotype moléculaire de la maladie : technique d'immunofluorescence utilisant des anticorps dirigés contre la dystrophine.**
A Muscle sain.
B Muscle atteint de myopathie de Duchenne.
La dystrophine apparaît en vert fluorescent sur les coupes.

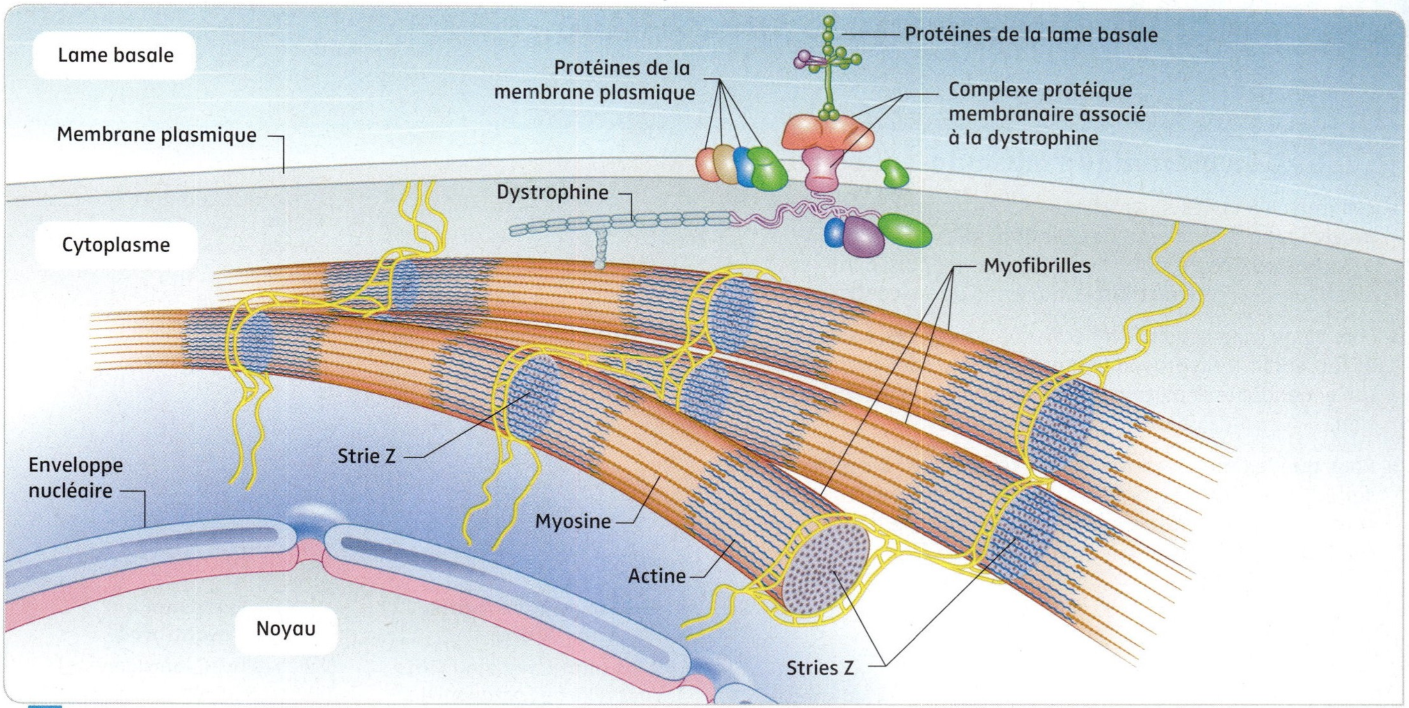

5 **Le rôle de la dystrophine dans la cellule musculaire striée squelettique.**

La dystrophine protège l'intégrité de la membrane plasmique au cours des cycles contraction / relâchement de la cellule musculaire. Elle lie les filaments d'actine à des protéines membranaires, elles-mêmes attachées à des protéines de la lame basale, une matrice extracellulaire particulière qui emballe les fibres musculaires.

Comparer des séquences des allèles entraînant la maladie et de l'allèle sain

Protocole

PRINCIPE

Identifier l'un des génotypes liés à la myopathie de Duchenne et ses conséquences sur l'expression de la protéine codée.

La comparaison des séquences des allèles liés à la maladie et de l'allèle de référence permet de comprendre l'origine génétique de la maladie.

Code génétique

	327 ↓ … 344 ↓
Allèle de référence, brin d'ADN transcrit (s)	3' - CCAAACTAAACCTTATAT - 5'
Allèle muté, brin d'ADN transcrit (m)	3' - CCAAATAAACCTTATATG - 5'

6 **Comparaison d'un fragment de séquences de deux allèles de la dystrophine.**
Le gène de la dystrophine est le gène humain le plus long avec ses 2,3 millions de paires de bases. Il est constitué de 79 exons qui représentent seulement 0,5 % de la longueur du gène. Il est localisé sur le chromosome X.

Coups de pouce

Mobilisation des connaissances

1. Les gènes codent des protéines.
2. Une mutation peut entraîner une protéine absente ou partielle (et défectueuse).

Pistes pour construire votre stratégie

3. Montrer l'importance de la matrice extracellulaire pour le bon fonctionnement de la cellule musculaire.
4. Traduire les deux allèles en séquences d'acides aminés à l'aide du code génétique et en déduire les conséquences sur l'expression de la dystrophine.

MISSION réussie si...

- Les différents phénotypes sont reliés les uns aux autres en partant du phénotype moléculaire.
- Le génotype explique le phénotype.

BILAN CHAPITRE 16 La cellule musculaire : une structure spécialisée

UNITÉ 1 La mécanique musculo-squelettique

▶ Les **muscles striés squelettiques** sont constitués de deux parties bien distinctes : des tendons à chaque extrémité, attachés aux os et, au milieu, une partie épaisse, rouge et élastique, le ventre du muscle, qui est la partie contractile.

▶ Lors d'une contraction, le muscle strié squelettique s'épaissit et raccourcit. Cela provoque une traction sur les tendons, ce qui engendre le déplacement des os au niveau de l'articulation.

▶ Pour que les mouvements soient réversibles, il est nécessaire de faire intervenir deux muscles antagonistes qui se contractent obligatoirement en opposition de phase pour commander le mouvement d'un membre.

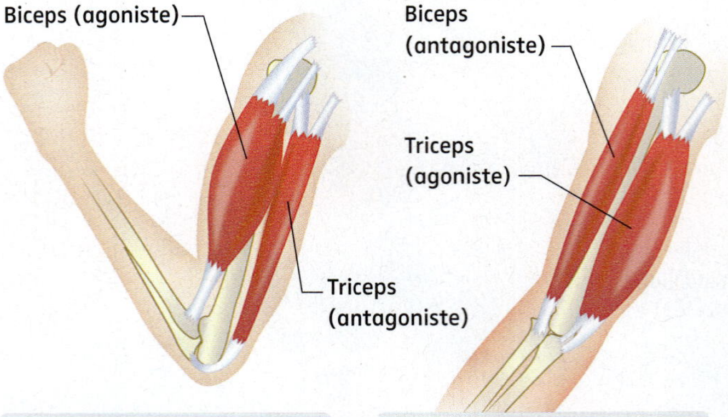

Flexion de l'avant-bras sur le bras
Biceps contracté (agoniste)
Triceps relâché (antagoniste)

Extension de l'avant-bras
Biceps relâché (antagoniste)
Triceps contracté (agoniste)

UNITÉ 2 La contraction musculaire à l'échelle cellulaire

▶ Très longues, les **cellules musculaires** possèdent de nombreux noyaux et une striation visible au microscope optique. Cette striation est liée à l'organisation du cytosquelette particulier de ces cellules en fibres appelées « myofibrilles » ; chaque **myofibrille** est constituée d'une longue file de **sarcomères** mis bout à bout. Les fibres musculaires sont donc des cellules différenciées.

▶ Lorsque le muscle se contracte, on observe un coulissage des filaments fins d'actine par rapport aux filaments épais de myosine. Ceci a pour conséquence un raccourcissement global du sarcomère.

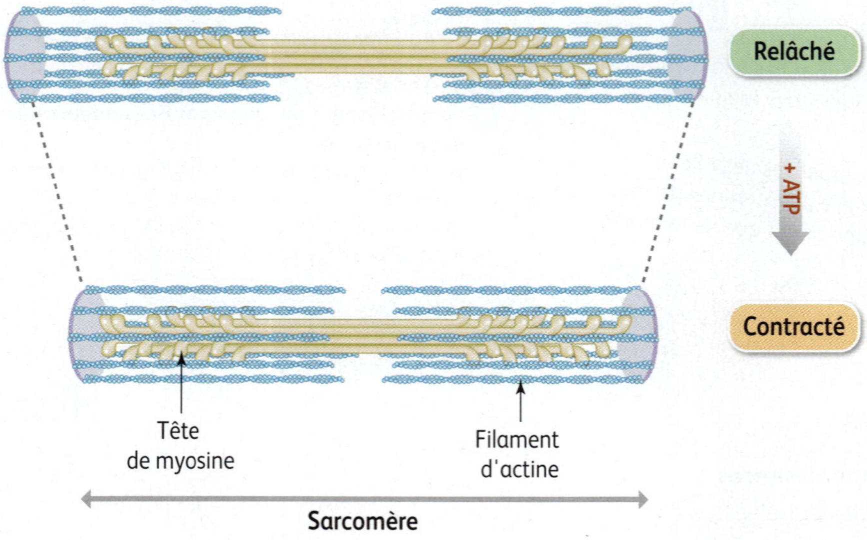

UNITÉ 3 Les mécanismes moléculaires de la contraction musculaire

- De l'énergie sous forme d'ATP et des ions calcium sont nécessaires à la contraction.
- L'hydrolyse de l'ATP fournit l'énergie nécessaire pour provoquer un pivotement de la tête de myosine. Celle-ci change donc de conformation et vient se fixer sur les filaments fins d'actine. On observe alors des ponts actine-myosine en microscopie électronique.
- Les produits de l'hydrolyse de l'ATP (ADP et Pi) sont libérés, la tête de myosine revient à sa conformation de départ.
- Enfin, de l'ATP vient à nouveau se fixer sur la tête de la myosine, ce qui détache celle-ci des filaments fins d'actine. Le cycle peut alors recommencer.
- La répétition de ces étapes conduit à la contraction complète du sarcomère. Le raccourcissement de chaque sarcomère se répercute sur la totalité de la myofibrille, diminuant ainsi la longueur de la cellule musculaire et donc du muscle, ce qui explique le raccourcissement global du muscle visible à l'œil nu.

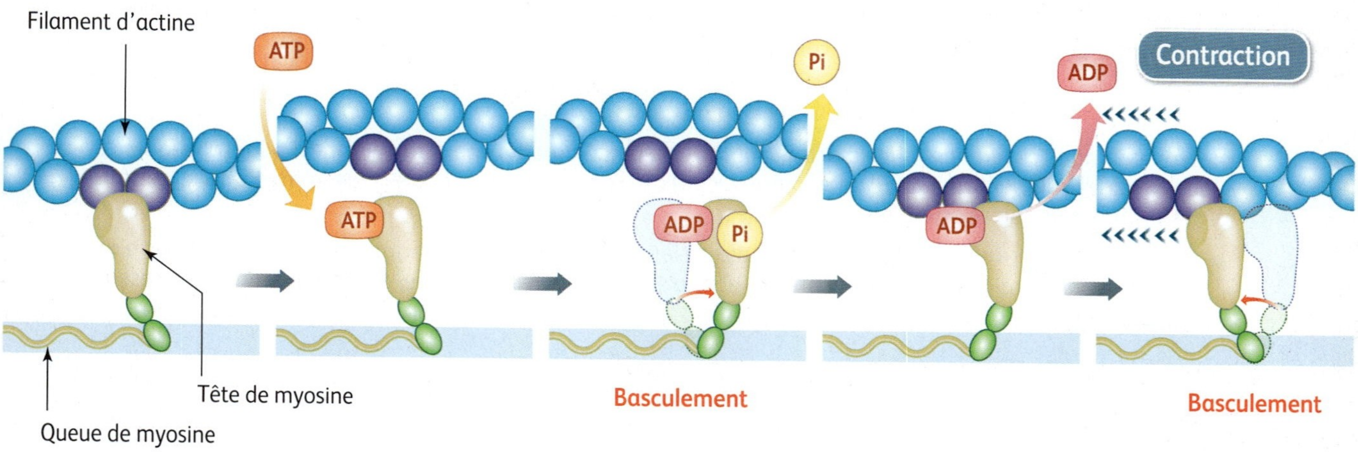

UNITÉ 4 La myopathie de Duchenne, une dégénérescence des cellules musculaires

- La **myopathie** de Duchenne est une maladie génétique affectant essentiellement les garçons et provoquant la dégénérescence des cellules musculaires. Elle est due à des mutations touchant le gène de la dystrophine, gène porté par le chromosome X. La dystrophine n'est alors plus produite. Cela provoque un défaut dans les interactions entre les protéines de la membrane plasmique et la matrice extracellulaire.
- Petit à petit, au cours des cycles de contraction/relâchement de la cellule musculaire, la membrane plasmique perd son intégrité et la cellule finit par mourir. Des mécanismes de réparation interne existent mais finissent par être dépassés par l'ampleur des réparations nécessaires.
- Cette maladie touche tous les muscles : les muscles squelettiques mais aussi le muscle cardiaque et les muscles lisses associés à l'intestin.
- La guérison est actuellement impossible. Les traitements palliatifs accompagnent les malades jusqu'à leur décès, vers 30-40 ans. De nombreuses pistes de recherche sont explorées aujourd'hui pour ralentir, voire guérir cette maladie.

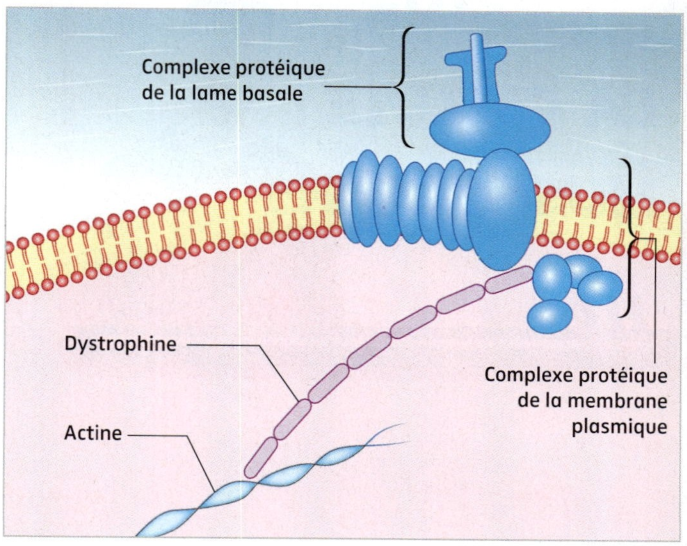

CHAPITRE 16

La cellule musculaire : une structure spécialisée

Texte dys
Texte audio

En quelques mots

1 Le fonctionnement du système musculo-articulaire

- Le **muscle strié squelettique** est un ensemble de **cellules musculaires**, qui sont organisées en faisceaux musculaires.
- Le raccourcissement et l'épaississement des muscles lors de la contraction musculaire permettent le mouvement relatif des deux os auxquels ils sont reliés par des tendons.

2 La spécialisation des cellules musculaires

- Les cellules musculaires sont des cellules très spécialisées, possédant un cytosquelette original fait de longues fibres protéiques appelées **myofibrilles**.
- Chaque myofibrille comprend un ensemble de filaments fins d'actine et de filaments épais de myosine, et montre une structure répétitive formée d'unités appelées **sarcomères**.

3 Le mécanisme du raccourcissement musculaire

- Le coulissage des filaments fins d'actine par rapport aux filaments épais de myosine a pour conséquence un raccourcissement global du sarcomère. Celui-ci se répercute sur la totalité de la myofibrille, et donc de la fibre musculaire et enfin sur le muscle.
- La contraction musculaire nécessite des ions calcium et de l'ATP comme source d'énergie. L'hydrolyse de l'ATP provoque des changements conformationnels de la tête de la myosine, au cœur même du processus du coulissage.

4 Un trouble musculaire : la myopathie

- La dégénérescence des cellules musculaires chez un individu atteint de la **myopathie** de Duchenne est due à un défaut dans les interactions entre les protéines de la cellule musculaire et la matrice extracellulaire.

Vidéo bilan

mots-clés

Cellule musculaire : cellule contractile constituant les muscles.

Myofibrille : cytosquelette contractile présent dans les fibres musculaires.

Myopathie : maladie touchant les muscles.

Muscle strié squelettique : muscle fixé aux os et permettant les mouvements volontaires.

Sarcomère : unité fonctionnelle contractile de la myofibrille.

Schéma interactif

En une image

ORGANISATION ANATOMIQUE DU MUSCLE

FONCTIONNEMENT DU MUSCLE

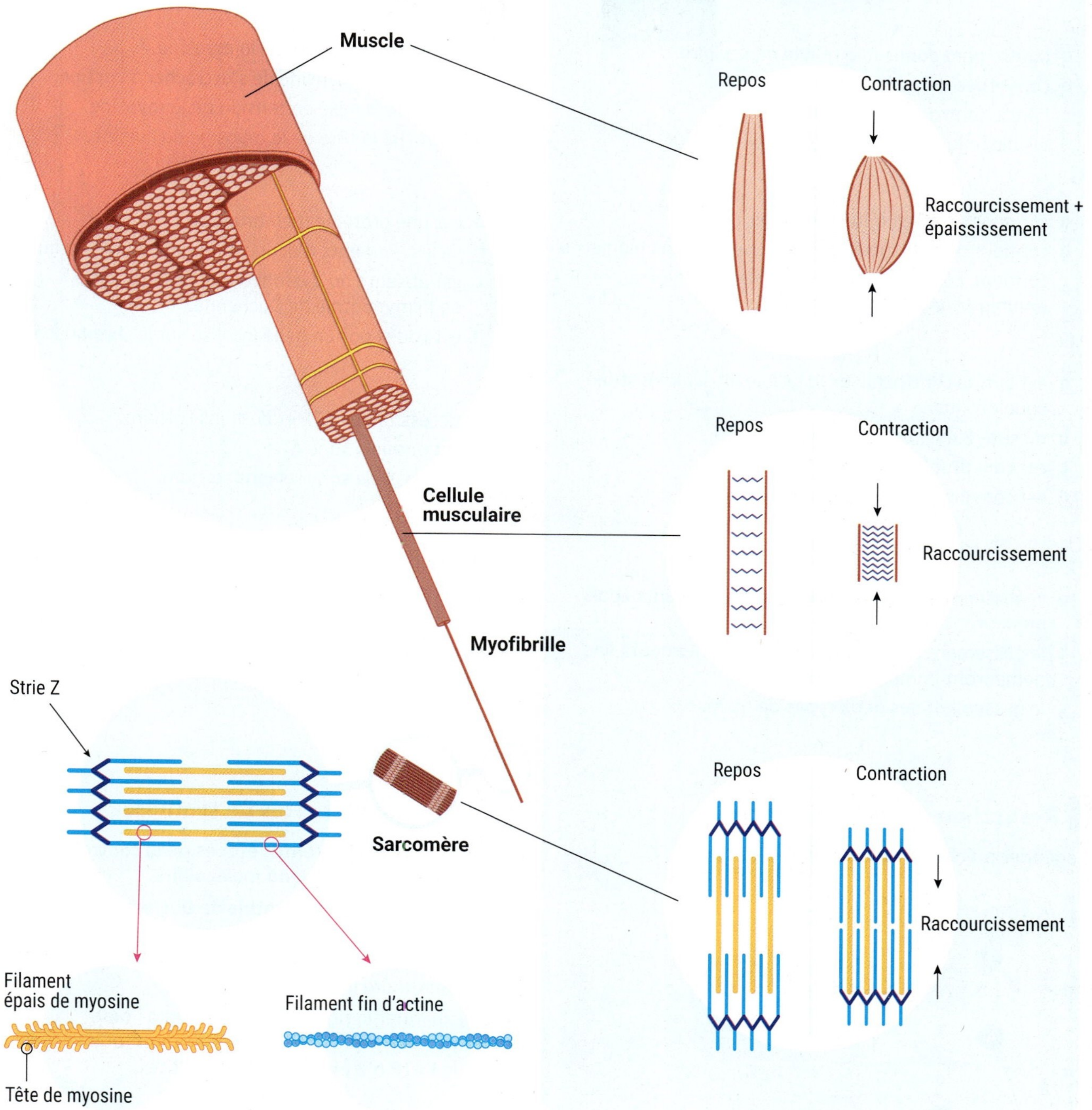

mémorisation active

Pour retenir les notions...

- Raccourcissement de la fibre musculaire
- Raccourcissement des myofibrilles
- Raccourcissement des sarcomères
- Mouvement du squelette
- ...

Je construis ma carte des idées

Besoins en ATP et Ca^{2+} → **Échelle moléculaire :** pivotement de la tête de la myosine → **Échelle moléculaire :** coulissage des filaments fins d'actine et des filaments épais de myosine → .....

Pour m'aider dans la construction

→ Méthode 1

Pour m'entraîner

→ Exercice 2 p. 346

Quiz

EXO Exercices interactifs

Pour chaque question, choisir la bonne réponse parmi les affirmations proposées.

1. Une myofibrille est :

a l'autre nom donné à la cellule musculaire.
b constituée de cytosquelette.
c l'unité contractile de la cellule.
d visible uniquement en microscopie optique.

2. La cellule musculaire striée squelettique :

a est appelée aussi « faisceau musculaire ».
b contient un cytosquelette organisé en longs filaments.
c contient, comme toutes les cellules eucaryotes, un unique noyau.

3. Un sarcomère :

a est l'unité contractile de la cellule musculaire striée squelettique.
b mesure 2 millimètres au repos.
c est constitué uniquement d'actine.
d est constitué uniquement de myosine.

4. La contraction musculaire au niveau moléculaire s'explique par :

a le glissement des filaments fins, les filaments épais demeurant immobiles.
b le glissement des filaments épais, les filaments fins demeurant immobiles.
c le glissement des deux types de filaments.

5. L'hydrolyse de l'ATP :

a fait basculer la tête de la myosine.
b permet à la myosine de s'accrocher à l'actine.
c explique la mise en tension de la myosine.
d décroche la tête de la myosine de l'actine.

6. La dystrophine :

a est une protéine membranaire.
b lie les filaments d'actine à la matrice extracellulaire.
c est absente ou dysfonctionnelle dans le cas de la myopathie de Duchenne.
d est codée par un gène localisé sur le chromosome Y.

7. La contraction musculaire :

a nécessite de l'ATP et des ions calcium.
b est possible sans ATP.
c est possible sans les ions calcium.

8. La myopathie de Duchenne :

a touche majoritairement les filles.
b est une maladie génétique.
c affecte uniquement les muscles striés squelettiques.
d peut se guérir.

→ Corrigés p. 447

1 Restitution des connaissances

Légender précisément le schéma ci-dessous.

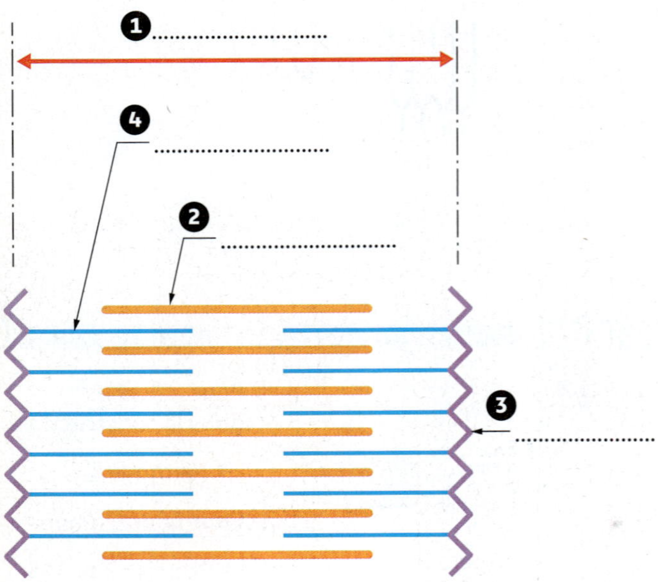

2 Questions courtes de synthèse

1. Décrire les différentes étapes de la contraction musculaire au niveau moléculaire.
2. À propos de la myopathie de Duchenne, montrer comment une mutation non-sens sur le gène de la dystrophine peut engendrer une dégénérescence musculaire irréversible.
3. Expliquer la rigidité cadavérique à l'aide du **document 1** de l'unité 3, sachant que la synthèse de l'ATP n'a plus lieu après le décès.

3 Un espoir de thérapie pour la myopathie de Duchenne

■ La myopathie de Duchenne est causée par une mutation sur le gène de la dystrophine. Des essais de thérapie génique ont été effectués sur des souris mâles malades chez qui les chercheurs ont remplacé le gène muté par une version normale du gène.

1. Rappeler les différents phénotypes de la maladie.
2. Exploiter les documents suivants pour évaluer l'efficacité de ce traitement.

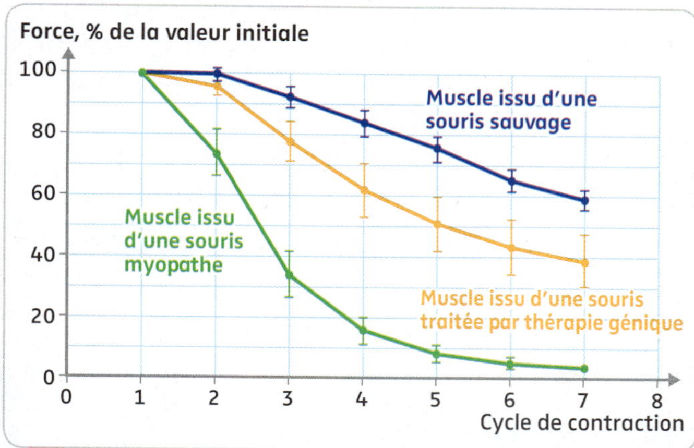

a **Force développée par le muscle long extenseur des orteils en fonction du nombre de cycles de contraction.**

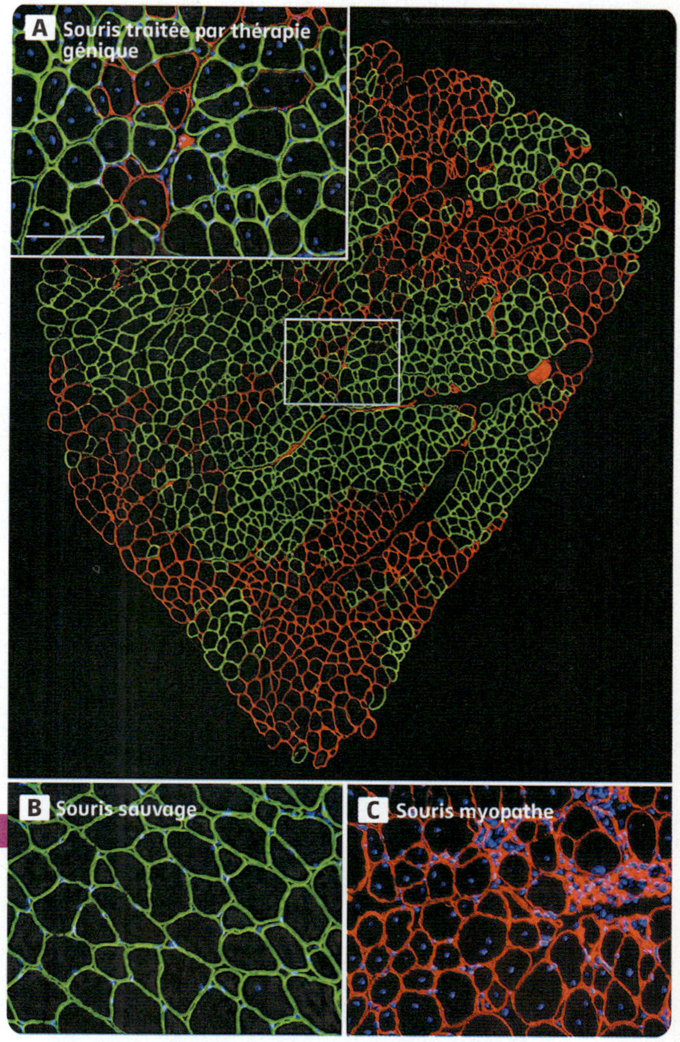

b **Images en microscopie à fluorescence de coupe de muscle long extenseur des orteils d'une souris traitée par thérapie génique (A), d'une souris sauvage (B), d'une souris myopathe (C).**
La dystrophine est marquée en vert, la laminine, une protéine de la matrice extracellulaire, en rouge, et les noyaux en bleu. Lorsque la fluorescence verte est présente, elle masque la fluorescence rouge.

4 Obtenir une viande bien tendre

■ Un steak de bœuf est un morceau de muscle. Les amateurs apprécient une viande tendre. La structure du muscle et les traitements qu'il subit déterminent la qualité de la viande qui sera consommée. Un traitement classique est la réfrigération sur une durée relativement longue.

1. Réaliser un croquis légendé des documents.
2. Expliquer comment une viande peut devenir tendre après ce traitement.

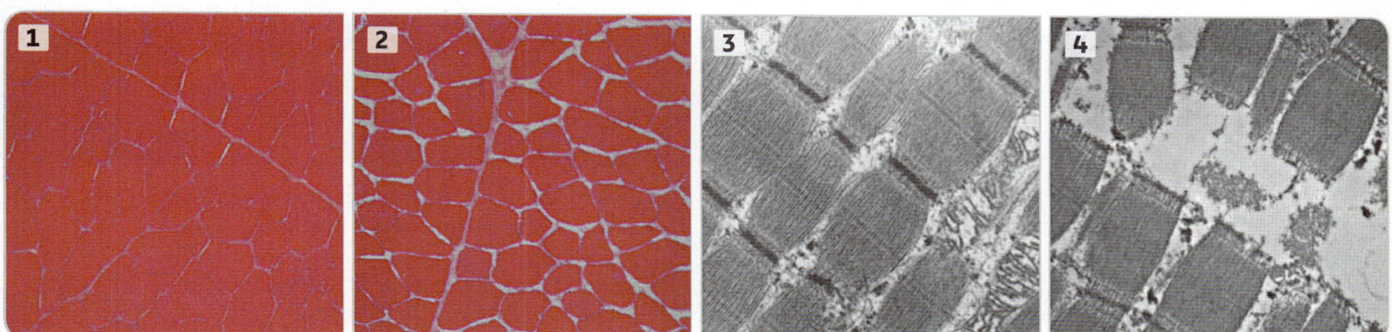

c Coupes transversales de muscle de bovin à l'abattage (**1**) et 12 jours après réfrigération (**2**) observées en microscopie optique.

Coupes longitudinales de muscle de bovin à l'abattage (**3**) et 12 jours après réfrigération (**4**) observées en MET.

5 Exercice guidé Les myopathies de Duchenne et de Becker

■ Ces deux myopathies sont des maladies rares, génétiques, provoquant une dégénérescence musculaire irréversible.

À l'aide des documents et de vos connaissances, expliquer la différence de sévérité de la myopathie de Becker par rapport à la myopathie de Duchenne.

Préciser en quoi la technique du saut d'exon pourrait être une piste de thérapie pour les malades atteints de la myopathie de Duchenne.

La myopathie de Duchenne débute vers l'âge de 3 ans et se poursuit avec des faiblesses musculaires de plus en plus marquées. Les malades meurent assez jeunes par paralysie respiratoire.

La myopathie de Becker se manifeste plus tardivement que la précédente, les symptômes sont moins marqués et l'évolution est plus lente.

a Symptômes des deux myopathies.

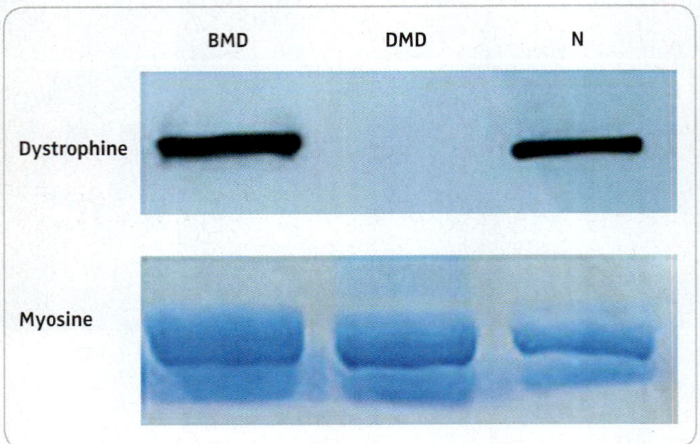

b Immuno-empreinte de la dystrophine chez un individu atteint de la myopathie de Becker (BMD), de la myopathie de Duchenne (DMD) et chez un individu sain (N).
La myosine sert de témoin.

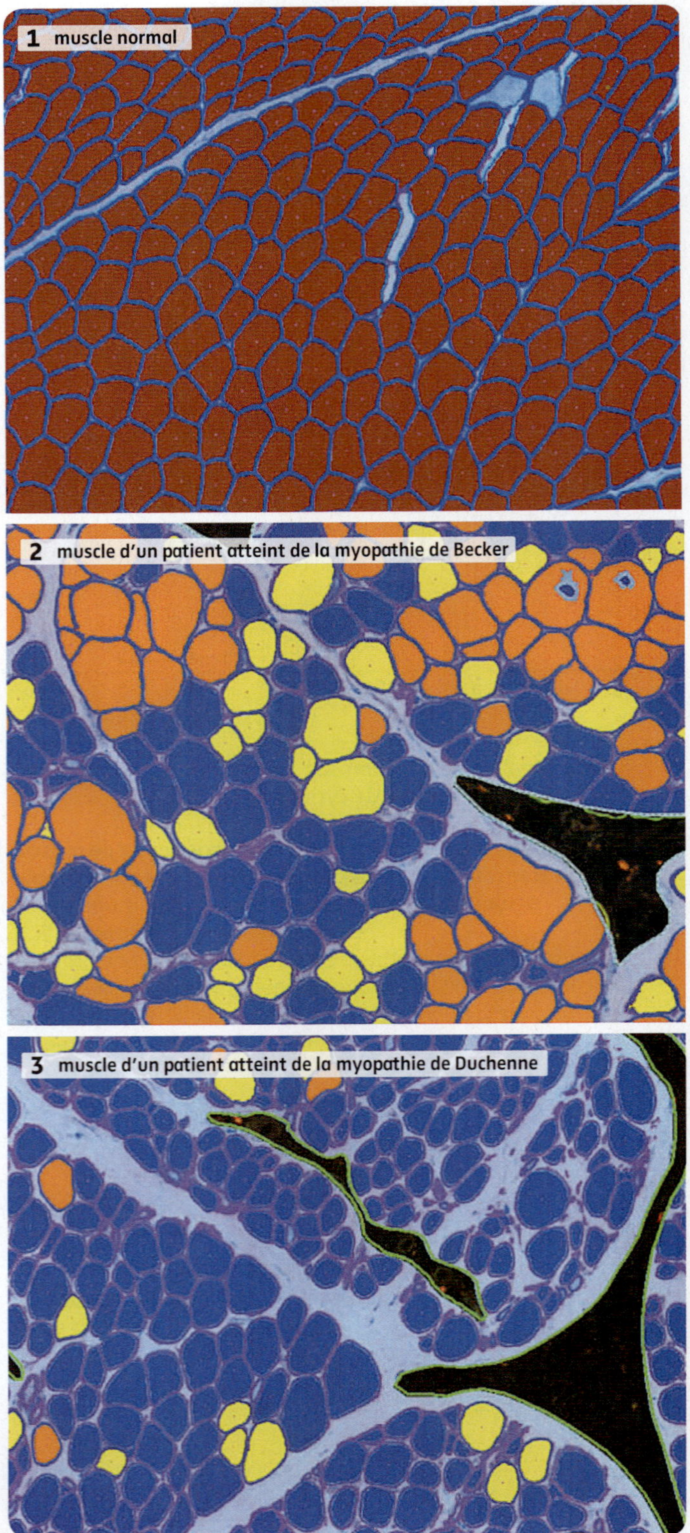

Source : *Wilson et al., Toxicologic Pathology*, 2017, *Vol. 45(7) 961-976*

c Abondance de fibres musculaires dans les muscles squelettiques (images de synthèse).

Légende :
Bleu foncé = absence de fibres musculaires
Jaune = fibres peu abondantes
Orange = fibres moyennement abondantes
Rouge = fibres très abondantes

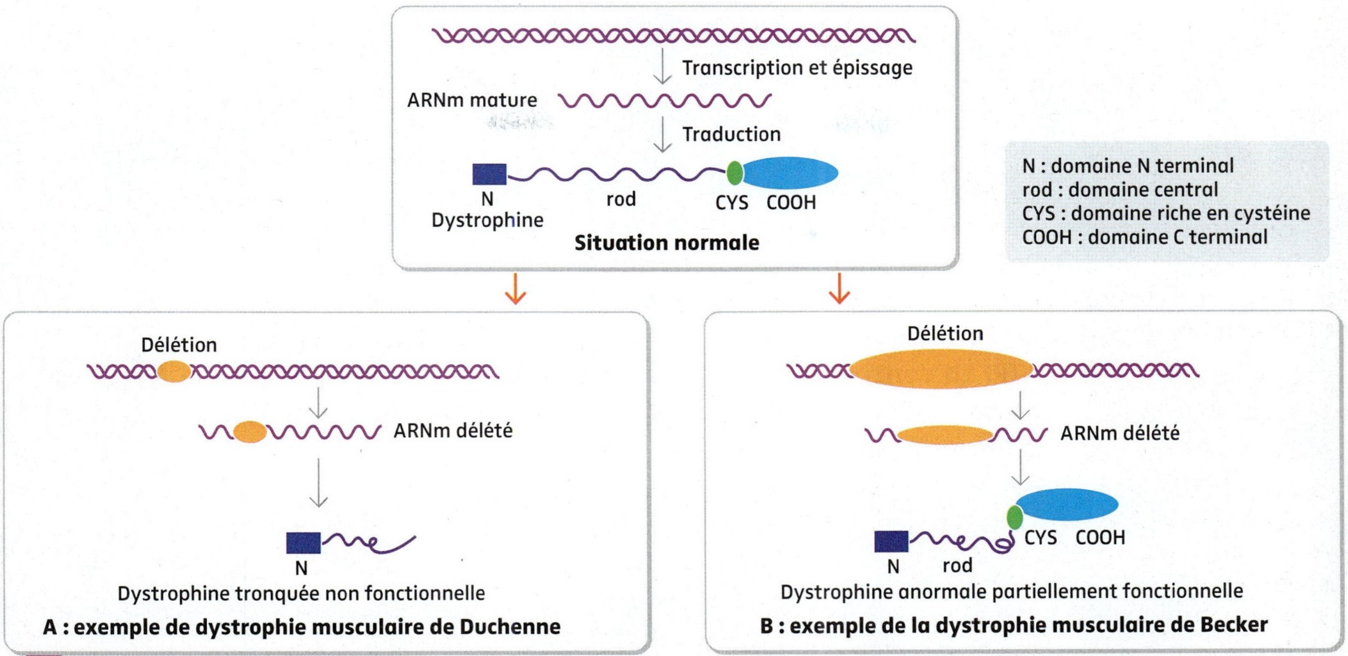

d **Expression du gène de la dystrophine.**
En situation normale, dans le cas d'une mutation provoquant une myopathie de Duchenne et dans le cas d'une mutation provoquant une myopathie de Becker.

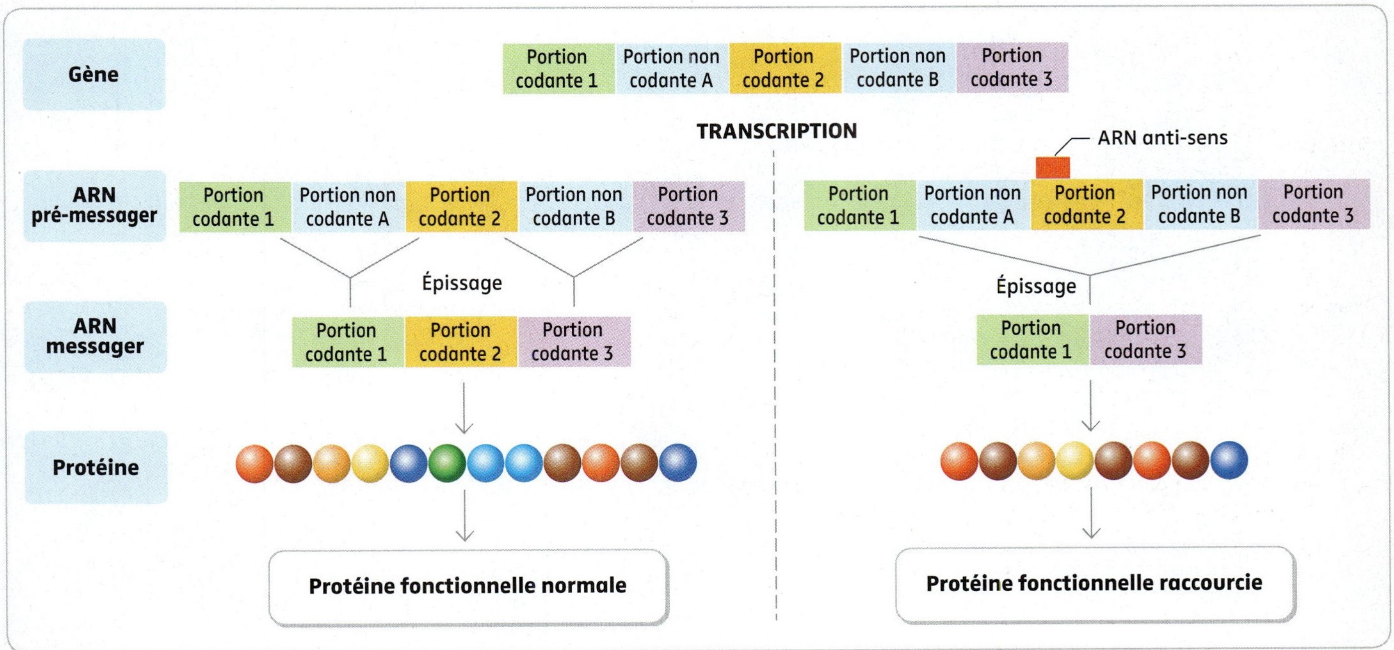

e **Principe du saut d'exon (suppression d'une portion codante).**

Guide de résolution

1. Comparez les phénotypes à différents niveaux pour les deux maladies.
2. Relevez les différences dans l'expression des allèles du gène de la dystrophine et caractérisez la sévérité des deux maladies.
3. Identifiez la protéine qui pourrait être produite par la technique du saut d'exon et expliquez comment cette protéine fonctionnelle raccourcie pourrait soigner les malades atteints de la myopathie de Duchenne.

CHAPITRE 17

Origine de l'ATP nécessaire à la contraction de la cellule musculaire

Pour l'ensemble de ses activités, une cellule a besoin d'énergie. Pour la contraction de la cellule musculaire, cette énergie provient de l'utilisation d'un nucléotide : l'adénosine triphosphate ou ATP. La contraction est également associée à une plus grande consommation de dioxygène et de matière organique, notamment le glucose, par la cellule musculaire.

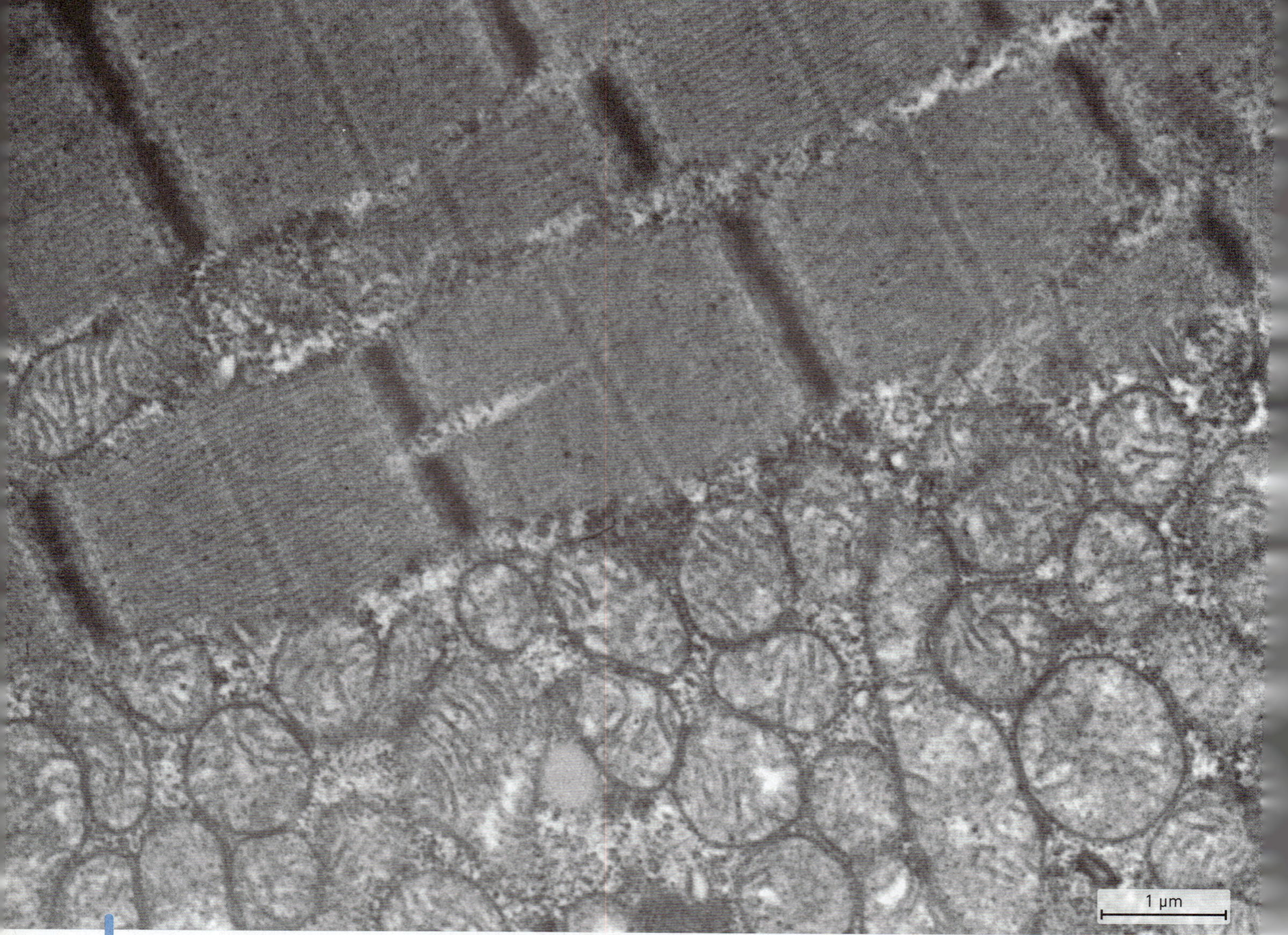

Portion de cellule de muscle squelettique (observée au MET). La cellule musculaire est une cellule spécialisée au sein de laquelle on observe de nombreuses mitochondries situées au voisinage des myofilaments responsables de la contraction musculaire. Une telle cellule peut contenir 2 000 mitochondries, voire davantage, contre quelques centaines dans la plupart des cellules de l'organisme. Par ailleurs, une cellule musculaire au repos contient 5 à 10 fois moins de mitochondries qu'une cellule musculaire activée en permanence.

Quel rôle jouent les mitochondries dans la cellule musculaire ? UNITÉ 4

Vidéo

Certaines substances exogènes sont connues pour leurs effets sur l'amélioration des performances sportives et sont alors qualifiées de substances dopantes.

Comment les substances dopantes agissent-elles sur le métabolisme musculaire ? UNITÉ 5

40

C'est la **quantité d'ATP en kilogrammes** que consomme en moyenne notre organisme chaque jour.

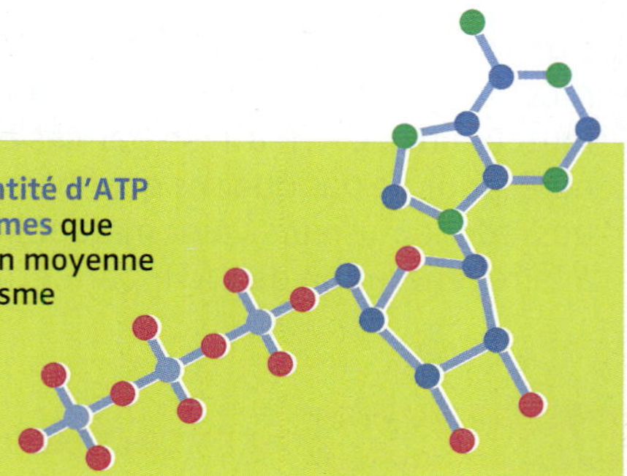

La créatine, un produit prisé des sportifs. La créatine est un complément alimentaire connu des sportifs, surtout par ceux qui pratiquent la musculation, en lien avec les efforts physiques importants et brefs.

En quoi la créatine contribue-t-elle à la réalisation de ce genre d'effort ? UNITÉ 1

Un concentré d'énergie instantanée ! La consommation de gels énergétiques en situation d'effort intense constitue un moyen d'apporter instantanément à l'organisme des sucres rapides et facilement absorbables.

Comment les sucres fournissent-ils l'énergie à l'organisme ? UNITÉ 3

UNITÉ 1 Des voies de fabrication de l'ATP dans les cellules musculaires

L'utilisation de l'ATP libère de l'énergie qui permet le coulissage des filaments d'actine et de myosine à l'origine de la contraction des cellules musculaires. L'ATP utilisé par ces cellules doit alors être fabriqué, ou régénéré, pour ne pas que ses quantités soient épuisées. Les cellules musculaires possèdent plusieurs voies métaboliques qui vont fournir l'énergie nécessaire à la régénération de l'ATP permettant leur fonctionnement.

Objectif

Identifier les différentes voies métaboliques de régénération de l'ATP dans les cellules musculaires.

Argumenter la nécessité d'une régénération permanente d'ATP pour répondre aux besoins des cellules musculaires

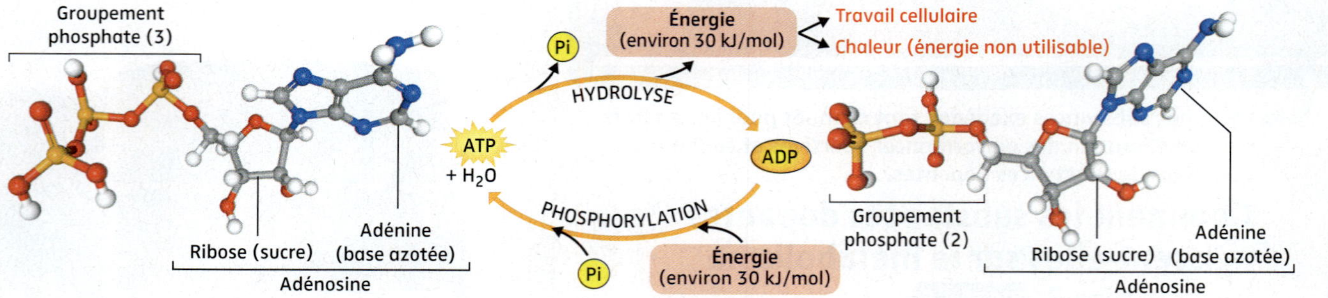

1 L'ATP, molécule phosphorylée source d'énergie. L'hydrolyse d'une molécule d'ATP libère une quantité d'énergie libre dont une partie sert à la contraction des cellules musculaires. L'hydrolyse s'accompagne également de la formation d'adénosine diphosphate (ADP). La fabrication d'ATP par phosphorylation de l'ADP exige en revanche de l'énergie.

	Valeurs
Quantité totale d'ATP intracellulaire (au repos)	120 à 180.10^{-3} mol
Quantité d'énergie correspondante disponible	5,1 à 7,5 kJ
Énergie dépensée :	
– lors d'une marche à pied sur 30 m en 60 secondes (vitesse moyenne : 2 km/h environ)	9,3 kJ
– lors d'une course à pied sur 40 m en 10 secondes (vitesse moyenne : 15 km/h environ)	12 kJ
– lors d'un sprint sur 100 m en 10 secondes (vitesse moyenne : 36 km/h environ)	132 kJ

2 Concentration en ATP, énergie potentielle et énergie nécessaire pour différents types d'activités physiques. Les mesures sont réalisées chez un individu de 70 kg et ayant une masse musculaire totale de 30 kg environ.

Formuler une hypothèse sur une voie de synthèse rapide possible de l'ATP dans la cellule

	Repos	Milieu d'exercice (5 répétitions)	Fin d'exercice (10 répétitions)
ATP	6,52 + ou - 0,38	6,192 + ou - 0,59	6,422 + ou - 0,57
ADP	0,852 + ou - 0,03	0,892 + ou - 0,08	0,912 + ou - 0,10
Phosphocréatine	20,242 + ou - 6,31	11,68 + ou - 7,82	7,74 + ou - 5,53
Créatine	8,66 + ou - 3,92	16,97 + ou - 6,33	25,45 + ou - 3,8

3 Concentrations en ATP, ADP, phosphocréatine et créatine dans le muscle (en 10^{-3} mol/kg de muscle). Les concentrations sont déterminées à partir de biopsies du quadriceps effectuées chez des sportifs, au repos et immédiatement après un exercice.

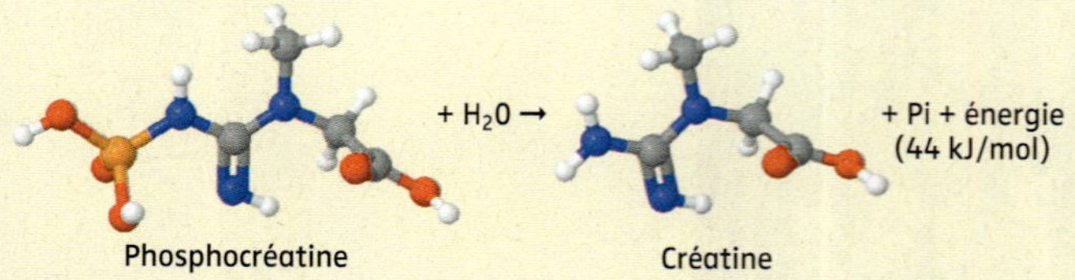

Réaction d'hydrolyse de la phosphocréatine en créatine (Pi : phosphate inorganique).

La réaction inverse (phosphorylation) nécessite un apport d'énergie au moins équivalent à celle libérée par l'hydrolyse.

4 Réaction d'hydrolyse de la phosphocréatine au sein des cellules musculaires. La créatine présente dans l'organisme provient, d'une part, d'une synthèse par le foie, le pancréas et les reins à partir de certains acides aminés et, d'autre part, de certains aliments (viandes, poissons). On retrouve ensuite la créatine essentiellement dans les cellules musculaires, où une fraction est liée au phosphate et donne de la phosphocréatine. Cette dernière peut redonner très rapidement de la créatine par hydrolyse.

Identifier les modalités de régénération de l'ATP lors d'efforts dans des cellules musculaires

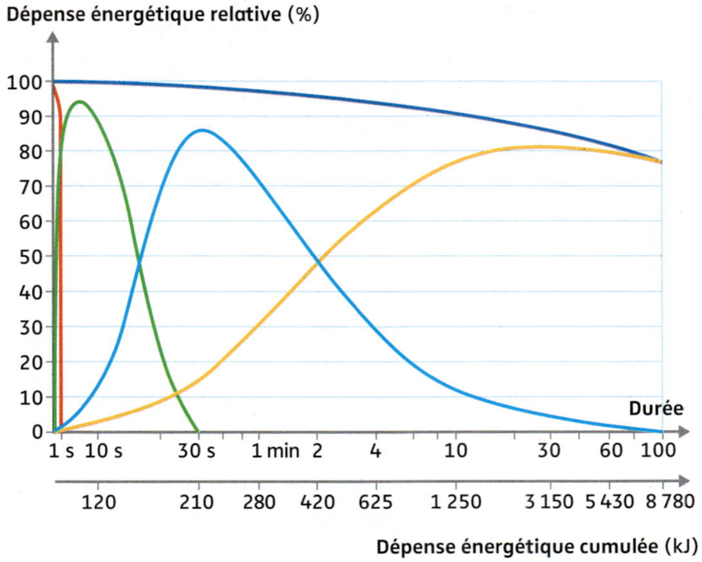

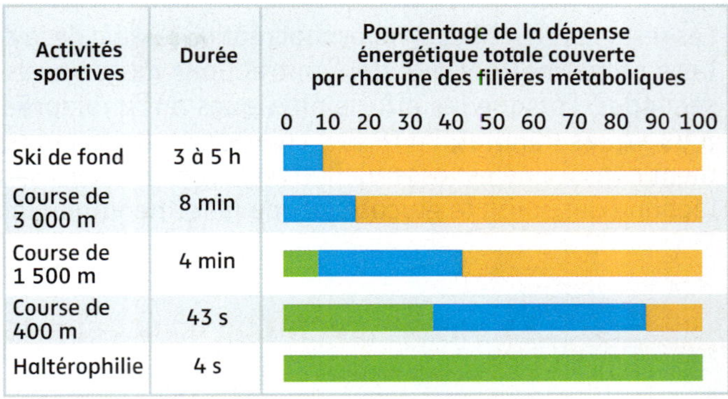

- Hydrolyse de l'ATP
- Hydrolyse de la phosphocréatine
- Voie aérobie : respiration (consommation de glucose, d'acides gras libres)
- Voie anaérobie : fermentation lactique (consommation de glucose essentiellement)
- Dépense énergétique totale

5 **Voies métaboliques prédominantes permettant la régénération de l'ATP au sein des cellules d'un muscle selon l'effort.** Différentes voies métaboliques fournissent l'énergie nécessaire à la contraction musculaire à partir de métabolites variés et avec des délais d'intervention différents (à gauche). La contribution de ces voies, ou filières, varie selon le type d'activités sportives réalisé (à droite).

Concevoir un protocole expérimental de mesure de l'ATP dans un muscle

Mettre en évidence la présence d'ATP dans les muscles

PRINCIPE

Cette manipulation permet de mettre en évidence la présence d'ATP dans un échantillon de muscle.

PROTOCOLE

1. Porter à ébullition 5 g d'échantillon de muscle découpé en petits morceaux dans 20 mL d'eau distillée.
2. Broyer l'échantillon tout au long de l'ébullition. Filtrer dans un tube et attendre que le filtrat atteigne la température ambiante.
3. Verser le volume adéquat de réactif de mise en évidence d'ATP dans le tube. Observer l'apparition de bioluminescence à l'obscurité.
4. Proposer un protocole permettant de doser l'ATP présent dans l'échantillon de muscle.

→ Méthode n° 10

Guide de résolution

Indicateurs de réussite

1. Mettre en évidence la présence d'ATP dans le muscle et montrer la nécessité de sa régénération afin de pouvoir réaliser des activités physiques (documents 1 et 2 et manipulation).
2. Expliquer comment la phosphocréatine régénère l'ATP dans la cellule musculaire (documents 3 et 4).
3. Établir que la régénération de l'ATP se fait différemment selon les activités physiques réalisées (document 5).
4. **En conclusion**
   Montrer que la régénération de l'ATP permet la contraction des cellules musculaires.

UNITÉ 2

La fermentation, une voie pour régénérer l'ATP des cellules musculaires

Les réserves en ATP et en phosphocréatine au sein de la cellule musculaire ne permettent que des contractions musculaires de quelques secondes. Lorsque les efforts physiques ont une durée allant d'une à quelques minutes, l'ATP des cellules musculaires qui est rapidement consommé est essentiellement régénéré par la voie anaérobie lactique qui utilise le glucose lors de la fermentation lactique.

Objectif

Identifier les caractéristiques de la fermentation lactique impliquée dans la régénération de l'ATP dans les cellules musculaires.

Caractériser une fermentation à l'échelle cellulaire

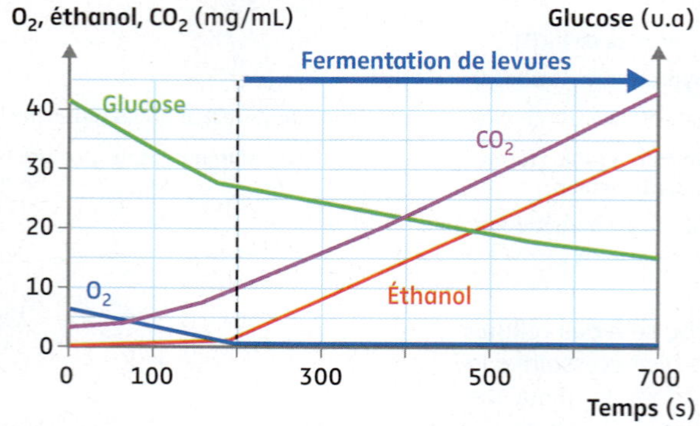

Le **glucose** est une molécule organique de formule chimique $C_6H_{12}O_6$. Il appartient à la famille des glucides.

L'**éthanol** est une molécule organique de formule chimique C_2H_5OH. Il appartient à la famille des alcools.

1 Étude du déroulement d'une fermentation. La levure de boulanger (*Saccharomyces cerevisiae*) est mise en suspension dans l'eau et du glucose en solution est ajouté. On mesure, au cours du temps, la concentration en dioxygène, en dioxyde de carbone et en éthanol dissous à l'aide de sondes spécifiques reliées à un dispositif d'expérimentation assistée par ordinateur (ExAO). Des prélèvements réguliers permettent enfin de déterminer, durant l'acquisition, la concentration en glucose dans la suspension.

	Sang artériel	Sang veineux
Glucose	4.10^{-3} mol.L^{-1}	2.10^{-3} mol.L^{-1}
Lactate	$< 1.10^{-3}$ mol.L^{-1}	$2,8.10^{-3}$ mol.L^{-1}

2 Paramètres sanguins à l'entrée et à la sortie d'un muscle pendant un exercice. Le tableau indique les concentrations en glucose et en lactate dans le sang artériel arrivant au muscle et dans le sang veineux quittant le muscle, ce qui permet d'identifier les molécules consommées et celles produites par des cellules musculaires lors de leur contraction.

Interpréter des résultats expérimentaux concernant la première transformation du glucose dans la cellule

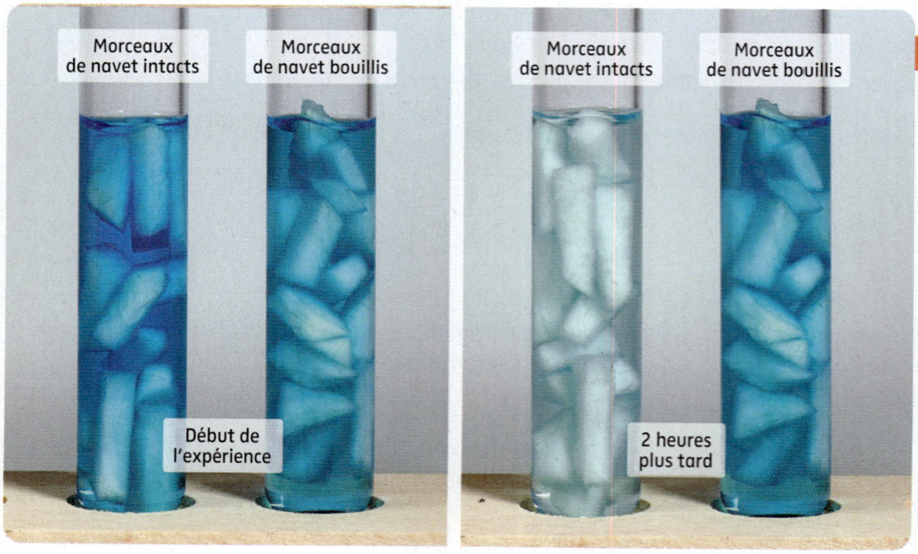

3 Mise en évidence d'oxydations dans le cytoplasme des cellules.
Des fragments de navet sont répartis en deux lots égaux : l'un d'eux est ébouillanté durant quelques minutes, l'autre est conservé intact. Chaque lot est ensuite placé dans un tube contenant le même volume de liquide physiologique dans lequel diffusent alors les molécules contenues dans les cellules de navet. On ajoute enfin, dans chaque tube, quelques gouttes de bleu de méthylène, un indicateur d'oxydoréduction : bleu à l'état oxydé, il devient incolore quand il est réduit.

Modèles 3D de molécules impliquées dans la glycolyse

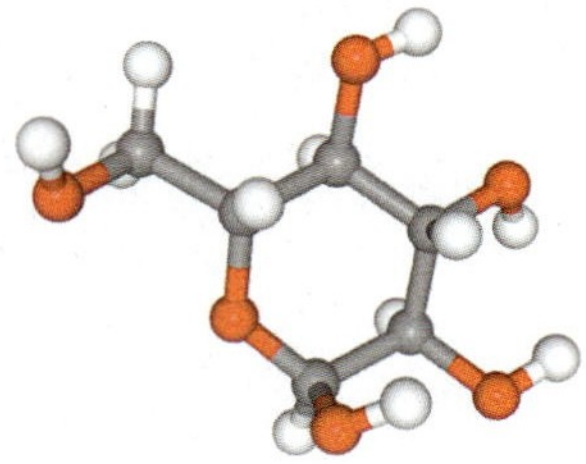

Glucose
($C_6H_{12}O_6$)

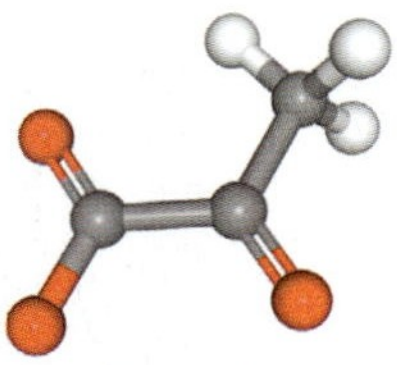

Pyruvate
(CH_3COCOO^-)

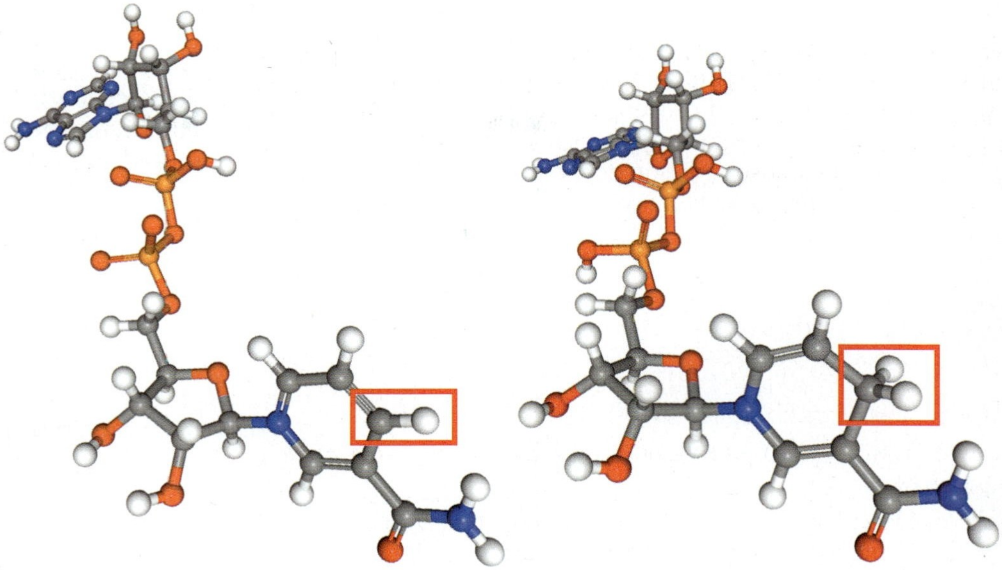

Un même transporteur de pouvoir réducteur sous deux états :
le NAD^+ à l'état oxydé (à gauche) et le NADH à l'état réduit (à droite).

4 La glycolyse, une oxydation de la matière organique sans dioxygène. Au début du XXe siècle, on démontre que les fermentations cellulaires débutent par la dégradation d'une molécule glucidique à 6 atomes de carbone en deux molécules ayant chacune 3 atomes de carbone : c'est la glycolyse, qui permet par couplage la synthèse d'ATP. D'autres travaux montrent que du pouvoir réducteur (sous forme de protons H+ et d'électrons, donc correspondant à de l'hydrogène) est arraché aux molécules organiques et pris en charge par des molécules spécialisées que l'on peut qualifier de transporteurs de pouvoir réducteur. Toutes ces molécules ont par la suite été identifiées.

Représenter les réactions permettant la régénération d'ATP lors de la fermentation lactique

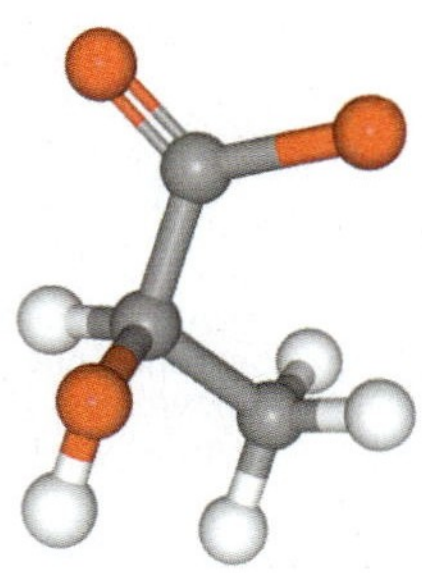

Lactate

5 Représentation d'une molécule de lactate, produit de la fermentation lactique. Le modèle 3D de cette molécule permet d'établir sa composition. Il provient directement d'une réaction de transformation du pyruvate dans le hyaloplasme de la cellule.

	Valeur énergétique
Dégradation complète du glucose	2815 kJ/mol
Dégradation du glucose par fermentation lactique	136 kJ/mol

$$R_E = \left(\frac{Eu}{Ef}\right) \times 100$$

Eu : énergie utilisée
Ef : énergie fournie

6 Détermination de valeurs énergétiques liées à la fermentation lactique. À l'issue de la fermentation lactique, la cellule musculaire récupère une quantité d'énergie équivalente à 61 kJ/mol, qu'elle utilise pour la régénération de son ATP. Ces valeurs permettent d'établir le rendement énergétique R_e (en %) de la fermentation lactique.

Guide de résolution

Indicateurs de réussite

1 Établir que la fermentation lactique permet, au sein de la cellule musculaire, la transformation de glucose en lactate en l'absence de dioxygène (documents 1 et 2).

2 Justifier que la glycolyse correspond à l'oxydation du glucose dans le cytoplasme des cellules (documents 3 et 4).

3 **En conclusion**
Proposer une équation bilan de la fermentation lactique et calculer la quantité d'ATP que la cellule musculaire peut régénérer à partir d'une mole de glucose par la fermentation lactique.

UNITÉ 3 La respiration, une autre voie pour régénérer l'ATP des cellules musculaires

Lors d'efforts physiques de longue durée, l'ATP des cellules musculaires est essentiellement régénéré par la voie aérobie qui correspond à l'utilisation de molécules organiques (glucose, acides gras) au cours de la respiration. Cette dernière se traduit par une consommation de dioxygène et un rejet de dioxyde de carbone par la cellule musculaire.

Objectif

Identifier les principales caractéristiques de la respiration cellulaire et sa contribution dans la régénération de l'ATP au sein de la cellule musculaire.

Calculer le rendement de la respiration dans la cellule musculaire

Équation bilan de la respiration à l'échelle cellulaire :

$$C_6H_{12}O_6 + 6\ O_2 \rightarrow 6\ CO_2 + 6\ H_2O + \text{énergie}$$

L'énergie libérée équivaut à 2 840 kJ pour une mole de glucose. La cellule en récupère 1 140 kJ, qu'elle utilise pour la régénération de son ATP. Le reste est dissipé sous forme de chaleur, forme d'énergie non mobilisable par la cellule.

Lorsque des levures sont cultivées dans un milieu très oxygéné et en présence d'une faible quantité de glucose radioactif marqué au carbone 14 ($^{14}C_6H_{12}O_6$), on constate que la radioactivité ne se retrouve qu'au niveau du CO_2 ($^{14}CO_2$) produit par la respiration.

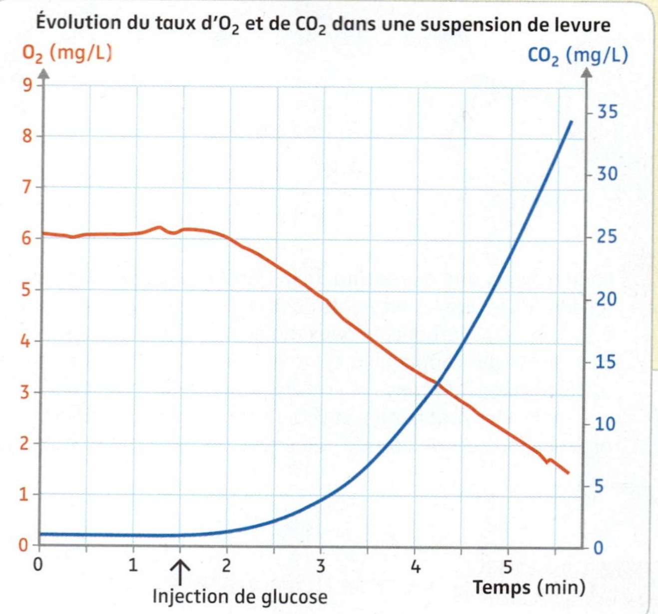

1 Étude du déroulement d'une respiration cellulaire.
La levure de boulanger (*Saccharomyces cerevisiae*) est mise en suspension dans l'eau dans laquelle du glucose en solution est ajouté après 1 min 30 s. On mesure, grâce à un dispositif ExAO, la concentration en dioxygène et en dioxyde de carbone dissous dans la suspension. L'équation bilan de la respiration cellulaire permet de calculer le rendement de cette dernière.

Formuler une hypothèse pour localiser la respiration dans la cellule

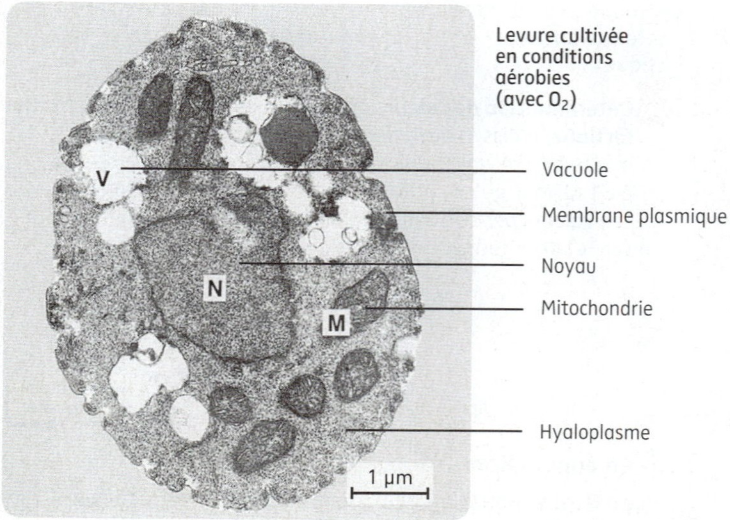

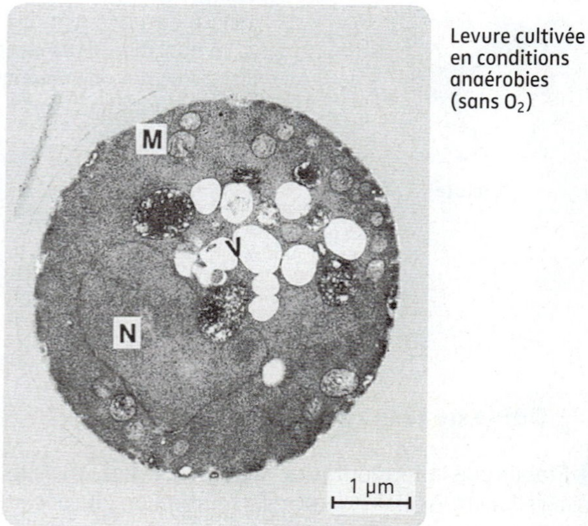

2 Observation de levures sauvages (*Saccharomyces cerevisiae*) dans deux conditions de culture.
L'observation des cellules en microscopie électronique à très fort grossissement (× 100 000) permet de décrire leur organisation et d'identifier leurs compartiments.

▶▶▶

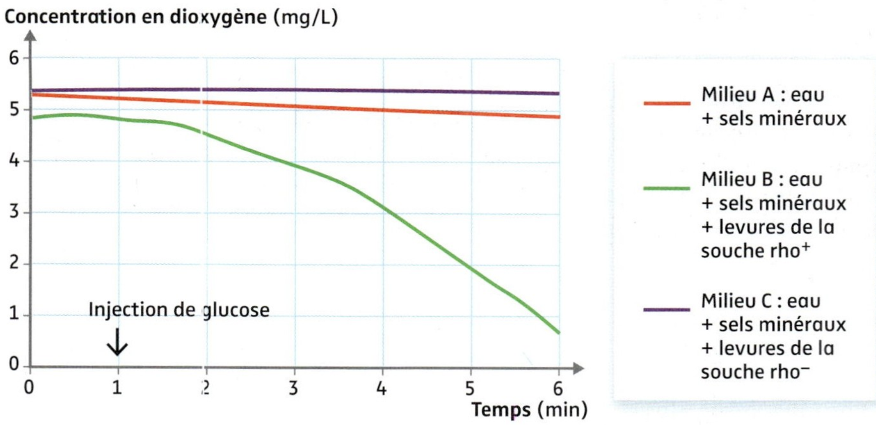

3 Mesure de la concentration en dioxygène dans des suspensions de levures (*Saccharomyces cerevisiae*). Les levures de la souche rho$^+$ possèdent des mitochondries normales tandis que celles de la souche rho$^-$ possèdent des mitochondries atrophiées, donc déficientes, à cause d'une mutation. On mesure à l'aide d'un dispositif ExAO la concentration en dioxygène avant et après l'injection de glucose en solution dans un milieu contenant chacun une des deux souches de levures. Une autre mesure est également réalisée en l'absence de levures.

Observer l'organisation d'une mitochondrie

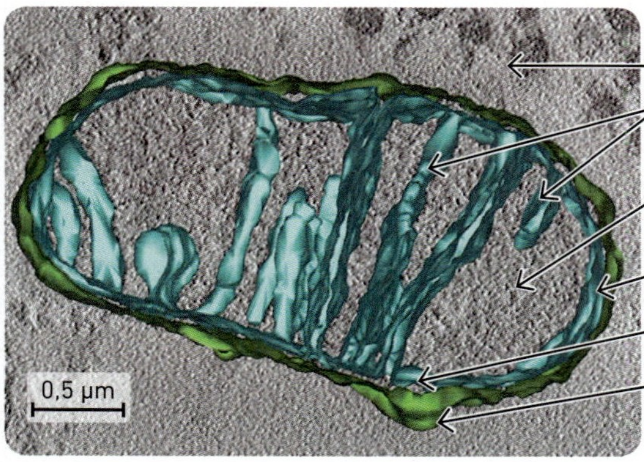

4 Tomographie électronique d'une mitochondrie. Ce genre d'organite est particulièrement abondant dans le hyaloplasme des cellules musculaires. À partir d'observations d'une mitochondrie en microscopie électronique à transmission sous différents angles, un logiciel d'imagerie permet de reconstruire le volume de la mitochondrie et de le visualiser en 3D.

Mettre en œuvre une démarche expérimentale pour localiser la respiration dans la cellule

Mettre en évidence la respiration cellulaire

PRINCIPE

Cette expérimentation permet de tester l'hypothèse que la mitochondrie est le siège de la respiration cellulaire, qui intervient après la glycolyse.

PROTOCOLE

1. Mesurer, à l'aide d'un dispositif ExAO, au cours du temps la concentration en O_2 et en CO_2 dans une suspension de mitochondries.
2. Injecter, au cours de la mesure, du pyruvate en solution.

Guide de résolution

Indicateurs de réussite

1. Montrer que les données des documents 2 et 3 ainsi que l'expérimentation permettent de localiser la respiration au niveau de la mitochondrie.

2. Calculer la quantité d'ATP que la cellule peut régénérer à partir d'une mole de glucose par la respiration (document 1).

3. **En conclusion**
Indiquer en quoi la respiration des cellules musculaires permet la réalisation d'efforts physiques de longue durée.

UNITÉ 4 Le fonctionnement de la mitochondrie

Au cours d'un effort de longue durée, la respiration des cellules musculaires permet, grâce au dioxygène consommé, d'oxyder complètement le glucose en dioxyde de carbone. Ceci permet de régénérer une plus grande quantité d'ATP que la fermentation lactique. La mitochondrie est l'organite de la respiration cellulaire.

Objectif

Expliquer le déroulement des réactions du métabolisme respiratoire dans la mitochondrie à l'origine de l'ATP des cellules musculaires.

Identifier les différents types de réaction ayant lieu dans la matrice de la mitochondrie

Membrane externe	Composition voisine de celle de la membrane plasmique (40 % de lipides, 60 % de protéines – les protéines sont similaires à celles de la membrane plasmique).
Membrane interne	Composition très différente de la membrane plasmique, caractérisée par une grande richesse en protéines (80 %). Certaines protéines jouent des rôles particuliers dans la régénération de l'ATP.
Matrice	Absence de glucose, présence de pyruvate, d'ATP, d'ADP et de Pi, de NAD^+ et de NADH. Présence de nombreuses enzymes, dont des décarboxylases et des complexes d'oxydoréduction.

1 Constituants d'une mitochondrie. Certains constituants d'une mitochondrie lui permettent de régénérer l'ATP des cellules musculaires au cours de la respiration.

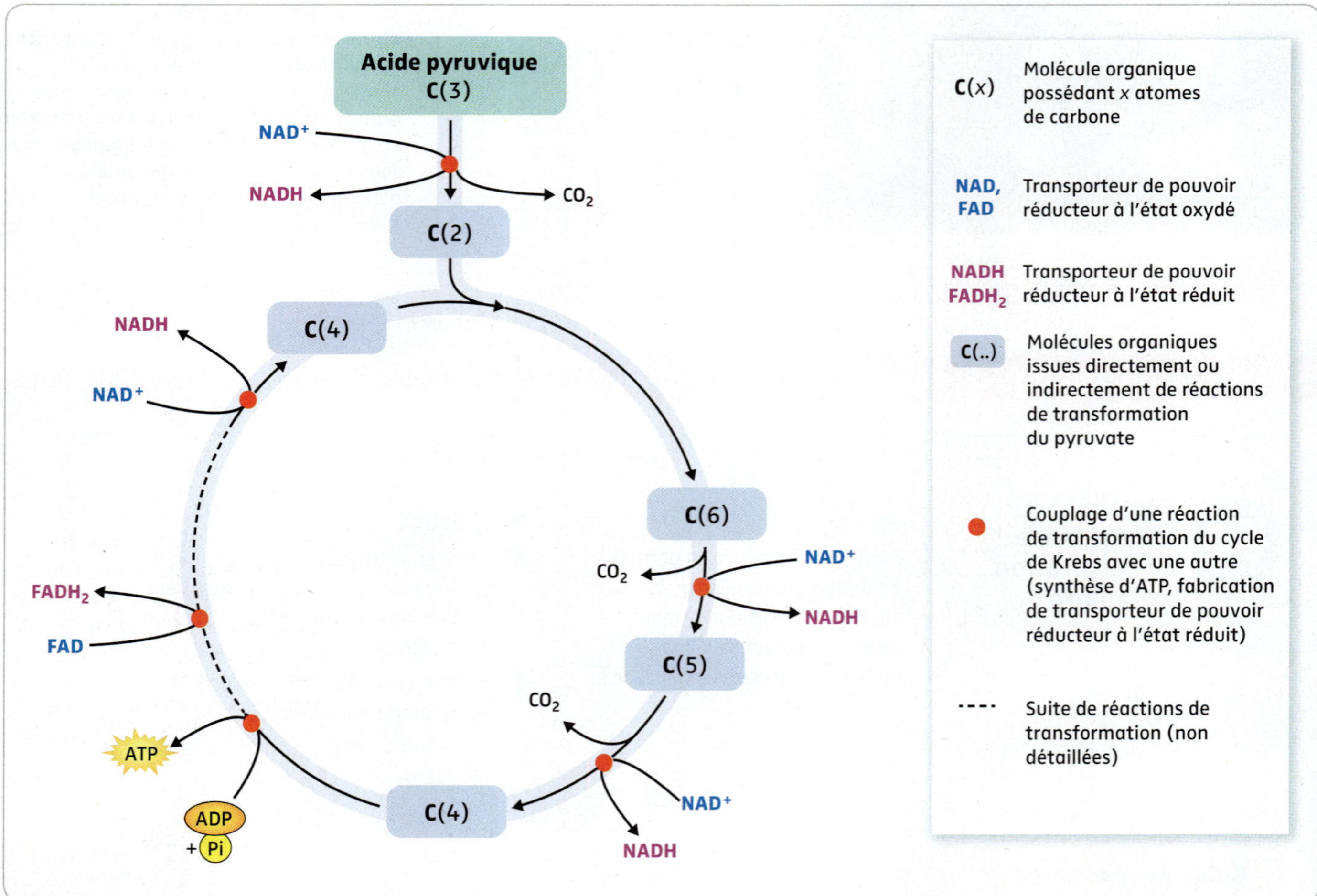

2 Modèle simplifié du cycle de Krebs. Le pyruvate subit un enchaînement de réactions de transformation au sein de la matrice mitochondriale, chacune étant catalysée par une enzyme spécifique (non représentée ici). Le cycle est représenté pour une seule molécule de pyruvate au départ. La dernière molécule produite à l'issue des réactions étant également impliquée dans la première réaction, on emploie le terme de cycle pour décrire l'ensemble des réactions que subit le pyruvate dans la matrice.

Expliquer la synthèse d'ATP au niveau de la membrane interne de la mitochondrie

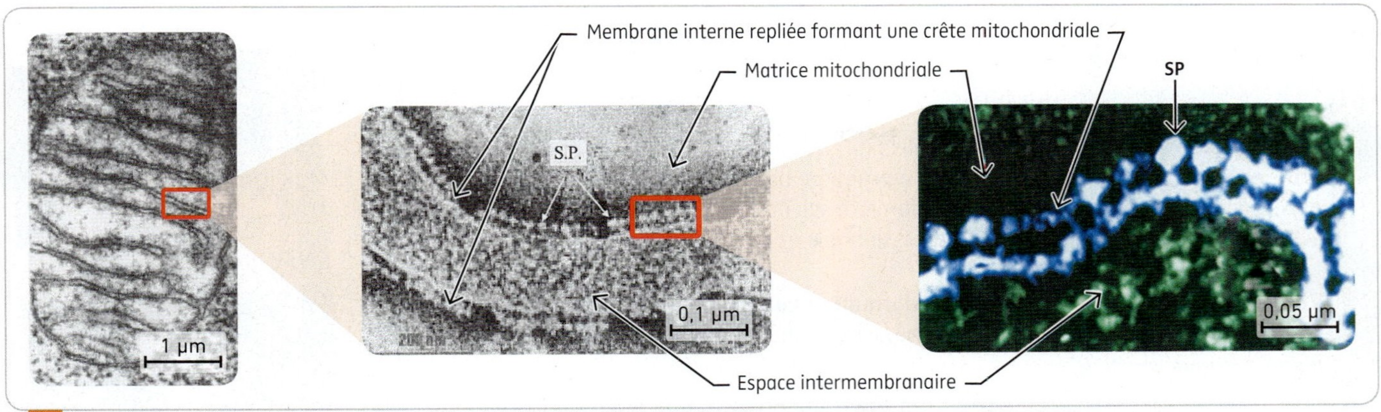

3 Observation de sphères pédonculées. Les crêtes mitochondriales sont recouvertes de protéines particulières : les sphères pédonculées (SP).

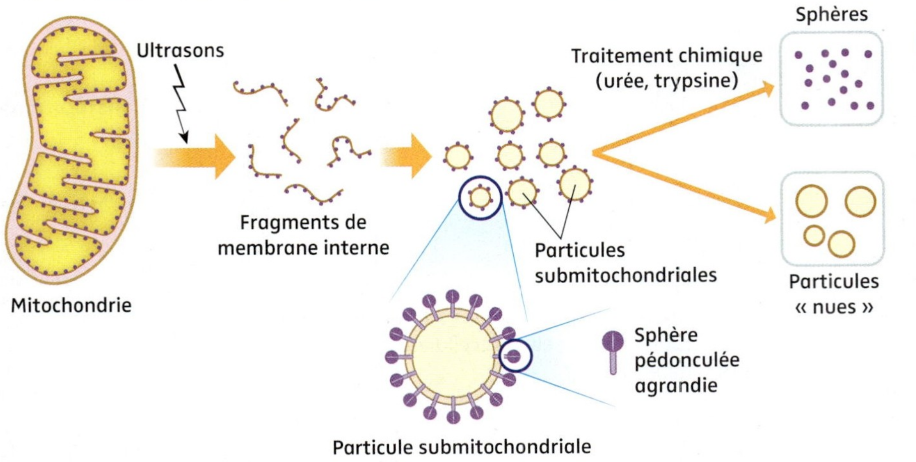

Conditions	Résultats
Particules submitochondriales	Synthèse d'ATP Oxydation de NADH en NAD^+
Particules submitochondriales sans les sphères	Pas de synthèse d'ATP Oxydation de NADH en NAD^+
Particules submitochondriales sans les sphères, mais ajout de sphères isolées dans le milieu	Synthèse d'ATP Oxydation de NADH en NAD^+

4 Expérience sur des particules submitochondriales. Ces particules (0,1 µm de diamètre) sont obtenues à partir de fragments retournés de membrane interne de mitochondries. Cette membrane est recouverte de structures arrondies, les sphères pédonculées, qui ne sont plus en contact avec la matrice mais avec un milieu expérimental contenant du dioxygène, des transporteurs réduits NADH, de l'ADP et du Pi.

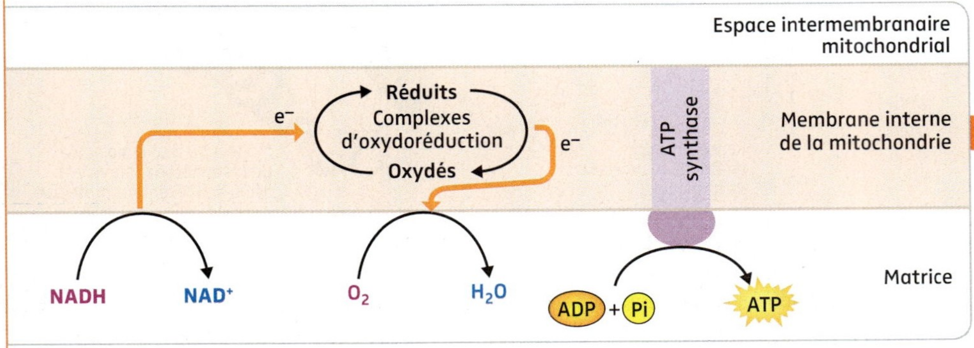

5 Modèle simplifié de la membrane interne mitochondriale. La membrane interne de la mitochondrie, très riche en protéines, contient des complexes d'oxydoréduction qui forment la chaîne respiratoire et dont le fonctionnement est couplé à celui d'une autre protéine : l'ATP synthase.

Guide de résolution

Indicateurs de réussite

1 Établir un premier bilan des réactions ayant lieu dans la matrice de la mitochondrie (documents 1 et 2).

2 Établir un second bilan des réactions ayant lieu au niveau de la membrane interne de la mitochondrie (documents 3, 4 et 5).

3 **En conclusion**

Montrer que le fonctionnement de la mitochondrie permet de régénérer de l'ATP grâce à l'oxydation complète de pyruvate.

Dopage et fonctionnement de la cellule musculaire

MISSION

ORAL

Dans la Grèce antique, des athlètes utilisaient des extraits de plantes et d'animaux pour améliorer leurs performances. Durant la première moitié du XXe siècle, des scientifiques ont su isoler la testostérone et mis en lumière ses propriétés dopantes. Plusieurs autres stéroïdes utilisés par des athlètes professionnels et amateurs ont été ensuite synthétisés.

Vous devez réaliser une campagne d'information au sein de votre établissement pour sensibiliser le public lycéen sur les conséquences du recours aux stéroïdes dans le cadre d'une pratique sportive.

→ Réalisez en groupes un diaporama en vue d'une présentation orale sur le mode d'action et les effets des stéroïdes dans le cadre d'une pratique sportive ainsi que sur les dangers auxquels ils exposent.

Groupe de substance	Occurrence	Constatations
Agents anabolisants	1728	50 %
Stimulants	528	15 %
Diurétiques et autres agents masquants	428	12 %
Glucocorticostéroïdes	215	6 %

Agents anabolisants	Occurrence	Constatations
Stanozolol	296	22 %
Nandrolone	176	13 %
Metandiedone	143	10 %
Drostanolone	124	9 %

Source : *Agence mondiale anti-dopage, 2015.*

1 Chiffres sur le dopage. Principales classes de substances identifiées dans des résultats d'analyse anti-dopage anormaux (tableau de gauche) et principales molécules pour la classe des stéroïdes, tous sports confondus (à droite). Les agents anabolisants augmentent la synthèse des protéines au sein des cellules. Le stanozolol est interdit en compétition sportive comme hors compétition.

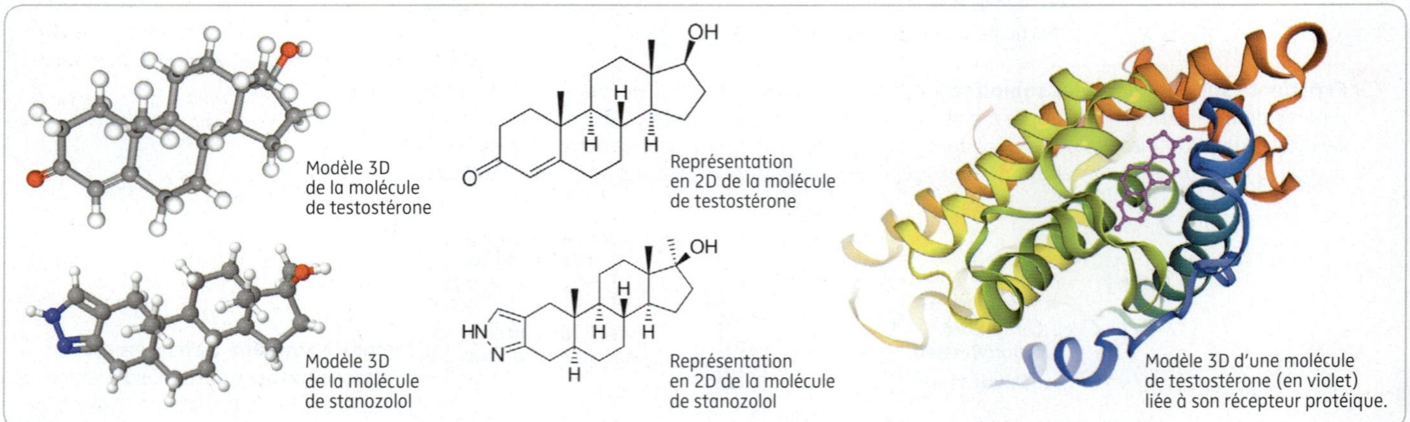

2 Modèles moléculaires de la testostérone et du stanozolol, un dérivé de synthèse.
Chez l'homme, la testostérone, produite essentiellement par les testicules, se lie à des récepteurs spécifiques grâce à la complémentarité de leurs structures tridimensionnelles. Ce genre de récepteur est notamment présent dans les cellules musculaires. Le stanozolol est utilisé dans le cadre de la médecine vétérinaire, notamment pour stimuler le développement musculaire chez l'animal affaibli.

Publics interrogés	Résultats sur l'utilisation de stéroïdes (au moins une fois dans leur vie)
Adolescents (toutes nations)	1 à 5 %
Jeunes adultes nord-américains	2,5 à 2,7 %
Étudiants canadiens	2,8 % (au cours de l'année précédant l'enquête)
Population suédoise	Entre 50 000 et 100 000 personnes (sur 9 millions d'habitants)
Adeptes des salles de musculation et bodybuilders	15 à 30 %

3 Résultats de diverses enquêtes sur l'utilisation de stéroïdes. Les utilisateurs consomment en général des doses très élevées : 1 000 à 2 000 mg de testostérone (ou équivalents) par semaine, souvent en combinaison avec d'autres agents anaboliques, contre une production hebdomadaire naturelle de testostérone de 50 mg.

Variables	Injections intramusculaires : 600 mg / semaine	Pas d'entraînement		Entraînement (exercices de musculation standardisés trois fois par semaine)	
		Placébo	Testostérone	Placébo	Testostérone
Masse corporelle (kg)	Au départ	79,5 + ou - 4,3	82,2 + ou - 1,9	85,5 + ou - 3,3	76,0 + ou - 3,0
	Après 10 semaines	80,8 + ou - 4,4	85,7 + ou - 1,5	86,4 + ou - 2,9	82,0 + ou - 2,8
Masse sans graisse (kg)	Au départ	65,1 + ou - 2,5	69,9 + ou - 1,3	72,1 + ou - 2,3	65,3 + ou - 1,3
	Après 10 semaines	65,9 + ou - 2,7	73,1 + ou - 2,2	74,1 + ou - 2,2	71,4 + ou - 1,8
Surface du triceps (mm^2)	Au départ	3 621 + ou - 213	3 579 + ou - 260	4 052 + ou - 262	3 488 + ou - 217
	Après 10 semaines	3 539 + ou - 226	4 003 + ou - 229	4109 + ou - 230	3 984 + ou - 239
Surface du quadriceps (mm^2)	Au départ	8 796 + ou - 561	9 067 + ou - 398	9 920 + ou - 569	8 550 + ou - 353
	Après 10 semaines	8 665 + ou - 481	9 674 + ou - 472	1 0454 + ou - 474	9 724 + ou - 348
Développé couché (kg soulevés)	Au départ	88 + ou - 5	96 + ou - 8	109 + ou - 12	97 + ou - 6
	Après 10 semaines	88 + ou - 5	105 + ou - 8	119 + ou - 11	119 + ou - 6
Squat (kg soulevés)	Au départ	102 + ou - 5	103 + ou - 8	126 + ou - 13	102 + ou - 5
	Après 10 semaines	105 + ou - 6	116 + ou - 5	151 + ou - 13	140 + ou - 5

4 Effets de doses massives de testostérone chez l'homme. Dans cette expérience, une quarantaine d'hommes volontaires a été répartie dans quatre groupes similaires en âge, taille et masse corporelle. Les valeurs indiquées sont les moyennes des mesures.

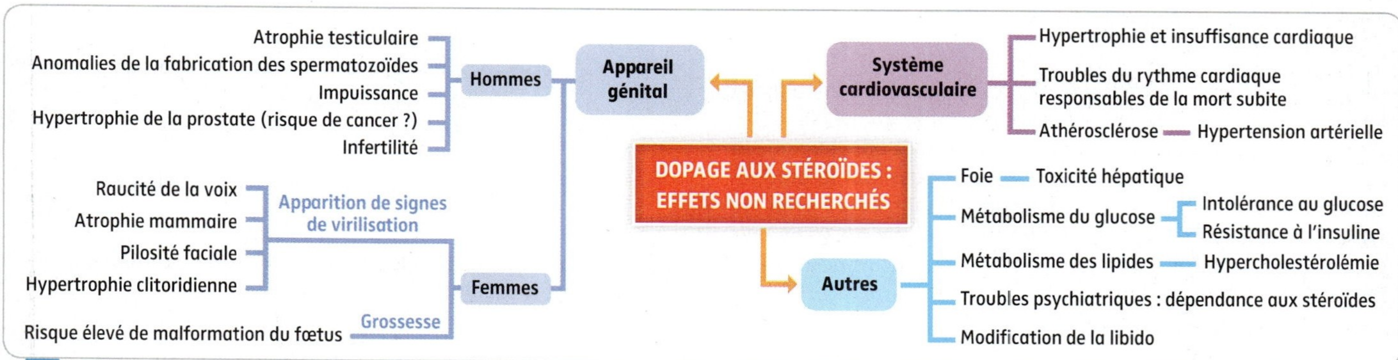

5 Effets non recherchés du dopage aux stéroïdes. Cette liste d'effets compile des résultats de recherches scientifiques.

Échantillon	Catégories de poids	Classements dans la discipline	Mortalité (en nombre d'individus et en %)	Causes (et nombre)
62 hommes (origine : Finlande)	82,5 kg – 125 kg	Rangs 1 à 5 lors des championnats de Finlande entre 1977 et 1982	8 (12,9 %)	Suicide (3) Infarctus du myocarde (3) Coma hépatique (1) Cancer du système lymphatique (1)

6 Étude sur des haltérophiles soupçonnés d'utilisation de stéroïdes. L'étude menée sur 12 ans a déterminé la cause des décès prématurés parmi un groupe de sujets fortement soupçonnés d'avoir utilisé des stéroïdes anabolisants pendant plusieurs années à des fins non médicales. La mortalité a été comparée au reste de la population finlandaise, qui était de 3,1 % à l'époque.

Coups de pouce

Mobilisation des connaissances

1 La testostérone possède plusieurs organes cibles dont certains contrôlent le fonctionnement de l'appareil génital.

Piste pour construire votre stratégie

2 Représenter graphiquement les résultats à l'aide d'un logiciel tableur-grapheur (document 4).

MISSION réussie si...

▶ Le mode d'action et les effets des stéroïdes sont expliqués et que les risques liés à leur utilisation sont distingués.

BILAN CHAPITRE 17 Origine de l'ATP nécessaire à la contraction de la cellule musculaire

UNITÉ 1 Des voies de fabrication de l'ATP dans les cellules musculaires

- Les quantités d'**ATP** disponibles dans les cellules musculaires sont déterminées par bioluminescence : les valeurs obtenues sont extrêmement faibles, l'ATP n'est pas stocké dans les cellules et pourtant, il y est consommé en permanence pour leur contraction. Diverses voies métaboliques permettent de régénérer l'ATP avec des délais différents et assurent alors le maintien d'une certaine quantité disponible dans les cellules :

– l'hydrolyse de la phosphocréatine est la voie la plus rapide, elle intervient sans délai. Elle permet une libération d'énergie très importante sur une durée de quelques secondes à quelques dizaines de secondes et permet ainsi par couplage la synthèse d'ATP à partir d'ADP ;

– la **voie anaérobie** lactique utilise le glucose mis en réserve dans les cellules musculaires et intervient majoritairement après 20 à 30 secondes d'effort. Elle permet une synthèse d'ATP lors de la réalisation d'efforts musculaires plus longs mais ne dépassant pas quelques minutes ;

– la **voie aérobie**, ou respiration, utilise diverses molécules organiques mises en réserve (glucose musculaire, acides gras du tissu adipeux). Son délai d'intervention est de l'ordre de 2 à 4 minutes. Elle peut se maintenir jusqu'à plusieurs heures ce qui en fait la voie de régénération de l'ATP majoritaire dans les sports d'endurance.

UNITÉ 2 La fermentation, une voie pour régénérer l'ATP des cellules musculaires

- À l'échelle cellulaire, la fermentation se traduit par la consommation de molécules organiques (ex. glucose) sans consommation de dioxygène, ce qui génère un résidu organique dont la nature dépend du type de fermentation. Dans la cellule musculaire, la **fermentation lactique** produit du lactate à partir de glucose que consomme la cellule.
- Le glucose subit en premier une oxydation dans le hyaloplasme lors d'une série de réactions qui constituent la **glycolyse**. Cette étape ne consomme pas de dioxygène et permet par couplage la régénération d'ATP. La glycolyse se traduit aussi par la production d'un pouvoir réducteur sous la forme de transporteurs réduits (NADH). Le pyruvate est le produit final de la glycolyse. Ce dernier est ensuite transformé en lactate dans le hyaloplasme de la cellule musculaire.
- La fermentation lactique permet par couplage de régénérer 2 molécules d'ATP pour chaque molécule de glucose utilisée. Le rendement de cette fermentation est alors d'environ 2 %.

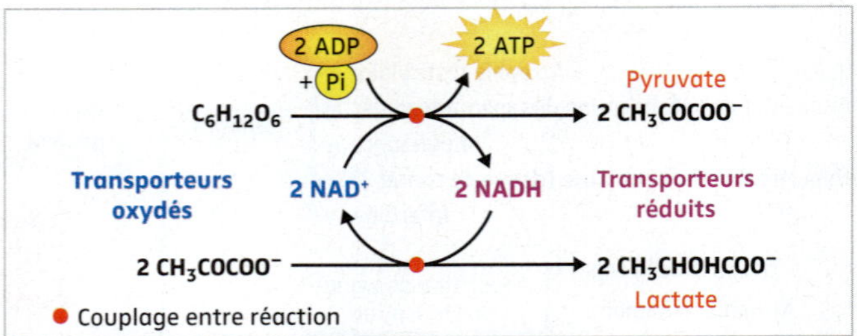

Bilan de la fermentation lactique au sein du hyaloplasme de la cellule musculaire.

UNITÉ 3 La respiration, une autre voie pour régénérer l'ATP des cellules musculaires

- Des mesures ExAO montrent que la **respiration cellulaire** se caractérise par une consommation de dioxygène et un rejet de dioxyde de carbone en présence de molécules organiques. Le glucose est le principal substrat respiratoire des cellules ; il sera complètement oxydé à l'issue de la respiration. Le **rendement énergétique** de la respiration est d'environ 40 % et est ainsi beaucoup plus élevé que celui de la fermentation lactique.
- L'étude de mutants cellulaires incapables de respirer permet d'envisager que la respiration se déroule dans un organite particulier de la cellule, la mitochondrie. L'étude de la consommation en dioxygène et du rejet de dioxyde de carbone par une suspension de mitochondries en présence de glucose montre que celui-ci n'est pas le substrat oxydé, contrairement au pyruvate. Cela démontre que la mitochondrie est le compartiment de la respiration et que cette dernière intervient après la glycolyse, étape commune à la fermentation lactique et à la respiration.
- Des technologies modernes permettent d'observer finement l'organisation d'une mitochondrie (longueur entre 1 à 2 µm et une largeur entre 0,5 à 1 µm). Cet organite se caractérise par une enveloppe dont la membrane interne forme de nombreux replis au sein de la matrice.

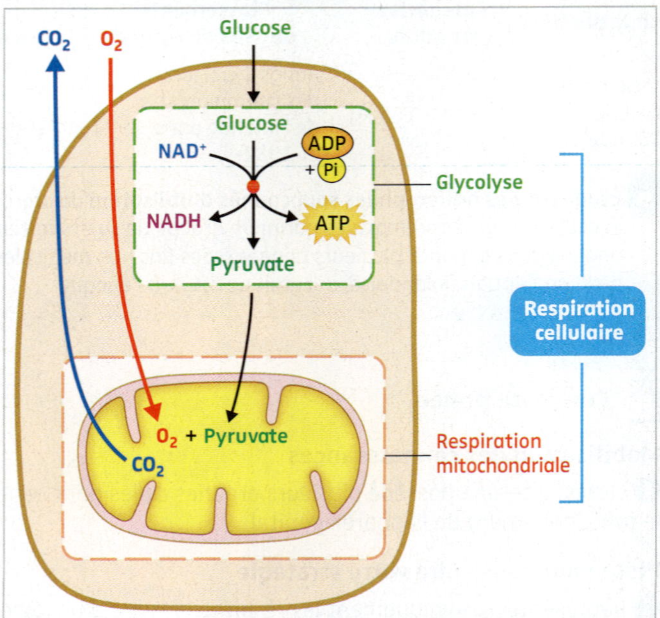

Respiration cellulaire et mitochondriale à partir du glucose.

UNITÉ 4 Le fonctionnement de la mitochondrie

▶ Le pyruvate issu de la glycolyse traverse l'enveloppe de la mitochondrie. Il subit dans la matrice mitochondriale une série d'**oxydations** et de décarboxylations (qui produisent du CO_2 rejeté par la respiration), couplées à la fabrication de transporteurs réduits (NADH, $FADH_2$) et d'ATP. L'ensemble des réactions catalysées par des enzymes, localisées uniquement dans la matrice, constitue le **cycle de Krebs**. Pour les deux moles de pyruvate issues de la glycolyse (donc pour une mole de glucose), le cycle produit 6 moles de CO_2, 2 moles d'ATP ainsi qu'une quantité importante de transporteurs réduits (10 moles).

▶ L'observation de la membrane interne de la mitochondrie en microscopie électronique montre qu'elle est recouverte de très nombreuses sphères pédonculées en contact avec la matrice : il s'agit d'ATP synthases, protéines synthétisant l'ATP de manière couplée à l'oxydation des transporteurs réduits produits par le cycle de Krebs et par la glycolyse. D'autres protéines enchâssées dans la membrane interne assurent cette oxydation : organisées en complexes proches les uns des autres, ces protéines constituent la chaîne respiratoire. Les électrons et les protons issus de l'oxydation des transporteurs réduits sont transférés au dioxygène qui est alors réduit en eau. Ceci explique la consommation de dioxygène et la production d'eau par la respiration. L'oxydation de l'ensemble des transporteurs réduits (12 moles au total) permet ainsi la fabrication d'une grande quantité d'ATP (32 moles).

▶ Ainsi, la respiration cellulaire permet de régénérer dans son ensemble 36 moles d'ATP pour chaque mole de glucose complètement oxydée.

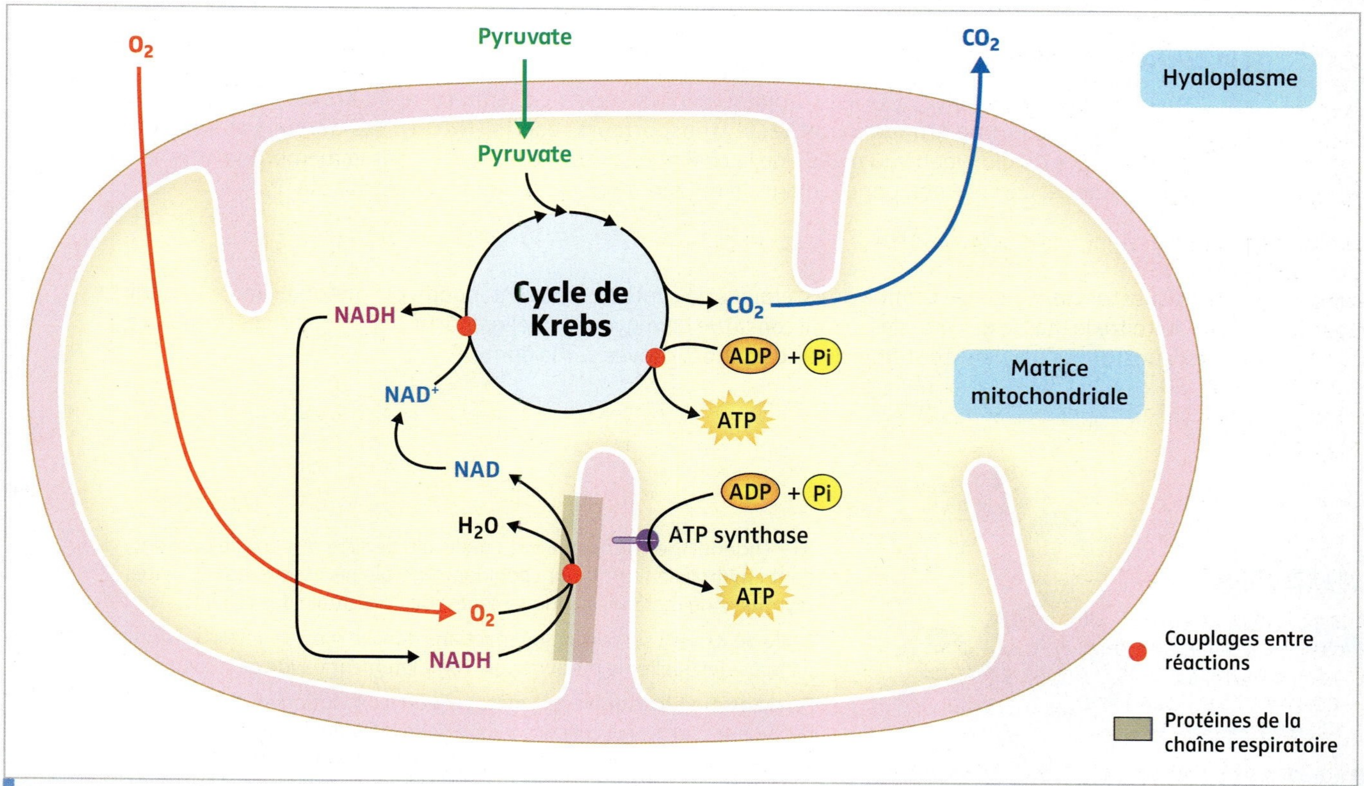

Couplage entre le cycle de Krebs et la chaîne respiratoire.

UNITÉ 5 Dopage et fonctionnement de la cellule musculaire

▶ Le métabolisme des cellules musculaires est contrôlé notamment par des hormones produites par l'organisme, comme la testostérone. La liaison à son récepteur permet l'augmentation de la masse et de la force musculaires, surtout chez des personnes qui suivent un entraînement physique.

▶ Il existe des médicaments à base de molécules de synthèse dérivées de la testostérone. Ces molécules, détournées de leur usage initial, ont une structure tridimensionnelle qui permet leur fixation sur les récepteurs de la testostérone afin d'en reproduire et d'amplifier les effets. Le recours à ces substances augmente ainsi artificiellement les performances physiques d'un sportif : on parle de dopage. C'est notamment le cas du stanozolol, stéroïde de synthèse qui figure sur la liste des produits interdits par l'Agence mondiale antidopage en compétition sportive comme en dehors.

▶ De plus, l'usage de stéroïdes représente des risques pour la santé des individus qui en abusent. Ces risques sont diversifiés et très graves, allant jusqu'à mettre en péril la vie des individus.

RETENIR

CHAPITRE 17

Origine de l'ATP nécessaire à la contraction de la cellule musculaire

Texte dys
Texte audio

En quelques mots

1 Des voies de régénération de l'ATP dans la cellule musculaire

- Les quantités d'**ATP** disponibles dans la cellule musculaire sont faibles et dès le début d'un effort physique, l'ATP consommé est immédiatement régénéré grâce à la phosphocréatine présente dans la cellule musculaire. D'autres voies métaboliques consommant des molécules organiques interviennent ensuite éventuellement, selon le type d'effort (durée, intensité).
- La **fermentation lactique** se déroule dans le hyaloplasme de la cellule musculaire et se caractérise par une absence de consommation de dioxygène. Les molécules organiques consommées, comme le glucose par exemple, sont incomplètement oxydées, ce qui génère un résidu organique : le lactate. La quantité d'ATP régénéré est par conséquent faible (2 moles).
- La **respiration cellulaire** débute par une étape commune à la fermentation lactique : la **glycolyse**. Elle se poursuit dans la mitochondrie, organite qui permet l'oxydation complète des molécules organiques grâce à la consommation de dioxygène. L'ensemble des réactions permet la régénération d'une plus grande quantité d'ATP (36 moles), offrant un **rendement énergétique** bien supérieur à celui de la fermentation lactique.

2 Mitochondrie et synthèse d'ATP

- Le pyruvate issu de la glycolyse est complètement oxydé à l'issue du **cycle de Krebs**. Ceci génère peu d'ATP mais produit une grande quantité de transporteurs réduits (NADH). Ces derniers sont ensuite réoxydés grâce au dioxygène au niveau de la chaîne respiratoire présente dans la membrane interne de la mitochondrie. Ceci permet, par couplage, la régénération d'une grande quantité d'ATP.

3 Dopage, sport et santé

- Des substances exogènes comme des stéroïdes de synthèse peuvent modifier le métabolisme musculaire et accroître la masse des muscles, ce qui constitue un moyen d'améliorer artificiellement les performances. Ces substances peuvent toutefois avoir des effets graves sur la santé.

Vidéo bilan

mots-clés

ATP (adénosine triphosphate) : molécule de type nucléotide phosphorylé dont l'hydrolyse fournit par couplage l'énergie nécessaire aux activités (synthèse de molécules, mouvements) de l'ensemble des cellules.

Cycle de Krebs : succession de réactions dans la matrice mitochondriale à l'issue desquelles le pyruvate est complètement oxydé et transformé en CO_2.

Fermentation lactique : voie métabolique d'oxydation incomplète et sans dioxygène d'une molécule organique dans le hyaloplasme, aboutissant à un résidu organique, le lactate, et produisant peu d'ATP.

Glycolyse : ensemble de réactions conduisant à la transformation du glucose en pyruvate dans le hyaloplasme. Première étape commune à la fermentation et à la respiration, elle produit peu d'ATP.

Oxydation : réaction entraînant la perte d'un ou de plusieurs électrons d'une espèce chimique qui devient alors oxydée. La réaction inverse est appelée réduction (gain d'un ou de plusieurs électrons d'une espèce chimique qui devient alors réduite).

Rendement énergétique : pourcentage de l'énergie récupérée lors de la transformation d'une molécule par la cellule par rapport à l'énergie chimique contenue dans cette molécule.

Respiration cellulaire : voie métabolique consommant du dioxygène et permettant l'oxydation complète d'une molécule organique dans le hyaloplasme puis dans la mitochondrie ; elle produit une grande quantité d'ATP.

Voie anaérobie / aérobie : ensemble des réactions qui se déroulent au sein d'une cellule en absence (anaérobie) ou en présence (aérobie) de dioxygène et qui assurent la production d'énergie (ou la synthèse de molécules) nécessaire à son activité.

Schéma interactif

En une image

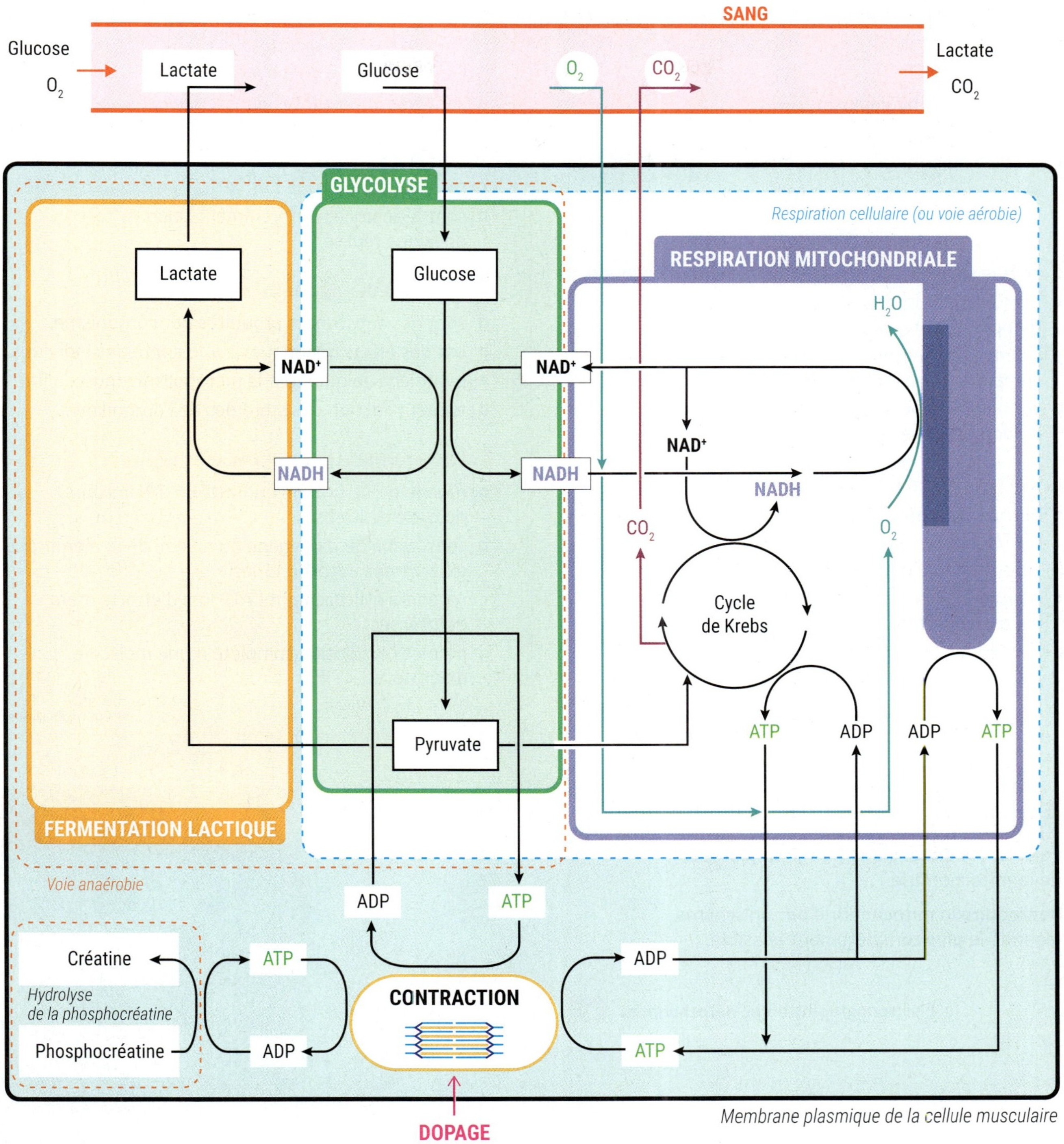

mémorisation active

▶ Pour retenir les notions...

- Apport d'énergie
- Libération d'énergie
- Aérobie
- Anaérobie
- ...

▶ Je construis ma carte des idées

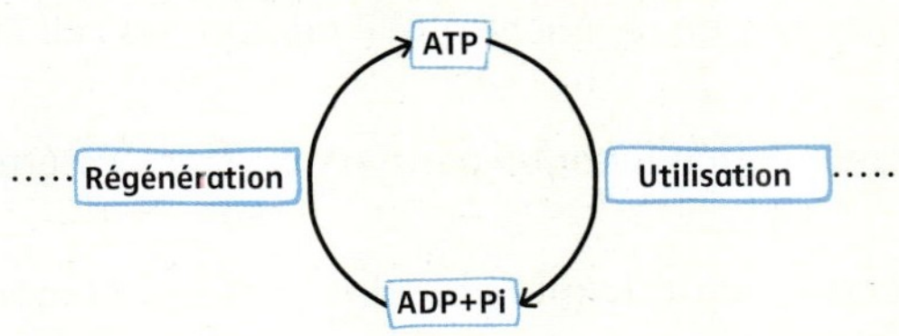

▶ Pour m'aider dans la construction

→ Méthode 1

▶ Pour m'entraîner

→ Exercice 2 p. 366

Quiz

Exercices interactifs

Pour chaque question, choisir la bonne réponse parmi les affirmations proposées.

1. La glycolyse :

a a lieu dans le hyaloplasme.
b nécessite la présence de dioxygène.
c produit du pyruvate uniquement.
d est propre à la respiration cellulaire.

2. Les mitochondries :

a sont le siège de la respiration et de la fermentation.
b sont plus nombreuses dans les cellules ayant d'importants besoins énergétiques.
c permettent l'ensemble des réactions d'oxydation complète d'une molécule de glucose.
d sont limitées par une seule membrane formant de nombreux replis.

3. La fermentation :

a permet de régénérer une grande quantité d'ATP.
b consomme du dioxygène.
c a un rendement énergétique inférieur à celui de la respiration.
d aboutit à la production d'éthanol dans la cellule musculaire.

4. Les quantités d'ATP musculaire :

a sont très importantes dans les cellules.
b permettent la réalisation d'efforts physiques prolongés.
c sont régénérées une fois l'effort physique terminé.
d sont régénérées différemment selon l'effort physique réalisé.

5. Les stéroïdes de synthèse :

a sont des substances produites par l'organisme.
b ont des effets bénéfiques sur la santé des individus.
c modifient uniquement le métabolisme musculaire.
d miment l'action des stéroïdes de l'organisme.

6. La respiration des cellules musculaires :

a régénère une grande quantité d'ATP au cours du cycle de Krebs.
b consomme du dioxygène au niveau de la membrane externe des mitochondries.
c régénère efficacement l'ATP lors d'efforts brefs et intenses.
d permet l'oxydation complète d'une molécule de glucose.

→ Corrigés p. 447

1 Exercice de restitution de connaissances

1. Calculer les dimensions (longueur, largeur) de la mitochondrie.
2. Reproduire la mitochondrie par un schéma légendé le plus complètement possible.

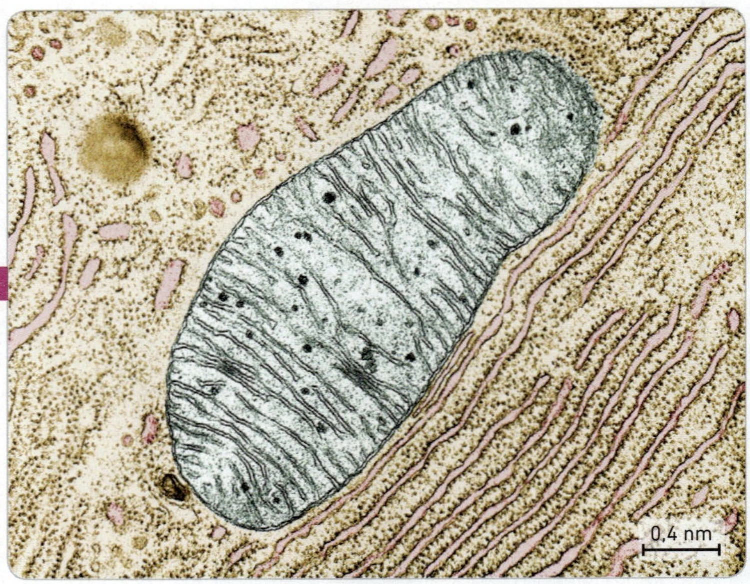

Électronographie d'une mitochondrie. a

2 Questions courtes de synthèse

1. Présenter les voies métaboliques permettant de régénérer l'ATP au sein des cellules musculaires.
2. Décrire les principales étapes de la fermentation lactique permettant de régénérer l'ATP dans la cellule musculaire.
3. Indiquer comment le couplage des réactions dans la mitochondrie permet la régénération de l'ATP lors de la respiration cellulaire.

3 Des cellules musculaires aux caractéristiques différentes

Deux grands types de cellules musculaires peuvent être mis en évidence grâce à des observations au microscope optique au sein de coupes dans un muscle strié squelettique. Grâce à une coloration adéquate, on a pu ainsi constater que des capillaires sanguins entourent certaines cellules musculaires (photographie de gauche). Une autre coloration révèle spécifiquement la présence de fortes concentrations d'enzymes oxydantes utilisées par la respiration dans des cellules musculaires qui apparaissent foncées (photographie de droite). Par ailleurs, on a pu comparer les caractéristiques biochimiques des deux types de cellules musculaires (**document c**).

1. Indiquer, à partir des observations microscopiques, les caractéristiques des cellules musculaires de type I et II.
2. Proposer, à l'aide des documents et de vos connaissances, une explication aux types d'effort dans lesquels ces types de cellules musculaires sont impliqués.

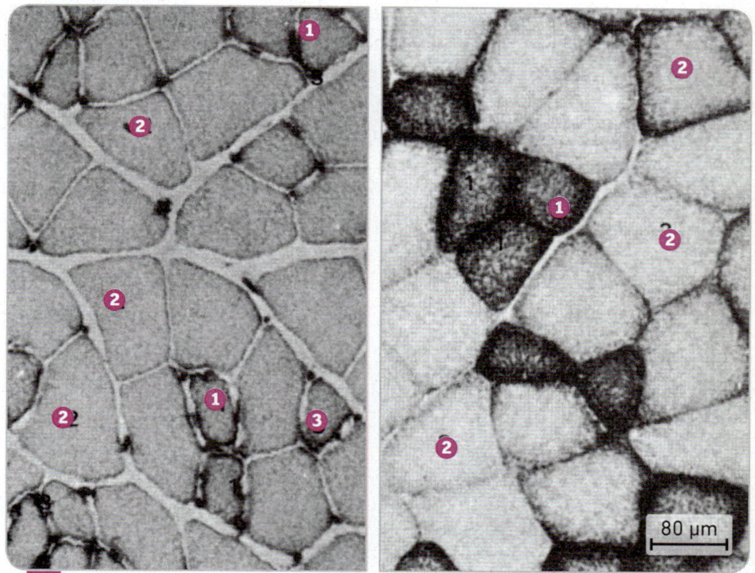

b Les deux grands types de cellules musculaires observés au microscope optique. 1 cellules musculaires de type I ; 2 cellules musculaires de type II ; 3 capillaires sanguins.

		Concentration en ATP	Vitesse de contraction	Force développée	Volume	Mitochondries	Type d'effort
Cellules musculaires	**Type I**	Faible	Lente	Faible	Faible	Nombreuses	Peu puissant mais prolongé
	Type II	Faible	Rapide	Importante	Important	Pauvres	Intense mais bref

c Caractéristiques biochimiques de deux types des cellules musculaires.

4 L'effet Pasteur

Au début de la seconde moitié du XIXe siècle, Louis Pasteur réalise une série d'expériences sur les levures à l'issue desquelles il met en évidence une particularité de leur métabolisme. Celle-ci sera nommée « effet Pasteur ». Le document résume sous la forme de schémas une série d'expériences réalisées par Pasteur.

1. Mettre en relation les conditions expérimentales et vos connaissances afin d'expliquer les quantités d'éthanol produites par les levures et le rendement des cultures.
2. Identifier la particularité du métabolisme des levures mise en évidence ici afin de proposer une définition de l'effet Pasteur.

	Expérience 1 : au contact du dioxygène de l'air	Expérience 2 : air appauvri en dioxygène	Expérience 3 : absence de dioxygène
Conditions expérimentales	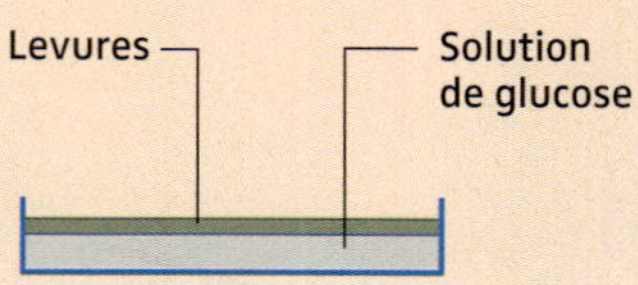	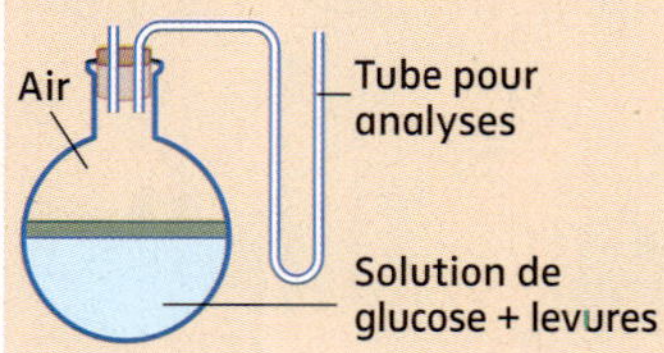	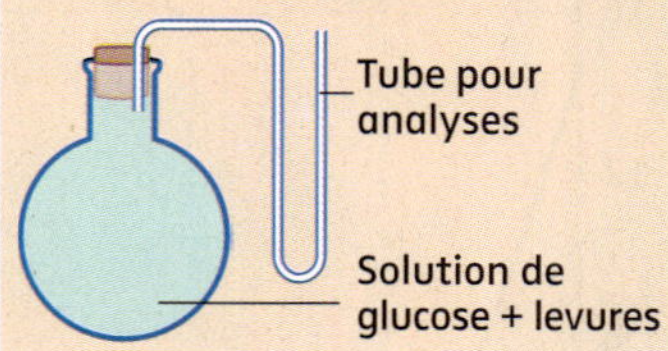
Quantité d'éthanol (alcool) produit par les levures	traces	++	++++++
Rendement de la culture exprimée en mg de levures formées par g de glucose consommé	250	40	5,7

d Conditions expérimentales et résultats.

5 Exercice guidé La récupération chez le sportif

Un exercice physique provoque une dépense énergétique proportionnelle à l'intensité et la durée de la sollicitation musculaire. Les modifications liées à cet exercice nécessitent une phase de récupération, c'est-à-dire une durée nécessaire après une performance pour que l'organisme retrouve un état compatible avec la reproduction d'une performance égale. À ce titre, la récupération constitue une composante essentielle de l'entraînement du sportif à court comme à moyen terme.

Expliquer les différences entre les modalités de récupération présentées.

Vous organiserez votre réponse selon une démarche de votre choix intégrant des données issues des documents et les connaissances complémentaires nécessaires.

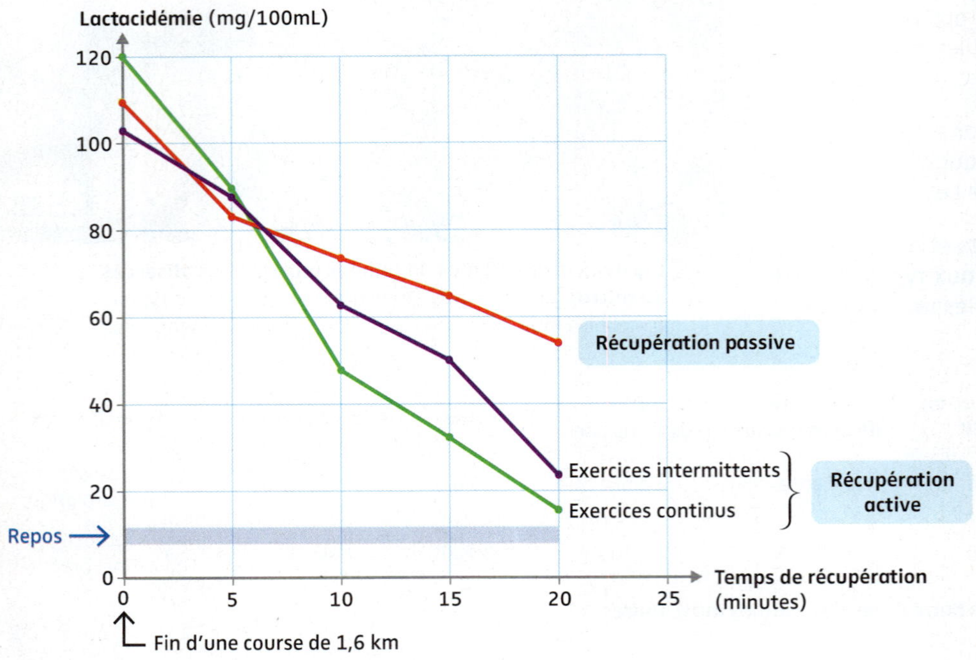

a Évolution de la lactacidémie (concentration sanguine en lactate) après un effort. Avant un effort, la lactacidémie est généralement comprise entre 10 et 20 mg/ 100 mL. La récupération active consiste à effectuer un exercice ou un mouvement d'intensité faible à modérée dans l'heure qui suit un entraînement plus intense ou une compétition. La récupération passive, quant à elle, n'implique pas de sollicitation musculaire.

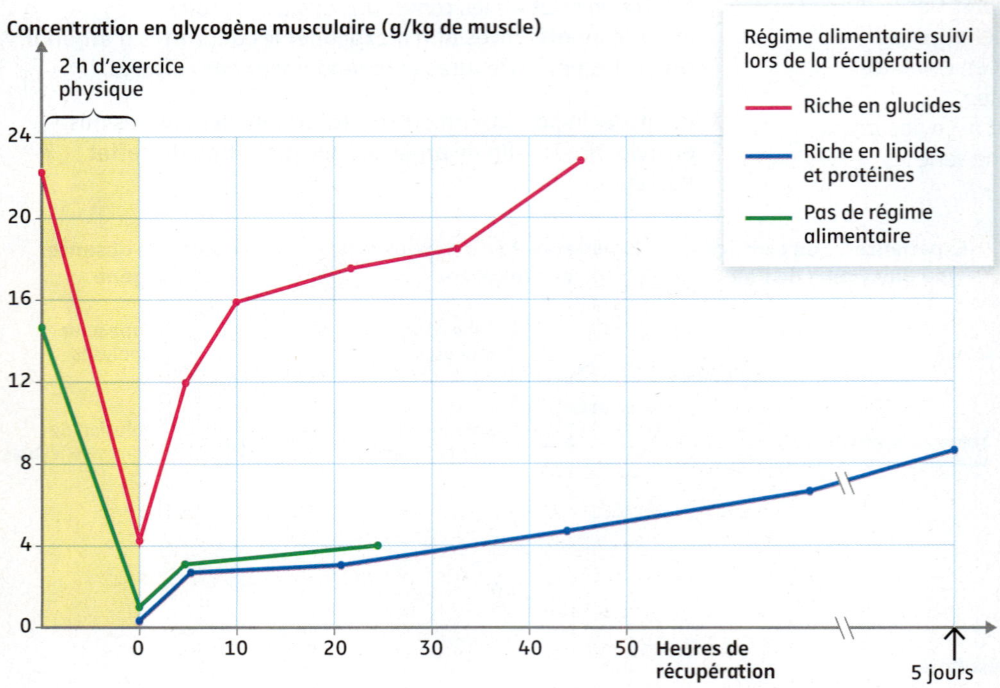

b Évolution de la concentration en glycogène dans le muscle pendant et après un exercice musculaire. La concentration en glycogène musculaire est indiquée dans trois cas de régime alimentaire suivi lors de la récupération (riche en glucides, riche en lipides et protéines, pas de régime alimentaire).

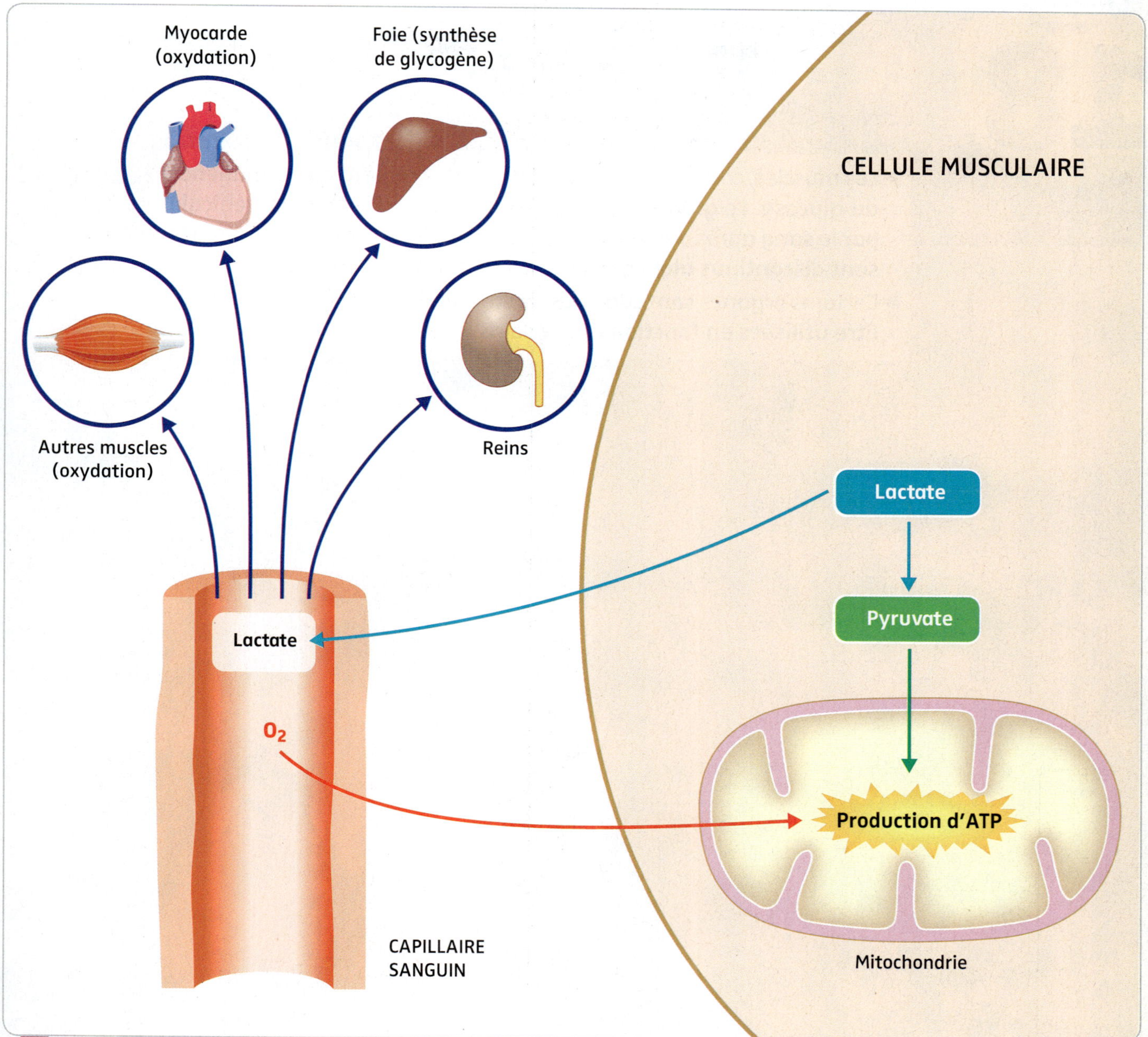

c **Devenir du lactate musculaire au cours de la récupération.** La part de lactate oxydé correspond à environ 75 % du lactate total, tandis qu'un peu moins de 25 % servira à la synthèse de glycogène dans la cellule musculaire.

Guide de résolution

1. Comparez l'évolution de la lactacidémie en fonction des différents types de récupération.
2. Expliquez les différences constatées en les mettant en relation avec les devenirs du lactate au cours de la récupération.
3. À l'aide de vos connaissances, rappelez la nature chimique du glycogène et expliquez l'évolution de sa concentration dans le muscle au cours d'un exercice.
4. Justifiez les différences constatées pour les différents régimes alimentaires suivis après un exercice musculaire.
5. Concluez en identifiant de manière justifiée les modalités de récupération les plus efficaces.

CHAPITRE 18

Le contrôle des flux de glucose

- Les muscles, comme tous les organes, consomment en permanence du glucose. Le glucose est apporté par les repas et il est véhiculé par le sang après son absorption au niveau intestinal. Ses apports sont discontinus alors que la consommation est continue.
- Certains organes sont capables de stocker des réserves qui peuvent être utilisées en fonction des besoins.

Une sportive ingérant un aliment sucré.
Les cellules musculaires consomment du glucose qu'elles convertissent en ATP nécessaire à leur contraction.

Comment sont modulés les flux de glucose dans l'organisme en fonction des apports et des besoins ? UNITÉ 1

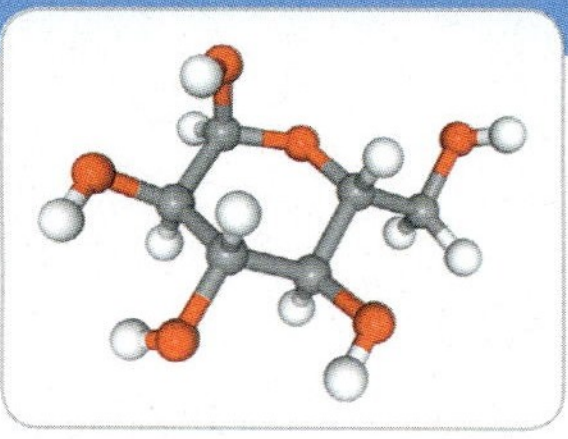

CHIMIE DU SANG

	Résultats	Normes
Aspect du sérum	Normal	
Glycémie (technique enzymatique à l'hexokinase)	1,08 g/l 5,99 mmol/l	0,70 à 1,05 0,99 à 5,83
Urée (technique enzymatique à l'uréase/GLOX)	0,33 g/l 5,48 mmol/l	0,10 à 0,50 1,66 à 8,30
Créatininémie (technique de Jaffé compensée sans déprotéinisation)	10 mg/l 88 umol/l	7 à 12 62 à 106
Exploration lipidique		
Cholestérol total (technique colorimétrique enzymatique CROD-PAP)	2,86 g/l 7,38 mmol/l	Inférieur à 2,00 Inférieur à 5,16
H.D.L (technique colorimétrique enzymatique CROD-PAP directe)	0,53 g/l 1,37 mmol/l	0,40 à 0,80 1,03 à 2,06
Triglycérides	1,54 g/l 1,76 mmol/l	Inférieur à 2,00 Inférieur à 2,28
LDL cholestérol (calcul selon la formule de Friedewald)	2,02 g/l 5,23 mmol/l	Inférieur à 1,60 Inférieur à 4,14
Protéine C réactive (technique immunoturbidimétrique)	Inférieur à 3 mg/l	Inférieur à 5,0

Molécule de glucose et résultat d'une analyse de sang. La teneur en glucose du sang, ou glycémie, est un paramètre stable.

Comment la glycémie est-elle maintenue dans une fourchette de valeurs ? UNITÉS 2 et 3

550 000 000

C'est le **nombre estimé de personnes atteintes de diabète** dans le monde.
Ce chiffre est en constante augmentation.

Le diabète résulte d'une perturbation des flux de glucose. Seuls certains diabétiques s'injectent de l'insuline.

Qu'est-ce qu'un diabète ? UNITÉ 5

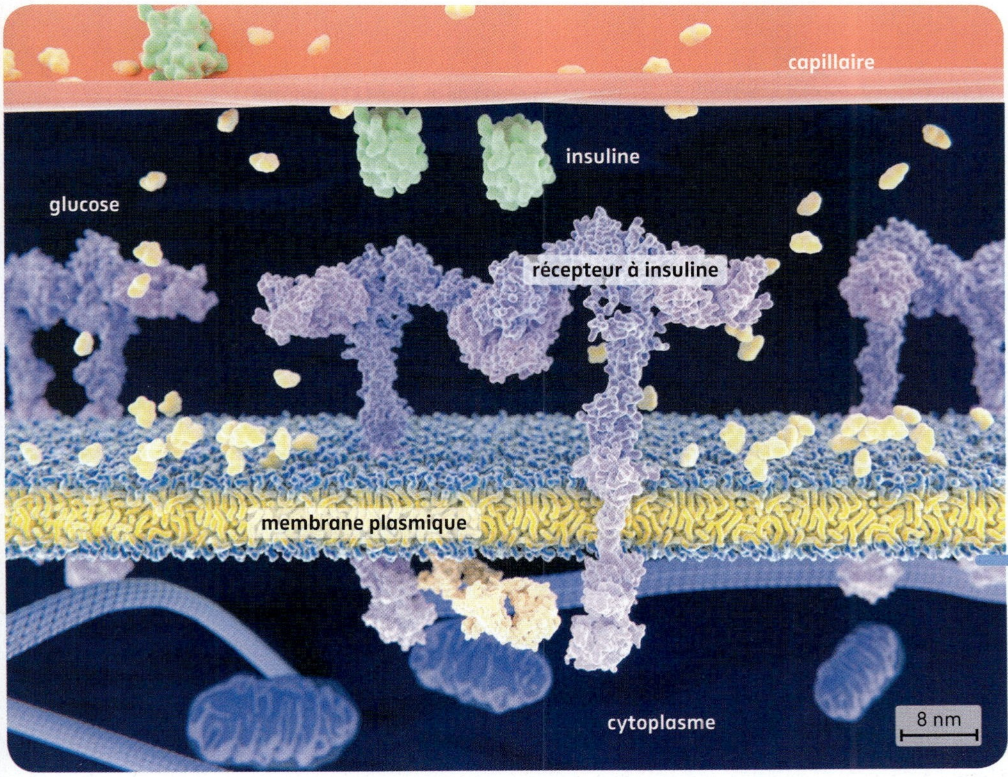

L'insuline, hormone de régulation des flux de glucose, fixée à un récepteur membranaire.

Quelle est la fonction de l'insuline ? UNITÉ 4

UNITÉ 1 Flux de glucose dans le sang et situations physiologiques

MISSION

Le glucose sanguin est consommé par les cellules en fonction de leurs besoins. La concentration de glucose sanguin, ou glycémie, est comprise entre 0,8 et 1,2 g/L, alors que les apports liés à l'alimentation sont discontinus et que la consommation par les organes est variable.

→ **En vous basant sur le modèle ci-contre, réalisez des schémas qui précisent les flux dans différentes situations physiologiques :**
– lors d'une activité musculaire ;
– en période postprandiale (après un repas) ;
– à jeun (n'ayant pas consommé d'aliments depuis 11 ou 12 heures).

L'importance du flux peut être représentée par une flèche plus ou moins grosse.

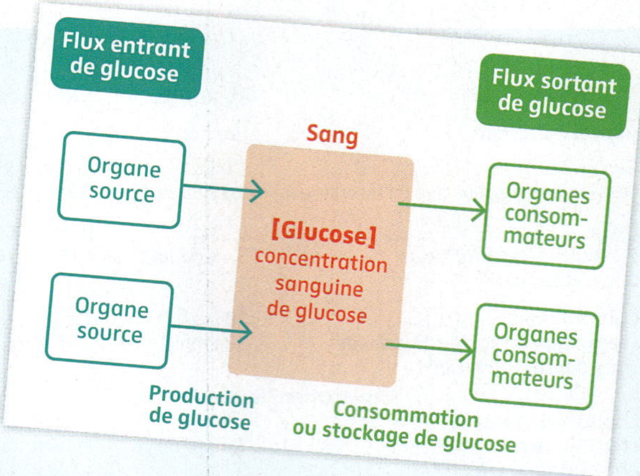

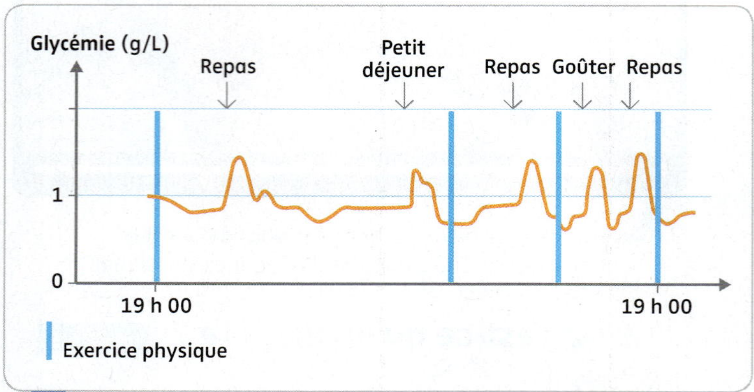

1 **Évolution de la glycémie chez un individu pendant 24 heures.**

	Consommation de glucose (en g/h)	
	Au repos et à jeun le matin	Lors d'un effort musculaire maximal
Muscles	1,5	300
Cerveau	4,7	4,7
Autres (peau, tube digestif...)	2,7	3,1
Total	8,9	307,8

2 **Mesure de la consommation de glucose d'un homme de 70 kg au repos et lors d'un exercice intense.**
La prise d'un repas augmente peu la consommation de glucose par l'organisme (3 %).

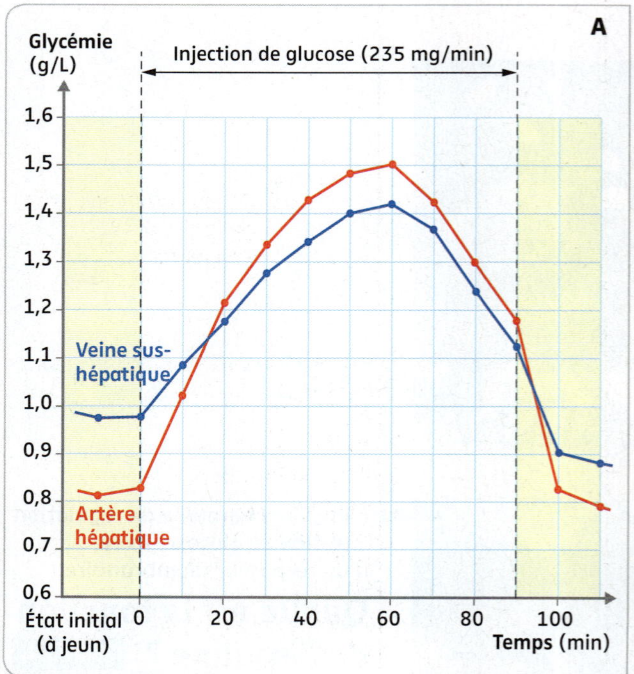

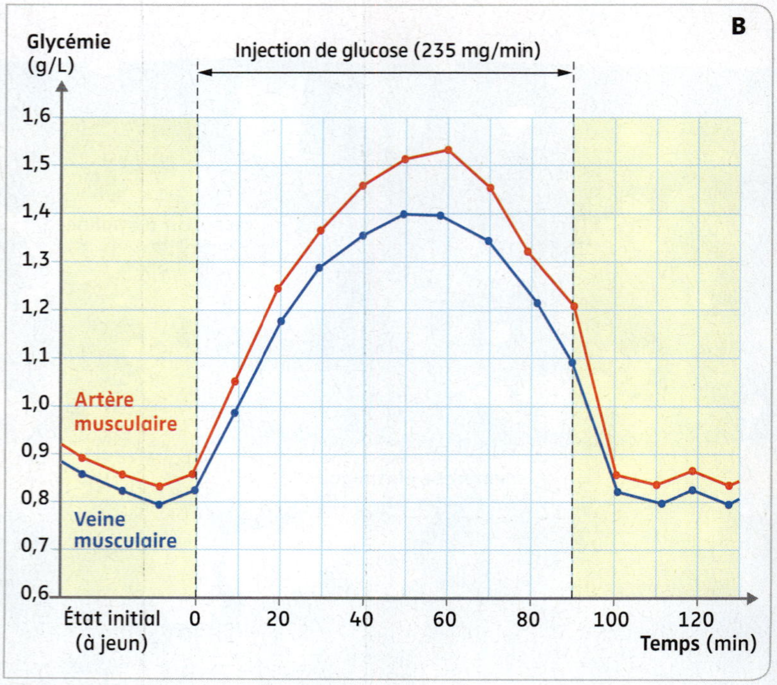

3 **Évolution de la glycémie dans les artères et les veines du foie (A) et des muscles (B) lors d'une injection de glucose et à jeun.**

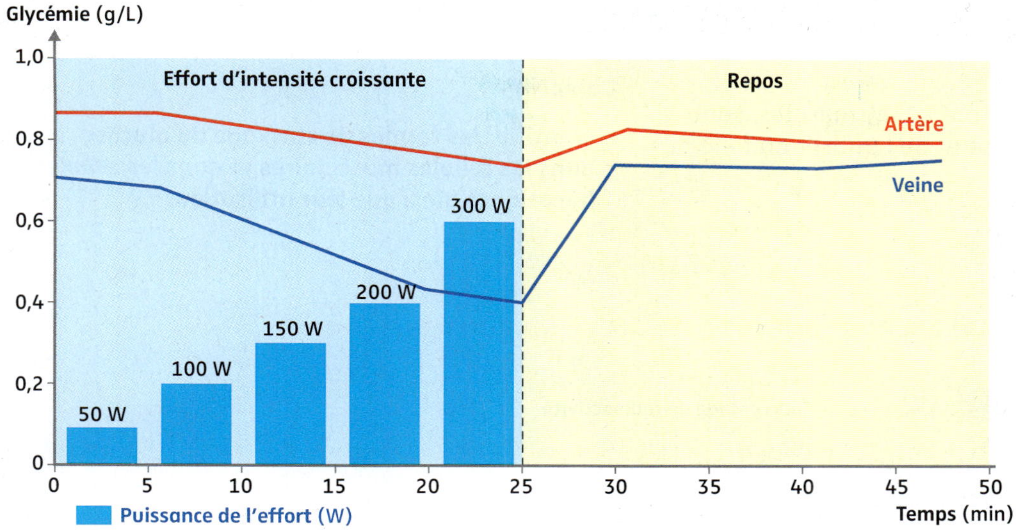

4 **Évolution de la glycémie dans l'artère et la veine fémorales (qui irriguent les jambes) lors d'un exercice physique d'intensité croissante, puis au repos.**

L'organisation de la circulation sanguine au niveau du foie est particulière. Le foie reçoit du sang riche en nutriments en provenance des intestins *via* la veine porte et du sang riche en dioxygène *via* l'artère hépatique. Les autres organes, comme les muscles sont irrigués par une seule artère et une seule veine.

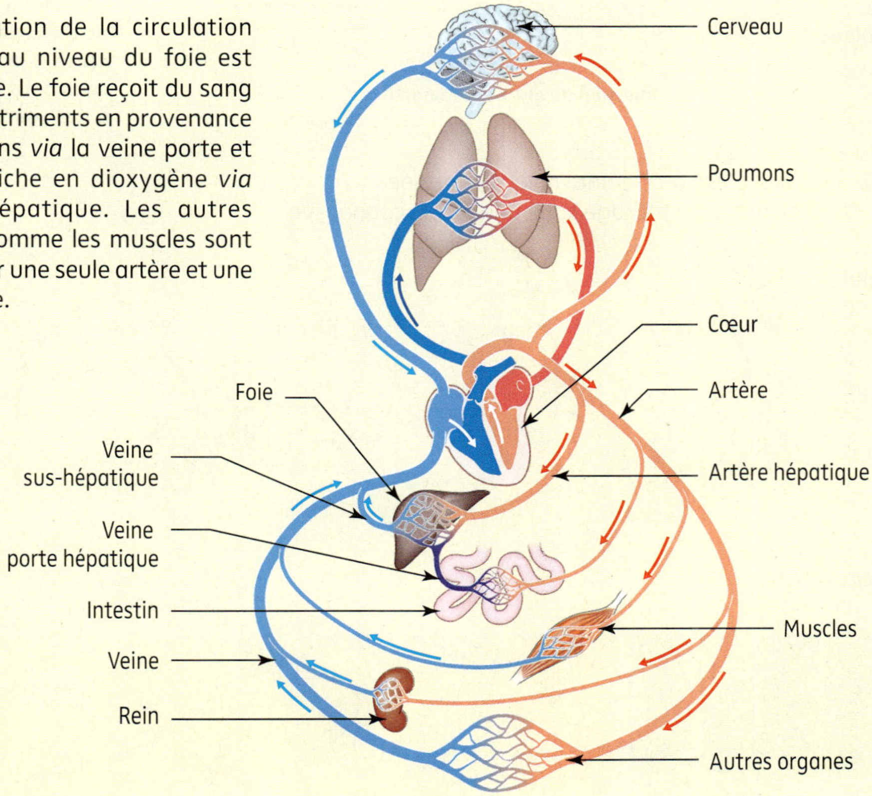

5 **Organisation générale de la circulation sanguine.**

Coups de pouce

Piste pour construire votre stratégie

1 Identifier les trois situations physiologiques. Pour chacune d'elles, identifier les organes sources et les organes consommateurs impliqués.

Lecture de document (document 3)

2 Établir des bilans glycémiques pour les différentes phases c'est-à-dire faire la différence entre les quantités de glucose entrant et de glucose sortant.

3 Identifier les organes-sources et les organes-consommateurs.

MISSION réussie si...

- Les organes sources et les organes consommateurs sont identifiés.
- Les flux entrants et sortants de glucose dans le sang sont identifiés pour chaque situation physiologique.
- Les flèches reflètent l'importance du flux.

UNITÉ 2

Stockage et déstockage cellulaires du glucose

Certains organes, comme le foie et les muscles, sont capables de stocker du glucose et de l'utiliser en fonction des besoins.

Objectif

Identifier les formes de stockage du glucose dans les cellules musculaires et dans les cellules hépatiques ainsi que leur utilisation.

Montrer que le glycogène est une forme de stockage du glucose

Organes/tissus	Radioactivité (%)
Foie	55
Muscles squelettiques	18
Tissu adipeux	11
Sang et lymphe	5

1 Répartition de la radioactivité après ingestion de glucose radioactif ($C^*{}_6H_{12}O_6$) par des patients.

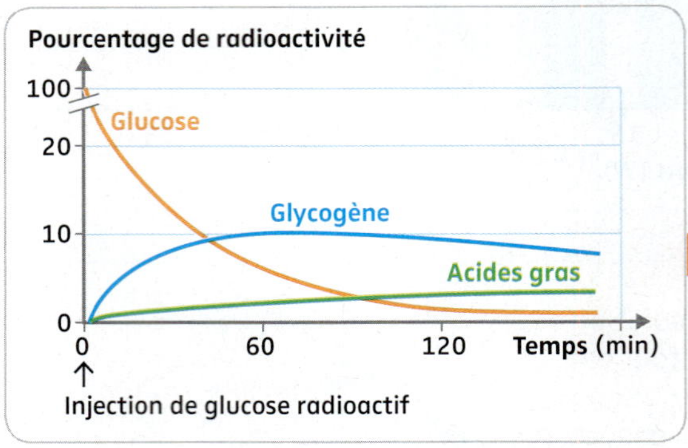

2 Mesure du pourcentage de radioactivité de différentes molécules après injection de glucose radioactif ($C^*{}_6H_{12}O_6$) à des souris.

Le glycogène est un polymère de glucoses, c'est-à-dire une molécule formée d'un enchaînement de glucoses, permettant son stockage sous une forme condensée.

Pour un homme de 70 kg, on estime la quantité maximale de glycogène à 80-90 g dans le foie et 300-350 g dans les muscles.

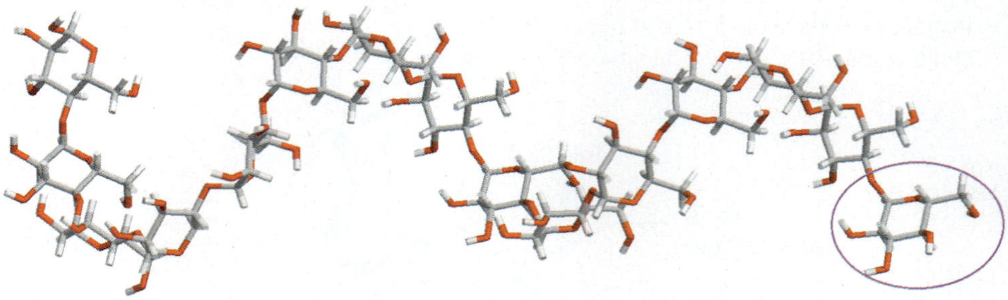

3 Modèle moléculaire du glycogène (*Rastop*).

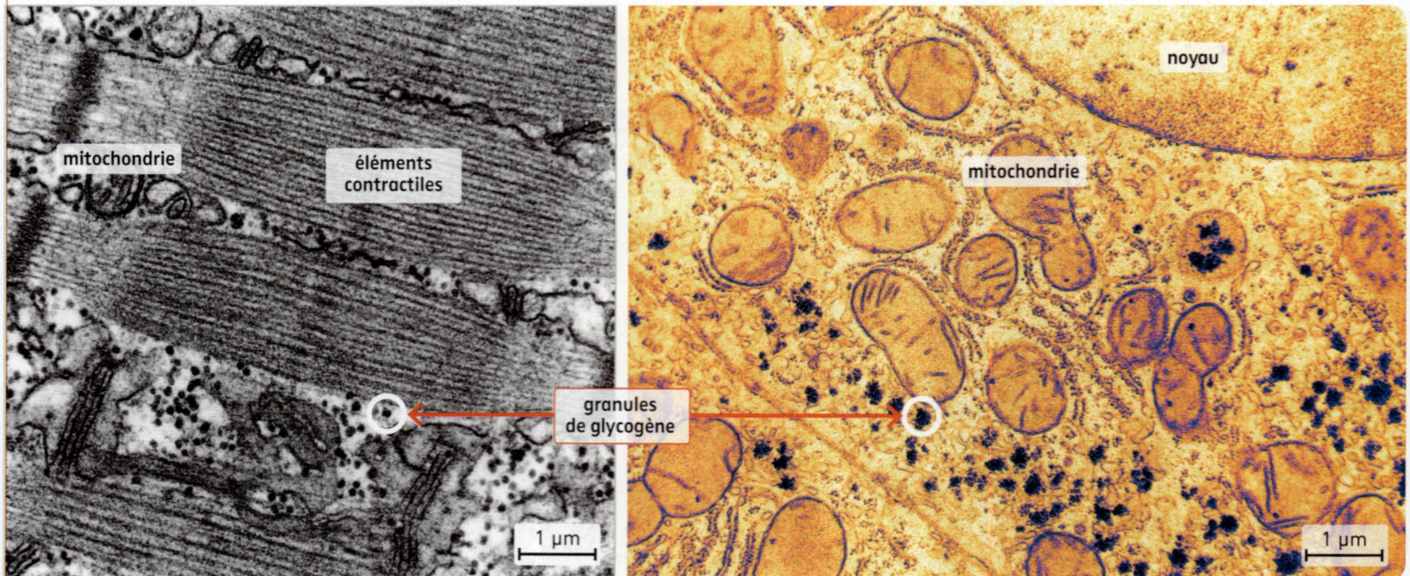

4 Granules de glycogène présents dans le cytoplasme des cellules musculaires (MET à gauche) et des hépatocytes (MET, fausses couleurs, à droite).

Décrire le devenir du glycogène lors d'un jeûne ou d'un exercice

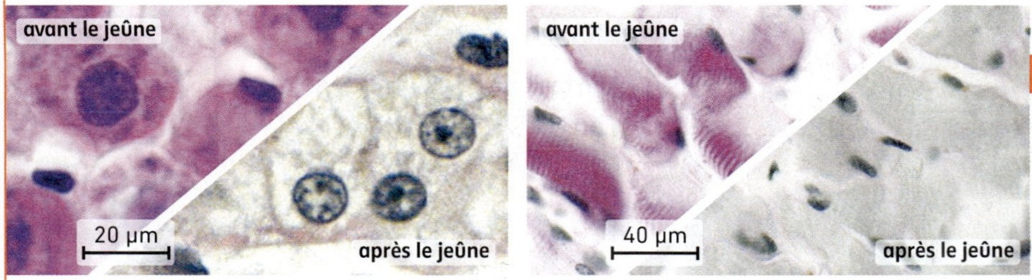

5 **Mise en évidence de la présence ou non de glycogène dans des hépatocytes (à gauche) et des cellules musculaires (à droite) lors d'un jeûne.** Le glycogène est coloré et apparaît en rose (MO).
Les muscles ne libèrent jamais de glucose dans le sang.

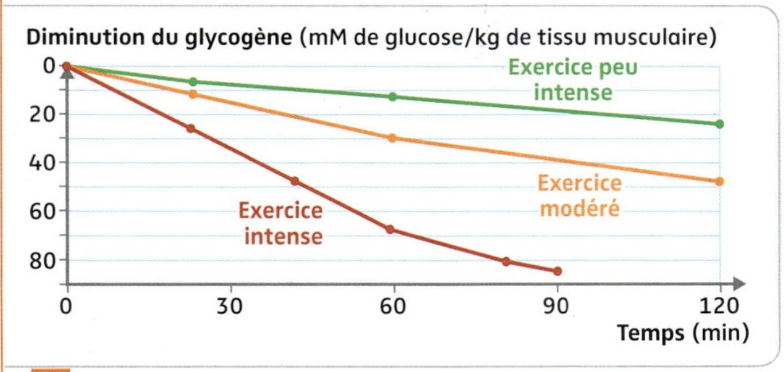

6 **Variations de la teneur en glycogène de cellules musculaires lors d'efforts physiques d'intensités variables.**

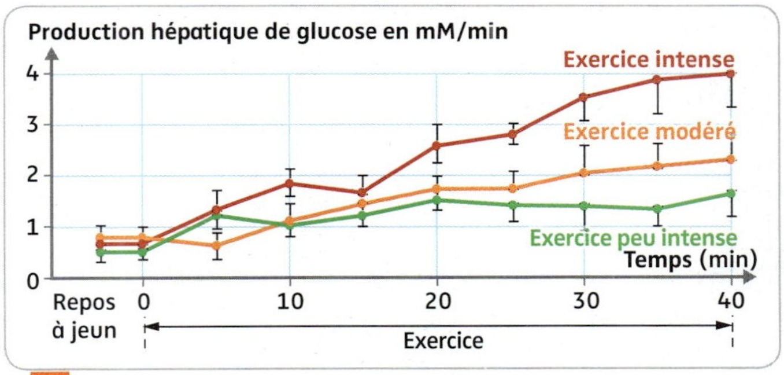

7 **Variations de la production hépatique de glucose lors d'efforts physiques d'intensités variables.**

Réaliser l'expériences du foie lavé et du muscle lavé

PRINCIPE

Cette expérience, réalisée sur le foie par Claude Bernard en 1855, permet d'évaluer les capacités des organes de stockage, foie et muscles à libérer du glucose dans le sang.

PROTOCOLE

1. Découper 20 à 30 g de foie frais en petits dés puis laver soigneusement les morceaux sous l'eau du robinet afin d'enlever toute trace de sang. Procéder de la même façon avec du muscle frais.
2. Placer les morceaux de foie dans un bécher, les recouvrir d'eau distillée et pratiquer immédiatement un test de la présence de glucose à l'aide d'une bandelette spécifique. Procéder de la même façon avec les morceaux de muscle frais.
3. Agiter légèrement et de temps en temps le contenu de chaque bécher avant de réaliser un test, identique au précédent, 20 minutes après.

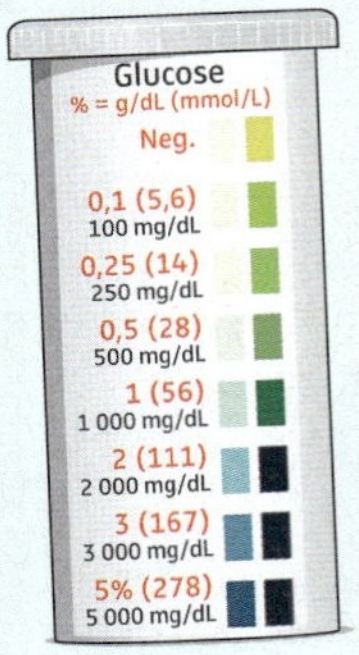

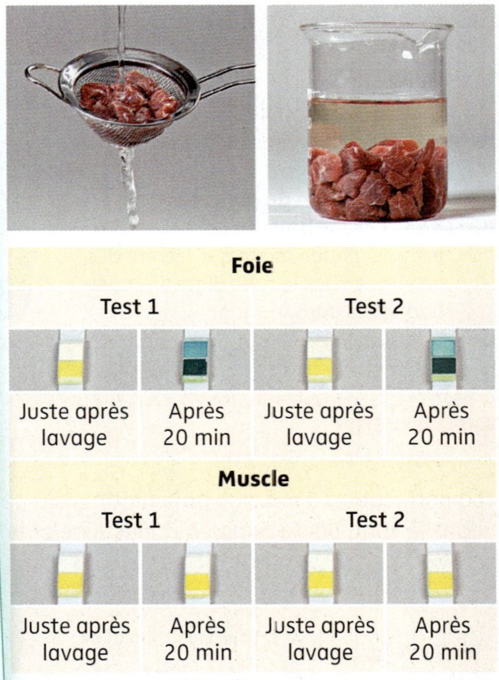

8 **Résutats de l'expérience.**

Guide de résolution

Indicateurs de réussite

1. Identifier les organes qui stockent le glucose ainsi que la forme de stockage (documents 1 et 2).
2. Caractériser le glycogène (formule biochimique, localisation dans l'organisme et dans les cellules) et montrer qu'il permet le stockage d'un grand nombre de molécules de glucose (documents 3 et 4).
3. Comparer le devenir du glycogène lors d'un jeûne ou d'un exercice pour les cellules hépatiques et musculaires (documents 5 à 7 et résultats de l'expérience du foie lavé et du muscle lavé).

La régulation des flux de glucose et le maintien de la glycémie

Le maintien d'une glycémie constante permet l'approvisionnement des organes, comme les muscles, en fonction de leurs besoins. Certaines maladies, notamment des cancers du pancréas, entraînent une dérégulation de la glycémie.

Objectif

Montrer que le pancréas sécrète deux types d'hormones qui interviennent dans la régulation de la glycémie.

Montrer que le pancréas régule la glycémie

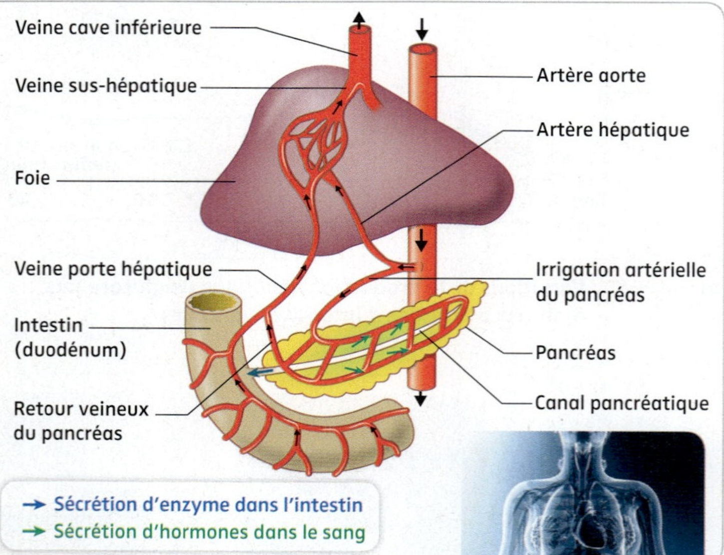

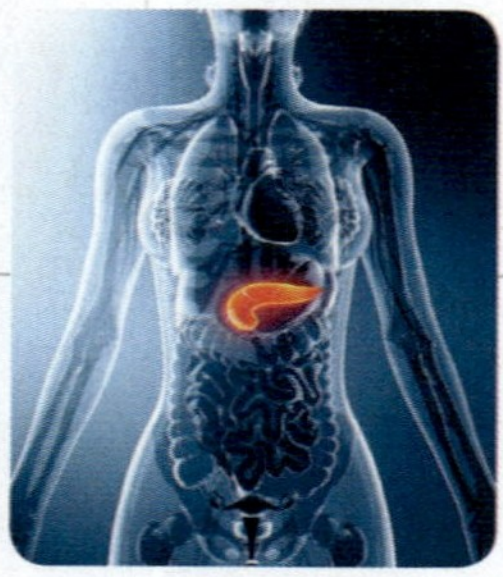

1 La localisation du pancréas dans l'organisme. Le pancréas est une glande mixte qui sécrète des enzymes dans le tube digestif et des hormones dans le sang.

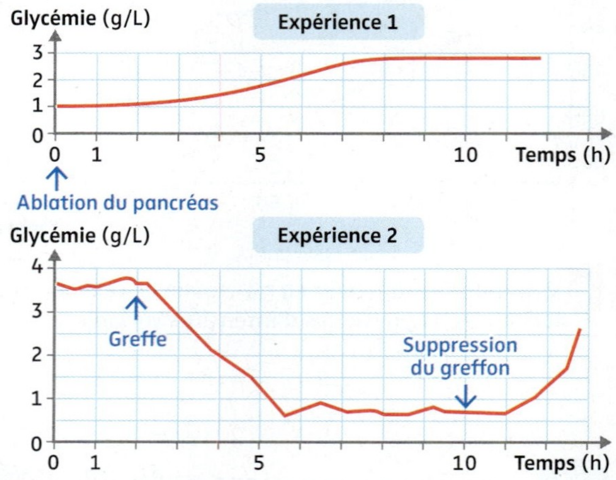

2 Des expériences historiques.
Expérience 1 (1889) : un chien subit une ablation du pancréas.
Expérience 2 (1893) : une greffe du pancréas au niveau du cou est réalisée quelques heures après son ablation. Une greffe permet de reconnecter l'organe à la circulation sanguine mais ne rétablit pas les connexions nerveuses.

Identifier les fonctions des hormones pancréatiques

La purification d'extraits pancréatiques a permis de montrer que deux molécules sont sécrétées dans le sang par le pancréas : l'insuline et le glucagon.

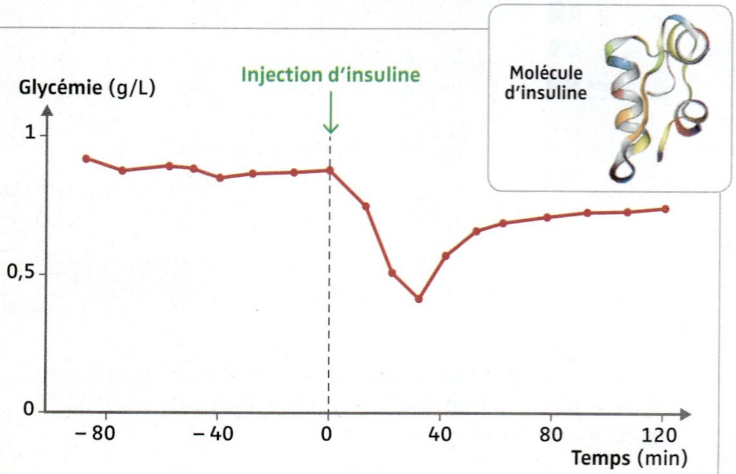

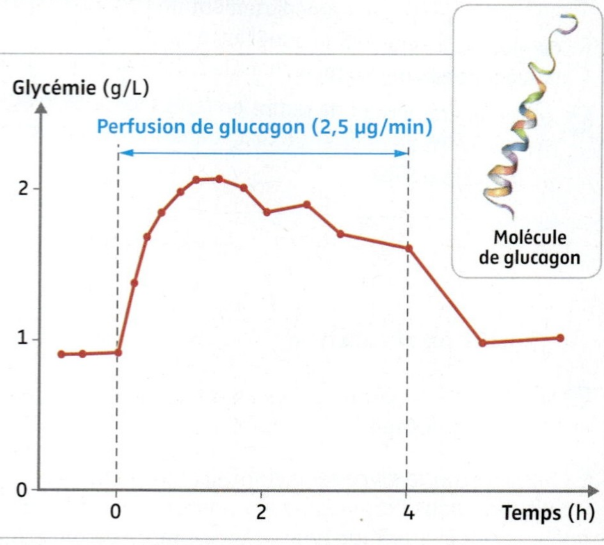

3 Évolution de la glycémie après une injection d'insuline (à gauche) ou lors d'une perfusion de glucagon (à droite).

Caractériser les conditions de sécrétion des hormones pancréatiques

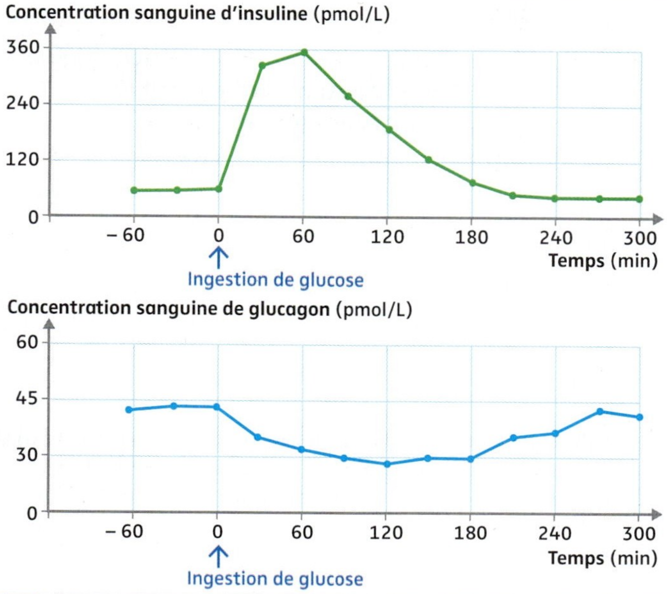

4 Évolution des concentrations sanguines d'insuline et de glucagon après une ingestion de glucose.

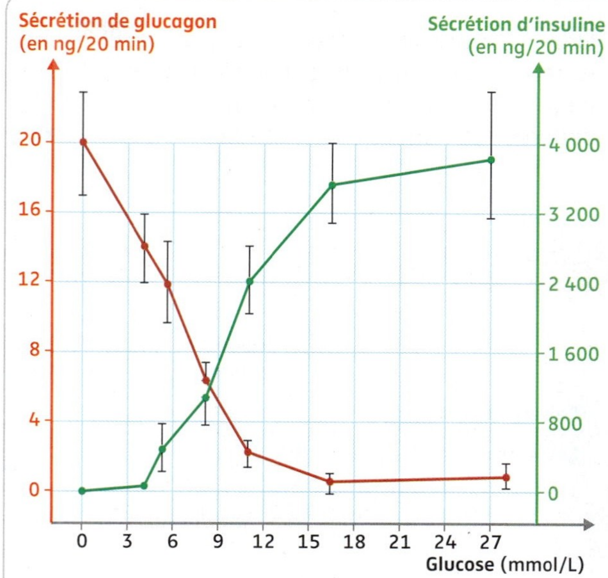

5 Effets de la perfusion de glucose sur les sécrétions d'insuline et de glucagon d'un pancréas isolé.

Décrire l'organisation du pancréas

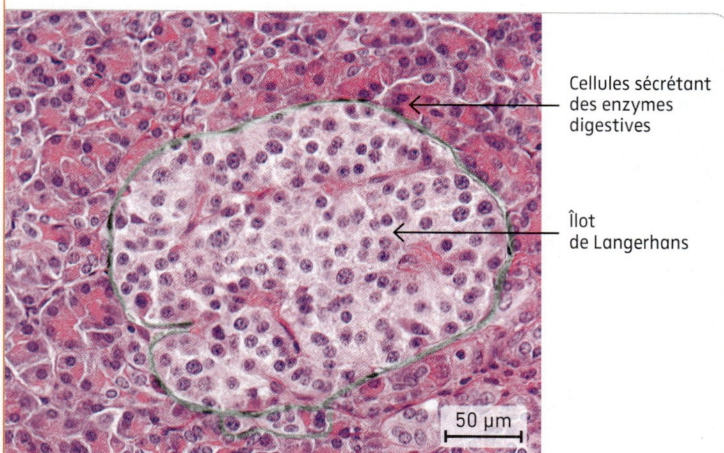

6 Coupe de pancréas (MO). Le pancréas contient entre 750 000 et 1 000 000 îlots de Langerhans. Chaque îlot contient environ 3 000 cellules.

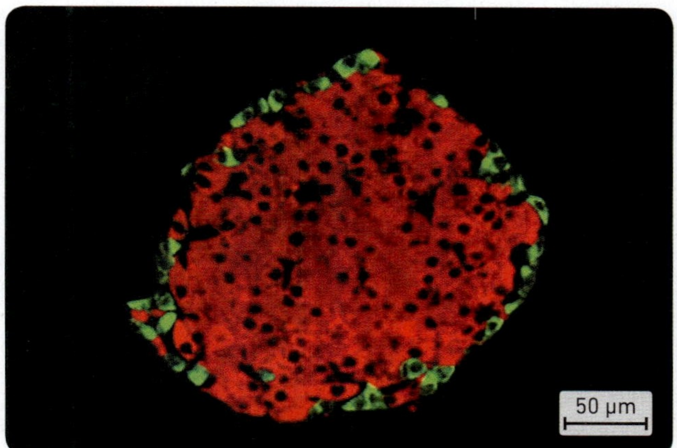

7 Immunomarquage du glucagon (vert) et de l'insuline (rouge) dans un îlot de Langerhans (MO).
Les cellules sécrétrices d'insuline sont appelées cellules β et les cellules sécrétrices de glucagon sont des cellules α.

Guide de résolution

Indicateurs de réussite

1 Identifier la position du pancréas dans la circulation sanguine (document 1) et analyser les résultats de l'ablation du pancréas et de la greffe (document 2) pour déterminer le rôle du pancréas dans la régulation de la glycémie.

2 Définir une hormone et identifier les fonctions des molécules sécrétées par le pancréas (document 3).

3 Identifier les conséquences d'une hyperglycémie ou d'une hypoglycémie sur les sécrétions d'insuline et de glucagon (documents 4 et 5).

4 Mettre en lien les documents 1, 6 et 7 et localiser les sécrétions d'insuline et de glucagon dans le pancréas.

5 **En conclusion**

Rédiger un bilan expliquant l'importance du pancréas dans la régulation de la glycémie.

UNITÉ 4 Mécanisme de l'action cellulaire de l'insuline et du glucagon

Une hormone est véhiculée par le sang. Elle peut modifier le fonctionnement de certaines cellules dites « cellules cibles ». Les hormones pancréatiques peuvent agir sur les cellules hépatiques et les cellules musculaires.

Objectifs

Expliquer l'action des hormones pancréatiques sur les cellules hépatiques et musculaires.
Construire un schéma bilan du système de régulation hormonale de la glycémie.

Caractériser les effets des hormones pancréatiques sur le foie et les muscles

	Insuline radioactive	Glucagon radioactif
Cellules hépatiques	+	+
Cellules musculaires	+	-

+ = fixation de l'hormone sur les cellules dites « cibles ».
- = absence de fixation de l'hormone sur les cellules.

1 Résultats de l'incubation des cellules hépatiques et des cellules musculaires avec de l'insuline et du glucagon radioactifs.
La fixation de l'hormone n'est possible que si la cellule possède des récepteurs spécifiques.

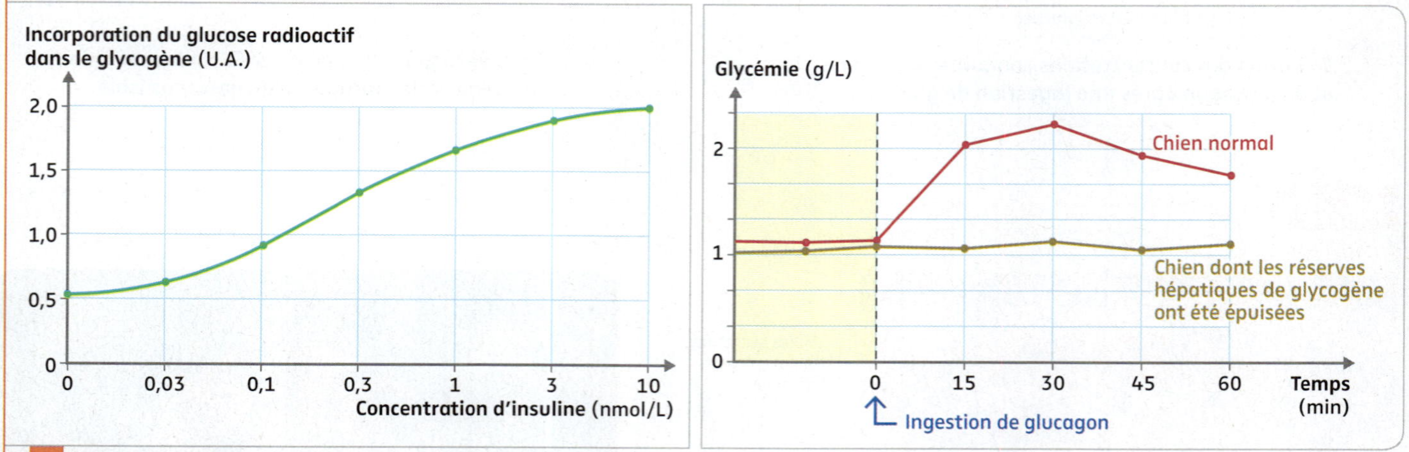

2 Effets des hormones pancréatiques sur le foie.
À gauche : incorporation de glucose radioactif dans le glycogène hépatique en fonction de la concentration d'insuline.
À droite : mesure de la glycémie après injection de glucagon chez un chien normal ou dont les réserves hépatiques de glycogène ont été épuisées.

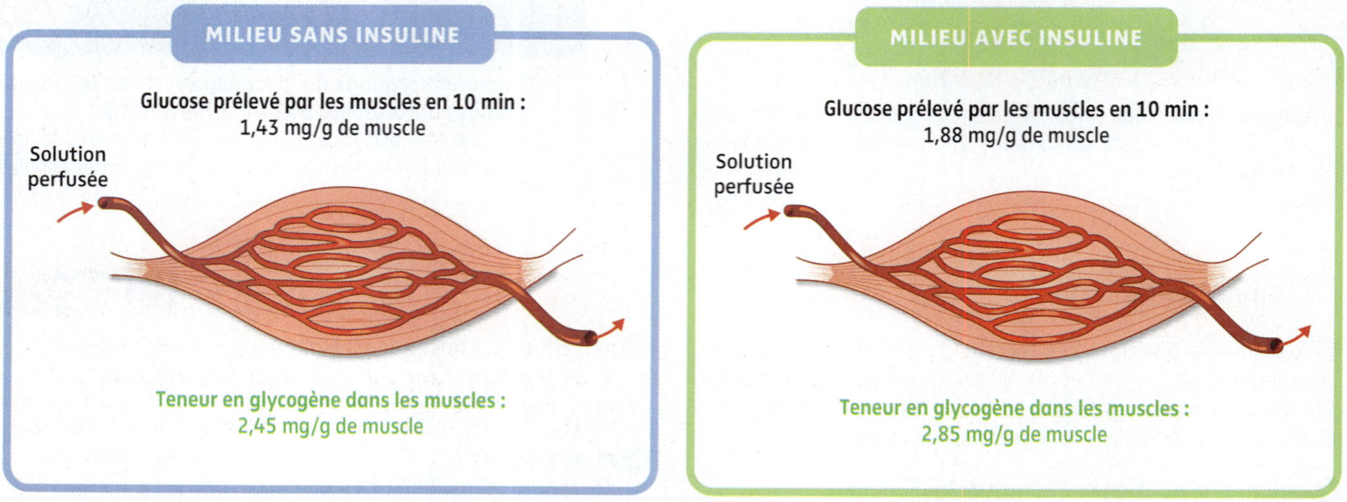

3 Effets des hormones pancréatiques sur un muscle. On perfuse un tissu musculaire avec une solution contenant du glucose en présence ou non d'insuline. On mesure la teneur en glycogène du tissu et la quantité de glucose prélevé. Le glucagon n'a pas d'action sur les cellules musculaires.

Décrire le fonctionnement du transporteur membranaire au glucose

Les transporteurs au glucose (GluT) sont des protéines membranaires.

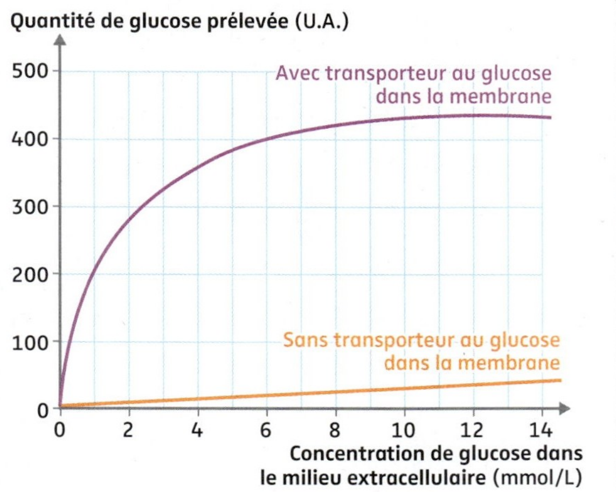

4 Quantité de glucose entrant dans les cellules en fonction de la concentration extracellulaire en glucose avec ou sans transporteur membranaire.

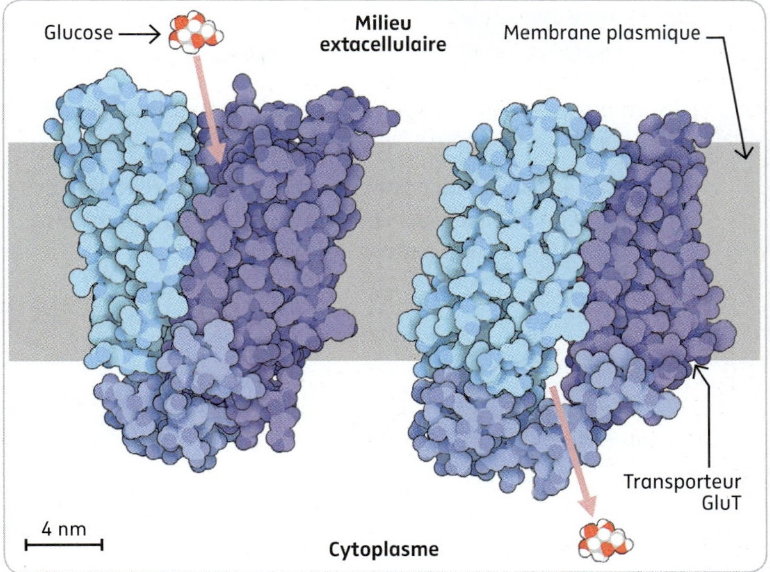

5 Le modèle moléculaire du transporteur au glucose.

Schématiser le mode d'action de l'insuline sur les cellules musculaires

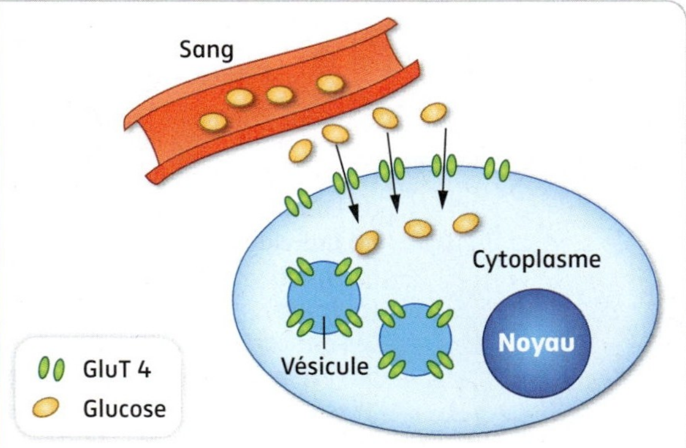

6 Deux localisations cellulaires des transporteurs au glucose (GluT 4) dans les cellules musculaires.

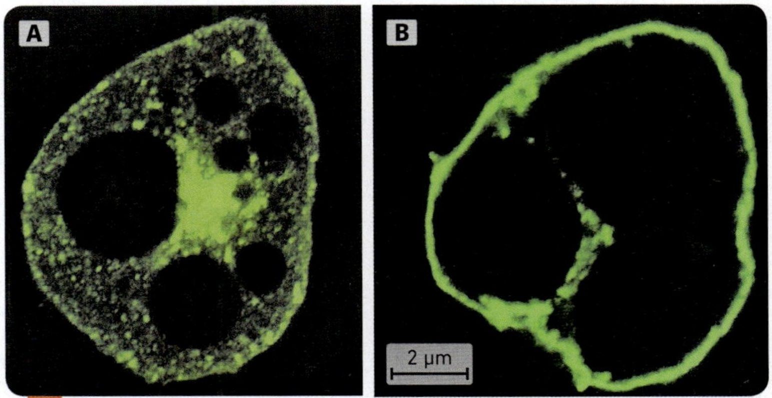

7 Observation en microscopie à fluorescence de cellules cibles de l'insuline en absence (A) ou en présence (B) d'insuline.
Les cellules sont incubées en présence d'anticorps fluorescents verts anti-transporteurs au glucose (GluT 4).

Guide de résolution

Indicateurs de réussite

1 Rappeler (unité 2) la forme de stockage cellulaire du glucose dans les cellules musculaires et dans les cellules hépatiques.

2 Identifier les cellules cibles des hormones pancréatiques (document 1), sachant que l'action d'une hormone repose sur sa liaison avec des récepteurs membranaires.

3 Caractériser les effets des hormones pancréatiques, insuline et glucagon, sur les cellules hépatiques et leurs conséquences sur la glycémie (document 2). Puis caractériser, l'effet de l'insuline sur les cellules musculaires (document 3).

4 Réaliser un schéma résumant le mode d'action de l'insuline sur les cellules cibles (documents 4 à 7).

5 **En conclusion**
Construire une boucle de régulation fonctionnelle de la régulation de la glycémie → Méthode 11.

UNITÉ 5

Des flux de glucose perturbés : les diabètes

Affiche de prévention du diabète.

MISSION

ORAL

En tant que médecin, vous recevez un patient qui, après avoir lu un article, pense souffrir de diabète.

→ **Réalisez en groupe un poster scientifique de présentation des diabètes : diagnostic, comparaison des deux types de diabète, importance de l'alimentation et soin par des injections d'insuline.**

→ Méthode n° 13 Fiches méthode

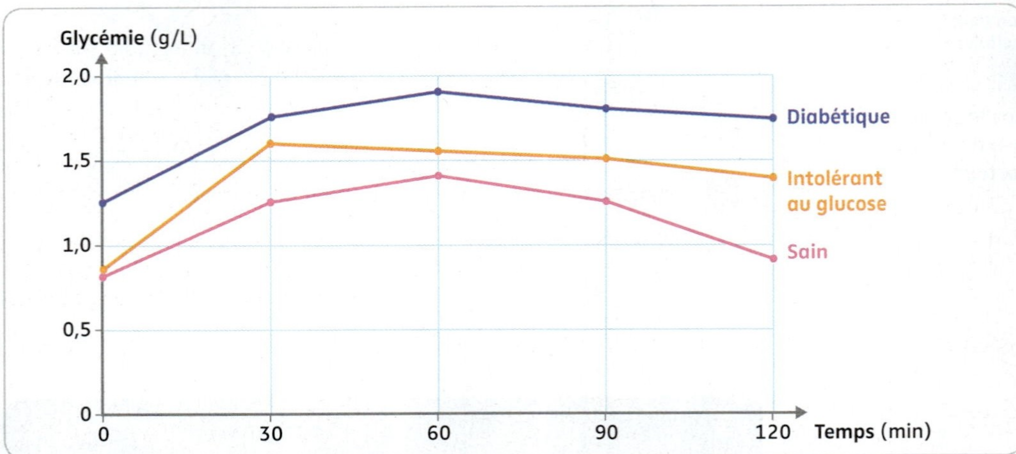

1 Mesure de la glycémie chez trois sujets après ingestion de 75 g de glucose.
Lorsque l'hyperglycémie est chronique, on parle d'état diabétique. L'intolérance au glucose est l'étape qui précède le diabète.

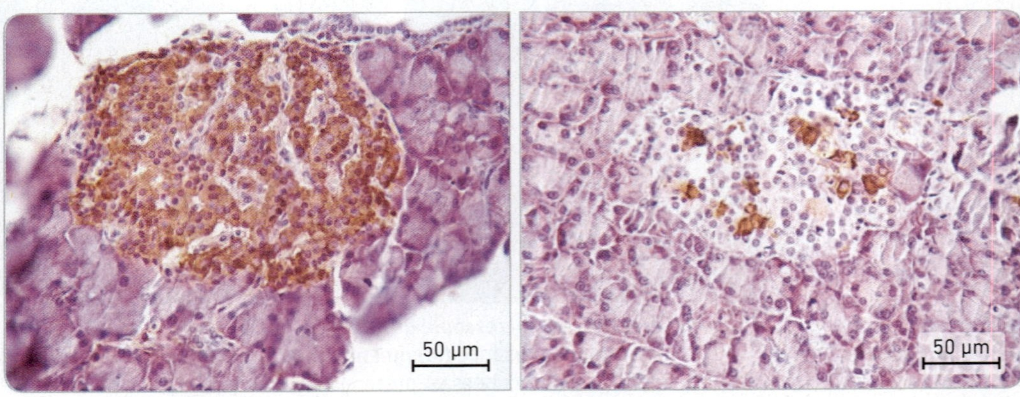

2 Comparaison des îlots de Langerhans entre un individu sain (à gauche) et un individu diabétique (à droite).
Les anticorps permettent de révéler les cellules sécrétrices d'insuline, qui apparaissent en marron.

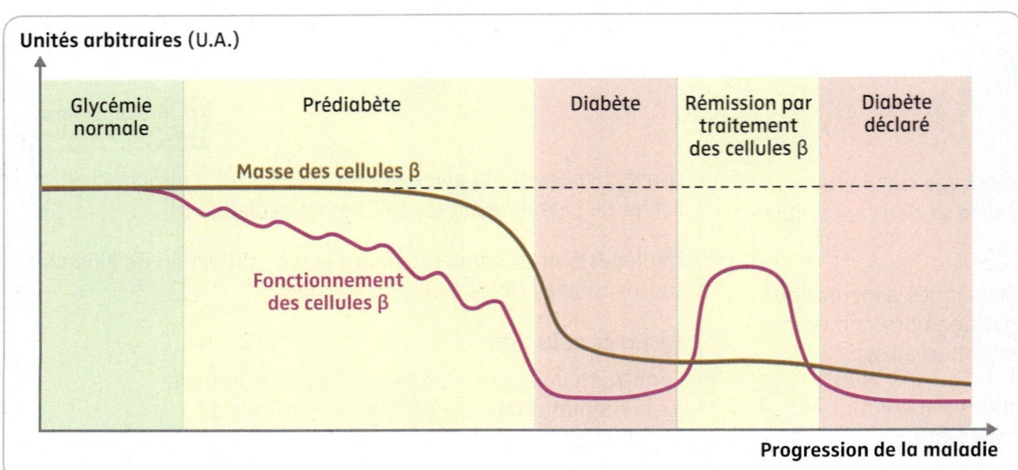

3 Évolution de la quantité de cellules β du pancréas et de leur activité au cours de l'établissement du diabète de type I.
Ce diabète touche essentiellement des enfants ou de jeunes adultes. Les injections d'insuline permettent de soigner les malades : le diabète de type I est un diabète insulinodépendant.

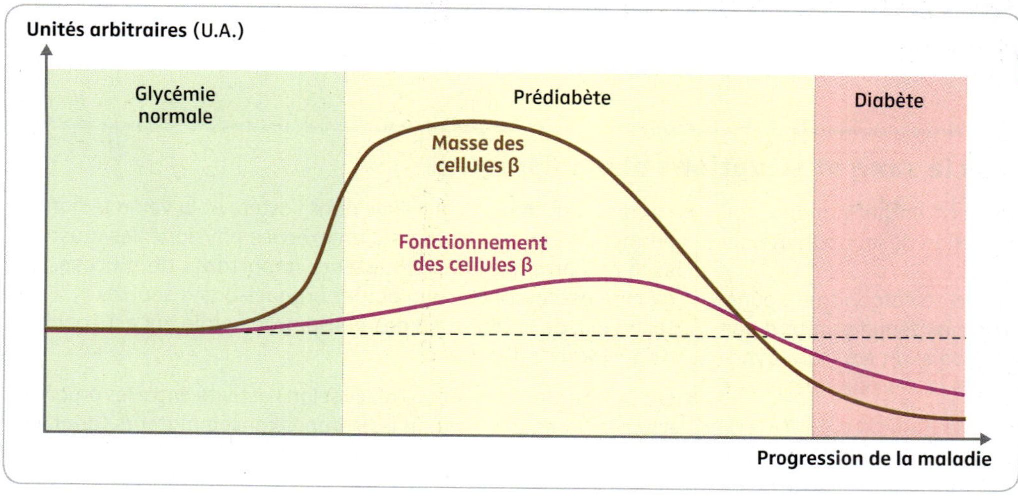

4 Évolution de la quantité de cellules β du pancréas et de leur activité au cours de l'établissement du diabète de type II. Ce diabète touche essentiellement des adultes, le plus souvent en surpoids. Les injections d'insuline ne permettent pas de soigner les malades : le diabète de type II est un diabète non insulinodépendant.

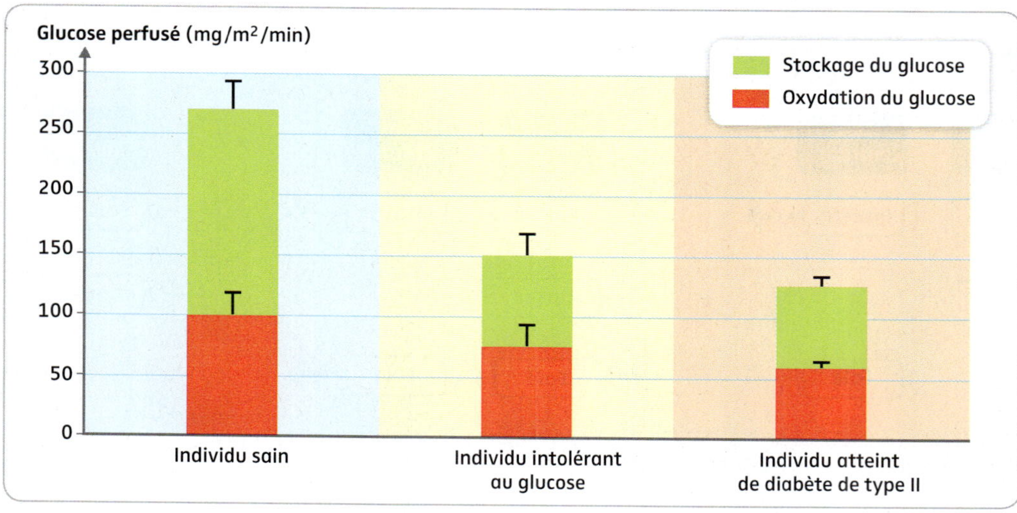

5 Sensibilité des cellules cibles à l'insuline dans un diabète de type II. On injecte à débit constant de l'insuline et on mesure la quantité de glucose qu'il est nécessaire de perfuser pour maintenir la glycémie normale, ce qui permet de mesurer la quantité de glucose consommée par les tissus cibles.

Aliment	Index glycémique	% glucides	Charge glycémique pour une portion de 100 g
Carotte cuite	85 à 90	5	4,5
Pomme de terre cuite au four	95	25	24
Pomme de terre cuite à l'eau	65	14	9
Soda	65	11	17
Yaourt nature	20 à 40	5	0 à 5
Cacahuète	13	10	1,3
Chou-fleur (cuit)	15	3	0,4

6 Index glycémique et charge glycémique de différents aliments.

Mémo

Index glycémique : effet sur la glycémie de 50 g de glucides contenus dans un aliment donné par rapport à l'ingestion de 50 g de glucose.

Charge glycémique : elle tient compte de la proportion de glucides dans l'aliment et de taille de la portion consommée.

Coups de pouce

Lecture de document (document 5)

1 Plus les cellules sont sensibles à l'insuline, plus elles absorbent une quantité importante de glucose.

Piste pour construire votre stratégie

2 Identifier, en vous basant sur la boucle de régulation de la glycémie, ce qui est responsable du diabète de type I (documents 2 et 3) et du diabète de type II (documents 4 et 5).

MISSION réussie si...

- Le diabète est défini.
- Les deux types de diabètes sont comparés sur des critères bien définis.
- Des influences possibles de l'alimentation sont identifiées.

BILAN CHAPITRE 18 Le contrôle des flux de glucose

UNITÉ 1 Flux de glucose dans le sang et situations physiologiques

- Les cellules d'un organisme consomment en permanence, de manière de plus en plus intense en fonction de leur activité, du glucose qu'elles puisent dans le sang.
Quelle que soit la situation physiologique de l'organisme (jeûne, sport, sommeil, repas), la **glycémie** est maintenue autour d'une valeur d'équilibre d'environ 1 g/L. C'est donc un équilibre dynamique qui est le résultat des flux entrants et des flux sortants de glucose.
- Suite à un repas, c'est-à-dire en période postprandiale, l'intestin libère du glucose dans le sang : c'est un organe source. Placé en série directement après l'intestin, le foie est capable de stocker le glucose.
- La comparaison de la glycémie dans l'artère et la veine fémorale permet de montrer que lors d'un exercice physique, les muscles sont des organes consommateurs importants de glucose. Le glucose est fourni au sang par les organes dits « sources » : l'intestin lors de la digestion des glucides ou le foie qui est capable de déstocker du glucose.
- Les flux de glucose sont variables selon l'activité entre les organes sources (intestin et foie) et les organes consommateurs (dont les muscles), mais la glycémie reste globalement constante.

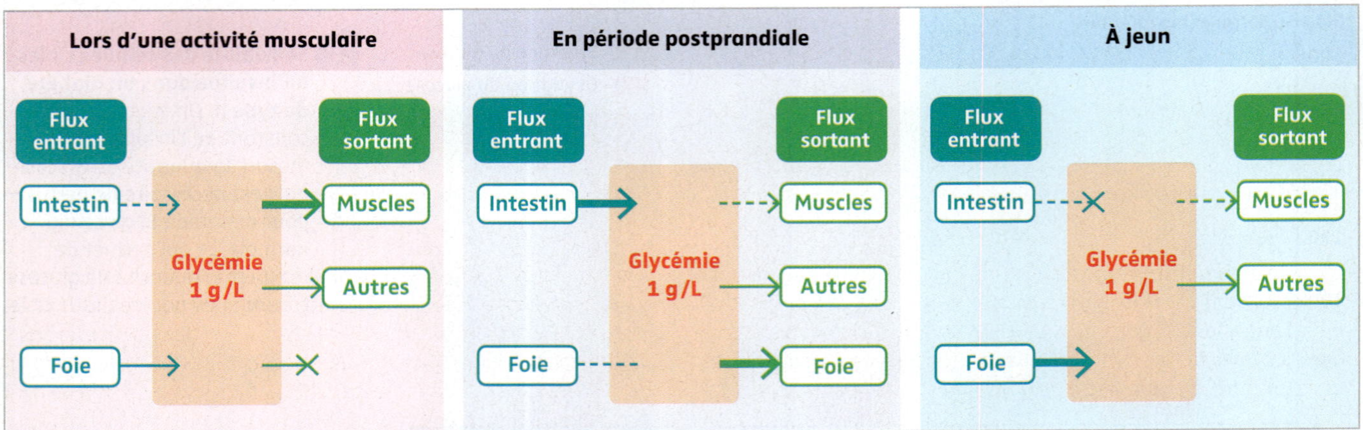

Flux entrants et sortants dans différentes situations physiologiques.

UNITÉ 2 Stockage et déstockage cellulaires du glucose

- La localisation de la radioactivité et l'identification des molécules radioactives après ingestion de glucose radioactif permettent de mettre en évidence que les réserves de glucose se trouvent sous forme de glycogène, un polymère de glucoses sous forme de granules, dans les cellules musculaires et dans les cellules hépatiques. Ces réserves servent à entretenir les flux de glucose, responsables de la glycémie, en fonction des activités.
- L'expérience du foie lavé et du muscle lavé permet de constater que seul le foie peut libérer du glucose, contrairement à un muscle, bien qu'il possède aussi des réserves de glycogène.

– En période post prandiale, le glucose est libérée dans l'intestin, organe source, et il est mis en réserve sous forme de glycogène dans le foie et dans les muscles.
– Lorsque l'organisme est à jeun, les réserves de glycogène du foie sont hydrolysées et du glucose est libéré dans le sang. Le glycogène des cellules musculaires est hydrolysé mais il n'est pas libéré dans le sang. Le glucose est utilisé uniquement par ces cellules.
– Lors d'un exercice physique, les réserves de glycogène des cellules musculaires et des cellules hépatiques sont utilisées, ce qui produit du glucose directement utilisé par les cellules musculaires ou libéré dans le sang par les cellules hépatiques.

UNITÉ 3 La régulation des flux de glucose et le maintien de la glycémie

- Le pancréas est indispensable à la régulation de la glycémie. Il possède une fonction endocrine et sécrète deux hormones protéiques qui interviennent dans la régulation de la glycémie :
– une hormone hypoglycémiante, l'**insuline**, sécrétée par les cellules ß des îlots de Langerhans ;
– une hormone hyperglycémiante, le **glucagon**, sécrétée par les cellules α des îlots de Langerhans.
- Les sécrétions d'insuline et de glucagon dépendent de la glycémie. Une hausse de la glycémie stimule la sécrétion d'insuline alors que c'est la sécrétion de glucagon qui est stimulée lors d'une baisse de la glycémie.
- L'insuline stimule la synthèse de glycogène par le foie et le glucagon favorise son hydrolyse, ce qui a des impacts sur la glycémie.
- L'insuline stimule le prélèvement de glucose par les cellules musculaires et la synthèse de glycogène, mais le glucagon est sans effet sur les cellules musculaires.

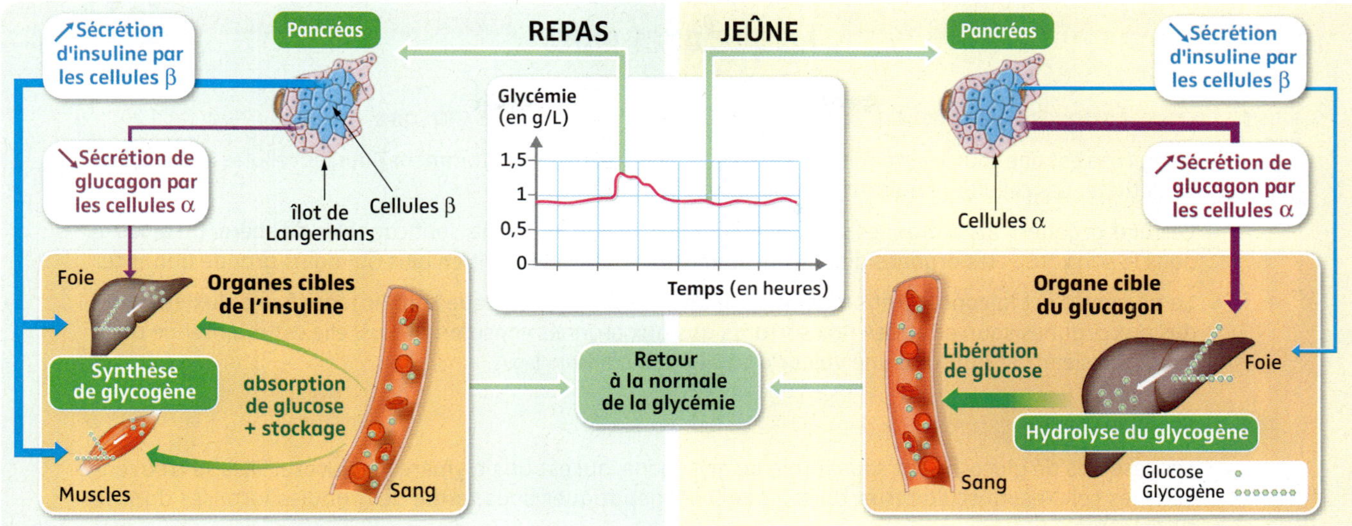

Boucle de régulation de la glycémie.

UNITÉ 4 Mécanisme de l'action cellulaire de l'insuline et du glucagon

- Les cellules hépatiques possèdent des récepteurs à l'insuline et des récepteurs au glucagon alors que les cellules musculaires ne possèdent que des récepteurs à l'insuline. L'utilisation de glucose radioactif permet de montrer que la synthèse de glycogène par les cellules hépatiques est d'autant plus stimulée que la concentration en insuline est élevée.
Les membranes plasmiques de ces cellules portent également des protéines de transport du glucose (transporteurs GluT).
- L'étude de la localisation grâce à la fluorescence des transporteurs au glucose a permis de mettre en évidence que la fixation de l'insuline sur les récepteurs membranaires des cellules entraîne l'augmentation du nombre de transporteurs au glucose sur la membrane plasmique (cas des cellules musculaires) en plus de la synthèse de glycogène.
- La fixation de glucagon, uniquement sur les cellules hépatiques, stimule l'hydrolyse du glycogène. Ces cellules libèrent du glucose dans le sang, ce qui augmente la glycémie.

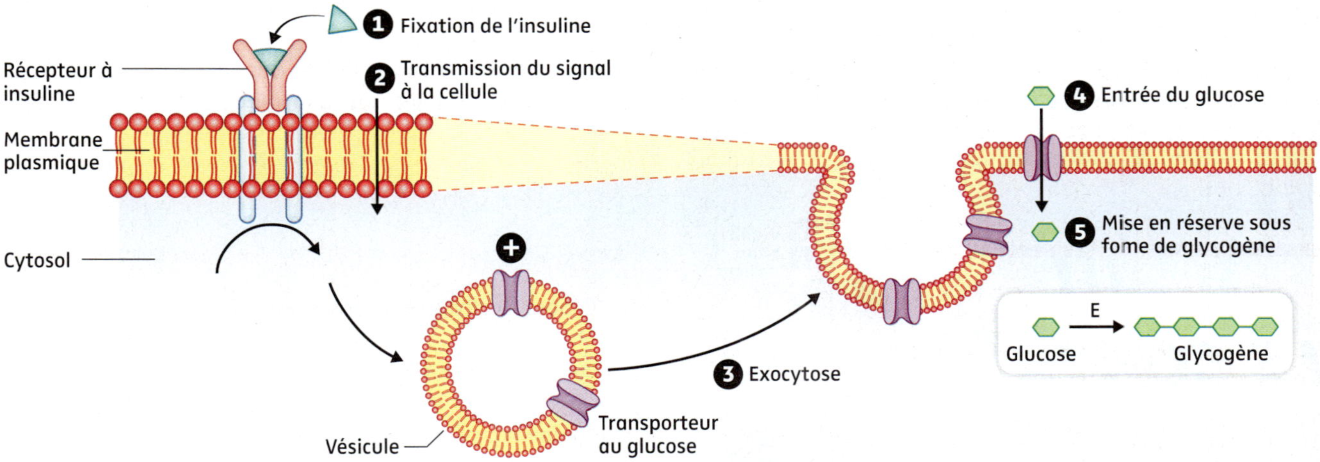

Action de l'insuline sur les cellules musculaires.

UNITÉ 5 Des flux de glucose perturbés : les diabètes

- Le **diabète** est une hyperglycémie chronique. Il peut être de deux types :
– le type I, ou diabète insulinodépendant, est dû à une mort progressive des cellules des îlots de Langerhans et peut être corrigé par des injections d'insuline ;
– le type II, ou diabète non insulinodépendant, est dû à une perte de la sensibilité des cellules cibles à l'insuline et ne peut pas être soigné par des injections d'insuline.

RETENIR CHAPITRE 18 Le contrôle des flux de glucose

En quelques mots

Texte dys
Texte audio

1 La glycémie : un paramètre régulé qui dépend des flux de glucose

- Le glucose est une source essentielle d'énergie pour les cellules et notamment pour les cellules musculaires en activité. Les cellules le puisent dans le sang.
- Certains organes, dits « organes sources », comme l'intestin et le foie, sont capables de libérer du glucose dans le sang. Tous les organes dits « consommateurs », le prélèvent en plus ou moins grande quantité.
- La **glycémie** est la concentration de glucose dans le sang. Quelle que soit l'intensité des flux entrants dus aux organes sources et des flux sortants dus aux organes consommateurs, elle est maintenue dans un intervalle étroit autour d'une valeur d'équilibre d'environ 1 g/L.

2 Des réserves de glucose et leur utilisation

- Les réserves de glucose sont sous forme de glycogène, qui est un polymère de glucose. Elles se trouvent dans les cellules musculaires et dans les cellules hépatiques sous forme de granules localisés dans le cytoplasme.
- Le glucose est mis en réserve lorsque les apports à l'organisme sont plus abondants que l'utilisation (en période postprandiale). Par contre, les réserves sont utilisées en fonction des besoins des organes consommateurs (dont les muscles).

3 La régulation de la glycémie

- Le pancréas produit deux hormones qui régulent la glycémie : l'**insuline**, hormone hyperglycémiante, et le **glucagon**, hormone hypoglycémiante.
- L'insuline entraîne l'entrée de glucose dans les cellules musculaires (et hépatiques) et le glucagon provoque la sortie du glucose des cellules hépatiques, grâce à des protéines membranaires transportant le glucose.

4 Les diabètes, des dysfonctionnements de la régulation de la glycémie

- Le **diabète** est une hyperglycémie chronique. Il peut être de deux types :
  – le type I, ou diabète insulinodépendant, est dû à une mort progressive des cellules des îlots de Langerhans et peut être corrigé par des injections d'insuline ;
  – le type II, ou diabète non insulinodépendant est dû à une perte de la sensibilité des cellules cibles à l'insuline, ou **insulinorésistance**, et ne peut pas être soigné par des injections d'insuline.

Vidéo bilan

mots-clés

Diabète : maladie caractérisée par une hyperglycémie chronique.

Glucagon : hormone hyperglycémiante produite par les cellules α du pancréas endocrine.

Glycémie : concentration de glucose dans le sang.

Insuline : hormone hypoglycémiante produite par les cellules β du pancréas endocrine.

Insulinorésistance : diminution de la sensibilité des cellules cibles à l'insuline.

Schéma interactif

En une image

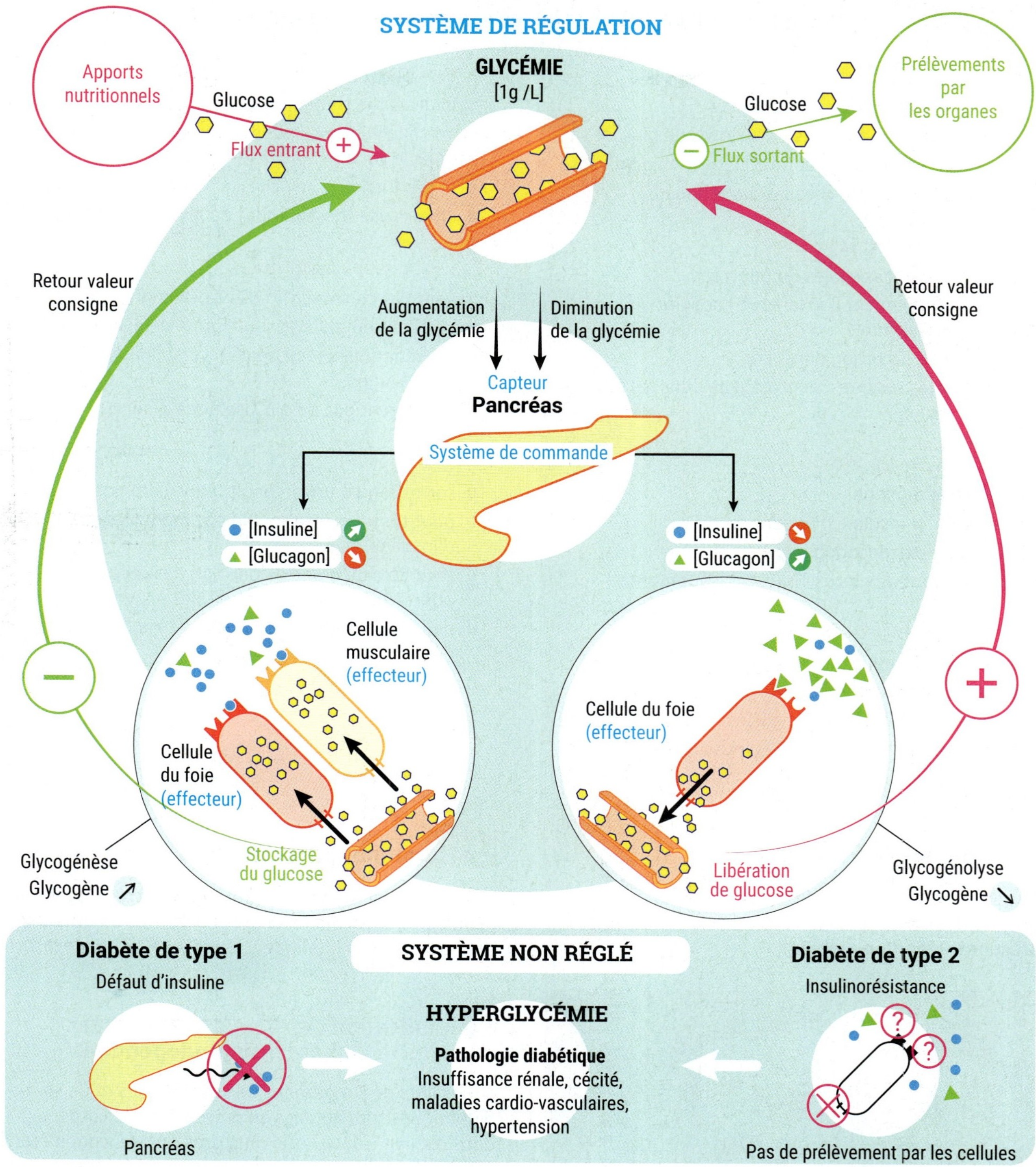

mémorisation active

▶ Pour retenir les notions...

- Équilibre dynamique
- Flux entrant
- Flux sortant
- Pancréas endocrine
- Cellules β, cellules α

▶ Je construis ma carte des idées

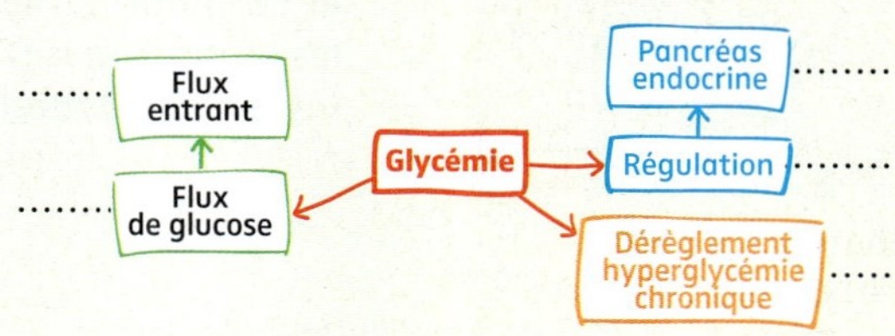

▶ Pour m'aider dans la construction

→ Méthode 1

▶ Pour m'entraîner

→ Exercice 2 p. 386

Quiz

Exercices interactifs

Pour chaque question, choisir la bonne réponse parmi les affirmations proposées.

1. La glycémie moyenne :
- a est d'environ 1 mg/L.
- b est due à des flux entrants et sortants de glucose.
- c est régulée uniquement suite à l'ingestion de glucose.
- d est moins importante chez les diabétiques.

2. Une baisse de la glycémie :
- a est captée par les cellules du pancréas.
- b a systématiquement lieu lorsque l'activité musculaire est faible.
- c entraîne une sécrétion d'insuline.
- d augmente les réserves de glycogène dans les cellules hépatiques.

3. En période postprandiale :
- a la glycémie diminue.
- b la sécrétion d'insuline n'est pas modifiée.
- c la sécrétion de glucagon augmente.
- d le flux entrant de glucose intestinal augmente.

4. L'injection d'insuline :
- a diminue la glycémie.
- b stimule le déstockage du glycogène.
- c augmente la production de glucose par le foie.
- d n'a pas d'action sur les cellules musculaires.

5. Lors d'un jeûne de quelques heures :
- a la glycémie chute.
- b les cellules musculaires libèrent du glucose dans le sang.
- c la production d'insuline par le pancréas augmente.
- d l'hydrolyse (déstockage) du glycogène est stimulée.

6. Les cellules hépatiques :
- a sont directement stimulées par la glycémie.
- b stockent du glucose sous forme de glycogène.
- c possèdent des récepteurs à l'insuline mais pas au glucagon.
- d ne libèrent pas de glucose dans le sang.

7. Le diabète :
- a correspond à une hypoglycémie chronique.
- b peut toujours être soigné par des injections d'insuline.
- c peut être dû à une disparition des cellules pancréatiques qui sécrètent des enzymes.
- d peut être dû à une résistance à l'insuline des cellules cibles.

→ Corrigés p. 447

1 Expliquer un diabète

Expliquer comment les modifications des îlots de Langerhans observées sur le document a peuvent être responsables d'un diabète.

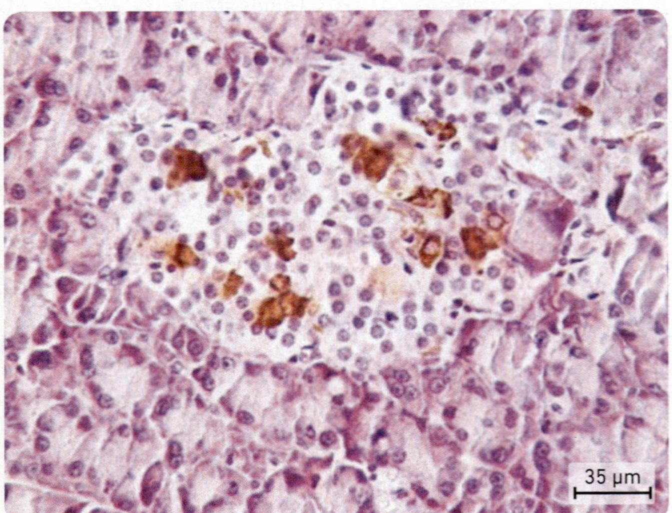

a Îlots de Langerhans d'un individu diabétique (MO).
Les anticorps permettent de révéler les cellules sécrétrices d'insuline (colorées en marron).

2 Hormones pancréatiques et glycémie

Expliquer comment les hormones pancréatiques contribuent au maintien de la glycémie en agissant sur des cellules impliquées dans les flux de glucose.

3 Implication des îlots de Langerhans dans le diabète insulinodépendant

Des îlots de Langerhans de souris saines et de souris diabétiques sont incubés en présence d'anticorps anti-insuline (rouge) et d'anticorps anti-glucagon (vert). L'ADN, et donc la position des noyaux, est révélée en bleu (DAPI, molécule fluorescente).
D'autre part, la masse des cellules β des îlots de Langerhans ainsi que la production d'insuline sont mesurées.

Expliquer, à l'aide de vos connaissances et des informations fournies dans le document b, les mécanismes à l'origine du diabète insulinodépendant.

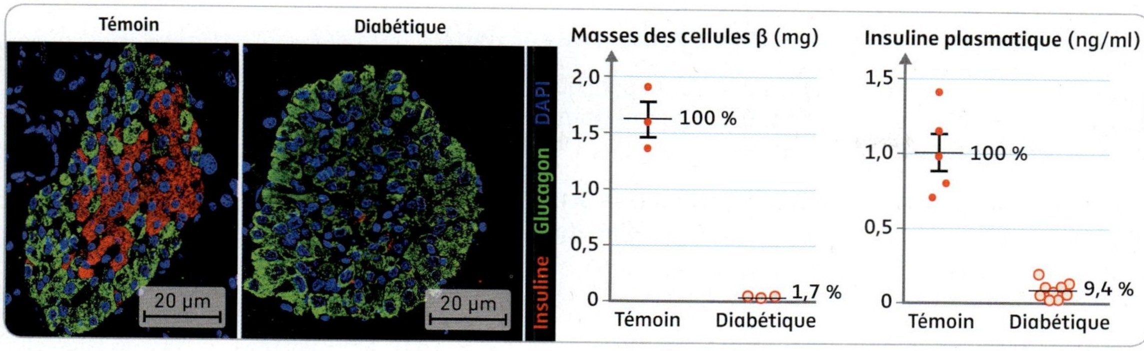

b Résultats de l'immuno-fluorescence et de différents dosages (masse des cellules β et quantité d'insuline libérée dans le sang).

4 Hormones pancréatiques et stockage de glycogène

■ Des cellules de foie (hépatocytes) sont mises en culture dans cinq chambres de culture (ch1 à ch5). Ces chambres sont perfusées soit avec du milieu de culture (témoin), soit avec du milieu de culture contenant de l'insuline et du glucagon. Dans ce cas, le dispositif permet de générer des gradients d'hormones entre les chambres 1 à 5.

En vous appuyant sur les résultats de cette expérience et vos connaissances, expliquer les variations des teneurs en glycogène observées dans les cellules hépatiques.

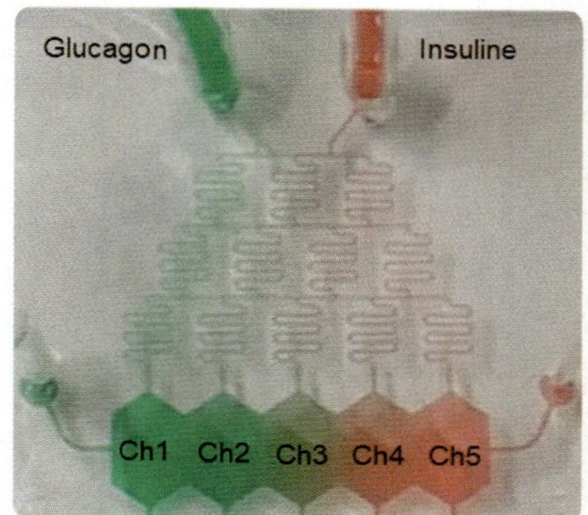

c Photographie des chambres de culture d'hépatocytes perfusées avec du glucagon (colorant vert) et avec de l'insuline (colorant rouge).

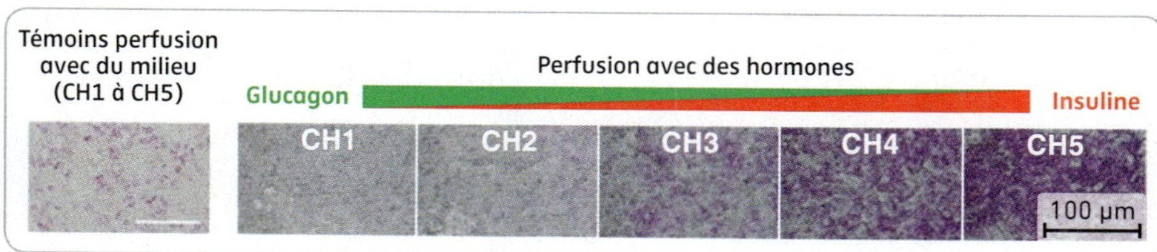

d Cellules de foie en culture dans les différentes chambres. Le glycogène est coloré en violet.

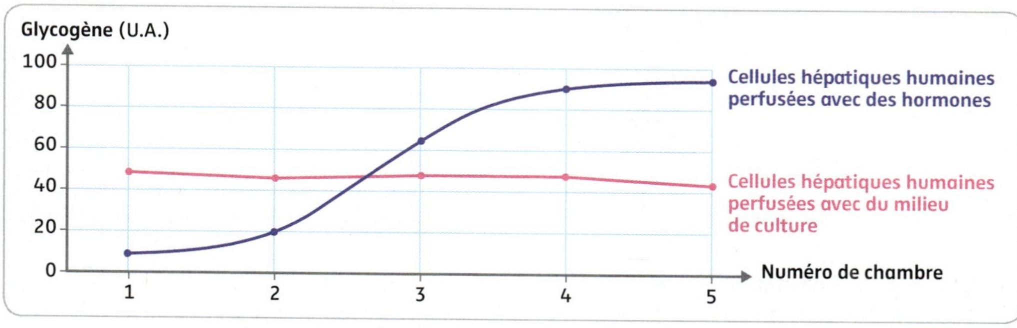

e Teneurs en glycogène des hépatocytes lorsque les chambres de culture sont toutes perfusées avec du milieu de culture (—) ou de mélange insuline-glucagon (—).

5 Les transporteurs de glucose

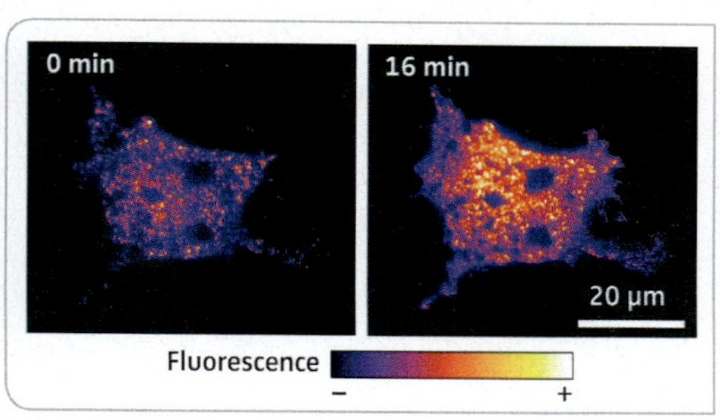

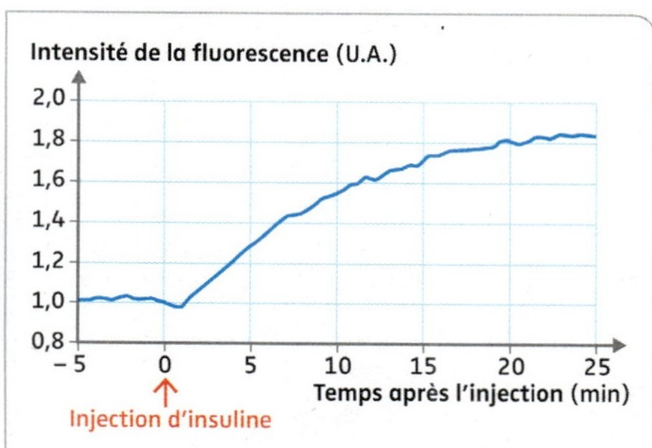

f Cellule cible observée en microscopie à fluorescence avant et après l'injection d'insuline (à gauche). L'intensité de la fluorescence est proportionnelle à la densité de transporteurs GluT présents sur la surface cellulaire. **Mesure de l'intensité de la fluorescence (unités arbitraires) au cours de l'expérience (à droite).**

En vous appuyant sur les résultats des documents et sur vos connaissances, expliquer l'influence de l'insuline sur la localisation des transporteurs au glucose. Faire le lien avec les modifications de la glycémie provoquée par l'insuline.
Rédiger une réponse structurée qui s'appuiera sur un (ou plusieurs) schéma(s) explicatif(s).

6 Exercice guidé La GLP1 et le diabète non insulinodépendant (NID)

■ Le diabète non-insulinodépendant (NID) est un problème de santé publique dans les pays industrialisés. La recherche de nouvelles molécules permettant de soigner ou d'améliorer l'état de santé des diabétiques est permanente.

Présenter les caractéristiques du diabète NID et expliquer pourquoi le GLP1 peut constituer une molécule intéressante pour traiter ce type de diabète.

Vous organiserez votre réponse selon la démarche de votre choix en intégrant des données issues des documents et les connaissances nécessaires.

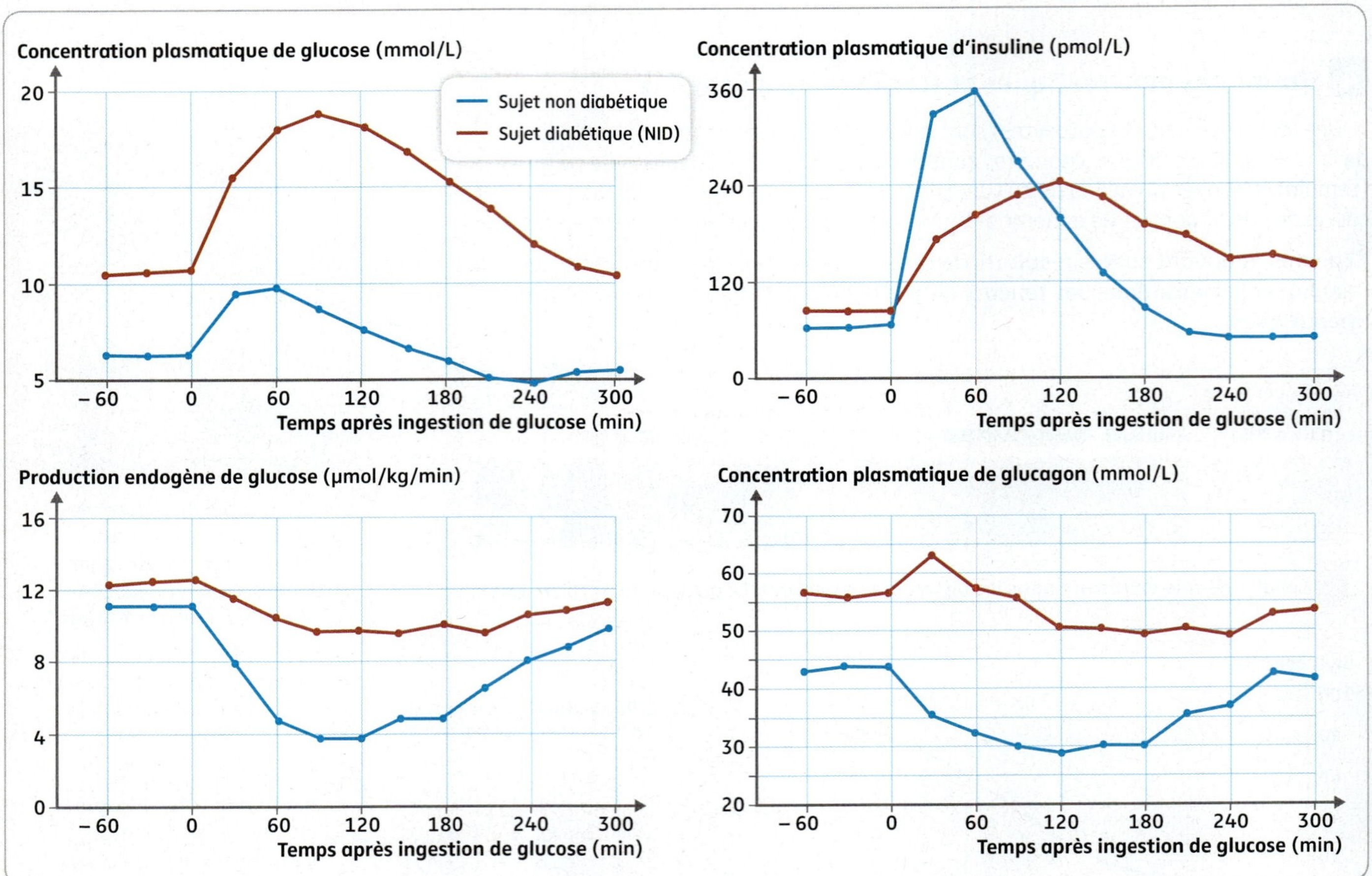

a **Variations des concentrations de glucose, d'insuline et de glucagon, et production endogène de glucose par les cellules hépatiques après une ingestion de glucose chez des sujets diabétiques NID (courbes en rouge) et des sujets non diabétiques (courbes en bleu).**

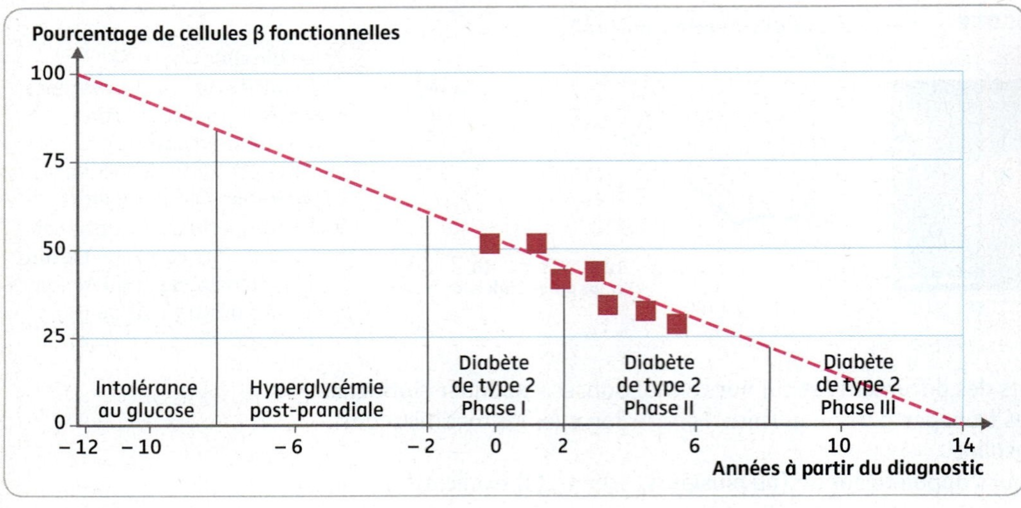

b **Pourcentage de cellules β fonctionnelles des îlots de Langerhans chez des patients développant un diabète NID (diabète de type II).**

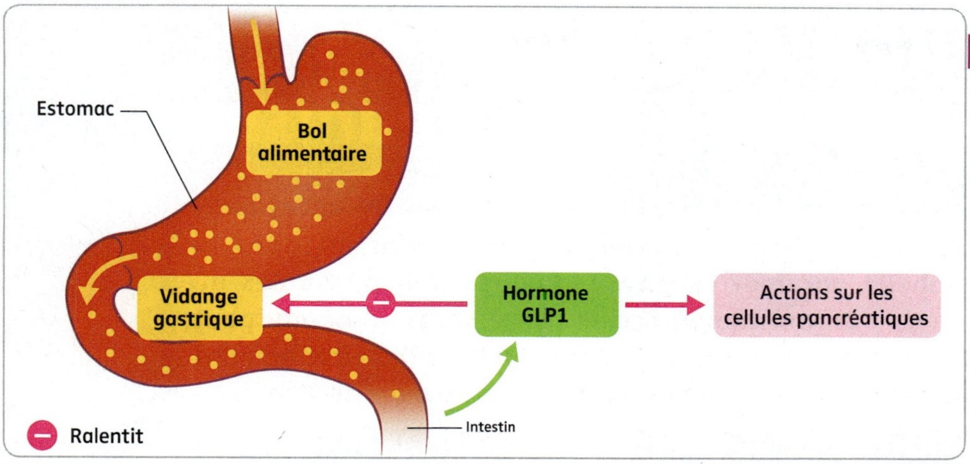

c **Actions de la GLP1 produite par les cellules intestinales.**

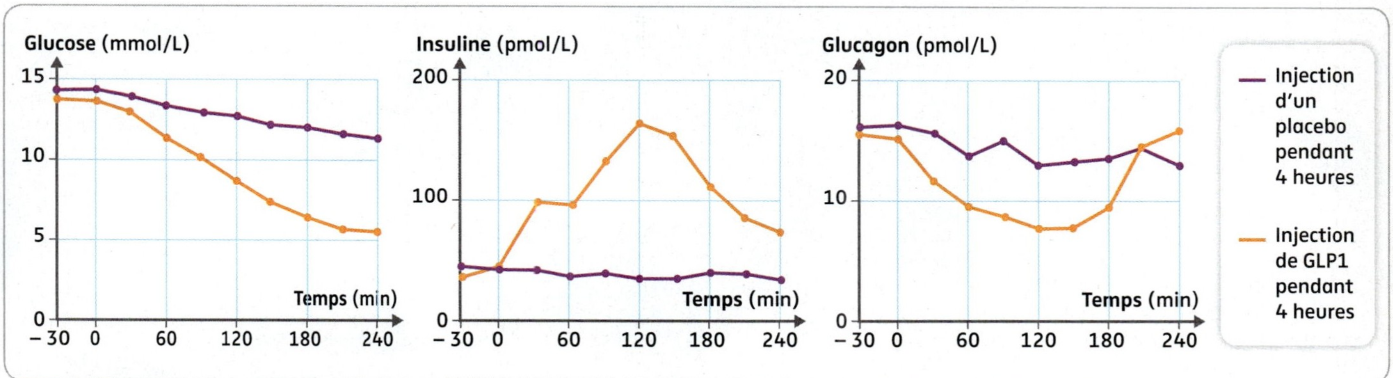

d **Résultats de perfusions pendant 4 heures de GLP1 ou d'un placébo chez 10 patients atteints de diabète NID.**

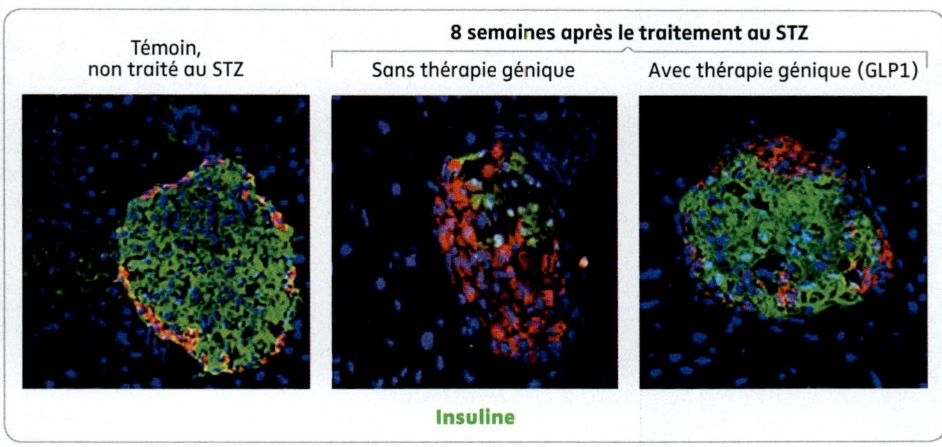

e **Îlots de Langerhans de souris mis en présence d'anticorps fluorescents anti-insuline (en vert) observés au microscope.**
Certains îlots sont traités au STZ, qui a des effets toxiques sur les cellules β. Lorsque les îlots sont traités au STZ, les cellules du pancréas subissent ou non une thérapie génique : le gène de la GLP1 est directement inséré dans les cellules des îlots de Langerhans où il s'exprime. Les cellules synthétisent alors de la GLP1.

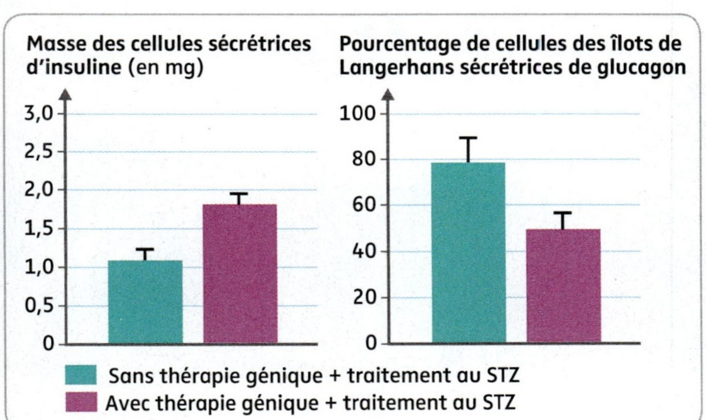

f **Résultats de différentes analyses.**

Guide de résolution

1. Comparez les résultats après l'ingestion de glucose (**document a**) entre les deux sujets et faites le lien avec le **document b** afin d'expliquer ces résultats.
2. Repérez l'action du GLP1 sur la vidange gastrique et déterminez la conséquence de cette action. Faites de même avec l'action du GLP1 chez des patients diabétiques.
3. Analysez les résultats de la thérapie génique pour formuler des hypothèses sur l'action du GLP1 sur les cellules des îlots de Langerhans.

CHAPITRE 19

Comportement et stress : l'adaptabilité de l'organisme

Les systèmes nerveux et hormonaux interviennent dans la régulation de paramètres physiologiques indispensables au maintien de l'organisme en bonne santé. Mais l'individu peut parfois être confronté à des modifications de l'environnement menaçant sa stabilité et son intégrité, on parle alors de stress.

Une salle d'examen lors d'une épreuve du baccalauréat.

Quelles sont les conditions d'apparition du stress aigu ? UNITÉ 1

Une youtubeuse présente sa première expérience de saut à l'élastique.

Quelles sont les manifestations du stress aigu ? UNITÉ 1

Le **niveau d'anxiété des élèves français serait supérieur de 25%** par rapport à la moyenne européenne.

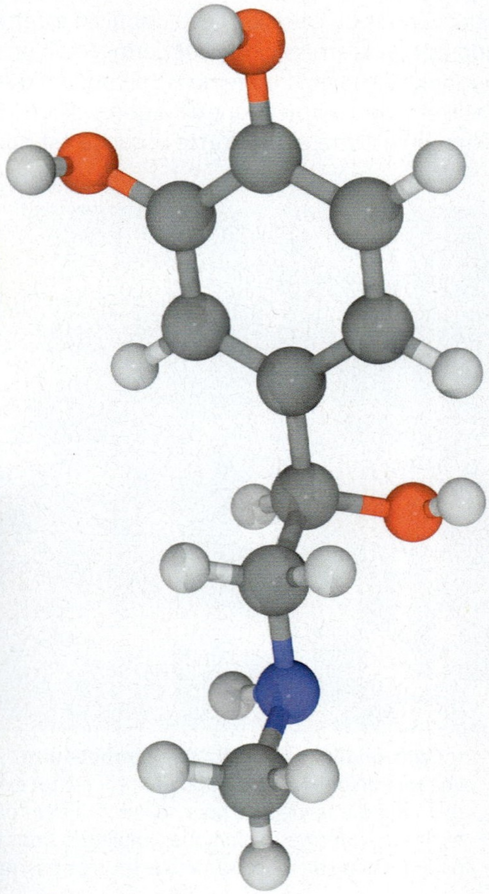

L'adrénaline est une hormone naturellement produite par l'organisme lors d'un stress aigu.

Comment les hormones interviennent-elles lors d'un stress aigu ? UNITÉS 2 et 3

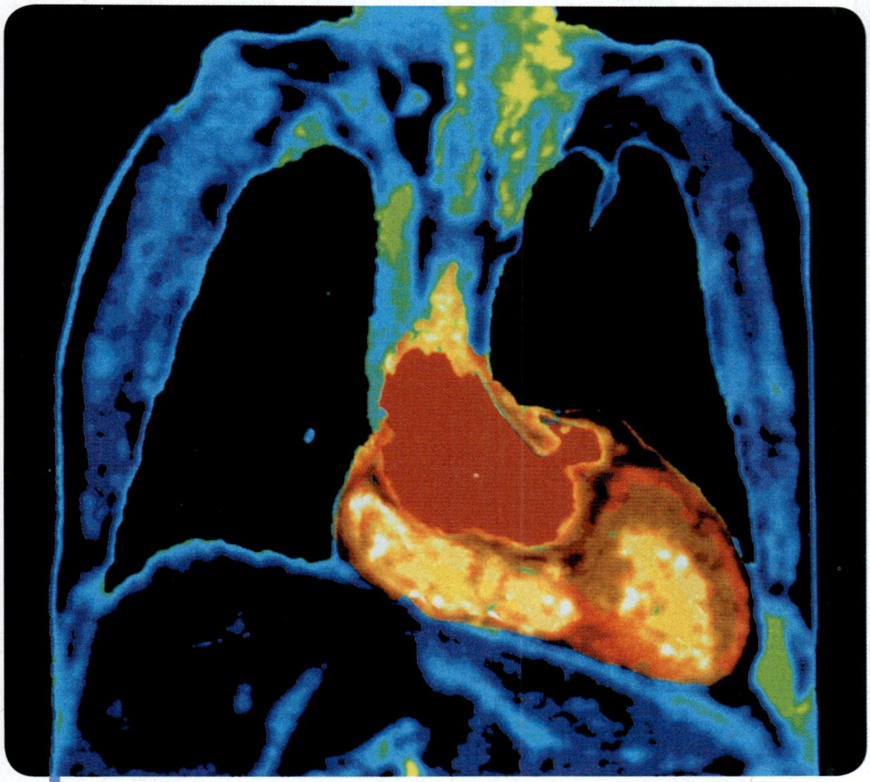

L'imagerie médicale permet de visualiser des organes impliqués lors du stress, comme le cœur.

Quels sont les mécanismes physiologiques induits par un stress aigu ? UNITÉS 2 et 3

Le stress aigu, un mécanisme d'adaptabilité

En biologie, le mot « stress » décrit une situation contraignante pour un individu (agissant alors comme un stimulus) ainsi que l'ensemble des réactions qu'elle engendre. Lorsque cette réponse est ponctuelle, on parle de stress aigu. Le stress aigu est une réaction normale de l'organisme.

Objectifs

Identifier les caractéristiques du stress aigu et montrer sa fonction d'adaptation.

Justifier la fonction adaptative de la réponse aux agents stresseurs

Le stress aigu constitue une réponse normale et ponctuelle d'un organisme à un agent stresseur.
Les réactions associées au stress sont des mécanismes biologiques qui ont été sélectionnés au cours de l'évolution. En effet, en produisant des comportements appropriés, le stress aigu peut permettre à un individu de s'adapter à des perturbations de son environnement : on parle d'**adaptabilité physiologique**.
Le stress aigu permet donc à l'organisme de revenir à son état initial (état précédent l'agent stresseur) : cette capacité est appelée **résilience**.

1 Le stress, une réponse adaptative.

2 « Fight-or-flight », la réponse combat-fuite.
La réaction animale « combat-fuite » est un exemple de réponse à un agent stresseur permettant à un organisme de réagir à une menace pour sa survie. Chez l'animal en situation de danger, le stimulus est perçu, intégré, et des mécanismes biologiques impliqués dans la réponse à un agent stesseur vont notamment permettre à l'organisme de mobiliser les ressources énergétiques nécessaires à l'effort musculaire (le combat ou la fuite).

AGENTS SOCIAUX
- passage d'un examen
- exigences familiales
- licenciement
- problèmes financiers
- nouveau travail
- changement d'établissement scolaire
- déménagement
- mariage
- divorce
- naissance
- décès
- nouvelle rencontre
- dispute
- ...

ORGANISME
↓
RÉPONSE
modifications physiologiques

AGENTS PHYSIQUES
- température extérieure
- bruit
- sur-éclairage
- ...

AGENTS BIOLOGIQUES
- maladie
- allergie
- blessure
- puberté
- ménopause
- ...

AGENTS CHIMIQUES
- tabac
- alcool
- ...

3 Les agents stresseurs chez l'humain.

Décrire la réponse physiologique aux agents stresseurs

Le test de stress social de Trier (TSST) est une procédure de laboratoire utilisée pour induire de manière fiable un stress chez les participants : il consiste en une période de préparation de 10 minutes suivie d'une simulation d'entretien d'embauche de 5 minutes et d'une tâche arithmétique mentale de 5 minutes (soustractions en série) devant un groupe de trois juges inconnus avec une caméra et un enregistreur audio.
On constitue deux groupes, un groupe « stress » et un groupe « contrôle ». Le groupe « stress » est soumis au test de stress social de Trier (TSST) tandis que le groupe « contrôle » ne l'est pas.

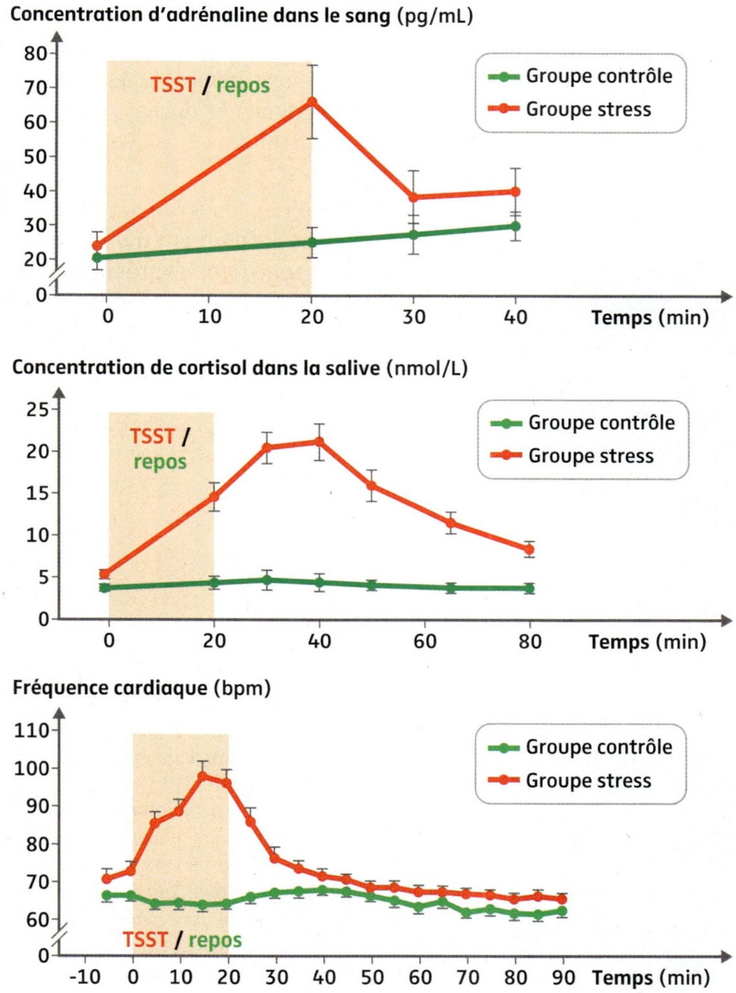

4 **Mesures des concentrations d'adrénaline (en haut), des concentrations de cortisol (au milieu) et de la fréquence cardiaque (en bas) lors de l'expérience.** L'adrénaline et le cortisol sont deux hormones. La période orange correspond à la durée du TSST.

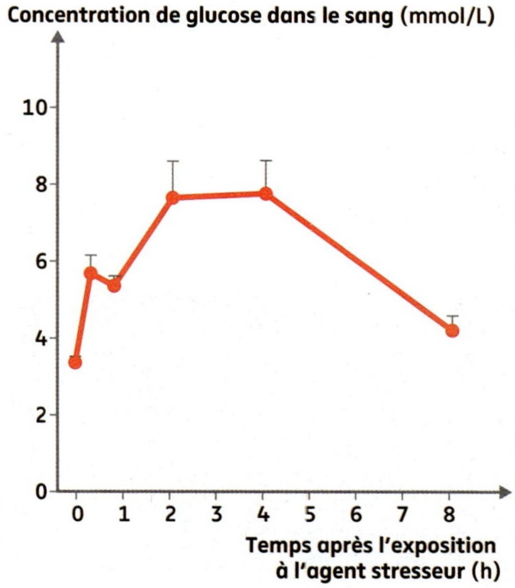

5 **Mesures chez des truites arc-en-ciel de la concentration de glucose après une exposition à un agent stresseur pendant 5 minutes (chasse à l'aide d'un petit filet).** En absence d'agent stresseur, la concentration de glucose dans le sang des truites arc-en-ciel est stable autour de 4 mmol/L.

Guide de résolution

Indicateurs de réussite

1 Indiquer la différence entre stress et agent stresseur (documents 1 à 3).

2 Analyser les expériences pour identifier les différents effets d'une exposition à un agent stresseur (documents 4 à 5). Puis, à l'aide de vos connaissances, expliquer en quoi les variations de la fréquence cardiaque et de la glycémie participent la réalisation d'un effort musculaire.

3 **En conclusion**

Mettre en relation les informations issues des réponses précédentes pour montrer que la réponse « combat-fuite » est adaptative.

La réponse immédiate à un agent stresseur

En réponse à un agent stresseur, on observe une réponse très rapide de l'organisme (augmentation des fréquences cardiaque et respiratoire, libération de glucose, sécrétion d'adrénaline…).

Objectif

Expliquer l'origine des réponses rapides de l'organisme lors d'un stress aigu.

Identifier les structures cérébrales impliquées lors d'un stress

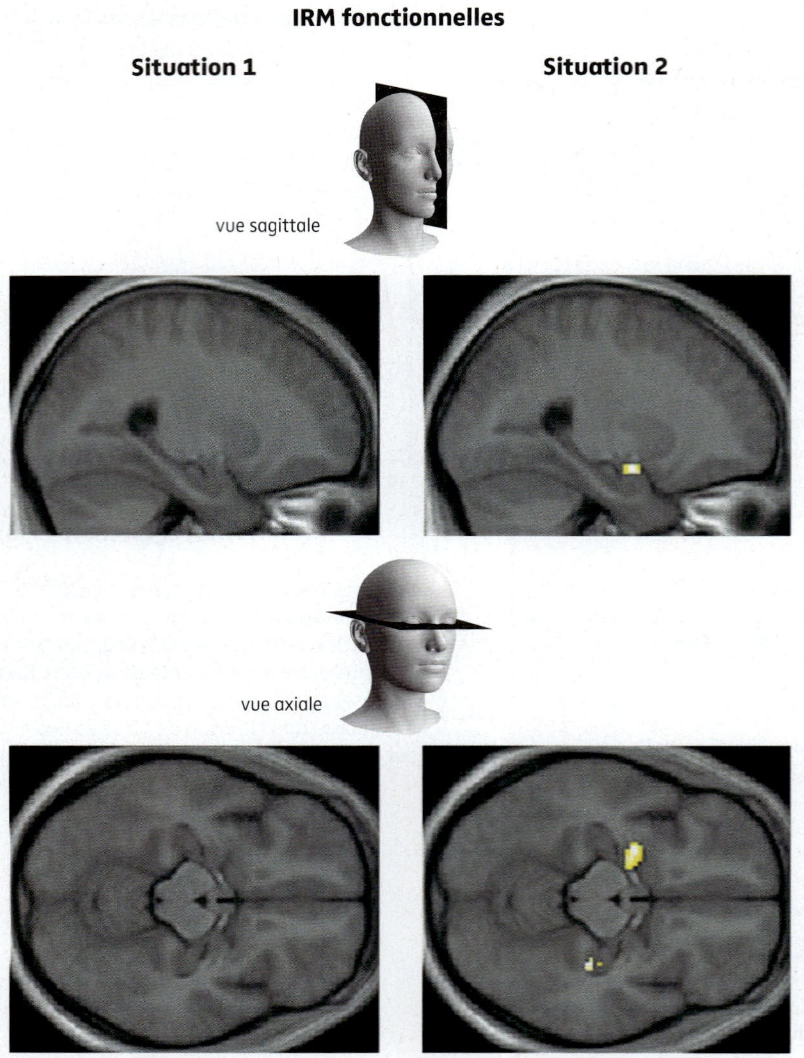

Protocole : les individus observent des photographies de visages effrayés et des photographies de visages neutres.

Protocole : les individus sont soumis à un protocole de stress (TSST) puis ils observent des photographies de visages effrayés et des photographies de visages neutres.

1 Les résultats des IRM fonctionnelles à la suite d'une expérience.
Les zones les plus actives du cerveau apparaissent en jaune.
La partie colorée en jaune correspond à la comparaison des résultats entre les situations 1 et 2 chez plusieurs individus. Sur une IRMf d'un seul individu, on observerait de très nombreuses zones colorées.
Or ici, on montre la différence entre les deux situations : cela permet d'identifier la zone qui est davantage active dans l'un des groupes.

On a observé des comportements étonnants chez des singes présentant des lésions de l'amygdale. Ces derniers restent toujours calmes et dociles même lors de stimuli entraînant la frayeur chez leurs congénères.

Chez l'humain, les lésions de l'amygdale conduisent notamment à une perte de la reconnaissance des expressions faciales de peur, de colère et de dégoût.

2 Le syndrome de Klüver-Bucy : un ensemble de comportements associés à une lésion de l'amygdale.

Mémo

Le système limbique

> **Le système limbique** regroupe différentes régions du cerveau impliquées dans les émotions (agressivité, peur, plaisir…).
Il communique avec de nombreuses structures de l'organisme (aires cérébrales, organes cibles) par des messages hormonaux et nerveux.

> **Le système limbique** interagit notamment avec des neurones du tronc cérébral qui eux-mêmes communiquent, au niveau de la moelle épinière, avec d'autres neurones, comme ceux contenus dans le nerf splanchnique.

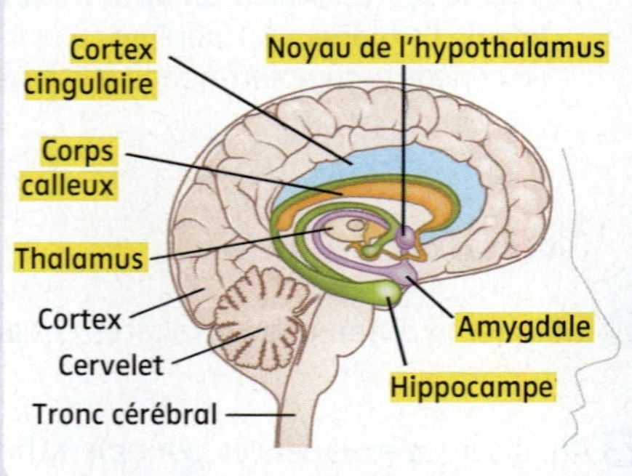

▲ **Les structures du système limbique sont surlignées au niveau des légendes.**

Caractériser le rôle de la glande surrénale

Le rat et le chien constituent de bons organismes modèles pour comprendre la physiologie humaine.

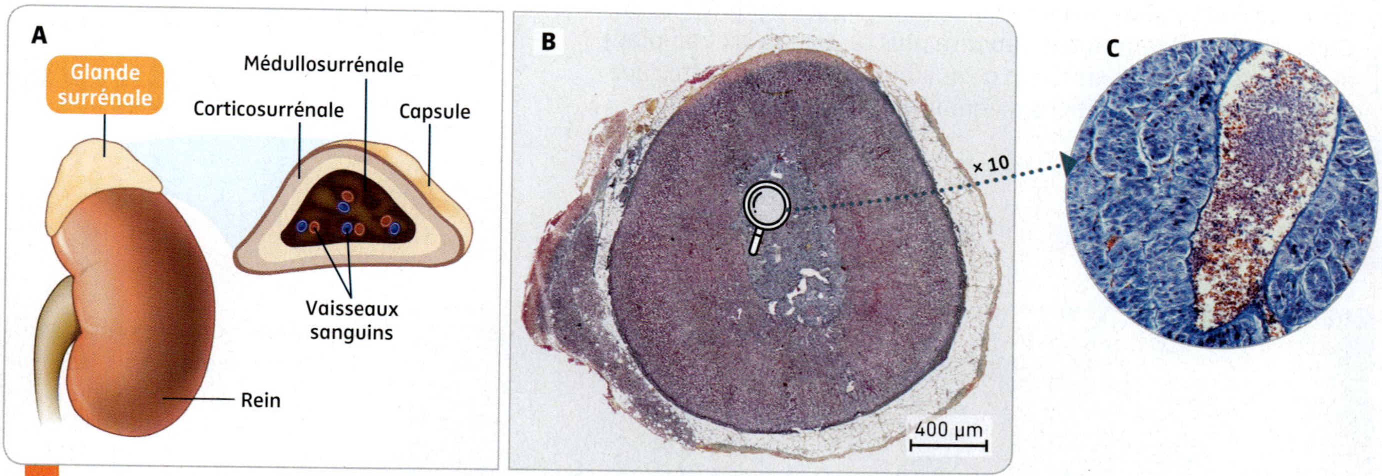

3 Coupes transversales de surrénale de rat (B) et d'une médulosurrénale (C) observées au microscope.
Sur la microscopie C, on observe des cellules chromaffines (colorées en bleues) et un vaisseau sanguin (cavité centrale) contenant des globules rouges (colorés en rouge). Les cellules chromaffines sécrètent de l'adrénaline et sont innervées par des neurones du nerf splanchnique (non visible sur la photo).

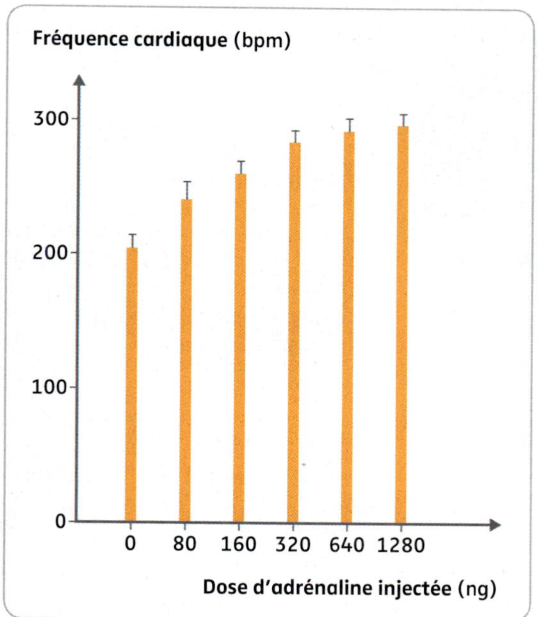

4 Fréquences cardiaques de rats suite à des injections de différentes quantités d'adrénaline.

Concentration d'adrénaline injectée (µg/100 g d'individu)	0	5	20	40	80	160
Glycémie (g/L)	1,33	1,78	2,1	2,2	3,81	2,89
Incertitude +/-	0,04	0,25	0,1	0,22	0,23	0,27

5 Glycémie de rats suite à l'injection de différentes doses d'adrénaline.

	Avant administration d'adrénaline	Après administration d'adrénaline (2,5 µg)
Fréquence ventilatoire (ventilation/min)	19,4 +/-1,5	20,5 +/-1,7
Volume courant (mL/ventilation)	165,0 +/-8,1	213,1 +/-10,0
Débit ventilatoire (mL/min)	3188,7 +/-325,7	4467,1 +/-409,2

6 Résultats d'une expérience d'injection d'adrénaline sur des chiens.
La fréquence ventilatoire correspond au nombre de ventilations par minute, le volume courant correspond au volume d'air échangé dans les poumons lors d'une ventilation et le débit ventilatoire correspond au volume d'air échangé dans les poumons en une minute.

Guide de résolution

Indicateurs de réussite

1 Montrer que le système limbique est impliqué dans la réaction immédiate à l'agent stresseur (documents 1, 2 et mémo).

2 Identifier la fonction des cellules chromaffines lors d'un stress et indiquer dans quelle condition elles sont activées (mémo et document 3).

3 Analyser les expériences pour identifier les effets de l'adrénaline (documents 4 à 6).

4 **En conclusion**

Utiliser les informations issues des réponses précédentes pour construire un schéma fonctionnel montrant comment la présence d'un agent stresseur provoque un changement de fréquences cardiaque et ventilatoire.

UNITÉ 3 La réponse plus tardive à un agent stresseur et le retour à l'équilibre

La première réponse à l'agent stresseur conduit, par l'intermédiaire de l'adrénaline, à des modifications physiologiques rapides. Dans un second temps, une réponse plus tardive se met en place avant un retour à une situation d'équilibre, plus calme. Cette capacité à rétablir les conditions d'équilibre est nommé résilience.

Objectif

Expliquer la boucle de régulation neurohormonale en situation de stress aigu.

Expliquer le rôle de l'hypothalamus lors d'un stress aigu

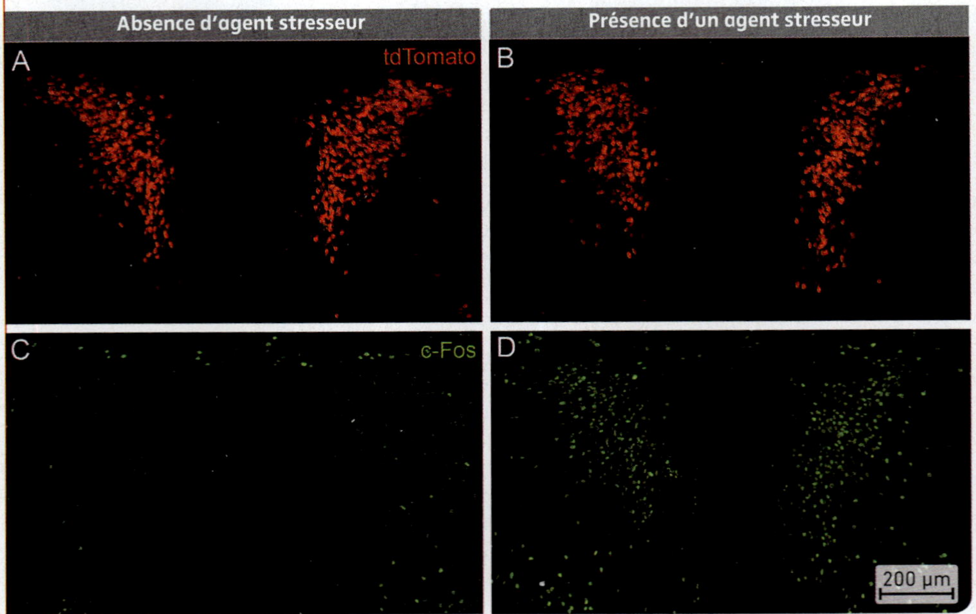

1 Observation de cellules de l'hypothalamus lors de l'expérience.
À gauche en absence d'agent stresseur, à droite en présence d'un agent stresseur (les souris sont placées en situation de nage forcée).

Expérience chez des souris génétiquement modifiées : les techniques de génie génétique ont permis de marquer, chez des souris, les cellules sécrétrices de CRH (*Corticotropin-Releasing Hormone*) de l'hypothalamus avec un marqueur fluorescent rouge, la protéine td-Tomato. Lorsque ces cellules sont activées et sécrètent l'hormone CRH, ces cellules expriment un marqueur fluorescent vert, la protéine c-Fos.

Mémo

ACTH (Adreno CorticoTrophic Hormone): hormone sécrétée par l'hypophyse. Parmi ses cellules cibles, certaines sont localisées dans la glande corticosurrénale.

Cortisol : hormone sécrétée par le cortex de la glande surrénale (corticosurrénale).

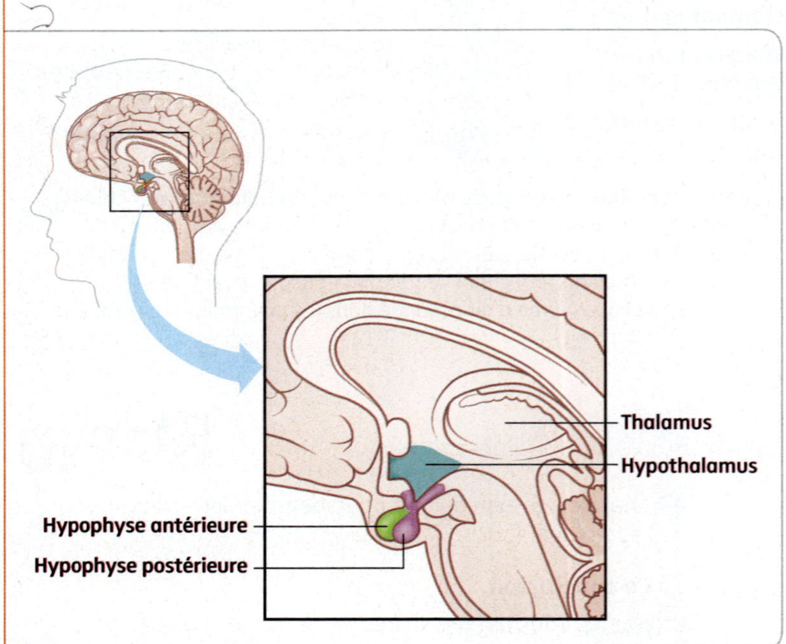

2 Localisation de l'hypothalamus et de l'hypophyse dans le système limbique.

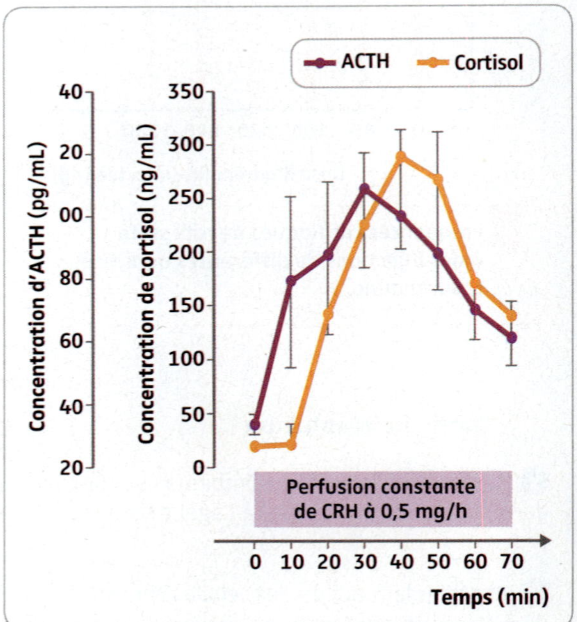

3 Évolution des concentrations d'ACTH et de cortisol lors d'une perfusion de CRH.

Identifier les effets du cortisol sur l'organisme

De très nombreuses cellules de l'organisme possèdent des récepteurs au cortisol. Ainsi, le cortisol a plusieurs organes cibles et de multiples effets.

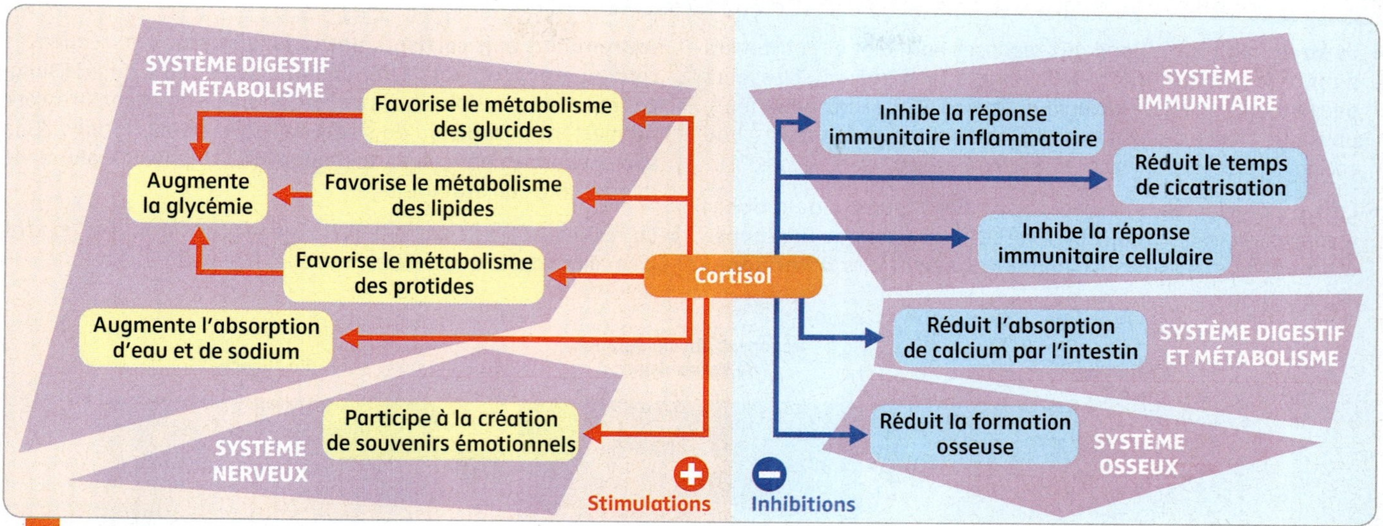

4 Quelques effets du cortisol.

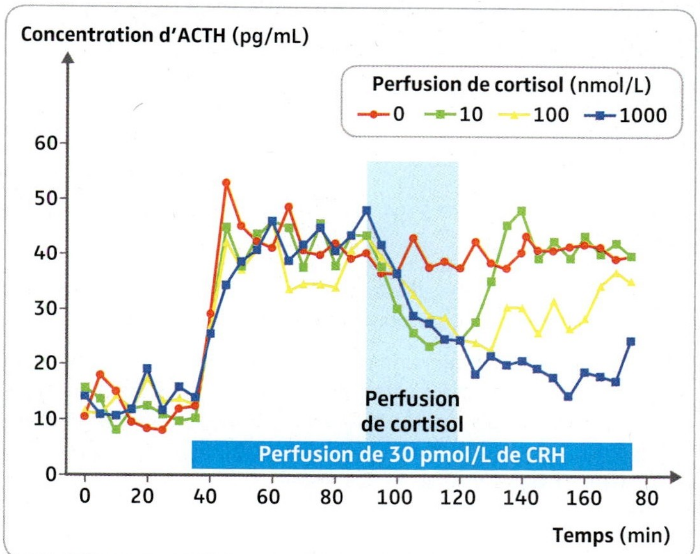

5 Évolution de la concentration d'ACTH chez l'humain après une perfusion d'une solution de 30 pmol/L de CRH et une perfusion de concentrations variables de cortisol.

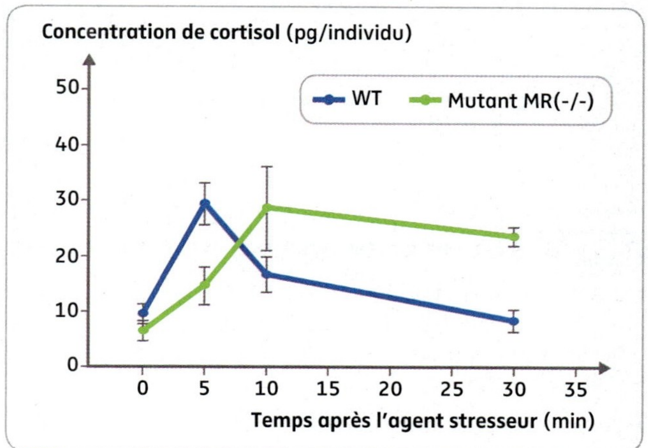

6 Évolution de la concentration de cortisol chez des poissons non modifiés (WT wild type : type sauvage) et des poissons génétiquement modifiés (MR-/-) en présence d'un agent stresseur (tourbillons dans l'aquarium). Certaines cellules de l'hypothalamus et de l'hypophyse possèdent des récepteurs au cortisol. Les techniques de génie génétique ont permis d'inactiver, chez des poissons zèbres, les gènes responsables de la fabrication de ces récepteurs. Les poissons (MR-/-) ne possèdent donc pas de récepteurs au cortisol.

Guide de résolution

Indicateurs de réussite

1 Analyser l'expérience pour montrer l'effet d'un agent stresseur sur l'hypothalamus (document 1).

2 Proposer une hypothèse expliquant la sécrétion de cortisol en présence d'un agent stresseur (documents 1 à 3).

3 Montrer que le cortisol inhibe sa propre sécrétion (documents 4 à 6).

4 **En conclusion**

Utiliser les informations issues des réponses précédentes pour construire un schéma fonctionnel montrant comment l'axe hypothalamo-hypophyso-corticosurrénalien participe au stress aigu et à la résilience.

→ Méthode n° 11

BILAN CHAPITRE 19 Comportement et stress : l'adaptabilité de l'organisme

UNITÉ 1 Le stress aigu, un mécanisme d'adaptabilité

- **Le stress aigu** correspond aux réponses normales et ponctuelles d'un organisme à un agent stresseur. Les agents stresseurs peuvent être d'origine biologique (maladie, blessure, puberté...), physique (forte chaleur, bruit...), chimique (tabac, alcool...) ou sociale (passage d'un examen, problèmes financiers, divorce...).
- Lors d'expériences, la comparaison des résultats de groupes « contrôle » et de groupes « stressés » montre que **la réponse à un agent stresseur provoque des sécrétions d'hormones** (**adrénaline**, puis **cortisol**), une augmentation des fréquences cardiaque et ventilatoire, une libération de glucose dans le sang. Ces réponses physiologiques de l'organisme à un agent stresseur permettent à l'individu de s'adapter à des perturbations dans son environnement (on parle d'**adaptabilité physiologique**) et de revenir à son état initial.
- La **résilience** est la capacité de l'organisme à retrouver un état d'équilibre après avoir été exposé à un agent stresseur.

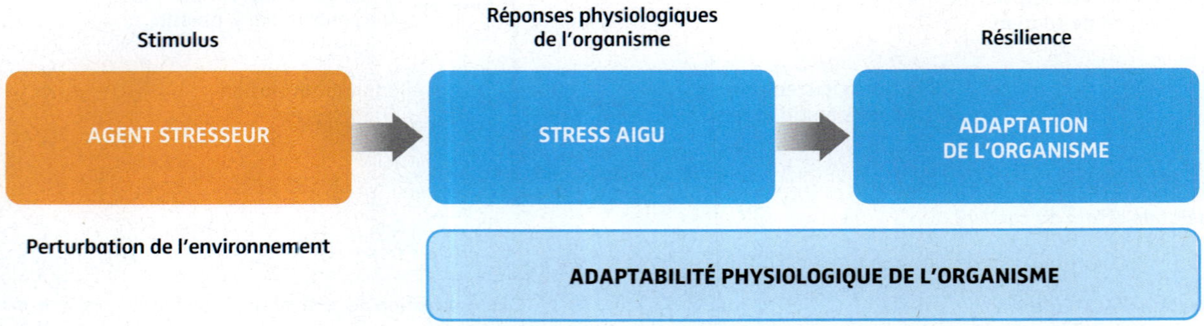

Le stress aigu permet la résilience.

UNITÉ 2 La réponse immédiate à l'agent stresseur

- Les expériences utilisant l'imagerie médicale (IRM, par exemple) et l'étude de patients atteints de lésions ont permis d'identifier les structures du cerveau et les voies nerveuses impliquées lors d'un stress aigu.
- Lorsque l'agent stresseur (stimulus) est détecté, le système limbique est activé, notamment des structures impliquées dans les émotions comme l'amygdale. Ces structures envoient alors des messages nerveux qui sont transmis à différents organes cibles dont les **glandes médullosurrénales**. En réponse, les médullosurrénales libèrent une hormone dans le sang : l'**adrénaline**.
- Les expériences d'injection d'adrénaline ont permis d'identifier les organes cibles et les effets de cette hormone. Lors d'un stress aigu, la libération d'adrénaline est responsable de l'augmentation des fréquences cardiaque et respiratoire et de la libération de glucose dans le sang.

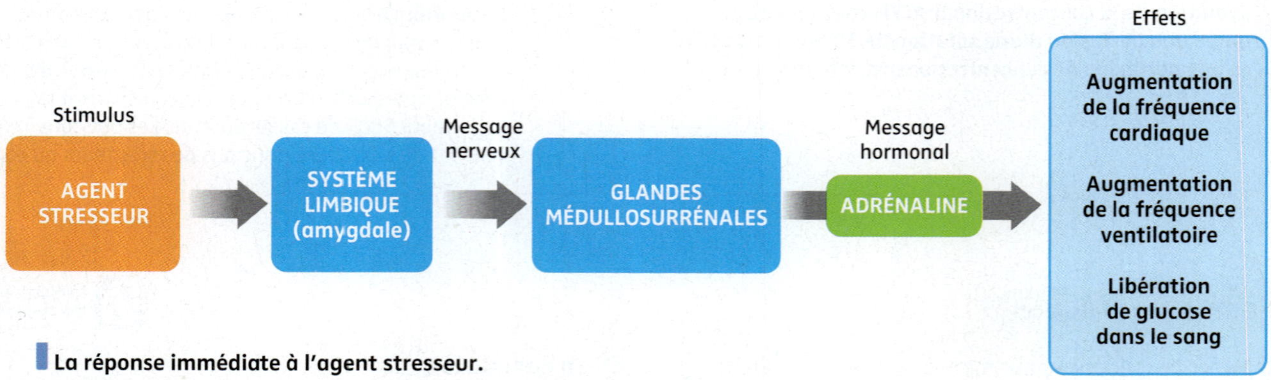

La réponse immédiate à l'agent stresseur.

UNITÉ 3 La réponse plus tardive à l'agent stresseur et le retour à l'équilibre

- Les techniques de génie génétique (marquage fluorescent, inactivation de gènes) et les expériences d'injection d'hormones ont permis de décrire une réponse à l'agent stresseur de nature hormonale et donc plus tardive.
- **Lorsque l'agent stresseur est détecté**, l'**hypothalamus** libère une hormone, la CRH, qui stimule la sécrétion par l'**hypophyse** d'une autre hormone, l'ACTH. L'ACTH provoque la **libération de cortisol** par les **glandes corticosurrénales**. Parmi ses nombreux effets, le cortisol facilite la libération de glucose et inhibe certains aspects de la réponse immunitaire.
- Le cortisol se fixe également sur des récepteurs situés sur l'hypothalamus et l'hypophyse, ce qui provoque l'inhibition du complexe hypothalamo-hypophysaire qui libère alors moins de CRH et d'ACTH. Les corticosurrénales sont donc moins stimulées et libèrent moins de cortisol. Ainsi, le cortisol limite sa propre sécrétion : on parle de **rétrocontrôle négatif**. Ce dernier participe à la résilience car il favorise le rétablissement des conditions de fonctionnement durable de l'organisme.

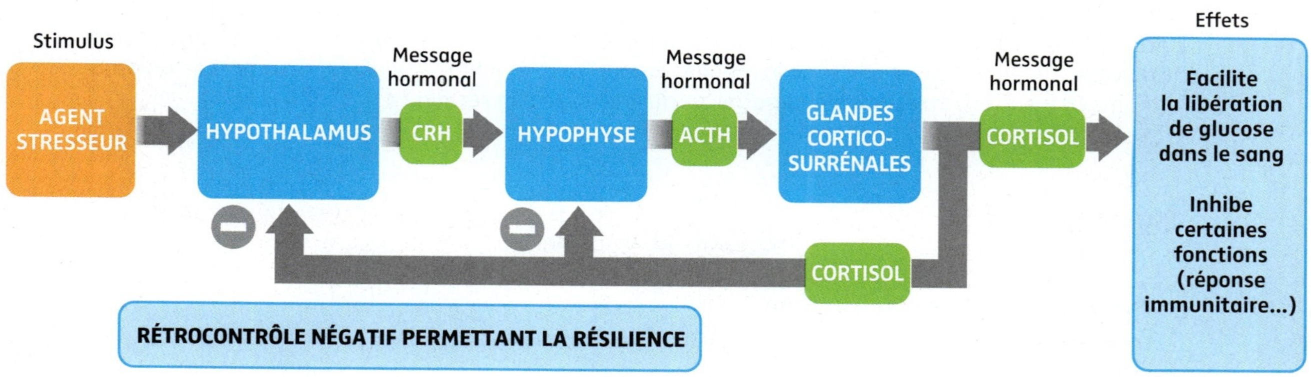

La réponse plus tardive et la résilience.

CHAPITRE 19

Comportement et stress : l'adaptabilité de l'organisme

Texte dys
Texte audio

En quelques mots

1 Le stress aigu, un mécanisme d'adaptabilité

- **Le stress aigu est une réponse normale d'un organisme à un agent stresseur.** Cette réponse est associée à des modifications physiologiques (libération d'adrénaline, de cortisol, de glucose, augmentation des fréquences cardiaque et ventilatoire) permettant l'**adaptabilité physiologique** de l'individu à l'agent stresseur, favorisant sa **résilience**.

2 La réponse à l'agent stresseur et le retour à l'équilibre

- Face à l'agent stresseur, le **système limbique** envoie des messages nerveux aux **glandes médullosurrénales**. Celles-ci libèrent alors de l'adrénaline qui permet l'augmentation des fréquences cardiaque et respiratoire, et la libération de glucose dans le sang.
- Face à l'agent stresseur, l'**hypothalamus** libère la CRH qui stimule la sécrétion d'ACTH par l'hypophyse. L'ACTH provoque la libération de **cortisol** par les **glandes corticosurrénales**. Le cortisol facilite la libération de glucose, inhibe certains aspects de la réponse immunitaire et inhibe également le complexe hypothalamo-hypophysaire (**rétrocontrôle négatif**), ce qui participe à la **résilience**.

Ne pas confondre

Résistance - Résilience - Adaptabilité

La **résistance** décrit la capacité* à se protéger d'une perturbation (ex. agression physique, chimique, biologique).
L'**adaptabilité** décrit la capacité* à s'adapter à son milieu ou à une perturbation de celui-ci.
La **résilience** décrit la capacité* à revenir à son fonctionnement normal (aux conditions initiales) après une perturbation.

L'adaptabilité permet la résilience.

Adaptabilité et résilience ont donc deux sens très proches. La résilience inclut la notion de retour à l'état initial tandis que dans le cas de l'adaptabilité, il y peut y avoir adaptation à une perturbation, sans retour à la situation de départ.

*(d'une cellule, d'un organisme, d'une espèce, d'un écosystème...)

Vidéo bilan

mots-clés

Glande corticosurrénale : structure contenue dans la glande surrénale (située au-dessus du rein) responsable de la production de cortisol.

Glande médullosurrénale : structure contenue dans la glande surrénale (située au-dessus du rein) responsable de la production d'adrénaline.

Hypothalamus : structure du cerveau impliquée dans de nombreuses fonctions (comportement sexuel, émotion, faim, soif, sommeil...).

Hypophyse : glande située dans le cerveau et reliée à l'hypothalamus.

Résilience : capacité d'un organisme à retrouver un fonctionnement durable après avoir subi une perturbation.

Système limbique : ensemble de différentes structures du cerveau impliquées dans les émotions.

Schéma interactif

En une image

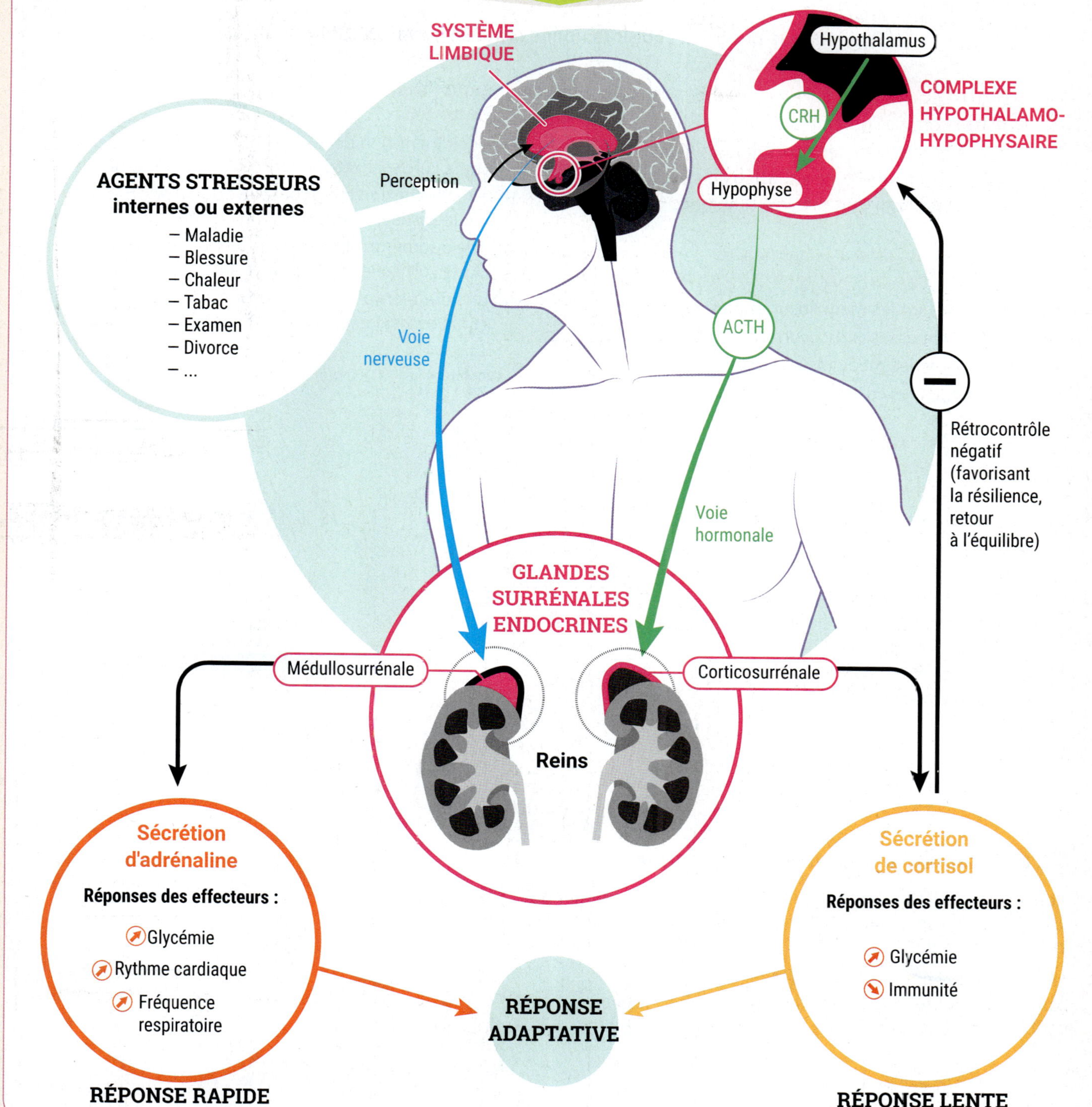

mémorisation active

Pour retenir les notions...

- Adaptabilité physiologique
- Réponse immédiate
- Réponse plus tardive
- Résilience
- Rétrocontrôle négatif
- Libération d'adrénaline
- Libération de cortisol

Je construis ma carte des idées

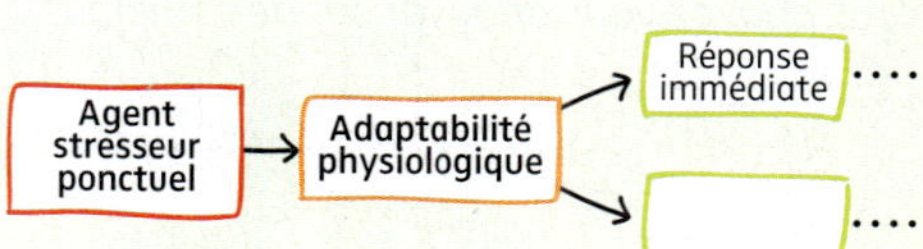

Pour m'aider dans la construction

→ Méthode 1

Pour m'entraîner

→ Exercice 1 p. 402

Quiz

EXO Exercices interactifs

Pour chaque question, choisir la bonne réponse parmi les affirmations proposées.

1. Les agents stresseurs sont des :

- a hormones, comme l'adréna ine et le cortisol.
- b messages du système nerveux sympathique.
- c stimuli déclencheurs d'une situation de stress aigu.
- d structures cérébrales du système limbique.

2. Lors d'un stress aigu, l'amygdale et l'hippocampe permettent la libération :

- a d'adrénaline par les médullosurrénales.
- b d'adrénaline par les corticosurrénales.
- c de cortisol par les médullosurrénales.
- d de cortisol par les corticosurrénales.

3. La capacité à rétablir les conditions de fonctionnement durable de l'organisme suite à un stress aigu est nommée :

- a résilience et est permise par le rétrocontrôle négatif exercé par le cortisol.
- b adaptabilité et est permise par le rétrocontrôle négatif exercé par le cortisol.
- c résilience et est permise par le rétrocontrôle négatif exercé par l'adrénaline.
- d adaptabilité et est permise par le rétrocontrôle négatif exercé par l'adrénaline.

4. Dans l'expérience ci-dessous, l'injection de cortisol provoque :

- a une diminution de la concentration d'ACTH car le cortisol exerce un rétrocontrôle négatif.
- b une diminution de la concentration d'ACTH car le cortisol exerce un rétrocontrôle positif.
- c une augmentation de la concentration d'ACTH car le cortisol exerce un rétrocontrôle négatif.
- d une augmentation de la concentration d'ACTH car le cortisol exerce un rétrocontrôle positif.

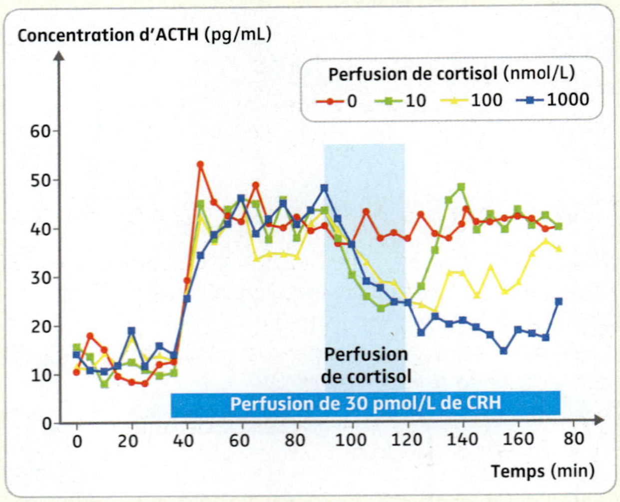

→ Corrigés p. 447

1 L'adaptabilité à une situation de danger

Lors d'une réponse « combat-fuite », les ressources énergétiques nécessaires à l'effort musculaire sont rapidement mobilisées, permettant ainsi à l'organisme de s'adapter à la situation de danger.

Réaliser un schéma fonctionnel (→ Méthode n° 11) expliquant comment la perception d'un danger permet la mobilisation des ressources énergétiques.

2 L'adrénaline et l'adaptabilité physiologique lors d'un stress aigu

Expliquer les mécanismes aboutissant à la libération d'adrénaline lors d'un stress aigu et montrer comment cette hormone participe à l'adaptabilité physiologique de l'organisme.

Vous rédigerez un exposé structuré. Vous pouvez vous appuyer sur des schémas judicieusement choisis.

3 Le cortisol lors d'un stress aigu

■ On réalise des expériences chez la truite arc-en-ciel.

En vous appuyant sur les résultats de ces expériences (document a) et sur vos connaissances, expliquer les mécanismes aboutissant à la libération de cortisol lors d'un stress aigu et décrire les effets du cortisol sur l'organisme, notamment son rôle sur la résilience.

Vous rédigerez un exposé structuré. Vous pouvez vous appuyer sur des schémas judicieusement choisis.

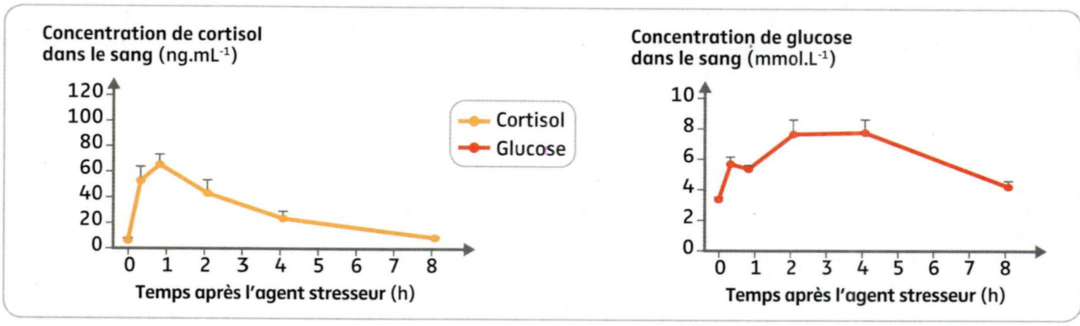

a **Évolution des concentrations de cortisol et de glucose dans le sang en fonction du temps, suite à l'exposition à un agent stresseur.**

4 L'axe hypothalamo-hypophysaire et le stress aigu

■ On réalise des expériences chez des souris. Les souris « WT » et « KO » sont stressées au temps 0 ; « WT Control » et « KO Control » sont non stressées ; « KO » et « KO Control » sont des souris transgéniques dont le gène CRH a été inactivé, donc incapable de produire de la CRH.

■ L'ACTH est une hormone sécrétée par l'hypophyse qui stimule les glandes surrénales.

En vous appuyant sur les résultats de ces expériences (document b) et sur vos connaissances, expliquer la fonction du complexe hypothalamo-hypophysaire lors d'un stress aigu.

Vous rédigerez un exposé structuré. Vous pouvez vous appuyer sur des schémas judicieusement choisis.

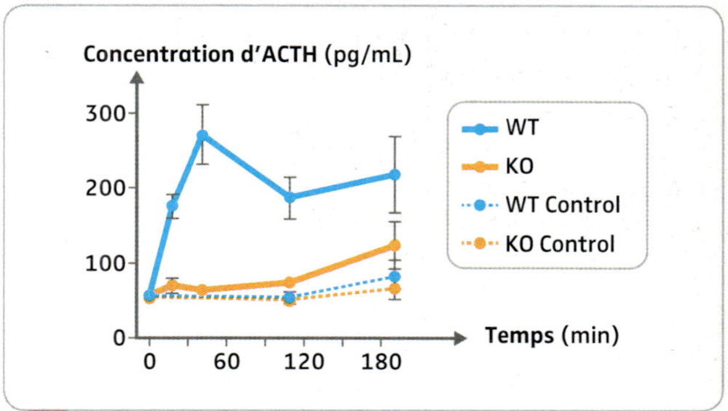

b **Évolution de la concentration d'ACTH en fonction du temps chez des souris.**

5 L'amygdale, structure du système limbique

En vous appuyant sur le résultat de l'IRMf et sur vos connaissances, décrire le rôle du système limbique dans une situation de stress aigu.

Vous rédigerez un exposé structuré. Vous pouvez vous appuyer sur des schémas judicieusement choisis.

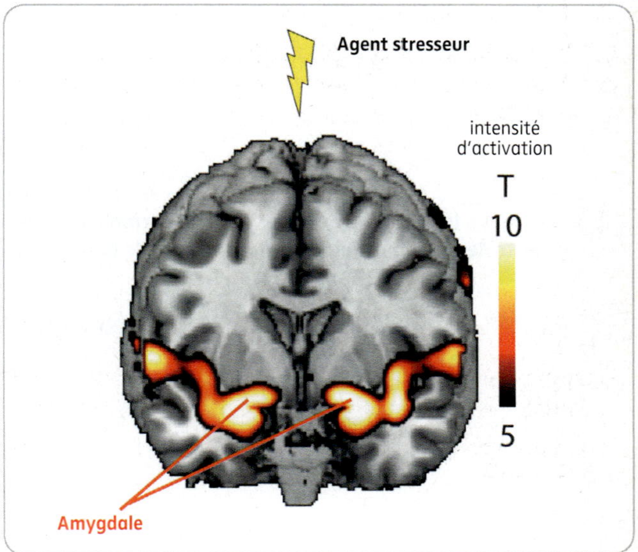

c **Résultats d'IRMf permettant d'observer l'activation de certaines zones du cerveau en présence d'un agent stresseur.** Les zones actives sont colorées en rouge-jaune.

6 Exercice guidé La maladie de Cushing

- La maladie de Cushing est une maladie rare qui touche 1 à 10 personnes par million d'habitants et par an.
- Les patients atteints de cette maladie souffrent de symptômes très variés (visage gonflé et rouge, prise de poids localisée, fonte des muscles des jambes et des bras, fatigue nerveuse, stress chronique, dépression, anxiété, agressivité...).

À l'aide de vos connaissances et en vous appuyant sur les documents, identifier les deux causes principales de la maladie de Cushing (patients de type 1 et de type 2) et expliquer pourquoi les patients atteints de cette maladie souffrent de dépression.

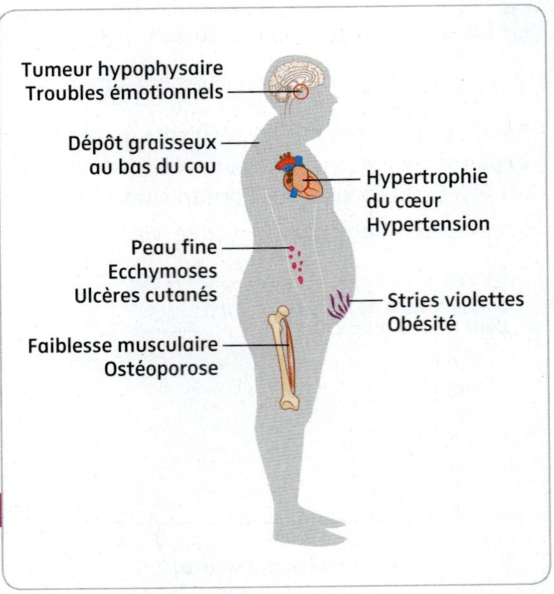

a **Différents symptômes pouvant apparaître chez les patients atteints de la maladie de Cushing.**

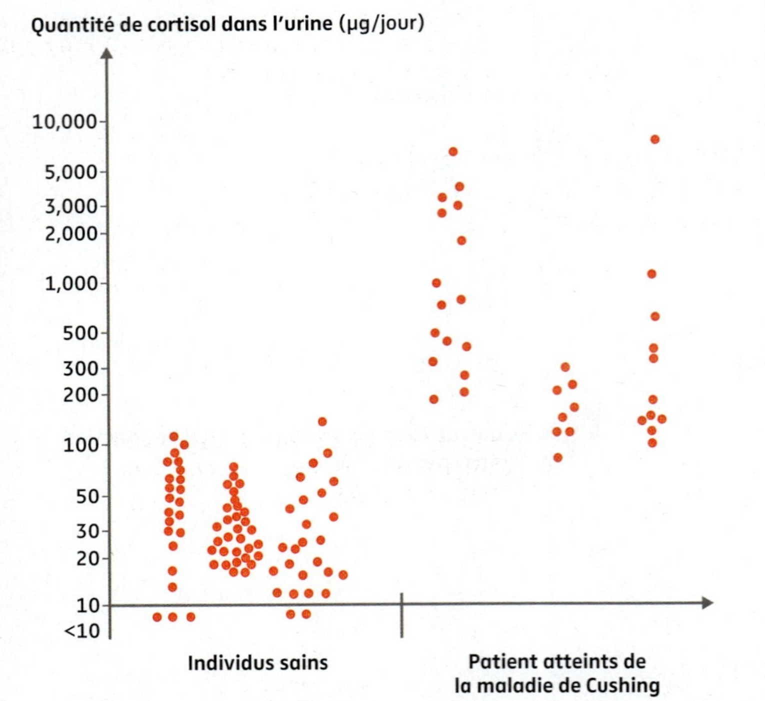

b **Mesure de la quantité de cortisol dans l'urine chez des individus « contrôle » et chez des patients atteints de la maladie de Cushing.**

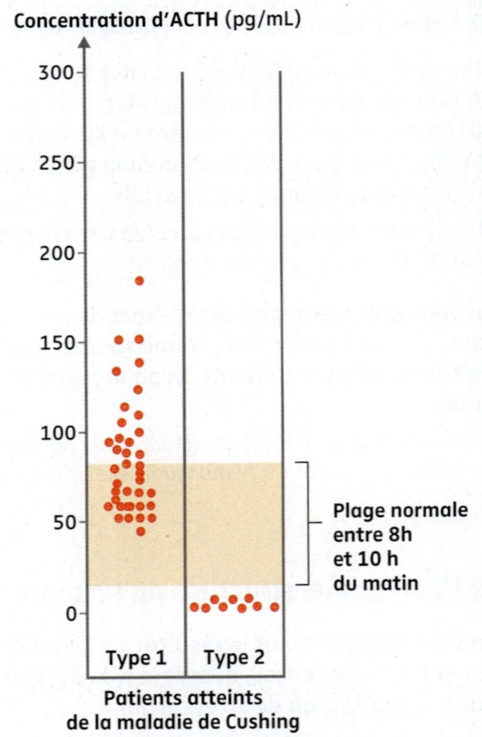

c **Mesure de la concentration d'ACTH entre 8 h et 10 h du matin chez 137 patients (de type 1 et de type 2).**
La concentration d'ACTH entre 8 h et 10 h du matin chez les individus sains est marquée sur le graphique par la surface orangée.

■ Une surproduction d'hormones peut être la conséquence d'une tumeur au niveau de l'organe responsable de la sécrétion de celle-ci.

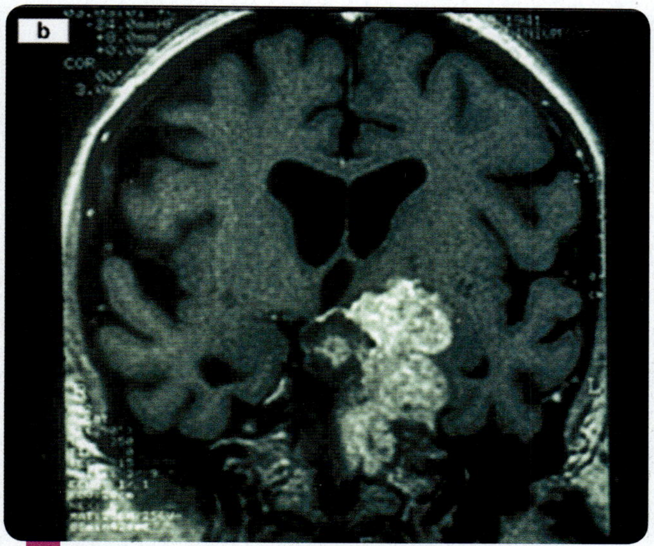

d **IRM chez un patient de type 1 montrant un adénome hypophysaire (zone blanche), une tumeur bénigne au niveau de l'hypophyse).** 85 % des patients atteints du type 1 de la maladie de Cushing présentent ce type de tumeur.

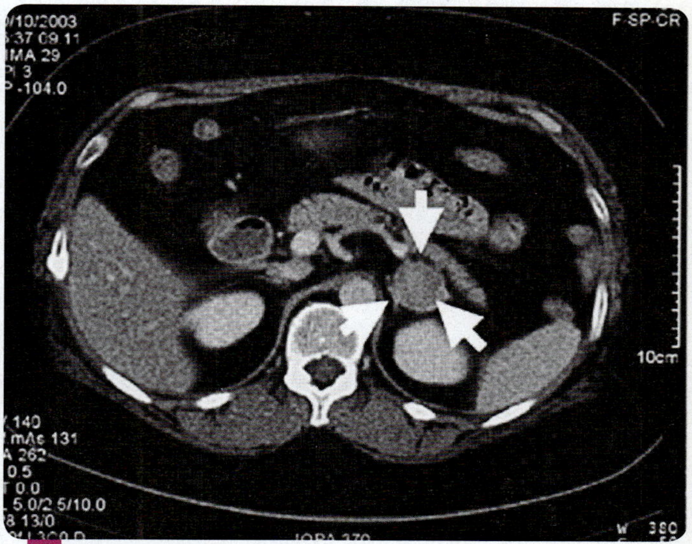

e **IRM chez un patient de type 2 montrant un adénome surrénalien (flèches), une tumeur au niveau des glandes surrénales.** 85 % des patients atteints du type 2 de la maladie de Cushing présentent ce type de tumeur.

■ La dépression est un trouble mental caractérisé par de la tristesse, une faible estime de soi et une perte de plaisir ou d'intérêt. L'inventaire de dépression de Beck, utilisé dans cette étude, est un examen psychologique qui permet d'évaluer le niveau de dépression.

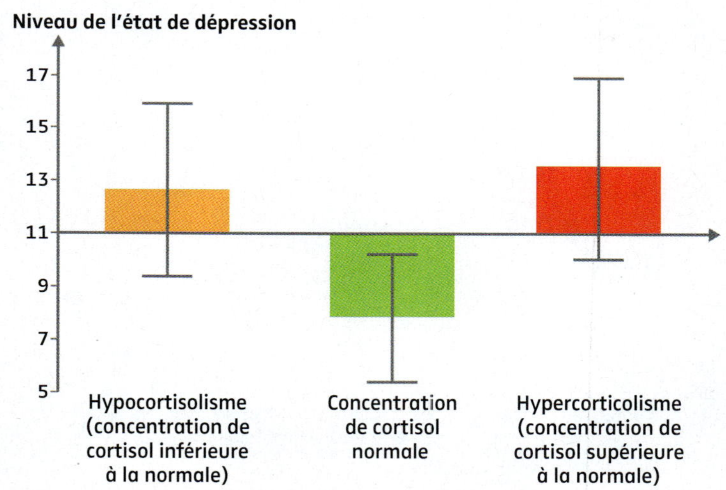

f **Mesure du niveau de l'état de dépression de 145 patients en fonction de leur taux de cortisol sanguin.**

Guide de résolution

1. Comparez les patients de type 1 et les patients de type 2 (identifiez les points communs et les différences).
2. Construisez un schéma fonctionnel du fonctionnement de l'axe hypothalamo-hypophyso-corticosurrénalien lors d'un stress (➔ Méthode n° 11).
3. Expliquez les taux d'hormones anormaux chez les patients de type 1 et les patients de type 2.
4. Expliquez pourquoi les patients atteints de la maladie de Cushing souffrent de dépression.

CHAPITRE 20

Comportement et stress : l'organisme débordé dans ses capacités d'adaptation

▶ L'organisme est capable de s'adapter à la présence d'agents stresseurs dans son environnement. Cependant, dans certains cas, l'organisme est débordé, ce qui peut engendrer des conséquences sur la santé. C'est le stress chronique.

Un individu face à différents agents stresseurs.

Quelles sont les conditions d'apparition du stress chronique ? UNITÉ 1

Affiche de prévention contre les risques du stress au travail.

Quelles sont les manifestations du stress chronique ? UNITÉ 1

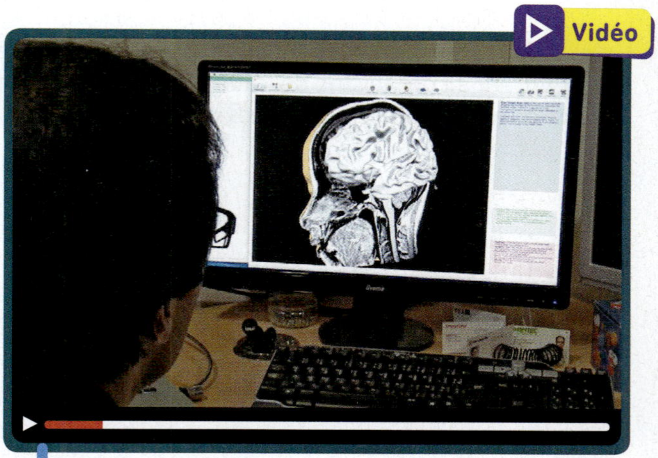

Une équipe de recherche s'intéresse aux effets du stress sur les neurones et envisage les applications thérapeutiques dans l'espèce humaine.

Quels sont les effets du stress sur notre cerveau à long terme ? UNITÉS 1 et 2

11 500 000

C'est le nombre de Français consommant chaque année des benzodiazépines, médicaments qui diminuent l'anxiété liée au stress.

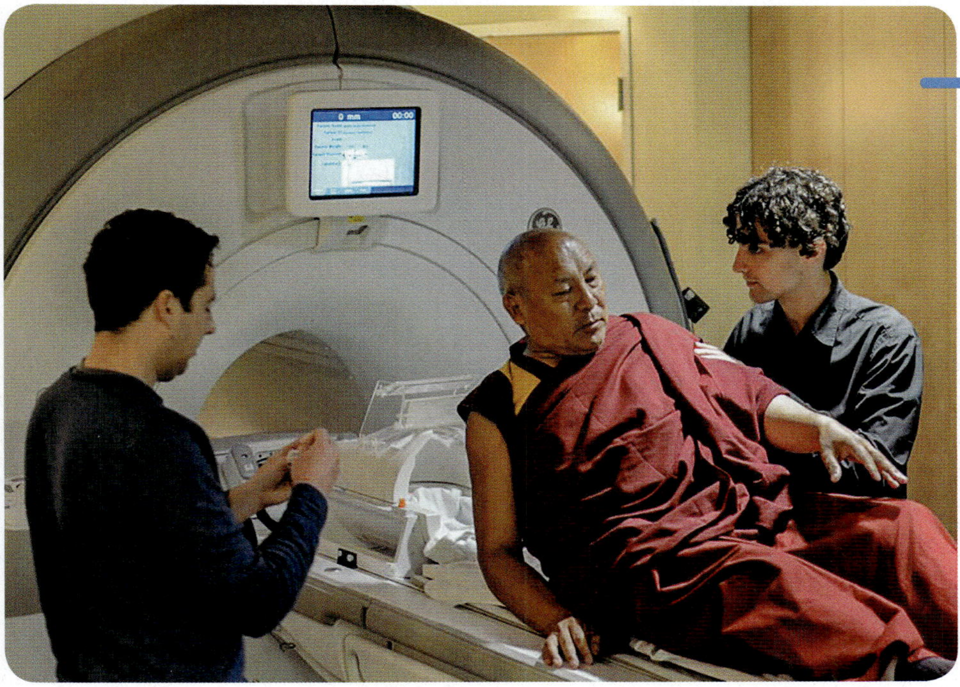

Depuis le début des années 2000, l'IRM fonctionnelle permet d'étudier les caractéristiques du cerveau d'individus pratiquant quotidiennement la méditation.

Comment limiter les effets du stress sans consommer de substances psychoactives ? UNITÉ 2

UNITÉ 1

Le stress chronique, un débordement du système d'adaptation

Le stress aigu correspond à un ensemble de réponses coordonnées qui permettent à l'organisme de s'adapter à une situation d'urgence. Si cet état dure dans le temps, on parle de stress chronique.

Objectifs

Identifier les conditions du stress chronique et caractériser ses effets.

Caractériser le stress chronique

« Des expériences sur des rats montrent que, si l'organisme est gravement endommagé par des agents nocifs (tels qu'une exposition au froid, une blessure chirurgicale, la production d'un choc vertébral, un exercice musculaire excessif ou une intoxication par des doses non létales de divers médicaments), un syndrome typique apparaît, dont les symptômes sont indépendants de la nature de l'agent nocif et représentent plutôt une réponse au dommage en tant que tel. »

Hans Selye (1907-1982).

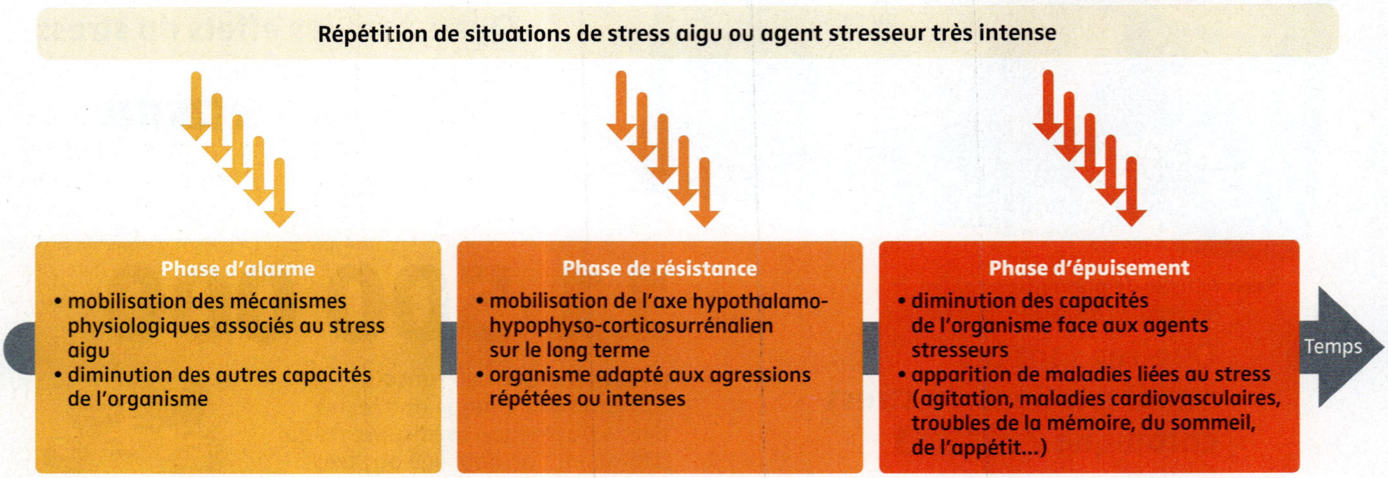

1 Hans Selye étudie les effets de situations de stress répétées ou intenses sur une population de rats en laboratoire. Il construit un modèle décrivant la réaction au stress.

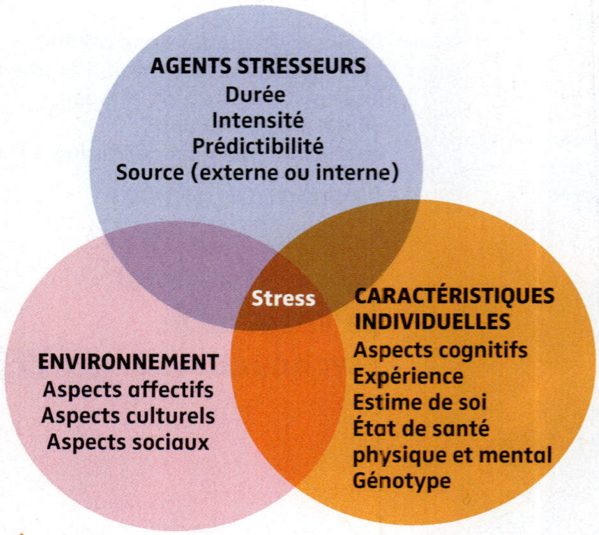

2 Quelques dimensions déterminant la résistance au stress chronique.

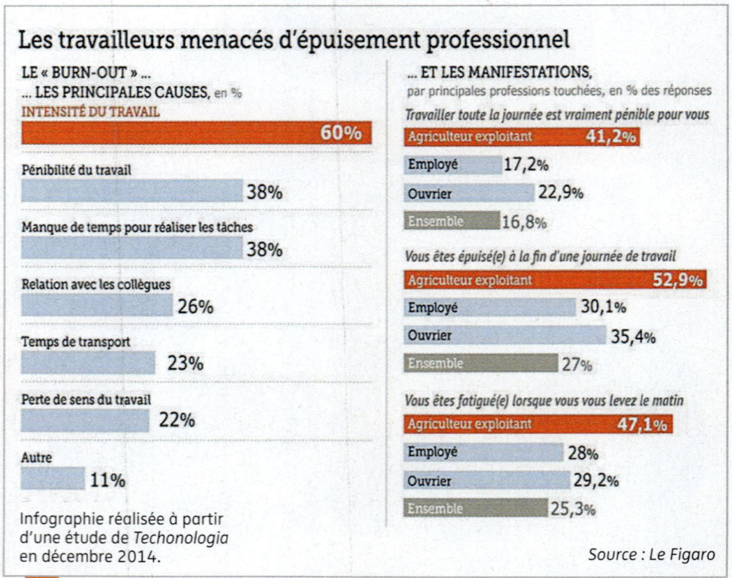

3 Stress chronique au travail en France.

Identifier les conséquences du stress chronique sur le cerveau

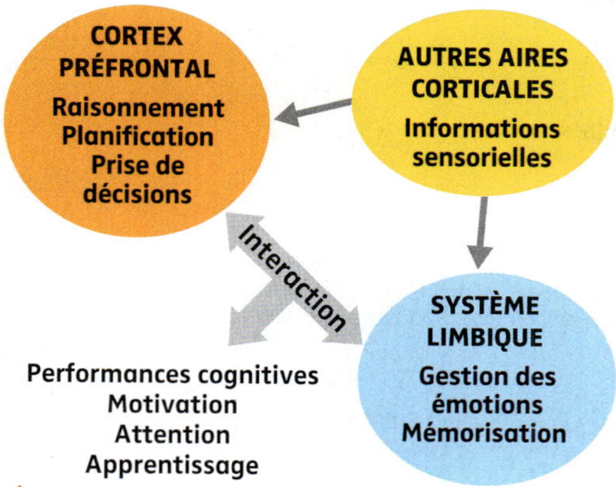

4 **Coopération du cortex et du système limbique dans la réalisation de tâches cognitives complexes.**

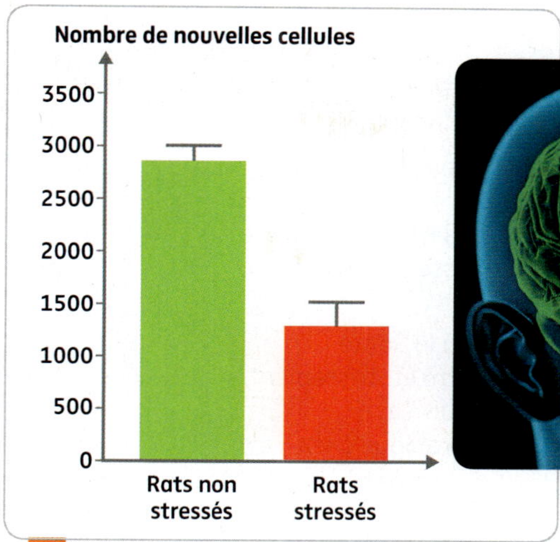

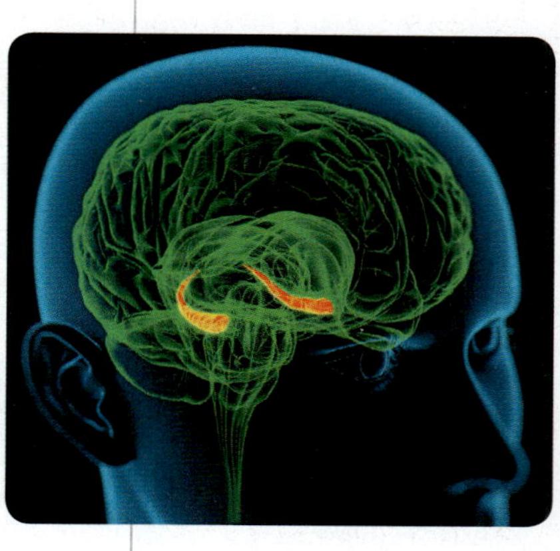

5 **Prolifération des cellules de l'hippocampe dans un groupe de rats en situation de stress chronique et un groupe de rats non stressés.** L'hippocampe (en rouge et jaune sur la vue 3D) est une structure appartenant au système limbique.

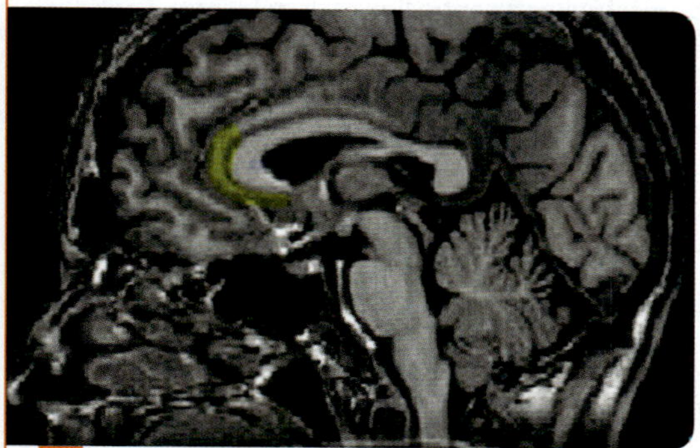

6 **Localisation du cortex cingulaire antérieur CCA (IRM, coupe sagittale).**

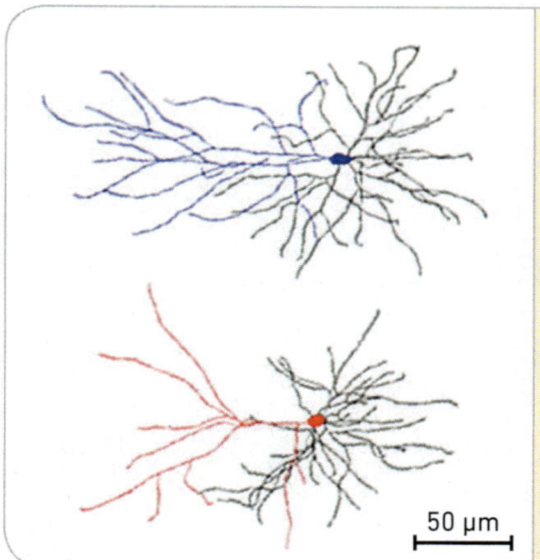

La plasticité cérébrale humaine : dans l'espèce humaine, le cerveau possède d'importantes capacités de modifications de sa structure, bien après la fin du développement embryonnaire. Le nombre et la structure des neurones ainsi que leurs connexions peuvent évoluer au cours du temps. Ceci est à la base de la mémoire et des capacités d'apprentissage de notre espèce.

7 **Morphologie de neurones du CCA de rats témoins (en haut) et de rats soumis à des agents stresseurs pendant 21 jours (en bas).** Les parties colorées correspondent aux dendrites apicales.

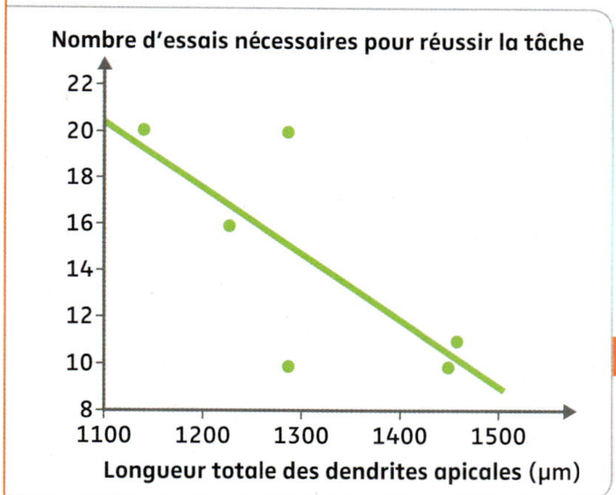

8 **Étude de l'attention des rats en fonction de la longueur totale des dendrites du CCA (en micromètres).** Le test d'attention consiste à proposer au rat la réalisation d'une tâche nouvelle alors qu'il est occupé à en réaliser une autre. Le manque d'attention induit une augmentation du nombre d'essais avant de réussir la tâche.

Guide de résolution

Indicateurs de réussite

1. Identifier les causes du stress chronique.

2. Montrer que, malgré le modèle de Hans Selye, le stress chronique présente une variabilité individuelle.

3. À partir des différentes expériences, montrer que le stress chronique a des effets sur la structure du cerveau et les performances cognitives.

On parle parfois de plasticité mal-adaptative pour qualifier le stress chronique. Justifier cette expression.

4. **En conclusion**

Montrer que le stress chronique, à la différence du stress aigu, peut être qualifié de « débordement du système d'adaptation ».

Des pratiques pour favoriser la résilience du système d'adaptation

MISSION ORAL

Les devoirs, les examens et les perspectives d'orientation peuvent engendrer une situation de stress chronique chez certains lycéens. On parle d'anxiété lorsqu'un état d'angoisse persistant, et parfois exagéré, s'installe.

Membre du Comité d'Éducation à la Santé et à la Citoyenneté (CESC) de votre établissement, vous décidez de proposer une journée de prévention contre le stress chronique chez les adolescents.

Vous devez présenter en 180 secondes les traitements diminuant l'anxiété quotidienne et leurs effets.

4 boîtes de benzodiazépines sont consommées en France chaque seconde

11,5 millions de personnes en France consomment des benzodiazépines chaque année

« Quand votre angoisse, répétée et constante, vous pose suffisamment de problèmes pour vous empêcher de mener une vie normale, il est temps de consulter. »

Joseph Baskin, psychiatre à la clinique de Cleveland

54 % des étudiants de moins de 18 ans déclarent être stressés

Plusieurs études ont montré les effets de la pratique du yoga contre les symptômes du stress

▲ **Depuis les années 1990, des travaux ont souligné une consommation très importante de médicaments contre l'anxiété en France.** Ces médicaments appartiennent principalement à la famille des benzodiazépines.

1 Le test du labyrinthe utilisé pour mesurer l'anxiété chez les souris. Ce test est basé sur un conflit entre la tendance naturelle de la souris à explorer les nouveaux espaces et sa peur des milieux ouverts exposés aux prédateurs. Le labyrinthe possède deux couloirs fermés sur le côté par des murs et deux couloirs ouverts. Plus un rongeur est anxieux, moins il passera de temps dans les couloirs ouverts.

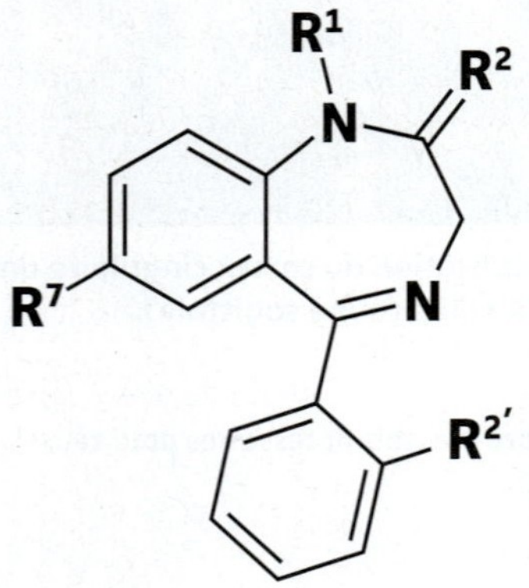

2 Structure générale des benzodiazépines. Les premiers comprimés de benzodiazépines ont été commercialisés dans les années 1960. *R* correspond aux chaînes latérales différentes qui confèrent aux molécules leurs propriétés.

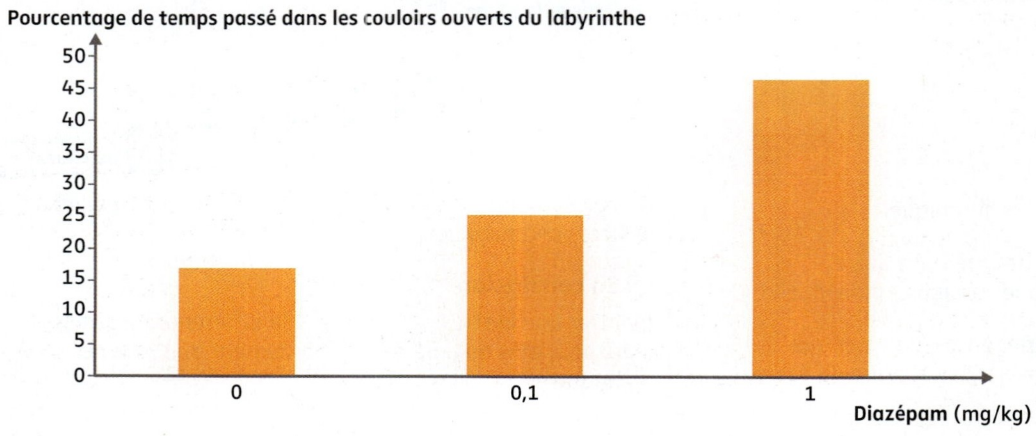

3 Effet de l'administration de diazépam sur l'anxiété des souris. Le diazépam est une benzodiazépine.

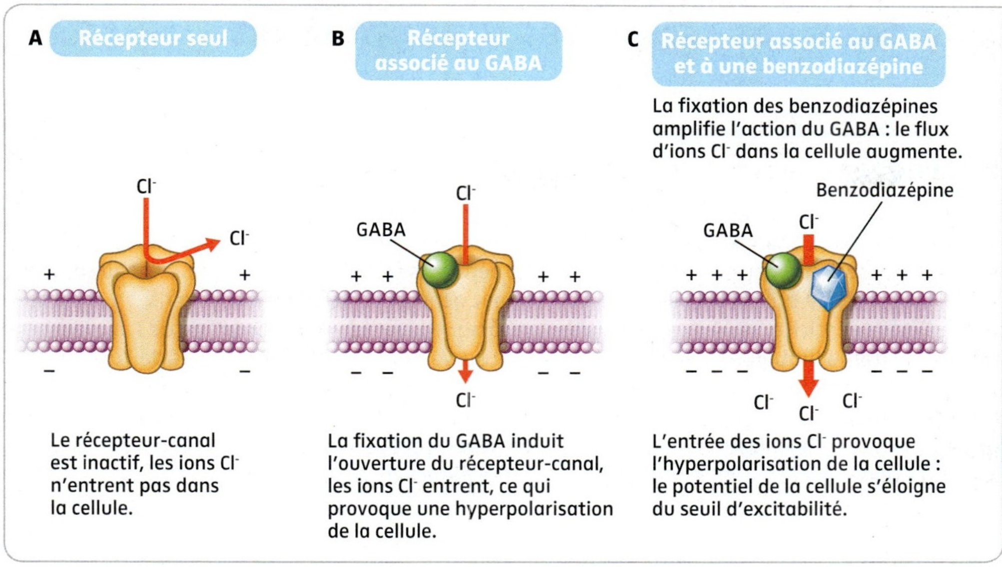

L'acide gama-aminobutyrique (GABA) est le principal neurotransmetteur inhibiteur du système nerveux central. L'inhibition via le GABA concerne 50 % des synapses inhibitrices et se retrouve à tous les niveaux (cortex, système limbique…) : elle permet notamment de limiter l'excitation des neurones et de stabiliser les connexions entre cellules.

4 Effet des benzodiazépines sur les récepteurs à GABA.

Environ 23 % des effets indésirables graves déclarés avec les benzodiazépines sont des affections du système nerveux (somnolence, comas, convulsions voire plus rarement, amnésies). Les risques d'effets indésirables graves sont accrus chez le sujet âgé chez qui des chutes sont fréquemment rapportées.

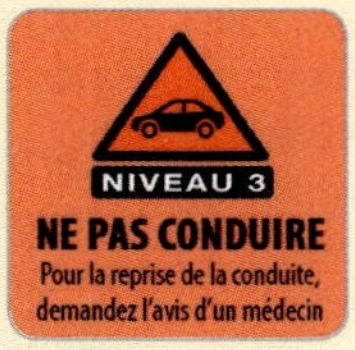

La consommation de benzodiazépines expose également à une augmentation du risque d'accidents de la route. Des études internationales montrent une augmentation de 60 à 80 % du risque d'accidents, ce risque étant multiplié par 8 en cas de consommation concomitante d'alcool.

5 Effets indésirables associés à la prise de benzodiazépines.

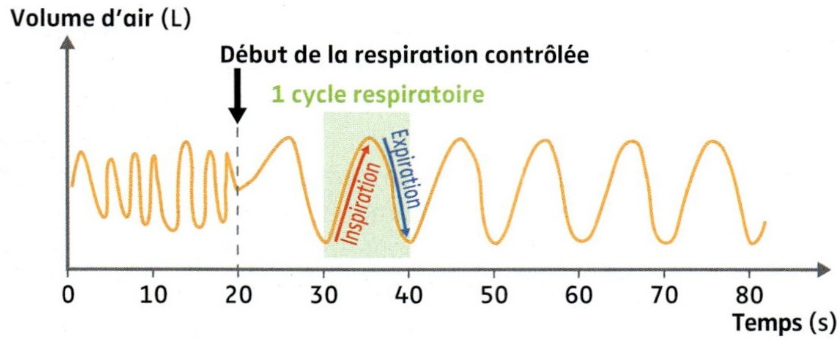

6 Enregistrement des cycles respiratoires d'un individu au repos et contrôlant sa ventilation. La technique consiste à enchaîner des cycles de 10 s pendant 5 minutes et 3 fois par jour. Elle a été testée avec succès sur des individus dans diverses situations de stress (pilotes de l'armée de l'air, élèves…). Cependant, à ce jour, des études scientifiques manquent pour caractériser le lien entre pratique de techniques respiratoires et réduction des symptômes du stress chronique.

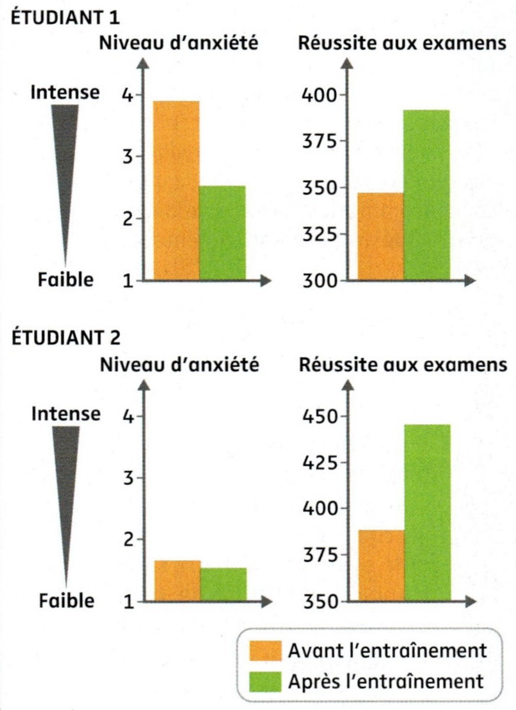

7 Effets de l'entraînement à la technique de respiration chez deux étudiants.

Coup de pouce

Mobilisation des connaissances

1 La libération de neurotransmetteurs dans une synapse contrôle l'activité électrique dans le neurone post-synaptique.

2 La consommation de substances exogènes (médicaments, drogues, toxines) peut perturber le fonctionnement cérébral : les substances agissent au niveau des synapses et peuvent provoquer une addiction (chapitre 15).

MISSION réussie si…

- Le lien entre consommation de benzodiazépines ou pratique d'une technique respiratoire et diminution de l'anxiété est établi.
- Les risques liés à la consommation de benzodiazépines sont identifiés.
- Le discours est structuré, formulé dans un langage correct et s'appuie sur les informations contenues dans les documents.

BILAN CHAPITRE 20 Comportement et stress : l'organisme débordé dans ses capacités d'adaptation

Texte dys
Texte audio

UNITÉ 1 Le stress chronique, un débordement du système d'adaptation

▶ L'étude des structures cérébrales associées aux apprentissages, grâce aux techniques de marquage fluorescent ou d'IRM, montre que l'exposition à des agents stresseurs trop intenses ou répétés provoque une modification du nombre de neurones, de prolongements dendritiques ou de connexions. Cette plasticité, qui touche notamment le **cortex préfrontal** et le **système limbique**, réduit les capacités de l'organisme. Elle est qualifiée de **plasticité mal-adaptative**, car la plasticité cérébrale qui d'habitude est une capacité avantageuse dans l'adaptation de l'individu à son milieu de vie, est ici un inconvénient dans ce contexte particulier.

▶ L'étude du comportement de rats soumis à des contraintes répétées a permis de mettre en évidence les effets du stress sur le long terme : après une période de résistance, les animaux montrent des signes d'épuisement général. Chez les êtres humains, on parle de stress chronique lorsque le système d'adaptation de l'organisme est débordé. On observe notamment des troubles de l'attention et de la mémoire, et une diminution des **performances cognitives**. Le stress chronique est un phénomène complexe lié à de nombreuses dimensions : durée et intensité des agents stresseurs, mais aussi caractéristiques de chaque individu.

UNITÉ 2 Des pratiques pour favoriser la résilience du système d'adaptation

▶ **Des traitements médicamenteux** sont mis au point depuis les années 1950 pour limiter l'épuisement lié au stress chronique et favoriser la résilience. Les benzodiazépines sont des molécules de synthèse dont les principaux effets réduisent l'anxiété et favorisent le sommeil. Elles activent les récepteurs à GABA, un neurotransmetteur inhibiteur du système nerveux, ce qui induit une atténuation des symptômes du stress chronique.
La consommation des benzodiazépines peut entraîner des **effets indésirables**, notamment la sédation et des troubles de l'attention : elle doit donc respecter un protocole rigoureux suivi par un médecin.

▶ **Certaines pratiques non médicamenteuses** peuvent également favoriser la résilience : les études de cohortes pratiquant des techniques de respiration, de méditation ou un entraînement sportif adapté ont montré une diminution de l'anxiété et une amélioration des performances cognitives.

En quelques mots

1 Le stress chronique

- **Face à l'exposition à des agents stresseurs répétés ou intenses**, le système d'adaptation peut être débordé, entraînant **le stress chronique**. Le nombre, l'aspect et les connexions des neurones dans le **cortex préfrontal** et le système limbique sont modifiés entraînant des troubles de l'attention, de la mémoire et des performances cognitives (c'est la **plasticité mal-adaptative**).
- L'apparition du stress chronique dépend de chaque individu, de la durée et de l'intensité des agents stresseurs.

2 Favoriser la résilience lors d'un stress chronique

- Les **benzodiazépines**, qui activent les récepteurs à GABA (neurotransmetteur inhibiteur du système nerveux), sont des traitements médicamenteux dont les effets favorisent le sommeil, réduisent l'anxiété et l'épuisement liés au stress chronique. Ainsi, ils favorisent la résilience. La consommation des benzodiazépines doit suivre un protocole rigoureux car elle peut entraîner des effets indésirables (sédation, troubles de l'attention).
- Des **pratiques non médicamenteuses** (techniques de respiration, de méditation, entraînement sportif...) peuvent également diminuer l'anxiété, améliorer les performances cognitives et favoriser la résilience.

mots-clés

Cortex préfrontal : partie du cerveau située la plus en avant du lobe frontal du cortex.

Plasticité mal-adaptative : modification du volume, du nombre de cellules, de la structure ou du nombre de connexions d'une zone cérébrale diminuant les capacités de l'organisme.

Vidéo bilan

Schéma interactif

En une image

LE STRESS CHRONIQUE

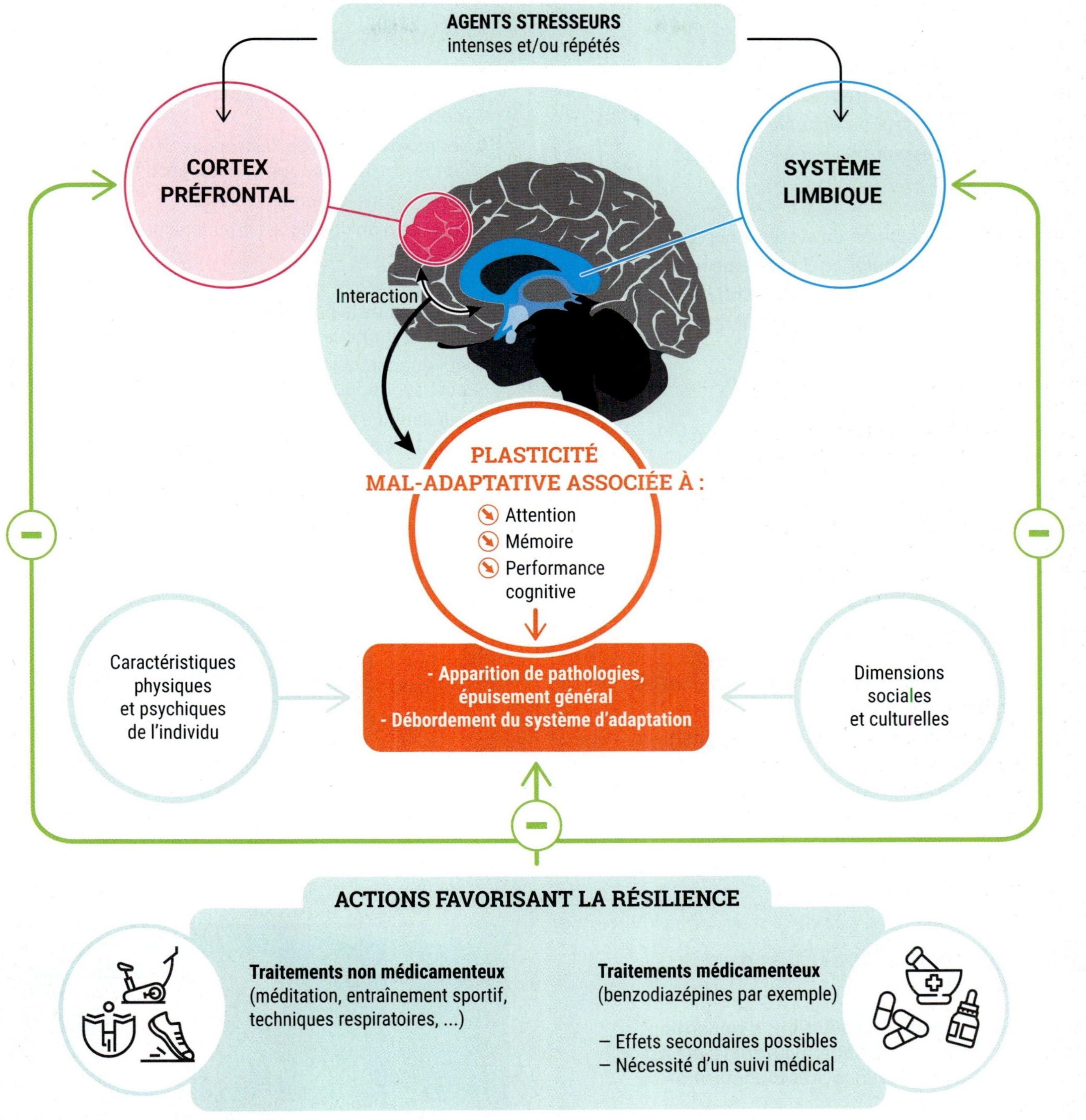

mémorisation active

Pour retenir les notions...

- Mécanismes physiologiques débordés
- Plasticité mal-adaptative
- Benzodiazépines
- Troubles cognitifs et émotionnels
- Traitements non médicamenteux

Je construis ma carte des idées

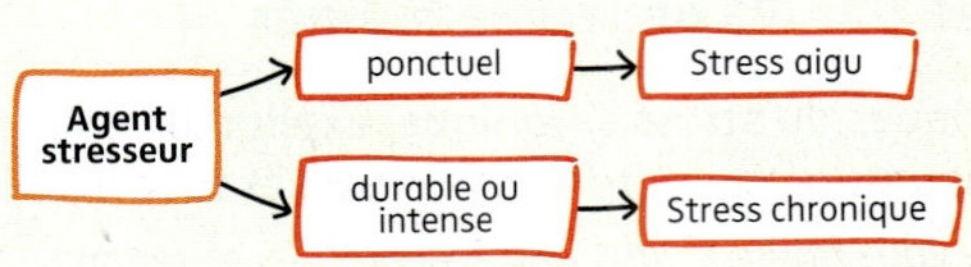

Pour m'aider dans la construction

→ Méthode 1

Pour m'entraîner

→ Exercice 2 p. 414

Quiz

EXO Exercices interactifs

Pour chaque question, choisir la bonne réponse parmi les affirmations proposées.

1. Le stress chronique peut être induit par :

a un agent stresseur peu intense et ponctuel.
b un agent stresseur très intense uniquement.
c un agent stresseur répété uniquement.
d un agent stresseur très intense ou répété.

2. Les benzodiazépines agissent en :

a amplifiant l'inhibition du système nerveux.
b amplifiant la stimulation du système nerveux.
c amplifiant la plasticité mal-adaptative.
d diminuant l'intensité des agents stresseurs.

3. Le traitement médicamenteux du stress chronique :

a limite la résilience de l'organisme.
b ne présente aucun risque de sédation.
c entraîne des perturbations de l'attention.
d empêche l'action du GABA.

4. La plasticité du système limbique et du cortex préfrontal induit :

a la résilience suite à un stress aigu.
b la résilience suite à un stress chronique.
c une modification des performances cognitives lors d'un stress chronique.
d une modification des performances cognitives lors d'un stress aigu.

5. On parle de plasticité mal-adaptative pour le stress chronique car :

a les modifications de structure du cerveau ne sont plus possibles.
b les modifications de la structure cérébrale induites par le stress provoque une adaptation négative.
c cela modifie la forme du crâne.
d la prise d'anxiolytiques provoque des douleurs.

6. Le GABA est un neurotransmetteur :

a qui diminue le potentiel électrique de la cellule post synaptique et l'inhibe.
b qui augmente le potentiel électrique de la cellule post synaptique et l'active.
c qui diminue le potentiel électrique de la cellule post synaptique et l'active.
d qui augmente le potentiel électrique de la cellule post synaptique et l'inhibe.

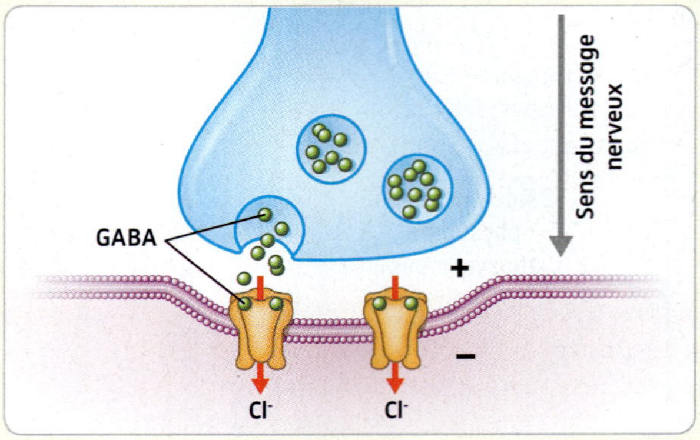

→ Corrigés p. 447

1 Les conditions d'apparition du stress chronique

Après avoir présenté les conditions d'apparition du stress chronique, expliquer pourquoi il est associé à un débordement des capacités d'adaptation de l'organisme.

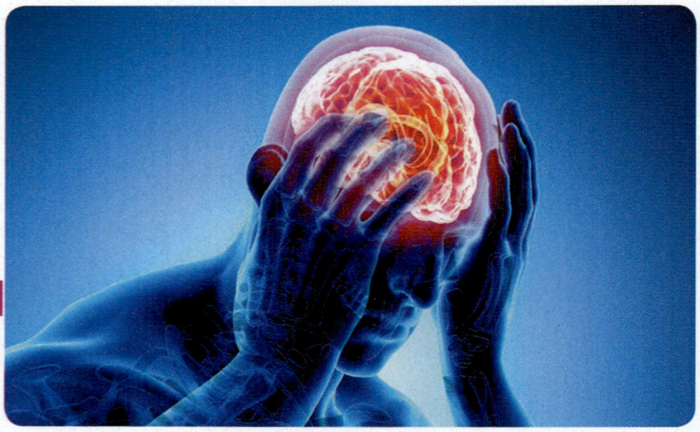

a Des modifications des capacités cognitives et de gestion des émotions sont associées au stress chronique.

2 Le traitement de l'anxiété par les benzodiazépines

Après avoir décrit les caractéristiques du stress chronique, expliquer comment la consommation de benzodiazépines peut limiter les troubles et favoriser la résilience.

Vous rédigerez un exposé structuré. Vous pouvez vous appuyer sur des schémas judicieusement choisis.

3 La plasticité cérébrale associée au stress chronique

À l'aide de vos connaissances et en vous appuyant sur le document b, présenter les caractéristiques et les conséquences de la plasticité cérébrale observée lors d'un stress chronique.

Vous rédigerez un exposé structuré. Vous pouvez vous appuyer sur des schémas judicieusement choisis.

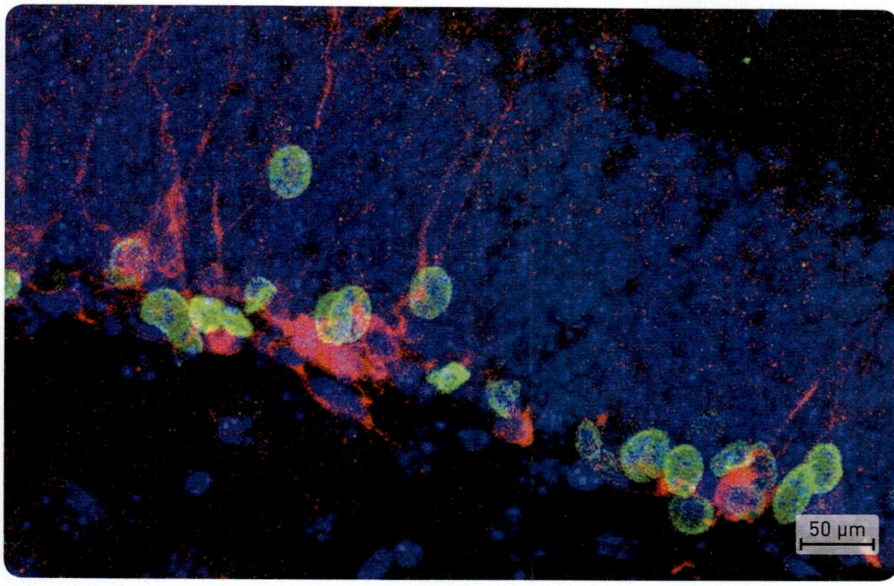

b Cellules nerveuses de l'hippocampe de souris (microscope à fluorescence).
Les cellules nouvellement formées sont marquées en vert et en rouge.

4 Le rôle du GABA dans la gestion du stress

■ Les immunoglobulines A (IgA) sont des molécules du système immunitaire. Elles sont dosées dans la salive d'individus volontaires souffrant de vertige en traversant un pont d'une longueur de 300 mètres à plus de 50 mètres du sol.

En vous appuyant sur vos connaissances et les résultats du document c, proposer une hypothèse sur l'action du GABA dans le groupe test.

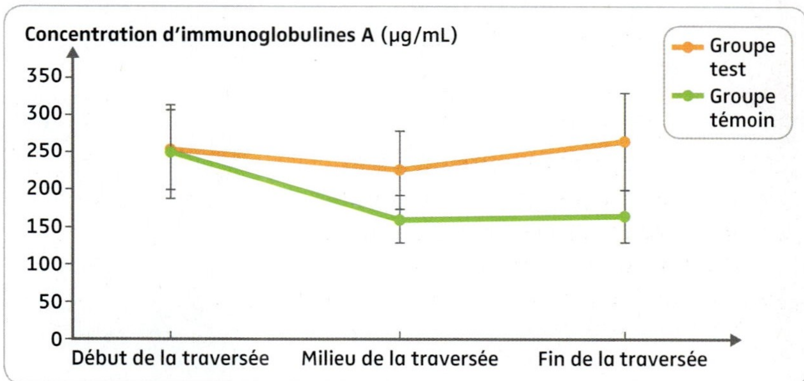

c Concentration d'IgA dans la salive des individus volontaires.
Les IgA ont été dosées au début, au milieu et à la fin de la traversée. Les individus du groupe test ont ingéré 100 mg de GABA au début de la traversée.

5 Les benzodiazépines

À l'aide de vos connaissances et en vous appuyant sur le document d, expliquer comment les benzodiazépines favorisent la résilience en cas de stress chronique et présenter les risques associés.

Posologie

La posologie est strictement individuelle et il n'est pas possible de définir une dose usuelle.
Dans tous les cas, conformez-vous à la prescription de votre médecin traitant.

Mode et voie d'administration

Voie orale.
Avalez ce médicament avec un verre d'eau.

Durée du traitement

La durée du traitement doit être aussi brève que possible et ne devrait pas dépasser 8 à 12 semaines.

Pendant le traitement

• Des troubles de la mémoire (trous de mémoire) ainsi que des altérations des fonctions psychomotrices (altération du contrôle de vos mouvements) peuvent apparaître dans les heures qui suivent la prise du médicament.

• Ce médicament peut provoquer chez certaines personnes des réactions contraires à l'effet recherché : insomnie, cauchemars, agitation, nervosité, euphorie ou irritabilité, tension, modifications de la conscience, voire des comportements potentiellement dangereux (agressivité envers soi-même ou son entourage, ainsi que des troubles du comportement et des actes automatiques). Si une ou plusieurs de ces réactions surviennent, contactez le plus rapidement possible votre médecin.

d Extrait d'une notice d'une benzodiazépine.

Histoire des sciences

LE RÉFLEXE DE **PAVLOV**

À la fin du XIXe siècle, le médecin et physiologiste russe Ivan Pavlov réalise une série d'expériences célèbres qui démontrent que les réflexes peuvent être conditionnés. En travaillant avec des chiens, il met en évidence que la sécrétion de salive est un réflexe provoqué par la vue ou le contact de la nourriture. Mais si un chien est habitué, conditionné, à recevoir sa nourriture en même temps qu'un autre stimulus (sifflet, son d'un métronome, par exemple), on constate que, au bout d'un certain temps, le stimulus sonore seul déclenche le processus de salivation. Les réflexes conditionnels sont aussi présents chez l'être humain et interviennent dans les apprentissages.

Les zombies existent ! FAUX

Le vrai DU Faux ?

Non, bien sûr mais les zombis (sans e), oui !

En Haïti plusieurs cas de zombis ont été documentés. Il s'agit de personnes qui ont été dénoncées au sorcier d'une société secrète, le bokor, par un proche avec lequel elles ont un différend ou parce qu'elles sont considérées comme nuisibles par la société. Le bokor administre alors à cette personne un poison, la tétrodotoxine, qui bloque la propagation des messages nerveux et entraîne ainsi une paralysie simulant la mort. La victime est ensuite enterrée vivante…

Mais on vient la déterrer dès la nuit suivante ; on lui donne des antidotes et on lui administre de nombreuses autres drogues, comme des barbituriques, afin de casser sa personnalité et de créer une grande confusion mentale. L'individu est ensuite utilisé comme travailleur forcé. Certains parviennent à s'échapper et reviennent d'entre les morts : les fameux zombis !

Extrait de la BD « Les Zombies ».
Écrite par Philippe Charlier, médecin légiste et anthropologue, après une enquête réalisée en Haïti (dessins par Richard Guerineau).

Sport

AVOIR DE GROS MUSCLES !

La pratique de la musculation est très répandue pour obtenir une musculature développée… D'un point de vue physiologique, faire grossir ses muscles ne veut pas dire augmenter le nombre de cellules musculaires. En réalité, ce sont le volume et le nombre de myofibrilles qui augmentent.

Espace

L'ESPACE FAIT FONDRE LES MUSCLES…

Un séjour dans l'espace d'une dizaine de jours suffit à provoquer une perte de masse musculaire de l'ordre de 20 % à cause de la microgravité qui règne dans le vaisseau spatial. Cela pourrait être dangereux pour les astronautes en cas de procédure d'urgence. Ils sont donc astreints à un entraînement quotidien particulier d'au moins deux heures pour éviter la fonte musculaire.

L'astronaute français Thomas Pesquet réalise des mesures d'atrophie musculaire sur la machine MARES (Muscle Atrophy Research and Exercise System).

Santé

PRATIQUER LE YOGA AVANT UN EXAMEN

Le yoga entre dans les établissements scolaires. Proposée par certains professeurs pendant leurs séances ou en ateliers, la pratique de certaines postures permet de se relaxer, de mieux maîtriser les manifestations du stress aigu et même de gagner en confiance.

La réalisation de mouvements et le contrôle de la respiration permettraient d'activer le système nerveux parasympathique responsable du ralentissement des fonctions de l'organisme (diminution de la fréquence cardiaque par exemple).

Vidéo

Le glycogène, forme de stockage du glucose par le foie

En 1855, les conclusions de l'expérience du foie lavé de Claude Bernard sont retranscrites dans le compte rendu de l'Académie des sciences : « Cette expérience prouve clairement, comme nous l'avons avancé, que dans un foie frais à l'état physiologique, il y a deux substances, à savoir : 1° le sucre très soluble dans l'eau et qui est emporté avec le sang par le lavage ; 2° une autre matière assez peu soluble dans l'eau pour qu'elle soit restée fixée au tissu hépatique après que celui-ci avait été dépouillé de son sucre et de son sang par un lavage de quarante minutes. C'est cette dernière substance qui, dans le foie abandonné à lui-même, se change peu à peu en sucre par une sorte de fermentation, ainsi que nous allons le montrer. [...] »

→ On cherche à montrer que le glucose libéré lors de l'expérience du foie lavé était stocké dans le foie sous forme de glycogène.

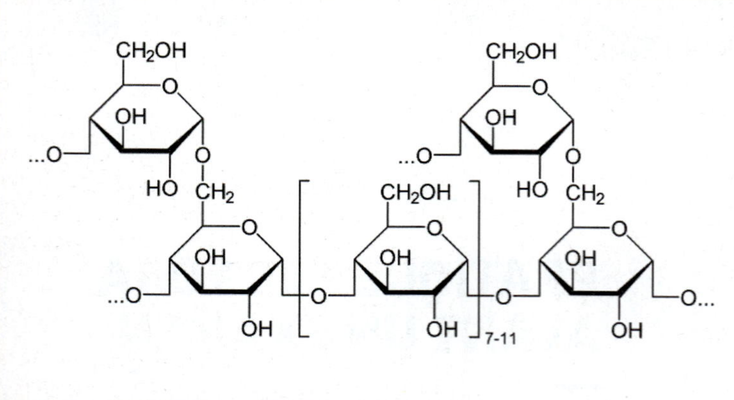

a. **Le glycogène est un polymère de glucose.**

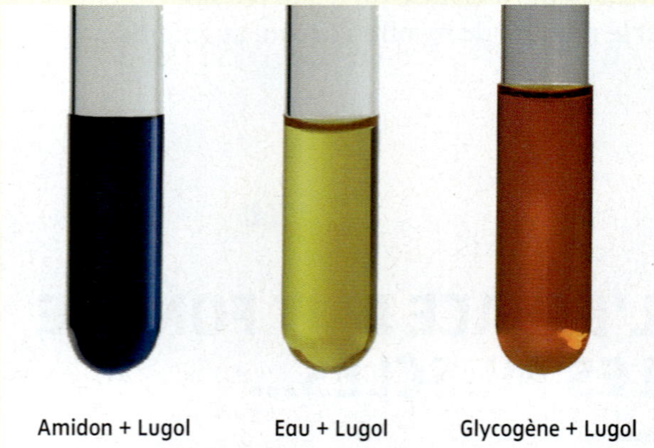

b. **Le test à l'eau iodée ou lugol.**
L'eau iodée permet de mettre en évidence les sucres complexes comme l'amidon ou le glycogène qui sont des polymères de glucose. Il suffit de mettre en contact quelques gouttes d'eau iodée avec la solution à tester et d'observer la coloration obtenue.

Solution testée	Présence de glucose
Liquide contenant les morceaux de foie frais après lavage	négative
Liquide contenant les morceaux de foie frais 24 h après lavage	positive

c. **Résultats de l'expérience du foie lavé réalisée par Claude Bernard en 1855.**

1 Proposer une stratégie de résolution réaliste

Présenter et argumenter votre stratégie à l'oral.

Préciser le matériel dont vous aurez besoin pour mettre en œuvre votre stratégie.

> Pour montrer que le glucose est stocké sous forme de glycogène dans le foie, je vais comparer le stock de glycogène dans le foie avant et après la libération de glucose.

> Je vais tester la présence de glycogène dans le foie juste après le lavage et après 24 heures dans une solution d'eau. J'utilise le test de l'eau iodée. Je peux tester un broyat de foie ou observer les cellules de foie au microscope en présence d'eau iodée.

> Je m'attends à ce que le broyat de foie ou les cellules du foie juste après le lavage se colorent en acajou en présence d'eau iodée alors que la coloration sera orange au bout de 24 heures. Cela signifiera que le foie contient du glycogène en début d'expérience et qu'il n'en contient plus au bout de 24 heures.

DES PISTES POUR RÉUSSIR

Dans cette partie il faut préciser à l'oral :
- ce que l'on fait pour résoudre le problème, c'est-à-dire le principe général de l'étude qui va être menée ;
- comment on fait, quelle technique on utilise ;
- quels sont les résultats attendus.

2 Mettre en œuvre un protocole pour obtenir des résultats exploitables

PROTOCOLE

Mise en évidence du glycogène dans un organe : le test consiste à faire précipiter le glycogène puis à le tester avec de l'eau iodée.

1. Broyer 10 g de foie frais dans un mixer (ou un mortier avec du sable) et 30 mL d'acide trichloroacétique à 4 %.
2. Répartir le broyat dans des tubes de centrifugeuse et centrifuger à 5000 tours/minute pendant 5 minutes.
3. Récupérer le surnageant.
4. Ajouter deux volumes d'alcool à 95 % à un volume de surnageant pour faire précipiter le glycogène et mélanger.
5. Centrifuger à 5000 tours par minute pendant 5 minutes. Récupérer le culot blanchâtre formé par le glycogène.
6. Diluer le culot dans 20 mL d'eau distillée et tester à l'eau iodée.

> Utiliser les équipements individuels adéquats et manipuler avec précaution pour se protéger et protéger ses camarades.

> Remplir deux tubes avec le même volume de broyat et les placer face à face dans la centrifugeuse.

> Pour récupérer le surnageant, on utilise une pipette Pasteur. Le tube est incliné. Appuyer sur la poire et appliquer la pipette contre le bord du tube pour prélever doucement le liquide. Verser le liquide prélevé dans un autre tube.

LES BONS GESTES

1. Bien s'équiper

L'utilisation de réactifs lors de la réalisation de ce protocole nécessite d'être attentif aux pictogrammes de danger et de s'équiper en fonction.

Les deux pictogrammes présents sur le flacon d'acide trichloroacétique indiquent des risques pour la santé.

2. Utiliser une centrifugeuse

La centrifugeuse permet de séparer les composés contenus dans un liquide selon leur densité sous l'action de la force centrifuge. La répartition de masse dans l'enceinte de la centrifugeuse doit être parfaitement équilibrée : il faut donc toujours placer deux tubes de même masse face à face de part et d'autre de l'axe de rotation.

3. Récupérer le surnageant après centrifugation

Le tube doit être manipulé avec précaution. Le surnageant correspond à la partie liquide supérieure du tube, le culot correspond à la partie la plus dense au fond du tube.

3 Présenter et traiter les données brutes pour qu'elles apportent les informations nécessaires à la résolution du problème

> Les résultats peuvent ici être représentés sous la forme d'un schéma ou d'un tableau. Il faut veiller à ce que l'on distingue facilement les résultats correspondant au liquide contenant le foie juste après le lavage ou après avoir laissé le foie tremper.

DES PISTES POUR RÉUSSIR

Dans cette partie on attend un document bien renseigné, bien organisé et qui respecte les règles de présentation du type de document choisi.

4 Exploiter les résultats pour résoudre la situation problème

> J'observe que la solution correspondant au broyat de foie juste après le lavage prend une teinte acajou alors que celle correspondant au broyat de foie lavé après avoir trempé dans une solution d'eau distillée pendant 24 h est orange.

> Or, je sais que le lugol est un réactif initialement orange qui se colore en acajou en présence de glycogène.

> Donc je peux dire que le foie contient du glycogène au départ mais plus après avoir libéré du glucose : la forme de stockage du glucose dans le foie est le glycogène.

DES PISTES POUR RÉUSSIR

Construire une réponse du type : « Je vois... Or je sais que .... Donc je peux dire que... »
S'appuyer sur la comparaison des résultats obtenus dans les deux tubes.

Mobiliser et organiser ses connaissances

1 Lecture du sujet

Au brouillon

> Identifier les deux parties de la question :
– Quelles sont les réponses de l'organisme à un stress aigu ?
– Comment ces réponses permettent-elles à l'organisme de s'adapter à la situation de stress ?
Puis pour chacune d'elles, noter les termes importants du sujet et les définir.

> Bien lire les documents et y repérer les informations qui apportent des éléments de réponse. Les noter au brouillon.

> Identifier et remobiliser les connaissances nécessaires et qui ne sont pas forcément évoquées dans les documents. Les noter également.

> Bien relire la question. Vérifier que les notions dégagées à partir des documents et des connaissances permettent d'y répondre. Éventuellement écarter les notions hors sujet.

Exercice 1

La nage forcée, une situation de stress aigu

ÉNONCÉ La situation de nage forcée est utilisée en laboratoire pour induire une situation de stress aigu chez le rat.

QUESTION En vous appuyant sur les **documents 1 et 2** et vos connaissances, **décrire les réponses de l'organisme en situation de stress aigu et expliquer en quoi elles permettent l'adaptation de l'organisme à cette situation.**
Vous rédigerez un exposé structuré. Le document 2 fourni est conçu comme une aide, il peut vous permettre d'illustrer votre exposé, mais son analyse n'est pas attendue.

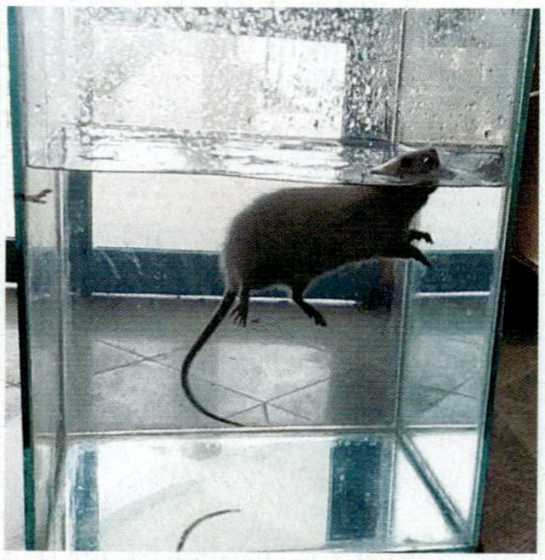

Doc 1. Photographie du dispositif expérimental de nage forcée.

	Concentration de quelques paramètres sanguins	
	rat témoin	rat après une nage forcée de 10 min
Cortisol (µg/dL)	12 ± 4	36 ± 3
ACTH (pg/mL)	141 ± 72	451 ± 92
Glucose (mg/dL)	84 ± 3	103 ± 6
Insuline (pM)	863 ± 85	44 ± 67
Leptine (pM)	512 ± 76	466 ± 24

Doc 2. Quelques paramètres sanguins chez le rat, après une nage forcée ou non.
La leptine est une hormone qui intervient dans la sensation de satiété et la régulation des réserves de graisses dans l'organisme.

2 Lecture des documents

Au brouillon

> Le **Doc 2** doit vous aider :

– **à vous remémorer des éléments de cours ou du vocabulaire.** Ici, il vous permet de retrouver le nom de différents paramètres sanguins et d'identifier comment leur concentration varie durant une situation de stress (augmentation du taux de cortisol, d'ACTH...) ;

– **à inclure des notions, autres que celles évoquées dans le document, qui peuvent provenir d'autres chapitres.** Ici, l'insuline doit vous faire penser à remobiliser des notions du chapitre 18 sur le contrôle des flux de glucose ;

– **à illustrer votre exposé.** Ici, il vous permet de décrire une vraie situation de stress, la nage forcée, et de donner quelques valeurs chiffrées.

L'analyse rédigée du document d'aide n'est pas un attendu, mais la réaliser au brouillon vous apporte une aide considérable !

3 Passage du brouillon à la rédaction

> Quelques mots clés à utiliser pour rédiger votre réponse :

Stress aigu, système limbique, amygdale, hormones, cortisol, adrénaline, fréquence cardiaque, fréquence ventilatoire, glandes médullosurrénales, glandes corticosurrénales, glucose, ACTH, CRH, adaptation de l'organisme, insuline, glucagon...

1 Lecture du sujet

Au brouillon

> Identifier les différentes parties de la question :
- Comment le mouvement volontaire est-il commandé ?
- Comment ce mouvement est-il réalisé ?
- Comment le vécuronium empêche-t-il ce mouvement volontaire ?

> Définir les termes importants du sujet. Rassembler les connaissances nécessaires et saisir dans l'énoncé les informations utiles à la résolution du sujet.

> Ici un texte et un schéma sont attendus. Attention à bien cerner l'objectif du schéma : il doit montrer comment le vécuronium empêche le mouvement volontaire.

2 Mobilisation des connaissances

Au brouillon

> **La question est transversale et fait appel à des notions provenant de plusieurs chapitres qu'il faut identifier et remobiliser :** commande du mouvement volontaire (aires motrices du cortex moteur, voies motrices...), réalisation du mouvement volontaire (jonction neuromusculaire, contraction musculaire à l'échelle de l'organe et de la cellule musculaire, éventuellement à l'échelle moléculaire...), action du vécuronium (action de substances exogènes, fonctionnement des synapses...).

> **Il est conseillé de préparer le schéma au brouillon : il s'agit de compléter le schéma d'une jonction neuromusculaire pour mettre en évidence l'action du vécuronium.**

Quelques éléments à légender :

neurone présynaptique, fente synaptique, fibre musculaire, acétylcholine (neurotransmetteur), vésicules de neurotransmetteurs, récepteurs spécifiques à l'acétylcholine, message nerveux, vécuronium, vaisseau sanguin...

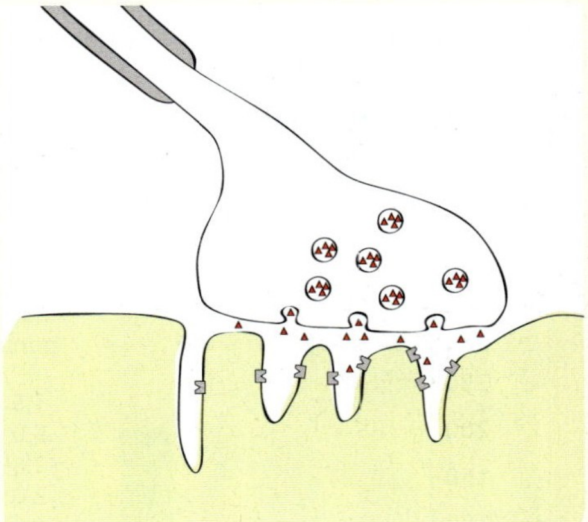

Exercice 2

Le vécuronium, un curare utilisé au bloc opératoire

ÉNONCÉ Le vécuronium est un curare non dépolarisant utilisé en anesthésie pour provoquer un relâchement musculaire complet. Comme tous les curares, il doit être manié avec précaution, car la paralysie provoquée concerne également les muscles respiratoires : une intubation est donc indispensable.
Les curares agissent sur la jonction neuromusculaire.
Ce sont des antagonistes de l'acétylcholine : ils se fixent sur ses récepteurs présents sur la membrane postsynaptique (et donc empêchent l'acéthylcholine de s'y fixer).
En revanche le vécuronium n'a pas d'action dépolarisante sur la cellule musculaire.

QUESTION **Rédiger un texte expliquant comment l'organisme peut commander et réaliser la contraction volontaire d'un muscle.**
Puis expliquer comment le vécuronium peut empêcher ce mouvement volontaire.
Votre texte comportera une introduction, un développement structuré et une conclusion. Un schéma fonctionnel représentant l'action du vécuronium sur la jonction neuromusculaire est attendu.

3 Passage du brouillon à la rédaction

> Votre introduction doit définir les termes du sujet, poser clairement les questions auxquelles vous allez répondre et annoncer la démarche utilisée. Le développement doit être structuré : ici le plus simple est de respecter le plan suggéré dans le sujet. La conclusion répond aux questions en synthétisant les idées essentielles. Le texte doit être correctement rédigé et orthographié. Il doit être aéré et l'écriture soignée.

> **Le schéma doit être compris par le correcteur : vous devez donc particulièrement soigner la qualité du dessin, la disposition et la formulation des légendes. Il doit être de taille suffisante, soigné, légendé et titré. Il utilise des figurés et des couleurs de façon judicieuse.**

Pratiquer une démarche scientifique

Exercice 3

Le GW501516, un produit dopant dangereux

ÉNONCÉ Au début des années 2000, une équipe de chercheurs annonce avoir mis en évidence l'effet d'une substance dans l'amélioration des performances musculaires lors d'une activité d'endurance chez la souris : le GW501516. En 2009, l'Agence mondiale antidopage (AMA) inscrit cette substance au tableau des substances interdites. En 2013, elle diffuse un message d'alerte concernant ce produit.

QUESTION **Après avoir décrit de quelle façon les performances motrices des souris traitées au GW501516 sont augmentées, proposer une explication à cette amélioration. Puis, mettre en évidence un des effets toxiques de cette substance qui a justifié l'alerte de l'AMA.**

« L'AMA a été informée que la substance interdite GW501516 était vendue sur le marché noir et utilisée par certains sportifs. Les effets secondaires de ce composé chimique sont si graves que l'AMA a décidé exceptionnellement d'alerter les « tricheurs », afin de s'assurer que ceux qui succombent à la tentation d'utiliser le GW501516 pour améliorer leurs performances soient pleinement sensibilisés à ses dangers pour la santé. »

Doc 1. Extrait du message d'alerte de 2013 de l'Agence mondiale antidopage.

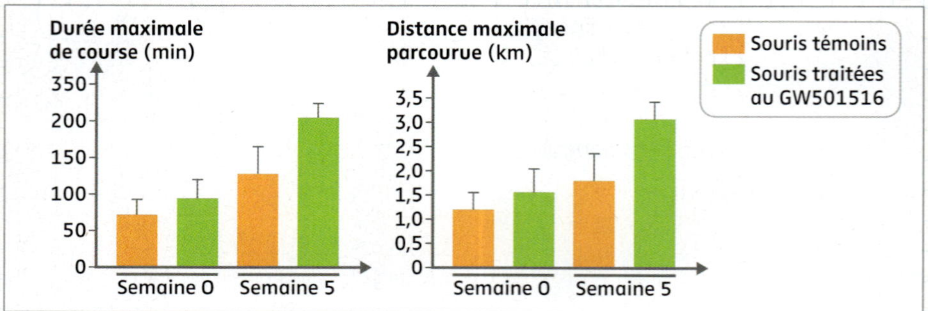

Doc 2. Durée et distance maximales de course de souris sur un tapis roulant. Au début de l'expérience, puis après 5 semaines d'entraînement, avec ou sans administration de GW501516.

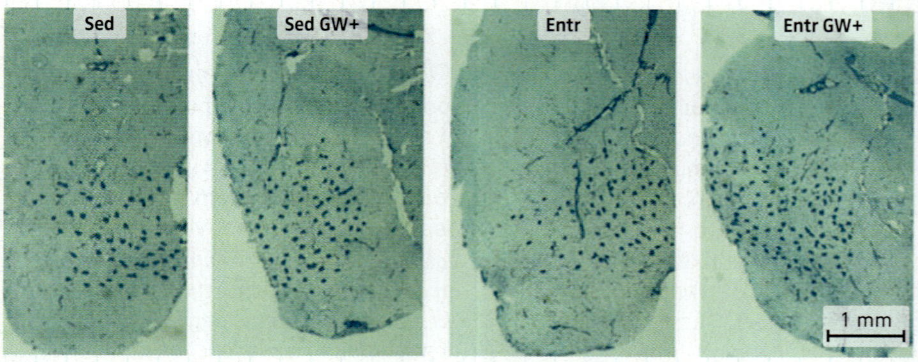

Doc 3. Coupes transversales dans le muscle gastrocnémien des pattes de souris, sédentaires (Sed) ou entraînées (Entr), après traitement au GW501516 (GW+) ou non. La coloration utilisée fait apparaître les fibres de type 1 en bleu foncé.

1 Lecture du sujet

Au brouillon

> Noter les termes importants du sujet puis croiser ces informations avec les documents afin d'identifier les 3 questions auxquelles il faut répondre dans ce sujet :

- De quelle façon les performances motrices sont augmentées chez les souris traitées au GW201516 ?
- Comment expliquer cette amélioration ?
- Mettre en évidence un des effets toxiques du GW501516.

2 Lecture du document 2

> Le **Doc 2** donne des indications pour répondre à la première question.

Les souris entraînées et traitées au GW501516 courent 50 % plus loin et plus longtemps que les souris non traitées : elles sont plus endurantes !

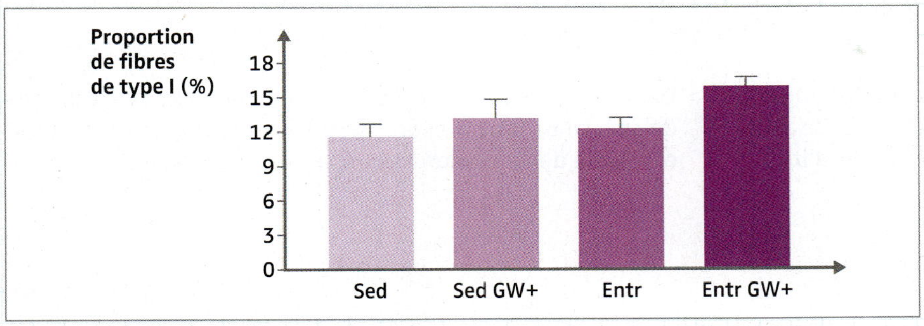

Doc 4. Proportion de fibres de type I dans le muscle gastrocnémien de souris sédentaires (Sed) ou entraînées (Entr), après traitement au GW501516 (GW+) ou non.

	Fibres de type I	Fibres de type II
Temps de contraction	long	bref
Vitesse de contraction	lent	rapide
Résistance à la fatigue	très bonne	faible
Métabolisme dominant	aérobie	anaérobie
Réserves en glycogène	importantes	faibles
Densité en mitochondries	importante	faible

Doc 5. Caractéristiques des deux types de fibres musculaires existant dans un même muscle. Ces deux types de fibres se distinguent par leur type de métabolisme et leurs propriétés contractiles.

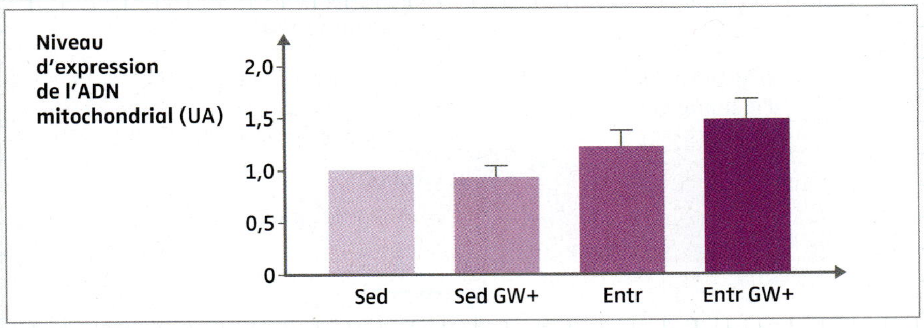

Doc 6. Niveau d'expression de l'ADN mitochondrial. Plus ce niveau est élevé et plus la quantité de mitochondries dans la cellule augmente.
Souris sédentaires (Sed) ou entraînées (Entr), après traitement au GW501516 (GW+) ou non.

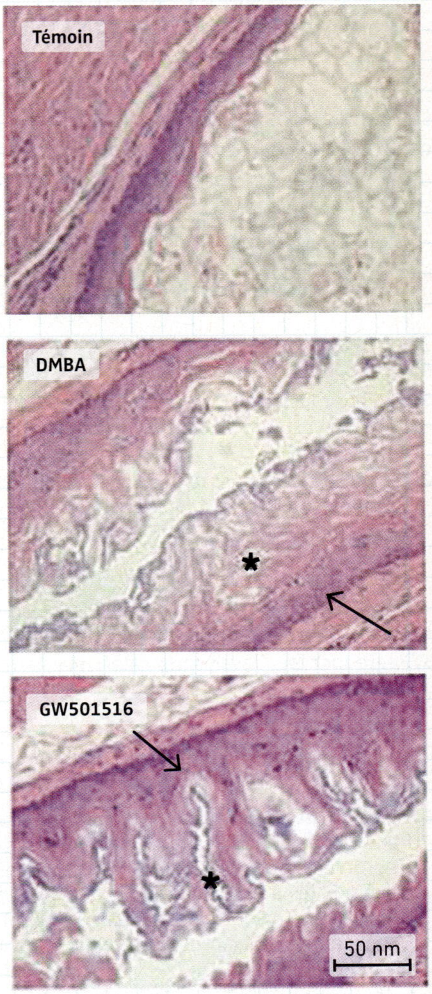

Doc 7. Coupes histologiques dans l'épithélium de l'œsophage de souris après 4 mois de traitement au DMBA (un produit connu pour induire le processus de cancérisation) ou au GW501516.
Les étoiles et les flèches indiquent une modification structurale de l'épithélium, caractéristique d'un début de cancérisation.

3 Lecture des documents 3, 4, 5 et 6

> **Ces documents donnent des indications pour répondre à la 2e question.**

La proportion de cellules musculaires de type I augmente dans le muscle des souris entraînées et traitées au GW501516. Or les cellules musculaires de type I sont des fibres d'endurance : elles se contractent longtemps et lentement et résistent bien à la fatigue. En effet, leur métabolisme essentiellement aérobie (respiration mitochondriale) associé à leur forte densité en mitochondries leur permet de produire longtemps l'ATP nécessaire à la contraction musculaire. Les importantes réserves de glycogène permettent de libérer le glucose nécessaire à la glycolyse et donc à cette respiration pendant toute la durée de l'activité. Le GW501516 participe à augmenter la densité de mitochondries dans les cellules musculaires, donc le potentiel de production d'ATP nécessaire à la contraction musculaire.

4 Lecture du document 7

> **Le Doc 7 donne des indications pour répondre à la dernière question.**

Le GW501516 semble induire un processus de cancérisation, cela correspond aux « effets secondaires si graves » qui ont justifié l'alerte de l'AMA.

GRAND ORAL

La biodiversité

Quels mécanismes contribuent à la diversification du vivant ?

1 Les modalités de l'épreuve du « Grand oral »

> Le Grand oral est préparé en terminale et porte sur l'une ou les deux spécialités. Sa préparation est intensifiée en classe avec deux professeurs après le passage des écrits de spécialité.

> Deux sujets portant sur les grands enjeux des programmes de spécialité sont préparés par l'élève et présentés au jury, constitué de deux professeurs, qui en choisira un.

2 La phase préparatoire en classe

MÉTHODOLOGIE

1. Parcourir les notions clés du thème en lien avec le sujet et constater des faits observables de biodiversité.
2. Construire les idées issues de ces observations (expliquer le mécanisme biologique à l'origine de cette biodiversité).
3. Regrouper les mécanismes selon leur nature dans un schéma ou une carte des idées.
4. **Préparer des éléments d'argumentation scientifique et de communication de démarche :** repartir du problème posé, associer les faits constatés, relier entre eux les différents arguments choisis par des connecteurs logiques pour aider au cheminement intellectuel en faveur d'un mécanisme expliquant la biodiversité
5. **Préparer des éléments de language :**
   - **de qualité de prise de parole :** s'entraîner à communiquer de manière fluide, sans hésitation et de manière non monotone pour soutenir efficacement le discours.
   - **de qualité de connaissance :** chaque notion clé employée doit être maîtrisée. Il faut que chaque terme puisse être défini et illustré par un exemple.
   - **d'interaction :** l'entraînement en groupe permet d'ouvrir un dialogue : demande de précision, de reformulation, ou de positionnement personnel vis-à-vis du sujet.

PISTES POUR LA PRODUCTION

1. On constate la biodiversité du vivant en observant des phénotypes variables au sein d'une famille, des mutants dans une colonie de bactéries, en comparant des séquences alléliques, géniques ou des caryotypes d'individus résultant de croisements. On observe et compare des associations d'êtres vivants et leurs constructions pour définir leur phénotype étendu.
2. Les mécanismes à l'origine de la biodiversité sont les suivants : mutations, brassages de la reproduction sexuée, accidents de méiose, transferts horizontaux, endosymbiose, associations d'êtres vivants, phénotype étendu, transmission culturelle. On les classe en fonction de leur origine. Pour cela on peut construire le document suivant qui sera remis au jury le jour de l'oral.
3. Exemple de production à réaliser le jour de l'oral et à remettre au jury :

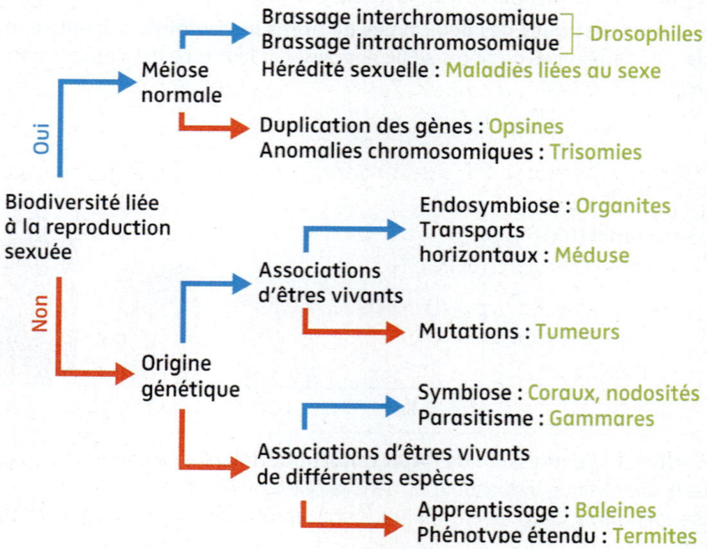

4. Gregor Mendel effectue des croisements de petits pois et observe l'apparition de nouveaux phénotypes. Ses travaux sur les hybrides issus de ces croisements démontrent le mode de transmission des allèles lors de la reproduction sexuée et lui permet d'énoncer des lois de l'hérédité à savoir... (voir chapitre 2, unité 2). De même que l'étude des variants phénotypiques dans une population de drosophiles suite à une fécondation ou des croisements-test amène à la notion de brassage allélique et permet donc de compléter les travaux de Mendel. De surcroît, la connaissance de l'hérédité liée aux chromosomes sexuels permet de compléter les connaissances sur la transmission des allèles au cours de la reproduction sexuée à l'origine de la diversité de phénotypes. Cependant, la réalisation des phénotypes implique d'autres mécanismes en dehors de la reproduction sexuée, par exemple... (voir chapitre 5).

3 S'organiser le jour de l'épreuve 20 minutes

> Suite au choix du jury sur la question à traiter, organiser ses idées sur un brouillon permettra d'éviter les oublis, les erreurs de démarche et de diminuer le stress.

> Pour optimiser cette préparation, on peut :
– cerner le sujet et les éléments de réponses à la question pour bien articuler le discours ;
– organiser ses propos : une colonne peut recenser les faits, la seconde les idées issues de ces faits observés ;
– aménager une aide à la mémorisation : inscrire les mots clés, numéroter les étapes de raisonnement, etc.

> Il est possible de préparer un support pour le jury (même s'il ne fait pas l'objet d'une évaluation). Cela peut être un schéma, une carte mentale que l'on peut numéroter pour mettre en évidence sa ligne de raisonnement. Il permettra au jury d'ouvrir sur des discussions (si tous ces éléments ne sont pas traités, volontairement ou non).

> Les 5 dernières minutes de préparation doivent être consacrées à la mémorisation de la présentation.

4 Les 3 temps de l'oral 20 minutes

> Après avoir développé et répondu au sujet sélectionné durant 5 minutes, un entretien de 10 minutes avec le jury est proposé pour valider les connaissances, le raisonnement, lever une ambiguïté et tester la réactivité dans l'interaction. L'opinion du candidat peut être demandée pour tester sa capacité à se positionner vis-à-vis du sujet.

QUESTIONS POSSIBLES DU JURY

- Comment identifier la position relative de deux gènes sur les chromosomes ?
- D'un point de vue évolutif, qu'apporte la biodiversité ?
- Pourquoi l'utilisation des OGM fait-elle débat ?

ÉLÉMENTS DE RÉPONSE

- En fonction des proportions d'obtention des phénotypes obtenues à l'issue d'un croisement-test.
- La diversité apporte de meilleures possibilités d'adaptation face aux conditions du milieu. Les phénotypes les plus aptes à se reproduire étant sélectionnés naturellement.
- Les OGM participent à l'accès global à l'alimentation, réduisent la biodiversité dans une parcelle cultivée ; crainte d'une sensibilité accrue à un nuisible...

> Les 5 dernières minutes permettent de mettre en lien le sujet avec le projet d'orientation :

QUESTIONS POSSIBLES DU JURY

- Pourquoi avoir choisi cette thématique ?
- Quels sont vos souhaits de poursuite d'étude et pourquoi ?
- En quoi la biodiversité s'inscrit-elle dans votre projet d'orientation ?
- L'étude de la biodiversité et de ses enjeux n'implique-t-elle que les SVT ?

ÉLÉMENTS DE RÉPONSE

- L'actualité sensibilise de plus en plus au respect de la biodiversité, il s'agit d'un enjeu majeur présent et futur.
- Ingénieur agronome (biodiversité du sol et biotechnologies associées), généticien, médecin, éco-éthologue, agriculteur, soigneur, vétérinaire, etc.
- La biodiversité est modélisable par des lois mathématiques (Hardy-Weinberg) et implique l'outil informatique. Son lien avec l'évolution ouvre la voie d'une réflexion philosophique. La gestion des territoires implique des connaissances historiques et géographiques. L'étude locale de la biodiversité requiert des outils physico-chimiques, économiques, éthiques, politiques.

> **Les critères d'évaluation portent sur 5 qualités :**

1. Oral de l'épreuve (voix qui soutient efficacement le discours, débit fluide, vocabulaire riche, engagement personnel).
2. Prise de parole en continu (discours fluide et efficace, respect du temps imparti).
3. Connaissances (maîtrise, réponses pertinentes et efficaces aux questions).
4. Interaction avec le jury (prise d'initiatives, esprit critique, réaction pertinente).
5. Construction de l'argumentation (maîtrise des enjeux du sujet, argumentation bien construite et raisonnée).

Immersion dans les métiers de la recherche scientifique

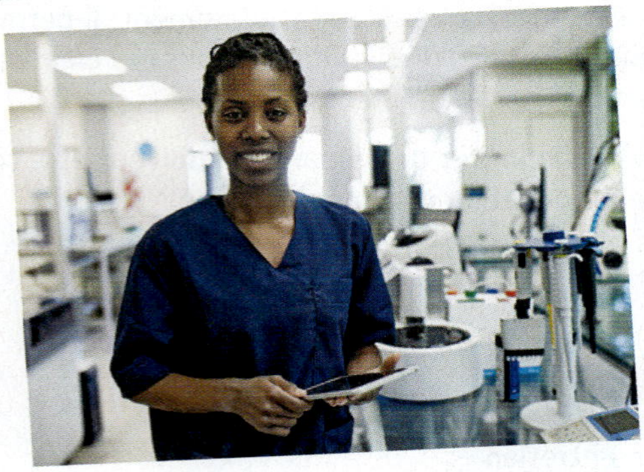

Portrait

ANNE, technicienne biologiste à l'institut de biologie structurale

« Je prépare les travaux de recherche. »

En quoi consiste ce métier ?

Chez les êtres vivants, les protéines jouent un rôle majeur et leurs propriétés dépendent essentiellement de leur structure tridimensionnelle. Mon travail consiste à faire cristalliser des protéines afin de pouvoir ensuite les analyser en les plaçant dans un faisceau de rayons X.
Pour cristalliser, chaque protéine nécessite des conditions particulières de température et de concentration. Pour les déterminer, il faut trouver le meilleur protocole possible, ce qui exige du temps, de la minutie et de la rigueur. J'utilise un robot de cristallisation qui permet de tester 96 conditions différentes en même temps, et je dois aussi en assurer la maintenance.

Qu'est-ce que j'apprécie dans ce métier ?

C'est un travail d'équipe, avec des molécules toujours nouvelles à étudier. Mon travail se situe en amont des recherches qui seront effectuées ultérieurement sur ces molécules. J'ai le sentiment de participer à une aventure scientifique.

CURSUS

- BAC STL ou BAC général spécialité SVT.
- BTS ANABiotec (Analyses Agricoles Biologiques et Biotechnologiques) par alternance.

Des étudiants témoignent

Camille, étudiante

« Pourquoi avoir choisi des études de technicienne ? »

Je suis minutieuse, rigoureuse et méthodique, et j'ai toujours aimé les Travaux Pratiques en lycée. De plus, je ne voulais pas faire d'études trop longues. Les secteurs d'emploi pour un technicien biologiste sont variés : la recherche, les hôpitaux, l'industrie agroalimentaire, pharmaceutique ou cosmétique...

Portrait

DENIS, géologue cartographe, géochimiste

« Je modélise le sous-sol. »

En quoi consiste ce métier ?

Je réalise des projets visant à faire progresser la connaissance du sous-sol en vue de sa gestion et/ou de son exploitation.
Mon travail consiste à réaliser des cartes géologiques (répartition en 2D des roches à la surface de la Terre) et des modèles (coupes, représentation en 3D du sous-sol), que ce soit en France ou à l'étranger.
Ces productions auront de multiples fonctions : recherche de matières premières (métaux, eau...), prévention des risques naturels, aménagements routiers...
Je rédige aussi des rapports d'expertise et des articles dans des revues spécialisées.

Qu'est-ce que j'apprécie dans ce métier ?

J'ai choisi ce métier essentiellement pour mon intérêt envers la géologie et la recherche scientifique. C'est aussi une formidable ouverture sur le monde, pour qui aime voyager.
Si la recherche minière a fortement décru depuis une quarantaine d'années, la thématique environnementale a beaucoup progressé.

Cursus

- BAC général spécialité SVT
- LICENCE / PREPA BCPST
- MASTER
- DOCTORAT

Des étudiants témoignent

Enzo, étudiant

« Pourquoi avoir choisi les géosciences ? »

Au lycée, j'ai toujours aimé l'étude des roches et le travail sur le terrain car c'est un travail concret. Je suis attiré par l'aventure, qu'elle soit scientifique ou humaine, et j'envisage de partir travailler à l'étranger.

« Quels atouts ? »

Je suis quelqu'un de curieux, avec un bon sens de l'observation. Je m'efforce d'être objectif et de distinguer les faits de leur interprétation.

Immersion dans les métiers de l'environnement

Portrait

ANTOINE, ingénieur agronome

« Avec mon équipe, nous travaillons sur les semences du futur. »

En quoi consiste ce métier ?

Je travaille dans une grande entreprise d'agro-alimentaire française. Je suis en charge de la production des semences de différentes céréales proposées à la vente aux agriculteurs. Avec mon équipe, nous travaillons sur les semences du futur. Dans un contexte de réchauffement climatique, on sait que les plantes de demain devront être adaptées à des nouvelles conditions de croissance. Par exemple, nous cherchons aujourd'hui, à sélectionner des variétés dont les besoins en eau sont moins importants. Pour chaque variété sélectionnée, je dois m'assurer que les rendements sont toujours très bons et que les plantes résistent bien aux différents parasites ou ravageurs de l'espèce.

Qu'est-ce que j'apprécie dans ce métier ?

Au quotidien, je suis amené à interagir avec différentes professions. Je travaille le plus souvent en laboratoire, entouré de techniciens. Mais, je suis amené à rencontrer régulièrement des agriculteurs sur les exploitations pour la mise au point ou la recherche de nouvelles variétés.

cursus

- BAC général spécialité SVT
- Prépa scientifique BCPST
- École d'ingénieur en agronomie ou master biologie, en agrosciences

Des étudiants témoignent

Farah, élève en BTSA (brevet de technicien supérieur agricole) **aménagements paysagers**

« Quelles ont été mes motivations ? »

J'ai toujours apprécié les sciences de la vie et de la Terre durant ma scolarité. Aussi, en terminale, j'ai cherché des formations en rapport avec la biologie mais qui me permettraient d'être rapidement dans l'apprentissage d'un métier. J'ai opté pour cette formation car elle me permettra plus tard de travailler sur le terrain au contact de la nature.

« Quels atouts ? »

Il faut avant tout être rigoureux dans la construction du projet initial d'aménagement d'un espace paysager. On le voit bien dans ceux réalisés durant cette deuxième année à l'école. Il faut savoir travailler en équipe et coordonner son action avec celle des autres afin de concrétiser le projet.

Autres portraits

Immersion dans les métiers de la santé

Portrait

HÉLENA, étudiante en 3e année d'institut de formation de psychomotricien

« On se sert de ce qu'on aime (danse, théâtre, musique) comme outil thérapeutique. »

En quoi consiste ce métier ?

Le psychomotricien intervient auprès de personnes de tout âge (du bébé à la personne âgée) et atteintes de troubles variés (troubles DYS, polyhandicap, autisme, AVC nécessitant une rééducation, anorexie...).
Le psychomotricien est un médiateur qui utilise des activités variées (activités sportives, activités artistiques et culturelles, jeux, relaxation...) pour aider le patient à contourner ses difficultés.
Les qualités requises sont un grand sens de l'écoute, une bonne adaptabilité et de la créativité.

Qu'est-ce que j'apprécie dans ce métier ?

Ce métier est très varié dans ses activités, les structures dans lesquelles on exerce mais aussi dans les profils des patients. Aussi, il y a autant de pratiques psychomotrices différentes que de psychomotriciens, ce qui rend ce métier très riche.

Cursus

- BAC spécialité SVT
- Institut de formation de psychomotricien pour obtenir le diplôme d'état (recrutement sur concours externe)

« Pourquoi avoir choisi cette formation ? »

La formation en institut est très dense. On apprend énormément dans des domaines différents pour avoir la possibilité de choisir la population et le lieu d'exercice qui nous plaisent le plus.

La formation comprend des cours magistraux théoriques, des TD, des cours pratiques (théâtre, taï chi, danse africaine, corps en voix, expression plastique et surtout relaxation) et des stages. À partir de la deuxième année, des stages longs nous permettent de suivre des patients, de nous intégrer dans une équipe mais aussi d'être de plus en plus actif et autonome au fur et à mesure du stage.

« Quels débouchés pour un psychomotricien ? »

Le psychomotricien peut par exemple exercer dans des centres hospitaliers, en psychiatrie, en gériatrie, dans des crèches ou même en libéral.

Méthode n°1 Construire une carte mentale

énoncé

Une carte mentale est une représentation personnelle et synthétique d'un sujet ou d'une leçon. C'est un moyen de communication qui permet de s'organiser, de mémoriser, d'identifier les points importants, de faire des choix et de découvrir des relations entre différentes notions.

Plusieurs logiciels permettent de créer facilement des cartes mentales : Freeplane, Freemind, XMind, WIKImindmap, Mindmeister, Keynotes, etc.

étape 2

Identifier les mots-clés et écrire ces mots sur **les branches de couleurs différentes. Utiliser des mots simples** pour représenter ces idées/ces concepts.

étape 3

Mettre en évidence les relations entre les éléments éloignés : utiliser des pointillés.

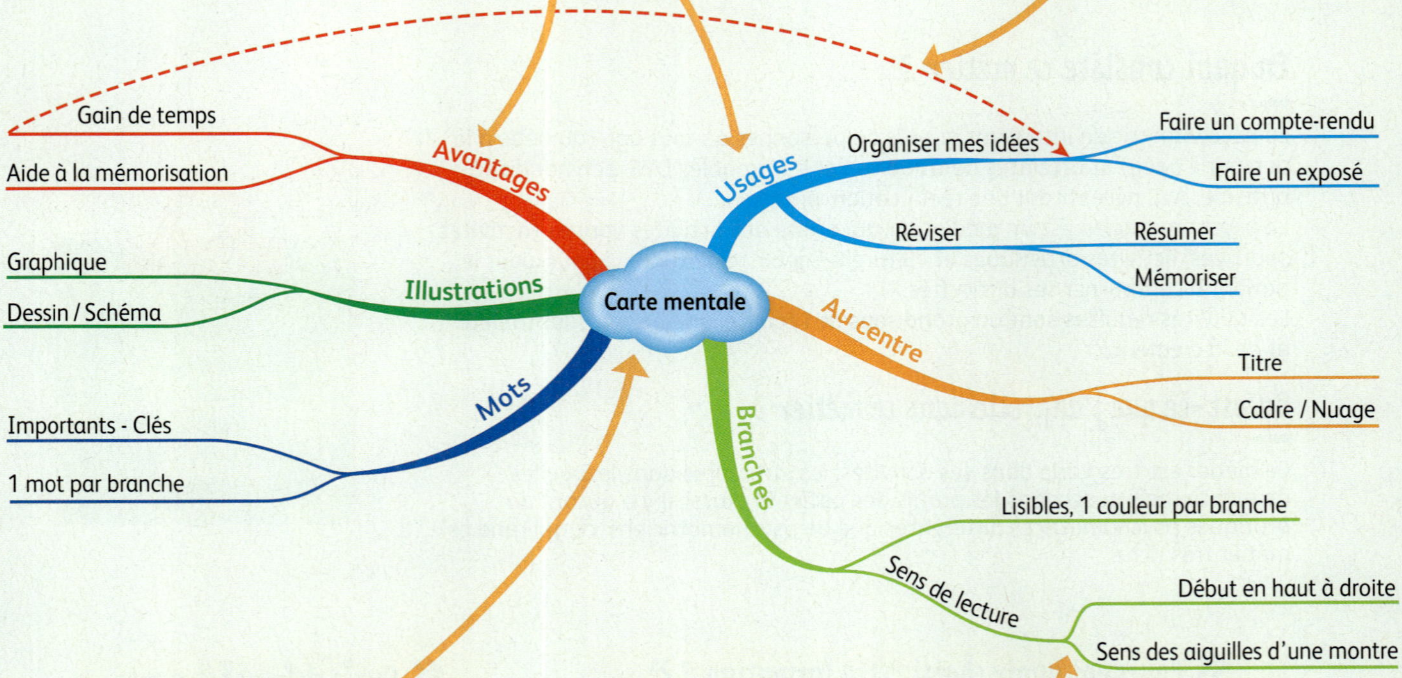

étape 1

Identifier le sujet principal et le noter au centre.

étape 4

Faire des ramifications pour expliciter les idées clés (mot, phrase courte, illustration, etc.).

résultat

▶ L'usage de différentes couleurs facilite la lisibilité mais ces couleurs ne doivent pas être trop proches.
Il n'y a pas de bonne ou de mauvaise carte mentale. Chaque carte mentale correspond à votre façon de penser un sujet. En revanche, la logique d'association de chaque notion doit être rigoureuse car elle permet de structurer la carte avec vos idées.

Estimer le nombre de mutations portées par des cellules

Méthode n° 2

énoncé

L'ensemble des cellules constituant un nouveau-né ($1,25.10^{12}$ cellules) sont formées durant son développement grâce aux nombreuses mitoses des cellules embryonnaires issues de la cellule œuf. Avant chaque mitose, l'ADN polymérase réplique 12,8 milliards de nucléotides dans chaque cellule. Elle effectue parfois des erreurs qui peuvent aboutir à l'apparition de mutations, à un taux moyen de $2,66.10^{-9}$ mutations par nucléotide par réplication. Ces mutations sont transmises de génération en génération cellulaires. Ainsi, les cellules d'un nouveau-né ont accumulé un certain nombre de mutations qui les différencient de la cellule œuf, et que l'on peut estimer par le calcul.

▶ **À l'aide de ces informations, estimer le nombre moyen de mutations des cellules d'un nouveau-né.**

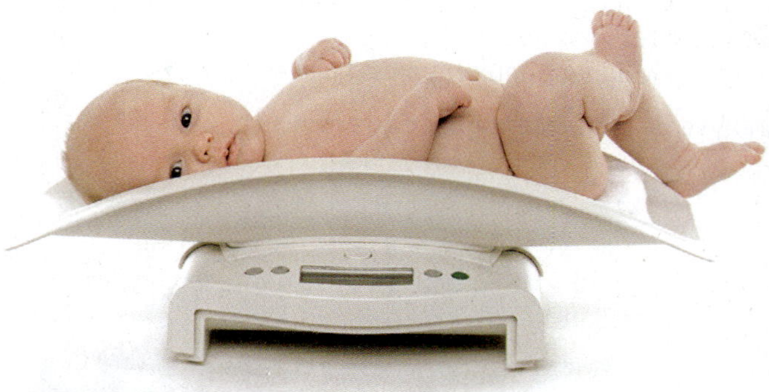

étape 1

Calculer le nombre minimal de suite de mitoses nécessaires pour former les cellules du nouveau-né à partir de la cellule œuf.

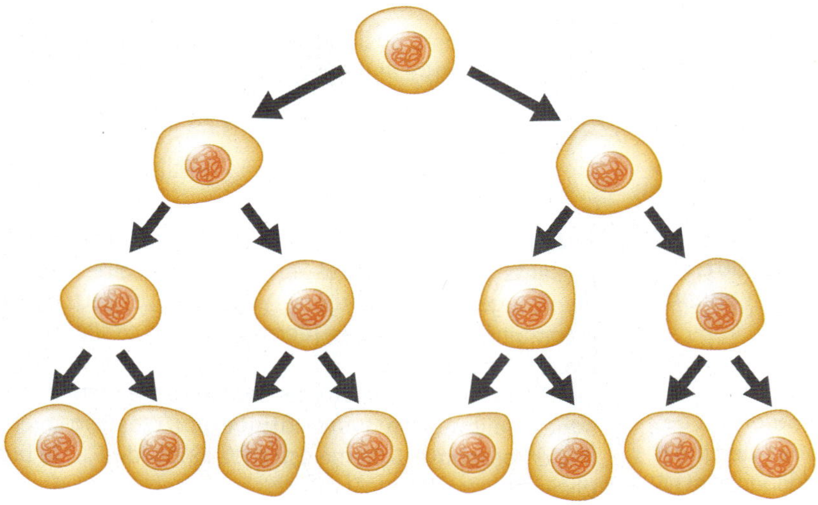

→ **corrigé 1** La mitose de la cellule œuf donne naissance à deux cellules, qui se diviseront elles-mêmes en 4 cellules, etc. S'il faut *n* étapes de mitoses pour aboutir aux $1,25.10^{12}$ cellules du nouveau-né, alors $2^n = 1,25.10^{12}$, soit $n = \log_2(1,25.10^{12})$, soit $n = 40,2$ mitoses.

étape 2

Calculer le nombre moyen de nucléotides mutés dont doit hériter une cellule après un cycle réplication-mitose.

→ **corrigé 2** Chacun des 12,8 milliards de nucléotides de chaque cellule a une chance sur 2,66 milliards de subir une modification après chaque réplication. Le nombre moyen de mutation après chaque réplication est donc de :
$2,66.10^{-9} \times 12,8.10^{9} = 34$ mutations.
Ces mutations étant réparties dans 2 cellules après la mitose, chaque cellule fille hérite donc seulement de 17 mutations.

étape 3

Estimer le nombre moyen de mutations portées par chaque cellule d'un nouveau-né.

→ **corrigé 3** Chaque cellule étant issue d'une série d'au moins 40 mitoses, une cellule issue de mitose héritant en moyenne de 17 nouvelles mutations, chaque cellule d'un nouveau-né devrait porter en moyenne 17 x 40 = 680 mutations.

→ **Pour s'entraîner : chapitre 1, unité 1, p. 28.**

Méthode n° 3 Analyser un croisement génétique

énoncé

Les expériences de croisements d'individus facilement reproductibles et de lignée pure – homozygotes pour le (ou les) gènes considérés – sont historiquement associées à la découverte des grands principes de l'hérédité. L'étude des proportions phénotypiques obtenues à l'issue de ces croisements nous renseigne sur le mode de transmission des allèles, leurs relations d'expression et la position des gènes sur les chromosomes.
Aa et Bb désignent deux couples d'allèles.

▶ **Analyser le croisement génétique réalisé p. 44.**

étape 1

Identifier le nombre de caractères c'est-à-dire le nombre de gènes considérés.

→ **corrigé 1** La « couleurs des yeux » et la « couleur du corps » sont les deux caractères étudiés : il y a donc deux gènes considérés (expérience de dihybridisme).

étape 2

Exploiter les résultats de la première génération : F1.

- Une F1 non homogène suggère une hérédité liée à un chromosome sexuel (souvent X).
- Une F1 homogène permet d'établir les relations de dominance et de récessivité de(s) allèle(s). Les allèles dominants sont notés en majuscules, les allèles récessifs en minuscules.
- Les individus de lignée pure ne produisant qu'un seul type de gamète, le phénotype en F1 est dominant, noté entre [ ] et le génotype diploïde est hétérozygote noté (allèle//allèle).

→ **corrigé 2** En F1, 100 % des individus ont le corps clair et les yeux rouges, indépendamment de leur sexe.
Les allèles sauvages, les plus représentés dans la population : eb+ (couleur claire) et se+ (œil rouge), sont dominants par rapport aux allèles récessifs : eb (couleur noire) et sp (œil sépia)
Le phénotype des individus F1 est donc [Corps clair ; Yeux rouges].
Ne sachant pas la position des gènes sur les chromosomes, on ne peut pas écrire leur génotype.

étape 3

Exploiter les résultats en deuxième génération (F2) du croisement test issu du croisement d'une F1 avec un parent homozygote récessif.

- Si obtention de 2 phénotypes à 50 %, 1 seul gène considéré.
- Si obtention de 4 phénotypes ayant une proportion de 25 %, les 2 gènes sont portés par des paires de chromosomes homologues différentes (gènes indépendants) permettant un brassage allélique interchromosomique. Le génotype en F2 s'écrit (A//a) ; (B//b).
- Si obtention de 2 phénotypes parentaux majoritaires et 2 phénotypes recombinés minoritaires : les 2 gènes sont portés par des paires de chromosomes homologues identiques (gènes liés) permettant un brassage allélique intrachromosomique. Le génotype s'écrit (AB//ab].

→ **corrigé 3** Le résultat du croisement test d'un individu F1 présente 2 phénotypes parentaux majoritaires [Corps clair ; Yeux rouges] et [Corps ébony ; Yeux sépia] et deux phénotypes recombinés minoritaires [Corps clair ; Yeux sépia] et [Corps ébony ; Yeux rouges].
Ces deux derniers phénotypes sont la conséquence d'un brassage allélique non systématique par crossing-over ayant lieu en prophase 1 de méiose chez l'individu F1 : le brassage allélique intrachromosomique.

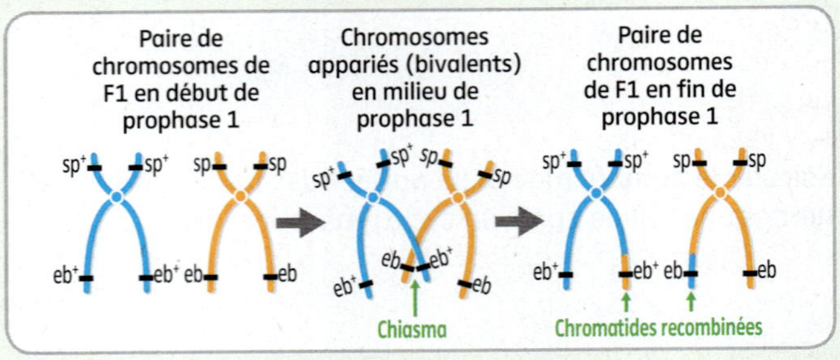

Les résultats nous permettent de dire que les 2 gènes sont portés par la même paire de chromosomes. On peut désormais écrire le génotype de l'individu F1 : (eb+ sp+//eb sp) mais aussi celui des 4 types d'individus obtenus à la suite du croisement test.
(eb+ sp+//eb sp) et (eb sp//eb sp) pour les 2 individus de phénotype parental, et (eb+ sp//eb sp) et (eb sp+//eb sp) pour les 2 individus de phénotype recombiné.

étape 3 bis

Résultats de la F2 issue du croisement de deux individus F1.

- Si 2 phénotypes avec des proportions de 3/1 ; 1/4 : un seul gène considéré.
- Si 4 phénotypes avec des proportions de 9/16 : 3/16 ; 3/16 ; 1/16 : 2 gènes portés par des paires de chromosomes homologues différentes.
- Si 4 phénotypes avec des proportions autres, les gènes sont liés (cas non étudié).

→ **Pour s'entraîner : chapitre 2, unités 2 et 3, p. 44 à 47**

Visualiser des données avec *Circos*

énoncé

À partir du séquençage des génomes des bactéries présentes dans le microbiote humain, des chercheurs ont quantifié les transferts génétiques s'étant produits entre les bactéries vivant au sein d'un organe donné, et entre les bactéries vivant dans différents organes.
L'outil *Circos*, accessible à l'adresse : http://mkweb.bcgsc.ca/tableviewer/, permet de créer des infographies circulaires.

▶ **Utiliser *Circos* pour produire une visualisation des transferts génétiques au sein du microbiote humain.**

Organes	Répartition des souches bactériennes (%)	Gènes transférés au sein de l'organe (milliers)	Gènes provenant de bactéries d'autres organes (milliers)
Poumons	4	4	99
Sang	4	1	51
Tube digestif	43	156	220
Bouche	23	39	217
Peau	12	3	92
Appareil génital	14	6	158

étape 1

Formater les données pour les rendre lisibles par *Circos* :
– pas d'espace dans les noms (un seul mot ou nombre par cellule),
– éviter les noms trop longs,
– pas d'accents,
– uniquement des valeurs entières positives.

→ corrigé 1

Partie_du_corps	Repartition_Especes	Transferts_intra	Transferts_inter
Poumons	4	4	99
Sang	4	1	51
Tube_digestif	43	156	220
Bouche	23	39	217
Peau	12	3	92
Appareil_genital	14	6	158

étape 2

Ordonner les données : numéroter les lignes et les colonnes dans l'ordre d'affichage.

→ corrigé 2

Filtre	Rang	1	2
Rang	Partie_du_corps	Repartition_Especes	Transferts_intra
4	Poumons	4	4
5	Sang	4	1
6	Tube_digestif	43	156
7	Bouche	23	39

étape 3

Créer le fichier de transfert : copier et coller le tableau dans un fichier du *Bloc-notes* et enregistrer au format .txt.

étape 4

Générer la visualisation sur *Circos online* :
– se rendre sur http://mkweb.bcgsc.ca/tableviewer/,
– téléverser le fichier de données,
– indiquer si les données sont ordonnées en cochant les cases.

↓ corrigé 4 *Col* signifie colonne et *row* ligne.

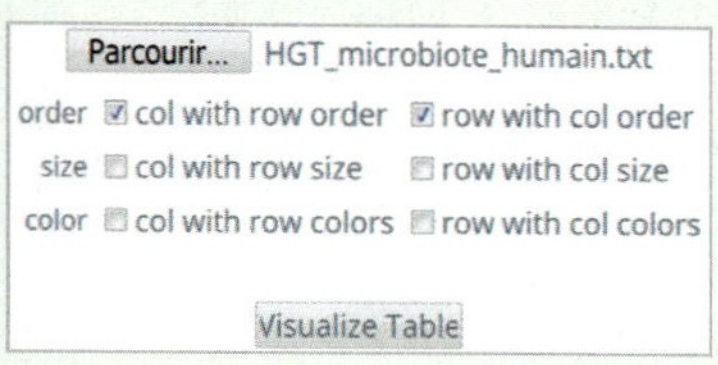

étape 5

Paramétrer l'affichage du graphique avec l'onglet « Setting » : définir les règles d'affichage pour les segments et les rubans.
Recommencer à l'étape 4 pour voir l'effet des réglages.

étape 6

Extraire des informations du graphique : les rubans mettent en relation les données et les segments établissent des comparaisons.

↓ corrigé 5 et 6

Ribbon (ruban)

Segment

Label (légende)

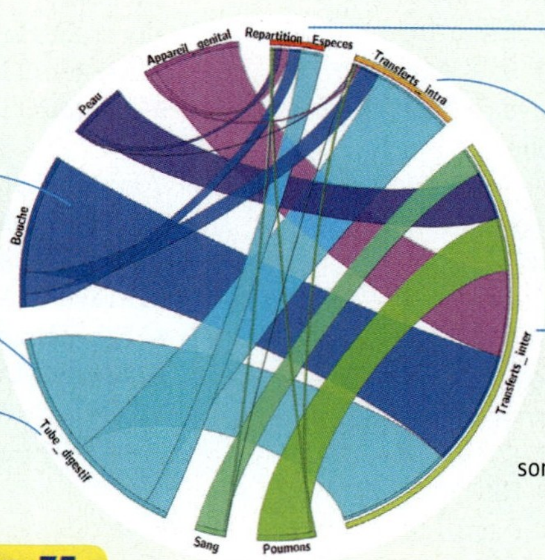

Les bactéries du microbiote se situent majoritairement dans le tube digestif, puis dans la bouche, l'appareil génital et sur la peau.

C'est dans la bouche et le tube digestif qu'il y a le plus de transferts entre bactéries vivant au même endroit.

La très grande majorité des transferts génétiques se sont réalisés entre bactéries hébergées dans des organes différents. Les transferts sont nombreux entre communautés bactériennes, même s'il y a peu d'espèces représentées.

→ **Pour s'entraîner : chapitre 3, unité 2, p. 66 et exercice 4 p. 75.**

Créer un modèle numérique avec *NetBioDyn*

énoncé

Le modèle théorique de Hardy-Weinberg prévoit la stabilité des fréquences relatives des allèles dans une population.

▶ **Construire un modèle numérique permettant de calculer l'évolution au cours du temps des effectifs des trois génotypes relatifs à deux allèles d'un gène dans une population.**

étape 1

Déclarer les entités du modèle

Le bouton « entités » donne accès à la fonctionnalité de création des entités. Il s'agit de :

– nommer chaque entité (nom qui apparaîtra dans le panel),

– la décrire (texte d'information qui apparaîtra lors de la simulation au moyen d'un clic droit sur le pixel représentant l'entité),

– choisir sa demi-vie (c'est-à-dire la durée, en unités arbitraires de temps (tics) au bout de laquelle l'effectif de l'entité aura diminué de moitié).

→ **corrigé 1**

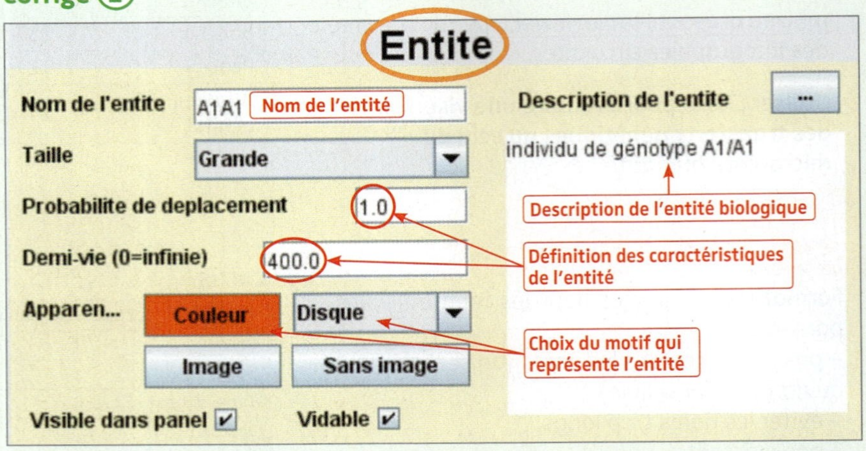

étape 2

Mettre en équation les comportements

Il s'agit de programmer les résultats de la rencontre entre les différentes entités. Le bouton « comportements » donne accès à la fonctionnalité de création de comportements de type « A + B +... à C + D +... ».

Choisir, dans la liste des entités déjà définies, les entités réactives et les entités produites.

NB : pour chaque comportement, il faut choisir sa probabilité de réalisation (généralement très inférieure à 1, pour éviter d'engorger l'environnement).

→ **corrigé 2**

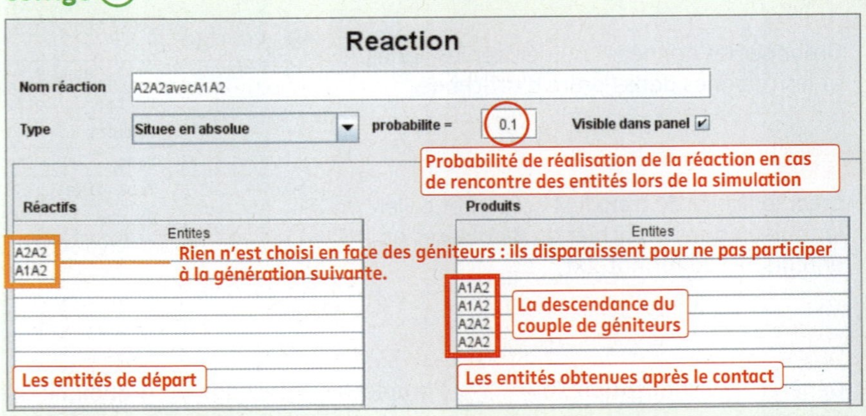

étape 3

Visualiser la globalité du modèle

Le bouton « export model » donne accès à un visuel du modèle sous la forme d'un algorithme « convivial ». C'est, pour le concepteur, l'occasion de le relire et de vérifier que rien n'a été oublié.

→ **corrigé 3**

```
Entites:
A1A1:Mobilite =1.0, 1/2 Vie =400.0
A1A2:Mobilite =1.0, 1/2 Vie =400.0
A2A2:Mobilite =1.0, 1/2 Vie =400.0

Comportements :
A1A1avecA1A1 : A1A1 + A1A1 =0.1=>_ + A1A1 + A1A1 + A1A1 + A1A1
A1A1avecA1A2 : A1A1 + A1A2 =0.1=>_ + A1A2 + A1A1 + A1A2 + A1A1
A1A1avecA2A2 : A1A1 + A2A2 =0.1=>_ + A1A2 + A1A2 + A1A2 + A1A2
A2A2avecA2A2 : A2A2 + A2A2 =0.1=>_ + A2A2 + A2A2 + A2A2 + A2A2
A2A2avecA1A2 : A2A2 + A1A2 =0.1=>_ + A1A2 + A1A2 + A2A2 + A2A2
A1A2avecA1A2 : A1A2 + A1A2 =0.1=>_ + A1A1 + A2A2 + A1A2 + A1A2
```

étape 4

Tester le modèle

Le bouton « play » lance la simulation ce qui permet de faire tourner le modèle.

→ Pour s'entraîner : **chapitre 4, unité 1 et exercice 2, p. 80 et 90.**

Tracer une courbe isochrone à l'aide d'un tableur

Méthode n°6

énoncé

De nombreuses méthodes de chronologie absolue (Rb/Sr ; Sm/Nd etc.) impliquent la visualisation d'un graphique permettant la construction de la droite isochrone dont le coefficient directeur est proportionnel à l'âge de l'échantillon daté.

▶ **À l'aide de d'un tableur (*LibreOffice calc*, version 6.3) tracer une courbe isochrone.**

étape 1

Construire le tableau de résultats

Renseigner dans la page de calc, un tableau à double entrée avec pour chaque échantillon : les valeurs de $^{87}Rb/^{86}Sr$ dans la première colonne (abscisses) et de $^{87}Sr/86Sr$ dans la colonne suivante (ordonnées).

corrigé 1

	A	B	C
1	**Minéral**	**87Rb/86Sr**	**87Sr/86Sr**
2	**Orthose**	5	0,6
3	**Muscovite**	25	0,75
4	**Biotite**	50	0,95

étape 2

Construire le graphique

Sélectionner les colonnes qui contiennent les valeurs des rapports puis cliquer sur « insertion » puis « diagramme » ou sur le raccourci .

Choisir le type « XY (dispersion) » puis « points seuls » et compléter les éléments du diagramme (titres du graphique et des axes) et cliquer sur « terminer ».

corrigé 2

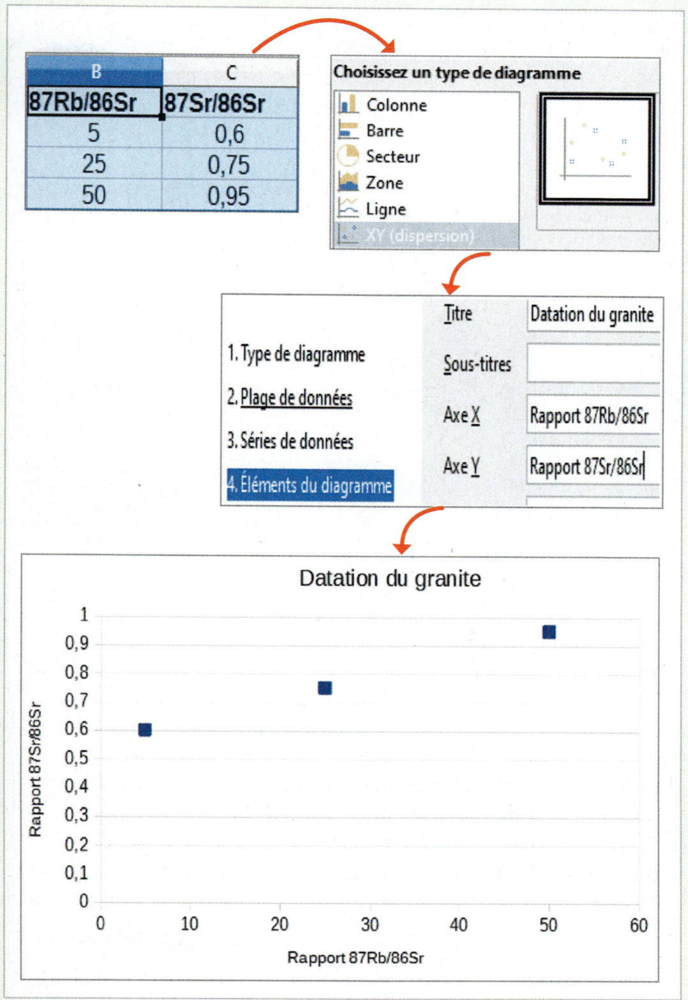

étape 3

Construire la courbe de tendance linéaire (isochrone) et afficher son équation

Faire un clic gauche sur l'un des points du graphique pour le sélectionner suivi d'un clic droit pour « insérer une courbe de tendance » de type « linéaire ». Cocher « afficher l'équation » et « OK ».

Déplacer le cadre de l'équation sur une zone visible et faire clic droit dessus pour « formater l'équation de la courbe » puis aller dans « nombres » pour ne choisir que 3 décimales.

corrigé 3

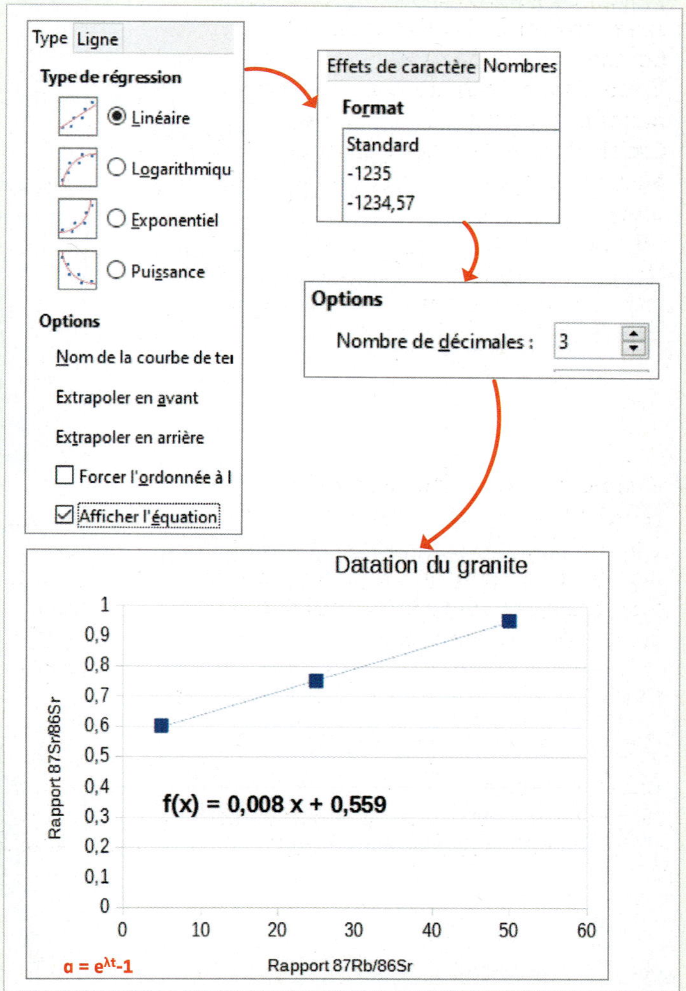

→ **Pour s'entraîner : chapitre 6, unité 3 p. 116.**

Méthode n°7 Mesurer une surface avec *Mesurim*

énoncé

L'intensité des échanges entre un être vivant et le milieu extérieur dépend notamment de la surface de contact entre l'organisme et ce milieu. Plus la surface d'échange est importante et plus le flux de molécules est élevé.

▶ **Calculer la surface foliaire (surface occupée par les feuilles) de la plante de votre choix.**

étape 1

Retirer l'ensemble des feuilles de la plante choisie. Les poser à plat sur un scanner et ajouter un élément permettant de faire l'échelle (morceau de papier millimétré, règle...). Procéder à la numérisation. Ouvrir l'image numérisée avec *Mesurim*.

→ **corrigé 1**

étape 2

Définir une échelle en cliquant sur « image » puis « créer modifier l'échelle ». Deux options sont disponibles :
– « Depuis un scanner » : il faut alors indiquer la résolution de la numérisation (en dpi, *dot per inch* = ppp, point par pouce). Se référer à la configuration du logiciel de numérisation.
– « Échelle à définir » : il faut alors tracer un trait sur l'image au niveau de l'élément choisi pour faire l'échelle (papier millimétré, règle) et indiquer la longueur réelle correspondante.

étape 3

Régler la taille du pinceau et sélectionner une première couleur (par exemple vert).
Aller dans « Image » puis « Délimiter des zones », cocher la case « étendre la classification à tous les pixels » et colorier quelques zones de l'image correspondant aux feuilles.

→ **corrigé 3**

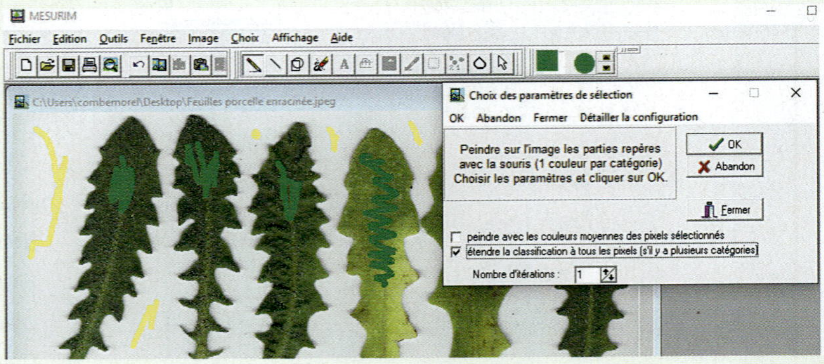

étape 4

Sélectionner une seconde couleur de pinceau (par exemple jaune) et colorier quelques zones correspondant au fond de l'image.

→ **corrigé 4**

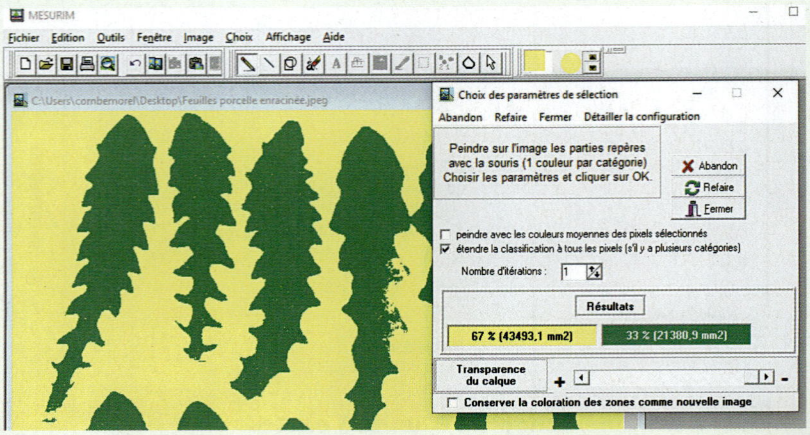

étape 5

Cliquer sur « OK » dans la fenêtre « Choix des paramètres de sélection ». Les surfaces mesurées pour les deux zones (feuilles et fond) s'affichent avec les couleurs correspondantes.

→ **Pour s'entraîner : chapitre 8, unité 1, p. 164.**

Analyser une électronographie

Méthode n°8

énoncé

Pour un exposé vous devez présenter la structure d'une synapse. Sur internet, vous trouvez le texte suivant.

« Dans une synapse on peut distinguer trois parties :

1. un élément présynaptique constitué par l'extrémité dilatée et arrondie de l'axone, contenant de nombreuses petites vésicules synaptiques. Ces vésicules aux formes variées contiennent le neurotransmetteur ;

2. un élément postsynaptique, appartenant à un autre neurone ou à une cellule effectrice. Il ne contient pas de vésicules, mais on y trouve généralement des mitochondries nécessaires au fonctionnement de la synapse. Parfois la membrane apparaît plus épaisse en microscopie électronique (densité postsynaptique) ;

3. la fente synaptique, qui est l'espace qui sépare les membranes des deux cellules. Cet espace est de faible dimension, de l'ordre de la dizaine de nanomètres. »

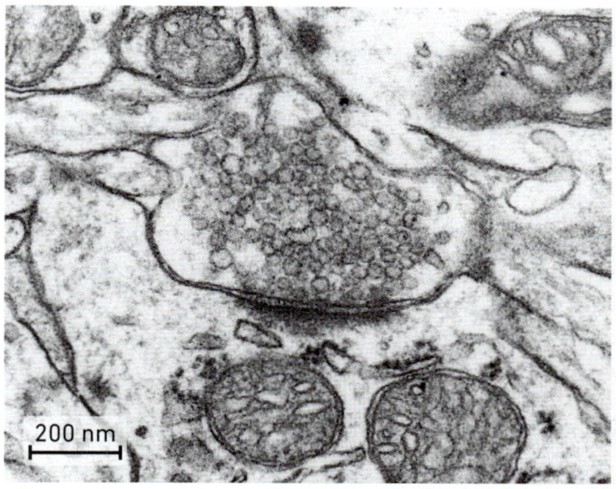

Pour illustrer votre présentation, vous trouvez également une image de synapse, non légendée.

▶ **Analyser l'image pour retrouver les éléments structuraux de la synapse.**

étape 1

Identifier que le microscope électronique a été utilisé pour obtenir l'image :
- présence d'une **échelle** inférieure ou égale au micromètre (µm) ;
- des **détails** bien plus petits que le micromètre sont visibles ;
- image en **nuances de gris ou colorisée** (plages de couleur uniforme).

→ corrigé 1

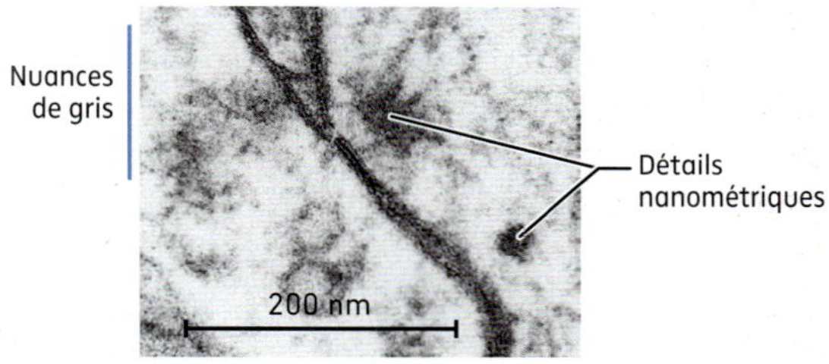

étape 2

Identifier le type de microscope électronique utilisé :
- **microscope électronique à balayage** (MEB) si l'image est en 3 dimensions et que l'on voit des surfaces ;
- **microscope électronique à transmission** (MET) si l'image est une représentation plane, une coupe en 2 dimensions sans relief apparent. C'est le cas ici.

étape 3

Identifier les structures sur l'échantillon par :
- des **différences d'intensité** de coloration (clair = peu de matière ; noir = objet dense) ;
- des **limites** entre compartiments. Les membranes phospholipidiques qui délimitent les organites cellulaires apparaissent comme des lignes foncées d'environ 7 à 8 nm d'épaisseur ;
- des **formes** révélatrices de la structure tridimensionnelle des objets. Une structure circulaire correspond à la section d'une sphère ou d'un tube. Un tube en section peut également avoir une forme ovoïde. Une surface coupée apparaît comme une ligne ou une courbe.

Il est possible de colorier les surfaces pour identifier les éléments.

→ corrigé 3

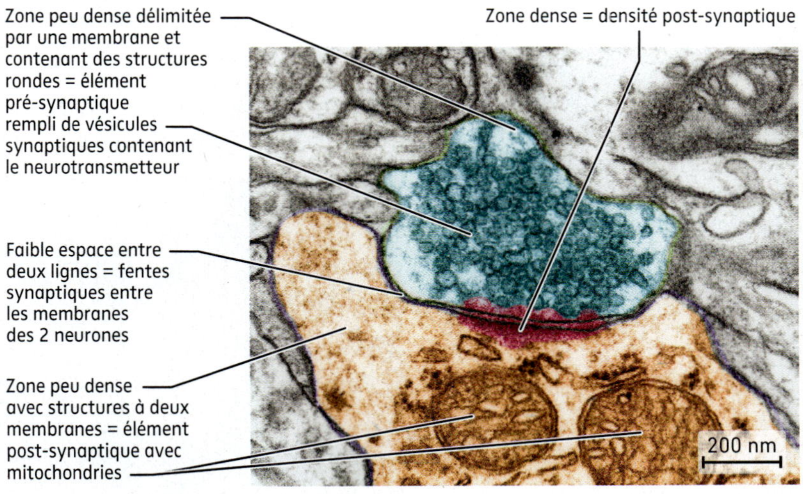

→ **Pour s'entraîner : chapitre 14, unités 3 et 4 p. 298 et p. 300 et exercice 4 p. 307.**

Méthode n°9

Visualisation d'images anatomiques avec *ÉduAnat2*

énoncé

Un patient est hospitalisé en urgence car il s'est réveillé ce matin paraplégique (paralysé de la partie basse du tronc et des membres inférieurs). Il ressentait depuis quelques semaines des fourmillements, et depuis quelques jours des troubles divers comme une gène à la marche. Il n'a aucune sensibilité des pieds jusqu'en haut du tronc. Il n'a pas subi de chute ou de traumatisme. Vous prescrivez une IRM cérébrale et une IRM médullaire afin de rechercher l'origine de ces troubles.

▶ **À l'aide du logiciel *EduAnat2*, de sa fiche technique (http://acces.ens-lyon.fr/acces/thematiques/neurosciences/fichiers-1/fiche-technique-1.jpg/) explorer les IRM cérébrales et médullaires d'un individu sain et du patient pour déterminer la cause probable de ses troubles.**

étape 1

Ouvrir l'IRM cérébrale de l'individu sain (**A**). Repérer les plans de coupe sur la représentation en bas à droite de la page (**B**). Si besoin ajuster la luminosité et le contraste (**C**). Explorer cette image en utilisant les ascenseurs de couleurs à côté de chaque plan de coupe (**D**). Cliquer sur un point pour synchroniser les trois plans de coupe (**E**).

→ corrigé 1

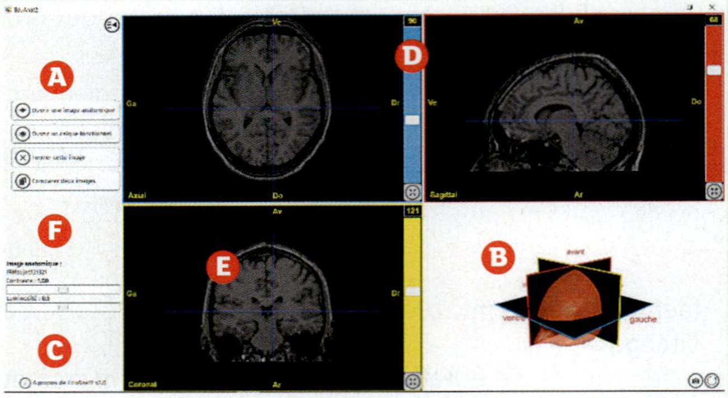

étape 2

Cliquer sur « comparer deux images » (**F**), ouvrir l'IRM cérébrale du patient et procéder de même pour explorer cette image. Rechercher une éventuelle lésion sur cet IRM.

→ corrigé 2 Aucune anomalie n'apparait sur l'IRM cérébrale du patient.

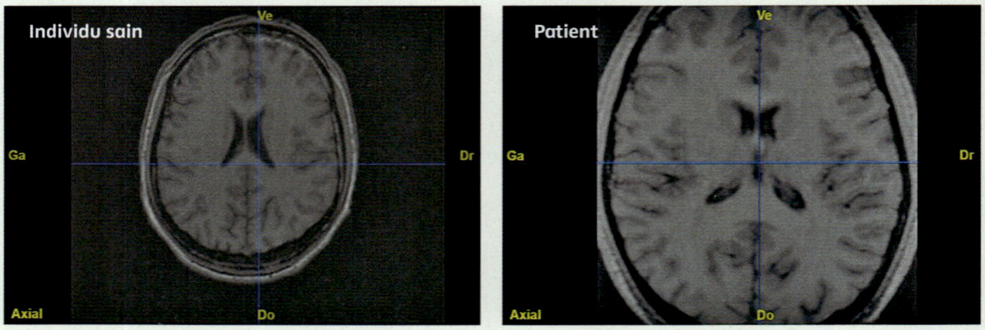

étape 3

Fermer ces deux images puis, en procédant de façon similaire, comparer les IRM médullaires d'un individu sain et du patient.

→ corrigé 3 Une anomalie (flèche rouge) apparait sur l'IRM médullaire du patient. On peut donc supposer qu'une lésion de la moelle épinière est à l'origine de ses troubles.

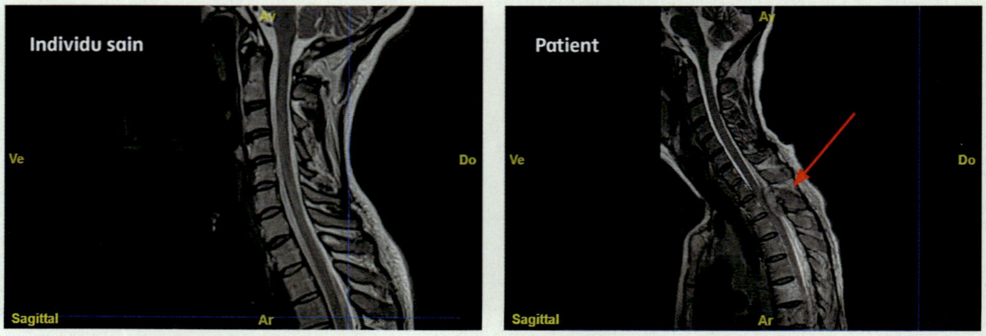

→ Pour s'entraîner : chapitre 15, unité 1 p. 312.

Construire un outil pour doser l'ATP — Méthode n°10

énoncé

Les êtres vivants sont le siège de transformations énergétiques et parmi toutes les formes d'énergie produites, l'une d'elles est l'émission de lumière sans incandescence : on parle alors de bioluminescence, phénomène bien connu chez la luciole. Les réactions à l'origine du phénomène nécessitent l'intervention de luciférase, une enzyme qui catalyse en présence d'ATP la transformation de luciférine (substrat), ce qui provoque au final l'émission de lumière.

Luciférine + ATP + O2 → Luciférine oxydée + produits issus de l'hydrolyse de l'ATP + lumière

Équation-bilan simplifiée du système « luciférine – luciférase » à l'origine de l'émission de lumière en présence d'ATP.

étape 1

Réaliser une gamme étalon de 5 à 7 solutions d'ATP de concentration connue et obtenues par dilutions successives à partir d'une solution-mère (SM) : 150 µg d'ATP pour 1 mL d'eau distillée.

corrigé 1

Solution de la gamme étalon	SM	S1	S2	S3	S4	S5
Volume de solution à diluer (ua)	X	2 V de SM	1 V de S1	2 V de S2	1 V de S3	1 V de S4
Volume d'eau distillée à ajouter (ua)	X	3 V	1 V	3 V	1 V	1 V
Concentration en ATP ($\mu g.mL^{-1}$)	150	100	50	20	10	5

étape 2

Verser dans une cuve à spectrophotomètre 1 mL d'une solution de la gamme étalon et 1 mL de réactif (solution oxygénée contenant la luciférine et la luciférase préparée en amont).

étape 3

Mesurer à l'aide d'un luminomètre l'intensité de luminescence produite au sein de chaque cuve.

corrigé 3

Solution de la gamme étalon	SM	S1	S2	S3	S4	S5
Concentration en ATP ($\mu g.mL^{-1}$)	150	100	50	20	10	5
Intensité de luminescence (%)	29	24	16	7	6	4

étape 4

Représenter graphiquement les variations de l'intensité de luminescence en fonction de la concentration en ATP.

corrigé 4

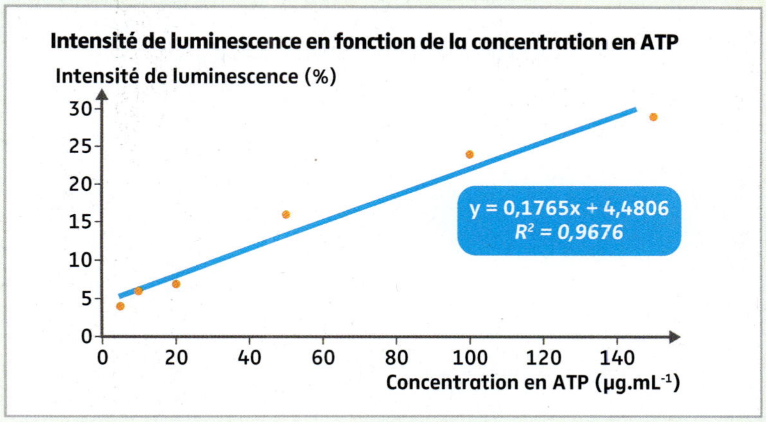

→ Pour s'entraîner : chapitre 17, unité 1, p. 352.

Méthode n°11 Construire un schéma fonctionnel

énoncé

Exemple d'une boucle de régulation hormonale

Certains paramètres physiologiques, comme la glycémie par exemple, sont des paramètres régulés et restent stables autour d'une valeur d'équilibre quelle que soit la situation physiologique de l'individu.
La régulation du paramètre physiologique fait intervenir une boucle de régulation que l'on peut construire à partir de différents résultats expérimentaux.

▶ **Construire la boucle de régulation de la glycémie. Envisager son fonctionnement lors d'une hausse ou d'une baisse de la valeur du paramètre réglé.**

étape 1

Déterminer le paramètre physiologique réglé ainsi que sa valeur d'équilibre.
Ébaucher la boucle de régulation sous la forme suivante :

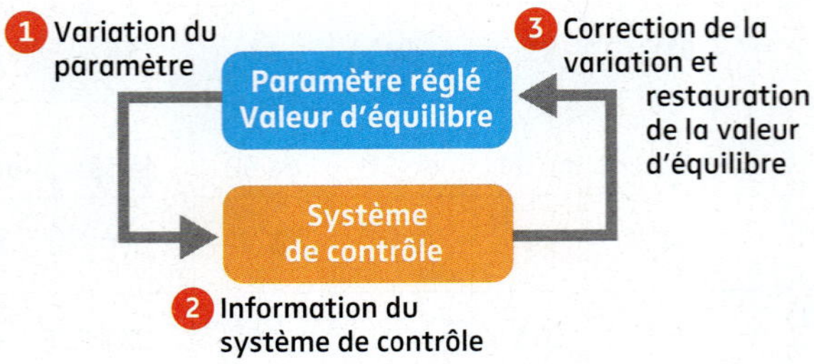

corrigé 1 Le paramètre physiologique réglé est la glycémie et sa valeur d'équilibre est d'environ 1 g/L.

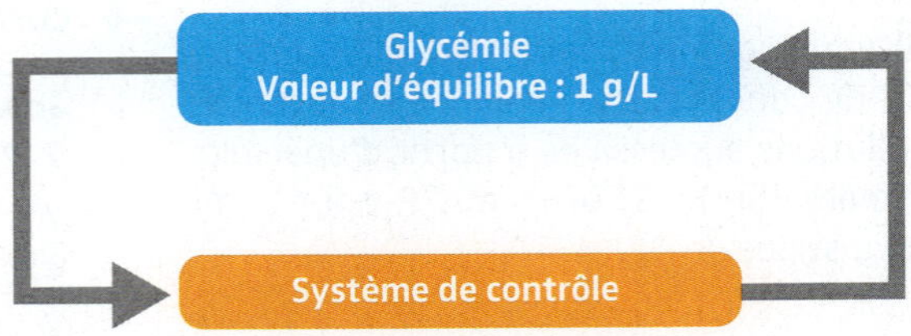

étape 2

Le système de contrôle comporte différents éléments qu'il faut identifier :
– des capteurs qui détectent la variation ;
– un message transmis des capteurs aux effecteurs. Le messager est l'hormone et le message est une variation de sa concentration ;
– des effecteurs sont des organes dont l'activité est modifiée et qui corrigent la variation.

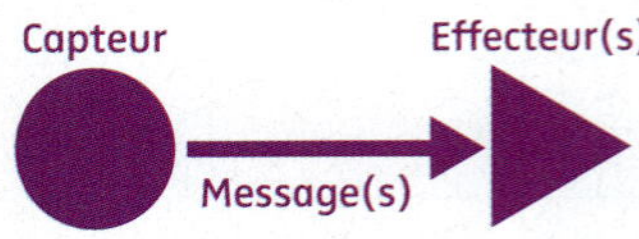

corrigé 2

– Les capteurs sont les cellules des îlots de Langerhans du pancréas. Les cellules α produisent du glucagon (hormone hyperglycémiante) et les cellules β produisent de l'insuline (hormone hypoglycémiante).
– Le message est une variation (augmentation ou diminution) de la concentration en hormones.
– Les effecteurs sont les cellules du foie qui synthétisent ou hydrolysent du glycogène en réponse à l'insuline ou au glucagon et les cellules musculaires qui synthétisent du glycogène en réponse à l'insuline.

étape 3

Construire l'intégralité de la boucle et la compléter lors d'une augmentation ou d'une diminution du paramètre réglé.

corrigé 3

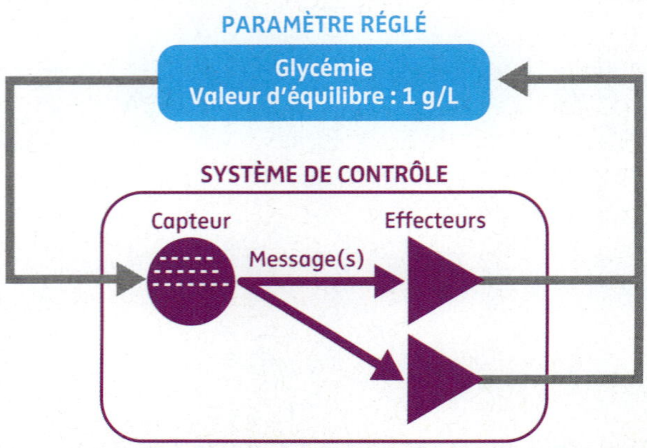

➔ **Pour s'entraîner : chapitre 18, unité 4, p. 378.**

Méthode n°12

Visualiser la liaison d'un récepteur à son ligand en utilisant *LibMol*

énoncé

Les benzodiazépines sont des agonistes du GABA : ces molécules de synthèse se fixent sur les récepteurs GABAa des neurones du système nerveux central et les activent.

▶ **On cherche à savoir si les benzodiazépines se lient au récepteur GABAa sur le même site que le GABA.**

étape 1

Ouvrir le fichier *6hup.pdb* dans l'application *LibMol*

Ce fichier présente la structure d'un récepteur **GABAa** lié à plusieurs autres molécules.

Le fichier *6hup.pdb* est téléchargeable sur la banque de données moléculaire RCSB depuis : http://www.rcsb.org/structure/4MS3.

L'application libmol est accessible en ligne : https://libmol.org ou téléchargeable.

Afficher la molécule en chargeant le fichier dans *LibMol*. La molette de la souris permet de zoomer sur les structures moléculaires. Utiliser l'onglet « séquences » pour sélectionner et masquer la chaîne G correspondant à une séquence protéique de reconnaissance qui n'appartient pas au récepteur du GABA .

étape 2

Visualiser les différentes structures du complexe moléculaire

Dans l'onglet « commandes », on peut colorer les différentes parties du complexe moléculaire en utilisant « colorer par chaînes/ par nature » et les identifier grâce au pointeur de la souris.

On peut également modifier la représentation de la molécule (ruban, boules et batônnets...).

étape 3

Visualiser les interactions entre le récepteur et ses ligands GABA et benzodiazépine

L'onglet interactions permet de sélectionner le ligand et de visualiser la zone d'interaction et la nature des liaisons.

→ corrigé

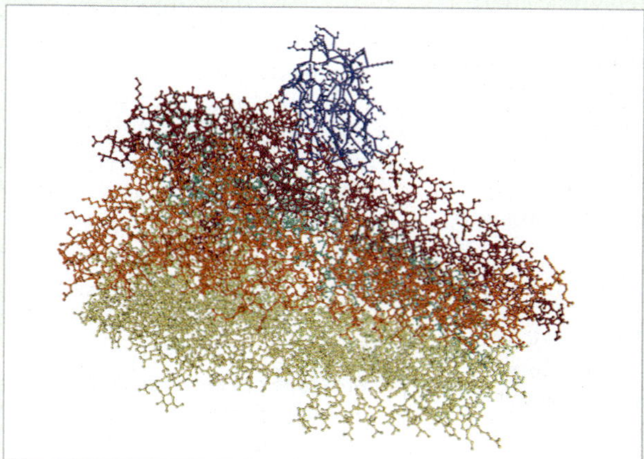

Visualisation de la structure moléculaire en boules et bâtonnets après coloration par chaîne avec la chaîne G.

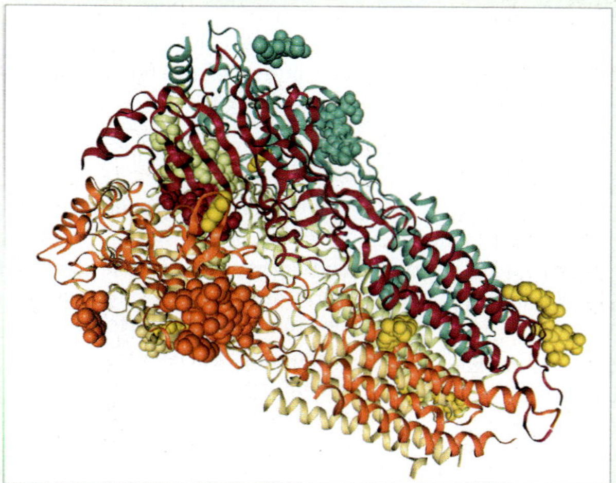

Visualisation de la structure moléculaire en rubans après avoir masqué la chaîne G, coloré par chaînes et coloré en jaune les ligands.

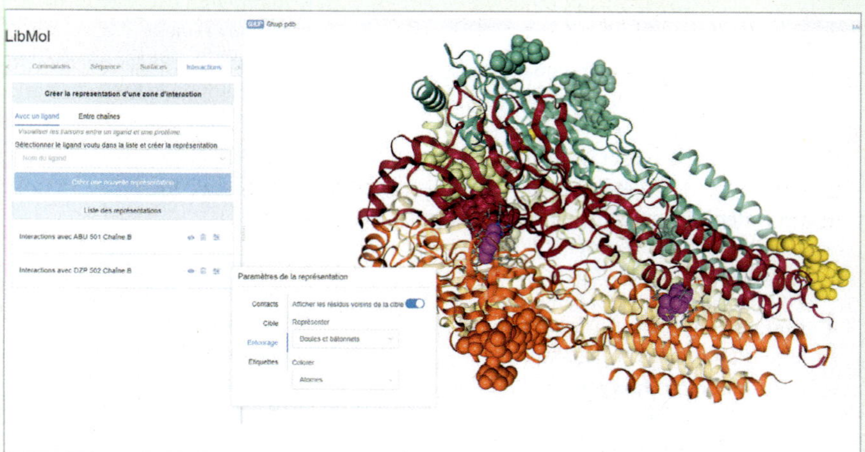

Affichage de l'interaction du GABA et de la benzodiazépine avec le récepteur GABAa.

→ Pour s'entraîner : chapitre 20, unité 2 p. 410.

Lexique

Retrouvez ici les mots-clés des Bilans des chapitres

A

- **Accident Vasculaire Cérébral (AVC) :** perturbation de l'irrigation cérébrale pouvant entraîner des lésions cérébrales.
- **Acétylcholine :** neurotransmetteur libéré au niveau de la synapse neuromusculaire.
- **ACTH (adreno cortico tropic hormone) :** hormone sécrétée par l'hypophyse et stimulant les glandes corticosurrénales.
- **Adaptabilité physiologique :** ensemble de modifications physiologiques d'un individu en réponse à une variation locale de son environnement.
- **Adaptation au changement climatique :** stratégies permettant de diminuer la vulnérabilité des écosystèmes et des systèmes humains contre les effets du réchauffement climatique.
- **Addiction :** dépendance à une substance motivant un comportement compulsif de recherche et de consommation de cette substance.
- **Adrénaline :** hormone sécrétée par les glandes médullosurrénales et impliquée dans le stress aigu.
- **Aérosols :** suspension de fines particules, solides ou liquides, en suspension dans un gaz.
- **Afforestation :** plantation d'arbres sur des surfaces longtemps dépourvues de forêt.
- **Agent stresseur :** stimulus, perturbation de l'environnement ayant pour effet de déclencher un stress.
- **Aires motrices :** zones du cortex moteur qui commandent les mouvements des différentes parties du corps.
- **Albédo :** capacité d'une surface à réfléchir et diffuser par rayonnement la puissance qu'elle reçoit.
- **Amygdale :** structure du système limbique intervenant notamment dans la reconnaissance des stimuli liés au stress.
- **Anxiété :** inquiétude et angoisse persistante et parfois excessive.
- **ATP (adénosine triphosphate) :** molécule de type nucléotide, phosphorylée, dont l'hydrolyse fournit par couplage l'énergie nécessaire aux activités (synthèse de molécules, mouvements) de l'ensemble des cellules.
- **Atténuation du changement climatique :** actions visant à réduire le réchauffement climatique (en diminuant les émissions et en stockant le carbone).
- **Axe hypothalamo-hypophyso-corticosurrénalien :** interactions entre l'hypothalamus, l'hypophyse et les corticosurrénales.
- **Axone :** appelé aussi fibre nerveuse, c'est le prolongement du corps cellulaire du neurone qui conduit des potentiels d'action vers les synapses.

B

- **Banquise :** couche de glace flottante formée par solidification des eaux de surface.
- **Benzodiazépine :** traitement médicamenteux possible du stress chronique, molécule agissant sur le système nerveux central en amplifiant l'inhibition du neurotransmetteur GABA.
- **Biodiversité (espèce) :** diversité des espèces présentes dans un milieu.
- **Bloc erratique :** roche déplacée par un glacier et restée sur place lors de la fonte du glacier.
- **Brassage allélique :** ensemble des mécanismes méiotiques assurant une association d'allèles différente de celle observée chez les parents. On recense le brassage intrachromosomique en prophase 1 et le brassage interchromosomique en anaphase 1.

C

- **Calotte glaciaire :** grande étendue de glaces continentales.
- **Carburants de biomasse :** combustibles constitués de matière organique d'origine végétale (bois, paille, déchets verts...).
- **Carburants fossiles :** ressources énergétiques provenant de la fossilisation de matière organique animale ou végétale (charbon, pétrole, gaz naturel).
- **Cellule musculaire :** cellule contractile constituant les muscles issue de la fusion de plusieurs cellules.
- **Cellules gliales :** cellules qui constituent, avec les neurones, le tissu cérébral et assurent des fonctions variées.
- **Cerveau :** un des sous-ensembles de l'encéphale, avec notamment le cervelet et le tronc cérébral.
- **Chloroplaste :** organite présent au sein de certaines cellules végétales et permettant la réalisation du métabolisme photosynthétique.
- **Chronologie relative :** application d'un ensemble de méthodes et de principes qui consistent à placer chronologiquement des structures et événements géologiques les uns par rapport aux autres.
- **Clone :** ensemble de cellules génétiquement identiques (aux mutations près) issues de la mitose d'une même cellule originelle.
- **Coévolution :** processus par lequel au moins deux espèces s'influençant mutuellement évoluent simultanément.
- **Cohorte :** groupe de personnes étudiées dans le cadre d'un protocole de recherche épidémiologique, par exemple.
- **Conjugaison :** passage de matériel génétique d'une bactérie à une autre par contact direct à l'aide d'un pont cytoplasmique.
- **Contraste saisonnier :** différence de température entre l'été et l'hiver.
- **Cortex préfrontal :** partie du cerveau située la plus en avant du lobe frontal du cortex.
- **Cortex cérébral ou « écorce cérébrale » :** substance grise périphérique du cerveau.
- **Cortisol :** hormone sécrétée par les glandes corticosurrénales.
- **CRH (corticotropin-releasing hormone) :** hormone sécrétée par l'hypothalamus et stimulant l'hypophyse.
- **Croisement test :** croisement d'individus dont on ignore l'équipement allélique, avec des individus homozygotes et récessifs pour les gènes considérés.
- **Cycle de Krebs :** succession de réactions dans la matrice mitochondriale à l'issue desquelles le pyruvate est complètement oxydé pour produire du CO_2.
- **Cycle orogénique :** succession d'événements conduisant à la formation d'une chaîne de montagnes puis à son démantèlement.

D

- **Datation absolue :** application d'un ensemble de méthodes permettant de donner un âge chiffré à une roche.
- **Déforestation :** diminution de la surface de forêts (d'origine anthropique ou naturelle).
- **Dendrite :** prolongement du neurone qui reçoit des stimulations et conduit les potentiels d'action vers le corps cellulaire.
- **$\delta^{18}O$:** indicateur de la composition en ^{18}O et ^{16}O d'un échantillon, il est utilisé comme paléothermomètre.
- **Dérive génétique :** modification aléatoire des fréquences des allèles au sein d'une population au cours des générations successives, de manière d'autant plus visible et rapide que l'effectif de la population est faible.
- **Diabète :** maladie caractérisée par une hyperglycémie chronique.
- **Dissémination :** dispersion des graines contenues dans le fruit.

- **Diversité allélique :** nombre d'allèles différents par gène présents dans une population.
- **Diversité chimique :** ensemble des molécules chimiques différentes contenues dans un organisme vivant.
- **Drogue :** molécule exogène perturbant la transmission des messages nerveux de notre organisme.
- **Duplication génique :** copie d'un gène, en général par le phénomène de crossing-over inégal.

E

- **Élément radioactif (ou radiogène) :** isotope naturel d'un élément qui se désintègre spontanément en élément radiogénique de masse différente en émettant des rayonnements radioactifs.
- **Émission nette négative (carbone) :** retrait des gaz à effet de serre de l'atmosphère par des techniques de stockage de carbone.
- **Encéphale :** tissu nerveux contenu dans la boîte crânienne (il comprend le cerveau, le cervelet et le tronc cérébral).
- **Endosymbiose :** intégration d'une cellule à l'intérieur d'une autre. La cellule intégrée confère de nouvelles potentialités métaboliques à l'hôte tout en se simplifiant et devenant dépendante de l'hôte pour sa survie.
- **Épuisement (stress chronique) :** ensemble de troubles physiques, cognitifs et émotionnels durables limitant la capacité de l'organisme à s'adapter à son environnement.
- **Excentricité :** changement de la forme de l'orbite de la Terre autour du Soleil.

F

- **Facteur de transcription :** protéine capable de moduler la transcription d'un gène en se fixant sur son site régulateur.
- **Fermentation lactique :** voie métabolique d'oxydation incomplète et sans dioxygène d'une molécule organique dans le hyaloplasme, aboutissant à un résidu organique, le lactate, et produisant peu d'ATP.
- **Feuille :** organe réalisant la photosynthèse.
- **Fleur :** organe produisant les gamètes. Se transforme en fruit après fécondation.
- **Forçage radiatif :** différence entre la puissance reçue au sommet de l'atmosphère et la puissance sortant du système Terre, émise ou réfléchie par celui-ci.
- **Fossile stratigraphique :** espèce prolifique ayant eu une grande extension géographique et une existence courte à l'échelle des temps géologiques et permettant d'établir des corrélations d'âges entre terrains éloignés.
- **Fréquence allélique :** rapport entre le nombre d'exemplaires d'un allèle dans la population et le nombre total d'allèles du gène considéré dans la population.
- **Fuseau neuromusculaire :** mécanorécepteur constitué de cellules musculaires modifiées et sensible à l'étirement du muscle.

G

- **GABA :** acide gamma amino butyrique, neurotransmetteur inhibiteur du système nerveux.
- **Gaz à effet de serre :** espèce chimique absorbant le rayonnement infrarouge présente sous forme gazeuse dans l'atmosphère terrestre.
- **Génie génétique :** techniques permettant de modifier la constitution génétique d'un organisme (ajout de gène, inactivation de gène...).
- **Génome :** ensemble des molécules d'ADN d'une cellule et de l'information qu'elles portent.
- **Glaces continentales :** accumulation de précipitations tassées et solidifiées reposant sur la croûte continentale (calotte polaire, glaciers de montagne...).
- **Glande corticosurrénale :** structure contenue dans la glande surrénale (située au-dessus du rein) responsable de la production de cortisol.
- **Glande médullosurrénale :** structure contenue dans la glande surrénale (située au-dessus du rein) responsable de la production d'adrénaline.
- **Glucagon :** hormone hyperglycémiante produite par les cellules α du pancréas endocrine.
- **Glycémie :** concentration de glucose dans le sang.
- **Glycolyse :** ensemble de réactions conduisant à la transformation du glucose en pyruvate dans le hyaloplasme. Première étape commune à la fermentation et à la respiration, elle produit peu d'ATP.
- **Gonosome :** chromosome à l'origine du déterminisme sexuel (X et Y chez les humains).

H

- **Hérédité cytoplasmique :** transmission entre générations de caractères héréditaires déterminés par le génome des organites (mitochondrie et chloroplaste).
- **Hétérozygote :** organisme qui possède deux allèles différents pour un même gène.
- **Hippocampe :** structure du système limbique intervenant notamment dans les processus liés à l'attention et à la mémoire.
- **Hormones végétales :** molécules produites à certains endroits du végétal et pouvant être transportées à d'autres endroits où elles déclenchent des réactions spécifiques. Par exemple, l'auxine produite à l'extrémité des tiges provoque une élongation des cellules des zones sous-jacentes.
- **Hypophyse :** glande située dans le cerveau et reliée à l'hypothalamus.
- **Hypothalamus :** structure du cerveau impliquée dans de nombreuses fonctions (comportement sexuel, émotion, faim, soif, sommeil...).

I

- **Insuline :** hormone hypoglycémiante produite par les cellules β du pancréas endocrine.
- **Insulinorésistance :** diminution de la sensibilité des cellules cibles à l'insuline.
- **Intégration (nerveuse) :** propriété des corps cellulaires (des motoneurones, par exemple) à élaborer un message nerveux unique (moteur, par exemple) à partir d'informations diverses.
- **Interglaciaire (période) :** période de climat plutôt chaud entre deux périodes glaciaires.

M

- **Marge continentale passive :** région immergée et asismique de la bordure d'un continent marquant la transition entre la croûte continentale et la croûte océanique à l'intérieur d'une même plaque.
- **Marge continentale active :** région sismique entre deux plaques dans un contexte où une subduction marque la transition entre la croûte continentale et la croûte océanique.
- **Méristème :** zone du végétal où les cellules se multiplient activement par mitoses. L'activité des méristèmes permet la croissance de la plante et l'organogenèse.

▶▶▶

▸▸▸

- **Mitose :** division cellulaire conservant la ploïdie (nombre de chromosomes) et l'information génétique.
- **Modèle théorique :** objet d'étude que l'on cherche à représenter, sans que cette représentation adhère nécessairement à la réalité observée.
- **Moelle épinière :** prolongement du cerveau le long de la colonne vertébrale. Avec le cerveau, le tronc cérébral et le cervelet, elle forme le système nerveux central.
- **Moraine :** amas de débris rocheux, érodé et transporté par un glacier.
- **Moteur de l'évolution :** phénomène permettant la variation des individus et soumis à la sélection, contre-sélection au niveau individuel ou à la dérive génétique au niveau de la population.
- **Motoneurone :** neurone situé dans le système nerveux central et dont l'axone se projette sur des fibres musculaires.
- **Muscle antagoniste :** muscle qui permet de réaliser le mouvement inverse d'un autre muscle. Lorsque l'un se contracte, l'autre se relâche, et inversement.
- **Muscle strié squelettique :** muscle fixé aux os et permettant les mouvements volontaires.
- **Mutation :** modification d'une séquence d'ADN. Elle peut concerner un ou plusieurs milliers de nucléotides. Elle peut apparaître à la suite d'une erreur de réplication.
- **Mutualisme :** relation non obligatoire à bénéfice réciproque entre deux êtres vivants.
- **Mycorhize :** association symbiotique entre une plante et un champignon. Ce dernier apporte eau et matière minérale à la plante. Celle-ci fournit de la matière organique au champignon.
- **Myéline :** substance lipidique entourant certaines fibres nerveuses. Ses propriétés isolantes provoquent une accélération de la vitesse de propagation des messages nerveux.
- **Myofibrille :** cytosquelette contractile présent dans les fibres musculaires.
- **Myopathie :** maladie touchant les muscles.

N

- **Neurone :** cellule nerveuse assurant la genèse et la propagation des messages nerveux.
- **Neurotransmetteur :** molécule stockée dans des vésicules et libérée par le neurone présynaptique. Elle se fixe sur des récepteurs portés par le neurone post-synaptique.
- **Normales saisonnières ou climatiques :** moyenne des grandeurs atmosphériques observées sur une période longue (en général 30 ans).

O

- **Obduction :** chevauchement d'une lithosphère océanique sur un continent.
- **Obliquité :** variations de l'angle d'inclinaison de l'axe de rotation de la Terre sur elle-même.
- **Ophiolite :** fragment de lithosphère océanique, obduit ou subduit, puis charrié sur de la croûte continentale.
- **Orogenèse :** ensemble de processus géodynamiques aboutissant à la formation d'une chaîne de montagnes.
- **Oxydation :** réaction entraînant la perte d'un ou plusieurs électrons d'une espèce chimique qui devient alors oxydée. La réaction inverse est appelée réduction (gain d'un ou plusieurs électrons d'une espèce chimique qui devient alors réduite).

P

- **Paramètres orbitaux de la Terre :** caractéristiques de l'orbite de la Terre ayant une influence sur le climat (paramètres de Milankovitch).
- **Performances cognitives :** capacités de l'organisme liées au fonctionnement cérébral (attention, mémoire, langage, raisonnement...).
- **Période (ou demi-vie) :** temps au bout duquel la moitié de la quantité d'élément radioactif père s'est désintégrée.
- **Période glaciaire (glaciation) :** période de climat froid caractérisée par de grandes surfaces couvertes de glaces. Température moyenne de l'atmosphère : + 10 °C.
- **Période interglaciaire :** période de climat plutôt chaud entre deux périodes glaciaires. Température moyenne de l'atmosphère : + 14 °C.
- **Phénotype recombiné :** caractère original, différent des parents, obtenu par la fécondation de gamètes ayant subi un brassage allélique.
- **Phloème :** tissu transportant la sève élaborée.
- **Photolyse de l'eau :** réaction chimique ayant lieu au niveau de la membrane des thylakoïdes, utilisant l'énergie lumineuse et oxydant (perte d'électron) la molécule d'eau.
- **Phylogénétique :** qui concerne les relations de parentés entre les êtres vivants, en termes de proximité évolutive (partage d'ancêtres communs).
- **Pigments photosynthétiques :** ensemble de molécules localisées au niveau de la membrane des thylakoïdes et permettant l'absorption de l'énergie lumineuse.
- **Plante sauvage :** plante dont les traits caractéristiques sont le produit de la sélection naturelle.
- **Plante domestiquée :** plante dont les traits caractéristiques sont le produit de la sélection artificielle.
- **Plasticité cérébrale :** propriété du cerveau à se remodeler (modification du volume, du nombre de cellules, de la structure ou du nombre de connexions) au gré des expériences vécues tout au long de la vie d'un individu.
- **Plasticité mal-adaptative :** modification du volume, du nombre de cellules, de la structure ou du nombre de connexions d'une zone cérébrale diminuant les capacités de l'organisme.
- **Pollinisation :** transport des grains de pollen des étamines jusqu'au pistil.
- **Potentiel d'action :** dépolarisation brève et uniforme de la membrane plasmique qui se propage dans une seule direction.
- **ppm (partie par million) :** unité utilisée pour caractériser la proportion de CO_2 atmosphérique (correspond au nombre de molécules de CO_2 pour un million de molécules présentes dans l'atmosphère).
- **Précession :** rotation de l'axe de rotation de la Terre sur elle-même.
- **Projection climatique :** simulation par les modèles numériques de l'évolution future du climat selon un scénario de transition écologique donné.

R

- **Racine :** organe permettant à la plante de prélever de l'eau et des ions dans le sol.
- **Rayonnement infrarouge :** rayonnement électromagnétique dont la longueur d'onde est supérieure à 800 nm et inférieure à 100 µm.
- **Réduction du dioxyde de carbone :** réaction chimique ayant lieu dans le stroma des chloroplastes et entraînant la production de molécules carbonées réduites (ayant gagné des électrons). Cette réaction permet la production de molécules organiques.
- **Reforestation :** plantation d'arbres sur des surfaces anciennement occupées par des forêts.
- **Rendement énergétique :** rapport entre la quantité d'énergie obtenue lors d'une transformation (exemple : réaction du métabolisme) et la quantité d'énergie nécessaire à cette transformation (exemple : énergie chimique contenue dans les réactifs d'une réaction chimique).

- **Réplication :** processus qui permet de reproduire à l'identique une molécule d'ADN. Elle entraîne la duplication du chromosome.
- **Reproduction asexuée :** mode de reproduction (chez les végétaux par exemple) qui ne fait intervenir qu'un seul parent pour produire de nouveaux individus.
- **Résilience :** capacité d'un organisme ou d'un écosystème à retrouver un fonctionnement durable après avoir subi une perturbation.
- **Respiration cellulaire :** voie métabolique consommant du dioxygène et permettant l'oxydation complète d'une molécule organique dans le hyaloplasme puis dans la mitochondrie, elle produit une grande quantité d'ATP.
- **Réticulum sarcoplasmique :** compartiment de la cellule musculaire, délimité par des membranes et formant un réseau complexe. Il renferme une réserve d'ions calcium.
- **Rétroaction positive :** action amplificatrice d'un effet sur sa propre origine.
- **Rétrocontrôle négatif :** action inhibante agissant en retour sur sa propre cause.
- **Rift continental :** zone d'amincissement continental, bordée par des failles normales. Le rifting peut conduire à la formation d'un océan si l'amincissement se poursuit.
- **Risque :** combinaison de l'aléa et de la vulnérabilité d'un enjeu.

S

- **Sarcomère :** unité fonctionnelle contractile de la myofibrille.
- **Scénarios de transition écologique :** scénarios utilisés pour modéliser l'évolution du climat dans le futur à partir d'hypothèses socio-économiques sur l'évolution des émissions anthropiques de gaz à effet de serre.
- **Sécurité alimentaire :** accès pour tous les humains à une nourriture suffisante, saine et nutritive.
- **Sédation :** diminution de la vigilance pouvant aller jusqu'à la perte de conscience.
- **Sélection artificielle :** sélection exercée par l'espèce humaine sur une autre espèce pour son bénéfice.
- **Sélection naturelle :** modification orientée des fréquences des allèles d'un gène au cours des générations successives, sous l'influence de l'environnement (pression du milieu et interaction avec les autres organismes) qui sélectionne les individus ayant, dans les conditions du moment, une descendance plus nombreuse que d'autres.
- **Service écosystémique :** bénéfice tiré par l'être humain de l'exploitation d'un écosystème
- **Sève brute :** fluide circulant de manière ascendante dans les vaisseaux du xylème et entraînant essentiellement les molécules d'eau du sol vers les parties aériennes.
- **Sève élaborée :** fluide circulant de manière ascendante et descendante dans les vaisseaux du phloème et distribuant essentiellement les produits de la photosynthèse sous forme de saccharose à toutes les cellules végétales.
- **Site régulateur :** portion d'ADN située en amont d'un gène, sur laquelle peuvent se fixer des facteurs de transcription. Les sites régulateurs sont donc des éléments essentiels de la régulation de l'expression des gènes.
- **Sous-clone :** population de cellules ayant une proximité génétique entre elles plus grande qu'avec les autres cellules du clone. Elles sont issues d'une cellule clonale ayant subi une ou plusieurs mutations.
- **Stimulus :** tout élément ou événement capable de déclencher une réaction de l'organisme.
- **Stomate :** orifice, situé au niveau des feuilles, dont l'ouverture est contrôlée. Les stomates permettent les échanges gazeux entre la plante et l'atmosphère.
- **Stress aigu :** réponses d'un organisme à un agent stresseur.
- **Stress chronique :** dérèglement des réponses de l'organisme lié à des agents stresseurs intenses et/ou réguliers.
- **Substance endogène :** substance synthétisée dans l'organisme. Par exemple, un neurotransmetteur est une substance endogène.
- **Substance exogène :** substance synthétisée à l'intérieur de l'organisme. Par exemple, une drogue est une substance exogène.
- **Symbiose :** association à bénéfices réciproques de deux organismes d'espèces différentes. De nouvelles fonctions peuvent émerger de la symbiose.
- **Synapse :** zone de contact entre un neurone et une autre cellule (neurone, cellule musculaire). C'est la zone de transmission du message nerveux par voie chimique entre les cellules.
- **Système limbique :** ensemble regroupant différentes structures du cerveau impliquées dans les émotions (agressivité, peur, plaisir...).
- **Système nerveux sympathique :** système nerveux autonome intervenant notamment lors de situations de stress.

T

- **Tige :** organe de la plante qui prolonge la racine et porte les bourgeons et les feuilles. La tige assure la liaison entre les différents organes.
- **Tillite :** roche sédimentaire composée de débris de roches transportés par un glacier.
- **Totipotence :** propriété des cellules (des végétaux par exemple) leur permettant de se différencier en n'importe quelle cellule spécialisée.
- **Toundra :** formation végétale de climat froid constituée d'herbes, de mousses, de lichens et d'arbrisseaux.
- **Transduction :** transfert de matériel génétique d'une bactérie à l'autre par l'intermédiaire d'un virus bactériophage qui sert de vecteur.
- **Transfert horizontal :** passage d'ADN d'un organisme à un autre organisme non lié à lui par la reproduction.
- **Transfert vertical :** transmission du matériel génétique d'une génération à l'autre par le biais de la reproduction.
- **Transformation :** intégration par une bactérie d'ADN libre dans le milieu.

V

- **Voie anaérobie/aérobie :** ensemble des réactions qui se déroulent au sein d'une cellule en absence (anaérobie) ou en présence (aérobie) de dioxygène et qui assurent l'obtention d'énergie ou la synthèse de molécules nécessaire(s) à son activité.
- **Voies motrices :** ensemble de fibres nerveuses qui cheminent du cortex moteur via la moelle épinière jusqu'aux corps cellulaires des motoneurones.

W X

- **$W.m^{-2}$:** puissance reçue par m2. Une puissance correspond au rapport de l'énergie par rapport au temps ; un watt correspond à 1 joule/seconde.
- **Xylème :** tissu transportant la sève brute.

Comprendre la consigne

ARGUMENTER
Justifier la validité d'une affirmation, d'une explication en s'appuyant de façon organisée et raisonnée sur des faits, des données et/ou des théories.

CALCULER
Déterminer une valeur ou une grandeur numérique : soit par un calcul ou une suite de calculs, soit en réalisant des opérations ou ensemble d'opérations sur des nombres ou des symboles numériques.

CARACTÉRISER
Mettre en évidence/expliciter le ou les traits/qualités/critères dominants ou distinctifs d'une chose ou d'un individu afin de permettre de l'identifier.

COMPARER
Mettre en relation deux objets :
- de façon qualitative : identifier les points communs et les différences,
- de façon quantitative : mesurer ou calculer des écarts de valeurs.

CONCEVOIR UN PROTOCOLE EXPÉRIMENTAL
Élaborer un dispositif permettant de créer des variations dans les conditions de survenue d'un phénomène et d'observer dans quelle mesure ces variations impactent ou pas ce phénomène.
Afin de conclure sur l'impact d'un paramètre, sur la survenue d'un phénomène, il s'agit d'élaborer deux dispositifs rigoureusement identiques et qui ne se distinguent que par la variation du paramètre testé.

CONCEVOIR UNE DÉMARCHE EXPÉRIMENTALE
Élaborer en réponse à un problème scientifique une stratégie mobilisant des expérimentations afin de valider ou non les hypothèses avancées pour répondre au problème.

DÉCRIRE
Représenter en détail les traits caractéristiques et les particularités d'une chose, d'un être ou d'un phénomène afin de les rendre reconnaissables.

EXPLIQUER
Rendre compréhensible un phénomène, un évènement, un résultat, etc. en donnant une ou plusieurs raisons rendant compte de sa survenue (origine, modalités de fonctionnement, histoire, etc.).

FORMULER UNE HYPOTHÈSE
Proposer une explication possible à un problème scientifique.

IDENTIFIER
Repérer une information à partir de certaines caractéristiques connues.
Nommer et/ou reconnaître certains traits, certaines caractéristiques spécifiques des êtres, objets, informations.

INTERPRÉTER (DES RÉSULTATS)
Expliquer, chercher à rendre compréhensible, donner un sens (aux résultats).

JUSTIFIER
Montrer l'exactitude/le bien-fondé/la validité d'une affirmation en s'appuyant sur des arguments/des faits observables/mesurables.
Remarque : justifier se distingue d'argumenter par le fait qu'on justifie pour montrer qu'on a raison de penser, d'expliquer, d'agir de telle ou telle manière

MODÉLISER
Transposer le réel sous la forme d'une maquette ou d'une équation représentant de façon simplifiée et partielle une réalité et capable à son niveau d'en expliquer ou d'en reproduire dynamiquement le fonctionnement.

OBSERVER
Examiner attentivement un objet, une structure, un phénomène de manière à en repérer/sélectionner des données pertinentes.

RÉALISER
Exécuter/accomplir une tâche, mettre en œuvre des moyens appropriés pour obtenir la réalisation demandée.

REPRÉSENTER
Organiser une ou des informations sous une forme adaptée (tableau, schéma, etc.) afin de les rendre plus lisibles, compréhensibles, démonstratives.

SCHÉMATISER
Traduire une observation, un texte, des résultats expérimentaux, un modèle explicatif par une représentation graphique et verbale circonscrite aux éléments essentiels.

VALIDER UN MODÈLE
Comparer/confronter les prédictions que le modèle permet de faire en termes d'observable (si le modèle est valide alors on doit observer tel et tel fait) et les observations effectivement réalisées dans la réalité.

Corrigés des quiz

THÈME 1

LE QUIZ DES ACQUIS

1. Vrai ; **2.** Faux ; **3.** Vrai ; **4.** Faux ; **5.** Faux ; **6.** Faux ; **7.** Faux

Quiz des connaissances

Chapitre 1
1. b) ; 2. a) ; 3. d) ; 4. b) ; 5. c) ; 6. c)

Chapitre 2
1. d) ; 2. b) ; 3. d) ; 4. c) ; 5. b) ; 6. a) ; 7. c)

Chapitre 3
1. b) ; 2. c) ; 3. c) ; 4. b) ; 5. c) ; 6. d)

Chapitre 4
1. a) ; 2. c) ; 3. a) ; 4. a) ; 5. c) ; 6. a) ; 7. c)

Chapitre 5
1. b) ; 2. d) ; 3. c) ; 4. a) ; 5. d) ; 6. d) ; 7. c)

Chapitre 6
1. c) ; 2. b) ; 3. d) ; 4. a) ; 5. c) ; 6. c) ; 7. b) ; 8. c)

Chapitre 7
1. a) ; 2. d) ; 3. a) ; 4. c) ; 5. a) ; 6. c)

THÈME 2

LE QUIZ DES ACQUIS

1. Vrai ; **2.** Faux ; **3.** Vrai ; **4.** Vrai ; **5.** Vrai ; **6.** Faux ; **7.** Faux

Quiz des connaissances

Chapitre 8
1. b) ; 2. c) ; 3. d) ; 4. a) ; 5. c) ; 6. d) ; 7. d) ; 8. c)

Chapitre 9
1. b) ; 2. b) ; 3. b) ; 4. d) ; 5. d) ; 6. d)

Chapitre 10
1. b) ; 2. d) ; 3. d) ; 4. c) ; 5. d) ; 6. a)

Chapitre 11
1. b) ; 2. b) ; 3. d) ; 4. c) ; 5. d) ; 6. a) ; 7. b) ; 8. a) ; 9. c)

Chapitre 12
1. d) ; 2. c) ; 3. b) ; 4. c) ; 5. c) ; 6. d) ; 7. c)

Chapitre 13
1. d) ; 2. a) ; 3. b) ; 4. a) ; 5. c) ; 6. c)

THÈME 3

LE QUIZ DES ACQUIS

1. Faux ; **2.** Vrai ; **3.** Faux ; **4.** Faux ; **5.** Vrai ; **6.** Vrai ; **7.** Vrai

Quiz des connaissances

Chapitre 14
1. c) ; 2. c) ; 3. d) ; 4. b) ; 5. c) ; 6. b)

Chapitre 15
1. c) ; 2. a) ; 3. c) 4. a) ; 5. c) ; 6. b)

Chapitre 16
1. b) ; 2. b) ; 3. a) ; 4. a) ; 5. a) ; 6. c) ; 7. a) ; 8. b)

Chapitre 17
1. a) ; 2. b) ; 3. c) ; 4. d) ; 5. d) ; 6. d)

Chapitre 18
1. b) ; 2. a) ; 3. d) ; 4. a) ; 5. d) ; 6. b) ; 7. d)

Chapitre 19
1. c) ; 2. a) ; 3. a) ; 4. a)

Chapitre 20
1. d) ; 2. a) ; 3. c) ; 4. c) ; 5. b) ; 6. a)

CRÉDITS PHOTOGRAPHIQUES

En couverture : ht GETTY IMAGES France/ViewStock ; bas Biosphoto/FLPA/S. & D. & K. Maslowski

13 REA/Nicolas Tavernier ; 22 Institut royal des Sciences naturelles de Belgique, Collection E. Derenne ; 26 ADOBE STOCK PHOTO ; 27 g COSMOS/SPL/Steve Gschmeissner ; 27 d COSMOS/SPL/Mauro Fermariello ; 28 Laurie A. Stargell et al. 2012, Genetics Society of America ; 28 d COSMOS/SPL ; 29 NATIONAL GEOGRAPHIC/Joel Sartore ; 32 COSMOS/SPL/Steve Gschmeissner ; 36 Zakglass/Instagram ; 37 ANDIA/ABC/Xinhua ; 38 2006 A.R.Walker, E. Lee, S.P. Salomon, CSIRO Plant Industry, Australia ; 40 ADOBE STOCK PHOTO ; 41 bas g CNRS/Cyril Fresillon ; 42 ht g BSIP/David M. Philips ; 42 bas David von Dassow, University of Oregon ; 43 g ISTOCK ; 43 ht d ISTOCK ; 43 bas d GETTY IMAGES France/MAIKA 777 ; 43 m Sandra Jensen, Cornell Universty, Bugwood.org ; 44 bas CONGE Hervé ; 44 PHOTO12.COM / ALAMY ; 45 HANOTEAU Frederic ; 46 ht g HANOTEAU Frederic ; 46 Dr G. M. Jones ; 46 ht d Denise Zickler ; 47 HANOTEAU Frederic ; 48 ht BSIP ; 48 bas COSMOS/Martin Shields ; 49 ABACA PRESS/Niklas ; 50 d sante.lefigaro.fr ; 50 g INSERM/Edith Puchelle ; 52 Droits Réservés ; 53 ISTOCK ; 58 ht COSMOS/SPL/Dept of clinical cytogenetics, Addenbrookes Hospital ; 58 bas ; 59 ht ISTOCK ; 59 bas BSIP ; 62 BSIP/NCI/Advanced Biomedical Computing Center/Science Source ; 63 bas d CNRS/Xavier PIERRE ; 63 bas g INSERM/U914 ; 63 m Biosphoto/Bruno Guénard ; 64 Avery et al. ; 65 ht Biosphoto/Rotman Jeffrey ; 65 bas BSIP ; 66 ht g Wikimédia Commons ; 66 bas g COSMOS/SPL/NIAID/CDC ; 66 m d COSMOS/SPL/Steve Gschmeissner ; 66 COSMOS/SPL/pascal Goetgheluck ; 66 bas d BSIP ; 66 m bg ADOBE STOCK PHOTO ; 66 m g GETTY IMAGES France/Paul Hatley ; 66 ht d ISTOCK ; 68 ht COSMOS/SPL/Claus Lunau ; 68 bas d COSMOS/SPL/Science Vu/Visuals unlimited ; 68 m d COSMOS/SPL/Dr Kari Lounatmaa ; 68 bas g COSMOS/SPL/Dr David Furness ; 68 m d COSMOS/SPL/Pr P. Motta & T. Naguro ; 74 Ross F. Waller, University of cambridge ; 75 D.R./Alonzo Design ; 76 INRA/Albert Faivre Amiot ; 78 Thomas Gualdi ; 79 m Biosphoto/SPL/Mauro Femariello ; 80 ht g COSMOS/SPL/American Philosophical Society ; 80 m Sylvia freeman ; 80 ht d Droits Réservés ; 82 GETTY IMAGES France/Istock ; 83 ht BSIP/Science Source ; 84 bas Biosphoto/Sylvain Cordier ; 84 ht Biosphoto/Roger de La Harpe ; 91 m ht HANOTEAU Frederic ; 91 m Musée Henri-Lecoq ; 92 https://muco-cftr.fr ; 94 PHOTO12.COM / ALAMY ; 95 m ISTOCK ; 95 bas Biosphoto/Minden pictures/Anup Shah ; 96 g NPL/Sue Daly ; 96 d Wikimedia Commons ; 97 g GOETGHELUCK Pascal ; 97 d NATURIMAGES/Jean-François Cart ; 98 m d Hubert DUPRAT/Photo F. Delpech ; 98 ht AFP/Don Arnold ; 98 bas d IRD-INDIGO/Corinne Rouland-Lefevre ; 98 bas g Biosphoto/Mint Images/frans lanting ; 98 m g PHOTO12.COM / ALAMY ; 99 ht NPS ; 99 bas d Biosphoto/Cyril Ruoso ; 99 bas g ADOBE STOCK PHOTO ; 99 m d NPL/Tim Laman ; 99 m g ADOBE STOCK PHOTO ; 100 Biosphoto/Cyril Ruoso ; 101 NPL/Minden pictures/Mitsuaki Iwago ; 103 Leemage ; 105 ISTOCK ; 107 ht Biosphoto/Photoshot/Rod Planck ; 107 bas Dolphin Innovation Project ; 107 m Biosphoto/Buiten-Beeld/Otto Plantema ; 108 ADOBE STOCK PHOTO ; 109 SELOSSE Marc ; 110 ADOBE STOCK PHOTO ; 111 b g Damin JAUJARD ; 111 bas d biosphoto/SPL/Sinclair Stammers ; 111 ht g John Valley, University of Wisconsin- Madison ; 112 ITH Anthony ; 113 ht g TousaLaBourboule ; 113 bas d GEOTECH ; 113 bas g THOMAS Pierre ; 113 m g Flickr/Pul-Leng ; 113 ht d Yvan LEMEUR ; 114 ht Biosphoto/SPL/LaurenceLawry ; 114 bas MOLLEX Damien ; 114 m BSIP/ScienceSource ; 115 ht Biosphoto/John Cancalosi ; 115 bas MNHN ; 115 m Biosphoto/SPL ; 115 m ht Biosphoto/SPL/Peter Scoones ; 116 ht AKG-Images ; 116 m Pierre-Jean Riou, Muséum de l'Ardèche. ; 118 Nikolay Zverkov ; 124 PHOTO12.COM / ALAMY ; 125 THOMAS Pierre ; 126 BRGM-Carte géologique de la France au 1/50 000 ème n°175 ; 127 m g AUBRY Jacques & Françoise GIGOT ; 127 bas LABAUNE Frederic ; 128 Google Earth ; 129 bas g IAN Webmaster ; 129 d Eric Rainouard ; 130 ht THOMAS Pierre ; 130 d Dominique ROSSIER, SAGA ; 132 ht ISM/Hervé Conge ; 132 bas Eric Rainouard ; 133 g Eric Rainouard ; 133 ht g Eric Rainouard ; 134 bas g & ht d Eric Rainouard ; 134 ht d Vincent GUILI ; 134 m g NICOLLET Christian ; 137 ht David Ferguson, University of Leeds ; 138 ht g Eric Rainouard ; 138 d Pierre DEZES ; 138 bas NICOLLET Christian ; 139 ht NICOLLET Christian ; 139 bas Damien JAUJARD ; 145 PERRILLAT Jean-Philippe ; 146 bas g CHALOT Roger ; 146 bas d Etienne Skrzypek ; 146 ht d CHALOT Roger ; 148 ht ADOBE STOCK PHOTO ; 148 bas Hwan Su Yoon ; 149 ht g AKG-Images ; 149 ht d Droits Réservés ; 149 bas PHOTO12.COM / ALAMY ; 150 ht Isabelle Giraud ; 150 bas PHOTO12.COM / ALAMY ; 151 Biosphoto/Minden pictures/D. Parer & E. Parer-Cook ; 156 bas Rocío Gómez et al., 2015 Dec 21. doi: 10.1007/s00412-015-0558-1 ; 156 ht COSMOS/SPL/Frank Fox ; 158 GETTY IMAGES France/Picture Alliance ; 160 g ADOBE STOCK PHOTO ; 160 d BIS/ Archives Nathan ; 161 ht ISTOCK ; 161 bas d ADOBE STOCK PHOTO ; 161 bas g Matthieu Mahé ; 162 ADOBE STOCK PHOTO ; 163 bas g BSIP/Dr Merton Brown ; 163 d BSIP/SPL/Claude Nuridsany & Maria Perennou ; 164 ht HANOTEAU Frederic ; 164 m BSIP/ScienceSource/Ray Simons ; 164 bas BSIP/SciencesSource/Ray Simons ; 165 ht d CONGE Hervé ; 165 bas Olivier Avisseau ; 165 ht g CONGE Hervé ; 166 ht g HANOTEAU Frederic ; 166 ht d HANOTEAU Frederic ; 166 m ISM/Hervé Conge ; 167 ht COSMOS/SPL/Biophoto Associates ; 167 bas Wikimédia/

MS Turmel, University of Manitoba, Plant Science Department; 168 bas g Shun-Wen Lu/Institute of BiotechnologyCornell University, Ithaca, NY; 168 ht ISM/Jean-Pierre Rubinstein; 168 m bd ISM/Hervé Conge; 168 bas d ISM/Hervé Conge; 168 bas m BSIP/ScienceSource; 169 ht https://doi.org/10.1093/treephys/tpz063/Q. Wei & al.; 169 bas d 2006 American Society of Plant Biologists/Pascal RATET, Université Paris Saclay; 169 bas g Courtesy of Ray Evert, University of Wisconsin Department of Botany; 170 ht g BSIP/ScienceSource; 170 m d BSIP/ScienceSource; 170 ht d BSIP/ScienceSource; 170 m g BSIP/ScienceSource; 171 bas NAS 2003/Masaaki Umeda, NAIST, Japon; 171 m PHOTO12.COM / ALAMY; 173 GETTY IMAGES France/Mathias Graben; 176 BSIP/M. I. Walker; 178 ht Patrick Masson, University of Wisconsin-Madison USA/2017 Elsevier Ltd; 178 d https://doi.org/10.1038/s41598-018-29788-7/F. Bizet, V. Legué & al.; 178 bas g 2009 Plant Biologists/Guenther Leitz; 179 Aloni, R., Langhans, M., Aloni, E. et al. Role of cytokinin in the regulation of root gravitropism. Planta 220, 177¿182 (2004). https://doi.org/10.1007/s00425-004-1381-8; 180 COSMOS/SPL/John Durham; 181 bas g ISTOCK; 181 d COSMOS/SPL/Dennis Kunkel Microscopy; 182 g COSMOS/SPL/Biophoto Associates; 182 d Droits Réservés; 186 COSMOS/SPL/Biophoto Associates; 187 g COSMOS/SPL/Dennis Kunkel Microscopy; 187 d COSMOS/SPL/Biophoto Associates; 188 ht AFP/Christophe Courteau; 188 bas ISM/Jean-Claude Révy; 189 ht ISTOCK; 189 m d GETTY IMAGES France/Barry Sutton; 189 bas d ISM//Hervé Conge; 189 bas m HANOTEAU Frederic; 189 bas g ISTOCK; 190 ht CHRISTOPHE L COLLECTION; 190 bas COSMOS/SPL/Cordelia Molloy; 190 m ISTOCK; 191 ht g ISTOCK; 191 bas Droits Réservés; 191 m HANOTEAU Frederic; 191 ht d Louis-Michel NAGELEISEN; 191 ht m Biosphoto/Joël Héras; 197 ht GETTY IMAGES France/Ulstein bild Dtl.; 197 bas d Georges SALLE; 197 bas g Dominique Blancard; 198 GETTY IMAGES France/Geoff_Whittle; 199 ht PHOTO12.COM / ALAMY; 199 bas g SHUTTERSTOCK; 199 bas d PHOTO12.COM / ALAMY; 200 Biosphoto/Sébastien Herent; 201 d Biosphoto; 201 g Biosphoto/SPL/Bob Gibbons; 202 ht g ISTOCK; 202 bas BIOSPHOTO / G. Le Scanff & Jc Mayer; 202 m d Biosphoto/Dominique Halleux; 202 m g Biosphoto/Serge Lapouge; 202 ht d Lac du Bourget; 203 ht g ISTOCK; 203 d Droits Réservés; 203 ht m W. P. Armstrong, 2010; 204 ht ISTOCK; 204 bas g COSMOS/SPL/POWER AND SYRED/SPL; 204 bas d COSMOSSUSUMU NISHINAGA/SPL; 205 m ISTOCK; 205 bas d BACCEGA Eric/Minden Pictures/Mitsuhiko Imamori; 205 ht d 2014, The Company of Biologists; 206 ht Biosphoto/M. Harvey; 206 m d Biosphoto/Ardea/David Spears (Last Refuge); 206 bas d COSMOS/SPL/R. B. Taylor; 206 m COSMOS/SPL/Maria Mosolova; 206 bas g HANOTEAU Frederic; 207 ht g Biosphoto/Christian Gautier; 207 ht m Biosphoto/Claudius Thiriet; 207 bas d Biosphoto/Maximilien Stock Ltd; 207 bas g CONGE Hervé; 207 m g Biosphoto/Denis bringard; 207 ht d Biosphoto/Claudius Thiriet; 208 ht g ISTOCK; 208 bas m ISTOCK; 208 m g Biosphoto/Muriel Hazan; 208 d ISTOCK; 208 ht m ISTOCK; 209 Biosphoto/J.M. Labat & Y. Lanceau; 209 m HANOTEAU Frederic; 214 Biosphoto/FLPA/Nigel Cattlin; 215 Biosphoto/Jean-Luc & Françoise Ziegler; 216 ht g ISTOCK; 216 d Guido Bohne; 216 bas Wikimédia Commons/Pietro Niolu; 218 ht NATURIMAGES/Sebastien Champion; 218 bas Biosphoto/Friedrich Strauss; 219 g Biosphoto/Yann Avril; 219 d Biosphoto/SPL/MSF/Kennis and Kennis; 220 g NATURIMAGES/Sébastien Champion; 220 d Droits Réservés; 221 ht NATURIMAGES/Philippe Lebeaux; 221 bas HANOTEAU Frederic; 222 ht Biosphoto/Philippe Giraud; 224 Biosphoto/Stéphane Vitzhum; 226 NATURIMAGES/Sébastien Champion; 227 ht Biosphoto/Garden World Images/Dave Bevan; 227 bas NATURIMAGES/Philippe Lebeaux; 230 NATURIMAGES/Sébastien Champion; 233 ISTOCK; 235 François Delmotte, Laurent Delière, INRAE; 237 Changbao Li, Ailing Zhou, Tao Sang, Science 31 Mar 2006; 238 Wikimédia/Ittiz; 239 bas SHUTTERSTOCK; 239 ht CNRS/Thibaut VERGOZ/IPEV/LGGE; 243 ht g Wikepedia/LATREILLE Francis; 243 m Matthieu Mahé; 243 bas Wikipédia/Ebe.wiki; 244 m CNRS /CEA/Laurence FROGET; 244 ht CNRS/Claude DELHAYE/IPEV; 245 ht Caverne du Pont d'Arc / Lionel Guichard; 245 m d GAMMA RAPHO/Fanny Broadcast; 245 m g GAMMA RAPHO/T. Pellissier; 248 https://doi.org/10.1016/j.tree.2013.09.012; 249 g PHOTO12.COM / ALAMY; 249 d COSMOS/SPL/Dirk Wiersma; 249 m d ADOBE STOCK PHOTO; 249 m g AURIMAGES/Collection Dagli-orti; 251 Matthieu mahé; 256 GLIMS; 257 Colin Prentice, Macquarie University, Australia; 260 Akuo; 261 g ISTOCK; 262 ht NATURAGENCY/Sylvain Girardot; 262 bas Adrien Comte, Université de Brest; 263 g GETTY IMAGES France; 263 d Biosphoto/Christophe Gerigk; 264 GIEC; 265 SYR_ARS_FINAL_full; 266 METEO FRANCE; 267 Nasa; 269 GETTY IMAGES France/Geography Photos; 270 bas Apur; 270 m bas InterAtlas; 270 m g Apur/Julien Bigorgne; 271 Servane VENIERE, LATTS; 275 ISTOCK; 277 Royal Botanic gardens, Kew.GIS Unit; 279 PLAINPICTURE/Siebe Swart; 280 ht BSIP; 280 bas ISTOCK; 281 ht Remo Walther, University of bern, Switzerland/Institut of Polar Science-CNR; 281 bas ISTOCK; 282 ISM/Johannes Lieder; 284 ISM/Jean-Claude Révy; 286 Matthieu Mahé; 288 AFP/Jam Media; 290 ht g COSMOS/SPL/Eye of science; 290 d ISM/Jean-Claude Révy; 290 bas g Patricia Wadsworth 2007 University of massachusetts Amherst, MA; 291 ht d ISM/Sovereign; 291 m BSIP; 291 bas d ISM/Hélène Fournie; 291 g COSMOS/SPL; 292 GETTY IMAGES France/Istock; 293 ht d GETTY IMAGES France/www.fotostorm.net; 293 bas BSIP; 294 g BSIP; 294 d Réseau Canopé/Vannaseng Phimmasone; 295 ht BSIP; 296 ht g HANOTEAU Frederic; 296 bas d ISM/Jean-Claude Révy; 296 bas g HANOTEAU Frederic; 296 m d BSIP/Science Source; 296 ht d Berkshire Community Collection/D. R.; 297 ht g BSIP/Science Source; 297 bas BSIP/ScienceSource; 297 ht d BSIP/Science Source; 299 ht Dr J. Heuser, Washington University School of Medecine, St Louis, MO; 299 bas F. Pirschel/https://doi.org/10.1038/s41598-018-21272-6; 300 Peter Takizawa, Department of Cell Biology, Yale; 301 ht COSMOS/SPL/Dalhoff Henning; 301 bas HANOTEAU Frederic; 306 ht BSIP; 306 bas ISTOCK; 307 BSIP; 308 bas Morris A. Fisher/https://doi.org/10.1016/B978-1-4557-0308-1.00018-2/© 2012 Elsevier Masson SAS; 308 ht Nasa; 310 PHOTO12.COM / ALAMY; 311 ht AFP/Juliette Treillet; 311 bas AFP/Thomas Coex; 312 France AVCX; 312 bas g PHOTO12.COM / ALAMY; 313 BSIP; 314 bas ISM/Hervé Conge; 315 ht Jonathan Cohen; 315 bas d A. Sierra et al., 2010; 315 bas m BSIP; 315 bas g BSIP; 316 ht g CHRISTOPHE L COLLECTION; 316 bas g GETTY IMAGES France/Ã‚Â©2012 CBS Broadcasting Inc./Sonia Flemming; 316 ht d BSIP; 317 ht Droits Réservés; 317 bas d BSIP; 317 bas g INSERM/Sylvie Cavagna; 318 BSIP; 320 C. Grefkes et al. 2014; 322 Sécurité routière; 327 ISTOCK; 328 SHUTTERSTOCK; 330 C. Mehring et al., 2019, https://doi.org/10.1038/s41467-019-10306-w; 332 ISTOCK/Janulla; 333 g COSMOS/SPL/martin Oeggerli; 333 d Oko Gueret/AFMTelethon; 334 HANOTEAU Frederic; 335 Nicolas Pronost, Université Claude Bernard, Lyon1; 336 ht HANOTEAU Frederic; 336 bas BSIP; 337 ht ISM/© James E. DENNIS - PHOTOTAKE; 337 bas COSMOS/SPL/Jose Calvo; 339 John Heuser, National institut of Health, Bethesda, USA; 340 ht AFMTelethon; 340 bas Norma Roméro, Inserm; 340 m g COSMOS/SPL/José Calvo; 347 ht J. Park et al., 2015; 347 bas INRA/Anne Listrat; 348 K. Wilson et al., 2017; 350 BSIP; 351 bas APTONIA; 351 ISTOCK; 355 Wishart DS et al. DrugBank 5.0: a major update to the DrugBank database for 2018. Nucleic Acids Res. 2017 Nov 8. doi: 10.1093/nar/gkx1037.; 356 g J. Comte/IBCP/CNRS/CMEBAG/Université C. Bernard, Villeurbanne; 356 d A. Rivoire/CMEBAG/Université C. Bernard, Villeurbanne; 357 Genotoul; 359 g BSIP; 359 d COSMOS/SPL/Omikron; 359 m Georges DOLISI; 360 ISTOCK; 366 BSIP; 367 John A. Faulkner; 370 GETTY IMAGES France/Mark Skalny; 371 m BSIP/SPL; 371 ht BSIP; 374 g BSIP/Visuals Unlimited; 374 d BSIP/Don W. Fawcette; 375 g ISM/Jean-Claude Révy; 375 m HANOTEAU Frederic; 375 ht d ISM/Jean-Claude Révy; 376 BSIP/SPL; 377 g SHUTTERSTOCK; 377 d Eliete Frantz,Universidade Federal Fluminense, Departamento de Morfologia, RJ; 379 ht David Goodsell, 2017; 379 bas Jeffrey E. PESSIN; 380 ht Fédération française de lutte contre le diabète, 2019; 380 bas IntechOpen; 387 ht Pedro L. Herrera, University of Geneva; 387 m O. Berk Usta/https://doi.org/10.1038/s41598-018-27179-6 Kang, Y.B.(., Eo, J., Mert, S. et al. Metabolic Patterning on a Chip: Towards in vitro Liver Zonation of Primary Rat and Human Hepatocytes. Sci Rep 8, 8951 (2018). https://doi.org/10.1038/s41598-018-27179-6; 387 bas E. Michael Ostap, University of Pennsylvania; 389 2013 The Company of Biologists Ltd; 390 IP3 PRESS/Christophe Morin; 391 g COSMOS/SPL/GJLP; 391 GETTY IMAGES France/Laguna design; 392 g Wikimédia Commons/Peretz Partensky; 392 d PHOTO12.COM / ALAMY; 393 ISTOCK; 394 Li Shijia, R. Weerda, C. Milde, O. Wolf, & C. Thiel, 2014; 395 m ADOBE STOCK PHOTO; 395 d COSMOS/SPL/CNRI; 396 2013 Wamsteeker Cusulin et al.; 402 eapenn22; 403 F. Klumpers et al. 2017, Journal of Neuroscience 4 October 2017, 37 (40) 9645-9656; 405 g https://www.mced.fr/archives/hors-serie/syndrome-de-cushing1/le-diagnostic-etiologique-de-la-maladie-de-cushing.html; 405 d M. Shiozawa et al. 6 February 2008; 406 ADOBE STOCK PHOTO; 407 ht Droits Réservés; 407 bas Bryce Johnson, Science for Monks & Nuns; 408 Wikimédia Commons/DGDA/Université de Montréal; 409 m C. Liston et al. Journal of neuroscience 26 July 2006; 409 d COSMOS/SPL/Roger Harris; 410 UGO BASILE Srl; 414 ISTOCK; 415 Fred H. GAGE, L. Moore, The Salk Institute for Biological Studies, CA; 416 ht ISTOCK; 416 m MEDIATOON/Le Lombard 2017; 417 ht ISTOCK; 417 bas g Nasa; 417 bas d ADOBE STOCK PHOTO; 419 SORDALAB; 420 Redouane Rebai, 2017, DOI: 10.13140/RG.2.2.14769.22889; 422 Narkar et al., Cell, October 03, 2008, Cell. 2008 Aug 8; 134(3): 405¿415; 423 2010 Claire B. Pollock et al., https://doi.org/10.1155/2010/571783; 426 ISTOCK; 427 Denis Thieblemont; 428 GETTY IMAGES France/Gorodenhoff production; 429 ISTOCK; 431 COSMOS/SPL

Photographies non référencées : Frédéric Hanoteau

Contenus éditoriaux pages 13 à 17 fournis par l'ONISEP :
coordination : Emmanuel Percq ; édition : Isabelle Dussouet ;
Pages Grand oral : Olivier Jaoui/Directeur de Mission-Admission
/Spécialiste de la préparation des étudiants à l'oral
et aux entretiens.

Édition : Florence Guichard, Clémentine Carmo
Couverture : Jean-Marc Denglos
Conception intérieure : Julie Lannes, Clémentine Largant
Mise en pages : Frédérique Buisson
Iconographie : Juliette Barjon
Infographies : Henri-Olivier
Schémas : Corédoc, Pascal Marseaud
Fabrication : Kévin Magar
Gravure : Irilys

MIXTE
Papier issu de sources responsables
FSC® C022030

Nathan est un éditeur qui s'engage pour la préservation de son environnement et qui utilise du papier composé de fibres naturelles, renouvelables, fabriquées à partir de bois provenant de forêts gérées de manière responsable et contrôlée.

N°de projet : 10269861 - Dépôt légal : Avril 2020 - Imprimé en novembre 2020 en Italie par Grafica Veneta S.p.A.